HAMBURGISCHE BIOGRAFIE

Die »Hamburgische Biografie« entsteht in enger
Zusammenarbeit mit der Hamburger Feuerkasse,
die dieses Projekt nicht nur großzügig unterstützt,
sondern die auch den ersten Anstoß zu diesem
Personenlexikon gegeben hat.
Ihr sei an dieser Stelle herzlich gedankt.

Ebenso gilt unser Dank der Hamburg Rotary-Stiftung,
die gemeinsam mit der Hamburger Feuerkasse
zur Drucklegung des Bandes beigetragen hat.

Hamburgische Biografie

Personenlexikon

Herausgegeben von
Franklin Kopitzsch und Dirk Brietzke

Band 2
Christians

INHALT

VORWORT

Zwei Jahre nach dem Auftakt zur »Hamburgischen Biografie« kann nun der zweite Band des Nachschlagewerks vorgelegt werden. Den 325 Artikeln, die der erste Band enthält, werden 406 weitere Einträge hinzugefügt, die das personengeschichtliche Bild der Freien und Hansestadt Hamburg um zahlreiche wichtige Facetten ergänzen. Kritische Hinweise haben wir aufzugreifen versucht, zugleich hat uns die erfreulich positive Resonanz, die der erste Band gefunden hat, darin bestärkt, an der grundlegenden Konzeption der »Hamburgischen Biografie« festzuhalten. Auch diesmal sind Personen aus allen Epochen der Stadtgeschichte und aus den unterschiedlichsten Lebensbereichen von der Politik über die Wirtschaft und die Wissenschaft bis zur Kultur und zum Sport vertreten. Es finden sich neben manchen bislang vermissten prominenten Namen wie Johannes Brahms und Max Brauer wiederum auch zahlreiche Personen, die dem Gedächtnis der Nachwelt zu Unrecht entrückt sind und die es wiederzuentdecken gilt. Zu erschließen sind die bisher erschienenen Artikel der »Hamburgischen Biografie« durch das kumulative Register im Anhang dieses Bandes, das in den Folgebänden fortlaufend ergänzt werden wird.

Es freut uns besonders, dass das Erscheinen der »Hamburgischen Biografie« die Tätigkeit der Arbeitsstelle für Hamburgische Geschichte im Institut für Sozial- und Wirtschaftsgeschichte der Universität Hamburg wieder stärker ins öffentliche Bewusstsein gerückt hat. Dass auch der zweite Band hier erarbeitet werden konnte, verdanken wir der finanziellen Unterstützung durch die Hamburger Feuerkasse, die das Projekt von Beginn an großzügig gefördert hat. Insbesondere Herrn Wolfgang Poppelbaum, dem Vorstandsvorsitzenden der Hamburger Feuerkasse, gilt dafür unser Dank.

Viele der Autoren, die am vorausgegangenen Band mitgewirkt haben, sind auch im zweiten Band mit Beiträgen vertreten, weitere Mitarbeiter sind neu hinzugekommen. Ihnen allen danken wir für die engagierte Unterstützung der »Hamburgischen Biografie«. Wertvolle Hilfestellung hat auch diesmal das Staatsarchiv der Freien und Hansestadt geleistet; dessen Direktor, Herrn Dr. Udo Schäfer, danken wir ebenso wie insbesondere Herrn Joachim W. Frank und Herrn Volker Reißmann dafür, dass sie uns das Bildmaterial aus dem Bestand der Plankammer zugänglich gemacht haben. In besonderer Weise beratend zur Seite gestanden hat uns in kunstgeschichtlichen Belangen Herr Prof. Dr. Helmut R. Leppien. Die Unterstützung, die das Projekt auch diesmal von Eckart Krause erfahren hat, bestätigt erneut, dass die von ihm geleitete Hamburger Bibliothek für Universitätsgeschichte zu den unentbehrlichen Forschungseinrichtungen der Universität Hamburg gehört. Frau Christiane Oberländer M. A. danken wir für ihre Hilfe bei der Bildbeschaffung und bei der Bearbeitung der bibliografischen Angaben. Unsere Zusammenarbeit mit dem Christians Verlag, insbesondere mit Frau Sabine Bayer und Herrn Dr. Elmar Basse, hat sich auch diesmal aufs Beste bewährt.

Franklin Kopitzsch und Dirk Brietzke

ABKÜRZUNGSVERZEICHNIS

Aufl.	Auflage
Bd., Bde.	Band, Bände
bearb.	bearbeitet
best.	bestattet
bzw.	beziehungsweise
ders.	derselbe
dies.	dieselbe
ebd.	ebenda
erg.	ergänzt
ev.	evangelisch
geb.	geboren
gesch.	geschieden
gest.	gestorben
get.	getauft
Hg., hg.	Herausgeber, herausgegeben
isr.	israelitisch
Jg.	Jahrgang
kath.	katholisch
luth.	lutherisch
o. J.	ohne Jahr
o. O.	ohne Ort
Ps.	Pseudonym
ref.	reformiert
S.	Seite
Sp.	Spalte
u. a.	unter anderem/anderen, und andere
überarb.	überarbeitet
verb.	verbessert
verh.	verheiratet
verw.	verwitwet

SIGLENVERZEICHNIS

ADB Allgemeine Deutsche Biographie, hg. von der Historischen Kommission bei der Königlichen Akademie der Wissenschaften, 55 Bde. und ein Registerband, München/Leipzig 1875–1912 [Nachdruck Berlin 1967–71]

AKL Allgemeines Künstlerlexikon. Die bildenden Künstler aller Zeiten und Völker, hg. von Günter Meißner [bisher erschienen: 35 Bde. und drei Index-Bde.], München u. a. 1992 ff.

Albers Jan Albers u. a. (Hg.), Recht und Juristen in Hamburg, 2 Bde. Köln u. a. 1994/99

Alberti (1867) Eduard Alberti, Lexikon der Schleswig-Holstein-Lauenburgischen und Eutinischen Schriftsteller von 1829 bis Mitte 1866, 2 Bde., Kiel 1867/68

Alberti (1885) Eduard Alberti, Lexikon der Schleswig-Holstein-Lauenburgischen und Eutinischen Schriftsteller von 1866 bis 1882, 2 Bde., Kiel 1885/86

Asendorf/von Bockel Manfred Asendorf/Rolf von Bockel (Hg.), Demokratische Wege. Deutsche Lebensläufe aus fünf Jahrhunderten. Ein Lexikon, Stuttgart/Weimar 1997

Bake Rita Bake (in Zusammenarbeit mit Wilfried Rottmann), Wer steckt dahinter? Hamburgs Straßen, die nach Frauen benannt sind, Hamburg 1996 [2. Aufl. Hamburg 2000]

Bake/Reimers Rita Bake/Brita Reimers, Stadt der toten Frauen. Der Hamburger Friedhof Ohlsdorf in 127 Frauenportraits, Hamburg 1997

BBKL Biographisch-bibliographisches Kirchenlexikon, hg. von Friedrich Wilhelm Bautz, fortgeführt von Traugott Bautz, 21 Bde., Bd. 1 und 2 Hamm/Westf., ab Bd. 3 Herzberg 1975–2003

Beckershaus Horst Beckershaus, Die Hamburger Straßennamen. Woher sie kommen und was sie bedeuten, Hamburg 1997

BHdE Biographisches Handbuch der deutschsprachigen Emigration nach 1933, hg. vom Institut für Zeitgeschichte, München, und der Research Foundation for Jewish Immigration, New York, unter der Gesamtleitung von W. Röder und H. A. Strauss, 2 Bde. in 3 Teilen (Bd. 2 englisch unter dem Titel: International Dictionary of Central European Emigrés 1933–45), München 1980-83, Gesamtregister München 1983

BJ Biographisches Jahrbuch und Deutscher Nekrolog, hg. von A. Bettelheim, 18 Bde. (für die Jahre 1896–1913), Berlin 1897–1917, Register zu Bd. 1–10, 1908, zu 11–18, 1973

Böning Holger Böning (Hg.), Deutsche Presse. Biobibliographische Handbücher zur Geschichte der deutschsprachigen periodischen Presse von den Anfängen bis 1815 (Bd. 1 in 3 Teilen: Hamburg; Bd. 2: Altona, Bergedorf, Harburg, Schiffbek, Wandsbek), Stuttgart–Bad Cannstatt 1996 ff.

Bruhns Maike Bruhns, Kunst in der Krise, 2 Bde. (Bd. 1: Hamburger Kunst im »Dritten Reich«; Bd. 2: Künstlerlexikon Hamburg 1933–1945), Hamburg 2001

Buek (Bürgermeister) F[riedrich] Georg Buek, Genealogische und biographische Notizen über die seit der Reformation verstorbenen hamburgischen Bürgermeister, Hamburg 1840

Buek (Oberalte) F[riedrich] Georg Buek, Die hamburgischen Oberalten, ihre bürgerliche Wirksamkeit und ihre Familien, Hamburg 1857

DBE Deutsche Biographische Enzyklopädie, hg. von Walther Killy, 10 Bde., zwei Nachtrags- und Registerbde. in jeweils zwei Teilbdn., München 1995–2000

DBJ Deutsches Biographisches Jahrbuch, hg. vom Verband der deutschen Akademien, 7 Bde., Berlin/Leipzig 1925–32, Register zu Bd. 1–5, 10 und 11, München u. a. 1986

DG Deutsches Geschlechterbuch

Ewald Martin Ewald, Der hamburgische Senatssyndicus. Eine verwaltungsgeschichtliche Studie, Hamburg 1954 (Abhandlungen aus dem Seminar für öffentliches Recht Bd. 43)

Freitag Hans-Günther Freitag, Von Mönckeberg bis Hagenbeck. Ein Wegweiser zu denkwürdigen Grabstätten auf dem Ohlsdorfer Friedhof, Hamburg 1973

Gabrielsson Peter Gabrielsson, Bürgermeister, Senatoren, Staatsräte der Freien und Hansestadt Hamburg 1945–1995. Zuständigkeiten und Behörden, Hamburg 1995 (Beiträge zur Geschichte Hamburgs 50)

Grolle Joist Grolle, Hamburg und seine Historiker, Hamburg 1997 (Veröffentlichungen des Vereins für Hamburgische Geschichte 43)

Grolle/Bake Inge Grolle/Rita Bake, »Ich habe Jonglieren mit drei Bällen geübt«. Frauen in der Hamburgischen Bürgerschaft 1946–1993, Hamburg 1995

Grove (2. Aufl.) Stanley Sadie (Hg.), The New Grove Dictionary of Music and Musicians, Second Edition, 20 Bde., London 2001

Hamberger/Meusel Das gelehrte Teutschland oder Lexikon der jetzt lebenden teutschen Schriftsteller [ab Bd. 13 auch unter dem Titel: Das gelehrte Teutschland im 19. Jahrhundert], angefangen von Georg Christoph Hamberger, fortgesetzt von Johann Georg Meusel [Nachdruck der 5. Aufl. Lemgo 1796–1834], mit einem Nachwort von Paul Raabe, 23 Bde., Hildesheim 1965/66

Hammer/von Schade Friedrich Hammer/Herwarth von Schade, Hamburger Pastorinnen und Pastoren seit der Reformation (vervielfältigtes Manuskript), 2 Teile, Hamburg 1995

HG Hansische Geschichtsblätter

HGH Hamburgische Geschichts- und Heimatblätter

HKL Hamburgisches Künstler-Lexikon. Bearbeitet von einem Ausschusse des Vereins für Hamburgische Geschichte. Erster [und einziger] Band: Die bildenden Künstler, Hamburg 1854

HL Hamburg Lexikon, hg. von Franklin Kopitzsch und Daniel Tilgner, Hamburg 1998 [2. Aufl. Hamburg 2000: HL (2. Aufl.)]

HLb Hamburgische Lebensbilder

JBA Jüdisches Biographisches Archiv/Jewish biographical archive. Mikrofiche Ausgabe, hg. von Hilmar Schmuck, München 1994 ff.; dazu: Hilmar Schmuck, Jüdischer Biographischer Index, 4 Bde., München 1998

Jensen Die hamburgische Kirche und ihre Geistlichen seit der Reformation, hg. von Wilhelm Jensen, 4 Bde., [erschienen: 2 Bde.], Hamburg 1958–68

Jöcher Christian Gottlieb Jöcher, Allgemeines Gelehrten-Lexicon, 4 Bde., Leipzig 1750/51

Jöcher/Adelung Fortsetzung und Ergänzungen zu Christian Gottlieb Jöchers Allgemeinem Gelehrten-Lexicon, Bde. 1 und 2 von Johann Christoph Adelung, Leipzig 1784-87, Bde. 3–6 von Heinrich Wilhelm Rotermund, Delmenhorst/Bremen 1810–22, Bd. 7 von Otto Günther, Leipzig 1897 [Nachdruck Hildesheim 1960 ff.]

Jochmann/Loose Werner Jochmann/Hans-Dieter Loose (Hg.), Hamburg. Geschichte der Stadt und ihrer Bewohner, 2 Bde., Hamburg 1982/1986

KDG Kürschners Deutscher Gelehrten-Kalender, 1925 ff.

KDL Kürschners Deutscher Literatur-Kalender, 1878 ff.

KiH Künstler in Hamburg, hg. von der Kulturbehörde der Freien und Hansestadt Hamburg, Hamburg 1982

Killy Literaturlexikon. Autoren und Werke deutscher Sprache, hg. von Walther Killy u. a., 15 Bde., Gütersloh/München 1988–93

Kosch Deutsches Literatur-Lexikon. Biographisches und bibliographisches Handbuch, begründet von Wilhelm Kosch, hg. von Bruno Berger u. a., 3., völlig neu bearb. Aufl. Bern/München 1968 ff. [bisher erschienen: 22 Bde. und sechs Ergänzungsbde.]

Kordes Berend Kordes, Lexikon der jetztlebenden schleswig-holsteinischen und eutinischen Schriftsteller, Schleswig 1797

LhS Lexikon der hamburgischen Schriftsteller bis zur Gegenwart, begründet von Hans Schröder, 8 Bde., Hamburg 1851–83

Lübker/Schröder D[etlev] L[orenz] Lübker/H[ans] Schröder, Lexikon der Schleswig-Holstein-Lauenburgischen und Eutinischen Schriftsteller von 1796 bis 1828, 3 Bde., Altona 1829–31

Meusel Johann Georg Meusel, Lexikon der vom Jahr 1750 bis 1800 verstorbenen teutschen Schriftsteller, 15 Bde., Leipzig 1802–16

MGG (1. Aufl.)
  (2. Aufl.) Die Musik in Geschichte und Gegenwart. Allgemeine Enzyklopädie der Musik, 1. Aufl. hg. von Friedrich Blume, 16 Bde. und Registerbd., Kassel u. a. 1949–86 [MGG (1. Aufl.)]; 2., neubearb. Aufl. hg. von Ludwig Finscher, 21 Bde. in 2 Teilen, Kassel u. a. 1994 ff. [MGG (2. Aufl.)]

MHG Mitteilungen des Vereins für Hamburgische Geschichte

Müller Frank Müller, Mitglieder der Bürgerschaft. Opfer totalitärer Verfolgung, 2., überarb. und ergänzte Aufl. Hamburg 1995

Munzinger Internationales Biographisches Archiv, Ravensburg 1949 ff.

NDB Neue Deutsche Biographie, hg. von der Historischen Kommission bei der Bayerischen Akademie der Wissenschaften [bisher erschienen: 20 Bde.], Berlin 1953 ff.

NE Nordelbingen

Reinalter Helmut Reinalter/Axel Kuhn/Alain Ruiz, Biographisches Lexikon zur Geschichte der demokratischen und liberalen Bewegungen in Mitteleuropa, Bd. 1: 1770–1800, Frankfurt a. M./Bern/New York/Paris 1992 (Schriftenreihe der Internationalen Forschungsstelle »Demokratische Bewegungen in Mitteleuropa 1770–1850« Bd. 7)

RGG (2. Aufl.)
  (3. Aufl.)
  (4. Aufl.) Die Religion in Geschichte und Gegenwart. Handwörterbuch für Theologie und Religionswissenschaft, 2. Aufl. hg. von H. Gunkel und L. Zscharnack, 5 Bde. und Register, Tübingen 1927–32 [RGG (2. Aufl.)], 3. Aufl. hg. von K. Galling, 6 Bde. und Ergänzungsbd., Tübingen 1957-65 [RGG (3. Aufl.)]; 4. Aufl. hg. von Hans Dieter Betz, Tübingen 1998 ff. [bisher erschienen: 5 Bde.] [RGG (4. Aufl.)]

Rump Ernst Rump, Lexikon der bildenden Künstler Hamburgs, Altonas und der näheren Umgebung. Erweiterter Neudruck [der Ausgabe] Hamburg 1912, Hamburg 1980

Schiefler Gustav Schiefler, Eine Hamburgische Kulturgeschichte 1890–1920. Beobachtungen eines Zeitgenossen, bearb. von Gerhard Ahrens, Hans Wilhelm Eckardt und Renate Hauschild-Thiessen, Hamburg 1985 (Veröffentlichungen des Vereins für Hamburgische Geschichte 27)

SHBL Biographisches Lexikon für Schleswig-Holstein und Lübeck (bis Bd. 4: Schleswig-Holsteinisches Biographisches Lexikon), hg.

im Auftrag der Gesellschaft für Schleswig-Holsteinische Geschichte und des Vereins für Lübeckische Geschichte und Altertumskunde [bisher erschienen: 11 Bde.], Neumünster 1970 ff.

ThB Allgemeines Lexikon der bildenden Künstler von der Antike bis zur Gegenwart, begründet von U. Thieme und F. Becker, hg. von H. Vollmer, 37 Bde. und ein Ergänzungsbd., Leipzig 1907–54 [Neudruck Leipzig 1970]

TRE Theologische Realenzyklopädie, hg. von Gerhard Müller [bisher erschienen: 34 Bde.], Berlin u. a. 1977 ff.

Vollmer Allgemeines Lexikon der bildenden Künstler des XX. Jahrhunderts, hg. von Hans Vollmer, 5 Bde. und Registerbd., Leipzig 1953–62

Wi Wer ist's?, begründet und hg. von Herrmann A. L. Degener, 10 Bde., Berlin 1905 ff.; [Fortsetzung:] Wer ist Wer? Das deutsche Who's who, Berlin 1951 ff.

ZHG Zeitschrift des Vereins für Hamburgische Geschichte

ZSHG Zeitschrift der Gesellschaft für Schleswig-Holsteinische Geschichte

Aalweber

AALWEBER, eigentlich: Karl Weber, gest. 24. 8. 1854 Hamburg; Hamburger Original.

Zu den bekannten Originalen der Hansestadt gehörte »Aalweber«, der in der ersten Hälfte des 19. Jahrhunderts abends in Kneipen seine Fische aus dem Bauchladen anbot. Karl Weber war eigentlich Bürstenbinder von Beruf und wurde durch seine humorigen Verkaufsparolen zu einer stadtbekannten Figur. Zu seinem Habit gehörten eine helle Jacke, eine rote Weste und ein weißer Zylinder. Er starb 1854 im Armenhaus.

LITERATUR Daniel Tilgner, Kleines Lexikon Hamburger Begriffe. Von Aalweber bis Zitronenjette, 4., überarb. und erg. Aufl. Hamburg 2000. *Dirk Brietzke*

ABENDROTH, Amandus Augustus, geb. 16. 10. 1767 Hamburg, gest. 17. 12. 1842 ebd.; luth.; Jurist, Senator, Bürgermeister.

Amandus Augustus Abendroth verdankt seinen Bekanntheitsgrad in erster Linie seiner Funktion als *Maire* (Bürgermeister) der von Napoleon annektierten *Bonne Ville de Hambourg* in den Jahren von 1811 bis 1813 und seinen 1814 veröffentlichten Reformvorschlägen für die Zeit nach der Besatzungsherrschaft. Er fungierte darüber hinaus in zahlreichen Ämtern und zählte zu den sozial engagierten und aufgeklärt denkenden Bürgermeistern.

Nach dem Studium der Rechte in Erlangen und Göttingen, das er 1790 mit der Promotion abschloss, wurde Abendroth Advokat in Hamburg

und nahm seit 1791 an der Verwaltung der 1788 gegründeten Allgemeinen Armenanstalt teil. Seit 1792 war er mit Johanna Magdalena von Reck, der Schwägerin seines späteren Senatskollegen Johann Heinrich Bartels, verheiratet. Er schätzte seine Berufstätigkeit nur mäßig, engagierte sich aber bald in der Patriotischen Gesellschaft von 1765, dem Mittelpunkt aufklärerischer Bestrebungen, und griff 1794 publizistisch in eine Diskussion über die Befugnisse der Kirchspielherren in Bausachen ein. Abendroth erwarb sich das Vertrauen der Führungsschicht und wurde 1800 in den Senat gewählt. In den Jahren von 1806 bis 1809 war er als Prätor für die niedere Gerichtsbarkeit und das Polizeiwesen zuständig. Anschließend nahm er von 1809 bis 1811 als Amtmann in Ritzebüttel einen wichtigen, mit einer gewissen Selbstständigkeit verbundenen Außenposten wahr.

1811 wurde Abendroth von den seit 1806 in den Hansestädten präsenten französischen Okkupanten zum *Maire* von Hamburg ernannt. Obwohl es sich um ein Ehrenamt handelte, gewährte Napoleon dem wenig vermögenden und kinderreichen Abendroth ein Gehalt aus dem Gemeindeetat; diese Regelung bot aus Sicht der Franzosen den Vorteil eines gewissen Abhängigkeitsverhältnisses. Jedenfalls waren sie mit Abendroth zufrieden: Im April 1812 wurde er zum Mitglied im Pariser *Corps législatif* ernannt, einem nur selten und kurzzeitig zusammentretenden Akklamationsorgan des Kaisers; gleichwohl war dieser Posten gut dotiert. Im Sommer 1812 durften Abendroth und die drei anderen

Amandus Augustus Abendroth

Législateurs aus dem Departement der Elbmündungen im Pariser Innenministerium an Beratungen über die Verbesserung der französischen Verwaltung teilnehmen.

Zu der im Februar 1813 anberaumten Sitzung des *Corps législatif* erschien Abendroth nicht, da die Lage in Hamburg sich zuspitzte und in Paris laut daran gezweifelt wurde, ob er weiterhin die Doppelfunktion von *Maire* und *Législateur* wahrnehmen sollte. Während des Aufruhrs von Teilen der Hamburger Unterschichten gegen die personell stark ausgedünnten französischen Okkupanten am 24. Februar 1813 wurde auch Abendroth, der sich zuvor gegenüber dem französischen Präfekten für die Aufstellung einer einheimischen Bürgergarde, nicht jedoch für den Einsatz der traditionellen Bürgerwache eingesetzt hatte, von Angehörigen einer gewalttätigen Menge attackiert.

Nachdem die Franzosen Hamburg aus Furcht vor anrückenden russischen Truppen am 12. März verlassen hatten, versuchte der Pariser Innenminister Jean-Pierre Montalivet, Abendroth in seinen Ämtern zu halten, und bestätigte ihn als *Maire* wie auch als Mitglied des *Corps législatif*. Doch als der in russischen Diensten stehende Oberst Friedrich Carl Freiherr von Tettenborn an der Spitze eines russisch-preußischen Streifkorps am 17. März die Beseitigung der verbliebenen französischen Institutionen in Hamburg verlangte und mit Gewaltmaßnahmen drohte, löste Abendroth den Munizipalrat auf und spielte erneut seine Rolle im wieder zusammengetretenen Senat. Er war klug genug, sich in dem Streit zwischen der »Senatspartei« und der »Patriotenpartei« nicht auf eine Seite festzulegen. Ende Mai, als die Wiedereroberung der Stadt durch den alten und neuen Generalgouverneur Louis-Nicolas Davout unmittelbar bevorstand, verließ Abendroth Hamburg, konnte aber in den folgenden Monaten – nach seiner Amnestierung – wiederholt dorthin zurückkehren.

Anfang 1814 verbreitete Abendroth von Kiel aus seine »Wünsche bei Hamburgs Wiedergeburt« – erst »in vervielfältigten Exemplaren«, im Sommer dann auch als Druckschrift – und gab der postokkupationalen Reformdiskussion in Hamburg damit die wichtigsten Impulse. Er zeigte sich überzeugt, dass »aus dieser Vereinigung mit Frankreich […] noch ein spätes Heil für Hamburg hervorgehen« werde; es handele sich bei der vorübergehenden

Annexion um ein »unschätzbares Geschenk der Vorsehung«, das »Hamburgs Glück auf Jahrhunderte« begründen könne. Unter den Erwiderungen stachen die eher konservativen, aber im Großen und Ganzen zustimmenden »Bemerkungen« (1814) von Johann Michael Hudtwalcker hervor. Abendroth seinerseits replizierte dokumentengestützt auf die Rechtfertigungsschrift, die der in Frankreich ob mancher Maßnahmen während der Belagerung Hamburgs attackierte Davout verfasst hatte. Er plädierte für eine Reglementierung der Rückkehr der um die Jahreswende 1813/14 wegen mangelnder Verprovantierung aus Hamburg ausgewiesenen Bewohner, beteiligte sich aber zugleich an der Organisation ihrer Versorgung. Im Zuge der nach dem Ende der Besatzungszeit entstandenen kollektiven Erregung von manchen als Franzosenfreund verdächtigt und vom englischen Konsul der Londoner Regierung Alexander Cockburn als Kollaborateur hingestellt, wurde Abendroth von seinen Senatskollegen zwar nicht desavouiert, aber sowohl diese als wohl auch er selbst hielten es für geraten, dass er zunächst in Ritzebüttel bliebe. Mit der Gründung des Seebads Cuxhaven, einem der ersten deutschen Nordseebäder, gelang ihm dort 1816 eine zukunftsträchtige Innovation.

1821 kehrte Abendroth in doppelter Hinsicht ins Zentrum der Macht zurück: Im Hamburger Rathaus übernahm er als einer von zwei Polizeiherrn die Leitung der 1814 eingerichteten Polizeibehörde, welche jetzt in Anlehnung an französische Arrangements die vormaligen Institutionen von Wedde und Prätur vereinte. Im selben Jahr gründete er das Magdalenen-Stift für »gefallene Mädchen«. Abendroth förderte das Sparkassen- und Schulwesen, gründete 1827 die Hamburger Sparcasse und 1830 Hamburgs erste Warteschule (eine Art Kindertagesstätte). 1832 zog er – nach seiner 1831 erfolgten Wahl zum Bürgermeister – eine Bilanz der lange Jahre von ihm geleiteten Armenanstalt. Dagegen hatte er die Sonntagsschule in St. Georg, die ihm als eines der Zentren der restaurativen Erweckungsbewegung suspekt war, Mitte der zwanziger Jahre polizeilich observieren lassen. In seiner Antwort auf eine Flugschrift, die 1830 die in losem Zusammenhang mit der Pariser Julirevolution ausgebrochenen Hamburger »Septemberunruhen« durch Attacken auf die politische und soziale Ordnung in Hamburg zu rechtfertigen versuchte, verteidigte

Abendroth das seit 1814 Erreichte: »Ohne gewalttätige Erschütterung« habe es die Gesetzgebung sich angelegen sein lassen, »die verspürten Mängel und Fehler zu verbessern«. Die Hamburger könnten sich »keine wesentliche gesetzliche Veränderung« ihrer Verfassung wünschen: »Wir wissen, was wir haben, wissen aber nicht, was uns werden würde.«

WERKE Wünsche bey Hamburgs Wiedergeburt im Jahre 1814. Seinen patriotischen Bürgern gewidmet von A., Kiel o. J. [1814]; Antwort auf das Memoire des Herrn Marschall' Davout, seine Verwaltung und Vertheidigung Hamburgs betreffend. Mit 41 Beylagen. Geschrieben im November 1814, Hamburg 1815; Bemerkungen über die Armen-Anstalt von 1791 und 1830, Hamburg 1832.

LITERATUR ADB 1; NDB 1; LhS 1; Albers, Bd. 2, S. 385–391; Christian Friedrich Wurm, Memoriam viri consularis Amandi Augusti Abendroth J. U. D., Hamburg 1852; Franklin Kopitzsch, Amandus Augustus Abendroth – ein Hamburger Aufklärer, Reformer und Bürgermeister, in: »Gefährdete Mädchen«. 175 Jahre soziale Arbeit mit Mädchen und jungen Frauen im Abendroth-Haus, Münster 1997, S. 9–12, 134.   *Helmut Stubbe-da Luz*

August Abendroth

ABENDROTH, August, geb. 6. 10. 1796 Hamburg, gest. 19. 3. 1867 ebd.; luth.; Unternehmer, Bodenspekulant, Mäzen.

Dem ältesten Sohn des angesehenen und wohlhabenden Bürgermeisters Amandus Augustus Abendroth waren Wohlstand und exzellente gesellschaftliche Verbindungen in die Wiege gelegt worden. Sein Weg als erfolgreicher Kaufmann war damit vorgezeichnet.

Im Anschluss an sein Studium in Göttingen und Heidelberg (1816–20) zum Dr. jur. promoviert, arbeitete Abendroth in Hamburg zunächst als Advokat. Durch die Mitgift seiner Frau wurde es ihm ermöglicht, den Beruf aufzugeben und sich fortan unternehmerisch zu betätigen. Abendroth war seit 1823 mit Conradine Therese Sievert (1805–74) verheiratet, die als Erbin eines wohlhabenden Kaufmanns ein beträchtliches Vermögen in die Ehe eingebracht hatte. Aus der Verbindung gingen sechs Töchter hervor. Schon früh beschäftigte sich Abendroth, zu dessen Freundeskreis der einflussreiche Ingenieur William Lindley gehörte, mit Landerschließung und Bodenspekulation. 1837 kaufte er gemeinsam mit Carl Heine und Adolph Jencquel die Uhlenhorst, ein großes brachliegendes Gelände am östlichen Alsterufer, das heute den Kern des gleichnamigen Stadtteils bildet. Obwohl die »Landunternehmung Uhlenhorst« formal von den drei Geldgebern gemeinsam getragen wurde, hatte Abendroth von Anfang an die Federführung bei dem zunächst äußerst riskanten Projekt inne. Unter seiner Leitung wurde das Gelände in jahrelanger Arbeit entwässert, parzelliert und verkehrstechnisch erschlossen. Besonders prägend für die Gegend waren die von Abendroth initiierten so genannten »Uhlenhorster Bedingungen«, nach denen das direkt an der Alster gelegene Gebiet zwischen dem heutigen Uhlenhorster Weg und dem Langenzug weder mit Mehrfamilienhäusern noch mit gewerblichen Betrieben bebaut werden durfte. Dadurch entwickelte sich diese Gegend zu einer Art baulicher Visitenkarte der Stadt, wenngleich die »Uhlenhorster Bedingungen« in späteren Bebauungsphasen nicht mehr berücksichtigt wurden. Die »Landunternehmung Uhlenhorst« erwies sich schließlich als äußerst erfolgreich und gewinnbringend. Auch weitere Projekte, an denen Abendroth beteiligt war, mehrten seinen Wohlstand und Einfluss, namentlich der Bau der Eisenbahn von Hamburg nach Bergedorf in den Jahren von 1839 bis 1842 und die Fortführung der Strecke nach Berlin bis 1846 sowie die Erschließung des Hammerbrook. Damit war 1842 begonnen worden, und bereits ein Jahr später konnten die ersten Grundstücke veräußert werden. Weitere Erdarbeiten sowie der Bau von Brücken und Straßen dauerten noch bis 1856, die Bebauung mit Wohnhäusern und die Besiedlung des Hammerbrook begannen erst nach Aufhebung der Torsperre (1860). Neben eigenen Projekten beteiligte sich Abendroth an vielen anderen Unternehmen als Geldgeber.

Nachdem er ab 1838 Mitglied der Hamburger Baudeputation geworden war, wurde er wegen der Verquickung von privaten und öffentlichen Interessen jahrelang heftig angegriffen. In Zeitungsartikeln warf man ihm Gewinnsucht und einen »patriotischen Heiligenschein« vor. Dabei gehörte der Unternehmer, der zu den reichsten Hamburgern zählte und eine ansehnliche Villa am Neuen Jungfernstieg besaß (1905 abgebrochen), auch zu den Wohltätern der Stadt. Unter anderem unterstützte er den Garten- und Blumenbauverein, den St. Petri-Bauverein und die Wasch- und Badeanstalt am Schweinemarkt. Gemeinsam mit seiner Gattin gründete er 1848 den Abendrothschen Frauenverein, dem Rauhen Haus stand er von 1851 bis 1856 und erneut von 1859 bis 1867 als Verwaltungsrat vor, und die 1868 fertig gestellte Kunsthalle wurde von ihm großzügig bedacht. Nach den Unruhen von 1848 engagierte sich Abendroth zunächst im Juristenverein, später im Patriotischen Verein. Zwar gehörte er der neuen Bürgerschaft von 1860 bis 1862 als gewählter Abgeordneter an, aber seine politische Arbeit blieb letztlich ohne Konturen und hinterließ keine konkreten Spuren. 1864 wurde der Abendrothsweg in Hoheluft-Ost nach dem Unternehmer benannt.

LITERATUR Matthias Schmoock, Zwischen Bild und Image. Die Entwicklung des Hamburger Stadtteils Uhlenhorst und die Darstellung in Selbst- und Fremdzeugnissen. Von den ersten Quellen bis zur Baugesetzgebung 1902, Hamburg 2002 (Veröffentlichungen des Hamburger Arbeitskreises für Regionalgeschichte (HAR) 13); Henny Wiepking (Hg.), 400 Jahre Uhlenhorst. Geschichte, Geschichten und Bilder, Hamburg 1958.

Matthias Schmoock

ABUDIENTE, Mose de Gideon, geb. um 1610 Amsterdam oder Lissabon, gest. 4. 3. 1688 Hamburg; isr.; Rabbiner, Philologe, Autor.

Mose de Gideon Abudiente zählte zu den produktivsten und einflussreichsten Autoren der Hamburger Sefarden des 17. Jahrhunderts. Nach einem theologischen Studium in Amsterdam wirkte er dort 1624 an der Aufführung des von Reuel Jessurun alias Paul de Pina verfassten szenischen Dialogs »Dialogo dos 7 Montes« mit. Verheiratet war er mit Sara, der Tochter des 1632 in Hamburg verstorbenen Reuel Jessurun.

Abudiente lebte als Rabbiner und Privatgelehrter in Glückstadt und kam vor 1633 nach Hamburg. In diesem Jahr erschien in portugiesischer Sprache seine »Gramatica Hebraica«. Von besonderem Interesse ist die darin enthaltene Abhandlung über das Dichten in mehreren Sprachen. Weiterhin verfasste er zahlreiche Grabgedichte sowie Sonette in hebräischer Sprache, von denen einige ein Jahrhundert nach seinem Tode von dem 1805 in Hamburg verstorbenen Pädagogen Naftali Hirz Wessely in der Zeitschrift »HaMe'assef« veröffentlicht wurden.

1652 unterzeichnete Abudiente die Gründungsvereinbarung der aus drei privaten Synagogengemeinschaften hervorgegangenen Portugiesisch-Jüdischen Gemeinde Bet Israel. In den folgenden Jahren übernahm er immer wieder wichtige Gemeindeämter. Auf dem Höhepunkt der sabbatianischen Krise (1666) verfasste er die Predigtsammlung »Fin de los Días«. Der einen Konflikt mit der lutherischen Geistlichkeit befürchtende Vorstand der Portugiesisch-Jüdischen Gemeinde ordnete unverzüglich an, das Buch einzuziehen, und verhinderte damit dessen Verbreitung. »Fin de los Días« kann als erstes durch Subskription verlegtes Buch in Deutschland gelten: 33 Mitglieder der Hamburger Gemeinde subskribierten die Predigtsammlung, von der heute nur noch zwei Exemplare bekannt sind. Das Grab Mose Abudientes liegt auf dem Portugiesisch-Jüdischen Friedhof an der Königstraße.

WERKE Gramatica Hebraica [...], Hamburg 1633; Fin de los Días [...], Glückstadt (Hamburg) 1666.

LITERATUR LhS 2; Anthony Klijnsmid, ›Se qual o ouro entre todos os metais‹. Abudiente's Hebrew Grammar (1633), in: Michael Studemund-Halévy (Hg.), Die Sefarden in Hamburg. Zur Geschichte einer Minderheit, Bd. 1, Hamburg 1994 (Romanistik in Geschichte und Gegenwart 29), S. 319–373; Zvi Maleakhi, Moshe Gideon Abudiente et son œuvre littéraire, in: Michael Studemund-Halévy (Hg.), Die Sefarden in Hamburg. Zur Geschichte einer Minderheit, Bd. 1, Hamburg 1994 (Romanistik in Geschichte und Gegenwart 29), S. 307–317; Michael Studemund-Halévy, L'imprimerie séfarade à Hambourg et la censure protestante et rabbinique, in: Revue des Études Juives 159, 3/4 (2000), S. 485–500; ders., Biographisches Lexikon der Hamburger Sefarden. Die Grabinschriften des Portugiesenfriedhofs an der Königstraße in Hamburg-Altona, Hamburg 2000 (Hamburger Beiträge zur Geschichte der deutschen Juden 22), S. 228–238.

Michael Studemund-Halévy

Charlotte Ackermann

Dorothea Ackermann

ACKERMANN, *Charlotte* Maria Magdalena, geb. 23. 8. 1757 Straßburg, gest. 10. 5. 1775 Hamburg; luth.; Schauspielerin.

Die Tochter des berühmten Theaterdirektors Konrad Ackermann und jüngere Schwester von Dorothea Ackermann betrat schon als Vierjährige am 16. Oktober 1761 in Karlsruhe die Bühne. Seit 1765 spielte sie am neu errichteten Komödienhaus am Gänsemarkt, wenn die Gesellschaft nicht in Braunschweig, Altona oder anderen norddeutschen Städten weilte. Zuerst hauptsächlich als Balletttänzerin beachtet, spielte sie seit 1771 jugendliche Liebhaberinnen und war auch in Trauerspielen erfolgreich. In den Jahren von 1771 bis zu ihrem Tode trat sie in 116 neuen Rollen auf. Bedingt durch ihre Jugend und Lebhaftigkeit wurde sie ein gefeierter Liebling des Hamburger Publikums. Ihr früher Tod fand in der Stadt größte Beachtung und wurde Anlass zahlreicher Gelegenheitsdichtungen. In den nächsten zwei Jahrhunderten avancierte sie sogar zum Gegenstand historischer Romane. So veröffentlichte Otto Müller 1854 den Theaterroman »Charlotte Ackermann«, dessen von ihm selbst dramatisierte Fassung am 20. November 1854 am Hamburger Stadttheater aufgeführt wurde. Noch 1929 erschien ein gleichnamiger Roman von Albert Petersen.

LITERATUR ADB 1; NDB 1; Johann Friedrich Schütze, Hamburgische Theater-Geschichte, Hamburg 1794 [Nachdruck Leipzig 1975]; Berthold Litzmann, Friedrich Ludwig Schröder. Ein Beitrag zur deutschen Litteratur- und Theatergeschichte, 2 Teile, Hamburg/Leipzig 1890/94; Wilhelm Meier, Die letzten Tage der jüngeren Demoiselle M. M. Ch. A*** (Charlotte Ackermann). Ein Beitrag zur Geschichte des empfindsamen Briefromans, Kiel 1930; Eva Maria Merck, Die Freundinnen. Eine Episode aus dem Leben der Charlotte Ackermann. Roman, Baden-Baden. o. J.
Hans-Werner Engels

ACKERMANN, Caroline *Dorothea* Elisabeth, geb. 12. 2. 1752 Danzig, gest. 26. 10. 1821 Hamburg; luth.; Schauspielerin.

Dorothea Ackermann, Tochter des gebildeten Theaterpioniers Konrad Ackermann und der Schauspielerin Sophie Schröder, war eine hervorragende Künstlerin des Hamburger Theaters. Nachdem sie schon als Kind in Danzig auf der Bühne gestanden hatte, trat Dorothea mit ihrer beliebten, früh verstorbenen Schwester Charlotte Ackermann unter der Leitung ihres Stiefbruders Friedrich Ulrich Ludwig Schröder in Hamburg mit großem Erfolg auf. Ihre aktivste Zeit umschloss die Jahre 1769 bis 1778. Die äußerst fleißige und disziplinierte Künstlerin, die zudem als Sängerin und Tänzerin auf der Bühne stand, fand in der Rolle der Ophelia in Shakespeares »Hamlet« besondere Beachtung. Zu den Rollen, die sie in den Stücken der Sturm-und-Drang-Epoche übernahm, gehörte die Titelrolle in Goethes »Stella«. Ihr Stiefbruder sah in ihr »die erste Schauspielerin Deutschlands«. Als Dorothea Ackermann 1778 den in Altona lebenden Arzt und Dichter Johann Christoph Unzer heiratete, verließ sie die Bühne. Ihre einstige Bedeutung als Schauspielerin und die Heirat mit dem anerkannten Arzt ermöglichten ihr die Teilnahme am gesellschaftlichen Leben des Großbürgertums in Hamburg und Altona. Die Ehe war nur zu Beginn glücklich. Nach Zerwürfnissen kam es 1796 zu einem sehr unerquicklichen Scheidungsprozess. Die Prozessakten, die Unzer drucken ließ, um das Sorgerecht für die Kinder zu erhalten, wurden von Schröder aufgekauft und vernichtet. Nach der Scheidung lebte die »Doktorin Unzer« von 1797 bis zu ihrem Tod auf dem Landsitz ihres Stiefbruders Schröder in Rellingen bei Hamburg.

LITERATUR ADB 1; NDB 1; Johann Friedrich Schütze, Hamburgische Theater-Geschichte, Hamburg 1794; Berthold Litzmann, Friedrich Ludwig Schröder. Ein Beitrag zur deutschen Litteratur- und Theatergeschichte, 2 Teile, Hamburg/Leipzig 1890, 1894. *Hans-Werner Engels*

ADALGAR, gest. 9. 5. 909 Bremen; Erzbischof von Hamburg-Bremen.

Adalgar stammt wahrscheinlich aus einem altsächsischen Adelsgeschlecht. Er trat ins Kloster Corvey ein, als sein gleichnamiger Bruder dort Abt war. 865 folgte er Bischof Rimbert als Gehilfe nach Bremen. Er wurde noch von Ludwig dem Deutschen, Ludwig III. und Karl III. als Rimberts Koadjutor bestätigt und unter die königlichen Ratgeber aufgenommen. Von Rimbert mit königlicher Zustimmung zu seinem Nachfolger designiert, wurde er nach dessen Tod am 11. Juni 888 zum Erzbischof erhoben, von König Arnulf im Juni oder Juli 888 eingesetzt und von Papst Stephan V., den er in Rom aufsuchte, mit dem Pallium ausgestattet. Im Zentrum der Amtszeit Adalgars standen seit 890 die Auseinandersetzungen mit Erzbischof Hermann von Köln um die Wiedereingliederung Bremens in den Kölner Metropolitanverband, die an der Kurie, am ostfränkischen Königshof und auf Synoden geführt wurden. 893 verfügte Papst Formosus, Bremen dürfe nur so lange beim Erzbistum Hamburg bleiben, bis dieses eigene Suffraganbistümer gegründet habe, und der Erzbischof solle der Kölner Kirche aus »brüderlicher Liebe«, nicht aufgrund von Unterstellung, beistehen. Im Mai 895 wurden dann auf einer Synode und Reichsversammlung in Tribur wahrscheinlich sogar die Bremen betreffenden päpstlichen und kaiserlichen Privilegien Ham-

burgs mit Zustimmung König Arnulfs für ungültig erklärt. Adalgar konnte aber letztlich wohl mit Hilfe einer – später zugunsten des Erzbistums verfälschten – Urkunde von Papst Sergius III. von 906/908 die Verbindung zwischen dem Bistum Bremen und dem aus Hamburg verdrängten Missionserzbistum festigen und die Selbstständigkeit seiner Kirchenprovinz behaupten. Die innere und äußere Schwäche des geteilten und von den Normannen bedrohten Frankenreichs verhinderte allerdings die Fortführung der dem Erzbistum übertragenen Mission des europäischen Nordens, und das wohl immer noch kaum wiederaufgebaute Hamburg und Bremen waren selbst durch die Ungarneinfälle bedroht. Adalgar wählte in seinen letzten Lebensjahren den Corveyer Mönch Hoger zu seinem Koadjutor, der nach seinem Tod am 9. Mai 909 auch seine Nachfolge antrat. Der Erzbischof wurde in der von ihm über dem Grab Rimberts errichteten Michaeliskapelle bestattet.

LITERATUR NDB 1; Lexikon des Mittelalters, Bd. 1, München/Zürich 1980; Regesten der Erzbischöfe von Bremen, bearb. von Otto Heinrich May, Bd. 1, Hannover 1937 (Veröffentlichungen der Historischen Kommission für die Provinz Hannover, Oldenburg, Braunschweig, Schaumburg-Lippe und Bremen 11.1), S. 19–24; Karl Reinecke, Das Erzbistum Hamburg-Bremen und Köln 890–893, in: Stader Jahrbuch, Neue Folge, 63 (1973), S. 59–76; Richard Drögereit, Erzbistum Hamburg, Hamburg-Bremen oder Erzbistum Bremen? Studien zur Hamburg-Bremer Frühgeschichte. Friedrich Prüser (1892–1974) zum Gedächtnis, 1. Teil, in: Archiv für Diplomatik 21 (1975), S. 136–230, hier S. 217–229; Wolfgang Seegrün, Das Erzbistum Hamburg in seinen älteren Papsturkunden, Köln/Wien 1976 (Studien und Vorarbeiten zur Germania Pontificia 5), S. 43, 104. *Jürgen Sarnowsky*

ADAMS, Gustav Arno Heinrich *Kurt*, geb. 15. 12. 1889 Hamburg, gest. 7. 10. 1944 Konzentrationslager Buchenwald; luth.; Pädagoge, Politiker.

Kurt Adams war einer der engagiertesten Reformpädagogen in der Weimarer Republik. Der Sohn des Kaufmanns Richard Adams und seiner Frau Martha, geborene Thiele, schloss seine Schullaufbahn, die 1905 durch einen halbjährigen Paris-Aufenthalt unterbrochen worden war, 1908 an der Oberrealschule auf der Uhlenhorst mit dem Abitur ab. Der sprachbegabte junge Mann begann anschließend

Kurt Adams

ein Studium der Germanistik, Geschichte und französischen Sprache in Göttingen, das er 1913 mit Promotion und Staatsexamen in Greifswald abschloss. Noch im selben Jahr bewarb er sich, aufgrund eines Herzfehlers vom Militärdienst befreit, in Hamburg als Lehrer und wurde 1913 als Kandidat an der Oberrealschule vor dem Holstentor (heute Albrecht-Thaer-Gymnasium) angenommen. Bis zu seiner Entlassung 1933 unterrichtete er an dieser Schule.

In Hamburg entwickelte Adams eine ausgeprägte Aktivität in der jugend-, sozial- und schulpolitischen Reformarbeit, die ihn weit über die Stadtgrenzen hinaus bekannt machte. Leitmotiv war für ihn eine Erziehung »vom Kinde aus«. Die Förderung der Eigeninitiative der Schüler und die Verknüpfung des Unterrichts mit der gesellschaftlichen Realität standen im Mittelpunkt seiner Pädagogik. Eines seiner zahlreichen Projekte war beispielsweise die Einführung von zwei Wochenstunden »Gesamtunterricht«, in denen die Schüler Gelegenheit hatten, Fragen aus allen Lebensbereichen zu stellen und zu diskutieren.

Früh hatte sich Adams der Arbeiterbewegung angeschlossen, um hier die Jugend- und die Erwachsenenbildung zu fördern. Seit den zwanziger Jahren nahm er diese Aufgabe als Dozent der Volkshochschule wahr. Adams, der kurz nach dem Ersten Weltkrieg der SPD beigetreten war, wirkte maßgeblich beim Aufbau der sozialdemokratischen Jugendorganisation, der späteren Falkenbewegung, mit und war Mitglied der Reichsleitung der »Kinderfreunde«. Mit unermüdlicher Energie organi-

sierte er so genannte Kinderrepubliken, Ferienlager, die das Ziel verfolgten, den Kindern frühzeitig Strukturen der demokratischen Selbstverwaltung und die Grundlagen einer sozialistischen Gemeinschaft näher zu bringen.

1924 wurde Adams Bürgerschaftsabgeordneter, eine Kandidatur für den Reichstag im selben Jahr scheiterte nur knapp. In seiner parteipolitischen Arbeit konzentrierte er sich neben schulpolitischen Themen auf mietrechts- und finanzpolitische Fragen. 1929 wurde er vom Senat zum Leiter der Hamburger Volkshochschule ernannt, der er wichtige Impulse geben konnte.

Nach der Machtübernahme der Nationalsozialisten wurde Adams am 23. Juni 1933 aus politischen Gründen von allen staatlichen Ämtern ausgeschlossen. Das geringe Ruhegeld, das ihm gewährt wurde, reichte bei weitem nicht zur Ernährung seiner fünfköpfigen Familie. Er gründete daher einen kleinen Kaffee-Versandhandel; die Waren fuhr er, häufig über weite Strecken, selbst mit dem Fahrrad aus. So konnten seine drei Kinder weiterhin die kostenpflichtige Lichtwarkschule besuchen und ein Hochschulstudium aufnehmen. Gleichzeitig versuchte Adams, den Kontakt zu Parteifreunden aufrechtzuerhalten. Zeitweilig war sein Kaffeelager am Nikolaifleet ein Ausgangspunkt für die Verteilung von Flugblättern des sozialdemokratischen Widerstands. Im Zuge der Verhaftungsaktionen nach dem Attentat vom 20. Juli 1944 wurde Adams »aus vorbeugenden Gründen« von der Gestapo festgenommen und in das Konzentrationslager Buchenwald verschleppt. Dort starb er, wie ein Mithäftling später berichtete, am 7. Oktober 1944 infolge der Haftbedingungen an Lungenentzündung.

Im Hamburger Stadtteil Lohbrügge wurde 1967 der Kurt-Adams-Platz nach dem Pädagogen benannt.

WERKE Otto Ludwigs Theorie des Dramas. Mit einem Anhang: Versuch einer kritischen Würdigung, Greifswald 1912; Gesamtunterricht in der höheren Schule, in: Hamburger Lehrerzeitung 4. Jg. (1929), Nr. 10, S. 193 f.; Die Hamburger Volkshochschule im Urteil ihrer Hörer, Frankfurt a. M. 1931.

LITERATUR Müller; Franz Osterroth, Biographisches Lexikon des Sozialismus, Bd. 1: Verstorbene Persönlichkeiten, Hannover 1960; Jörg Bohn, Dr. Kurt Adams. Lehrer und Bürgerschaftsabgeordneter in Hamburg. Handreichung zum 50. Jahrestag der Machtergreifung der Nationalsozialisten in Hamburg, Hamburg 1982; John Hopp,

Kurt Adams. ›Hiermit fängt unser Ende an‹, in: Ursel Hochmuth/Hans-Peter de Lorent (Hg.), Hamburg. Schule unterm Hakenkreuz. Beiträge der »Hamburger Lehrerzeitung« (Organ der GEW) und der Landesgeschichtskommission der VVN/Bund der Antifaschisten, Hamburg 1985, S. 152–158; Der Freiheit verpflichtet. Gedenkbuch der deutschen Sozialdemokratie, hg. vom Vorstand der Sozialdemokratischen Partei Deutschlands, Marburg 2000, S. 16; Wolfgang Röll, Sozialdemokraten im Konzentrationslager Buchenwald 1937–1945, Göttingen 2000.

Felix Brahm

ADELUNGK, Wolffgang Henrich,

geb. 25. 12. 1649 Hamburg, gest. 16. 12. 1710 ebd.; luth.; Lehrer, Geschichtsschreiber.

Die bleibende Bedeutung des Hamburger Kirchenschullehrers Wolffgang Henrich Adelungk besteht darin, dass er die erste gedruckte Hamburger Chronik verfasste.

Adelungk, über dessen familiären Hintergrund wenig bekannt ist, besuchte die Jacobi-Kirchschule, wo er von Heino Lambeck, dem Vater des Hamburger Geschichtsprofessors und späteren Wiener Hofbibliothekars Peter Lambeck, unterrichtet wurde. Ein Studium war aus finanziellen Gründen nicht möglich. Seinen Lebensunterhalt verdiente Adelungk sich zunächst durch Musikunterricht, doch er war Autodidakt genug, um sich selbst fortzubilden, und eröffnete 1670 eine eigene Schule auf dem im Jacobi-Kirchspiel gelegenen Kattrepel. Zusätzliches Geld verdiente er durch Privatunterricht in Hamburger Kaufmannsfamilien. Noch im selben Jahr heiratete er Ilsabe Lüdemann, mit der er elf Kinder haben sollte, von denen allerdings vier bereits im Kindesalter verstarben.

Im Oktober 1673 brannten sowohl Adelungks Schule als auch seine Wohnung in einer großen Feuersbrunst ab. Nach großen Schwierigkeiten beim Wiederaufbau der Schule wurde er 1689 von Pastor Abraham Hinckelmann an die Armenschule von St. Katharinen berufen. Dort blieb er, bis er 1698 die Leitung der Knakerüggischen Schule – einer 1613 gestifteten Armenschule mit 28 Freiwohnungen für Witwen mit Kindern – übernehmen konnte, an der sein gleichnamiger Sohn (1682–1746) 1710 sein Nachfolger wurde.

Im Hinblick auf die schriftstellerische Tätigkeit Adelungks lassen sich drei Phasen unterscheiden. In den Jahren 1675 bis 1691 machte er Aufzeichnungen für sich und seine Nachkommen; anschließend betätigte er sich als Stadthistoriker, bevor er sich etwa im letzten Dezennium der Herausgabe von Schreibkalendern und Almanachen widmete. Aus der ersten Phase ist ein 1675 begonnenes »Memorialbüchlein« überliefert (Handschriftensammlung der Staats- und Universitätsbibliothek Hamburg), in dem Adelungk die Geschichte seines eigenen Lebens erzählt. Darüber hinaus berichtet er von besonderen Ereignissen in der Stadt, seien sie politischer oder krimineller Natur. Unter den Katastrophen tritt besonders die Feuersbrunst von 1673, von der er selbst betroffen war, hervor. Die politischen Ereignisse beschränken sich nicht auf innerstädtische Angelegenheiten, sondern betreffen auch die europäischen Kriege, die Auseinandersetzung mit den Türken sowie besondere Vorfälle im Kaiserhaus. Das »Memorialbüchlein« wurde später von Adelungks gleichnamigem Sohn, von dessen Ehefrau Margaretha Elisabeth, geborene Kähler, und von deren zweitem Ehemann, Caspar Hinrich Möller, fortgeführt.

Adelungks erste bekannte größere Publikation ist der »Thesaurus historiarum« von 1695, eine Sammlung »rarer und auserlesener Geschichten«, die allerdings nur noch in der zweiten Auflage von 1706 vorhanden ist. Ein Jahr später folgte die »Kurtze Historische Beschreibung«, eine Hamburger Stadtchronik, die er auf Anregung des Ratsbuchdruckers Conrad Neumann verfasste. Nach der Vorrede, in welcher er dem Leser Sinn und Zweck des Geschichtsstudiums erläutert, beginnt er die chronikalisch angelegte historische Beschreibung mit Überlegungen zum Alter der Stadt und nennt Karl den Großen als Stadtgründer. Neben der Stadtentwicklung wird auch die Geschichte des Domstiftes erzählt; wichtige außenpolitische Ereignisse, nicht zuletzt die Beziehungen zum Kaiser, finden ebenso Erwähnung wie innenpolitische. Für die Neuzeit nimmt sowohl die Anzahl der berichteten Ereignisse als auch die Dichte der Beschreibung zu, sodass für das 16. Jahrhundert die Reformation, für das 17. Jahrhundert der Dreißigjährige Krieg, das Verhältnis zu Dänemark sowie die Konflikte zwischen Rat und Bürgern als herausragende Begebenheiten erscheinen. Ferner finden die Bautätigkeit, die Hanse, das Seeräuberwesen, aber auch außergewöhnliche Ereignisse wie Epidemien, Unwetter, Feuersbrünste, Missgeburten und Himmelserscheinungen Erwähnung. Die gesamte Darstellung ist in mindestens drei Hinsichten ausgesprochen gegenwartsbezogen: erstens durch die Betonung des Luthertums, zweitens durch den Appell an politische Einigkeit in einer Zeit bürgerlicher Unruhen und drittens durch die Behauptung der Reichsfreiheit der Stadt. Der letzte Punkt führte am 12. März 1696 zu einem Verbot des Buches durch den dänischen König Christian V. Quellen der Darstellung sind vor allem die Werke von Albert Krantz (1448–1517), Peter Lambeck (1628–80), Adam Tratziger (1523–84) sowie einigen lutherischen Geistlichen der Zeit. Für das 17. Jahrhundert wurden auch einige Quellenabschriften in das Buch aufgenommen. Die im Anhang enthaltenen Amtslisten der Bürgermeister und Ratsherren, der Mitglieder des Geistlichen Ministeriums, der Oberalten sowie der Colonellschafft deuten einerseits auf die Loyalität des Verfassers gegenüber den Institutionen, die für die Aufrechterhaltung der öffentlichen Ordnung stehen, hin, andererseits auf die Intention Adelungks und seines Auftraggebers, im Anschluss an die Jastram-Snitgerschen Unruhen in der Stadt eine ungebrochene Kontinuität der obrigkeitlichen Institutionen darzustellen. Sowohl Adelungks Kenntnis antiker Autoren als auch sein an Cicero geschultes Geschichtsverständnis (historia magistra vitae) sind für einen Kirchen- und Armenschullehrer erstaunlich.

Aus Adelungks »Memorialbüchlein« geht hervor, dass er eine eigene Bibliothek besessen haben muss und dass er in Kontakt mit dem seit 1672 in und bei Hamburg wohnenden Literaten und Polyhistor Eberhard Werner Happel (1647–90) stand.

Weiteres Zubrot konnte er sich durch das Verfassen der jährlich erscheinenden Kalender und Almanache verdienen, von denen ein erster 1696 erschienen sein soll. Diese Schreib- oder Kuriositätenkalender enthalten neben dem Kalendarium, das auf einer Doppelseite den Überblick über eine Woche, zwei Wochen oder einen ganzen Monat gewährt und den Sonnen-, Mond- und Planetenstand angibt, auch außergewöhnliche Historien, mitunter Rückblicke auf frühere Ereignisse sowie Wetterangaben und astrologische Vorschauen, so genannte »Prognostica«. Die Almanache umfassen zudem Übersichten über die hamburgischen Postverbindungen sowie Markt-, Predigt- und Gerichtstage, die Schreibkalender der Jahre 1707 bis 1710 eine Tabelle mit der Viehakzise und die Kuriositätenkalen-

der weitere außergewöhnliche Historien im Anhang.

WERKE Schriftenverzeichnis in: LhS 1 [in Nr. 8 Jgg. 1711 und 1712, in Nr. 9 Jgg. 1706 und 1707 nicht von Adelungk]; Kurtze Historische Beschreibung der Uhr-Alten Kayserlichen und des Heil. Römischen Reichs Freyen- An- See- Kauff- und Handels-Stadt Hamburg [...], Hamburg 1696 [Nachdruck Neusäß/Augsburg 1989, mit Kommentar von Rainer Postel].

LITERATUR LhS 1; Jöcher 1; Böning 1; Joseph Ludewig de Bouck, Aus dem Leben des hamburgischen Geschichtschreibers Wolffgang Henrich Adelungk und dessen gleichnamigen Sohnes [...], Hamburg 1863; Susanne Rau, Geschichte und Konfession. Städtische Geschichtsschreibung und Erinnerungskultur im Zeitalter von Reformation und Konfessionalisierung in Bremen, Breslau, Hamburg und Köln, Hamburg/München 2002 (Hamburger Veröffentlichungen zur Geschichte Mittel- und Osteuropas 9), S. 106, 350, 395, 443.
Susanne Rau

ADOLF III., gest. 1225; Graf von Holstein und Stormarn.

Adolf III., Graf von Holstein und Stormarn seit 1164, konnte zunächst auf der Förderung der Landesherrschaft aufbauen, die sein Vater, Adolf II., durch Heinrich den Löwen, den Herzog von Sachsen, erfahren hatte. Der Herzog hatte Adolf II. das slawische Wagrien und die Burg Segeberg übertragen. Um die gleiche Zeit (1143) hatte Adolf II. die slawische Hafensiedlung Lübeck zu einer holsteinischen Stadt ausgebaut. Als aber Heinrich der Löwe als Herzog von Sachsen und Bayern 1180 auf reichsrechtlichem Wege gestürzt wurde, fiel Adolf III. von ihm ab. Vorübergehend verlor er 1180/81 und nochmals 1189/90, als Heinrich der Löwe aus England zurückkehrte, die Verfügung über einen großen Teil seiner Herrschaftsrechte. Zu dieser Zeit befand Adolf III. sich auf dem Kreuzzug, zu dem er mit Kaiser Friedrich I. aufgebrochen war. 1191 kehrte er aus dem Orient zurück, verlor aber um 1202 seine Herrschaftsrechte in Holstein, Stormarn und Wagrien an den König von Dänemark und an den von diesem eingesetzten Grafen Albrecht von Orlamünde.

In den Jahren zwischen den ersten Auseinandersetzungen mit Heinrich dem Löwen und dem Aufbruch zum Kreuzzug fand Adolf III. 1186 oder 1187 die Zeit, die »neue Burg« in der Alsterschleife bei Hamburg in eine städtische Siedlung umzuwandeln. Zum Jahre 1187 wird die Neustadt Hamburg erstmals erwähnt, und zwar bei dem Geschichtsschreiber Arnold von Lübeck. Vermutlich hat der Graf dem Lokator und den Siedlern der Neustadt mündlich Privilegien erteilt, wie sie in das Privileg für die Neustadt eingegangen sind, das auf seinen Namen 1224 gefälscht wurde, nämlich: den Erlass von Gerichtsgefällen für drei Jahre, die Anwartschaft des Lokators Wirad von Boizenburg und seiner Erben auf einen Teil der Gerichtsgefälle und die Zusage, für die Neustadt Hamburg eine kaiserliche Privilegien-Bestätigung zu erwirken. Außerdem hat der Graf wahrscheinlich das Grundstück übertragen, auf dem die Nikolai-Kapelle gebaut werden sollte, die im 13. Jahrhundert zur Pfarrkirche St. Nikolai wurde. Zu der in Aussicht gestellten kaiserlichen Privilegien-Bestätigung ist es bei Lebzeiten Adolfs III. nicht mehr gekommen. Das Privileg Kaiser Friedrichs I., das der Graf erwirkte und das aus der verfälschten Fassung zu erschließen ist, verlieh ein zusätzliches Privileg. Erst der Sohn und Nachfolger Adolfs III., Adolf IV., erhielt von Kaiser Friedrich II. ein Privileg, das wenigstens der Graf als Einlösung des Versprechens sehen mochte, das sein Vater gegeben hatte.

Eine von dem Bildhauer Engelbert Peiffer geschaffene Statue Adolfs III. steht seit 1883 auf der Trostbrücke, die einst die erzbischöfliche Altstadt mit der gräflichen Neustadt verband.

LITERATUR ADB 1; NDB 1; Ulrich Lange, Grundlagen der Landesherrschaft der Schauenburger in Holstein, Teil 1, in: ZSHG 99 (1974), S. 9–93; Gerhard Theuerkauf, Hamburg und der Elbhandel im Mittelalter, in: Jürgen Ellermeyer/Rainer Postel (Hg.), Stadt und Hafen. Hamburger Beiträge zur Geschichte von Handel und Schiffahrt, Hamburg 1986 (Arbeitshefte zur Denkmalpflege in Hamburg 8 = Veröffentlichung des Hamburger Arbeitskreises für Regionalgeschichte 2), S. 33–43, hier S. 33 f.; Gerhard Theuerkauf, Urkundenfälschungen der Stadt und des Domkapitels Hamburg in der Stauferzeit, in: Fälschungen im Mittelalter. Internationaler Kongreß der Monumenta Germaniae Historica, München, 16.–19. September 1986, Bd. 3: Diplomatische Fälschungen 1, Hannover 1988 (Monumenta Germaniae Historica. Schriften 33/3), S. 397–431.

Gerhard Theuerkauf

Adolf IV.

ADOLF IV., gest. 8. 7. 1261; Graf von Holstein und Stormarn, Franziskaner.

Adolf IV., Graf von Holstein und Stormarn seit 1225, trat nach der Niederlage und Gefangennahme Albrechts von Orlamünde in die Herrschaftsrechte seines Vaters, Adolfs III., ein. An der Schlacht bei Bornhöved (1227) gegen König Waldemar II. von Dänemark war Adolf IV. beteiligt. Der (Neu-)Stadt Hamburg verlieh er 1225 ein Privileg, in dem er ein durch Graf Adolf III. angeblich bestätigtes, verfälschtes Privileg Kaiser Friedrichs I. bestätigte. Auf Bitten Adolfs IV. bestätigte Kaiser Friedrich II. im Mai 1232 der Altstadt und der Neustadt Hamburg in getrennten Privilegien Rechte, wie sie das auf den Namen Adolfs III. 1224 gefälschte Privileg für die Neustadt Hamburg enthielt. Damit sollte die Zusage Adolfs III., für die Neustadt eine kaiserliche Privilegienbestätigung zu erwirken, erfüllt werden. Allerdings waren – im stadt- und landesherrlichen Interesse Graf Adolfs IV. – die Formulierungen der Privilegien so inhaltsarm, dass die Stadt Hamburg sich weigerte, diese durch Gebührenzahlung einzulösen. Die beiden Privilegien verblieben beim Grafen. Auch dem Domkapitel zu Hamburg bestätigte der Graf 1238 ein auf den Namen seines Vaters gefälschtes Privileg nur mit Einschränkungen. Nicht verhindern konnte Adolf IV., dass der Stadt Lübeck 1227 durch Kaiser Friedrich II. die Reichsfreiheit verliehen wurde. Der Graf förderte den Siedlungsausbau, das Städte- und das Klosterwesen. 1239 wurde Adolf Mönch des Franziskanerordens – ohne sich jedoch völlig aus der Politik zurückzuziehen. Er lebte in Klöstern, die er selbst gestiftet hatte, zunächst im Maria-Magdalenen-Kloster zu Hamburg, dann im Marienkloster zu Kiel. In dessen Kreuzgang ist sein Grabstein erhalten. In der Hamburger Altstadt erinnern der 1821 nach dem Grafen benannte Adolphsplatz und die benachbarte Adolphsbrücke (1843) an Adolf IV.

LITERATUR ADB 1; NDB 1; Ulrich Lange, Grundlagen der Landesherrschaft der Schauenburger in Holstein, Teil 2, in: ZSHG 100 (1975), S. 83–160; Gerhard Theuerkauf, Urkundenfälschungen der Stadt und des Domkapitels Hamburg in der Stauferzeit, in: Fälschungen im Mittelalter. Internationaler Kongreß der Monumenta Germaniae Historica, München, 16.–19. September 1986, Bd. 3: Diplomatische Fälschungen 1, Hannover 1988 (Monumenta Germaniae Historica. Schriften 33/3), S. 397–431.

Gerhard Theuerkauf

AHLEFELDT, Detlev von, geb. 20. 2. 1617 Gelting / Kreis Schleswig-Flensburg, gest. 25. 11. 1686 Hamburg; luth.; Gutsbesitzer, Offizier, Amtmann, Generalkriegskommissar, Diplomat.

Detlev von Ahlefeldt diente drei dänischen Königen als Rat, Amtmann und Diplomat: Christian IV., Friedrich III. und Christian V.; er war aber auch einer der profiliertesten Vertreter der Schleswig-Holsteinischen Ritterschaft bei der Auseinandersetzung mit den Anfängen des dänischen Absolutismus.

Im Anschluss an eine sorgfältige Hauslehrerbildung und eine ausgedehnte Bildungsreise mit Studienaufenthalt in Paris übernahm Ahlefeldt 1640 das väterliche Gut Haseldorf. Nach der Eheschließung mit Ida Pogwisch (1642) kamen die Güter Haselau und Kaden hinzu. Bis 1643 lebte er abwechselnd auf der Burg Haseldorf und in einem Stadthaus der Familie in Hamburg. Während dieser Zeit trat er in Kontakt mit dem Dichter und Wedeler Pastor Johann Rist, dessen Bemühungen, ihn als Mitglied des Elbschwanenordens zu gewinnen, er sich allerdings entzog.

Seine militärische Karriere begann Ahlefeldt 1643 als Rittmeister, indem er für König Christian IV. zwei Reiterkompanien aufstellte. Schon ein Jahr später wechselte er in die Dienste der Landgräfin Anna-Elisabeth von Hessen-Kassel über, was aber nicht zu dem erhofften wirtschaftlichen Aufstieg führte. Obgleich bis zum Oberst avanciert, musste er hochverschuldet nach Holstein zurückkehren. Nach 1648 hielt er sich überwiegend in Hamburg auf, einerseits weil er die Privilegien der Ritterschaft im Schauenburger Hof zu verwahren hatte, andererseits weil er nach neuen Aufgaben suchte.

1652 wurde Ahlefeldt Amtmann von Flensburg und konnte von dieser Position aus eine bemerkenswerte politische Karriere durchlaufen: Während des Schwedisch-Polnischen Krieges (1655–60) war er Generalkriegskommissar, danach wurde er für diplomatische Aufgaben in Kursachsen, Hessen, Kurpfalz und Kurbrandenburg herangezogen. 1667 wurde er mit dem Elefantenorden, der höchsten dänischen Auszeichnung, geehrt. Seine Hoffnungen auf höchste Staatsämter und eine Standeserhöhung wurden jedoch enttäuscht; stattdessen fiel er einer Hofintrige zum Opfer und wurde 1668 aller Ämter enthoben. Seine Versuche, in Dresden und Berlin zu Ämtern und Würden zu gelangen, scheiterten ebenfalls.

Auf Betreiben des dänischen Reichskanzlers Peter Graf von Griffenfeld wurde Ahlefeldt 1676 heimlicher Unterhandlungen mit Schweden beschuldigt. Obgleich er nach dem Sturz Griffenfelds rehabilitiert wurde, war an ein Avancement im Staatsdienst nicht mehr zu denken. Seine Ernennung zum Geheimen Rat konnte die übrigen Zurücksetzungen kaum kaschieren. Die letzten Verhandlungen, die ihm aufgetragen wurden, führten ihn noch einmal nach Berlin und Dresden; von Bedeutung waren sie nicht. Ahlefeldt nahm 1680 seinen Abschied – verbittert über die ihm zuteil gewordene Behandlung. Er zog sich nach Hamburg zurück, wo er sich historischen, philosophischen, theologischen und okkultistischen Studien und der Führung von Prozessen gegen die Bauern der Haseldorfer Marsch beim Reichskammergericht in Speyer widmete. Die Güter hatte er bereits 1678 an seine Söhne übertragen. Seine letzten Lebensjahre verbrachte er, betreut von seiner Tochter Anna Clarelia, die er Jahre zuvor verstoßen hatte, in Hamburg.

Seine »Memoires oder Kurtze Erzehlung meineß Lebenßlauffes«, deren Niederschrift er 1678 in

Dresden begann und die nur fragmentarisch erhalten sind, weisen ihn als einen scharfsinnigen, spöttischen, aber auch zur Selbstironie fähigen Beobachter und als glänzenden Erzähler aus. Obgleich sie nur die Jahre bis 1659 umfassen, stellen sie eine einzigartige kulturhistorische Quelle und ein beachtenswertes Dokument barocker Literatur dar. In der deutschen Literatur des 17. Jahrhunderts, in der aufschlussreiche Selbstdarstellungen selten sind, gibt es kaum Vergleichbares. Bis auf einige Aufzeichnungen über Geistererscheinungen, die Petrus Goldschmidt nach Ahlefeldts Tod in seinem »Höllischen Morpheus« (1698) benutzte, blieben seine Arbeiten und die meisten seiner Aufzeichnungen bisher ungedruckt; er selbst hat eine Veröffentlichung nie erwogen, sondern betrieb seine Studien im besten Sinne dilettantisch, wie es dem Selbstverständnis des Adels im 17. Jahrhundert entsprach.

WERKE Af Geheimeraad Ditlev Ahlefeldts Momoirer, Dagbogsoptegnelser og Brevbøger, hg. von Louis Bobé, Kopenhagen 1895 [Leseausgabe mit deutschem Vorwort unter dem Titel: Geheimrat Detlev v. Ahlefeldts Memoiren aus den Jahren 1617–1659, hg. von Louis Bobé, Kopenhagen 1896].

LITERATUR NDB 1; SHBL 5; Dansk biografisk Leksikon, hg. von Carl Frederik Bricka, Bd. 1, Kopenhagen 1887; Dansk biografisk Leksikon, red. von Povl Engelstoft, Bd. 1, Kopenhagen 1933; Eckardt Opitz, Detlev von Ahlefeldt als Amtmann von Flensburg. Eine Studie zur schleswig-holsteinischen Lokalverwaltung in der Inkubationszeit des dänischen Absolutismus, in: ZSHG 101 (1976), S. 171–258.

Eckardt Opitz

AHLERS-HESTERMANN, Tatiana,
geb. 28. 3. 1919 Hamburg, gest. 30. 1. 2000 ebd.; ev., seit 1944 kath.; Bildstickerin, Textil-, Mosaik- und Kirchenfensterkünstlerin.

Als Tochter des Hamburger Sezessionisten Friedrich Ahlers-Hestermann und der aus Russland stammenden Malerin Alexandra Povòrina war der Berufsweg von Tatiana Ahlers-Hestermann vorgezeichnet. In ihren bildnerischen Äußerungen fand sie jedoch einen ganz eigenen Weg.

Die starke Bindung zwischen Vater und Tochter blieb lebenslang bestehen. Die Kölner Jahre Friedrich Ahlers-Hestermanns, der ab 1928 Professor an den Werkschulen der katholischen Domstadt war, prägten Tatianas Leben. Hier erhielt sie von 1936 bis 1938 ihre Ausbildung zur Textilkünstlerin. Auf ein

Tatiana Ahlers-Hestermann

anschließendes Jahr textiles Arbeiten an der Hochschule für Angewandte Kunst in München (1938/39), wo sie alle Epochen der Stickkunst studierte, folgten Abendkurse in Malen und Zeichnen an der Reimann Schule in Berlin (1939–42). Hier lebte die Künstlerin während des Krieges mit ihren Eltern. In Berlin erhielt sie auch die ersten größeren Aufträge.

1944 konvertierte Tatiana Ahlers-Hestermann zum katholischen Glauben. 1946 wurde der Vater als Direktor an die Landeskunstschule nach Hamburg berufen. Während ihre Mutter in Berlin eine Dozentur an der Kunsthochschule Berlin-Weißensee übernahm, begleitete Tatiana den Vater in die Hansestadt und wohnte mit ihm im Schulgebäude am Lerchenfeld.

Nach seiner Emeritierung 1951 blieb sie in Hamburg, wo sie in der Aufbruchstimmung der Nachkriegszeit im lebendigen Kreis von Künstlern und Kollegen ihre Fertigkeiten ausweitete und sich an neue Techniken wagte. Neben Tapisserien, Messgewändern, Altar- und Kanzelantependien entwarf sie nun auch Glasfenster und Mosaiken, oft mit religiösen Bildinhalten, für Klöster und Kirchen beider Konfessionen.

Von den empfindlichen Tapisserien sind die frühesten aus den dreißiger Jahren erhalten. Motive aus Märchen und Sagen wie »Jorinde und Joringel« oder »Parsifal« entfalten Glanz und Stimmung aus den verwendeten Materialien Seide, Gaze, Tüll, Gold- und Silberfäden sowie Perlenstickerei.

Trotz ihrer durch Material und Mode bedingten

Vergänglichkeit sind in Hamburg in kirchlichen, öffentlichen und privaten Einrichtungen noch 27 Arbeiten von Tatiana Ahlers-Hestermann aus der Zeit zwischen 1948 (Tapisserie im St. Elisabeth Kinderheim, Bergedorf) und 1998 (Glasfenster an einer Jugendstilvilla in der Osterfeldstraße 70) erhalten. In den Kirchen St. Paulus Augustinus (1968), St. Michael (1978), St. Christopherus (1978), St. Franziskus (1979), St. Stephan (1980) und St. Martin (1997) fällt das Licht bis heute durch die Glasfenster der Künstlerin. Außer in der Hansestadt existieren Werke von ihr in Berlin, Kiel, Travemünde und Lüneburg. 1965 schuf sie Glasfenster für eine Kapelle auf dem deutschen Soldatenfriedhof in Bastia auf Korsika und 1981 eine Tapisserie für den Katolska Stiftsgarden im schwedischen Marielund.

Tatiana Ahlers-Hestermann war Mitglied des Berufsverbands bildender Künstler und der Gemeinschaft Deutscher und Oesterreichischer Künstlerinnenvereine aller Kunstgattungen (GEDOK) in Hamburg sowie seit 1976 als einzige Frau berufenes Mitglied der Kunstkommission des Hamburger Kirchenverbandes.

LITERATUR Friedrich Ahlers-Hestermann, Pause vor dem dritten Akt, Hamburg 1949 [Nachdruck Hamburg 1975]. *Karin von Behr*

AITZEMA, Foppe van, geb. um 1580 Midlum/ Ostfriesland, gest. 27. 10. 1637 Wien; ref., gegen Ende seines Lebens kath.; niederländischer Jurist und Diplomat, Resident der Generalstaaten bei den Hansestädten.

Als Sohn eines niederländischen Pastors, der 1567 nach seinem Übertritt zum reformierten Glauben des Landes verwiesen worden war und für einige Jahre in Leer und Midlum/Ostfriesland neue Pfarrstellen gefunden hatte, studierte Foppe van Aitzema Philologie, Recht und Philosophie an der Akademie in Franeker und den Universitäten in Leiden, Helmstedt und Wittenberg. Nach Abschluss des Studiums bereiste er fast ganz Westeuropa und knüpfte erste, für seinen späteren Werdegang wichtige Kontakte. 1605 trat er in den Dienst des Herzogs Heinrich Julius von Braunschweig-Wolfenbüttel, der ihn 1607 zu seinem »Rat und Diener« berief mit dem Auftrag, regelmäßig Bericht über die Vorgänge im Reich und dem Niedersächsischen Kreis zu erstatten. 1612 wurde Aitzema vom Herzog

zunächst zum Vizekanzler, dann zum Kanzler des Stifts Halberstadt bestellt. Nach dem Tod von Herzog Heinrich Julius im Juli 1613 beschuldigte ihn dessen Nachfolger Herzog Friedrich Ulrich der ungerechtfertigten Bereicherung. Aitzema wurde seiner Posten enthoben und durfte Halberstadt nicht verlassen. Nach einem gescheiterten Fluchtversuch setzte man ihn für neun Monate gefangen. Seine Rehabilitation durch Kaiser Ferdinand II. erfolgte erst 1634.

Im Jahr 1617 wurde Aitzema von den Generalstaaten zum Agenten bei den Hansestädten mit Wohnsitz in Lübeck bestellt. Ende 1619 verlegte er seinen Amtssitz nach Hamburg, da die Stadt als internationaler und neutraler Handelsplatz ständig an Bedeutung gewann; die Generalstaaten erhoben ihn »wegen der Reputation und Ehre« zum Residenten. In dieser Funktion berichtete er nach Den Haag regelmäßig über alle politischen Entwicklungen in Nordeuropa, unterbreitete Vorschläge, nahm, soweit erforderlich, an den Hansetagen teil, begleitete und beriet 1618 eine niederländische Delegation zum König von Dänemark und vermittelte in aufbrechenden Konflikten. Hervorzuheben sind seine Schlichtungsbemühungen 1619/20 zwischen Hamburg und Lübeck einerseits und dem Herzog von Braunschweig-Lüneburg andererseits im Konflikt um den Gammerdeich, die zum Frieden von Boizenburg führten, sowie sein Eintreten für Hamburg während der Elbblockade durch Christian IV.

Aitzemas ruhige und besonnene Art, »in der nüchternes Referat und feine Beobachtung sich vermischten« (Droysen), verschaffte ihm bei seinen Zeitgenossen hohes Ansehen. Erfolglos blieben dagegen seine ab 1621 unternommenen Versuche, nach Ablauf des Waffenstillstandes mit Spanien Hamburg, Lübeck und weitere Hansestädte zur Unterstützung der Generalstaaten zu bewegen. Während der militärischen Auseinandersetzungen in Norddeutschland im ersten Jahrzehnt des Dreißigjährigen Krieges, die 1629 mit dem Frieden zu Lübeck endeten, dirigierte Aitzema von Hamburg aus alle gegen die »Papisten« gerichteten Unterstützungsmaßnahmen der Generalstaaten für Dänemark, den Niedersächsischen Kreis und den Administrator von Magdeburg, was 1628 zur – unbeachtet gebliebenen – Aufforderung der kaiserlichen Feldherrn Wallenstein und Tilly an den Hamburger Rat führte, den Residenten nicht länger in der Stadt zu dulden. Doch schon im nächsten Jahr reiste Aitzema auf Bitten Wallensteins nach Den Haag mit dem Ersuchen, man möge den kaiserlichen, insbesondere »seinen« mecklenburgischen Städten die gleichen Handelsprivilegien einräumen wie den hansischen, was diese gestatteten. Selbst Hamburg, Bremen und Lübeck hatten dieses Ersuchen gegen die Zusicherung freien Handels unterstützt. Aufgrund seiner guten Beziehungen zu Wallenstein erhielt Aitzema Anfang 1630 von den Generalstaaten den Auftrag, bei dem auf seinen Gütern in Glitschin/Böhmen weilenden Feldherrn die kaiserliche Neutralität im Kampf der jungen Republik gegen Spanien zu erwirken. Ebenso ergebnislos wie diese Initiative blieben die Vermittlungsbemühungen Aitzemas in dem wieder aufflammenden Streit zwischen Hamburg und Dänemark um den Elbzoll in den Jahren 1629 bis 1633. Von 1634 bis 1637 führte er beim Kaiser in Wien erneut vergebliche Verhandlungen über die Neutralität des Reiches im Konflikt mit Spanien und den Rückzug der kaiserlichen Truppen aus den niederländischen Provinzen. In diesen Jahren verblasste der Ruf des Residenten in den Niederlanden. Seine eigenmächtigen Verhandlungen über einen von den Generalstaaten nicht gewünschten Separatfrieden zwischen dem Kaiser und Schweden, sein Übertritt zum katholischen Glauben, der aufkeimende, durch die 1635 erfolgte Erhebung in den Freiherrenstand genährte Verdacht, in kaiserliche Dienste treten zu wollen, und weitere Vorwürfe führten zum Rückruf des Residenten nach Den Haag. Einer Warnung folgend, entging er in Hamburg der Ergreifung durch einen niederländischen Kommissar, der selbst den Hamburger Rat um Hilfe bei der Festsetzung des Residenten gebeten hatte. Aitzema floh über Lübeck, Danzig und Prag nach Wien, wo er noch im selben Jahr verstarb.

WERKE Poemata Juvenilia, Paris 1605; Dissertationum ex Jure Civili libri II, Helmstedt 1607.

LITERATUR NDB 1; Christian Friedrich Wurm, Studien in den Archiven von Braunschweig, Bremen, Haag (niederländ. Reichsarchiv) und Wolfenbüttel über die Lebensschicksale des Foppius van Aitzema […], in: Programm des Hamburgischen akademischen- und Realgymnasiums von Ostern 1853 bis Michaelis 1854, Hamburg 1854, S. 1–70; ders., Urkundliche Mittheilungen über die Schuld und die letzten Schicksale des Foppius van Aitzema. Nachtrag zum vorjährigen Osterprogramm, in: Programm des Hamburgischen akademischen- und Realgymnasiums von Ostern 1854 bis Ostern 1855, Hamburg 1855, S. 43–57; Gerrit Das, Foppe van Aitzema. Bijdrage tot de kennis van de diplomatieke betrekkeningen der Nederlanden tot Denemarken, de Hanzesteden, den Nedersaksischen Kreits en den Keizer tijdens den dertig-jarigen oorlog, Utrecht 1920; Golo Mann, Wallenstein. Sein Leben, 3. Aufl. Frankfurt a. M. 1971, S. 657–663. *Karl-Klaus Weber*

ALBRECHT, Max, geb. 24. 10. 1851 Liegnitz (Niederschlesien), gest. 12. 12. 1925 bei Hamburg; luth.; Erdölfachmann, Industrieller.

Max Albrecht baute seit Ende der siebziger Jahre des 19. Jahrhunderts Anlagen zur Herstellung der damals neuen Mineralölschmierstoffe unter anderem in Hamburg auf und war an der Modernisierung des Rohöl-Seetransports durch Tankschiffe beteiligt.

Albrecht entstammte einer deutsch-jüdischen Kaufmanns- und später Juristenfamilie; sein Großvater väterlicherseits, Samuel Albrecht (1779–1855), war Großkaufmann in Hamburg, der Onkel Siegfried Albrecht (1819–85) Präsident des Hanseatischen Oberlandesgerichts und der Vetter Adolf Hermann Albrecht Präsident des Hamburger Landesfinanzamtes. Schon während seines Studiums beschäftigte sich Max Albrecht mit der Chemie der Kohlenwasserstoffe. Nach seiner Promotion in Halle 1871 arbeitete er zunächst im Auftrag der sächsischen Braunkohlenindustrie an der Erzeugung von Mineralölen aus Braunkohle. 1874 übernahm er die Leitung einer nach seinen Plänen erbauten Fabrik zur Herstellung von Paraffin und Öl aus galizischem Erdwachs in Böhmen und errichtete dann 1877 in Riga eine Anlage zur Destillation und Raffination von Bakuschem Rückstandsöl. 1883 gründete er in Baku ein eigenes Unternehmen zur Herstellung von Mineralschmierölen, deren zukünftige Bedeutung er früh erkannte.

Bereits ein Jahr später, 1884, baute Albrecht eine entsprechende Anlage in Hamburg auf. Die Vorteile der marktnäheren Produktion in Hamburg konnten erst in Kombination mit einer kostengünstigen Rohstoffversorgung voll wirksam werden. Albrecht setzte daher als einer der Ersten Tankschiffe ein, die Rohöl als Pumpgut in großen eingebauten Tanks und nicht mehr mithilfe von Fässern transportierten. Diese neue Form des Öltransportschiffes revolutionierte den Seetransport von Rohöl und senkte

Max Albrecht

die Transportkosten erheblich. In Reaktion auf die neue Transporttechnik kam es in Hamburg in den Jahren von 1885 bis 1887 zu einer erheblichen Vergrößerung des alten Petroleumhafens und der angeschlossenen Lager- und Verarbeitungsanlagen auf dem Kleinen Grasbrook.

In den 1891 gegründeten Mineralölwerken Dr. Albrecht & Co. K.G. mit Hauptsitz am Alsterdamm fasste Max Albrecht seine Fabriken in Hamburg und Baku sowie Umschlaganlagen in Batum zusammen. Für die Versorgung des östlichen Deutschlands und Skandinaviens kamen Umschlaganlagen in Stettin und Warschau hinzu. Infolge des Ersten Weltkriegs gingen die Standorte in Baku, Batum und Warschau verloren. Das Unternehmen ging daraufhin zur Verarbeitung amerikanischen Rohöls vor allem in neuen Werken in Duisburg und Mannheim über.

Max Albrecht wirkte über das eigene Unternehmen hinaus auch als Verbandspolitiker, verfasste Reisebeschreibungen über Russisch-Zentralasien und machte sich in Hamburg nicht zuletzt als Mitbegründer und erster stellvertretender Vorsitzender des geschäftsführenden Ausschusses des Hamburger Säuglingsheims (1911) einen Namen.

WERKE Über einige neue, vom Grubengas sich ableitende Sulfonsäuren, Phil. Diss. Halle 1871; Das Paraffin und die Mineralöle, Stuttgart 1874; Die Geologie, Gewinnung und der Transport des Erdöls, Leipzig 1909 (Das Erdöl: Seine Physik, Chemie, Geologie, Technologie und sein Wirtschaftsbetrieb 2); Russisch Centralasien: Reisebilder aus Transkaspien, Buchara und Turkestan, Hamburg

1896; Durch den Daghestan auf der Awaro-Kachetinischen Straße im Mai-Juni 1904, Hamburg 1906 (Mitteilungen der Geographischen Gesellschaft in Hamburg 21).

LITERATUR NDB 1; DBE 1; Martin Nordheim, Das Hamburger Säuglingsheim. Seine Entstehung und Geschichte von der Gründung bis Ende 1913, Hamburg 1914; Ernst Hieke, Wilhelm Anton Riedemann. Anfang und Aufstieg des deutschen Petroleumhandels in Geestemünde und Hamburg 1860–1894, Hamburg 1963 (Veröffentlichungen der Wirtschaftsgeschichtlichen Forschungsstelle e. V., Hamburg, 26). *Reinhold Bauer*

AMSINCK, Ludwig *Erdwin*, geb. 27. 2. 1826 Hamburg, gest. 13. 2. 1897 ebd.; luth.; Kaufmann.

Erdwin Amsinck verfügte über eine gründliche kaufmännische Ausbildung, die er sich in Hamburg, in England, Frankreich und Portugal erworben hatte. Da schon seine beiden älteren Brüder Wilhelm und Heinrich in der väterlichen Firma Johannes Schuback & Söhne tätig waren, schickte man ihn nach New York; er sollte dort, nach einer Tätigkeit bei einer befreundeten Firma, die Interessen des Hamburger Hauses wahrnehmen. 1850, im Alter von 24 Jahren, gründete Erdwin Amsinck die Firma L. E. Amsinck, die nach dem Eintritt seines Bruders Gustav umbenannt wurde in L. E. Amsinck & Co. Sie betrieb außer Im- und Export auch Bankgeschäfte und gehörte zu den Mitbegründern der heutigen Commerzbank, der London-Hanseatic Bank und der Hamburg-Bremer Versicherungs-Gesellschaft. Erdwin Amsinck war portugiesischer Generalkonsul in New York.

Erdwin Amsinck

AMSINCK, Garlieb

1874 kehrte er, 48 Jahre alt, zusammen mit seiner Frau Antonie, geborene Lattmann, nach Hamburg zurück. Er lebte fortan als »Privatier« An der Alster; außer einem komfortablen Wohnhaus gab es auf seinem Grundstück Treibhäuser, einen Pferdestall, einen Teepavillon und vor allem einen Anbau für seine Gemäldegalerie. Die Liebe zur Kunst hatte er von seinem Vater Johannes Amsinck geerbt. Der Familientradition entsprechend betätigte sich auch Erdwin Amsinck als Jahresverwalter der Niederländischen Armen-Casse (1884/85). Das Ehepaar Amsinck reiste viel, nicht nur nach Frankreich und Italien, wo diverse Künstler in ihren Ateliers besucht wurden, sondern auch – für damalige Zeiten noch ungewöhnlich – in die Türkei, nach Ägypten, Palästina und Russland. Die vielen »Andenken«, die von diesen Reisen mitgebracht wurden, bekam später das Museum für Völkerkunde. Eine Sammlung von Hamburgensien, von goldenen und silbernen Medaillen und Portugalesern erhielt der Hamburger Museumsverein von 1886, aus dem später das Museum für Hamburgische Geschichte hervorging. Die Gemäldegalerie fiel an die Kunsthalle, darunter vier Bilder von Camille Corot und fünf von Adolph von Menzel. Antonie Amsinck glaubte im Sinne ihres verstorbenen Mannes zu handeln, als sie sich 1907 an der Gründung der Hamburgischen Wissenschaftlichen Stiftung beteiligte; ihren Namen verzeichnet die Ehrentafel im Foyer des Hauptgebäudes der Universität. Die Ehe war kinderlos geblieben. Nach dem Tod der Witwe im Jahre 1921 wurde das Vermögen laut Testament zur Gründung der Erdwin Amsinck-Stiftung verwandt. Sie unterstützt junge und talentvolle Künstler, vor allem Maler, und existiert noch heute.

LITERATUR Oswald R. Amsinck, Erdwin Amsinck (1826–1897) und seine Stiftung, in: HGH Bd. 13, Heft 5 (Oktober 1994), S. 113–119.　　*Renate Hauschild-Thiessen*

AMSINCK, Martin *Garlieb*, geb. 23. 9. 1831 Hamburg, gest. 10. 4. 1905 ebd.; luth.; Schiffbauer, Reeder.

Im Gegensatz zu seinen Brüdern Wilhelm, Heinrich, Erdwin und Gustav trat Garlieb Amsinck nicht in die Fußstapfen seines Vaters Johannes Amsinck, des Inhabers der 1757 gegründeten Firma Johannes Schuback & Söhne. Zwar absolvierte auch Garlieb nach dem Besuch des Johanneums eine kaufmänni-

Garlieb Amsinck

sche Lehre. Doch dann wandte er sich dem Schiffbau zu, zunächst in Nürnberg, später in Großbritannien, dem damals führenden Land auf diesem Gebiet. In Glasgow arbeitete er mit am Bau der »Great Eastern«, des zu der Zeit größten Schiffes der Welt.

Nach Hamburg zurückgekehrt, eröffnete Garlieb Amsinck 1857 im Alter von 26 Jahren eine Segelschiffswerft auf dem Kleinen Grasbrook. Er arbeitete für fremde, aber auch für eigene Rechnung. Als zu Beginn der 1870er Jahre die hölzernen Segelschiffe mehr und mehr von solchen aus Eisen und Stahl verdrängt wurden, gab er den Schiffbau auf und widmete sich in Gemeinschaft mit seinen Brüdern Wilhelm und Heinrich ganz der Reederei. Die Firma M. G. Amsinck gehörte bald zu den größten Segelschiffsreedereien der Stadt. Ihre erste eiserne Konstruktion, die »Flora«, war das erste Schiff, das auf der Werft von Blohm & Voss erbaut wurde (1880). 1883 wurde Garlieb Amsinck in den Verwaltungsrat der Hamburg-Südamerikanischen Dampfschiffahrts-Gesellschaft (Hamburg-Süd) gewählt. Darüber hinaus hatte er eine Reihe von bürgerlichen Ehrenämtern inne: Er fungierte unter anderem als Handelsrichter (1880–85), als beeidigter Schiffstaxator (1876–85) und als Beisitzer des Seeamtes. Von 1877 bis 1886 gehörte er der Bürgerschaft an, seit 1882 war er Mitglied der Deputation für Handel und Schifffahrt.

Ein Jahr nach seinem Tode liquidierte sein Sohn Garlieb die Firma M. G. Amsinck. Die Dampfschiffe hatten die Segelschiffe verdrängt, die Aktienreederei war an die Stelle der privaten Reederei getreten. Der Hamburger Senat ehrte Martin Garlieb Amsinck, als er 1931 aus Anlass von dessen 100. Geburtstag den Segelschiff-Kai in Amsinck-Kai umbenannte. Nach der Umgestaltung des Terrains in den 1970er Jahren lebt sein Andenken im Amsinckufer (seit 1976) fort.

LITERATUR DG 127; Otto Hintze, Die niederländische und hamburgische Familie Amsinck. Ein Versuch einer Familiengeschichte, Bd. 3, Hamburg 1932, S. 97–101.

Renate Hauschild-Thiessen

AMSINCK, Gustav, geb. 24. 8. 1837 Hamburg, gest. 8. 6. 1909 New York; luth.; Kaufmann.

Gustav Amsinck, jüngster Sohn von Johannes Amsinck, dem Chef der 1757 gegründeten Firma Johannes Schuback & Söhne, ging nach seiner Lehrzeit in der väterlichen Firma zur weiteren Ausbildung nach Portugal, Spanien, Frankreich, England und schließlich 1858 nach New York zu seinem Bruder Erdwin. Anfang der 1860er Jahre wurde er der Teilhaber seines Bruders, nach dessen Rückkehr nach Hamburg (1874) führte er die Firma unter dem Namen G. Amsinck & Co. weiter. Als Nachfolger seines Bruders wurde er portugiesischer Generalkonsul in New York, bis 1888 ein Berufskonsul die Geschäfte übernahm.

Gustav Amsinck war ein Freund der Künste und Wissenschaften. In New York förderte er das Metropolitan Museum of Art, in Hamburg gehörte er 1907 zu den Mitbegründern der Hamburgischen Wissenschaftlichen Stiftung; die Ehrentafel im Foyer des Hauptgebäudes der Universität verzeichnet seinen Namen. Für seine häufigen Besuche in Hamburg erwarb Gustav Amsinck als Domizil das Haus am Neuen Jungfernstieg, das sich der Bankier Gottlieb Jenisch zu Beginn der 1830er Jahre von Franz Gustav Joachim Forsmann hatte errichten lassen; die Innenräume wurden durch Martin Haller neu gestaltet. Unter dem Namen Amsinck-Palais dient das Haus heute als Sitz des Übersee-Clubs.

LITERATUR DG 127 und 205; Otto Hintze, Die niederländische und hamburgische Familie Amsinck. Ein Versuch einer Familiengeschichte, Bd. 3, Hamburg 1932, S. 106–109; Maria Möring, 1757–1957. 200 Jahre Johannes Schuback & Söhne. Familie und Firma in Hamburg, Hamburg 1957 (Veröffentlichungen der Wirtschaftsgeschichtlichen Forschungsstelle e. V. Hamburg 20).

Renate Hauschild-Thiessen

AMSINCK, Johannes, geb. 23. 3. 1792 Hamburg, gest. 8. 9. 1879 ebd.; luth.; Kaufmann.

Johannes Amsinck, der älteste Sohn von Bürgermeister Wilhelm Amsinck, wurde 1815 Teilhaber, 1837 Alleininhaber der 1757 von seinem Großvater gegründeten Firma Johannes Schuback & Söhne. Wie damals üblich, hatte er eine große Zahl von bürgerlichen Ehrenämtern inne. 1842, nach dem Großen Brand, gehörte er der Rat- und Bürgerdeputation für den Wiederaufbau der Stadt an, 1848 war er Mitglied der Rat- und Bürgerdeputation zur

Gustav Amsinck

Johannes Amsinck

Beratung von Verfassungs- und Verwaltungsreformen; beide Deputationen standen unter der Leitung seines Bruders Wilhelm. Zweimal, 1836/37 und 1840/41, war Johannes Amsinck Jahresverwalter der Niederländischen Armen-Casse. Seine Gemäldesammlung mit vielen Bildern Niederländischer Meister vermachte er der Hamburger Kunsthalle; seine Käfersammlung ging an das Naturhistorische Museum.

Aus seiner Ehe mit Emilie Gossler, einer Tochter von Johann Heinrich Gossler (1775–1842), hatte Johannes Amsinck zwölf Kinder. Seine beiden ältesten Söhne Wilhelm und Heinrich machte er 1849 bzw. 1853 zu Teilhabern. Ludwig Erdwin und Gustav etablierten sich in enger Verbindung mit der Hamburger Firma in New York. Johannes wurde Arzt, Martin Garlieb Schiffbauer und Reeder. Die Töchter heirateten in die Familien Lattmann, Merck, Siemsen, Ruperti und Sieveking. Eine Doppelhenkelschale mit Untersatz, die heute zum Silberschatz des Senats gehört, trägt das Amsincksche und das Gosslersche Wappen; sie entstand vermutlich anlässlich der Silberhochzeit von Johannes Amsinck und Emilie Gossler 1843.

LITERATUR DG 127; Otto Hintze, Die niederländische und hamburgische Familie Amsinck. Ein Versuch einer Familiengeschichte, Bd. 3, Hamburg 1932, S. 63–72; Maria Möring, 1757–1957. 200 Jahre Johannes Schuback & Söhne. Familie und Firma in Hamburg, Hamburg 1957 (Veröffentlichungen der Wirtschaftsgeschichtlichen Forschungsstelle e. V., Hamburg, 20).

Renate Hauschild-Thiessen

AMSINCK, Wilhelm, geb. 31. 7. 1821 Hamburg, gest. 8. 4. 1909 ebd.; luth.; Kaufmann.

Nach einer Lehrzeit in der väterlichen Firma Johannes Schuback & Söhne erweiterte Wilhelm Amsinck seine kaufmännischen Kenntnisse in Brasilien und London. 1849 machte sein Vater Johannes Amsinck ihn zum Teilhaber. Traditionell wurde der Handel mit Portugal und seinen ehemaligen Kolonien gepflegt. In den USA eröffneten sich durch Ludwig Erdwin und Gustav Amsinck Verbindungen für weitere ausgedehnte Geschäfte. Im Bankwesen ergaben sich seit 1856 neue Möglichkeiten durch die Vereinsbank, deren Mitbegründer und Verwaltungsratsmitglied Wilhelm Amsinck war. Das Geschäft nahm bisher nicht gekannte Di-

Wilhelm Amsinck

mensionen an: 1895 lieferten Johannes Schuback & Söhne beispielsweise alles, was für den Bau des Regierungspalastes in San Salvador benötigt wurde, angefangen bei den Bauwerkzeugen über Möbel und Teppiche bis hin zu den Ölgemälden der früheren Präsidenten, für deren Anfertigung Fotografien nach Hamburg geschickt worden waren.

Wilhelm Amsinck war seit 1850 portugiesischer Konsul, seit 1865 Generalkonsul in Hamburg, bis dieses Amt einem Berufskonsul übertragen wurde. Er gehörte dem Aufsichtsrat der Berlin-Hamburger Eisenbahngesellschaft an. 1857 wurde er zum kaufmännischen Richter am Handelsgericht, 1861 zum Bankbürger gewählt.

Nachdem seine erste Frau Emily, geborene Willink, kurz nach der Geburt des ersten Kindes gestorben war, heiratete Wilhelm Amsinck einige Jahre später deren Schwester Laetitia; aus dieser zweiten Ehe gingen weitere elf Kinder hervor. Die Söhne Johannes, Wilhelm, Carl und Werner traten als Teilhaber in die Firma Johannes Schuback & Söhne ein. Emily, die Tochter aus erster Ehe, wurde die Frau von Bürgermeister Heinrich Burchard. Maria heiratete den Kaufmann Wilhelm Westphal (Firma G. A. Westphal & Sohn), Elisabeth verehelichte sich mit Carl Brödermann-Sloman. Im Winter wohnte Wilhelm Amsinck mit seiner Familie Ecke Esplanade/Neuer Jungfernstieg in der so genannten »umgekehrten Kommode« (abgerissen 1965). Für die Sommermonate erwarb er umfangreichen Landbesitz in Lokstedt, wo er sich von Martin Haller ein repräsentatives Haus errichten ließ.

Es gehört heute der Stadt und dient Wohn- und Gewerbezwecken; ein Teil des ursprünglich 200 Morgen großen Grundstücks wurde zum Amsinckpark.

LITERATUR DG 127 und 205; Otto Hintze, Die niederländische und hamburgische Familie Amsinck. Ein Versuch einer Familiengeschichte, Bd. 3, Hamburg 1932, S. 82–88; Maria Möring, 1757–1957. 200 Jahre Johannes Schuback & Söhne. Familie und Firma in Hamburg, Hamburg 1957 (Veröffentlichungen der Wirtschaftsgeschichtlichen Forschungsstelle e. V., Hamburg, 20).

Renate Hauschild-Thiessen

ANDERSCH, *Alfred* Hellmuth, geb. 4. 2. 1914 München, gest. 21. 2. 1980 Berzona (Schweiz); luth.; Erzähler, Lyriker, Publizist, Essayist, Funk- und Filmautor, Herausgeber.

Alfred Andersch

Mit seiner Epik, den sozial- wie literarkritischen Reflexionen und publizistischen Aktivitäten beeinflusste Alfred Andersch die nachkriegsdeutsche Literaturentwicklung. Der Autor setzte sich mit den existenziellen Erfahrungen seiner Generation auseinander, mit ihrem Verhältnis zu Krieg, totalitären Ideologien und Demokratie. Er nutzte dazu die Möglichkeiten moderner Literatur, ihr Genrepotenzial, die Hörfunk- und Filmmedien. Primat war ihm die absolute Freiheit der Kunst, weil man nur so als »Künstler *und* Moralist« die »Arbeit an den Fragen der Epoche« (1965) leisten könne.

Dem Vater Alfred Andersch, bildungsbürgerlicher Antiquariatsbuchhändler nationalistischer Gesinnung (NSDAP-Mitglied seit 1920), verheiratet mit Hedwig Watzek, einer böhmischen Handwerkerstochter, gelang es als arbeitslosem Reserveoffizier in München nach 1918 bis zu seinem Tod 1929 nicht, die fünfköpfige Familie von wirtschaftlicher Not zu befreien. Ohne Schulabschluss, nach einer Buchhändlerlehre (1928–30) und der Lektüre sozialistischer Klassiker trat der Sohn 1930 dem Jugendverband der KPD bei. 1933 wurde er von der Gestapo verhaftet und vorübergehend im KZ Dachau interniert. Auf das Versagen der KPD gegenüber dem Naziterror reagierte er mit dem Rückzug in die Kunst.

In die Hamburger Jahre von 1937 bis 1940 und von 1941 bis 1942, in denen Andersch beim Fotopapierhersteller Leonar in der Zollstraße in Wandsbek angestellt war und am Horner Weg in Hamm wohnte, fielen die Zerrüttung der Ehe mit der Halbjüdin Angelika Hamburger (1934–43), die Beziehung zur zweiten Frau, der Malerin Gisela Groneuer (Heirat 1950), intensive Schreibübungen und die Einberufung zum Militär. Seine Desertion an der italienischen Front (6. Juni 1944) wurde zum Schlüsselereignis und Leitmotiv des literarischen Protestes für Freiheit und Humanität.

Publizistische Arbeit in amerikanischen Kriegsgefangenenlagern, Erfahrungen mit Demokratie und amerikanischer Literatur regten Andersch zur Gründung der Zeitschriften »Der Ruf« (mit Hans Werner Richter, 1946/47) und »Texte und Zeichen« (1955–57) an. Mit seinen Essays »Deutsche Literatur in der Entscheidung« (1948) und »Die Blindheit des Kunstwerks« (1956), orientiert am Existenzialismus Sartres, suchte Andersch Einfluss auf die Programmatik der Gruppe 47 und den literarischen Diskurs zu nehmen. Der autobiografische Bericht »Die Kirschen der Freiheit« (1952), in dem er die Desertion als Konsequenz ideologisch fehlgeleiteten Soldatentums thematisiert, stimulierte die Diskussion über die Wiederbewaffnung. Auch im nächsten Roman, »Sansibar oder der letzte Grund« (1957), geht es um Desertion als Widerstand. Der gleichnishafte Text gestaltet in paralleler Figurenanlage an der Rettung einer Jüdin und der Barlach-Figur »Lesender Klosterschüler« vor den NS-Behörden exemplarische Gewissensentscheidungen in Grenzsituationen ethischer Konflikte. In den Jahren von 1952 bis 1955 lebte Andersch erneut in Hamburg. Wohnhaft am Ohlstedter Stieg 3, war er für den NWDR tätig und leitete die gemeinsame Feature-Redaktion der Sender Hamburg und Frankfurt. Arbeitsüberlastung als Hörfunkredakteur, Zeitschriftenteditor und Autor, Verlagsprobleme, die Politisierung der Literatur, die gesellschaftliche Restauration im Kontext von NS-Vergangenheit und Kaltem Krieg sowie sein Hoffen auf eine Reform des Sozialismus bewogen ihn 1957 zur Übersiedlung in die Schweiz, wo er in Berzona im Tessin lebte. Andersch entschied sich für die Existenz als freier Schriftsteller. Angeregt vom Wiedererleben Italiens setzt der psychologisierte, filmtechnisch angelegte zeitkritische Roman »Die Rote« (1960) die Beschäftigung mit Motiven des Einzelgängers und des sozialen Ausstiegs fort. Von diesen Themen handeln auch die Essays, Hörspiele, Erzählungen und Reiseberichte der sechziger und der beginnenden siebziger Jahre. Gegen die Politisierung der Literatur Westdeutschlands stellt Andersch den jüdischen Helden des Romans »Efraim« (1967), der als Autor, seinen Urheber spiegelnd, in seiner schreibenden Auseinandersetzung mit Nationalsozialismus und jüngerer Geschichte Identitätssuche leistet und Anderschs Auffassung von Kunst definiert: »Die Ästhetik des Widerstandes ist der Widerstand der Ästhetik.« Der Roman »Winterspelt« (1974) nimmt das Motiv von Desertion und Widerstand am Beispiel eines kapitulationsbereiten, aber scheiternden deutschen Offiziers der Westfront im Jahr 1944 wieder auf. Anderschs Überzeugung vom notwendigen Protest Einzelner gegen das inhumane Ausgeliefertsein an gesellschaftliche Systeme ist auch Thema seines letzten Romans, der autobiografischen Schulgeschichte »Der Vater eines Mörders« (1980). Das Anliegen seiner Romane, an Figuren ethisches Handeln als Funktion von Humanität vorzuführen, stellt die Philologie seit 1989 in der »Andersch-Kontroverse« zur Diskussion, indem sie sein Schreiben als Umdeutung der eigenen ›defekten‹ Lebensgeschichte begreift.

WERKE Schriftenverzeichnis in: Gero von Wilpert/ Adolf Gühring, Erstausgaben deutscher Dichtung. Eine Bibliographie zur deutschen Literatur 1600 bis 1990, 2., vollständig überarb. Aufl. Stuttgart 1992, S. 15 f.; Gesammelte Werke, hg. von Dieter Lamping, 9 Bde., Zürich 2003.
LITERATUR Gerd Haffmans (Hg.), Über Alfred Andersch, 3., vermehrte Aufl. Zürich 1987; Stephan Reinhardt, Alfred Andersch. Eine Biographie, Zürich 1990; Irene Heidelberger-Leonard/Volker Wehdeking (Hg.), Alfred Andersch: Perspektiven zu Leben und Werk. Kolloquium zum achtzigsten Geburtstag des Autors in der Werner-Reimers-Stiftung, Bad Homburg v. d. H., Opladen 1994; Vol-

ker Wehdeking, Alfred Andersch, in: Deutsche Dichter des 20. Jahrhunderts, hg. von Hartmut Steinecke, Berlin 1994, S. 556–568.
Alexander Ritter

ASSING, Rosa *Ludmilla* (Ps. *Achim Lothar, Talora*), geb. 22. 2. 1821 Hamburg, gest. 25. 3. 1880 Florenz; luth.; Schriftstellerin, Publizistin.

Weniger mittels ihrer gleichwohl bedeutsamen eigenen Werke als durch die Herausgabe der Schriften ihres Onkels Karl August Varnhagen von Ense hat sich Ludmilla Assing in der politischen und literarischen Publizistik der sechziger und siebziger Jahre des 19. Jahrhunderts einen Namen gemacht.

Aufgewachsen als Tochter des aus Königsberg stammenden, vom Judentum zur lutherischen Konfession übergetretenen und seit 1812 in Hamburg ansässigen Arztes David Assing (1787–1842) und seiner Ehefrau Rosa Maria (1783–1840), einer Schwester Varnhagens, entwickelte Ludmilla früh ein lebhaftes Interesse an den literarischen und politischen Debatten des Tages. Prägend und anregend für ihre weitere Entwicklung wurde die freisinnige intellektuelle Atmosphäre ihres Elternhauses, in dem Heinrich Heine, Friedrich Hebbel und Amalia Schoppe verkehrten. Sowohl die Mutter als auch der Vater veröffentlichten Gedichte in verschiedenen Almanachen. Karl Gutzkow, der in seinen Hamburger Jahren von 1837 bis 1842 oft die Gastfreundschaft der Assings genoss, pries in seiner Autobiografie voller Begeisterung die literarische Frühreife und die schwärmerische Leidenschaftlichkeit, die Ludmilla ebenso zu eigen gewesen seien wie ihrer Schwester Ottilie. Der nüchternere Hebbel hingegen vermerkte in seinem Tagebuch, die jungen Damen seien »gebildet, aber affectirt«. Rosa Maria unternahm mit den Töchtern zahlreiche Reisen, die sie unter anderem nach Berlin und Paris führten.

Nach dem Tod der Eltern zogen die finanziell unabhängigen Schwestern im Oktober 1842 zu Varnhagen von Ense nach Berlin, wo Ludmilla in nähere Beziehung zu Alexander von Humboldt, Gottfried Keller, Ferdinand Lassalle und Bettina von Arnim sowie zu zahlreichen Oppositionellen des Vormärz trat. Sie veröffentlichte ab 1846 erste Feuilletons und Novellen und begrüßte die revolutionären Ereignisse von 1848. Zu der von Gutzkow

Ludmilla Assing

herausgegebenen Zeitschrift »Unterhaltungen am häuslichen Herd« steuerte sie zahlreiche Beiträge bei. Größeres Aufsehen als mit ihren ersten umfangreicheren Werken aus eigener Feder, den Biografien »Gräfin Elisa von Ahlefeldt« (1857) und »Sophie von LaRoche, die Freundin Wieland's« (1859), erregte sie als Herausgeberin des Nachlasses Varnhagens, darunter die »Briefe von Alexander von Humboldt an Varnhagen von Ense« (1860) und die »Tagebücher« (14 Bde., 1861–72).

Ludmilla Assing war nach dem politischen Skandal, den bereits die Edition der »Briefe« verursacht hatte, nicht überrascht, als sie 1862 während einer Italienreise erfuhr, dass die Veröffentlichung der ersten vier Bände der »Tagebücher« ihr aufgrund der darin enthaltenen Kritik an der preußischen Regierung eine Anklage wegen Majestätsbeleidigung eingetragen hatte. In Abwesenheit wurde die steckbrieflich Gesuchte 1862 zu acht Monaten, 1864 nach der Veröffentlichung zweier weiterer Bände zu zwei Jahren Gefängnis verurteilt; die inkriminierten Bücher wurden konfisziert. Auch nach der Amnestierung im Jahre 1866 zog sie es vor, im Exil zu bleiben, wo sie mit anderen Emigranten wie Michail Bakunin und Alexander Herzen verkehrte. Florenz war bereits 1862 zu ihrem dauerhaften Wohnsitz geworden. Hier knüpfte die überzeugte Demokratin Verbindungen zum Risorgimento, schrieb als Italienkorrespondentin für führende deutsche Zeitungen, setzte die Edition des 1863 heimlich nach Florenz gebrachten Nachlasses Varnhagens unbeeindruckt von aller Repression fort –

nach dem ängstlichen Rückzug des Brockhaus Verlages zunächst in Zürich bei Meyer und Zeller, dann ab 1867 bei Hoffmann und Campe in Hamburg – und veröffentlichte und übersetzte Bücher über die revolutionären Bestrebungen in Italien. Vielen stand sie hilfsbereit zur Seite, vermittelte etwa einen Gedichtband Georg Herweghs an Brockhaus und half Karl Marx gelegentlich aus finanziellen Verlegenheiten.

Eine ihrer vielen Reisen führte Ludmilla Assing 1867 noch einmal in ihre Geburtsstadt Hamburg. Die 1873 mit dem italienischen Offizier Gino Grimelli geschlossene Ehe der mittlerweile betagten Schriftstellerin, die sich in »La posizione sociale della donna« (1866) engagiert zur Frauenemanzipation geäußert hatte, hielt keine zwei Jahre; von weiteren Vermählungsversuchen nahm sie tunlichst Abstand. Fünf Jahre darauf starb Ludmilla Assing nach kurzer Erkrankung an Meningitis. Die Varnhagen-Sammlung hatte sie der Königlichen Bibliothek in Berlin gestiftet.

WERKE Schriftenverzeichnis in: NDB 1.

LITERATUR NDB 1; DBE 1; Killy 1; Ludwig Felix Ofterdinger, Erinnerungen an Ludmilla Assing, in: Archiv für das Studium der neueren Sprachen und Litteraturen, Bd. 75, Heft 4 (1885), S. 401–424; Emil Bebler, Gottfried Keller und Ludmilla Assing, Zürich 1952; Nikolaus Gatter, »Gift, geradezu Gift für das unwissende Publicum«. Der diaristische Nachlaß von Karl August Varnhagen von Ense und die Polemik gegen Ludmilla Assings Editionen (1860–1880), Bielefeld 1996. *Dirk Brietzke*

AUGSTEIN, *Rudolf* Karl (Ps. *Jens Daniel, Moritz Pfeil, Patricia Longfort*), geb. 5. 11. 1923 Hannover, gest. 7. 11. 2002 Hamburg; kath.; Publizist, Verleger, Schriftsteller.

»Mit Hamburg verbindet mich der Zufall, weil ich nicht woandershin konnte. Erst nach und nach habe ich gemerkt, dass Hamburg für mich die geeignetste Stadt ist.« Rudolf Augstein, der 1994 mit diesen nüchternen Worten sein Verhältnis zur Hansestadt beschrieb, hat als Herausgeber der politischen Wochenzeitschrift »Der Spiegel« Zeit- und Pressegeschichte geschrieben. Die politische Publizistik der Bundesrepublik Deutschland prägte er über ein halbes Jahrhundert ebenso maßgeblich wie ab 1952 die Medienstadt Hamburg.

Augstein wuchs in seiner Geburtsstadt Hannover als sechstes von sieben Kindern in einem bürgerlich-katholischen Elternhaus auf. Der Sohn Friedrich Augsteins, eines Fabrikanten für fotografische Geräte, begann nach dem Abitur 1941 ein Volontariat beim »Hannoverschen Anzeiger«, wurde jedoch schon im Jahr darauf zum Kriegsdienst eingezogen. Nach kurzer amerikanischer Kriegsgefangenschaft arbeitete Augstein seit 1945 als Musik- und Theaterkritiker für das von der britischen Militärregierung lizenzierte »Hannoversche Nachrichtenblatt«. 1946 wechselte er zu dem unter britischer Leitung erscheinenden Nachrichtenmagazin »Diese Woche« und übernahm dort das »Referat Deutschland«. Um ein drohendes Verbot durch den Alliierten Kontrollrat wegen unverhohlener Angriffe auf die Besatzungspolitik zu umgehen, übertrugen die Briten 1946 die Lizenz auf den Fotografen Roman Stempka, den Redakteur Gerhard R. Barsch und den 23-jährigen Augstein, der das Blatt ab dem 4. Januar 1947 – zunächst in Hannover – unter dem Titel »Der Spiegel« herausgab und zugleich auch als dessen Chefredakteur fungierte. Barsch schied als Mitgesellschafter bereits 1950, Stempka 1952 aus. Vorbilder für den »Spiegel« waren das amerikanische Nachrichtenmagazin »Time« und sein kurzlebiges britisches Pendant »News Review«. Zwei weitere Projekte Augsteins, der Reisedienst »Spiegel-Kurier« und die Zeitschrift »Sport-Spiegel«, scheiterten 1948. John Jahr, der spätere Mitbegründer von Gruner + Jahr, erwarb 1950 50 Prozent der »Spiegel«-Anteile und sorgte 1952 dafür, dass die Redaktion nach Hamburg verlegt wurde. Nach dem Scheitern des geplanten, aber nie realisierten Wochenzeitungs-Projekts »Deutsche Allgemeine Zeitung« im Jahr 1960 verkaufte Jahr seinen Anteil jeweils zur Hälfte an Richard Gruner und an Gerd Bucerius. Hintergrund dieser Transaktion waren Überlegungen zu einer Fusion von »stern«, »ZEIT« und »Spiegel«. Nachdem das Vorhaben an den Bedenken Bucerius' gescheitert war, musste dieser seine Beteiligung 1962 nach einem Rechtsstreit an Augstein abtreten.

Bis 1967 publizierte Augstein im »Spiegel«, der vor allem durch die Aufdeckung innenpolitischer Skandale (Hauptstadt-Affäre, 1950) rasch bekannt wurde, unter dem Pseudonym »Jens Daniel« kritische Kommentare, die sich bis 1963 vornehmlich gegen die Außenpolitik von Bundeskanzler Konrad Adenauer (CDU) richteten. Augstein betrachtete

Rudolf Augstein

Adenauers Politik der Westbindung als Hindernis für eine Aufhebung der deutschen Teilung. Zahlreiche Angriffe richteten sich auch gegen den in Korruptionsaffären verwickelten Verteidigungsminister Franz Josef Strauß (CSU). 1962 löste die Veröffentlichung des Artikels »Bedingt abwehrbereit« von Conrad Ahlers über das NATO-Manöver »Fallex 62« die so genannte »›Spiegel‹-Affäre« aus. Wegen vermeintlichen Geheimnisverrats wurde Augstein zusammen mit anderen »Spiegel«-Redakteuren im Oktober 1962 verhaftet und erst im Februar 1963 wieder freigelassen. Das Verfahren musste Mitte Mai mangels Beweisen eingestellt werden. Der Vorfall veranlasste nach heftigen Protesten gegen die Verletzung der Pressefreiheit eine Kabinettskrise, die zum Sturz des Augstein-Widersachers Strauß führte. Zeitweilige parlamentarische Ambitionen Augsteins zerschlugen sich rasch: Im November 1972 für die FDP, deren Mitglied er seit 1955 war, über die nordrhein-westfälische Landesliste in den Bundestag gewählt, verzichtete er schon im Januar des folgenden Jahres desillusioniert auf sein Mandat und kehrte zur journalistischen Arbeit nach Hamburg zurück.

Nachdem Augstein 1969 alleiniger Eigentümer geworden war, verkaufte er 1971 ein Viertel des Verlags an Gruner + Jahr. Um die Einführung eines von den Mitarbeitern geforderten Mitbestimmungsmodells zu verhindern, bot er ihnen eine Gewinn- und Kapitalbeteiligung an und gründete 1974 die Mitarbeiter KG, die 50-prozentiger Eigentümer des Verlags wurde; die aufbegehrenden Redakteure entließ er. Das dem investigativen Journalismus verpflichtete und für seine akribischen Recherchen ebenso geschätzte wie gefürchtete Nachrichtenmagazin profilierte sich weiterhin mit der Aufdeckung von politischen Skandalen, darunter die Affäre um die Neue Heimat (1982), die Flick-Spendenaffäre (1982/83) und die Barschel-Affäre (1987), schreckte aber bisweilen auch vor zweifelhaften Kampagnen, so 1992 gegen Oskar Lafontaine, nicht zurück. Bereits 1978 war der Spiegel-Verlag Alleineigentümer des seit 1971 gemeinsam mit dem US-Medienunternehmen McGraw Hill herausgegebenen »manager magazins« geworden. 1988 übertrug Augstein das Konzept seines Nachrichtenmagazin mit dem Start von »Spiegel-TV« auf den Privatsendern SAT 1 und RTL plus auf den politischen Fernsehjournalismus.

Augstein, der seit 1965 Mitglied des deutschen PEN-Zentrums war, trat auch als Buchautor hervor und widmete sich neben Veröffentlichungen zu politischen Fragen bevorzugt historischen Themen, so zum Beispiel mit »Preußens Friedrich und die Deutschen« (1968), »Otto von Bismarck« (1990) und »Jesus Menschensohn« (1999). In der heftig ausgetragenen Kontroverse um die Ursachen des Ersten Weltkriegs ergriff er 1964 Partei für den Hamburger Historiker Fritz Fischer. Augstein war fünfmal verheiratet, zuletzt seit Oktober 2000 mit Anna Maria Hürtgen, und Vater von vier Kindern.

Mit dem »Spiegel«, den er selbst in jungen Jahren als »Sturmgeschütz der Demokratie« bezeichnete, hat Augstein über Jahrzehnte die politischen Diskussionen und die öffentliche Meinung geprägt wie kein anderer Publizist der Bundesrepublik. Als scharfer Kritiker der Regierung Adenauers in den fünfziger und frühen sechziger Jahren, als Streiter gegen Wiederbewaffnung und Notstandsgesetze, anschließend als Wegbereiter der Entspannungspolitik, der die Ostpolitik Willy Brandts entschlossen unterstützte, als entschiedener Befürworter der Wiedervereinigung und nicht zuletzt als unermüdlicher Verteidiger einer unabhängigen und kritischen journalistischen Berichterstattung hat Augstein auf die politischen Debatten und die politische Kultur der Bundesrepublik bestimmenden Einfluss ausgeübt. In der Öffentlichkeit vielfach als linksliberal wahrgenommen, war sein Standpunkt doch eher der eines Nationalliberalen. Das Plädoyer für einen starken deutschen Nationalstaat blieb von seinen frühen Leitartikeln bis zu den Kolumnen der späten Jahre eine Konstante – oft in bewusstem Gegensatz zu einer Politik der europäischen Einigung. Dass Augstein sich nicht scheute, in den stärker von nationalen Positionen geprägten Anfangsjahren des »Spiegels« Mitarbeiter zu beschäftigen, die durch ihre NS-Vergangenheit belastet waren, und 1949 gar dem ehemaligen Gestapo-Chef Rudolf Diels ein publizistisches Forum bot, wirft einen irritierenden Schatten auf die Frühzeit seiner journalistischen Arbeit.

Eine Vielzahl von Ehrungen wurde Augstein zuteil. Die britische Universität Bath verlieh ihm 1983, die Bergische Universität/Gesamthochschule Wuppertal 1987 und das Staatliche Institut für Internationale Beziehungen in Moskau 1999 die Ehrendoktorwürde. Nachdem er 1988 zum Ehrensenator der Hamburger Universität ernannt worden war, wurde er 1994 zu seinem 70. Geburtstag Ehrenbürger der Freien und Hansestadt Hamburg. 1997 erhielt er das Große Verdienstkreuz des Verdienstordens der Bundesrepublik Deutschland. 2001 wurde der im Jahr zuvor vom »Medium Magazin« als »Journalist des Jahrhunderts« ausgezeichnete Augstein für sein Lebenswerk als kritischer Publizist mit dem Ludwig-Börne-Preis geehrt. Als Mäzen unterstützte er unter anderem das Thalia Theater und die Universität Hamburg. Rudolf Augstein starb im Alter von 79 Jahren an den Folgen einer Lungenentzündung.

WERKE (unter dem Ps. Jens Daniel) Deutschland – ein Rheinbund?, Darmstadt 1953; Konrad Adenauer, London 1964; Meinungen zu Deutschland, Frankfurt a. M. 1967; (mit Günter Grass) Deutschland, einig Vaterland? Ein Streitgespräch, Göttingen 1990; Macht und Gegenmacht. Gespräch mit Beate Pinkerneil in der Reihe »Zeugen des Jahrhunderts«, hg. von Ingo Hermann, Göttingen 1992.

LITERATUR Leo Brawand, Die Spiegel-Story. Wie alles anfing, Düsseldorf u. a. 1987; Hans-Jürgen Jakobs/Uwe Müller, Rudolf Augstein. Ein Portrait, München 1991; Ulrich Greiwe, Augstein. Ein gewisses Doppelleben, aktualisierte und erweiterte Neuausgabe München 2003; Otto Köhler, Rudolf Augstein. Ein Leben für Deutschland, München 2002. *Dirk Brietzke*

B

BAADER, Johannes

BAADER, Johannes, geb. 22. 6. 1875 Stuttgart, gest. 15. 1. 1955 Adldorf/Bayern; luth.; Architekt, Schriftsteller, Künstler.

Der als »Ober-Dada« in die Kunst- und Literaturgeschichte eingegangene Johannes Baader beendete 1925 mit einer letzten Matinee in den Kammerspielen am Besenbinderhof seine Dada-Karriere. Von 1925 bis 1945 war er in Hamburg als Journalist und Architekt tätig.

Baader besuchte von 1892 bis 1895 die Staatliche Baugewerbeschule in Stuttgart und absolvierte parallel dazu bis 1894 eine Steinhauerlehre. 1898/99 studierte er an der Technischen Hochschule in Stuttgart Architektur. Nach Abschluss seiner Ausbildung arbeitete er zunächst bei verschiedenen Architekten, bevor er sich 1902 als Grabmalsarchitekt in Dresden selbstständig machte. Gemeinsam mit dem Bildhauer Franz Metzner, der später die Figuren für das Völkerschlachtdenkmal schuf, und weiteren Künstlern gründete er 1903 die »Vereinigung bildender Künstler für monumentalen Grabmalsbau«.

1905 ging Baader nach Berlin und trat von nun an verstärkt als Medienkünstler in Erscheinung. Bei seiner ersten spektakulären Aktion verband er architektonische mit medialen Aspekten: In der Berliner Hasenheide propagierte er den Bau eines 1000 Meter breiten und 1500 Meter hohen »Weltentempels«, der innerhalb von 1000 Jahren für 500 Milliarden Mark errichtet werden sollte. Über 1500 nationale und internationale Zeitungen wurden – laut eigenen Aussagen – von ihm über diesen Plan informiert.

Im Frühjahr 1918 schloss Baader sich den Berliner Dadaisten um Raoul Hausmann und Richard Hülsenbeck an. Er war Mitarbeiter der Zeitschriften »Freie Straße« und »Der Dada« sowie des »Dada-Almanachs«. In den folgenden Jahren nutzte er die Medien immer wieder als Instrument der Selbstinszenierung und zur Verkündung seiner Utopien. So lancierte er am 1. April 1919 eine Meldung über seinen Tod in die Tagespresse und verkündete mit diesem Datum den Beginn einer neuen Zeitrechnung. Im gleichen Jahr reklamierte er gemeinsam mit anderen Dadaisten sämtliche Nobelpreise für sich. In der Zeitschrift »Weltbühne« wurde er daraufhin als »Ober-Dada« bezeichnet, ein Titel, den Baader bis zu seinem Tod trug.

Eine der Dada-Tourneen, die Baader gemeinsam mit Hausmann und Hülsenbeck unternahm, führte ihn im Februar 1920 auch nach Hamburg, wo er im Saal des Curio-Hauses auftrat. Das »Hamburger Fremdenblatt« berichtete von tumultuösen Reaktionen.

1922, als die Berliner Dada-Bewegung schon ihren Höhepunkt überschritten hatte, stellte Baader die »373 Geheimakten der dadaistischen Bewegung« zusammen. Teile daraus gehörten zum Programm von Baaders letzter Dada-Matinee in Hamburg. Im gleichen Jahr versuchte er sich in Stettin für einige Monate wieder als Grabmalsarchitekt. Im Dezember 1924 siedelte er dann nach Hamburg über, wo er bis 1930 als Journalist für verschiedene Tageszeitungen, unter anderem für den »Hamburgischen Correspondenten« am Neuen Wall und die »Bremer Nachrichten«, arbeitete.

Während des Nationalsozialismus wurde Baader zeitweise interniert. 1941 wurde er als Bau- und Rechnungsprüfer der Hansestadt für die oberste Bauleitung unter Konstanty Gutschow zwangsreaktiviert. Nachdem Baaders Hamburger Wohnung im Krieg zerbombt worden war, verbrachte er seine letzten Lebensjahre in Süddeutschland, wo er im Alter von 79 Jahren in einem Altersheim in Adldorf starb.

WERKE Vierzehn Briefe Christi, Berlin 1914.

LITERATUR Karl Riha (Hg.), Dada Berlin. Texte, Manifeste, Aktionen, Stuttgart 1988; ders., Das Oberdada. Johannes Baader, Hofheim 1991 (Fallobst 4); Hanne Bergius, Radikale Sanierung des Erd- und Weltballs. »Oberdada« Johannes Baader, in: dies., Das Lachen Dadas. Die Berliner Dadaisten und ihre Aktionen, Gießen 1993, S. 144–161; Rainer Topitsch, Johannes Baader. Das Leben als Medienereignis, in: Sprache im technischen Zeitalter, 36. Jg. (1998), Nr. 146, S. 224–234. *Britta Sauerbach*

BALLERSTAEDT, Richard

BALLERSTAEDT, Richard, geb. 3. 3. 1873 Hamburg, gest. 15. 1. 1953 ebd.; Volksschullehrer, Schulrat, Bürgerschaftsabgeordneter, Beamtengewerkschafter.

Als im zweiten Jahr nach der Novemberrevolution der Kapp-Putsch die Weimarer Republik in ihrer Existenz bedrohte, wählte die Hamburger Bürgerschaft am Abend des 13. März 1920 Richard Ballerstaedt in einen Exekutivausschuss »zur Abwehr der dem hamburgischen Gemeinwesen drohenden Ge-

Richard Ballerstaedt

fahren«. Der zu diesem Zeitpunkt 47-jährige Volks-schullehrer war Demokrat und Republikaner aus tiefster Überzeugung. Schon mit 14 Jahren hatte sich Ballerstaedt, dessen Eltern in seinem Geburts-jahr an der Cholera gestorben waren, der SPD ange-schlossen; 1909 wurde er Mitglied der Sozialwissen-schaftlichen Vereinigung, einer Tarnorganisation der Sozialdemokraten zum Schutz gegen Willkür und Verfolgung. Der junge Lehrer fand seine be-rufspolitische Heimat in der 1805 gegründeten Ge-sellschaft der Freunde des vaterländischen Schul-und Erziehungswesens. 1907 wurde er erstmals in den Vorstand gewählt und in eine Kommission für prinzipielle Fragen der Schulverwaltung und Schulorganisation delegiert. Diese Lehrerorganisa-tion wurde für Ballerstaedt zur Plattform für seine Aktivitäten zur Erneuerung der seit 1870 bestehen-den Hamburger Volksschule. Negative Junglehrer-erfahrungen in der Vorkriegszeit mit autoritären, damals Hauptlehrer genannten Schulleitern in St. Pauli und in der Neustadt wurden bestimmend für seine schulpolitischen Überzeugungen. So setz-te Ballerstaedt 1919 die Selbstverwaltung der Schu-len durch und sah es auch nach 1945 als »pädagogi-sche Notwendigkeit« an, den Schulleiter durch das Lehrerkollegium wählen zu lassen und ihn nur auf Zeit zu berufen. Die Abschaffung des Religionsun-terrichts in der weltlichen Schule war für ihn eine logische Konsequenz der Revolution. Mit seiner 1912 herausgegebenen Schrift über die »Einheits-schule« forderte er dazu auf, das zusammenhanglo-se Nebeneinander der Schulformen zu überwinden

und durch eine planmäßige Gliederung des öffent-lichen Schulwesens nach Lehrstufen und Lernzie-len zu ersetzen. Von 1919 an SPD-Abgeordneter der Bürgerschaft, setzte sich Ballerstaedt erfolgreich für die Verbesserung der Lehrerbesoldung und für die Ausbildung der Volksschullehrer an der Univer-sität ein. Ende 1918 beendete er seine 23 Jahre dau-ernde berufliche Tätigkeit als Lehrer und wurde nach einem Interim, in dem er als Beauftragter der Oberschulbehörde für die Jugendpflege der schul-entlassenen Jugend arbeitete, am 1. April 1922 zum Schulinspektor (später Schulrat) für Volksschulen ernannt.

Beamtentum und Sozialismus waren für Baller-staedt ebenso miteinander vereinbar wie die gleich-zeitige Mitgliedschaft in so unterschiedlichen Or-ganisationen wie der Vereinigung sozialistischer Beamter und Angestellter und dem Deutschen Be-amtenbund (DBB), die beide Ende 1918 gegründet worden waren. Er wollte auf diese Weise »in der na-mentlich bei den alten Behörden sich noch in den monarchischen Traditionen der Vorkriegszeit be-wegenden Beamtenschaft dem republikanischen Gedanken Eingang verschaffen«. Auch diese Über-zeugung hat Ballerstaedt sein ganzes Leben lang durchgehalten. Am 30. Juni 1933 wurde er von den nationalsozialistischen Machthabern entlassen. Nach dem Ende der Diktatur war er Mitglied der Deputation der Schulbehörde, gehörte zu den Wiederbegründern des Hamburger DBB am 3. Ok-tober 1947 und zu den engagierten Verfechtern des Berufsbeamtentums für Lehrerinnen und Lehrer. Seit 1956 erinnert der Ballerstaedtweg in Ohlsdorf an den Pädagogen und Politiker.

WERKE Die Umgestaltung der Schulleitung, eine pädagogische Notwendigkeit, in: Pädagogische Reform 32. Jg. (1908), Nr. 14 vom 1. 4. 1908 und Nr. 15 vom 8. 4. 1908 [ohne Paginierung]; Die Einheitsschule, Hamburg 1912; Bericht von der Lehrerversammlung am 8. November, in: Pädagogische Reform 42. Jg. (1918), Nr. 46 vom 12. 11. 1918, S. 225 f.; Hamburgs Volksschule, eine allgemeine, nach Be-kenntnissen nicht getrennte (Gemeinschafts-) Schule, in: Hamburger Lehrerzeitung 6 (1927), S. 871–874.
LITERATUR Hans-Peter de Lorent/Volker Ullrich (Hg.), »Der Traum von der freien Schule«. Schule und Schulpolitik während der Weimarer Republik, Hamburg 1988 (Hamburger Schriftenreihe zur Schul- und Unter-richtsgeschichte 1); Hans-Peter de Lorent, Schule ohne Vorgesetzte. Geschichte der Selbstverwaltung der Ham-burger Schulen von 1870 bis 1986, Hamburg 1992 (Ham-

B

burger Schriftenreihe zur Schul- und Unterrichtsgeschichte 4); Uwe Schmidt, Rechte, Pflichten, Allgemeinwohl. Hamburger Organisationen der Beamten und
Staatsangestellten bis 1933, Bonn 1997; ders., Aktiv für das
Gymnasium. Hamburgs Gymnasien und die Berufsvertretung ihrer Lehrerinnen und Lehrer von 1870 bis heute,
Hamburg 1999.   *Uwe Schmidt*

BANCO, *Alma* Aline Henriette del (»Lama«),
geb. 24. 12. 1862 Hamburg, gest. 8. 3. 1943 ebd.;
luth.; Malerin, Grafikerin, Modelliererin.

Alma del Banco stammte aus einer aschkenasischen
Kaufmannsfamilie, die zum Christentum überge-
treten war. Ihre künstlerische Ausbildung begann
sie um 1895 in der Hamburger Kunstschule Valeska
Röver bei Ernst Eitner und Arthur Illies, die einen
Impressionismus norddeutscher Prägung vermittelten. Vor 1914 setzte sie die Ausbildung in Paris bei
Fernand Léger und Jacques Simon fort, um dann in
Hamburg freischaffend der Kunst zu leben. Ein
Atelier fand sie mithilfe ihres Halbbruders Sigmund del Banco in der Großen Theaterstraße 34/35.
Reisen nach Italien, Frankreich und auf den Balkan
nutzte sie für Kunststudien. Alma del Banco engagierte sich im kulturellen Leben Hamburgs. Sie
nahm in den frühen zwanziger Jahren an der »Tafelrunde« des Journalisten und Schriftstellers Hans
W. Fischer teil, war 1919 Mitbegründerin der Hamburgischen Sezession, der sie bis zur Auflösung
1933 angehörte, und trat 1920 der Hamburgischen
Künstlerschaft und 1921 dem Deutschen Künstlerbund bei. In ihrem Atelier kamen viele Künstler zusammen. Obwohl sie zeitweise gut verdiente, konnte sie nicht ausschließlich von ihrer Kunst leben.

In Paris hatte Alma del Banco sich mit der französischen Avantgarde befasst und zu eigenem Ausdruck gefunden, einem Malstil mit Schwerpunkt
auf Strukturierung und Organisation der Bildflä-
che. Sie malte die norddeutsche Landschaft, Hamburger und Cuxhavener Motive, Stillleben und
Bildnisse. Von Kubismus und Expressionismus
übernahm sie ein eckig spitzes Lineament und ge-
dehnte, ausfahrende Formen. Stets bleibt unter einem dünnen Kolorit aquarellhaften Charakters die
zeichnerische Anlage erkennbar. Die Heiterkeit der
Malerin sowie ihre selbstkritische, disziplinierte
Arbeitsweise, die keine Konzessionen machte, fanden in ihren Bildern äquivalenten Ausdruck. Ob-

Alma del Banco

wohl sie formal stark abstrahierte, vollzog sie nicht
den Übergang vom Naturvorbild zur gegenstands-
losen Malerei. Alma del Banco wurde eine gesuchte
Porträtistin, sie malte Persönlichkeiten der Hamburger Gesellschaft wie Bürgermeister Wilhelm
Amsinck Burchard Motz, Ida Dehmel, Georg Ludwig Wendemuth, Bertha Rohlsen und Max Sauerlandt. Bis 1933 war sie, wie ihre Sezessionskollegin-
nen Anita Rée und Gretchen Wohlwill, eine
geachtete Hamburger Malerin.

Mit Unverständnis erlebte die Künstlerin die
mit der Machtübernahme der Nationalsozialisten
einsetzende rassistische Ausgrenzung als Jüdin, die
Verfemung als »Entartete« und die Unmöglichkeit,
weiter auszustellen. In der Aktion »Entartete
Kunst« wurden 1937 13 ihrer Werke in der Hamburger Kunsthalle beschlagnahmt, neun davon zerstört. Da sie vorwiegend ihrer Kunst lebte, hatte
Politik in ihrem Leben bis dahin wenig Raum ein-
genommen. Als sie keine Berufsmodelle mehr beschäftigen konnte, malte sie Freunde, zeichnete gemeinsam mit anderen Verfemten im Blankeneser
Atelier der Malerin Lore Feldberg-Eber. Nach dem
Tode Sigmund del Bancos zog die Malerin 1938
nach Dockenhuden zu ihrem Schwager Hans Lüb-
bert, der ihr in seinem Haus in der Hasenhöhe 95
ein Atelier einrichtete. Alma del Banco litt in den
letzten Jahren an Herzschwäche. Eine Freundin,
Susi Sieveking, stand der unter Hausarrest Stehenden, Verzweifelnden bei. Die bedrohliche politische
Situation fand Eingang in ihre Bilder, eine stürmi-
sche dunkle Winterlandschaft hinter verriegeltem

Vordergrund wurde ihr letztes. Es spiegelt ihre persönliche Verfassung wider. Zum Auswandern fühlte sich die 80-Jährige zu alt.

Als der unwiderrufliche Bescheid zur Deportation nach Theresienstadt eingetroffen war, nahm sich Alma del Banco am 8. März 1943 mit Morphium das Leben.

LITERATUR AKL 6; Rump; Vollmer 1; Bruhns 2; Bake/ Reimers, S. 144–146; Victor Dirksen, Neue Kaltnadelblätter von Alma del Banco, in: Der Kreis 11 (1927), S. 606–608; Drei Malerinnen der Hamburgischen Sezession. Alma del Banco, Anita Rée, Gretchen Wohlwill [Katalog zur Ausstellung im BAT-Kunstfoyer, Hamburg, vom 17. Mai bis 23. Juni 1995], Hamburg 1995. *Maike Bruhns*

BARBAROSSA, Kaiser, siehe: Friedrich I. (Barbarossa)

BARGHEER, Eduard, geb. 25. 12. 1901 Hamburg, gest. 1. 7. 1979 ebd.; luth., seit 1941 kath.; Maler.

Augenlust und Formwille, Anschauung und Abstraktion kennzeichnen Bargheers Kunst. Die Erfahrung des niederdeutschen Flachlands am Wasser und des bewohnten Berglands in Italien suchte er zunehmend in Bildzeichen zu fassen.

Als Sohn des Rektors der Norderschule in Finkenwerder, Ernst August Bargheer, absolvierte Eduard Bargheer zunächst eine Lehrerausbildung, bevor er 1924/25 in der Kunstschule von Gerda Koppel Unterricht nahm. Reisen nach Italien (1925, 1929, 1930/31), Paris (1926, 1927, 1932/33), Holland und Belgien (1928) und England (1929, 1934, 1935) traten an die Stelle einer Akademie-Ausbildung. 1928 wurde Bargheer Mitglied der Hamburgischen Sezession, die sich 1933 selbst auflöste, um den Ausschluss der jüdischen Mitglieder zu umgehen. Von 1927 bis 1940 unterrichtete er Malerei an der Kunstschule Koppel. Blankenese und die Insel Ischia waren seit 1935 seine hauptsächlichen Aufenthaltsorte. Die Winter verbrachte er während des Krieges meist in Florenz in enger Verbindung mit dem Kunsthistorischen Institut. Von 1942 bis 1944 war er Dolmetscher einer Kriegsmarinewerft in La Spezia.

Seit 1953 lebte Bargheer wieder in Hamburg. In den Jahren von 1952 bis 1965 häuften sich Ausstellungen in deutschen Museen und Kunstvereinen. Von 1963 bis 1965 lehrte er als Professor an der

Eduard Bargheer

Hochschule für bildende Künste in Berlin. 1960 reiste er nach Tunesien, 1961 nach Marokko, dann nach Ägypten, später nach Mali und Senegal. Griechenland und Sizilien waren die Ziele seiner letzten Arbeitsreisen. Während einer großen Retrospektive im Kunsthaus Hamburg verkündete er 1976 die Gründung einer Stiftung zur Förderung junger hamburgischer Künstler, der Eduard-Bargheer-Stiftung.

Um 1933 bildete Bargheer einen eigenen Stil aus, der seine Herkunft von Edvard Munchs Landschaftsmalerei mit ihren schwingenden, von Energie erfüllten Linien zwar nicht leugnete, das Vorbild aber bald zu überwinden wusste. Die norddeutschen Hafen- und Straßenszenen, Landschaften und Interieurs sind oft von tiefer Melancholie erfüllt. Angesichts der mediterranen Natur gewannen seit 1940 Farbe und Licht an Kraft. Am Kriegsende und in den Nachkriegsjahren gemalte Bilder sind häufig – wie schon vorher viele Arbeiten seit 1933 – Zeugnisse der Empfindungen eines sensiblen Zeitgenossen, Berichte erlebter Zerstörungen oder Ahnungen kommenden Unheils; sie sind voll unruhiger Bewegungen, Dramen sich auflösender Form.

1948 begann Bargheer einen neuen Weg zu gehen, der fortan der seine geblieben ist. An die Stelle des Abbilds ist das Inbild getreten. Aus der Wahrnehmung von Natur und Architektur ist ein dichtes Gefüge miteinander verspannter Formen entstanden; er selbst sprach von der Einheit aus einem Gewebe der »vielfachen statischen und dynamischen Beziehungen« zwischen Himmel, Erde und Meer.

Bargheer wurde im Familiengrab auf dem Alten Hamburger Friedhof in Finkenwerder bestattet.

Werke Über meine Arbeit, in: Eduard Bargheer [Katalog zur Ausstellung in der Kunsthalle Bremen vom 30. Januar bis 9. Mai 1958], Bremen 1958, S. 4–6 [Nachdruck in: Eduard Bargheer. Retrospektive zum 100. Geburtstag. Gemälde, Aquarelle, Zeichnungen, Druckgraphik (Katalog zur Ausstellung der Stiftung Schleswig-Holsteinische Landesmuseen Schloss Gottorf, Schleswig, vom 25. November bis 3. Februar 2002), Köln 2001, S. 26 f.].

Literatur AKL 7; Bruhns 2; Detlev Rosenbach, Eduard Bargheer. Werkverzeichnis der Druckgraphik 1930 bis 1974, Hannover 1974; Wolfgang Henze, Eduard Bargheer. Leben und Werk. Mit einem Verzeichnis der Gemälde, Campione d' Italia 1979; Eduard Bargheer. Aquarelle 1935–1949 [Katalog zur Ausstellung in der Hamburger Kunsthalle vom 13. Dezember 1996 bis zum 26. Januar 1997], Köln 1996; Eduard Bargheer. Retrospektive zum 100. Geburtstag [siehe unter Werke].

Helmut R. Leppien

Bassewitz-Behr, Georg Henning Graf von, geb. 21. 3. 1900 Lützow/Mecklenburg, gest. Januar 1949 in Sibirien; konfessionslos; Höherer SS- und Polizeiführer.

Der aus einem alten mecklenburgischen Adelsgeschlecht stammende Großgrundbesitzer hatte sich 1931 der NSDAP und SS angeschlossen und fungierte bis April 1941 als Inspekteur des Kraftfahrwesens der SS. Danach machte er Karriere im Polizei- und Terrorapparat, wurde im Dezember 1941 zum SS- und Polizeiführer im ukrainischen Dnjepropetrowsk und 1942 zum stellvertretenden Höheren SS- und Polizeiführer (HSSPF) in Russland-Mitte ernannt. In diesen Funktionen war Bassewitz-Behr führend an der Ermordung russischer Juden und an der brutalen Unterdrückung der nichtjüdischen Zivilbevölkerung unter dem Deckmantel des »Bandenkampfes« beteiligt. 1943 ernannte Reichsführer SS Heinrich Himmler den Grafen zum Leiter des SS-Oberabschnitts Nordsee und zum Höheren SS- und Polizeiführer im Wehrkreis X mit Sitz in Hamburg. In der Hansestadt zeichnete Bassewitz-Behr nach den schweren Luftangriffen der »Operation Gomorrha« für brutale Repressionen gegenüber Ausländern und Zwangsarbeitern verantwortlich und war 1945 an der mörderischen Räumung des KZ Neuengamme beteiligt. Von 1945 bis 1947 wurde er von den Alliierten in verschiedenen Internierungslagern und Gefängnissen inhaftiert. Im August sprachen die Briten den Grafen in einem im Curio-Haus geführten Kriegsverbrecherprozess frei, lieferten ihn jedoch anschließend an die Sowjetunion aus, wo Bassewitz-Behr zu 25 Jahren Zwangsarbeit verurteilt wurde und im Januar 1949 in einem ostsibirischen Straflager verstarb.

Literatur Tino Jacobs, Himmlers Mann in Hamburg. Georg Henning Graf von Bassewitz-Behr als Höherer SS- und Polizeiführer im Wehrkreis X 1943–1945, Hamburg 2001.

Frank Bajohr

Baxmann, Hein (der Jüngere), geb. um 1575 Hamburg, gest. 28. 2. 1647 ebd.; luth.; Schnitzer, Tischlermeister.

Seine kunstgeschichtliche Beachtung verdankt Baxmann einer Reihe erhaltener Werke, die zwar nicht signiert, doch archivalisch nachgewiesen sind. Sie stehen beispielhaft für den großen Einfluss der Hamburger Zunfttischler mit ihren Lieferungen in ein weites Umland.

Baxmanns gleichnamiger Vater (um 1645–1599) war Ältermann im Amt der Schnitker (seit 1619 Amt der Tischler), und wahrscheinlich haben der Sohn und sein Bruder Hans bei ihm gelernt. Beide wurden Meister in Hamburg und legten 1603 den Bürgereid ab. Hein war wahrscheinlich zweimal verheiratet und ließ in St. Jacobi insgesamt zwölf Kinder taufen. Sein Sohn Peter folgte ihm als Werkstattinhaber.

Die nachgewiesenen Werke Hein Baxmanns entstanden zwischen 1611 und 1633 und bildeten Ausstattungsensembles in drei Kirchen der hamburgischen Marschlande in Allermöhe, Moorfleet und Ochsenwerder. Es handelt sich um Flügel-Altäre, Kanzeln, Taufen sowie Gestühle für die Gemeindeprominenz. Die in der Hamburger Werkstatt hergestellten Teile wurden, begleitet vom Meister und mehreren Gesellen, mit Frachtsegelschiffen an ihren Bestimmungsort transportiert. Gestaltet sind die Werke in sich wiederholenden Typen manieristischen Stils mit Schnitzereien von Vollfiguren und figürlichen Hochreliefs. Die Ornamentik der architektonischen Teile wandelte sich im Laufe der Zeit vom Renaissance-Beschlagwerk zum Ohrmuschelstil. Offensichtlich orientierte sich Baxmann – auch bei den spärlicher angewandten Intarsien – an grafischen Vorlagen. Stilistische Übereinstimmung führte zur Zuschreibung von Altären in den holsteinischen Elbmarschen und in Stormarn. Als wahrscheinlich kann angenommen werden, dass die Werkstatt Baxmanns auch zu den Herstellern von Prunkmöbeln gehört hat, hauptsächlich von Schränken, die die gleichen Stilmerkmale aufweisen und ebenfalls in einem weiten Verbreitungsgebiet angetroffen wurden.

LITERATUR HKL; ThB 3; AKL 7; Hans Nirrnheim, Die Schnitkerfamilie Baxman, in: MHG 17 (1920), S. 72–76; Hildamarie Schwindrazheim, Plastik in Hamburg aus der ersten Hälfte des siebzehnten Jahrhunderts, in: ZHG 30 (1929), S. 1–54; Bau- und Kunstdenkmale der Freien und Hansestadt Hamburg, Bd 1: Bergedorf, Vierlande, Marschlande, Hamburg 1953; Günther Grundmann, Der Altar des Hein Baxmann in der evangelischen Kirche zu Siek, in: Die Probsteisynode Stormarn, Hamburg 1958, S. 3–6; Karin Martens, Die Herkunft von Altar und Kanzel der St. Laurentii Kirche in Itzehoe. Kunsthistorischer Vergleich mit Bildern Baxmanns in Allermöhe, Ochsenwerder, Beidenfleth, Süderau und Siek [mit Werkverzeichnis], in: Jörg Benz/ Wilhelm Sass, Barocke Bildkunst in Itzehoe erzählt biblische Geschichte, Itzehoe 1983, S. 150–169.

Ulrich Bauche

August Bebel

BEBEL, Ferdinand *August*, geb. 22. 2. 1840 Deutz bei Köln (heute Köln-Deutz), gest. 13. 8. 1913 Passugg/Schweiz; luth., seit 1874 konfessionslos; Drechsler, herausragende Persönlichkeit der deutschen und internationalen Arbeiterbewegung.

Obwohl August Bebel nicht in Hamburg ansässig war – er lebte ab 1860 in Leipzig, seit 1890 in Berlin und zeitweise in Zürich –, besaß er enge Verbindungen zur starken Hamburger Sozialdemokratie. Sie gründeten sich darauf, dass er dem Gegensatz zum junkerlich-bourgeoisen militaristischen Kaiserreich in vielen gesellschaftlichen Bereichen überzeugend Ausdruck verlieh. Dieser Zusammenhalt festigte sich weiter, als Bebel an die Spitze der sozialdemokratischen Partei rückte und ab 1883 Hamburg im Deutschen Reichstag vertrat.

Zunächst schloss sich der gelernte Drechsler nach seinen Wanderjahren 1861 dem Gewerblichen Bildungsverein in Leipzig an, wo er 1864 eine eigene Werkstatt eröffnete. Er wurde 1867 zum Präsidenten des Verbandes Deutscher Arbeitervereine (VDAV) gewählt, dem auch die Arbeiterbildungsvereine in Hamburg und Altona angehörten. Im gleichen Jahr errang er ein Mandat für den Nord-

deutschen Reichstag. Unter Bebels maßgeblichem Anteil beschloss der VDAV 1868 ein Programm, dem die von Karl Marx ausgearbeitete Präambel der Statuten der Internationalen Arbeiterassoziation zugrunde lag. Beide Hamburger Vereine traten daraufhin aus dem VDAV aus. Im Ringen um soziale Demokratie, gegen die Vorherrschaft Preußens in dem zu einigenden Deutschland gerichtet, strebten August Bebel, Wilhelm Liebknecht und ihre Mitstreiter nach einer politischen Arbeiterpartei. Zur Gründung der Sozialdemokratischen Arbeiterpartei (SDAP) im August 1869 in Eisenach trug der Hamburger Sozialdemokrat August Geib wesentlich bei. Hamburg wurde Sitz der Kontrollkommission. Geib und die Hamburger SDAP, die gegenüber dem lassalleanischen Allgemeinen Deutschen Arbeiterverein (ADAV) einen schweren Stand hatten, lehnten wie Bebel und Liebknecht 1870/71 den Eroberungskrieg gegen Frankreich und die Annexion Elsass-Lothringens ab und bekannten sich 1871 zur Pariser Kommune, was Verhaftungen und Gerichtsverfahren zur Folge hatte. In den politischen Auseinandersetzungen mit dem 1871 entstandenen Deutschen Reich erwies sich die Hamburger Parteiorganisation als zuverlässige Kraft innnerhalb der SDAP. Eine Haftstrafe von 31 Monaten, zu der Bebel wegen »Vorbereitung zum Hochverrat« und »Majestätsbeleidigung« verurteilt worden war, schränkte seine öffentliche Wirksamkeit ab Juli 1872 zunächst ein. Auf dem Gothaer Vereinigungsparteitag 1875, auf dem sich SDAP und ADAV zusammenschlossen, wurde auf seinen Antrag Hamburg zum Sitz des Parteivorstands gewählt. In der vorausgegangenen Debatte hatte Bebel geäußert: »Ist Berlin die Hauptstadt des deutschen Reiches, so ist Hamburg die Hauptstadt des deutschen Sozialismus.« Am 12. November 1875 sprach er erstmals im Gebiet des heutigen Hamburg auf einer Volksversammlung in Altona über die Ziele der Sozialdemokratie.

Noch bevor im Oktober 1878 das Sozialistengesetz in Kraft trat, trafen sich in Hamburg führende Sozialdemokraten, um über den Fortbestand der Arbeiterbewegung in Gegnerschaft zum herrschenden Gesellschaftssystem zu beraten. Bebel wurde zum Kassierer gewählt und trat faktisch an die Spitze der Partei. Die Hamburger Parteiorganisation festigte sich rasch während des Ausnahmegesetzes. Sie baute illegale Gruppen auf, gab eine legale Zeitung heraus und half durch umfangreiche Geldsammlungen den Fortbestand der gesamten Partei zu sichern, auch nachdem am 27. Oktober 1880 der Kleine Belagerungszustand über Hamburg und Altona verhängt worden war. In den Reichstag konnten Sozialdemokraten trotz Verbots der Partei gewählt werden, da sie als Personen kandidierten. So erhielt Bebel am 23. Juni 1883 bei einer Nachwahl das Mandat des 1. Hamburger Wahlkreises, das er bis zu seinem Tod innehatte – mit Ausnahme der Wahlperiode 1893 bis 1898, als er mit Zustimmung der Hamburger ein Mandat im Elsass annahm. Die erste Massenversammlung, auf der Bebel in Hamburg sprechen durfte, fand am 20. Januar 1890 mit 12 000 Teilnehmern statt. Sie trug dazu bei, dass am 25. Januar 1890 das Sozialistengesetz nicht verlängert wurde.

Von nun an weilte Bebel – ab 1892 einer der beiden Vorsitzenden der Partei – oft in seinem Wahlkreis, da es zu seinen Prinzipien gehörte, vor seinen Wählern über sein Auftreten im Reichstag Rechenschaft abzulegen. Als zum Beispiel im Mai 1893 der Reichstag aufgelöst wurde, weil eine Mehrheit die geforderte Erhöhung der Militärausgaben ablehn-

te, prangerte Bebel auf Versammlungen am 7. Mai und am 11. Juni 1893 Militarismus und Kriegsrüstung an. Seine Schrift »Zukunftsstaat und Sozialdemokratie« mit der Reichstagsrede vom 3. Februar 1893 fand in Hamburg weite Verbreitung. Am 19. Mai 1895 resümierte Bebel auf zwei Versammlungen in Hamburg das erfolgreiche Ringen gegen die »Umsturzvorlage«, die durch Verschärfung der Strafgesetze neue Verfolgungen hatte einleiten sollen. An solchen Zusammenkünften nahmen viele Frauen teil, die sich in Hamburg in relativ großer Zahl der Sozialdemokratie zuwandten. Bebels Buch »Die Frau und der Sozialismus« (1879, Überarbeitungen bis 1910), das auf den Lehren von Karl Marx und Friedrich Engels fußt, wurde zu einem weit verbreiteten Standardwerk. Den im Oktober 1897 in Hamburg stattfindenden Parteitag verband Bebel mit vier Volksversammlungen. Die sozialdemokratische Partei zählte zu jener Zeit in der Hansestadt rund 11 500 Mitglieder und bot dem Parteivorsitzenden festen Halt. Als Manifestation der Stärke wertete Bebel am 29. Dezember 1906 die Eröffnung des Gewerkschaftshauses am Besenbinderhof. Er bezeichnete diese Stätte im Vergleich mit dem neu erbauten Rathaus und dem Hauptbahnhof als Ausdruck der kulturschöpferischen Kraft der Arbeiterklasse, als geistige Waffenschmiede zur Vorbereitung auf die sozialistische Zukunft, die Bebel für das 20. Jahrhundert erwartete. In der Folgezeit traten Bebels Warnungen vor einem näher rückenden verheerenden Weltkrieg in den Vordergrund. Anlässlich der Marokkokrise forderte er am 3. Dezember 1911 vor 4000 Versammelten im Gewerkschaftshaus größeren Einfluss des Reichstags auf außenpolitische Entscheidungen.

Aus Hamburg stammt vermutlich die Bezeichnung »Arbeiterkaiser« für Bebel, doch widerstrebte ihm eine solche Titulierung aufgrund seiner demokratischen Gesinnung. Inzwischen wurde Bebels Gesundheitszustand immer bedrohlicher. Er verstarb am 13. August 1913. Zur Beisetzung in Zürich gaben ihm Zehntausende Schweizer und deutsche Sozialdemokraten sowie Vertreter vieler anderer Länder das letzte Geleit. Unter den 15 Rednern aus der deutschen und internationalen Arbeiterbewegung gedachte Louis Gruenwaldt als Abgesandter des 1. Hamburger Wahlkreises der Verdienste Bebels. In Hamburg wie an vielen Orten Deutschlands und des Auslands fanden Trauerkundgebungen statt, auf denen Bebel als Vorkämpfer für eine von Ausbeutung, Unterdrückung und Krieg befreite sozialistische Gesellschaft geehrt wurde. 1945 erhielt eine Straße in Alsterdorf und Winterhude den Namen Bebelallee.

WERKE Ausgewählte Reden und Schriften, 10 Bde., Berlin 1970–83, München u. a. 1995–97 [Bibliografie in den Bden. 1, 2, 5, 9]; August Bebels Briefwechsel mit Friedrich Engels, hg. von Werner Blumenberg, London u. a. 1965 (Quellen und Untersuchungen zur Geschichte der deutschen und österreichischen Arbeiterbewegung 6); August Bebels Briefwechsel mit Karl Kautsky, hg. von Karl Kautsky Jr., Assen 1971 (Quellen und Untersuchungen zur Geschichte der deutschen und österreichischen Abeiterbewegung, Neue Folge 2); Briefe einer Ehe, August und Julie Bebel, hg. von Ursula Herrmann, Bonn 1997.

LITERATUR NDB 1; Werner Jung, August Bebel. Deutscher Patriot und internationaler Sozialist. Seine Stellung zu Patriotismus und Internationalismus, Pfaffenweiler 1986 (Reihe Geschichtswissenschaft 6); Brigitte Seebacher-Brandt, Bebel. Künder und Kärrner im Kaiserreich, Berlin/Bonn 1988; August Bebel. Eine Biographie. Autorenkollektiv unter Leitung von Ursula Herrmann und Volker Emmrich, Berlin 1989; Francis L. Carsten, August Bebel und die Organisation der Massen, Berlin 1991.

Ursula Herrmann

BEERMANN, Friedrich, geb. 9. 10. 1912 Moskau, gest. 24. 11. 1975 Kiel; luth.; Rechtsanwalt, Brigadegeneral der Bundeswehr, Politiker.

Der Sohn eines deutsch-russischen Kaufmanns und einer englischen Mutter wuchs in Hamburg, wo er das Wilhelm-Gymnasium besuchte, mehrsprachig auf. Nach dem Abitur begann er in Königsberg ein Jurastudium, brach dieses jedoch ab, um 1934 als Fahnenjunker in die Wehrmacht einzutreten. Bei Kriegsende war er als Oberstleutnant Kommandeur eines Artillerieregiments. Nach Entlassung aus der Kriegsgefangenschaft trat er 1946 als Volontär in eine Hamburger, 1947 in eine Lübecker Firma ein, um 1948 sein Jurastudium an der Universität Hamburg wieder aufzunehmen. Dieses schloss er mit dem Ersten (1951) und dem Zweiten (1954) Juristischen Staatsexamen ab; 1953 wurde er zum Dr. jur. promoviert. Danach trat er in ein Hamburger Anwaltsbüro ein.

1947 wurde Beermann Mitglied der SPD; sein politisches Engagement war schon früh bestimmt von der Überzeugung, dass es gelingen müsse, die Traditionen der Arbeiterbewegung mit denen der nationalen Verteidigung so zu verbinden, dass in der neuen deutschen Demokratie die Gegensätze, die zum Scheitern der Weimarer Republik geführt hatten, überwunden werden könnten. 1955 wählte ihn die Bundestagsfraktion der SPD auf Betreiben Helmut Schmidts zu ihrem militärfachlichen Berater. Als solcher geriet er wegen seiner oft von der Parteilinie abweichenden Positionen, die er auch öffentlich vortrug, zunehmend in das Kreuzfeuer innerparteilicher Debatten, so etwa 1957 mit dem Vorschlag, eine Bundeswehr mit dem Personalumfang von 300 000 Mann aufzustellen. Gleichzeitig machte es zum Beispiel seine Auffassung, dass die Anführer des Matrosenaufstands von 1917, Max Reichpietsch und Albin Köbis, die auf Betreiben der Marine verurteilt und erschossen worden waren, besser für die Traditionspflege der Bundeswehr geeignet seien als die Admirale Karl Dönitz und Erich Raeder, den Konservativen schwer, ihn als einen der Ihren anzusehen.

Franz Josef Strauß sorgte dafür, dass Beermann 1959 gegen erheblichen Widerstand als Oberst in die Bundeswehr aufgenommen wurde. Seine militärische Karriere, die von Anfang an in der internationalen Verwendung verlief, war überaus erfolgreich. Sie begann mit der Generalstabsausbildung in Fort Leavenworth (USA) und setzte sich in der deutschen NATO-Kommission in Washington fort. Auf dem Höhepunkt der Kuba-Krise 1962 geriet Beermann in den Verdacht, Informant des »Spiegel« gewesen zu sein. Von 1963 bis 1965 war er als Militärattaché in Neu Delhi eingesetzt. Nach Deutschland zurückgekehrt, übernahm Beermann Kommandeursfunktionen bei der Bundeswehr und seit 1968 als Brigadegeneral bei der NATO-Gruppe Nord in Mönchengladbach. 1969 wurde er als Abgeordneter über die schleswig-holsteinische Landesliste in den Deutschen Bundestag gewählt; 1972 gelang ihm die Wiederwahl als Direktkandidat im Wahlkreis Stormarn-Herzogtum Lauenburg. 1973 geriet er wegen kritischer Äußerungen über Salvador Allende in Konflikt mit den Delegierten eines Landesparteitags der SPD; der Aufforderung, aus der Partei auszutreten und sein Bundestagsmandat niederzulegen, kam er nicht nach.

Beermann, der auch während seiner Zeit als Abgeordneter des Deutschen Bundestages in Hamburg eine Anwaltskanzlei betrieb, trat stets als eigenständig denkender Politiker auf; als Offizier, so in seiner Zeit als Militärattaché in Indien, wagte er riskante Schritte im Umgang mit Vertretern der Sowjetunion, deren Einzelheiten noch zu erforschen sind. Besonders sein Tagebuch, das noch viele Jahre lang der gesetzlichen Archivsperre unterliegt, dürfte für die zeitgeschichtliche Forschung von Interesse sein.

LITERATUR DBE 1; Munzinger; Kürschners Volkshandbuch Deutscher Bundestag, 6. Wahlperiode 1969, Darmstadt 1970, S. 85, und 7. Wahlperiode 1972, Darmstadt, 1973, S. 4; Eckardt Opitz, Friedrich Beermann und die Wehrpolitik der SPD von 1955 bis 1959, in: Die Neue Gesellschaft 24 (1977), S. 869–872; Deutschlands Generale und Admirale, hg. von Dermot Bradley, Teil VI b: Die Generale und Admirale der Bundeswehr 1955–1997. Die militärischen Werdegänge, Bd. 1, Osnabrück 1998, S. 100–102.

Eckardt Opitz

Heinrich Behnken

BEHNKEN, Claus *Heinrich*, geb. 25. 12. 1880 Ahlerstedt/Kreis Stade, gest. 1. 12. 1960 Hamburg; luth.; Schriftsteller, Rektor.

Am 25. Juli 1943 war der Rektor der Volksschule für Knaben an der Tornquiststraße 19 persönlich zur Brandwache eingeteilt. In dieser Nacht erlebte Heinrich Behnken, wie seine Schule, an der er seit 1904 unterrichtete und deren Leiter er seit 1919 war, im Bombenhagel in Schutt und Asche sank. Wenige Straßenzüge weiter wurde auch seine Wohnung Eppendorfer Weg 185 von einem Bombentreffer zerstört. Seine gesamte Habe, einschließlich zahlreicher Manuskripte, wurde vernichtet.

Einquartiert in einer Notunterkunft, reiste Behnken in den letzten Kriegsjahren zu evakuierten Schulklassen und Butenhamburgern. In Vorträgen schilderte er die trostlosen Wohn- und Schulverhältnisse in Hamburg, warnte vor der Rückkehr in die Stadt und las Heimatliches aus seinen Werken. Im Dezember 1944 verschlug es auch ihn aufs Land: In Oersdorf, in unmittelbarer Nachbarschaft seines Geburtsortes, übernahm der Hamburger Rektor eine einklassige Dorfschule mit 80 Kindern, an der er noch nach seiner Versetzung in den Ruhestand am 31. Oktober 1947 bis zum Mai 1948 unterrichtete. Erst im Dezember 1950 fand er wieder eine Wohnung in Hamburg-Lokstedt.

Aufgewachsen war Behnken in Ahlerstedt und Sittensen. Von 1895 bis 1897 hatte er die Präparandenanstalt in Rotenburg/Wümme, anschließend bis 1900 das Schullehrerseminar in Stade besucht, um von 1900 bis 1904 neben seinem Vater die zweite Lehrerstelle in Sittensen zu bekleiden. Hamburg und die Stader Geest, Stadt und Land, bildeten nicht nur die Pole seines Lebenswegs, sondern auch die seines Denkens. In einem Vortrag über »Wesen und Aufgaben des niederdeutschen Menschen in Stadt und Land«, gehalten 1936 vor der Vereinigung Niederdeutsches Hamburg, streifte Behnken ›niederdeutsche‹ Gemeinsamkeiten nur am Rande, um seinen Zuhörern stattdessen die gegensätzlichen Sozialisationsweisen auf dem Dorf und in der Großstadt plastisch vor Augen zu führen. Fern von einseitiger Parteinahme erkannte er in dieser Polarität das »bewegende« und das »beharrende Prinzip im Leben des Volkes«, zwischen denen er zu vermitteln suchte. Seine Bemühungen als Schriftsteller und Pädagoge, der der Kunsterziehungsbewegung nahe stand, galten einer »natürlichen« Erziehung mitten im »Jammer großstädtischer Häuslichkeit«, einer Heimatpflege von der Großstadt aus sowie der Pflege der niederdeutschen Sprache auch im hochdeutschen Umfeld.

Behnken war zeitweise Vorsitzender der Gesellschaft der Freunde des vaterländischen Schul- und Erziehungswesens und engagierte sich in der Arbeitsgemeinschaft für Niederdeutsch innerhalb des Nationalsozialistischen Lehrerbundes (NSLB). Im »Dritten Reich« passte er sich formal den Umständen an und trat am 1. Mai 1937 in die NSDAP ein, um sein Rektoramt nicht zu verlieren. Zugleich bemühte er sich offenbar, seine Schule nach innen frei von nationalsozialistischer Agitation und von Diffamierungen zu halten, wie Aussagen Betroffener bestätigen. Aus seinem Entnazifizierungsverfahren ging Behnken als »entlastet« hervor.

Mit Ausnahme des im 17. Jahrhundert angesiedelten Lustspiels »Hamborger Beer« (1931) spielen Behnkens niederdeutsche Bühnenstücke in dörflicher Umgebung. Ihre Uraufführung erlebten sie nahezu alle in Hamburg auf der Niederdeutschen Bühne Richard Ohnsorgs. In den zwanziger und dreißiger Jahren gehörte Behnken zu den meistgespielten niederdeutschen Autoren. Weniger erfolgreich waren seine ernsten Dramen (»Klaus Kniphoff«, 1922; »De Diek«, 1928), denen er persönlich jedoch größere Bedeutung beimaß. Für die NORAG, später für den NWDR und NDR schrieb er etwa 80 Hörspiele. 1931 erhielt Behnken den Stavenhagen-Preis, 1955 bekam er für seinen Roman »Lütje Micheels, de Schoolmester« den zum ersten Mal vergebenen Fritz-Reuter-Preis der Stiftung F.V.S. Gegenüber konventionelleren Lustspielen zeichnen sich seine Stücke »durch den Wirklichkeitsgehalt des Stoffes und die naturwüchsigen Charaktere« (Paul Wittko) aus. In dem Dorfschulmeisterroman »Lütje Micheels«, der über weite Strecken die Lebensgeschichte des Vaters spiegelt, wird der begrenzte soziale Geltungsanspruch durch sorgfältige und liebevolle Beobachtung wettgemacht. Mit diesem 1955 in Hamburg abgeschlossenen, letzten Werk kehrte Behnken in Gedanken gleichsam in eine Zeit zurück, in der Pädagogik und Literatur eine Großstadtproblematik noch nicht kannten.

WERKE De Verschriewung. Lustspill in 3 Akten, Hamburg 1922; Hamborger Beer. Lustspill, Verden 1931; Wesen und Aufgaben des niederdeutschen Menschen in Stadt und Land, in: Das niederdeutsche Hamburg 2/3 (1937), S. 3–19; Etwas über mich selbst, in: Mitteilungen aus dem Quickborn 41 (1950), S. 65–69; Lütje Micheels, de Schoolmester. En Lebensbild ut ole Tied, Hamburg o. J. [1956].

LITERATUR KDL 1932; Kosch 1; Deutsches Literatur-Lexikon – das 20. Jahrhundert. Biographisch-bibliographisches Handbuch, begründet von Wilhelm Kosch, hg. von Carl Ludwig Lang, Bd. 2, Bern u. a. 2001; Walter Gättke, Heinrich Behnken und sein Werk. Eine Würdigung des niederdeutschen Dramatikers, Verden o. J. [1937]; Georg Beermann, Heinrich Behnken, in: Mitteilungen des Stader Geschichts- und Heimatvereins 36 (1961), S. 12–14; Heinrich Ladwig, Heinrich Behnken 1880–1960, in: Verein für Kloster- u. Heimatgeschichte Harsefeld e. V. (Hg.), Geschichte und Gegenwart 2000, S. 55–60.

Carsten Scholz

BEHRMANN, Friedrich *Georg*, geb. 12. 2. 1704 Hamburg, gest. 12. 11. 1756 ebd.; luth.; Kaufmann, Dramatiker.

Nach dem Besuch des Johanneums war Behrmann in Hamburg als Kaufmann tätig und verwaltete seit 1735 den Postverkehr nach Amsterdam. Er verfasste zwei Tragödien in Alexandrinern, die sich an Corneilles Dramen anlehnen. Sie wurden von Caroline Neuber aufgeführt, deren Theatertruppe Behrmann förderte. In einer privaten Aufführung in Hamburg übernahm Meta Moller die Rolle der Camilla in den »Horatiern«. Im Jahre 1749 wurde Behrmann Ehrenmitglied der Deutschen Gesellschaft in Göttingen.

WERKE Timoleon, der Bürgerfreund. Ein Trauerspiel, Hamburg 1741; Die Horazier. Ein Trauerspiel, Hamburg 1751.

LITERATUR LhS 1; NDB 2; Ferdinand Heitmüller, Hamburgische Dramatiker zur Zeit Gottscheds und ihre Beziehungen zu ihm. Ein Beitrag zur Geschichte des Theaters und Dramas im 18. Jahrhundert, Wandsbek 1890.

Horst Gronemeyer

BENEDIKT V., gest. 4. 7. 965 Hamburg; (Gegen-)Papst.

König Otto I. griff während seines zweiten Italienzuges (961–65), nachdem er am 2. Februar 962 zum Kaiser gekrönt worden war, zweimal in die römischen Streitigkeiten um die Besetzung des Papsttums ein. Eine von ihm einberufene Synode in der Peterskirche zu Rom setzte am 4. Dezember 963 den damaligen Papst, Johannes XII., ab und als seinen Nachfolger Leo VIII. ein. Nachdem Otto aus Rom abgezogen war, kehrte Johannes XII. für kurze Zeit zurück, starb aber schon am 14. Mai 964. Daraufhin wurde noch im Mai Benedikt, ein Kardinaldiakon mit dem seine Gelehrtheit hervorhebenden Ehrentitel »der Grammatiker«, als Benedikt V. zum Papst gewählt. Otto jedoch beharrte auf dem Papsttum Leos VIII. Am 23. Juni 964 kehrte der Kaiser in die Stadt Rom zurück; unter seinem Druck

Benedikt V.

verzichtete Benedikt V. zugunsten Leos VIII. auf das Papsttum. Damit dieser Verzicht dauerhaft blieb, verbannte der Kaiser Benedikt. Er unterstellte ihn der Obhut des Erzbischofs von Hamburg-Bremen, Adaldag, der Otto während des gesamten zweiten Italienzuges begleitete. Benedikt, dessen frommen Lebenswandel der Geschichtsschreiber Adam von Bremen rühmt, verbrachte seine letzten Lebensmonate in Hamburg; er starb noch 965. Im Hamburger Dom wurde er beigesetzt; seine Gebeine wurden 999 nach Rom überführt. Zur Erinnerung an die Hamburger Grabstätte Benedikts entstand, vermutlich im späten 13. Jahrhundert, im Chor des Doms zu Hamburg ein Kenotaph; es wurde bei Umbauten 1782 abgerissen. Überliefert sind allein einige Fragmente von Fayence-Fliesen sowie Abbildungen und Beschreibungen des 17. und 18. Jahrhunderts.

LITERATUR Lexikon des Mittelalters 1, München/ Zürich 1980; Lexikon für Theologie und Kirche, 3., völlig neu bearb. Aufl., Bd. 2, Freiburg i. B. 1994, Sp. 205; Ralf Busch, Das Kenotaph für Papst Benedict V., in: Ralf Busch (Hg.), Domplatzgrabung in Hamburg, Bd. 1, Neumünster 1995, S. 127–136; Ralf Busch, Ein Papst in Hamburg. Ein historisches Essay über Benedikt V., Hamburg 1999.

Gerhard Theuerkauf

BERKHAN, Karl Wilhelm *(Willi)*, geb. 8. 4. 1915 Hamburg, gest. 9. 3. 1994 ebd.; luth.; Gewerbelehrer, Politiker, Wehrbeauftragter des Deutschen Bundestages.

Willi Berkhan stammte aus kleinbürgerlichen Verhältnissen; sein Vater war Kanzleivorsteher. In seiner Heimatstadt besuchte er das Wilhelm-Gymnasium bis zur mittleren Reife, um anschließend eine Maschinenschlosserlehre zu absolvieren, der sich eine Ingenieurausbildung an der Technischen Lehranstalt anschloss. Nachdem er diese erfolgreich abgeschlossen hatte, war er als Maschinenbauingenieur in der Industrie tätig. 1939 wurde er zum Reichsarbeitsdienst und anschließend zur Wehrmacht eingezogen. Er wurde zum Flugzeugführer ausgebildet und in verschiedenen Kampfgeschwadern vor allem als Instandsetzungsingenieur eingesetzt, zuletzt im Dienstgrad eines Oberleutnants. Seinen eigentlichen Berufswunsch konnte er sich erst nach 1945 erfüllen: Er studierte von 1945 bis 1947 Pädagogik am Hamburger Berufspädagogischen Institut, um danach als Gewerbelehrer tätig zu werden. Von 1953 bis 1957 setzte er seine Studien an der Universität Hamburg fort und wurde anschließend Studienrat an einer Gewerbeschule.

Berkhan war kein Arbeiterkind, fand aber seine politische Heimat früh in der Arbeiterbewegung. 1929 trat er der SAJ (Sozialistische Arbeiterjugend) bei. Dass er nach Kriegsende Mitglied der SPD wurde und danach zu den Gründern der Hamburger Sektion des Sozialistischen Deutschen Studentenverbands (SDS) gehörte, war nur konsequent.

Von 1951 bis 1954 war Berkhan Vorsitzender der SPD im Kreis Hamburg-Nord. 1953 wurde er Mitglied der Hamburger Bürgerschaft und durchlief seine parlamentarische Schule unter der strengen Aufsicht Max Brauers und Paul Nevermanns, der von 1953 bis 1957 Führer der Opposition in der Bürgerschaft war. 1957 wurde er für den Wahlkreis 13 (Altona) in den Bundestag gewählt, wo ihn Fritz Erler dazu bewegen konnte, sich auf Probleme der Sicherheitspolitik zu konzentrieren. Neben seinem Freund Helmut Schmidt wurde er rasch zum Experten für Militärfragen. 1969 wurde er Parlamentarischer Staatssekretär im Verteidigungsministerium unter Helmut Schmidt. Die Zusammenarbeit zwischen Willi Berkhan, Helmut Schmidt, Johannes Birckholtz, Ernst-Wolf Mommsen auf der poli-

Willi Berkhan

tischen und General Ulrich de Maizière auf der militärischen Seite ist oft beschworen worden; sie war effektiv wie kaum eine andere in der Geschichte der Bundeswehr. Selten wurden so viele Reformmaßnahmen in Angriff genommen und zu praktischen Ergebnissen geführt wie in der Ära Schmidt/Berkhan.

Willi Berkhan hatte ein natürliches Gespür für die »pädagogische« Komponente der Reformen. Er war besonders an Veränderungen auf dem Sektor Bildung und Ausbildung in den Streitkräften und der Inneren Führung interessiert. Deshalb darf er ohne Einschränkung sowohl zu den Gründungsvätern der Universitäten der Bundeswehr als auch zu jenen gezählt werden, die sich durch Kodifizierung von Grundsätzen zu Vorschriften für die Innere Führung verdient gemacht haben.

1975 wurde Willi Berkhan vom Bundestag mit großer Mehrheit zum Wehrbeauftragten gewählt. Dies Amt übte er zehn Jahre lang mit allgemein anerkanntem Engagement aus. Die von ihm zu verantwortenden Berichte stellen Meilensteine in der Geschichte der parlamentarischen Kontrolle der Bundeswehr durch den Bundestag dar. Gleich zu Beginn seiner Amtszeit hatte er erklärt, dass er eher zurücktreten werde, als sich mit einer Marionettenfunktion zu begnügen. Als Wehrbeauftragter bearbeitete er jährlich 6000 bis 8000 Fälle. Er blieb stets ein Anwalt der Soldaten und zugleich ein kritischer Beobachter der Bundeswehr, der immer wieder Missstände aufgriff und in enger Zusammenarbeit mit dem Verteidigungsausschuss des Deutschen

Bundestages, dem er viele Jahre lang als Abgeordneter angehört hatte, auf ihre Beseitigung drängte. Berkhan, der 1980 mit breiter Mehrheit für fünf weitere Jahre in seinem Amt bestätigt worden war, sorgte dafür, dass durch das »Gesetz zur Änderung des Gesetzes über den Wehrbeauftragten als Hilfsorgan des Bundestages« vom 16. Juni 1982 die Rolle seines Amtes als Hilfsorgan des Bundestages bei der Parlamentarischen Kontrolle der Streitkräfte präzisiert, gestärkt und in ihrer Unabhängigkeit verdeutlicht wurde. Im Anschluss an die Vorlage seines zehnten Berichts vor dem Bundestag stellte er 1985 fest: »Die Bundeswehr ist nicht so gut, wie sie selbst meint, aber auch nicht so schlecht, wie andere von ihr denken.« Er fand das Gehör und die Zustimmung des Bundestages. Bei der Verabschiedung aus dem Amt erhielt er lang anhaltenden Applaus aus allen politischen Lagern. Berkhan verabschiedete sich nach Ablauf seiner Amtszeit als Wehrbeauftragter auf der Festung Ehrenbreitstein bei Koblenz von der Bundeswehr unter anderem mit den Worten: »Das Prinzip von Befehl und Gehorsam steht der Mündigkeit und dem Mitbestimmungswollen nicht entgegen.«

Am 20. Juni 1985 erfolgte die Ernennung Willi Berkhans zum Ehrendoktor des Fachbereichs Pädagogik der Universität der Bundeswehr Hamburg. Mit dieser Auszeichnung sollte der »genuin pädagogischen Grundorientierung einer mehr als 30-jährigen politischen Tätigkeit« Rechnung getragen werden. Dem Ehrendoktor wurden »pädagogischer Eros und pädagogisches Ethos« bescheinigt. In seiner Antwort betonte der Geehrte, dass über allen Strukturen der Mensch stehe; als solcher müsse er sich bewähren, in der Rolle des Vorgesetzten und des Untergebenen gleichermaßen. Damit hat er nicht nur Grundpositionen der Inneren Führung bestätigt, sondern auch für deren künftige Geltung plädiert.

Berkhan hat sich auf dem Gipfel seiner politischen Karriere nicht für ein Amt als Bundesminister entschieden, sondern für das des Wehrbeauftragten. Er tat dies aus Überzeugung, weil er darin eine Aufgabe sah, in der er sich deshalb würde bewähren können, weil er nicht über Menschen gebieten, sondern für sie sorgen wollte. Als Abgeordneter des Deutschen Bundestages und Parlamentarischer Staatssekretär auf der Hardthöhe hatte er die Soldaten der Bundeswehr kennen – und schätzen gelernt.

BERTRAM

Als Wehrbeauftragter wollte er ihnen und ihren berechtigten Interessen ein guter Anwalt sein. Das ist ihm auf hervorragende Weise gelungen. Insofern hat sich der Hamburger Politiker Willi Berkhan nicht nur als Abgeordneter für seine Heimatstadt, sondern auch darüber hinaus verdient gemacht. Den Nachlass Berkhans verwaltet die Deutsche Nationalstiftung in Hamburg.

LITERATUR Munzinger; Karl Wilhelm Berkhan zum Gedenken, hg. vom Deutschen Bundestag, Bonn 1994; Eckardt Opitz, Karl Wilhelm Berkhan (8. 4. 1915–9. 3. 1994) – Ein Nachruf, in: UNIFORUM, Jg. 1994, S. 19 f.

Eckardt Opitz

BERTRAM, geb. um 1340 Minden/Westfalen, gest. 1415; Maler, Bildschnitzer.

Der erste durch Namen und Werk bekannte deutsche Maler und zugleich bedeutendste norddeutsche Künstler um 1400 wird in zahlreichen Urkunden genannt. So ist über die persönlichen Verhältnisse und das Schaffen Bertrams mehr bekannt als über viele seiner Zeitgenossen.

1367 erteilte der Rat der Stadt Hamburg Bertram drei Aufträge: ein Marienbild vor einem Stadttor herzustellen, ein Engelsbild im Rathaus zu erneuern und die Tasche eines Ratsboten mit dem Wappen zu bemalen. Weitere Aufträge des Rats folgten; in den Kämmereirechnungen jener Jahre kommt kein anderer Maler oder Schnitzer vor. 1371 kaufte Bertram im St. Petri-Kirchspiel in der Sattlerstraße, der heutigen Schmiedestraße, ein Haus; zwölf Jahre später erwarb er das Nachbarhaus. Nach den Aufständen der Handwerker 1375, an denen Bertram teilgenommen hatte, wurden deren Listen neu geordnet; zwei Maler sind darin als Meister genannt, Bertram und ein Nykolaus, von dessen Werk so wenig erhalten ist wie von drei später erwähnten Malern. Eine nur als Abschrift überlieferte Urkunde hält fest, »mester Bertram van Mynden« habe das Retabel für den Hochaltar von St. Petri 1383 vollendet. Alle anderen Arbeiten, mit denen er – meist vom Rat – beauftragt wurde, sind nicht erhalten. Dazu gehörte auch ein Hängeleuchter für die Diele des Rathauses, der zu bemalen war; »vor den Luchterboom« bekam er 32 Pfund, die höchste von allen bekannten Zahlungen. 1385 reiste Bertram anlässlich des zehntägigen Besuchs von Kaiser Karl IV. auf Kosten Hamburgs nach Lübeck. Aus dem Jahr

1387 stammt die erste Erwähnung von Gehilfen in seiner Werkstatt, die er gewiss schon vorher beschäftigt hat; zwei Gesellen und zwei Lehrjungen wurden von den Zunftregeln gestattet. Durch Bertrams Testamente von 1390 und 1410 wissen wir von seiner Mitgliedschaft in der Heilig-Kreuz-Bruderschaft. Das erste Testament verfasste er vor einer Pilgerreise nach Rom. Recht einleuchtend hat Volker Plagemann festgestellt, diese Reise müsse auch eine »Kunstreise« gewesen sein. 1410 wurde Bertram zum Ältermann des Maler- und Glaseramtes gewählt.

Der Hochaltar von St. Petri, ein Vierflügelretabel, ist schon von seinen Ausmaßen her (2,77 × 7,26 Meter) ungewöhnlich. Die Darstellungen auf den Außenseiten des ersten Flügelpaares sind verloren. Waren die äußeren Flügel geöffnet, sah man auf jeweils zwölf Bildfeldern im oberen Register die Schöpfungsgeschichte und Ereignisse aus dem Leben Adams und Evas und unten je sechs Szenen mit Vorvätern und aus der Kindheit Jesu. Bei geöffneten Innenflügeln wurde der geschnitzte Schrein sichtbar, mit der Kreuzigung in der Mitte und einer Versammlung von Heiligen unter Baldachinen in zwei übereinander angeordneten Registern. Elf Figuren sitzen in der Predella: Neun Kirchenväter und Johannes der Täufer umgeben Maria und den knienden Engel der Verkündigung. In den Kammaufsatz sind zehn Halbfiguren eingefügt, in der Mitte kluge und törichte Jungfrauen, seitlich Propheten. Als Programm des Retabels hat Stephanie Hauschild zutreffend den göttlichen Schöpfungsplan gesehen, der mit der Erschaffung der Welt beginnt und über den Sündenfall sowie die Geburt und den Opfertod des Erlösers zum Jüngsten Gericht führt, auf das die klugen und törichten Jungfrauen hinweisen. Da die Pfarrkirche St. Petri dem Dom unterstand, dürfte Auftraggeber des Retabels das Domkapitel gewesen sein. Das theologische Programm hat nach einer Vermutung Christian Beutlers der Domdekan Wilhelm Horborch entwickelt. Die vier großen Tafeln mit jeweils sechs Bildern sind ein hochbedeutendes Zeugnis früher Tafelmalerei im nördlichen Europa. Die Schöpfungsgeschichte erzählt Bertram in einer lakonischen Sprache, die den monumentalen Charakter der Bilder schafft. Gott handelt durch Gesten der Hand. Vergeistigung durch Abstraktion verbindet Bertram mit naturnaher Wiedergabe besonders von Dingen. Impulse verschiedener künstlerischer Tendenzen werden erkennbar, so von Meister Theoderich in Prag, von westfälischen Malern und vielleicht sogar von französischen Illuminatoren.

In der Reformationszeit hat man die Außenflügel abgenommen und von Gillis Coignet übermalen lassen. 1721 wurde Bertrams Retabel entfernt und bald der Stadtkirche von Grabow in Mecklenburg geschenkt. Friedrich Schlie, Museumsdirektor in Schwerin, erkannte 1900 in ihm Bertrams Werk. Lichtwark beeilte sich, den Grabower Altar zurückzuholen (1903) und die Flügel in Hamburg wiederzufinden. Seitdem ist der Petrikirchenaltar das Fundament der Sammlung der Hamburger Kunsthalle.

Fünf andere Retabeln können Bertram durch Stilkritik zugeschrieben werden. Plagemann hat sie recht plausibel bestimmten Kirchen zugeordnet. Der Passionsaltar (Landesgalerie Hannover) sei eine Stiftung der Heilig-Kreuz-Bruderschaft, der Bertram angehörte, für deren Altar in St. Johannis. Der Apokalypsenaltar (Victoria & Albert Museum, London) könnte ebenfalls aus der Kirche St. Johannis stammen, die auch dem Verfasser der Apokalypse geweiht war. Die beiden Altäre für die Nonnenklöster in Buxtehude und in Harvestehude, die im ersten Testament nicht bedacht waren, wären also nach 1390 entstanden, was der stilkritischen Datierung entspricht. Der kleine Altar der Vera Icon (Museo Thyssen-Bormemisza, Madrid) könnte das Retabel des 1388 erwähnten »altare faciei-Christi« in St. Katharinen gewesen sein.

Seit 1929 erinnert die Meister-Bertram-Straße in Barmbek an den Maler und Bildschnitzer.

LITERATUR NDB 2; AKL 10; Alfred Lichtwark, Meister Bertram, tätig in Hamburg 1367–1415, Hamburg 1905; Jens Christian Jensen, Meister Bertram. Quellen und Untersuchungen, in: ZHG 44 (1958), S. 141–203; Christian Beutler, Meister Bertram. Der Hochaltar von St. Petri. Christliche Allegorie als protestantisches Ärgernis, Frankfurt a. M. 1984; Stephanie Hauschild, Bertram von Minden, in: Goldgrund und Himmelslicht. Die Kunst des Mittelalters in Hamburg [Katalog zur Ausstellung in der Hamburger Kunsthalle vom 19. November 1999 bis 5. März 2000], Hamburg 1999, S. 98–135; Volker Plagemann, Bertram von Minden, in: ders. (Hg.), Das Mittelalter in Hamburg. Kunstförderer, Burgen, Kirchen, Künstler und Kunstwerke, Hamburg 2000 (Vorträge der Stiftung Denkmalpflege Hamburg 1), S. 137–150.

Helmut R. Leppien

BEZELIN (Beiname *Alebrand*), gest. um den 15. 4. 1043 Bücken (Kreis Nienburg/Weser); Erzbischof von Hamburg-Bremen.

Bezelin war vor seiner Ernennung zum Erzbischof Geistlicher in Köln und gehörte der königlichen Kapelle an. Die Investitur muss vor dem 16. Oktober 1035 stattgefunden haben, da Bezelin in dem auf diesen Tag datierten Marktprivileg, in welchem ihm Konrad II. die Marktgerechtigkeit in Bremen nebst Zoll und Münzrecht verlieh, bereits als Erzbischof bezeichnet wird. Am 21. Dezember 1035 wurde er in Hamburg von seinen Suffraganbischöfen und einigen sächsischen Bischöfen geweiht.

Bezelin trat kaum in Reichsdiensten in Erscheinung; während der Regierungszeit Konrads II. war er überhaupt nicht, unter Heinrich III. nur zweimal am Königshof. Vermutlich war Bezelin wegen der ihm übertragenen Missionsaufgaben im Norden von der Teilnahme an den königlichen Tagen und Heerfahrten befreit. Über seine Missionstätigkeit ist allerdings wenig bekannt. Die norwegische und schwedische Kirche stand mit ihren zum größten Teil englischen Bischöfen zu Hamburg nur in einem lockeren Abhängigkeitsverhältnis. Im Gegensatz dazu war die Verbindung der dänischen Bistümer zum Erzstift wesentlich enger.

Die Beziehungen zu den Slawen waren in der Amtszeit Bezelins friedlich. So berichtet Adam von Bremen, dass die Slawenfürsten Anatrog, Gneus und Ratibor nach Hamburg gekommen seien und dem Erzbischof Lehnsdienste geleistet hätten. Besonders hervorzuheben ist Bezelins Bautätigkeit in seinem Erzbistum. In Bremen ließ er den Bau der Ringmauer fortsetzen und mit starken Bollwerken versehen. Auch die Metropole Hamburg sollte nach den Plänen Bezelins mit einer Mauer umgeben und mit Türmen befestigt werden. Bezelins Tod 1043 vereitelte jedoch die Ausführung dieses Bauvorhabens. Fertig gestellt wurden in Hamburg, dem seine besondere Fürsorge gegolten zu haben scheint, die Marienkathedrale und der erzbischöfliche Palast, ein stark befestigtes Steinhaus. Das Verhältnis zu den Billungern war zur Zeit Bezelins noch unproblematisch. Seine Bautätigkeit in Hamburg führte jedoch zu Konkurrenzbauten Herzog Bernhards. Adam von Bremen äußert sich über Bezelin außerordentlich positiv. Er sieht in ihm den idealen Erzbischof und bedauert ange-

BIERMANN-RATJEN, Hans Harder

sichts der nicht vollendeten Bautätigkeit seinen zu frühen Tod.

LITERATUR NDB 2; Georg Dehio, Geschichte des Erzbistums Hamburg-Bremen bis zum Ausgang der Mission, Bd. 1, Osnabrück 1975 [Nachdruck der Ausgabe Berlin 1877], S. 165–174; Günter Glaeske, Die Erzbischöfe von Hamburg-Bremen als Reichsfürsten (937–1258), Hildesheim 1962 (Quellen und Darstellungen zur Geschichte Niedersachsens 60), S. 46–54. *Maren Limbacher*

BIERMANN-RATJEN, Hans Harder, geb. 23. 3. 1901 Hamburg, gest. 25. 4. 1969 ebd.; luth.; Jurist, Notar, Senator.

Hans Harder Biermann-Ratjen

Hans Harder Biermann-Ratjen ist weniger als Jurist denn als Kultursenator hervorgetreten. 1945 war er kurzzeitig ernannter Kultursenator im Senat Rudolf Petersens und damit der erste hamburgische Kultursenator überhaupt. 1953 übernahm er im Rahmen des »Hamburg-Block«-Senats erneut dieses Amt, das er dann – wie nunmehr auch den Vorsitz in der Senatskommission für die Justizverwaltung – bis 1966 innehatte.

Der Sohn des hamburgischen Notars Hans Rudolf Ratjen wurde 1920 von dem Bremer Kunstsammler und Mäzen Leopold Biermann adoptiert. Nach dem Jurastudium, der Promotion in Jena, dem Referendariat und der Tätigkeit in einer Außenhandelsfirma trat Biermann-Ratjen 1929 in die Notarssozietät Dres. von Sydow, Bartels, Remé und Crasemann ein, die traditionsreichste Sozietät Hamburgs, der bereits sein 1926 verstorbener Vater angehört hatte. Aufgrund der in Bremen geschlossenen Bekanntschaft mit Gustav Pauli, der 1914 als Direktor der Kunsthalle nach Hamburg gekommen war, trat Biermann-Ratjen 1932 in den Vorstand des Hamburger Kunstvereins ein und versuchte 1935 – in schwerster Zeit – sogar eine Gratwanderung als dessen Vorsitzender. Freilich musste er schon 1936 auf Veranlassung des Präsidenten der Reichskammer für die bildenden Künste, des Malers Adolf Ziegler, wieder zurücktreten, nachdem die Kunstverein-Ausstellung »Malerei und Plastik in Deutschland«, die für einige Wochen eine Feigenblattfunktion im Rahmen des Hamburger »Weltkongresses für Freiheit und Erholung« erfüllt hatte, vorzeitig vom Staat geschlossen worden war.

Biermann-Ratjen hatte das Glück, zwecks Auf-

rechterhaltung des Notariatsbetriebs vom Kriegsdienst verschont zu bleiben, und er zählte nach Kriegsende zur Minderheit der politisch unbelasteten Notare. Das schnelle Ende seiner nur wenige Monate von Juni bis November 1945 während Amtszeit als Kultursenator scheint in erster Linie darauf zurückzuführen zu sein, dass Biermann-Ratjen sich – entgegen den Absichten der britischen Besatzungsmacht – parteipolitisch noch nicht festlegen wollte, insbesondere nicht auf die Christlich-Demokratische Partei (CDP, später CDU), die nach dem Willen der Briten Ende 1945 mit Senatorenposten ausgestattet werden sollte. Biermann-Ratjen engagierte sich hernach in der Gesellschaft Hamburger Juristen und ab 1947 kulturpolitisch in der FDP. 1949 wurde er Vizepräsident der Notarkammer und Mitglied der Bürgerschaft. Gern hat er die Urheberschaft der 1951 vom Senat beschlossenen Kunst-am-Bau-Verordnung für sich reklamiert.

Als Biermann-Ratjen 1953 erneut in den Senat eintrat, ließ er seine Tätigkeit in der Notarskanzlei ruhen. Sein »hanseatisches«, liberal-konservatives Bekenntnis zur Freiheit des künstlerischen Schaffens und zur Förderung auch der vielfach angefeindeten zeitgenössischen Kunst, ferner sein der Mentalität des »Massenmenschen« angesagter Kampf gegen die »vier großen F« (Film, Funk, Fernsehen, Fußball) bei gleichzeitigem Einsatz für anspruchsvolle Hörspiele und Filme haben Biermann-Ratjen über die Grenzen Hamburgs hinaus bekannt gemacht. Die von ihm so genannte »Politik des kulturellen Angebots« sollte breitere Bevölkerungskreise auf dem Niveau des Kulturkonsums »abholen«, auf dem sie sich befanden, ohne ihnen gegenüber hochfahrend und aufdringlich aufzutreten. Biermann-Ratjens personalpolitisches Glanzlicht war die Berufung Gustaf Gründgens' zum Intendanten des Deutschen Schauspielhauses 1955. 1956 rief er die Stiftung der hamburgischen Kunstsammlungen ins Leben.

Mit Nachdruck unterstützte Biermann-Ratjen die von seinem Senatskollegen Ernst Plate initiierte, von Bürgermeister Kurt Sieveking engagiert verantwortete »Politik der Elbe«, eine vorsichtige Öffnung nach Osten hin, die – entgegen der auf Konfrontation angelegten Bonner Vorgehensweise – politische Entspannung durch wirtschaftlichen und kulturellen Austausch zu erreichen trachtete. Mit unverstelltem Blick nahm er 1956 an der Hamburger Leningrad-Delegation teil und stellte nach seiner Rückkehr die rhetorische Frage: »Wir sehen im Kommunismus den Teufel. Aber wie verhält man sich eigentlich, wenn man vom Teufel zum Tee gebeten wird?« 1964 wurde Biermann-Ratjen vom Deutschen Journalistentag für »verständnisvolle Unterstützung bildjournalistischer Arbeit« im Zusammenhang mit der »Spiegel-Affäre« geehrt. Martin Behaim-Schwarzbach hat in seinem Nachruf auf den verstorbenen Freund bemerkt, dass »solche Naturen« selten auf hohe Staatsposten zu gelangen pflegen.

WERKE Das Glück auf der Kugel [Roman, veröffentlicht unter dem Pseudonym Hans Harder Ratjen], Berlin 1948; Kultur und Staat. Reden und Schriften aus den Jahren 1945–1959. Zum 60. Geburtstag des Verfassers am 23. März 1961 hg. von Werner Gramberg u. a., Hamburg 1961; (mit Hans-Joachim Schoeps) Gabriel Riesser und der Weg des deutschen Judentums. Gedenkworte anläßlich des 100. Todestages, Hamburg 1963 (Vorträge und Aufsätze, hg. vom Verein für Hamburgische Geschichte, 11).

LITERATUR Albers, Bd. 1, S. 353–355; Rainer Postel/ Helmut Stubbe-da Luz, Die Notare Johann Heinrich Hübbe, Eduard Schramm, Gabriel Riesser, Hans Harder Biermann-Ratjen, Hamburg 2001 (HLb 17).

Helmut Stubbe-da Luz

BIERNATZKI, *Karl* Leonhard, geb. 28. 12. 1815 Altona, gest. 23. 1. 1899 ebd.; luth.; Pastor, Gründer der Altonaer Diakonissenanstalt, Schriftsteller.

Karl Biernatzki gründete mit der Altonaer Diakonissenanstalt die erste derartige Einrichtung in der Provinz Schleswig-Holstein. Dies geschah zu Zeiten des wirtschaftlichen Niedergangs Altonas, nachdem die Stadt die dänischen Zollprivilegien verloren hatte und viele Gewerbebetriebe abwanderten, da Altona nicht an den Deutschen Zollverein angeschlossen wurde. Die dadurch verursachten sozialen Probleme versuchte Biernatzki durch die Betreuung von Armen und Kranken zu lindern. Er legte so den Grundstein für eine der bedeutendsten kirchlichen Sozialeinrichtungen Altonas und Norddeutschlands.

Biernatzki hatte im Anschluss an den Besuch des Altonaer Christianeums und der Hamburger Gelehrtenschule des Johanneums in Erlangen und Kiel Theologie studiert. Nach dem erfolgreichen Abschluss des Studiums wurde er 1841 Rektor in Friedrichstadt. 1852 übernahm er in Kassel die Stelle des Sekretärs des Zentralvereins für China-Mission. Schon wenige Jahre später berief ihn der »Centralausschuß für die Innere Mission« in Berlin 1855 zu seinem Generalsekretär. Hier arbeitete er eng mit Wichern zusammen und trug auf Vortragsreisen und durch Veröffentlichungen zur Verbreitung der Idee der Inneren Mission bei. Als er die Sekretärsstelle 1859 aus finanziellen Gründen verloren hatte, kehrte er in seine Heimatstadt zurück und übernahm im selben Jahr die Pfarrstelle an der Altonaer Hauptkirche, die er bis 1895 innehatte.

Im Dezember 1867 gründete Biernatzki zusammen mit anderen in der Steinstraße 46–48 die Altonaer Diakonissenanstalt. Nach dem Vorbild der Kaiserswerther Einrichtung sollte sie junge Frauen zu Diakonissen ausbilden. Der Anfang war sehr bescheiden, aber wirkungsvoll. Zwei junge Frauen lebten in einer von der Anstalt angemieteten Wohnung zusammen und erlernten im städtischen Krankenhaus durch Betreuung von Patienten die Krankenpflege. Dann wurden auch im Wohnhaus Patienten aufgenommen und versorgt. Auslöser für diese Gründung war ein Bericht des Pastors Johannes Hesekiel über die kirchlichen und sozialen

B

Notstände in Altona, der im Auftrag des »Central-ausschusses für die Innere Mission« Schleswig-Holstein bereist hatte. Biernatzki konnte an die Aktivitäten des 1835 von Emma Poel ins Leben gerufenen Frauenvereins anknüpfen, der bedürftige Familien betreute und ein kleines Kinderkrankenhaus betrieb.

In der Anfangszeit der Altonaer Diakonissenanstalt wurde alle Kraft darauf verwendet, die Ausbildung der Schwestern und die Krankenpflege im eigenen Haus voranzutreiben. Auch wenn sich die diakonischen Aktivitäten vor allem an Hilfsbedürftige in der eigenen Gemeinde richteten, unterstützten die Diakonissen 1870/71 auch die Lazarettpflege in Altona und 1871 die durch die Pockenepidemie Erkrankten. Schnell wurde eine organisatorische und räumliche Ausweitung erforderlich. Zunächst richteten Biernatzki und der Vorstand die Stelle eines hauptamtlichen Rektors ein und besetzten sie 1872 mit dem Pastor Theodor Schäfer, der diese Aufgabe bis 1911 wahrnahm und die Einrichtung zu einer der bedeutendsten Anstalten im norddeutschen Raum ausbaute. Biernatzki gab 1873 seinen ehrenamtlichen Vorsitz im Trägerverein der Altonaer Diakonissenanstalt wegen unüberbrückbarer Meinungsverschiedenheiten mit Schäfer auf.

Neben seinem Einsatz für die Altonaer Diakonissenanstalt bemühte sich Biernatzki, durch weitere Initiativen die sozialen Probleme in seiner Altonaer Gemeinde zu mildern. So gründete er 1870 eine Gemeindepflegestation, die er gemeinsam mit seiner Frau Charlotte betreute und in der eine Diakonisse sowie ehrenamtliche Helfer tätig waren; von hier aus wurden Kranke in ihren Wohnungen gepflegt, warme Mahlzeiten an Hungernde ausgegeben und Kleidung verteilt. 1881 wurde die Station in einen Förderverein überführt und später von der Altonaer Diakonissenanstalt übernommen. In seinem Privathaus, das er 1897 der Kirchengemeinde überließ, richtete Biernatzki 1881 eine »Stopf- und Flickschule für schulpflichtige Mädchen« ein, die wöchentlich von 80 Mädchen besucht wurde. 1890 gründete er zur Entlastung berufstätiger Mütter einen Hort für Kleinkinder mit 40 Plätzen sowie für allein stehende ältere Frauen ein Wohnheim mit 18 Plätzen.

Biernatzki erlangte auch als Schriftsteller Bedeutung. Neben fachbezogenen Veröffentlichungen zu Fragen der Inneren Mission, die in seiner Zeit als Generalsekretär erschienen, wurde er in den Jahren von 1844 bis 1851 einer größeren Öffentlichkeit als Herausgeber des »Volksbuches für Schleswig-Holstein und Lauenburg« bekannt, in dem zum Beispiel Theodor Storm mit literarischen Beiträgen vertreten war. Darüber hinaus veröffentlichte Biernatzki zahlreiche geschichtliche, kulturhistorische und ethnografische Beiträge.

Für seine schriftstellerische Tätigkeit verlieh ihm bereits 1854 die Universität Jena die philosophische Ehrendoktorwürde. 1950 ehrte der Hamburger Senat die Familie Biernatzki, indem er in der Altonaer Altstadt die Biernatzkistraße nach ihr benannte.

WERKE Schriftenverzeichnis in: BJ 4.

LITERATUR Theodor Schäfer, Krippen (Säuglings-Bewahranstalten), in: Peter Christian Hansen (Hg.), Schleswig-Holstein, seine Wohlfahrtsbestrebungen und gemeinnützigen Einrichtungen, Kiel 1882, S. 202–206; Johannes Hoffmann, Von der evangelisch-lutherischen Diakonissenanstalt für Schleswig-Holstein in Altona, in: Handbuch der Inneren Mission in Schleswig-Holstein, hg. von Friedrich Gleiß, Bordesholm, 1917, S. 185–193; Wilhelm Biernatzki, Die Familie Biernatzki, Kiel 1928; Erwin Freytag, Eine Dokumentation aus den Jahren 1866/67 über die religiösen, sozialen und sittlichen Zustände in den Herzogtümern Schleswig und Holstein, in: Schriften des Vereins für Schleswig-Holsteinische Kirchengeschichte, Reihe II, Bd. 32/33 (1976/77), S. 114–145; Harald Jenner, »… man muß in die Hinterhöfe, Keller und Dachwohnungen gehen«. Kirche und Stadt in Altona, Hamburg 1993.

Bodo Schümann

BING, Siegfried, geb. 26. 2. 1838 Hamburg, gest. 6. 9. 1905 Vaucresson; isr.; Kunsthändler und -sammler, Kunstschriftsteller.

Ein mit internationaler Geltung versehenes, aber in seinen hamburgischen Bezügen ungeschriebenes Kapitel deutscher Kunstgeschichte verbindet sich mit dem Namen Siegfried Bing.

Das dritte von zwölf Kindern des Kaufmanns Jacob Bing (1798–1868), Miteigentümer der gleichnamigen Hamburger Handelsfirma für den Import französischen Glases und Porzellans, trat in die beruflichen Fußstapfen des Vaters und erweiterte in den siebziger Jahren des 19. Jahrhunderts von Paris aus das Geschäftsfeld um den Handel mit asiatischem Kunstgewerbe. 1880 führte ihn eine längere

Reise nach Indien, China und Japan, wo er über seinen Schwager, den Konsul Michael Martin Baer (1841–1904), nützliche Kontakte knüpfen konnte. Mit den ab 1883 in verschiedenen Museen präsentierten Ausstellungen japanischer Kunst trug Bing wesentlich zu deren Einfluss auf das europäische Kunstgewerbe bei. Nicht nur die Museen in Amsterdam und London bezogen bei ihm Objekte. Er stellte japanische Keramik in Kopenhagen und Farbholzschnitte an der Ecole des Beaux Arts in Paris aus. Justus Brinckmann baute mit seiner Hilfe die Japansammlung des Hamburger Museums für Kunst und Gewerbe auf. Brinckmann arbeitete auch an den ab 1888 von Bing veröffentlichten Heften »Japanischer Formenschatz« mit.

Ein neues Kapitel der Aktivitäten Bings leitete 1894 eine im Auftrag der französischen Regierung unternommene Reise in die Vereinigten Staaten ein. Für seinen Bericht über die amerikanische Kunstindustrie (»La Culture artistique en Amerique«, 1895) ließ er sich von der Glaskunst des Louis C. Tiffany inspirieren, die er fortan in seiner Galerie präsentierte. Beeindruckt von der Architektur des Amerikaners Henry Hobson Richardson, beauftragte er den französischen Architekten Louis Bonnier mit dem Umbau seiner Pariser Ausstellungsräume. Sie wurden Ende 1895 als Kunstsalon »L'Art Nouveau« mit Möbeln Henry van de Veldes sowie Gemälden und Grafiken unter anderem von Henri de Toulouse-Lautrec, Aubrey Beardsley und Otto Eckmann eröffnet. Der Name des Bing'schen Kunsthauses wurde zum Programm einer Epoche. Bing präsentierte die Künstlergruppe »Nabis«, aber auch französische und deutsche Impressionisten. Die Ausstellung von Skulpturen Constantin Meuniers 1896 verhalf dem Bildhauer zum Durchbruch in Deutschland. Ebenso erregten die von van de Velde eingerichteten Ausstellungsräume Bings auf der Internationalen Kunstgewerbeausstellung 1897 in Dresden große Aufmerksamkeit.

Bing, der über viele Kontakte nach Deutschland verfügte, hatte nicht nur ein geschäftliches Interesse an der deutschen Kunstentwicklung. Dies verdeutlicht eine von ihm verfasste Artikelserie, die die neue, von Julius Meier-Graefe herausgegebene Zeitschrift »Dekorative Kunst« einleitete. Unter dem Titel »Wohin treiben wir?« (1897/98) warnte Siegfried Bing vor einer »Überhast« bei der Kulturreform und plädierte für einen pragmatischen Umgang mit den Traditionen sowie für eine »saubere« Trennung von L'art pour l'art und angewandter Kunst. Letztere Forderung stimmte mit den Reformvorstellungen von Mitstreitern wie Justus Brinckmann nicht überein. Henry van de Velde unterstellte Bing eine Attitüde des oberflächlichen Genießens. Dazu kam, dass Bings europäische Perspektive, die auch in Frankreich nationalistischen Anfeindungen ausgesetzt war, zunehmend mit einer deutschtümelnden Pflege der künstlerischen Entwicklung konfrontiert wurde. Anlässlich der Weltausstellung 1900 in Paris, auf der »Art Nouveau Bing« mit einem eigenen Pavillon und Exponaten aus der Produktion der Bing'schen Werkstätten Aufsehen erregte, wurde er in Deutschland schon als Repräsentant französischer Dekadenz angesehen. Bings Aktivitäten wurden in der Folge weniger wahrgenommen, obwohl er sich weiterhin an nationalen und internationalen Ausstellungen beteiligte. Seine Verdrängung aus der deutschen Kunstgeschichte fand im Nekrolog der »Kunstchronik«, in dem Bings Bedeutung für die moderne kunstgewerbliche Bewegung einzig auf Frankreich und kommerzielle Aspekte seines zum »Kaufhaus« herabgesetzten Kunstsalons bezogen wurde, einen bezeichnenden Ausdruck.

WERKE Vorwort, in: Japanischer Formenschatz, gesammelt von S[iegfried] Bing, Heft 1, Leipzig o. J. [1888], S. 7–16; La Culture artistique en Amerique, Paris 1895; Wohin treiben wir? in: Dekorative Kunst, 1 (1897/98), S. 1–3, 68–72, 173–177; Die Kunstgläser von Louis Comfort Tiffany, in: Kunst und Kunsthandwerk, 1 (1898), S. 105–111.

LITERATUR BJ 10; Max Osborn, S. Bings »Art Nouveau« auf der Weltausstellung, in: Deutsche Kunst und Dekoration, 5 (1899/1900), S. 550–569; Nekrolog S. Bing, in: Kunstchronik N. F. 16 (1905), S. 555; Gabriel P. Weisberg, Art Nouveau Bing. Paris Style 1900, New York u. a. 1986; Catherine Kramer, Über die Anfänge des Neuen Stils. Henry van de Velde – Siegfried Bing – Julius Meier-Graefe, in: Henry van de Velde. Ein europäischer Künstler seiner Zeit, hg. von Klaus-Jürgen Sembach und Birgit Schulte [Begleitpublikation zur Ausstellung im Karl-Ernst-Osthaus-Museum, Hagen, vom 6. September bis 8. November 1992], Köln 1992, S. 148–164; Rüdiger Joppien, Siegfried Bings Kunsthaus »L'Art Nouveau«, in: Renate Ulmer (Hg.), Art Nouveau. Symbolismus und Jugendstil in Frankreich [Begleitpublikation zur Ausstellung im Institut Mathildenhöhe Darmstadt vom 24. Oktober 1999 bis 13. Februar 2000], Stuttgart / New York 1999, S. 116–127.

Jörg Schilling

BLOHM, Georg Wilhelm *Rudolf,* geb. 2. 9. 1885 Hamburg, gest. 7. 10. 1979 ebd.; luth.; Ingenieur, Unternehmer.

Rudolf Blohm, einer der bedeutendsten Hamburger Unternehmer des letzten Jahrhunderts, war der erste Sohn des Mitbegründers der Schiffswerft Blohm & Voss, Hermann Blohm. Frühzeitig wurde er darauf vorbereitet, die Nachfolge seines Vaters im Unternehmen anzutreten. Nach einem Studium an den Technischen Hochschulen in München, Danzig und Charlottenburg, das er 1912 als Diplomingenieur abschloss, und einer zweijährigen Studienreise nach Südamerika und in die Vereinigten Staaten trat er am 1. Juli 1914 als persönlich haftender Gesellschafter in die Unternehmensleitung ein. 1916 wurde auch sein um knapp zwei Jahre jüngerer Bruder Walther persönlich haftender Gesellschafter. Beide sahen sich während und nach der Novemberrevolution von 1918 zusammen mit ihrem Vater vor neue Herausforderungen für ihr Unternehmen gestellt. Am 11. November übernahm ein Arbeiter- und Soldatenrat das Kommando über die Werft, entfernte die Blohms jedoch nicht aus ihren Positionen. Es gelang ihnen in den folgenden Monaten, den Einfluss des Rates zurückzudrängen.

Nach dem Ende der Revolutionszeit zog sich Hermann Blohm aus dem Betrieb zurück und übergab die Leitung seinen Söhnen. Walther Blohm kümmerte sich um die innerbetrieblichen Abläufe, während Rudolf das Unternehmen gegenüber den Kunden, in nationalen und internationalen Verbänden und vor allem gegenüber der Politik repräsentierte. Beide behielten den patriarchalischen Leitungsstil ihres Vaters bei. Die politischen, sozialen und wirtschaftlichen Umbrüche nach dem Ende des Kaiserreichs in Deutschland stellten die Brüder vor bis dahin unbekannte Aufgaben. Einem Schiffsnachfrageboom zu Beginn der zwanziger Jahre folgte eine mehrjährige Depression, der in Deutschland zahlreiche etablierte Werften zum Opfer fielen. Blohm & Voss verkraftete diese Zeit nicht zuletzt aufgrund der guten Beziehungen zu den großen Hamburger Reedereien. 1919 übernahm Rudolf Blohm von seinem Vater wichtige Posten in den Selbstverwaltungsorganen der Unternehmer und setzte dessen Feldzug gegen kollektiv artikulierte Arbeitnehmerinteressen fort, so etwa auf regionaler Ebene als Mitglied der Hamburger Handelskammer

Rudolf Blohm

und überregional als Vorstandsmitglied des Reichsverbandes der Deutschen Industrie (RDI) und der Vereinigung der Deutschen Arbeitgeberverbände (VDA).

Mit seiner Mitgliedschaft in der Deutschnationalen Volkspartei (DNVP) demonstrierte Rudolf Blohm seine entschiedene Opposition zur parlamentarischen Demokratie. Seit Beginn der zwanziger Jahre stand er in engem Kontakt zum Medienunternehmer und späteren Vorsitzenden der DNVP, Alfred Hugenberg. Zusammen mit Carl-Gottfried Gok, einem Werftdirektor von Blohm & Voss, der für die DNVP im Reichstag saß und dort zum extrem antisemitischen und monarchistischen Flügel gehörte, nahm Rudolf Blohm im Oktober 1931 am Treffen der »Harzburger Front« teil.

Überzeugt davon, dass die neuen Machthaber seines sachverständigen Urteils bedurften, beanspruchte Blohm nach der Machtübernahme durch die Nationalsozialisten am 30. Januar 1933 ein Mitspracherecht in wirtschaftspolitischen Fragen. Doch seine Ernennung zu einem von zwölf Hauptgruppenleitern des »Führers der Wirtschaft« durch den Reichswirtschaftsminister im März 1934 verschaffte ihm nicht den erhofften Einfluss. Auch die vielfach nach 1945 als Ausweis besonderer Nähe zum NS-Regime bewertete Ehrung als »Wehrwirtschaftsführer« im Jahr 1937 war lediglich die Verleihung eines dekorativen Titels. Der NSDAP traten Rudolf und Walther Blohm nicht bei. Adolf Hitler sah in Rudolf Blohm den wichtigsten Repräsentanten der deutschen Schiffbauindustrie und traf bei mehreren Besuchen in Hamburg mit ihm zusammen. Blohm & Voss erholte sich zwischen 1933 und 1936 von der Wirtschaftskrise und füllte die Bücher mit zivilen und militärischen Aufträgen. Allerdings erschwerten die steigenden Ansprüche der Kriegsmarine, der deutschen Reedereien und neuer Großkunden wie der Deutschen Arbeitsfront (DAF) zunehmend die Dispositionen der Werftleitung.

Nach dem Beginn des Zweiten Weltkrieges wurden alle bisherigen Flottenplanungen umgestoßen, und Blohm & Voss erhielt den Auftrag, fortan ausschließlich U-Boote herzustellen. Unter Rudolf Blohms Mitwirkung entstanden die Entwürfe für die anzustrebende Wirtschaftsstruktur Hamburgs. Zur gleichen Zeit begann bei Blohm & Voss die Beschäftigung von ausländischen Arbeitskräften, die den zunehmenden Arbeitskräftemangel ausgleichen sollte. Am Vorabend der Bombardierung Hamburgs im Juli/August 1943 waren fast 3300 ausländische Arbeitskräfte bei Blohm & Voss tätig.

Rudolf Blohm war inzwischen in eine zentrale Position der nationalsozialistischen Rüstungswirtschaft aufgestiegen. Albert Speer hatte ihn am 24. März 1942 zum Leiter des Hauptausschusses Schiffbau ernannt, als der er sowohl den U-Boot-Bau rationalisieren und beschleunigen als auch die kriegsbedingten Verluste der deutschen Handelsflotte ausgleichen sollte. Blohm zerrieb sich in den folgenden Monaten an der unlösbaren Aufgabe, beide Vorgaben mit abnehmenden Material- und Arbeitskapazitäten gleichzeitig zu erfüllen, und wurde im Juni 1943 abgelöst. Er konzentrierte sich nunmehr darauf, den nach der alliierten »Operation Gomorrha« gefährdeten Standort des eigenen Unternehmens zu retten.

Die Industrieabteilung der Hamburger Gauwirtschaftskammer, die er seit Anfang Januar 1933 leitete, übernahm mit der Errichtung von »Industrieblöcken« wirtschaftliche, soziale und Verwaltungsaufgaben. Rudolf Blohm war bereit, für den Wiederaufbau der Hamburger Industrie auch KZ-Häftlinge zur Arbeit heranzuziehen. Insgesamt erscheint seine wie auch die Haltung seines Bruders zur Verfolgung und Ermordung der jüdischen deutschen Bevölkerung rückblickend als indifferent bis teilnahmslos. Beide wurden, je länger der Krieg dauerte, zu Mittätern bei der Ausbeutung von jüdischen Zwangsarbeitern – eine Schuld, die sie später verschleierten.

Nach 1945 hofften Rudolf und Walther Blohm vergeblich auf einen Neubeginn. Die Werft erhielt Produktionsverbot und wurde vollständig demontiert. Weil sie die Demontagemaßnahmen unterliefen, wurden die Brüder 1949 in einem aufsehenerregenden Prozess zu Geldstrafen verurteilt. In ihren Entnazifizierungsverfahren wurden sie im gleichen Jahr zunächst als Nutznießer des NS-Regimes, dann aber als unbelastet eingestuft. Trotz der nahezu kompletten Zerstörung wollten sie die Werft wieder aufbauen und gründeten zu diesem Zweck Anfang 1951 die Steinwerder Industrie AG (STIAG). In dieser von Ungewissheit und Rückschlägen geprägten Zeit entfremdeten sich die so unterschiedlichen Brüder, die sich ihre Aufgaben bis dahin effizient geteilt hatten, mehr und mehr voneinander. Dennoch wurde im September 1954 der erste Nachkriegsneubau fertig gestellt. Der Neubeginn war jedoch nur mit einem kapitalkräftigen Partner, der Phoenix-Rheinrohr AG, zu schaffen. Im Juli 1955 wandelte sich die STIAG in die neue Blohm & Voss AG um, an der die Familie Blohm und Phoenix-Rheinrohr je zur Hälfte beteiligt waren. Rudolf und Walther wurden Vorstände, die sich erstmals seit Gründung der Werft vor einem Aufsichtsrat rechtfertigen mussten. Während Rudolf Blohm 1958 den Vorsitz des Aufsichtsrates übernahm, schied Walther aus dem Vorstand aus. Er verstarb nur wenige Jahre später, im Juni 1963.

Rudolf Blohm, der seit 1919 mit Gertrud, geborene Schütte, verheiratet war und vier Töchter mit ihr hatte, wurde dagegen 94 Jahre alt. Von 1966 bis zu seinem Tod 1979 war er Ehrenvorsitzender des Aufsichtsrates der Aktiengesellschaft, an der die Familie Blohm damals noch mit 17,9 Prozent beteiligt war. Die heute zum ThyssenKrupp-Konzern gehörende Werft konnte 2002 ihr 125-jähriges Jubiläum feiern.

LITERATUR Munzinger; Hans Georg Prager, Blohm + Voss. Schiffe und Maschinen für die Welt, Herford 1977; Andreas Meyhoff, Blohm & Voss im »Dritten Reich«, Eine Hamburger Großwerft zwischen Geschäft und Politik, Hamburg 2001 (Hamburger Beiträge zur Sozial- und Zeitgeschichte 38).
Andreas Meyhoff

BLUHME (Blume), Friedrich, geb. 29. 6. 1797 Hamburg, gest. 5. 11. 1874 Bonn; luth.; Rechtshistoriker.

Als Sohn eines Akziseeinnehmers geboren, besuchte Bluhme die Gelehrtenschule des Johanneums und das Akademische Gymnasium. Das 1817 begonnene Studium der Rechtswissenschaften in Göttingen, Berlin – unter anderem bei Friedrich Carl von Savigny – und Jena schloss er 1820 mit einer bahnbrechenden Dissertation über den Aufbau der Pandekten ab. Sie gilt als »eine der bedeutenden Leistungen der historischen Rechtsschule, deren Ergebnis noch heute im Kern anerkannt ist« (Rudolf Buchner). Im Anschluss an seine Habilitation bereiste Bluhme von 1821 bis 1823 im Auftrag der Preußischen Akademie der Wissenschaften Italien, um die Bestände der dortigen Bibliotheken mit Blick auf die romanistische Rechtstradition zu verzeichnen. Auf Savignys Empfehlung wurde er 1823 nach Halle berufen. 1831 bemühte seine Heimatstadt sich darum, ihn als Syndicus des Rats zu gewinnen, doch kurz vor Abschluss der Verhandlungen nahm Bluhme einen Ruf nach Göttingen an. Zwei Jahre später entsandte der Senat ihn als Richter an das Oberappellationsgericht der vier Freien Städte Deutschlands. Ein Jahrzehnt lang hat Bluhme in Lübeck gewirkt, doch der Wunsch nach akademischer Tätigkeit ließ ihn 1843 einen Ruf nach Bonn annehmen. Bluhmes Vorträge vor dem preußischen Kronprinzen, dem späteren deutschen Kaiser Friedrich III., wurden zu einer ambitionierten Zusammenschau romanistischer und germanistischer Überlieferungen, bevor das neue Reichsrecht die traditionsgesättigten deutschen Partikularrechte abgelöst hat. In seinen späteren Jahren hat der Rechtshistoriker die Gesetze der Burgunder (1863), der Langobarden (1868) und das Edictum Theoderici (1870) als Einzelausgaben der »Monumenta Germaniae Historica« veröffentlicht. 1843 wurde Bluhme zum Ehrenmitglied der Gesellschaft zur Beförderung gemeinnütziger Tätigkeit zu Lübeck ernannt, 1868 von der Bonner Universität ehrenhalber zum Doktor der Theologie promoviert. 1870 erhielt er den Roten Adlerorden 2. Klasse.

WERKE Ueber die Ordnung der Fragmente in den Pandektentiteln. Ein Beitrag zur Entstehungsgeschichte der Pandekten, in: Zeitschrift für geschichtliche Rechtswissenschaft 4 (1820), S. 257–472 [Nachdruck Goldbach

Friedrich Bluhme

1997 (100 Jahre Bürgerliches Gesetzbuch, Pandektenrecht 43)]; Iter italicum, 4 Bde., Berlin u. a. 1824–36; Die Gerichtsordnung für das Oberappellationsgericht der vier Freien Städte Deutschlands, nebst den darauf bezüglichen Gesetzen der einzelnen Städte und den allgemeinen Verfügungen des Gerichts, Hamburg 1843; Encyclopädie der in Deutschland geltenden Rechte, 3 Abteilungen, Bonn 1847–65 [Nachdruck Dillenburg 1998].

LITERATUR ADB 2; NDB 2; LhS 1; Horst Fuhrmann, »Sind eben alles Menschen gewesen«. Gelehrtenleben im 19. und 20. Jahrhundert, dargestellt am Beispiel der Monumenta Germaniae Historica und ihrer Mitarbeiter, München 1996. *Gerhard Ahrens*

BOHN, *Carl* Ernst, geb. 12. 9. 1749 Hamburg, gest. 12. 5. 1827 Weißenfels; luth.; Buchhändler, Verleger.

Als ältester Sohn des Buchhändlers und Verlegers Johann Carl Bohn und dessen erster Ehefrau Anna Felgner machte Carl Bohn das Unternehmen seines Vaters zur größten Buchhandlung Hamburgs. Zugleich wurde sein Haus zu einem Mittelpunkt des literarischen Lebens der Stadt. Bohn konnte sich in Hamburg gegen den Hauptkonkurrenten, die Heroldsche Buchhandlung, durchsetzen und expandierte nach Kiel, wo er 1775 die Konzession als Universitätsbuchhändler erhielt. Seine Stellung beruhte ebenfalls auf der engen Kooperation mit norddeutschen Literaten wie Matthias Claudius (»Asmus omnia sua secum portans, oder Sämmtliche Werke des Wandsbecker Bothen«, 8 Bde., 1775–1812) und Johann Heinrich Voß (»Musenalmanach«, 1779–

90). Gegenüber dem Vater setzte Bohn aber auch neue Akzente: Er erkannte die Bedeutung der von Johann Georg Büsch und Christoph Daniel Ebeling 1768 eingerichteten Handlungsakademie und spezialisierte sich umgehend auf die Verbreitung geografischer und kameralwissenschaftlicher Werke. Diese stammten in erster Linie aus der Feder der beiden Gründer (vor allem die »Handlungsbibliothek«, 1784–97) sowie von Johann Albert Heinrich Reimarus (»Die Freiheit des Getreidehandels«, 1790). Nach der Hamburger Wirtschaftskrise Ende des 18. Jahrhunderts wurde Bohn von jüngeren Buchhändlern wie Benjamin Hoffmann und Friedrich Perthes überrundet und verkaufte sein Haus 1805 an die Patriotische Gesellschaft; spätestens 1812 verließ er Hamburg, um sich in Weißenfels niederzulassen. Sein Geschäftshaus und vermutlich auch das Buchlager übernahm der Antiquar C. E. Haeßler, die Verlagsrechte der Bohnschen Buchhandlung gingen 1816 an August Campe.

LITERATUR Hermann Colshorn, Hamburgs Buchhandel im 18. Jahrhundert, Teil 2, in: Aus dem Antiquariat. Beilage zum Börsenblatt für den deutschen Buchhandel, Frankfurter Ausgabe, Nr. 76 vom 24. 9. 1971, S. A 354–356; Werner Kayser (Hg.), Hamburger Bücher 1491–1850. Aus der Hamburgensien-Sammlung der Staats- und Universitätsbibliothek Hamburg, Hamburg 1973 (Mitteilungen aus der Staats- und Universitätsbibliothek Hamburg 7), S. 124–128. *Dirk Moldenhauer*

die wichtigsten Werke Friedrich von Hagedorns, darunter die »Sammlung neuer Oden und Lieder« (1742), des Weiteren das Hauptwerk von Hermann Samuel Reimarus »Die vornehmsten Wahrheiten der natürlichen Religion« (1755). Einen noch größeren Erfolg bescherte ihm allerdings der Verlag einiger Werke Klopstocks, darunter die »Ode an den König« (1752), sowie der Verkauf eines Teils der ersten Auflage des »Messias« (1755). Die Heirat mit Catharina Hertel, ebenfalls Tochter eines Hamburger Buchhändlers, stärkte 1755 seine Position zusätzlich. In überregionaler Hinsicht ist die Teilnahme Bohns an dem vom Leipziger Verleger Philipp Reich 1765 gegründeten Buchhändlerverein von Bedeutung, der sich insbesondere gegen die geschäftsschädigenden Nachdrucke in südwestdeutschen Territorien richtete.

LITERATUR Adalbert Brauer, Die Hamburger Buchhändlerfamilie Bohn und ihre Verzweigungen, in: Archiv für Geschichte des Buchwesens 11 (1971), Sp. 1769–1772; Hermann Colshorn, Hamburgs Buchhandel im 18. Jahrhundert, Teil 1 und 2, in: Aus dem Antiquariat. Beilage zum Börsenblatt für den deutschen Buchhandel, Frankfurter Ausgabe, Nr. 34 vom 30. April 1971, S. A 185–191, Nr. 76 vom 24. September 1971, S. A 354–364; Werner Kayser (Hg.), Hamburger Bücher 1491–1850. Aus der Hamburgensien-Sammlung der Staats- und Universitätsbibliothek Hamburg, Hamburg 1973 (Mitteilungen aus der Staats- und Universitätsbibliothek Hamburg 7), S. 108–110. *Dirk Moldenhauer*

BOHN, *Johann* Carl, geb. 1712 Breslau, gest. 26. 12. 1773 Hamburg; luth.; Buchhändler, Verleger.

Johann Carl Bohn galt seit Mitte des 18. Jahrhunderts neben der Familie Herold als bedeutendster Buchhändler in Hamburg und machte sich auch als Verleger wichtiger Aufklärer der Stadt einen Namen.

Der gebürtige Breslauer kam um 1732 nach Hamburg und arbeitete in der Buchhandlung Felginer. Im Jahr 1739 heiratete Bohn Anna Felginer und wurde auf diese Weise Kompagnon ihrer Mutter, der verwitweten Geschäftsinhaberin Sophia Felginer. Der Einstieg in deren Verlag stellte eine hervorragende materielle Grundlage dar, die es Bohn ermöglichte, in den folgenden Jahren neue Autoren zu akquirieren. Nach dem Tod der Schwiegermutter (1742) wurde er alleiniger Firmeneigentümer und verlegte in den Jahren von 1742 bis 1752

BOOR, Julie de, geb. Unna, verw. Ploos van Amstel, geb. 21. 7. 1848 Hamburg, gest. 4. 6. 1932 ebd.; Porträtmalerin.

Ungefähr 500 Porträts und Kniestücke von zum Teil namhaften Hamburger Persönlichkeiten wie ihrem Mentor, dem Bürgermeister Carl Friedrich Petersen (1892), und seiner Tochter Antonie (1911) schuf Julie de Boor, die selbst aus einer angesehenen jüdischen Arztfamilie stammte. Ihr Vater war der Arzt und Chirurg Dr. Moritz Unna, der Bruder der Dermatologe Prof. Dr. Paul Gerson Unna.

Nach einer kurzen Ehe von 1873 bis 1874 in Heidelberg, die mit dem Selbstmord ihres Ehemannes, des aus altem holländischem Adelsgeschlecht stammenden Juristen und Bankiers Jonkheer Adrian Ploos van Amstel, endete und aus der die Tochter Paula hervorging, zog Julie de Boor nach Berlin. Hier setzte sie den Unterricht, den sie als junges

BOOTH, Arthur

Julie de Boor

LITERATUR Bake/Reimers, S. 139–141; Heinrich Merck, Begegnungen und Begebnisse, Hamburg 1958.

Brita Reimers

BOOTH, Arthur, geb. 2. 2. 1840 Klein Flottbek, gest. 5. 6. 1916 Renzow; luth.; Kaufmann.

Das vierte von fünf überlebenden Kindern von John Richmond Booth schlug ab 1856 eine kaufmännische Laufbahn ein. Nach seiner Lehrzeit bei der Firma Baur in Altona ging Arthur Booth nach Manchester, wo ihn ein englischer Kaufmann 1859 für das aufblühende China-Geschäft engagierte. Bei seinem ersten Aufenthalt in Fernost trat er in die Dienste der Hamburger Firma Bourjou & Hübener über, für die er, seit 1862 als Teilhaber, von Hongkong aus eine Filiale in Shanghai aufbaute. Durch die 1862 erfolgte Heirat mit Clara Adolphine Hertz (1841–1915) wurde der bedeutende Hamburger Reeder Adolph Jacob Hertz sein Schwiegervater, mit dem er bei Fernostgeschäften kooperieren konnte. 1866 kehrte Arthur Booth nach Hamburg zurück. Von seinem großen Wohlstand zeugt die Tatsache, dass er 1869 die repräsentative Brandtsche »Säulenvilla« an der Elbchaussee erwerben konnte; diese gab er allerdings bereits 1871 wieder auf, um ein Landhausanwesen in Hamm (Hirtenstraße 42) zu beziehen. 1872 gründete er mit zwei anderen Hamburger Kaufleuten, nämlich seinem Schwager Paul Hertz und Hermann Strack, sowie dem Harburger Fabrikanten August Behne die Stader Saline, deren Belegschaft bis 1900 auf 150 Beschäftigte anwuchs. Das dort gewonnene Salz wurde vor allem nach Westafrika, später auch nach Skandinavien exportiert. Schon 1869 hatte Arthur Booth begonnen, Flächen seines Landbesitzes in Lichterfelde bei Berlin zu verkaufen. In der Folgezeit entwickelte er im Zusammenhang mit der Aufschließung des Berliner Umlands wie sein Bruder John Cornelius gewinnbringende Aktivitäten in dortigen Grundstücks- und Baugesellschaften. Dem Beispiel anderer Hamburger Kaufleute folgend, erwarb er 1892 ein Landgut im mecklenburgischen Renzow, wo er ab 1900 hauptsächlich lebte und 1916 starb. Begraben ist er wie seine Frau Clara auf dem Friedhof Nienstedten.

LITERATUR Cornelius Booth, Vier Generationen. James Booth (1770–1814), John Richmond Booth (1799–1847), Arthur Booth (1840–1916), Walter-Cornelius Booth (1870–1935), 2., überarb. Aufl. München 1937; Hildegard

Mädchen bei Bernhard Mohrhagen und Hermann Steinfurth in Hamburg erhalten hatte, bei dem Genre- und Bildnismaler Karl Gussow fort. In Paris wurde sie Schülerin des Porträtmalers Emile Auguste Carolus-Duran. Als ihr eigentliches Vorbild aber betrachtete sie Diego Velázquez.

1880 kehrte Julie de Boor nach Hamburg zurück. Mit ihrer Tochter Paula lebte sie im Haus ihres Vaters und arbeitete in Ateliergemeinschaft mit dem Schlachtenmaler Claus Hermann de Boor in der Rothenbaumchaussee 197. 1889 heiratete das Paar und zog in das nach seinen Vorstellungen und Bedürfnissen gebaute einstöckige Haus in der Moorweidenstraße 19. Bereits ein Jahr später verstarb Claus Hermann de Boor. Unterstützt durch ihre gesellschaftlichen Beziehungen erhielt Julie de Boor zahlreiche Aufträge und führte ein offenes Haus. Hamburger Persönlichkeiten wie der Bürgermeister Carl Friedrich Petersen, der Direktor des Museums für Kunst und Gewerbe Justus Brinkmann, der Landschaftsmaler Valentin Ruths und viele Musiker verkehrten hier. Trotz aller Anerkennung und Wertschätzung starb Julie de Boor als verbitterte Frau, gehörte die akademische Porträtmalerei doch bereits zu ihren Lebzeiten einer vergangenen Epoche an.

Porträts und Kniestücke in Öl auf Holz, Öl auf Leinwand oder Kreide auf Papier oder Karton von Julie de Boor befinden sich im Museum für Hamburgische Geschichte. Ihr Gruppenbild der sieben Rathausbaumeister (1896) schmückt den Raum »Rose« im Ratsweinkeller.

von Marchtaler, 75 Jahre Stader Saline G.m.b.H. 1873–1948, Stade o. J. [1948]; Klaus J. Booth, Die Familie Booth und die Begüterung Renzow, in: Mario Niemann (Hg.), Mecklenburgische Gutsherren im 20. Jahrhundert. Erinnerungen und Biographien, Rostock 2000, S. 72–83.

Hans Walden

BOOTH, *John* Cornelius, geb. 2. 11. 1836 Nienstedten, gest. 5. 2. 1908 Groß-Lichterfelde; luth.; Pflanzenzüchter, Baumschulbesitzer.

Nach der Lehrzeit, die er teils im Elsass, teils in Chelsea bei London verbrachte, trat John Cornelius Booth 1859 in die von seinem Großvater James Booth gegründete und von seinem Vater John Richmond Booth zu hoher Reputation gebrachte Baumschule ein. Die Leitung des Betriebs übernahm er 1863 zunächst gemeinsam mit seinem Bruder Lorenz; nach dessen Rückzug 1868 war er Alleininhaber. John Cornelius knüpfte an die Bestrebungen seines Vaters zur Einbürgerung nichteuropäischer Waldbäume, insbesondere der Douglasie, an. Ab 1877 warb er für diese Ziele auch in mehreren Publikationen. In forstlichen Kreisen, in denen man um den »deutschen Wald« fürchtete, stieß er mit seinen Vorstellungen auf erheblichen Widerstand. Durch Douglasienpflanzungen für Otto von Bismarck im Sachsenwald ab 1878 kam er in direkten Kontakt zum Reichskanzler, worüber er später in »Persönliche Erinnerungen« (1899) berichtete. Ganz im Sinne von Booth regte Bismarck die preußische Staatsforstverwaltung zu weiteren Anbauversuchen mit ausländischen Holzarten an. Nach einem Vortrag vor dem Verein deutscher forstlicher Versuchsanstalten im September 1880 wurde Booth mit der Beschaffung von Samen aus dem Ausland für diese amtlichen Versuche beauftragt. Beteiligt war er auch an dem 1878 begonnenen Projekt der kleinen Arbeiterfamilienhäuser auf der Veddel: Für sämtliche Gärten lieferte er unentgeltlich das Pflanzenmaterial. Durch Grundstücks- und Erschließungsgeschäfte im Berliner Raum, die offenbar mit den Unternehmungen seines Bruders Arthur und des zuvor in Wandsbek tätigen Gutsaufkäufers Johann Anton Wilhelm Carstenn in Verbindung standen, verlagerten sich seine Aktivitäten zunehmend dorthin. Ab 1881 leitete er mit Bismarcks Unterstützung das Projekt zur Umwandlung des Kurfürstendamms in eine Prachtstraße in die Wege. Ebenso ist die Begründung der Villenkolonie Grunewald mit seinem Namen verbunden. 1884 schloss er das von zunehmender Konkurrenz bedrängte Flottbeker Baumschulunternehmen und siedelte nach Berlin, 1896 nach Groß-Lichterfelde über. In Lichterfelde-Ost gibt es noch heute eine nach ihm benannte Boothstraße. Den Kern der Flottbeker Anlage übernahm Booths bisheriger Obergärtner Carl Ansorge. Aus der Ehe von John Cornelius Booth mit Anna Friederike von Bergen (1837–1912) ging der Sohn John Booth (1863–1924) hervor, der zu Beginn des Ersten Weltkriegs in Deutsch-Ostafrika als Reichskommissar für den Baumwollanbau tätig war.

WERKE Die Douglas-Fichte und einige andere Nadelhölzer, namentlich aus dem nordwestlichen Amerika, in Bezug auf ihren forstlichen Anbau in Deutschland, Berlin 1877; Die Naturalisation ausländischer Waldbäume in Deutschland, Berlin 1882; Persönliche Erinnerungen an den Fürsten Bismarck, hg. von Heinrich von Poschinger, Hamburg 1899; Die Einführung ausländischer Holzarten in die preussischen Staatsforsten unter Bismarck und anderes, Berlin 1903.

LITERATUR NDB 2; [Adam] Schwappach, John Booth †, in: Zeitschrift für Forst- und Jagdwesen Jg. 40 (1908), S. 257–259; C[arl] Ansorge, Über die Einführung ausländischer Gehölze und die Beteiligung der Familie Booth daran, in: Mitteilungen der Deutschen Dendrologischen Gesellschaft, Jahrbuch 1920, S. 272–277; Maria Möring, Die hamburgische Familie Booth und ihre Bedeutung, 2 Bde., Phil. Diss. Hamburg 1950; Felix Escher, Berlin und sein Umland. Zur Genese der Berliner Stadtlandschaft zum Beginn des 20. Jahrhunderts, Berlin 1985 (Einzelveröffentlichungen der Historischen Kommission zu Berlin 47).

Hans Walden

BORCHERT, Hertha, geb. Salchow, geb. 17. 2. 1895 Altengamme, gest. 26. 2. 1985 Hamburg; luth.; Schriftstellerin, Mutter von Wolfgang Borchert.

In den Vierlanden im Schulhaus in Altengamme als fünftes Kind des Lehrers Carl Salchow geboren und in Kirchwerder aufgewachsen, eröffnete sich Hertha Borchert durch ihre Heirat mit dem Lehrer Fritz Borchert 1914 eine neue Welt. Die junge Frau, die ihre ländliche Heimat liebte und als Einzige in ihrer Familie ein echtes Vierländer Platt beherrschte, lernte durch ihren Mann die Welt der Bücher kennen und zog mit ihm in die Großstadt Hamburg, wo das Paar sich vor allem in Künstlerkreisen bewegte: die Maler Paul und Martin Schwemer, der

Hertha Borchert

Barlach-Freund Friedrich Schult, der Bildhauer Karl Opfermann, der Pädagoge und Schriftsteller Guido Höller und Karl Lorenz, der Grafiker, Schriftsteller, Dadaist und Gründer der Zeitschrift »Die rote Erde«, waren ihre Freunde. Später öffnete sich dem Paar der Kreis um den Schriftsteller und Journalisten Hans W. Fischer.

Mit der Geburt des Sohnes Wolfgang am 20. Mai 1921 begannen glückliche Jahre, die mit der Einschulung des Kindes abrupt endeten. Ein Gefühl der Enge und Einsamkeit, verstärkt durch die Bangsche Krankheit, eine Infektionskrankheit, die sie oft fiebernd ans Bett fesselte, übermannte Hertha Borchert. Da begann sie, animiert durch ihren Mann, von ihrer Heimat und dem Leben der Menschen dort auf Plattdeutsch zu erzählen. Die erste Geschichte »Ole un neie Tied« erschien am 4. Dezember 1927 in den »Hamburger Nachrichten«. In der Folge entstanden unzählige Geschichten, Gedichte und Hörfolgen, die in norddeutschen Tageszeitungen und in den Zeitschriften »Plattdütsch Land un Waterkant«, »Moderspraak« und »De Eekboom« gedruckt oder im Rundfunk gesendet wurden. 1930 wagte sie sich an eine Erzählung, wie sie in dieser romanhaften Länge nach dem Ersten Weltkrieg in der niederdeutschen Literatur kaum noch vorgekommen ist: »Barber Wulfen. Een Geschicht vun grote un lütte Veerlanner Lüd«, 1996 erstmals veröffentlicht. Die Geschichte von Barber Wulfen, die Anfang des 20. Jahrhunderts als Pflegekind der Großmagd Trina aufwächst, in Wahrheit aber das Kind des Bauern Hans Riek ist, beschränkt

sich, ohne allgemeine gesellschaftliche und politische Fragen der Zeit zu berühren, auf die Schilderung einer ländlich-bäuerlichen Welt. Indem sie in ortstypischer Mundart das Bild einer Region spiegelt, steht sie wie Hertha Borcherts kleinere Erzählungen der realistischen Form der Dorfgeschichte nahe.

Die Autorin gehörte bald zum Kreis der niederdeutschen Schriftsteller. Mit dem Erfolg wandelte sich auch ihr Umfeld: Aline Bußmann, Schauspielerin an der Niederdeutschen Bühne, die Hertha Borcherts Texte im Rundfunk las, sowie die Redakteure des »Hamburger Anzeigers« Bernhard Meyer-Marwitz und Hugo Sieker waren die neuen Freunde. Auch in die Gemeinschaft Deutscher und Oesterreichischer Künstlerinnenvereine aller Kunstgattungen (GEDOK) wurde Hertha Borchert aufgenommen.

1936 wurde die Schriftstellerin von einem Nachbarn denunziert. Es wurde ihr nahe gelegt, in die Nationalsozialistische Frauenschaft einzutreten. Fortan hielt sie Lesungen in Ortsgruppen und reiste nach Kriegsausbruch zwecks Truppenbetreuung durchs Land.

Mit der Rückkehr des schwer kranken Sohnes aus dem Krieg im Mai 1945 endete Hertha Borcherts eigene schriftstellerische Tätigkeit. Lediglich die autobiografische Erzählung »Noch ins weller Platt« entstand auf Drängen der Herausgeber der Zeitschrift »Plattdütsch Land un Waterkant« und wurde dort 1969 veröffentlicht. Nach Wolfgang Borcherts Tod im Jahre 1947 stellte Hertha Borchert ihre ganze Kraft in den Dienst seines Werkes. Neben ihm und ihrem Mann fand sie ihre letzte Ruhestätte auf dem Ohlsdorfer Friedhof (Grab Nr. AC 5,6).

WERKE Schriftenverzeichnis von Jürgen Meier und Irmgard Schindler in: Jahresheft der Internationalen Wolfgang-Borchert-Gesellschaft e. V. 6 (1994), S. 45–46; Wullhandkrabben un anner Geschichten, aus dem Nachlass hg. von Irmgard Schindler und Dirk Römmer, Neumünster 1998.

LITERATUR Bake/Reimers, S. 194–198, Irmgard Schindler, Hertha Borchert 1895–1985. Zu ihrem hundertsten Geburtstag, in: Jahresheft der Internationalen Wolfgang-Borchert-Gesellschaft e. V. 6 (1994), S. 28–40; Jürgen Meier, Ein nachgelassener »Roman« von Hertha Borchert, in: Jahresheft der Internationalen Wolfgang-Borchert-Gesellschaft e. V. 6 (1994), S. 40–44.   *Brita Reimers*

BRAHMS, Johannes, geb. 7. 5. 1833 Hamburg, gest. 3. 4. 1897 Wien; luth.; Komponist.

Nach seiner eigenen Einschätzung verlief das Leben von Johannes Brahms äußerlich recht ereignislos. »Ich weiß wirklich durchaus keine Daten und Jahreszahlen, die mich angehen [...] Wenn ich Ihnen nicht etwas sehr Schönes und Ernsthaftes erzähle, kommen mir meine Noten doch immer etwas interessanter vor!« schrieb er 1880 an den Musikschriftsteller Hermann Deiters.

Als Sohn eines Musikers, dessen Wirkungskreis sich während Brahms' Jugendzeit auf Wirtshaus- und Militärkapellen beschränkte, schien ihm zunächst derselbe Weg vorgezeichnet. Doch er hatte das Glück, dass sein Vater seine musikalische Begabung erkannte und ihm schon früh eine systematische Ausbildung bei anerkannten Hamburger Klavierlehrern ermöglichte. Bereits 1843 trat der Zehnjährige in einem Hamburger Privatkonzert auf, und ein Angebot für eine Tournee durch Amerika als »pianistisches Wunderkind« folgte, das allerdings dank der pädagogischen Fürsorge der Klavierlehrer Otto Cossel und Eduard Marxsen nicht angenommen wurde. Gleichzeitig begann der junge Johannes Brahms mit seinen ersten Kompositionsversuchen und steuerte auch erste Einkünfte durch Auftritte als Klavierspieler in Wirtshäusern und Theatern zur schmalen Haushaltskasse seiner Eltern bei. Ab 1847 folgten dann regelmäßige öffentliche Konzertauftritte mit anspruchsvollen Programmen, die ihm die Anerkennung der Hamburger Musikliebhaberkreise eintrugen.

Dadurch wurde auch der in Hamburg gastierende ungarische Geiger Eduard Reményi auf ihn aufmerksam und lud ihn als Begleiter zu einer gemeinsamen Konzertreise ein. Am 19. April 1853 brach Brahms mit Reményi zu der Tournee durch Nord- und Mitteldeutschland auf, während deren er in Hannover den berühmten Violinisten Joseph Joachim kennen lernte, der für Brahms' weitere Zukunft entscheidende Weichen stellen sollte. Als in Weimar das Konzertduo Reményi-Brahms an der Unvereinbarkeit der beiden Künstlerpersönlichkeiten zerbrach, holte Joachim Brahms zu sich nach Göttingen, riet ihm dann zu einer Erholungsreise an den Rhein und führte ihn brieflich bei dem Musikerehepaar Robert und Clara Schumann ein. Robert Schumann war von Brahms' Klavierspiel

Johannes Brahms

und mehr noch von seinem kompositorischen Talent so begeistert, dass er in seiner »Neuen Zeitschrift für Musik« im gleichen Jahr den berühmten Artikel »Neue Bahnen« über Brahms veröffentlichte und ihn enthusiastisch feierte als den »Auserwählten [...] der den höchsten Ausdruck der Zeit in idealer Weise auszusprechen berufen« sei. Auf diese Weise in die Musikwelt eingeführt, begann eine sechs Jahre andauernde umfangreiche Tätigkeit als Pianist und Dirigent, die Brahms nur noch gelegentlich in seine Heimatstadt führte. In den Jahren von 1857 bis 1859 war er zudem jeweils für mehrere Monate als Pianist, Klavierlehrer und Chordirigent am Hof des Fürsten Leopold III. zu Lippe in Detmold engagiert, und im Januar 1859 gelangte das erste große Werk des Komponisten Brahms, sein Erstes Klavierkonzert d-moll op. 15, in Hannover zur öffentlichen Uraufführung. Im Sommer desselben Jahres begann Brahms in Hamburg seine Arbeit mit einem privaten Damenchor, für den unter anderem die »Vier Gesänge für Frauenchor, zwei Hörner und Harfe« op. 17 entstanden. Bis zum Herbst 1862 blieb Brahms in Hamburg und reiste dann über Dessau nach Wien, in der stillen Hoffnung, auf die vakante Stelle als Dirigent der Philharmonischen Konzerte nach Hamburg zurückberufen zu werden. Doch er wurde enttäuscht, ihm wurde der berühmte Sänger Julius Stockhausen vorgezogen. Brahms fühlte sich, obwohl er sich nie offiziell um die Stelle beworben hatte, von seiner Vaterstadt verstoßen. Er kehrte für den Sommer 1863 noch einmal nach Hamburg zurück und folgte dann im September einem Ruf nach Wien als Chormeister der Wiener Singakademie.

Wien blieb fortan bis zu Brahms' Tode sein Wohnsitz, obwohl er bereits im Frühjahr 1864 die Leitung der Singakademie niederlegte, um mehr Zeit zum Komponieren zu haben und als freischaffender Musiker zu leben. Nur noch einmal, von 1872 bis 1875, ging Brahms einen festen Kontrakt ein, als er sich vorübergehend als »artistischer Direktor der Gesellschaftskonzerte und des Singvereins« der Gesellschaft der Musikfreunde zu Wien verpflichten ließ. Der Kontakt zu Hamburg riss jedoch nicht ganz ab, zumal Brahms sich seinen hier lebenden Eltern und Geschwistern sehr verbunden fühlte, und seine Werke eroberten sich allmählich ihren festen Platz im Hamburger Konzertrepertoire. Sein Œuvre umfasste am Ende seines Lebens vier Symphonien, zahlreiche weitere Orchesterkompositionen und Orchesterkonzerte, Kammermusik in vielerlei verschiedenen Besetzungen und Orgelmusik. Dazu kam ein schier unüberschaubares Schaffen an Chorwerken und Sololiedern. Manches Werk war noch während seiner gelegentlichen Aufenthalte in Hamburg entstanden, so 1868 der fünfte Satz »Ihr habt nun Traurigkeit« für das »Deutsche Requiem«, das heutzutage regelmäßig während der Totengedenkzeit im November in Hamburg aufgeführt wird. 1876 vollendete Brahms seine Erste Symphonie c-moll op. 68, die er zwei Jahre später in Hamburg selbst dirigierte.

Zugleich setzte nun eine Flut von Ehrungen und Auszeichnungen, Verleihungen von Orden und Ehrendoktorwürden ein, die von der allgemeinen Anerkennung und Berühmtheit des Komponisten zeugen. Während die Hamburger Musikwelt den jetzt weltweit bekannten Sohn der Stadt bei seinen Besuchen begeistert feierte, folgte das offizielle Hamburg nur mit erheblicher Verzögerung. Nach langen, schwierigen Verhandlungen, in denen Senat und Bürgerschaft durch beharrliche Eingaben

von Bürgermeister Carl Petersen und dessen als Kunstförderin äußerst engagierter Tochter Toni sowie des Dirigenten Hans von Bülow und durch Hinweise auf positiv beschiedene Parallelvorgänge in anderen Städten erst davon überzeugt werden mussten, dass es der Stadt nicht abträglich sei, auch einen Künstler als Ehrenbürger zu haben, erkannten sie am 23. Mai 1889 Brahms diese Würde zu. Brahms, der von diesen Hintergründen nichts wusste, bedankte sich mit besonderer Freude und widmete Bürgermeister Petersen, der ihm im September des Jahres in Hamburg persönlich die Ehrenbürgerurkunde überreichte, die »Fest- und Gedenksprüche« op. 109, die am 9. September 1889 in Hamburg uraufgeführt wurden. Als 1892 in Hamburg die Cholera wütete, bezeugte Brahms erneut seine Verbundenheit mit seiner Vaterstadt und unterstützte die Notleidenden durch namhafte Beträge. Ein Jahr später weilte er zum letzten Mal in Hamburg, um den Nachlass seiner Schwester Elise zu ordnen. Von seiner Verwandtschaft lebten nun nur noch die Stiefmutter und der Stiefbruder, und auch viele seiner Freunde starben zu Beginn der neunziger Jahre. 1896, im Todesjahr Clara Schumanns, die ihm lebenslang eine Freundin geblieben war, wurde bei Brahms Leberkrebs diagnostiziert. Er erlag der Krankheit am 3. April 1897 in Wien, wo er drei Tage später in einem Ehrengrab auf dem Zentralfriedhof beigesetzt wurde. Für den Begräbnistag ordnete der Hamburger Senat für die ganze Stadt und alle im Hafen liegenden Schiffe Trauerbeflaggung an. An Hamburgs großen Sohn erinnern heute in der Stadt die 1899 nach ihm benannte Brahmsallee in Harvestehude, die Denkmäler in und an der Musikhalle, ein Reliefporträt in der Rathausdiele und die 1971 eingerichtete Brahms-Gedenkstätte in der Peterstraße, die von der 1969 gegründeten Johannes-Brahms-Gesellschaft betreut wird. In der Staats- und Universitätsbibliothek gibt es ein Brahms-Archiv, und seit 1928 verleiht der Senat die Johannes-Brahms-Medaille für besondere Verdienste um das Werk des Komponisten.

LITERATUR NDB 2; MGG (1. Aufl) 2; Max Kalbeck, Johannes Brahms, 4 Bde., Berlin 1904–14; Siegfried Kross, Brahms-Bibliographie, Tutzing 1983.   *Gisela Jaacks*

BRAUER, *Max* Julius Friedrich, geb. 3. 9. 1887 Ottensen, gest. 2. 2. 1973 Hamburg; konfessionslos; Glasbläser, Bürgermeister.

Mit 36 Jahren wurde der Sozialdemokrat Max Brauer 1924 in Altona, der achtgrößten Stadt Preußens, zum jüngsten Oberbürgermeister des Landes gewählt. Nach dem Zweiten Weltkrieg übte er zehn Jahre das Amt des Ersten Bürgermeisters in Hamburg aus. Brauer gehörte zu den wenigen Politikern, die, aus der Emigration kommend, direkt an die politische Arbeit der Weimarer Zeit anknüpfen konnten. Er gestaltete vor 1933 das später eingemeindete Altona und nach 1945 Hamburgs Wiederaufbau. Brauer ist damit für Hamburg der bedeutendste Politiker des 20. Jahrhunderts gewesen.

Max Brauer wurde am 3. September 1887 in der zwei Jahre später nach Altona eingemeindeten Industriestadt Ottensen als achtes von 13 Kindern einer Glasbläserfamilie geboren. Obwohl begabt, konnte das in Armut aufgewachsene Arbeiterkind nur die Volksschule besuchen. Mit 14 Jahren begann Brauer eine Glasbläserlehre. Nach dem Ende der Ausbildung zog die Familie in die Nähe von Magdeburg. Hier trat Brauer 1904 in die Gewerkschaft ein, in Vorpommern wurde er im darauf folgenden Jahr Mitglied der SPD. Noch vor seinem 18. Geburtstag gründete er in Damgarten einen SPD-Ortsverein, und als begabter Redner trat er bald darauf als lokaler Streikführer hervor. Auf die »schwarze Liste« der Glasfabrikanten gesetzt, musste er sich mehrere Jahre als Bau- und Fabrikarbeiter verdingen, bis er 1909 bei der Hamburger Genossenschaft »Produktion« eine Anstellung fand.

An seinen Heimatort zurückgekehrt, wurde Brauer 1911 in den Ottenser SPD-Vorstand gewählt. Sein Kriegsdienst endete nach einer Verwundung 1915, sodass er im darauf folgendem Jahr zur Verfügung stand, als er über die sozialdemokratische Liste in die Altonaer Stadtverordnetenversammlung nachrückte. 1916 heiratete er Erna Pehmöller; aus der Ehe gingen eine Tochter und zwei Söhne hervor, von denen einer früh verstarb. Mit der Tätigkeit als Stadtverordneter begann Brauers politische Karriere. Die Revolutionsereignisse ließen ihn am 11. November 1918 – zunächst kommissarisch – als Senator in den Magistrat aufrücken. Trotz des Wahlsieges der SPD blieb Oberbürgermeister Bernhard Schnackenburg im Amt. Sein Stellvertreter wurde

Max Brauer

der 31-jährige Max Brauer, der auch das Finanzressort übernahm. Nach Schnackenburgs Tod wurde Max Brauer 1924 zum Oberbürgermeister gewählt. Zusammen mit Bausenator Gustav Oelsner setzte er vor allem in der reformorientierten Stadtentwicklung und im Wohnungsbau Akzente. In der Groß-Hamburg-Frage hatte sich Brauer frühzeitig für einen Anschluss Altonas ausgesprochen. Als sich die Pläne an der Weigerung Preußens zerschlugen, betrieb er die Angliederung umliegender Gemeinden zu einem Groß-Altona. Skeptische Parteimitglieder überzeugte er mit der Losung: erst Groß-Altona, dann Groß-Hamburg. Nach der Erweiterung um zehn Gemeinden wurde Brauer 1927 als Erstem die goldene Plakette der Stadt Altona für hervorragende Leistungen verliehen. Zugleich setzte er auf Verständigung und übernahm in dem durch das hamburgisch-preußische Abkommen von 1928 neben der Hafengemeinschaft geschaffenen Landesplanungsausschuss den stellvertretenden Vorsitz.

Max Brauer zählte in der preußischen Provinz Schleswig-Holstein, deren größte Stadt Altona war, zu den herausragenden Politikern. Von der ersten demokratischen Wahl 1921 bis 1933 gehörte er dem Provinziallandtag an. Er fungierte als stellvertretender Vorsitzender des Provinzialausschusses und war Mitglied des Provinzialrates. Als Vertreter der Provinz entsandte ihn die SPD in den Preußischen Staatsrat.

Im März 1933 musste Brauer dem NS-Terror weichen. Inszenierte Korruptionsvorwürfe ließen eine Verhaftung befürchten, der er sich durch die Flucht über Österreich in die Schweiz entzog. Von dort begab er sich ins Exil nach Paris. Eine neue Perspektive eröffnete sich, als Brauer im Auftrag des Völkerbundes die nationalchinesische Regierung in Nanking beim Aufbau einer effektiven Verwaltung beraten sollte. Nach knapp einjähriger Tätigkeit kehrte der inzwischen ausgebürgerte und damit staatenlose Max Brauer Ende November 1934 zurück nach Frankreich.

Die materielle Unsicherheit und die drohende Auslieferung an Deutschland wegen der Korruptionsvorwürfe machten Brauer das Leben im Exil schwer. Ende 1935 wurde er für mehrere Tage inhaftiert. Eine Abschiebung konnte vorerst verhindert werden. Endlich gelang es Brauer, auf Einladung des American Jewish Congress das Land zu verlassen. Im März 1936 traf er in den USA ein. Brauer kehrte noch einmal für ein halbes Jahr nach Paris zurück, bevor er zu einer zweiten Vortragsreise aufbrach und im Herbst 1937 zusammen mit seinem Sohn endgültig nach New York übersiedelte; Frau und Tochter folgten 1938. Während sich Brauer in Paris an Aktionen zur Bildung einer Volksfront beteiligt hatte, gehörte er in New York zum antikommunistisch eingestellten Führungskreis der German Labor Delegation (GLD), einem Sonderausschuss der mächtigen American Federation of Labor (AFL). Allerdings gelang es weder der GLD, der Brauer zeitweise vorstand, noch der von ihm mit gegründeten Association of Free Germans (AFG), die demokratischen Kräfte im amerikanischen Exil zusammenzuführen.

Nach Kriegsende reiste Max Brauer, der 1943 die amerikanische Staatsangehörigkeit angenommen hatte, im Auftrag der AFL nach Deutschland und besuchte Hamburg. Am 14. Juli 1946 wurde er auf dem Landesparteitag der SPD und vier Wochen später auf der Großkundgebung der Partei in Planten un Blomen als Hoffnungsträger stürmisch begrüßt. Mit breiter innerparteilicher Unterstützung wurde Max Brauer nach den gewonnenen Bürgerschaftswahlen vom 13. Oktober 1946 für das Bürgermeisteramt vorgeschlagen. Für die Amtsübernahme am 22. November 1946 musste er zuvor die Wiedereinbürgerung beantragen. Durch seine Erfahrung in der Kommunalpolitik, verbunden mit einem pragmatischen wie autokratischen Regierungsstil, gelang es ihm, in der Zeit der Versorgungskrisen den Wiederaufbau als treibende Kraft zu gestalten. So

stellte er im Winter 1946/47 die Kohleversorgung sicher, wobei sich die Stadt bei den Bergleuten mit Theateraufführungen revanchierte und damit die Ruhrfestspiele begründete. Auch konnte er die im Zuge des Groß-Hamburg-Gesetzes ungelöst gebliebene Frage der Beteiligung der Bevölkerung an kommunalen Angelegenheiten mit dem Bezirksverwaltungsgesetz von 1949 lösen und eine dauerhafte, bis heute bestehende Verwaltungsstruktur schaffen. Bundespolitisch trat Brauer frühzeitig für die Verwirklichung der Europäischen Union ein. Trotz anders lautender Parteitagsbeschlüsse unterstützte er die Montanunion und den Beitritt zum Europarat, dessen Beratender Versammlung er angehörte. Obwohl die SPD bei der Bürgerschaftswahl 1953 ihren Stimmenanteil ausbauen konnte, gelang es den zum »Hamburg-Block« zusammengeschlossenen bürgerlichen Parteien, Brauer abzulösen. Enttäuscht zog dieser sich aus der Politik zurück und überließ die Rolle des Oppositionsführers dem bisherigen Bausenator Paul Nevermann.

Während der Oppositionszeit war der überzeugte Genossenschafter, der als Altonaer Oberbürgermeister 1923 die Siedlungs-Aktiengesellschaft Altona (SAGA) gegründet hatte, von 1954 bis 1957 als Mitglied des geschäftsführenden Vorstands bei der Volksfürsorge tätig. 1957 wurde Max Brauer erneut Bürgermeister. In diese Zeit fiel die Diskussion über die atomare Bewaffnung der Bundeswehr. Als einer der vehementesten Gegner mobilisierte Brauer bei einer Großdemonstration auf dem Rathausmarkt am 17. April 1958 über 150 000 Menschen und forderte eine Volksbefragung. Absprachegemäß trat er Ende 1960 zurück und übergab das Bürgermeisteramt an Paul Nevermann. Der Bürgerschaft, deren Mitglied er seit 1949 war, gehörte er noch bis 1961 an. Im selben Jahr kandidierte Brauer erfolgreich für den Bundestag, allerdings ohne auf die Bundespolitik noch nachhaltigen Einfluss zu nehmen. Nachdem er bei der erneuten Nominierung dem Gegenkandidaten Hans Apel unterlegen war, schied er 1965 endgültig aus der Politik aus. Im darauf folgenden Jahr legte er sein Amt als Präsident des Deutschen Bühnenvereins, das er seit 1952 ausgeübt hatte, nieder und zog sich ganz aus der Öffentlichkeit zurück.

Für seine Verdienste wurden Brauer zahlreiche Ehrungen zuteil. Er wurde 1960 zum Hamburger Ehrenbürger ernannt, 1965 wurde ihm die Bürgermeister-Stolten-Medaille und 1967 die Hamburgische Ehrendenkmünze in Gold verliehen. Die Universität Hamburg ernannte ihn zum Ehrensenator und verlieh ihm 1960 die Ehrendoktorwürde der Wirtschafts- und Sozialwissenschaftlichen Fakultät. In Hamburg erinnern zahlreiche Namensgebungen an das Wirken des Politikers: die Max-Brauer-Stiftung für Begabtenförderung der Hamburger Hochbahn, die den Max-Brauer-Preis vergibt, die Alfred Toepfer Stiftung F.V.S., die seit 1992 den »Hamburger Max Brauer Preis« für besondere Verdienste um das kulturelle, wissenschaftliche oder geistige Leben der Stadt verleiht, die 1975 benannte Max-Brauer-Allee und die Max-Brauer-Schule in Altona, das HADAG-Schiff »Max Brauer«, die Alten- und Pflegeeinrichtung Max-Brauer-Heim in Bramfeld und das Max-Brauer-Haus, Sitz des SPD-Kreises Altona, in der Nähe des Altonaer Rathauses.

WERKE Nüchternen Sinnes und heißen Herzens. Reden und Ansprachen, 2. Aufl. Hamburg 1956; Max Brauer im Exil. Briefe und Reden aus den Jahren 1933–1946, hg. von Christa Fladhammer und Michael Wildt, Hamburg 1994.

LITERATUR DBE 2; Asendorf/von Bockel; Ernst Pappermann, Max Julius Friedrich Brauer (1887–1973), in: Kurt G. A. Jeserich/Helmut Neuhaus (Hg.), Persönlichkeiten der Verwaltung. Biographien zur deutschen Verwaltungsgeschichte 1648–1945, Stuttgart u. a. 1991, S. 433–437; Erich Lüth, Max Brauer. Glasbläser – Bürgermeister – Staatsmann, Hamburg 1972 (Veröffentlichungen der Lichtwark-Stiftung 15); Arnold Sywottek, Max Brauer: Oberbürgermeister – Exilant – Erster Bürgermeister, in: Hamburg nach dem Ende des Dritten Reiches. Politischer Neuaufbau 1945/46 bis 1949, Hamburg 2000, S. 137–164; Axel Schildt, Max Brauer, Hamburg 2002 (Hamburger Köpfe, hg. von der ZEIT-Stiftung Ebelin und Gerd Bucerius). *Holger Martens*

BRAUN, *Margarete* Luise Elfriede, geb. 15. 12. 1893 Hamburg, gest. 22. 4. 1966 ebd.; luth.; Theologin.

Als zweite Pfarramtshelferin in der Evangelisch-lutherischen Kirche im hamburgischen Staate nahm Margarete Braun eine Vorreiterrolle bei der Durchsetzung der Rechte der Frauen als Theologinnen im Protestantismus ein.

Das älteste Kind eines Oberpostinspektors besuchte von 1900 bis 1910 die Lyzeen in Lissa (Posen),

Eupen und Neuwied und legte im Februar 1913 am Oberlyzeum in Wiesbaden die Reifeprüfung ab. Anschließend besuchte Margarete Braun dort die Seminarklasse, die sie im März des folgenden Jahres mit dem Examen für das Lehramt abschloss. Seit Herbst 1914 arbeitete sie ein Jahr lang als Lehrerin in Wiesbaden und legte die Ergänzungsprüfungen in Latein und Griechisch ab. 1915 entschloss sie sich, Philologie und Theologie zu studieren. Sie besuchte vom Wintersemester 1915/16 bis zum Sommersemester 1921 die Universitäten Frankfurt am Main, Breslau, Jena und Marburg. Neben der Theologie widmete sie sich anfangs besonders der Pädagogik und der Geschichtswissenschaft, da sie zunächst das Oberlehrerinnenexamen anstrebte. Doch 1919 erhielt sie die ministerielle Genehmigung, das erste theologische Examen vor der Marburger Fakultät abzulegen; seitdem studierte sie ausschließlich Theologie, da sie tiefer in die sie umtreibenden Fragen um Glauben und Religion eindringen wollte. Im Frühjahr 1921 bestand sie die erste theologische Prüfung.

Vom 1. Oktober 1921 bis zum Ende des Jahres 1925 arbeitete Braun als Pfarrgehilfin in der Ringkirchengemeinde in Wiesbaden, wo sie sich der Jugendarbeit zuwandte. Zum 1. Januar 1926 wechselte sie in gleicher Stellung an die Hauptkirche St. Nikolai in Hamburg und bestand dort im September das zweite theologische Examen. Nach der Umwandlung ihrer Stelle in die einer Pfarramtshelferin wurde sie am 19. Februar 1928 in dieser Funktion eingesegnet. Brauns Aufgabenbereich lag in der Wortverkündigung in Andachts- und Bibelstunden vor Frauen und Jugendlichen, im Abhalten von Kindergottesdiensten, in der vorbereitenden und mitwirkenden Tätigkeit für den Konfirmandenunterricht sowie in der seelsorgerlichen und sozialen Gemeindearbeit mit Frauen und Mädchen. Daneben übernahm sie die Schriftleitung des Gemeindeblattes »St. Nikolai-Bote«, in dem sie zahlreiche kleinere Artikel publizierte, und erteilte Religionsunterricht am Caspar-Voght-Gymnasium. 1931 gründete sie den Zonta-Club in Hamburg mit, die erste deutsche Gliederung des heute noch bestehenden weltweiten Zusammenschlusses berufstätiger Frauen, der sich überkonfessionell dem Dienst am Menschen verpflichtet hat und die Stellung der Frau verbessern will.

1934 erfolgte ein gravierender Einschnitt in ihrem beruflichen Leben: Landesbischof Simon Schöffel versetzte Margarete Braun gegen ihren Willen zur Betreuung der Patientinnen des Allgemeinen Krankenhauses Eppendorf und der Insassinnen der Mädchenanstalt Feuerbergstraße in Ohlsdorf. Zum 1. Januar 1947 wurde sie – nunmehr mit der Amtsbezeichnung Vikarin – ausschließlich mit der Betreuung von Mädchen und jungen Frauen im Heim Feuerbergstraße, in der Haushaltungsschule Volksdorf, im Mädchenheim Schwanenwik sowie in den Jugendheimen Reinbek und Wentorf beauftragt. Zum 1. Juli 1959 ging sie auf eigenen Wunsch in den Ruhestand und widmete sich fortan der Betreuung der Stifte und Altersheime im Bezirk der Eppendorfer St. Martinus-Gemeinde.

WERKE Schriftenverzeichnis in: BBKL 15.

LITERATUR Rainer Hering, Die Vorkämpferin für das Pastorinnenamt Margarete Braun, in: Festschrift 800 Jahre Hauptkirche St. Nikolai 1195–1995, Hamburg 1995, S. 41–46; ders., Die Theologinnen Sophie Kunert, Margarete Braun, Margarete Schuster, Hamburg 1997 (HLb 12); Annette Majewski, »Wir sind da! Schafft uns Raum!« Margarete Braun 1893–1966. Wegbereiterin für das Pfarrerinnenamt, in: dies. (Hg.), Frech & fromm, 2000 Jahre FrauenLEBEN in Wiesbaden [Katalog zur Ausstellung im Wiesbadener Rathaus vom 8. bis 29. März 2001], Wiesbaden 2001, S. 32–34. *Rainer Hering*

BRAUNE, Heinrich, geb. 8. 11. 1904 Lüneburg, gest. 14. 11. 1990 Hamburg; Lehrer, Redakteur, Publizist, Zeitungsverleger.

Als »journalistisches Urgestein par excellence« bezeichneten Zeitzeugen den Hamburger Publizisten Heinrich Braune.

Der in Lüneburg aufgewachsene Braune legte 1924 das Lehrerexamen ab und studierte anschließend Psychologie, Philosophie und Volkswirtschaft. Schon bald wandte er sich der schreibenden Zunft zu und wurde 1925 Leiter des Feuilletons beim sozialdemokratischen »Hamburger Echo«. Auch als Auslandskorrespondent für den damals noch jungen Rundfunk arbeitete er in jener Zeit. Mit Adolf Hitler legte er sich wegen dessen Legende vom »unbekannten Frontsoldaten« in einer Artikelserie der sozialdemokratischen Wochenschrift »Echo der Woche« an, die er 1931 gegründet hatte und seither als Chefredakteur leitete. Bald nach der Machtübernahme durch die Nationalsozialisten am 30. Januar 1933 wurde Braune als politischer

Heinrich Braune

Journalist mit Berufsverbot sowie mit einem Aufenthaltsverbot für Hamburg belegt und war zeitweilig im Konzentrationslager Fuhlsbüttel interniert. Während des »Dritten Reiches« arbeitete er zunächst in der Filmindustrie, bevor er eingezogen wurde und als Soldat in sowjetische Kriegsgefangenschaft geriet.

Nach dem Zweiten Weltkrieg versuchte Braune sich als Drehbuchautor und schrieb 1947 für die Deutsche Dokumentarfilmgesellschaft von Heinrich Klemme das Exposé für den Kulturfilm »Hamburg glaubt an seine Zukunft«. Dieser propagierte mit aus heutiger Sicht fast pathetischen Zügen den Wiederaufbau der weitgehend zerstörten Hansestadt und wurde mit 1948 gedrehten, eindrucksvollen Bildern des Filmemachers Rudolf Kipp unterlegt; ins Kino kam er als Beiprogrammfilm allerdings erst ein Jahr später. 1948 wurde Braune stellvertretender Chefredakteur des »Hamburger Echos«, bevor er 1949 mit der »Hamburger Morgenpost« die erste deutsche Boulevardzeitung nach dem Zweiten Weltkrieg gründete. 1968 gab er den Chefredakteurs-Posten bei der »Morgenpost«, die damals ihren Sitz im Pressehaus am Speersort hatte, auf, fungierte aber noch bis 1986 als ihr Herausgeber. Auch danach war er weiterhin publizistisch tätig, so unter anderem als Herausgeber des Magazins »Hanse-Art«.

Bereits 1922 war Braune als 18-Jähriger unter dem Eindruck des Kapp-Putsches der SPD beigetreten, der er bis zuletzt treu blieb, obwohl die Partei erheblich zum Niedergang der alten »Morgenpost«

BREISS, Peter **B**

beigetragen hat. Die politischen Wegbegleiter und Vorbilder des Publizisten, der auch am Godesberger Programm der SPD mitwirkte, waren Wilhelm Kaisen und Adolph Schönfelder. 1975 erhielt Braune das Bundesverdienstkreuz. Wenige Tage nach seinem 86. Geburtstag starb er nach kurzer Krankheit, gegen die er mit starkem Willen bis zuletzt angekämpft hatte.

WERKE (mit Heinrich Koch) Von deutscher Filmkunst. Gehalt und Gestalt, Berlin 1943.

Volker Reißmann

BREISS, Peter, geb. 23. 4. 1770 Allermöhe, gest. 2. 5. 1846 Hamburg; luth.; Lehrer, Mitgründer der »Gesellschaft der Freunde des vaterländischen Schul- und Erziehungswesens«.

Peter Breiß hatte als Lehrer und Mitgründer der »Gesellschaft der Freunde des vaterländischen Schul- und Erziehungswesens«, des ältesten noch bestehenden deutschen Lehrervereins (heute Landesverband Hamburg der Gewerkschaft Erziehung und Wissenschaft), Anteil am pädagogischen Aufbruch des späten 18. und frühen 19. Jahrhunderts.

Der Bauernsohn wurde von dem Allermöher Pastor Georg Heinrich Häseler (1743–1820) gefördert und trat bereits im Februar 1789 eine Stelle als Lehrer im obersten Quartier des Kirchspiels Billwerder an. Im November 1789 wechselte er an die Schule in Reitbrook. Dort kam es zwischen ihm und Teilen der Elternschaft sowie Pastor Johann Gabriel Stäcker (1761–1814), Häselers Nachfolger in Allermöhe, wegen seines »neuerungssüchtigen« Religionsunterrichts zu Spannungen. Mit Kollegen hatte Breiß 1797 eine »Schulkonferenz« gegründet. In einem zur Gründung verfassten, 1805 in der Zeitschrift »Hamburg und Altona« veröffentlichten Gedicht zeigt er sich als überzeugter Aufklärer und Schulreformer: »Wir wollen, wie die Väter, milde/ Und unsrer Schüler Freunde seyn!«

Breiß musste Reitbrook verlassen, ein Jahr später wurde er als Lehrer an die von einer privaten »Gesellschaft zur Vermehrung der Vaterlandsliebe«, bestehend aus Kaufleuten, Handwerkern, Juristen, Ärzten und Geistlichen um den Anwalt Ferdinand Beneke, unterstützte neue Schule vor dem Dammtor berufen. Außerdem arbeitete er an den Zeitschriften »Hamburg und Altona« und »Das Blatt der Wohlthätigkeit« mit. In »Hamburg und Altona« schlug er 1805 ein »Journal für hamburgische Schulen, ihre Lehrer und Freunde« vor. Diese Anregung nahm Johann Carl Daniel Curio auf und plädierte für die Gründung einer »Gesellschaft der Freunde des vaterländischen Schul- und Erziehungswesens«, die bald darauf unter Mitwirkung von Breiß entstand. In der ersten Sitzung des Vereins am 3. April 1806 entwickelte Breiß ein Programm für die künftige Arbeit, das in »Hamburg und Altona« abgedruckt wurde. Die »Gesellschaft« als Stätte des Gedankenaustausches, der anregenden und weiterführenden Aussprache und des gegenseitigen Lernens sollte »zu einer veredelten Volksbildung« beitragen, um »gute, redliche Menschen, ächte Christen und denkende thätige Bürger« zu erziehen. Innere Querelen in der »Gesellschaft« führten schließlich zum Rückzug von Breiß. Seit 1805 gehörte er der Patriotischen Gesellschaft an, deren Ehrenmitglied er später wurde.

1810 erhielt Breiß eine Berufung als »Erziehungsrath« nach Arnstadt im thüringischen Fürstentum Schwarzburg-Sondershausen, blieb jedoch in Hamburg. In der Franzosenzeit wurden 1813 seine Schule und ihr Umfeld zerstört. 18 Jahre war er nun als Privatlehrer tätig gewesen. Erst 1831 entstand die Dammtorschule neu, und Breiß übernahm ihre Leitung. 1840 gab er altershalber sein Amt ab. Breiß' pädagogische und literarische Schriften, seine Beiträge für Hamburger und auswärtige Journale sind erst teilweise erschlossen und gewürdigt worden.

WERKE Schriftenverzeichnis in: LhS 1.

LITERATUR LhS 1; Wilhelm Deicher, Peter Breiss, Mitgründer der »Gesellschaft der Freunde des Vaterländischen Schul- und Erziehungswesens«, in: HGH Bd. 16, Heft 1, (April 1956), S. 18–20; Franklin Kopitzsch, Der Aufklärung verpflichtet. Zu den Anfängen der »Hamburger Gesellschaft der Freunde des vaterländischen Schul- und Erziehungswesens«, in: GEW, Landesverband Hamburg (Hg.), 175 Jahre Gesellschaft der Freunde des vaterländischen Schul- und Erziehungswesens Gewerkschaft Erziehung und Wissenschaft Landesverband Hamburg, Hamburg o. J. [1981], S. 16–33; ders., Von Johann Carl Daniel Curio, Peter Breiß, der »Gesellschaft der Freunde« und ihrer Bibliothek, in: Mitteilungsblatt des Förderkreises Bibliothek für Bildungsgeschichtliche Forschung [Berlin] 13 (2002), 1, S. 10–15.

Franklin Kopitzsch

BRENDEL, Robert, geb. 3. 9. 1889 Pachuca
(Mexiko), gest. 29. 5. 1947 Hamburg; luth.;
Studienrat, Schriftsteller.

Robert Brendel gehört zu den ganz wenigen Hamburger Schriftstellern seiner Generation, die konsequent Distanz zur nationalsozialistischen Diktatur
gehalten haben. Durch seinen frühen Tod aufgrund
einer durch die Verfolgung ausgelösten Herzkrankheit ist er um die Anerkennung seines Werkes be-
trogen worden.

Als Sohn eines deutschen Bergwerksdirektors,
später Generaldirektors eines amerikanischen Kon-
zerns, besuchte Brendel ab 1899 ein Gymnasium in
Hannover. Ab 1908 studierte er in München und
Straßburg Deutsch, Geschichte und Philosophie.
Promoviert wurde er 1913 mit einer Arbeit über
»Die Pläne einer Wiedergewinnung Elsaß-Lothrin-
gens in den Jahren 1814 und 1815«. Nach dem Staatsexamen 1915 kam Brendel als Soldat an die Westfront, wobei sich aufgrund der Erfahrungen in den
verlustreichen Materialschlachten seine Verurteilung von Kriegen festigte. Ab 1919 lehrte er als Studienrat an der Wilhelm-Raabe-Schule in Lüneburg
und nahm von dort aus am Hamburger kulturellen
Leben teil. 1920 wurde er Mitglied der so genannten
»Tafelrunde«, einer Gemeinschaft von Kultur-
schaffenden um den Feuilletonchef des »Hamburger Anzeigers« Hans W. Fischer; ferner trat er dem
Hamburger Schutzverband Deutscher Schriftsteller und dem P. E. N.-Club bei. Darüber hinaus nahm
Brendel Kontakt zu den von Erich Ziegel geleiteten
Hamburger Kammerspielen auf, deren Inszenierungen aktueller Dramen er ab 1927 als Vorstandsmitglied der Theatergemeinde zu wöchentlichen
Vorstellungen nach Lüneburg einlud. Er gründete
einen »Republikanischen Verein« und wurde aufgrund seiner christlich-humanistisch fundierten
positiven Einstellung zur Weimarer Republik
schon vor 1933 von rechts massiv angegriffen. Brendel mied eine parteipolitische Bindung, doch prägte ein starkes Gefühl für soziale Verantwortung gegenüber Ausgegrenzten sein Denken und Handeln.

In den frühen Gedichten und Erzählungen, die
vorrangig in Zeitschriften erschienen, ist Brendel
eng mit den Expressionisten verbunden. Besonders
beeinflusst wurde er durch Ernst Stadler und René
Schickele, die er in Straßburg kennen lernte. Das
Bemühen um eine neue Sprache und ein Streben

Robert Brendel

nach Reinheit der Seele in pathetisch beschwore-
nem Verfall dokumentiert die Novelle »Die große
Hure« (1920) über den Untergang von Sodom und
Gomorrha. In den späteren Erzählungen, veröffentlicht im Band »Centauro« (1925), mäßigt sich
der Ton; ein auktorialer Erzähler präsentiert einfühlsam das Schicksal von Menschen, die aufgrund
körperlicher Gebrechen außerhalb der Gesellschaft
stehen, und fordert die Verpflichtung zur Hilfe ein.
Zwei Texte verarbeiten aktuelle Kriegs- und Nach-
kriegserfahrungen: In »Der Schiffer« holt einen
Chemiker und Ingenieur seine Mitschuld an der
Konstruktion von Waffen ein, die Tausenden den
Tod gebracht haben; in »Der Aufstand« muss ein
Dichter sterben, weil im und nach dem Volksauf-
stand seine Träume von einer besseren Gesellschaft
nicht mehr gebraucht werden. Ein großer Anti-
kriegsroman, »Die Müllschippen«, ist bis heute un-
veröffentlicht.

1934 wurde Brendel, unter anderem weil er
zu seiner jüdischen Frau stand, nach Wesermün-
de zwangsversetzt, 1936 aus demselben Grund
zwangspensioniert. Xenia Bernstein hatte Brendel
in Straßburg kennen gelernt und 1918 geheiratet.
Sie gebar drei Kinder. In der Hoffnung, in der Anonymität der Großstadt unbehelligt zu bleiben,
ging Brendel 1936 mit seiner Familie nach Hamburg. Es gelang ihm, unter anderem im »Hamburger Anzeiger« einige kurze Texte zu veröffentlichen, bis er 1938 endgültig Publikationsverbot
erhielt. Die Familie blieb zunehmenden massiven
Repressionen ausgesetzt, die bis zur Anordnung

der Deportation Xenias nach Theresienstadt im Februar 1945 führten, der sie nur wegen eines kurzen Aufschubs entging; Robert Brendel musste Zwangsarbeit bei der Organisation Todt leisten.

Nach dem Krieg engagierte sich Brendel in der Notgemeinschaft der durch die Nürnberger Gesetze Verfolgten; ein Antrag auf Wiederaufnahme in den Schuldienst wurde zunächst abgelehnt, dann doch befürwortet. Ferner hielt Brendel Vorträge über jüdischdeutsche Schriftsteller und betreute eine »Neue Reihe« von Leseheften für Schüler. 1946 erschien sein wichtigstes Werk, der Novellenband »Die Heimkehr«. Er stellt ein frühes und herausragendes Zeugnis einer ethisch fundierten Auseinandersetzung mit Diktatur, Krieg und Holocaust dar. Die Titelgeschichte schildert den der Waffen-SS beigetretenen Sohn einer bürgerlich-humanistisch eingestellten Mutter, der im Krieg mit der zerstörten Heimatstadt konfrontiert wird und die »Prüfung« nicht besteht, die auf das Eingeständnis der Schuld und Mittäterschaft an Kriegsverbrechen hinausläuft. »Die Urne«, geschrieben bereits 1937/38, schildert minutiös die Verfolgung einer jüdischen Familie. Der Glaube des Vaters an die deutsche Kultur wird grausam enttäuscht, die in Lessings »Nathan« formulierte Perspektive auf Toleranz und Humanität zurückgenommen. Einfühlsam werden die unterschiedlichen Reaktionen in der Familie auf die Verfolgung dargestellt, vom Festhalten an Deutschland, das schließlich das KZ bereithält, bis zur zionistisch begründeten Flucht nach Palästina. Der von Max Sidow zusammengestellte Lyrikband »Wandlung und Dauer« (1952) zeigt Brendels Vertrautheit mit unterschiedlichen Gedichtformen und eine große Themenbreite von der Natur über das Ringen mit der göttlichen Ordnung bis zur Auseinandersetzung mit Diktatur und Mitschuld an Verfolgung und Krieg.

WERKE Die große Hure, Hannover 1920; Centauro, Weimar 1925; Die Heimkehr. Novellen, Reinbek bei Hamburg 1946; Wandlung und Dauer. Ausgewählte Gedichte, Reinbek bei Hamburg 1952.

LITERATUR Ursula Büttner, Die Not der Juden teilen. Christlich-jüdische Familien im Dritten Reich. Beispiel und Zeugnis des Schriftstellers Robert Brendel, Hamburg 1988 (Hamburger Beiträge zur Sozial- und Zeitgeschichte 24). *Hans-Gerd Winter*

BRONNER, Georg (Jürgen), get. 17. 2. 1667 Hamburg, best. 8. 3. 1720 ebd.; luth.; Organist, Komponist.

Georg Bronner war der einzige Hamburger Organist, der auch als Komponist von Opern für die Gänsemarkt-Bühne hervortrat. Als Nachfolger seines Vaters Christoph Bronner übernahm er 1688 das Amt des Küsters, 1689 auch das des Organisten am Heilig-Geist-Hospital und blieb dort bis Weihnachten 1719 tätig. Eine Bewerbung auf die Stelle des Domorganisten im Oktober 1693 blieb erfolglos, obwohl die Prüfungskommission seine künstlerischen Fähigkeiten lobend anerkannte. Als Substitut des Organisten Conrad Möhlmann an St. Nikolai hoffte Bronner nach dessen Tod 1702 auf die Anstellung an einer Hauptkirche, doch in diesem Fall fiel die Wahl auf Vincent Lübeck. So versah Bronner zeitlebens den Dienst an einer Filialkirche, die wegen ihrer tiefen Lage zwar fast jedes Jahr überschwemmt wurde, aber eine 1702/03 von Arp Schnitger überarbeitete Orgel besaß.

Da die Verpflichtungen von Amts wegen Bronner offenbar viel freie Zeit ließen, begann er 1694 mit der Komposition von Opern, darunter »Echo und Narcissus« (1694), »Procris und Cephalus« (1701) und »Philippus, Hertzog von Mayland« (1701), und übernahm 1699 sogar vorübergehend die Mitdirektion des Opernhauses. Großes Aufsehen erregte er in der Passionszeit 1705 mit der Aufführung eines eigenen Oratoriums mit unbekanntem Titel im Werk- und Zuchthaus. Die für Hamburg neuartige Form der außerliturgischen Darbietung und die Vertonung eines religiösen Sujets in opernhaftem Stil stießen auf heftige Kritik, sodass eine weitere Oratorienproduktion Bronners am Gründonnerstag 1710 unter Strafandrohung durch das Geistliche Ministerium verboten wurde. Das Werk, so die Begründung, stehe der Oper zu nahe, überdies sei der Text kraft- und geistlos und das Veranstalten von öffentlichen Musiken ohnehin nur dem Kantor gestattet. Nach dieser Abfuhr konzentrierte Bronner sich auf ein weniger riskantes Projekt, indem er im Auftrag des Hamburger Senats und der obersten kirchlichen Gremien ein für alle Hamburger Gemeinden verbindliches Choralbuch (1715) zusammenstellte. Es bot von allen Liedern auch Fassungen zum häuslichen Musizieren und wurde mit mehreren Neuauflagen für Bronner zu einem geschäftlichen Erfolg.

B

BRUCK, Ernst

Über Bronners Bedeutung für die Entwicklung der Hamburger Oper kann keine Aussage getroffen werden, da die Partituren seiner Bühnenwerke ausnahmslos verschollen sind. Von den gescholtenen Oratorien liegt lediglich der Text von 1710 vor, sodass nur drei Choralkantaten und die frühe Sammlung der »Sechs Geistlichen Concerten« (1696) Bronners Personalstil überliefern. In diesen Werken verband er solide kontrapunktische Satztechnik mit reich verzierter, an der Oper geschulter Melodik und expressiver Textausdeutung.

LITERATUR ADB 3; NDB 2; MGG (2. Aufl.) 3; Grove (2. Aufl.) 3; Hellmuth Christian Wolff, Die Barockoper in Hamburg (1678–1738), 2 Bde., Wolfenbüttel 1957; Günther Elgnowski, Geistliche Musik im alten Hamburg. Die Geschichte der Orgel des Heilig-Geist-Hospitals, später der Martinskirche zu Cuxhaven-Ritzebüttel, Hamburg 1961 (Vorträge und Aufsätze, hg. vom Verein für Hamburgische Geschichte, 8); Arnfried Edler, Der nordelbische Organist. Studien zu Sozialstatus, Funktion und kompositorischer Produktion eines Musikerberufes von der Reformation bis zum 20. Jahrhundert, Kassel u. a. 1982 (Kieler Schriften zur Musikwissenschaft 23); Hans Joachim Marx/ Dorothea Schröder, Die Hamburger Gänsemarkt-Oper. Katalog der Textbücher (1678–1748), Laaber 1995.

Dorothea Schröder

Ernst Bruck

BRUCK, Ernst Robert, geb. 7. 6. 1876 Breslau, gest. 28. 1. 1942 Hamburg; isr.; Jurist.

Ernst Bruck, der wichtige und weiterhin gültige dogmatische Grundlagen für das moderne Versicherungsrecht geschaffen hat, darf als Klassiker seines Faches gelten.

Nachdem der Sohn eines Kaufmanns das in Heidelberg und Straßburg absolvierte Studium der Rechtswissenschaften 1900 mit einer Promotion an der Universität Straßburg abgeschlossen hatte, war er zunächst als Landrichter in Metz tätig. Ab 1909 wirkte Bruck am Kaiserlichen Aufsichtsamt für Versicherungswesen in Berlin – seit 1911 als Regierungsrat und ständiges Mitglied des Aufsichtsamts für Privatversicherung –, bis er 1916 einem Ruf als Professor für Versicherungswissenschaft an das 1908 gegründete hamburgische Kolonialinstitut folgte. Bereits im Jahr 1916 gründete er unter anderem mit Paul Riebesell den Versicherungswissenschaftlichen Verein in Hamburg, dessen Vorstand er in der Folgezeit angehörte. Nach der Gründung der Universität Hamburg 1919 trat er als ordentlicher Professor in die Rechts- und Staatswissenschaftliche Fakultät ein und baute das Seminar für Versicherungswissenschaft auf. Zudem war er Mitherausgeber der »Hanseatischen Rechtszeitschrift« (später »Hanseatische Rechts- und Gerichtszeitschrift«). Noch im Februar 1933 wurde er zum Dekan der Rechts- und Staatswissenschaftlichen Fakultät gewählt, konnte das Amt jedoch infolge der Machtübernahme der Nationalsozialisten nicht antreten. Am 30. September 1935 wurde er aufgrund seiner jüdischen Herkunft zur Emeritierung gezwungen. 1942 erlag er einem Herzleiden.

Bruck begründete die so genannte Hamburger Schule, die einen wesentlichen Beitrag zur Ausgestaltung der Dogmatik vor allem des Versicherungsvertrags- und des Versicherungsvermittlungsrechts geleistet hat. Er entwickelte die Gefahrgemeinschaftstheorie, die die gleichartig Versicherten zu einer besonderen Gefahrengemeinschaft zusammenfasst, und begründete die Gefahrtragungstheorie, nach der sich die Verpflichtung des Versicherers nicht in einer Geldleistung erschöpft, sondern dessen gesamte Tätigkeit umfasst. Für die Haftpflichtversicherung hat er die Inanspruchnahmetheorie für den Versicherungsfall entwickelt, der auch das Reichsgericht in ständiger Rechtsprechung gefolgt ist. Ebenso übernahm die Rechtsprechung die von Bruck entwickelte Voraussetzungstheorie, nach welcher der Versicherungsnehmer die Obliegenheiten im eigenen Interesse erfüllt, um sich den Versicherungsschutz zu erhalten.

Bruck war maßgeblich an der Formulierung der

Allgemeinen Deutschen Seeversicherungs-Bedingungen von 1919 beteiligt. Er beeinflusste durch seine Publikationen die Lebens- und die private Krankenversicherung. Seine zahlreichen Werke, insbesondere sein Großkommentar zum Versicherungsvertragsgesetz von 1908, waren von grundlegender Bedeutung und setzten Standards. Bereits zu Beginn der dreißiger Jahre regte er eine internationale Vereinigung für Versicherungsrecht an, die dann 1960 von seinem Schüler Hans Möller als Association Internationale de Droit des Assurances (A. I. D. A.) mitgegründet wurde.

WERKE Die Behandlung der Versicherungs-Verträge im Friedensvertrag zu Versailles, Berlin 1920; Das Privatversicherungsrecht, Mannheim 1930; Die Gefahrengemeinschaft, in: Beiträge zum Wirtschaftsrecht. Festschrift für Ernst Heymann, hg. von Friedrich Klausing u. a., Bd. 2, Marburg 1931 (Arbeiten zum Handels-, Gewerbe- und Landwirtschaftsrecht 62), S. 1260–1273; Welt-Versicherungsrecht, in: Assekuranz-Jahrbuch 50 (1931), S. 94–107; Reichsgesetz über den Versicherungsvertrag nebst dem zugehörigen Einführungsgesetz vom 30. Mai 1908, 7., neubearb. Aufl. Berlin u. a. 1932 (Guttentagsche Sammlung deutscher Reichsgesetze 83).

LITERATUR KDG 1925–1935; Hans Möller, Die Versicherungswissenschaft in Hamburg, in: Hamburg als Versicherungsstadt, hg. von der Hamburgischen Versicherungswirtschaft, Hamburg 1950, S. 66–68; ders., Ernst Bruck 1876–1942, in: Lebensbilder hamburgischer Rechtslehrer, Hamburg 1969, S. 21–25; Gerrit Winter, Die Assekuranz in Hamburg, in: Albers Bd. 1, S. 197–208; Dieter Rabe, Seerecht in Hamburg, in: Albers Bd. 1, S. 175–184; Peter Koch, Geschichte der Versicherungswissenschaft in Deutschland, hg. vom Deutschen Verein für Versicherungswissenschaft, Karlsruhe 1998.

Wolfgang Poppelbaum

BUBENDEY, Johann Friedrich, geb. 4. 7. 1848 Hamburg, gest. 10. 5. 1919 ebd.; luth.; Wasserbautechniker, Wasserbaudirektor.

Als Wasserbaudirektor nahm Johann Friedrich Bubendey zu Beginn des 20. Jahrhunderts maßgeblichen Einfluss auf die Ausgestaltung des Hamburger Hafens und insbesondere auf die Regulierungsarbeiten im Stromspaltungsgebiet der Niederelbe. Unter seiner Führung konnten die dafür erforderlichen schwierigen Verhandlungen mit Preußen bis 1908 zu einem erfolgreichen Abschluss gebracht werden.

Bubendeys aus Sachsen stammender gleichna-

Johann Friedrich Bubendey

miger Großvater väterlicherseits hatte sich Anfang des 19. Jahrhunderts als praktischer Arzt in Hamburg niedergelassen, sein Vater, Georg Heinrich Bubendey, war Mathematikprofessor am Johanneum. Nach dem Besuch der Realschule des Johanneums begann Bubendey auf Wunsch seines Vaters 1863 zunächst eine kaufmännische Lehre, wechselte dann aber bereits 1865 als Eleve zum Ingenieurwesen der 1. Sektion der Baudirektion Hamburg. Von 1867 bis zum Ausbruch des Deutsch-Französischen Krieges 1870 studierte er am eidgenössischen Polytechnikum in Zürich Wasserbau. Bei Kriegsbeginn meldete sich Bubendey freiwillig und diente beim Hanseatischen Infanterieregiment Nr. 76. Nach Kriegsende nahm er sein unterbrochenes Studium an der neu gegründeten Technischen Hochschule Aachen wieder auf und bestand dort 1872 das Examen.

Unmittelbar im Anschluss an sein Studium trat Bubendey in den Dienst der 2. Sektion der Bauedeputation Hamburg, der Hamburgischen Strom- und Hafenbauverwaltung. Zunächst arbeitete er noch unter dem bedeutenden Wasserbaudirektor Johannes Dalmann und erwarb erste praktische wasserbautechnische Kenntnisse. 1879 wurde er Bureauchef und war als solcher für die selbstständige Bearbeitung technischer Entwürfe zuständig, 1886 folgte die Beförderung zum Wasserbauinspektor. Bubendey wirkte in diesen Jahren bei der Planung und Bauausführung des modernen Hamburger Tidehafens mit und war ab 1882 unmittelbar am Bau von Freihafen und Speicherstadt beteiligt.

1895 verließ Bubendey Hamburg, um eine Professur für Wasserbau an der Technischen Hochschule Charlottenburg zu übernehmen. Er führte dort den See- und Hafenbau als Lehrgebiet ein und wirkte in den Jahren 1901/02 auch als Rektor der Hochschule. In Berlin wurde Bubendey 1902 zum Geheimen Baurat und zum außerordentlichen Mitglied der preußischen Akademie des Bauwesens ernannt.

Nach dem Tode seines Vorgängers, Max Buchheister, übernahm Bubendey 1904 das Amt des Hamburger Wasserbaudirektors, das er bis zu seinem Tode 1919 ausübte. In den gut acht Jahren seiner Abwesenheit war der Hafen zwar weiter ausgebaut worden, die Zufahrt der Schiffe nach Hamburg war aber nach wie vor schwierig: Die Unterelbe war unkorrigiert geblieben und wies Untiefen auf, die Strömungsverhältnisse im Bereich des Zusammenflusses von Norderelbe und Köhlbrand waren nicht ideal. Zudem sollten die Hafenanlagen auf Kuhwerder weiter nach Süden, das heißt in damals preußisches Staatsgebiet hinein, erweitert werden. Die Ausführung der anstehenden Arbeiten setzte nicht nur Staatsverhandlungen mit Preußen voraus, sondern auch eine Einigung, die den divergierenden Interessen von Hamburg, Altona und Harburg Rechnung trug. Bubendey spielte in diesen Verhandlungen auch als Verfasser technischer Gutachten eine zentrale Rolle und trug damit wesentlich zum Abschluss des entscheidenden so genannten »Zweiten« oder »Großen Köhlbrandvertrages« vom 14. November 1908 bei.

Durch die von Bubendey geleiteten Baumaßnahmen der folgenden Jahre konnten nun auch die größten Seeschiffe der damaligen Zeit ohne Schwierigkeiten den Hamburger Hafen anlaufen. Die Elbe wurde bis zum Beginn des Ersten Weltkriegs auf eine durchgehende Tiefe von elf Metern bei mittlerer Tiede ausgebaggert und stieg damit endgültig zu einer Wasserstraße ersten Ranges auf. Zwischen 1910 und 1914 wurde die Mündung des Köhlbrands um 600 Meter nach Westen verlegt; in der alten Mündung entstand der neue Kohlenschiffhafen. Zeitlich parallel wurde der Kuhwerderhafen nach Süden erweitert, und noch vor Beginn des Ersten Weltkriegs konnten auf Neuhof die neuen Hafenbecken für See-, Fluss- und Hafenfahrzeuge fertig gestellt werden. Auf Waltershof entstanden bis zum Kriegsbeginn lediglich der Park- und der Petroleumhafen. Mit dem Ersten Weltkrieg fand dann der Ausbau des Hamburger Hafens ein vorläufiges Ende und wurde vor Bubendeys Tod auch nicht wieder aufgenommen. Die grundlegende Umgestaltung des gesamten Stromspaltungsgebiets zwischen Finkenwerder und Kuhwerder war aber bei Kriegsbeginn bereits weitgehend abgeschlossen. In Bubendeys Amtszeit fielen auch der Bau der St. Pauli-Landungsbrücken (1907–09) und des alten Elbtunnels (1907–11). In Cuxhaven leitete Bubendey den Ausbau des Neuen Hafens (1900–02) und bereitete die Erweiterung des Fischereihafens vor, die jedoch ebenfalls kriegsbedingt verschoben wurde und erst in den frühen 1920er Jahren abgeschlossen werden konnte.

Zahlreiche Veröffentlichungen begründeten und festigten Johann Friedrich Bubendeys internationalen Einfluss auf dem Gebiet des Strom- und Hafenbaus. Auf einstimmigen Antrag der Abteilung für Bauingenieurwesen der TH Hannover ist Bubendey am 2. November 1916 in »Würdigung seiner hervorragenden Verdienste um die Ausgestaltung des Wasserbauwesens und den Ausbau des Hamburger Hafens« der Dr. ing. ehrenhalber verliehen worden. Auch die Ernennung zum Ehrenmitglied des Architekten- und Ingenieurvereins Hamburg sowie des Vereins für deutsche Binnenschifffahrt dokumentierten seine öffentliche Anerkennung.

WERKE (mit Christian Nehls) Die Elbe, Hamburgs Lebensader, Hamburg 1892; Der Hamburger Hafen, Hamburg 1911; (mit C. Lorenzen) Der Hamburger Hafen und die Regulierung der Unterelbe, Hamburg o. J. [1913].

LITERATUR NBD 2; DBE 2; DBJ 1917–1920; Conrad Matschoss (Hg.), Männer der Technik. Ein biographisches Handbuch, Berlin 1925 (Nachdruck Düsseldorf 1985); Dieter Maass, Der Ausbau des Hamburger Hafens: 1840–1910. Entscheidung und Verwirklichung, Hamburg 1990; ders., Die Rolle der Wasserbaudirektoren beim Ausbau des Hamburger Hafens zwischen 1860 und 1910, in: Stadt und Hafen. Hamburger Beiträge zur Geschichte von Handel und Schifffahrt, hg. von Jürgen Ellermeyer und Rainer Postel, Hamburg 1986 (Arbeitshefte zur Denkmalpflege in Hamburg 8), S. 107–114. *Reinhold Bauer*

BUCERIUS, Karl Anton Martin Gerhard *(Gerd)*,
geb. 19.5.1906 Hamm/Westfalen, gest.
29.9.1995 Hamburg; luth.; Pressemagnat,
Publizist, Politiker, Mäzen.

Gerd Bucerius war einer der herausragenden Repräsentanten der Medienmetropole Hamburg, der
Intellektualität, Unabhängigkeit und Unterneh-
mertum auf einer hohen Ebene zu vereinen wusste.
Er war einige Monate als Bausenator und eine Reihe von Jahren als Bundestagsabgeordneter tätig,
aber die Parteipolitik wurde ihm zu eng; als Verleger der Wochenzeitung »DIE ZEIT«, als Zeitzeuge
und als Mäzen wirkt er über seinen Tod hinaus.

Gerd Bucerius kam 1922 als Schüler nach Hamburg, als sein Vater Walter Bucerius, der zuletzt als
Bürgermeister in Hannover amtiert hatte, in die Di-
rektion der Hugo Stinnes AG für Seeschiffahrt und
Überseehandel wechselte. Als der Stinnes-Konzern
nach dem Tod seines Gründers 1924 liquidiert wur-
de, ließ sich Walter Bucerius zusammen mit einem
Sozius in Altona als Rechtsanwalt und Notar nieder.
Gerd Bucerius studierte von 1924 bis 1928 Jura in
Hamburg, Freiburg und Berlin und absolvierte anschließend bis 1932 seine Referendarausbildung in
Kiel, Altona und Berlin. Nach kurzer Tätigkeit als
Hilfsrichter unter anderem in Kiel und Flensburg
trat Bucerius im Frühjahr 1933 als Anwalt in die
Kanzlei seines Vaters ein. 1934 wurde er an der Uni-
versität Hamburg mit einer Arbeit, die ihre Entste-
hung der Initiative des Staatsrechtslehrers Albrecht
Mendelssohn Bartholdy verdankte, zum Dr. jur.
promoviert.

Nach nationalsozialistischen Maßstäben selbst
aus einer nicht rein »arischen« Familie stammend
und seit 1932 mit der Jüdin Detta (Gretel) Goldschmidt verheiratet, scheute sich Bucerius nicht,
auch Juden juristisch zu vertreten. Die Wehrmacht
zog ihn 1940 nur für zwei Monate ein. 1944 wurde
er vom Kriegsdienst freigestellt, weil er unter anderem als Prokurist und Justiziar eines als kriegs-
wichtig eingestuften Produktionsunternehmens,
das auch Zwangsarbeiter beschäftigte, tätig war.
Bucerius hat aus seinen Erfahrungen während der
NS-Zeit die Überzeugung gewonnen, dass es prin-
zipiell möglich gewesen sei, Zivilcourage zu zeigen
und gleichwohl im Kern »unbehelligt« zu bleiben.
Seine Frau war freilich 1938 nach England emigriert
und kehrte nicht zurück. Nach der Scheidung des

Gerd Bucerius

Paares 1945 heiratete Bucerius 1947 Gertrud Ebel
(»Ebelin«).

Im Herbst 1945 mit der Liquidation des NS-Or-
gans »Hamburger Tageblatt« betraut und aus diesem Grund im Pressehaus am Speersort tätig, kam
Bucerius in Kontakt mit den Rudimenten der deutschen Presselandschaft und den Dienststellen der
britischen Besatzungsmacht.

Im Februar 1946 wurde Bucerius dem von britischer Seite eingesetzten ersten Hamburger Nach-
kriegsbürgermeister Rudolf Petersen als Bausenator vorgeschlagen. Ausgegangen war der Vorschlag
von damaligen Senatssyndikus Kurt Sieveking und
vor allem von Bucerius' Freund Erik Blumenfeld,
den er in den letzten Tagen des NS-Regimes in seinem Othmarschener Haus versteckt gehalten hatte.
In der Ernannten Bürgerschaft schloss sich Bucerius – ebenso wie Petersen – der Fraktion der Parteilosen an. Nachdem die Verhandlungen zwischen
der CDU, der FDP, den Parteilosen und dem von
Paul de Chapeaurouge geführten Vaterstädtischen
Bund Hamburg zwecks Bildung einer bürgerlichen
Sammlungspartei gescheitert waren, ging Bucerius
– wiederum wie Petersen und wie die Mehrheit der
Parteilosen – zur CDU. Später hat er sich erinnert,
der erste Auftritt Adenauers in Hamburg habe ihn
maßgeblich zu diesem Schritt bewogen.

Am 14. Februar 1946 erhielten Bucerius, Lovis H.
Lorenz, Ewald Schmidt di Simoni und Richard
Tüngel von der britischen Besatzungsmacht die Li-
zenz zur Herausgabe der Wochenzeitung »DIE
ZEIT«, die zunächst eine liberal-konservative Aus-

B

richtung besaß. Zwischen 1949 und 1957 erfolgte Bucerius' schrittweise »Eroberung der ›ZEIT‹« (Ralf Dahrendorf): Die Mitgründer und -gesellschafter, zu denen noch der zeitweilige Chefredakteur Ernst Friedlaender kam, wurden einer nach dem anderen ausgebootet; nach mancherlei politischen Richtungsstreitigkeiten wurde die Linie für lange Zeit von Marion Gräfin Dönhoff bestimmt. Seit Bucerius in den Jahren von 1949 bis 1951 die Anteilsmehrheit des Nannen-Verlags erworben hatte, trug die Illustrierte »Stern« zur Finanzierung der streckenweise nicht ganz leicht verkäuflichen »ZEIT« bei, zu deren Überleben mehrfach auch politische und finanzielle Hilfe aus CDU-Spitzenkreisen um Ludwig Erhard und Robert Pferdmenges erforderlich war. Bucerius zählte jetzt – wie Axel Springer und Rudolf Augstein – zu den Hamburger Pressemagnaten, und an den im Pressewesen häufigen Anteilskäufen und Fusionen beteiligte er sich in gleicher Weise. Ende der sechziger Jahre konnte die wirtschaftliche Existenz der »ZEIT« als gesichert gelten. Dazu trug vor allem der Konzern Gruner + Jahr bei, den Bucerius 1965 gemeinsam mit Richard Gruner und John Jahr gegründet hatte. Der unternehmerische Erfolg machte Bucerius politisch unabhängiger.

Gefördert durch Petersen und Adenauer, war Bucerius 1947 von der CDU in den Zonenbeirat, sodann – von 1948 bis 1949 – in den Frankfurter Wirtschaftsrat entsandt worden. Dem Bundestag gehörte er von 1949 bis 1962 an. In den Jahren von 1952 bis 1957 fungierte Bucerius als Bundesbeauftragter für die Förderung der Berliner Wirtschaft. Die parteipolitische Tätigkeit endete – nach mancherlei Querelen mit Adenauer und der CDU-Führung – 1961, als offenbar sowohl die CDU als auch Bucerius den Eklat, der um einen kirchenkritischen »Stern«-Artikel entstanden war, zum Anlass nahmen, ihren Unmut eskalieren zu lassen. Bucerius legte sein Mandat nieder und trat aus der CDU aus.

1971 nahm die maßgeblich von dem Hamburger Juristen, Bankier und Politiker Wilhelm Güssefeld konzipierte ZEIT-Stiftung, später umbenannt in ZEIT-Stiftung Ebelin und Gerd Bucerius, ihre Arbeit auf. Bucerius' Motive zu ihrer Gründung waren »weder philanthropisch noch karitativ« (Dahrendorf): Die Stiftung sollte vor allem die finanzielle und inhaltliche Kontinuität der »ZEIT« über Bucerius' Tod hinaus wahren helfen. Bucerius engagierte sich als Mäzen für den Erwerb und die denkmalgerechte Restaurierung des Literaturhauses in Hamburg. Er wurde 1986 mit der Hamburger Ehrenbürgerwürde und 1990 mit der Ludwig-Erhard-Medaille für Verdienste um die soziale Marktwirtschaft ausgezeichnet. Zuletzt von seiner Lebensgefährtin, der Verlagsmanagerin Hilde von Lang, gepflegt, starb er bald nach seinem 89. Geburtstag.

Seit dem Verkauf der ZEIT-Verlag Gerd Bucerius GmbH an die Verlagsgruppe Georg von Holtzbrinck 1996 agieren die ZEIT-Stiftung Ebelin und Gerd Bucerius und die Wochenzeitung »DIE ZEIT« unabhängig voneinander. Die Stiftung hat in Hamburg unter anderem 1999 die Bucerius Law School ins Leben gerufen, trug wesentlich zur Finanzierung der 2001 eröffneten Gerd Bucerius Bibliothek im Museum für Kunst und Gewerbe bei, eröffnete 2002 das Bucerius Kunst Forum am Rathausmarkt und gibt die Buchreihe »Hamburger Köpfe« heraus.

WERKE Der angeklagte Verleger. Notizen zur Freiheit der Presse, München 1974; Der Adenauer. Subjektive Beobachtungen eines unbequemen Weggenossen, Hamburg 1976; Zwischenrufe und Ordnungsrufe. Zu Fragen der Zeit, Berlin 1984.

LITERATUR Albers, Bd. 2, S. 393–408; Helmut Stubbe-da Luz, Walter Bucerius – ein Stadtkämmerer mit Prinzipien, in: Das Rathaus. Zeitschrift für Kommunalpolitik 5 (1988), S. 277–284; ders., Union der Christen – Splittergruppe – Integrationspartei. Wurzeln und Anfänge der Hamburger CDU bis Ende 1946, Hamburg 1990; Karl-Heinz Janßen, Die Zeit in der »Zeit«. 50 Jahre Wochenzeitung »Die Zeit«, Berlin 1995; Ralf Dahrendorf, Liberal und unabhängig. Gerd Bucerius und seine Zeit, 2. Aufl. München 2000.
Helmut Stubbe-da Luz

BUDDE, *Enno* Johann Martin, geb. 31. 10. 1901 Hamburg, gest. 15. 4. 1979 Neuhaus/Solling; luth.; Jurist, Richter.

1959 löste die Entscheidung des Vorsitzenden Richters der Hamburger Großen Strafkammer I, Enno Budde, kein Verfahren gegen den antisemitischen Publizisten Friedrich Nieland (1896–1973) einzuleiten, einen der größten Justizskandale in der Bundesrepublik Deutschland aus. In der Konsequenz wurde 1960 ein Gesetzentwurf gegen Volksverhetzung mit dem sechsten Strafrechtsänderungsgesetz umgesetzt.

Der Sohn eines Hamburger Pastors studierte

nach dem Abitur am Matthias-Claudius-Gymnasium in Wandsbek Volkswirtschaftslehre und Rechtswissenschaft in Erlangen und Hamburg. An der Hamburger Universität legte er 1925 und 1929 die beiden juristischen Staatsprüfungen ab und wurde 1927 promoviert. Seit 1930 war er als Geschäftsführer der Handwerkskammer Neuhaus/Oste tätig. Der 1933 in Hamburg als Assessor verbeamtete Budde wurde 1934 zum Richter und 1937 zum Landesgerichtsrat ernannt. Politisch engagierte er sich in der Weimarer Republik in der Deutsch-Hannoverschen Partei und kandidierte mehrfach erfolglos bei Bürgerschafts- und Reichstagswahlen. 1927 wurde er wegen Vergehens gegen das Republikschutzgesetz zu einer Geldstrafe verurteilt, da er in einem Zeitungsartikel die Landesfarben Preußens als »fremder Unrat« bezeichnet hatte. Der schon am 1. Mai 1933 der NSDAP beigetretene Jurist teilte die nationalsozialistische Rassenideologie und publizierte in der Zeit des »Dritten Reiches« antisemitische Artikel, wurde aber nach Kriegsende dennoch entnazifiziert und 1947 sogar zum Landesgerichtsdirektor befördert. Der Fall Nieland führte zur Versetzung Buddes an die 16. Zivilkammer, wo er für Mietauseinandersetzungen zuständig war. 1969 trat er in den Ruhestand. Budde war Mitglied des Kirchenrates der Evangelisch-lutherischen Kirche im Hamburgischen Staate, Vorsitzender der Disziplinarkammer und Mitglied des 1949 vom Senat eingerichteten Hochschulbeirates.

WERKE Der Kauf auf Abruf, Diss. Jur. Hamburg 1927; Die Erhaltung von Blut und Boden in Niedersachsen, in: Alt-Hannoverscher Volkskalender 38 (1935), S. 50 f.

LITERATUR Rainer Hering, Der »Fall Nieland« und sein Richter. Zur Kontinuität in der Hamburger Justiz zwischen »Drittem Reich« und Bundesrepublik, in: ZHG 81 (1995), S. 207–222; ders., Anti-Semitism and the Judiciary in the Federal Republic of Germany, in: Adrian Del Caro/Janet Ward (Hg.), German Studies in the Post-Holocaust Age. The Politics of Memory, Identity and Ethnicity, Boulder/Colorado 2000, 32–40.   *Rainer Hering*

BÜLAU, Theodor, geb. 1. 12. 1800 Hamburg, gest. 7. 6. 1861 ebd.; luth.; Architekt.

Der Sohn eines aus Zerbst eingewanderten Assekuranzmaklers erhielt ersten Kunstunterricht bei Gerdt Hardorff d. Ä. in Hamburg, setzte seine Ausbildung ab 1820 an der Akademie der Bildenden

Theodor Bülau

Künste in München im Fach Historienmalerei fort und ging schließlich, im Anschluss an Studienreisen in Süddeutschland, im April 1824 nach Regensburg. Für den Fürsten Thurn und Taxis arbeitete er 1827/28 an der Restaurierung der Kuppelfresken in der Abteikirche von Neresheim, wandte sich dann aber ganz der Architektur zu. Gemeinsam mit dem Baukondukteur Justus Popp erstellte er zeichnerische Bauaufmaße am Regensburger Dom und fertigte Zeichnungen von Grabmalen an. Das daraus entstandene Stichwerk »Die Architectur des Mittelalters in Regensburg« gaben beide von 1834 bis 1837 auf eigene Kosten heraus. Bülau feierte in der Vorrede in enthusiastischer Sprache die gotische Architektur als nationale Kunst. Durch Regensburger Eigentümer vermittelt, leitete er von 1837 bis 1842 das Salinen- und Hüttenwerk Salzbronn bei Saaralbe in Lothringen. Die dort von ihm errichteten Bauten hatten freilich bis auf das neugotische Sudhaus durchweg klassizistische Formen.

Im Frühjahr 1842 kehrte Bülau nach dem verheerenden Stadtbrand von Hamburg in seine Vaterstadt zurück, sich dort ein reges Betätigungsfeld erhoffend. Er äußerte sich in Zeitungsartikeln zu Fragen des Wiederaufbaus und griff die von William Lindley und anderen vorgeschlagenen rastermäßigen Straßenplanungen scharf an, da sie zu einer Residenz-, nicht aber zu einer Bürgerstadt passten. Schon hier erwies er sich als beredt und begeisterungsfähig, aber auch als sprunghaft und unsystematisch. Unter den am Wiederaufbau beteiligten Architekten war Bülau neben Alexis de

Chateauneuf der einzige, der sich vom hellen klassizistischen Putzbau abwandte und den Backsteinrohbau propagierte. Dieser verkörperte ihm durch die Verwendung von unverhülltem, also »echtem«, »wahrem« Baumaterial hanseatische, republikanische Tradition. Die Wohn- und Geschäftshäuser, die Bülau von 1843 bis 1846 im Wiederaufbaugebiet errichtete (Schleusenbrücke 9–13, Raboisen 66–68, Glockengießerwall 21, vor allem aber das trotz Umbaus noch immer typisch erhaltene Haus Ferdinandstraße 65), wiesen alle eine neugotische Lisenengliederung sowie hohe Treppengiebel mit Detailformen, die der norddeutschen Backsteingotik entnommen sind, auf.

Für Bülaus Hamburger Hauptwerk, das Gebäude der Patriotischen Gesellschaft von 1765, war Backstein schon bei der Ausschreibung der Baukonkurrenz von 1844 Bedingung gewesen. Es sollte den Idealen der aus der Aufklärung hervorgegangenen verdienstvollen Gesellschaft mit »wahrem« Baumaterial entsprechen. Bülaus siegreicher Entwurf für die Bebauung des 1843 der Patriotischen Gesellschaft überlassenen prominenten Geländes des 1842 abgebrannten alten Rathauses an der Trostbrücke zeigte einen asymmetrischen Backsteinrohbau mit zwei verschieden hohen Baukörpern und einem Turm. Alfred Lichtwark sollte ihm später »malerische Wirkungen« attestieren. Der 1847 eingeweihte Bau war reicher detailliert als die Privatbauten des Architekten. Ursprünglich mit hoch aufragender Dachlandschaft geplant, erhielt er auch in der dann reduzierten Ausführung einen markanten abschließenden Zinnenkranz. Gerade hier bedeuteten Backstein und gotischer Formenapparat ein Programm im Sinne des Auftraggebers. Der Bau, der von 1859 bis 1897 der Bürgerschaft als Sitz diente, lässt trotz einer radikalen inneren Umgestaltung und Aufstockung in expressionistischen Formen in den zwanziger Jahren, trotz der Kriegszerstörungen von 1943 und des danach folgenden vereinfachenden Wiederaufbaus noch heute eindrucksvoll die Gestaltungsprinzipien Bülaus erkennen.

Bülau, der nach 1842 auch in der Kommission für den Wiederaufbau der abgebrannten Hauptkirche St. Nikolai tätig war, errichtete von 1855 bis 1858 die katholische Kirche in Lüneburg, einen neugotischen Saalbau mit Turm, der 1968 abgebrochen wurde. Beharrlich war seine Teilnahme an Wettbewerben, so schon 1837 für die Hamburger Börse, 1854 für das Rathaus und im gleichen Jahr für das Waisenhaus; alle Entwürfe sahen neugotische Formen vor. Ab 1845 unterrichtete Bülau als Zeichenlehrer an der Gewerbeschule der Patriotischen Gesellschaft und an der Realschule des Johanneums. Seit 1847 wurde diese Tätigkeit mangels Bauaufträgen lebensnotwendig für ihn, ab 1849 lebte er nur noch vom Unterrichten. Damals hatte er bereits ein Augenleiden, das fast zur Erblindung führte.

Teile von Bülaus Nachlass gelangten später an den Architekten- und Ingenieur-Verein in Hamburg, wurden aber 1943 mit dessen Sammlung im Haus der Patriotischen Gesellschaft durch Bomben zerstört. Bülaus Kunst fand bei den Zeitgenossen, vor allem bei seinen liberalen Auftraggebern, wenig Anerkennung. Sein Plädoyer für die Gotik war immer politisch motiviert, aber unstet und inkonsequent. So musste die Würdigung seines Werkes für Hamburg auf sich warten lassen. Erst im frühen 20. Jahrhundert wurde es von den reformerischen Propagandisten des Backsteinbaues als Vorläufer wieder entdeckt.

WERKE (mit Justus Popp) Die Architectur des Mittelalters in Regensburg. Dargestellt durch den Dom, die Jakobskirche, die alte Pfarre und einige andere Ueberreste deutscher Baukunst, 10 Bde., Regensburg 1834–39; Das Haus der Patriotischen Gesellschaft in Hamburg, oder: Einiges über einen Neubau, Hamburg 1849.

LITERATUR LhS 1; HKL; ThB 5; Rump; AKL 15; Veit Loers, Die Barockausstattung des Regensburger Doms und seine Restauration unter König Ludwig I. von Bayern (1827 – 1839), in: Georg Schwaiger (Hg.), Der Regensburger Dom. Beiträge zu seiner Geschichte, Regensburg 1976 (Beiträge zur Geschichte des Bistums Regensburg 10), S. 229–265; Ann-Kristin Maurer, Theodor Bülau, Phil. Diss. Hamburg 1987; Karen David-Sirocko, Georg Gottlob Ungewitter und die malerische Neugotik in Hessen, Hamburg, Hannover und Leipzig, Petersberg 1997, S. 34–38.

Manfred F. Fischer

BÜLOW, *Bernhard* Heinrich Martin Graf (seit 1899), Fürst (seit 1905) von, geb. 3. 5. 1849 Klein Flottbek, gest. 28.10. 1929 Rom; luth.; Diplomat, Reichskanzler.

Während seiner Amtszeit als deutscher Reichskanzler von 1900 bis 1909 erwies sich der charismatische Bernhard von Bülow als klassischer Vertreter des wilhelminischen Imperialismus. Innenpoli-

Bernhard von Bülow

tisch stützte er sich auf den »Bülow-Block«, ein breit angelegtes konservatives Bündnis. Die Ära Bülow war außenpolitisch gekennzeichnet von einer zunehmenden Verschlechterung der Beziehungen zwischen Deutschland und seinen Nachbarn. Unter Bülow, der noch als Staatssekretär des Äußeren 1897 in einer Rede für das Reich den viel zitierten »Platz an der Sonne« gefordert hatte, erfuhr die Flottenrüstung einen besonders starken Ausbau. Nicht zuletzt durch seine konzeptionslose »Politik der freien Hand« blieb Deutschland ein fester Bündnispartner versagt, die politischen Eliten sahen sich stattdessen in Europa »eingekreist«. Zwar kann Bülow die Bemühung um friedliche Beziehungen zu den Nachbarn, namentlich zu England, nicht abgesprochen werden, doch blieb er als Staatsmann trotz guter internationaler Reputation letztlich erfolglos. Obwohl er im Umgang mit dem sprunghaften Kaiser Wilhelm II. gewandt bis zur Servilität war, scheiterte er schließlich nicht zuletzt am »persönlichen Regiment« des Monarchen.

Bülow trat im Zusammenhang mit dem Scheitern einer Reichsfinanzreform zurück, doch der eigentliche Anlass für seinen Amtsverzicht war die massive Kritik, der er sich nach der »Daily-Telegraph-Affäre« ausgesetzt sah. Er zog sich ins Privatleben zurück und pendelte zwischen seinen Wohnsitzen in Rom und Klein Flottbek. In seiner eleganten, östlich von Teufelsbrück gelegenen »Elbparkvilla« empfing er jahrelang Gäste zu politischen Gesprächen, darunter Politiker, Wirtschaftsexperten und Journalisten. Zu seinen Vertrauten gehörten Albert Ballin, der Journalist Felix von Eckardt, der Historiker Hermann Oncken, der Publizist Theodor Wolff und der Theologe Adolf von Harnack. Am Gesellschaftsleben des benachbarten Hamburg beteiligte er sich rege. Gelegentlich schrieb Bülow politische Aufsätze für Tageszeitungen, darunter im August 1914 einen patriotischen Aufruf, der im »Hamburger Fremdenblatt« erschien. Ansonsten hielt er sich mit öffentlichen politischen Äußerungen weitgehend zurück. Auf die politische Bühne kehrte er 1914/15 als Sonderbotschafter zurück, um – letztlich ohne Erfolg – den Kriegseintritt Italiens an der Seite der Alliierten zu verhindern.

1929 erschienen Bülows vierbändige »Denkwürdigkeiten«, die einen handfesten Skandal auslösten. Zuvor einhellig als hoch gebildeter, gewandter Schöngeist geschätzt, überzog er etliche politische Gegner und Weggefährten mit überraschend ätzender Kritik. Offenkundig um die Rechtfertigung der eigenen politischen Arbeit bemüht und durch die jahrelange aufgezwungene Untätigkeit verbittert, lieferte der Verfasser in Teilen ein Zerrbild der tatsächlichen Ereignisse. Wegen seiner einseitigen Darstellungsweise und mehrerer inhaltlicher Unrichtigkeiten gilt das Werk als historische Quelle bis heute als höchst fragwürdig. Zeitgenossen verurteilten aber auch Bülows Kritik an den Versäumnissen deutscher Spitzenpolitiker im Sommer 1914, die als »unpatriotisch« abgetan wurde. Insgesamt schadete die Publikation seinem Ansehen erheblich, und der ehemalige Reichskanzler, der in Artikeln zu seinem 80. Geburtstag und in den im selben Jahr erschienenen Nachrufen noch ausführlich gewürdigt worden war, geriet schnell in Vergessenheit. Dabei wird oft übersehen, dass sich Bülow in den »Denkwürdigkeiten« auch als scharfsinniger und geistreicher Beobachter sowie als hervorragender Stilist erweist. Das gilt beispielsweise für seine ausführlichen genealogischen Betrachtungen zur eigenen Familiengeschichte. Bülow, in direkter Linie mit den Hamburger Familien Jenisch, Baudissin und Rücker verwandt, liefert im vierten Band seiner Memoiren kenntnisreiche und sehr unterhaltsame Beschreibungen des Flottbeker Großbürgertums um die Mitte des 19. Jahrhunderts, die vielfach Eingang in die Literatur zu den heutigen Elbvororten gefunden haben. Der in Klein Flottbek geborene und in der Nienstedtener Kirche getaufte Bülow verbrachte seine Kindheit und Jugend als Sohn des unter anderem im dänischen und mecklenburgischen Staatsdienst stehenden Gesandten Bernhard Ernst von Bülow (1815 bis 1879) an wechselnden Orten, darunter – neben Klein Flottbek – auch in Neustrelitz und Frankfurt am Main. Gleichwohl brachte er in zahlreichen Zeugnissen immer wieder seine besondere Verbundenheit mit seinem Geburtsort und mit der Stadt Hamburg zum Ausdruck. Mit Verfügung vom 10. Mai 1929 vermachte Bülow der Staats- und Universitätsbibliothek seine 10 000 Bände umfassende Bibliothek mit der Vorgabe, die Bücher in einem »besonderen und würdigen Raum« auszustellen. Die exzellente Sammlung vor allem historisch-politischer und rechtswissenschaftlicher Werke, deren Grundstock bereits von Bülows Vater gelegt worden war, wurde im Zweiten Weltkrieg bei Luftangriffen vernichtet.

Bernhard von Bülow wurde auf dem Nienstedtener Friedhof neben seiner Frau Marie, geborene Prinzessin di Camporeale, geschiedene Gräfin Dönhoff (1848–1929), beigesetzt, mit der er seit 1886 in kinderloser Ehe verheiratet war und die er nur um neun Monate überlebte. Die Erben verkauften das Gelände der östlich von Teufelsbrück gelegenen Bülowschen Elbparkvilla an die Stadt Altona. Das große Haus an der Elbchaussee wurde abgebrochen, das steil abfallende Gelände parzelliert. Die dort abgeteilte Grünanlage erhielt 1932 zunächst den Namen Bülow-Park; 1934 wurde sie in Hindenburg-Park umbenannt. Bereits 1909 war die Bülowstraße in Ottensen nach dem einstigen Reichskanzler benannt worden.

WERKE Deutsche Politik [kommentierter Text der Ausgabe Berlin 1916], hg. und eingeleitet von Peter Winzen, Bonn u. a. 1992 [Literaturverzeichnis S. 595–602]; Denkwürdigkeiten, 4 Bde., Berlin 1930/31.

LITERATUR NDB 2; Gerd Fesser, Reichskanzler Bernhard Fürst von Bülow. Eine Biographie, Berlin 1991; Paul Theodor Hoffmann, Die Elbchaussee. Ihre Landsitze, Menschen und Schicksale, 7. Aufl. Hamburg 1966; Matthias Schmoock, Der umstrittene Kanzler. Vor 65 Jahren. Bernhard Fürst von Bülow wird in Nienstedten zu Grabe getragen, in: Hamburger Abendblatt vom 14. 11. 1994, S. 11; Theodor Wolff, Die Wilhelminische Epoche. Fürst Bülow am Fenster und andere Begegnungen, hg. und eingeleitet von Bernd Sösemann, Frankfurt a. M. 1989.

Matthias Schmoock

BÜRGER, Marie Christiane Elisabeth *(Elise)*, geb. Hahn, geb. 17. 11. 1769 Stuttgart, gest. 24. 12. 1833 Frankfurt am Main; luth.; Schauspielerin, Schriftstellerin.

Elise Bürger war die dritte Ehefrau des berühmten Dichters Gottfried August Bürger. Sie heiratete den Schriftsteller im Oktober 1790 unter romanhaften Begleitumständen: Aus einem Spaß unter Freundinnen war ein an ihn gerichtetes Gedicht Elises hervorgegangen, das den »Dichter Bürger« aufforderte, die als »Schwabenmädchen« titulierte Verfasserin zu ehelichen. Bürger nahm sie beim Wort, doch schon 1792 wurde die unglückliche Ehe geschieden.

Nach der Trennung lebte das »Schwabenmädchen« als Elise Bürger in Hannover, Braunschweig und Leipzig. Im September 1796 siedelte sie nach Altona über und debütierte am 6. Oktober 1796 als Schauspielerin am Altonaer Nationaltheater, unterstützt von der damals berühmten Aktrice Sophie Albrecht. Fast drei Jahre lang, bis zum September 1799, prägte sie als Schauspielerin die kurze Glanzzeit dieser Bühne. Zu ihren Förderern zählte der Altonaer Publizist und Verleger Joachim Lorenz Evers, der das von ihr verfasste Schauspiel »Adelheit, Gräfinn von Teck« (1799) in der von ihm geleiteten Altonaer Verlagsgesellschaft veröffentlichte. Als Evers selbst 1800 die Direktion des Theaters in Altona übernahm, bevorzugte er Elise Bürger.

1802 reiste die Künstlerin nach Weimar und Jena, bevor sie von 1802 bis 1805 bei der Hofschauspielergesellschaft in Dresden wirkte. Im Sommer 1823 lebte sie wieder in Hamburg und Altona, wo sie Mitglied der Lyserschen Schauspielergesellschaft war. In ihrem Buch »Gedichte von Elise Bürger geb. Hahn«, das 1812 in Hamburg erschien, dankt sie auch ihren Hamburger und Altonaer Freunden und Förderern. Anschließend reiste sie als beliebte Deklamatorin durch Deutschland, bevor sie sich 1820 endgültig in Frankfurt niederließ.

WERKE Schriftenverzeichnis in: Elise Bürger, Die antike Statue aus Florenz. Scherzspiel aus den im Besitze der Frankfurter Stadtbibliothek befindlichen unveröffentlichten Elise-Bürger-Manuskripten, Frankfurt a. M. 1929, S. 31–34.

LITERATUR Lübker/Schröder 3; Killy 2; Friedrich W[ilhelm] Ebeling, Gottfried August Bürger und Elise

Hahn. Ein Ehe-, Kunst- und Literaturleben, Leipzig 1868; Karl Schiefer, Elise Bürger. Ein Beitrag zur deutschen Literatur- und Theatergeschichte, Phil. Diss. Frankfurt a. M. 1921; Bürgers Liebe. Dokumente zu Elise Hahns und Gottfried August Bürgers unglücklichem Versuch, eine Ehe zu führen, neu hg. und mit einem Nachwort von Hermann Kinder, Göttingen 1999. *Hans-Werner Engels*

BUGENHAGEN, Johannes (auch Dr. Pommer, Pomeranus), geb. 24. 6. 1485 Wollin, gest. 20. 4. 1558 Wittenberg; luth.; Lehrer, Theologe, Reformator.

Obwohl Johannes Bugenhagen nur wenige Monate seines Lebens in Hamburg weilte, hat er durch die Organisation der reformatorischen Kirche und des Schulwesens in der Stadt doch Jahrhunderte während Spuren hinterlassen.

Geboren wurde er im pommerschen Wollin als eines von drei Kindern des Ratsherrn Gerhard Bugenhagen. Nach einem Artes-Studium in Greifswald von 1502 bis 1504 wurde er Rektor der Stadtschule in Treptow. 1509 erhielt er die Priesterweihe, obgleich er noch nicht Theologie studiert hatte, und wurde Vikar im Kanonikerkolleg der Treptower Marienkirche. Bugenhagens exegetische Interessen veranlassten 1517 den Abt des Klosters Belbuck, Johann Boldewan, ihm das neu eingerichtete biblische Lektorat im Kloster zu übertragen. Hatte sich Bugenhagen bereits in seiner Zeit als Rektor mit humanistischen Schriften auseinander gesetzt, so bildete sich nun um ihn und Boldewan ein Kreis humanistisch gesinnter Geistlicher des Marienkollegiums und der Mönche des Klosters. Die Verbindung von Humanismus und Kirchenkritik stimmte Bugenhagen zunächst noch skeptisch gegenüber den reformatorischen Ideen, doch um 1520/21 begann er, sich für Luthers Schriften zu interessieren, und immatrikulierte sich daraufhin an der Wittenberger Universität, wo er selbst auch biblische Vorlesungen hielt, nachdem seine Psalterauslegungen im Hause Philipp Melanchthons, bei dem er wohnte, großen Anklang gefunden hatten. Seit 1523 amtierte er als Wittenberger Stadtpfarrer. Erst 1533 wurde er zum Doktor der Theologie promoviert. Die vierte theologische Professur wurde ihm 1536 qua Stadtpfarramt zugewiesen. Sein persönliches Verhältnis zu Luther fand seinen Niederschlag nicht nur in der Mitarbeit an der Bibelübersetzung,

Johannes Bugenhagen

sondern auch darin, dass er sein Seelsorger war, seine Leichenrede hielt und sich nach Luthers Tod dessen Frau und Kinder annahm.

Von Hamburger Bürgern wurde Bugenhagen 1524 zum Nachfolger des an St. Nikolai zurückgetretenen Henning Kissenbrügge gewählt. Da der Rat nicht hinter der Wahl stand, lehnte auch Bugenhagen ab, nahm aber mit seinem Sendbrief »Von dem Christenglauben und rechten guten Werken« (1526) auf den weiteren Gang der Reformation in Hamburg Einfluss. Er unterstützte die Gemeinde insbesondere in ihren Auseinandersetzungen mit der altgläubigen Seite, wobei er nicht selten polemisierte und vereinfachte. So unterstellte er den Hamburger Katholiken pauschal eine stark der Volksfrömmigkeit des späten Mittelalters ähnelnde Glaubenspraxis und verkannte völlig die kirchenkritischen Ansätze des bereits verstorbenen Domlektors Albert Krantz und des Dominikaners Augustin von Getelen, der etwa Bibelexegese für wichtiger hielt als Patristenlektüre.

Erst nach der letzten Disputation über die Glaubenslehren am 28. April 1528, in der die evangelischen Prediger auch den Rat auf ihre Seite hatten ziehen können, kam Bugenhagen auf erneute Aufforderung am 9. Oktober nach Hamburg, um dort zu predigen und eine neue Kirchenordnung zu formulieren. Er blieb bis Juni 1529 und hat in dieser Zeit mit den Reformen im Schulwesen, im Gottesdienst und im Armenwesen begonnen sowie am Langen Rezess, der vor allem die politische Mitsprache der Bürgerschaft regelte, mitgewirkt. Das

B

BUGENHAGEN, Johannes

Hamburger Schulwesen wurde seinen Vorstellungen entsprechend unter kirchliche Mitaufsicht gestellt, im verlassenen Dominikanerkloster wurde das Johanneum, eine Lateinschule, eingerichtet, und die Nikolaischule wurde in eine deutsche Schreibschule umgewandelt; ferner hinterließ Bugenhagen Pläne für ein Lektorium und eine Bibliothek. Ein Superintendent sollte die Oberaufsicht über die Geistlichkeit erhalten und anstelle des ehemaligen Domlektors theologische Vorlesungen halten. Pastoren sollten durch Kirchspielsherren und Diakone gewählt werden, und die Predigt wurde in den Mittelpunkt des Gottesdienstes gestellt. Im Bereich des Armenwesens führte die Kirchenordnung eine im August 1527 mit der Einrichtung der ersten »gemeinen Kiste« an St. Nikolai begonnene Entwicklung fort. Die Almosen der vier Kirchspiele wurden in einem Hauptkasten zusammengefasst und durch das Kapital der Hospitäler, Brüderschaften, fürstlicher und adliger Lehen sowie durch Testamente und milde Stiftungen ergänzt. Die Kirchenordnung wurde schließlich auch im Langen Rezess verfassungsmäßig verankert. Beide Dokumente enthalten zum Teil identische Passagen, was auf ihre parallele Entstehung und auf den teilweise gemeinsamen Berater- und Mitarbeiterstab hinweist. Ebenfalls in beiden Reformwerken festgelegt wurden die Zuständigkeiten der aus den Gotteskastenverwaltern hervorgegangenen bürgerlichen Kollegien, die einerseits Organ der evangelischen Gemeindefürsorge, andererseits politische Bürgervertretung waren. Bugenhagens Aufenthalt löste bei manchem Altgläubigen Unbehagen aus: So hieß es, er habe im Haus des Domlektors Barthold Moller, bei dem er wohnte, zusammen mit einigen Ratsherren und Bürgern an einem Freitag offenbar demonstrativ Fleisch (Reh und Ochse) gegessen; zudem habe er an Pfingsten mit seiner Frau einen Sohn gezeugt, der allerdings einige Monate später als Totgeburt zur Welt gekommen sei (vgl. Hamburgische Chroniken in niedersächsischer Sprache, Hamburg 1861, S. 559–561). Durch den Bruch sowohl des Fasten- als auch des Keuschheitsgebots setzte er sogleich reformatorische Grundsätze in die Tat um.

Bugenhagens Werk umfasst historische und exegetische Schriften, Übersetzungen und Kirchenordnungen. Im Auftrag des Herzogs Bogislav X. von Pommern bereiste er ab Sommer 1517 Archive und sammelte Urkunden und Chroniken zur Geschichte des Landes. Das Material, das für Georg Spalatins historisch-genealogische Arbeiten bestimmt war, fasste er in den »Pomerania« zusammen. Neben Bibelkommentaren fertigte Bugenhagen Übersetzungen an; seine ins Niederdeutsche übertragene Bibelübersetzung ist sogar noch vor der hochdeutschen Fassung erschienen. Weite Verbreitung fand auch ein Passional, eine Zusammenstellung der Leidens- und Auferstehungsgeschichte aus den vier Evangelien. Schließlich war er der Verfasser von Kirchenordnungen für Braunschweig (1528), Hamburg (1529), Lübeck (1531), Pommern (1534), Dänemark (1537, dort zugleich Krönung Friedrichs), Schleswig-Holstein (1542), das Herzogtum Braunschweig (1543) und Hildesheim (1544). Kennzeichnend für den Bugenhagenschen Typ der Kirchenordnung ist die Einheit von theologischer Begründung und kirchenrechtlicher Folgerung.

Bugenhagen war seit 1522 mit Walpurga (Familienname unbekannt) verheiratet, mit der er einen Sohn und drei Töchter hatte, die alle das Erwachsenenalter erreichten. Er starb 1558 in Wittenberg, wo in der Stadtkirche sein Grabstein zu finden ist. Sein Nachruhm gründet sich auf seine Tätigkeit als Organisator des reformatorischen Kirchen- und Schulwesens Norddeutschlands und Skandinaviens. Während die Hamburger Reformationsfeiern das Gedächtnis an Martin Luther und Stephan Kempe wach hielten, setzte erst im 19. Jahrhundert eine Art Bugenhagen-Kult ein: Anlässlich seines 400. Geburtstags fanden 1885 in der Gelehrtenschule des Johanneums, als dessen Begründer er gilt, große Feierlichkeiten statt. Gedächtnismedaillen wurden geprägt, und ein von Engelbert Peiffer geschaffenes Denkmal wurde aufgestellt, das 1914 zum Neubau des Johanneums in Winterhude transferiert wurde, wo es heute noch steht. Ende der 1920er Jahre erhielt eine von Emil Heynen für den Schleidenplatz (heute Biedermannplatz) in Barmbek-Süd entworfene Backsteinkirche den Namen Bugenhagens. In der Altstadt erinnert seit 1909 die Bugenhagenstraße an den Reformator.

WERKE Schriftenverzeichnisse in: Georg Geisenhof, Bibliotheca Bugenhagiana. Bibliographie der Druckschriften des Dr. Johannes Bugenhagen, Leipzig 1908 (Bugenhagiana 1 = Quellen und Darstellungen aus der Geschichte des Reformationsjahrhunderts 6) [Nachdruck Nieuwkoop 1963] sowie: Helmut Claus, Johann Bugenhagen. 1485–1558. Bestandsverzeichnis der Drucke und Handschriften, Gotha 1962 (Veröffentlichungen der Landesbibliothek Gotha 9); Der Ehrbaren Stadt Hamburg Christliche Ordnung 1529/De Ordeninge Pomerani, hg. von Hans Wenn, 2. Aufl. Hamburg 1991 (Arbeiten zur Kirchengeschichte Hamburgs 13).

LITERATUR ADB 3; NDB 3; LhS 1; RGG (4. Aufl.) 1; TRE 7; Lexikon für Theologie und Kirche, hg. von Walter Kasper, 2., völlig neu bearb. Aufl., Bd. 2, Freiburg i. Br. u. a. 1994; Eike Wolgast, Johann Bugenhagens Beziehungen zur Politik nach Luthers Tod, in: Hans Rothe (Hg.), Gedenkschrift für Reinhold Olesch, Köln 1990 (Mitteldeutsche Forschungen 100), S. 115–138; Anneliese Bieber, Johannes Bugenhagen zwischen Reform und Reformation. Die Entwicklung seiner frühen Theologie anhand des Matthäuskommentars und der Passions- und Auferstehungsharmonie, Göttingen 1993 (Forschungen zur Kirchen- und Dogmengeschichte 51); Ralf Kötter, Johannes Bugenhagens Rechtfertigungslehre und der römische Katholizismus. Studien zum Sendbrief an die Hamburger (1525), Göttingen 1994 (Forschungen zur Kirchen- und Dogmengeschichte 59); Volker Gummelt, Lex et Evangelium. Untersuchungen zur Jesajavorlesung von Johannes Bugenhagen, Berlin u. a. 1994 (Arbeiten zur Kirchengeschichte 62).

Susanne Rau

Heinrich Burchard

BURCHARD, Johann *Heinrich*, geb. 26. 7. 1852 Bremen, gest. 6. 9. 1912 Hamburg; luth.; Bürgermeister.

Heinrich Burchard repräsentierte Hamburg als Bürgermeister in der wilhelminischen Ära. Sein Vater, der Kaufmann Friedrich Wilhelm Burchard, war 1853, ein Jahr nach der Geburt des Sohnes, mit seiner Familie von Bremen nach Hamburg gezogen; er wurde zunächst Partner seines Schwiegervaters Johann Heinrich Gossler in Firma Joh. Berenberg, Gossler & Co. und machte sich 1864 unter eigenem Namen selbstständig. Heinrich Burchard besuchte das Johanneum. Als Primaner nahm er 1870/71 freiwillig mit den Wandsbeker Husaren am Krieg gegen Frankreich teil. Nach dem Abitur studierte er Jura in Leipzig, Heidelberg und Göttingen, 1874 wurde er promoviert. Im Jahr darauf legte er vor dem Oberappellationsgericht in Lübeck das Staatsexamen ab. Bevor er sich in Hamburg als Anwalt etablierte, reiste er mehrere Monate durch England, um die dort für Handel und Schifffahrt geltende Rechtspraxis kennen zu lernen. Von 1879 bis 1885 war Burchard Vorstandsmitglied der Hanseatischen Anwaltskammer. 1884 wurde er Bürger-

schaftsmitglied, 1885, im Alter von 32 Jahren, Senator.

Als Senator war Burchard seit 1887 Zweiter, seit 1899 Erster Bevollmächtigter Hamburgs zum Bundesrat. Ebenfalls 1899 wurde er Vorsitzender der Senatskommission für die Reichs- und auswärtigen Angelegenheiten. 1902 erfolgte seine Wahl zum Bürgermeister. Burchard war Hamburgs Vertreter vor Kaiser und Reich. Er repräsentierte Hamburg – und häufig auch die Schwesterstädte Lübeck und Bremen – gegenüber den anderen Bundesstaaten und ihren Fürsten. Er verhandelte mit den in der Stadt akkreditierten Diplomaten und Konsuln fremder Mächte; er empfing prominente Gäste bei ihrem Aufenthalt in Hamburg. Nach dem Urteil der Mehrheit seiner Zeitgenossen, auch in der Arbeiterschaft, war Burchard ein vorzüglicher Repräsentant. Er war groß und schlank, besaß ein ausdrucksvolles Gesicht, war elegant, gepflegt, verbindlich und weltmännisch. Englisch und Französisch beherrschte er fließend. Seit 1877 war er mit Emily Amsinck verheiratet, einer Tochter von Wilhelm Amsinck in Firma Johannes Schuback & Söhne. Sie trug dazu bei, dass sein Haus – im Winter in der Klopstockstraße, der heutigen Warburgstraße, im Sommer in Lokstedt – zu einem Zentrum gesellschaftlichen Lebens wurde.

Dem Kaiser war Burchard freundschaftlich verbunden; eine lebensgroße Marmorbüste Wilhelms II., ein persönliches Geschenk des Monarchen, stand in seinem Arbeitszimmer. Zusammenkünfte fanden relativ häufig statt: in Berlin, in

Hamburg und hier auch bei Burchard zu Hause. Die Treue zum Reich, dessen Konsolidierung er miterlebt hatte, war Burchard selbstverständlich. Im Flottenprogramm von Alfred von Tirpitz sah er keinen Widerspruch zu einem für Hamburg wichtigen guten Verhältnis zu England. Einen Übertritt in Reichsdienste jedoch, der wohl zweimal im Bereich des Möglichen gelegen hatte – 1898 als Direktor der Kolonialabteilung im Auswärtigen Amt, 1909 in der Nachfolge Bernhard von Bülows als Reichskanzler –, lehnte er ab.

Burchards Wurzeln lagen in Hamburg. Hamburg und die Hansestädte waren für ihn Teil des Reiches, Hamburgs Bürgermeister stand gleichberechtigt neben den deutschen Bundesfürsten. Seinen sichtbaren Ausdruck fand diese Haltung in dem Ölgemälde von Frantz Matsch, das sich im Schloss Schönbrunn in Wien befindet: Die deutschen Bundesfürsten mit Kaiser Wilhelm II. an der Spitze gratulieren Kaiser Franz Joseph II. von Österreich zum 60-jährigen Regierungsjubiläum im Jahr 1908. Alle tragen ordensgeschmückte bunte Uniformen; Burchard als Vertreter der drei Hansestädte präsentiert sich im Ornat eines hamburgischen Bürgermeisters. Burchard liebte den Ornat, er strich seine und damit auch Hamburgs Bedeutung heraus. Das mussten auch Burchards Kritiker anerkennen, die von »Heinrich dem Prächtigen« sprachen. Standen die Hansestädte, stand Hamburg gleichberechtigt neben den deutschen Bundesstaaten, so standen die Bürger gleichberechtigt neben dem Adel. Als Burchard 1905 aus Berlin die Nachricht erhielt, der Kaiser habe geruht, Herrn Rudolph Schröder in den erblichen Freiherrnstand zu erheben, kommentierte er diese Nachricht mit den Worten: Seine Majestät könne zwar einem Hamburger den Adel verleihen; in den Adelsstand erheben aber könne er ihn nicht; denn »ein Hamburger Kaufmann kann überhaupt nicht erhoben werden«.

Obwohl selbst in jeder Beziehung aristokratisch, lehnte Burchard die Wahlrechtsvorlage von 1905, die zur Niederhaltung der SPD ein nach Einkommen gestaffeltes Klassenwahlrecht vorsah, ab.

Burchard war musikalisch, er liebte die Hausmusik. Er war ein Freund klassischer Dichtung. Die Gedichte, die er verfasst hat, verraten den gebildeten Dilettanten. Als Präses der Kommission für die Verwaltung der Kunsthalle (1888–1912) unterstütz-

te er die Bestrebungen Alfred Lichtwarks. Neben seinen amtlichen Aufgaben engagierte sich Burchard, geprägt durch ein orthodox-kirchliches Elternhaus, von 1893 bis zu seinem Tode als Präses des Kirchenrats und der Synode, wobei ihm die bittere Enttäuschung nicht erspart blieb, dass der liberale Wilhelm Heydorn 1912 zum Hauptpastor an St. Katharinen gewählt wurde. Die Universität Berlin verlieh Burchard 1910 die theologische Ehrendoktorwürde. Die Einweihung der 1906 durch Feuer zerstörten und wiederaufgebauten Michaeliskirche am 19. Oktober 1912 hat Burchard nicht mehr erlebt. Er war Präses der Senats- und Bürgerschaftskommission für den Wiederaufbau gewesen; an der Nordseite der Kirchenfassade befindet sich seine Büste.

Burchards Beerdigung – im Film festgehalten – war fürstlich, und fürstlich ist auch sein Grab auf dem Ohlsdorfer Friedhof. Hauptpastor Wilhelm Hunzinger sprach in seiner Leichenrede wiederholt von dem »königlichen Bürgermeister«. Kritik kam nach 1918 von dem Historiker Ernst Baasch, der die »Anpassung an monarchische Formen und Allüren« und die Sucht, sich als »Landesvater« und »Staatsoberhaupt« feiern zu lassen, geißelte.

Seit 1912 erinnert der Burchardkai auf Waltershof, seit 1916 der Burchardplatz in der Altstadt und seit 1916 bzw. 1929 die ebenfalls in der Altstadt gelegene Burchardstraße an diesen Bürgermeister der wilhelminischen Ära. Eine Fruchtschale, von Johann Heinrich Burchard 1900 gestiftet, gehört zum Silberschatz des Senats. Burchards Porträt, von Max Liebermann gemalt, befindet sich in der Hamburger Kunsthalle.

LITERATUR DG 18, 127 und 210; NDB 3; Adolf Buehl, Aus der alten Ratsstube. Erinnerungen 1905–1918, bearb. von Hans-Dieter Loose, Hamburg 1973 (Vorträge und Aufsätze, hg. vom Verein für Hamburgische Geschichte, 19); Heinrich Merck, Begegnungen und Begebnisse, Hamburg 1958; Gertrud Kolm, Die Bürgermeister. Fünf Führer Hamburgs zu Einheit und Reich, Hamburg 1931; Susanne Wiborg, Wo er steht, ist Hamburg. Unbekannte Geschichten bekannter Hanseaten, Hamburg 1992, S. 7–18.

Renate Hauschild-Thiessen

BUSCH, *Wilhelm M*(artin), geb. 1. 9. 1908 Breslau, gest. 7. 7. 1987 Hamburg; luth.; Buchillustrator, Pressezeichner, Fachhochschullehrer.

Wilhelm M. Busch hat zahlreiche Texte der Weltliteratur in Zusammenarbeit mit bedeutenden Verlagen, darunter Rowohlt und Bertelsmann, illustriert. Nach einer 1926 begonnenen Dekorationsmalerlehre und dem Besuch der Breslauer Kunstgewerbeschule vervollkommnete er sein zeichnerisches Können ab 1929 durch das Studium an den Vereinigten Staatsschulen für Freie und Angewandte Kunst in Berlin. Ab 1932 wurde er als Pressezeichner beschäftigt und begann 1934 seine umfangreiche Tätigkeit als Buchillustrator. Aus der 1936 geschlossenen Ehe mit Brigitte Borchert gingen drei Kinder hervor. Busch kam 1952 nach Hamburg und war von 1954 bis 1986 Lehrer für Naturstudium und Illustration an der heutigen Hochschule für angewandte Wissenschaften, Fachbereich Gestaltung. Er erhielt 1976 den Edwin-Scharff-Preis der Freien und Hansestadt Hamburg; 1984 wurde ihm die akademische Bezeichnung »Professor« verliehen. Sein Nachlass befindet sich im W. M. Busch Archiv e. V. in Hamburg.

Wilhelm M. Busch

LITERATUR Lexikon des gesamten Buchwesens, hg. von Severin Corsten, Bd. 2, 2., völlig neubearb. Aufl. Stuttgart 1989; Wilhelm M. Busch. Werkkatalog der illustrierten Bücher 1934–1983, Memmingen 1983 (Künstlermonographien 4); Bernd Küster, Wilhelm M. Busch. Kunst und Illustration, Marburg 1990.

Horst Gronemeyer

CAMPE, Elisabeth

CAMPE, Elisabeth, geb. Hoffmann, geb.
12. 6. 1786 Hamburg, gest. 27. 2. 1873 ebd.; luth.;
Biographin, Verlegertochter und -ehefrau.

Hoffmann und Campe – diese beiden Namen trägt
ein Hamburger Verlag bis zum heutigen Tage, und
der Anlass für die Fusion war Elisabeth, Tochter
von Benjamin Gottlob Hoffmann und seit 1806
Ehefrau von August Campe, beide Verleger und
Buchhändler. Elisabeth Campes eigenständige Bedeutung für die Verlagsgeschichte liegt jedoch auf
einem anderen Gebiet, auf dem der Autorschaft.
Mit dem im Juli 1814 auf Wunsch der Autorin anonym erschienenen Band »Hamburgs außerordentliche Begebenheiten und Schicksale in den Jahren 1813 und 1814« nahm der Verlag ihres Vaters
seine Arbeit nach dem endgültigen Abzug der Franzosen aus Hamburg wieder auf. Auf inständiges
Bitten und Drängen von Vater und Ehemann hatte
Elisabeth Campe der Veröffentlichung ihrer Briefe
an Johann Nicolas Böhl von Faber aus der Zeit der
zweiten französischen Besatzung zugestimmt.

Aber nicht nur als Chronistin der Franzosenzeit
trat Elisabeth Campe hervor. Als 1813 die Bürgergarde gegründet wurde, weil man eine Rückkehr der
eben abgezogenen Franzosen fürchtete, stickte Elisabeth Campe zusammen mit Freundinnen eine
Fahne, die nach der Übergabe an die Bürgergarde
unter Anwesenheit der Frauen in der Michaeliskirche geweiht wurde. Zudem gründeten die Frauen
einen Verein, der sich zur Aufgabe machte, die
kämpfenden Männer zu unterstützen. Als dazu keine Notwendigkeit mehr bestand, löste sich der Verein nicht auf, sondern die Frauen gründeten eine
Schule für die Ausbildung armer Mädchen zu
Dienstboten, in der Elisabeth Campe als Pflegerin
tätig war und unterrichtete. 1818 hatte das kinderlose Ehepaar Campe die siebenjährige Nichte Elise
Friederike Reclam als Pflegekind bei sich aufgenommen.

Später hielt Elisabeth Campe Johann Nicolas
Böhl von Faber, den erfolgreichen Kaufmann, Kenner der spanischen Poesie und mittelhochdeutschen Literatur, Herausgeber einer Liedersamm-
lung aus »Des Knaben Wunderhorn« und Vorbild
des Johannes in Joachim Heinrich Campes Roman
»Robinson der Jüngere«, in einer 1858 veröffentlichten biografischen Skizze fest. Vorausgegangen
waren 1847 ein Lebensbild von Friedrich Ludwig

Wilhelm Meyer, dem Biografen des großen Thea-
termannes Friedrich Ludwig Schröder, sowie 1855
ein Porträt des Dichters Johann Diederich Gries, der
vor allem als Übersetzer von Tasso und Calderon
bekannt geworden ist. Alle drei Männer gehörten
zu dem großen literarisch interessierten Freundeskreis, dessen Mittelpunkt die gebildete und ge-
wandte Elisabeth Campe war. Der Beweggrund für
ihre Arbeiten war immer derselbe: Sie wollte die
Freunde in ihrer wahren Persönlichkeit darstellen
und sie zugleich vor dem Vergessen retten.

Werke Zur Erinnerung an F. L. W. Meyer, den Biographen Schröders, Lebensskizze nebst Briefen von Bürger,
Forster, Göckingk, Gotter, Herder, Heyne, Schröder u. A.,
2 Theile, Braunschweig 1847; Aus dem Leben von Johann
Diederich Gries, nach seinen eigenen und den Briefen seiner Zeitgenossen, Leipzig 1855; Versuch einer Lebensskizze von Johann Nikolas Böhl von Faber, nach seinen eigenen
Briefen (als Handschrift) gedruckt, Leipzig 1858.

Literatur Bake/Reimers, S. 185–188; C[arl] Mönckeberg, Frau Elisabeth Campe, geb. Hoffmann, in: ZHG 6
(1875), S. 428–449.   *Brita Reimers*

CAMPE, Johann *Julius* Wilhelm, geb.
18./19. 2. 1792 Deensen bei Holzminden, gest.
14. 11. 1867 Hamburg; luth.; Buchhändler, Verleger.

Der Sohn des Justitiars und Advokaten Friedrich
Heinrich Campe (1744–96) ging vermutlich auf An-
raten seines Onkels, des Pädagogen und Verlegers
Joachim Heinrich Campe, im Alter von 13 Jahren
nach Hamburg. Hier trat er als Lehrling in die
Buchhandlung seines Halbbruders August Campe
(1777–1836) ein, der ab 1810 den Zusammenschluss
des Geschäfts seines Schwiegervaters Benjamin
Gottlob Hoffmann mit dem eigenen zur Firma
Hoffmann und Campe betrieb. Im Jahr darauf hatte Julius ausgelernt und wurde Gehilfe der Maurer-
schen Buchhandlung in Berlin. 1813 schloss er sich
den Lützower Jägern an und blieb trotz schwerer
Verwundung bis zum Ende der Befreiungskriege
Soldat in preußischen und braunschweigischen
Diensten. Seine anschließende Tätigkeit als Buchhändler führte ihn auch wieder nach Hamburg zu
seinem alten Lehrherrn. Von einer 1821 unternommenen Italienreise zurückgekehrt, arbeitete er für
seinen Halbbruder Friedrich Campe (1777–1846) in
dessen Nürnberger Buchhaus, bevor er schließlich
1823 in Hamburg den Verlag Hoffmann und Campe
übernahm.

Julius Campe

In der Zeit der durch Umstellung von Tausch- auf Kommissionshandel erfolgreichen Neuorganisation des deutschen Buchhandels gelang Campe ein guter Start, Sortiments- und Verlagsgeschäft florierten. Im Winter 1825/26 lernte er in seiner Buchhandlung an der Neuen Burg Heinrich Heine kennen, gewann ihn als Autor und blieb ihm trotz aller teils massiven und anhaltenden vertraglichen Auseinandersetzungen als Verleger und Freund verbunden. Mit Heines zweitem Teil der »Harzreise« (1827) feierten beide ihren ersten Erfolg in ganz Deutschland. Seit 1829 veröffentlichte auf Empfehlung Heines auch Ludwig Börne im Hoffmann und Campe Verlag. Campes Grundsatz wurde die Förderung junger Schriftsteller, und bald verlegte er mit Karl Gutzkow und Ludolf Wienbarg die Protagonisten des Jungen Deutschland.

Mit dem Druck oppositioneller Literatur hatte der Verlag eine Richtung eingeschlagen, die ihn unweigerlich auch in das Visier der Zensur geraten ließ. 1835 waren alle Schriften des Jungen Deutschland in Preußen verboten worden; auch viele andere Titel aus Campes Programm waren davon betroffen. Doch mit geschickten Strategien, die Zensur zu umgehen, dem Drucken unter falscher oder ohne Verlags- und Namensnennung, der Kombination von unverfänglichen Texten und Autoren mit verbotenen und vor allem durch Zusammenarbeit mit vertrauten Druckern und Buchhändlern sowie dank eines ausgeklügelten Vertriebssystems gelang es Campe immer wieder, auch indizierte Autoren und Inhalte auf den Markt zu bringen. Als seine

beste Ausbildung nannte er die im Schmuggelhandel während der französischen Besetzung Hamburgs als Lehrling gewonnenen Erfahrungen. Auch polizeiliche Vorladungen, Verhöre und Verhaftungen schreckten ihn nicht.

Campe verfolgte das politische Geschehen in Deutschland genau und war sich seiner Wirkung als Verleger kritischer Schriften bewusst. Dennoch ließ er sich als Kaufmann mehr von finanziellen als von politisch-literarischen Überlegungen leiten. Campe suchte zwar qualitativ hochwertige Texte zu veröffentlichen, legte jedoch vor allem Wert auf Popularität und verlegte Bücher nicht ausschließlich um der politischen Wirkung willen. Tatsächlich steigerten viele Verbote die Aufmerksamkeit des Publikums und die Nachfrage nach seinen Büchern. Populär wurde auch das »Lied der Deutschen« von Campes erfolgreichem Autor Hoffmann von Fallersleben, das zuerst 1840/41 in der zweiteiligen Sammlung »Unpolitische Lieder« und am 1. September 1841 als Einzeldruck erschien. Drei Monate später erging im preußischen Hoheitsgebiet ein Generalverbot aller Erzeugnisse des Hoffmann und Campe Verlags. In seiner rhetorisch brillanten Verteidigungsschrift im »Hamburgischen unparteiischen Correspondenten« erklärte Campe: »Daß die moderne Belletristik eine vorzugsweise politische Farbe trägt, liegt an der Zeit, nicht an uns.« Dass er sich gerade Letzterer in seiner kämpferischen Art widmete (»[…] meine Waffe: ein kurzer Säbel und ein langes Herz!«), machte aus dem praktischen, nach Gewinn strebenden Verleger einen Wegbereiter des liberalen Deutschland.

Nach dem Verbot des Jungen Deutschland hatte Campe 1838 mit dem »Telegraph für Deutschland« eine Literaturzeitschrift mit Redaktion im eigenen Hause gegründet, die er bis 1848 herausgab. Der Name des verantwortlichen Redakteurs, Karl Gutzkow, durfte auf preußischen Druck darin nicht mehr erscheinen, doch bis zu seinem endgültigen Bruch mit Campe 1843 bestimmte Gutzkow weiterhin die Ausrichtung der Zeitschrift und durch seine Begutachtung literarischer Manuskripte auch das Verlagsprogramm. 1839 hatte der bei vielen Schriftstellern wegen überharter Kritiken verhasste Gutzkow positiv über Friedrich Hebbel geurteilt, der später neben Heine der – mit Unterbrechungen – erfolgreichste Autor des Verlags wurde.

Im Großen Brand von 1842 wurde das Verlags-

CHEMNITZ, Matthäus Friedrich

haus an der Bohnenstraße zerstört. Campes kranke Frau hatte sich aus dem Gebäude nicht retten lassen wollen, ohne dass nach ihrer Anweisung zunächst ein großer Koffer mit Geschäftspapieren ihres Mannes neben ihrem Bett gefüllt und aus dem schon fast brennenden Haus getragen worden war. Nach verschiedenen Zwischenlösungen fand Campe 1845 seinen Sitz in einem Neubau an der Schauenburger Straße.

Über Campes Privat- und Familienleben ist wenig bekannt. Als er 1832 Magdalene Bühring (1794–1843) geheiratet hatte, nahm er seine 1824 unehelich geborene Tochter Mathilde zu sich. 1835 folgte mit Helene ein zweites Kind, und 1846 bekam seine zweite, ebenfalls aus einfachen Verhältnissen stammende Frau Friedericke Giese (1820–99) den ersehnten Jungen. Als Campe 1865 einen Schlaganfall erlitten hatte, ließ er Julius Campe junior (gestorben 1909) für vorzeitig volljährig erklären und übertrug seinem »natürlichen Nachfolger im Reiche der Bücher« die Firma. Der junge Campe gliederte das Sortimentsgeschäft aus und führte das heute zur Ganske Verlagsgruppe gehörende Unternehmen im Geiste seines Vaters fort.

LITERATUR NDB 3; Carl Brinitzer, Das streitbare Leben des Verlegers Julius Campe, Hamburg 1962; Edda Ziegler, Julius Campe – Der Verleger Heinrich Heines, Hamburg 1976; Gert Ueding, Hoffmann und Campe. Ein deutscher Verlag. In Zusammenarbeit mit Bernd Steinbrink, Hamburg 1981. *Daniel Tilgner*

CHEMNITZ, Matthäus Friedrich, geb. 10. 6. 1815 Barmstedt/Holstein, gest. 15. 3. 1870 Altona; luth.; Jurist, Dichter.

Einen prächtigen Elbblick hat Chemnitz von seinem Denkmal in der Stützmauer der Rainvilleterrasse in Altona. »Dem Dichter des Liedes: Schleswig-Holstein meer-umschlungen, deutscher Sitte hohe Wacht«, lautet die Inschrift, die sein in Muschelkalk gemeißeltes Porträt umgibt. Auf der anderen Seite von Otto Stichlings Denkmalbrunnen aus dem Jahre 1909 ist der Komponist Carl Gottlieb Bellmann zu sehen.

Das fünfte von 14 Kindern eines evangelischen Pastors erblickte als dänischer Untertan das Licht der Welt. Von 1832 bis 1835 besuchte der junge Chemnitz – der seinen Namen im Anlaut nie mit einem »K«, sondern stets mit »Ch« ausgesprochen

Matthäus Friedrich Chemnitz

wissen wollte – das Christianeum in Altona. Anschließend studierte er Jura in Kiel und war ab 1840 als Rechtsanwalt, später als Amtssekretär in Schleswig tätig. Dort engagierte er sich in der Turnerschaft sowie als Tenorsänger der »Liedertafel«.

Um einen sangbaren Ausdruck der nationalen Bestrebungen in Schleswig-Holstein zu erhalten, war damals zur Anfertigung eines »patriotischen« Liedes aufgerufen worden. So entstand der Text »An Schleswig, Holstein« des Berliner Juristen Karl Friedrich Heinrich Straß. Vertont von dessen Freund Bellmann, Organist in Schleswig, sollte das Lied beim dortigen Sängerfest am 24. Juli 1844 zum Vortrag kommen, entsprach mit seinem biederen Text jedoch nicht den damaligen vaterländischen Empfindungen. Da schrieb wenige Tage vor der Veranstaltung der bislang mit Gelegenheitsgedichten hervorgetretene Chemnitz das zuerst »Wanke nicht, mein Vaterland« betitelte Schleswig-Holstein-Lied. Seine Strophen orientieren sich – durch Bellmanns Komposition gebunden – exakt an dem von Straß gewählten Versmaß.

Anders als Straß hatte Chemnitz genau den richtigen Ton getroffen. Auch hatte er die Namen der beiden Landesteile nicht durch ein Komma getrennt gehalten, sondern durch einen Bindestrich verbunden – eine Schreibweise, die ebenso wie das Absingen des Schleswig-Holstein-Liedes auf dem bis 1864 von Kopenhagen regierten Territorium bei Strafe verboten blieb.

In der Zeit der Erhebung gegen Dänemark war

Chemnitz Beamter der 1848 gebildeten Provisorischen Regierung. Nach deren Scheitern musste er 1850 nach Hamburg ausweichen, wo er kurzzeitig bei den »Hamburger Nachrichten« tätig war. 1851 fand er eine Anstellung als Sekretär der Main-Dampfschiffahrtsgesellschaft, später des Polytechnischen Vereins in Würzburg. 1855 heiratete er Maria Catharina, geborene Wittmann, die bereits 1863 starb. Von ihren fünf Kindern wuchsen nur zwei heran. Mit ihnen konnte der Vater 1865 in seine Heimat zurückkehren. Chemnitz wirkte zunächst als Amts- und Klostervogt in Uetersen und ab 1867 als Amtsrichter in Altona; sein Dienstsitz befand sich an der Palmaille. Bis zu diesem Zeitpunkt hatte er die politische Entwicklung stets mit patriotischer Lyrik begleitet, nach der Einverleibung Schleswig-Holsteins durch Preußen aber verstummte er: beredtes Schweigen.

Als Chemnitz 1870 mittellos starb, stellte der Kaufmann J. H. Thorning das Erbbegräbnis seiner Familie auf dem Friedhof Norderreihe als Grabstelle zur Verfügung. Dort steht heute ein Gedenkstein aus dem Jahre 1913. An Chemnitz' Wohnhaus in der Altonaer Wilhelmstraße 75 wurde 1936 eine Gedenktafel angebracht, die eine Schleswig-Holstein symbolisierende Doppeleiche zeigt; ein kahler Ast soll für das zu Dänemark gehörige Nordschleswig stehen. Nach Zerstörung des Hauses 1943 ist die Plakette heute an dessen Nachfolgerbau zu sehen; 1951 wurde die Straße zu Ehren des Dichters und Richters in Chemnitzstraße umbenannt.

WERKE Wanke nicht, mein Vaterland! An Schleswig-Holstein. Nach einem Gedicht von Strass von Matthäus Fr. Chemnitz. Für vierstimmigen Männerchor componirt vom Musikdirector, Cantor C. G. Bellmann in Schleswig, o. O. o. J. [Schleswig 1844]; An Schleswig-Holstein. Aufruf zum Kampf [Melodie der Marseillaise], Altona 1848; Der Polytechnische Verein zu Würzburg in den ersten fünfzig Jahren seines Bestehens. Eine Festgabe zur fünfzigjährigen Stiftungs-Feier, Würzburg 1856.

LITERATUR Alberti (1867); Alberti (1885); Kosch (3. Aufl.), Ergänzungsbd. 2; Adolf Moll, Das Schleswig-Holstein-Lied als Mittelpunkt der Heimatlieder im Befreiungskampf des Landes von dänischer Bedrückung. Eine Würdigung von Wort und Ton, Hamburg 1936; Hans Dössel, Matthäus Friedrich Chemnitz. Dichter des Schleswig-Holstein-Liedes. Festschrift zur 150. Wiederkehr seines Geburtstages, Barmstedt 1965; Nicolaus Detlefsen, Zwei bemerkenswerte Grabstätten auf dem Friedhof Norderreihe in Altona, in: Der Friedhof Norderreihe in Altona. Beiträge zu seiner Geschichte und Gegenwart, Schleswig 1979,

S. 21–26; Schleswig-Holsteins Lied und Farben im Wandel der Zeiten. 150 Jahre Schleswig-Holstein-Lied. Vorträge und Diskussionen eines wissenschaftlichen Symposiums im Landesarchiv Schleswig-Holstein im Prinzenpalais Schleswig, hg. vom Schleswig-Holsteinischen Heimatbund und Landesarchiv Schleswig-Holstein, Schleswig 1995 (Veröffentlichungen des Schleswig-Holsteinischen Landesarchivs 40). *Kai-Uwe Scholz*

CHRISTIAN I., geb. 1426, gest. 21. oder 22. 5. 1481 Kopenhagen; Graf von Oldenburg und Delmenhorst, König von Dänemark, Norwegen und Schweden, Herzog von Schleswig, Graf/Herzog von Holstein.

Christian I. war seit 1448 König von Dänemark, seit 1449 König von Norwegen, 1457 bis 1464 auch König von Schweden, seit 1460 Herzog von Schleswig und Graf (seit 1474: Herzog) von Holstein. Von der Grafschaft Oldenburg, westlich dem Erzstift Bremen benachbart, griff die Dynastie der Oldenburger Grafen seit Christian für Jahrhunderte in die Geschichte Skandinaviens und Schleswig-Holsteins ein. Christoph, Unionskönig von Dänemark, Norwegen und Schweden, war 1448 kinderlos gestorben. Mit Adolf VIII., Herzog von Schleswig und Graf von Holstein, starb 1459 diese Linie der Schauenburger aus. Christian konnte sich als König in Dänemark und Norwegen durchsetzen, nicht dauerhaft dagegen in Schweden. 1460 wurden nach dem Tode Adolfs VIII. Schleswig und Holstein durch Personalunion mit Dänemark verbunden. Diese Personalunion wurde nur durch starke finanzielle Leistungen Christians ermöglicht: Die Pinneberger Linie der Grafen von Holstein musste abgefunden werden; eine Gläubigergruppe innerhalb der Landstände Schleswigs und Holsteins stärkte ihre Position gegenüber dem neuen König. Die Personalunion ging einher mit dem Durchdringen des Grundsatzes, dass das Herzogtum Schleswig und die Grafschaft Holstein »auf ewig ungeteilt« bleiben sollten (Ripener Vertrag). Insgesamt stärkte diese Personalunion die Stellung des Grafen/Herzogs von Holstein gegenüber Hamburg. Umso distanzierter verhielt sich die Stadt: Als Christian 1461 nach Hamburg kam, huldigte die Stadt ihm nicht und leistete keinen Treueid, nahm aber Christian »für einen Herrn an«. Insgesamt begünstigte der seitdem wachsende Druck von Seiten des Landes-

CHRISTIAN IV.

Christian I.

herrn, dass Hamburg sich mehr und mehr, endgültig seit 1618, als Reichsstadt verstand.

QUELLEN Henning von Rumohr (Hg.), Dat se bliven ewich tosamende ungedelt. Festschrift der Schleswig-Holsteinischen Ritterschaft zur 500. Wiederkehr des Tages von Ripen am 5. März 1960, Neumünster 1960; Heinrich Reincke (Hg.), Dokumente zur Geschichte der hamburgischen Reichsfreiheit, Bd. 1: Berichte und Urkunden über die Annehmung des Landesherrn, Hamburg 1961 (Veröffentlichungen aus dem Staatsarchiv der Freien und Hansestadt Hamburg 7,1) S. 4–15.

LITERATUR ADB 4; NDB 3; Heinrich Reincke, Hamburgs Aufstieg zur Reichsfreiheit, in: ZHG 47 (1961), S. 17–34, besonders S. 23–25, 29–33; Inge-Maren Peters, Der Ripener Vertrag und die Ausbildung der landständischen Verfassung in Schleswig-Holstein, Teil 1–2, in: Blätter für deutsche Landesgeschichte 109 (1973), S. 305–349 und 111 (1975), S. 189–208. *Gerhard Theuerkauf*

CHRISTIAN IV., geb. 12. 4. 1577 Frederiksborg, gest. 28. 2. 1648 Kopenhagen; luth.; König von Dänemark und Norwegen, Herzog von Schleswig und Holstein.

Im Jahr 1588 wurde Christian IV. im Alter von elf Jahren – zunächst mit einer Vormundschaftsregierung – König von Dänemark und Norwegen sowie Herzog von Schleswig und Holstein. Wegen der Teilungspläne seiner Mutter Sophie, die ihren beiden jüngeren Söhnen Teile der Herzogtümer übertragen wollte, ließen Christians Vormünder diesen 1593 als mündig die Herrschaft über Schleswig und Holstein übernehmen, die er sich mit seinem Vetter,

dem Herzog von Holstein-Gottorp, teilen musste. 1596 wurde er gekrönt. Als Monarch selbstbewusst bis zur Arroganz, als Herrscher zielstrebig bis zur Skrupellosigkeit verfolgte der junge König eine Politik der Durchsetzung seiner Hoheitsansprüche sowie der Festigung und Erweiterung seines Herrschaftsbereiches. Im Innern erfolgreich durch den Ausbau der Handelsflotte und eine Gesetzes- und Finanzreform, agierte er in der Außenpolitik glücklos.

Durch rigorosen Abbau von Privilegien und willkürliche Zollerhebungen am Sund versuchte Christian IV., die Vorherrschaft der Hansestädte und der Niederlande im Nordeuropahandel zu brechen. Insbesondere Lübeck und Hamburg, zu dieser Zeit die bedeutendsten Vertreter des Städtebundes, waren Ziel seiner Angriffe. Schon 1603 waren anlässlich der von Christian IV. verlangten Erbhuldigung Missstimmungen mit Hamburg aufgetreten, die wegen der fehlgeschlagenen Hilfsaktionen bei den Belagerungen Braunschweigs 1605 und 1611 durch die Herzöge von Braunschweig-Wolfenbüttel und aufgrund des 1611 gescheiterten Versuchs, die Merchant Adventurers anstatt in Hamburg im holsteinischen Krempe anzusiedeln, noch zunahmen. Eine verstärkte Behinderung des Hamburger Elbhandels, der Bau Glückstadts ab 1617 und die Einmischung in den späteren Konflikt mit dem Herzog von Braunschweig-Lüneburg um den Gammerdeich waren Christians Antworten. Als das Reichskammergericht 1618 die Reichsunmittelbarkeit Hamburgs bestätigte, gingen der König und der mitbetroffene Herzog Friedrich III. von Holstein-Gottorp in Revision, da sie die Stadt als zu ihrem Herzogtum gehörig betrachteten. Der Streit wurde zunächst 1621 durch den einem Stillhalteversprechen des Rates nicht unähnlichen Vertrag von Steinburg und endgültig erst 1768 im Gottorper Vergleich beigelegt.

Eines der Ziele Christians IV. bestand darin, das Dominium maris Baltici und damit die Herrschaft über den gesamten Ostseehandel zu erlangen. Doch schon der Ausgang des Kalmarkrieges zwischen Dänemark und Schweden (1611/13) hatte gezeigt, dass der junge schwedische König Gustav II. Adolf nicht gewillt war, seinen Einfluss, vor allem im östlichen Bereich der Ostsee, kampflos den Dänen zu überlassen. Ein zweiter Schwerpunkt der Politik Christians IV. war die Ausweitung seiner Machtgrundlage im

Christian IV.

lediglich alle Aktivitäten südlich der Elbe untersagte.

Unmittelbar nach der Rückkehr in seine Herzogtümer verschärften sich die Gegensätze zwischen Christian IV. und Hamburg derart, dass es zu bewaffneten Auseinandersetzungen und zur Blockade Glückstadts durch die Hansestadt kam, die der König im September 1630 mit Gewalt durchbrach. Zwischenzeitlich hatte die politische Situation im Reich zum Umschwenken der hamburgfreundlichen Einstellung des Kaisers geführt, der nun Verbündete gegen Schweden suchte und dem Dänen 1633 auf vier Jahre das Elbzollprivileg gewährte. Das ständige Drängen Hamburgs auf den Abbau dieser Handelsbehinderungen sowie die Weigerung des Kaisers im Jahre 1637, das erteilte Privileg zu verlängern, verbunden mit der Forderung, alle Zollerhebungen einschließlich der Tonnen-, Baken-, Schreib- und Ungelder auf der Elbe einzustellen, führten dazu, dass der dänische König Hamburg jeglichen Handel in Dänemark und Norwegen verbot. Als die Schaumburger Linie 1640 ohne Nachkommen ausstarb, besetzte Christian IV. die im schaumburgischen Besitz befindliche Grafschaft Pinneberg, zu der unter anderem auch Altona, Lokstedt, Niendorf, Schnelsen und Hummelsbüttel sowie einige Liegenschaften in Hamburg selbst gehörten, um sie wenig später von der Witwe des letzten Grafen zu erwerben. Da Christians Sohn Friedrich 1637 schließlich doch das Erzbistum Bremen übernommen hatte, war Hamburg fast völlig von unter dänischem Einfluss stehenden Territorien umgeben. 1641 zog Christian IV. auf dem Hamburger Landgebiet bei Fuhlsbüttel Truppenverbände zusammen, griff die Stadt jedoch nicht an. Im April 1643 begann er erneut gegen Hamburg zu rüsten und verhängte eine umfassende Handelsblockade über die verhasste Hansestadt, die er im Juni des Jahres, nach Vermittlung durch Herzog Friedrich III. von Holstein-Gottorp gegen Anerkennung seiner Forderungen wieder aufhob. Eine ähnlich aggressive Haltung in der Frage der Vormachtstellung in der Ostsee und der Erhebung des Sundzolles führte im Dezember 1643 zum Krieg gegen Schweden, in dem der dänische König unterlag. Der 1645 geschlossene Frieden von Brømsebro, in welchen alle zur hansischen Privilegiengemeinschaft gehörenden Städte ausdrücklich einbezogen wurden, brachte Christian IV. den endgültigen Verlust

Süden der Herzogtümer bei gleichzeitiger Verstärkung seiner dynastischen Position. Er versuchte daher seinem jüngeren Sohn Friedrich das Erzbistum Bremen sowie die Stifte Verden und Osnabrück zu verschaffen, um durch deren Besitz die Elbe- und Wesermündung zu beherrschen. In Verkennung der politischen Konstellation und seiner militärischen Stärke griff Christian IV. als gewählter Oberst des Niedersächsischen Kreises 1625 in den Kampf gegen den Kaiser ein, weil er seine Interessen im Niedersächsischen durch das Eindringen des Ligaheeres unter Tilly und eine mögliche Restitution des Katholizismus bedroht sah. Zwar unterstützten England, die Generalstaaten und einige protestantische Reichsfürsten den Dänenkönig, doch die erhoffte Hilfe durch die Fürsten des Niedersächsischen Reichskreises und vor allem durch die Städte blieb aus; Erstere fürchteten die machtpolitischen Pläne des Königs südlich der Elbe, Letztere erinnerten sich nur zu gut an seine städtefeindliche Einstellung der vergangenen Jahre. Sie verweigerten die Zahlung der Kreiskontributionen und zogen es vor, ihre bewährte, dem Handel zuträglichere Neutralitätspolitik beizubehalten. 1626 schlug Tilly das dänische Heer bei Lutter am Barenberge vernichtend und erzwang im Verein mit Wallenstein die Räumung Holsteins und Jütlands. Nur der politischen Weitsicht Wallensteins, der die aufkommende Gefahr durch den schwedischen König richtig einschätzte, verdankte Christian IV. den für ihn äußerst glimpflichen Friedensvertrag von Lübeck (1629), der ihm seine Besitztümer beließ und ihm

C

der Herrschaft über die Ostsee, die Abtretung von Gotland und Ösel an Schweden sowie einschneidende Beschränkungen bei allen Zollerhebungen. Als der König 1648 starb, war die bei seinem Regierungsantritt gut gefüllte Staatskasse leer und die Zeit, in der Dänemark in der großen europäischen Politik einen nicht unwesentlichen Faktor dargestellt hatte, für immer vorüber.

LITERATUR NDB 3; Vinzenz Schweitzer, Christian IV. von Dänemark und sein Verhältnis zu den niederdeutschen Städten bis zum Jahre 1618, in: Zeitschrift des Vereins für Lübeckische Geschichte und Altertumskunde 8 (1900), S. 314–409; Dietrich Schäfer, Geschichte von Dänemark, Bd. 5: Vom Regierungsantritt Friedrichs II. (1559) bis zum Tode Christians IV. (1648), Gotha 1902 (Allgemeine Staatengeschichte, Abt. 1.13, Bd. 5); Alfred Dreyer, Hamburgs Kampf mit Christian IV. von Dänemark um die freie Elbe, in: Nordelbingen 4 (1925), S. 1–29; Hans-Dieter Loose, Hamburg und Christian IV. von Dänemark während des Dreißigjährigen Krieges. Ein Beitrag zur Geschichte der hamburgischen Reichsunmittelbarkeit, Hamburg 1963 (Veröffentlichungen des Vereins für Hamburgische Geschichte 18); Svend Ellehøj, Christians fjerde's Tidsalder 1596–1660, 3.Ausgabe, 2.Aufl., Kopenhagen 1984 (Politikens Danmarkshistorie 7).

Karl-Klaus Weber

CLETZEN, Geseke, gest. 1447 oder 1448
Hamburg; Stifterin des St. Elisabeth-Spitals.

Geseke Cletzen gründete 1429 entsprechend dem Testament ihres Gatten, des Ratsherren Johann Cletzen, das St. Elisabeth-Spital und war Gründungsmitglied der Bruderschaft St. Elisabeth.

Geboren als Tochter des Ratsherren Albert Schreye, der lange Zeit bis zu seinem Tode als Stadtkämmerer tätig war, heiratete Geseke in erster Ehe den Ratsherren Siegfried Clingspor, der 1406 verstarb. Die beiden Kinder aus dieser Ehe, Henneke und Gerborch, starben vor der Mutter. Nach dem Aufstand von 1410 wurde Geseke Gattin des Johann Cletzen, eines Mitglieds der Sechziger, der 1411 in den Rat aufstieg. Gemeinsam bezogen sie ein Haus im Burstah und erwarben Brau- und Wohnhäuser in der Stadt.

Nach dem fehlgeschlagenen Feldzug gegen Erich VII. von Dänemark 1427 wurde Gesekes Ehemann, dem das Scheitern angelastet wurde, zum Tode verurteilt und am 16. Januar 1428 auf dem Berg hingerichtet. In seinem Testament hatte er verfügt, dass sein gesamter Besitz einer frommen Stiftung zufließen solle. Geseke übernahm die Aufgabe, dies umzusetzen. Ihr Wohnhaus wurde zum Hospital für 20 arme, bettlägerige Personen umgestaltet. Schon in den ersten Jahren lebten dort ausschließlich Frauen. Im selben Jahr, in dem Johann Cletzen die Belagerung von Flensburg zu einer Katastrophe geraten ließ, verlor der Bürgermeister Hein Hoyer eine Seeschlacht gegen die dänische Flotte. Er selbst, zwei Ratsleute und etliche andere Hamburger gerieten in Gefangenschaft. Bei seiner Rückkehr 1432 wurde die Bruderschaft St. Elisabeth gegründet, um der bei der Niederlage Gefallenen zu gedenken. Neben Hoyer waren Geseke Cletzen und Simon von Utrecht Gründungsmitglieder. Der Rat und Graf Adolf VIII. von Holstein bestätigten die Stiftung. Die Bruderschaft verwaltete das von Geseke Cletzen eingerichtete Hospital und eine Kapelle der Heiligen Elisabeth in St. Nikolai. Das im norddeutschen Raum seltene Patrozinium der Elisabeth von Thüringen passte zum Lebensweg der Geseke Cletzen, die aus einer der einflussreichsten Familien Hamburg stammte und sich nach dem Tod ihres Mannes der Armenpflege zuwandte.

Geseke kaufte sich 1440 noch einen Garten und hielt Kontakt zu den Kindern ihres Bruders Dietrich Schreye, der 1420 bei der Belagerung Bergedorfs ums Leben gekommen war.

Bis zu ihrem Tod gehörte Geseke Cletzen zu den führenden Mitgliedern der Bruderschaft St. Elisabeth. Ihre Kenntnis der geistlichen Landschaft war beachtlich. In ihrem Testament bedachte sie 1443 Kartausen in Stettin, Rostock, Hildesheim, Ahrensbök und Frankfurt. Sie kaufte Salzrenten vom Kloster Buxtehude. Das Vermögen, das sie in ihrem Testament vergeben konnte, war angesichts der Hospitalsstiftung noch beträchtlich. Es umfasste eine große Haushaltsausstattung aus wertvollen Materialen, viele Kleidungsstücke, 16 Mark in Salzrenten sowie mehr als 20 Mark und acht rheinische Gulden Barvermögen. Zusätzlich zu den Seelgeräten bedachte sie die Kinder ihres Bruders. Sie versorgte ihre Magd Greteke Puttfarken und ihr nahe stehende Frauen wie die Begine Wibke Roslevesdorf, eine Freundin namens Anneke Grise und zwei Verwandte namens Mette Cordes und Abelke Reuverdes. Außerdem sicherte sie eine Stipendiatsstiftung ihres Vaters ab.

LITERATUR C[ipriano] F[rancisco] Gaedechens, Das Hospital St. Elisabeth und das Marien-Magdalenen Kloster, in: ZHG 7 (1883), S. 223–268; Karl Koppmann, Hamburgs kirchliche und Wohlthätigkeits-Anstalten im Mittelalter, Hamburg 1870; Kai Robert Möller/Werner Dutz, 1227–1977. 750 Jahre Hospital zum Heiligen Geist mit Oberalten-Stift und Marien-Magdalenen-Kloster, Hamburg 1977; Silke Urbanski, Klöster und Hospitäler in Hamburg, in: Die Kunst des Mittelalters in Hamburg. Aufsätze zur Kulturgeschichte, Hamburg 2000, S. 109–118; dies., Geseke Cletzen. Eine Biographie, Hamburg 2003.

Silke Urbanski

CLETZEN, Johann, gest. 16. 1. 1428 Hamburg; Kaufmann, Ratsherr.

Johann Cletzen war der Sohn des Stadtreiters und Stadtdieners Heyne Cletzen, der in geringem Umfang auch Handel trieb. Die Familie hatte ihren Sitz im Schopenstehl im Kirchspiel St. Jacobi und pachtete lange Zeit Ackerland vom Rat. Heyne war bis ins hohe Alter mit verschiedenen Aufgaben für den Rat tätig. Unter anderem deckte er das Dach auf Neuwerk und war Prokurator für die Stadtreiter.

Johann betrieb wie sein Vater das Kriegshandwerk. 1400 folgte er dem Ratsherren Albert Schreye auf dessen Kriegsfahrt nach Friesland gegen die Vitalienbrüder. Er kaufte sich ein eigenes Erbgrundstück und baute nach einer Erbschaft ein Haus Uppe Steegen in St. Jacobi. 1408 führte ihn ein erneuter Kriegszug gegen die Vitalienbrüder nach Flandern.

Nach einigen Jahren, in denen er in kleinem Rahmen Fernhandel getrieben hatte, wurde er 1410 Vertreter der Sechziger, die den Aufstand gegen den Rat anführten. Dieser Aufstand begann mit einem Rechtsbruch des Rates: Der Bürger Heine Brandt hatte den Herzog von Sachsen-Lauenburg beschimpft, weil dieser seine Schulden nicht zurückzahlte; daraufhin ließ der Rat Brandt ohne Prozess festsetzen und verstieß damit gegen ein Recht, das sich die Bürger sechs Jahre vorher erworben hatten. Um Brandt freizupressen und ihre Forderungen nach mehr Mitbestimmung durchzusetzen, gründeten die Bürger nach Lübecker Vorbild einen Ausschuss von 60 Bürgern, 15 aus jedem Kirchspiel. Johann Cletzen und sein Vater Heyne waren für St. Jacobi dabei. Im Laufe der Verhandlungen mit dem Rat muss sich Johann Cletzen zum Sprecher entwickelt haben. Und die Verhandlungen waren erfolgreich: Die Bürger erklärten zwar, dass sie zum Rat ständen, erkämpften sich aber etliche Vorrechte. In ungeordneter Reihenfolge wurden diese im Rezess vom 9. August 1410 festgehalten. In Kriegs- und Steuerfragen sollte der Rat von nun ab die Bürger befragen; jedes Kriegsvorhaben musste den Bürgern vom Rathausbalkon erläutert werden. Auch in die Verhandlungen über die Außenbeziehungen der Stadt sollten die Bürger einbezogen werden. Der Schoß (Abgaben und Steuern) wurde genau festgelegt. Kein Bürger durfte mehr ohne Urteil eingekerkert werden. Einige Aufgaben des Rats wurden bestätigt, so etwa die Überwachung des Bierbrauens und der Münze. Die Englandfahrer sollten nach Kräften gefördert werden, um den Handel auszuweiten. Die vertriebenen Mitglieder des alten Lübecker Rats, die in Hamburg Aufnahme gefunden hatten, mussten die Stadt verlassen. Der Hamburger Rat ließ sich auf all diese Bedingungen ein und ging sogar noch weiter: Einige Beamte, die den Sechzigern als bürgerfeindlich aufgefallen waren, wurden aus dem Dienst des Rats entfernt; der Ratsherr Gerd Quickborn wurde seines Ratsstuhls enthoben.

Im Jahr des Aufstands heiratete Cletzen die Witwe Geseke Clingspor, Cousine des Bürgermeisters Marquard Schreye und Tochter des langjährigen Kämmerers Albert Schreye. Sie bezogen ein Haus am Burstah. Als Erster der Sechziger wurde Johann Cletzen 1411 Ratsherr. Auch nach der Aufhebung des von ihm erkämpften Rezesses im Jahr 1417 blieb er Mitglied des Rats.

Er erfüllte in dieser Eigenschaft Aufgaben als Schoßherr, Niedergerichtsherr und Zollherr. In Ratsangelegenheiten reiste er nach Friesland. 1416 begleitete er den Bürgermeister Hein Hoyer nach Flandern. Im selben Jahr wurde Cletzen Zollherr, 1419 übernahm er gemeinsam mit seinem Schwiegervater auch die Erhebung des Pfundzolls zur Finanzierung der Kriege der Schauenburger gegen die Dänen. 1420 beteiligte er sich unter dem Oberbefehl von Hein Hoyer an dem Kriegszug gegen den Herzog von Sachsen-Lauenburg, der zur Eroberung von Bergedorf durch Lübeck und Hamburg führte. In der Zwischenzeit erwarben die Cletzens mehrere Brau- und Wohnerben, Johann übernahm Vormundschaften für Bürgerinnen.

1427 griff die Hanse auf Seiten der Schauenburger in den Krieg gegen Dänemark ein. Johann Clet-

zen führte gemeinsam mit Simon von Utrecht und Hinrich Papendorp das Hamburger Kontingent in den Krieg. Neben Hamburger Stadtreitern hatten sie auch zahlreiche Söldner dabei. Bei der Belagerung Flensburgs gaben die Führer des Hamburger Heeres am Abend vor Himmelfahrt angeblich Bier an ihre Truppen aus. Als die Betrunkenen mit Feuerpfeilen auf die belagerte Stadt schossen und dadurch einen Alarm auslösten, führte Herzog Heinrich von Schleswig einen Sturmangriff gegen Flensburg und kam dabei ums Leben. Nach dieser Katastrophe verließen die Lübecker und Hamburger Truppen die Belagerung, obwohl die holsteinischen Grafen Adolf und Gerhard sie zum Bleiben aufforderten. Die Chronistik stellt diese Ereignisse unterschiedlich dar. Im Unterschied zur spärlich berichtenden Hamburger Chonik überliefern Lübecker Chroniken, Johann Cletzen habe das Bier ausgegeben und den Angriff eingeleitet. Als Motivation des Ratsherrn wird von einigen Chroniken unterstellt, dass er ein Däne namens Slencoll gewesen sei. Die Chronik der Nordelvischen Sassen hingegen weiß zu berichten, dass der Herzog einen dänischen Verräter unter seinem Gefolge gehabt habe, welcher den Alarm in Flensburg und den Angriff plante, damit der Herzog umgebracht werden konnte.

Sicher ist, dass Cletzen nach Hamburg zurückgebracht wurde. Hier drohten abermals von einem Sechziger-Gremium ausgehende Unruhen, nachdem die hamburgische Flotte unter Hein Hoyer bei einer Kriegsfahrt in den Sund eine Niederlage erlitten hatte, der Bürgermeister, einige Ratsherren und zahlreiche Seeleute in dänische Gefangenschaft geraten waren und König Erich VII. ein hohes Lösegeld forderte. In dieser Situation wurde die Hinrichtung Cletzens gefordert, der als einer der Verursacher des Kriegsunglücks angesehen wurde. Unter schwerer Folter sollte er gestehen, dass er ein Verräter sei, den Angriff willentlich ausgelöst habe und dass es Komplizen gebe. Johann Cletzen widerstand der Folter. Er gestand nichts und nannte keine Namen. Dennoch fällte der Rat ein Todesurteil. Am 16. Januar 1428 wurde Cletzen enthauptet. Albert Kranz erklärt dies in der »Wandalia« (1519) damit, dass Cletzen im Rat oft böse Worte habe fallen lassen. Spätere hamburgische Chroniken und Erzählungen sahen Cletzen als Opfer von Intrigen und Missgeschick.

Vor seiner Hinrichtung hatte Johann Cletzen testamentarisch verfügt, dass das Haus der Eheleute auf dem Burstah, ein kleines Haus am Hahntrapp und Anteile an Brauerben die Grundlage für eine fromme Stiftung bilden sollten. Seine Frau Geseke war von Anfang an an der Umsetzung seines letzten Willens beteiligt. Gemeinsam mit Simon von Utrecht und später auch dem Grafen Adolf von Holstein sowie dem zurückgekehrten Hein Hoyer gründete sie das St. Elisabeth-Spital zu Hamburg, die Bruderschaft St. Elisabeth und eine Kapelle in der St. Nikolai-Kirche. Die Bruderschaft und die Kapelle dienten in erster Linie dem Andenken an die Gefallenen der Feldzüge. Die Bruderschaft verwaltete auch die Finanzen des Hospitals, in dem bis zur Reformation 20 ältere Frauen lebten. Schon einige Jahre nach der Gründung hatten sie sich als Pfründnerinnen eingekauft.

LITERATUR Dieter Boedecker, Die Entwicklung der hamburgischen Hospitäler seit Gründung der Stadt bis 1800 aus ärztlicher Sicht, Hamburg 1977; Nicolaus Staphorst, Historia Ecclesiae Hamburgensis diplomatica, das ist: Hamburgische Kirchen-Geschichte [...], 5 Bde. in 2 Teilen, Hamburg 1723–31, hier Teil 1, Bd. 2, S. 687 f.; C[ipriano] F[rancisco] Gaedechens, Das Hospital St. Elisabeth und das Marien-Magdalenen Kloster, in: ZHG 7 (1883), S. 223–268; Kai Robert Möller/Werner Dutz, 1227–1979. 750 Jahre Hospital zum Heiligen Geist mit Oberalten-Stift und Marien-Magdalenen-Kloster, Hamburg 1977; Silke Urbanski, Klöster und Hospitäler in Hamburg, in: Die Kunst des Mittelalters in Hamburg. Aufsätze zur Kulturgeschichte, Hamburg, 2000, S. 109–118.

Silke Urbanski

COHEN DE LARA, David, geb. um 1602 Hamburg, Amsterdam oder Lissabon, gest. 10.10.1674 Hamburg; isr.; Rabbiner, Philologe, Autor.

Der noch immer in seiner wissenschaftlichen Bedeutung verkannte David Cohen de Lara zählte zu den bedeutendsten jüdischen Philologen seiner Zeit. Nach seinen Studien am Amsterdamer Rabbinerseminar bei dem berühmten Rabbiner Isaac Uziel lebte Cohen de Lara kurze Zeit in Rotterdam, bevor er sich 1627 in Hamburg niederließ, wo er als Rabbiner, Philologe, Lexikologe und Übersetzer weit über die Stadt hinaus Berühmtheit erlangte. Seine Werke wurde besonders von christlichen Hebraisten gelesen, so zum Beispiel von Johannes Buxdorf und Johann Heinrich Hottinger. In Hamburg wurde er von den Lutheranern Johann Müller und Esdras Edzardus trotz ihrer pronociert antijüdischen Haltung als Autor und Gesprächspartner geschätzt. In seinem rabbinischen Lexikon »Keter kehunnah« (1668) äußert sich Cohen de Lara anerkennend über die rabbinische Gelehrsamkeit von Edzardus, der ihn, wie er in seiner Einführung schreibt, erst dazu angeregt habe, das Buch zu veröffentlichen. Gegen 1639 wurde Cohen de Lara zum Rabbiner der Hamburger Gemeinde Neve Salom gewählt, nach dem Zusammenschluss der drei Synagogengemeinden im Jahre 1652 zum Rabbiner der Einheitsgemeinde Kahal Kadosh Bet Israel (Heilige Gemeinde des Hauses Israel). Der wegen seiner Unabhängigkeit von der Gemeinde wenig beliebte Rabbiner befand sich zeitlebens in großen finanziellen Schwierigkeiten. So geriet er 1655 infolge der Verheiratung seiner Tochter so sehr in Bedrängnis, dass er seine bedeutende Bibliothek und seine Hauseinrichtung verpfänden musste.

Nach der Berufung des venezianischen Rabbiners Isaac Jessurun zum Oberrabbiner im Jahre 1656 verließ Cohen de Lara Hamburg und siedelte nach Holland über, wo er sich an der Universität Leiden einschrieb. Erst nach dem Tod Jessuruns kehrte er 1665 nach Hamburg zurück. Seine Hoffnung, dessen vakante Stellung zu erhalten, erfüllte sich nicht, da ihm Mose Israel als Oberrabbiner vorgezogen wurde. 1666 kam es auf dem Höhepunkt der sabbatianischen Bewegung zum endgültigen Bruch mit der Hamburger Gemeinde. David Cohen de Lara, der eine antisabbatianische Position vertrat und gute Kontakte zu Protestanten unterhalten hatte, verließ Hamburg und lebte bis kurz vor seinem Tode in Holland. Sein Grab befindet sich in Hamburg auf dem Portugiesisch-Jüdischen Friedhof an der Königstraße. Cohen de Laras bedeutendstes wissenschaftliches Werk ist das nach 40-jähriger Arbeit 1668 in Hamburg erschienene talmudische Wörterbuch »Keter kehunnah«, dessen Druck erst durch die Subskription überwiegend christlicher Hebraisten und Theologen ermöglicht wurde. In diesem Lexikon, in dem häufig klassische griechische und lateinische Autoren sowie Kirchenväter zitiert werden und das zu den größten Leistungen der rabbinischen Lexikografie des 17. Jahrhunderts zählt, bestimmte Cohen de Lara eine große Anzahl von griechischen Lehnwörtern im Talmud, irrte sich aber bei der Zuschreibung spani-scher Etymologien von mindestens 16 rabbinischen Termini.

WERKE Schriftenverzeichnis in: LhS 1; Tratado del Temor Divino [...], Amsterdam 1633; Ir David sive De Convenientia vocabulorum rabbinicorum cum Graecis et quibusdam aliis linguis Europaeis, Amsterdam 1648; Tratado de los articulos de la Ley Divina [...], Amsterdam 1652 (Nachdruck Barcelona 1991); Tratado de Penitencia [...], Leiden 1660; Tratado de Moralidad y Regimiento de la Vida [...], Hamburg 1662; Sefer Keter kehunnah. Lexicon Thalmudico-Rabbinicum [...], Hamburg 1668.

LITERATUR Jöcher 2; LhS 1; Joseph Perles, David de Cohen de Lara's rabbinisches Lexicon Kheter Khehunnah. Ein Beitrag zur Geschichte der rabbinischen Lexicographie, in: Monatsschrift für Geschichte und Wissenschaft des Judentums 17 (1868), S. 224–232; Peter T. van Rooden/ Jan Wim Wesselius, Two early cases of publications by subscription in Holland and Germany: Jacob Abendana's Mikhlal Yophi (1661) and David Cohen de Lara's Keter Kehunna (1668), in: Quaerendo 16 (1986), S. 110–130; Angel Saenz-Badillos, David Cohen de Lara y sus dos vocabularios rabínicos, in: Fernando Díaz Esteban (Hg.), Los Judaizantes en Europa y la literatura castellana del Siglo de Oro, Madrid 1994, S. 341–349; Michael Studemund-Halévy, Biographisches Lexikon der Hamburger Sefarden. Die Grabinschriften des Portugiesenfriedhofs an der Königstraße in Hamburg-Altona, Hamburg 2000 (Hamburger Beiträge zur Geschichte der deutschen Juden 22), S. 536–540.

Michael Studemund-Halévy

CONRADI, Johann Georg, geb. um 1640 (?) Öttingen, gest. 22. 5. 1699 ebd.; luth.; Komponist, Kapellmeister.

Der Sohn des Öttinger Organisten Georg Conradi erhielt seine musikalische Ausbildung vermutlich in Stuttgart. Über seine Jugendzeit liegen keine Dokumente vor; ob er mit dem zwischen 1665 und 1668 mehrfach als Sänger der Kantorei und des Domchors in Hamburg genannten Johannes Conradi identisch ist, konnte noch nicht geklärt werden. Von 1671 bis 1683 war Conradi als Musiker bzw. Musikdirektor am Hof der Fürsten von Öttingen-Öttingen tätig, dann wechselte er als Hofkapellmeister nach Ansbach. Nach dem Tod des Markgrafen Johann Friedrich wurde Conradi im Juli 1686 entlassen, fand aber 1687 eine neue Anstellung in der kleinen thüringischen Residenz Römhild. Von dort zog er um 1690 nach Hamburg, wo er die musikalische Leitung der Gänsemarkt-Oper übernahm. Vielleicht schon 1694, spätestens aber 1698 kehrte er

CORBINUS, Christoph

nach Öttingen zurück und verstarb dort während der Vorbereitungen zur Aufführung einer Hofoper.

Nachdem Conradi in Ansbach erste Erfahrungen auf dem Gebiet des Musiktheaters hatte sammeln können, bot ihm die Stellung am Hamburger Opernhaus – zweifellos der Höhepunkt seiner Karriere – die Möglichkeit, frei von den Vorgaben eines Fürsten den eigenen Vorlieben zu folgen und musikalisch zu experimentieren. So wurde unter Conradis Leitung 1693 die erste italienische Oper in Hamburg aufgeführt, während er in seinen eigenen Werken Stilmittel des französischen Hofkomponisten Jean-Baptiste Lully verarbeitete.

Die von Johann Mattheson gelobte fließende und sangbare Schreibart verschaffte Conradis Kompositionen in den letzten Jahrzehnten des 17. Jahrhunderts große Beliebtheit. Neben zahlreichen Werken, die für Öttingen, Ansbach und Römhild entstanden, ist nur eine seiner Hamburger Opern (»Die schöne und getreue Ariadne«, 1691) vollständig erhalten geblieben. In Zusammenarbeit mit dem hervorragenden Librettisten Christian Heinrich Postel schrieb Conradi mindestens sechs weitere Opern für die Gänsemarkt-Bühne, darunter »Numa Pompilius« (1691), »Carolus Magnus« (1692) und die zweiteilige Oper »Die Verstöhrung Jerusalem« (1692). Seine ausdrucksstarke, emotionsgeladene Vertonung von Postels Rezitativtexten und die lyrische Gestaltung der Arien übten großen Einfluss auf seine Nachfolger an der Hamburger Oper aus.

LITERATUR ADB 4; NDB 3; MGG (2. Aufl.) 4; Grove (2. Aufl.) 6; Hellmuth Christian Wolff, Die Barockoper in Hamburg (1678–1738), 2 Bde., Wolfenbüttel 1957; George J. Buelow, Die schöne und getreue Ariadne (Hamburg 1691): A Lost Opera by J. G. Conradi Rediscovered, in: Acta Musicologica 44 (1972), S. 108–121; Hans Joachim Marx/Dorothea Schröder, Die Hamburger Gänsemarkt-Oper. Katalog der Textbücher (1678–1748), Laaber 1995; Dorothea Schröder, Die Einführung der italienischen Oper in Hamburg durch Johann Georg Conradi und Johann Sigismund Kusser (1693–1696), in: Alberto Colzani/Norbert Dubowy u. a. (Hg.), Il melodramma italiano in Italia e in Germania nell' età barocca, Como 1995, S. 43–55. *Dorothea Schröder*

CORBINUS (Corbiano), Christoph (Christoffer), gest. um 1652 Hamburg; Tischlermeister, Baumeister.

Corbinus kam 1638 aus Altona nach Hamburg und schuf hier 1638/39 den Hauptaltar der Katharinenkirche. In der Kleinen Kirche Am Sande in Harburg stellte er 1646 den Predigtstuhl her. Zwei Jahre später lieferte der Baumeister für den Wiederaufbau der vom Sturm zerstörten Turmspitze der Katharinenkirche ein mit 150 Mark vergütetes Modell, dessen Aussehen nicht überliefert ist. Die Turmspitze errichtete erst ab 1657 der Zimmermeister Peter Marquard. Corbinus beaufsichtigte bis zu seinem Tod die durch den Absturz der Spitze erforderlichen Wiederherstellungsarbeiten am Turmschaft und Kirchendach. Seit 1649 wurde nach seinem Entwurf das Kirchenschiff der Großen Michaeliskirche erbaut, deren Fassade er durchgehend mit hohen Fenstern zwischen Pilastern gliederte, während er den Fries mit wenig überzeugenden zusätzlichen kleinen Fenstern versah. Kirchenschiff und Turm gingen beim Brand 1750 verloren. Der Wiederaufbau erfolgte in abgeänderter Form durch Johann Leonhard Prey und Ernst George Sonnin. 1652 fertigte Corbinus für die Jacobikirche einen Taufengel an.

LITERATUR HKL; ThB 7; Rump; Hermann Heckmann, Barock und Rokoko in Hamburg. Baukunst des Bürgertums, Berlin/Stuttgart 1990; ders., Baumeister des Barock und Rokoko in Mecklenburg, Schleswig-Holstein, Lübeck, Hamburg, Berlin 2000. *Hermann Heckmann*

CRAMER, Molly, geb. 25. 6. 1852 Hamburg, gest. 18. 1. 1936 ebd.; luth.; Malerin, Kunstförderin.

Molly Cramer wuchs gemeinsam mit ihrer Schwester Helene (1844–1916) in einer wohlhabenden, auf der Uhlenhorst ansässigen Kaufmannsfamilie auf. Die beiden Frauen beschlossen erst in ihren mittleren Lebensjahren, sich der Malerei zuzuwenden. Ersten Unterricht erhielten sie vom Hamburger Zeichenlehrer Theobald Riefesell, später studierten sie Malerei bei Carl Rodeck und nahmen zusätzlich Stunden bei Hinrich Wrage (Molly) sowie Carl Oesterley (Helene). Danach trennten sich ihre Wege für kurze Zeit. Mittlerweile hatte beider Talent zur Intensivierung des Studiums geführt, und die

Ernsthaftigkeit, mit der sie schließlich ihre Ausbildung zu Malerinnen vervollkommnen wollten, stand außer Frage. 1887 ging Helene nach Den Haag, um bei Margareta van de Sande-Rosenboom zu studieren; Molly zog es vor, ihre Lehrzeit beim Antwerpener Stilllebenmaler Eugène Joors zu beenden. Von diesem war sie so begeistert, dass sie noch Jahre danach zusammen mit Helene in Joors' Atelier zurückkehrte, um sich in mehrmonatigen Aufenthalten von dessen Malerei inspirieren zu lassen.

Die Cramers hatten sich inzwischen mit ihren Werken weithin Anerkennung verschafft und waren seit den neunziger Jahren des 19. Jahrhunderts auf vielen deutschen Kunstausstellungen vertreten. Helene bevorzugte gegenständliche Blumenstillleben in verhaltenen Farben, Molly begann in kleinen Bildern unterschiedliche Motive wiederzugeben, bevor sie hinaus in die Natur ging und Stillleben malte, die durch kräftige Farben und vereinfachte Grundformen, ganz im Sinne der französischen Impressionisten, beeindruckten. Ihre größtenteils heiteren Bilder waren bei der heimischen Kunstkritik sehr geschätzt. 1896 kaufte der Direktor der Kunsthalle, Alfred Lichtwark, mehrere Werke der Cramers für die »Sammlung von Bildern aus Hamburg« an. Lichtwark war es auch, der Molly und Helene 1894 mit jungen Hamburger Malern bekannt machte. Fortan entwickelte sich ihr Haus in der Karlstraße 18 zu einem beliebten Treffpunkt für Künstler und Kunstfreunde. Im Mittelpunkt standen die zukünftigen Mitglieder des Hamburger Künstlerclubs von 1897 wie Arthur Illies, Ernst Eitner, Paul Kayser und einige andere, für deren Ziele sich die Cramers entschieden einsetzten. Für Illies bedeuteten die Diskussionsabende im Haus der malenden Schwestern »eine Vertiefung des Zusammenhaltes der ganzen Gruppe«. Aber auch finanziell förderten sie einzelne Künstler durch den Ankauf von Bildern oder gar, wie bei Eitner, durch die Finanzierung von Studienreisen. Obwohl Molly und Helene von 1900 bis 1907 regelmäßig als Gäste des Clubs bei dessen Ausstellungen in der Galerie Commeter vertreten waren, lehnten sie einen Beitritt ab.

Molly überlebte ihre Schwester um 20 Jahre. Landschafts- und Bildnismalerei standen im Vordergrund ihrer Arbeit, mit der sie durch die Teilnahme an Ausstellungen in Budapest, London, Moskau und Chicago sogar internationales Ansehen erlangte. Bis ins hohe Alter war sie künstlerisch tätig und zeigte noch 1936 bei der Schau »Hamburger Malerinnen stellen aus« eine gerade fertig gestellte Landschaft, die vom Publikum als »frisch und fortschrittlich« beurteilt wurde. In den letzten Lebensjahren wuchs allerdings ihre wirtschaftliche Not. Kurz vor ihrem Tod bewohnte sie zusammen mit ihrer Nichte Anita Cramer eine beengte Wohnung im Hofweg und versuchte, sich mit dem Verkauf eigener Bilder und von Werken anderer Künstler, die sie zeitlebens gesammelt hatte, über Wasser zu halten.

LITERATUR ThB 8; AKL 22; Rump; Carsten Meyer-Tönnesmann, Der Hamburgische Künstlerclub von 1897, Hamburg 1985 (Hamburger Künstler-Monographien zur Kunst des 20. Jahrhunderts 23/24); Gisela Jaacks, Gesichter und Persönlichkeiten [Bestandskatalog der Porträtsammlung im Museum für Hamburgische Geschichte 1: Ölgemälde, Pastelle, Miniaturen, Aquarelle und Zeichnungen], Hamburg 1992; Die Kunstsammlungen der Hamburger Sparkasse. Der Hamburgische Künstlerclub von 1897 und seine Nachfolger. Katalog zur Ausstellung in der Galerie der Zentrale der Hamburger Sparkasse, Hamburg 2002, S. 84–87, 124. *Susanne Geese*

DANNER, Lothar, geb. 22. 4. 1891 Schöneberg/ Kreis Teltow (heute Berlin-Schöneberg), gest. 2. 2. 1960 in den Harburger Bergen; Chef der Ordnungspolizei, Präses der Polizeibehörde.

Lothar Danner

Lothar Danner war in der Weimarer Republik eine der prägenden Persönlichkeiten der Hamburger Polizei, für die er 1950 bis 1953 als Senator erneut Verantwortung übernahm.

Danner besuchte in Köln das Gymnasium. Nach dem Abitur trat er 1909 als Fahnenjunker in das Thüringische Ulanenregiment Nr. 6 in Hanau ein; 1910 wurde er Leutnant, am 1. Oktober 1913 zum Jägerregiment zu Pferde Nr. 7 in Trier versetzt und am 22. August 1915 zum Oberleutnant befördert. Am 9. März 1915 erfolgte seine Versetzung zum Reserve-Infanterieregiment 74. Seit dem 16. Februar 1916 wurde Danner bei Kommandostäben, unter anderem beim Gardekorps, eingesetzt. Seine Beförderung zum Rittmeister erfolgte am 18. Dezember 1917. Ab dem 6. Januar 1918 wurde er beim Generalkommando XIII eingesetzt. Der am 21. April 1918 zum Generalstabsoffizier ernannte und am 24. Juni 1918 zum Generalstab des 8. Reservekorps versetzte Danner wurde während des Ersten Weltkrieges dreimal schwer verwundet und mit dem EK I und EK II ausgezeichnet. Am 26. Dezember 1918 wurde er Generalstabsoffizier, zunächst in dem vom 8. Reservekorps aufgestellten Freikorps »Division Gerstenberg« und im »Landesschützenkorps«.

Am 28. März 1919 erfolgte Danners Versetzung zur Kommandantur in Hamburg. Vom 10. August 1919 bis zum 30. Juni 1920 war er Major und Kommandeur der Schutzmannschaft der Hamburger Polizei. Am 14. März 1920 wurde er zum Chef des Stabes der Sicherheitswehren ernannt. Mit Wirkung vom 1. Juli 1920 trat Danner zur Ordnungspolizei Hamburg über; er wurde am 1. September 1921 zum Polizeioberstleutnant und am 1. Juli 1924 zum Polizeioberst und Chef der Ordnungspolizei befördert. Seit 1920 gab es zwischen Danner und dem zeitweise amtierenden Polizeipräsidenten Friedrich Wilhelm Hartmann ständige – auch gerichtliche – Auseinandersetzungen, in deren Verlauf Danner 1927 wegen Beleidigung Hartmanns zu 1500 Reichsmark Geldstrafe verurteilt wurde. Die Strafe wurde 1928 erlassen. Die häufigen Auseinandersetzungen mit dem Polizeioberst und Chef der Ordnungspolizei Paul Fromm in den Jahren 1922/23 führten zum Ausscheiden Fromms und am 22. Oktober 1923 zur Beauftragung Danners mit der Leitung der Ordnungspolizei. Beim Hamburger Aufstand der KPD (23.–26. Oktober 1923) übernahm Danner erst relativ spät die Gesamtführung der Polizei. Danner zeigte ein besonders großes Interesse an der Förderung des Sports, vor allem auch in der Polizei, und war Mitbegründer und Vorsitzender (bis zum 6. März 1933) der Sportvereinigung Polizei. Aktive Leistungssportler in der Polizei wurden von Danner besonders stark gefördert, bis hin zu bevorzugten Beförderungen und zur Offizierslaufbahn.

Nach der Machtübernahme durch die Nationalsozialisten trat Danner, der seit 1919 Mitglied der SPD war, am 3. März 1933 von seinem Amt zurück. Im Frühjahr 1933 wurde er zunächst nach § 14 des Polizeibeamtengesetzes seines Dienstes enthoben und entlassen. Am 28. Juni 1933 folgte dann die Entlassung aus dem Polizeidienst (mit Versorgungsbezügen) nach § 4 des »Gesetzes zur Wiederherstellung des Berufsbeamtentums«. Bis 1945 war er zunächst Leiter der Buchhaltung, dann Geschäftsführer einer Exportfirma in Hamburg. 1942 bewarb sich Danner erfolglos um die Aufnahme in die Waffen-SS, vermutlich infolge von Kontakten zu ehemaligen Hamburger Polizeioffizieren, die in der Waffen-SS und der Polizei inzwischen hohe Ränge bekleideten. Vom 21. Oktober 1942 bis zum 31. Dezember 1943 war er vorübergehend als Sachgebietsleiter beim Amt für kriegswichtigen Einsatz beschäftigt. In dieser Funktion unterstand ihm zeitweise das gesamte Hamburger Transportwesen.

Für seinen Einsatz während der schweren Luftangriffe auf Hamburg im Sommer 1943 erhielt er die Spange zum EK II.

Nach der Kapitulation im Mai 1945 übernahm Danner auf Anordnung der britischen Militärregierung zunächst die Leitung der Polizei in Hamburg, wurde aber bereits am 26. Mai von den britischen Behörden abgelöst und durch Bruno Georges ersetzt.

Von 1945 bis zum 30. November 1950 war er Leiter (Präsident) des Amtes für Verkehr. Am 29. September 1950 wurde er von der Bürgerschaft zum Senator gewählt und blieb bis zum 2. Dezember 1953 Präses der Polizeibehörde. Vom 3. Mai 1954 bis zu seinem Tod auf einer Wanderung in den Harburger Bergen war er Mitglied der Bürgerschaft.

Danner war bereits als Chef der Ordnungspolizei, deren Leitung er mit 32 Jahren übernahm, ein schwieriger Vorgesetzter, der vor allem aufgrund seiner intellektuellen Fähigkeiten große Anforderungen an sich und andere stellte. Seine Herkunft aus dem Offizierkorps des Kaiserreichs führte – trotz seiner Zugehörigkeit zur SPD – wiederholt dazu, dass er Offizieren gegenüber insbesondere bei rechtsradikalen und nationalsozialistischen Sympathien zu nachgiebig war. Im Gegensatz zu Polizeioffizieren wie Bruno Georges, Otto Grot, Heinrich Gronau und Carl Breuer war Danner durch seine Offizierszeit geprägt. Besonderes politisches Engagement zeigte er im Gegensatz zu dem zweithöchsten Hamburger Polizeioffizier, Polizeioberst Carl Friederichs, nicht. Dennoch galt Danner in Hamburg vielen als überzeugter Sozialdemokrat, Republikaner und Garant der Demokratie. Nicht erst sein Verhalten 1942 muss daran aber Zweifel aufkommen lassen.

Danner sah die Polizei immer auch als eine mögliche Kraft für eine Wiederaufrüstung in Deutschland. Seine Übungen, vor allem auch seine militärischen Planspiele, die regelmäßig im Winterhalbjahr von den Oberbeamten absolviert werden mussten, belegen dies. Danner verstand sich vor allem als Fachmann und Truppenführer, der engen Kontakt zu seinen Oberbeamten und Unterbeamten – vor allem im sportlichen Bereich – pflegte. Innerhalb der Polizeibeamtenschaft genoss er hohes Ansehen, auch und gerade wegen seiner hohen persönlichen Integrität. In seinem Führungsverständnis war er stark durch die Erfahrungen des Ersten Weltkriegs geprägt. Dies erklärt zum Teil auch seine Bemühungen um eine Annäherung von Polizei und Arbeiterschaft. Zu einer konkreten Umsetzung dieses Gedankens, zum Beispiel durch die Einstellung von Polizeianwärtern mit einer ausgeprägten demokratischen Grundüberzeugung, war er allerdings nur in sehr begrenztem Umfang und erst in der Schlussphase der Weimarer Republik bereit. Mit Stolz hob er später häufig hervor, dass ein großer Teil der Hamburger Landespolizei, die 1933 aus der kasernierten Ordnungspolizei der Weimarer Republik gebildet worden war, 1935 fast geschlossen in ein Infanterieregiment der Wehrmacht (IR 47, Lüneburg) umgewandelt und ein kleinerer Teil – ebenfalls geschlossen – in das Infanterieregiment 16 (Oldenburg, eine der ersten Luftlandeformationen der Wehrmacht) übernommen wurde.

Zu Danners besonderen Leistungen während seiner Zeit als Präses der Polizeibehörde gehörte der Aufbau der Bereitschaftspolizei seit 1951 und die Schaffung des Kommandos der Schutzpolizei 1952. Seine Amtszeit war stark von dem sich verschärfenden Ost-West-Konflikt und von seinen Erfahrungen in der Weimarer Republik geprägt. Über seine Zeit als Chef der Ordnungspolizei Hamburg hat Danner in einem 1958 erschienenen Buch nicht ohne apologetische Züge ausführlich berichtet. Der Senat benannte 1964 die Dannerallee in Horn und Billstedt nach ihm.

WERKE Ordnungspolizei Hamburg. Betrachtungen zu ihrer Geschichte 1918–1933, Hamburg 1958.

LITERATUR Erwin B. Boldt, Die verschenkte Reform. Der Neuaufbau der Hamburger Polizei zwischen Weimarer Tradition und den Vorgaben der britischen Besatzungsmacht 1945–1955, Hamburg 2002 (Veröffentlichungen des Hamburger Arbeitskreises für Regionalgeschichte (HAR), 12), S. 267–273. *Wolfgang Kopitzsch*

DAVID (Daviedt), Johann Marcus, geb. 2. 9. 1764 Hamburg, gest. 1. 3. 1815 Oldenburg in Oldenburg; luth.; Maler, Grafiker.

Johann Marcus David, der als junger Künstler von der Patriotischen Gesellschaft gefördert wurde, zählt zu den wenigen Zeichnern dokumentarischer hamburgischer Ansichten im 18. Jahrhundert.

Nachdem der Vater, Johann Daviedt, der Arbeiter auf dem hamburgischen Kalkhof gewesen war, sich als preußischer Soldat verdingt und die Fami-

D

DEDEKE, Wilm

lie im Stich gelassen hatte, kam das dreijährige Kind zusammen mit einem jüngeren Bruder ins Waisenhaus. Der dort beschäftigte Mathematik- und Zeichenlehrer Johann Theodor Reinke nahm den jungen David 1781 in eine sechsjährige Lehre; vermutlich verfolgte er die Absicht, ihn als Gehilfen für die Vermessung des hamburgischen Landgebietes einzusetzen. Die bildkünstlerische Begabung Davids wurde von der Patriotischen Gesellschaft gefördert. Auf ihren beiden frühesten Kunstausstellungen 1790 und 1791 waren erste Gemälde von David zu sehen, die lobend besprochen wurden. Die Gesellschaft ermöglichte ihm Reisen nach Kopenhagen, Dresden und Leipzig; 1792 arbeitete David als Zeichenlehrer in Dessau. Förderung erhielt er auch durch Aufträge der Großkaufleute und Senatoren Martin Dorner und Albert Hinrich Adamy. Das bekannteste Gemälde ist das 1802 entstandene großformatige Porträt des Ingenieurs und Architekten Ernst George Sonnin. Besonders die aquarellierten Federzeichnungen und Radierungen mit Ansichten aus Hamburg und von Örtlichkeiten elbabwärts bis nach Helgoland bedienten eine damals aufkommende Mode. Ansichten von Davids Hand gibt es auch von Lübeck und Oldenburg. Die unprätentiösen, eine genaue Perspektive vernachlässigenden Darstellungen haben sowohl dokumentarischen Wert als auch ästhetischen Reiz. David scheint in ärmlichen Verhältnissen gelebt zu haben. Die Adressbücher weisen ihn als Kunstmaler mit wechselnden Wohnungen bis 1810 auf. Danach ist er offenbar nach Oldenburg in Oldenburg verzogen.

LITERATUR Rump; ThB 8; AKL 24; Joseph Heckscher/Gustav Kowalewski, Johann Marcus David, in: MHG 24 (1904) S. 370–381. *Ulrich Bauche*

DEDEKE, Wilm, geb. um 1460, gest. 1528 Hamburg; Maler.

Wilm Dedeke steht in der Tradition der im Hamburg des Spätmittelalters tätigen Maler, die mit qualitativ hochwertigen Werken auf sich aufmerksam gemacht haben. Wenngleich wenige urkundlich bezeugte Daten über ihn bekannt sind, sprechen doch einige Fakten einschließlich stilistischer Charakteristika seiner Bilder für folgende Vita des Malers: 1484/85 könnte Dedeke seine Ausbildung in der Hamburger Werkstatt des Hinrik Funhof absolviert haben. Da für Dedeke aufgrund von Zunft-

regelungen keine Möglichkeit bestand, eine neue Werkstatt in der Hansestadt zu eröffnen, ging er, vermutlich begleitet von Hans Bornemanns Sohn Hinrik, nach Westfalen, bevor er sich Anfang der neunziger Jahre in Lübeck niederließ und dort eine florierende Werkstatt betrieb. In der Stadt an der Trave entstanden einige hochwertige Werke in Zusammenarbeit mit dem Lübecker Bildhauer Henning von der Heide.

1499 kam Dedeke auf Bitten des mittlerweile in Hamburg ansässigen Hinrik Bornemann in die Hansestadt, übernahm 1500 die Werkstatt des 1499 verstorbenen Freundes und heiratete kurz darauf dessen Witwe. Im gleichen Jahr war er bereits im Meisteramt eingetragen, 1502 als Ältermann der Thomas-Bruderschaft, ab 1514 als solcher der Lukas-Brüderschaft registriert. Zu den ersten Arbeiten in Hamburg zählte die wahrscheinlich gemeinsam mit Absolon Stumme vollzogene Fertigstellung des noch von Bornemann entworfenen und begonnenen, für den Dom bestimmten Lukas-Altars des Maleramtes, der seit 1804 in der St. Jacobikirche platziert ist. Vor dem künstlerisch anspruchsvollen Retabelaltar, dessen Bildprogramm auf eine seinerzeit selbstbewusste Präsentation der Malergilde hinweist, werden noch heute in Anlehnung an mittelalterliche Gepflogenheiten Feierlichkeiten der Malerinnung abgehalten. Ein weiteres wichtiges Werk von Dedekes Hand ist der Altar der Fischer (1508), ebenfalls in St. Jacobi aufgestellt. Sein um 1510 entstandenes Hauptwerk, der so genannte Halepagen-Altar, befindet sich in der Buxtehuder St. Petrikirche. Der Theologe und Klosterreformer Gerhard Halepagen, Stifter des Altars, war ein Verwandter des langjährigen Hamburger Bürgermeisters Hermann Langenbeck (1452–1517), dessen Gesichtszüge in der Figur des Heiligen Hieronymus wiedergegeben sein sollen. Ein ebenfalls Dedeke zugeschriebenes späteres Konterfei Langenbecks präsentiert den Bürgermeister als entschlossene und gelehrte Persönlichkeit.

Ein Vergleich dieser und weiterer vermutlich von Dedekes Hand stammender Werke lässt eine signifikante ›Schiefmäuligkeit‹ der dargestellten Personen erkennen. Was dem Künstler anscheinend als Mittel perspektivischer Verkürzung diente, gibt dem heutigen Betrachter ein stilistisches Hilfsmittel an die Hand, das die Zuschreibung der Bilder an einen beachtenswerten Hamburger Maler, allem

Anschein nach verkörpert in der Person des Wilm Dedeke, erleichtert.

LITERATUR ThB 8; AKL 25; Max Hasse, Lübecker Maler und Bildschnitzer um 1500, in: Niederdeutsche Beiträge zur Kunstgeschichte 3 (1964), S. 307–312; Volker Plagemann, Versunkene Kunstgeschichte. Die Kirchen und Künstler des Mittelalters in Hamburg, Hamburg 1999, S. 244–247; Sebastian Giesen, Wilm Dedeke, in: Goldgrund und Himmelslicht. Die Kunst des Mittelalters in Hamburg [Katalog zur Ausstellung in der Hamburger Kunsthalle vom 19. November 1999 bis 5. März 2000], Hamburg 1999, S. 222–225, 232–245.   *Susanne Geese*

DEHMEL, *Richard* Fedor Leopold, geb. 18. 11. 1863 Wendisch-Hermsdorf (Spreewald), gest. 8. 2. 1920 Blankenese bei Hamburg; konfessionslos; Schriftsteller.

Richard Dehmel

Der literaturhistorisch zwischen Naturalismus und Expressionismus stehende Dehmel, zu Beginn des 20. Jahrhunderts als einer der wichtigsten Repräsentanten der Lyrik deutscher Sprache gefeiert, verbrachte die letzen 20 Jahre seines Lebens in Blankenese bei Hamburg. Neben seinem lyrischen Hauptwerk, das in strikter Abkehr von der klassisch-romantischen Tradition entstand, schuf Dehmel Dramen, Prosa sowie gemeinsam mit seiner ersten Frau Paula Kindergedichte und Kindergeschichten. Eine vitalistische Grundeinstellung kennzeichnet sein Werk, in dessen Mittelpunkt die rauschhafte Begegnung mit dem Leben und die durch Ästhetisierung zu erreichende Steigerung des individuellen Lebensgefühls stehen.

Nach dem Studium der Volkswirtschaft, Philosophie und Naturwissenschaften in Berlin und Leipzig, das Dehmel 1887 mit einer Promotion über das Feuerversicherungswesen abschloss, nahm er in Berlin eine Stelle als Sekretär beim Verband Deutscher Feuerversicherungsgesellschaften an. Seit 1891 trat er mit Lyrikbänden an die Öffentlichkeit und erlangte mit der Sammlung »Aber die Liebe. Ein Ehemanns- und Menschenbuch« (1893) erstmals größere Bekanntheit. Das Doppelleben als Angestellter und Dichter währte bis 1895, als Dehmel sich entschloss, fortan als freier Schriftsteller zu wirken. Im selben Jahr gründete er gemeinsam mit Otto Julius Bierbaum, Julius Meier-Graefe und Eduard von Bodenhausen die Kunst- und Literaturzeitschrift »Pan«; 1896 erschien eine Sammlung bedeutender Liebesgedichte unter dem Titel »Weib und Welt«.

1901 übersiedelte der Schriftsteller in die Nachbarschaft des befreundeten Detlev von Liliencron nach Blankenese, galt dem Hamburger Bürgertum jedoch wegen seiner unbürgerlichen Lebensführung und der panerotischen Freizügigkeit seiner Lyrik als suspekt und partizipierte kaum am öffentlichen Leben der Hansestadt. Über Dehmels Vorbehalte gegenüber Hamburg wusste der ihm freundschaftlich verbundene Gustav Schiefler zu berichten: »Er meinte, die Einstellung aller Gedanken in den Kreis des Erwerbslebens, die mit einer Art Ausschließlichkeit schon der Jugend eingeprägt werde, lasse ästhetische Talente oder gar Genies nicht aufkommen.« Literarischen Ruhm brachte Dehmel vor allem die 1903 veröffentlichte Dichtung »Zwei Menschen. Roman in Romanzen«, ein Werk des literarischen Jugendstils, zu dem ihn die leidenschaftliche Beziehung zu Ida Auerbach, seit 1901 Dehmels zweite Ehefrau, inspiriert hatte. Nähere Beziehungen unterhielt der Schriftsteller zu dem Lyriker Gustav Falke und zu Carl Hagemann, seit 1910 Leiter des Deutschen Schauspielhauses, der im November 1911 Dehmels Drama »Michel Michael« zur Uraufführung brachte – mit so geringem Erfolg, dass es die einzige Aufführung des Stückes bleiben sollte. Die Uraufführung der ersten erfolgreichen Arbeit des Dramatikers Dehmel, »Die Menschenfreunde«, fand 1917 unter der Leitung von Hermann Röbbeling im Thalia Theater statt. Eine weitere bedeutsame Sammlung von Gedichten veröffentlichte Dehmel 1913 unter dem Titel »Schöne wilde Welt« (stark erweiterte Neuauflage 1920).

DEITERS, Max

Zweifelhafte öffentliche Aufmerksamkeit erregte der Schriftsteller, als er sich 1914 im fortgeschrittenen Alter von 51 Jahren als Kriegsfreiwilliger meldete und martialische Verse folgen ließ.

1924 erwarb der hamburgische Staat den Nachlass Dehmels, der heute in der Staats- und Universitätsbibliothek verwahrt wird. Ein Porträt des Schriftstellers malte Max Liebermann nach 1905 für die Hamburger Kunsthalle. Die Blankeneser Straße, in der Richard Dehmel seit 1912 wohnte, trägt seit 1928 den Namen des Schriftstellers. Das hier gelegene Richard-Dehmel-Haus, erbaut von dem Architekten Walther Baedecker und eingerichtet von Peter Behrens, steht unter Denkmalschutz. Die heutige Gorch-Fock-Schule in Blankenese, errichtet in den Jahren von 1927 bis 1929, trug ursprünglich den Namen Richard-Dehmel-Schule.

WERKE Schriftenverzeichnis in: Kathryn O. Orth, Richard Dehmel. A bibliographical study, Ann Arbor/Mich. 1988; Gesammelte Werke, 10 Bde., 1.–3. Aufl. Berlin 1906–09; Mein Leben, hg. von Gustav Kirstein, Alfred Mombert und Robert Petsch, Leipzig 1922 (Drucke der Dehmel-Gesellschaft 2); Dichtungen, Briefe, Dokumente, hg. von Paul Johannes Schindler, Hamburg 1963.

LITERATUR NDB 3; DBE 2; Killy 3; Schiefler; Benno Diederich, Richard Dehmel, in: ders., Hamburger Poeten. Ansätze zu einer praktischen Ästhetik, 2., vermehrte Aufl. Leipzig 1911, S. 315–339; Julius Bab, Richard Dehmel. Die Geschichte eines Lebens-Werkes, Leipzig 1926; Horst Fritz, Literarischer Jugendstil und Expressionismus. Zur Kunsttheorie, Dichtung und Wirkung Richard Dehmels, Stuttgart u. a. 1969 (Germanistische Abhandlungen 29); WRWlt – o Urakkord. Die Welten des Richard Dehmel (Ausstellung in der Staats- und Universitätsbibliothek Hamburg Carl von Ossietzky vom 3. August bis 30. September 1995), Herzberg 1995 (Bibliothemata 14).

Dirk Brietzke

DEITERS, Max, geb. 14. 9. 1892 Altona, gest. 15. 1. 1947 Hamburg; luth.; Lithograf, Grafiker, Maler.

Max Deiters gehörte zu den wenigen Künstlern in Hamburg, die sich in der Weimarer Republik offen für die Bildagitation der SPD einsetzten.

Aufgewachsen mit drei Geschwistern in der Familie eines Werftarbeiters, schloss Deiters zunächst eine vierjährige Lehre als Lithograf ab und begann dann neben dem Beruf ein Abendstudium an der Hamburgischen Kunstgewerbeschule. Seine lange Militärzeit von 1912 bis 1919 mit schrecklichen Fronterlebnissen und schwerer Verwundung machte ihn zum bekennenden Kriegsgegner. In seinem 1930 verfassten Lebenslaufmanuskript (Hamburger Kunsthalle) erwähnt er ausdrücklich seine Mitgliedschaft im Soldatenrat.

Zwischen 1920 und 1924 nutzte Deiters seine Ausbildung zum Pressezeichner, als sich ein neuer Bedarf an Zeitungsillustrationen entwickelte. Für den »Hamburger Anzeiger« bebilderte er in seiner realistisch-kritischen Art eine Serie von Hafenreportagen. Für die in Berlin erscheinende Wochenschrift »Volk und Zeit«, die vielen sozialdemokratischen Tageszeitungen beigelegt wurde, so auch dem »Hamburger Echo«, schuf er von 1926 bis 1933 viele Titelblätter und etliche gezeichnete Serien. Von ihm entworfene Wahlplakate, hergestellt in der Parteidruckerei Auer, setzte die SPD seit 1927 in Hamburg und reichsweit ein. Auch in den von Aufträgen unabhängigen Mal- und Grafikwerken Deiters' standen Themen kriegerischer und gesellschaftlicher Not, Arbeitslosigkeit und Hunger sowie die Darstellung von Arbeit und Arbeitsbedingungen im Vordergrund. Er beteiligte sich damit 1925 und 1930 an Ausstellungen in der Kunsthalle.

Nach der Machtübernahme durch die Nationalsozialisten konnte er von 1933 bis 1937 noch unpolitische Illustrationen auf Vermittlung befreundeter Pressekollegen an Zeitungen und Zeitschriften liefern; danach kam es nur noch gelegentlich und anonym zu Veröffentlichungen. Deiters' Malen und Zeichnen konzentrierte sich nun auf Bildnisse, Blumen und Landschaften. 1942 erkrankte er schwer an Tuberkulose. Ein Jahr später gehörten die Folgen des Bombenkrieges zu den Themen seiner Bilder.

Nach 1945 beteiligte sich Deiters am demokratischen Neuaufbau und wirkte in einem Ausschuss für Entnazifizierung mit. Seine Frau Lili, die ihm und dem gemeinsamen Sohn in den Jahren faktischen Berufsverbotes durch ihre Illustrationszeichnungen die Existenz gesichert hatte, arbeitete nach seinem Tod weiterhin im Bereich der Zeitungsillustration.

LITERATUR Bruhns 2; Hans Meissner, Max Deiters, ein Maler aus dem Volk, in: Benjamin, 1. Jg. (1947), Nr. 2 [ohne Paginierung]; Marina Schneede, »Wir durften nicht abseits stehen«. Kunst und Agitation, in: Vorwärts und nicht vergessen. Arbeiterkultur in Hamburg um 1930. Materialien zur Geschichte der Weimarer Republik [Katalog zur Ausstellung der Kulturbehörde der Freien und Hanse-

stadt Hamburg vom 1. Mai bis 30. September 1982], Berlin
1982, S. 249–255. *Ulrich Bauche*

DELBANCO, Ernst, geb. 21. 2. 1869 Hamburg,
gest. 31. 3. 1935 ebd.; isr.; Dermatologe.

Der Dermatologe Ernst Delbanco wirkte vom 1. August 1929 bis zu seiner Amtsenthebung am 22. Juli
1933 als Chefarzt der Abteilung für Haut- und Geschlechtskrankheiten im Allgemeinen Krankenhaus Hamburg-Barmbek. Aufgrund seiner jüdischen Religionszugehörigkeit entzog ihm der nationalsozialistische Staat am 31. Juli 1933 auch seine
Lehrbefugnis als Honorarprofessor in der Medizinischen Fakultät der Universität Hamburg.

Nach dem Abitur an der Gelehrtenschule des Johanneums in Hamburg 1887 studierte Delbanco
Medizin in Freiburg, Straßburg im Elsass und Berlin. Am 25. März 1891 wurde er an der Universität
Berlin zum Doktor der Medizin promoviert, seine
Approbation als Arzt ist auf den 30. Juni 1892 datiert. Während der Hamburger Choleraepidemie
von 1892 arbeitete er aushilfsweise im Allgemeinen
Krankenhaus St. Georg. Nach einer sechsmonati-
gen Schiffsarztreise an die Westküste von Südamerika nahm Delbanco im November 1893 eine Tätigkeit als Volontär im Hygienischen Institut in
Hamburg auf. Darüber hinaus wirkte er vom 16.
Mai 1894 bis zum 1. Mai 1895 als Assistent des Hamburger Hafenarztes Bernhard Nocht und seit dem
9. Mai 1895 im Pathologischen Institut der Universität Königsberg.

Nach Hamburg zurückgekehrt, erhielt Delbanco im September 1897 eine Stelle als Assistent bei
dem Dermatologen Paul Gerson Unna, der im Jahre
1881 eine private »Heilanstalt für Hautkranke« in
Hamburg gegründet hatte. Hier absolvierte er seine
fachärztliche Ausbildung und ließ sich am 3. Juni
1898 als »Spezialarzt für Haut- und Sexualleiden«
in Hamburg nieder. Als Mitherausgeber der »Monatshefte für praktische Dermatologie« von 1901
bis 1911 und als Redakteur der »Dermatologischen
Wochenschrift« von 1912 bis 1933 war Delbanco ein
international bekannter Facharzt, der sich seit 1903
für die Hamburger Ortsgruppe der Deutschen Gesellschaft zur Bekämpfung der Geschlechtskrankheiten (DGBG) engagierte und seit 1909 Mitglied
der Sachverständigenkommission für gesetzgeberi-
sche Fragen der DGBG war. Als Anhänger des Abo-

Ernst Delbanco

litionismus und Mitglied des Hamburger Zweig-
vereins der internationalen Föderation (Verein zur
Bekämpfung der Unsittlichkeit) forderte er die Abschaffung der polizeilichen Kontrolle der Prostitution und die – von der Bürgerschaft am 17. Juni 1921
beschlossene – Aufhebung der Bordelle in Hamburg. Überdies wirkte er von 1915 bis 1918 und erneut von 1921 bis 1927 als Ausschussmitglied des
Deutschen Zentralkomitees zur Bekämpfung der
Tuberkulose sowie von 1915 bis 1918 und in den Jahren 1912 und 1926 als Vorstands- und Ausschussmitglied der DGBG. 1925 verfasste er zusammen mit
dem Vorsteher der Hamburger Stadtmission, Pastor Helmuth Schreiner, die Schrift »Vor der Entscheidung«. Darin forderte er ein reichsgesetzli-
ches Verbot von Bordellen und Kasernierungen
Prostituierter, das mit dem »Reichsgesetz zur Bekämpfung der Geschlechtskrankheiten« vom 1. Oktober 1927 eingeführt wurde.

Die Wiener Dermatologische Gesellschaft (1905),
die Dänische Dermatologische Gesellschaft (1923),
die Berliner Dermatologische Gesellschaft (1924)
und die Venerologisch-Dermatologische Gesellschaft in Moskau (1928) ehrten Delbanco mit der Ernennung zum korrespondierenden Mitglied. Zudem ernannte die Italienische Gesellschaft für
Dermatologie ihn 1928 zum Ehrenmitglied.

1935 beging Delbanco Selbstmord.

WERKE (mit Annie Blumenfeld) Das moderne Prosti-
tutionswesen, in: Anna Pappritz (Hg.), Einführung in das
Studium der Prostitutionsfrage, Leipzig 1919, S. 20–46; Die
gesetzliche Regelung der Bekämpfung der Geschlechts-

D

DENICKE, Heinrich

krankheiten, in: Dermatologische Wochenschrift 80 (1925), S. 62–66, 96–100, 127–130; (mit [Helmuth] Schreiner) Vor der Entscheidung. Zum Kampf gegen Prostitution, Geschlechtskrankheit und Wohnungsnot in Hamburg, Hamburg 1925.

LITERATUR DBE 2; Salomon Wininger, Große jüdische National-Biographie. Mit mehr als 8000 Lebensbeschreibungen namhafter jüdischer Männer und Frauen aller Zeiten und Länder. Ein Nachschlagewerk für das jüdische Volk und dessen Freunde, 7 Bde., Nendeln 1979 [Nachdruck der Ausgabe Cernaufi 1925–36], Bd. 7; Christine Pieper, Die Sozialstruktur der Chefärzte des Allgemeinen Krankenhauses Hamburg-Barmbek 1913 bis 1945. Ein Beitrag zur kollektivbiographischen Forschung, Hamburg/ Münster 2003 (Veröffentlichung des Hamburger Arbeitskreises für Regionalgeschichte (HAR) 16).

Christine Pieper

Heinrich Denicke

DENICKE, Heinrich, geb. 2.1. 1856 Buxtehude, gest. 30.10. 1943 Hamburg; luth.; Jurist, Kommunalpolitiker, Bürgermeister.

Unter Heinrich Denickes Führung – seit 1899 als Bürgermeister, von 1903 bis 1924 als Oberbürgermeister – wurde aus dem Landstädtchen Harburg eine moderne Industrie- und Hafenstadt.

Als Denicke 1883 vom Hilfsrichter in Iburg (Landdrostei Osnabrück) zum Harburger Stadtsyndikus aufstieg, lebten dort 18 000, bei seiner Pensionierung 73 000 Einwohner. Im selben Zeitraum war die Fläche der Stadt von 331 auf 1979 Hektar angestiegen. Harburg war nun mit den üblichen kommunalen Einrichtungen einer deutschen Mittelstadt ausgestattet, eine moderne Leistungsverwaltung eingeschlossen. 1930 wurde Denicke vom Magistrat der 1927 geschaffenen Großstadt Harburg-Wilhelmsburg versichert, er sei der erfolgreichste Oberbürgermeister gewesen, den Harburg je gehabt habe. Als Stadtoberhaupt legte Denicke, der in den Jahren seiner Tätigkeit als Stadtsyndikus zugleich auch ehrenamtlicher Syndikus der Handelskammer war, besonderen Wert auf die wirtschaftliche Entwicklung. Der Bau des Tidehafens (1904–07), die Eingemeindung von Lauenbruch (1906) und Eißendorf (1910) sowie der Abschluss des (3.) Köhlbrandvertrags mit Hamburg (1908), der den Verkehr von Hochseeschiffen erlaubte, gehörten ebenso zu den Errungenschaften seiner Amtszeit wie die Fortentwicklung von Kanalisation und Verkehrswegen, des Schulwesens und der Industrieansiedlung. Da Denicke auf Lebenszeit bestellt war, fand die nach 1918 im Bürgervorsteherkollegium erfolgte Umverteilung der Sitze zugunsten der Sozialdemokraten im Magistrat noch keine Entsprechung. Seine Ablehnung der Groß-Hamburg-Pläne war aber repräsentativ für beide städtischen Gremien. Anders als »Groß-Altona« und »Groß-Wandsbek« wurde Harburg-Wilhelmsburg nicht als Vorstufe für, sondern vor allem als Abwehrmaßnahme gegen eine Eingemeindung in die Hansestadt gefordert. Die Entwicklung des Hafens schien diese Linie zu bestätigen: Neben Emden und Stettin wurde Harburg zu einer der bedeutendsten preußischen Seehafenstädte. 1926 rückte Denicke für die DVP in den Hannoveraner Provinziallandtag ein und galt dort als ebenso sachverständiger wie entschiedener Groß-Hamburg-Gegner. 1930 wurde die Denickestraße im Stadtteil Heimfeld nach dem einstigen Bürgermeister benannt.

LITERATUR Helmut Stubbe-da Luz, Die Oberbürgermeister Heinrich Denicke, Harburg, Bernhard Schnackenburg, Altona, Erich Wasa Rodig, Wandsbek, Hamburg 1992 (HLb 6).

Helmut Stubbe-da Luz

DIETZ, Johann *Heinrich* Wilhelm, geb. 3.10. 1843 Lübeck, gest. 28.8. 1922 Stuttgart; luth.; Verleger, Reichstagsabgeordneter.

Der Verlagsname J. H. W. Dietz stand bis zur Machtübernahme der Nationalsozialisten 1933 nahezu synonym für die politische Literatur der Sozialdemokratie, für Schriften von Karl Marx, Friedrich

Heinrich Dietz

Engels, August Bebel, Wilhelm Liebknecht, Karl Kautsky, Clara Zetkin und vielen anderen Sozialisten. Weniger bekannt ist die Person des Verlegers, der als Leiter der Hamburger Parteidruckerei das Unternehmen während der Sozialistengesetze (1878–90) vor staatlichem Zugriff bewahren konnte und zudem von 1882 bis zum Ende des Ersten Weltkriegs den Hamburger Wahlkreis II im Reichstag vertrat. Nach einem kurzen Intermezzo von Georg Wilhelm Hartmann (ab 1880) war Dietz der erste Sozialdemokrat, der ein Hamburger Mandat errang.

Nach einer Schriftsetzerlehre in den Jahren von 1857 bis 1862 und Wanderjahren, die ihn nach St. Petersburg führten, kehrte Dietz 1866 nach Lübeck zurück. Zunächst für die »Eisenbahn-Zeitung«, ab 1873 für die »Lübecker Zeitung« tätig, engagierte er sich in der neu gegründeten Buchdruckergewerkschaft, deren Vorsitzender er 1871 für den Lübecker Gau und 1872 für den vereinigten Mecklenburg-Lübecker Gau wurde. 1874 siedelte er mit seiner Familie nach Hamburg über. Beschäftigt war er hier in der Druckerei von Martin Philipsen, die 1876 in den Besitz einer sozialdemokratischen Genossenschaft überging. Dietz übernahm den Posten des technischen Leiters. Als durch die Verhängung des »Kleinen Belagerungszustandes« im Rahmen der Sozialistengesetze am 19. Oktober 1878 eine Beschlagnahme drohte, verkaufte die Partei die Einrichtung zum Schein an Dietz. Mit dem Ende dieser Gesetze zur Knebelung der Sozialdemokratischen Partei erhielt die Hamburger Organisation 1890 ihre Druckerei zurück. Dort waren

die Zeitungen der Sozialdemokratie auch unter schwierigsten Bedingungen erschienen: von 1875 bis zum Verbot 1878 das »Hamburg-Altonaer Volksblatt«, anschließend die »Gerichts-Zeitung« bis zu ihrem Verbot 1881, dann die »Bürgerzeitung«, die offiziell keine Parteizeitung mehr sein durfte.

Im Oktober 1880 wurde Dietz zusammen mit dem gesamten sozialdemokratischen Parteivorstand aus Hamburg ausgewiesen und setzte seine Arbeit im preußischen Harburg fort. 1881 musste er auch sein neues Domizil in Richtung Lübeck verlassen und wurde bald danach nach Stuttgart geholt, um dort mit Maschinen der aufgelösten Leipziger Genossenschafts-Buchdruckerei eine neue Parteidruckerei einzurichten. Gleichzeitig verlangte die Partei seine (erst in der Stichwahl erfolgreiche) Reichstags-Kandidatur in Hamburg. Zur Jahreswende 1881/82 ließ Dietz in seiner neuen Heimat den lediglich formal in Privatbesitz befindlichen Verlag J. H. W. Dietz ins Stuttgarter Handelsregister eintragen. 1906 ging der Verlag offiziell in Parteibesitz über.

Zu den bedeutenden Unternehmungen des geschickten Geschäftsmannes Dietz, dessen Verlag bis zu seinem Tode über 300 Titel und zwölf Periodika herausbrachte, gehörten die ab 1884 wieder aufgenommene politisch-satirische Zeitschrift »Der wahre Jacob«, deren erster Jahrgang 1879/80 noch in Hamburg erschienen war, und die bedeutendste theoretische Zeitschrift der Sozialdemokraten, »Die Neue Zeit« (ab 1882). Unter schwersten Bedingungen ließ Dietz 1883 die Druckstöcke der zweiten erweiterten Ausgabe von August Bebels »Die Frau und der Sozialismus« in Stuttgart zum Druck in der Schweiz herstellen. Erst ab der neunten Auflage (1891) konnte das Buch dann ungehindert in Deutschland herausgebracht werden. Mit der Schriftenreihe »Internationale Bibliothek« gelangten von 1887 bis 1923 67 Bände mit klassischen Schriften der Arbeiterbewegung zu niedrigem Preis in Haushalte mit geringem Einkommen.

Nach dem Ende des Sozialistengesetzes übernahm der Stuttgarter Verlag 1891 auch die 1890 in Hamburg unter dem Namen »Die Arbeiterin« begonnene zentrale Frauenzeitschrift »Die Gleichheit«, nun mit Clara Zetkin als Redakteurin. 1914 erschien bei Dietz erstmals Karl Marx' »Das Kapital«, nachdem die alleinigen Rechte nicht mehr

D

DÖNHOFF, Marion Gräfin

beim Hamburger Verlag von Otto Meißner lagen. Dennoch wollte Dietz an der Verbindung zu Hamburg festhalten: »Aus historischen und Nützlichkeitsgründen«, so der Verleger in einem Brief an Karl Kautsky vom 8. Oktober 1912, »lasse ich das ›Kapital‹ in Hamburg setzen und drucken; was 1867 unserer Bewegung die Grundlage gab, wird 1914 die Aufklärung fortsetzen. Und Hamburg soll die Ehre behalten, bei dieser Arbeit mitgewirkt zu haben.«

Obwohl an zentraler Stelle in der SPD tätig und vielfach für Parteiaufgaben herangezogen, konnte Dietz außer August Bebel und Karl Kautsky, zu dem sich in 40-jähriger Zusammenarbeit ein enges Verhältnis entwickelte, nicht viele der Parteiführer zu seinen Freunden zählen. Nach Bebels Ableben 1913 zog sich auch Dietz weitgehend zurück. Das Unternehmen, dem er über 40 Jahre vorgestanden hatte, erholte sich nach dem Ersten Weltkrieg nicht mehr und musste nach Dietz' Tod 1923 mit dem Berliner Vorwärts-Verlag fusionieren.

LITERATUR NDB 3; SHBL 11; Angela Graf, J. H. W. Dietz 1843–1922. Verleger der Sozialdemokratie, Bonn 1998 (Politik und Gesellschaftsgeschichte 50).

Angela Graf

DÖNHOFF, *Marion* Hedda Ilse *Gräfin*, geb. 2. 12. 1909 Schloss Friedrichstein (Ostpreußen), gest. 11. 3. 2002 Schloss Crottorf (Siegerland); luth.; Journalistin, Autorin.

Ihre anfängliche Furcht, am nächsten Morgen »noch immer ein weißes Blatt« vor sich zu haben, hat die Journalistin, die 1946 zur »ZEIT« nach Hamburg kam, die Wochenzeitung über 56 Jahre entscheidend mitprägte und zu einer der renommiertesten politischen Publizistinnen avancierte, schnell verlassen: »Dass irgendetwas draufsteht, weiß ich inzwischen.«

Geboren als siebtes und jüngstes Kind des Reichstagsabgeordneten und Mitglieds im Preußischen Herrenhaus August Graf Dönhoff (1845–1919) und seiner Frau Ria, geborener von Lepel und Palastdame der Kaiserin Auguste Viktoria, wuchs Marion Gräfin Dönhoff ebenso naturverbunden wie den Strukturen der privilegierten Gesellschaft verhaftet auf dem Familiensitz im Pregeltal bei Königsberg auf. Nach dem Abitur in Potsdam absolvierte die junge Comtesse auf Wunsch der Mut-

ter eine standesgemäße Haushaltsschule in der Schweiz. Im Anschluss an ausgedehnte Reisen durch die Vereinigten Staaten und Afrika studierte sie Volkswirtschaft zunächst in Frankfurt am Main, nach der Machtübernahme Hitlers bei Edgar Salin in Basel, wo sie 1935 mit einer Arbeit über die Entstehung und Bewirtschaftung der Friedrichsteiner Güter von der Ordenszeit bis zur Bauernbefreiung promoviert wurde. Ihre mit kommunistischen Studienfreunden geteilte Ablehnung des Nationalsozialismus hatte der liberalen Protestantin bereits auf der Universität den Beinamen »rote Gräfin« eingetragen. Infolge der Einberufung ihrer Brüder zum Kriegsdienst oblag ihr ab 1939 die Verwaltung des familieneigenen Güterkomplexes. Gleichsam als Abschied von der ostpreußischen Landschaft unternahm sie 1941 zusammen mit ihrer Cousine Sissi Lehndorff einen mehrtägigen »Ritt durch Masuren«, den sie im gleichnamigen, 1992 erschienenen Erinnerungsband dokumentierte. Eng befreundet mit Mitgliedern des Kreisauer Kreises, dem zivilen Zweig der Hitler-Attentäter vom 20. Juli 1944, war Dönhoff insofern in den Widerstand eingebunden, als sie sich als Kurier betätigte. In den letzten Januartagen 1945 verließ sie Ostpreußen und floh vor den herannahenden Sowjettruppen. Von ihrem siebenwöchigen Ritt nach Westfalen legt ihr erstes, 1962 erschienenes und inzwischen mehrfach aufgelegtes Buch »Namen, die keiner mehr nennt« beredtes Zeugnis ab.

Ihr »zweites Leben« begann die 35-Jährige, als sie 1946 zur »ZEIT« nach Hamburg eingeladen wurde. In der fünften Ausgabe erschienen am 21. März 1946 ihre ersten Beiträge: »Totengedenken 1946« und »Ritt gen Westen«. In ihnen ist bereits der klare, sachbezogene Stil präsent, der sämtliche ihrer Publikationen prägt. Erfüllt von der Aufgabe, an der geistigen wie der politischen Erneuerung Deutschlands mitzuwirken, leitete sie ab 1950 das Ressort Politik. Nach Auseinandersetzungen mit dem Chefredakteur Richard Tüngel über Autoren mit nationalsozialistischer Vergangenheit sah sich die prinzipientreue Journalistin 1954 jedoch gezwungen, die Zeitung zu verlassen. Sie verfasste Reportagen für die »WELT« und hospitierte ein halbes Jahr beim »Observer« in London, bis Gerd Bucerius, inzwischen alleiniger Verleger der »ZEIT«, sie 1955 zurückholte und 1968 zur Chefredakteurin berief. Mit bisweilen preußischer Stren-

Marion Gräfin Dönhoff

ge hat »die Gräfin«, wie sie in der Redaktion von allen genannt wurde, vor allem jungen Journalisten, zu denen auch Theo Sommer, Hans Gresmann und Haug von Kuenheim gehörten, ihre publizistischen Maßstäbe vermittelt. Seit Anfang der sechziger Jahre plädierte sie für eine versöhnliche Ostpolitik und damit auch eine Anerkennung der Oder-Neiße-Linie als endgültige deutsche Ostgrenze. Die zunächst angenommene Einladung Willy Brandts, ihn 1970 zur Unterzeichnung des Deutsch-Polnischen Vertrages nach Warschau zu begleiten, lehnte sie in letzter Minute ab: Zu schwer wäre es ihr gefallen, der Besiegelung des Heimatverlustes beizuwohnen. Gleichwohl galt ihr die Aussöhnung mit dem Osten, zunächst mit Polen, später mit Russland, als vorrangiges Anliegen, für das sie 1971 mit dem Friedenspreis des Börsenvereins des deutschen Buchhandels ausgezeichnet wurde. Der 1995 nach ihr benannten Marion-Dönhoff-Schule im masurischen Mikolaiki (Nikolaiken) stattete sie alljährlich einen Besuch ab, um zusammen mit den Abiturienten eine ihr zu Ehren veranstaltete Schiffsfahrt bis zu jener Stelle zu unternehmen, an der ihre Cousine und sie einst mit ihren Pferden auf einer Fähre über den Baldahn-See gesetzt waren. 1973 wurde die ebenso wissbegierige wie unprätentiöse Dön-

hoff Herausgeberin der »ZEIT«. Zusammen mit sieben anderen Persönlichkeiten initiierte sie 1992 das Manifest »Weil das Land sich ändern muß«, in dem sie den Mangel an politischen Konzepten nach der Wiedervereinigung Deutschlands monierte. Regelmäßig versammelten sich in ihrem Haus in Blankenese Freunde zum intellektuellen Austausch. In Aufsätzen, Vorträgen und Gesprächsrunden widmete Dönhoff sich in ihren letzten Lebensjahren besonders der modernen Gesellschaft, die sie durch einen grundlegenden Wertewandel hin zur alleinigen Orientierung auf das Individuum sowie die Dominanz des kapitalistischen Konsumgedankens gefährdet sah. Bis wenige Wochen vor ihrem Tod erschien die über 90-Jährige regelmäßig im Pressehaus am Speersort, nahm an Konferenzen des politischen Ressorts teil und begleitete kritisch all jene Veränderungen, die sich seit 1996 unter dem neuen Verleger Dieter von Holtzbrinck abzeichneten.

Ob als Verfasserin ihrer von dem Bemühen um Toleranz, Frieden und soziale Gerechtigkeit getragenen Publikationen oder als engagiert Mitwirkende der Deutschen Gesellschaft für Auswärtige Politik, der von ihr wieder belebten Berliner Mittwochsgesellschaft, im Aspen-Institut for Humanis-

D

DOHMSEN, Lorenz

tic Studies in den Vereinigten Staaten, im Goethe-Institut oder in der ZEIT-Stiftung Ebelin und Gerd Bucerius, immer fühlte sich die mit zahlreichen Preisen und Ehrendoktorwürden ausgezeichnete Dönhoff verantwortlich für die Res publica. Der 1981 in Hamburg von ihr ins Leben gerufene Verein »Marhoff« bemüht sich um die gesellschaftliche Integration entlassener Strafgefangener. Die 1988 gegründete Marion-Dönhoff-Stiftung finanziert Wissenschaftlern aus Osteuropa Aufenthalte in Deutschland. Gemeinsam mit der ZEIT-Stiftung vergibt sie als Erbin des Nachlasses seit 2003 den Marion-Dönhoff-Preis, der Persönlichkeiten für ihre Verdienste um internationale Verständigung ehrt. Von der Freien und Hansestadt wurde Dönhoff 1982 zur Ehrensenatorin der Universität Hamburg, 1994 zur Professorin und 1999, vom Bürgermeister Ortwin Runde vor allem für »ihre Verdienste um Hamburg als Medienmetropole« gewürdigt, zur Ehrenbürgerin der Stadt Hamburg ernannt. Bereits 1990 war sie, die als einzige wesentliche Tat ihres Lebens die Stiftung des 1992 enthüllten Kant-Denkmals für Königsberg gelten ließ, mit der Plakette der Freien Akademie der Künste in Hamburg geehrt worden.

WERKE Namen, die keiner mehr nennt. Ostpreußen – Menschen und Geschichte, Düsseldorf 1962; Kindheit in Ostpreußen, Berlin 1988; Um der Ehre willen. Erinnerungen an die Freunde vom 20. Juli, Berlin 1994; Zivilisiert den Kapitalismus. Grenzen der Freiheit, Stuttgart 1997; Was mir wichtig war. Letzte Aufzeichnungen und Gespräche, hg. von Haug von Kuenheim und Theo Sommer, Berlin 2002.

LITERATUR Karl-Heinz Janßen, Die Zeit in der ZEIT. 50 Jahre einer Wochenzeitung, Berlin 1995; Alice Schwarzer, Marion Dönhoff. Ein widerständiges Leben, Köln 1996; Haug von Kuenheim, Marion Dönhoff, Reinbek bei Hamburg 1999 [erweiterte Sonderausgabe mit Bibliografie Hamburg 2002]; Friedrich Dönhoff, »Die Welt ist so, wie man sie sieht.« Erinnerungen an Marion Dönhoff, Hamburg 2002. *Astrid Froese*

DOHMSEN, Lorenz, gest. 1711 Hamburg; luth.; Bauhofszimmermeister.

41 Jahre lang leitete Dohmsen seit 1670 den für alle kommunalen Bauaufgaben zuständigen städtischen Bauhof. Zahlreiche Zweckbauten gingen auf ihn zurück: die Kummerbrücke, die Fertigstellung des von seinem Vorgänger Hans Hamelau be-gonnenen Bauhofkomplexes, Artilleriezeughäuser, Wachgebäude, Ställe, die Mühle auf der Mühlenbrücke sowie die Kuhmühle in Mundsburg. Der Baustil Dohmsens orientierte sich an der einheimischen Tradition: Bei seinem einzigen Sakralbau, der Dorfkirche Moorfleet von 1680/81, nahm er die in den Vier- und Marschlanden übliche Holzfachwerkbauweise auf. Er verwendete sie auch in der Stadt für Zeughäuser und Ställe. Die Fassade des von 1679 bis 1681 erbauten Waisenhauses am Rödingsmarkt gliederte der Baumeister mit Kolossalpilastern, wie sie im letzten Drittel des 17. Jahrhunderts in Hamburg für gediegene Traufenhäuser charakteristisch waren. Das Brunnenhäuschen auf dem Großneumarkt gestaltete er 1704 mit Rundbögen zwischen Halbsäulen unter einem barock geschweiften Kuppeldach wie einen Lustpavillon. Erhalten blieb von Dohmsens Bauten nur die Kirche in Moorfleet.

LITERATUR Hermann Heckmann, Barock und Rokoko in Hamburg. Baukunst des Bürgertums, Berlin/Stuttgart 1990; ders., Baumeister des Barock und Rokoko in Mecklenburg, Schleswig-Holstein, Lübeck, Hamburg, Berlin 2000. *Hermann Heckmann*

DOSE, Cay, geb. um 1700, gest. 27. 7. 1768 Kopenhagen; luth.; Architekt, Bauunternehmer.

Für Norddeutschland besitzt Cay Dose als Vertreter des Zentralbaugedankens im Sakralbau überragende Bedeutung. Von 1724 bis 1735 lernte er bei dem dänischen Generalbaumeister Johann Conrad Ernst in Kopenhagen, um sich anschließend zunächst in Alsen und seit 1739 in Schleswig niederzulassen, wo er ein eigenes Haus bewohnte. Fortan blieb er im Herzogtum Schleswig. Vergeblich bewarb Dose sich um die vakanten Stellen des königlichen Hofbauinspektors Jacob Fortling in Kopenhagen und des Stadtbaumeisters Claus Stallknecht in Altona. Hier vermittelte ihm der Landbaumeister Otto Johann Müller den Auftrag zum Bau des Kirchenschiffes der Hauptkirche St. Trinitatis, den er 1742/43 durchführte. Mit kreuzförmigem Grundriss schloss er es an den 1688 bis 1694 von Jacob Bläser erbauten Turm an. Bei der kleinen Kirche im heutigen Brande-Hörnerkirchen wählte er in den Jahren von 1749 bis 1752 mit dem gleichseitigen oktogonalen Grundriss eine konsequentere Zentralbauform. Vorbild dürfte Felix Dusarts kleine Frederikskirche von 1734 in Kopenhagen gewesen sein. Brande-Hörnerkirchen wiederum wurde das Vorbild für die vom Maurermeister Heinrich Schmidt 1769/70 in Hamburg-Niendorf erbaute Kirche. Schließlich verwirklichte Dose 1754 bis 1756 bei der Kirche im nordwestlich von Hamburg gelegenen Rellingen neben einem ebenfalls übernommenen Turm ein Oktogon mit für Norddeutschland einmalig großen Abmessungen und einer auffällig groß dimensionierten Dachlaterne. Beide Oktogone des Architekten werden zu Recht mit den berühmten Zentralbauten des 17./18. Jahrhunderts in Sachsen verglichen. Dose besaß auch hohe Fertigkeiten als Unternehmer bei Instandsetzungen, die er zum Beispiel bei seinen Arbeiten am Schleswiger Dom unter Beweis stellte. Immer wieder bewarb er sich um bedeutende Aufträge; vergeblich blieben seine Bewerbungen um den Wiederaufbau der Großen Michaeliskirche 1750 und um den Bau eines Königsschlosses in Altona südlich der Palmaille 1757, für den er einen Entwurf mit Mittel- und Seitenhöfen eingereicht hatte. In Altona trägt seit 1950 die Dosestraße westlich der von ihm erbauten Hauptkirche den Namen des Architekten.

LITERATUR SHBL 2; ThB 9; Frederik Weilbach, Kunstnerleksikon 1, o. O. [Kopenhagen] 1947; Hermann Heckmann, Baumeister des Barock und Rokoko in Mecklenburg, Schleswig-Holstein, Lübeck, Hamburg, Berlin 2000. *Hermann Heckmann*

DOWE, Bernhard, geb. 25. 10. 1890 Altona, gest. 25. 9. 1963 Hamburg; luth.; Verwaltungsbeamter, Geschäftsführer, Gewerkschaftsvorsitzender.

Nach Abschluss der Volksschule absolvierte Bernhard Dowe, der bereits im Alter von zehn Jahren seinen Vater verloren hatte, eine kaufmännische Lehre und fuhr 1913 für kurze Zeit als Matrose auf einem preußischen Verwaltungsschiff. Die Obersekundareife holte er 1915 durch einen Kurzlehrgang an der Oberrealschule Altona nach.

Nach schwerer Verwundung 1918 aus dem Kriegsdienst entlassen, begann er als Bürogehilfe bei den Altonaer Gaswerken und schlug dann die Verwaltungslaufbahn ein. 1919 wurde er Stadtsekretär, und von 1930 bis 1933 leitete er die Wohlfahrtsstelle II der Stadt Altona am Münzmarkt, die damals modernste soziale Einrichtung der Stadt. Seit 1919 Mitglied der SPD, wurde Dowe zum Vorsitzenden

der parteinahen Arbeiterwohlfahrt Altona und zum »hinzugezogenen Bürger« der Wohlfahrtskommission der Stadtverordnetenversammlung Altona gewählt. 1922 nahm er an der Gründung einer Ortsgruppe Altona der Reichsgewerkschaft deutscher Kommunalbeamter (RDK) im Allgemeinen Deutschen Beamtenbund (ADB) teil und wurde ihr Vorsitzender. Die RDK stand in Konkurrenz zum Reichsbund der Kommunalbeamten (KOMBA) und zum größeren Deutschen Beamtenbund (DBB), dessen Hamburger Gründungsvorsitzender Dowe 1947 werden sollte. Wegen seiner politischen Überzeugungen und Aktivitäten zwangen die nationalsozialistischen Machthaber den 43-jährigen Bernhard Dowe 1933 in den vorzeitigen Ruhestand, doch wurde er von 1939 bis 1945 als Aushilfsangestellter und Widerrufsbeamter für die Dauer des Krieges bei der Gemeindeverwaltung der Hansestadt Hamburg im Ernährungsamt beschäftigt.

Seit Oktober 1945 als Abteilungs- und Dienststellenleiter im Ortsamt Altona tätig, wurde Dowe 1952 zum Verwaltungsdirektor befördert. Den früheren Altonaer Oberbürgermeister Max Brauer, der seit 1946 als Hamburger Bürgermeister amtierte, kannte Dowe bereits aus enger Zusammenarbeit in Altona. Auf Brauers Veranlassung wurde Bernhard Dowe am 15. Januar 1947 zum Hauptgeschäftsführer der Deutschen Hilfsgemeinschaft (DHG) ernannt. Er übte dieses Amt mit Phantasie und großem persönlichem Engagement bis 1954 aus und sorgte dabei vor allem für die Wiedereingliederung von Kriegsheimkehrern und die finanzielle Unterstützung ihrer Familien. Unter seiner Leitung begründete die DHG eine Blindenhundschule und die Elsa-Brandström-Siedlung für 52 Personen. Da Dowe mit der Behandlung des öffentlichen Dienstes durch die Besatzungsbehörden äußerst unzufrieden war und seine Belange durch die bisher wiedererstandenen Gewerkschaften nur unzureichend berücksichtigt sah, ergriff er am 3. Oktober 1947 zusammen mit anderen früheren Beamtengewerkschaftern die Initiative zur Gründung der Deutschen Beamtengewerkschaft Hamburg, aus der 1961 der Landesbund Hamburg des DBB hervorging. Am 21. Juli 1948 wurde Dowe auch zum Vorsitzenden der vorläufigen Bundesleitung der Beamtengewerkschaft der Britischen Besatzungszone gewählt. Als früherer Freigewerkschafter setzte er sich über lange Jahre, jedoch letztlich erfolglos für

DUTTENHOFER, Max von

den Anschluss des entstehenden DBB an den Deutschen Gewerkschaftsbund (DGB) ein. Nach insgesamt fast zwölfjähriger Tätigkeit als Vorsitzender wurde Dowe 1960 mit dem Bundesverdienstkreuz ausgezeichnet.

LITERATUR 40 Jahre DBB Hamburg 1947–1987, hg. vom DBB Hamburg, Hamburg 1987; Thomas Kröker/Walter Schmitz, Lebensbilder der Vorsitzenden des Deutschen Beamtenbundes, Köln u. a. 1992 (Quellen und Darstellungen zur Geschichte des deutschen Beamtentums 3); Uwe Schmidt, Bernhard Dowe, Motor der Deutschen Hilfsgemeinschaft, in: Hamburger Notizen für den öffentlichen Dienst (Beilage zum DBB-Magazin), 46. Jg. (1995) Nr. 11, Bonn 1995, S. III.   *Uwe Schmidt*

DUTTENHOFER, Max von, geb. 10. 5. 1843 Rottweil, gest. 14. 8. 1903 ebd.; luth.; Industrieller, Geheimer Kommerzienrat.

Max von Duttenhofer, der zuweilen als der »Krupp Süddeutschlands« bezeichnet wurde, machte in kürzester Zeit aus einem kleinen Traditionsbetrieb im Neckartal ein bedeutendes Sprengstoffimperium, das ab 1877 mit der Pulverfabrik Düneberg bei Geesthacht auch den Hamburger Raum erfasste. Seine Weitsicht zeigte sich zudem daran, dass er zu den Pionieren der Autoindustrie in Deutschland gehörte. Er war seit ihrer Gründung 1890 einer der drei Hauptaktionäre und Aufsichtsratsvorsitzender der Daimler-Motoren-Gesellschaft.

Der Sprössling einer Apothekerfamilie aus Rottweil absolvierte zunächst eine Lehre als Apotheker. Duttenhofers Hauptinteresse galt jedoch der Chemie, die er an der Polytechnischen Schule in Stuttgart studierte, bevor er 1863 in den Familienbetrieb eintrat. 1872 gestaltete er die elterliche Firma Flaiz & Duttenhofer mit einem Kapital von 70 000 Talern in die AG Pulverfabrik Rottweil um. Der Pulverbedarf im Deutsch-Französischen Krieg von 1870/71 hatte eine Kapazitätserweiterung zur Folge, sodass Duttenhofer die in Württemberg gelegenen Pulvermühlen Niedereschbach und Vogelsang dazukaufte. Er pflegte gute Kontakte zum Militärapparat des neuen Reiches und baute im Rahmen der Hochrüstung nach 1871 ein beachtliches industrielles Imperium auf. Duttenhofer wurde zum »Pulverkönig« Deutschlands. 1888 erhob ihn Kaiser Wilhelm II. als Geheimen Kommerzienrat in den persönlichen Adelsstand.

Max von Duttenhofer

Die Fabriken im Süden Deutschlands reichten nicht aus, um auf dem sich entwickelnden globalen Markt für Sprengstoffe konkurrenzfähig zu bleiben. Um bessere Bedingungen für den Export und vor allem für die Aufrüstung der kaiserlichen Marine zu schaffen, suchte Duttenhofer einen neuen Standort in unmittelbarer Nähe zu Hamburg. Er pachtete 1876 von Otto von Bismarck ein Gelände am rechten Ufer der Elbe bei Geesthacht, die Besenhorster Sandberge, und errichtete dort die Pulverfabrik Düneberg, der Bismarck noch den Namen gab. Dr.-Ing. Carl Duttenhofer (1849–1921), ein Bruder des Firmenpatriarchen, wurde Oberdirektor der neuen Fabrik. Nach dem Tod Max Duttenhofers stieg 1903 auch dessen erst 24-jähriger gleichnamiger Sohn in die Firmenleitung ein.

Der Name »Düneberg« wurde bald zum Synonym für Pulver schlechthin. Im Ersten Weltkrieg nannte man das Gebiet die »Pulverkammer Deutschlands«, eine Bezeichnung, die die überregionale Bedeutung der Fabrik unterstreicht. Für Geesthacht, das bis zum Groß-Hamburg-Gesetz (1937) zu Hamburg gehörte, brachte der Wandel vom Dorf zum Industriestandort weit reichende Veränderungen. 1937 wurde Düneberg nach Geesthacht eingemeindet.

Max Duttenhofer war nicht nur Unternehmer, sondern auch Innovator. Er entwickelte in den 1870er Jahren das »braune prismatische Geschützpulver C 82«, das eine deutliche Verbesserung gegenüber dem herkömmlichen Schwarzpulver darstellte. Es wurde vor allem in dem Düneberger

Werk produziert und verhalf diesem in den 1880er Jahren zu steigenden Umsätzen. Einen sagenhaften Aufschwung erlebte die Fabrik in den beiden Weltkriegen. Nach dem Zweiten Weltkrieg wurde sie stillgelegt und zum Teil demontiert. Heute befinden sich auf dem ehemaligen Gelände Gewerbe- und Wohngebiete sowie renaturierte Naturschutzbereiche.

LITERATUR Jörg Kraus, Für Geld, Kaiser und Vaterland – Max Duttenhofer, Gründer der Rottweiler Pulverfabrik und erster Vorsitzender der Daimler-Motoren-Gesellschaft, Bielefeld 2001 (Wissenschaftliche Schriftenreihe des Daimler-Chrysler Konzernarchivs 4).

William Boehart

DUVE, Carl, geb. 2. 3. 1889 Altona, gest. 12. 5. 1984 Hamburg; luth.; Naturschützer.

Duve, der ursprünglich Schiffbauer und zeitweise stellvertretender Leiter des Reparaturbereichs der Werft Blohm & Voss war, trat in Hamburg und Umgebung zunächst ehrenamtlich, später hauptberuflich für die Anliegen des Naturschutzes ein.

Bereits vor dem Ersten Weltkrieg wurde Duve Mitglied im 1909 gegründeten »Verein Naturschutzpark«, der in der Lüneburger Heide beim Wilseder Berg ein erstes eigenes Gebiet erworben hatte, um dort das Landschaftsbild zu erhalten. Einen guten Kontakt hatte Duve auch zu der der Arbeiterbewegung nahe stehenden Naturfreunde-Organisation, für deren Zeitschrift »Der Naturfreund« er kleine Beiträge lieferte. 1924 gründete Duve die »Heidewacht« als eine »Schirmgemeinschaft norddeutscher Naturfreunde zum Schutze des heimischen Tier- und Pflanzenlebens«. Die von ihm geleiteten Heidewacht-Männer führten ehrenamtliche Streifengänge und -fahrten in der Lüneburger Heide, im Sachsenwald und in anderen Forsten im Umkreis von Hamburg durch, um Fauna und Flora vor den negativen Effekten des Ausflugsverkehrs zu schützen und Feuer zu verhüten.

Anfang 1934 gab Duve die Eingliederung der Heidewacht in den »Reichsbund Volkstum und Heimat« bekannt; das Vorwort zur Festschrift »10 Jahre Heidewacht« ließ er mit »Heil Deutschland! Heil Hitler!« enden. Doch die Vereinnahmung durch eine NS-Organisation missfiel ihm, und im Juni 1934 erklärte er die Heidewacht für aufgelöst.

Carl Duve

Die Arbeit wurde nun in anderem Rahmen fortgesetzt: Mit einigen Helfern wirkte Duve eine Zeit lang als »Forstschutzbeauftragter« im Forst Hahnheide bei Trittau. Dort konnte er nach eigener Darstellung dazu beitragen, den Bau einer Dynamitfabrik im Forst zu verhindern. Hauptberuflich war er während des Zweiten Weltkriegs in der U-Boot-Rüstung und in der Torpedoversuchsanstalt Kiel tätig.

Nach Kriegsende wurde Duve Vorsitzender der Hamburger Landesgruppe des Vereins Naturschutzpark. Beteiligt war er 1947 auch an der Gründung der Naturwacht Hamburg e. V., die in der Tradition der Heidewacht steht. 1946 wurde Duve zum hauptamtlichen Landesbeauftragten für Naturschutz in Hamburg und zum Leiter des neu geschaffenen Naturschutzamtes berufen. Aus der Bilanz seiner zehnjährigen Tätigkeit im Staatsdienst, bei der er sich nicht nur Freunde machte, sind der Erlass der Baumschutzverordnung vom 17. September 1948, der Erlass von Landschaftsschutzverordnungen zum Beispiel für die Fischbeker Heide, die Festlegung des Naturschutzgebiets auf der Elbinsel Neßsand sowie die Anlage des Alsterwanderwegs und des Elbhöhen-Wanderwegs bei Blankenese zu nennen. Mit besonderem Nachdruck kümmerte Duve sich um das Naturschutzgebiet Duvenstedter Brook, in dem er selbst in einer Dienstwohnung lebte. Auf seine Initiative wurde das Naturschutzgebiet erheblich vergrößert. Ab 1951 versuchte er, Kraniche im Brook wieder heimisch zu machen. Nach seiner Pensionierung Ende 1956 veröffentlichte er eine Reihe von kleineren heimat- und naturkundlichen Beiträgen, so in den Zeitschriften »Unsere Heimat – Die Walddörfer«, »Naturschutz- und Naturparke« und »Die Heimat«. Duve, der bis zum Tod im Alter von 95 Jahren mit seiner zweiten Frau Hanna im Brook am Duvenstedter Triftweg wohnte, fand seine letzte Ruhe auf dem Wohldorfer Waldfriedhof.

WERKE Führer durch den Naturschutzpark in der Lüneburger Heide, Stuttgart o. J. [1931] [Die überarb. 2. Aufl., an der Bernhard Abel mitwirkte, erschien 1955 unter dem Haupttitel: Kennst Du den Heidepark?]; Naturschutzgebiet Duvenstedter Brook, in: Jahrbuch des Alstervereins 1952, S. 23–28; Naturschutz und Landschaftspflege, in: Hamburg und seine Bauten 1929–1953, hg. vom Architekten- und Ingenieur-Verein Hamburg, Hamburg 1953, S. 233–236.

LITERATUR Claus Lafrenz, Nicht bequem, aber hochverdient. Natur- und Menschenfreund Carl Duve im »Ruhestand«, in: Die Welt (Hamburg-Ausgabe) Nr. 4 vom 5. 1. 1957, S. 7; Ein Naturschutz-Veteran wird 95 Jahre, in: Heimat-Echo. Wochenblatt für Walddörfer und Alstertal, Jg. 27 (1984), Nr. 8 vom 23. 2. 1984, S. 23. *Hans Walden*

ECKARDT, *Julius* Albert Wilhelm von, geb. 1. 8. 1836 Wolmar (Livland), gest. 20. 1. 1908 Weimar; luth.; Journalist, Senatssekretär, Diplomat.

Julius Eckardt verließ 1867 seine baltische Heimat, da er es als Publizist für aussichtslos hielt, der von Petersburg verfolgten Russifizierungspolitik wirkungsvoll zu begegnen. Nach einer journalistischen Tätigkeit in Leipzig bei dem von Gustav Freytag herausgegebenen »Grenzboten« kam er 1870 nach Hamburg, wo er als Chefredakteur des »Hamburgischen Correspondenten« wirkte. Eckardts sozialreformerisches Interesse – er gehörte 1872 zu den Gründern des »Vereins für Socialpolitik« – fand in der Berichterstattung des »Correspondenten« breiten Niederschlag. 1874 wurde er in das Amt des Senatssekretärs berufen. Sein mit der Petersburger Politik sich auseinander setzendes Buch »Russische Wandlungen« (1882) führte im Senat zu Verärgerung. Vor die Wahl gestellt, auf seine schriftstellerische Tätigkeit zukünftig zu verzichten oder den Dienst im Rathaus zu quittieren, entschied sich Eckardt für das Letztere. Die folgenden drei Jahre verbrachte er in Berliner Ministerien, ab 1885 war er im diplomatischen Dienst als Konsul bzw. Generalkonsul in Tunis, Marseille, Stockholm, Basel und Zürich tätig.

Unter Eckardts zahlreichen Publikationen ragen kenntnisreiche Schriften zur Geschichte und Politik Russlands heraus. Noch immer lesenswert sind die »Lebenserinnerungen« (2 Bde., Leipzig 1910), in denen der Autor im Abschnitt über seine Hamburger Zeit ein scharfsichtiges Bild der hanseatischen Gesellschaft zeichnet. Eckardt war im Deutschland der Bismarckzeit ein Einzelgänger. Aufgrund der Erfahrung im Baltikum war er ein Feind jeder Art von Großstaatsnationalismus, eine Haltung, die er auch gegenüber der gewaltsamen deutschen Politik in Nordschleswig und im Elsass einnahm.

LITERATUR NDB 4; Gert Kroeger, Julius Eckardts Artikelreihe »Für und wider das Elsaß-Projekt«. August 1870, in: Zeitschrift für Ostforschung 10 (1961), S. 201–225; Michael Garleff, Zum Rußlandbild Julius von Eckardts, in: Rußland und Deutschland. Festschrift für Georg von Rauch, hg. von Uwe Liszkowski, Stuttgart 1974 (Kieler historische Studien 22), S. 206–224; ders., Julius Eckardt in Deutschland, in: Zeitschrift für Ostforschung 33 (1984), S. 534–550; Joist Grolle, Hamburg und seine Historiker, Hamburg 1997 (Veröffentlichungen des Vereins für Ham-

Julius von Eckardt

burgische Geschichte 43), S. 61–63; West-östliche Spiegelungen. Russen und Rußland aus deutscher Sicht und Deutsche und Deutschland aus russischer Sicht von den Anfängen bis zum 20. Jahrhundert, Reihe A: Russen und Rußland aus deutscher Sicht, Bd. 4: 19./20. Jahrhundert. Von der Bismarckzeit bis zum Ersten Weltkrieg, hg. von Mechthild Keller, München 2000, S. 449–462, 491–495.

Joist Grolle

EDENS, Henning, geb. 22. 2. 1885 Hamburg, gest. 14. 1. 1943 ebd.; luth.; Maler.

Henning Edens, der dritte von vier Söhnen des Hamburger Tierarztes Emil Edens und seiner Frau Jennie, ging nach Absolvierung einer Malerlehre in Hamburg an die Dresdner Kunstakademie, wo er von 1905 bis 1908 bei Richard Sterl und Carl Bantzer studierte. Zwei weitere Jahre an der Königsberger Akademie sowie Reisen durch Holland und Frankreich folgten, bevor er sich 1911 in Altona niederließ. 1918 heiratete er die Malerin und Siebelist-Schülerin Ilse Tesdorpf-Edens. Ein Jahr später trat er dem Altonaer Künstlerverein bei und half diesem bald durch engagierte Mitarbeit, die organisatorischen Aufgaben zu bewältigen. Edens nahm auch an der vom Verein 1929 initiierten und erfolgreich durchgeführten »Kunstausstellung Altona« teil. Für diese Schau wurden viele bedeutende deutsche Künstler unterschiedlicher Kunstgattungen und -richtungen eingeladen, um Altona als »Stadt der Kunst« zu etablieren. 1933 wurde Edens zum Vorsitzenden des Vereins gewählt. Da er sich aber mit der Kulturpoli-

E

tik des nationalsozialistischen Magistrats im Altonaer Rathaus nicht arrangieren konnte, wurde ihm schon 1934 mit dem Vorsitzenden des »Kampfbundes für deutsche Kultur«, Karl Wilhelm Göring, eine linientreue Spitze übergeordnet. Zwar wurde Edens 1939 noch einmal zum Kassenwart bestimmt, durch politische wie interne Querelen jedoch kam die Vereinstätigkeit zum Erliegen.

Die Malerei von Henning Edens ist geprägt durch die vielen Reisen, die er in den dreißiger Jahren unternahm. Vor allem die Landschaften Norddeutschlands und Skandinaviens beeinflussten ihn bei der Motivwahl. Beim Bildaufbau orientierte er sich gern an der älteren holländischen Malerei, Licht und Farbe führen den Einfluss französischer Impressionisten wie Claude Monet und Camille Pissaro vor Augen. Edens, der zu den Vertretern der späten Hamburger Schule der Pleinair-Malerei gehörte, gelang es, in seinen Bildern Hafenszenen, Genredarstellungen und Naturmotive in eine atmosphärisch dichte, unverwechselbare Bildlandschaft einzubinden. Trotz der Qualität seiner künstlerischen Arbeit und bedingt durch die allgemein schwierige politische Lage blieb ihm der ökonomische Durchbruch allerdings verwehrt. Sein Gemälde »Hamburger Hafen« wurde 1931 von der Hamburger Stiftung »Künstler in Not« für die Kunsthalle angekauft.

Ende 1942, kurz vor Edens' Tod, wurde die mittlerweile am Rödingsmarkt bezogene Wohnung samt Atelier durch Bomben zerstört. Ein großer Teil des gesamten künstlerischen Werkes verbrannte.

LITERATUR ThB 9; AKL 32; Bruhns 1, S. 106 f.; Altonaer Künstlerverein 1905–1939 [Katalog zur Ausstellung im Altonaer Museum vom 7. September 1990 bis 21. Januar 1991], Hamburg 1990, S. 38–41, 59 f.; Die Sammlung Hermann-Josef Bunte. Deutsche Malerei des 20. Jahrhunderts [Katalog zur Ausstellung in der Hamburger Kunsthalle vom 1. November bis 1. Dezember 1999 u. a.], Hamburg 1999, S. 16 f. *Susanne Geese*

EGGERS, Hans Jürgen, geb. 2. 1. 1906 St. Petersburg, gest. 19. 4. 1975 Bad Pyrmont; luth.; Archäologe.

Hans Jürgen Eggers war Hauptkustos der vorgeschichtlichen Abteilung am Hamburgischen Museum für Völkerkunde und Vorgeschichte und lehrte von 1946 bis 1971 als außerplanmäßiger Professor

Hans Jürgen Eggers

für Vorgeschichte an der Universität Hamburg. Mehrere seiner Schülerinnen und Schüler waren als Archäologen in Hamburg und Norddeutschland tätig.

Eggers wurde 1906 als Sohn eines Gymnasial-Oberlehrers in St. Petersburg geboren. Er wuchs in Reval, Schweden, Berlin und Greifswald auf und studierte nach dem Abitur 1925 an den Universitäten Greifswald, Tübingen und Berlin die Fächer Germanische und nordische Philologie, Vorgeschichte, Archäologie, Kunstgeschichte und Volkskunde. 1930 wurde er in Greifswald bei Lutz Mackensen mit der Arbeit »Die magischen Gegenstände der altisländischen Prosaliteratur« promoviert. Seine ersten beruflichen Stationen waren das Museum für Vor- und Frühgeschichte in Berlin (1931–33) und das Pommersche Landesmuseum in Stettin (1933–45). 1941 habilitierte er sich an der Universität Rostock mit der Arbeit »Lübsow, ein germanischer Fürstensitz der älteren Kaiserzeit« und erhielt ab 1942 Lehraufträge an den Universitäten Greifswald und Rostock. Nach kurzem Kriegseinsatz kam er 1945 nach Hamburg, wo er im Wintersemester 1945/46 mit der vertretungsweisen Wahrnehmung des Lehrstuhls für Vorgeschichte und Germanische Frühgeschichte sowie mit der kommissarischen Leitung des Instituts für Vorgeschichte beauftragt wurde. 1949 wurde er zum außerplanmäßigen Professor ernannt.

Eggers' Forschungsarbeiten waren vor allem methodischen Problemen gewidmet. Seit 1950 gab er die Zeitschrift »Archaeologia Geographica. Beiträge zur vergleichenden geographisch-kartographischen Methode in der Urgeschichtsforschung« heraus. Er begründete den »Atlas der Urgeschichte« (mit den dazugehörigen Beiheften), dessen von ihm selbst verfasster erster Band »Der römische Import im freien Germanien« (1951) als grundlegendes Werk gilt. 1959 erschien erstmals seine »Einführung in die Vorgeschichte«, 1974 die Abhandlung »Methodik der Prähistorie«. Ein weiterer Forschungsschwerpunkt war das Problem der ethnischen Deutung archäologischer Funde. Außerdem war Eggers im Nordwestdeutschen Verband für Altertumsforschung tätig und seit 1956 Mitglied des Deutschen Archäologischen Instituts in Frankfurt.

Seine Pommern-Forschungen setzte Eggers anhand seiner umfangreichen Arbeitsunterlagen, zu denen Fotos, Fundregister und Notizbücher gehörten, in Hamburg fort. Er war seit 1954 Mitglied des Vorstandes der in Hamburg wiederbelebten Gesellschaft für Pommersche Geschichte und Altertumskunde und der Historischen Kommission für Pommern. Außerdem gehörte er dem Kulturbeirat der Pommerschen Landsmannschaft als Referent für Vor- und Frühgeschichte und ab 1960 der Schriftleitung der »Baltischen Studien« an.

WERKE Schriftenverzeichnis von Erika Sliwa in: Hammaburg N. F. 3/4 (1976/77), S. 13–18.

LITERATUR DBE 3; Jan Filip, Enzyklopädisches Handbuch zur Ur- und Frühgeschichte Europas, Bd. 1, Prag 1966, S. 320–321, Bd. 3, Prag 1998, S. 95; Otto Kunkel, Hans Jürgen Eggers 1906–1975, in: Hammaburg N. F. 3/4 (1976/77), S. 8–12; Reallexikon der Germanischen Altertumskunde, begründet von Johannes Hoops, hg. von Heinrich Beck, Bd. 6, 2., völlig neu bearb. und stark erweiterte Aufl. Berlin/New York 1986, S. 458–460.

Heidelies Wittig

EGGERSTEDT, *Otto* Friedrich, geb. 27. 8. 1886 Kiel, gest. 12. 10. 1933 KZ Esterwegen; Politiker, Polizeipräsident.

Im Anschluss an den Besuch einer Kieler Mittelschule erlernte Otto Eggerstedt das Bäckerhandwerk. Nach dem Ersten Weltkrieg, den er von Beginn an als Soldat erlebte, engagierte sich Eggerstedt, der sich bereits frühzeitig der Gewerkschaft und um 1904 der Sozialdemokratie angeschlossen hatte, zunächst in der Kieler Kommunalpolitik und in der lokalen Parteiarbeit. Von Februar bis Juli 1919

arbeitete er als Geschäftsführer des Arbeiter- und Soldatenrates von Groß-Kiel. Bis 1924 gehörte er der Kieler Stadtverordnetenversammlung an. Von Mitte 1919 bis Ende 1927 war Eggerstedt als Parteisekretär in Kiel tätig. Bis zu seiner Berufung in den preußischen Verwaltungsdienst 1927 stand er der Kieler SPD vor. Auch dem schleswig-holsteinischen SPD-Bezirksvorstand gehörte er ab 1920 an. Bereits 1921 hatte er erfolgreich für den Reichstag kandidiert, dem er bis 1933 ununterbrochen angehörte. Eggerstedt war damit einer der profiliertesten schleswig-holsteinischen SPD-Politiker.

Nach seinem Eintritt in den höheren Verwaltungsdienst der Polizeiverwaltung Altona-Wandsbek übernahm Eggerstedt im April 1928 die Leitung des Polizeiamtes Wandsbek. Elf Monate später wurde er Leiter des Polizeipräsidiums in Altona. Eggerstedt war für seine organisatorischen Fähigkeiten bekannt und galt als entschiedener Verteidiger der Demokratie. Schon beim Kapp-Putsch 1920 hatte er sich in Kiel entschlossen den reaktionären Kräften entgegengestellt.

Eggerstedts Amtszeit als Polizeipräsident wurde vom »Altonaer Blutsonntag« überschattet. Am 17. Juli 1932 forderten Zusammenstöße zwischen NSDAP, KPD und Polizei anlässlich eines Demonstrationszuges der NSDAP in der Altonaer Altstadt 18 Todesopfer. Obwohl Eggerstedt ortsabwesend war und die Verantwortung bei einem Stellvertreter lag, erklärten Nationalsozialisten und Kommunisten den Polizeipräsidenten zum Hauptverantwortlichen und diffamierten ihn öffentlich. Die Ereignisse dienten Reichskanzler Franz von Papen als weiterer Vorwand, um am 20. Juli 1932 die preußische Regierung durch einen Staatsstreich abzusetzen. Eggerstedt wurde umgehend mit Wirkung zum 21. Juli 1932 in den einstweiligen Ruhestand geschickt. Obwohl ein Dienststrafverfahren später eingestellt wurde, konnte Otto Eggerstedt seinen Dienst nicht wieder aufnehmen. Die Nationalsozialisten hatten inzwischen die Macht übernommen und ihn entlassen.

Ab dem Sommer 1932 engagierte sich Eggerstedt wieder verstärkt in der Parteiarbeit. Noch im Januar 1933 übernahm er erneut den SPD-Ortsvereinsvorsitz in Kiel. Der nationalsozialistische Terror erreichte in Schleswig-Holstein einen neuen Höhepunkt, als in der Nacht vom 11. auf den 12. März 1933 in Kiel der Rechtsanwalt und SPD-Politiker Wil-

EHLERT, Max

helm Spiegel ermordet wurde. In einer mutigen
Trauerrede für den Freund legte Eggerstedt ein Bekenntnis zur Freiheit ab und kündigte den Nationalsozialisten die Fortsetzung des politischen
Kampfes an. Als ein Ermittlungsverfahren gegen
ihn angestrengt wurde, tauchte er unter. Ein Hinweis an die Polizei führte am 27. Mai 1933 zu seiner
Verhaftung bei Lütjensee im Kreis Stormarn.

Seinen Parteifreunden war bewusst, dass sich
Eggerstedt in höchster Lebensgefahr befand. Doch
die bereits im Untergrund arbeitende schleswig-
holsteinische SPD-Bezirksspitze war Mitte Mai
1933 zerschlagen worden. Als der Bezirksvorsitzen-
de Willy Verdieck und sein Stellvertreter Richard
Hansen zu Gesprächen nach Flensburg reisten,
wurden sie erkannt. Während Verdieck verhaftet
wurde, gelang Hansen die Flucht nach Dänemark.
Von hier aus organisierte er mit finanzieller Unterstützung dänischer Sozialdemokraten einen
Fluchtversuch von Otto Eggerstedt, der jedoch
durch eine Anzeige aus dem engsten Familienkreis
vereitelt wurde. Direkt aus dem Altonaer Krankenhaus erfolgte am 12. August 1933 Eggerstedts Über-
stellung in das KZ Esterwegen. Beim Einsatz in einem Sonderkommando wurde der bereits grausam
misshandelte und gequälte Otto Eggerstedt am 12.
Oktober 1933 von zwei Wachleuten gezielt erschossen. Nach 1945 konnte der noch lebende Mörder vor
Gericht gestellt werden. Nach 13 Jahren Gefängnis
wurde der zu lebenslanger Haft verurteilte Täter
begnadigt. In Hamburg erinnert seit 1951 die Egger-
stedtstraße in Altona an den SPD-Politiker.

LITERATUR SHBL 10; Franz Osterroth, Biographisches Lexikon des Sozialismus. Bd. 1: Verstorbene Persönlichkeiten, Hannover 1960; Wolfgang Kopitzsch, Otto Eggerstedt (1886–1933), in: Demokratische Geschichte.
Jahrbuch zur Arbeiterbewegung und Demokratie in
Schleswig-Holstein, Bd. 3: 125 Sozialdemokratische Arbeiterbewegung in Schleswig-Holstein, hg. von Uwe Danker
u. a., Kiel 1988, S. 447–449; Rainer Paetau (unter Mitarbeit
von Wolfgang Kopitzsch und Gerhard Stahr), Die Ermordung des Reichstagsabgeordneten Otto Eggerstedt 1933
im Spiegel der Justizurteile von 1949/50. Geschuldete Erinnerung, in: ZSHG 119 (1994), S. 195–259; Der Freiheit
verpflichtet. Gedenkbuch der deutschen Sozialdemokratie im 20. Jahrhundert, hg. vom Vorstand der Sozialdemokratischen Partei Deutschlands, Marburg 2000.

Holger Martens

EHLERT, Max, geb. 18. 10. 1904 Berlin,
gest. 6. 9. 1979 Hamburg; Presse-Fotograf.

Der gebürtige Berliner erlernte das Handwerk der
Fotografie von 1920 bis 1927 an der Höheren Gra-
phischen Fachschule in seiner Geburtsstadt.
Gleichzeitig arbeitete er dort als Kameramann bei
verschiedenen Filmproduktionen, darunter Kurt
Oertels »Die freudlose Gasse« und mehrere Filme
mit dem Stummfilmstar Henny Porten. Ab 1927
war Max Ehlert als Mode- und Pressefotograf für
den Ullstein Verlag tätig. Gleichzeitig hielt er in
den dreißiger Jahren als Mitglied der NSDAP zahlreiche von der Partei organisierte Großereignisse
wie Reichsparteitage, Aufmärsche und auch die
Olympiade in Berlin 1936 im Bild fest. Ehlert gehörte später den ab 1938 eingerichteten Propaganda-
Kompanien (PK) des Hitler-Regimes an, die als Son-
dereinheiten zur journalistischen Aufbereitung des
Kriegsgeschehens herangezogen wurden. Während
eines Einsatzes auf dem schweren Kreuzer »Blü-
cher« gelang es ihm, sich von dem 1940 durch die
Norweger versenkten Schiff zu retten und dabei
dessen Untergang im Oslo-Fjord zu fotografieren.

Nach dem Krieg machte Ehlert sich zunächst
selbstständig und kam 1948 zum politischen Magazin »Der Spiegel«, für das er fortan die Titelbilder
fotografierte. Mit dem Umzug der Redaktion von
Hannover nach Hamburg 1952 wurde auch Ehlert in
der Hansestadt ansässig. Obwohl er zeitlebens auf
einen neuerlichen Umzug des Magazins nach Berlin
hoffte, wo er ein Haus besaß, blieb er auch nach seiner Pensionierung 1966 in der Hansestadt wohnen.

Als Spiegel-Fotograf ist Ehlert um die Welt ge-
reist und hat Personen aller gesellschaftlichen Bereiche und politischen Couleur porträtiert. Er war
dabei so erfolgreich, dass sich der damalige »Spiegel«-Herausgeber Rudolf Augstein zu der Bemerkung veranlasst sah, »es gehöre nachgerade in Europa zum guten Ton, dass Prominente sich von
Ehlert fotografieren lassen«. Um die vom Verlag geforderte Natürlichkeit des Porträtierten so gut wie
möglich im Bild festzuhalten, legte Ehlert eine er-
staunliche Flexibilität an den Tag. Im lockeren Gespräch mit seinem Gegenüber passte er die Momen-
te ab, in denen es sich möglichst unbeschwert gab
und sich fern jedweder Etikette fühlte, um dann
auf den Auslöser zu drücken. Porentiefe und leben-
dige Porträts von Gustaf Gründgens, Thomas

Max Ehlert

Jonathan Eibeschütz

Mann, Winston Churchill, Walter Ulbricht, Simone Signoret und vielen anderen waren das Ergebnis seiner unendlichen Geduld.

Das »Spiegel«-Archiv in Hamburg verwahrt den fotografischen Nachlass Ehlerts.

LITERATUR AKL 33; Der Spiegel Nr. 31 vom 29.7. 1953, S. 4 f.; Das deutsche Auge. 33 Photographen und ihre Reportagen. 33 Blicke auf unser Jahrhundert [Katalog zur Ausstellung in den Deichtorhallen Hamburg vom 31. Mai bis 1. September 1996], München 1996; Deutsche Fotografie. Macht eines Mediums 1870–1970 [Katalog zur Ausstellung in der Kunst- und Ausstellungshalle der Bundesrepublik Deutschland in Bonn vom 7. Mai bis 25. August 1997], Bonn 1997. *Susanne Geese*

EIBESCHÜTZ (auch Eibenschütz, Eybeschütz, Eybenschütz), Jonathan, geb. ca. 1690/95 Krakau oder Pinczow (Polen), gest. 18. 9. 1764 Altona; isr.; Rabbiner.

Ungeachtet seiner Bedeutung als talmudischer Gelehrter hat sich die jüdische Geschichtsschreibung Jonathan Eibeschütz meist im Zusammenhang mit dem so genannten Hamburger Amulettenstreit zugewandt, der sich um seine mutmaßlichen sektiererischen Neigungen entspann und die zeitgenössische jüdische Öffentlichkeit polarisierte.

Aufgrund seiner Lernbegabung zog Eibeschütz bereits als junger Knabe die Aufmerksamkeit der Umgebung auf sich. Nach dem Besuch mehrerer Jeschivot (Talmudakademien) in Mähren amtierte er zunächst als Rabbiner in Jungbunzlau. 1711 zog er erstmals nach Prag, die Jahre 1713/14 verbrachte er in Hamburg. Als Prediger kehrte er sodann in die böhmische Metropole zurück, wo er binnen kurzem einen Kreis von Schülern um sich sammelte. Seit 1736 gehörte Eibeschütz auch dem Prager rabbinischen Gerichtshof an, bis ihn die jüdische Gemeinde Metz 1741 als Oberrabbiner berief. Verhandlungen mit den Juden in Fürth über den dortigen Rabbinerposten scheiterten, doch folgte er einem Ruf der aus den jüdischen Gemeinden Altonas, Hamburgs und Wandsbeks bestehenden Dreigemeinde, die ihm 1750 das gemeinsame Oberrabbinat übertrug.

Eibeschütz, der sich intensiv mit theoretischer und praktischer Mystik beschäftigte, hatte sich bereits in seinen Prager Tagen des Vorwurfs erwehren müssen, er gehöre zu den heimlichen Anhängern des falschen Messias Sabbatai Zwi. Durch eine Anzahl von selbst verfassten kabbalistischen Amuletten, die er in Hamburg unter anderem an Wöchnerinnen verteilte, erneuerten und verstärkten sich schon bald die Gerüchte um seine angeblichen häretischen Neigungen. Rabbiner Jakob Emden, der als Privatgelehrter und Besitzer einer hebräischen Druckerei in Altona lebte, trat im Kampf gegen Eibeschütz als dessen heftigster Gegner auf. Überzeugt davon, dieser vertrete seinen ketzerischen Irrglauben im Verborgenen, scheute Emden keine Anstrengung, um die Absetzung des religiösen Oberhaupts zu erwirken. Die zeitweilig eskalierende Kontroverse griff auch auf andere jüdische Gemeinden über, zumal sich rabbinische Gelehrte

EIDIG, Hans

hier ebenfalls als Mitglieder beider Streitparteien gegenüberstanden. Angesichts der zwischen Eibeschütz' Anhängern und Anklägern offen zutage tretenden Feindschaft, die sich unter anderem in gegenseitigen Bannflüchen entlud, blieben alle Vermittlungsversuche ohne Aussicht auf Erfolg. Zwar stritt Eibeschütz die gegen ihn vorgebrachten Anschuldigungen immer wieder öffentlich ab, doch gelang es ihm nicht, die Gegner von seiner Unschuld zu überzeugen. Gleichwohl ließ er sich nicht aus dem Amt drängen. Unter den Führern der Dreigemeinde stand ihm eine Mehrheit zur Seite, sodass er auch die von den dänischen Behörden angeordneten Neuwahlen deutlich für sich entscheiden konnte.

Den jahrelangen Anfeindungen zum Trotz genoss Eibeschütz als Koryphäe des jüdischen Rechts weithin Anerkennung. Davon zeugt auch sein umfangreiches schriftliches Œuvre, dessen großer Teil erst postum zum Druck gelangte. Unter den Historikern scheint sich allerdings die Meinung durchzusetzen, dass Eibeschütz in der Tat zeitlebens als Krypto-Sabbatianer vom normativen Judentum abwich. Als sicher gilt zudem die Annahme, dass der Streit um die Person des Hamburger Oberrabbiners das Gleichgewicht des innerjüdischen Institutionengefüges auch außerhalb der Dreigemeinde nachhaltig gestört hat. Ungewollt schuf so die traditionelle jüdische Gesellschaft wichtige Voraussetzungen zu ihrer eigenen Transformation und Modernisierung, die wenige Jahrzehnte später mit der Aufklärung einsetzten.

WERKE Schriftenverzeichnis in: Specimen Brochure, hg. vom Institute for Hebrew Bibliography, Jerusalem 1964, S. 13–24; Kreti u-Fleti, Altona 1763 [hebr.; religionsgesetzlicher Kommentar]; Luchot 'edut, Altona 1755 [hebr.; Verteidigungsschrift]; Schem 'olam [hebr.; kabbalistisches Werk], Wien 1891.

LITERATUR SHBL 5; Encyclopaedia Judaica, 16 Bde., Jerusalem 1971/72, Bd. 6; Gutmann Klemperer, Rabbi Jonathan Eibenschütz. Eine biographische Skizze, hg. von Wolf Pascheles, Prag 1858; David Löw Zinz, Sefer gedulat Yehonatan [hebr.], Israel 1930; Bernhard Brilling, Eibenschütziana. Die zwei Ausgaben des »Toledoth bne Jehonathan« in ihrer Beziehung zu der Polemik um R. Johannan Eibenschütz. Anhang: die Nachkommen des RJE, in: Hebrew Union College Annual 34 (1963), S. 217–228, 35 (1964), S. 255–273, 36 (1965), S. 261–279; ders., Der Hamburger Rabbinerstreit im 18. Jahrhundert, in: ZHG 55 (1969), S. 219–244. *Andreas Brämer*

EIDIG, Johann *(Hans)* Christopher, geb. 27. 1. 1804 Klein-Klecken (Kirchspiel Hittfeld bei Harburg), gest. 1836 oder 1837 New York (USA); luth.; Wildschütz, Volksheld.

Zu den schillerndsten Figuren der Forstgeschichte des Sachsenwaldes gehört der Wildschütz bzw. -dieb Hans Eidig. Eidig stammte aus einer Försterfamilie in der Lüneburger Heide. Auch er wollte die Försterlaufbahn einschlagen, ihn reizte jedoch zu sehr die – private – Jagd, eine Leidenschaft, die mit dem damaligen herrschaftlichen Jagdrecht nicht harmonierte. Nach mehreren abenteuerlichen Begegnungen mit den Behörden im Hannoverschen zog sich Eidig 1832 auf der anderen Elbseite ins Lauenburgische zurück. Hier nutzte er die unterschiedliche polizeiliche Zuständigkeit im Raum um Geesthacht, Gülzow und den Sachsenwald geschickt aus, um weiteren Verfolgungen zu entgehen.

Unterstützt von der Bauernschaft, ging er mit großem Erfolg der Wilddieberei nach. Er teilte seinen Gewinn mit den Bauern, denen das Wildbret und der Schutz gegen die Wildschäden willkommen waren. Die beiderstädtische Dorfschaft Geesthacht machte er zu seinem Hauptstützpunkt. Hier baute er mit dem Händler Johann Franck aus Geesthacht ein regelrechtes Geschäft mit Wildfleisch auf. Hauptabsatzmarkt für den Handel war Hamburg. Eidig ging häufig mit Helfern auf die Pirsch ins Lauenburgische und hatte bald den Wildbestand im Adligen Gericht Gülzow stark reduziert. Danach wandte er sich verstärkt dem Sachsenwald zu.

Es gelang der Obrigkeit nicht, dem schlauen Wilddieb das Handwerk zu legen. Förster und Polizei veranstalteten regelrechte Treibjagden auf ihn, aber stets entwischte der »Robin Hood des Sachsenwaldes«. Bald erschien sein Bildnis auf Pfeifenköpfen, Tassen, Tabakdosen und sogar als Stickerei auf Kissen. Über ihn sagen Bänkelsänger auf Jahrmärkten Lieder zur Drehorgel, deren Texte auf Fliegenden Blättern für wenige Pfennige an die Besucher verkauft wurden. Er wurde zum Volkshelden.

Der Schwarzenbeker Amtmann Friedrich Seestern-Pauly griff endlich zu einer List. Er ließ Eidig über Mittelsmänner wissen, dass es in den Wäldern Amerikas, wo er freie Jagd hätte, nur so von Wild wimmelte. Das Amt bezahlte die Überfahrt für ihn und seine Ehefrau Catharine. Der Umzug des Helden zum Schiff nach Hamburg gestaltete sich zum

Hans Eidig

regelrechten Volksfest. Es erschienen Zeitungsartikel und Flugblätter, die Eidigs Abenteuer verbreiteten. 1835 traf er mit seiner Frau in New York ein, wo er Ende 1836 oder Anfang 1837 ums Leben kam – vermutlich erschossen bei der Jagd auf einem privaten Grundstück. Überliefert ist, dass seine Witwe im April 1837 nach Hamburg zurückkehrte.

Um Eidigs Leben und Wirken entstanden Legenden und Gedichte, die noch heute in älteren bäuerlichen Familien weitererzählt werden. Der Hamburger Illustrator und Lithograf Otto Speckter porträtierte ihn. Die Originalzeichnung trägt vermutlich Eidigs einzige erhaltene Unterschrift (»Johann Christophfer Eidig«) und dürfte 1835 anlässlich seiner Auswanderung nach Amerika entstanden sein.

LITERATUR J. F. Heinrich Müller, Hans Eidig. Eine Biographie des volkstümlichsten und bekanntesten Wildschützen der Lüneburger Heide und des Sachsenwaldes, aus den Quellen erarbeitet, Buchholz/Nordheide 2001.

William Boehart

ELLWEIN, Thomas, geb. 16. 7. 1927 Hof/Saale, gest. 6. 1. 1998 Schliersee; luth.; Politik- und Verwaltungswissenschaftler, Gründungs-Präsident der Hochschule/Universität der Bundeswehr Hamburg.

Der Sohn eines Pastors hat seine fränkische Herkunft stets betont. Er besuchte Gymnasien in Augsburg, Ansbach und Berlin und kokettierte in autobiografischen Verlautbarungen damit, dass er 1943 ein »Notabitur« abgelegt habe, um anschließend

Luftwaffenhelfer zu werden. 1944 diente er im Reichsarbeitsdienst und 1945 noch als Pionier der Wehrmacht; als solcher geriet er in Kriegsgefangenschaft. Das Studium der Rechtswissenschaft und der Geschichte schloss er 1950 in Erlangen mit der Promotion zum Dr. jur. ab.

In den folgenden Jahren arbeitete Thomas Ellwein als Lektor, politischer Schriftsteller, Verlagsleiter und Dozent. 1955 erschien sein Buch »Klerikalismus in der deutschen Politik« als erster Band in der Reihe »Heiße Eisen«. Dieses Buch wurde in Bayern als Kampfansage gegen die politische Kultur des Freistaates aufgefasst und stand in den folgenden Jahrzehnten der Berufung Ellweins an eine bayerische Hochschule entgegen. Noch vor der Buchveröffentlichung war Ellwein 1955 Leiter der Bayerischen Landeszentrale für Heimatdienst (später Landeszentrale für politische Bildung) geworden. Im Zuge dieser Tätigkeit entstanden Dokumentarfilme über die politischen Institutionen der Bundesrepublik. Darüber hinaus experimentierte Ellwein mit neuen Bildmedien, um die politische Bildung zu verbessern. 1958 gab er sein Amt nach vielen Auseinandersetzungen auf, um sich als freier Schriftsteller zu betätigen. 1961 erhielt er einen Ruf an die neu gegründete Hochschule für Erziehung in Frankfurt am Main, deren Präsident er 1963 wurde; seit 1962 war er Direktor des Seminars für Politische Bildung. In diesen Jahren entstand ein Buch, das, 1963 erstmals veröffentlicht, zu einem politikwissenschaftlichen Standardwerk wurde: »Das Regierungssystem der Bundesrepublik Deutschland«. Ellwein übernahm auch den Vorsitz des Frankfurter Studentenwerks; von 1967 bis 1973 war er ein sehr aktiver Präsident des Deutschen Studentenwerks. Er fand auch noch Zeit für Tätigkeiten im Deutschen Presserat, in der bayerischen und der Bundespolitik sowie als Rundfunkkommentator und als Kolumnist für zahlreiche Zeitungen.

Ellweins wissenschaftliches, politisches und soziales Engagement blieb nicht unbeachtet. 1970 berief ihn der damalige Verteidigungsminister Helmut Schmidt zum ersten Direktor des Sozialwissenschaftlichen Instituts der Bundeswehr, das in München eingerichtet wurde. Gleichzeitig übernahm Ellwein den Vorsitz einer Kommission, die Empfehlungen für die künftige Gestaltung von Bildung, Ausbildung und Erziehung in den Streitkräften erarbeiten sollte. Die 1971 fertig gestellte Exper-

tise erregte große Aufmerksamkeit. Die Empfehlung, länger dienende Offiziere an Universitäten studieren zu lassen, sorgte in der Bundeswehr für Aufruhr; viele Kommentatoren fanden »Wasser im Ellwein«. In mehreren Abteilungsleiter-Konferenzen auf der Hardthöhe gelang es dem Leiter des Sozialwissenschaftlichen Instituts aber durch glänzende Vorträge, die Bundeswehr-Führung von der Richtigkeit seines Konzepts zu überzeugen.

Sowohl in Hamburg, wo er als Gründungspräsident wirkte, als auch in München, wo die Parallelität seines Projekts sichergestellt werden musste, hat Ellwein hochschulpolitische Zeichen gesetzt. Was zunächst auf Widerstand gestoßen war und Protestaktionen herausgefordert hatte, wurde zur Normalität. Die Universitäten der Bundeswehr in Hamburg und München sind nicht nur zu selbstverständlichen Ausbildungsstätten der Bundeswehr für länger dienende Offiziere, sondern auch zu anerkannten Stätten der Forschung geworden. Die von Thomas Ellwein 1970 entwickelten Visionen wurden Realität.

Ellwein ist 1960 – kurz nach Verabschiedung des Godesberger Programms – Mitglied der SPD geworden; erst 15 Jahre später entschloss er sich dazu, politisch aktiv zu werden. Er kandidierte bei der Bundestagswahl 1976 im Wahlkreis München-Land erfolglos für seine Partei. Seine doppelte Kompetenz als Wissenschaftler und Praktiker machte ihn zu einem gesuchten Gutachter und Kommissionsvorsitzenden in Fragen der Verwaltungs- und Wahlrechtsreform. Vom Kurs der SPD zu Beginn der achtziger Jahre distanzierte er sich auf die konsequenteste Art: Er trat aus.

Drei Jahre wirkte Ellwein als Präsident der Hochschule der Bundeswehr in Hamburg. In dieser Zeit schuf er Strukturen, die den akademischen Anforderungen gerecht wurden, ohne militärische Notwendigkeiten zu ignorieren. Gegen erheblichen Widerstand setzte er die Integration von erziehungs- und gesellschaftswissenschaftlichen Anteilen in das Fachstudium durch, die ein Spezifikum des Studiums an der Universität der Bundeswehr geblieben ist. Durch engagierte Zusammenarbeit mit dem Hochschulamt und den Präsidenten der Hamburger Hochschulen, besonders dem der Universität, schuf er die Voraussetzung dafür, dass die neue Hochschule ihren anerkannten Platz im akademischen Leben der Hansestadt fand.

Als Ende 1976 die ersten Studenten ins Examen gingen, verließ er auf eigenen Wunsch die Hansestadt, um einem Ruf auf die Professur für Innenpolitik und öffentliche Verwaltung an der Universität Konstanz zu folgen. Auf seine Initiative hin entstand der Sonderforschungsbereich »Verwaltung im Wandel«. Als Vorsitzender der Deutschen Vereinigung für Politische Wissenschaft trug er von 1977 bis 1981 zur Krisenbewältigung innerhalb dieses Verbandes bei. Auch sein Wirken als Vorsitzender des Fachausschusses für Sozialwissenschaften der Deutschen Forschungsgemeinschaft (1992–96) fand allgemeine Anerkennung. In allen Phasen seiner wissenschaftlichen und politischen Wirksamkeit stand die politische Bildung stets im Mittelpunkt.

Thomas Ellwein hat zeitweilig als Berufsangabe »Schriftsteller« genannt. Dem ist er gerecht geworden, denn sein Œuvre ist nicht nur umfangreich, sondern auch sehr vielschichtig. In Anerkennung seiner wissenschaftlichen Verdienste verlieh ihm der Fachbereich Wirtschafts- und Organisationswissenschaften der Universität der Bundeswehr Hamburg am 28. Oktober 1993 die Ehrendoktorwürde.

WERKE Schriftenverzeichnis bis 1987 in: Thomas Ellwein, Politische Wissenschaft. Beiträge zur Analyse von Politik und Gesellschaft, hg. von Ralf Zoll, Opladen 1987, S. 304–322; Das Regierungssystem der Bundesrepublik Deutschland, Köln 1963 (8. Aufl. 1997); Die deutsche Universität. Vom Mittelalter bis zur Gegenwart, Königstein 1985 (Neuaufl. Frankfurt a. M. 1992, Wiesbaden 1997); Die öffentliche Verwaltung im gesellschaftlichen und politischen Wandel 1919–1990, Opladen 1997.

LITERATUR KDG 1992; Munzinger; Gerhard Lehmbruch, Thomas Ellwein und die Konstanzer Politik- und Verwaltungswissenschaft, in: Regierungssystem und Verwaltungspolitik. Beiträge zu Ehren von Thomas Ellwein, hg. von Wolfgang Seibel und Arthur Benz, Opladen 1995, S. 11–17; Eckardt Opitz, Gratiam agimus. Erinnerungen an Thomas Ellwein. Ein Beitrag zum 25jährigen Bestehen der Universität der Bundeswehr Hamburg, in: UNIFORUM, Jg. 1998, S. 5–7. *Eckardt Opitz*

EMBDEN, *Heinrich* Georg, geb. 19. 3. 1871 Hamburg, gest. 3. 4. 1941 São Paulo (Brasilien); isr.; Neurologe.

Der Neurologe Heinrich Embden wirkte vom 1. August 1923 bis zu seiner Entlassung aufgrund seiner jüdischen Herkunft in der Zeit des Nationalsozialismus am 31. Dezember 1933 als Chefarzt der vierten medizinischen Abteilung des Allgemeinen Krankenhauses Hamburg-Barmbek.

Der Sohn des jüdischen Rechtsanwalts George Heinrich Embden (1839–1907) und seiner nichtjüdischen Ehefrau Elisabeth Charlotte (1851–1910) galt nach der nationalsozialistischen Terminologie als »Vierteljude«. Nach dem Abitur am Hamburger Wilhelm-Gymnasium 1889 studierte Embden Medizin in Straßburg im Elsass und Freiburg im Breisgau, wurde im September 1893 zum Doktor der Medizin promoviert und erhielt seine Approbation als Arzt am 23. Dezember 1893.

Nach der Absolvierung seines Militärdienstes wurde Embden vom 1. April 1895 bis zum 28. Mai 1897 als Assistenzarzt im Allgemeinen Krankenhaus Hamburg-Eppendorf unter Max Nonne (1861–1959) zum Neurologen ausgebildet. Daraufhin ließ er sich am 1. Juli 1897 als Facharzt für Nerven- und Geisteskrankheiten in Hamburg nieder. Seine Ernennung zum leitenden Arzt der poliklinischen »Abteilung für Nervenkrankheiten und Elektrotherapie« im Krankenhaus der Deutsch-Israelitischen Gemeinde in Hamburg erfolgte am 1. Juni 1898. Aus seiner 1903 geschlossenen Ehe mit Gertrud Ida, geborene Küchler, gingen vier Kinder hervor. Nach der Teilnahme am Ersten Weltkrieg vom 2. August 1914 bis zum 7. Dezember 1918 wirkte Embden als Mitglied der Bibliothekskommission des Ärztlichen Vereins Hamburg (zwischen 1925 und 1931), als Vorsitzender der Gesellschaft der Neurologen und Psychiater Groß-Hamburgs (1925) und als Leiter der Beratungsstelle für jugendliche Psychopathen in Hamburg.

Der nationalsozialistische Staat entzog Embden am 1. September 1938 aufgrund der vierten Verordnung zum Reichsbürgergesetz vom 25. Juli 1938 seine Approbation als Arzt. Die vom Reichsminister des Innern am 1. Oktober 1938 erteilte widerrufliche Erlaubnis, als ausschließlich für jüdische Patienten zuständiger so genannter »Krankenbehandler« weiterarbeiten zu dürfen, war für Embden der Grund für seine Emigration nach Brasilien am 30. Dezember 1938.

WERKE Professor Dr. Max Nonne zum 70. Geburtstag (13. Januar 1931), in: Mitteilungen für die Ärzte und Zahnärzte Groß-Hamburgs, Nr. 2 vom 11. 1. 1931, S. 20.

LITERATUR Max Nonne, Anfang und Ziel meines Lebens. Erinnerungen, 3., verb. Aufl. Hamburg 1976; Peter Voswinckel, In memoriam Heinrich Embden, Hamburg (1871–1941), in: Arzt und Krankenhaus 64 (1991), S. 117–122; Alma Kreuter, Deutschsprachige Neurologen und Psychiater. Ein biographisch-bibliographisches Lexikon von den Vorläufern bis zur Mitte des 20. Jahrhunderts, Bd. 1, München u. a. 1996; Christine Pieper, Die Sozialstruktur der Chefärzte des Allgemeinen Krankenhauses Hamburg-Barmbek 1913 bis 1945. Ein Beitrag zur kollektivbiographischen Forschung, Hamburg/Münster 2003 (Veröffentlichung des Hamburger Arbeitskreises für Regionalgeschichte (HAR) 16). *Christine Pieper*

EMDEN, *Jakob* Israel ben Zwi (Akronym: Javetz), geb. 4. 6. 1698 Altona, gest. 19. 4. 1776 ebd.; isr.; Rabbiner, Gelehrter und Buchdrucker.

Obwohl Jakob Emden nur kurze Zeit den Rabbinerberuf ausübte, stand er als talmudischer Gelehrter und Schriftsteller weithin in hohem Ansehen. Die Historiografie benennt ihn zudem als Hauptbeteiligten am so genannten Hamburger Amulettenstreit, der das religiöse Gleichgewicht der jüdischen Lebenswelt vielerorts nachhaltig erschütterte.

Als Sohn des Chacham Zwi Aschkenasi genoss Emden seit frühester Kindheit eine intensive religiöse Erziehung. Der Vater, der 1706 zum Oberrabbiner der Dreigemeinde Altona, Hamburg und Wandsbek gewählt worden war, wusste ferner Emdens Interesse für allgemeine Wissensgebiete zu wecken, sodass sich dieser im Laufe seines Lebens mehrere Fremdsprachen sowie andere für seine Zeit ungewöhnliche Kenntnisse aneignete. Bereits im Alter von 17 Jahren erstmals verheiratet, zog Emden nach Ungarisch-Brod (Mähren) und setzte dort als Schüler seines Schwiegervaters zunächst das traditionelle Talmudstudium fort. Als er später damit begann, einen internationalen Handel aufzubauen, unternahm er ausgedehnte Reisen, die ihn in zahlreiche Länder Europas führten. Während eines Aufenthalts in Emden 1729 bewog ihn die dortige jüdische Gemeinde, das vakante Rabbinat zu übernehmen. Nach vier Jahren gab er diese Stellung auf und ließ sich in Altona nieder, wo ihm 1743 der dänische König die Konzession zur Errichtung einer hebräischen Buchdruckerei erteilte. Hier verlegte Emden auch seine eigenen Werke, in denen er sich überwiegend religionsgesetzlichen Fragestellungen zuwandte, zuweilen aber auch Probleme der hebräischen Grammatik, Aspekte der Textkritik sowie andere Themen zum Gegenstand der Erörterung machte.

ERBE, Albert

Emden war ein kompromissloser Kopf und von streitbarem Charakter. Als 1749 nicht er, sondern Jonathan Eibeschütz von der Dreigemeinde zum Nachfolger des verstorbenen Oberrabbiners Jecheskel Katzenellenbogen bestimmt wurde, fühlte er sich übergangen und betrachtete deshalb die Wahl als persönlichen Affront. Hinzu kam, dass Eibeschütz, ein ausgewiesener Kenner der jüdischen Mystik, kabbalistische Amulette in Umlauf brachte, deren Texte ihn nach Emdens Auffassung als geheimen Anhänger des Pseudomessias Sabbatai Zwi auswiesen. Emden suchte – vor allem in seinen gedruckten Polemiken – Eibeschütz als häretischen Sektierer zu entlarven und ihn zur Aufgabe seiner Stellung zu zwingen. Damit entfachte er eine mehrjährige Kontroverse, die nicht nur die Hamburger Juden in zwei Lager spaltete, sondern auch in anderen Gemeinden des Kontinents hohe Wellen schlug. Aufgrund der großen lokalen Gefolgschaft, die Eibeschütz hinter sich zu bringen wusste, musste Emden 1751 zeitweilig die Stadt verlassen, um in Amsterdam Zuflucht zu suchen. Auf Befehl der dänischen Behörden durfte er schon bald nach Altona zurückkehren – seine Bemühungen hingegen, die Absetzung des Oberrabbiners zu bewirken, blieben auch weiterhin ohne Erfolg.

Wenngleich der häufig kränkelnde Emden in seinen späten Lebensjahren erblindete, wirkte er weiterhin als militanter Gegner der Sabbatianer und all jener, die er mit diesen in Verbindung brachte. Von seinem inkonzilianten Wesen zeugt auch die Autobiografie, die dem Leser außerdem einen anschaulichen Eindruck von den vormodernen Lebensformen des aschkenasischen Judentums vermittelt. Zwar korrespondierte Emden zeitweilig auch mit Moses Mendelssohn, doch gehörte er nicht zu den frühen Verkündern jüdischer Aufklärungsvisionen, sondern blieb stets der Vertreter eines strengen Traditionalismus.

WERKE Schriftenverzeichnis in: Aresheth. An Annual of Hebrew Book-lore 3 (1961), S. 231–276; Lechem schamayim [hebr.; Kommentar zu Teilen der Mischna], Wandsbek 1728/Altona 1768; Sche'elat Ja'vetz [hebr.; Responsen], 2 Bde., Altona 1738/1759; Megilat sefer. The Autobiography of Rabbi Yakov Emden (1698–1776). From the complete Oxford Manuscript with Introduction and Notes by Abraham Bick, Jerusalem 1979 [zuerst hebr. Warschau 1897].

LITERATUR SHBL 5; Encyclopaedia Judaica, 16. Bde., Jerusalem 1971/72, Bd. 6; Mortimer J. Cohen, Jacob Emden. A Man of Controversy, Philadelphia 1937; Abraham Bick (Shauli), Rabbi Jacob Emden. The Man and His Thought [hebr.], Jerusalem 1974; Jacob Joseph Schacter, Rabbi Jacob Emden: Life and Major Works, 2 Bde., Ann Arbor 1990.

Andreas Brämer

ERBE, Karl Wilhelm *Albert* Max August Emil,
geb. 9. 9. 1868 Weilburg an der Lahn, gest. 29. 5. 1922 Essen; luth.; Architekt.

Albert Erbe arbeitete vor dem Ersten Weltkrieg ein Jahrzehnt im öffentlichen Hochbauwesen Hamburgs und schuf bedeutende Staatsbauten, die noch heute im Stadtbild prägend sind, darunter vor allem eine große Zahl von Schulgebäuden. Noch vor Fritz Schumacher leitete Erbe die Wiederbelebung des sichtbaren bodenständigen Backsteins ein. Er war der Protagonist des frühen Hamburger Heimatstils und Vorbereiter der Reformarchitektur.

Der Sohn eines Tünchermeisters studierte von 1888 bis 1892 Architektur in Berlin. Nach Militärdienst (1892/93) und anschließenden Praxisjahren bei dem Architekten Ludwig Euler in Wiesbaden (1893–95) arbeitete Erbe bei der preußischen Eisenbahnverwaltung. Er beteiligte sich an Wettbewerben und wurde 1896 mit der Schinkelmedaille ausgezeichnet.

Auf Empfehlung der Eisenbahndirektion kam der begabte junge Erbe 1901 nach Hamburg, wo er bis Ende 1911 im Staatsdienst bei der Baudeputation wirkte, 1906 zum Bauinspektor ernannt wurde und die Entwurfsabteilung des Hochbauwesens leitete. Erbe war in der glücklichen Lage, dass der bereits 70-jährige Baudirektor Carl Johann Christian Zimmermann ihn sogleich mit verantwortungsvollen Bauaufgaben betraute. Dem Heimatschutzgedanken nahe stehend, ließ Erbe sich bei seinen Entwürfen von alten hamburgischen Bürgerhäusern mit ihren Barockelementen inspirieren. Gemeinsam mit seinem Freund und Kollegen Christoph Ranck befasste er sich eingehend mit allen Details des althamburgischen Bürgerhauses, das immer mehr aus dem Stadtbild verschwand. Für die Veröffentlichung »Das Hamburger Bürgerhaus« (1911), die aus den Forschungen erwuchs, wurde beiden Architekten 1911 von der Technischen Hochschule Berlin der Titel eines Dr.-Ing. verliehen. Ganz bewusst griff Erbe in seiner Formensprache auf das vorindustrielle 18. Jahrhundert zurück; dennoch sollten seine Bauten für die Großstadt zeitgemäß und hochfunk-

Albert Erbe

tional sein. Seine zwischen Tradition und Moderne stehende Architektur vermochte unterschiedlichste Forderungen wie Zweckmäßigkeit, harmonische Einbindung ins Umfeld und angemessene Hervorhebung als Staatsgebäude in Einklang zu bringen.

Mit dem herausragenden Neubau der Navigationsschule (1902–05) auf dem Elbufer am Hafen gelang Erbe schon früh ein Blickfang mit großer Fernwirkung. Modernste technische Errungenschaften hatte er beim Bau der Feuerwache an der Admiralitätstraße (1906–08) zu berücksichtigen; erstmals wurde der Pferdebetrieb durch elektromaschinellen Betrieb ersetzt. Die Polizeiwache Klingberg 1 (1906–08), seinerzeit auch Dienstgebäude für die Landherrenschaften, verkörperte mit ihren hohen Giebeldächern, den roten Backsteinen, den kleinteiligen weißen Sprossenfenstern und dem Sandsteinschmuck geradezu idealtypisch Erbes Stilkonzept. Mit einem seiner frühesten Entwürfe gewann Erbe 1902 den Fassaden-Wettbewerb für das private Kontorhaus Alsterhaus (Ballindamm 13/Ferdinandstraße 32), das zugleich das früheste Heimatstil-Zeugnis dieses Bautyps darstellte.

Den Schulen in Hamburg verhalf Erbe zu neuem Aussehen und Ansehen; mit der Reform der Lehrinhalte ging die Reform der Schularchitektur einher. Seine qualitätvollen Entwürfe galten neben den vielen Volksschulen, für die er 1908 ein neues Schulbauprogramm formulierte, besonders den repräsentativen höheren Schulen in bevorzugten Ecklagen mit üppigen Eingangsportalen wie dem

Bismarck-Gymnasium (1909–11), dem Gymnasium Kaiser-Friedrich-Ufer (1910–12) und dem ehemaligen Heinrich-Hertz-Realgymnasium (1910/11, Beim Schlump/ Bundesstraße). Erbe konzipierte auch die beiden ersten staatlichen Lyzeen in Hamburg, das Gymnasium Lerchenfeld und das Helene-Lange-Gymnasium (1908–10). Vorrangig verwandte er Backstein, aber auch Putz kam zum Einsatz. Volksschulen wie die Schule Breitenfelder Straße (1910–12) oder die durch die Ermordung von 20 jüdischen Kindern, 24 sowjetischen Kriegsgefangenen, zwei Pflegern und zwei Ärzten durch SS-Angehörige am 21. April 1945 zu trauriger Berühmtheit gelangte Schule am Bullenhuser Damm (1908–10), die seit 1980 Janusz-Korczak-Schule heißt und eine Gedenkstätte beherbergt, schmückte Erbe gern mit liebevoller Bauplastik und Märchenfriesen.

Das vielfältige Spektrum der Entwürfe Erbes reicht von kleineren Bauten wie dem Forsthaus in Volksdorf (1903) oder der Kapelle VI auf dem Ohlsdorfer Friedhof (1904) bis zu sehr großen wie dem ›Barockpalast‹ der Oberfinanzdirektion (1907–10) am Rödingsmarkt, dem ehemaligen Dienstgebäude der Steuerverwaltung. Zu Erbes eindrucksvollen Staatsgebäuden zählen auch der zweiflügelige Kuppelbau der Botanischen Staatsinstitute (1904–06), der als Bucerius Law School zu neuen Ehren gekommen ist, die Sternwarte in Bergedorf (1906–12), das in enger Zusammenarbeit mit dessen damaligem Direktor Georg Thilenius erbaute Museum für Völkerkunde (1908–12) sowie der östliche Börsen-Erweiterungsbau (1909–12), der heutige Sitz der Handelskammer. Seit 1905 war Erbe in Überlegungen zum Erweiterungsbau der Kunsthalle eingebunden und hat – nach mehreren gemeinsamen Studienreisen zu vorbildlichen Museen im In- und Ausland – Lichtwarks wechselnde Vorstellungen in Entwürfe und Modelle umgesetzt, bevor Schumacher 1912 die Realisierung übernahm. Nebenher beteiligte sich Erbe rege am Vorlesungswesen und arbeitete engagiert im Architekten- und Ingenieurverein an der Verschönerung von Hamburgs Stadtbild mit; maßgeblich hat er das Baupflegegesetz von 1912 mit vorbereitet.

Seit 1901 war Erbe mit Jenny Rocholl verheiratet, die 1907 starb. Der junge Witwer mit drei kleinen Kindern heiratete zwei Jahre später Johanna Müller und hatte mit ihr ein viertes Kind.

Es war für Erbe bitter, bei der Nachfolge Zim-

ESCHENBURG, Johann Joachim

ermanns übergangen zu werden, zumal er seit 1908 das Amt des Baudirektors vertretungsweise innehatte und ausfüllte.

Als Fritz Schumacher 1909 die Berufung erhielt, beschnitt er die Entfaltungsmöglichkeiten Erbes, der sich daraufhin andernorts bewarb. Anfang 1912 wechselte er in die Ruhrmetropole Essen und wirkte dort als selbstständiger Leiter des städtischen Bauwesens.

Erste Projekte wie die Viktoriaschule am Kurfürstenplatz (1912–14) oder die Friedrich-Wilhelm-Funke-Stiftung (1913) sicherten ihm große Anerkennung. Für notwendige städtebauliche Impulse blieb Erbe kaum Zeit. Mit Beginn des Ersten Weltkriegs brach sein Schaffen abrupt und endgültig ab. Ende 1914 kam Erbe aus dem Kriegsdienst seelisch zutiefst verletzt zurück; sein jahrelanges Nervenleiden nahm ihm alle Kraft, führte zu fortschreitender Lähmung und schließlich 1922 zum Tode.

Einige seiner Staatsbauten in Hamburg tragen eine Denkmalschutztafel mit Erbes Namen. Der Erbestieg in Allermöhe erinnert seit 1979 an ihn.

WERKE Historische Städtebilder aus Holland und Niederdeutschland. Vorträge gehalten bei der Oberschulbehörde zu Hamburg, Leipzig/Berlin 1906 (Aus Natur- und Geisteswelt 117); Belichtung von Gemäldegalerien. Eine Reisestudie, Leipzig 1923; (mit Christoph Ranck) Das Hamburger Bürgerhaus. Seine Bau- und Kunstgeschichte, Hamburg 1911.

LITERATUR Hamburg und seine Bauten unter Berücksichtigung der Nachbarstädte Altona und Wandsbek 1914, hg. vom Architekten- und Ingenieur-Verein zu Hamburg, 2 Bde., Hamburg 1914, hier Bd. 1.; Boris Meyn, Die Entwicklungsgeschichte des Hamburger Schulbaus, Hamburg 1998, S. 128–145 (Schriften zur Kulturwissenschaft 18). *Wiebke Annkatrin Mosel*

ESCHENBURG, Johann Joachim, geb. 7. 12. 1743 Hamburg, gest. 29. 2. 1820 Braunschweig; luth.; Literaturhistoriker, Übersetzer.

Als Sohn eines aus einer Lübecker Familie stammenden Kaufmanns besuchte Johann Joachim Eschenburg in Hamburg zunächst das Johanneum, wo er bereits die Wochenschrift »Der Primaner« (1761/62) herausgab, und anschließend das Akademische Gymnasium. Ab 1764 studierte er in Leipzig

Johann Joachim Eschenburg

und ab 1767 in Göttingen Theologie und Philosophie. Im Jahre 1767 trat er eine Stelle am Collegium Carolinum in Braunschweig an, wo er 1773 zum Professor der schönen Literatur ernannt wurde. 1786 erhielt er den Titel eines Hofrats und wurde 1787 mit der Leitung des braunschweigischen Intelligenzwesens betraut. Eschenburg hat eine Fülle literarhistorischer Schriften veröffentlicht, die seine erstaunlichen Kenntnisse belegen. Bedeutsam war seine Rolle als Vermittler englischer Literatur und Philosophie; auf der Grundlage der Übersetzung Christoph Martin Wielands hat er die erste vollständige Ausgabe der Werke William Shakespeares in deutscher Prosa (13 Bde., 1775–82) vorgelegt. Auch seine Tätigkeit als Herausgeber der Werke Friedrich von Hagedorns und Gotthold Ephraim Lessings, mit dem er befreundet war, verdient Beachtung.

WERKE Entwurf einer Theorie und Litteratur der schönen Wissenschaften. Zur Grundlage bey Vorlesungen, Berlin/Stettin 1783 [Nachdruck Hildesheim 1976]; Handbuch der klassischen Litteratur, Berlin/Stettin 1783.

LITERATUR ADB 6; NDB 4; LhS 2; Fritz Meyen, Johann Joachim Eschenburg. 1743–1820. Professor am Collegium Carolinum zu Braunschweig. Kurzer Abriß seines Lebens und Schaffens nebst Bibliographie, Braunschweig 1957 (Braunschweiger Werkstücke 20); Manfred Pirscher, Johann Joachim Eschenburg. Ein Beitrag zur Literatur- und Wissenschaftsgeschichte des 18. Jahrhunderts, Phil. Diss. Münster 1959. *Horst Gronemeyer*

FALKE, Gustav, geb. 11. 1. 1853 Lübeck, gest. 8. 2. 1916 Hamburg; luth.; Dichter und Schriftsteller.

Nach dem Besuch der Realschule des Katharineums zu Lübeck absolvierte Gustav Falke eine Lehre im Hamburger Buchhandel. Im Anschluss an Aufenthalte in Essen und Stuttgart arbeitete er fast ein Jahrzehnt als Buchhändler im thüringischen Hildburghausen. 1878 kehrte Falke nach Hamburg zurück und erteilte von nun an privaten Musikunterricht. In seinen knappen Mußestunden widmete er sich der Dichtkunst. Ermutigt durch Detlev von Liliencron und Richard Dehmel, veröffentlichte Falke regelmäßig kleinere Gedichtsammlungen, darunter »Mynheer der Tod« (1892), »Tanz und Andacht« (1893), »Zwischen zwei Nächten« (1894), »Neue Fahrt« (1897), »Mit dem Leben« (1899) und »Hohe Sommertage« (1902). Seine naturnahe, impressionistisch gefärbte Lyrik begründete Falkes Ruf. Geradezu volkstümlich wurden die gemütvollen Kindergedichte, allen voran jene, die er auf Alfred Lichtwarks Anregung zu nachgelassenen Tierzeichnungen des Hamburger Künstlers Otto Speckter gereimt hat (»Otto Speckters Katzenbuch«, 1900; »Otto Speckters Vogelbuch«, 1901). Sein zumeist im Hamburger Raum spielendes erzählerisches Werk, so zum Beispiel »Aus dem Durchschnitt« (1892) und »Die Kinder aus Ohlsens Gang« (1908), blieb hingegen fast ohne Resonanz. Zum 50. Geburtstag bewilligten Senat und Bürgerschaft seiner Wahlheimat ihm ein lebenslanges Ehrengehalt von 3000 Mark jährlich, eine seinerzeit weithin beachtete Auszeichnung des in bescheidenen Verhältnissen lebenden Poeten. 1905 erhielt Falke die Festgabe der Schillerstiftung. Seine Autobiografie »Die Stadt mit den goldenen Türmen« (1912) – mit diesem Sprachbild ist das Lübeck seiner Kinderzeit gemeint – hat eine gewisse Bedeutung behalten, während sein dichterisches Werk weitgehend zeitgebunden blieb. 1921 wurde in Eimsbüttel und Harvestehude die Gustav-Falke-Straße nach dem Dichter benannt.

WERKE Gesammelte Dichtungen, 5 Bde., Hamburg u. a. 1912; Hamburg. Mit 8 Vollbildern von Hamburger Künstlern, Stuttgart/Hamburg 1908 (Städte und Landschaften 7).
LITERATUR NDB 5; Schiefler; Heinrich Spiero, Gustav Falke. Ein Lebensbild. Mit zwei Bildtafeln und einer unveröffentlichten Handschrift, Hamburg u. a. 1928; Paul

Gustav Falke

Brockhaus, Gedenkblatt für Gustav Falke zu seinem 100. Geburtstag (11. Januar 1853), in: Der Wagen. Ein lübeckisches Jahrbuch (1954), S. 92–94; Gerhard Ahrens, Gustav Falkes Ehrengehalt. Eine Episode hamburgischer Kulturpolitik in der Wilhelminischen Zeit, in: ZHG 63 (1977), S. 205–216; Gerhard Steiner, Stille Dächer, zarte Liebe. Die Jugendzeit des Dichters Gustav Falke in Hildburghausen, Hildburghausen 1994.   *Gerhard Ahrens*

FEDDERSEN, Helga, geb. 14. 3. 1930 Hamburg, gest. 24. 11. 1990 ebd.; konfessionslos; Schauspielerin, Autorin, Sängerin.

Die als Tochter eines Schiffsausrüsters aufgewachsene Helga Feddersen zeigte früh künstlerische Ambitionen und ließ sich von 1948 bis 1950 von Annemarie Marcks-Rogge als Schauspielerin ausbilden. 1949 gab sie ihr Debüt in dem Stück »Ostern« im Theater im Zimmer. Bei einer Operation an der Ohrspeicheldrüse wurde Helga Feddersens Gesicht 1955 entstellt. Sie unterbrach ihre Bühnenarbeit für einige Jahre und betätigte sich stattdessen als Regieassistentin und Souffleuse. Eine halbseitige Gesichtslähmung als Folge der Operation erzwang ihren frühen Wechsel ins Fach der Charakterschauspielerin; 1966 wurde sie für ein Jahr am Deutschen Schauspielhaus engagiert. Schließlich nutzte Helga Feddersen ihr ungewöhnliches Aussehen gezielt bei ihren Auftritten als Komikerin und unterstrich mithilfe strähniger Haare und markanter Zähne ihr unattraktives Äußeres sogar noch.

Ab 1967 schrieb sie erfolgreich Drehbücher für das Fernsehen (NDR), in denen ihr treffsichere, lie-

FEIND, Barthold

Helga Feddersen

benswerte Charakterisierungen der Menschen
Hamburgs und der Küstenregion gelangen, darunter »Vier Stunden von Elbe 1« (1968), »Im Fahrwasser« (1971) und »Bismarck von hinten oder Wir
schließen nie« (1974). In der Fernsehserie »Abramakabra« (1973) bewies sie zudem große Wandlungsfähigkeit und einen ausgeprägten Sinn für satirisches Spiel. Mit wachsender Popularität traten
Helga Feddersens Arbeiten als Autorin und Charakterdarstellerin immer weiter in den Hintergrund.
Sie produzierte sich stattdessen in unzähligen
Fernsehsendungen als überdrehte »Ulknudel«, wobei ihre oft hemmungslosen Auftritte einen auffälligen Kontrast zu ihrem introvertierten Wesen bildeten. Kommerziell besonders erfolgreich war sie
als Sängerin mit den Schallplattenaufnahmen »Du,
die Wanne ist voll« (1973) und »Gib mir bitte einen
Kuss« (Ententanz, 1981).

Helga Feddersens letzte Lebensjahre waren von
wirtschaftlichen Nöten und schweren gesundheitlichen Krisen geprägt. Ihr 1983 gegründetes Theater
am Holstenwall, in dem sie als »Perle Anna« mit
rund 600 Vorstellungen ihren größten Bühnenerfolg hatte, ging 1989 Pleite. Seit 1987 an Krebs leidend, verbrachte sie 1989 mehrere Monate in der
geschlossenen Psychiatrie einer Nervenklinik, wo
sie unter anderem wegen Magersucht und Tablettenabhängigkeit behandelt wurde. 1990 erschien
ihr Buch »Amanda mit der Drehorgel«, eine Art
Novelle, in der sie Teile ihrer Kindheit verarbeitete.
Helga Feddersen starb kurz nach Erscheinen des
Buches. Vier Tage vor ihrem Tod hatte sie in zweiter

Ehe ihren langjährigen Lebensgefährten Reinhard
(»Olli«) Maier geheiratet.

WERKE Hallo, hier ist Helga! Das erste Buch, Hamburg o. J. [1981]; Amanda mit der Drehorgel. Meine kleine
Novelle, Hamburg 1990.

LITERATUR Matthias Schmoock, Geliebt, aber oft
arm dran, Hamburgs Originale, in: Hamburger Abendblatt, Jubiläumsausgabe vom 14. Oktober 1998, Teil 1,
S. 17 f. *Matthias Schmoock*

FEIND, Barthold (Ps. *Wahrmund, Aristobulos,
Eutropius*), get. 23. 11. 1678 Hamburg, gest.
14./15. 10. 1721 ebd.; luth.; Literat, Jurist.

Im Anschluss an den Besuch des Johanneums (bis
Ostern 1697) und des Akademischen Gymnasiums
in seiner Vaterstadt studierte Barthold Feind, Sohn
eines gleichnamigen Theologen, der seit 1669 als
Lehrer am Johanneum wirkte, ab 1699 Jurisprudenz in Wittenberg und Halle und wurde spätestens 1703 zum Lizentiaten der Rechte promoviert.

Nach Hamburg zurückgekehrt, war er vermutlich als Anwalt tätig und nahm in den folgenden
Jahren – unterbrochen durch einige Auslandsreisen
– Einfluss auf das politische und literarische Leben
der Hansestadt. Feind gehörte in den Bürgerunruhen zu Beginn des 18. Jahrhunderts zu den Fürsprechern der Ratspartei und war in den Jahren von
1705 bis 1708 einer der wichtigsten Protagonisten
des Hamburger Pasquillantenstreits. Bereits 1703
hatte er das politisch-satirische Drama »Das verwirrte Haus Jacob« publiziert, das die Unruhen im
Jacobi-Kirchspiel schildert, 1704 folgte unter dem
Titel »Lob der Geldsucht« Feinds freie Übersetzung
einer Satire von Jeremias de Decker, mit der er seine
politischen Gegner als Rebellen hinzustellen suchte. Ab 1705 gab er die »Relationes Curiosae« heraus,
die in den Auseinandersetzungen eine wichtige
Rolle spielten. Schließlich brachte er mit seinen
Veröffentlichungen die Volkspartei so sehr gegen
sich auf, dass die Bürgerschaft auf Initiative des Pastors zu St. Petri, Christian Krumbholtz, und des Posamentenmachers Balthasar Stielke nicht allein
zweimal die Verbrennung Feindscher Schriften,
sondern im August 1707 auch die Verbannung des
Verfassers aus der Stadt durchsetzte. Feind fand im
benachbarten Stade Zuflucht, das zum schwedischen Herzogtum Bremen-Verden gehörte, und
kehrte erst ein Jahr später nach dem Einzug der

Kaiserlichen Kommission zurück in die Hansestadt, wo er im Mai 1709 rehabilitiert wurde.

Barthold Feind ist nicht nur durch seine politischen Schriften hervorgetreten, sondern gehörte
überdies zu den wichtigsten Textdichtern der
Hamburger Barockoper. Sein dramaturgisches Geschick und seine Befähigung zur Personencharak-
terisierung treten zum Beispiel in seinen Texten zu
»Octavia« (1705) und »Lucretia« (1705) zutage, die
Reinhard Keiser vertont hat. In der theoretischen
Abhandlung »Gedanken von der Oper« (veröffentlicht in den »Deutschen Gedichten«, 1708) spricht
er dem Text eine der Musik ebenbürtige Bedeutung
zu.

Auf einer Reise wurde Feind während des Nordischen Krieges 1717 von den Dänen als vermeintlicher schwedischer Parteigänger verhaftet und in
Rendsburg gefangen gehalten. Spätestens ab 1719
hielt er sich wieder in Hamburg auf und starb dort
1721 an den Folgen eines Treppensturzes.

WERKE Werkverzeichnis in: LhS 2.

LITERATUR ADB 6; NDB 5; Killy 3; LhS 2; W. Gordon
Marigold, Einleitung, in: Barthold Feind, Das verwirrte
Haus Jacob (Faksimile-Druck der Ausgabe von 1703), hg.
und eingeleitet von W. Gordon Marigold, Bern u. a. 1983
(Europäische Hochschulschriften Reihe 1, 609); ders., Bart-
hold Feind und die Satire in Hamburg am Anfang des 18.
Jahrhunderts, in: Daphnis 14 (1985), S. 803–831; Dian I.
Lindberg, Literary aspects of German Baroque opera. His-
tory, theory and practice (Christian H. Postel and Bart-
hold Feind), Ann Arbor, Mich. 1989; Hans Joachim Marx/
Dorothea Schröder, Die Hamburger Gänsemarkt-Oper.
Katalog der Textbücher (1678–1748), Laaber 1995.

Dirk Brietzke

FLITNER, Willy *(Wilhelm)*, geb. 20. 8. 1889
Berka an der Ilm/Großherzogtum Sachsen-
Weimar; gest. 21. 1. 1990 Tübingen; luth.;
Pädagoge.

Wilhelm Flitner studierte von 1909 bis 1913 Germanistik, Anglistik, Geschichte und Philosophie in
München und Jena, wo er in der freiakademischen
Jugend aktiv war und zum »Sera-Kreis« um den
Verleger Eugen Diederichs zählte. 1912/13 wurde er
auf Anregung Herman Nohls mit einer Arbeit
über den Philosophen und Fichte-Schüler August
Ludwig Hülsen und dessen »Bund der Freien Männer« promoviert. Nach dem Staatsexamen für das
höhere Lehramt in den Fächern Deutsch, Englisch,

Wilhelm Flitner

Geschichte und philosophische Propädeutik begann er 1914 seine Referendarzeit, meldete sich
aber beim Ausbruch des Ersten Weltkriegs freiwillig an die Front und war bis 1918 Soldat, sodass er
seine Ausbildung erst 1919 abschließen konnte. Seit
dem 1. April 1920 war er Studienrat in Jena. Das
Kriegserlebnis und der revolutionäre Umbruch
wirkten sich nachdrücklich auf Flitners pädagogische Motivation aus und führten dazu, dass der
junge Oberlehrer sich der freien Volksbildung zuwandte, 1919 die Jenaer Volkshochschule mitbegründete und sie nebenamtlich als Geschäftsführer
leitete. In Jena habilitierte er sich 1922 mit einer
Arbeit über »Grundfragen der Didaktik« und erhielt die Venia Legendi für Philosophie und Pädagogik. 1923 schloss er sich kurzzeitig der SPD an,
ansonsten war er parteilos. Von 1925 bis 1937 gehörte Flitner zum Herausgeberkreis der Zeitschrift
»Die Erziehung« und war ihr erster Schriftleiter.
Nachdem er 1926 an die Pädagogische Akademie in
Kiel berufen worden war und von 1927 bis 1929
auch als Professor an der dortigen Universität gewirkt hatte, lehrte der Mitbegründer der »geisteswissenschaftlichen Pädagogik« von 1929 bis zu
seiner Emeritierung 1958 an der Hamburger Universität. Dabei engagierte er sich besonders in der
Lehrerbildung und legte zahlreiche Standardwerke
vor, die Generationen von Lehrern prägten. Flitners pädagogisches Konzept, das er selbst von
einem Standpunkt der »réflexion engagée« aus
verstanden hat, ist als eine Theorie »aus der Praxis
für die Praxis«, also lebensgeschichtlich, zu verste-

hen. Der durch die Jugendbewegung geprägte Flitner fühlte sich zeitlebens dem Idealismus verbunden und stellte die Verantwortung ins Zentrum seines Wirkens, das der Ausarbeitung und Vertiefung der hermeneutisch-pragmatischen Pädagogik galt. Er plädierte für eine Vielfalt der Perspektiven in der Erziehung.

Einen Einschnitt bedeutete die Verlagerung der Ausbildung von Lehrern an die 1936 gegründete Hochschule für Lehrerbildung, durch die an der Universität die praktische Seite des erziehungswissenschaftlichen Lehrbetriebs entfiel; Flitner weitete daher seinen Vorlesungsplan auf die Bereiche Philosophie und Kulturgeschichte aus. Er baute einen systematischen Zyklus humanistischer Vorlesungen auf und versuchte in seinen Kollegs, aus der europäischen Geistesgeschichte heraus eine Gegenposition zur NS-Ideologie zu begründen, nachdem er den Regimewechsel positiv kommentiert hatte (»Die Erziehung«, 1933). Aus dem Kreis der bei ihm Studierenden schlossen sich im »Dritten Reich« einige dem Hamburger Zweig der »Weißen Rose« an.

An seinen christlich geprägten Humanismus knüpfte Flitner nach 1945 – unter anderem mit seinem Einsatz für die Gründung einer theologischen Fakultät in Hamburg – wieder an. Er war Mitherausgeber der Zeitschriften »Die Sammlung« (1945–60), »Der Evangelische Erzieher« (ab 1949) und der »Zeitschrift für Pädagogik« (1955–68) sowie Herausgeber der »Pädagogischen Texte« (1956–65). Von 1951 bis 1961 wirkte er als Vorsitzender des Schulausschusses der Westdeutschen Rektorenkonferenz und des Kuratoriums des Hansischen Goethe-Preises. Er beeinflusste entscheidend die westdeutsche Bildungspolitik, besonders die Reform des Gymnasiums. 1963 erhielt er den Goethe-Preis der Stiftung F.V.S., 1964 die theologische Ehrendoktorwürde der Tübinger Universität und die Medaille für Kunst und Wissenschaft der Freien und Hansestadt Hamburg.

WERKE Gesammelte Schriften, hg. von Karl Erlinghagen u. a., Paderborn u. a. 1982 ff. [bisher 11 Bde.]; Schriftenverzeichnisse in: Klaus Heinen, Das Problem der Zielsetzung in der Pädagogik Wilhelm Flitners. Eine kritische Interpretation, Bern u. a. 1973 (Europäische Hochschulschriften, Reihe 11: Pädagogik, 11), S. 265–304; Joachim Burmeister, Wilhelm Flitner. Von der Jugendbewegung zur Volkshochschule und Lehrerbildung. Biographische Studien zur Vorgeschichte reformpädagogischer Refle-

xion, Köln/Wien 1987 (Studien und Dokumentationen zur deutschen Bildungsgeschichte 35), S. 277–279.

LITERATUR KDG 1925–1992; RGG (4. Aufl.); Albert Heller, Wilhelm Flitner. Sein Beitrag zur Pädagogik als Wissenschaft, Phil. Diss. Tübingen 1972; Wolfgang Keim (Hg.), Pädagogen und Pädagogik im Nationalsozialismus. Ein unerledigtes Problem der Erziehungswissenschaft, 3. Aufl. Frankfurt a. M. u. a. 1991 (Studien zur Bildungsreform 16); Hochschulalltag im »Dritten Reich«. Die Hamburger Universität 1933–1945, hg. von Eckart Krause, Ludwig Huber, Holger Fischer, 3 Teile, Berlin/Hamburg 1991 (Hamburger Beiträge zur Wissenschaftsgeschichte 3); Helmut Peukert/Hans Scheuerl (Hg.), Ortsbestimmung der Erziehungswissenschaft. Wilhelm Flitner und die Frage nach einer allgemeinen Erziehungswissenschaft im 20. Jahrhundert, Weinheim/Basel 1992; Alexander Hesse, Die Professoren und Dozenten der preußischen Pädagogischen Akademien (1926–1933) und Hochschulen für Lehrerbildung (1933–1941), Weinheim 1995.

Rainer Hering

FÖRSTER, Johann Hinrich Christian, geb. 9. 10. 1825 Hamburg, gest. 6. 8. 1902 ebd.; luth.; Maler, Grafiker, Karikaturist.

Rund ein halbes Jahrhundert lang bediente Christian Förster die Lust der Hamburger auf Bilder zur Information, zu Witz und Spott über das öffentliche und volkstümliche Leben der Stadt.

Dem Taufregister zufolge stammte Försters Vater aus Danzig und war Gastwirt im Großen Barkhof im Jacobi-Kirchspiel. Ob der Sohn seine künstlerische Ausbildung an der Berliner Akademie und als Hospitant bei Pariser Malern erhalten hat, wie der Nachruf im »Hamburgischen Correspondenten« berichtet, bleibt unbestätigt. Jedenfalls hatte Christian sich ein hervorragendes Können im figürlichen Zeichnen von Menschen und Tieren erworben, lebendig in der Bewegung und stark im mimischen und gestischen Ausdruck.

Im Januar 1850 begann er als Illustrator bei der 1848 gegründeten Zeitung »Reform«. Sie wurde Hamburgs auflagenstärkste Zeitung mit einer hauptsächlich kleinbürgerlichen Leserschaft. In dem großen Zeitungsformat mit vier Spalten erschien in jeder Nummer ein zwei Spalten breites Bild auf der Titelseite als Novum und Eigenart unter den Hamburger Zeitungen. In den 45 Erscheinungsjahren brachte die »Reform« es auf etwa 10 000 Bilder, Wiederholungen mitgezählt. Für die weit überwiegende Zahl lieferte Förster die Zeich-

Christian Förster

eine zunehmende Tendenz zu nationalistischer Überheblichkeit, besonders im Militärischen, festzustellen.

Förster schuf außerdem Illustrationen für Bücher mit humoristischen niederdeutschen Erzählungen, so zum Beispiel für Theodor Pienings »De Reis na'n Hamborger Dom« (1883). Die Hamburger Originale genannten Volkstypen – wie zum Beispiel Hummel – wurden von Förster auch in Lithografien gestaltet; zudem gibt es einige kleine Ölgemälde und Aquarelle von ihm, die wahrscheinlich als Studien für die lithografischen Arbeiten dienten. Im Unterschied zum Bekanntheitsgrad seiner Bilder wurde über ihren Schöpfer wenig publik, da er sehr zurückgezogen lebte. Christian Förster war zweimal verheiratet, hatte eine Tochter aus der ersten Ehe und aus der zweiten den Sohn Hans (1885–1966), der als ein Meister des Holzschnitts und als Autor heimatkundlicher Bücher bekannt geworden ist.

LITERATUR Rump; ThB 12; Hans-Dieter Loose, Zur Funktion des Niederdeutschen in den Karikaturen der Hamburger Zeitung »Reform«, in: ZHG 60 (1974), S. 163–189.   *Ulrich Bauche*

nungen, und so wurde er von Zeitgenossen der »Reformförster« genannt. Nebenbei arbeitete er auch für Satirezeitschriften wie »Omnibus«, »Industrieller Humorist« und »Hamburger Wespen«. Für die in Hirnholz geschnittenen Druckstöcke (Xylografien) schuf er Federzeichnungen als Vorlagen. Sie brachten Porträts und Darstellungen, sachlich oder karikierend, von kriegerischen, politischen und gesellschaftlichen Ereignissen sowie von technischen und architektonischen Neuerungen. Hohen Anteil hatten Bilder aus dem Arbeits- und Straßenleben mit den Kleidungsmoden und den Trachten der Markthändler und anderer Berufsgruppen, den Auftritten von Bürgermilitär und Berufssoldaten. Besonders liebte Förster als Motive Volksfeste und Volkstypen. Politisch-gesellschaftliche Themen gestaltete er hauptsächlich als Karikatur; die Bilder aus dem Volksleben wurden durch dialoghafte Unterschriften zu illustrierten Witzen, die hauptsächlich menschliche Schwächen und heitere Alltäglichkeit beschreiben. Häufig waren niederdeutsche und missingsche Texte. Die zahlreichen Darstellungen von jüdischen Typen, die in den Unterschriften Mauschel-Jargon sprechen, gerieten von anfänglich harmlosen Witzen später zu antisemitischen Diffamierungen. Ebenso ist auch

FÖRSTER, Hans, geb. 9. 2. 1885 Hamburg, gest. 1966 ebd.; luth.; Grafiker, Zeichner, Schriftsteller.

Der Sohn des Malers, Zeichners und Holzschneiders Christian Förster (1826–1902), des Illustrators der »Reform« und anderer Hamburger Zeitschriften, hat nie an den Ruhm des als »Reformförster« bekannt gewordenen Vaters anknüpfen können. Trotz großen Fleißes und ungeheurer Produktivität, die der Nachlass im Altonaer Museum dokumentiert, hatte Hans Förster zeitlebens mit wirtschaftlichen Schwierigkeiten zu kämpfen, war verbittert und eigenbrötlerisch.

Förster besuchte von 1902 bis 1904 die Hamburger Kunstgewerbeschule. Wesentliche Anregung erfuhr er durch Justus Brinckmann, dessen Sammlung von Grafik und Kunstgewerbe aus Japan im Museum für Kunst und Gewerbe seinen persönlichen Kunststil beeinflusste. Diese Prägung fand eine Fortsetzung in Berlin, wo Förster 1905/06 bei Emil Orlik studierte, der seit 1905 an der Unterrichtsanstalt des dortigen Kunstgewerbemuseums Technik und Stil des Japanischen Farbholzschnitts vermittelte. Hans Försters künstlerische Bedeu-

Hans Förster

tung beruht vor allem auf den großformatigen farbigen Holzschnitten, die er in dieser schwierigen Technik mit Motiven aus dem Volksleben der Hamburger Umgebung, vor allem der Vierlande, anfertigte. Bis 1920 entstanden – oft in nur wenigen Abzügen, weil Förster die Mittel für Papier und Farbe fehlten – 50 solcher Drucke. Wie die japanischen Vorbilder sind die Holzschnitte weniger von grafischer als von malerischer Wirkung. Die Holzstöcke wurden für den Druck in feuchte Tücher eingeschlagen und anschließend mit Aquarellfarbe, die mit dem Pinsel aufgetragen wurde, für jeden Abzug individuell eingefärbt. Konturplatten und zwei Tonplatten erzielten die Wirkung in Zusammendruck. Tiefe erreichte Förster durch mehrmaliges Übereinanderdrucken der Tonplatten. Um Härten zu vermeiden, erscheinen die Konturen in Grün, Grau oder Violett. Besonders liebte Förster Frühlingsmotive; blühende Bäume und Blütenzweige erinnern an japanische Vorbilder. Die besten Blätter entstanden bis 1914.

Später veröffentlichte Förster neben zahlreichen Zeitschriftenartikeln auch Bücher über Hamburg, die er mit Federzeichnungen in schwarz-weißer Holzschnittmanier illustrierte. Das schwierige Wesen Försters, der sich als Künstler stets unverstanden fühlte, führte 1938 infolge ketzerischer Bemerkungen, hinter denen jedoch keine politisch oppositionelle Haltung stand, zu mehrmonatiger Haft und zum Ausschluss aus der Reichskunstkammer, in die er freilich später wieder aufgenommen wurde, da man ihm Verdienste um die »deutsche Volks-

kunst« zusprach. Kurz vor Kriegsende glaubte er seine Lage durch den Beitritt zur NSDAP verbessern zu können, ein Schritt, der ihn nach dem Krieg in weiten Kreisen als unausstellbar gelten ließ. In den letzten Jahren lebte er von der Sozialhilfe. Eine gewisse Besserung seiner Situation brachte die Überführung seines gesamten künstlerischen Nachlasses, zu dem 100 Holzdruckstöcke gehörten, in das Altonaer Museum gegen eine bescheidene monatliche Zuwendung. Die letzten Jahre verbrachte Förster im Altersheim. Eine Ausstellung seiner Holzschnitte 1978 in der Hamburgischen Landesbank entriss sein Werk dem Vergessen. Das Gesamtwerk harrt noch einer wissenschaftlichen Bearbeitung.

WERKE Achtern Dieck. Wat van ohle Veerlanners, un Biller datoo, Hamburg 1912; Die malerischen Vierlande. Bilder und Skizzen, Hamburg 1918 (Niederdeutsche Bücherei 42); Altländer Fahrten, Hamburg 1922; Alt-Hamburg heute in Wort und Bild, Hamburg 1937; Malerische Marschen in Wort und Bild. Von Bill- und Ochsenwerder über Bergedorf bis Vierlanden, Hamburg 1938 (Schönes altes Groß-Hamburg 2).

LITERATUR Vollmer 2; Rump; Christine Knupp-Uhlenhaut, Zu Hans Försters Farbholzschnitten, in: Jahrbuch des Altonaer Museums 16/17 (1978/79), S. 59–74.

Torkild Hinrichsen

FÖRSTER, Kurt Georg, geb. 18. 8. 1904, Hamburg, gest. 4. 1. 1987 ebd.; luth.; Ingenieur, Baudirektor.

Nach dem Besuch des Heinrich-Hertz-Realgymnasiums in seiner Geburtsstadt bestand Kurt Georg Förster die Abiturprüfung 1923 in Jena. Anschließend nahm er an den Technischen Hochschulen in Danzig und Braunschweig das Studium im Bauingenieurwesen auf, das er 1929 mit der Diplom-Hauptprüfung erfolgreich abschloss. Es folgten mehrjährige Tätigkeiten in der Bauindustrie. Von 1932/33 bis 1936 war Förster Assistent zunächst an der Technischen Hochschule Hannover, dann an der Technischen Hochschule Braunschweig (Fachrichtung Wasserbau), wo er 1936 zum Dr.-Ing. promoviert wurde.

Nach zwei weiteren Jahren Praxiserfahrung in der Bauindustrie trat Förster am 1. April 1938 – zunächst als Angestellter in der Planung der Hafenabteilung – in die Dienste von Strom- und Hafenbau in Hamburg. 1943 wurde er zum Baurat, 1948 zum

Kurt Georg Förster

Oberbaurat ernannt. Große Verdienste erwarb er sich zu dieser Zeit mit der Wiederherstellung und Neugestaltung der St. Pauli-Landungsbrücken. 1953 übernahm er die Leitung der Konstruktionsabteilung. In dieser Stellung hatte Förster wesentlichen Anteil am Wiederaufbau des im Zweiten Weltkrieg zerstörten Hamburger Hafens, so etwa bei der Entwicklung neuer Kaischuppen- und Kaimauerkonstruktionen sowie verbesserter, neuartiger Bauelemente. Dazu gehörten insbesondere Schiffsdalbenkonstruktionen, für die Förster die Patente besaß.

Von 1964 bis zu seiner Pensionierung 1969 bekleidete Förster das Amt des Baudirektors. Bereits ab 1949 hatte er den »Arbeitsausschuss Ufereinfassungen« der Hafenbautechnischen Gesellschaft e. V. und ab 1950 auch die Deutsche Gesellschaft für Erd- und Grundbau e. V. durch seine Mitarbeit maßgeblich unterstützt. Auf der Suche nach Neugestaltungen führte ihn der Weg in fast alle großen europäischen Häfen. Hervorzuheben sind eine gutachterliche Beurteilung der Betriebsverhältnisse des Hafens Valparaiso/Chile und eine Studie zum Ausbau der Hafenanlagen von Greenville/Liberia. National und international genoss er in Fachkreisen als höchst aktive, schöpferische Persönlichkeit großes Ansehen. Zudem trat Förster auch mit zahlreichen Veröffentlichungen zum Nutzen der Fachwelt hervor.

WERKE (mit Wolfgang Pohle) Die Bauwerke des Hamburger Hafens, in: Jahrbuch der Hafenbautechnischen Gesellschaft 20/21 (1950/51), S. 65–98; Die St. Pauli-Landungsbrücken. Pläne zu ihrer Wiederherstellung und Neugestaltung, in: Schiff und Hafen, Jg. 4, Heft 9 (September 1952), S. 331 f.; Die neuen St. Pauli-Landungsbrücken, in: Schiff und Hafen, Jg. 5, Heft 9 (September 1953), S. 452 f.; Strukturwandlung nordwestdeutscher Häfen. Gedanken zur Weiterentwicklung typischer Grundrisslösungen, in: Schiff und Hafen, Jg. 15, Heft 1 (Januar 1963), S. 48 f. *Jürgen Gottschalk*

FRANCKE, geb. um 1383 am Niederrhein, gest. nach 1436 Hamburg; Maler, Dominikanermönch.

Die Biografie des bedeutenden Malers im ausgehenden Mittelalter ist zwar nicht durch Quellen belegt, aber doch durch verschiedene Hinweise erschlossen. Als Angehöriger der Klerikergemeinschaft des »Ordo fratrum predicatorum« im Dominikanerkloster Zutphen in der Grafschaft Geldern und als Maler zweier zerstörter Tafeln im Chor des Domes von Münster in Westfalen wurde Francke in Hermann von Kerssenbroichs Geschichte der Wiedertäufer von 1573 bezeichnet. Aus der engen stilistischen Beziehung seiner Tafelmalerei zu Miniaturen in Pariser Handschriften vom Anfang des 15. Jahrhunderts schloss Bella Martens (1929) auf eine Ausbildung in den Werkstätten der Buchmaler in Paris. Versteht man den urkundlich überlieferten Begriff »mester« vor seinem Namen als Verdeutschung von »Magister«, denn Handwerksmeister konnte ein Mönch nicht sein, dann kann angenommen werden, Francke habe in Paris gleichzeitig studiert und mit dem Erwerb des Magistergrades das einjährige Theologiestudium abgeschlossen, dem eine dreijährige Beschäftigung mit den Artes liberales vorauszugehen hatte. Möglicherweise ist Francke das vollständige Studienpensum zugunsten der Ausbildung in der Malerei erlassen worden, was einer dominikanischen Tradition entsprochen hätte. Dann wäre »Magister« bei ihm eine Art Ehrentitel. Jedenfalls war Bruder Francke zugleich Maler und Theologe.

Den frühesten Arbeiten Franckes ist der Barbara-Altar (Nationalmuseum Helsinki) zuzurechnen; das Datum 1412 für die Weihe des Barbara-Altars im Dom zu Turku kann auf diesen bezogen werden. Etwa gleichzeitig sind das Bild vom Schmerzensmann (Museum der Bildenden Künste Leipzig) und die beiden vernichteten Tafeln in Münster entstanden.

Spätestens seit 1424 lebte Francke in Hamburg im Dominikanerkloster St. Johannis. Am 4. Dezember 1424 schloss die Kaufmannschaft der England-fahrer-Gesellschaft einen Vertrag über eine Altarta-fel für ihre Kapelle in St. Johannis ab; eine Urkunde von 1541 gibt den Inhalt des mit »mester Francken« geschlossenen Vertrags wieder, der selbst nicht er-halten ist. Erst 1436 ging die Kapelle aus dem Besitz der Bruderschaft der Flandernfahrer in den der Englandfahrer über, danach dürfte das Retabel für den dem heiligen Thomas von Canterbury geweih-ten Altar aufgestellt worden sein.

1429 schickte die Bruderschaft der Schwarz-häupter in Reval eine Tafel zum Bemalen durch ei-nen »swarten monich«, also einen Dominikaner, nach Hamburg. Heinrich Reincke erkannte 1959 in ihm Francke. Der 1436 in St. Katharinen in Reval aufgehängte Dreifaltigkeitsaltar ist 1524 zerstört worden. Aus St. Johannes in Hamburg stammt Franckes letztes Werk, das um 1435 entstandene Bild von Christus als Schmerzensmann (Hambur-ger Kunsthalle).

Der Thomas-Altar wurde 1898 für die Hambur-ger Kunsthalle erworben und 1899 von Anton Ha-gedorn als Franckes Werk erkannt. Von dem Wan-del-Retabel mit doppeltem Flügelpaar sind die Außenflügel nicht erhalten. Fünf Bilder stellen die Passion Christi dar; die jeweils vier Szenen aus dem Leben der Jungfrau Maria und von Thomas Becket, dem Erzbischof von Canterbury, sind zur Hälfte er-halten. Francke operierte mit verschiedenartigen Modi der Darstellung. Die Bildsprache auf den vier erhaltenen Außentafeln ist knapp und sucht die monumentale Wirkung. Mehr schildernd sind die Passionsbilder, aber das Geschehen ist auf den ent-scheidenden Augenblick verkürzt. Die Dramatik der Situation entsteht auch aus der räumlichen Enge, die Architektur ist Gehäuse dramatischer Er-eignisse, wie die Landschaft den Schauplatz schafft. Figurengruppen, knapp gegliedert, werden einan-der entgegengesetzt, häufig dienen Überschnei-dungen auch der Steigerung des Ausdrucks. Zur Charakterisierung der einzelnen Figuren dienen dem Künstler Gestik und Mimik.

Nicht anders als seine Zeitgenossen in den Nie-derlanden oder Italien beschäftigte Francke die ge-naue Wiedergabe der sichtbaren Wirklichkeit, ent-scheidend waren ihm jedoch geistige Bezüge und Spannungen, die er in den Beziehungen und Span-nungen der Formen und Farben Gestalt annehmen ließ. Seine künstlerische Kraft äußert sich in der Gabe, die Formen klar zu kontrastieren und das Bild durch Dominanz, Polarisierung und Differen-zierung in der Farbigkeit zu gestalten. In besonde-rem Maß weiß er das Aufeinanderprallen des Edlen und des Rohen, der Milde und der Gewalt zu schil-dern.

Francke lebte wohl keine zwanzig Jahre in Ham-burg, fern von den Zentren künstlerischen Lebens wie etwa Brüssel oder Köln. Ob man nun seine Vor-bilder wie Bella Martens bloß in Paris oder wie Otto Pächt allgemeiner »im Westen« sieht, er war und blieb in Hamburg ein Fremder, ein Künstler, der sich nicht als Neuerer sah. Aber das Dominikaner-kloster St. Johannis war ein geistlich-geistiger Brennpunkt der Stadt, und Franckes Ruhm strahl-te weit aus.

Die Meister-Francke-Straße in Barmbek wurde 1929 nach dem Maler benannt.

LITERATUR ADB 48; NDB 16; Anton Hagedorn, Der Hamburger Meister von 1435, in: Jahrbuch der Gesell-schaft Hamburgischer Kunstfreunde 5 (1899), S. 1–6; Al-fred Lichtwark, Meister Francke. 1424, Hamburg 1899; Bella Martens, Meister Francke, 2 Bde., Hamburg 1929; Heinrich Reincke, Probleme um den »Meister Francke«, in: Jahrbuch der Hamburgischen Kunstsammlungen 4 (1959), S. 9–26; Meister Francke und die Kunst um 1400. Ausstellung zur Jahrhundert-Feier der Hamburger Kunst-halle vom 30. August bis 19. Oktober, Hamburg 1969 [da-rin: Otto Pächt, Meister Francke-Probleme (S. 22–27)]; Helmut R. Leppien, Der Thomas-Altar von Meister Fran-cke in der Hamburger Kunsthalle, Stuttgart 1992; ders., Meister Francke, in: Goldgrund und Himmelslicht. Die Kunst des Mittelalters in Hamburg [Katalog zur Ausstel-lung in der Hamburger Kunsthalle vom 19. November 1999 bis 5. März 2000], Hamburg 1999, S. 140–153.

Helmut R. Leppien

FREYTAG, *Walter* Oskar, geb. 28. 5. 1899 Neudietendorf/Thüringen, gest. 24. 10. 1959 Heidelberg; luth.; Missionswissenschaftler.

Der international sehr einflussreiche protestanti-sche Missionswissenschaftler Walter Freytag war ab 1953 der erste Lehrstuhlinhaber für Missionswis-senschaft und ökumenische Beziehungen der Kir-chen an der Universität Hamburg.

Nachdem er 1924 beide theologischen Examina abgelegt hatte und im darauf folgenden Jahr in

Walter Freytag

senschaft 20); ders., Theologie im Spannungsfeld von Kirche und Staat. Die Entstehung der Evangelisch-Theologischen Fakultät an der Universität Hamburg 1895 bis 1955, Berlin/Hamburg 1992 (Hamburger Beiträge zur Wissenschaftsgeschichte 12); Werner Ustorf, Sailing on the Next Tide. Missions, Missiology, and the Third Reich, Frankfurt a. M. u. a. 2000 (Studies in the Intercultural History of Christianity 125). *Rainer Hering*

FRIEDLAENDER, *Ernst* Kurt Hermann, geb. 4. 2. 1895 Wiesbaden, gest. 13. 1. 1973 Siena; luth.; Publizist, Parteienkritiker, Verbandspolitiker.

Ernst Friedlaender hat ein Jahrzehnt in Hamburg verbracht: 1946 trat er in die Redaktion der »ZEIT« ein und wurde – bis zu seinem Ausscheiden 1950 – einer ihrer bekanntesten Leitartikler. Als freier Kolumnist arbeitete der Parteienkritiker und Europaföderalist in den fünfziger Jahren für das »Hamburger Abendblatt« und den Norddeutschen Rundfunk.

Nach einer Banklehre, der Teilnahme am Ersten Weltkrieg und einem Philosophiestudium trat Ernst Friedlaender zunächst eine kaufmännische Tätigkeit in der chemischen Industrie an, absolvierte begleitend ein Studium der Betriebswirtschaft und wurde Manager bei der Agfa, dem neben BASF und Bayer größten Chemieproduzenten. Ende der dreißiger Jahre verlegte sich der mittlerweile in den USA, der Schweiz und in Vaduz lebende Friedlaender auf die Schriftstellerei. Sein Hauptwerk, »Frieden und Abendland«, veröffentlichte er 1940 in Zürich unter dem Pseudonym Ernst Ferger; erneut und mit großem Erfolg erschien das Buch unter dem Titel »Vom Wesen des Friedens« 1947 in Hamburg. Friedlaender entwarf darin das (kon-)föderalistische »Ideal einer abendländischen Gemeinschaft«, die einen Beitrag zum »Frieden der Völkergemeinschaften« leisten sollte.

Zur »ZEIT« kam Friedlaender als Nachfolger Ernst Samhabers. Er wurde stellvertretender Chefredakteur der Wochenzeitung und fünfter Gesellschafter des Verlags, verließ das Unternehmen aber 1950 wegen schwerwiegender persönlicher und inhaltlicher Differenzen insbesondere mit Chefredakteur Richard Tüngel. Wiederholt war in seinen Leitartikeln zum Ausdruck gekommen, wie skeptisch er der herkömmlichen parlamentarischen Demokratie und dem von den Besatzungsmächten er-

Hamburg zum Dr. phil. promoviert worden war, wurde er 1926 Sekretär, 1928 Direktor der Deutschen Evangelischen Missionshilfe in Berlin. Von 1929 bis 1953 wirkte er als Hanseatischer Missionsdirektor in Hamburg. Zusätzlich lehrte er seit 1929 Missionswissenschaft an den Universitäten in Hamburg und Kiel, die ihn 1947 zum Honorarprofessor ernannten. Von 1948 bis 1954 lehrte Freytag, der 1946 zum Vorsitzenden des Deutschen Evangelischen Missionsrates gewählt worden war, zudem an der Kirchlichen Hochschule Hamburg. 1954 übernahm er den Vorsitz der Studien-Abteilung des Ökumenischen Rates der Kirchen und baute in Hamburg die Internationale Missionsakademie auf, die er seit Jahrzehnten geplant hatte. 1958 wurde er Vizepräsident des Internationalen Missionsrates. Freytags besonderes Interesse galt den neu entstandenen Kirchen im Fernen Osten. Zentrales Thema war für ihn die religiöse Beeinflussung der Menschen, mit der er sich schon in seiner Dissertation »Die Grundformen religiöser Beeinflussung und Erziehung in Tholucks ›Sündenbuch‹« (Hamburg 1925) befasst hatte. Kennzeichnend für seine Haltung waren sein Antikommunismus und die Ablehnung pluralistischer Positionen.

WERKE Schriftenverzeichnis in: Jan Hermelink/Hans Jochen Margull (Hg.), Basileia. Walter Freytag zum 60. Geburtstag, Stuttgart 1959, S. 503–511.
LITERATUR BBKL 2; RGG (4. Aufl.); Rainer Hering, Theologische Wissenschaft und »Drittes Reich«. Studien zur Hamburger Wissenschafts- und Kirchengeschichte im 20. Jahrhundert, Pfaffenweiler 1990 (Reihe Geschichtswis-

neut fixierten Monopolanspruch der deutschen Parteien gegenüberstand. Die Gleichsetzung von Demokratie und Parteienherrschaft hielt Friedlaender für Ideologie.

1954 zum Nachfolger des Hamburger Bundestagsabgeordneten Paul Leverkuehn an der Spitze der Europa-Union Deutschland e. V. gewählt, wechselte Friedlaender, der in diesen Jahren auch Präsident des Deutschen Rates der Europäischen Bewegung war, 1955 nach Bonn. Bis 1957 stand er der Europa-Union vor. 1960 zog Friedlaender sich in den Ruhestand zurück, nachdem er bis zuletzt Konrad Adenauer zu einer sachlicheren Auseinandersetzung mit der SPD und schließlich zum Rücktritt aus Altersgründen aufgefordert hatte. Zusammen mit seiner Tochter Katharina Focke, die sich in der SPD engagierte, 1969 unter Willy Brandt parlamentarische Staatssekretärin im Bundeskanzleramt wurde und von 1972 bis 1976 Bundesministerin für Jugend, Familie und Gesundheit war, propagierte er das Ideal der »Vereinigten Staaten von Europa«. Sein Nachlass befindet sich im Bundesarchiv in Koblenz.

WERKE Deutsche Jugend. Fünf Reden, Darmstadt 1947; Von der inneren Not, Hamburg 1947; Wie Europa begann. Die geistigen und politischen Wurzeln der europäischen Einigung, Köln 1965 (Europäische Schriften des Bildungswerkes Europäische Politik 9).

LITERATUR Norbert Frei/Franziska Friedlaender (Hg.), Ernst Friedlaender. Klärung für Deutschland. Leitartikel in der Zeit 1946–1950, München 1982 (Dokumente unserer Zeit 6). *Helmut Stubbe-da Luz*

FRIEDRICH I., gest. 29. 1. 1123, Erzbischof von Hamburg-Bremen.

Friedrich, dessen Herkunft nicht sicher zu erschließen ist, wurde 1104 wahrscheinlich von Kaiser Heinrich IV. zum Erzbischof berufen. Er hielt sich von der Reichspolitik fern, auch wenn er im Sommer 1106 in einem Schreiben des alten Herrschers unter den Vertretern beider Seiten genannt ist, die im Konflikt mit Heinrich V. vermitteln sollten. Eine Teilnahme an den Kämpfen in Sachsen 1112 oder die Anwesenheit am Hof Heinrichs V. ist – vielleicht mit Ausnahme der Hochzeit Heinrichs V. mit Mathilde von England im Januar 1114, an der fünf nicht namentlich genannte Erzbischöfe teilgenommen haben sollen – jedenfalls nicht belegt. Friedrich ist vielmehr der erste einer Reihe von Erzbischöfen, die die Stellung des Erzstifts im Umfeld Bremens und Hamburgs stärken wollten, nachdem es 1103 seine Metropolitanstellung über die nordische Kirche und damit alle seine Suffraganbistümer verloren hatte. In diesem Zusammenhang begann er eine intensive Territorial- und Siedlungspolitik, die am Anfang der Ostsiedlung steht, aber auch eine finanzielle Absicherung des Erzbistums erbrachte. Dabei wurden seit etwa 1113 insbesondere Niederländer wahrscheinlich zur Entwässerung und Erschließung der Wesermarschen im so genannten Hollerland im Kirchspiel Horn bei Bremen angesiedelt und mit günstigen Rechten ausgestattet. Zahlreiche weitere Siedlungen mit ähnlichen Rechten schlossen sich unter Friedrichs Nachfolgern an, auch im späteren Hamburger Einflussgebiet entlang der Elbe. In den Rahmen der Territorialpolitik des Erzbischofs gehört vielleicht auch ein Treffen mit Herzog Magnus von Sachsen und Markgraf Udo von der Nordmark in den ersten Monaten des Jahres 1106, dessen konkreter Anlass allerdings nicht bekannt ist. In engerer Beziehung stand Friedrich wohl zu Magnus' Nachfolger Herzog Lothar (seit 1106), der schon länger die Herrschaft über die Stadt Bremen in Händen hielt und mit dem er offenbar im Konflikt mit dem aus dem Stand eines Unfreien aufgestiegenen Grafen Friedrich von Stade zusammenarbeitete. So war der Erzbischof Anfang 1112 in Rahmstorf beim Prozess gegen den Grafen anwesend und erhielt im Folgenden Einkünfte des Bremer Domkapitels, die der Graf usurpiert hatte, von diesem zurückerstattet. Friedrichs Bindung an den im Investiturstreit gebannten alten Kaiser (zumindest bis zum Aufstand des Sohnes im Frühjahr 1105) erklärt, dass er wie sein Vorgänger Humbert kein Pallium, also kein Zeichen seiner päpstlichen Bestätigung als Erzbischof, erwarb. Er starb am 29. Januar 1123 und wurde wahrscheinlich nördlich der Krypta des Bremer Doms bestattet.

LITERATUR NDB 5; Lexikon des Mittelalters, Bd. 4, München/Zürich 1989; Regesten der Erzbischöfe von Bremen, bearb. von Otto Heinrich May, Bd. 1, Hannover 1937 (Veröffentlichungen der Historischen Kommission für die Provinz Hannover, Oldenburg, Braunschweig, Schaumburg-Lippe und Bremen 11.1), S. 99–102; Günter Glaeske, Die Erzbischöfe von Hamburg-Bremen als Reichsfürsten (937–1258), Hildesheim 1962 (Quellen und Darstellungen zur Geschichte Niedersachsens 60), S. 121–25; Adolf E. Hofmeister, Besiedlung und Verfassung der Stader Elbmarschen im Mittelalter, Bd. 2: Die Hollerkolonisation und die Landesgemeinden Land Kehdingen und Altes Land, Hildesheim 1981 (Veröffentlichungen des Instituts für Historische Landesforschung der Universität Göttingen 14), S. 7–9, 83–91, 158; Peter Johanek, Die Erzbischöfe von Hamburg-Bremen und ihre Kirche im Reich der Salierzeit, in: Die Salier und das Reich, hg. von Stefan Weinfurter, Bd. 2: Die Reichskirche in der Salierzeit, Sigmaringen 1991, S. 79–112, hier S. 111. *Jürgen Sarnowsky*

FRIEDRICH I. (BARBAROSSA), gest. 10. 6. 1190 in Kilikien (Kleinasien); König des deutschen Reiches, römischer Kaiser.

Friedrich I., König seit 1152, Kaiser seit 1155, hat, wie alle staufischen Könige und Kaiser des deutschen Reiches, seine Politik mehr nach Süden als nach Norden ausgerichtet. Sechs Züge, deren Dauer etwa ein Drittel seiner Regierungszeit ausmacht, hat er zwischen 1154 und 1186 nach Italien unternommen; nur einen Sommerfeldzug hat er 1181 in die nordelbische Region geführt. Er richtete sich gegen den geächteten und abgesetzten, aber Widerstand leistenden Doppelherzog von Sachsen und Bayern, Heinrich den Löwen. Damals mag Friedrich Barbarossa bereits der Stadt Lübeck erste Privilegien erteilt, vielleicht sogar die Reichsfreiheit verliehen haben. Schriftlich überliefert aber sind Privilegien, die auf seinen Namen ausgestellt sind, für den nordelbischen Raum erst für die Jahre 1188 und 1189, nämlich ein Privileg für Lübeck vom 19. September 1188, das aber nicht ausdrücklich die Reichsfreiheit erwähnt und nur in einer 1224 leicht verfälschten Fassung überliefert ist, und ein Privileg für die Neustadt Hamburg vom 7. Mai 1189. Das Datum dieser Urkunde ist der Bezugspunkt für den in Hamburg jährlich gefeierten Hafengeburtstag. Das Privileg für Hamburg gibt zu weit stärkeren Bedenken Anlass als das Lübecker Privileg. Das Privileg Kaiser Friedrichs I. für die Neustadt Hamburg, das in zwei Fassungen vorliegt, wird allgemein für eine erweiterte Verfälschung gehalten, die einen echten Kern enthält. Das Datum und die Zeugenreihe, die sich nur in einer Fassung finden, sind besonders erklärungsbedürftig und bilden vielleicht einen Teil der Verfälschung. Die Zeit der Verfälschung wird auf um 1225 oder – weniger wahrscheinlich – um 1265 angesetzt. Als echter Kern ist mindestens ein

Friedrich I. (Barbarossa)

Privileg anzunehmen, das den Kaufleuten der Neustadt Hamburg auf der Hin- und Rückfahrt zwischen der Nordsee und Hamburg Verkehrs- und Zoll- sowie Ungeldfreiheit auf der Niederelbe gewährte. (Ungeld wurde von bestimmten Waren erhoben, Zoll im engeren Sinne von Transportmitteln, Schiffen oder Wagen. Zoll im weiteren Sinne konnte das Ungeld einschließen.) Dieses Privileg, das sich gegen Stade richtete, könnte schon 1188 erteilt worden sein.

QUELLE Privileg Kaiser Friedrichs I. für Hamburg vom 7. 5. 1189, zuletzt gedruckt in: Monumenta Germaniae Historica, Diplomata regum et imperatorum Germaniae, Bd. 10: Die Urkunden Friedrichs I., bearb. von Heinrich Appelt unter Mitwirkung von Rainer Maria Herkenrath, Walter Koch und Bettina Pferschg, Teil 4: 1181–1190, Hannover 1990, S. 292–294 (DF. I.1001); die spätere Fassung (mit Datum und Zeugenreihe) lateinisch-deutsch in: Hamburgs Weg zum Reich und in die Welt. Urkunden zur 750-Jahr-Feier des Hamburger Hafens, Hamburg 1939, S. 3–6.

LITERATUR ADB 7; NDB 5; Heinrich Reincke, Die ältesten Urkunden der Hansestadt Hamburg, in: ders., Forschungen und Skizzen zur hamburgischen Geschichte, Hamburg 1951 (Veröffentlichungen aus dem Staatsarchiv der Freien und Hansestadt Hamburg 3), S. 93–166, hier S. 126–148; Karl Jordan, Zu den ältesten Urkunden für die Hamburger Neustadt, in: Archiv für Diplomatik 29 (1983), S. 209–228, hier S. 215–220; Gerhard Theuerkauf, Urkundenfälschungen der Stadt und des Domkapitels Hamburg in der Stauferzeit, in: Fälschungen im Mittelalter. Internationaler Kongreß der Monumenta Germaniae Historica, München, 16.–19. September 1986, Bd. 3: Diplomatische

F

FROMM-MICHAELS, Ilse

Fälschungen 1, Hannover 1988 (Monumenta Germaniae Historica. Schriften 33/3), S. 397–431, besonders S. 403–416.
Gerhard Theuerkauf

FROMM-MICHAELS, Ilse, geb. Bauch, geb. 30. 12. 1888 Hamburg, gest. 22. 1. 1986 Detmold; luth.; Komponistin, Pianistin, Musikpädagogin.

Als ältestes Kind des Mathematikers und Leiters einer höheren Privatschule Friedrich Bauch und seiner Ehefrau Luise in Hamburg-Barmbek geboren, zeigte Ilse Bauch außerordentlich früh eine herausragende musikalische Doppelbegabung. Ab ihrem achten Lebensjahr entstanden kleine Kompositionen, und auch auf dem Klavier machte sie derart schnelle Fortschritte, dass sie mit 13 Jahren an der Hochschule für Musik in Berlin aufgenommen wurde, wo sie bei Professor Marie Bender Klavier- und bei Heinrich van Eyken Kompositionsunterricht erhielt. Ihr eigentliches Studium aber begann erst, als sie mit 16 Jahren an das Sternsche Konservatorium wechselte und bei James Kwast, einem der bedeutendsten Musikpädagogen seiner Zeit, Klavier und bei Hans Pfitzner Komposition studierte. Ausschlaggebend für ihre musikalische Entwicklung waren die Anregungen ihres Studienkollegen Otto Klemperer. 1908 verließ Ilse Bauch das Sternsche Konservatorium mit einem aufsehenerregenden Klavierexamen. Beim Abschlusskonzert spielte sie die »Bach-Variationen« von Max Reger, ein neuartiges und äußerst schwieriges Werk, mühelos auswendig vor.

Die junge Musikerin ging nach Hamburg zurück und begann mit dem Aufbau ihrer Laufbahn als Pianistin. Unter dem Mädchennamen ihrer Mutter konzertierte Ilse Fromm als Solistin bald unter den bedeutendsten Dirigenten ihrer Zeit wie Hermann Abendroth, Max Fiedler, Wilhelm Furtwängler, Eugen Jochum, Otto Klemperer, Arthur Nikisch, Carl Schuricht und Fritz Steinbach. Nach einem erneuten Studium an der Musikhochschule in Köln von 1911 bis 1913, wo sie bei Carl Friedberg Klavier- und für kurze Zeit bei Fritz Steinbach Kompositionsunterricht hatte, begann eine ganz neue Konzerttätigkeit. Als Erste veranstaltete Ilse Fromm-Michaels Konzerte mit ausschließlich neuer Musik. Zumeist im damaligen Zentrum für Musik in Berlin stellte sie Werke von Busoni, Pfitzner, Reger, Jarnach und Hindemith sowie von Strawins-

Ilse Fromm-Michaels

ky, Milhaud und Granados, von Schönberg, Berg und Webern, Bartók und Kodály vor. In dem in den Jahren 1923/24 von Hans Heinz Stuckenschmidt und Josef Rufer in Hamburg veranstalteten Konzertzyklus »Neue Musik«, bei dem sie regelmäßig mitwirkte, übernahm sie in einer unter der Leitung des Komponisten stehenden Aufführung von Schönbergs »Pierrot Lunaire« den Klavierpart.

Ihre in den Jahren von 1908 bis 1919 komponierten Klavierwerke »Vier Puppen« (op. 4), »8 Skizzen« (op. 5), »Sonate« (op. 6), »Walzerreigen« (op. 7) und die »Variationen über ein eigenes Thema« (op. 8) hatte sie auch im Hinblick auf das eigene Konzertieren und die Wirksamkeit pianistischer Virtuosität geschrieben. Die 1932 in strenger thematischer und kontrapunktischer Konsequenz angelegte »Passacaglia« (op. 16) zeigt dann einen verwandelten Stil. Dazwischen entstanden zwei Hefte mit Liedern nach Texten aus »Des Knaben Wunderhorn« für Sopran und Klavier (op. 9a/b) sowie die drei Stücke für Klarinette solo »Stimmungen eines Fauns« (op. 11), die sie ihrer Freundin, der Malerin Anita Rée, widmete. Die »Suite für Violoncello solo« (op. 15) schrieb sie für die Freundin und Cellistin Selma Reif.

1915 heiratete die junge Pianistin den in Cuxhaven amtierenden Hamburgischen Amtsrichter Dr. Walter Michaels, der 1920 nach Hamburg-Bergedorf und 1925 an das Hamburger Landgericht versetzt wurde. 1922 kam der Sohn Jost zur Welt, der später Professor für Klarinette, Klavier und Ensemblespiel an der Musikhochschule in Detmold wurde. Nach der Machtübernahme der Nationalsozialisten wurde Walter Michaels 1933 aufgrund seiner jüdischen Herkunft zwangspensioniert. Als seine Ehefrau erhielt Ilse Fromm-Michaels bereits 1934 Auftrittsverbot, und ihre Werke durften nicht mehr aufgeführt werden. Auch ihr Schülerkreis schränkte sich trotz ihres ausgezeichneten Rufes immer weiter ein.

In dieser Zeit tiefster Bedrängnis schuf Ilse Fromm-Michaels ihre bedeutendsten Werke, die ihren Ruf als Komponistin begründeten. Wichtig in diesem Zusammenhang war die Begegnung mit dem Dichter und Komponisten Frank Wohlfahrt. Er instrumentierte ihre »Passacaglia« (op. 16) unter Hinzufügung einer ausgedehnten Coda für großes Orchester und regte Ilse Fromm-Michaels an, auch ihr eigenes Schaffen mehr als zuvor über das Klavier hinaus auf andere instrumentale sowie vokale Besetzungen auszuweiten. 1933 entstand die »Marienpassion« (op. 18) für Kammerchor, Kammerorchester, drei Trompeten und Klavier, ein überkonfessionelles Oratorium, zu dem die Komponistin die Texte selbst schrieb, 1938 die »Sinfonie« (op. 19) für großes Orchester; Letztere wurde 1961 beim Internationalen Wettbewerb für Komponistinnen in Mannheim unter 150 Werken zusammen mit einem Werk der Kanadierin Sonja C. Eckhardt-Gramatté mit einem ersten Preis ausgezeichnet. 1944 komponierte Ilse Fromm-Michaels für ihren Sohn die »Musica Larga« für Streichquartett und Klarinette.

Danach trat eine Lähmung im Schaffen der Künstlerin ein. Jahrelange Kränkungen, Ängste, Entbehrungen, die Trennung und der Verlust von Freunden, schließlich 1946 der Tod von Walter Michaels hatten ihre Energie gebrochen. Dazu kamen neue Tendenzen in der Musik, deren Charakter und Zielsetzungen sie mit ihren eigenen Ideen und Vorstellungen nicht in Einklang bringen konnte. Die »Drei Rilke-Gesänge« für Bariton und Klavier von 1948/49 wurden zur letzten, sehr eindringlichen und groß angelegten kompositorischen Äußerung von hohem biografischem Gewicht.

Von 1946 bis 1959 war Ilse Fromm-Michaels als Dozentin an der Hamburger Schule für Musik und Theater, der späteren Musikhochschule, tätig. Da sie nicht mehr konzertierte, gelang es ihr jedoch nicht, eine Schülerschaft um sich zu versammeln, wie sie ihren Fähigkeiten entsprochen hätte. 1973 übersiedelte sie zur Familie ihres Sohnes nach Detmold, wo sie am Musikleben der Hochschule interessierten Anteil nahm.

1956 wurde Ilse Fromm-Michaels von der Hamburger Akademie der Freien Künste, die sie 1946 als erste Frau in ihre Reihen aufgenommen hatte, die Ehrenplakette verliehen. Die Freie und Hansestadt Hamburg zeichnete sie anlässlich ihres 75. Geburtstags mit der Johannes Brahms-Medaille aus. Ihre letzte Ruhestätte fand sie auf dem Ohlsdorfer Friedhof.

WERKE Werkverzeichnis von Babette Dorn in: Lebenswege von Musikerinnen im »Dritten Reich« und im Exil, hg. von der Arbeitsgruppe »Exilmusik« am Musikwissenschaftlichen Institut der Universität Hamburg, Hamburg 2000 (Musik im »Dritten Reich« und im Exil 8), S. 116 f.

LITERATUR Bake/Reimers, S. 179–182; Frank Wohlfahrt, Eigenständige Phantasie. Ilse Fromm-Michaels zur Vollendung ihres 75. Lebensjahres, in: Antworten. Jahrbuch der Freien Akademie der Künste in Hamburg, Hamburg 1963, S. 84–87; Karl Grebe, Lebenswerk einer Komponistin. Ilse Fromm-Michaels zum achtzigsten Geburtstag am 30. Dezember 1968, in: Zwanzig. Jahrbuch der Freien Akademie der Künste in Hamburg, Hamburg 1968, S. 303–307.
Brita Reimers

FUNK, Nicolaus, geb. 13. 5. 1767 Westerdeich, gest. 17. 1. 1847 Altona; luth.; Pastor.

Der rationalistische Theologe Nicolaus Funk widmete sich mit besonderer Hingabe dem Armen- und Schulwesen in Altona.

Geboren als zehntes Kind einer Bauernfamilie, besuchte Funk seit 1783 die Gelehrtenschule in Meldorf und studierte von 1786 bis 1789 in Kiel Theologie. 1790 kam er nach Altona und wurde zunächst Adjunkt der hiesigen Hauptkirche sowie Nachmittagsprediger in Ottensen. Seit 1792 war er zweiter und seit 1808 erster Compastor in Altona. Als Prediger war Funk äußerst beliebt. Zusammen mit dem lutherischen Theologen Detlev Johann Wilhelm Ohlshausen und dem Schriftsteller Karl Venturini veröffentlichte er in acht Bänden »Predigten über die ganze christliche Pflichtenlehre« (1798–1805). 1824 verlieh ihm die Universität Rostock die Ehrendoktorwürde der Theologie.

Zu Beginn seiner Amtszeit setzte Funk sich zusammen mit dem Vizebürgermeister Peter Rode für den Neubau des Waisenhauses ein. Der Bau an der Königstraße, vom dänischen Landesbaumeister

Nicolaus Funk

Christian Frederik Hansen entworfen, wurde 1794 mit einer Rede von Funk eingeweiht. Bis 1808 war er Mitinspektor der Anstalt. Die Organisation des Armenwesens in Altona, die dem Geistlichen über Jahrzehnte ein Herzensanliegen war, zählt zu seinen bemerkenswertesten Leistungen. 1803 veröffentlichte er einen Bericht über seine Erfahrungen in der Schrift »Versuch über das Armenwesen in Altona«.

1801 gründete Funk im Gebäude des Waisenhauses die Sonntagsschule, die ursprünglich als Fortbildungsanstalt für künftige Handwerker konzipiert war. Angeregt hatte sie der Zeichenlehrer des Christianeums Jes Bundsen, der sich erbot, junge Leute unentgeltlich im Zeichnen zu unterweisen. Bei der Feier zum 25-jährigen Bestehen der Sonntagsschule hielt Funk eine Rede, die auch im Druck erschien. Der vermögende Conrad Hinrich Donner las sie und unterstützte seitdem die Schule finanziell unter der Bedingung, dass sie vom Staat unabhängig bleiben müsse. Die Institution überlebte ihren Gründer und konnte 1855 durch die Freigebigkeit Donners in ein neues Gebäude an der Großen Westernstraße (heute Jessenstraße) umziehen. Funk war außerdem im Jahr 1800 Mitgründer des »Museums«, einer geselligen Altonaer Vereinigung

des gehobenen Bürgertums, die in der Königstraße ein eigenes Haus mit einem Konzertsaal besaß, und wurde aktives Mitglied der 1812 gegründeten Schleswig-Holsteinischen Patriotischen Gesellschaft.

Als Theologe vertrat der Geistliche gemäßigte rationalistische Ansichten. 1798 verteidigte er mit der Schrift »Freimütige Beurteilung des Verfahrens der dänischen Regierung bei der Einführung der neuen Kirchenagende« die Neuerungen gegen den Angriff von Friedrich Leopold Graf zu Stolberg. Noch kompromissloser, wenn auch ohne Erfolg, verurteilte er 1805 die Berufung des pietistischen Geistlichen Hermann Daniel Hermes, der sich seit 1791 in Preußen als reaktionärer Religions- und Kulturpolitiker in aufklärerischen Kreisen verhasst gemacht hatte, an die Universität Kiel. Funk wurde seither vom Emkendorfer Kreis, der seine rationalistischen Ansichten ablehnte, befehdet. 1815 erschien von ihm eine Bibelausgabe nach Luthers Übersetzung mit Erläuterungen bei dem Altonaer Verleger Johann Friedrich Hammerich. Obgleich mit königlicher Genehmigung gedruckt, wurde der Verkauf nach theologischen Auseinandersetzungen verboten. Zu Funks Gegnern zählte auch Claus Harms, der 1817 mit 95 Thesen gegen die »Altonaer Bibel« polemisierte. Neben Predigten und seinen Überlegungen zum Schul- und Armenwesen veröffentlichte Funk politische Schriften. 1950 wurde die Funkstraße in der Altstadt Altonas nach ihm benannt.

WERKE Geschichte und Beschreibung des Waisen-, Schul- und Arbeitshauses in Altona, Altona 1803; Geschichte der neuesten Altonaer Bibelausgabe nebst Beleuchtung der wider sie erhobenen Beschuldigungen, Altona 1823.

LITERATUR SHBL 2; Paul Th. Hoffmann, Nicolaus Funk. Ein Beitrag zur Geschichte des Altonaer Geisteslebens, in: Nordelbingen 13 (1937), S. 406–429; Friedrich Hammer, Altonaer Bibel, in: Kurt Jürgensen (Hg.), Gott loben, das ist unser Amt. Beiträge zu einem Leitwort, Kiel 1984, S. 81–99; Franklin Kopitzsch, Grundzüge einer Sozialgeschichte der Aufklärung in Hamburg und Altona, 2., erg. Aufl. Hamburg 1990 (Beiträge zur Geschichte Hamburgs 21).   *Hans-Werner Engels*

GALLOIS, Johann Gustav, geb. 15. 10. 1815 Hamburg, gest. 8. 4. 1872 ebd.; Politiker, Journalist, Historiker.

Der Vater Jacob Gallois war ein französischer Feldscher, der 1812 auf der Rückkehr von Napoleons gescheitertem Russlandfeldzug in Hamburg Fuß gefasst hatte, sich dort als Französischlehrer durchschlug und insgeheim satirische Glossen über die Hamburger verfasste (postum veröffentlicht unter dem Titel »Der chinesische Spion in Hamburg«, Hamburg 1950). Aus seiner Ehe mit einer Mecklenburgerin gingen 14 Kinder, darunter Johann Gustav, hervor.

Gallois besuchte das Johanneum und studierte anschließend in Heidelberg und Göttingen Jura. Nach der Promotion ließ er sich in Hamburg als Advokat nieder. 1844 meldete er sich zum ersten Mal als Publizist mit einer scharfen Erwiderung auf ein in Hamburg erschienenes antisemitisches Pamphlet zu Wort. Dem von ihm 1846 gegründeten »Verein für Nicht-Grundbesitzer« (bald umbenannt in »Bürgerverein«) kam besondere Bedeutung zu, weil er Bürgern, die bislang von der Mitwirkung in den offiziellen Gremien der Stadt ausgeschlossen gewesen waren, zum ersten Mal eine politische Plattform bot.

In der Revolution von 1848 gehörte Gallois zu den führenden Köpfen der Demokraten in der Hansestadt. Im Herbst 1848 wurde er in die Hamburger Konstituante gewählt, wo er als Mitglied des »Neunerausschusses« maßgeblich an der Erarbeitung einer neuen Verfassung beteiligt war. Als der Entwurf fertig war, hatte inzwischen in Hamburg wie im übrigen Deutschland die Reaktion eingesetzt, sodass die Verfassung zur Enttäuschung von Gallois nicht in Kraft treten konnte. Angesichts der veränderten Machtlage sah er keine Möglichkeit mehr, am politischen Geschehen in der Stadt gestaltend mitzuwirken. So wandte sich Gallois der Geschichtsschreibung zu. 1852 veröffentlichte er eine Geschichte der Hanse, von 1853 bis 1856 erschien seine dreibändige Geschichte der Stadt Hamburg. 1864 folgte unter dem Titel »Hamburgs neueste Zeit 1843 bis 1860« ein Band, der die Gegenwartsgeschichte behandelte. Gallois' Darstellungen vermitteln auf den ersten Blick den Eindruck neutraler Chronistik, doch bei genauerem Hinsehen wird deutlich, dass sein Herz nach wie vor für die Demo-

Johann Gustav Gallois

kratie schlug. Obwohl die kompromissgeprägte Hamburger Verfassungsreform von 1860 weit hinter seinen Hoffnungen zurückblieb, begrüßte Gallois sie dennoch als Schritt in die richtige Richtung.

WERKE Der Hansabund von seiner Entstehung bis zu seiner Auflösung. Mit dem Portrait Jürgen Wullenweber's, Leipzig 1851 (Historische Hausbibliothek 19); Geschichte der Stadt Hamburg, 3 Bde., Hamburg 1853–56.

LITERATUR LhS 2; Joist Grolle, Hamburg und seine Historiker, Hamburg 1997 (Veröffentlichungen des Vereins für Hamburgische Geschichte 43), S. 68–75.

Joist Grolle

GARVE, Ferdinand Carl *Heinrich* Christian, geb. 5. 10. 1845 Hamburg, gest. 4. 5. 1900 ebd.; luth.; Zigarrenarbeiter, Sozialdemokrat.

In der Hamburger Genossenschaft, die im Oktober 1875 gegründet wurde, um die sozialdemokratische Druckerei zu betreiben und das »Hamburg-Altonaer Volksblatt« herauszugeben, fungierte Heinrich Garve von Anfang an offiziell als Schreiber, war aber tatsächlich als Expedient der Zeitung tätig und gehörte als Kassierer zum Vorstand. Die Hamburger Politische Polizei titulierte ihn »Verleger«.

Als Mitarbeiter der sozialdemokratischen »Gerichts-Zeitung« musste auch Garve 1880 Hamburg verlassen, als aufgrund der Sozialistengesetze im Oktober der »Kleine Belagerungszustand« verhängt worden war. Er ging mit der Redaktion zunächst nach Harburg, wo seine Wohnung zum Parteizentrum wurde, wanderte dann nach einem kurzen Aufenthalt in Lübeck in die USA aus und wurde amerikanischer Staatsbürger. Garve kehrte 1888 nach Hamburg zurück, hielt sich jedoch zunächst politisch zurück, da er erst 1894 wieder die deutsche Staatsangehörigkeit annehmen konnte. Am Ende seines Lebens, dessen Verlauf für viele aktive Sozialdemokraten seiner Generation als typisch angesehen werden kann, war er schwer krank.

LITERATUR Nachrufe in: Hamburger Echo, Nr. 104 vom 6.5.1900 [S. 2] und Nr. 105 vom 7.5.1900, [S. 2]; Heinrich Laufenberg, Geschichte der Arbeiterbewegung in Hamburg, Altona und Umgegend, 2 Bde., Hamburg 1911, 1931 [Nachdruck Berlin 1977]. *Angela Graf*

GEFFCKEN, Heinrich, geb. 24.10.1792 Hamburg, gest. 3.12.1861 ebd.; luth.; Senator, Wirtschaftspolitiker.

Der Sohn des wohlhabenden Kaufmanns Hinrich Geffcken besuchte die Gelehrtenschule des Johanneums. Nach dem Tod des Vaters musste Heinrich auf eine angestrebte wissenschaftliche Ausbildung verzichten. So trat er 14-jährig als Lehrling in das von der Mutter Susanne, geborene Hoppe, fortgeführte Handelsgeschäft ein. Mit dem Hanseatischen Jägercorps nahm Geffcken an den Befreiungskriegen teil. 1816 wurde er Teilhaber der väterlichen Firma Liepmann & Geffcken, die er zusammen mit seinem Schwager Carl Philipp Kunhardt zu einem im Drogenhandel führenden Import- und Exporthaus ausbaute. Geffckens wirtschaftspolitische Interessen galten dem Finanz-, Bank- und Geldwesen sowie Fragen der Steuer- und Zollpolitik. Der Senat hat sich diesen in einer Handelsstadt unverzichtbaren Sachverstand gesichert und den 1844 zum Präses der Commerzdeputation gewählten Kaufmann im folgenden Jahr in das Ratskollegium aufgenommen. Geffcken vertrat seine Vaterstadt fortan bei mehreren auswärtigen Missionen. Auch in wichtigen Kommissionen hat er Senatsinteressen wahrgenommen, so in der Rat- und Bürgerdeputation nach dem Stadtbrand von 1842, in der Vertrauenskommission zur Bewältigung der Wirtschaftskrise von 1857 sowie in mehreren Gremien, die eine neue Verfassung erarbeiten sollten, besonders in der entscheidenden Neunerkommission. Geffckens wirtschaftspolitisches Credo galt dem Freihandel, also dem Abbau staatlicher Be-

Heinrich Geffcken

vormundung, der Beseitigung wirtschaftlicher Hemmnisse sowie der Entlastung bei Steuern und Handelszöllen. So wurde er einer der Wegbereiter für Hamburgs Aufstieg zu einem führenden Welthandelsplatz. 1902 wurde die Geffckenstraße im Stadtteil Eppendorf nach dem Wirtschaftspolitiker benannt.

LITERATUR ADB 8; NDB 6; Werner von Melle, Jugenderinnerungen. Mit einer familiengeschichtlichen Einleitung, Hamburg u. a. 1928, S. 35–50.

Gerhard Ahrens

GEORGES, Bruno, geb. 15.12.1892, Hamburg, gest. 31.5.1968 Reinsehlen/Soltau; Polizeichef, Polizeipräsident.

Als Polizeichef und Polizeipräsident in den Jahren von 1945 bis 1958 war Bruno Georges eine populäre und anerkannte Persönlichkeit des Hamburger öffentlichen Lebens. Ihm gelang es, neues Vertrauen in die Polizei zu wecken und breite Akzeptanz für ihre Arbeit zu erreichen.

Georges besuchte von 1899 bis 1906 die Volksschule in Hamburg, anschließend bis 1907 die Seemannsschule. Von 1908 bis 1910 fuhr er auf dem Segelschiff »Bellas« zur See. Am 1. Oktober 1910 trat er als Freiwilliger für vier Jahre in die Marine ein und fuhr unter anderem auf den Linienschiffen »S.M.S. Schleswig-Holstein« und »S.M.S. König«. Auf Letzterem in der Skagerrak-Schlacht verwundet, wechselte er 1918 zur U-Boot-Waffe und fuhr auf den U-Booten »U 140« und »U 151«. Am 1. Ja-

Bruno Georges

nuar 1914 wurde er zum Obermatrosen, am 13. September 1915 zum Feuerwerkermaat und am 1. Juni 1916 zum Oberfeuerwerkermaat befördert. Als Auszeichnung erhielt er das Eiserne Kreuz II. Klasse.

Nach Kriegsende wurde Georges 1918 in Hamburg 2. Vorsitzender des Obersten Marinerates der Niederelbe und für die Zeit vom 11. Dezember 1918 bis zum 19. Juli 1919 Leiter der Hafen- und Sicherheitstruppe. Am 4. Dezember 1919 schied er offiziell aus der Marine aus und arbeitete zunächst bei der Schokoladenfabrik Reichardt in Wandsbek. Am 9. Juni 1920 trat er als Oberwachtmeister in die Ordnungspolizei ein. Nach bestandener Oberbeamtenprüfung wurde er am 1. Dezember 1920 zum Polizeileutnant und am 1. April 1923 zum Polizeioberleutnant befördert. Am 26. Mai 1924 legte er die IV. Fachprüfung ab. Am 1. Juli 1927 bevorzugt zum Polizeihauptmann befördert, wurde er unter anderem als Streifenbeamter, als Zug- und Wachbereitschaftsführer, in Stäben der Stadtbezirke und im Stab des Chefs der Ordnungspolizei eingesetzt. Von 1930 bis 1933 war er Leiter des Außendienstes der Hafen- und Schifffahrtspolizei (Haschipo).

Georges war seit 1918 Mitglied der SPD und gehörte 1922 zu den Begründern der Vereinigung Republik, der Vorläuferorganisation des Reichsbanners Schwarz-Rot-Gold, der Kampforganisation der demokratischen Kräfte in der Weimarer Republik. Für den norddeutschen Raum zählte er zusammen mit Theodor Haubach zu den bekanntesten Rednern und Funktionären des Reichsbanners, für das er zahlreiche Schriften und Lieder verfasste.

Nach der Machtübernahme durch die Nationalsozialisten wurde Georges am 6. März 1933 des Dienstes enthoben und in den Ruhestand versetzt. Wie bei fast allen aus politischen Gründen entlassenen Beamten wurde diese Versetzung am 19. Juni 1933 zurückgenommen und Georges nach § 4 des »Gesetzes zur Wiederherstellung des Berufsbeamtentums« zum 30. Juni 1933 entlassen, weil er »nicht die geringste Gewähr« bot, für den Nationalsozialismus einzutreten. Versuche der Ausgrenzung hatte es schon früher gegeben. Bereits 1927 hatte sich der konservativ beeinflusste Oberbeamtenausschuss der Ordnungspolizei gegen Georges' Beförderung zum Polizeihauptmann ausgesprochen. 1932 war er gemeinsam mit einigen anderen bekannten demokratischen Polizeioberbeamten aus der Oberbeamtenvereinigung ausgeschlossen worden. Vom 1. Juni 1933 bis zum 1. Juni 1945 ging Georges einer kaufmännischen Tätigkeit in dem Unternehmen Wulff, Fürst & Co. nach; einer der Inhaber der Firma war der ehemalige Polizeihauptmann Reinhold Fürst, der 1933 ebenfalls aus politischen Gründen aus dem Dienst entlassen worden war. Georges unterhielt nach 1933 weiterhin intensive Kontakte zu ehemaligen Kollegen. Dies wurde durch seine berufliche Tätigkeit, die es ihm ermöglichte, unauffällig zu reisen, erleichtert. Allerdings musste er aufgrund seiner Bekanntheit und seiner Kontakte damit rechnen, dass ihn die Gestapo überwachte. Es ist davon auszugehen, dass er auch im »Dritten« Reich seine freundschaftliche Verbindung zu Theodor Haubach aufrechterhalten hat. Die Gestapo holte Georges wiederholt zu Vernehmungen ab, die jedoch ebenso ohne Ergebnis blieben wie eine vorgenommene Hausdurchsuchung.

Nach der Kapitulation stellte Bürgermeister Rudolf Petersen Georges am 26. Mai 1945 mit Zustimmung der britischen Behörden als Nachfolger von Lothar Danner wieder in den Polizeidienst ein. Zunächst als Oberst der Schutzpolizei eingesetzt, wurde Georges schon zum 1. August des Jahres Kommandeur der Polizei und zum 15. Dezember Polizeichef. Nachdem das Amt des Polizeichefs, der zugleich höchster Polizeivollzugsbeamter war, 1952 in das Amt des Polizeipräsidenten umgewandelt worden war, hatte Georges diese Position vom 1. April 1952 bis zum 31. März 1958 inne. Als Polizeivollzugsbeamter hätte er zum 1. April 1953 aus dem aktiven Polizeidienst ausscheiden müssen. Der Se-

nat entschloss sich aber, die Stelle des Polizeipräsidenten in den allgemeinen Verwaltungsdienst zu
übernehmen und sie weiterhin mit Georges zu be-
setzen. Am 31. März 1958 beendete Georges seine
aktive Tätigkeit.

Georges war seit dem 15. Februar 1933 mit Gertrud Schäfer verheiratet. Aus der Ehe ging eine
Tochter hervor. In den letzten Lebensjahren war
Georges durch eine Herzkrankheit gesundheitlich
eingeschränkt. Er verstarb am 31. Mai 1968 im Krankenhaus Reinsehlen bei Soltau.

In seiner Tätigkeit als Polizeichef und Polizeipräsident legte Georges besonderes Gewicht auf die
präventive Arbeit der Polizei. Einen weiteren
Schwerpunkt seiner Arbeit bildete vor allem in der
unmittelbaren Nachkriegszeit die Förderung und
Unterstützung notleidender Kinder und Jugendlicher. Auch um die Angehörigen der im Dienst um-
gekommenen Polizeibeamten kümmerte er sich außerordentlich engagiert. Am 7. September 2001
benannte der Senat den Vorplatz des neuen Hamburger Polizeipräsidiums in Winterhude in Anerkennung seiner Lebensleistung und seines Einsatzes für die Demokratie nach Bruno Georges.

LITERATUR Wolfgang Kopitzsch, »Bruno-Georges-
Platz«. Neue Anschrift für Polizeipräsidium und Landes-
bereitschaftspolizei, in: Hamburger Polizei Journal, Nr. 9
(September 2001), S. 14 f.; Erwin B. Boldt, Die verschenkte
Reform. Der Neuaufbau der Hamburger Polizei zwischen
Weimarer Tradition und den Vorgaben der britischen Besatzungsmacht 1945–1955, Hamburg 2002 (Veröffentlichungen des Hamburger Arbeitskreises für Regionalgeschichte (HAR) 12), S. 286–289.   *Wolfgang Kopitzsch*

Richard Germer

GERMER, Richard, geb. 4. 11. 1900 Hamburg,
gest. 12. 9. 1993 ebd.; luth.; Sänger, Komponist.

Im Hamburger Telefonbuch stand hinter seinem
Namen die Berufsbezeichnung »Lautensänger«.
Damit knüpfte er auf ironische Weise an die Tradition der Troubadoure an, denn seine Verehrer hatten ihm schon früh den ehrenden Titel eines »Trou-
badours der Waterkant« verliehen.

Der gelernte Kaufmann und begeisterte Wander-
vogel erhielt 1920 bei einem Gesangswettbewerb
den Ersten Preis und beschloss, Gesang und Lau-
tenspiel zum Beruf zu machen. Bei Carl Wasch-
mann und Luigi Gareno studierte er Gesang, entschied sich aber für die leichte Muse. Er trat mit

Hamburger Liedern bei Vereinsfesten und Betriebs-
feiern auf und wurde nach seinem Rundfunkdebüt
1927 auch über die Grenzen Norddeutschlands hinaus bekannt; 1928 erschien seine erste Schallplatte.

Germer vertonte unter anderem Texte von Wilhelm Busch, Fred Endrikat, Fritz Grasshoff, Erich
Kästner, Dirks Paulun und Hans Leip; einige seiner
größten Erfolge entstammten der Feder seines
Freundes Benno Strandt (1906–95). Bei seinem
zehnjährigen Künstlerjubiläum am 23. Januar 1939
im großen Hörsaal der Universität Hamburg trug
er auch Lieder vor, deren Texte von Detlev von Liliencron, Hermann Löns, Agnes Miegel, Gorch Fock
und Rudolf Kinau stammten, sowie selbstverständlich seinen wohl größten Erfolg »Einmal noch nach
Bombay« nach einem Text von Hans Leip.

Nach 1945 gehörte »Lauten-Richard« zu den beliebtesten Künstlern des NWDR, für den er neben
eigenen Liedern Shanties und Volkslieder aus aller
Welt sang. In Hamburg trat er im »Bronzekeller«
und in der »Wendeltreppe« auch als Kabarettist
auf. Zu den Höhepunkten seiner Karriere gehörte
sein Auftritt auf der Berliner »Waldbühne« 1951.

Große Anteilnahme bei seinem Publikum löste

1960 ein schwerer Autounfall aus; nach seiner Genesung wurden einige seiner Lieder zu richtigen Schlagern, darunter »Gehn wir mal zu Hagenbeck«, »An de Alster, an de Elbe, an de Bill«, »Nimm mich mit Kapitän auf die Reise« und »Ständchen an Paula«. Auftritte in der Fernsehsendung »Haifischbar« (seit 1962) steigerten noch seine Popularität. 1971 konnte Germer beim 1500. NDR-Hafenkonzert sein 44-jähriges Rundfunkjubiläum feiern; er hatte von Anfang an zu den tragenden Säulen dieser »ältesten Radiosendung der Welt« gehört. Mehr als 100 Mal trat er in der Hamburger Musikhalle bei der beliebten Veranstaltung »Hamburg, hol di stief« auf. Erfolgreich war auch seine Show »Das ist mein Hamburg« 1975 im Operettenhaus.

Schon in den fünfziger Jahren des 20. Jahrhunderts entstand die Redewendung »Ohne Richard Germer wäre Hamburg ärmer«. Sie war gleichsam das Motto für die Ehrungen, die ihm zu seinem 80. Geburtstag zuteil wurden. Anlässlich seines 90. Geburtstags erhielt »König Richard mit der Laute« für seine Verdienste um die Hamburger Volksmusik die Senator-Biermann-Ratjen-Medaille.

Richard Germer wurde 92 Jahre alt. Anlässlich der 100. Wiederkehr seines Geburtstags fand im Altonaer Museum eine Ausstellung statt, die von Konzerten und anderen Gedenkveranstaltungen begleitet war. Richard Germer war mehr als ein halbes Jahrhundert lang *der* Hamburger Volkssänger. Mehr als 200 seiner Lieder sind auf unterschiedlichen Tonträgern erhalten.

LITERATUR Jochen Wiegandt (Hg.), An de Eck steiht'n Jung mit'n Tüdelband. Hamburger Liederbuch, Bd. 2: Lexikon, Hamburg 1993, S. 60 f.   *Eckardt Opitz*

GERSON, Hans, geb. 19. 3. 1881 Magdeburg, gest. 14. 10. 1931 Hamburg; luth.; Architekt.

Die Eltern Hans Gersons, Ernst und Bertha Gerson, geborene Reichmann, zogen 1887 von Magdeburg elbabwärts nach Hamburg, wo sich der Vater als Kaffee- und Zuckermakler betätigte. Ernst Gerson hatte sich bereits vom jüdischen Glauben gelöst, seine drei Söhne waren getaufte Lutheraner, er hielt jedoch weiterhin Kontakte zum liberalen Reformjudentum aufrecht. Nach dem Besuch des Wilhelm-Gymnasiums ließ sich Hans Gerson zum Wintersemester 1899/1900 an der Technischen Universität

Hans Gerson

München für ein Architekturstudium einschreiben. 1904 ging er, ohne das Studium mit dem Diplom abgeschlossen zu haben – die Berufsbezeichnung »Architekt« war damals noch ungeschützt –, nach Berlin in das Architekturbüro Hart & Lesser. Mit 26 Jahren kehrte er im Jahre 1907 nach Hamburg zurück und eröffnete zunächst in der Nachbarstadt Altona gemeinsam mit seinem jüngeren Bruder Oskar ein Atelier. Die beiden Brüder hatten von Anfang an großen Erfolg, bis zum Ersten Weltkrieg entstanden 20 Privat- und Landhäuser vornehmlich für die großbürgerlich-hanseatische Kaufmannschaft. 1920 trat ein weiterer Bruder, Ernst Gerson, als Partner in das Architekturbüro ein. Anfang der zwanziger Jahre wurde die Firma »Hans und Oskar Gerson«, so die eingeführte Bezeichnung, durch Veröffentlichungen über ihre Hamburger Kontorhausbauten auch international bekannt. Die Brüder Gerson gehörten in den ersten Jahrzehnten des 20. Jahrhunderts zu den maßgeblichen Architekten der so genannten Hamburger Schule. Große Erfolge erzielte das Architekturbüro mit Kontorhausbauten wie dem Thaliahof (1922), dem Ballinhaus (1922–24, seit 1938 Meßberghof) und dem Sprinkenhof (1926). Der monumentale Backsteinbau des Ballinhauses, räumlich dem Chilehaus des Architekten Fritz Höger gegenüberliegend, wurde von zeitgenössischen Architekturkritikern häufig mit diesem verglichen und vermochte zumeist die Wertschätzung der Fachkritik auf seine Seite zu ziehen. Beide Kontorhäuser galten als architektonische Monumente der Großstadt Hamburg und werden heute der »moderaten« Moderne zugerechnet. Der Sprinkenhof, 1926 das größte Hamburger Kontorhaus, wurde in Kooperation mit Fritz Höger erbaut. Die Zusammenarbeit des Büros mit Höger hatte bereits 1925 begonnen und hielt bis zum 1933 verhängten Berufsverbot für die Brüder Gerson als »nichtarische Architekten« an. Neben den Kontorhäusern im Backsteinbau errichteten die Brüder Gerson in den zwanziger Jahren zahlreiche bürgerliche Großwohnhäuser in derselben Bauweise zumeist in Hamburg-Eppendorf.

Der Moderne verpflichtet, baute Hans Gerson gemeinsam mit seinem Bruder Oskar eine bedeutsame Privatsammlung mit Werken der zeitgenössischen modernen Malerei auf. Im Oktober 1931 starb der Bürogründer Hans Gerson; die beiden jüngeren Brüder führten die Firma unter dem alten Namen noch zwei Jahre fort, bis der jüngste Bruder Ernst im Juni 1933 emigrierte. 1979 wurde der Gersonweg im Stadtteil Allermöhe nach den Brüdern Hans und Oskar benannt.

Werke: Der bauende Architekt zur Baupflege, in: Bau-Rundschau 11 (1920), S. 98–102; (mit Adolf Goertz und Oskar Gerson) Die Erweiterung der Hamburger City und das Messehausprojekt. Sonderdruck aus: Der Städtebau. Monatshefte für Stadtbaukunst, städtisches Verkehrs-, Park- und Siedlungswesen 20 (1925), H. 9/10; (mit Oskar Gerson) Der Sprinkenhof in Hamburg, in: Wasmuths Monatshefte für Baukunst 13 (1929), S. 225–229.

LITERATUR Wolfgang Voigt, Hans und Oskar Gerson. Hanseatische Moderne. Bauten in Hamburg und im kalifornischen Exil 1907 bis 1957, Hamburg 2000 (Schriftenreihe des Hamburgischen Architekturarchivs, hg. von Hartmut Frank und Ullrich Schwarz) [Bibliografie S. 126 f.].   *Ina Lorenz*

GERSON, Oskar, geb. 11.7.1886 Magdeburg, gest. 25.12.1966 Berkeley (USA); luth.; Architekt.

Als Oskar Gerson ein Jahr alt war, zogen die Eltern Ernst und Bertha Gerson 1887 von Magdeburg nach Hamburg. Über die Schul- und Ausbildungzeit ist nichts Näheres bekannt. Der Sohn eines Kaffee- und Zuckermaklers, der sich vom jüdischen Glauben abgewandt hatte, studierte, wie vorher der Bruder Hans, in München Architektur. Im Jahre 1907 machte er sich selbstständig und eröffnete zusammen mit seinem fünf Jahre älteren Bruder Hans in Altona ein eigenes Atelier. Fortan war das Werk der Brüder untrennbar miteinander verbunden, die

Oskar Gerson

Bauten von Oskar und Hans Gerson – darunter der Thaliahof (1922), das Ballinhaus (1922–24, seit 1938 Meßberghof) und der gemeinsam mit Fritz Höger errichtete Sprinkenhof – lassen sich auch stilistisch kaum voneinander unterscheiden. Als Hans 1931 starb, waren die besten Zeiten des gemeinsamen Architekturbüros vorbei. Die Weltwirtschaftskrise verhinderte Neuaufträge, eine Reihe von in Hamburg fest geplanten Großprojekten kam nicht mehr zur Ausführung. Zudem repräsentierte nach 1933 die Architektur der Hamburger Schule in den Augen der NS-Machthaber allzu sehr die verhasste »Systemzeit« der Weimarer Republik, sie war fortan unerwünscht. 1933 teilte der Bund Deutscher Architekten Oskar Gerson seinen Ausschluss mit; er durfte nun – wie alle anderen Hamburger und Altonaer Architekten jüdischen Ursprungs – nur noch Aufträge von jüdischen Bauherrn annehmen. Eines dieser wenigen Bauvorhaben war 1937 der Umbau des Hauses Hartungstraße Nr. 9 bis 11 für den Jüdischen Kulturbund (heute Hamburger Kammerspiele). Am 9. Januar 1939 erfolgte die erzwungene Auswanderung der Familie Oskar Gersons zunächst nach London, später in die USA nach Berkeley, wo der Architekt beruflich ganz von vorn anfangen musste. Erst ab 1944 konnte er seine frühere Tätigkeit wieder ausüben, viele seiner Bauherrn waren aus Deutschland geflüchtete Juden. Zwischen 1940 und 1957 baute Oskar Gerson noch 20 Wohnhäuser zumeist im amerikanischen Holzhausstil. Zur ergänzenden Bestreitung seines Lebensunterhalts verkaufte er bis zu seinem Tod 1966 Teile der aus

Hamburg geretteten Kunstsammlung an amerikanische Museen. Seit 1979 erinnert der Gersonweg im Stadtteil Allermöhe an die Brüder Hans und Oskar.

WERKE (mit Adolf Goertz und Hans Gerson) Die Erweiterung der Hamburger City und das Messehausprojekt. Sonderdruck aus: Der Städtebau. Monatshefte für Stadtbaukunst, städtisches Verkehrs-, Park- und Siedlungswesen 20 (1925), H. 9/10; (mit Hans Gerson) Der Sprinkenhof in Hamburg, in: Wasmuths Monatshefte für Baukunst 13 (1929), S. 225–229.

LITERATUR Rump; Wolfgang Voigt, Hans und Oskar Gerson. Hanseatische Moderne. Bauten in Hamburg und im kalifornischen Exil 1907 bis 1957, Hamburg 2000 (Schriftenreihe des Hamburgischen Architekturarchivs, hg. von Hartmut Frank und Ullrich Schwarz) [Bibliografie S. 126 f.].   *Ina Lorenz*

Heinrich Wilhelm von Gerstenberg

GERSTENBERG, Heinrich (Hinrich) Wilhelm von (Ps. *Ohle Madsen, Zacharias Jernstrup, Irmenfried Wetstein*), geb. 3. 1. 1737 Tondern, gest. 1. 11. 1823 Altona; luth.; Literaturkritiker, Schriftsteller.

Der Dichter und Kritiker Heinrich Wilhelm von Gerstenberg wird in der deutschen Literaturgeschichtsschreibung als Vorläufer des Sturm und Drang gewürdigt.

Der Sohn eines dänischen Rittmeisters besuchte nach der Schule in Husum von 1751 bis 1757 das Akademische Gymnasium (Christianeum) in Altona. Schon zu dieser Zeit führte er ein poetisches Tagebuch. Zu seinen Lehrern zählte Paul Christian Henrici, mit dem Gerstenberg später bis zu dessen Tod im Jahre 1794 befreundet blieb. Von 1757 bis 1759 studierte Gerstenberg in Jena die Rechte und schloss sich dort der Deutschen Gesellschaft an. 1759 erschien als sein literarische Debüt der sehr erfolgreiche Gedichtband »Tändeleyen«.

1760 trat Gerstenberg als Kornett der Kavallerie in die dänische Armee ein, wurde bald befördert und war zuletzt Second-Capitaine bei den seeländischen Dragonern. Ab 1765 lebte er als Regierungsbeamter in Kopenhagen. Während dieser Zeit erschienen die meisten jener Schriften, die seinen Ruhm begründeten und ihm die Achtung seiner Zeitgenossen eintrugen. Er verfasste »Briefe über Merkwürdigkeiten der Litteratur« (1766/67), die »Gedichte eines Skalden« (1766) und die Tragödie »Ugolino« (1768). Zudem veröffentlichte er von

1767 bis 1771 zahlreiche Rezensionen in der »Hamburgischen Neuen Zeitung«. Seit 1775 als dänischer Resident und Konsul in Lübeck tätig, musste er dieses Amt 1783 wegen hoher Verschuldung verkaufen.

Nach dem Tode seiner Frau übersiedelte Gerstenberg 1785 mit seinen Kindern nach Altona, wo er 1789 Mitglied der Justizdirektion des von Zeitgenossen vielfach kritisierten Zahlenlottos wurde. Es war eine magere Sinekure, die er bis zu seiner Pensionierung 1812 innehatte. Lange Zeit wohnte er in der Großen Freiheit in Altona, einer Straße, die damals durch Kirchen verschiedener Religionsgemeinschaften, Schulen und Verlage eine kulturelle Lebensader Altonas bildete. Verglichen mit seiner früheren Produktivität trat der manchem als Sonderling geltende Gerstenberg schriftstellerisch nur selten hervor. In Altona beschäftigte er sich intensiv mit der Philosophie Kants und war Mitglied des Kantischen Klubs, dem auch sein Freund, der jüdische Publizist und Revolutionsenthusiast Heymann Salomon Pappenheimer, angehörte. Gerstenbergs Anliegen war es, die Philosophie Kants zu popularisieren. 1802 erschien in der von August Hennings herausgegebenen Zeitschrift »Genius des neunzehnten Jahrhunderts« Gerstenbergs Abhandlung »Gemeinschaftliches Princip der theoretischen und praktischen Philosophie«, die sich an den Franzosen Charles François Dominique de Villers richtete. Gerstenberg war mit Villers befreundet, der 1801 mit seiner »Philosophie de Kant« die kritische Philosophie in Frankreich bekannt ma-

GESIUS, Gottfried

chen wollte. Freundschaftlich verbunden war er auch dem Altonaer Bürgermeister Caspar Siegfried Gähler, der ihn dazu bewog, 1815/16 in drei Bänden seine »Vermischten Schriften« zu veröffentlichen. 1815 verlieh ihm die philosophische Fakultät der Kieler Universität die Ehrendoktorwürde. In Hamburg erinnert seit 1934 die Gerstenbergstraße in Osdorf an ihn.

WERKE Schriftenverzeichnis in: Klaus Gerth, Studien zu Gerstenbergs Poetik. Ein Beitrag zur Umschichtung der ästhetischen und poetischen Grundbegriffe im 18.Jahrhundert, Göttingen 1960 (Palaestra 231), S. 222–224; H. W. von Gerstenbergs Rezensionen in der Hamburgischen Neuen Zeitung 1767–1771, hg. von O. Fischer, Berlin 1904.

LITERATUR ADB 9; NDB 6; SHBL 8; Reinalter; Albert Malte Wagner, Heinrich Wilhelm von Gerstenberg und der Sturm und Drang, 2 Bde., Heidelberg 1920/24.

Hans-Werner Engels

Gottfried Gesius

GESIUS (Gese), Gottfried, geb. 4. oder 9.8. 1608 Müncheberg/Brandenburg, gest. 2.9. 1679 Hamburg; luth.; Theologe, Pastor, Senior.

Der 1647 zum Pastor an St. Nikolai und 1672 zum Senior berufene Gottfried Gesius tat sich in Hamburg in erster Linie als streng lutherisch-orthodoxer Streiter gegen die Juden und das Judentum sowie gegen Nichtlutheraner und religiöse Abweichler hervor. Vor seiner Hamburger Zeit hatte er nach einem in Wittenberg und Rostock absolvierten Studium der Theologie und der orientalischen Sprachen (1627–32) seit 1634 oder 1637 als Hofprediger des dänischen Kronprinzen in Kopenhagen gewirkt.

In der Elbmetropole profilierte sich Gesius in der politischen Kontroverse um die Juden, die etwa zeitgleich mit seinem Amtsantritt im Jahr 1647 ausbrach, als extremer Judenfeind. Seine äußerst scharfe antijüdische Kanzelpolemik machte den Pastor an St. Nikolai zu einem der Hauptprotagonisten in dem Kampf, den die Hamburger Geistlichkeit unter der Führung des Seniors Johannes Müller damals mit dem Ziel der Etablierung einer an den Maßstäben der lutherisch-orthodoxen Glaubenslehre ausgerichteten Judenpolitik in der Stadt focht. Unerschütterlich in der Überzeugung, damit seinen Amtspflichten zu genügen, diffamier-

te er die Juden von der Kanzel herab als Ungeziefer, das aus der Stadt zu vertreiben sei, und kritisierte die Judenpolitik des Rates. Mahnungen zur Mäßigung ließen ihn ebenso unbeeindruckt wie die Androhung von Sanktionen seitens der Obrigkeit. Bereits zeitgenössische Hamburger Chronisten sahen einen ursächlichen Zusammenhang zwischen den heftigen Anwürfen, die der Pastor an St. Nikolai von der Kanzel herab gegen die Juden richtete, und der virulenten judenfeindlichen Stimmungslage, die sich damals in zunehmendem Maße in der Hamburger Bevölkerung Bahn brach und in deren Folge es 1649 zur Ausweisung der aschkenasischen Juden aus der Stadt kam.

Zu Beginn seiner siebenjährigen Amtszeit als Senior entzündete sich im November 1672 an Gesius' unbeugsamem Widerstand gegen eine angeblich am Alten Wall von den sefardischen Juden errichtete Synagoge erneut ein heftiger Streit mit dem Rat, der sich zu einem regelrechten Machtkampf auswuchs. In dieser Kontroverse wusste Gesius nicht nur den umfangreichen Fundus antijüdischer Schriften aus der Feder seines Vorgängers im Seniorat, Johannes Müller, sondern vor allem auch die infolge innerer Zwistigkeiten angespannte Beziehung zwischen Rat und Bürgerschaft mit taktischem Geschick zu nutzen. Ihm gelang es, die Bürger in seinem Kampf gegen das – von ihm als Synagoge (»Satansschule«), vom Rat und den sefardischen Juden hingegen als Wohnhaus deklarierte – Bauprojekt auf seine Seite zu ziehen und den latenten Antijudaismus der Hamburger Bevölkerung von der Kanzel herab wiederum zu schüren. Im Ergebnis konnte Gesius sich in dieser Auseinandersetzung den Sieg an seine Fahne heften, denn im Januar 1673 sah sich der Rat angesichts des vereinten Widerstands von Geistlichkeit und Bürgern und unter dem Eindruck einer sich in der Stadt ausbreitenden judenfeindlichen Atmosphäre gezwungen, den Abriss des fraglichen Gebäudes zu verfügen.

Zum Zeitpunkt seiner Hamburger Pastorenwahl stand Gesius in dem Ruf eines begabten Kanzelredners. So waren beispielsweise die Trauerpredigten, die er aus Anlass des Todes des schwedischen Königs Gustav Adolf im Jahr 1640 und des dänischen Kronprinzen im Jahr 1647 gehalten hatte, im Druck erschienen. In der Elbmetropole allerdings gelang es dem Prediger Gesius nicht, den in ihn gesetzten Erwartungen gerecht zu werden. Wodurch seine rhetorischen Fähigkeiten beeinträchtigt wurden, ob Gesius' streitbares Naturell oder physische Gegebenheiten dabei eine Rolle spielten, liegt im Dunkeln. Auch die wenigen literarischen Werke, die er in seiner Hamburger Pastorenzeit veröffentlichte, geben darüber keinen Aufschluss. Neben einer 1652 erschienenen Elogie auf seinen Amtskollegen Jacob Grosse zählt dazu die Turmpredigt, die Gesius anlässlich der Einweihung des – von dem Baumeister Peter Marquardt konzipierten – Neubaus des Turmes der St. Nikolai-Kirche am 21. Oktober 1657 hielt.

Gesius war ein Neffe des 1560 in Müncheberg geborenen Kirchenmusikers Bartholomäus Gesius. Seine Tochter Engel heiratete am 18. Februar 1661 den Sohn seines Vorgängers im Seniorenamt Johannes Müller, den Prediger an St. Nikolai Hieronymus Müller.

WERKE Schriftenverzeichnis in: LhS 2.
LITERATUR LhS 2; Jensen, Bd. 1, S. 3, 74; Hammer/von Schade 1; Carl Mönckeberg, Die St. Nikolai-Kirche in Hamburg. Ein geschichtliches Denkmal, Hamburg 1846, S. 138–139; Jutta Braden, Hamburger Judenpolitik im Zeitalter lutherischer Orthodoxie 1590–1710, Hamburg 2001 (Hamburger Beiträge zur Geschichte der deutschen Juden 23), S. 182, 221, 229–232, 273–275. *Jutta Braden*

GLIKL Bas Juda Leib (Glikl Tochter des Juda Löw), posthum genannt Glückel von Hameln, geb. 1646/47 Hamburg, gest. 1724 Metz; isr.; Unternehmerin.

Glikl, eine gebildete Jüdin der Oberschicht, war Großhändlerin mit Juwelen, Memoirenschreiberin und Mutter von 14 Kindern. Sie wurde berühmt durch ihre ab 1691 verfassten und erst 1896 publizierten Erinnerungen, die sie für ihre Kinder niederschrieb.

Glikl war die Tochter des Juwelenhändlers Juda Löw, auch Löb Pinkerle genannt, der zu den Vorstehern der jüdischen Gemeinde im seit 1640 dänischen Altona gehörte. Der Vater besaß, wie auch einige weitere Altonaer Juden, seit Mitte der zwanziger Jahre das persönliche Recht, in der benachbarten Freien Reichsstadt Hamburg zu leben und zu handeln. So kam Glikl in Hamburg zur Welt. Als die Hamburger Bürgerschaft 1649 das Wohnrecht jener Altonaer Juden aus Furcht vor wirtschaftlicher Konkurrenz widerrief, musste Glikls Familie Hamburg überstürzt verlassen. Nur mit gebührenpflichtigen Pässen konnte Glikls Vater die Hansestadt weiterhin betreten, bis die Familie 1657 während des zweiten Nordischen Krieges beim Einfall schwedischer Truppen aus Altona nach Hamburg flüchtete und dort wieder die persönliche Erlaubnis zur Niederlassung erlangen konnte. Vertreibung und Flucht gehören so zu den frühesten Kindheitserinnerungen, die Glikl beschreibt.

Mit 13 Jahren wurde Glikl mit Chajim ben Joseph verheiratet und lebte mit ihm zwei Jahre »in Kost« bei den Schwiegereltern in Hameln. Nach seinem Geburtsort wurde ihr Ehemann auch Chajim Hamel genannt, ein Beiname, den David Kaufmann auf Glikl übertrug, die sich jedoch, wie damals üblich, nach ihrem Vater nannte. Die junge Familie ließ sich dann in der Hamburger Neustadt nieder und hatte insgesamt 14 Kinder, von denen nur zwei früh starben. Chajim handelte mit Gold, Silber, Perlen und Edelsteinen und war oft abwesend, weil er Handelsbeziehungen in ganz Mittel- und Osteuropa unterhielt. Glikl hatte nach ihrer Darstellung an allen geschäftlichen Entscheidungen Anteil, führte die Geschäftsbücher und betrieb in Hamburg das Pfandgeschäft.

Als ihr Mann 1689 durch einen Unfall starb, konnte sie als Witwe das Unternehmen selbststän-

GLITZA, Friedrich

dig weiterführen und wurde damit sehr erfolgreich. In Hamburg gründete sie zusätzlich eine Strumpfmanufaktur. Glikl unternahm als Großhändlerin mit Juwelen und Perlen nicht ungefährliche Handelsreisen, besuchte vor allem die Messen in Leipzig und Frankfurt und die Diamantenbörse in Amsterdam. Sie besaß hohes Ansehen und entsprechenden Kredit und verheiratete ihre Kinder mit ansehnlicher Mitgift in Familien von Rabbinern, Gemeindevorstehern und Hofjuden in ganz Mitteleuropa. Diese Heiratsstrategien dienten auch der Vertiefung bestehender Handelsbeziehungen. Stolz beschreibt Glikl die Eheschließung ihrer ältesten Tochter Zippora 1674 in Kleve mit dem kurbrandenburgischen Hofjuden Kosmann Gomperz in Gegenwart des Kurprinzen und vieler Adliger. Einen weiteren Höhepunkt der Erinnerungen bildet der Bericht über die Nachrichten vom Erscheinen des Messias Sabbatai Zwi, die auch die aschkenasischen und sefardischen Juden Hamburgs 1666 in messianischen Taumel versetzten, bis sich die Erwartung als Täuschung herausstellte. Da Glikl im Alter nicht ihren Kindern zur Last fallen wollte, entschloss sie sich mit etwa 55 Jahren zu einer zweiten Ehe und verließ Hamburg im Jahr 1700, um einen wohlhabenden Witwer in Metz zu heiraten. Dieser machte jedoch bald Bankrott und starb kurz darauf, sodass sie ihren Lebensabend im Hause ihrer Tochter in Metz verbrachte. Sie hatte Hamburg als Heimat empfunden und fühlte sich in Metz als Fremde, doch kritisiert sie in ihren Erinnerungen wiederholt antijüdische Ausschreitungen in der Hafenstadt sowie die judenfeindliche Politik der Hamburger Bürgerschaft, während der dänische König wegen seiner religiös toleranten Haltung in Bezug auf Altona von Glikl höchstes Lob erhält.

Die Aufzeichnungen Glikls sind die frühesten überlieferten Memoiren einer jüdischen Frau in der Frühen Neuzeit und bilden eine einzigartige Quelle zur Geschichte der Juden in Hamburg und Altona. Darüber hinaus geben sie wichtige Einblicke in die soziale, religiöse und wirtschaftliche Situation der Juden in Mitteleuropa sowie in die jüdische Frauen- und Alltagsgeschichte. Verfasst in Westjiddisch, also in hebräischen Buchstaben geschrieben, sind sie auch ein Zeugnis der damaligen Umgangssprache der Juden. Heute nur noch in einer Abschrift überliefert, enthalten die Erinnerungen neben dem Lebensbericht zahlreiche ethische und religiöse Betrachtungen und eingestreute Beispielgeschichten aus der zeitgenössischen jiddischen Volksliteratur. Sie umfassen die gesamte Bildung, die jüdischen Frauen, die Hebräisch nur selten erlernten, in den jiddischsprachigen Publikationen der Zeit zugänglich war.

Die Erstausgabe des Originaltextes der Erinnerungen veröffentliche 1896 David Kaufmann. Populär wurden die Memoiren der Glikl aber erst durch die Übertragung ins Hochdeutsche von Bertha Pappenheim (1910) und vor allem durch die gekürzte Übersetzung von Alfred Feilchenfeld (1913), die bis heute zahlreiche Auflagen erlebte. Die Erinnerungen wurden bisher in sechs weitere Sprachen übersetzt und erfuhren mehrere dramatische Bearbeitungen.

WERKE David Kaufmann (Hg.), Zikhronot marat Glikl Hamel mishnat tav-zayin ad tav-ayinet (Die Erinnerungen der Glikl Hamel 1645–1719), Frankfurt a. M. 1896; Die Memoiren der Glückel von Hameln. Aus dem Jüdisch-Deutschen von Bertha Pappenheim, Wien 1910 [Neudruck Weinheim 1994]; Denkwürdigkeiten der Glückel von Hameln, aus dem Jüdisch-Deutschen übersetzt, mit Erläuterungen versehen und hg. von Dr. Alfred Feilchenfeld, Berlin 1913 [Nachdruck Berlin 1999].

LITERATUR Natalie Zemon Davis, Drei Frauenleben – Glikl, Marie de l'Incarnation, Maria Sibylla Merian, Berlin 1996; Monika Richarz (Hg.), Die Hamburger Kauffrau Glikl – Jüdische Existenz in der Frühen Neuzeit, Hamburg 2001 (Hamburger Beiträge zur Geschichte der deutschen Juden 24).   *Monika Richarz*

GLITZA, *Friedrich* Johann Heinrich, geb. 10. 1. 1813 Hamburg, gest. 24. 9. 1897 ebd.; luth.; Lehrer, Politiker.

Friedrich Glitza entstammte einer Familie, die in der zweiten Hälfte des 19. Jahrhunderts zum kulturell engagierten Hamburger Bildungsbürgertum gehörte. Sein Vater, der aus Preußen stammende Schuhmacher Christian Friedrich Glitza, hatte sich 1812 in Hamburg niedergelassen und im selben Jahr Cornelia Grosz geheiratet. Ihre Söhne, die Schulleiter Friedrich und Wilhelm Glitza (1822–93) und der Hauptpastor an St. Katharinen Adolph Glitza (1820–94), machten den Familiennamen in Hamburg bekannt. Die Kunstsammlung von Wilhelm und Adolph Glitza mit italienischen, deutschen und niederländischen alten Meistern fand vor allem außerhalb Hamburgs Bewunderer.

Friedrich begann 1828, gerade 15 Jahre alt, als zweiter Lehrer neben dem gehörlosen Daniel Heinrich Senß seine Tätigkeit an der im Jahr zuvor gegründeten Taubstummenanstalt, einer Schule mit Internat für gehörlose Kinder. Hier waren von 1830 bis 1848 auch seine Mutter und nach deren Tod die Schwester Marie als Hausmutter und Handarbeitslehrerin tätig. Glitza experimentierte mit pädagogischen Ideen und entwickelte eine eigene, an Samuel Heinicke orientierte Lehrmethode für den lautsprachlichen Unterricht gehörloser Kinder. Mit seiner Methodik machte er die Anstalt, der er ab 1842 als Schulleiter vorstand, im In- und Ausland bekannt. Er war in den ersten 21 Jahren die prägende Persönlichkeit der Hamburger Taubstummenanstalt.

Neben seinem Beruf war Glitza politisch engagiert. In der Hamburger Turnerschaft von 1816, der er 1828 beitrat, brachte es der redegewandte Pädagoge, der den »vaterländischen Sinn unter den Turnern wecken« wollte, bis zum Turnwart. Die Revolution von 1848 war ganz im politischen Sinne der Turner, deren Vereine für die kommenden zwei Jahre zum »Sammelpunkt für alle fortschrittlich gesinnten Patrioten« wurden. Glitza beteiligte sich aktiv an der politischen Neugestaltung Hamburgs, wurde zum Mitglied der Konstituante gewählt und gehörte dem engeren Verfassungsausschuss an. Rat und Bürgerschaft lehnten den am Grundsatz der Volkssouveränität orientierten Entwurf für eine neue Verfassung jedoch ab und lösten die Konstituante 1850 auf.

In dieser Phase der Umorientiertung verließ Glitza die Taubstummenanstalt, um die Gründung einer eigenen Schule vorzubereiten. Diese konnte 1853 in der Ferdinandstraße Nr. 61 eröffnet werden und entwickelte sich in der Folge rasch zu einer der anerkanntesten modernen höheren Privatschulen für Jungen in Hamburg. Sie erhielt 1870 als eine von wenigen Privatschulen die Berechtigung zur Erteilung des beliebten Einjährig-Freiwilligen-Zeugnisses. 1888 wurde die von Wilhelm und Friedrich Glitza gemeinsam geleitete Schule zu einer sechsklassigen höheren Bürgerschule umgestaltet.

Von 1859 bis 1865 war Glitza Mitglied der Hamburger Bürgerschaft und konnte so doch noch einige revolutionäre Forderungen mit verwirklichen, so unter anderem die neue Verfassung von 1860, die die Erbgesessenheit abschaffte. Als engagierter Freimaurer war er von 1872 bis 1886 Großmeister der Großen Loge von Hamburg sowie Ehrenmitglied zahlreicher Logen im In- und Ausland.

WERKE Das tausendjährige Reich. Gedicht zur Augustfeier 1843, 2. Aufl., vermehrt durch ein Finale: Die deutsche Republik, Hamburg 1848.

LITERATUR Alwin Heinrichsdorff, Die Taubstummen-Anstalt für Hamburg und das Hamburger Gebiet. Geschichte ihrer Gründung und ihres hundertjährigen Bestehens, Hamburg 1927; Iris Groschek, Aufklären durch Handeln. Die kleinen Revolutionen des Friedrich Glitza (1813–1897), in: Auskunft 22 (2002) S. 36–64.

Iris Groschek

GLÜCKEL von Hameln, siehe:
Glikl Bas Juda Leib

GOBERT, Boje *(Boy)* Klée, geb. 5.6. 1925 Hamburg, gest. 30.5. 1986 Wien; luth.; Theater- und Filmschauspieler, Regisseur, Intendant.

Boy Gobert war als Intendant des Thalia Theaters ein Hamburger Publikumsliebling und zugleich ein Schauspieler, der im gesamten deutschsprachigen Raum höchste Anerkennung genoss.

Gobert ähnelte seinem Vater, dem Hamburger Versicherungskaufmann, Schriftsteller und Kulturpolitiker Ascan Klée Gobert, in seiner Sensibilität und in seiner Liebe zur persönlichen Unabhängigkeit. Er war das dritte von vier Kindern des kurzzeitigen Hamburger Kultursenators und der aus einer Heidelberger Professorenfamilie stammenden Maria Haller von Hallerstein, einer Gräfin ungarischer Herkunft. Nach dem Abitur am Johanneum (1944) und einem aus gesundheitlichen Gründen glimpflich verlaufenen Intermezzo als Soldat des letzten Aufgebots nahm Gobert 1946 Schauspielunterricht bei Helmuth Gmelin, in dessen »Theater im Zimmer« er sein Debüt als Oswald in den »Gespenstern« von Henrik Ibsen gab. Über das Deutsche Schauspielhaus in Hamburg, das Badische Staatstheater in Karlsruhe (1947–50), die Fritz-Rémond-Bühnen in Frankfurt (bis 1952), das Renaissance-Theater in Berlin und die Städtischen Bühnen in Frankfurt (1953/54), ein erneutes Engagement am Deutschen Schauspielhaus in Hamburg (1954/55) sowie Gastspielverträge in Berlin und Zürich ge-

Boy Gobert

langte Gobert 1960 ans Wiener Burgtheater, zu dessen Ensemble er bis 1969 gehörte. Er nahm die österreichische Staatsbürgerschaft an und erhielt 1971 vom österreichischen Bundespräsidenten den Titel eines Kammerschauspielers verliehen. Gobert trat auch als Filmschauspieler hervor und erhielt 1961 den Preis der deutschen Filmkritik für seine Rolle als SS-Funktionär in »Wer sind Sie, Dr. Sorge?«.

Höhepunkt der Karriere Boy Goberts waren die Jahre als Intendant des Thalia Theaters von 1969 bis 1980. Gobert wurde einerseits dafür gelobt, dass er künstlerische Qualität und Publikumserfolg zu verbinden verstand, andererseits sah er sich dem Vorwurf von Konkurrenten und Theaterkritikern ausgesetzt, das Thalia Theater stelle im Gegensatz zum Deutschen Schauspielhaus einen »Hort der bürgerlichen Reaktion« dar.

Ende 1978 hätte Gobert Nachfolger Ivan Nagels als Intendant des Deutschen Schauspielhauses werden können. Da er sich aber eine Generalintendanz über Schauspielhaus und Thalia Theater zum Ziel gesetzt hatte, zog er es vor, 1980 als Generalintendant dreier städtischer Bühnen – des Schiller-Theaters, der Schiller-Theater-Werkstatt und des Schloßparktheaters – nach Berlin zu gehen. Zuvor hatte er im Thalia Theater seinen Abschied mit »Faust I« und »Faust II« gegeben und dabei die Rolle des Mephisto übernommen. Als großer Hoffnungsträger nach Berlin geholt, blieb Gobert jedoch ohne Fortune. 1985 musste er die Stadt wieder verlassen, nachdem er unter anderem für steigende

Publikumszahlen gesorgt, aber auch seinen Etat überzogen hatte.

Mit dem Wechsel an das Wiener Theater in der Josefstadt, eine Bühne, die von dem seinerzeit ebenfalls aus Berlin gekommenen Max Reinhardt erneuert worden war, schien sich ein neuer, verheißungsvoller Lebensabschnitt anzubahnen. Da starb Gobert im Alter von erst 61 Jahren an Herzversagen. Goberts umfangreicher Nachlass kündet nicht zuletzt von den Abgründen der Intendantentätigkeit vor dem Hintergrund der Kämpfe um Macht, Geld und Prestige. Gobert ist mit seinen Generalintendanzambitionen an persönliche, aber wohl auch institutionelle und legitimatorische Grenzen gestoßen, und er hat vielleicht auch das Gebot der künstlerischen Pluralität dabei zeitweise aus den Augen verloren. Jedenfalls hat er unter diesen Kämpfen gelitten, und er ist darüber gelegentlich auch »schroff und ungerecht geworden, hochfahrend und abweisend« (Jürgen Flimm). Auf der anderen Seite vermochte er es wie kaum ein anderer, aufgesetzte Noblesse zu entlarven, vor allem in der Rolle des Christian Maske in Carl Sternheims »Der Snob«; das mochte nicht zuletzt auf die Atmosphäre des elterlichen Heims in Volksdorf zurückzuführen sein, wo Ascan Klée Gobert mit seinen Kindern »Die Kunst der Übertreibung« geübt hatte.

LITERATUR Faust in Hamburg. Ausgewählte Pressestimmen zur Inszenierung des Thalia-Theaters, hg. von der Staatlichen Pressestelle. Hamburg 1980; Gerhard Blasche/Eberhard Witt, Hamburger Thalia-Theater. Boy Gobert, Hamburg 1980. *Helmut Stubbe-da Luz*

GOLDSTEIN, Harry (Heimann) geb. 20. 7. 1880 Waldenburg/Schlesien, gest. 10. 6. 1977 Hamburg; isr.; Kaufmann, geschäftsführender Vorsitzender der Jüdischen Gemeinde in Hamburg.

Harry Goldstein, im Kaiserreich wurzelnd, gehörte gleichwohl nach dem Zweiten Weltkrieg zu den bedeutendsten Persönlichkeiten in der Wiederaufbauphase der Jüdischen Gemeinde in Hamburg. Er war ein Vertreter jenes liberalen Hamburger Judentums, das sich in der deutschen Gesellschaft und Kultur fest verankert fühlte.

Goldstein wurde im schlesischen Waldenburg in eine aus Posen stammende, strenggläubige jüdische Familie hineingeboren. Nach dem Besuch des städtischen Gymnasiums und der Handels-Schule

Harry Goldstein

absolvierte er eine kaufmännische Lehre und trat darauf in das väterliche Herrenbekleidungsgeschäft ein. 1907 siedelte er nach Hamburg über, das ihm zur eigentlichen Heimat wurde, und war dort als Handelsvertreter tätig. Er nahm von 1914 an am Ersten Weltkrieg teil, zunächst im traditionsreichen Infanterie-Regiment Nr. 76, und wurde mit dem hamburgischen Hanseatenkreuz und dem Eisernen Kreuz zweiter Klasse ausgezeichnet.

Nach seiner Demobilisierung 1919 kehrte Goldstein nach Hamburg in seinen alten Beruf zurück. Er heiratete noch im gleichen Jahr die Hamburgerin Clara Rohweder, die kurz zuvor zum Judentum übergetreten war. Seine politische Heimat war der Reichsbund jüdischer Frontsoldaten, der sich neben der soldatischen Traditionspflege insbesondere die Abwehr antisemitischer Angriffe zur Aufgabe machte. Goldstein war 1919 Mitbegründer der Hamburger Ortsgruppe und in ihrer Leitung bis zur Auflösung ununterbrochen tätig.

Im Sommer 1934 von seiner Firma entlassen, wechselte Harry Goldstein ganz in die Verwaltung jüdischer Organisationen über. Sein Hauptbetätigungsfeld wurde die 1933 von ihm mitgeschaffene Sportgruppe »Schild«. Sie setzte sich die körperliche Ertüchtigung und charakterliche Erziehung junger Menschen zu »starken, bewussten deutschen Juden« zum Ziel und entfaltete unter seiner Ägide rege und vielfältige Aktivitäten. Nach der Auflösung des Reichsbundes und der Sportgruppe 1939 organisierte Goldstein zunächst weiterhin sportliche Betätigungen und übernahm dann zu-

nehmend allgemeine Wohlfahrtsaufgaben im neuen Jüdischen Religionsverband in Hamburg e. V. Als schließlich auch dieser auf Veranlassung der Gestapo 1943 verboten worden war, kümmerte er sich um die wenigen in Hamburg verbliebenen Mitglieder der Restgemeinde, die wie er selbst von den Deportationen verschont geblieben waren, weil sie zumeist in so genannten privilegierten Mischehen lebten. In dieser äußerst bedrohlichen Lage verließ Clara Goldstein die Jüdische Gemeinde, um so dem Ehepaar eine Chance zum Überleben offen zu halten. Das einzige Kind der Goldsteins, der jüdisch erzogene Sohn Heinz, hatte bereits 1939 eine Gelegenheit zur Emigration nach Schweden genutzt.

Die Erfahrungen nationalsozialistischer Verfolgung hatten Harry Goldsteins Bindung an den jüdischen Glauben stetig verstärkt, konnten aber auch sein Bekenntnis zur deutschen Heimat nicht endgültig erschüttern. Er wollte nach eigenen Worten dafür sorgen, dass das Versprechen Hitlers, »das Judentum in Europa zu vernichten, nicht in Erfüllung geht«. So wurde er zur treibenden Kraft beim Wiederaufbau einer Jüdischen Gemeinde in Hamburg, die er zusammen mit anderen Mitgliedern der ehemaligen Deutsch-Israelitischen Gemeinde am 18. September 1945 von neuem gründete. Sie sollte gemäß seiner Auffassung eine Einheitsgemeinde sein und alle Hamburger, die sich zum jüdischen Glauben bekannten, umfassen. Goldstein wurde zum Vorsitzenden des zunächst noch provisorischen Vorstandes berufen, eine Funktion, die er in der Folge über zehn Jahre lang innehatte. Mit großem Engagement widmete sich der 65-Jährige den materiellen und geistlichen Aufgaben: Einerseits kümmerte er sich um die Versorgung der zahlreichen körperlich geschwächten und völlig verarmten jüdischen Mitbürger mit dem Allernötigsten, andererseits betrieb er die Wiedereinweihung der früheren Stiftssynagoge im ehemaligen Oppenheimer-Stift, die Wiedereröffnung des Jüdischen Friedhofes in Ohlsdorf und den Schutz der Anlagen ehemaliger Friedhöfe sowie die Wiedereinrichtung eines Alters- und Pflegeheimes. Zugleich bemühte er sich in enger Zusammenarbeit mit der Notgemeinschaft für die von den Nürnberger Gesetzen Betroffenen um die Lösung von Entschädigungs- und Wiedergutmachungsfragen.

Goldstein pflegte Kontakte zu angloamerikanischen jüdischen Hilfsorganisationen, die Zweigstellen in Hamburg errichteten. Er warb um Verständnis für das Verbleiben deutscher Juden im »Land der Mörder« bei internationalen jüdischen Organisationen. In der Zusammenarbeit mit dem zionistisch orientierten Zentralkomitee der befreiten Juden in der Britischen Zone in Bergen-Belsen und dessen charismatischem Leiter Josef Rosensaft, die ein Alleinvertretungsrecht für die jüdischen Interessen beanspruchten, vertrat er selbstbewusst die Belange der neu entstehenden Jüdischen Gemeinde und wirkte auch in den sich seit Mai 1946 allmählich entwickelnden überregionalen Gremien der jüdischen Gemeinden in der Britischen Zone mit.

Die Verankerung der Jüdischen Gemeinde in Hamburg fand ihren Ausdruck nicht allein in der Berufung Goldsteins in die Ernannte Hamburgische Bürgerschaft im Jahr 1946. Weitere wichtige Schritte bestanden darin, dass der Senat 1948 der Gemeinde den Status einer Körperschaft öffentlichen Rechts verlieh, dass 1959/60 der Neubau des Israelitischen Krankenhauses entstand, in dessen Kuratorium Goldstein seit der Neugründung 1946 führend tätig war, und dass schließlich 1960 die neue Synagoge eingeweiht werden konnte. Aus diesem Anlass wurde Goldstein, der Ende 1955 sein Amt als Vorstandsmitglied und geschäftsführender Vorsitzender der Jüdischen Gemeinde aus Altersgründen niedergelegt hatte, zu ihrem Ehrenvorsitzenden ernannt.

Im Mai 1952 zählte Goldstein zu den Gründungsmitgliedern der Gesellschaft für christlich-jüdische Zusammenarbeit in Hamburg. Er bekleidete das Amt des stellvertretenden Vorsitzenden über mehr als zwei Jahrzehnte und blieb der Gesellschaft und ihren Zielsetzungen auch nach seinem Ausscheiden aus dem Vorstand im Mai 1975 als Ehrenmitglied bis zu seinem Tod verbunden. Er trat überdies nachdrücklich dafür ein, dass die Öffentlichkeit der jüdischen Opfer des Nationalsozialismus eingedenk blieb. So wurde 1951 ein Mahnmal auf dem Jüdischen Friedhof in Ohlsdorf eingeweiht. Und noch als über 80-Jähriger sammelte er die Namen der jüdischen Opfer des Nationalsozialismus in Hamburg für ein Gedenkbuch, das der Hamburger Senat 1965 herausgab.

Harry Goldstein starb am 10. Juni 1977 in Hamburg. Bereits 1955 hatte ihn die Stadt Hamburg, der er sich über alle Gefährdungen jüdischen Lebens hinweg stets verbunden fühlte, mit der Verleihung der silbernen Medaille für treue Dienste des Volkes geehrt. 1956 war ihm vom Bundespräsidenten das Bundesverdienstkreuz erster Klasse verliehen worden.

WERKE Uwe Lohalm (Hg.), »Schließlich ist es meine Heimat …«. Harry Goldstein und die Jüdische Gemeinde in Hamburg in persönlichen Dokumenten und Fotos, Hamburg 2002.

LITERATUR Ursula Büttner, Rückkehr in ein normales Leben? Die Lage der Juden in Hamburg in den ersten Nachkriegsjahren, in: Arno Herzig (Hg.) in Zusammenarbeit mit Saskia Rohde, Die Juden in Hamburg 1590 bis 1990. Wissenschaftliche Beiträge der Universität Hamburg zur Ausstellung »Vierhundert Jahre Juden in Hamburg«, Hamburg 1991, S. 613–632; Ina Lorenz, Jüdischer Neubeginn im »Land der Mörder«? Die Wiederanfänge der Hamburger Jüdischen Gemeinde in den Nachkriegsjahren, in: Julius H. Schoeps (Hg.), Leben im Land der Täter. Juden im Nachkriegsdeutschland 1945–1952, Berlin 2001 (Sifria 4), S. 97–132. *Uwe Lohalm*

GOSSLER, Johann Heinrich, geb. 28. 3. 1775 Hamburg, gest. 3. 4. 1842 ebd.; luth.; Kaufmann, Senator.

Johann Heinrich Gossler, ein Sohn von Johann Hinrich Gossler und seiner Ehefrau Elisabeth, geborene Berenberg, wurde 1798, im Alter von 23 Jahren, Teilhaber der Firma Joh. Berenberg, Gossler & Co. In ebendiesem Jahr, am 13. Juni, verheiratete er sich auch, und zwar mit Marianne Schramm (1777–1824), einer Tochter des Seidenhändlers Johann Gottfried Schramm. Acht Kinder wurden zwischen 1799 und 1813 geboren.

Zusammen mit seinen Partnern Franz Friedrich Kruckenberg (1746–1819) und Ludewig Erdewin Seyler (1758–1836) gelang es Gossler, die Firma einigermaßen heil durch die Wirtschaftskrise von 1799 und durch die Franzosenzeit zu steuern. Sein Schwager Johann Gottfried Schramm jun. saß seit Anfang 1812 in Göteborg, sein Bruder Wilhelm Gossler war nach London gegangen, und ein – wenn auch eingeschränkter – Handel fand immer noch statt. Als nach dem endgültigen Abzug der Franzosen Anfang Juli 1814 die Hamburger Bank wieder eröffnet wurde, legte die Firma Joh. Berenberg, Gossler & Co. als eine der ersten acht Silberbarren ein, für die sie rund 27 000 Mark Banco gutgeschrieben erhielt.

Alte Beziehungen nach Skandinavien und Russ-

Johann Heinrich Gossler

land, nach England, Nordamerika, Westindien und Ostasien wurden wieder angeknüpft, neue in Mittel- und Südamerika traten hinzu, nachdem sich hier von Spanien und Portugal unabhängige Staaten gebildet hatten. Chile und Mexiko spielten jetzt in den Bilanzen der Firma eine Rolle und vor allem auch Brasilien, wo Adolph Schramm, ein Neffe von Johann Heinrich Gossler, sich Ende der 1820er Jahre etabliert hatte. Trotzdem dauerte es lange, bis die Firma ihren alten Stand wieder erreicht hatte. 1813 war die Endsumme der Bilanz mit rund 600 000 Mark Banco erstmals im 19. Jahrhundert unter der Millionengrenze geblieben, und erst 1835 konnte diese Schwelle wieder überschritten werden. Die Zweimillionenmarke, die vor 1809 das Übliche gewesen war, ließ sich sogar erst Mitte der 1840er Jahre wieder einholen. Die Geschäfte der Firma bestanden im Wesentlichen im Warenhandel sowie in Handelsfinanzierungen. Die Wachsbleiche hatte man 1805 verkauft. Die Partenreederei spielte kaum noch eine Rolle und wurde Anfang der 1840er Jahre ganz aufgegeben. Eine verhältnismäßig geringe Beteiligung an verschiedenen Versicherungsgesellschaften blieb erhalten.

1828 schickte Gossler seinen Sohn Johann Heinrich (1805–79) nach Amerika. Ein Jahr zuvor hatten die drei Hansestädte mit den Vereinigten Staaten einen Handelsvertrag abgeschlossen, und der Junior sollte sich an Ort und Stelle über die Verhältnisse informieren. 1833 erfolgte eine zweite Reise; dieses Mal wurde Johann Heinrich jun. von seinem jüngeren Bruder Gustav (1813–44) begleitet. Gustav

Gossler assoziierte sich in Boston mit Carl (Charles) Knorre (1804–48), einem Sohn des hamburgischen Oberalten Georg Knorre, der bisher bereits die Interessen von Joh. Berenberg, Gossler & Co. in Amerika wahrgenommen hatte, zu Gossler & Knorre (später Gossler & Cie.). Die Geschäfte liefen blendend: Gossler & Knorre schickten Pelze, Baumwolle, Tabak, Kaffee, Zucker, Walöl, Seide, Farbhölzer und anderes mehr an Joh. Berenberg, Gossler & Co. in Hamburg und erhielten im Gegenzug unter anderem Klaviere und Bücher aus Leipzig, Spielwaren aus Nürnberg, Rheinwein, Madeira, Rauchfleisch und Schinken.

Am 18. Juli 1821 war Johann Heinrich Gossler in den Senat gewählt worden. Zunächst wurde er Patron des Wollenweber-, Wand- und Tuchmacher-Amtes sowie der Spanischen Nähnadelmacher-Brüderschaft, dann kamen nach und nach wichtigere Tätigkeitsbereiche hinzu. Vor allem in wirtschaftlichen Fragen galt er mit Recht als Experte.

Gosslers Tod am 3. April 1842 – einen Monat vor dem großen Hamburger Brand – wurde allgemein bedauert. Sein Wissen und seine Tatkraft wurden gelobt. Seine Bescheidenheit und seine Heiterkeit hatten ihn zu einem beliebten Gesellschafter gemacht. Wie seine Eltern, so war auch Gossler sehr musikalisch. Und er hatte ein ausgeprägtes Interesse für historische Fragen, vor allem für solche, die die vaterstädtische Vergangenheit betrafen: Als 1839 der Verein für Hamburgische Geschichte gegründet wurde, zählte Gossler zu seinen ersten Mitgliedern.

Von den Gosslerschen Töchtern heiratete Emmy (1799–1875) 1818 Johannes Amsinck, den Teilhaber (und späteren Alleininhaber) der heute noch existierenden Firma Johannes Schuback & Söhne. Susanne Helene (1808–93) vermählte sich 1829 mit Dr. jur. Ami de Chapeaurouge, der sich trotz seines akademischen Titels ebenfalls als Kaufmann betätigte und 1852 in den Senat gewählt wurde. Von den Gosslerschen Söhnen war einer jung gestorben. Hermann (1802–77) und Ernst (1808–89) studierten Jura; Hermann, seit 1842 Senator, wurde 1870 Bürgermeister; Ernst war der letzte Präses des Hamburger Niedergerichts. Die drei anderen Gossler-Söhne, Johann Heinrich (1805–79), Wilhelm (1811–95) und Gustav (1813–44), wurden Teilhaber von Joh. Berenberg, Gossler & Co.

Literatur   DG 19 und 127.

Renate Hauschild-Thiessen

GOSSLER, Heinrich

GOSSLER, Johann *Heinrich,* geb. 29. 3. 1805
Hamburg, gest. 10. 9. 1879 ebd.; luth.; Kaufmann.

Heinrich Gossler hatte das Johanneum bis zur Prima besucht. Er war anschließend in die kaufmännische Praxis eingeführt worden und wurde 1828, 23-jährig, von seinem Vater Johann Heinrich Gossler (1775–1842) nach Amerika geschickt, um für die Firma Joh. Berenberg, Gossler & Co. bereits bestehende Beziehungen zu festigen und neue anzuknüpfen. Er hatte Erfolg, und in Hamburg war man mit ihm zufrieden – jedenfalls soweit es den geschäftlichen Teil der Reise betraf. Weniger erbaut hingegen war der Vater und mit ihm die ganze Hamburger Verwandtschaft darüber, dass der Sohn eine amerikanische Ehefrau mitbrachte. Er hatte sich am 25. August 1829 in Boston mit der eben 19-jährigen Mary Elizabeth Bray verheiratet. Sie stammte aus einer angesehenen und reichen Familie in Neuengland. Aber sie war eben eine Amerikanerin, noch dazu von aufbrausendem Temperament, und die Hamburger, von wenigen Ausnahmen abgesehen, begegneten ihr mit Zurückhaltung. Bezeichnenderweise zog das junge Paar nicht ins väterliche Mortzenhaus am Alten Wandrahm, wo Platz genug gewesen wäre, sondern bewohnte zunächst eine Mietwohnung am Holzdamm, bis es Anfang 1833 in ein eigenes Haus an der eben fertig gestellten Esplanade umziehen konnte. Für die Sommermonate erwarb Gossler ein Anwesen in Niendorf. Sieben Kinder wurden zwischen 1830 und 1849 geboren, eine Tochter starb jung. Die Kinder wuchsen zweisprachig auf, einige von ihnen hatten englische Vornamen.

Die Firma wurde nach dem Tod von Johann Heinrich Gossler 1842 von den Söhnen Heinrich und Wilhelm (1811–95) fortgeführt. Heinrich war der aktivere und der kapitalkräftigere. Die Geschäfte liefen ausgezeichnet bis zur großen Krise von 1857, die auch die Firma Joh. Berenberg, Gossler & Co. in Bedrängnis brachte; sie gehörte zu den acht Eckhäusern, die mit staatlicher Hilfe gestützt wurden. Und wenn sich auch zeigte, dass die Krise bei ihr lediglich in einer bald überwundenen Liquiditätsknappheit bestanden hatte, so war der Schock doch groß. Wilhelm Gossler riet für die Zukunft zur Mäßigung, zur Beschränkung auf das Warengeschäft. Heinrich Gossler wollte weiterhin als Merchant Banker tätig sein. Es kam zur Trennung

Heinrich Gossler

der Brüder. Wilhelm Gossler schied nach 23-jähriger Teilhaberschaft aus der Firma Joh. Berenberg, Gossler & Co. aus und machte sich unter eigenem Namen selbstständig – im Mortzenhaus, das ihm und seiner Familie auch als Wohnung diente.

Nachdem Wilhelm Gossler einen Teil des Warengeschäftes von Joh. Berenberg, Gossler & Co. an sich gezogen hatte, konzentrierte sich Heinrich mehr und mehr auf den Banksektor, was seinen Neigungen und Interessen entgegenkam und einen Konkurrenzkampf mit dem Bruder vermied. Damit wurden die Weichen gestellt für die spätere Entwicklung der Firma zur Privatbank. Manchem Zeitgenossen war Heinrich Gossler zu risikofreudig, aber der Erfolg gab ihm recht: Als er 1879 starb, hinterließ er mehr als 18 Millionen Mark; er war damit einer der reichsten Männer, wenn nicht der reichste in Hamburg. Heinrich Gossler war beteiligt an in- und ausländischen Aktienbanken, an Schifffahrtsgesellschaften und an Industrieunternehmen. Er hatte 1869 neben dem seit 1833 bestehenden Zweighaus in Boston ein weiteres in New York etabliert. Zu seinem Nachfolger hatte er seinen ältesten Sohn Johann (John) Berenberg (1839–1913) bestimmt, der am 1. Juli 1864 Teilhaber der Firma geworden war.

Seiner Vaterstadt hat Heinrich Gossler unter anderem als Richter am Niedergericht (1835–36), als Handelsrichter (1837–39), als Banco-Bürger (1841–44), als Commerzdeputierter (1846–47) und als Kämmereibürger (1847) gedient. Zudem war er Kirchgeschworener (1846–47) und Diakon (1847–52) an St. Jacobi. Vor weiteren bürgerlichen Ehrenämtern, die mit seinem starken beruflichen Engagement nicht vereinbar gewesen wären, schützte ihn die Annahme eines fremden Konsulats: Der König der Sandwich-Inseln ernannte ihn 1853 zu seinem Vertreter in Hamburg, bis 1876 war Gossler Hawaiischer Generalkonsul.

Unter den vielen Institutionen, die Gossler in seinem Testament mit einem Legat bedacht hat, befand sich traditionsgemäß die Niederländische Armen-Casse, deren Jahresverwalter er 1839/40 gewesen war. Er hatte die Jacobi-Kirche und die Niendorfer Kirche bedacht, das Magdalenenstift und die Irrenanstalt Friedrichsberg, 16 verschiedene Warteschulen und, besonders erwähnenswert, die Israelitische Stiftungsschule von 1815, die Israelitische Mädchenschule von 1789, die Talmud-Tora-Schule und die Mädchenschule der Deutsch-Israelitischen Gemeinde. Toleranz in Glaubensfragen war ihm selbstverständlich gewesen, jede Form von Antisemitismus hatte er abgelehnt. Elizabeth Gossler überlebte ihren Mann um etliche Jahre; sie starb am 18. April 1886 und galt immer noch als »die Amerikanerin«. Wie ihr Mann, so hatte auch sie die Musik geliebt; für begabte Studierende des Hamburger Konservatoriums waren von ihr die Gossler-Stipendien ins Leben gerufen worden.

LITERATUR DG 19 und 127.

Renate Hauschild-Thiessen

GOSSLER, Johann Hinrich, geb. 18. 8. 1738 Hamburg, gest. 31. 8. 1790 ebd.; luth.; Kaufmann.

Die Vorfahren von Johann Hinrich Gossler waren Caffamacher gewesen. Sein Vater hatte 1739 für 10 600 Mark von der Stadt das Amt des Herrenschenken gekauft, das heißt, er fungierte als Zeremonienmeister des Rates. Johann Hinrich begann nach dem Besuch des Johanneums zu Michaelis 1753 als 15-Jähriger eine kaufmännische Lehre. Nachdem sein erster Lehrherr Hinrich Mönkhusen seine Zahlungen hatte einstellen müssen, ging Gossler als »Junge« zu den Brüdern Paul und Johann Berenberg. Sie gehörten zur fünften Generation der Berenbergs in Hamburg, die in der Nachfolge von Hans Berenberg (1561–1626) kaufmännisch tätig waren. Kontor und Lager der Handlung Paul und Johann Berenberg befanden sich damals in einem vom Vater ererbten Haus in der Gröningerstraße. Die Handelsbeziehungen erstreckten

Johann Hinrich Gossler

sich über ganz Europa bis nach Russland hinein. Die Warenpalette reichte von Aloe bis Zucker, der neben Kaffee und Öl an der Spitze der Importgüter stand. Außer im Warenhandel betätigten sich Paul und Johann Berenberg auch im Versicherungs- und im Partenreedereigeschäft. Sie finanzierten Handelsgeschäfte für Dritte, waren also Merchant Banker, und betrieben zudem noch eine Wachsbleiche, deren Kerzen weit über Hamburg hinaus ihre Abnehmer fanden.

Nach Ablauf seiner siebenjährigen Lehrzeit zog es den inzwischen 22-jährigen Johann Hinrich Gossler hinaus in die Welt. Er arbeitete bei einer Firma in Cadix, bereiste Spanien und Portugal, Frankreich und England. Um viele Erfahrungen reicher kehrte er am 8. Juli 1768 nach Hamburg zurück. Paul Berenberg war kurz vorher, am 5. April 1768, kinderlos gestorben. Der einzige Sohn von Johann, der 1748 geborene Rudolf Berenberg, war zum Kummer seines Vaters nicht von der Art, dass er ihm die Handlung anvertrauen mochte: Er wurde nach Surinam geschickt, wo er im Alter von 20 Jahren gestorben ist. Einzige Nachkommin war Elisabeth, die Tochter Johann Berenbergs, geboren am 2. Dezember 1749. Am 2. Dezember 1768, an ihrem 19. Geburtstag, verheiratete sie sich mit dem jetzt 30-jährigen Johann Hinrich Gossler. Wie weit es eine Liebesheirat war, muss dahingestellt bleiben. Elisabeth Berenberg war etwas verwachsen, sie galt als »das schiefe Lieschen«. Aber in ihr vereinigten sich Intelligenz und sorgfältige Erziehung mit gesundem Menschenverstand, praktischer Veranlagung und Herzensgüte. Sie beherrschte mehrere Sprachen, inklusive Latein. Sie war musikalisch. Und sie wurde eine vorzügliche Hausfrau und Mutter. Zehn Kinder gingen aus der Ehe hervor, von denen drei jung gestorben sind.

Zum 1. Februar 1769 wurde Johann Hinrich Gossler der Partner seines Schwiegervaters. Die Handlung hieß jetzt Johann Berenberg & Gossler. Wohnung, Kontor und Lager wurden in die Kleine Reichenstraße verlegt. Als es hier angesichts der wachsenden Kinderschar und des sich ausdehnenden Geschäfts zu eng wurde, kaufte Gossler am 22. September 1788 das Haus Alter Wandrahm 101 (später Nr. 21). Es war genau genommen die Hälfte eines Doppelhauses. Die Brüder Hans und Jacob Moers hatten es 1621 errichtet, nach ihnen hieß es das Moers- oder Mortzenhaus. Durch seine Ausmaße übertraf es alle Nachbarhäuser; es hatte eine Renaissancefassade und lag etwas zurückgesetzt von der Straße hinter schönen alten Linden. Links neben dem Haus befand sich ein Stallgebäude; dahinter erhob sich, mit der Rückseite zum Fleet, ein sechsstöckiger Fachwerkbau, der als Speicher diente. Das Haus blieb in Gosslerschem Besitz, bis es in den 1880er Jahren im Zuge des Zollanschlusses der Speicherstadt weichen musste. Im Sommer bewohnte die Familie von Johann Hinrich Gossler ein Haus auf der eigenen Wachsbleiche, die in der Gegend der jetzigen Stresemannstraße lag. Die Ausgaben für den großen Haushalt, über die Gossler penibel Buch geführt hat, waren beträchtlich, bedeuteten aber angesichts des florierenden Geschäftes kein Problem. Dänemark, Spanien und Frankreich hatten in den 1760er Jahren den Verkehr mit ihren Kolonien liberalisiert, die Vereinigten Staaten galten seit 1783 als unabhängig von England. Für den hamburgischen Handel ergaben sich dadurch neue Möglichkeiten, die Johann Hinrich Gossler zu nutzen wusste.

Nach Gosslers Tod am 31. August 1790 setzte seine Witwe Elisabeth »die gut etablierte Handlung« fort. Unterstützt wurde sie von ihrem Schwager Franz Friedrich Kruckenberg (1746–1819) und ihrem Schwiegersohn Ludewig Erdewin Seyler (1758–1836), die Gossler 1777 bzw. 1788 zu Partnern gemacht hatte. Die neue Sozietät hieß seit dem 1. Januar 1791 Joh. Berenberg, Gossler & Co., und unter diesem Namen besteht die Firma als Privatbank noch heute. 1798 wurde der Sohn Johann Heinrich Gossler (1775–1842) Partner. Elisabeth Gossler zog sich mehr und mehr aus dem Geschäft zurück, am 31. Dezember 1800 schied sie aus der Sozietät aus. Als Alterssitz hatte sie sich 1793 ein parkartiges Grundstück mit einem Haus in Groß Borstel gekauft. Das Haus heißt heute Stavenhagenhaus; es befindet sich im Besitz der Stadt und bildet ein Zentrum der Stadtteilkultur.

LITERATUR DG 19 und 127; Percy Ernst Schramm, Kaufleute zu Haus und über See. Hamburgische Zeugnisse des 17., 18. und 19. Jahrhunderts, Hamburg 1949 (Veröffentlichungen der Forschungsstelle für Hamburgische Wirtschaftsgeschichte e. V. 1), S. 134–164.

Renate Hauschild-Thiessen

GOSSLER (seit 1880 Berenberg-Gossler, seit 1889 von Berenberg-Gossler, seit 1910 Freiherr von Berenberg-Gossler), Johann (John) Berenberg, geb. 13. 2. 1839 Hamburg, gest. 8. 12. 1913 ebd.; luth.; Kaufmann, Bankier.

John Berenberg Gossler, von seinen Freunden John Bi genannt, war ein Schöngeist. Er liebte die Musik, das Theater, er hätte gern Sprachen, Literaturwissenschaft und Geschichte studiert. Doch sein Vater Heinrich Gossler (1805–79) hatte ihn zum Kaufmann bestimmt, er sollte Chef der Firma Joh. Berenberg, Gossler & Co. werden. Am 1. Juli 1864 wurde John Bi, nach Lehrjahren in Frankreich und England, in Nord- und Südamerika, der Associé seines Vaters, nach dessen Tod am 10. September 1879 lag die Leitung der Firma in seinen Händen. Am 19. Mai 1880 erhielt John Berenberg Gossler durch Senatsbeschluss die Genehmigung zur Führung des Familiennamens Berenberg-Gossler – ein Zeichen für die lange Tradition der Firma, die ihre Anfänge bis zu Hans Berenberg (1561–1626) zurückverfolgen kann. Im Geschäft war John Berenberg-Gossler weniger risikofreudig als sein Vater. Die Niederlassungen in New York und Boston löste er 1880 bzw. 1891 auf. Sein Anteil am Firmenvermögen belief sich 1913, in seinem Todesjahr, auf rund sieben Millionen Mark. Das Gesamtvermögen hingegen war dank seines umfangreichen Aktienbesitzes wesentlich größer. Das Jahrbuch der Millionäre von Rudolf Martin bezeichnet ihn für 1911 mit 40 Millionen Mark als den zweitreichsten Mann Hamburgs (nach Henry Brarens Sloman mit 60 Millionen).

Wie die meisten Hamburger Kaufleute, die eini-

John Gossler

ge Jahre im Ausland zugebracht hatten, sah auch John Berenberg-Gossler in der Einheit Deutschlands unter Preußens Führung das erstrebenswerte Ziel. Seine Begeisterung war 1871 demzufolge groß. Doch im Gegensatz zu der Mehrheit seiner Zeitgenossen wünschte er neben der politischen auch die wirtschaftliche Einheit des Reiches. Sein Eintreten für den Anschluss Hamburgs an das deutsche Zollgebiet wurde am 23. Januar 1889 mit der Verleihung des erblichen preußischen Adels honoriert. Am 5. Dezember 1910 kam der Freiherrntitel hinzu, den er und seine Besitznachfolger auf dem zu einem Fideikommiss umgestalteten Gut Niendorf fortan tragen durften.

Durch den Zollanschluss fiel das Mortzenhaus am Alten Wandrahm, das seit 1788 Sitz der Firma gewesen war, der Spitzhacke zum Opfer. Das Kontor wurde in die Ferdinandstraße 52 verlegt, bis Martin Haller 1907 am Adolphsplatz 5 ein neues Domizil errichtete. In der Ferdinandstraße, und zwar im Haus Nr. 26, hatte John Berenberg-Gossler auch in seinen ersten Ehejahren eine zweite und dritte Etage bewohnt. Seit dem 18. August 1864 war er mit Julie Donner verheiratet. Fünf Söhne und vier Töchter wurden zwischen 1865 und 1883 geboren, eine Tochter starb jung. 1885 erwarb John Berenberg-Gossler für sich und die Seinen das ehemals Vorwerksche Haus Alsterglacis 8, das heute Sitz des Ibero-Amerika-Vereins ist. Den von seinem Vater ererbten Niendorfer Besitz vergrößerte er durch Zukäufe; 1881/82 ließ er sich dort eine (1934 abgerissene) prächtige Villa errichten, die nach der Kollauer Chronik einem Grafenschloss gleichkam. Entsprechend war der Lebenszuschnitt. Seit 1894 war John Berenberg-Gossler Badischer Generalkonsul, und wenn der Großherzog in Hamburg weilte, war er sein persönlicher Gast.

Nachfolger als Firmenchef sollte der älteste Sohn John (1866–1943) werden, der seit dem 1. Januar 1892 Teilhaber war. Doch zum Kummer des Vaters wurde er 1908 in den Senat gewählt, und da beide Tätigkeitsbereiche nicht gleichzeitig zu bewältigen waren, musste er die Firma verlassen. An seine Stelle trat der dritte Sohn Cornelius von Berenberg-Gossler (1874–1953), Teilhaber seit dem 1. März 1898; er übernahm nach dem Tod des Vaters am 8. Dezember 1913 die Leitung der Firma. Die von John Freiherr von Berenberg-Gossler 1912 gestiftete Warteschule heißt heute Berenberg-Gossler-Haus und ist das Bürgerhaus für Niendorf e. V. Seit 1993 erinnert der Berenberg-Gossler-Weg in Niendorf an die Bankiersfamlie.

LITERATUR DG 19 und 127; Adolph Hansen/Rudolf Sottorf, Die Kollauer Chronik, 3 Bde., Hamburg Lokstedt/ Stellingen 1922–38.   *Renate Hauschild-Thiessen*

GOSSLER, John Henry, geb. 25. 4. 1849 Hamburg, gest. 14. 6. 1914 ebd.; luth.; Kaufmann.

John Henry Gossler war der jüngste Sohn von Johann Heinrich Gossler (1805–79) und seiner Ehefrau Elizabeth, geborene Bray (1810–86). Am 1. Januar 1874 hatte er Prokura bei Joh. Berenberg, Gossler & Co. erhalten, seit dem 1. Oktober 1874 war er Teilhaber der Niederlassungen in Boston und New York. Entgegen der väterlichen Instruktion begann er auf eigene Faust zu spekulieren, vor allem in Zucker, und als sich dadurch 1877 ein beträchtlicher Verlust ergab, musste er die Firma verlassen. Vermutlich mit finanzieller Unterstützung seiner Mutter assoziierte er sich daraufhin mit Julius Warnholtz unter der Firma Warnholtz & Gossler, die ein bedeutendes Geschäft mit Ost- und Südafrika betrieb. John Henry Gossler besaß ein Stadthaus in der Klopstockstraße, der jetzigen Warburgstraße, und seit 1897 den ehemals Blackerschen Landsitz auf dem Krähenberg in Blankenese. Das Gossler-Haus, in dem jetzt das Ortsamt Blankenese untergebracht ist, Goßlers Park und die angrenzende Straße gleichen Namens sowie die Goßlerstraße erinnern an ihn.

GRAGERT, Joachim

LITERATUR DG 19 und 127; Paul Th. Hoffmann, Die Elbchaussee. Ihre Landsitze, Menschen und Schicksale, 9. Aufl. Hamburg 1982.   *Renate Hauschild-Thiessen*

GRAGERT, Joachim, geb. 9. 4. 1920 Hamburg, gest. 9. 10. 1973 ebd.; konfessionslos; Verwaltungsbeamter, Gewerkschaftsvorsitzender.

Es war nach den Worten von Bürgermeister Peter Schulz das Lebensziel Joachim Gragerts, »die hergebrachten Grundsätze des Beamtentums mit einer weitgehenden Demokratisierung dieser Berufsgruppe zu verbinden«.

In das Berufsfeld des öffentlichen Dienstes gelangte Gragert jedoch erst auf Umwegen. Der Sohn eines wohlhabenden mittelständischen Geschäftsmannes und Schrotthändlers trat nach dem Abschluss der mittleren Reife 1937 eine kaufmännische Lehre in einem Hamburger Reisebüro an. Es war dem nach Unabhängigkeit und Nonkonformismus strebenden Gragert gelungen, sich der Vereinnahmung durch nationalsozialistische Jugendorganisationen zu entziehen. Stattdessen wurde er 1935 Mitglied der verbotenen Bündischen Jugend und arbeitete danach für die im Untergrund wirkende illegale SPD. Nach der »Reichskristallnacht« wurde der 18-jährige Gragert im November 1938 wegen Vorbereitung zum Hochverrat und Vergehens gegen das Heimtückegesetz verhaftet und im KZ Fuhlsbüttel inhaftiert, jedoch nach sechs Monaten wieder entlassen. Bis zu seiner Einberufung zum Kriegsdienst 1940 arbeitete er als kaufmännischer Angestellter in der Firma seines Vaters. Während des Krieges wurde Gragert einer so genannten »Bewährungseinheit« zugewiesen, die zunächst in Jugoslawien, später in Russland zur Partisanenbekämpfung eingesetzt wurde.

Nach Kriegsende war Gragert als Leiter einer Varietétruppe, als Kontrolleur in einem Versicherungsdepot und als Mitarbeiter in der Sozialabteilung eines Komitees ehemaliger politischer Gefangener tätig, bevor er im März 1946 in den öffentlichen Dienst übertrat. Er arbeitete zunächst bei der Jugend-, danach bei der Wirtschaftsbehörde und war zuletzt Leiter des Wirtschafts- und Ordnungsamtes Altona. Zur gleichen Zeit wurde Gragert Mitglied des Bundes Deutscher Kommunalbeamter (KOMBA) Hamburg und übernahm 1955 die Leitung dieser Organisation, ab 1961 in Personalunion mit dem Vorsitz des Deutschen Beamtenbundes (DBB) Hamburg. Zur Wahrnehmung dieser Tätigkeit beurlaubte ihn der Senat 1967 unter Fortfall seiner Dienstbezüge, die als Gehalt vom DBB übernommen wurden. Gragert war ein Kämpfer, der in der Öffentlichkeit ein scharfes und deutliches Wort zu führen verstand. So kritisierte er 1964 vehement den »Ostreiseerlass« des Senats, der es Angehörigen des hamburgischen öffentlichen Dienstes untersagte, in die DDR bzw. andere Ostblockstaaten zu reisen, als nicht vereinbar mit der durch das Grundgesetz garantierten Freizügigkeit. Mit großem persönlichem Engagement stritt Gragert für eine verfassungskonforme Gestaltung des Personalvertretungsrechtes und scheute sich 1972 nicht, Regelungen, die eine erkennbare Verantwortlichkeit der Exekutive vermissen ließen, als »Bastard der Mitbestimmung« zu bezeichnen. 1972 gehörte er zu den Mitbegründern der Deutsch-Polnischen Gesellschaft. Von 1966 an wurde Gragert durch gravierende gesundheitliche Probleme belastet, die trotz mehrerer Kuraufenthalte nicht behoben werden konnten.

LITERATUR 40 Jahre DBB Hamburg 1947–1987, hg. vom DBB Hamburg, Hamburg 1987; Günther Filter, Joachim Gragert – Wegbereiter einer modernen Dienstleistungsgewerkschaft, in: aspekte, hg. von der KOMBA-Gewerkschaft Hamburg, 51. Jg. (1998), Nr. 4, S. 18.   *Uwe Schmidt*

GRAUTOFF, Ferdinand Heinrich, geb. 27. 5. 1789 Hamburg, gest. 14. 7. 1832 Lübeck; luth.; Schulmann, Historiker.

Der im beiderstädtischen Kirchwerder geborene Pastorensohn besuchte in Hamburg die Gelehrtenschule des Johanneums und das Akademische Gymnasium. Anschließend studierte er Theologie in Leipzig und Berlin – unter anderem bei Friedrich Schleiermacher –, 1815 wurde er in Wittenberg promoviert. Grautoff ließ sich in Lübeck, der Geburtsstadt seines Vaters, nieder und wurde Kandidat des Geistlichen Ministeriums. Schon bald wandte er sich, was seinerzeit für Theologen nicht ungewöhnlich war, dem Schuldienst zu. 1819 wurde Grautoff zum Professor am Katharineum ernannt, zugleich übernahm er im Nebenamt die Leitung der Stadtbibliothek. Hier, inmitten kostbarer Handschriften und Frühdrucke, fand er die Quellen für seine zahlreichen Studien zur lübeckischen Geschichte. Seine bedeutendste Leistung war die Herausgabe der 1828 in der Hansestadt wieder aufgefundenen Ratshandschrift der Detmar-Chronik. Damit legte er das Fundament für Karl Koppmanns historisch-kritische Edition in der Reihe der deutschen Städtechroniken.

WERKE Chronik des Franciscaner Lesemeisters Detmar, nach der Urschrift und mit Ergänzungen aus andern Chroniken hg., 2 Bde., Hamburg 1829/30 (Die lübeckischen Chroniken in niederdeutscher Sprache 1.2); Historische Schriften aus dem Nachlasse, 3 Bde., Lübeck 1836.

LITERATUR ADB 9; SHBL 12; Ludwig Heller, Biographische Mittheilungen über Ferdinand Heinrich Grautoff, in: Historische Schriften (siehe unter Werke), Bd. 1, S. 1–34.

Gerhard Ahrens

Carl Grevsmühl

GREVSMÜHL, Carl, geb. 19. 1. 1878 Eutin, gest. 7. 3. 1934 Hamburg; luth.; Regierungsrat, Beamtengewerkschafter, Politiker.

Nach dem Nebeneinander und Gegeneinander der Hamburger Berufsverbände des öffentlichen Dienstes im Jahrzehnt vor dem Ersten Weltkrieg war Carl Grevsmühl an ihrem Zusammenschluss zu einer einflussreichen Interessenvertretung gegenüber Senat und Bürgerschaft ab 1917 maßgeblich beteiligt.

Die entscheidende Weichenstellung im Leben Grevsmühls war seine Relegierung vom Lehrerseminar im thüringischen Greiz 1896. Er trat 1897 als Hilfsschreiber in den hamburgischen Staatsdienst ein und stieg hier über die Position eines Justizsekretärs bis zum Regierungsrat in der Deputation für Handel, Schifffahrt und Gewerbe (1928) auf. Diese Stellung verdankte Grevsmühl auch seiner engagierten Mitarbeit in der Beamtenbewegung: Der Beitritt zum Bureaubeamtenverein (1907) eröffnete ihm eine Verbands- und Gewerkschaftskarriere, die 1924/25 mit der Wahl zum Vorsitzenden des von ihm mit begründeten und am 13. November 1918 erstmalig zusammengetretenen Beamtenrates und des Hamburger Deutschen Beamtenbundes (DBB) ihren Höhepunkt erreichte. Dem DBB, einem Dachverband, in dem Organisationen von Landes- und Reichsbeamten zusammengeschlossen waren, stand Grevsmühl bis zur Gleichschaltung und gewaltsamen Auflösung durch die Nationalsozialisten im Mai 1933 vor. Den von ihm

geleiteten, 1909 vom Bureaubeamtenverein abgespalteten Verein hamburgischer Verwaltungsbeamter hatte er 1919 wieder in die Bürobeamtenorganisation zurückgeführt. Diese nannte sich ab 1922 »Göviba« (Gewerkschaft der öffentlichen Verwaltungs- und Justizbeamten und Anwärter) und wurde unter dem nominellen Vorsitz von Christian Koch (ab 1924) de facto von Grevsmühl geleitet.

In enger Verbindung mit seinem berufspolitischen Engagement organisierte Grevsmühl auch seine parteipolitische Karriere. Er wurde 1913 nach einem drei Jahre zuvor gescheiterten ersten Anlauf über die »Fraktion der Rechten« in die Bürgerschaft gewählt und gehörte ihr bis 1931 als Abgeordneter der Deutschen Volkspartei (DVP) und 1932/33 als Abgeordneter der Deutschen Staatspartei (DStP) an. 1918 war Grevsmühl einer der Mitbegründer der nationalliberalen DVP in Hamburg gewesen. Auf der »Überführungsversammlung« am 26. November 1918 hatte er sich eindeutig zur republikanischen Staatsform bekannt und für die verfassunggebende Nationalversammlung kandidiert. Seine Wahl zum Vizepräsidenten der Bürgerschaft (1928–31) ist im Zusammenhang mit der Erweiterung der SPD-DDP Koalition durch die DVP seit 1925 zu sehen. Zu den unbestreitbaren Erfolgen des Beamtenpolitikers Carl Grevsmühl gehört die Schaffung einer Hamburgischen Verwaltungsakademie (1926), die er selbst als ehrenamtlicher Geschäftsführer leitete.

Grevsmühls bis 1928 scheinbar unangefochtene, in der Öffentlichkeit beachtete Position erwies sich im Rahmen der partei- und gewerkschaftspoliti-

GROT, Otto

schen Konstellationen der letzten Jahre der Weimarer Republik als nicht mehr tragfähig. Seine schrittweise Entmachtung wird durch den Verlust des Beamtenratsvorsitzes aufgrund der Beamtenratswahl vom 29. Januar 1929 und die Nichtwiederwahl in die Bürgerschaft am 27. September 1931 markiert. Grevsmühl beantwortete die um drei Stufen schlechtere Platzierung im Wahlvorschlag der DVP, die seine Wiederwahl in die Bürgerschaft verhinderte, mit dem Parteiaustritt und kandidierte als Beamtenvertreter auf einem sicheren Listenplatz der DStP. Als deren Wahlredner machte er die Gefährdung des Berufsbeamtentums und seiner Grundsätze durch die Nationalsozialisten deutlich. Eine eindeutige Abgrenzung von der NSDAP wurde allerdings durch Grevsmühls Verständnis von »parteipolitischer Neutralität« des DBB und seiner Organisationen gebremst: Als Vertreter der »Ländersäule« trat er auf dem 8. DBB-Bundestag am 27./28. Oktober 1932 zwar einer nationalsozialistischen Minderheit der Delegierten entschieden entgegen, wiederholte aber zugleich den durch die grundsätzliche Republikfeindschaft der NSDAP obsolet gewordenen DBB-Grundsatz, nach dem die Beamtenfunktionäre in sämtlichen politischen Parteien aktiv mitarbeiten und dort Beamtenpolitik treiben, jedoch die Parteipolitik nicht in ihre Organisationen hineintragen sollten. Im Zuge der von den Nationalsozialisten nach ihrer Machtübernahme betriebenen Gleichschaltung der Beamtenorganisationen verlor Grevsmühl im Mai 1933 die Leitung des Hamburger DBB und wurde (mit an Sicherheit grenzender Wahrscheinlichkeit) im Alter von 56 Jahren nach § 6 des von der nationalsozialistischen Regierung erlassenen »Gesetzes zur Wiederherstellung des Berufsbeamtentums« zwangsweise in den Ruhestand versetzt – unmittelbar vor seinem plötzlichen und unerwarteten Tod am 7. März 1934.

WERKE Die Sache voran! in: Der hamburgische Verwaltungsbeamte. Zeitschrift des Vereins Hamburgischer Verwaltungsbeamten, 2. Jg. (1910), Nr. 8, S. 85–86; Der Dank vom Hause Habsburg. Die Geschichte von dem Mohren, der gehen konnte, als er seine Schuldigkeit getan hatte, in: Der Bürobeamte, 19. Jg. (1922), Nr. 20, S. 213–216; Das deutsche Beamtentum und unsere Organisationsbewegung (ein beamtengeschichtlicher Beitrag), in: Der Bürobeamte, 25. Jg. (1928), Sonderausgabe vom 15. Dezember 1928, S. 25–27; Die Eröffnung der Hamburgischen Verwaltungsakademie, in: Beamten-Jahrbuch. Wissenschaftliche

Monatsschrift für das deutsche Berufsbeamtentum 14. Jg. (1927), S. 85–92; Zehn Jahre DBB, in: Der Beamtenbund 7. Jg. (1928), Nr. 95

LITERATUR Uwe Schmidt, Rechte, Pflichten, Allgemeinwohl. Hamburger Organisationen der Beamten und Staatsangestellten bis 1933, Bonn 1997; Uwe Schmidt, Carl Grevsmühl – Motor der Bürobeamtengewerkschaft und DBB-Vorsitzender, in: aspekte 51. Jg. (1998), Nr. 4, S. 16.

Uwe Schmidt

GROT, Otto, geb. 17. 7. 1905 Kastorf/Kreis Herzogtum Lauenburg, gest. 10. 9. 1987 Hamburg; Leitender Polizeidirektor, Kommandeur der Schutzpolizei.

Otto Grot gehörte in der Weimarer Republik und nach dem Zweiten Weltkrieg zu den höheren Hamburger Polizeibeamten, die für die Demokratie eintraten. Im Widerstand gegen den Nationalsozialismus setzte er sich für seine Überzeugungen ein.

Nach dem Besuch der Volks- und Realschule in Hamburg erlernte Grot das Tischlerhandwerk. Er engagierte sich früh gewerkschaftlich und politisch, so war er Vorsitzender der Holzarbeiterjugend in Hamburg und der Jungsozialisten in Barmbek. In der Vereinigung Republik – der Vorläuferorganisation des Reichsbanners Schwarz-Rot-Gold – war er Mitglied der Sportriege, im Reichsbanner gehörte er der Schutzformation (Schufo) 11 an. Später wurde er Hundertschafts- und stellvertretender Abteilungsführer der Schufos 10, 11, 17 und 18 und 1931 stellvertretender technischer (das heißt militärischer) (Gau-) Leiter des Reichsbanners in Hamburg.

Am 21. Juli 1925 trat Grot aus demokratischer Überzeugung als Hilfswachtmeister in die Stammabteilung (Ausbildungsabteilung) der Ordnungspolizei Hamburg ein. Nach der einjährigen Ausbildung versah er seinen Dienst in der 3. und 2. Wachbereitschaft. Daneben absolvierte er einen dreijährigen Fortbildungskurs, der mit der Obersekundareife abschloss. 1929 wurde er bei einem Demonstrationseinsatz schwer verletzt. Nach der Teilnahme am einjährigen Oberbeamten-Lehrgang in Groß Borstel wurde Grot für die Verwendung als Oberbeamter – so die Hamburger Bezeichnung für Offiziere – qualifiziert und am 1. Januar 1932 zum Polizeileutnant ernannt. Zunächst wurde er Zugführer in der 12. Wachbereitschaft, dann Ausbildungsoffizier in der Stammabteilung.

Otto Grot

Nach der Machtübernahme durch die National-sozialisten wurde der aktive Gewerkschafter, Sozialdemokrat und Reichsbannerführer am 7. März 1933 vom Dienst beurlaubt und zum 30. Juni 1933 ohne Versorgungsbezüge aus dem Polizeidienst entlassen. Einer geregelten Berufstätigkeit konnte Grot nach 1933 nur mit großer Mühe nachgehen. So verbot ihm zum Beispiel die Gestapo die Tätigkeit in einem »wehrwirtschaftlich geschützten« Betrieb. Wiederholt fanden bei ihm Hausdurchsuchungen statt. Grot hatte enge Kontakte zu führenden Sozialdemokraten im Widerstand, unter anderem zu dem 1945 hingerichteten Theodor Haubach, und organisierte in Hamburg auf der Basis der ehemaligen »Schufos« den Widerstand – vor allem im Barmbeker Raum – mit. 1937 wurde er zusammen mit zahlreichen ehemaligen Reichsbannerangehörigen verhaftet und 1938 vom Hanseatischen Oberlandesgericht wegen »Vorbereitung zum Hochverrat« zu zweieinhalb Jahren Zuchthaus verurteilt, die er im Strafgefangenenlager Aschendorfer Moor (Emsland) verbüßte. 1943 wurde er zum »Bewährungsbataillon 999« eingezogen und kam in Griechenland zum Einsatz. Auf dem Rückzug geriet seine Einheit in jugoslawische Kriegsgefangenschaft. Im Kriegsgefangenenlager Smederevo war er 1. Vorsitzender des Antifaschistischen Lagerausschusses.

Auf Intervention des damaligen Hamburger Polizeichefs Bruno Georges und der britischen Behörden in Hamburg wurde Grot am 22. Juni 1946 aus der Gefangenschaft entlassen und kehrte nach Hamburg zurück. Als Polizei-Revier-Chef wieder

eingestellt, übernahm er sofort die Leitung der »Polizei-Einsatz-Abteilung«. 1949 wurde ihm als Gruppenchef (Polizeidirektor) die Leitung der Polizeigruppe Ost und 1952 – auf Vorschlag des Polizeisenators Lothar Danner – als Leitendem Polizeidirektor und Kommandeur der Schutzpolizei die Führung des Schutzpolizeiamtes übertragen. Grot war damit – nach dem Wechsel von Bruno Georges in das Amt des Polizeipräsidenten – der höchste Polizeivollzugsbeamte Hamburgs. Von 1947 bis 1952 amtierte er als Vorsitzender des Gesamtbeamtenausschusses bei der Polizeibehörde, einem Vorläufer des Personalrates. Große Verdienste erwarb er sich durch seinen Einsatz bei der Flutkatastrophe im Februar 1962, als auf seine Initiative hin bereits kurz nach Mitternacht des 17. Februar Bundeswehreinheiten, darunter alle in Hamburg und Umgebung stationierten Verbände, alarmiert und zur Hilfeleistung herangezogen wurden.

Grot war seit dem 29. April 1933 mit Gertrud Wünsche verheiratet. Aus der Ehe gingen zwei Söhne hervor. Am 30. September 1965 trat er in den Ruhestand. Nach seiner Pensionierung engagierte er sich weiter politisch und pflegte vor allem enge Kontakte zu seinen alten Reichsbannerfreunden. Bis zu seinem Tode 1987 war er ein wichtiger Zeitzeuge für die Geschichte der Hamburger SPD, des Reichsbanners und der Polizei.

Otto Grot war einer der ersten aus der Arbeiterschaft hervorgegangenen jüngeren Polizeioffiziere Hamburgs in der Weimarer Republik und ein in jeder Hinsicht überzeugter und überzeugender Demokrat. In seinem polizeilichen Grundverständnis war er stark durch seine Erfahrungen in der Weimarer Republik geprägt. Besondere Stärken lagen in seinem menschlichen und geradlinigen Führungsverhalten. Seine Verdienste um den sozialdemokratischen Widerstand im »Dritten Reich« in Hamburg und seine Lebensleistung hat der Senat 1995 mit der Benennung der Otto-Grot-Straße in Allermöhe gewürdigt. Die Landespolizeischule Hamburg benannte 2000 ihren Repräsentationsraum nach ihm.

LITERATUR Hermann Schueler, Als Geld sammeln Hochverrat war, in: Vorwärts, Nr. 8 vom 23. 2. 1978, S. 29; Karl Ditt, Sozialdemokraten im Widerstand. Hamburg in der Anfangsphase des Dritten Reiches, Hamburg 1984, S. 38 f., 71, 74, 91; Erwin B. Boldt, Die verschenkte Reform. Der Neuaufbau der Hamburger Polizei zwischen Weimarer Tradition und den Vorgaben der britischen Besat-

GRÜNDGENS, Gustaf

zungsmacht 1945–1955, Hamburg 2002 (Veröffentlichungen des Hamburger Arbeitskreises für Regionalgeschichte (HAR) 12), S. 289–291. *Wolfgang Kopitzsch*

GRÜNDGENS, *Gustaf* Heinrich Arnold, geb. 22. 12. 1899 Düsseldorf, gest. 7. 10. 1963 Manila; kath.; Schauspieler, Regisseur, Intendant.

»Sie können in Hamburg alles sagen und alles wagen«, mit diesen Worten hat Gustaf Gründgens als Intendant des Deutschen Schauspielhauses das liberale kulturelle Klima der Hansestadt gewürdigt, in der er seine ersten großen Erfolge feierte und seine Karriere kurz vor seinem Tod beschloss.

Als Sohn einer rheinischen Industriellenfamilie in Düsseldorf geboren, sammelte er ab 1917 erste Bühnenerfahrungen am Fronttheater Saarlouis. Nach einer Ausbildung an der Düsseldorfer Theaterakademie bei Louise Dumont und Gustav Lindemann führten ihn erste Engagements an die Städtischen Bühnen Halberstadt, die Vereinigten Städtischen Theater Kiel sowie das Theater in der Kommandantenstraße in Berlin. Von 1923 bis 1928 gehörte Gründgens dem Ensemble der Hamburger Kammerspiele an. Der fachlichen wie menschlichen Autorität ihrer Leiter, Erich Ziegel und seiner Frau Mirjam Horwitz, hat er sich zeitlebens zutiefst verbunden gefühlt. Den Durchbruch erlebte der so verwandlungsfähige Virtuose 1924 in seiner eigenen Inszenierung von Georg Kaisers »Kolportage«. Zu seinem umfangreichen Hamburger Repertoire gehörten ferner Stücke von William Shakespeare, Frank Wedekind, August Strindberg, George Bernard Shaw, Hermann Bahr, Carl Sternheim und Georg Büchner. Gleichsam als kleine persönliche Extravaganz begann der ebenso faszinierende wie im Umgang zuweilen unberechenbare Künstler um 1925, seinen Vornamen mit »f« zu schreiben. Im selben Jahr inszenierte er Klaus Manns Bühnenerstling »Anja und Esther«, wobei er die älteste Tochter Thomas Manns, Erika, kennen lernte, mit der er später in erster Ehe verheiratet war. Zu seinen umjubeltsten Erfolgen in Hamburg zählten zwei Inszenierungen von 1926, Jacques Offenbachs »Orpheus in der Unterwelt« und Roderich Benedix' Lustspiel »Die zärtlichen Verwandten«.

1928 holte Max Reinhardt den talentierten Nachwuchsmimen nach Berlin, wo er als zwielichtiger Ottfried Berlessen in Ferdinand Bruckners »Verbrecher« reüssierte und sich auch als Kabarettist, Operettendarsteller und Opernregisseur einen Namen machte. Die Rolle, mit der Gründgens Theatergeschichte schrieb, war seine tiefgründig vergeistigte und zugleich komödiantisch schillernde Interpretation des Mephisto in Goethes »Faust I« und »Faust II« unter der Regie von Lothar Müthel (1932) und Gustav Lindemann (1933). Während des »Dritten Reichs« avancierte er zu einer der bedeutendsten Persönlichkeiten des deutschen Theaters. Als Intendant des Staatlichen Schauspiels begründete er nicht nur ein außerordentliches Ensemble namhafter Schauspieler wie Bernhard Minetti und Käthe Dorsch, sondern verpflichtete neben profilierten Regisseuren wie Jürgen Fehling auch junge Talente wie Karlheinz Stroux. Bemüht, sich einer parteipolitischen Vereinnahmung so weit wie möglich zu entziehen, konzentrierte er sich als Regisseur wie als Schauspieler auf die Klassiker. Anfeindungen, die auf seiner homophilen Neigung gründeten wie machtpolitischer Ranküne zwischen dem Preußischen Ministerpräsidenten Hermann Göring und dessen Kontrahenten, dem Propagandaminister Joseph Goebbels, entsprangen, entging Gründgens durch diplomatisches Geschick sowie die Protektion des Ministerpräsidenten. 1943 meldete er sich zur Wehrmacht, ohne jedoch seine Ämter am Theater niederzulegen. Vom sowjetischen Militär 1945 verhaftet, verbrachte er neun Monate im Internierungslager Jamlitz, ehe zahlreiche Petitionen seine Freilassung bewirkten. Nach einigen Monaten am Deutschen Theater Berlin übernahm Gründgens ab 1947 die Generalintendanz der Städtischen Bühnen Düsseldorf. Neben Klassikern wie Goethes »Torquato Tasso« (1949) und Schillers »Wallensteins Tod« (1955) standen auch neue Stücke wie Jean Cocteaus »Bacchus« (1952) und Wolfgang Hildesheimers »Der Drachenthron« (1955) auf dem Spielplan. Um dem Theater eine weitgehende behördliche Unabhängigkeit zu verschaffen, erzwang er 1951 die Trennung der Sparten Oper und Schauspiel und führte das in eine GmbH umgewandelte Schauspielhaus nunmehr als Geschäftsführer und künstlerischer Leiter.

Dem Hamburger Kultursenator Hans Harder Biermann-Ratjen gelang es 1955, Gründgens als Generalintendanten und künstlerischen Leiter des Deutschen Schauspielhauses in seine »künstlerische Geburtsstadt« zurückzuholen. Für das Ensem-

Gustaf Gründgens

ble verpflichtete der neue Intendant Schauspieler wie Ullrich Haupt, Heinz Reincke, Maximilian Schell, Will Quadflieg und Marianne Hoppe, mit der er in zweiter Ehe von 1936 bis 1946 verheiratet gewesen war. In der Hansestadt zeigte Gründgens 1957 und 1958 noch einmal seinen »Jahrhundert-Faust«. Weitere Höhepunkte wurden 1959 die Uraufführung von Brechts »Die heilige Johanna der Schlachthöfe« und Lawrence Durrells »Sappho« mit Elisabeth Flickenschildt in der Titelrolle sowie 1961 die Uraufführung von Durrells antikem Märchen um die skythische Prinzessin »Actis«. Als alter, tief ernster König Philipp in Schillers »Don Carlos« (1962) verabschiedete er sich von der Bühne. Wie einst in Berlin hatten die Zuschauer bereits nachts an der Kasse angestanden, um Gründgens und sein Ensemble zu sehen. 1963 beendete er seine Intendanz, zum Nachfolger wurde Oscar Fritz Schuh bestimmt. Gründgens starb nur wenige Monate später auf einer Weltreise; sein Grab befindet sich auf dem Hamburger Friedhof Ohlsdorf (O 6,5).

Wie kaum ein anderer Schauspieler des 20. Jahr-hunderts ist Gustaf Gründgens zum Gegenstand glühender Verehrung wie auch kontroverser Diskussionen geworden. Sosehr er als charismatischer Schauspieler, wegweisender Regisseur und verantwortungsvoller Intendant das Theater seiner Epoche geprägt hat, so umstritten ist bis heute seine Rolle während des Nationalsozialismus: Mit seiner glanzvollen Karriere habe er bezeugt, dass es sich unter dem nationalsozialistischen Gewaltregime leben ließe, mit seiner Unterstützung von politisch wie rassisch Verfolgten habe er sich lediglich für spätere Zeiten absichern wollen, wie Klaus Mann gar in »Mephisto« argwöhnte. Zusammen mit Ist-ván Szabós gleichnamiger Verfilmung hat dieser Schlüsselroman, dessen Veröffentlichung Gründgens' Adoptivsohn Peter Gorski zunächst zu verhindern versucht hatte, das öffentliche Urteil über Gründgens wesentlich geprägt. Den zahlreichen, überwiegend von Emigranten erhobenen Vorwürfen stehen sein Bestreben, die deutsche Theaterkultur von den nationalsozialistischen Machthabern nicht zerstören zu lassen, sowie seine Hoffnung, in

GUERICKE, Otto von

der privilegierten Position Gutes bewirken zu können, gegenüber. Tatsächlich hat Gründgens im
Staatstheater Schauspielern mit jüdischen Angehörigen, wie auch Erich Ziegel und Mirjam Horwitz,
bis zuletzt Zuflucht geboten und sich mehrfach für
Bedrohte verwendet. Unbestritten indes ist seine
vollkommene Hingabe an das Theater. Erfüllt von
bedingungsloser Werktreue, stand für ihn der Text
des Dichters über allem. Hatte er sich diesen im
Rahmen dessen, was er »Partitur lesen« nannte, erarbeitet, schuf er, der sich stets mehr als »Bühnen-
arbeiter« denn als »Bühnenstar« verstand, seine
von der Kritik in den letzten Jahren zunehmend als
zu konservativ monierten Interpretationen. Ein
verständliches Theater des Genusses sollte der Zuschauer erleben, nicht eines, das den Alltag abbildete, und schon gar kein absurdes Theater. Zu den
zahlreichen Ehrungen, die ihm bereits zu Lebzeiten
zuteil geworden sind, gehört auch die Medaille für
Kunst und Wissenschaft, mit der ihn die Stadt
Hamburg 1959 auszeichnete. Seit 1971 erinnert die
Gründgensstraße im Stadtteil Steilshoop an diese
vielschichtige Theaterpersönlichkeit.

WERKE Briefe, Aufsätze, Reden, hg. von Rolf Baden-
hausen und Peter Gründgens-Gorski, Hamburg 1967.

LITERATUR NDB 7; Nachspiel auf dem Theater. Für
Gustaf Gründgens. Reden und Texte der Gedenkfeier am
20. Oktober 1963 im Deutschen Schauspielhaus Hamburg,
Hamburg 1963; Heinrich Goertz, Gustaf Gründgens in
Selbstzeugnissen und Bilddokumenten, Reinbek bei
Hamburg 1982; Peter Michalzik, Gustaf Gründgens. Der
Schauspieler und die Macht, Berlin 1999; Dagmar Walach,
Gustaf Gründgens. Aber ich habe nicht mein Gesicht. Eine
deutsche Karriere, Berlin 1999.   *Astrid Froese*

GUERICKE (ursprünglich Gericke), Otto von
(Reichsadel und Namensänderung 1666), geb.
20. 11. 1602 Magdeburg, gest. 11. 5. 1686 Hamburg;
luth.; Ingenieur, Physiker, Bürgermeister von
Magdeburg.

Der Sohn des Magdeburger Kämmerers Hans Gericke studierte von 1617 bis 1624 an den Universitäten Leipzig, Helmstedt, Jena und Leiden Jura,
Mathematik, Geometrie, Astronomie, Festungsbau
und Vermessungswesen. In den folgenden Jahren
schlossen sich Bildungsreisen unter anderem nach
Paris und London an. Ab 1626 gehörte Otto von
Guericke als Bauherr dem Magdeburger Rat an.

Der nach der Eroberung Magdeburgs durch die

Otto von Guericke

kaiserlichen Truppen Tillys (1631) zunächst ab 1632
in schwedischen, dann ab 1636 als Ingenieur in kursächsischen Diensten stehende Guericke wurde im
September 1646 Bürgermeister seiner Vaterstadt
und bestimmte das Schicksal Magdeburgs in der
Endphase des Dreißigjährigen Krieges entscheidend mit. 1648 reiste er als Abgesandter der Stadt zu
den Friedensverhandlungen in Münster und Osnabrück. Als sein Versuch, magdeburgische Privilegi-
en zu sichern und die Stadt vor dem Zugriff des
Kurfürsten von Brandenburg zu bewahren, 1654
endgültig fehlgeschlagen war, zog er sich zunehmend aus dem politischen Leben zurück. 1678 wurde er von seinen Pflichten als Bürgermeister ent-
bunden.

Durch seine naturwissenschaftlichen Experimente gehört Guericke zu den Wegbereitern der
Erforschung des Luftdrucks (Experiment mit den
»Magdeburger Halbkugeln« 1654) und der Meteo-
rologie. Als Mitbegründer der modernen Kosmo-
logie wies er als Erster nach, dass sich die Gestir-
ne im unbegrenzten, leeren Raum bewegen. 1672
veröffentlichte er sein Hauptwerk »Experimenta
nova«.

Als Magdeburg von der Pest bedroht wurde, siedelte Guericke im Frühsommer 1681 nach Hamburg in das Haus seines einzigen Sohnes Otto (1628–1704) über, der seit 1663 als kurbrandenburgischer Resident in der Hansestadt weilte. An seinem neuen Wohnsitz veranlasste er eine Kirchensammlung für das von der Epidemie heimgesuchte Magdeburg. Der alte Guericke, dessen Gesundheitszustand sich schon nach wenigen Jahren verschlechterte, verbrachte seine letzten Lebensjahre in Hamburg weitgehend zurückgezogen. Nach der prunkvollen Trauerprozession, deren Gepränge vom Tod einer illustren Persönlichkeit zeugte, und der Beisetzung in der Hamburger Nikolaikirche am 12. Mai 1886 wurde sein Leichnam nach Magdeburg überführt und dort beigesetzt. Seit 1930/40 erinnert der Guerickeweg im Hamburger Stadtteil Barmbek an den Aufenthalt des berühmten Wissenschaftlers in der Hansestadt.

WERKE Experimenta nova (ut vocantur) Magdeburgica de vacuo spatio, Amsterdam 1672 [Nachdruck Aalen 1962; kommentierte Übersetzung von Hans Schimank mit dokumentarischem Anhang Düsseldorf 1968].

LITERATUR ADB 10; NDB 7; LhS 3; Jöcher 2; Dictionary of scientific biography, hg. von Charles Coulston Gillispie, Bd. 5, New York 1981; Fritz Krafft, Otto von Guericke, Darmstadt 1978 (Erträge der Forschung 87); Ditmar Schneider, Otto von Guericke. Ein Leben für die alte Stadt Magdeburg. Unter Verwendung zeitgenössischer Dokumente und Bilder, 2., durchgesehene Aufl. Stuttgart/Leipzig 1997; Dirk Brietzke, Otto von Guericke in Hamburg. Aufklärung und Wissenschaft im Umfeld seines Lebenskreises von 1681 bis 1686, in: Die Welt im leeren Raum. Otto von Guericke 1602–1686 [Katalog zur Ausstellung im Kulturhistorischen Museum Magdeburg vom 6. September 2002 bis 5. Januar 2003], S. 149–156.   *Dirk Brietzke*

GURLITT, Heinrich *Louis* Theodor, geb. 8. 3. 1812 Altona, gest. 19. 9. 1897 Naundorf bei Schmiedeberg/Sachsen; luth.; Landschaftsmaler.

Obwohl der Landschaftsmaler Louis Gurlitt nur die ersten 20 Lebensjahre in Altona und dem benachbarten Hamburg verbrachte, gehört er zu den bedeutenden Künstlerpersönlichkeiten der Stadt. In ganz Europa auf der Suche nach immer neuen Bildmotiven, führte ihn sein unruhiges Reiseleben auf der Durchreise mehrfach in seine Heimatstadt zurück. Gurlitts besonderes Verdienst für Norddeutschland ist es, die heimische Landschaft in großformatigen Panoramen nobilitiert und sie

Louis Gurlitt

gleichberechtigt neben die italienische oder griechische gestellt zu haben. Die künstlerische Entdeckung Schleswig-Holsteins, die mit dem Eutiner Hofmaler Ludwig Strack (1761–1836) um 1800 ihren Ausgang genommen hatte, erreichte in den Landschaftsgemälden Gurlitts ihren Höhepunkt.

Seine frühe Künstlerausbildung erhielt der aus einer kinderreichen Handwerkerfamilie stammende Louis Gurlitt in Hamburg und Altona. Seit Mitte der 1820er Jahre nahm er privaten Zeichenunterricht bei den Malern Carl Friedrich Kroymann, Anton Carl Dusch und Günther Gensler. Außerdem besuchte er die Altonaer Sonntagsschule, an der Jes Bundsen und Friedrich Rosenberg Kindern aus sozial schwächeren Familien kostenlos Zeichenunterricht erteilten. Von 1828 bis 1832 ließ Gurlitt sich in der Malschule Siegfried Bendixens zum Künstler und Dekorationsmaler ausbilden. Da es in Hamburg und Altona an einer Kunstakademie mangelte, war es üblich, den Künstlerberuf an einer Malschule zu erlernen. Wie viele seiner Mitschüler verließ auch Gurlitt nach Abschluss der Ausbildung seine zu Dänemark gehörende Heimatstadt, um an der Kopenhagener Kunstakademie weiter zu studieren. Von 1832 bis 1835 lernte er dort bei Christoffer Wilhelm Eckersberg, Johan Ludvig Lund und Jens Peter Möller.

Mehrere Studienreisen führten Gurlitt zunächst nach Norwegen, Schweden und Dänemark. 1836/37 hielt er sich in München auf und bereiste die Gegend um Berchtesgaden und Salzburg, 1838 unternahm er eine erste Studienreise nach Oberitalien.

G

GUTZKOW, Karl

Die Jahre von 1839 bis 1842 verbrachte er überwiegend in Kopenhagen und wurde Mitglied der dortigen Akademie. 1842/43 war er in Düsseldorf und hatte Kontakt zu Vertretern der Düsseldorfer Malerschule. Von 1843 bis 1846 wohnte er in Rom und erkundete das römische Umland und Sizilien. In dieser Zeit verband ihn eine enge Freundschaft mit dem aus Dithmarschen stammenden Dichter Friedrich Hebbel, der ebenfalls einige Jahre in Hamburg verbracht hatte. 1852 bereiste Gurlitt Dalmatien, 1853 Ungarn. 1854 hielt er sich für ein halbes Jahr in Hamburg auf, im folgenden Jahr wurde er zum Präsidenten des Hamburger Künstlervereins ernannt und reiste erneut nach Italien. 1858 folgte eine Reise nach Griechenland. Um neue Motive und einen weiteren Absatzmarkt zu erschließen, unternahm Gurlitt in den Jahren von 1861 bis 1864 und von 1871 bis 1878 jährlich Reisen nach Schleswig-Holstein, 1867/68 führte ihn außerdem eine Reise nach Spanien und Portugal. Zwischenzeitlich hielt er sich mit wechselnden Wohnsitzen immer wieder in Deutschland und Österreich auf, wo er im Atelier nach den auf den Studienreisen entstandenen Skizzen Gemälde anfertigte und Käufer für dieselben akquirierte. Als Kunsthändler in eigener Sache kümmerte er sich rege um den Verkauf seiner Gemälde. Für den in jungen Jahren zweifach verwitweten Maler war dies eine ökonomische Notwendigkeit, da er in dritter Ehe zuletzt acht Kinder von seiner Kunst zu ernähren hatte. Unter anderem lebte er mit seiner Familie in Berlin, Nischwitz bei Wurzen, in Wien, auf Schloss Siebleben bei Gotha und in Dresden.

Zeigte sich in den frühen Hamburger Gemälden noch deutlich die Anlehnung an die holländische Landschaftsmalerei des 17. Jahrhunderts, so änderte sich Gurlitts Landschaftsauffassung in den folgenden Jahren mehrfach. In Kopenhagen wandte er sich einem strengen Naturalismus zu, den er in Süddeutschland mit der in München vorherrschenden idealen Landschaftsauffassung verband. In wachsendem Maße galt sein Interesse dem Landschaftspanorama und der Idee, Landschaftszyklen zu schaffen. In der Gunst des dänischen Königs Christian VIII. stehend, löste er um 1840 in Kopenhagen mit großformatigen Landschaftsgemälden, die im Geist der Nationalromantik als »typisch dänisch« galten, Stürme der Begeisterung aus. Seit den späten vierziger Jahren wurden die von Alexan-

der von Humboldt entwickelten Thesen zur Landschaftsmalerei bestimmend für Gurlitt. Humboldt sah die Aufgabe des Malers darin, den jeweils »eigentümlichen Charakter« einer Gegend und ihrer Pflanzen festzuhalten, ohne sich im Detail zu verlieren. Er führte Gurlitt am Hof des preußischen Königs Friedrich Wilhelm IV. ein, der das Vorhaben des Malers, einen 30 Bilder umfassenden Zyklus europäischer Landschaftsporträts zu schaffen, unterstützte. Das Projekt scheiterte an den Revolutionswirren von 1848, im Gesamtwerk wurde es dennoch verwirklicht: Gurlitt malte in der Folgezeit Landschaftsporträts in ganz Europa. Zusätzlich zu den nord- und südeuropäischen Motiven entstanden in den sechziger und siebziger Jahren durch ihre Bildgröße aufgewertete Landschaftsporträts von Schleswig-Holstein. Am 19. September 1897 starb Louis Gurlitt in Naundorf bei Schmiedeberg, nachdem er bereits 1884 aufgrund zunehmender Altersschwäche das Malen aufgegeben hatte.

WERKE Jugenderinnerungen des Altonaer Malers Louis Gurlitt. Sonderdruck des Hamburger Anzeigers, Hamburg 1940; Moriz Enzinger (Hg.), Briefe an Friedrich Hebbel, Bd. 1.: 1840–1860, Wien 1973 (Sitzungsberichte der Österreichischen Akademie der Wissenschaften, Philosophisch-Historische Klasse 290).

LITERATUR NDB 7; Rump; ThB 15; Ludwig Gurlitt, Louis Gurlitt. Ein Künstlerleben des 19. Jahrhunderts, Berlin 1912; Lilli Martius, Die schleswig-holsteinische Malerei im 19. Jahrhundert, Neumünster 1956 (Studien zur Schleswig-Holsteinischen Kunstgeschichte 6) [Nachdruck Neumünster 1978]; Ulrich Schulte-Wülwer, Bärbel Hedinger (Hg.), Louis Gurlitt 1812–1897. Porträts europäischer Landschaften in Gemälden und Zeichnungen, [Katalog zur Ausstellung im Altonaer Museum, Hamburg, vom 20. August 1997 bis 18. Januar 1998], München 1997.

Kerstin Wiese

GUTZKOW, *Karl* Ferdinand (Ps. *E. L. Bulwer*), geb. 17. 3. 1811 Berlin, gest. 16. 12. 1878 Frankfurt a. M.; luth.; Schriftsteller, Publizist.

»Im ganzen waren die Hamburger Jahre sorgenvoll« – so resümierte Karl Gutzkow in kritischem Rückblick seine Hamburger Zeit. Als einer der bedeutendsten Literaten des Jungen Deutschland und wirkungsmächtiger Literaturkritiker seiner Zeit hielt er sich in einer wichtigen Phase seines publizistischen Schaffens fünf Jahre lang in Hamburg auf.

Gutzkow wuchs in Berlin in ärmlichen Verhält-

Karl Gutzkow

nissen auf. Nach einem vor allem unter dem Einfluss Hegels und Schleiermachers stehenden Studium der Theologie und Philosophie in Berlin, Heidelberg und München, das er 1832 mit einer Promotion in Jena abschloss, gab er den anschließenden Versuch einer juristischen Ausbildung rasch wieder auf und wirkte fortan als freier Schriftsteller. Erste Veröffentlichungen erschienen bereits 1829 in dem von Willibald Alexis herausgegebenen »Berliner Conversationsblatt« und in der »Berliner Schnellpost«. Nachdem der 20-Jährige 1831 die Zeitschrift »Forum der Journal-Literatur« gegründet hatte, holte Wolfgang Menzel ihn als Mitarbeiter des »Literatur-Blatts« nach Stuttgart. Von einer Reise nach Italien und Österreich zurückgekehrt, die er im August und September 1833 gemeinsam mit Heinrich Laube unternommen hatte, schrieb Gutzkow für das »Morgenblatt«, die »Allgemeine Zeitung« und den badischen »Freisinnigen«. Als Erster erkannte er das Genie Georg Büchners, dessen Drama »Dantons Tod« er 1835 in seiner Zeitschrift »Phönix« erstmals publizierte. Einen entscheidenden Wendepunkt brachte die Veröffentlichung seines Romans »Wally, die Zweiflerin« (1835): Wegen der offenen Behandlung religiöser Fragen und einer freimütigen erotischen Szene wurde Gutzkow nach sechswöchiger Untersuchungshaft zu vier Wochen Gefängnis verurteilt; zugleich wurde ein in Preußen und im Gebiet des Deutschen Bundes geltendes Schreib- und Druckverbot erlassen, das auch die übrigen Autoren des Jungen Deutschland traf.

Nach einem ersten Aufenthalt in der Hansestadt im Jahre 1834, bei dem er die Bekanntschaft des Verlegers Julius Campe gemacht und Freundschaft mit dem Schriftsteller Ludolf Wienbarg geschlossen hatte, führte sein unstetes Wanderleben Gutzkow im November 1837 erneut nach Hamburg, wo er, in bescheidenen Verhältnissen zunächst in der ABC-Straße, später an der Esplanade wohnend, mit kurzen Unterbrechungen bis November 1842 blieb. Der stets in zahlreiche literarische Fehden verwickelte Schriftsteller und Kritiker fand hier zwar die Möglichkeit, das Publikationsverbot zu umgehen, war jedoch – abgesehen von der freilich oft angespannten Verbindung zu Friedrich Hebbel – intellektuell weitgehend isoliert. Als gern gesehener Gast verkehrte er bei dem jüdischen Arzt und Theologen Salomon Ludwig Steinheim und bei Rosa Maria Assing, der Schwester Karl August Varnhagen von Enses. Zutritt zur höheren Gesellschaft der Hansestadt verschaffte ihm die Schriftstellerin Therese von Bacheracht, die 1841 die Freundin und Geliebte des seit 1836 mit Amalie Klönne verheirateten Gutzkow wurde. Vor allem mit der Redaktion der ab 1838 bei Hoffmann und Campe verlegten Zeitschrift »Telegraph für Deutschland« beschäftigt, dem wohl bedeutendsten literarischen Periodikum des Vormärz, zu dessen Mitarbeitern Friedrich Hebbel, Georg Herwegh, Friedrich Engels und Georg Gottlieb Schirges gehörten, veröffentlichte der Schriftsteller in diesen Jahren unter anderem die Sammlung von Charakterbildern »Die Zeitgenossen« (2 Bde., 1837), die Anthologie kritischer Schriften »Götter, Helden, Don-Quixote. Abstimmungen zur Beurtheilung der literarischen Epoche« (1838) sowie die humoristischen Romane »Seraphine« (1837) und »Blasedow und seine Söhne« (3 Bde.,1838). Mit der Biografie »Börne's Leben« (1840) bezog Gutzkow Stellung gegen Heinrich Heine. Julius Campe, der sich auch um die Publikation der Werke anderer Autoren des Jungen Deutschland verdient machte, veröffentlichte zahlreiche Bücher Gutzkows. Großen Erfolg hatte der Schriftsteller mit seinen häufig und auf vielen Bühnen aufgeführten Dramen (zum Beispiel »Richard Savage, Sohn einer Mutter«, 1839; »Zopf und Schwert«, 1844). Im Stadttheater erlebten während Gutzkows Aufenthalt in Hamburg die Stücke »Werner. Oder: Herz und Welt« (22. Februar 1840), »Patkul« (21. Januar 1841) und »Die Schule der Reichen« (25. Oktober 1841) ihre Uraufführung. Letzteres, nach Gutzkows eigenen Worten »gegen die junge Hamburger Plutokratie« gerichtet, verursachte vor vollem Haus tumultuöse Reaktionen, sodass die Vorstellung mehrfach unterbrochen werden musste. Auch zunehmende Misshelligkeiten mit Campe, die nach der anfänglich so enthusiastischen Zusammenarbeit das Verhältnis trübten, trugen dazu bei, ihm den Aufenthalt in Hamburg zu verleiden.

Nach seiner Hamburger Zeit, deren er in den autobiografischen Aufzeichnungen »Rückblicke auf mein Leben« (1875) gedachte, war Gutzkow als Dramaturg am Dresdner Hoftheater tätig (1847–50), verfasste neben zahlreichen Dramen in Anlehnung an Charles Dickens, Honoré de Balzac und Eugène Sue den die Komplexität moderner Erzähltechniken vorwegnehmenden sozialkritischen Zeitroman »Die Ritter vom Geiste« (9 Bde., 1850/51) sowie als zweiten Großroman »Der Zauberer von Rom« (9 Bde., 1858–61) und wirkte schließlich von 1861 bis 1864 als Generalsekretär der Schillerstiftung in Weimar. Von einem 1864 erlittenen Nervenzusammenbruch erholte er sich nicht mehr vollständig. Der in seinen letzten Lebensjahren zunehmend vereinsamte Gutzkow erstickte am 16. Dezember 1878 bei einem Zimmerbrand in Frankfurt am Main. In Hamburg erinnert seit 1911 die Gutzkowstraße im Stadtteil Groß Flottbek an den Schriftsteller.

WERKE Schriftenverzeichnis in: Wolfgang Rasch, Bibliographie Karl Gutzkow (1829–1880), 2 Bde., Bielefeld 1998 (Bibliographien zur Deutschen Literaturgeschichte 5); Gesammelte Werke. Erste vollständige Gesammt-Ausgabe, 32 Bde., Jena 1872–76 [Microfiche-Ausgabe München u. a. 1991]; Werke. Auswahl in 12 Teilen, hg. und mit Einleitungen und Anmerkungen versehen von Reinhold Gensel, 4 Bde. und 3 Ergänzungsbde., Berlin u. a. 1910–12 [Nachdruck Hildesheim u. a. 1975]; Werke und Briefe. Kommentierte digitale Gesamtausgabe. Eröffnungsband (mit CD-ROM), hg. von Gert Vonhoff und Martina Lauster, Münster 2001.

LITERATUR ADB 10; NDB 7; Killy 4; LhS 3; Victor Dirksen, Ein Jahrhundert Hamburg 1800–1900. Zeitgenössische Bilder und Dokumente, Leipzig 1935 [Nachdruck Frankfurt a. M. 1977]; Gert Ueding, Hoffmann und Campe. Ein deutscher Verlag. In Zusammenarbeit mit Bernd Steinbrink, Hamburg 1981; Rainer Funke, Beharrung und Umbruch 1830–1860. Karl Gutzkow auf dem Weg in die literarische Moderne, Frankfurt a. M. u. a. 1984 (Tübinger Studien zur deutschen Literatur 8); Roger Jones/Martina Lauster (Hg.), Karl Gutzkow. Liberalismus – Europäertum – Modernität, Bielefeld 2000 (Vormärz-Studien 6 = Gutzkow-Studien 2); Gustav Frank/ Detlev Kopp (Hg.), Gutzkow lesen! Beiträge zur internationalen Konferenz des Forums Vormärz-Forschung vom 18. bis 20. September 2000 in Berlin, Bielefeld 2001 (Vormärz-Studien 8 = Gutzkow-Studien 3). *Dirk Brietzke*

HACCIUS (Hacke), Georg, geb. 30. 8. 1626 Uthleben/Kreis Nordhausen, gest. 12. 4. 1684 Hamburg; luth.; Theologe, Pastor.

Nach seinem Theologiestudium in Jena war der Sohn eines Predigers zunächst ab 1648 in Minden als Konrektor der dortigen Schule tätig, wurde 1661 zum Pastor an St. Marien gewählt und erwarb 1666 den Grad eines Licentiaten der Theologie in Rinteln. 1669 wählten ihn die Oberalten zum Pastor an der Hamburger Nebenkirche St. Marien Magdalenen. Haccius' gedruckte Predigten zeugen von brillanten rhetorischen Fähigkeiten. Die Antrittspredigt über die »Stimme eines Predigers in der Wüste« entfaltete er glanzvoll zu einer »Motette« über die Vielstimmigkeit des mahnenden, tröstenden, glaubensfesten Predigers, in der er auch Stephan Kempe, der mit seinen Predigten in St. Marien Magdalenen die Reformation in Hamburg gefördert hatte, seine Reverenz erwies. Haccius' Erfolg war messbar. Bis 1671 wurden 497 zusätzliche Plätze in der Kirche geschaffen, um dem Andrang der Zuhörer Herr zu werden – für die Kirche eine lohnende Investition. Dies mag auch 1670 die Wahl Haccius' zum Prediger am Spinnhaus motiviert haben. Es liegt nahe, den Oberalten Hermann Rentzel – Bruder des Ratsherrn Peter Rentzel, der 1669 das Spinnhaus gestiftet hatte – als treibende Kraft zu vermuten.

Haccius' Erfolg scheint 1672 im Geistlichen Ministerium Stimmen auf den Plan gerufen zu haben, die in seinen 1665 veröffentlichten »Deliciae Marianae« (55 Predigten über das »Magnificat«) Formulierungen, die nicht mit der reinen lutherischen Lehre übereinstimmten, entdeckt haben wollten und ihn deswegen katholischer Neigungen verdächtigten, während andere an Haccius' Promotion in Rinteln Anstoß nahmen und ihn heimlicher Sympathien mit dem Calvinismus bezichtigten. Das Verfahren schadete Haccius nicht nachhaltig. 1680 wurde er zum Hauptpastor an St. Michaelis gewählt, wo er sich für den Bau der großen Michaeliskirche sowie für einen Neubau der St. Pauli-Kirche einsetzte und sich mit den zusätzlichen Freitagspredigten ein neues Podium schuf.

Als 1684 der brandenburgische Kurfürst Friedrich Wilhelm in Hamburg weilte, trug er Haccius das Amt eines Konsistorialrats in Minden an. Die Entscheidung, Hamburg zu verlassen, nahm ihm

Georg Haccius

jedoch der Tod aus der Hand. Aus seiner 1654 mit Elisabeth, geborener Heyse, geschlossenen Ehe waren 16 Kinder hervorgegangen. Die Witwe verkaufte seine umfangreiche Bibliothek an Herzog Rudolph August von Braunschweig.

WERKE Schriftenverzeichnis in: LhS 3.

LITERATUR ADB 10; LhS 3; Johann Heinrich Höck, Bilder aus der Geschichte der Hamburgischen Kirche seit der Reformation, Hamburg 1900, S. 64–68; Georg Daur, Von Predigern und Bürgern. Eine hamburgische Kirchengeschichte von der Reformation bis zur Gegenwart, Hamburg 1970, S. 104 f. *Frank Hatje*

HAGENBECK, *Carl* Gottfried Wilhelm Heinrich, geb. 10. 6. 1844 Hamburg, gest. 14. 4. 1913 Stellingen; luth.; Tierhändler, Tierparkgründer, Unternehmer.

Carl Hagenbeck war bereits zu seinen Lebzeiten ein Mythos. Ausgestattet mit einem großen Gespür für die Wünsche des schaulustigen Publikums und einem ausgeprägten Sinn für Werbung und Vermarktung, wurde Hagenbeck zu einem Synonym für Exotik, Völkerschau, Tierhandel und Zoo. Seine neue Art der Tierpräsentation im Stellinger Tierpark wurde weltweit zu einem Vorbild für andere Zoologische Gärten.

Carl Hagenbeck wurde als ältester Sohn des Fischgroßhändlers Carl Claes Gottfried Hagenbeck in der damaligen Hamburger Vorstadt St. Pauli geboren. 1866 übernahm er den von seinem Vater in bescheidenem Umfang betriebenen Tierhandel und baute ihn kontinuierlich zu einem weltweit tätigen Handelsunternehmen aus. Die Geschäftsräume verlegte er 1874 vom Spielbudenplatz an den Neuen Pferdemarkt und eröffnete dort »Carl Hagenbecks Thierpark«. Von hier aus wickelte Hagenbeck den internationalen Tierhandel ab und bot gleichzeitig Besuchern die Möglichkeit, die importierten Tiere vor ihrem Weiterverkauf in Augenschein zu nehmen. Berühmtheit erlangte er seit 1874 mit den so genannten Völkerschauen, Schaustellungen mit Menschen fremder Kulturen, die dem Publikum »authentische« Szenen aus ihrem Alltagsleben und folkloristische Darbietungen verschiedener Art präsentierten. Die Darsteller wurden für mehrere Monate engagiert und gingen in Deutschland und im benachbarten Ausland auf Tournee. Nach 1908 fanden die Darbietungen, die in den Jahren vor dem Ersten Weltkrieg ihren Höhepunkt erreichten, auf einem Gelände im östlichen Teil des 1907 eröffneten Stellinger Tierparks vor aufwendigen Kulissen statt.

Seit Ende der 1870er Jahre beschäftigten sich Carl Hagenbeck und vor allem sein Bruder Wilhelm (1850–1910) mit der Zusammenstellung und der Dressur von Tiergruppen für Vorstellungen. Sie setzten dabei auf die so genannte zahme Dressur, die mit Lockmitteln und Belohnungen arbeitete statt mit Gewalt, wie es vielfach üblich war, um die Tiere für den Zirkus auszubilden. Bedeutung erlangten diese Dressurgruppen nicht nur in dem Programm »Carl Hagenbecks Internationaler Circus und Singhalesen Karawane«, das im April 1887 auf dem Heiligengeistfeld Premiere hatte, sondern auch bei zahlreichen Auftritten in europäischen Hauptstädten und auf der Weltausstellung 1893 in Chicago.

Als es am Neuen Pferdemarkt zu eng wurde und sich kein passendes Gelände in Hamburg finden ließ, erwarb Hagenbeck 1897 ein erstes Grundstück im damals noch preußischen Stellingen, das zum Ausgangspunkt für den zehn Jahre später eröffneten Tierpark wurde. In den folgenden Jahren wurden sukzessive Ställe und Gehege errichtet; 1905 begannen die Arbeiten für die künstliche Felsenlandschaft. Mit dem am 7. Mai 1907 eröffneten Park setzte Hagenbeck international neue Maßstäbe für die Zoogestaltung. Im Mittelpunkt seines Konzepts stand die gitterlose Freisichtanlage. Die Tiere sollten in einer möglichst naturähnlichen Umgebung

Carl Hagenbeck

gezeigt werden, von den Besuchern nicht mehr durch Gitter, sondern durch verdeckte Gräben getrennt. Die Löwenschlucht im Stellinger Tierpark gilt als die erste derartige Freisichtanlage der Welt. Sie ist Teil eines großen Panoramas, das verschiedene Landschaftsformen vom Vogelteich über Steppe, Raubtierschlucht und Hochgebirge, jeweils besetzt mit den entsprechenden Tieren, zusammenfasst. Mit dieser publikumswirksamen Präsentation setzte sich Hagenbeck deutlich von der Praxis der zeitgenössischen Zoos ab, die ihre Tiere zumeist einzeln in Gitterkäfigen zeigten. Bereits 1896 hatte sich Hagenbeck seine Panorama-Idee patentieren lassen. Ein transportables »Nordland-Panorama« mit arktischen Tieren war auf der Berliner Gewerbeausstellung 1896 gezeigt worden.

Neben dem Handel mit exotischen Tieren, der auch weiterhin die Grundlage der Firma bildete, und dem Betrieb des Tierparks bemühte sich Hagenbeck um weitere Geschäftsmöglichkeiten. So eröffnete 1909 Kaiserin Auguste Victoria in Stellingen Deutschlands erste Straußenfarm. Nicht Fleisch sollte hier vermarktet werden, sondern die Federn, die als begehrtes Accessoire für Damenhüte Verwendung fanden. Auch der Handel mit landwirtschaftlichen Nutztieren wurde intensiviert, erwies sich allerdings nicht als lohnend.

Seine letzten Lebensjahre brachten für Carl Hagenbeck den Höhepunkt gesellschaftlicher Anerkennung und Popularität. Der Tierpark wurde Publikumsmagnet; prominente Besucher wie Kaiser Wilhelm II., der mehrfach nach Stellingen kam, der dänische König Friedrich VIII. und der legendäre Erfinder und Unternehmer Thomas A. Edison brachten den Tierpark und seinen Gründer in die Schlagzeilen. Auf Vorschlag des Direktors der Hamburger Kunsthalle Alfred Lichtwark porträtierte der Maler Lovis Corinth 1911 Hagenbeck zusammen mit seinem berühmten Walross »Pallas«. Bereits 1908 veröffentlichte Hagenbeck seine Autobiografie unter dem Titel »Von Tieren und Menschen«. Das Buch, in Zusammenarbeit mit dem Redakteur des »Hamburger Fremdenblatts« Philipp Berges entstanden, wurde vielfach aufgelegt und kurz nach seinem Erscheinen in mehrere Sprachen übersetzt. Am 14. April 1913 starb Carl Hagenbeck nach längerer Krankheit. Seine Söhne Heinrich (1875–1945) und Lorenz (1882–1956), die bereits seit 1911 als gleichberechtigte Partner an der Firma beteiligt waren, traten seine Nachfolge an.

WERKE Von Tieren und Menschen. Erlebnisse und Erfahrungen, Berlin 1908.

LITERATUR NDB 7; Hilke Thode-Arora, Für fünfzig Pfennig um die Welt. Die Hagenbeckschen Völkerschauen, Frankfurt a. M./ New York 1989; Lothar Dittrich/Annelore Rieke-Müller, Carl Hagenbeck (1844–1913). Tierhandel und Schaustellungen im Deutschen Kaiserreich, Frankfurt a. M. u. a. 1998; Ortwin Pelc, Hagenbeck auf den Weltausstellungen in Chicago (1893) und St. Louis (1904), in: ZHG 86 (2000), S. 89–113.   *Klaus Gille*

HAGENBECK, Wilhelm *Heinrich* Ferdinand, geb. 5. 7. 1875 Hamburg, gest. 4. 2. 1945 ebd.; luth.; Tierparkdirektor und -gestalter.

Heinrich Hagenbeck machte sich vor allem als Tierparkgestalter einen Namen. Die von ihm entworfenen Gehege fanden weltweite Anerkennung. Er orientierte sich dabei am Prinzip der gitterlosen Freisichtanlage, mit dem sein Vater Carl Hagenbeck die Zoogestaltung revolutioniert hatte.

Heinrich Hagenbeck trat im Mai 1894 in die väterliche Firma ein. 1896 leitete er die Hagenbeck-Abteilung auf der Berliner Gewerbeausstellung. Zusammen mit seinem jüngeren Bruder Lorenz ging er 1904 im Anschluss an die Weltausstellung in St. Louis mit der »Carl Hagenbeck's Trained Animal Show«, die die zuvor gezeigten Dressurnummern präsentierte, auf eine Tournee durch die USA. 1913 gestaltete er in der Londoner Olympia Hall das erfolgreiche Gastspiel von »Carl Hagenbeck's Won-

Heinrich Hagenbeck

der Zoo and Big Circus«, das aus einer umfangreichen Tierschau und einem Zirkusprogramm bestand. Nach dem Tod Carl Hagenbecks im April 1913 übernahmen die Brüder die Leitung der Firma, an der beide seit 1911 als gleichberechtigte Partner beteiligt waren. Während sich Lorenz in den folgenden Jahren vor allem erfolgreich um das Zirkusgeschäft kümmerte, organisierte Heinrich Hagenbeck den Tierhandel und sorgte für die Weiterentwicklung des Stellinger Tierparks. Bereits 1913 wurde nach seinen Plänen eine große Freianlage mit einem Felsen für Paviane errichtet (1943 zerstört). Nach der Wiedereröffnung des seit Oktober 1920 wegen der schlechten Wirtschaftslage geschlossenen Tierparks im Mai 1924 setzte Heinrich Hagenbeck die Modernisierung und den Bau neuer Gehege fort. 1936 wurde die Kaiser-Friedrich-Straße, die bis dahin den Tierpark geteilt hatte, aufgehoben und der östliche Teil des Geländes mit neuen Freisichtanlagen unter anderem für Elefanten (1937) und Bären (1938) ausgebaut. Nach den schweren Zerstörungen durch einen Bombenangriff am 25. Juli 1943 begann Heinrich Hagenbeck mit dem Wiederaufbau, der dann von seinem Sohn Carl-Heinrich Hagenbeck (1911–77), der seit 1930 in der Firma arbeitete, vollendet wurde.

Heinrich Hagenbeck wurde mehrfach mit dem

HAGENBECK, John

Aufbau oder der Umgestaltung von Zoologischen Gärten im Ausland beauftragt. Noch zusammen mit seinem Vater entwickelte er die Pläne für den 1911 in Rom eröffneten Tierpark. Seit den 1920er Jahren war er maßgeblich an der Neugestaltung von Zoos in den USA, unter anderem in Seattle, Detroit und Chicago/Brookfield, beteiligt. 1931 wurde ihm die Errichtung eines gitterlosen »Parc Zoologique« im Rahmen der französischen Kolonialausstellung in Paris-Vincennes übertragen.

LITERATUR Ludwig Zukowsky, Heinrich Hagenbeck, in: Der Zoologische Garten N. F. 21 (1954), S. 107–111.
Klaus Gille

HAGENBECK, *John* Heinrich August, geb. 15. 10. 1866 Hamburg, gest. 16. 12. 1940 Colombo (Sri Lanka); luth.; Tierhändler, Plantagenbesitzer, Filmproduzent, Schriftsteller.

John Hagenbeck, der älteste Sohn aus der zweiten Ehe des Fischgroßhändlers Carl Claes Gottfried Hagenbeck, war ein Halbbruder des Tierhändlers und Tierparkgründers Carl Hagenbeck. 1881 trat er in dessen Firma ein und arbeitete bei Tiertransporten, Völkerschauen und im Zirkus mit. 1886 reiste er erstmals nach Ceylon (heute Sri Lanka), um Darsteller für eine Völkerschau zu verpflichten.

1891 verließ John Hagenbeck Hamburg und machte sich in Colombo auf Ceylon als Schiffsausrüster und Pflanzer selbstständig. In den folgenden Jahren erwarb er Kautschuk-, Kakao- und Teeplantagen und baute einen Tierhandel auf. Bei Ausbruch des Ersten Weltkriegs im August 1914 wurde er von den britischen Behörden ausgewiesen und ging zunächst in das niederländische Batavia (heute Jakarta/Indonesien). Angesichts der drohenden Auslieferung an die Briten wegen Spionageverdachts floh er, getarnt als belgischer Kolonialsoldat, auf einem niederländischen Schiff nach Europa.

Während des Ersten Weltkriegs half John Hagenbeck zunächst Heinrich und Lorenz Hagenbeck in Stellingen bei der Leitung des Tierparks, bevor er im August 1918 in Berlin die John-Hagenbeck-Film GmbH gründete. Zwischen 1919 und 1923 produzierte die Gesellschaft 14 Spielfilme und neun kurze Trickfilme. Geboten wurde den Kinobesuchern vor allem das, was schon der Name Hagenbeck versprach: Exotik, Abenteuer und wilde Tiere. Dabei störte es nicht, wenn der Dschungel gleich nebenan

John Hagenbeck

lag: Der erste Film mit dem Titel »Darwin« entstand 1919 im Hamburger Zoologischen Garten am Dammtor. Auch als Autor war Hagenbeck erfolgreich. In mehreren Büchern, deren zahlreiche Auflagen und Bearbeitungen bis in die 1950er Jahre erschienen, thematisierte er seine Reise- und Jagdabenteuer in Südostasien.

1927 kehrte Hagenbeck nach Ceylon zurück und etablierte sich in Colombo wieder als Kaufmann und Tierhändler. 1929 gründete er in Dehiwala, einem Vorort von Colombo, einen noch heute bestehenden Tierpark, den er 1935 an den Staat verkaufte. Mit dem Beginn des Zweiten Weltkriegs 1939 wurde Hagenbeck von den britischen Behörden interniert, seine Besitzungen wurden konfisziert.

WERKE John Hagenbecks abenteuerliche Flucht aus Ceylon. Meine Ausweisung aus Ceylon und Flucht nach Europa, Dresden 1917; Fünfundzwanzig Jahre Ceylon. Erlebnisse und Abenteuer im Tropenparadies, bearb. und hg. von Victor Ottmann, Dresden 1922; Kreuz und quer durch die indische Welt. Erlebnisse und Abenteuer in Vorder- und Hinterindien, Sumatra, Java und auf den Andamanen, bearb. und hg. von Victor Ottmann, Dresden 1922.

LITERATUR Jörg Schöning, »Kleines Urwaldreich gedeiht ...« Die Dschungelfantasien des Filmproduzenten John Hagenbeck, in: Michael Flitner (Hg.), Der deutsche Tropenwald. Bilder, Mythen, Politik, Frankfurt a. M. u. a. 2000, S. 79–93.
Klaus Gille

HAGENBECK, *Lorenz* Amandus Gottfried, geb.
2. 4. 1882 Hamburg, gest. 26. 2. 1956 ebd.; luth.;
Tierpark- und Zirkusdirektor.

Dass der Name Hagenbeck zu einem bekannten
Markenzeichen wurde, ist zu einem wesentlichen
Teil das Verdienst von Lorenz Hagenbeck, der sich
zeit seines Lebens mit Leidenschaft dem Zirkus
widmete. Die verschiedenen von ihm zusammenge-
stellten Zirkusunternehmungen der Firma Hagenbeck sorgten auf ausgedehnten Tourneen vor allem
in den 1920er und 1930er Jahren für internationale
Aufmerksamkeit.

Der zweitälteste Sohn Carl Hagenbecks trat nach
Realschule und kaufmännischer Lehre im Oktober
1902 in die väterliche Firma ein. Die erste große Reise führte ihn 1903 nach Indien, um dort Elefanten
einzukaufen. Im März 1904 betreute er auf der
Weltausstellung in St. Louis Hagenbecks »Zoologi-
cal Paradise and Trained Animal Circus« und ging
im Anschluss mit den Dressurgruppen auf eine
Tournee durch zahlreiche US-Städte. Im Rahmen
der Hundertjahrfeier Argentiniens organisierte Lorenz Hagenbeck 1910 in Buenos Aires eine »Exposi-
ción Carlos Hagenbeck«, eine Kombination aus Völkerschau und Zirkus.

Nach dem Tod des Vaters übernahmen Lorenz
Hagenbeck und sein älterer Bruder Heinrich, die
seit 1911 als gleichberechtigte Partner beteiligt waren, 1913 die Leitung der Firma. Als der Tierpark im
Ersten Weltkrieg in finanzielle Schwierigkeiten geriet, ging Lorenz Hagenbeck mit einem von Adolf
Straßburger erworbenen Zirkus von März 1916 an
in Norwegen, Dänemark, Polen und den Niederlanden auf Tournee und erschloss so neue Einnahme-
quellen. Er selbst führte während dieser Zeit eine
Elefantengruppe vor. Nach dem Krieg spielte der
»Circus Carl Hagenbeck« seit Februar 1919 in Essen
und seit Dezember 1923 auch in Wien in festen Häusern. Gastspielreisen führten in den 1920er Jahren
durch zahlreiche europäische Länder; 1927/28 und
1936/37 reiste der Zirkus durch Südamerika. Von
April 1933 bis Dezember 1934 unternahm Lorenz
Hagenbeck eine spektakuläre »Welttournee«, in
deren Verlauf der »Circus Carl Hagenbeck« als erstes westeuropäisches Zirkusunternehmen in Japan,
China, Indien und Ägypten auftrat. Während des
Zweiten Weltkriegs wurde 1943 das Winterlager des
Zirkus in Stellingen zerstört, ebenso im November

Lorenz Hagenbeck

1944 das Wiener Zirkusgebäude. Die Dressurgruppen und das Zirkusmaterial, das sich bei Kriegsende in Schweden befand, wurden enteignet und 1947
versteigert. 1949 stellte Lorenz Hagenbeck einen
neuen Zirkus zusammen, der unter der Leitung seines Sohnes Erich Hagenbeck und seines Neffen
Fritz Wegner bis 1953 Tourneen und Gastspiele in
der Bundesrepublik, der Schweiz und Belgien unternahm. Am Ende der Saison 1953 wurde der Zirkus aus wirtschaftlichen Gründen endgültig eingestellt. Drei Jahre später starb Lorenz Hagenbeck
nach längerer Krankheit.

WERKE Den Tieren gehört mein Herz, Hamburg
1955.

LITERATUR Ludwig Zukowsky, Lorenz Hagenbeck,
in: Der Zoologische Garten N. F. 24 (1958), S. 274–281.

Klaus Gille

HAHN, *Rudolf* Christian Joachim, geb.
23. 5. 1863 Supponinek/Westpreußen, gest.
10. 6. 1934 Sömmerda/Thüringen; luth.;
Dermatologe; Bürgerschaftsabgeordneter.

Als leitender Arzt der am 4. Januar 1914 errichteten
Fürsorgestelle für Geschlechtskranke in Hamburg,
der ersten deutschen Einrichtung ihrer Art, und als
Chefarzt der dermatologischen Abteilung des Allgemeinen Krankenhauses Hamburg-Barmbek vom
1. Oktober 1914 bis zum 31. Juli 1929 beteiligte sich
Rudolf Hahn am Ausbau der kommunalen Ge-
schlechtskrankenfürsorge.

Nach dem Abitur 1884 studierte Hahn Medizin

in München, Jena, Göttingen und Greifswald und erhielt am 17. April 1890 seine Approbation als Arzt in Jena. Auf seine Niederlassung als Landarzt in Argenau (Posen) vom 1. Juni bis zum 31. Dezember 1890 folgte vom 1. Mai 1891 bis zum 24. April 1893 eine Tätigkeit als Assistenzarzt im Kur- und Detentionshaus in Hamburg. Nach seiner Promotion zum Doktor der Medizin in Jena 1893 wirkte Hahn vom 1. Mai bis zum 31. Dezember desselben Jahres als Quarantänearzt in Cuxhaven und als Assistent des Hafenarztes Bernhard Nocht, der seit dem 1. April 1893 die Einhaltung der hygienischen Vorschriften im Hamburger Hafen überwachte. Als sich Hahn am 1. Januar 1894 als praktischer Arzt in Hamburg-Eilbek niederließ, erhielt er zugleich eine Stellung als externer Assistent in der Abteilung für Syphilis und Hautkrankheiten im Allgemeinen Krankenhaus St. Georg. Hier wurde er als Schüler des Dermatologen Julius Engel-Reimers zum Spezialarzt für Hautkrankheiten ausgebildet. Seine Beförderung zum Sekundärarzt der dermatologischen Abteilung des Allgemeinen Krankenhauses St. Georg erfolgte am 1. Januar 1896. Am 25. Februar 1898 erwarb er das Hamburger Bürgerrecht.

Hahn engagierte sich in der ärztlichen Standespolitik als im November 1903 gewähltes Mitglied der Hamburger »Zentralstelle für Krankenkassenangelegenheiten«, als Mitbegründer des am 27. Oktober 1909 ins Leben gerufenen »Neuen Ärztlichen Standesvereins in Hamburg« und als Vorstandsmitglied der Ärztekammer Hamburg in den Jahren von 1913 bis 1919. Für die Ortsgruppe des »Verbandes der Ärzte Deutschlands zur Wahrung ihrer wirtschaftlichen Interessen« (Hartmannbund) organisierte er in den Jahren 1907/08 Seminare für soziale Medizin. Darüber hinaus arbeitete Hahn vom 7. Januar 1911 bis zum 1. Januar 1912 als Oberarzt in der »Besserungsanstalt für schulentlassene Mädchen« in Hamburg. Da er seit dem 1. März 1911 die polizeiliche Abteilung für geschlechtskranke Prostituierte im Allgemeinen Krankenhaus St. Georg leitete, war er zugleich mit der ärztlichen Überwachung des Hamburger Prostitutionswesens kommissarisch betraut. In seiner Privatpraxis für Hautkrankheiten richtete die Landesversicherungsanstalt der Hansestädte eine »Fürsorgestelle für Syphiliskranke« ein, die er von 1914 bis 1923 leitete. Schließlich wirkte Hahn, der in der Zeit der Weimarer Republik Mit-

glied des geschäftsführenden Ausschusses der Deutschen Gesellschaft zur Bekämpfung der Geschlechtskrankheiten war, von 1922 bis 1927 offiziell als Oberpolizeiarzt mit dem speziellen Auftrag, die Geschlechtskrankheiten der Prostituierten in Hamburg zu überwachen. In seiner vom Deutschen Wirtschaftsbund 1925 herausgegebenen Schrift »Der Kampf gegen Prostitution und Geschlechtskrankheiten« befürwortete er als Bürgerschaftsabgeordneter der Deutschnationalen Volkspartei (DNVP) das Bordellwesen und versuchte nachzuweisen, dass die Aufhebung der Bordelle in Hamburg 1921/22 eine Zunahme geschlechtskranker Patienten in den Krankenhäusern zur Folge gehabt habe. Am 23. März 1932 verzog er nach Sömmerda in Thüringen und wirkte dort als Vertrauensarzt der lokalen Krankenkassen und als Verwaltungsdirektor des örtlichen Krankenhauses.

WERKE Zweck und Einrichtung von Beratungsstellen für Geschlechtskranke, in: Dermatologische Wochenschrift 63 (1916), S. 897–904; (mit C[arl] Manchot) Die Organisation zur Bekämpfung der Geschlechtskrankheiten in Hamburg, in: Zeitschrift für Bekämpfung der Geschlechtskrankheiten 18 (1917), S. 85–108; Der Kampf gegen Prostitution und Geschlechtskrankheiten als sittliche Pflicht und wirtschaftliche Notwendigkeit, 2. Aufl. Hamburg 1925.

LITERATUR Mitteilungen für die Ärzte und Zahnärzte Groß-Hamburgs, Nr. 21 vom 21. 5. 1933, S. 282; Nachruf in: Ärzteblatt für Hamburg und Schleswig-Holstein, Nr. 26 vom 1. 7. 1934, S. 312; Susanne Frühling/Hermann Vogel, Die Röntgenpioniere Hamburgs. Vom Selbstversuch zur medizinischen Fachdisziplin, Landsberg 1995; Christine Pieper, Die Sozialstruktur der Chefärzte des Allgemeinen Krankenhauses Hamburg-Barmbek 1913 bis 1945. Ein Beitrag zur kollektivbiographischen Forschung, Hamburg/Münster 2003 (Veröffentlichung des Hamburger Arbeitskreises für Regionalgeschichte (HAR) 16).

Christine Pieper

HALSKE, Johann Georg, geb. 30. 7. 1814 Hamburg, gest. 18. 3. 1890 Berlin; luth.; Feinmechaniker, Elektrotechniker, Unternehmer.

Johann Georg Halske gründete 1847 gemeinsam mit Werner von Siemens in Berlin die »Telegraphen-Bauanstalt von Siemens & Halske«, ein Unternehmen, das sich in den folgenden Jahrzehnten zu einem der weltweit dominierenden elektrotechnischen Konzerne entwickeln sollte. Halske stammte aus einer Hamburger Familie; sein Vater,

Johann Hinrich Halske, war zunächst Zuckermakler, später Zigarrenhändler.

Bereits im Alter von elf Jahren verließ Halske 1825 Hamburg, um in Berlin das Gymnasium zum Grauen Kloster zu besuchen. Familiäre Beziehungen zur preußischen Hauptstadt bestanden über seine Mutter Johanna Catharina, geborene Hahn, die einer Berliner Handwerkerfamilie entstammte. 1828 endete Halskes Schulzeit vorzeitig, da der 14-Jährige eine Handwerkerlehre dem weiteren Schulbesuch vorzog. Er begann seine Ausbildung in einer Maschinenbauwerkstatt, arbeitete dann aber bei verschiedenen renommierten Feinmechanikern. Als Geselle kehrte Halske für einige Jahre in seine Heimatstadt Hamburg zurück, wo er in der Werkstatt des Mechanikers Adolph Repsold Anstellung fand. Dort stellte er präzise Messinstrumente für die St. Petersburger Sternwarte her und avancierte bis zum Werksführer. Trotzdem kehrte er 1843 Hamburg wiederum den Rücken, um sich nun für immer in Berlin niederzulassen.

1844 machte sich Halske in Berlin mit einer kleinen Mechanikerwerkstatt selbstständig, in der er physikalische und chemische Instrumente vor allem für die Berliner Universität entwickelte und baute. Er kam mit Professoren verschiedener Fakultäten in Kontakt und gehörte 1845 zu den Gründungsmitgliedern der »Physikalischen Gesellschaft zu Berlin«. Bei einer ihrer Sitzungen lernte er Werner von Siemens kennen, mit dem er am 1. Oktober 1847 die »Telegraphen-Bauanstalt von Siemens & Halske« gründete. Insbesondere in den schwierigen ersten Jahren der neuen Firma, in denen Siemens noch als Offizier diente und daher nur einen Teil seiner Zeit dem gemeinsamen Unternehmen widmen konnte, führte Halske den Betrieb nahezu allein. Er war für die Leitung der Werkstatt, die Ausarbeitung und Prüfung der Siemens'schen Konstruktionen, die Materialbeschaffung und den Geschäftsverkehr zuständig. Mit der schnellen Expansion des Unternehmens in den 1850er Jahren entfremdete sich Halske allerdings von dem zunehmend fabrikmäßigen Betrieb. Eher handwerklichen Traditionen verbunden, misstraute er dem nun risikoreicheren Geschäftsgebaren, der neuen, anonymen Unternehmensführung und veränderten Formen der Arbeitsorganisation wie zum Beispiel Serienproduktion und Akkordarbeit. Ende 1863 schied er auf eigenen Wunsch zunächst aus der Leitung der englischen Tochtergesellschaft, 1867/ 68 dann im Einvernehmen mit Siemens auch aus der Berliner Stammfirma aus.

Johann Georg Halske engagierte sich in den folgenden Jahren vor allem für den Auf- und Ausbau des Berliner Kunstgewerbemuseums. Von 1859 bis 1875 war er zudem als ehrenamtlicher Berliner Stadtverordneter, von 1880 bis 1886 als Stadtrat tätig.

LITERATUR ADB 49; NDB 7; DBE 4; Conrad Matschoss (Hg.), Männer der Technik. Ein biographisches Handbuch, Berlin 1925 [Nachdruck Düsseldorf 1985]; Herbert Goetzeler, Johann Georg Halske, in: Berlinische Lebensbilder, Bd. 6: Techniker, hg. von Wilhelm Treue und Wolfgang König, Berlin 1990 (Einzelveröffentlichungen der Historischen Kommission zu Berlin 60, 6), S. 135–151.

Reinhold Bauer

HANE, Katherina, gest. 1444 Hamburg; »Zauberin«.

Katherina Hane ist das erste urkundlich überlieferte Opfer von Zaubereiprozessen in Hamburg. Sie wurde 1444 als »incantatrix« (»Zauberin«) verbrannt. Die Rechtsgrundlage für ihre Verurteilung war der bereits im ältesten hamburgischen Stadtrecht von 1270, dem »Ordelbok«, aufgeführte Straftatbestand des Schadenzaubers, der auch in die überarbeiteten und revidierten Fassungen der folgenden Jahrhunderte Eingang fand (1270 XII, 2; 1301 P, 8; 1497 O, 19). Die Kosten der Vollstreckung trug die Stadt Hamburg; die Kämmerei erstattete dem hiesigen Büttel seine Unkosten für Katherinas Gefängnisaufenthalt und Verbrennung. Das Jahr 1444 stellt einen bemerkenswert frühen Zeitpunkt in der Geschichte der norddeutschen Zaubereiverfolgung dar.

LITERATUR Roswitha Rogge, Hexenverfolgung in Hamburg? Schadenzauber im Alltag und in der Justiz, in: Geschichte in Wissenschaft und Unterricht 46 (1995), S. 381–401; dies., Schadenzauber, Hexerei und die Waffen der Justiz im frühneuzeitlichen Hamburg, in: Bernd Schmelz (Hg.), Hexerei, Magie und Volksmedizin. Beiträge aus dem Hexenarchiv des Museums für Völkerkunde, Bonn 1997, S. 149–172.

Roswitha Rogge

HANSEN, Carl Friedrich, geb. 3. 3. 1875 Crivitz/Mecklenburg, gest. 20. 2. 1957 Hamburg; luth.; Dekorationsmaler, Verbandspolitiker, Publizist.

Unter den Repräsentanten der Hamburger Handwerkerinnungen ragt der Maler Carl Friedrich Hansen als einflussreiche Persönlichkeit heraus. Mit ungewöhnlich starkem Einsatz und vielseitigem Können verband er sein Tagesgeschäft mit Berufsförderung, Traditionspflege und Zukunftsvision.

Nach Abschluss der Bürgerschule in seiner kleinen Heimatstadt ging Hansen im Alter von 14 Jahren nach Berlin, um eine Malerlehre in der Werkstatt seines Onkels zu beginnen. Er fand hier unter jungen Malern, die sich wie er für ihre Berufsbelange einsetzten, lebenslange Freunde. Im Anschluss an die traditionelle Wanderschaft blieb er als Geselle in Hamburg in der Werkstatt Albert Fensch, bis er 1898 hier die Meisterprüfung ablegte und sich selbstständig machte. Schon 1902 wurde Hansen zum Obermeister der Hamburger Innung gewählt. Angeregt durch seine Berliner Kollegen und in Zusammenarbeit mit dem dortigen Innungsorgan schuf er die »Allgemeine Maler-Zeitung«, in der bald auch weitere Innungen Norddeutschlands zu Wort kamen. Auf dem Ersten Allgemeinen Deutschen Malertag 1905 in München war er der Hauptsprecher für eine Neuorientierung der Meisterverbände in der Anerkennung der Gewerkschaften als Tarifvertragspartner für Lohn und Arbeitsbedingungen der Gesellen und Handlanger. Ebenso warb Hansen für Partnerschaften mit der Bau- und Farbenindustrie. Zu einem sichtbaren Erfolg wurde die von ihm 1911 in Hamburg initiierte Ausstellung bemalter Wohnräume mit eigenen Bauten auf dem Heiligengeistfeld. Der 1926 von ihm mitbegründete Bund für Farbe im Stadtbild zeigte dagegen zunächst noch wenig Wirkung. Als anerkannter Verbandspolitiker war Hansen von 1919 bis 1932 Mitglied im (Vorläufigen) Reichswirtschaftsrat und gehörte außerdem von 1920 bis 1934 dem Reichskartellgericht als Beisitzer an.

Für die Unterstützung der von ihm weit gesteckten Aufgaben band Hansen seine Meisterkollegen in die Pflege der Handwerkertraditionen ein. In seiner Zeitung und in vielen Vorträgen ging er auf die Geschichte des Malerhandwerks ein, wobei er die zünftlerischen Formalitäten verdammte, aber Gemeinschaftsformen wie Morgensprache und Lucasfest neu belebte. Im Zuge des politischen Rechtsrucks wurde Hansen 1932 als Obermeister abgewählt und verlor auch die Herausgeberschaft der Malerzeitung. Während der Herrschaft der Nationalsozialisten wurde er ins Privatleben abgedrängt und betätigte sich als Heraldik- und Briefmaler. Danach beteiligte er sich wieder aktiv am Innungsleben sowie in den Jahren von 1949 bis 1954 als Herausgeber der »Allgemeinen Malerzeitung«.

Die Maler- und Lackierer-Innung zu Hamburg bewahrt das Andenken Hansens im Namen ihres 1971 eingeweihten Ausbildungszentrums und in der von ihr geschaffenen Carl-Friedrich-Hansen-Stiftung, der Trägerin des 1984 eröffneten Deutschen Maler- und Lackierer-Museums in Hamburg-Billwerder.

WERKE 1375–1950. Malerinnung Hamburg in 575 Jahren. Ein Streifzug durch die Geschichte des Malerhandwerks, seiner kulturellen, wirtschaftlichen, sozialen Aufgaben und Leistungen. Der Malerinnung Hamburg aus Anlass ihres 575jährigen Bestehens gewidmet am St.-Lukas-Tag 1950, Hamburg 1950.

LITERATUR Erich Lüth, 600 Jahre Maler in Hamburg 1375–1975, Hamburg 1975. *Ulrich Bauche*

HANSEN, Christian Frederik, geb. 29. 2. 1756 Kopenhagen, gest. 10. 7. 1845 ebd.; luth.; Architekt, Landesbaumeister von Schleswig und Holstein, Oberbaudirektor Dänemarks, Direktor der Kunstakademie Kopenhagen.

Selten gelingt es einem Architekten, das Bild einer Stadt nachhaltig zu prägen. Altona hatte zweimal dieses Glück: mit Claus Stallknecht im 18. und mit Christian Frederik Hansen im 19. Jahrhundert. Während Stallknechts nach dem Schwedenbrand von 1713 entstandene Bauten mit Rathaus, Kirchen und Lateinschule aber im Bombenkrieg untergingen, ist Hansens Werk in vielen berühmten Beispielen bis heute erhalten, darunter seine Häuser an der Palmaille und einige der beeindruckenden Villen in den Elbvororten. Auch für den Wiederaufbau Kopenhagens hat er Erstaunliches geleistet und blieb bis ins hohe Alter trotz der Überlastung mit zahlreichen Ämtern kreativ und produktiv. Seine Bauten im neuklassizistischen Stil machten Altona zur Hochburg des Klassizismus im Norden.

174

Christian Frederik Hansen

Der Sohn des Schuhmachers und Lederhändlers Mathias Hansen und der Anna Marie Malling besuchte bereits im Alter von zehn Jahren die Vorbereitungsklasse der Kunstakademie in Kopenhagen bei gleichzeitiger Absolvierung der für Architekten obligaten Lehre im Maurerhandwerk. Ausbildung und berufliches Fortkommen in offiziellen Ämtern wurden offenbar gefördert von König Christian VII., dessen Amme und Kinderfrau Hansens Mutter gewesen war. Nachdem Hansen 1779 sein letztes Examen bestanden hatte, gab sein Lehrer Caspar Friedrich Harsdorff ihm 1781 eine Stelle als Baukoordinator (Bygningskonduktör). Anstelle der zur Abrundung der Ausbildung üblicherweise von der Akademie bezahlten achtjährigen Reise nach Italien trat Hansen in den Jahren von 1782 bis 1784 eine zweijährige Reise über Wien und Venedig nach Rom an, die aus der Privatschatulle des Königs bezahlt wurde. Dieser hatte ihm zuvor bereits die Berufung zum Landesbaumeister des Herzogtums Holstein zugesagt, die der junge Architekt zwei Monate nach seiner Rückkehr auch erhielt.

Die ausdrückliche Erlaubnis, das eher bescheidene Honorar durch private Aufträge aufzubessern, nutzte Hansen intensiv. Sein Amtssitz war Altona, wo er bis 1804 blieb. Es entstanden die Stadthäuser an der Palmaille (1796–1805), darunter die Bauten für Salomon Dehn (1797/98) und Georg Friedrich Baur (1801–05), sowie viele Landhäuser, unter anderem die Anwesen für Johann Cesar IV.

Godeffroy (1789–92), Peter Godeffroy (1790–96), John Blacker (1794/95), Balthasar Elias Abbema (1795/96, später »Rainville«), John Thornton (1795/96, mit Stallanlage »Halbmond«), Johann Daniel Lawätz (1796–98, 1944 zerstört) und Johann Heinrich Baur (1804–06). Bereits während der Altonaer Zeit wurde Hansen jedoch infolge des Brandes von Schloss Christiansborg 1794 und des Stadtbrandes von 1795 mit großen Projekten für die Hauptstadt Kopenhagen betraut. Seine führende Stellung als Staatsarchitekt kündigte sich bereits darin an, dass er die fast 1000 Gebäude, die im Zuge des Wiederaufbaus Kopenhagens zwischen 1795 und 1800 entstanden, wesentlich beeinflusste. Ab 1803 plante er von Altona aus die Wiederherstellung des Rats- und Gerichtshauses sowie die Restaurierung der Schlossruine. Da der Dienstsitz in Altona sich als unpraktisch erwies, wechselte Hansen 1804 nach Kopenhagen. Trotzdem wirkte er weiter als Landesbaumeister mit Erweiterung des Aktionskreises um das Herzogtum Schleswig (1805). Hansens architektonisches Talent entfaltete sich zu höchster Blüte, nachdem durch das englische Bombardement Kopenhagens 1807 ein Teil der Stadt eingeäschert worden war. Besonders die Frue Kirke (1811–26) wurde zu einem Hauptwerk des nordischen Klassizismus, wozu die monumentalen Plastiken von Bertel Thorvaldsen beitrugen. An Originalität und Qualität wurde der Kirchenbau nur von Hansens zweitem Hauptwerk übertroffen, dem Rats- und Gerichtshaus (1803–26). Seine enorme Produktivität hielt den Architekten nicht davon ab, eine Professur an der Architektenschule der Kopenhagener Akademie zu übernehmen, die er als Direktor in mehreren Amtsperioden auch leitete. Von Kopenhagen aus plante und betreute er weitere Großprojekte in der Provinz, darunter die Nervenheilanstalt in Schleswig (1817–20), Kirchenbauten in Quickborn (1807–09) und Husum (1829–33) sowie Rathäuser in Nibe (1818), Lemvig (1821) und Apenrade (1830).

Hansens vornehmer neuklassizistischer Stil lässt deutliche Anregungen durch die Bauten Andrea Palladios und die revolutionäre Architektur von Claude Nicholas Ledoux erkennen. Anders als heute wurde zur Zeit Hansens die künstlerische Leistung nicht allein im gebauten Endprodukt, sondern auch in den Plänen und Rissen des Gebäudes gesehen. Diese stellten eigenständige Kunstwerke dar; ihre vorzügliche Erhaltung belegt, dass man pfleglich mit ihnen umging. Die Umsetzung zum Gebäude ließ dieses in einer quasi »idealen« Masse entstehen, einem »Kunststoff«, der dem Willen des Architekten bedingungslos folgte und die Frage nach der Art des verbauten Materials nicht aufkommen ließ. Mauersteine, Mörtel und Holz verschwanden unter Putz und Farbe. Scheinbar massive Säulen, wie die der Quickborner Kirche, waren lediglich optisch kaschierte hölzerne Tonnen. Entsprechend sind bei den Stadthäusern an der Palmaille denn auch nur die Fassaden massiv, während die Gebäude dahinter in konventionellem Fachwerk errichtet wurden, oftmals ausgeführt von Hansens Neffen Mathias. Die Bauten waren so relativ preiswert in der Ausführung, und die konstruktiven Probleme verlagerten sich auf die nachfolgenden Generationen.

Die Pläne für die großen Landhäuser Hansens zeigen, dass der Meister über die neuen Tendenzen in Architektur und Design im übrigen Europa gut unterrichtet war. So ähnelt beispielsweise das Interieur in der Villa Peter Godeffroys sehr der Auffassung des Engländers Robert Adam. Hansen orientierte sich an Publikationen und Mappenwerken der Kollegen, wie das erhaltene Verzeichnis der Druckwerke aus seinem Nachlass belegt. Während einer Badereise nach Deutschland 1824 besuchte er die führenden deutschen Architekten des Klassizismus Leo von Klenze in München, Friedrich Weinbrenner in Karlsruhe, Georg Moller in Darmstadt und Heinrich Christoph Jussow in Kassel.

Hansens ausgeprägter Sinn für preiswerte Lösungen zeigte sich auch in mehreren seiner Großprojekte und kam der staatlichen Notwendigkeit eines sparsamen Umgangs mit den verfügbaren finanziellen Mitteln entgegen. So überführte er die ausgebrannte Schlossruine von Christiansborg vom barocken Ursprungsbau in neuklassizistische Architektur. Besonders bei der Frauenkirche bewältigte er die Auflage, Mauern und Fundamente des Vorgängerbaues möglichst weitgehend zu nutzen, souverän.

Hansens vielfältige Aktivitäten und vor allem die Verflechtung von privaten und staatlichen Vorhaben hätten einen weniger gefestigten Menschen zum Missbrauch verführen können, ebenso wie die Ämterhäufung jede Konkurrenz und die Ideen anderer hätte unterdrücken können. Dem üblichen Geschäftsgebaren der Zeit gemäß entstanden aber die Häuser an der Palmaille teilweise auf eigene Rechnung, wenn auch unter Verwendung von zu günstigen öffentlichen Bedingungen eingekauften Naturalien. Hansen bewohnte die Bauten zum Teil selbst und verkaufte sie später als »Haus des Architekten«.

LITERATUR NDB 7; DBE 4; HL; ThB 16; Dansk Biografisk Leksikon, hg. von Povl Engelstoft, Bd. 9, Kopenhagen 1936; Dansk Kunstnerleksikon, hg. von Frederik Weilbach, Bd. 3, Kopenhagen 1995; Werner Jakstein, Landesbaumeister Christian Friedrich Hansen. Der nordische Klassizist, Neumünster 1937 (Studien zur schleswig-holsteinischen Kunstgeschichte 2); Architekt Christian Frederik Hansen 1756–1845, hg. von Hakon Lund [Katalog zur Ausstellung im Altonaer Museum vom 26. Juni bis 1. September 1968], Hamburg 1968; Hakon Lund/Anne Lise Thygesen, C. F. Hansen, 2 Bde., Berlin/München 1999; Bärbel Hedinger (Hg.), C. F. Hansen in Hamburg, Altona und den Elbvororten. Ein dänischer Architekt des Klassizismus [Begleitpublikation zur Ausstellung im Jenisch-Haus, Hamburg, vom 14. Juni bis 24. September 2000], München/Berlin 2000 (Schriftenreihe des Hamburgischen Architekturarchivs 10). *Torkild Hinrichsen*

HAUPT, Marcus *Theodor* von, geb. 2. 2. 1784 Mainz, gest. 12. 6. 1832 Paris; kath.; Jurist, Schriftsteller, Offizier.

Unter den Pamphletisten, die nach dem Ende der napoleonischen Okkupation der Hansestädte (1806–14) Generalgouverneur Louis-Nicolas Davout scharf angriffen, sticht Theodor von Haupt durch seinen gesellschaftlichen Status und seine Kenntnis des französischen Systems hervor, aber auch durch die Schnelligkeit seiner Reaktion auf den Pariser Machtwechsel: Er hielt sich im Frühjahr 1814 in der französischen Hauptstadt auf, erfüllte dort diplomatische, schriftstellerische und Übersetzungsaufgaben und stand in Verbindung mit dem ehemaligen französischen Gesandten in Hamburg, Louis-Antoine Fauvelet de Bourrienne.

Theodor von Haupt, der nach dem Studium der Jurisprudenz als Hofgerichtsadvokat in Darmstadt gewirkt hatte und 1809 vom Fürstprimas des Rheinbunds, Karl Theodor Reichsfreiherr von Dalberg, aufgrund der literarischen Übersetzung von Giuseppe Compagnonis »Le veglie di Tasso« (Tassos Nächte, 1808) ausgezeichnet worden war, ließ sich 1810 als Rechtsanwalt in Hamburg nieder. Er verfasste Übersetzungen und Kommentare französischer Gesetze, hielt Vorlesungen über den »Code de Commerce«, geriet aber durch den Versuch der Verteidigung von hamburgischen und bremischen Angeklagten vor der *Cour prévôtale,* dem hier wie auch in den anderen französischen Generalgouvernements eingerichteten, besonders strengen Sondergericht für Zollvergehen im Rahmen der Kontinentalsperre, in Gegensatz zu den Okkupanten.

Während des Tettenborn-Interims im Frühjahr 1813 wurde von Haupt Hamburger Bürgergardist und versuchte sich mit der kurzlebigen Zeitschrift »Die neue Biene«. Nach der Rückeroberung des Elbmündungendepartements durch Davout schloss er sich der in Mecklenburg stehenden alliierten Nordarmee unter dem schwedischen Kronprinzen Karl Johann, dem vorherigen französischen Reichsmarschall Jean-Baptiste-Jules Bernadotte, an und brachte es als Verbindungsoffizier bei den Subsidien zahlenden Engländern zum Rang eines »Assistant adjutant-general«. Davout nahm von Haupt im Juli 1813 von der allgemein verkündeten Amnestie aus. Zusammen mit Bernadotte zog von Haupt in den ersten Apriltagen des Jahres 1814 in das von den Alliierten eroberte Paris ein. Seine auch von den hansestädtischen Deputierten in Paris – Johann Friedrich Hach (Lübeck), Johann Smidt (Bremen) und Johann Michael Gries (Hamburg) – beeinflusste Streitschrift »Hambourg et le Maréchal Davoust, appel à la justice«, erschien zuerst auf Französisch und war zur Rehabilitierung Bourriennes und zur Unterstützung der von den Deputierten in Paris vorgetragenen Entschädigungsforderungen gedacht. Sie diente dann jedoch als Grundlage der in Frankreich aus innenpolitischen Motiven gegen den zurückgekehrten Davout erhobenen Vorwürfe und brachte eine ganze Lawine von Davout-Streitschriften ins Rollen. Nach Napoleons »Hundert Tagen« kehrte von Haupt nicht nach Hamburg zurück, sondern etablierte sich zunächst als Richter in Düsseldorf und 1820 als Landgerichtsrat in Trier.

WERKE Hamburgische Abentheuer und Wanderungen des Junkers Hans von Birken und seinem treuen Matz im Jahre 1810, Hamburg 1810; Hamburg und der Marschall Davoust. Aufruf an die Gerechtigkeit, o. O. [Leipzig] 1814; Malerische Wanderungen durch Holland und einen Theil von Norddeutschland im Jahr 1810, 2 Bde., Hamburg 1810.
LITERATUR ADB 11; LhS 3; Kosch 7.

Helmut Stubbe-da Luz

HEBBEL, Christian *Friedrich* (Ps. *Yorick, Dr. J. F. Franz*), geb. 18. 3. 1813 Wesselburen/Norderdithmarschen, gest. 13. 12. 1863 Wien; luth.; Dichter.

Zwei wichtige Lebensabschnitte verbrachte Friedrich Hebbel in Hamburg: 1835/36 bereitete er sich als Schüler des Johanneums auf ein Jurastudium vor; 1839 kehrte er zwar ohne Studienabschluss, aber als gereifter Dichter für vier Jahre zurück. Hier entstand seine erste Tragödie, »Judith«, die ihn schlagartig bekannt machte.

Eine Laufbahn als Dichter war Hebbel nicht in die Wiege gelegt. Der Sohn eines als Tagelöhner beschäftigten Flickmaurers wuchs in einer noch weitgehend traditional geprägten Umgebung auf. Er besuchte eine Klippschule, dann die Elementarschule in Wesselburen, wo er erste Förderung erfuhr. Sein Lehrer empfahl ihn dem örtlichen Kirchspielvogt, der ihn 1827 als Laufburschen in sein Haus aufnahm und 1829 als Schreiber anstellte. In der Bibliothek seines Dienstherrn konnte der junge Hebbel sich autodidaktisch fortbilden, wobei Friedrich Schiller, dann vor allem Ludwig Uhland dichterische Vorbilder waren; mit Freunden betrieb er zeitweilig eine Liebhaberbühne. Seit 1828 publizierte er kleine Arbeiten im »Dithmarser und Eiderstedter Boten«, seit 1832 auch in den »Neuen Pariser Modeblättern« und der »Iduna« der Hamburger Schriftstellerin Amalie Schoppe. Diese besorgte Geldspenden und Freitische, um ihm die nötige Schulbildung für ein späteres »Brotstudium« zu ermöglichen.

Am 14. Februar 1835 siedelte Hebbel nach Hamburg über. Hier litt er unter der demütigenden Abhängigkeit von Gönnern; verstanden fühlte er sich allein von der Freundin Elise Lensing. Schon bald musste er einsehen, dass er schulische Defizite, vor allem in den alten Sprachen, kaum würde beheben können. Dem erwachenden dichterischen Selbstbewusstsein tat dies keinen Abbruch. Am 23. März 1835 begann er – »nicht allein meinem Biographen zu Gefallen« – sein Tagebuch, das er lebenslang führte – ein eindrucksvolles Zeugnis scharfer Beobachtung und Analyse von Ich, Welt und Literatur. Im »Wissenschaftlichen Verein von 1817«, bestehend aus Primanern des Johanneums, war er den anderen Mitgliedern in Referaten und Kritiken weit überlegen. Sein Aufsatz »Über Theodor Kör-

Friedrich Hebbel

ner und Heinrich von Kleist« zeugt von erstaunlichem Urteilsvermögen und stellt eine der frühesten Würdigungen Kleists dar.

Am 27. März 1836 verließ Hebbel Hamburg ohne Reifezeugnis, um in Heidelberg Jura zu studieren. Doch nach einem Semester gab er diesen Plan auf, ging nach München, hörte bei Friedrich Wilhelm Joseph Schelling und Joseph Görres und firmierte von nun an als »Literat«. Während der Studienjahre entstanden neben Gedichten die meisten seiner Novellen – pessimistisch-groteske Genrebilder, die er später »die ersten schüchternen Versuche eines sich selbst nicht verstehenden Talents« nannte. Unterstützt wurde er während der Münchener Hungerjahre von Elise Lensing, zu der er im März 1839 nach einer mühsamen Fußwanderung zurückkehrte.

Ohne Studienabschluss und mittellos trat Hebbel in Hamburg seinen ehemaligen Gönnern unter die Augen, lebte in einer »Gewissensehe« mit der Freundin zusammen, die alsbald ein Kind erwartete. In der Absicht, Beiträge für die bei Hoffmann und Campe erscheinende Zeitschrift »Telegraph für Deutschland« zu liefern, knüpfte er Kontakt zu deren Herausgeber Karl Gutzkow. Vom 2. Oktober 1839 bis zum 27. Januar 1840 schrieb er die »Judith«. Schon am 6. Juli 1840 wurde das Stück in Berlin uraufgeführt, am 1. Dezember folgte die Hamburger Premiere. Julius Campe, zu dem Hebbels Beziehungen nun enger wurden, brachte Mitte 1841 die Buchausgabe heraus. Mit einem Mal war Hebbel eine literarische Größe. Bereits in diesem Stück zeigen

sich charakteristische Muster seines dramatischen Schaffens, so die Dialektik zwischen hybridem Individuum, überpersönlicher »Idee« und tragischer Notwendigkeit, ferner die Problematik der Verdinglichung des Menschen und der Geschlechterdualismus. Hebbel war sich seiner Bestimmung nun sicher: »Von meiner Poesie hängt mein Ich ab; ist jene ein Irrtum, so bin ich selbst einer«, notierte er im Tagebuch. Mit den bereits 1841 vollendeten Werken »Der Diamant« und »Genoveva« konnte er allerdings nicht an den Erfolg seines Erstlingsdramas anknüpfen. Der Brand Hamburgs im Mai 1842, in dem Hebbel das »brennende Karthago« erblickte, regte ihn mit zu seinem Drama »Moloch« an, das indes Fragment blieb. Zwar war Hebbel von der Katastrophe nicht direkt betroffen und konnte zudem schon Mitte 1842 bei Campe die erste Ausgabe seiner »Gedichte« veröffentlichen, doch spitzte sich die wirtschaftliche Notlage des jungen Familienvaters zu; Elise Lensings Erbe war aufgezehrt.

Im November 1842 reiste Hebbel nach Kopenhagen und bewarb sich beim dänischen König mit Erfolg um ein Reisestipendium. Ende April 1843 kehrte er für vier Monate nach Hamburg zurück, um sich auf die Reise vorzubereiten. Das erste Jahr in Paris brachte die Bekanntschaft mit Heinrich Heine und Arnold Ruge, die lebenslange Freundschaft mit Felix Bamberg, dem späteren Herausgeber seiner Tagebücher und Briefe, aber auch die zunehmende Entfremdung von Elise Lensing nach dem Tod des gemeinsamen Sohnes im Oktober 1843. Im Dezember beendete Hebbel das bürgerliche Trauerspiel »Maria Magdalena«. Das zweite Reisejahr verbrachte er in Rom und Neapel; der »Scherbenberg der Welt« vermochte ihn indes wenig zu beeindrucken. Trotz vieler Kontakte zur deutschen Künstlergemeinde in Rom, insbesondere zu Louis Gurlitt, sah Hebbel sich mehr denn je »wie einen Hund ausgesperrt«, zumal die erwartete Verlängerung des Stipendiums ausblieb und er Ende Oktober 1845 ohne Perspektive aus Italien abreisen musste. Schon im März hatte er an Elise Lensing geschrieben: »Vor Hamburg habe ich eine Angst wie vor dem Grabe.«

Während eine erneute Rückkehr zu der Hamburger Lebensgefährtin, die im Mai 1844 den zweiten Sohn geboren hatte, für ihn nicht mehr in Frage kam, ergab sich in Wien eine ungeahnte Lebenswende. Hebbel wurde in die Gesellschaft eingeführt, lernte die Burgschauspielerin Christine Enghaus kennen und heiratete sie am 26. Mai 1846. In Wien wurde er sesshaft, hier entstanden alle weiteren großen Dramen, die nun stärker zu »Versöhnung« und Ausgleichung der Gegensätze tendierten, wobei dem historisch und gesellschaftlich bedingten »Allgemeinen« größeres Gewicht zukam: »Herodes und Marianne« (geschrieben 1848/ erschienen 1850), »Agnes Bernauer« (1851/1854), »Gyges und sein Ring« (1853–54/1855) sowie die monumentale Trilogie »Die Nibelungen« (1855–60/ 1861), mit der er sich endgültig als der bedeutendste Dramatiker seiner Zeit durchsetzte.

Mit Hamburg blieb Hebbel aber auch weiterhin verbunden. Nach der Aussöhnung erzog Elise Lensing dort Hebbels Adoptivsohn Carl, mehrmals besuchte der Dichter die Stadt (1850, 1851, 1853, 1857, 1861). Wichtig blieb für ihn Julius Campe, der noch 1847 den »Diamant« herausgebracht hatte, bevor Hebbel sich anderweitig orientierte. Seit 1853 gestalteten sich die Beziehungen wieder enger, sodass die letzten Werke Hebbels, »Mutter und Kind« (1859), »Die Nibelungen« und posthum das Fragment des »Demetrius« (1864), sowie die von Emil Kuh betreute Gesamtausgabe wieder bei Hoffmann und Campe erschienen. Mit dem idyllischen Epos »Mutter und Kind«, das 1857 den Tiedge-Preis erhielt, setzte Hebbel Hamburg auch ein literarisches Denkmal.

Hamburg erwies sich auch für den Dithmarscher als das Tor zur Welt – halten konnte ihn die Hansestadt auf Dauer nicht. Begraben ist Hebbel auf dem protestantischen Matzleinsdorfer Friedhof in Wien. In Hamburg wurde 1899 die Hebbelstraße im Stadtteil Uhlenhorst nach dem Dichter benannt.

WERKE Sämmtliche Werke, 12 Bde., Hamburg 1865–67; Sämtliche Werke. Historisch-kritische Ausgabe, hg. von Richard Maria Werner, 24 Bde., Berlin 1901–07 (3. Aufl. Berlin 1911–13 = Säkularausgabe); Werke, hg. von Gerhard Fricke, 5 Bde., München 1963–67; Briefwechsel 1829–1863. Historisch-kritische Ausgabe, hg. von Otfried Ehrismann, 5 Bde., München 1999.

LITERATUR ADB 11; NDB 8; Killy 5; LhS 3; Alberti (1867) 1; SHBL 2; Kosch 7; Emil Kuh, Biographie Friedrich Hebbels, 2 Bde., Wien 1877; Henry Flebbe, Hebbel in Hamburg, in: Hebbel-Jahrbuch 1941, S. 99–117; Walther Vontin, Hebbels Hamburg, in: Hebbel-Jahrbuch 1963, S. 179–205; Hayo Matthiesen, Friedrich Hebbel in Selbstzeugnissen und Bilddokumenten, Reinbek 1970. *Carsten Scholz*

HECHT, Otto, geb. 26.4.1900 Ulm, gest. 17.11.1973 Mexiko-Stadt; isr.; Entomologe.

Der Sohn eines praktischen Arztes studierte Zoologie und Chemie in München, wo er 1923 zum Dr. phil. promoviert wurde. Anschließend arbeitete Otto Hecht in einem Agrarversuchslabor in Landsberg, in der chemischen Industrie in der Tschechoslowakei und bei der Hamburger Firma Tesch und Stabenow Internationale Gesellschaft für Schädlingsbekämpfung. 1927 übernahm er die Stelle eines wissenschaftlichen Assistenten in der Entomologischen (Insektenkundlichen) Abteilung des Instituts für Schiffs- und Tropenkrankheiten in Hamburg. Ende Juli 1933 wurde Hecht als »Nichtarier« entlassen und wanderte mit seiner Familie nach Palästina aus, wo er bis zum Dezember 1936 an der Landwirtschaftlichen Versuchsstation der »Jewish Agency« in Rechovoth in der Entomologischen Abteilung arbeitete. Von Januar 1937 bis Juni 1940 war er Forschungsstipendiat in der Abteilung für Experimentelle Pathologie der Hebräischen Universität in Jerusalem. Nachdem er ab 1940 verschiedene befristete Forschungsaufträge für die Regierung in Venezuela durchgeführt hatte, arbeitete Hecht seit August 1945 in Mexiko-Stadt als Biologe in einer Schädlingsbekämpfungsfirma und lehrte an der Technischen Hochschule Angewandte Entomologie. Von 1956 bis 1960 leitete er die entomologische Forschungsgruppe für die Malariaausrottungskampagne in Mexiko, 1961 wurde er Professor

Otto Hecht

HEERING, Wilhelm

für Allgemeine und Medizinische Entomologie an der Biologischen Fakultät der Technischen Hochschule Mexikos. Im Rahmen der Wiedergutmachung erhielt Hecht 1956 von der Bundesrepublik Deutschland rückwirkend ab dem 1. April 1951 die Rechtsstellung eines Abteilungsvorstehers a. D. am Hamburger Tropeninstitut und später eine finanzielle Entschädigung.

WERKE Schriftenverzeichnis in: Anales de la Escuela Nacional de Ciencias Biológicas 21 (1975), S. V–VII.

LITERATUR Donald J. Pletsch, Doctor Otto Hecht Talmessinger (1900–1973), in: Mosquito News 34 (1974), S. 241–242; Stefan Wulf, Das Hamburger Tropeninstitut 1919 bis 1945. Auswärtige Kulturpolitik und Kolonialrevisionismus nach Versailles, Berlin/Hamburg 1994 (Hamburger Beiträge zur Wissenschaftsgeschichte 9); Rainer Hering, »… daß sie im Gefühle eigener Schuld so reagieren möchten, wie ich es von Ihnen erhoffe.« Ein Briefwechsel über das »Dritte Reich« zwischen den Tropenmedizinern Erich Martini und Otto Hecht 1946/47, in: ZHG 84 (1998), S. 185–224; ders., Nazi Persecution and the Pursuit of Science. Correspondence between Erich Martini and Otto Hecht, 1946–47, in: Jewish Culture and History 3 (2000), S. 95–124.
Rainer Hering

HEERING, *Wilhelm* Christian August, geb. 6. 9. 1876 Altona, gest. 26. 5. 1916 vor Verdun; luth.; Oberlehrer, Botaniker, Naturschützer.

Wilhelm Heering leistete nicht nur zahlreiche Beiträge zur botanischen Forschung und Lehre, sondern gehörte auch zu den Pionieren der Naturdenkmalpflege und des Naturschutzes in Schleswig-Holstein und Hamburg.

Geboren als Sohn des Maschinisten Carl Heering und dessen Frau Amalie, geborene Zachau, schloss er die Schulzeit am Altonaer Realgymnasium 1895 mit dem Abitur und das Studium der Naturwissenschaften in München, Halle und Kiel 1899 mit einer Promotion ab. Seine Dissertation »Über die Assimilationsorgane der Gattung Baccharis« befasst sich mit der vorwiegend in Südamerika vorkommenden Gattung des Kreuzstrauches. 1895 begann Heering mit der Neuordnung eines von dem Apotheker Johann Jacob Meyer in den Jahren von 1814 bis 1836 angelegten, zwischenzeitlich in Vergessenheit geratenen Herbariums und machte dieses zu einem Herzstück der botanischen Sammlungen im Altonaer Museum (heute im Besitz des Instituts für Allgemeine Botanik in Hamburg). Ab 1902 wirkte Hee-

Wilhelm Heering

ring an der Realschule in Altona-Ottensen als Oberlehrer. Für seine Schüler publizierte er 1905 im Jahresbericht der Realschule eine bemerkenswerte, heimatkundlich angelegte »Anleitung zu naturwissenschaftlichen Beobachtungen in der Umgebung Altonas«. In der botanischen Forschung gehörten seit 1899 die Süßwasseralgen zu seinen Spezialgebieten; über die große Algenvielfalt im Eppendorfer Moor berichtete er 1904 in den »Verhandlungen des Naturwissenschaftlichen Vereins in Hamburg«. 1903 wurde Heering vom Naturwissenschaftlichen Verein für Schleswig-Holstein beauftragt, nach dem Muster des von Hugo Conwentz für Westpreußen verfassten »Forstbotanischen Merkbuchs« ein entsprechendes Merkbuch für Schleswig-Holstein zu erarbeiten. In 18 Monaten legte er zur Erfassung schützenswerter urwüchsiger Sträucher, Bäume und Bestände nach eigener Angabe annähernd 7000 Kilometer mit der Bahn und fast 3000 Kilometer zu Fuß zurück. Das »Forstbotanische Merkbuch« erschien 1906, im selben Jahr wie Heerings umfangreicheres Werk »Bäume und Wälder Schleswig-Holsteins«, das auch Baumindividuen des Hamburger Raums nachwies. Zum Gebrauch an höheren Lehranstalten publizierte er 1908 einen »Leitfaden für den biologischen Unterricht« und 1910/11 einen zweibändigen »Leitfaden für den naturgeschichtlichen Unterricht«. Mit großem Engagement wirkte Heering ab 1909 als Geschäftsführer der Schleswig-Holsteinischen Provinzialstelle für Naturdenkmalpflege. 1911 wurde er zum wissenschaftlichen Assistenten an den Botanischen Staatsinstituten in Hamburg berufen; in dieser Stellung, die der eines selbstständig arbeitenden Gelehrten entsprach, hielt er auch Vorlesungen am Hamburgischen Kolonialinstitut. Im Kontext kolonialwirtschaftlicher Zielsetzungen sind seine zusammen mit Clemens Grimme veröffentlichten Untersuchungen über Weideverhältnisse und Futterpflanzen in Deutsch-Südwestafrika (1911/14) zu sehen. Einen geplanten Vortrag über die Notwendigkeit der Schaffung von Moorschutzgebieten in Schleswig-Holstein konnte Heering auf der Konferenz für Naturdenkmalpflege im Dezember 1915 nicht mehr halten, da er kurz zuvor zum Kriegseinsatz abkommandiert wurde. 1916 fiel er, noch nicht 40-jährig, als Offizier-Stellvertreter an der Westfront.

WERKE Bäume und Wälder Schleswig-Holsteins. Ein Beitrag zur Natur- und Kulturgeschichte der Provinz. Im Auftrage des Naturwissenschaftlichen Vereins für Schleswig-Holstein, Kiel 1906; Leitfaden für den biologischen Unterricht in den oberen Klassen der höheren Lehranstalten, Berlin 1908; Über Naturdenkmalpflege mit besonderer Berücksichtigung Schleswig-Holsteins, in: Die Heimat Jg. 20 (1910), S. 73–77; Über die Veränderungen in der Pflanzenwelt und im Landschaftsbilde der Umgebung Hamburgs in geschichtlicher Zeit, in: Heimatbuch für unser hamburgisches Wandergebiet, hg. von der Pädagogischen Vereinigung von 1905 in Hamburg, Hamburg 1914, S. 51–62.

LITERATUR Conwentz/Moewes, Wilhelm Heering (Ein Nachruf von der staatlichen Stelle für Naturdenkmalpflege in Preußen), in: Hamburgische Zeitschrift für Heimatkultur Jg. 8, Dezember 1916, S. 48 f.; H. Barfod, Dr. Wilhelm Heering. Geschäftsführer des Schleswig-Holsteinischen Provinzialkomitees für Naturdenkmalpflege, in: Die Heimat Jg. 26 (1916), S. 151–154; Hans-Helmut Poppendieck, Botanik und botanische Sammlungen am Altonaer Museum 1901–1979, in: In Ottos Kopf. Das Altonaer Museum 1901 bis 2001 und das Ausstellungskonzept seines ersten Direktors Otto Lehmann, hg. von Torkild Hinrichsen [Begleitpublikation zur Ausstellung im Altonaer Museum vom 12. September 2001 bis 6. Januar 2002], Hamburg 2001, S. 79–85; Hans Walden, Stadt-Wald. Untersuchungen zur Grüngeschichte Hamburgs, Hamburg 2002 (Beiträge zur Hamburgischen Geschichte 1).   *Hans Walden*

HEINE, *Salomon* Salman, geb. 19. 10. 1767 Hannover, gest. 23. 12. 1844 Hamburg; isr.; Bankier, Philanthrop, Onkel von Heinrich Heine.

Salomon Heine wuchs in bescheidenen Verhältnissen auf. Er lernte notdürftig Schreiben, Lesen und Rechnen. Zunächst sprach und schrieb er nur Jiddisch, Deutsch lernte er erst später. Vier Jahre nach dem Tod seines Vaters Heymann Heine wanderte der 17-Jährige von Hannover nach Hamburg, um hier sein Glück zu machen. In der Hansestadt trug er zunächst für einen Winkelbankier Wechsel aus und machte andere Botengänge, bis er eine Anstellung im angesehenen Bankhaus Samson Poperts, seines Großvaters mütterlicherseits, erhielt. Nachdem er dort offenbar hinreichende Kenntnisse erworben hatte, machte Heine sich selbstständig und assoziierte zunächst mit dem Wechselmakler von Halle. 1797 gründete er mit Marcus Abraham Heckscher, dem Vater des Juristen und späteren Reichsministers Moritz Heckscher, das Bankhaus Heckscher & Co, dem 1800 Levin Hertz und Jacob Oppenheimer als Teilhaber beitraten. Die in den folgenden Jahren erzielten außerordentlichen Gewinne des Bankhauses waren vermutlich unter anderem dem geschickten Taktieren während der von Napoleon gegen England gerichteten Kontinentalsperre und dem Aufkauf Bankrott gegangener Firmen zu verdanken. 1818 löste Heine die Anteile der Geschäftspartner ab und führte das nunmehr unter seinem Namen firmierende Unternehmen mit einem Eigenkapital von einer Million Taler fort. Das Bankhaus erreichte in den folgenden Jahren europäischen Rang und stand in Geltung und Kreditwürdigkeit etwa den Rothschilds in nichts nach. Auch die europäische Wirtschaftskrise von 1825 konnte seine Stabilität nicht erschüttern.

Heines Sensibilität für künftige wirtschaftliche und finanzielle Entwicklungen und seine große Spannkraft, gepaart mit kaum ermüdendem Fleiß und Risikobereitschaft, bildeten die persönlichen Voraussetzungen für den Erfolg. Der Bankier wurde vielfacher Millionär und zeigte seinen Wohlstand auch nach außen. Sein Haus am Jungfernstieg und der bereits 1808 in Ottensen erworbene Landsitz, auf holsteinischem Territorium am Anfang der heutigen Elbchaussee gelegen, demonstrierten der Hamburger Kaufmannschaft, dass hier ein gläubiger Jude, der weder das hamburgische

HEINE, Salomon

Salomon Heine

Bürgerrecht besaß noch Mitglied der Versammlung Eines Ehrbaren Kaufmanns war, für den wirtschaftlichen Erfolg nicht auf die konfessionelle Gleichberechtigung angewiesen war, auch wenn er diese in einer von Gabriel Riesser 1835 verfassten und von namhaften Hamburger Juden unterzeichneten Eingabe gefordert hatte.

Der Hamburger Brand von 1842 bot eine ungewollte Gelegenheit für den Nachweis, dass Heine längst ein hanseatischer Patriot war. Der jetzt 75-Jährige war ohne Zögern bereit, sein Haus am Jungfernstieg zur Brandbekämpfung sprengen zu lassen. Die Auszahlung der Versicherungssumme schlug er zugunsten der Liquidität der Hamburger Feuerkasse aus. Firmen, die durch den Brand zu Schaden gekommen waren, offerierte er eine Million Mark banco bar zu dem bisherigen Wechseldiskont von vier Prozent und beschämte damit andere, die einen höheren Satz hatten fordern wollen. Das Bankhaus beschaffte Kredite in Millionenhöhe zur Finanzierung des Wiederaufbaus. In die von der Feuerkasse aufgelegte Anleihe von 34,4 Millionen Mark banco schoss Heine 18 Millionen ein, davon acht Millionen aus eigenen Mitteln und zehn Millionen aus dem Kapital seiner Kunden. Daneben spendete er größere Beträge für einen Hilfsverein, für den Bau der Börse, für eine neue Synagoge und den Wiederaufbau christlicher Kirchen. Eine halbe Million stellte er der städtischen Kämmerei zur Verfügung. Die Absichten Heines waren unverkennbar: Das Gebot der tätigen Nächstenliebe sollte keine konfessionellen Grenzen kennen. Das hatte er

bereits 1837 deutlich gemacht, als er eine mit erheblichen Mitteln ausgestattete »Vorschußkasse zum Besten israelitischer Gewerbetreibender, Künstler und Handwerker« in Erinnerung an seinen 1830 verstorbenen erstgeborenen Sohn Hermann stiftete und dazu verfügte, dass auch Christen Kredite erhalten sollten, sobald die Juden gleichberechtigt seien. Heine selbst erlebte die Judenemanzipation nicht mehr. Als seine Frau Betty, geborene Goldschmidt, mit der er seit 1794 verheiratet war, 1837 starb, trug er sich wiederum mit dem Gedanken einer Stiftung. 1839 verwirklichte er sein Vorhaben und stiftete zu ihrem Andenken den Bau des Israelitischen Krankenhauses in St. Pauli, heute in der Simon-von-Utrecht-Straße gelegen. Sein Sohn Carl, der sein Haupterbe wurde, unterstützte in den kommenden Jahren die nach seiner Mutter benannte Stiftung tatkräftig und setzte so das Werk des Vaters fort.

Die Patriotische Gesellschaft von 1765 verlieh Heine für seine Verdienste nach dem Hamburger Brand die Ehrenmitgliedschaft. Die im Dezember 1842 beantragte Verleihung des Hamburger Ehrenbürgerrechts blieb dem Juden Salomon Heine zu Lebzeiten versagt, da – so der Senat – »Israeliten nicht Bürger werden können«. Anregungen dazu, etwa durch Johann Martin Lappenberg, hatte es viele gegeben. Formal lebten die Hamburger Juden immer noch nach dem kaiserlich autorisierten Juden-Reglement von 1710. Heine sah diesen Anachronismus und überwand ihn auf seine Weise, ohne je eine Konversion zum Christentum zu erwägen, die sein Neffe Heinrich 1825 vollzogen hatte. Als er 1843 starb, hatte sich eine Reformbewegung entwickelt, die aus den Ereignissen des Hamburger Brandes politische Forderungen ableitete. Aber erst 1859/60 sollte die rechtliche Gleichstellung erreicht werden, die im Zuge der Revolution von 1848 auf den Weg gebracht worden war.

Über seinen Nachlass von geschätzten rund 40 Millionen Mark banco verfügte Heine mit großer Akribie in einem notariellen Dokument von 76 Seiten Umfang. Viele wurden bedacht. Der größte Teil des Erbes ging an den Sohn Carl, nach dessen testamentarischer Verfügung die Bank mit seinem Tode zu liquidieren war. Dem Neffen Heinrich erließ Salomon Heine die Schulden, vermachte ihm jedoch nur 8000 Mark. Eine Rente für den Dichter und dessen Ehefrau Mathilde sah er nicht vor. Die Literaturgeschichte sieht Salomon Heine zumeist nur in seiner konfliktreichen Rolle als Familienoberhaupt und enttäuschten Finanzier seines Neffen.

1975 wurde der Verein »Heine-Haus e. V.« gegründet. Er ist Träger des 1979 restaurierten Hauses an der Elbchaussee 31, das 1832 als Gartenhaus für Salomon Heine erbaut worden war. Das Heine-Haus ist heute eine Außenstelle des Altonaer Museums. Eine kleine Ausstellung informiert über seinen ehemaligen Besitzer. Der Senat der Stadt hatte sich 1897 entschlossen, Heine durch ein Porträtmedaillon in der Diele des neuen Hamburger Rathauses zu ehren. Er erneuerte diesen Beschluss 1947, nachdem das Medaillon 1938 aufgrund einer Entscheidung des Reichsstatthalters Karl Kaufmann entfernt worden war. 1967 wurde der Salomon-Heine-Weg in Eppendorf und Alsterdorf nach dem Bankier benannt.

LITERATUR ADB 11; NDB 8; DBE 4; HL; Jüdisches Lexikon. Ein enzyklopädisches Handbuch des jüdischen Wissens, 4 Bde., Frankfurt a. M. 1987 [Nachdruck der Ausgabe Berlin 1927–30], Bd. 2; Salomon Wininger, Große jüdische National-Biographie. Mit mehr als 8000 Lebensbeschreibungen namhafter jüdischer Männer und Frauen aller Zeiten und Länder. Ein Nachschlagewerk für das jüdische Volk und dessen Freunde, 7 Bde., Nendeln 1979 [Nachdruck der Ausgabe Cernaufi 1925–36], Bd. 3; Erich Lüth, Der Bankier und der Dichter. Zur Ehrenrettung des großen Salomon Heine, Hamburg 1964 (Tambour-Bücherei 1); Salomon Heine in seiner Zeit. Gedenkreden zu seinem 200. Geburtstag von Gerhard F. Kramer und Erich Lüth, Hamburg 1968 (Vorträge und Aufsätze, hg. vom Verein für Hamburgische Geschichte, 16); Joseph A. Kruse, Heines Hamburger Zeit, Hamburg 1972; Susanne Wiborg, Salomon Heine. Hamburgs Rothschild – Heinrichs Onkel, Hamburg 1994. *Ina Lorenz*

HEINRICH DER LÖWE, geb. 1129, gest. 6. 8. 1195 Braunschweig; Herzog von Sachsen und Bayern.

Heinrich der Löwe, Herzog von Sachsen seit 1142 und Herzog von Bayern seit 1156, verfolgte das Ziel, seine Herzogtümer zu einer intensiveren Landesherrschaft auszubauen. Seine Versuche, in Mecklenburg und seinen westlichen Grenzräumen auf Kosten der Abodriten Landesherrschaft zu begründen, sind zwar vom Ursprung her weithin als Usurpation und anschließende Ersitzung von Herrschaftsrechten zu begreifen; die usurpatorischen Züge erscheinen aber aus der Sicht der christlichen Herrscher durch den Anspruch, das Christentum auszubreiten und zu festigen, gemildert. Diese Bestrebungen der Herrschaftsbegründung können auch, in der Tradition des ottonischen Reiches des 10. Jahrhunderts, als Handhabung markgräflicher Rechte verstanden werden. Traditionell war die Landesherrschaft in Markgrafschaften oder in den aus Markgrafschaften hervorgegangenen Herzogtümern wegen der militärisch und politisch prekären Randlage intensiver als in anderen, zentraler gelegenen Räumen. Wie sich Christentum und Territorialpolitik im ostelbischen Raum überlagerten, zeigt der Wendenkreuzzug von 1147, an dem Heinrich der Löwe maßgeblich beteiligt war und in dem er seine Expansionspolitik gegenüber den Abodriten zu verfolgen suchte. Der Geschichtsschreiber Helmold von Bosau bemerkt über den jugendlichen Herzog Heinrich, auf seinen Feldzügen gegen die Slawen sei keine Rede vom Christentum, sondern nur von Geld gewesen.

In den Auseinandersetzungen mit Erzbischof Hartwig I. von Hamburg-Bremen um die Einsetzung von Bischöfen erhielt Heinrich der Löwe Unterstützung von König Friedrich I. Dieser übertrug vor seinem ersten Italienzug (1154) förmlich das königliche Recht der Investitur der Bischöfe in den Bistümern Oldenburg (in Holstein, seit 1160 Lübeck), Mecklenburg (seit 1160 Schwerin) und Ratzeburg und in weiteren Bistümern, die Heinrich zur Ausbreitung des Christentums begründen würde, dem Herzog von Sachsen; Heinrich sollte hier als Reichsvikar, in einer königsähnlichen Stellung, handeln.

Am Beispiel des Streites um Lübeck wird die Konkurrenz der Landesherrschaft des Grafen von Holstein und der des Herzogs von Sachsen deutlich, auch die Konkurrenz verschiedener Handelsplätze, in diesem Falle Lübecks und Bardowicks. Die von Heinrich 1158 neu gegründete Löwenstadt an der Wakenitz bei der holsteinischen Stadt Lübeck lehnte sich an ebendiese an und konnte sich ihr gegenüber nicht behaupten. Das durch eine Feuersbrunst stark beschädigte Lübeck ließ Heinrich daraufhin 1158/59 wieder aufbauen und privilegierte es vermutlich 1163. Ebenfalls baute der Herzog Schwerin, nachdem er es kriegerisch zerstört hatte, 1160 wieder auf und steigerte seine städtischen Züge. Im Übrigen beschränkte Heinrich der Löwe sich auf die Erweiterung bestehender Städte oder wirkte an ihr mit; so ließ er in Braunschweig nach 1160 die Hagensiedlung anlegen und den Burgbereich ausbauen; das 1186/87 durch eine Neustadt erweiterte Hamburg privilegierte er 1190/91.

Der Geschichtsschreiber Albert von Stade erkennt zum Jahre 1166, nachdem er von der Errichtung des Löwenbildes und von der Befestigung der Stadt Braunschweig durch Herzog Heinrich berichtet hat, die Peripetie in der Macht Heinrichs des Löwen und benennt eine ihrer wesentlichen Ursachen: den Zerfall des politischen Konsenses. Eine Koalition sächsischer Fürsten, zu der unter anderem Albrecht der Bär, Markgraf von Brandenburg, und Erzbischof Wichmann von Magdeburg gehörten, wandte sich bereits 1166 gegen Heinrich. 1167 musste er in Mecklenburg den Abodriten Pribislav, den Sohn Niklots, als Fürsten einsetzen; 1168 war Heinrich nicht mehr in der Lage, die Expansion des Königs von Dänemark nach Rügen zu verhindern; und als in den späten 1170er Jahren auch der Konsens mit Kaiser Friedrich I. dauerhaft zerbrach, erwies es sich für die Herzogsgewalt Heinrichs des Löwen letztlich als verderblich, das Erfordernis eines politischen Konsenses in mehrfacher Hinsicht, gegenüber dem Kaiser und gegenüber sächsischen Fürsten, missachtet zu haben. Der Prozess, der von Reichs wegen gegen Heinrich den Löwen geführt wurde, führte 1180 zu seiner Absetzung. Im Endkampf drang Kaiser Friedrich I. 1181 zum einzigen Male nach Nordelbien vor. 1182 fuhr Heinrich in die mehrjährige Verbannung nach England. Versuche, die herzogliche Gewalt in Sachsen zurückzugewinnen (seit 1189), blieben letztlich erfolglos. In diese späte Phase gehört das, vermutlich nur mündlich erteilte, Privileg Heinrichs des Löwen, in dem er der Neustadt Hamburg 1190 oder 1191 Zollfreiheit auf der Elbe oberhalb der Stadt zusprach; dieses Privileg bestätigte, mit Berufung auf Heinrich den Löwen, 1216 Graf Albrecht von Holstein der Gesamtstadt Hamburg. Das Privileg Heinrichs des Löwen von 1190/91 ist als ein Schlaglicht auf seine Wirtschaftspolitik in der norddeutschen Region zu sehen; diese Politik schuf in einer für den Ausbau des Städtewesens wichtigen Phase, nicht zuletzt durch die Förderung Lübecks, günstige Rahmenbedingungen auch für den Ausbau Hamburgs, wie er in der Gründung der Neustadt durch Graf Adolf III. von Holstein und Stormarn (1186/87) deutlich wurde.

LITERATUR ADB 11; NDB 8; Karl Jordan, Heinrich der Löwe. Eine Biographie, 2., durchgesehene Aufl. München 1980; ders., Zu den ältesten Urkunden für die Hamburger Neustadt, in: Archiv für Diplomatik 29 (1983), S. 209–228, hier S. 220–223; Gerhard Theuerkauf, Urkundenfälschungen der Stadt und des Domkapitels Hamburg in der Stauferzeit, in: Fälschungen im Mittelalter. Internationaler Kongreß der Monumenta Germaniae Historica, München, 16.–19. September 1986, Bd. 3: Diplomatische Fälschungen 1, Hannover 1988 (Monumenta Germaniae Historica. Schriften 33/3), S. 397–431, hier S. 400, 431.
Gerhard Theuerkauf

HELBIG, Johann, geb. 11. 4. 1889 Hamburg, gest. 10. 8. 1965 Wien; luth.; Gymnasiallehrer, Schulleiter, Verbandsvorsitzender.

Dreimal brachte Johann Helbig an entscheidenden Punkten seines Lebens den Mut und die Hartnäckigkeit auf, »Nein« zu sagen: 1933 lehnte er es ab, der NSDAP und dem Nationalsozialistischen Lehrerbund (NSLB) beizutreten, und verlor dadurch sein Amt als Schulleiter, 1947/48 weigerte er sich, gegen seine Überzeugung für die sechsjährige Grundschule einzutreten, und wurde daraufhin nicht zum Oberschulrat ernannt, und 1949 verließ er die 1945 entstandene Einheitsorganisation aller Lehrerinnen und Lehrer, weil er durch sie die von ihm vertretene Schulform, das Gymnasium, beschädigt sah.

Lehrer für höhere Schulen war der Sohn eines Zimmerers erst auf Umwegen geworden. Er besuchte zunächst von 1904 bis 1910 das Lehrerseminar Steinhauerdamm und unterrichtete anschließend bis 1913 als Hilfslehrer an der Volksschule für Knaben in Billwerder. Mit 22 Jahren bestand er als »Externer« die Reifeprüfung am Johanneum, konnte aber sein Studium der Mathematik und Physik in Kiel aus kriegsbedingten Gründen erst 1921 abschließen. Nach einer zweijährigen Tätigkeit am Hamburger Lehrerseminar wurde Helbig 1924 dem Gründungskollegium der Realschule im Alstertal (heute Gymnasium Alstertal) zugeordnet, deren Leitung er von 1927 bis 1933 innehatte. Weil er sich weigerte, der NSDAP und dem NSLB beizutreten, wurde Helbig am 20. August 1933 seines Amtes als Schulleiter enthoben, von Beförderungen ausgeschlossen und an die Oberrealschule/Oberschule für Jungen Uhlenhorst zwangsversetzt. Bei Kriegsende war er als Lagerlehrer in der Kinderlandverschickung in Bayern tätig.

Nach seiner Rehabilitierung 1945 übernahm Helbig zunächst die kommissarische Leitung der Oberschule für Jungen Uhlenhorst und war dann von 1945 bis 1947 erneut Leiter der inzwischen in eine Oberschule umgewandelten Schule im Alstertal. Als Vorsitzender des beratenden Ausschusses für die Lehrer an höheren Schulen wirkte er an der Entnazifizierung mit. 1947 wurde Helbig für 18 Monate zum kommissarischen Schulaufsichtsbeamten bestellt. Schulsenator Heinrich Landahl lehnte jedoch seine endgültige Ernennung zum Oberschulrat ab, weil Helbig sich weigerte, der sechsjährigen Grundschule zuzustimmen. Von 1948 bis zu seiner Pensionierung 1955 leitete Helbig das Wandsbeker Matthias-Claudius-Gymnasium. Der Kampf gegen eine Verkürzung des Gymnasiums um seine beiden Eingangsjahre prägte auch Helbigs Engagement als Vorsitzender der Fachschaft Höhere Schulen (1945–47) und stellvertretender Vorsitzender der Gesellschaft der Freunde des vaterländischen Schul- und Erziehungswesens (1947), die als einzige Lehrerorganisation 1945 von der Militärregierung zugelassen worden war. Gestützt auf das Votum der großen Mehrheit seiner Fachschaft verließ Helbig nach jahrelangen internen Auseinandersetzungen die Gesellschaft der Freunde und gründete am 15. November 1949 in der Aula der Klosterschule den Verein der Lehrerinnen und Lehrer an Wissenschaftlichen Oberschulen in Hamburg (1955 umbenannt in Hamburger Philologenverband, seit 1973 Teil des Deutschen Lehrerverbandes Hamburg). Helbigs größter bildungspolitischer Erfolg in den insgesamt neun Jahren seines berufspolitischen Wirkens war die Wiederherstellung der neunjährigen höheren Schule 1954, ein Ziel, für das er sich auch in der Öffentlichkeit stark engagiert hatte.

Wegen interner Differenzen trennte sich Helbig 1955 von der durch ihn begründeten Organisation und arbeitete nach seiner Pensionierung als wissenschaftlicher Angestellter an mehreren Schulen. Er starb 1965 überraschend während einer Urlaubsreise in Wien.

LITERATUR Uwe Schmidt, Aktiv für das Gymnasium. Hamburgs Gymnasien und die Berufsvertretung ihrer Lehrerinnen und Lehrer von 1870 bis heute, Hamburg 1999. *Uwe Schmidt*

HENNINGS, Paul (Ps. *Paul Heim*), geb. 13. 1. 1893 St. Annen/Holstein, gest. 15. 4. 1965 Hamburg; luth.; Buchhändler, Antiquar, Schriftsteller.

»Fragen wir Paul Hennings«, pflegten Geistesarbeiter zu sagen, wenn sie auf der Suche nach entlegenen Titeln und Quellen Rat brauchten. Aufgrund seiner umfassenden Literaturkenntnis und seines bibliografischen Spürsinns genoss er Bewunderung und Verehrung.

Der älteste Sohn eines Dithmarscher Großbauern sprach und verstand bis zu seinem sechsten Lebensjahr nur Platt und lernte erst in der Dorfschule Hochdeutsch. 1913 bestand er die Reifeprüfung, studierte drei Semester Germanistik und Philosophie in München, musste jedoch 1915 in den Ersten Weltkrieg ziehen. In der von Adolf Harms herausgegebenen expressionistischen Zeitschrift »Die Schöne Rarität« (Kiel 1917–19) veröffentlichte er 1917 das Klabund gewidmete Gedicht »Ironisches Kleinstadtbild« unter dem Namen Paul Heim Hennings. Im September 1918 geriet er in französische Gefangenschaft. Die Bibliothek des Lagers suchte er zur Fortbildung zu nutzen.

1921 wurde Hennings Buchhändler – und zum Inbegriff des »gelehrten Antiquars«. Der Kürschner des Jahres 1930 verzeichnet ihn noch als Leiter der Büsch-Buchhandlung. Im Jahr darauf gründete er am Speersort 26 sein eigenes Ladengeschäft. Dort 1943 ausgebombt, firmierte er nach einem Intermezzo in der Paulstraße 2 für lange Jahre in der Burchardstraße 19. Ein ursprünglich zweiter Standort in der Altstädter Straße 15 besteht noch heute.

In einer unverfälschten und vollständigen deutschen Ausgabe von »Gullivers Reisen«, die ihm der Zufall 1933 in die Hände spielte, fand Hennings seine Kritik am »Dritten Reich« vorweggenommen. Der Antiquar wurde zum »Sammler aus Opposition«: Mehr als 3000 Titel umfasste seine Swift-Kollektion, als sie 1943 zusammen mit seiner 14 000 Bände zählenden Privatbibliothek bei der Bombardierung Hamburgs vernichtet wurde. Ort des Geschehens: seine Wohnung in der Schulstraße 5, die zwischen Speersort und Schopenstehl am alten Gebäude des Johanneums verlief. Unverzüglich begann Hennings von neuem zu sammeln, fand für seine Leidenschaft jedoch auch literarische Formen: 1947 erschien sein Swift-Drama »Bickerstaff«, im

Paul Hennings

Nachtprogramm des NDR-Hörfunks berichtete Hennings 1957 über »Erfahrungen eines Swift-Sammlers«, eine Reise nach England und Irland im selben Jahr wurde zu einer Wallfahrt auf den Spuren des Autors.

Aus Hennings' Arbeit als Übersetzer ging 1940 ein englisch-deutscher Privatdruck von Aubrey Beardsleys »The Ballad of a Barber« hervor. 1928 brachte er niederdeutsche Sprüche und 1964 eine plattdeutsche Übersetzung von Wilhelm Buschs »Max und Moritz« heraus (»Max un Moritz. Soeb'n Hansbunkentoeg in Riemels und Schillerraatsen vun Wilhelm Busch. Plattdütsch naavertellt vun Paul Hennings«). Der NDR sendete Beiträge von Hennings, darunter eine für den Rundfunk bearbeitete »Max un Moritz«-Fassung (27. Juni 1964) und das Hörspiel »Die sanfte Liese« (26. März 1965), an denen Schauspieler wie Uwe Friedrichsen, Heidi Kabel und Friedrich Schütter als Sprecher mitwirkten.

»Schade, dass ich nach meinem Tod meine Bibliothek nicht kaufen kann – da wäre jedes Buch ein Schlager«, scherzte der Antiquar an seinem 70. Geburtstag; er wurde 72 Jahre alt. Seine letzte Wohnanschrift war die Pagenfelder Straße 14 a. Sein Grabmal auf dem Ohlsdorfer Friedhof wird vom Wappentier der Weisheit geziert, einer in Stein gehauenen Eule.

WERKE Mit Verlöw, sä de Bur ... En prallen Sack vull Burnsnack, opsammelt vun Paul Hennings. (Niederschrift in Dithmarscher Platt), Hamburg 1928 (Plattdütsch Land un Lüd 7); Bickerstaff. Komödie in vier Aufzügen, o. O. [Hamburg] 1947; Jonathan Swift – Richter seiner und un-

serer Zeit, in: Der gute Tambour. Literarisch-kulturelle Blätter um Heinrich Heine und seine Zeitgenossen 4 (1963). S. 1–11.

LITERATUR Kosch 7; KDL 1930–63; KDL Nekrolog 1937–70 (73); Carl Albert Lange, Eine einzigartige Sammlung, in: ders., Das Kabinett der kleinen Freuden, Hamburg 1948, S. 224 f.; Christian Otto Frenzel, Abschied von Paul Hennings, in: Börsenblatt für den Deutschen Buchhandel – Frankfurter Ausgabe – Nr. 41, vom 25. 5. 1965, S. 900; Paul Hennings †, in: Europäische Freimaurerzeitung, vom 3. 6. 1965, S. 15 f. *Kai-Uwe Scholz*

HENNINGSEN, *Paula* Klara Friederike, geb. Kuntzmann, geb. 30. 12. 1881 Hannover, gest. 5. 4. 1969 Maschen bei Hamburg; konfessionslos; Vorsitzende der Hamburger Ortsgruppe des Reichsverbandes für Geburtenregelung und Sexualhygiene (RV).

Die Tochter einer Schneidermeisterin und eines Zollbeamten verbrachte ihre ersten vier Lebensjahre bei einer Tante. Nach dem Tod der Mutter (1885) wuchs Paula Henningsen bei ihrem Vater gemeinsam mit vier aus dessen zweiter Ehe hervorgegangenen Geschwistern auf. 1888 zog die Familie nach Hamburg, wo Paula die Volksschule und anschließend das Lehrerinnenseminar besuchte. 1901 absolvierte sie ihr Examen und begann als Volksschullehrerin zu arbeiten. Nachdem sie 1904 den Lehrer und Schriftsteller Nicolaus Henningsen geheiratet hatte, gab sie ihren Beruf auf. 1904 und 1906 wurden zwei Töchter geboren, 1917 ein Sohn.

Die während des Ersten Weltkriegs in die SPD eingetretene Paula Henningsen wurde schon bald als Referentin für die Partei tätig. Ihr politisches Interesse galt den Frauenfragen vor allem auf den Gebieten des Gesundheits- und des Bildungwesens. Später widmete sie sich den Themen Geburtenregelung, Verhütung und Abtreibung. Von 1921 bis 1933 war Paula Henningsen SPD-Abgeordnete der Hamburgischen Bürgerschaft. In den Jahren von 1927 bis 1933 hatte sie hier zudem die Funktion der Schriftführerin inne. Als Abgeordnete arbeitete sie in der Gesundheitsbehörde und in der Berufsschulbehörde und gründete 1930 zusammen mit ihrer Parteigenossin, der Bürgerschaftsabgeordneten Adele Reiche, sowie dem Mediziner Dr. Rudolf Elkan die Hamburger Ortsgruppe des Reichsverbandes für Geburtenregelung und Sexualhygiene. Sie übernahm den Vorsitz des Vereins, der von vielen Män-

Paula Henningsen

nern »Paula Henningsens unanständiger Verein«
genannt wurde. Die Ortsgruppe des Reichsverbandes legte ihren Schwerpunkt darauf, Arbeiterfrauen
und Mütter über die verschiedenen Möglichkeiten
der Verhütung aufzuklären. Paula Henningsen hatte schon damals den Mut, in der Sexualberatungs-
stelle der Ortsgruppe am eigenen Körper praktisch
zu zeigen, wie Pessare benutzt werden. Gleichzeitig
lehnte die Ortsgruppe den Abtreibungsparagra-
phen 218 ab. Die Nationalsozialisten verboten 1933
die Arbeit des Reichsverbandes. Paula Henningsen
zog sich in die innere Emigration zurück und war
auch nach 1945 nicht mehr politisch aktiv.

Rita Bake

HENSEL, Sophie Friederike, geb. Sparmann, in
zweiter Ehe verh. Seyler, geb. 23. 5. 1738 Dresden,
gest. 22. 11. 1789 Schleswig; Schauspielerin.

Madame Hensel war die erste tragische Schauspielerin ihrer Zeit, eine Frau von imponierender Gestalt und kühnem Gesichtsschnitt, die in Köni-
ginnen- und Heldinnenrollen als Klytaemnestra,
Semiramis, Kleopatra, Merope und Medea glänzte.
Ihr schwieriges und heftiges Temperament bestimmte nicht nur häufig ihren Lebensweg. Es beförderte auch die Gründung des ersten deutschen
Nationaltheaters.

Als man die Tochter eines Generalstabsmedicus
nach einer traurigen Kindheit zur Heirat zwingen
wollte, floh sie zur Bühne, wo sie 1754 bei dem Prin-
zipal Johann Christoph Kirsch debütierte und den
Schauspieler Johann Gottlieb Hensel heiratete. Mit
ihm zusammen kam sie 1756 zur Schuchschen und
1757 zur Ackermannschen Gesellschaft. Noch im
gleichen Jahr gründete sie eine eigene Gesellschaft
in Straßburg, die aber bald einging, sodass sie zu
Ackermann zurückkehrte. 1763 ging sie nach Wien
und Hildburghausen. Mit der Eröffnung des Co-
mödienhauses in Hamburg im Jahre 1765 kam sie
abermals zur Ackermannschen Gesellschaft zurück
und spielte hier bald die erste Rolle. Als die junge
Caroline Schulze ihr diese streitig machte, kam
es zum Eklat, der Schauspieler und Publikum in
zwei Parteien spaltete. Die Anhänger von Madame
Hensel wurden, angeführt von ihrem späteren
zweiten Ehemann, dem Kaufmann Abel Seyler, den
sie in seiner Idee der Gründung eines Nationaltheaters bestärkte, zu erbitterten Feinden der Familie
Ackermann. Man bekämpfte sie mit allen Mitteln,
bis Konrad Ernst Ackermann, finanziell ohnehin
am Ruin stehend, 1767 die Bühne an Abel Seyler
und zwei weitere Kaufleute, seinen Teilhaber Johann Martin Tillemann und den Tapetenhändler
Adam Siegmund Bubbers, verpachtete. Mit dem
Schriftsteller Johann Friedrich Löwen als Direktor
und Gotthold Ephraim Lessing als Dramaturg und
Kritiker eröffneten sie am 22. April 1767 das erste
deutsche Nationaltheater. Madame Hensel verkörperte Lessings Sara Sampson und war die erste Dar-
stellerin der Minna von Barnhelm. Im 13. und 20.
Stück seiner »Hamburgischen Dramaturgie« setzte
Lessing ihr ein bleibendes Denkmal. Anders als dieser und andere Kritiker beurteilte Friedrich Ludwig
Schröder die Tragödin. Er entwickelte das Theater-
spiel in Richtung einer natürlichen Rollengestal-
tung und tadelte ihren »Anstand«, ihren Dragoner-
schritt und ihre Zittertöne. Er zog sie in sanften
Rollen vor.

Als bereits im Dezember desselben Jahres das
Unternehmen Nationaltheater gescheitert war,
ging Abel Seyler mit der Gesellschaft zunächst in
die Residenzstadt Hannover, bevor ein unstetes
Wanderleben zwischen Lüneburg, Celle, Lübeck
und Osnabrück begann. Aus Zorn darüber, dass
Seyler unter dem Druck seines Geldgebers die Leitung der Gesellschaft an Conrad Ekhof abgab,
nahm Madame Hensel 1771 ein Engagement in
Wien an, wo sie auch eine Handarbeitsschule für Fi-
letarbeiten gründete. Als die Gesellschaft, inzwi-

HENTZEN, Alfred

schen wieder unter Seylers Leitung stehend, am Hoftheater in Weimar reüssierte, ließ Madame Hensel sich 1772 scheiden, heiratete Abel Seyler und kehrte zur Gesellschaft zurück. Nach dem Brand des Weimarer Hoftheaters im Mai 1774 kam man über Gotha, Leipzig, Altenburg, Dresden, Frankfurt am Main, Köln und Mainz nach Mannheim, wo das Ehepaar Seyler ohne seine Truppe 1779 am Hoftheater engagiert wurde, das zu einer Bühne ersten Ranges erhoben werden sollte. Anderthalb Jahre gesicherter Existenz folgten, in denen das Publikum insbesondere mit Shakespeare vertraut gemacht wurde und Madame Seyler unter anderem als Lady Macbeth glänzte, bis die angebliche Beleidigung durch eine ihrer Schülerinnen ihren Mann dazu hinriss, diese unflätig zu beschimpfen und zu ohrfeigen. Abel Seyler wurde entlassen, das Ehepaar kehrte über Schleswig nach Hamburg zurück, wo Seyler ab 1783 erneut das Comödienhaus leitete. Als Friedrich Ludwig Schröder ihn 1785 in einer zweiten Direktionsperiode ablöste, blieb Madame Seyler zunächst am Comödienhaus, ging dann aber 1787 an das von ihrem Mann übernommene Hoftheater in Schleswig, wo sie 1789 starb.

Die Schauspielerin versuchte sich auch literarisch. »Hüon und Amande«, ein romantisches Singspiel«, das 1789 erschien und 1792 in »Oberon oder König der Elfen« umbenannt wurde, hielt sich lange im Repertoire.

LITERATUR ADB 11; Paul S. Ulrich, Biographisches Verzeichnis für Theater, Tanz und Musik. Fundstellennachweis aus deutschsprachigen Nachschlagewerken und Jahrbüchern, 2 Bde., Berlin 1997, Bd. 1, S. 1750; Deutsche Schauspielkunst. Zeugnisse zur Bühnengeschichte klassischer Rollen, gesammelt von Monty Jacobs, Leipzig 1913.

Brita Reimers

HENTZEN, Alfred, geb. 12. 5. 1903 Lennep (heute Remscheid), gest. 8. 1. 1985 Hamburg; luth.; Kunsthistoriker, Direktor der Hamburger Kunsthalle.

In den 14 Jahren seines Wirkens an Hamburgs erstem Kunstmuseum von 1955 bis 1969 gelang es Alfred Hentzen, die Sammlung zur Gegenwart zu öffnen und ins Internationale auszuweiten, aus der Kunsthalle das Museum einer Weltstadt zu machen.

Das Studium der Kunstgeschichte, Archäologie und Deutschen Literaturgeschichte schloss Hent-

Alfred Hentzen

zen 1926 in Leipzig mit einer Promotion bei Wilhelm Pinder über »Magdeburger Barockarchitektur« ab. 1927 wurde er Mitarbeiter Ludwig Justis an der National-Galerie Berlin, tätig vor allem im Kronprinzenpalais, dem ersten Museum moderner Kunst. Zu seinen Freunden zählten der Kunsthistoriker Hanns Swarzenski, der Kunsthändler Curt Valentin sowie die Künstler Ernst Wilhelm Nay, Werner Gilles und Gustav Seitz. Er wurde verantwortlicher Schriftleiter der Zeitschrift »Museum der Gegenwart«, die 1933 nach der Machtübernahme durch die Nationalsozialisten eingestellt worden ist. Der Direktor Eberhard Hanfstaengl, die Kustoden Paul Ortwin Rave und Hentzen sowie der junge Wolfgang Schöne versuchten in den ersten Jahren des »Dritten Reichs«, die Sammlung zeitgenössischer Kunst im Kronprinzenpalais zu erhalten und auszubauen. 1937 wurde das Museum geschlossen, Hanfstaengl ebenso wie Hentzen beurlaubt. Nach neun Monaten wurde dieser an die Gemäldegalerie versetzt. Den Krieg erlebte er als Soldat in Nordafrika, wo er bald in britische Kriegsgefangenschaft geriet.

1947 kehrte er nach Berlin zurück. 1948 baute Hentzen mit seiner Frau Anne, die er 1934 geheiratet hatte, die Kestner-Gesellschaft in Hannover aus Trümmern wieder auf und machte sie zu einem führenden deutschen Ausstellungsinstitut, in dem auch die Kunst aus dem westlichen Ausland ihre Wirkung entfalten konnte. 1952 wurde ihm zugleich die Leitung des Kestner-Museums anvertraut.

Auf Initiative seines Vorgängers Carl Georg Heise und auf Vorschlag einer fünfköpfigen Kommission wurde Hentzen 1955 zum Direktor der Hamburger Kunsthalle ernannt. Er verstand es, Senat und Bürgerschaft von der Wichtigkeit einer Beleuchtungsanlage in erneuerten Räumen zu überzeugen. Die Bestände ordnete er völlig neu, baute die Sammlung italienischer und französischer Malerei des 17. und 18. Jahrhunderts aus (zum Beispiel Claude Lorrain, François Lemoyne, François Boucher) und räumte der modernen Kunst bis hin zur Gegenwartskunst (Alexander Calder, Sam Francis, Antoni Tàpies, Francis Bacon) einen hohen Stellenwert ein. An der Gründung der Stiftung zur Förderung der Hamburgischen Kunstsammlungen mit ihrer spezifischen Verbindung öffentlicher und privater Mittel war er im Jahr 1956 entscheidend beteiligt. Zugleich leitete Hentzen bis 1962 den Kunstverein in Hamburg; bedeutende Ausstellungen mit Werken von Pablo Picasso, Paul Klee, Emil Nolde, Jackson Pollock und Rolf Nesch fanden schon in den ersten drei Jahren statt. 1969 organisierte er erfolgreich die Jahrhundertfeier.

Schließlich erreichte Hentzen es, dass Werner Hofmann aus Wien im selben Jahr sein Nachfolger wurde. Im Ruhestand wirkte er weiter für die Kunsthalle, sowohl als Geschäftsführer der Stiftung wie als Vorsitzender der Freunde der Kunsthalle. Hentzen war ein Mann von Mut und entschiedener Tatkraft, stets mit Bedacht und Empfindsamkeit handelnd. Seine letzte Ruhestätte fand er auf dem Friedhof von Hamburg-Nienstedten.

Für Hentzen bestand die Aufgabe eines Kunstmuseums nicht nur im Sammeln und Bewahren der Kunstwerke, sondern ebenso darin, diese durch eine angemessene Präsentation öffentlich wirksam zu machen: »Das Museum soll die höchsten Maßstäbe der Form setzen, wach halten oder neu erwecken und damit zugleich die hohen geistigen und ethischen Werte der Kunst ausstrahlen lassen auf alle, die Augen haben, sie zu erkennen« (1958).

WERKE Deutsche Bildhauer der Gegenwart, Berlin o. J. [1934]; Gedanken zur Neuordnung der Hamburger Kunsthalle, Hamburg 1958 [Nachdruck in: Erneuerung und Tradition. Die Hamburger Kunsthalle in programmatischen Texten ihrer Direktoren, hg. von Uwe M. Schneede, Hamburg 1997, S. 40–52]; Hamburger Kunsthalle. Meisterwerke der Gemälde-Galerie, hg. von Alfred Hentzen, Köln 1969; Die Berliner National-Galerie im Bildersturm, Köln u. a. 1971.

LITERATUR Metzler Kunsthistoriker Lexikon, Stuttgart/Weimar 1999; Carl Georg Heise, Alfred Hentzen zum 60. Geburtstag, in: Jahrbuch der Hamburger Kunstsammlungen 8 (1963), S. 7–10; Museum und Kunst. Beiträge für Alfred Hentzen, hg. von Hans Werner Grohn und Wolf Stubbe, Hamburg 1970; Helmut R. Leppien, Tradition und eigener Weg. Das Direktorat Alfred Hentzens, in: Die Hamburger Kunsthalle. Bauten und Bilder, hg. von Uwe M. Schneede und Helmut R. Leppien, Leipzig 1997, S. 142–147.
Helmut R. Leppien

HERRMANN, Juliane *(Julie)* Caroline Louise, verh. Lutze, geb. 19. 2. 1823 Hamburg, gest. 25. 8. 1889 ebd.; Schauspielerin.

Die älteste Tochter des Schriftstellers und Direktors des Hamburger Stadttheaters Bernhard Anton Herrmann debütierte 1840, knapp 17-jährig, am Stadttheater. Als 1843 das Thalia Theater unter der Leitung von Chéri Maurice als zweite Bühne in Hamburg eröffnet wurde, wechselte Julie Herrmann an das neue Haus. Bei der Eröffnungsvorstellung am 9. November 1843 sprach sie zusammen mit Carl Meixner den von Anton Evarist Wollheim gedichteten Prolog »Alt und Neu«, ein humorvolles Zwiegespräch, das die Verbindung von alter und neuer Zeit herstellt, und erntete begeisterten Beifall in der Vaudeville-Posse »Köck und Guste«. Als erste Liebhaberin und Soubrette avancierte Julie Herrmann schnell zum Publikumsliebling. Nach ihrer Eheschließung mit dem Kaufmann H. A. Lutze im Jahre 1849 verließ sie die Bühne, da eine bürgerliche Existenz nicht mit der einer Schauspielerin zu vereinbaren war. Durch kleine literarische Werke und Kompositionen blieb sie dem Theater jedoch verbunden. Am 22. März 1873 wurde anlässlich des Geburtstags Kaiser Wilhelms I. im Stadttheater ihr dramatisches Festgedicht »Ein Sechsundsiebenziger« aufgeführt.

Auf dem Althamburgischen Gedächtnisfriedhof des Ohlsdorfer Friedhofes erinnert die Grabplatte »Thalia« an Julie Herrmann, die erste Schauspielerin des Thalia Theaters.

LITERATUR Bake/Reimers, S. 78; Deutscher Bühnen-Almanach, hg. von Th. Entsch, Berlin 1890, S. 291.
Brita Reimers

HESKE, *Franz* Maria Rudolf Ludwig Hubert,
geb. 3.7.1892 Frauenberg/Kreis Budweis, gest.
7.3.1963 Hamburg; kath.; Forstwissenschaftler.

Franz Heske war eine der einflussreichsten, dynamischsten und schillerndsten Persönlichkeiten in
der deutschen Forstwissenschaft des 20. Jahrhunderts.

Nach dem Besuch des deutschen humanistischen Gymnasiums im südböhmischen Budweis
begann Heske 1911 in Wien mit dem Studium der
Forstwissenschaft. Von 1916 bis 1918 kam er als
österreichischer Ingenieurleutnant im Dolomitengebiet zum Fronteinsatz. Aufgrund der territorialen Veränderungen durch den Ersten Weltkrieg
wurde er Staatsbürger der neu geschaffenen Tschechoslowakei. Von 1919 bis 1927 war er als praktischer Forstingenieur im Dienst des Fürsten Schwarzenberg in Böhmen, Österreich und Bayern tätig
und folgte damit dem beruflichen Weg seines Vaters Franz Heske (1857–1926), der es zum Generalforstdirektor in der Schwarzenbergschen Forstwirtschaft gebracht hatte. An der Hochschule für
Bodenkultur in Wien wurde Heske 1920 zum Dr.-
Ing. promoviert. 1924 habilitierte er sich dort für
das Gebiet der Forstbetriebseinrichtung. Von 1925
bis 1927 führte er im Auftrag des Imperial Forestry
Institute der Universität Oxford forstliche Exkursionen für angehende britische Kolonialforstbeamte in Mitteleuropa durch. Ein Studienaufenthalt in
Oxford brachte ihn 1927 näher mit Fragen der tropischen Forstwirtschaft in Berührung. 1928 arbeitete er in Britisch-Indien als forstlicher Berater des
Maharadschas von Tehri-Garhwal.

Noch im selben Jahr wurde Heske zum ordentlichen Professor für Forsteinrichtung an die Forstliche Hochschule Tharandt bei Dresden berufen;
aus diesem Anlass nahm er die deutsche Staatsangehörigkeit an. 1930/31 gründete er in Tharandt das
»Institut für ausländische und koloniale Forstwirtschaft«. Ab 1933 gab er neben den Mitteilungen des
Instituts die »Zeitschrift für Weltforstwirtschaft«
heraus. Er sah es als zentrale forstliche Aufgabe des
20. Jahrhunderts an, die Naturwälder der »unentwickelten« Überseegebiete zur Deckung des europäischen und nicht zuletzt deutschen Holzbedarfes
zu erschließen und in Wirtschaftswälder umzuwandeln. Die Nutzung sollte aber nicht raubbauartig, sondern nach dem Grundsatz der Nachhaltig

Franz Heske

keit erfolgen. 1934 unternahm Heske eine Reise in
die USA, die ihn auch in Kontakt mit der amerikanischen Staatsforstverwaltung brachte.

1935 wurde Heske in Hermann Görings Reichsforstamt zum Referenten für ausländische und koloniale Forstwirtschaft berufen, 1937 zum Sachberater für kolonialforstliche Fragen im Rohstoffamt
Berlin und im Übersee-Holzsyndikat. In dieser Zeit
wurden die Wälder Afrikas zu einem Schwerpunkt
seiner Studien und Forschungsreisen. Auch erhob
er nun immer wieder die Forderung nach der Wiedererlangung eines deutschen Kolonialwaldbesitzes. Seit 1938 wurde sein Institut in Tharandt aus
dem Haushalt des Reichsforstministeriums finanziert. Die damaligen Bemühungen Bayerns, Heske
mit dem Institut nach München zu holen, scheiterten. Erfolg hatte dagegen ein Vorstoß des Reichsstatthalters in Hamburg, Karl Kaufmann, der im
März 1939 vorschlug, Heskes Institut in die Hansestadt zu verlegen und mit der Hansischen Universität, die zu einem Mittelpunkt kolonialer Forschung
und Lehre ausgebaut werden sollte, zu verbinden.
Im Juni 1939 stimmte Reichsforstmeister Göring
der Verlegung des Instituts zu. Erhoben zum
»Reichsinstitut für ausländische und koloniale
Forstwirtschaft«, bezog es im Frühjahr 1940 das
von Hamburg angekaufte Reinbeker Schloss, und
Heske erhielt an der Mathematisch-Naturwissenschaftlichen Fakultät der Universität Hamburg den
neu geschaffenen Lehrstuhl für Weltforstwirtschaft
und Koloniale Forstwirtschaft. Auf Wunsch Kaufmanns übernahm er nebenamtlich auch eine leiten

de Funktion in Hamburgs Forstverwaltung; in waldbaulichen Fragen war er ab 1941 gegenüber den Hamburger Forstbeamten weisungsbefugt. Seit September 1939 gehörte er dem fünfköpfigen Senat der Hermann-Göring-Akademie der deutschen Forstwissenschaft an. In der Deutsch-Indischen Gesellschaft, deren Gründung am 11. September 1942 mit einem Festakt im Hamburger Rathaus in Anwesenheit des indischen Nationalistenführers Subhas Chandra Bose erfolgte, wurde er aufgrund seiner Indien-Erfahrungen zum geschäftsführenden Vizepräsidenten ernannt. Nach den katastrophalen Luftangriffen vom Sommer 1943 forderte Heske in einer Denkschrift, dass die Hamburger Universität trotz aller Zerstörungen als Mittelpunkt der Übersee- und Kolonialwissenschaften wieder aufgebaut werden müsse.

Am 4. Juni 1945 wurde Heske in Oldesloe von der britischen Militärpolizei verhaftet; 13 Monate später kam er wieder frei. Im März 1947 hob die britische Militärregierung seine Suspendierung von den Funktionen als Universitätsprofessor und als Direktor des Reinbeker Instituts auf. Unter seiner Leitung wurde das Institut in den Folgejahren auf neue Grundlagen gestellt und in die heutige Bundesforschungsanstalt für Forst- und Holzwirtschaft überführt. 1951 erschienen die ersten Blätter des von ihm seit langem vorbereiteten Weltforstatlasses. Von 1950 bis 1952 baute er während einer Gastprofessur an der Universität Istanbul dort ein Institut für Forstwirtschaftsgeographie und Forstliche Probleme des Nahen Ostens auf; durch Lehrtätigkeit und Großversuche zur Aufforstung von Steppengebieten spielte er auch später noch im türkischen Forstwesen eine wichtige Rolle. In den fünfziger Jahren scheiterte er mit einem Großprojekt zur Erschließung ausgedehnter Urwaldgebiete in Liberia. Nach Misshelligkeiten unter anderem wegen ungenehmigter Auslandsreisen ließ sich Heske 1956 vorzeitig emeritieren und legte sein Amt als Direktor der Bundesforschungsanstalt nieder. Dies ermöglichte ihm die Wahrnehmung einer weiteren Auslandsaufgabe: Von 1957 bis 1961 wirkte er in Äthiopien unter Kaiser Haile Selassi als Generalforstmeister. Über seine dort gesammelten Erfahrungen und Erkenntnisse schrieb er ein Buch, das 1966 posthum erschien.

Eine wichtige Facette in Heskes Leben waren seine philosophischen Ambitionen. Nach 1945 versuchte er, die Grundzüge einer Philosophie der Organik zu formulieren. In dieser spielte das ursprünglich forstliche Prinzip der Nachhaltigkeit eine zentrale Rolle; auch Gedanken altindischer Philosophen flossen in sie ein. Die 1990 gegründete Gesellschaft für Organik orientiert sich stark an den naturphilosophischen Gedanken Heskes und will diese weiterverbreiten.

WERKE Schriftenverzeichnis in: Detlev Lemhöfer/ Zoltán Rozsnyay, Leben und Werk von Franz Heske (siehe unter Literatur), S. 107–121; Im heiligen Lande der Gangesquellen, Neudamm 1937; German Forestry, New Haven 1938; Die Wälder des europäisch-afrikanischen Großraumes, in: Zeitschrift für Weltforstwirtschaft 7 (1939), S. 385–458; Besitz und Verpflichtung. Ein Beitrag der Waldwirtschaft zur sozialökonomischen Problematik unserer Zeit, Berlin 1950 (Mitteilungen der Bundesforschungsanstalt für Forst- und Holzwirtschaft, Hamburg, 19 = Beiträge zum Ausbau einer Philosophie der Organik 1).

LITERATUR NDB 8; Munzinger; Detlev Lemhöfer/ Zoltán Rozsnyay, Leben und Werk von Franz Heske (1892–1963), Göttingen 1985 (Göttinger Beiträge zur Land- und Forstwirtschaft in den Tropen und Subtropen 9); Hans-Jürgen von Maydell (Hg.), 60 Jahre Forschung im Dienste der Weltforstwirtschaft, Hamburg 1992 (Mitteilungen der Bundesforschungsanstalt für Forst- und Holzwirtschaft, Hamburg, 170); Rolf Hennig (Hg.), Festschrift zum 100. Geburtstag von Franz Heske (1892–1963), Quickborn 1992 (Schriften zur Organik 3); Hans Walden, Stadt – Wald. Untersuchungen zur Grüngeschichte Hamburgs, Hamburg 2002 (Beiträge zur Hamburgischen Geschichte 1).

Hans Walden

HEUER, Christian Ludwig *Wilhelm*, geb. 6. 11. 1813 Hamburg, gest. 15. 4. 1890 ebd.; luth.; Lithograf, Maler, Grafiker.

Unter den vielen grafischen Künstlern, die im 19. Jahrhundert Hamburg-Ansichten in Serienwerken schufen, nimmt Wilhelm Heuer durch die technische Qualität seiner Druckwerke wie auch durch die Harmonie und Anmut seiner Kompositionen bei großer Genauigkeit in der topografischen Darstellung eine Spitzenstellung ein.

Der Sohn eines nach Hamburg zugezogenen konzessionierten Schneiders durchlief von etwa 1829 bis 1834 eine Ausbildung im Bildermacher- und Schaustellerbetrieb der Gebrüder Suhr. Bei Christoffer erlernte er figürliches Zeichnen, bei Cornelius die Ansichtenaufnahme mit der Camera Obscura und bei Peter Suhr in der seit 1828 zuge-

HINZ, Georg

Wilhelm Heuer

lassenen Steindruckerei die lithografischen Techniken. Danach führte ihn die Handwerkerwanderschaft nach Wien, einem Zentrum der frühen Lithografie, wo er seine technischen Fertigkeiten vervollkommnete, ausreichende Arbeit fand und 1837 eine Kleinbauerntochter aus Niederösterreich heiratete. Mit ihr kehrte er 1842 nach Hamburg zurück.

Heuers erstes Werk, das in der Hansestadt entstand, war ein im Juni 1842 vom Turm der Katharinenkirche aufgenommenes großformatiges Panorama der durch den Großen Brand zerstörten Stadt. Die allgemeine Anerkennung dafür eröffnete ihm eine vielseitige freiberufliche Tätigkeit als Zeichner und Lithograf. 1845 erwarb er dafür das Bürgerrecht. Seine anspruchsvollen, in kombinierten Techniken gestalteten Lithografien wurden von leistungsfähigen Druckereien wie Charles Fuchs, H. F. Plate und H. Wernike hergestellt und unter anderem von den Verlagen B. S. Berendsohn und Carl Gassmann vertrieben. Die vornehmlich als Wandschmuck vorgesehenen Ansichten zeigten – der Entwicklung des damaligen Tourismus und dem romantischen Geschmack folgend – neben Hamburger Motiven hauptsächlich Orte und Landschaften Schleswig-Holsteins. Daneben gaben die Verlage auch Porträts, Trachten- und Historienbilder sowie Stadtpläne in Auftrag. In verstreutem Museumsbesitz befinden sich neben wenigen Ölgemälden Zeichnungen und Aquarelle, die als Vorarbeiten für die Druckgrafik dienten. Heuer gab auch Zeichen- und Malunterricht; zu den Schülern zähl-

te Theobald Riefesell. In der Endphase seines intensiven Schaffens setzte er Zeichnungen anderer Künstler in lithografische Reproduktionen, so genannte Autografien, um.

WERKE Malerische Ansichten von Schleswig, Holstein und Lauenburg. Nach der Natur aufgenommen und mit der Feder auf Stein gezeichnet. In 13 Lieferungen mit zusammen 51 Blättern, Hamburg 1844–47; Hamburg und seine Umgebungen. Eine Sammlung malerischer Ansichten der Stadt und Umgegend. Nach der Natur gezeichnet und lithographirt. In Lieferungen mit zusammen 100 Blättern, Hamburg 1853–64.

LITERATUR HKL; Rump; ThB 17; E[rnst] Zimmermann, Geschichte der Lithographie in Hamburg. Festschrift zur Säkular-Feier der Erfindung der Lithographie in Hamburg, Juli 1896, Hamburg 1896 [Nachdruck Hamburg 1962]; Rolf Müller/Egon Schramm, Wilhelm Heuer. Kleines Hamburgensien-Kabinett. 36 Lithographien en facsimilé. Erlesene Kunstblätter aus dem Ansichtenwerk »Hamburg und seine Umgebungen« 1853–1864, Hamburg 1960; Fred Salamon (Hg.), Anmut des Nordens. Wilhelm Heuer und sein graphisches Werk, Neumünster 1996. *Ulrich Bauche*

HINZ (Haintz, Heintz, Hintz), Georg, geb. um 1630/31 Altona, gest. 1688 Hamburg; luth.; Maler.

Georg Hinz gilt als der erste Stilllebenmaler im norddeutschen Raum. Seine bevorzugten Sujets waren Früchte- und Prunkstillleben; mit seiner Darstellung von Kunstkammerregalen schuf er eine selbstständige Bildform.

Das Œuvre von Georg Hinz ist stark von niederländischen Einflüssen geprägt. So deuten motivische Eigenheiten wie der auf den Käse gestellte Teller, die Diagonalkomposition im Frühwerk und die Stilllebenform der »kleinen Mahlzeit« (zum Beispiel »Stillleben mit Käse«, um 1662, Kunsthalle Hamburg) auf Wanderjahre in den Niederlanden hin.

Spätestens seit 1663 arbeitete Hinz in Hamburg, wo er 1668 im Vorfeld seiner Hochzeit mit Catharina Koch das kleine Hamburger Bürgerrecht erwarb. Nachdem er zunächst primär Früchtestillleben (zum Beispiel »Früchtestillleben mit Pfirsichen«, »Früchtestillleben mit Äpfeln«, beide vor 1665, Kunsthalle Hamburg) gemalt hatte, wandte er sich ab 1666 der Darstellung von Prunkstillleben zu. Zur gleichen Zeit entstanden seine ersten Kunstkammerregale, in denen Hinz die bekannten

Darstellungen von Kunstkammerschränken und Steckbrettern zu einer neuen Bildform kombinierte (zum Beispiel »Kunstkammerregal mit Pistolen«, 1665, Schloss Sanssouci; »Kunstkammerregal«, 1666, Kunsthalle Hamburg). In Bildern wurden Gegenstände aus Kunst- und Wunderkammern zu prunkvollen Ensembles zusammengestellt. Die beliebtesten Motive des Künstlers waren Elfenbeinpokale und Muscheln, die er, wie die anderen Gegenstände auch, mit großer Realitätsnähe darstellte.

Georg Hinz galt in Hamburg als Bönhase, das heißt, er war ein selbstständig arbeitender Maler ohne Meisterrecht. Um die unliebsame Konkurrenz zu vertreiben, veranstaltete die Zunft Jagden, bei denen der Bönhase und seine Werke zu erheblichem Schaden kommen konnten. 1667 klagte Hinz gemeinsam mit 19 weiteren Bönhasen gegen diese Verfolgungen. Der Prozess zog sich bis 1681 hin; ein Jahr später wurde Hinz Freimeister. Dennoch sind einige Schüler von Georg Hinz bekannt, darunter Ernst Struven und Christian Berentz.

LITERATUR Lise Lotte Möller, Georg Hintz' Kunstschrank-Bilder und der Meister der großen Elfenbeinpokale. Alfred Hentzen zum 60. Geburtstag, in: Jahrbuch der Hamburger Kunstsammlungen 8 (1963), S. 57–66; Stilleben in Europa, hg. von Gerhard Langemeyer [Katalog zur Ausstellung im Westfälischen Landesmuseum für Kunst und Kulturgeschichte Münster vom 25. November 1979 bis 24. März 1980 u. a.], Münster 1979; Karin Bastian, Georg Hinz und sein Stillebenwerk, Hamburg 1984; Christoph Heinrich, Im Blickfeld Georg Hinz. Das Kunstkammerregal [Begleitpublikation zur Ausstellung in der Hamburger Kunsthalle vom 20. September bis 1. Dezember 1996], Hamburg 1996.　　*Britta Sauerbach*

HIRSCH, Marie, (Ps. *Adalbert Meinhardt*), geb. 12. 3. 1848 Hamburg, gest. 17. 11. 1911 ebd.; Schriftstellerin, Übersetzerin.

Marie Hirsch, die unter dem Pseudonym Adalbert Meinhardt veröffentlichte, entstammte einer großbürgerlichen Wiener Familie, die nach Hamburg übersiedelt war. Nach dem frühen Tod der Eltern lebte sie in lebenslanger harmonischer Gemeinschaft mit ihren älteren Geschwistern, dem Rat der Justizverwaltung Philipp und Johanna, in der Tesdorpfstraße 9. Das Häuschen, das inmitten eines verwunschenen Gartens lag, stand einem großen Freundeskreis offen.

Marie Hirsch

Durch umfängliche Lektüre und Reisen durch Europa und Nordafrika eignete Marie Hirsch sich eine umfassende humanistische Bildung an, eine Denkart, die ihr gesamtes Leben und Schaffen prägte.

Ihre ersten literarischen Arbeiten waren Übersetzungen der Gedichte des Andalusiers Gustavo Adolfo Bécquer aus dem Spanischen (1880) und der »Miranda«, einer poetischen Erzählung Antonio Fogazzaros aus dem Italienischen (1881). Für ihre eigenen Werke wählte sie zumeist die literarische Kurzform der Novelle. Die ersten erschienen in der »Deutschen Rundschau« und 1885 als Buch unter dem Titel »Reisenovellen«. Acht weitere Novellenbände folgten bis 1910. Der 1892 entstandene Band »Das blaue Buch« enthält Märchen, die »Mimen« (1895) sind eine Sammlung kleiner Dramen und Zwiegespräche.

In ihren klar komponierten Werken, die eine starke Tendenz zur Idealisierung haben und im ästhetischen Raum von Künstlern, Adligen und unentfremdeten Bürgern und Handwerkern spielen, erforschte Marie Hirsch das Wesen der Menschen. Sie entwickelte, wie aus dem Denken der Menschen ihr Handeln und aus ihrem Handeln ihr Glück und Leid entsteht. Den Leidenschaftlichen, die unbedingt leben wollen, wird in ihren Werken ebenso wenig Recht gegeben wie den Zarten und Verletzlichen mit ihren Zweifeln und den vor hartem Stolz Unerbittlichen. Die Besinnung auf die innere Pflicht, das Streben, das Leben schön und würdig zu gestalten, trägt stets den Sieg davon. Dieses Thema behandeln auch das erfolgreichste Werk der Schriftstellerin, der Briefroman »Heinz Kirchner. Aus den Briefen einer Mutter an ihre Mutter« (1893), die Erzählung »Stilleben« (1898) und der Briefroman »Frau Hellfrieds Winterpost« (1904). Auf einem historischen Stoff basiert »Catarina. Das Leben einer Färberstochter« (1902). Die fiktive Biografie der Heiligen Catarina von Siena schildert eine Frau, die den großen Männern ihrer Zeit ebenbürtig ist an Wissen, politischem Einfluss und Ansehen. Auch das Trauerspiel »Favara« (1909), ein Königs- und Sklavinnen-Drama um König Roger von Sizilien, verwendet einen historischen, aus dem 12. Jahrhundert stammenden Stoff. Posthum von der Schwester Johanna veröffentlicht wurden die Reiseskizzen »Aus vieler Herren Länder. Ausgewählte Aufsätze« (1912) und die während Marie Hirschs letzter Reise nach Ägypten entstandenen Arbeiten. Sie erschienen in der Zeitschrift »Die Nation«, wo fast alle ihre Essays, Kritiken und Landschaftsschilderungen zuerst gedruckt wurden.

Paul Heyse und Marie von Ebner-Eschenbach erkannten in Marie Hirsch eine Geistesverwandte. Ihren Nachlass verwahrt die Staats- und Universitätsbibliothek Hamburg Carl von Ossietzky. Der Grabstein der Geschwister Hirsch steht als Gedenkstein auf dem Ohlsdorfer Friedhof im »Garten der Frauen«.

WERKE Schriftenverzeichnis in: Bake/Reimers, S. 323; Norddeutsche Leute. Novellen, Berlin 1896 [2. Aufl. 1898]; Das Leben ist golden. Drei Novellen, Berlin 1897; Mädchen und Frauen, Berlin 1903; Glücksuchende Menschen. Erzählungen, Berlin 1907.

LITERATUR Bake/Reimers, S. 191–194.

Brita Reimers

HOCHBAUM, *Werner* Paul Adolf, geb. 7. 3. 1899 Kiel, gest. 15. 4. 1946 Potsdam, Filmregisseur.

Der Sohn eines Marineoffiziers und späteren Reklame-Unternehmers arbeitete bereits früh als Schauspieler und Dramaturg. In den 1920er Jahren sammelte er als Filmkritiker für das »Hamburger Echo« Erfahrungen mit den darstellenden Künsten und heiratete die Tänzerin Margarete Küchenmeister-Duwe. Sein erstes Filmprojekt »Hamburg, das Erlebnis einer Welthafenstadt« entwickelte er offenbar in künstlerischer Anlehnung an Walter Rutt-

manns »Berlin – Symphonie einer Großstadt«, scheiterte jedoch an Finanzierungsproblemen.

1928 entstand unter Hochbaums Regie in den VERA-Filmateliers an der Alsterkrugchaussee für den Film- und Lichtbilddienst der SPD unter dem Titel »Vorwärts« ein Kurz-Dokumentarfilm über einen Gewerkschaftskongress in Hamburg. Auf Vermittlung von Heinrich Braune, dem Kulturredakteur des »Hamburger Echos«, drehte Hochbaum 1929 die beiden Wahlkampf-Kurzfilme »Zwei Welten« und »Wille und Werk. Der Film vom Aufbau des neuen Altona« für die Sozialdemokratische Partei. Im gleichen Jahr fand die Premiere seines ersten, noch ohne Ton produzierten Spielfilms »Brüder« statt. Vor dem Hintergrund der Ereignisse des Hafenarbeiterstreiks 1896/97 verband er in diesem Film dokumentarische Bilder mit nachgestellten Spielszenen aus dem Milieu der Hafenarbeiter. Auch für Hochbaums ersten Tonfilm »Razzia in St. Pauli« (1932) diente der Hamburger Hafen als Kulisse. 1932 half Hochbaum Heinrich George bei der Inszenierung von »Schleppzug M 17«.

Der für eine österreichisch-schweizerische Firma gedrehte Film »Die ewige Maske« (1935) brachte Hochbaum weitere Regiearbeiten für UFA-Produktionen wie »Leichte Kavallerie« (1935) und »Ein Mädchen geht an Land« (1938) ein. Aufgrund eines früheren Prozesses wegen »versuchten Hochverrats« zugunsten Frankreichs, in dem Hochbaum 1923 aus Mangel an Beweisen freigesprochen worden war, erfolgte 1939 sein Ausschluss aus der Reichsfilmkammer. Während des anschließenden Militärdienstes erkrankte er an Tuberkulose, an deren Folgen er während der Vorbereitungen zu seinem ersten Filmprojekt nach Kriegsende, »Der Weg im Dunkeln«, starb.

LITERATUR Peter Spiegel/Helmut Dan, Werner Hochbaum. Viennale-Retrospektive 1976. Filme 1929–1939, Wien 1976; Prisma. Kino- und Fernseh-Almanach, hg. von Horst Knietzsch, 9 (1978), S. 327; Die Filme von Werner Hochbaum. 22. März bis 1. April 1996. Viennale, Wien 1996.

Volker Reißmann

HÖGER, Hermann, geb. 15. 1. 1882 Bekenreihe/ Kreis Steinburg, gest. 13. 7. 1950 Hamburg; luth.; Architekt.

Hermann Höger, der viereinhalb Jahre jüngere Bruder des Chilehaus-Baumeisters Fritz Höger, stand – obwohl selbst ein bedeutender Architekt – ein Leben lang im Schatten seines älteren Bruders. Sein Werk, vor allem im Bereich des Siedlungs- und Wohnungsbaus der zwanziger Jahre, ist in Hamburg und Schleswig-Holstein noch zu entdecken.

Als eines von sechs Kindern des selbstständigen Zimmermanns und Kätners Martin Höger wuchs Hermann Höger in Bekenreihe bei Elmshorn auf. Drei Söhne, Fritz (geb. 1877), Hermann und Martin (geb. 1881), wurden Baumeister in Hamburg. Der vierte Sohn, Heinrich, finanzierte seinem Bruder Fritz durch ein Darlehen den anfänglichen Aufenthalt in Hamburg. Diesem Vorbild folgte Fritz Höger, indem er seinem Bruder Hermann den Besuch der Baugewerbeschule ermöglichte. Zwischen 1910 und 1912 nahm er ihn in seinem Büro auf, wo der Mitarbeiter und malende Freund Ferdinand Sckopp zu seinem Lehrer wurde.

Die ersten Aufträge als freischaffender Architekt (Büroadresse: Lange Reihe 29) hat Hermann Höger möglicherweise dem 1923 zum Oberbaudirektor berufenen Fritz Schumacher zu verdanken. Jedenfalls vertraute ihm dieser, kaum aus Köln zurückgekehrt, den inneren Ausbau eines eigenen Werkes an, des Hauptrestaurants im Stadtpark (vollendet 1924). Die sich hier ergebende Zusammenarbeit des Architekten mit dem Bauplastiker Richard Kuöhl und dem Farbgestalter Otto Fischer-Trachau nahm Hermann Höger bei seinem ersten großen Staatsauftrag der neuen Schumacher-Ära, dem Gesundheitsamt am Besenbinderhof, wieder auf. Der komplizierte tiefe Baukörper liegt zwischen zwei Straßen und über einem Bahntunnel. Die Spannungen dieses Gebäudes drücken sich in der konträren Gestaltung der beiden Fassaden aus. Die expressionistisch bewegte Eingangsfassade aus vorspringenden Klinkerpfeilern huldigt der Vertikalen, die zweifarbig abgesetzten Putzbänder der Rückseite der Horizontalen. Der 1943 zum Teil zerstörte Bau wurde 1950 wieder aufgebaut.

Mitte der zwanziger Jahre baute Hermann Höger auch in Rendsburg, wo er zusammen mit Joerges und Wehde 1925 das eigenwillige Bürgermeis-

ter-Wohnhaus errichtete, gefolgt von einer expressionistisch durchgegliederten Wohnzeile in der Bismarckstr. 1 (1926/27) und der Christian-Timm-Schule (1929).

In Hamburg trat Hermann Höger, im Gegensatz zu seinem Bruder Fritz Mitglied des Bundes Deutscher Architekten (BDA), in der Folge mit einem privaten Umbau auf, dem (Putz-)Haus Rothschild in der Heimhuderstraße 39 (1923–27). Der Umbau wurde von Kurt F. Schmidt begonnen und mit einer expressionistisch-gotischen Fassadendekoration von Höger vollendet. Für sich selbst errichtete dieser 1926/27 in der Brabandstraße 1–2 ein mit steilem Dach, Staffelgiebel und gerahmten Spitzbogenfenstern ausgestattetes »expressionistisch-gotisierendes« Doppelwohnhaus.

Die größte Bedeutung im Schaffen Högers kommt dem Kleinwohnungs- und Massensiedlungsbau zu. Von 1927 bis 1930 erarbeitete er zusammen mit Karl Schneider den Südwestblock der Großsiedlung Barmbek-Nord für die von der Gewerkschaft gegründete Gemeinnützige Kleinwohnungsbaugesellschaft Groß-Hamburg. Für die Wohnhausblöcke Habichtplatz 9–15, Schwalbenstraße 73–75, Dennerstraße 1, Fuhlsbüttler Straße 228–230 und Otto-Speckter-Straße 17d–33 war Hermann Höger allein verantwortlich. Auch bei der Großwohnsiedlung Veddel (1926/27 mit Elingius & Schramm) dienten die Entwürfe der Schaffung von »menschenwürdigem erschwinglichem Wohnraum«. Aus Kostengründen wurden die Flachdachzeilen ohne Keller errichtet, die Kohlen auf den Speichern gelagert und die daher erforderlichen Windenluken als reizvolle Motive zur Gliederung der Bauten eingesetzt. In den zwanziger Jahren erreichten die klaren Formen des Neuen Bauens gerade hier monumentale Wirkung. Zwischen 1930 und 1940 war Hermann Höger gemeinsam mit Richard Opitz, Hans Mütel, Walter Ahrendt und anderen auch am Geschosswohnungsbauquartier Washingtonallee (3750 Wohnungen für 6479 Einwohner) beteiligt. Als in der zweiten Hälfte der dreißiger Jahre wieder kleinteiligere Siedlungshäuser den Massenwohnungsbau ergänzten, wirkte der erfolgreiche Architekt an der Einfamilienhaussiedlung Gartenstadt Alsterdorf mit. Unter den bedeutenden Wohnbauarchitekten in Hamburg zwischen 1918 und 1933 liegt Hermann Höger mit sechs vor seinem Bruder Fritz mit vier Großprojekten.

Högers große, aber immer noch leise Erfolge im Siedlungsbau lösten ihn langsam aus dem Schatten der Autoritäten. Für gewonnenes Selbstvertrauen spricht eine Auflehnung gegen den Mentor seiner frühen Architektenjahre. Ein Jahr nach dem Ausscheiden Schumachers aus dem Amt des Oberbaudirektors setzte Hermann Höger sich im Stadtpark gegen den erklärten Willen Schumachers durch, indem er die Seeterrasse des Stadtcafés auf Kosten des vorhandenen Wasserbeckens vergrößerte (1934). Schumacher hielt das für eine Verunstaltung der von ihm entworfenen Gesamtanlage.

Neben den Großbauten und der Teilnahme an Wettbewerben – zum Beispiel für die damals schon benötigte »große Halle« (Sporthalle am Stadtpark, 1925, neben Elingius, Schramm und Karl Schneider) oder für das Verwaltungsgebäude der Hamburger Feuerkasse (1937, 2. Preis mit Gustav Burmester) – baute Hermann Höger auch eine Anzahl von privaten Einfamilienhäusern.

Der Zweite Weltkrieg brachte die Bautätigkeit zum Erliegen. Im »Technischen Einsatzplan« des »Architekten für die Baugestaltung der Hansestadt Hamburg«, Konstanty Gutschow, wurde Hermann Höger der Bau eines HJ-Heimes am Stadtpark zugeteilt.

Danach wurde es still um ihn. Ein Jahr nach seinem Bruder Fritz, der ihn am Anfang gefördert, mit dem er aber offiziell nie gemeinsam gebaut hat, starb Hermann Höger an der Hauptwirkungsstätte beider, in Hamburg.

LITERATUR Neubau des Gesundheitsamtes in Hamburg, in: Deutsche Bauzeitung, 61. Jg., Nr. 69/70 (1927), S. 569–575; Hamburg und seine Bauten mit Altona, Wandsbek und Harburg-Wilhelmsburg 1918–1929, hg. vom Architekten- und Ingenieur-Verein zu Hamburg, Hamburg 1929; Alfred Kamphausen, Der Baumeister Fritz Höger, Neumünster 1972 (Studien zur schleswig-holsteinischen Kunstgeschichte 12); Hermann Hipp, Wohnstadt Hamburg. Mietshäuser zwischen Inflation und Weltwirtschaftskrise, 2. Aufl. Hamburg 1985 (Hamburg-Inventar, Themen-Reihe 1); Dirk Schubert/ Hans Harms, Wohnen in Hamburg – Ein Stadtführer zu 111 ausgewählten Beispielen, Hamburg 1989 (Stadt, Planung, Geschichte 11); Hermann Hipp, Freie und Hansestadt Hamburg. Geschichte, Kultur und Stadtbaukunst an Elbe und Alster, 3. Aufl. Köln 1996. *Karin von Behr*

HÖRIG, Carl *August*, geb. 12. 2. 1834 Düben bei Bitterfeld, gest. 26. 8. 1884 Hamburg; Zigarrenarbeiter, Gewerkschafter, Sozialdemokrat.

Als verwahrlostes Kind kam August Hörig in die Lehre bei einem Schornsteinfeger, wo er zum Betteln und Stehlen gezwungen und deshalb mehrfach zu Gefängnisstrafen verurteilt wurde. Mit eisernem Willen eignete der spätere Zigarrenarbeiter sich jedoch ein beträchtliches Wissen im Selbststudium an. Er kam 1867 nach Hamburg und wurde als begabter Redner bald Bevollmächtigter der Hamburger Lassalleaner und der Zigarrenarbeitergewerkschaft. 1871 übernahm er den Vorsitz des Komitees zur Reichstagswahl. Als das »Hamburg-Altonaer Volksblatt« schon in der Genossenschaftsdruckerei hergestellt wurde, wirkte Hörig als Berichterstatter der Zeitung und übernahm für kurze Zeit redaktionelle Verantwortung. Nach der Verhängung des »Kleinen Belagerungszustandes« am 25. Oktober 1880 gehörte er zu den ersten aus Hamburg ausgewiesenen Sozialdemokraten. Hörig zog sich in seinen letzten Lebensjahren vollkommen aus der Parteiarbeit zurück und hielt sich mit einem kleinen und schlecht gehenden Zigarrenhandel über Wasser.

LITERATUR Nachruf in: Die Reform, Nr. 204 vom 27. 8. 1884 [ohne Pag.]; Heinrich Laufenberg, Geschichte der Arbeiterbewegung in Hamburg, Altona und Umgegend, Bd. 1, Hamburg 1911 [Nachdruck Berlin 1977]. *Angela Graf*

HOFFMANN, Benjamin Gottlob, geb. 4. 5. 1748 Steinau/Oder, gest. 5. 2. 1818 Hamburg; luth.; Buchhändler, Verleger.

Benjamin Hoffmann war der Begründer eines der traditionsreichsten Hamburger Verlage, der noch heute unter dem Namen Hoffmann und Campe existiert und literaturgeschichtlich eng mit den Autoren des Jungen Deutschland in Verbindung steht.

Hoffmann wurde nach seiner 1774 angetretenen Gehilfentätigkeit bei dem Buchhändler und Verleger Carl Bohn in Hamburg im Jahr 1780 Teilhaber des in der Hansestadt tätigen Schweizer Buchhändlers Jean Virchaux, von dem er sich aber schon wenige Monate später trennte. Nach der Eröffnung der Hoffmannschen Buchhandlung in Hamburg

(1781), über die vor allem der Vertrieb der weit verbreiteten Zeitschriften »Reichs-Post-Reuter« und »Politisches Journal« erfolgte, gelang ihm bereits 1782 der Aufkauf des Hertelschen Verlags. Hoffmann heiratete 1785 die Kaufmannstochter Elisabeth Ruperti und gewann so den Zugang zum Kreis um Georg Heinrich Sieveking und Johann Albert Heinrich Reimarus in Neumühlen. Außerdem war er Freimaurer und seit 1790 Mitglied der Patriotischen Gesellschaft. Der darauf beruhende enge Kontakt zu den weltmännischen Kaufmannsfamilien spiegelt sich auch im Verlagsprogramm wider, in dem die von George Keate herausgegebene Reihe »Neuere Geschichte der See- und Land-Reisen« (1789–1808) sowie die politischen Schriften von Johann Wilhelm von Archenholz (»Die Pariser Jacobiner in ihren Sitzungen«, 1793) und Charles François Dumouriez (»Politische Uebersicht des kuenftigen Schiksals von Frankreich«, 1795) über die Revolutionsereignisse in Frankreich wichtige Schlaglichter bildeten. Hoffmann verlegte aber auch jegliche Art von Sachliteratur (etwa zwei Drittel des Programms) sowie in geringerem Ausmaß literarische Werke. Auffällig ist die Konzentration auf die nutzenorientierten Bedürfnisse des Hamburger Publikums, dem zugleich seine wichtigsten Autoren wie Johann Georg Büsch, Engel Christine Westphalen oder Jonas Ludwig von Heß entstammten. Mit seinem weit gefächerten Programm konnte Hoffmann zugleich den unterschiedlichen Interessen eines sich zunehmend differenzierenden Publikums gerecht werden und leichter auf Nachfrageschwankungen reagieren. Damit lässt er sich als früher Prototyp des modernen Publikumsverlegers charakterisieren. Seine geringe politische Motivation zeigte sich besonders stark bei der Auswahl von Schriften zur Französischen Revolution, die sowohl von Anhängern als auch von Gegnern stammten und von Hoffmann allein wegen ihres potenziellen Verkaufserfolgs in Verlag genommen wurden. Im Jahr 1800 erschienen laut einem an den Messkatalogen orientierten Bücherindex 28 Titel im Verlag Hoffmanns, der damit im Hamburger Maßstab fast ganz oben rangierte. Während der französischen Besetzung arrangierte sich der Verleger mit dem Gouvernement und konnte seine Umsätze im Gegensatz zu vielen seiner Kollegen stabilisieren. Im Jahre 1810 trat sein Schwiegersohn August Campe, Neffe des Pädagogen Joachim Heinrich Campe und

Inhaber einer eigenen Buchhandlung, in das Hoffmannsche Sortiment ein und übernahm bald einen großen Teil der Geschäftätigkeit. So kam es bis spätestens 1812 zum Zusammenschluss beider Sortimente unter dem Namen Hoffmann & Campe, die Zusammenlegung beider Verlage erfolgte aber erst im Jahr 1816. Hoffmann blieb bis zu seinem Tod Teilhaber des Geschäfts.

LITERATUR ADB 12; Hamburger Bücher 1491–1850. Aus der Hamburgensien-Sammlung der Staats- und Universitätsbibliothek Hamburg, hg. von Werner Kayser, Hamburg 1973 (Mitteilungen aus der Staats- und Universitätsbibliothek Hamburg 7), S. 128–130, 144; Gert Ueding, Hoffmann und Campe. Ein deutscher Verlag. In Zusammenarbeit mit Bernd Steinbrink, Hamburg 1981, S. 21–168; Lexikon des gesamten Buchwesens, hg. von Severin Carsten u. a., Bd. 3, 2., völlig neu bearb. Aufl. Stuttgart 1991, S. 502 f.
Dirk Moldenhauer

HOPPSTOCK-HUTH, Magdalene *(Magda)*, geb. Huth, geb. 9. 3. 1881 Hamburg, gest. 24. 4. 1959 ebd.; luth., 1933 aus der Kirche ausgetreten; Politikerin, Gründerin der Internationalen Frauenliga für Frieden und Freiheit (IFFF), Widerstandskämpferin.

Magda Hoppstock-Huth wuchs mit ihren Geschwistern in einer gut situierten Kaufmannsfamilie auf. Die Eltern erzogen ihre Kinder im pazifistischen Sinne. In ihrer Jugend verbrachte Magda Huth fünf Jahre in England und Frankreich, studierte in Bordeaux und arbeitete anschließend als Lehrerin. 1908 heiratete sie den Amtsrichter Rudolf Hoppstock und bekam mit ihm zwei Kinder. Die Familie lebte von 1909 bis 1920 in verschiedenen Städten Mitteldeutschlands, wo Magda Hoppstock-Huth auch als Abgeordnete der USPD aufgestellt wurde.

Nachdem ihre beiden Brüder im Ersten Weltkrieg gefallen waren, schloss Magda Hoppstock-Huth sich dem deutschen Frauenausschuss für dauernden Frieden an, aus dem auf ihre Initiative im Juni 1919 die Internationale Frauenliga für Frieden und Freiheit (IFFF) hervorging. Die IFFF setzte sich für Abrüstung, eine pazifistische Erziehung, soziale Gerechtigkeit sowie politische und wirtschaftliche Gleichberechtigung ohne Unterschied von Geschlecht, Rasse, Stand und Glaubensbekenntnis ein und sprach sich gegen jeglichen Missbrauch der Wissenschaft zu zerstörerischen Zwecken aus. Mit

Magda Hoppstock-Huth

dieser Zielsetzung gehörten die Mitglieder der IFFF zum radikalen Teil der bürgerlichen Frauenbewegung.

Magda Hoppstock-Huth wurde Vorsitzende der IFFF und kehrte 1920 zurück in ihre Geburtsstadt Hamburg, wo sie auch den Vorsitz der Hamburger Ortsgruppe übernahm. Von 1925 bis 1933 war sie Leitungsmitglied der Deutschen Sektion der IFFF und Mitglied der internationalen Exekutive der Internationalen Frauenliga in Genf. 1928 ließ sich das Ehepaar Hoppstock-Huth im gegenseitigen Einvernehmen scheiden.

Gleich nach der Machtübernahme durch die Nationalsozialisten im Jahre 1933 wurde gegen Magda Hoppstock-Huth ein Verfahren wegen Hochverrats eingeleitet, denn die IFFF hatte in den letzten Jahren der Weimarer Republik mit der Parole »Hitler bedeutet Krieg« immer wieder vor der Gefahr des Nationalsozialismus gewarnt.

Magda Hoppstock-Huth emigrierte nach England, wo auch ihre Tochter lebte. Hier nahm sie Kontakt zu gleichgesinnten Frauen auf, veröffentlichte mit ihnen Aufrufe und Manifeste, nahm an internationalen Konferenzen teil. 1938 folgte sie ihrer Tochter, die 1935 nach Südafrika ausgewandert war. Kurz vor Ausbruch des Zweiten Weltkriegs kehrte Magda Hoppstock-Huth jedoch nach Hamburg zurück, um in der Nähe ihres Sohnes Rudolf zu sein. Die überzeugte Pazifistin begab sich in den Widerstand. Pazifismus und der Kampf gegen den Faschismus schlossen sich für die IFFF-Frauen nicht mehr aus. Obwohl Magda Hoppstock-Huth

von der Gestapo überwacht wurde, traf sie sich mit einem kleinen Kreis ihrer Mitstreiterinnen aus der Frauenliga, die versuchten, jüdische Mitbürger und Mitbürgerinnen zu verstecken oder sonstige Hilfe zu leisten. Am 31. Mai 1944 wurde Magda Hoppstock-Huth verhaftet und wegen Hochverrats angeklagt. Der Todesstrafe entkam sie nur dadurch, dass die britischen Truppen sie im Mai 1945 aus der Gestapohaftanstalt in Hamburg-Fuhlsbüttel befreiten.

Nach Kriegsende war Magda Hoppstock-Huth eine der Neugründerinnen der IFFF und fungierte von 1945 bis 1959 als Präsidentin der deutschen Sektion. Als deren Vertreterin wurde sie im Februar 1946 Mitglied der von der britischen Militärregierung ernannten Hamburgischen Bürgerschaft. Im Juli 1946 trat sie der SPD bei, für die sie von Oktober 1946 bis Oktober 1949 Bürgerschaftsabgeordnete war. 1946 gehörte Magda Hoppstock-Huth zu den Mitbegründerinnen des Hamburger Frauenringes und war Mitglied im Vorstand des Frauenausschusses e. V.

Ihr Grab befindet sich auf dem Ohlsdorfer Friedhof (Grab Nr. L 32, 419–421).

LITERATUR Bake/Reimers, S. 271–273; Karen Hagemann/Jan Kolossa, Gleiche Rechte – Gleiche Pflichten? Der Frauenkampf für staatsbürgerliche Gleichberechtigung. Ein Bilder-Lese-Buch zu Frauenalltag und Frauenbewegung in Hamburg, Hamburg 1990.   *Rita Bake*

HORNER, Johann Caspar (Kaspar), geb. 12. 3. 1774 Zürich, gest. 3. 11. 1834 ebd.; ref.; Astronom, Geodät.

Während seiner kurzen Anwesenheit in Hamburg in den Jahren von 1799 bis 1803 trug Johann Caspar Horner, vermittelt durch seine Bekanntschaft mit dem Spritzenmeister und Mechaniker Johann Georg Repsold, nicht nur zur Schaffung der Grundlagen für den Bau von astronomischen und anderen optisch-feinmechanischen Instrumenten, sondern auch zur Vorbereitung der Gründung einer staatlichen Sternwarte entscheidend bei.

Nach dem Studium der Theologie in Zürich und einer kurzen Tätigkeit als Pfarrvikar in Neunforn (1796) studierte Horner von 1797 bis 1798 in Göttingen Mathematik, Geodäsie und Astronomie unter anderem bei Georg Christoph Lichtenberg. Seine erste Anstellung als Assistent für praktische Astronomie erhielt er 1798 bei Franz Freiherr von Zach an der Sternwarte auf dem Seeberg bei Gotha. 1799 wurde er in Jena zum Dr. phil. promoviert. Noch im selben Jahr wandte sich die Hamburger Commerz-Deputation mit der Bitte um Entsendung eines Fachmanns für die Vermessung der Mündungen von Elbe, Eider und Weser an von Zach; dieser empfahl Horner, der sich dieser Aufgabe in den Jahren von 1799 bis 1802 widmete.

Während der Messpausen im Winter wohnte Horner in Hamburg bei Johann Georg Repsold und nutzte dessen feinmechanische Werkstatt zur Reparatur und zum Neubau seiner Betriebsmittel. Dabei informierte er seinen Gastgeber über den aktuellen Stand der Astronomie und deren Instrumente. Diese Gespräche führten dazu, dass Repsold mit der Fertigung eigener astronomischer Instrumente begann, vor allem mit der Konstruktion des neuartigen großen Meridiankreises, zu dessen Unterbringung er ein kleines Observatorium über dem Stintfang errichtete, die Keimzelle der späteren Hamburger Sternwarte. Im Sommer 1802 wurde Horner von der Elbedeputation nach London geschickt, um bei dem Mechaniker George Robinson die Fertigung der Lampenapparate für den neuen Leuchtturm Cuxhaven zu überwachen. Bei dieser Gelegenheit besuchte er zahlreiche Leuchtfeuer an der englischen Südostküste, die er nach seiner Rückkehr in einem ausführlichen Bericht mit Hilfe von Zeichnungen beschrieb. Repsold erhielt durch seinen Logiergast Anregungen zur eigenen Beschäftigung mit diesem Thema und wurde so in die Lage versetzt, 1809 die Leuchtfeuer für Neuwerk anzufertigen.

Da sich in Hamburg keine weitere Beschäftigung bot, nahm Horner 1803 das Angebot an, als Astronom an einer dreijährigen Weltumsegelungs-Expedition des russischen Kapitäns Adam Johann von Krusenstern teilzunehmen. 1809 weilte er noch einmal für ein halbes Jahr in Hamburg, reiste mangels einer Arbeitsmöglichkeit jedoch weiter nach Zürich. In seiner Heimatstadt arbeitete er zunächst als Astronom; seit 1812 war er Professor für Mathematik, ab 1829 Mitglied im Züricher Stadtrat, ab 1831 Vorsteher der Züricher Naturforschenden Gesellschaft und seit 1833 erster Direktor der von ihm initiierten Industrieschule Zürich.

WERKE Johann Samuel Traugott Gehler, Physikalisches Wörterbuch, neu bearb. von [Heinrich Wilhelm] Brandes u. a. [unter Mitarbeit von Johann Kaspar Horner], 11 Bde., Leipzig 1825–45.

LITERATUR ADB 13; NDB 9; Historisch-biografisches Lexikon der Schweiz, hg. von Heinrich Türler, Bd. 4, Neuenburg 1927; Heinrich Escher, Johann Caspar Horner, nach seinem Leben und Wirken dargestellt, Zürich 1834; Rudolf Wolf, Biographien zur Kulturgeschichte der Schweiz, Bd. 2, Zürich 1859; Jürgen W. Koch, Der Briefwechsel zwischen Johann Caspar Horner und Johann Georg Repsold. Kommentierte Übertragung der Brieftexte, Holm 1999.   *Jürgen W. Koch*

HUDTWALCKER, Elisabeth, geb. Moller, geb. 6. 7. 1752 Hamburg, gest. 22. 11. 1804 ebd.; luth.; Künstlerin.

Elisabeth Moller war das jüngste der drei Kinder von Vincent Moller und seiner Frau Hedwig, geborene Thuun. Ihr Vater starb nur zwei Jahre nach ihrer Geburt. Elisabeth erhielt Musik- und Malunterricht und entwickelte schon früh eine Neigung zur Malerei. Befreundet war sie mit Margarethe Elisabeth Hudtwalcker (1748–94), der Schwester ihres späteren Ehemannes Johann Michael Hudtwalcker (1747–1818). 1775 heirateten Elisabeth Moller und Johann Michael Hudtwalcker und wohnten fortan im Elternhaus des Ehemannes in der Katharinenstraße 83. Verheiratet und noch nicht Mutter, durfte Elisabeth sich in ihren Mußestunden weiterhin der Malerei widmen. Sie kopierte Gemälde in Kreide und lernte, nach der Natur zu zeichnen. Ihre liebste Tätigkeit war das Porträtieren.

Ein Jahr nach der Hochzeit wurde Elisabeth Hudtwalcker schwanger. »Nun aber verging ihr der Muth, oder vielmehr sie erhielt Muth zu einem höheren Berufe. Sie fühlte sich davon wie begeistert. Mutter war sie mehr als Künstlerin«, so der Gatte über seine Frau. Elisabeth Hudtwalcker hatte einen großen Haushalt zu führen. Sie gebar acht Kinder, das letzte im Alter von 37 Jahren. Im Laufe der Jahre regte sich erneut ihr alter Wunsch nach künstlerischer Betätigung. Doch auch wenn sie ihren Haushalt im Griff hatte, verlangte er ihr so viel Arbeit ab, dass es ihr oft nur durch frühes Aufstehen möglich war, der Malerei nachzugehen. Da sie immer mit Unterbrechungen durch ihre Mutter- und Hausfrauenpflichten rechnen musste, malte sie kaum noch mit Ölfarben und ließ sich im Umgang mit Wasserfarben unterrichten. Dennoch kollidierten ihre künstlerischen Ambitionen immer wieder mit den Aufgaben der Haushaltsführung. Schon bald nach der Ernennung ihres Mannes zum Senator im Jahre 1788 erkrankte Elisabeth Hudtwalcker am Inflammationsfieber. Auf einer Reise durch Deutschland, die sie 1790 gemeinsam mit ihrem Mann unternahm, um sich über den schmerzlichen Verlust des jüngsten, erst im Jahr zuvor geborenen Kindes ein wenig hinwegzutrösten, besuchte das Ehepaar Hudtwalcker Freunde und Künstler, darunter Johann Gottfried Schadow und Daniel Chodowiecki. Einen abermaligen Ausbruch des Inflammationsfiebers überlebte Elisabeth Hudtwalcker nicht. Sie starb nach siebentägiger Krankheit. Ihr Porträt, gemalt von Jean-Laurent Mosnier, hängt heute in der Hamburger Kunsthalle. Bilder von ihrer Hand sind nicht überliefert.

LITERATUR Bake/Reimers, S. 130–132; Johann Michael Hudtwalcker, Elisabeth Hudtwalcker, geb. Moller, gestorben den 22. November 1804. Eine Biographie, Hamburg o. J. [1804]. *Rita Bake*

JACOBI, Erwin, geb. 25. 3. 1902 Hamburg, gest. 20. 2. 1967 Lüneburg; luth.; Rechtsanwalt, Senator.

Erwin Jacobi, der von 1953 bis 1957 dem »Hamburg-Block«-Senat unter Bürgermeister Kurt Sieveking angehörte, verkörpert den schmalen, aber sichtbaren Kontinuitätsstrang, der die Deutsche Volkspartei (DVP) der Weimarer Republik mit der bundesrepublikanischen NPD verbindet.

Jacobi ließ sich nach dem Jurastudium als Rechtsanwalt nieder und engagierte sich seit 1919 in der DVP, vor allem bei den »Jungen Volksparteilern«, die damals in Verbindung mit dem moderaten Hamburger Landesvorsitzenden Paul de Chapeaurouge ein Zusammengehen mit den Parteien der Weimarer Koalition befürworteten, eine Kooperation mit der NSDAP dagegen ablehnten. Jacobi kandidierte mehrfach für die DVP bei den Wahlen zur Bürgerschaft und war im Kirchenvorstand von St. Johannis/Harvestehude aktiv, wo der DVP-Abgeordnete Johannes Reinhard als Seelsorger amtierte.

1945 vermochte de Chapeaurouge Jacobi für die Gründung des Vaterstädtischen Bundes Hamburg zu mobilisieren, doch als dieser 1946 zur Deutschen Konservativen Partei (DKP) übertrat, trennten sich die Wege. 1947 wurde Jacobi Landesvorsitzender der aus der »welfisch« orientierten Niedersächsischen Landespartei hervorgegangen, prononciert rechtsgerichteten Deutschen Partei (DP). Dass Jacobi zur ersten Bürgerschaftswahl 1946 als Kandidat zugelassen war, weist darauf hin, dass er nicht der NSDAP angehört hatte. 1949 für die DP in die Bürgerschaft gewählt, gehörte Jacobi 1953 dem Vorstand des »Hamburg-Blocks« (CDU-FDP-DP-BHE) an und trat nach dessen knappem Wahlerfolg im Dezember 1953 in den von Kurt Sieveking geführten Senat ein. Dort leitete er die Polizeibehörde (1953–55, erneut 1957) sowie die Gesundheitsbehörde (1955–57), erfüllte aber seine Aufgaben sichtbar unzureichend und trug zur Instabilität des kurzlebigen »Hamburg-Block«-Senats bei.

1958 zum Ehrenvorsitzenden der Hamburger DP gewählt, ging Jacobi den Weg seiner Partei in die Gesamtdeutsche Partei (GP/DP-BHE) mit, die nach 1962 allerdings rapide verfiel. 1966 kandidierte der gesundheitlich bereits stark angeschlagene Jacobi auf Platz 2 der Hamburger Kandidatenliste der 1964 auf den Plan getretenen NPD für die Bürgerschaft.

LITERATUR Helmut Stubbe-da Luz, Die Deutsche Partei in Hamburg. Wurzeln, Anfänge, Umfeld, Erfolge und Niedergang, in: ZHG 79 (1993), S. 211–280.
Helmut Stubbe-da Luz

JENISCH, *Emilie* Auguste, geb. 12. 12. 1828 Hamburg, gest. 24. 4. 1899 ebd.; luth.; Stifterin.

Die kranke, verwachsene und taube Tochter des Kaufmanns Gottlieb Jenisch und der Caroline Jenisch, verwitwete Gräfin von Westphalen-Fürstenberg, geborene Freiin von Lützow, ist als eine der wohltätigsten Damen der Stadt in die Geschichte Hamburgs eingegangen.

Die Familie Jenisch wohnte in einem großen Haus am Neuen Jungfernstieg Nr. 19, in dem heute der Übersee-Club sein Domizil gefunden hat. Als ihr Vater 1875 starb, erbte Emilie als älteste der drei Töchter das Haus, in dem die ledig Gebliebene nach dem Tod ihrer Mutter im Jahre 1882 allein lebte. Sie wohnte dort aber nur im Winter. Im Sommer zog es sie in das elterliche »Weiße Haus« an der Elbchaussee. Eigentlich wollte Emilie Jenisch ein zurückgezogenes Leben führen, doch Pastor Carl Ninck von der Anschargemeinde, dessen Gottesdienste die »besseren Familien« Hamburgs besuchten, überzeugte sie, sich für die Gemeinde zu engagieren. Einen großen Teil ihres väterlichen Erbes gab sie deshalb für die Finanzierung der Gemeindeaufgaben. Ihr Haus am Jungfernstieg wurde als Gemeindehaus genutzt. 1883 gründete Emilie Jenisch das nach ihr benannte Emilienstift. Die zuerst in einer Wohnung in der Eppendorfer Landstraße untergebrachte Einrichtung bot sittlich gefährdeten – aber noch nicht »gefallenen« – konfirmierten, unmündigen Mädchen Unterkunft und eine Ausbildung zur Dienstbotin. Schon bald reichten die vorhandenen Räumlichkeiten nicht mehr aus. 1885 übergab Emilie Jenisch sie der Anschargemeinde und ließ über Pastor Ninck ein Grundstück für einen Neubau kaufen. 1886 wurde der Stiftskomplex Sankt Ancharhöhe (Stiftung Ancharhöhe) an der Tarpenbekstraße in Eppendorf eröffnet. Hierhin zog nicht nur das Emilienstift, das heute als Altenheim dient. Auch das Erholungsheim »Bethanien« der Bethlehemschwestern, das der Anschargemeinde gehörende Siechenhaus »Emmaus« für unheilbar kranke und alte Frauen und der zum Rauhen Haus gehörende Kastanienhof, ein Waisenhaus für Mäd-

J

chen, fanden in dem Komplex eine neue Bleibe. Einige alte Gebäude der Anscharhöhe stehen noch heute, so zum Beispiel das jetzt als Altenheim genutzte Haus »Emmaus«, das ehemalige Waschhaus, das Haus »Bethanien« und die Kirche »Zum Guten Hirten«. Das Grab von Emilie Jenisch befindet sich auf dem Ohlsdorfer Friedhof (bei AH 17, 1–8; AH 17, 1a–8a).

LITERATUR Bake/Reimers, S. 52; Harald Jenner, 100 Jahre Anscharhöhe 1886–1986, Neumünster 1986.

Rita Bake

JÜRGENS, *Friedrich* Joachim Christian, geb. 23. 8. 1825 Lübeck, gest. 11. 10. 1903 Ottensen; luth.; Baumschul-, Handels- und Landschaftsgärtner, Bankdirektor.

Der aus einer Lübecker Gärtnerfamilie stammende Garteningenieur Friedrich Joachim Christian Jürgens entfaltete im 19. Jahrhundert – seiner breit angelegten Ausbildung entsprechend – ein vielseitiges und abwechslungsreiches Berufsleben. Schon im Jugendalter ermöglichte ihm die früh verwitwete Mutter Privatunterricht im Zeichnen, in der Botanik und in den Sprachen Englisch und Französisch. Nach der Konfirmation wurde der 14-Jährige zur kaufmännischen Ausbildung in ein Kontor nach St. Petersburg geschickt. Sein deutscher Lehrherr, Besitzer einer großen Maschinenfabrik, brachte den bautechnisch besonders interessierten und mathematisch hoch begabten jungen Mann für ein Jahr auf dem Polytechnikum unter und setzte ihn anschließend als Ingenieur in seiner Fabrik ein. Nachdem diese einem Feuer zum Opfer gefallen war, kehrte Jürgens auf Wunsch der Mutter 1842 nach Hause zurück und begann mit 16 Jahren seine Hauptlehre in der Lübecker Gärtnerei Steltzner & Schmalz. Bevor er 1845 seine erste Stelle als Obergehilfe in der Altonaer Gärtnerei C. W. E. Putzcke antrat, hatte er seine Kenntnisse während einer einjährigen Bildungsreise durch Deutschland, Belgien und England vertieft.

Schon die erste Arbeit, der auf dem Schutt des Hamburger Brands auf der Insel Steinwerder 1846 errichtete Fährhausgarten, brachte so viele Folgeaufträge ein, dass Jürgens es riskieren konnte, sich 1847 in Ottensen selbstständig zu machen und die eingesessene Gerrits'sche Baumschule in Nienstedten zu erwerben. Hier betrieb er die Anzucht großer

Baumsolitäre, durch deren Erscheinungsbild sofort eine raumbildende und dekorative Wirkung von Gartenanlagen zu erzielen war. Zu seinen landschaftsgärtnerischen Stilmitteln gehörten außerdem der Verzicht auf formale Gartenteile nah am Haus, lang gestreckte Lichtungen, sanfte Geländemodellierungen, vielgestaltige Wasserblicke und die Betonung der lokalen Vegetation, einschließlich herbstlicher Laubfärbungen.

Neben zahlreichen Guts- und Villenparks machten Jürgens vor allem einige Großprojekte international bekannt, darunter die Gestaltung des alten Zoologischen Gartens (1863) am Dammtor. Die größte Anerkennung brachten ihm die Konzeption und Durchführung der Ersten Internationalen Gartenbau-Ausstellung 1869 auf dem Stintfang. Auch die Präsentation von 196 Baumsolitären in 84 Sorten auf 1200 Quadratmetern Ausstellungsfläche in Berlin im Jahr 1890 bewies sein besonderes logistisches Geschick. Von den Privatgärten in der Umgebung von Hamburg und in Schleswig-Holstein sind einige dokumentiert und in Restflächen erhalten, aber nur wenige schon erforscht. Zu den eindeutig zuzuordnenden Arbeiten gehören der Park des Syndicus Dr. Carl Hermann Merck (umgestaltet nach dem Erwerb 1856, heute Hesse Park) in Blankenese, der Amsinck-Park in Lokstedt (ab 1868), der Landhausgarten de Vos (heute Stadtpark) in Itzehoe und die Gutsgärten von Meischenstorf (1866) und Breitenburg (Umgestaltung 1882–84) in Schleswig-Holstein. Weitere Parks von Jürgens entstanden im Rheinland und in Sachsen. In der Literatur werden seine gartenschöpferischen Arbeiten ebenso wie die seines gleichermaßen bedeutenden Sohnes Rudolph Jürgens nicht immer richtig zugeordnet.

Geprägt durch das frühe Witwentum der Mutter hatte Jürgens schon mit 27 Jahren erfolgreich die Gründung einer Gärtner-Witwenkasse betrieben. 1876 übergab er seinem Sohn Rudolph die Landschaftsgärtnerei, behielt aber die Baumschule in seinem Besitz. 1877 wurde Friedrich Joachim Christian Jürgens auf sechs Jahre an die Spitze der Ortsverwaltung von Ottensen gewählt und übernahm die Verwaltung der Landesbrandkasse. Mit 66 Jahren sattelte er 1891 noch einmal um und übernahm eine leitende Funktion in der Verwaltungsspitze der Ottensener Bank. Er starb zwölf Jahre später, 1903, als Bankdirektor in Ottensen. Die Jürgensallee in Othmarschen und Nienstedten wurde vor 1903 nach ihm benannt.

LITERATUR Christian Koopmann, Verdiente Fachgenossen. Die Senioren der Hamburg-Altonaer Handelsgärtner, in: Die Gartenwelt. Illustriertes Wochenblatt für den gesamten Gartenbau 16 (1903), S. 186–192; Historische Gärten in Schleswig-Holstein, hg. von Adrian von Buttlar und Margita Marion Meyer, 2., durchgesehene Aufl. Heide 1998. *Karin von Behr*

JÜRGENS, *Rudolph* Philipp Christian, geb. 17. 7. 1850 Nienstedten, gest. 2. 6. 1930 Hamburg; ev.; Gartenbauingenieur, Kaufmann, Landschaftsgärtner.

Mit 26 Jahren übernahm der im elterlichen Betrieb aufgewachsene und als Gärtner mit England-Erfahrung ausgebildete Rudolph Jürgens 1876 die renommierte Landschaftsgärtnerei seines Vaters Friedrich Joachim Christian Jürgens in Ottensen. Sein erster beruflicher Erfolg war der Gewinn des Wettbewerbs zur Umgestaltung des Husumer Schlossgartens in einen Stadtpark (1878). Nachdem der Vater 1869 die Erste Internationale Gartenbau-Ausstellung in Hamburg mit großem Erfolg konzipiert und realisiert hatte, übertrug man – eine Generation später – dem Sohn die Gesamtleitung der Allgemeinen Gartenbau-Ausstellung von 1897. Auf dem Gelände der Alten Wallanlagen zwischen Millerntor und Holstentor präsentierten sich zunächst in einer Frühjahrsausstellung und ab August in einer Herbstsonderschau 500 Aussteller aus Hamburg und Umgebung, Dresden und dem Rheinland. Das Ausland war mit 15 Ländern vertreten. Die aus Anlass des 60-jährigen Bestehens des Gartenbauvereins ausgerichtete Schau übertraf durch Ausdehnung (20 Hektar), Dauer (Mai bis Oktober) und Umfang (Freilandschau und sechs Hallensonderschauen) nicht nur alle Erwartungen, sondern auch die einst von Vater Jürgens geleitete Gartenschau am Stintfang.

1906 wurde Rudolph Jürgens aus Anlass des Kaiserbesuchs die ehrenvolle Aufgabe zuteil, die Auffahrt vom Kaisertor an der Elbchaussee in den Jenischpark hinein zu gestalten. Im Lauf der Jahre formte oder überformte er auch die Gartenanlagen namhafter Hamburger Familien, arbeitete für Adolph Vorwerk in Klein Flottbek (nach 1902), die Familie Jenisch in Blumendorf, die Familien War-

burg, Michahelles, Garrels und Stucken am Elbhöhenwanderweg und für die Brüder Hermann und Albert Münchmeyer am Falkenstein (Luusbarg, 1906).

Als Sachverständiger fand Jürgens Gehör beim Hamburger Senat. Seine 1907 geäußerten Bedenken bei der Anlage des Stadtparks wurden zum wesentlichen Teil berücksichtigt. Auf Jürgens' Anregung wurde der Wasserturm mit der Front gegen Südosten auf dem höchsten Punkt der Kuppe im nun auch ausgelichteten Sierich'schen Gehölz errichtet, sodass sich dem Blick des eintretenden Besuchers die große Achse mit dem Akzent des Turms darbot. Ein Jahr später saß Jürgens bei der Wettbewerbsentscheidung um die Anlage des Stadtparks im Preisgericht.

Neben dem Geschäft mit Anzuchtbäumen, Düngemitteln sowie Gartenplanung und -gestaltung hatte sich Jürgens auf Pferderennbahnen spezialisiert. Die von ihm angelegte Rennbahn in Berlin-Karlshorst galt seinerzeit als die schönste der Welt. Seine Handschrift hat der »Landschafter« aber am deutlichsten in Parks und Gärten namhafter Hamburger hinterlassen, nicht nur in den Elbgemeinden, sondern auch am Sachsenwald, in Aumühle, Wentorf und Reinbek. Hier entstanden die Parkanlagen Leisewitz, Specht, Plate, Stolz, Mutzenbecher, Lorenz-Meyer und Fester. Im Alter von fast 80 Jahren starb Jürgens, der bis zuletzt in seiner Villa am Harvestehuder Weg gewohnt hatte, an den Folgen eines Verkehrsunfalls.

WERKE Andeutungen über die berechtigten, praktischen und ästhetischen Anforderungen des Laien an neue landschaftliche Anlagen, Hamburg o. J. [nach 1886].

LITERATUR Irmgard Sorge-Genthe, Hammonias Gärtner. Geschichte des Hamburger Gartenbaues in den letzten drei Jahrhunderten, Hamburg 1973; Sylvia Borgmann, Die Parkbesitzung Forellenau in Witzhave. Neu entdeckte und gefährdete historische Gärten in Schleswig-Holstein, Heide 1997; Michael Goecke, Stadtparkanlagen im Industriezeitalter. Das Beispiel Hamburg, Hannover/Berlin 1981 (Geschichte des Stadtgrüns 5); Historische Gärten in Schleswig-Holstein, hg. von Adrian von Buttlar und Margita Marion Meyer, 2., durchgesehene Aufl. Heide 1998. *Karin von Behr*

Juliane Louise, Prinzessin von Ostfriesland, geb. 16. 11. 1657 Aurich, gest. 30. 10. 1715 Hamburg; luth.; heimliche Ehefrau eines Hamburger Pastors.

Die älteste Tochter des Fürsten Enno Ludwig von Ostfriesland schloss Anfang des 18. Jahrhunderts den heimlichen Ehebund mit dem Hamburger Pastor Joachim Morgenweck. Mehr Aufsehen erregten jedoch die Schwierigkeiten, die bei der Ausführung ihres Testamentes entstanden und die dazu führten, dass ihr Leichnam 16 Monate lang unbestattet blieb.

Nach dem Tode des Vaters 1660 lebte Juliane mit Mutter und Schwester in großer Abgeschiedenheit auf der Burg Berum bei Aurich. 1677 starb auch die Mutter. Ein Jahr später zogen die beiden Prinzessinnen nach Wolfenbüttel zu ihrem Onkel und Vormund, dem Herzog von Braunschweig-Lüneburg, später nach Plön zu Herzog Johann Adolf von Holstein. Anhaltende Erbstreitigkeiten und die Weigerung des Fürsten Georg Christian von Ostfriesland, den Prinzessinnen die ihnen zustehende Apanage auszuzahlen, brachten Juliane und ihre Schwester immer wieder in wirtschaftliche Schwierigkeiten. Erst 1686 konnte ein Vergleich erzielt werden, der Juliane ihre finanzielle Unabhängigkeit sicherte.

Nach der Heirat ihrer Schwester zog Juliane 1698 nach Hamburg und nahm in einer Wohnung am Jungfernstieg Logis; außerdem hatte sie einen Landsitz in Ottensen erworben, wo sie die Sommermonate verbrachte. Sie lebte sehr zurückgezogen in Gesellschaft ihres Hoffräuleins und ihrer Patentochter. Bei ihren regelmäßigen Besuchen der kleinen, zum Waisenhaus gehörigen Maria-Magdalenen-Kirche lernte die Prinzessin den dort beschäftigten Pastor Joachim Morgenweck kennen, der zunächst ihr Seelsorger wurde. Morgenweck, 1666 in Hamburg geboren, war ein gebildeter, kunstsinniger Mann und sehr beliebter Prediger. Im Jahre 1700 heirateten Juliane und Morgenweck heimlich, lebten aber weiterhin getrennt. Zwar erfuhr der Vorgesetzte des Pastors auf Nachfrage von der Ehe; dennoch blieb das Paar unbehelligt und erregte kein weiteres Aufsehen.

Im Oktober 1715 starb Juliane Louise, wahrscheinlich an der Pest. In ihrem Testament vermachte sie der Maria-Magdalenen-Kirche eine Summe von 3000 Mark, die für die Pflege ihrer Grabstätte in der Kirche verwendet werden sollte, »solange der Wind weht und der Hahn kräht«. Ihrem Ehemann blieb die lebenslange Nutzung des Hauses in Ottensen. Dieses Testament wurde aber von den erbberechtigten Verwandten angefochten, sodass wegen des ausstehenden Geldes die Grabstätte in der Maria-Magdalenen-Kirche nicht freigegeben wurde. Erst im März 1717 konnte der Sarg der Prinzessin beigesetzt werden; bis dahin hatte er in der Diele des Hauses am Jungfernstieg gestanden.

Pastor Morgenweck heiratete bald nach Julianes Tod die Patentochter der Prinzessin; er starb 1730. Die Grabstätte seiner ersten Frau wurde 1807 beim Abriss der Maria-Magdalenen-Kirche auf den Friedhof vor dem Dammtor verlegt. Heute befinden sich die sterblichen Überreste der Prinzessin auf dem Friedhof Ohlsdorf.

Literatur LhS 5 (Morgenweg, Joachim); Bake/Reimers, S. 15 f.; Otto Beneke, Hamburgische Geschichten und Sagen, neu hg. und mit Erläuterungen versehen von Ariane Knuth, Bremen 1999 [zuerst Hamburg 1853], S. 351 –365.

Ariane Knuth

Julius, Nicolaus Heinrich (bis 1809 Heymann), geb. 3. 10. 1783 Altona, gest. 20. 8. 1862 Hamburg; isr., seit 1809 kath.; Mediziner, Gefängnisreformer.

Der Sohn eines wohlhabenden Bankiers und Heereslieferanten studierte ab 1805 Medizin in Heidelberg und Würzburg. Nach der Promotion (1809) zunächst in Hamburg als Armenarzt tätig, erlebte Julius die Befreiungskriege ab 1813 als Stabsarzt in der Hanseatischen Legion, für die er auch ein Gesangbuch zusammengestellt hat. Anschließend wurde er 1815 Assistenzarzt am Allgemeinen Krankenhaus. Als Mitherausgeber verantwortete Julius von 1821 bis 1835 die weit verbreitete Zeitschrift »Magazin der ausländischen Literatur der gesammten Heilkunde«. Sein Interesse wandte sich immer stärker dem Gefängniswesen zu, das er auf jahrelangen Reisen, besonders nach Großbritannien (1825) und in die Vereinigten Staaten (1834–36), kennen lernte. Dabei entwickelte er sich ab Mitte der 1830er Jahre zu einem Gegner des verbreiteten Auburnschen oder Schweigesystems und trat für die Einzelhaft im Strafvollzug ein. Dem engagierten Mediziner wurden Vorträge, Bücher und Zeitschriften willkommene Mittel, um für eine Reform der Gefängnispraxis zu werben. Er gab die »Jahrbücher der Straf- und Besserungsanstalten« (10 Bde., 1829–33) heraus und war in den Jahren von 1842 bis 1848 Mitherausgeber der »Jahrbücher der Gefängnißkunde und Besserungsanstalten«. Der Arzt und Gefängnisreformer Georg Varrentrapp hat Julius später als »Vater der Gefängniskunde auf dem europäischen Kontinent« bezeichnet. Friedrich Wilhelm IV. berief ihn 1840 nach Berlin, doch gegen den hartnäckigen Widerstand in den Behörden vermochte der Reformer sich nicht durchzusetzen, sodass er 1848 seine Stellung aufgab. Nicht einmal Johann Hinrich Wichern, der später seine Nachfolge antreten sollte, konnte die weitschauenden Vorschläge des von ihm verehrten Arztes gegen die preußische Bürokratie verwirklichen. Seinen Lebensabend verbrachte Julius in Hamburg, doch finanzielle Schwierigkeiten und körperliche Bresten haben ihm die verbleibenden Jahre verdüstert. Die im Stadtteil Barmbek-Süd nach ihm benannte Juliusstraße (heute Pfenningsbusch) verlor nach 1933 wegen der jüdischen Herkunft Julius' ihren Namen; eine Neubenennung ist bis heute nicht erfolgt.

WERKE Vorlesungen über die Gefängniß-Kunde, oder über die Verbesserung der Gefängnisse und sittliche Besserung der Gefangenen, entlassenen Sträflinge u.s.w., gehalten im Frühlinge 1827 zu Berlin. Erweitert herausgegeben nebst einer Einleitung über die Zahlen, Arten und Ursachen der Verbrechen in verschiedenen europäischen und amerikanischen Staaten u.s.w., Berlin 1828 [Nachdruck Münster 1996]; Nordamerika's sittliche Zustände. Nach eigenen Anschauungen in den Jahren 1834, 1835 und 1836, 2 Bde., Leipzig 1839.

LITERATUR ADB 14; NDB 10; LhS 3; Albert Krebs, Nicolaus Heinrich Julius' »Vorlesungen über die Gefängniß-Kunde ...«, gehalten 1827 zu Berlin. Eine Studie, in: Monatsschrift für Kriminologie und Strafrechtsreform 56 (1973), S. 307–315.   *Gerhard Ahrens*

JUNGE, *Hermann* Friedrich Gustav Oscar, geb. 31. 3. 1884 Hamburg, gest. 29. 5. 1953 Bensheim an der Bergstraße; luth.; Pastor, Vorsitzender der Evangelischen Akademie.

Der Kaufmannssohn Hermann Junge legte Ostern 1903 seine Reifeprüfung am Wandsbeker Matthias-Claudius-Gymnasium ab. Er ging nach Erlangen, um Theologie zu studieren, und begann gleichzeitig seinen Dienst als Einjährig-Freiwilliger. Bereits zu Beginn des Studiums, das ihn in den folgenden

Hermann Junge

Jahren nach Marburg und Kiel führte, weckte Justus Köberle sein Interesse an der alten Orientforschung. Von seinen theologischen Lehrern machte Wilhelm Hermann auf ihn den nachhaltigsten Eindruck. 1907 bestand Junge die erste, 1910 die zweite theologische Prüfung in Hamburg. In der Zwischenzeit war er als Hauslehrer in Köln tätig. In Bonn besuchte er theologische, germanistische und philologische Seminare. Am 6. März 1910 wurde Junge ordiniert. Nach einer kurzen Tätigkeit als Hilfsprediger in Hamburg-Uhlenhorst wurde er am 29. Juni 1910 als zweiter Pastor an die Erlöserkirche nach Borgfelde gewählt. Noch im selben Jahr wurde er in Bonn mit einer Arbeit über Wilhelm Raabe promoviert und heiratete die fünf Jahre jüngere Erica Bluhm, mit der er sechs Kinder haben sollte.

Nach seiner Teilnahme am Ersten Weltkrieg in den Jahren von 1915 bis 1918 wurde Junge im Februar 1922 in die Landessynode gewählt. Er war für sein Organisationstalent ebenso bekannt wie für seine gut durchdachten und mitreißenden Predigten und Vorträge. Nachdem sich Junge für die Errichtung eines Hamburger Bischofsamts eingesetzt hatte, ernannte der dann erwählte Landesbischof Simon Schöffel ihn am 29. Mai 1933 zum Propst für den Kirchenkreis Hamburg-Süd. Dieses Amt übte er bis zu seinem Rücktritt am 5. März 1934 aus. Daneben war Junge seit Mitte der zwanziger Jahre am Marienkrankenhaus als Seelsorger tätig. Er betrieb den Arbeitskreis für kirchliche Jugendunterweisung und wirkte für die Ostasienmission, deren

Präsident er seit 1927 war, und die Wilhelm-Raabe-Gesellschaft für christliche Dichtung, der er ebenfalls vorstand.

Als er 1933 während der Wahl zu den Kirchenvorständen die Gruppe »Evangelische Kirche« gründete, arbeitete Junge noch mit den Deutschen Christen unter der Leitung von Landesbischof Franz Tügel zusammen. Seine kompromissbereite Haltung verhinderte jedoch nicht, dass es zum so genannten »Kirchenkampf« kam, in dem Junge die Position der Bekennenden Kirche vertrat. Seit Herbst 1933 leitete er den Hamburger Pfarrernotbund der Bekennenden Kirche. Wiederholt wurde er von der Gestapo verhört; die Verbreitung christlicher Schriften und die Krankenhausseelsorge wurden ihm verboten. Nach Ausbombung und Zerstörung der Erlöserkirche verwaltete Junge von Oktober 1943 bis April 1946 die Pfarrstelle an der Paulusgemeinde in Hamburg-Heimfeld, wo er die evakuierten Hamburger Nord-Hannovers betreute. Alle drei Söhne der Familie Junge starben an der Front.

Mit der Rückkehr in die Erlösergemeinde begann Junges Engagement für den Neuaufbau der Hamburger Kirche. Er regte die Neugestaltung der gesamten Hamburgischen Landeskirche an. Von 1946 bis 1948 war er Mitglied im Landeskirchenrat, 1946 gründete er nach württembergischem Vorbild die Evangelische Akademie, die Kirche und nichtkirchliche Welt mit Hilfe von Arbeitskreisen und Vorträgen verbinden sollte. Junge blieb bis zuletzt Vorsitzender sowie organisatorischer und inhaltlicher Leiter der Akademie.

Am 29. Mai 1953 starb Junge unerwartet bei Bensheim an der Bergstraße, als er sich auf dem Weg zur Jahrestagung der Deutschen Ostasienmission befand. Bischof Simon Schöffel hielt die Trauerrede auf den Theologen, der als einer der wichtigsten Wortführer der hamburgischen Geistlichkeit in schwerer Zeit mit großem Geschick den Pfarrernotbund geleitet hatte. Zu seinem Andenken wurde ein Teil der Wallstraße zwischen Klaus-Groth-Straße und Bürgerweide 1958 in Jungestraße umbenannt.

WERKE Wilhelm Raabe. Studien über Form und Inhalt seiner Werke, Dortmund 1910 (Schriften der Literarhistorischen Gesellschaft Bonn 9) [Nachdruck Hildesheim 1978]; Glauben, Denken, Handeln. Fragen um die Einheit christlicher Lebensschau und Lebensgestaltung, Hamburg 1949.   *Iris Groschek*

Karberg, Bruno, geb. 8. 2. 1896 Hamburg, gest. 4. 2. 1967 ebd.; luth.; Gebrauchsgrafiker, Maler.

Der in Curslack, einem Dorf in den Hamburger Vierlanden, geborene Bruno Karberg dominierte mit seinen unzähligen Plakaten, Inseraten und Werbebroschüren wie kaum ein anderer Gebrauchsgrafiker während der fünfziger und sechziger Jahre des 20. Jahrhunderts das Bild der Werbung in der Hansestadt.

Karberg besuchte die Bergedorfer Stadtschule, wo sich bereits sein Zeichentalent bemerkbar machte. Nach einer Lehre in der kunstgewerblichen Werkstatt Georg Hulbes in Hamburg, die ihm eine Vertiefung seiner zeichnerischen Fähigkeiten ermöglichte, nahm Karberg ein Studium an der Hamburger Kunstgewerbeschule (der Vorgängerin der heutigen Hochschule der Bildenden Künste) bei Carl Otto Czeschka und Paul Helms auf. Während des Studiums entwickelte er ein ausgeprägtes Gespür für den angemessenen Einsatz und die künstlerische Formung verschiedener Materialien und Werkstoffe. Hinzu kam eine intensive Beschäftigung mit Schrift, Bild, Linienführung und Ornamentik.

Karberg gründete Anfang der zwanziger Jahre in Hamburg ein eigenes Atelier, zunächst in der Hasselbrookstraße 1, dann Landwehr 35. Bereits 1923 erhielt er den Auftrag, das alte Hamburger Staatswappen, das bis heute benutzt wird, neu zu gestalten. Die Lösung überzeugte so sehr, daß er von nun an bis zu seinem Tod zahlreiche repräsentative Geschenke, Urkunden und Medaillen des Senats gestaltete. In den zwanziger und dreißiger Jahren gehörte Karberg zu den innovativsten und kreativsten Gebrauchsgrafikern Hamburgs. Er entwarf eine Vielzahl von Plakaten, Prospekten, Bucheinbänden, Ehrenpreisen, Medaillen und Möbeln bis hin zu Zigarettenverpackungen.

Während der Zeit des Nationalsozialismus blieb Karberg, wie beinahe alle Hamburger Gebrauchsgrafiker, in der Hansestadt. Anerkannt auch durch seine kunsthandwerklichen Arbeiten, wurde er vom NS-Staat hofiert, zumal ihn Hitler als einen Mann schätzte, der nach seinen Worten »beste deutsche Wertarbeit« leistete. Die daraus resultierenden Möglichkeiten nutzte Karberg nicht, um sich dem System anzudienen, sondern um seine

Bruno Karberg

künstlerische Freiheit weitgehend zu erhalten. Während des Zweiten Weltkriegs musste er sein Schaffen einschränken; es kam schließlich ganz zum Erliegen, als seine Unterlagen, insbesondere die zahlreichen Entwürfe sowie die Briefwechsel, im Juli 1943 in seinem Atelier verbrannten. Nur weniges konnte gerettet werden.

Nach dem Zweiten Weltkrieg richtete Karberg im Glindersweg 25 in Hamburg-Bergedorf sein Atelier ein. Von hier aus entfaltete er, unterstützt von mehreren Mitarbeitern, eine beinahe fieberhafte Tätigkeit auf gebrauchsgrafischem Gebiet. In den fünfziger und sechziger Jahren entwarf er insbesondere für die Hamburger Gaswerke und die Hamburger Sparcasse von 1827 den größten Teil der Außenwerbung, sodass die Entwürfe Karbergs im städtischen Erscheinungsbild allseits präsent waren. Bis heute findet sich seine »Handschrift« in den von ihm entworfenen Zeitungsköpfen und Logos; hierzu gehören etwa »Die Welt«, die »Welt am Sonntag« und die »Lübecker Nachrichten«.

Der bedeutendste Teil des erhaltenen Nachlasses von Bruno Karberg befindet sich im Museum für Bergedorf und die Vierlande.

Literatur Bruno Karberg, in: Gebrauchsgraphik, Jg. 7 (1930), Nr. 3, S. 44–51; Harry Reuss-Löwenstein, Bruno Karberg, Hamburg, in: Imprimatur. Ein Jahrbuch für Bücherfreunde, Nr. 4 (1933), S. 1–16; Olaf Matthes, Plakate aus Bergedorf und den Vierlanden [Begleitpublikation zur Ausstellung im Museum für Bergedorf und die Vierlande vom 1. November 2001 bis 31. März 2002], Hamburg 2001, S. 64–69, 76–90.   *Olaf Matthes*

KARL IV.

KARL IV., geb. 14. 5. 1316 Prag, gest. 29. 11. 1378 ebd.; König von Böhmen, König des deutschen Reiches, römischer Kaiser.

Karl IV., seit 1346 König von Böhmen und König des deutschen Reiches – zunächst noch gegen den Wittelsbacher Kaiser Ludwig den Bayern –, seit 1355 Kaiser, akzentuierte von seiner Residenzstadt Prag und der Moldau her politisch, auch wirtschaftspolitisch, die Elblinie. Seit etwa 1360 wurde das Konzept deutlich, die Mark Brandenburg, damals noch unter wittelsbachischer Herrschaft, enger mit den böhmischen Herrschaftspositionen zu verknüpfen. Im Vertrag von Fürstenwalde (1373) erwarb Karl schließlich die Mark Brandenburg für seine Söhne und baute in Tangermünde die Burg aus. Die Ausrichtung Karls IV. auf eine Förderung des Handels entlang der Elblinie wurde bereits am Ende der 1350er Jahre erkennbar. Im Oktober 1359 erteilte er der Stadt Hamburg das Privileg, in ihrem Territorium Seeräuber und Straßenräuber zu verfolgen. Der Ausdruck »pyrata« meint wahrscheinlich nicht nur Seeräuber im engen Sinne, sondern auch Räuber auf Flüssen. 1365 erregte in Magdeburg die Nachricht Aufsehen, Karl IV. baue in Böhmen eine Flotte, um in die Sachsenländer zu fahren; man fürchtete einen militärischen Angriff, erwog aber auch, Karl IV. wolle eine Handelsstraße die Elbe abwärts von Böhmen bis an das Meer schaffen. In ebendiesem Jahr, im Januar 1365, erteilte Karl IV. der Stadt Hamburg das Privileg, einen dreiwöchigen Jahrmarkt zu halten, der 14 Tage vor Pfingsten beginnen und eine Woche nach diesem Fest enden sollte. Als besondere Begründung wurde genannt, dass die Elbe, die als schiffbarer Fluss aus dem Königreich Böhmen fließe, zur Beförderung von Handelswaren besonders geeignet sei. Aus den Rundschreiben, die der Rat der Stadt Hamburg kurz danach verschickte, geht ein Teil des Einzugsbereiches hervor, den er für diese Messe erhoffte: Ausdrücklich genannt sind das Königreich Ungarn, das Herzogtum Österreich, das Herzogtum Bayern und das Königreich Böhmen, pauschal alle anderen Fürstentümer und Kaufleute auf beiden Seiten der Elbe; Exemplare dieses Rundschreibens gingen auch nach Stralsund, Flandern und Westfalen. Der Einzugsbereich der Messe sollte also nicht nur die binnenländische Elbregion, sondern auch den südlichen Nordsee- und Ostseeraum umfassen. Aller-

Karl IV.

dings verzichtete der Rat der Stadt Hamburg bald nach dem Tode Karls IV., spätestens 1383, auf die Abhaltung dieses Jahrmarktes. Auch dass Karl IV. die Stadt Lübeck 1374 privilegierte, sie zum Reichsvikar erhob und vom Strandrecht befreite und ihr 1375 einen feierlichen Besuch abstattete, diente neben der Absicherung Brandenburgs der Förderung des Elbhandels.

QUELLEN Privilegien Karls IV. für Hamburg, in: Hamburgs Weg zum Reich und in die Welt. Urkunden zur 750-Jahr-Feier des Hamburger Hafens, Hamburg 1939, S. 89–92, 96–102.

LITERATUR ADB 15; NDB 11; Heinrich Reincke, Kaiser Karl IV. und die deutsche Hanse, Lübeck 1931 (Pfingstblätter des Hansischen Geschichtsvereins 22); Ferdinand Seibt, Karl IV. Ein Kaiser in Europa 1346–1378, 3. Aufl. München 1978; Gerhard Theuerkauf, Brandenburg, Böhmen und die Elbregion. Zur Handelsgeschichte des späten Mittelalters, in: Norbert Angermann (Hg.), Die Hanse und der deutsche Osten, Lüneburg 1990, S. 67–78.

Gerhard Theuerkauf

KAYSER, *Margaretha* Susanna, geb. Vogel, geb. zwischen 1685 und 1690 Hamburg, gest. nach 1749 Kopenhagen (?); luth.; Sängerin, Operndirektorin.

»Die Kayserin«, Tochter des Hamburger Sängers Johann Heinrich Vogel, zählte während ihrer langen aktiven Laufbahn als dramatischer Sopran zu den besten Opernsängerinnen Deutschlands. Nach ihrer Ausbildung an der Hamburger Gänsemarkt-Oper heiratete sie 1706 den Musiker Johann Kayser (nicht verwandt mit dem Komponisten Reinhard Keiser), einen Mann von unstetem und schwierigem Charakter, und zog mit ihm zusammen zunächst nach Brüssel. 1708 war sie wieder in Hamburg. Ihr Operndebüt als Mirtenia in Christoph Graupners »Antiochus« erregte solches Aufsehen, dass Johann Ulrich König ihr ein Lobgedicht widmete. 1709 wurde sie mit ihrem Mann an den Landgrafenhof nach Darmstadt berufen, hielt sich aber in den folgenden Jahren mehrmals in Hamburg auf, wo sie im September 1716 als erste Frau bei einer Kirchenmusik im Dom mitwirkte.

Um 1718 übersiedelten die Kaysers ganz nach Hamburg. Margaretha sang in Opern- und Oratorienaufführungen, geriet aber 1721 in Auseinandersetzungen mit der Operndirektion, weil sie sich etliche Male – möglicherweise aus gesundheitlichen Gründen – geweigert hatte aufzutreten. Mit ihrem Mann, der eine eigene Operntruppe zusammengestellt hatte, ging sie im September 1721 nach Kopenhagen. Im Auftrag des dänischen Königs sollte Johann Kayser dort Opernvorstellungen im Schlosstheater organisieren. Auch Reinhard Keiser schloss sich dem Unternehmen in der Hoffnung auf die Übernahme des Hofkapellmeisteramts an. Fehlkalkulationen führten jedoch bald schon zu so hohen Schulden, dass König Friedrich IV. die Truppe zu Beginn des Jahres 1723 entließ und die Kaysers nach Hamburg zurückkehrten.

Es gelang Johann Kayser, in die Ratsmusik aufgenommen und 1725 zu ihrem Direktor ernannt zu werden, was ihm die Möglichkeit gab, Konzerte und Oratorienaufführungen mit seiner Frau als Hauptsängerin zu veranstalten. Im Januar 1729 wurde er abgesetzt, weil er die Frau eines dänischen Offiziers entführt hatte und aus Hamburg hatte fliehen müssen. Margaretha nutzte seine Abwesenheit, um eigene musikalische Projekte zu verwirk-

lichen. Vom September 1729 bis 1733 führte sie als Direktorin das Gänsemarkt-Opernhaus, dessen Primadonna sie gleichzeitig war, und arbeitete im Bereich der Konzert- und Kirchenmusik intensiv mit Georg Philipp Telemann zusammen. Mittlerweile hatte sie ihre Tochter Sophie Amalia (geboren um 1710, nicht zu verwechseln mit Reinhard Keisers etwa gleichaltriger Tochter Sophie Dorothea Louise) zu einer guten Sängerin ausgebildet und trat gelegentlich mit ihr zusammen auf. Auch der 1712 geborene Sohn Ludwig Gerhard wird 1733 als Opernsänger genannt.

Johann Kaysers Spur verliert sich nach abenteuerlichen Fahrten bis ins Russische Reich, wo er sich als Reinhard Keiser ausgab, gegen 1767 in Darmstadt. Seine selbstbewusste, in Hamburg sehr hoch angesehene Frau blieb auch nach der Schließung des bankrotten Opernunternehmens (1738) als Konzertsängerin aktiv und schloss sich noch 1746 der reisenden Operntruppe des Impresarios Pietro Mingotti an. Zum letzten Mal wird »Madame Kayserin« anlässlich der Aufführung von Telemanns Bürgerkapitänsmusik im August 1749 genannt. Danach scheint sie sich, nun um die 60 Jahre alt, aus dem Musikleben zurückgezogen zu haben. Ihre letzten Jahre verbrachte sie möglicherweise bei ihrer zweiten, um 1715 geborenen Tochter Charlotte Christine, die mit dem Komponisten Francesco Darbés verheiratet in Kopenhagen lebte. Todesjahr und -ort der bedeutendsten Interpretin der Hamburger Barockoper sind unbekannt.

LITERATUR The New Grove Dictionary of Opera, hg. von Stanley Sadie, Bd. 2, London 1992; Willi Maertens, Georg Philipp Telemann und seine Interpreten Margaretha Susanna und Johann Kayser, in: Magdeburger Telemann-Studien 4 (1973), S. 68–85; Klaus Zelm, Die Sänger der Hamburger Gänsemarkt-Oper, in: Hamburger Jahrbuch für Musikwissenschaft 3 (1978): Studien zur Barockoper. Hellmuth Christian Wolff zum 70. Geburtstag, S. 35–73; Hans Joachim Marx/Dorothea Schröder, Die Hamburger Gänsemarkt-Oper. Katalog der Textbücher (1678–1748), Laaber 1995. *Dorothea Schröder*

KELLINGHUSEN, Heinrich, geb. 16. 4. 1796 Hamburg, gest. 20. 4. 1879 ebd.; luth.; Bürgermeister.

Mitglieder der Familie Kellinghusen haben seit dem 16. Jahrhundert das wirtschaftliche und politische Leben Hamburgs mitbestimmt. Der Vater von

Heinrich Kellinghusen

Heinrich Kellinghusen, ein Doktor beider Rechte, war Domherr; die Mutter war eine Tochter von Senator Joachim Caspar Voigt. Der junge Kellinghusen studierte nach dem Besuch des Johanneums und des Akademischen Gymnasiums Jura in Göttingen, Berlin und Jena. Er bestand seine Doktorprüfung am 9. Juli 1819 als 23-Jähriger mit Glanz und unternahm anschließend ausgedehnte Reisen durch Sachsen, Süddeutschland, Österreich und die Schweiz, durch Frankreich, Belgien, Holland und England. Nach zehnjähriger Tätigkeit als Advokat in Hamburg wählte man den inzwischen 35-Jährigen am 4. Juli 1831 in den Senat. Am 23. Dezember 1842 wurde er Bürgermeister.

Verheiratet war Kellinghusen seit dem 16. April 1836 mit Mathilde Prösch (1815–73), einer Tochter von Senator Luer Anton Prösch. Zwei Söhne und drei Töchter gingen aus der Ehe hervor. Nach dem Verlust seines Stadthauses am Neuen Wall beim Hamburger Brand im Mai 1842 ließ sich Kellinghusen von dem Architekten Franz Gustav Joachim Forsmann ein Haus in der Ferdinandstraße erbauen. Außerdem betraute er Forsmann mit dem Bau eines Sommerhauses in dem damals noch ganz ländlichen Eppendorf, wo er 1841 ein etwa 40000 Quadratmeter großes Grundstück erworben hatte.

Kellinghusens Jahre als Bürgermeister waren bestimmt durch die jahrelangen Verfassungskämpfe, die nach dem Brand von 1842 begannen. Er trat für Reformen unter Beibehaltung der Verfassung von 1712 ein, was ihm 1848, als auch in Hamburg die Revolution einige Wellen schlug, den besonderen Zorn des »Pöbels« einbrachte: Erregte Menschen zogen vor sein Haus in der Ferdinandstraße, warfen die Fensterscheiben ein und zertrümmerten die Haustür, während ein Diener die Kinder durch eine Dachluke in Sicherheit brachte. Anrückendes Bürgermilitär verhinderte Schlimmeres. Nach der Verabschiedung der neuen Verfassung von 1860 mochte Kellinghusen dem Senat nicht mehr angehören. Er übernahm das Präsidium des Obergerichts; am 11. April 1876, kurz vor Vollendung seines 80. Lebensjahres, reichte er sein Rücktrittsgesuch ein. Als »Hamburgs letzter Bürgermeister nach alter Ordnung« ist er in die Geschichte eingegangen.

Am 9. Juli 1869, anlässlich seines 50-jährigen Doktorjubiläums, begründete Kellinghusen eine nach ihm benannte, heute noch bestehende Stiftung, die nicht nur seinen männlichen Nachkommen für ihre Ausbildung Stipendien gewähren sollte, sondern auch zur Beförderung wissenschaftlicher und künstlerischer Unternehmungen gedacht war. In Eppendorf erinnern seit 1901 die Kellinghusenstraße und Kellinghusens Park an den Bürgermeister. Zum Senats-Silberschatz gehören die monumentale Erinnerungssäule, die Kellinghusen bei seinem Ausscheiden aus dem Senat 1861 vom Offizier-Korps des Bürgermilitärs überreicht worden war, und der Tafelaufsatz von 1898, eine Gabe der Kellinghusen-Stiftung zur Einweihung des neuen Rathauses.

LITERATUR DG 23; Carl August Schröder, Heinrich Kellinghusen J. U. D., Hamburgs letzter Bürgermeister nach alter Ordnung, Hamburg 1896.

Renate Hauschild-Thiessen

KEMPE, *Fritz* Max Kurt, geb. 22. 10. 1909 Greifswald, gest. 27. 12. 1988 Hamburg; Fotograf, Autor.

Der von 1949 bis 1974 als Direktor der Staatlichen Landesbildstelle Hamburg – des heutigen Landesmedienzentrums Hamburg – tätige Fritz Kempe zählte zu den bedeutendsten deutschen Porträtfotografen. Sein Markenzeichen sind markante Aufnahmen namhafter Persönlichkeiten des öffentlichen Lebens des 20. Jahrhunderts. Er hatte es sich zur Lebensaufgabe gemacht, für die als Kunst unterschätzte Fotografie einzutreten.

Nach dem Besuch des Gymnasiums in seiner Geburtsstadt Greifswald absolvierte Kempe eine

Fritz Kempe

gründliche Fotografenlehre bei seinem Vater Max Kempe und legte 1938 in Stralsund die Meisterprüfung »mit Auszeichnung« ab. Zunächst eröffnete er in seiner Heimatstadt zusammen mit einem Drogisten als Teilhaber ein Fotogeschäft. Ende der dreißiger Jahre ging er nach Berlin und richtete dort ein eigenes Atelier für Werbe- und Industriefotografie ein. 1939 zum Kriegsdienst eingezogen, wurde er als Fotograf in einer Propaganda-Kompanie eingesetzt. 1943 erschien im Berliner Zeitgeschichte-Verlag sein vom Oberkommando der Wehrmacht herausgegebenes Buch »Das Gesicht des deutschen Soldaten«. Nach sechs Jahren Kriegsdienst und Gefangenschaft ging Kempe 1945 nach Hamburg, wo er anfänglich als Journalist bei der »Hamburger Allgemeinen Zeitung« arbeitete, für die er Reportagen, Kurzgeschichten und eine Reihe von Filmkritiken verfasste. 1946 heiratete er die Journalistin Erika Wiegand. Drei Jahre später übernahm er die Leitung der Landesbildstelle.

Neben den angestammten Aufgaben seiner Institution, der Sammlung und Bereitstellung von Filmen, Diaserien und Tonträgern für den Unterricht an Hamburger Schulen, entwickelte Kempe eine ganze Reihe neuer Betätigungsfelder für die Landesbildstelle. 1952 gründete er das Seminar für Film und Fernsehen und die Hamburger Gesellschaft für Filmkunde. Im gleichen Jahr begann er, aufbauend auf der bereits um 1900 begonnenen Daguerreotypie- und Kunstfotografiesammlung des Museums für Kunst und Gewerbe, eine »Sammlung zur Geschichte der Fotografie« anzulegen, die

heute wieder dort verwahrt wird. Ab 1960 veranstaltete er öffentliche Vorlesungsreihen zu Themen des Films, der Fotografie und des Fernsehens sowie Ausstellungen. Das »Archiv Fritz Kempe« im Museum für Kunst und Gewerbe umfasst unter anderem mehr als 100 Ordner mit Material zur Entwicklung der Fotografie sowie Kempes Briefwechsel mit zahlreichen bedeutenden Fotografen seiner Zeit, mehr als 200 Ordner zu Film und Fernsehen und 3500 Bücher und Zeitschriften, die annähernd die gesamte Literatur zur Fotografie von den fünfziger bis zu den achtziger Jahren des 20. Jahrhunderts abdecken. Hinzu kommen eine umfassende Sammlung von Fotoapparaten und Filmprojektoren sowie eine umfangreiche Sammlung von Kino-Aushangfotos jener Zeit. Kempe ergänzte die Sammlungen mit zahlreichen angekauften sowie mit eigenen Fotografien. Heute zählt die »Sammlung Fotografie« im Museum für Kunst und Gewerbe dank Kempes Bemühungen zu den bedeutendsten Sammlungen im gesamten Bundesgebiet.

Darüber hinaus hat Kempe eine weit über 1000 Fotos umfassende Sammlung eigener Porträtaufnahmen von Hamburger Persönlichkeiten aus Politik, Wissenschaft, Kunst und Wirtschaft hinterlassen, deren Negative das Landesmedienzentrum Hamburg verwahrt; eine große Zahl von Abzügen, die zu Lebzeiten des Fotografen entstanden, besitzt das Museum für Kunst und Gewerbe. Ob er Politiker wie Max Brauer und Herbert Weichmann, den Historiker Golo Mann, den Schriftsteller Ben Witter, bildende Künstler wie Oskar Kokoschka, Rolf Nesch, Max Ernst, Horst Janssen und Max Bill oder den Kunstsammler Eberhard Thost fotografierte – fast immer ist es Kempe gelungen, den Charakter des Dargestellten zu erfassen. Alle Kempe-Fotos tragen eine ganz eigene Handschrift, die der Kenner auf Anhieb zuordnen kann. Der Stil des Fotografen wird durch eine bewusst würdevolle, manchmal fast hieratische Darstellung bestimmt. Seine sachlichen, ernsten, fast fragenden Porträtaufnahmen, die auf alle äußerlichen Effekte verzichten, wurden immer wieder auf Ausstellungen gezeigt. Einige seiner Fotografien sind überaus begehrte Sammlungsobjekte und erzielen im internationalen Kunsthandel hohe Preise. Bilder von Kempe werden nicht nur im Hamburger Museum für Kunst und Gewerbe verwahrt, auch das Museum Folkwang in Essen, die Königliche Bibliothek in

KIENAST, Annie

Kopenhagen, das Fotografika Museet in Stockholm, das University Art Museum Albuquerque und das San Francisco Museum of Art – um nur einige Institutionen zu nennen – besitzen Werke des Fotografen. Als Autor ist Kempe vor allem durch Schriften hervorgetreten, die sich mit den Beständen »seiner« Hamburger Kollektion befassen: Bücher über die Geschichte der Daguerreotypie in Deutschland und über die Kunstfotografie stehen im Mittelpunkt. Nach seiner Pensionierung war Kempe bis zu seinem Tod als Ehrenkurator dem Museum für Kunst und Gewerbe verbunden. Er war Vorstandsmitglied der Deutschen Gesellschaft für Photographie, der Gesellschaft Deutscher Lichtbildner und der Hamburger Gesellschaft für Filmkunde.

Fritz Kempe hat eine Reihe von Ehrungen entgegengenommen. Ihm wurde unter anderem 1964 der Kulturpreis der Deutschen Gesellschaft für Photographie, 1972 die goldene Photokina-Nadel und die David Octavius Hill-Medaille der Gesellschaft Deutscher Lichtbildner sowie 1981 die Senator-Biermann-Ratjen-Medaille verliehen. Er war Ehrenmitglied der Justus Brinckmann Gesellschaft und des Bundesgremiums für Schulphotographie. Der Senat der Freien und Hansestadt Hamburg verlieh ihm 1982 den Professorentitel.

WERKE Wunderbare Welt der Kamera. »Fetisch des Jahrhunderts«. Ein Lesebuch für Fotofreunde, Düsseldorf 1964; Vor der Camera. Zur Geschichte der Photographie in Hamburg, Hamburg 1976; Daguerreotypie in Deutschland. Vom Charme der frühen Fotografie, Seebruck am Chiemsee 1979.

LITERATUR Fritz Stueckrath, Fritz Kempe, 60 Jahre, in: Hamburger Filmgespräche 4 (1972), S. 127–131.

Claudia Gabriele Philipp / Joachim W. Frank

KIENAST, Annie, geb. 15. 9. 1897 Hamburg, gest. 3. 9. 1984 ebd.; Betriebsrätin, Mitbegründerin der DAG, Mitglied der Hamburgischen Bürgerschaft.

Annie Kienast entstammte einer sozialdemokratischen Arbeiterfamilie. Sie wuchs mit fünf Geschwistern auf und erlernte den Beruf der Textilverkäuferin. Im Alter von 21 Jahren trat sie der SPD und der Gewerkschaft bei; die Gewerkschaftsarbeit wurde ihr politischer Schwerpunkt. Aktiv betätigte sich Annie Kienast im Zentralverband der Handlungs-

Annie Kienast

gehilfinnen (ZdH), später in dessen Nachfolgeorganisation, dem Zentralverband der Angestellten (ZdA), und gehörte zu den Organisatorinnen des ersten Streiks der Hamburger Warenhausangestellten im Februar 1919, bei dem es um höhere Löhne, gleichen Lohn für gleiche Arbeit für Männer und Frauen und um die 19-Uhr-Ladenschlusszeiten ging. Der sechs Tage dauernde Streik führte zum Erfolg, doch Annie Kienast verlor infolge ihres gewerkschaftlichen Engagements ihre Arbeitsstelle. Daraufhin erhielt sie eine Anstellung im ZdA, für den sie von 1919 bis 1921 tätig war. Zwischen 1921 und 1933 arbeitete sie als Warenhausverkäuferin im Konsum-, Bau- und Sparverein »Produktion« und war gleichzeitig als Mitglied des Gesamtbetriebsrates des genossenschaftlichen Unternehmens eine der wenigen Betriebsrätinnen in der Hansestadt. In ihrer gewerkschaftlichen Arbeit setzte sie sich besonders für die Belange der erwerbstätigen Frauen ein.

Da Gewerkschaftsarbeit und Politik ihr Leben ausfüllten, blieb Annie Kienast ledig. 1933 wurde sie von den Nationalsozialisten aus politischen Gründen bei der »Produktion« entlassen und erhielt erst 1935 wieder eine Anstellung als Verkäuferin. Nach Kriegsende schloss sie sich erneut der SPD an, für die sie von Oktober 1946 bis Oktober 1949 Abgeordnete der Hamburgischen Bürgerschaft war. In der Nachkriegszeit war Annie Kienast Mitbegründerin der Deutschen Angestellten-Gewerkschaft (DAG), deren Hauptvorstand sie bis 1957 angehörte. Ihr Grab befindet sich auf dem Ohlsdorfer Friedhof (bei Kapelle 6, Grab Nr. Y 32, 434).

LITERATUR Bake/Reimers, S. 282 f.; Karen Hagemann/Jan Kolossa, Gleiche Rechte – gleiche Pflichten? Der Frauenkampf für »staatsbürgerliche« Gleichberechtigung. Ein Bilder-Lese-Buch zu Frauenalltag und Frauenbewegung in Hamburg, Hamburg 1990, S. 124 f.; Karin Thomsen/Bernd Anders, Eine Gewerkschaft für Hamburg [Unser Anfang nach dem Krieg – DAG], Hamburg 1995.

Rita Bake

KIRCHENPAUER, Gustav Heinrich, geb. 2. 2. 1808 Hamburg, gest. 4. 3. 1887 ebd.; luth.; Bürgermeister.

Seinen Aufstieg zum hamburgischen Bürgermeister verdankte Kirchenpauer allein seiner Tüchtigkeit. Protektion durch Verwandte besaß er nicht. Zwar lässt sich seine Familie in Hamburg bis 1629 zurückverfolgen. Doch Kirchenpauers Vater verlor in der Handelskrise von 1799 sein Vermögen, und unter dem Druck der Franzosen musste er im Dezember 1810 zusammen mit seiner Frau und seinem kleinen Sohn die Stadt verlassen. Er ging nach Russland, wo eine Schwester von ihm mit dem wohlhabenden Kaufmann Jacob von Krause verheiratet war. In ihrem Haus wurde der kleine Gustav Heinrich nach dem frühen Tod seiner Mutter erzogen. Er besuchte zunächst die Privatschule des Pestalozzischülers Johann von Muralt in St. Petersburg, dann das Gymnasium in Dorpat. In Dorpat begann er 1826 auch das Studium der Jurisprudenz, das er in Heidelberg mit der Promotion zum Dr. jur. abschloss. 1832 kehrte er in seine Vaterstadt Hamburg zurück, die er als kleines Kind verlassen hatte.

Er war fremd hier, er war mittellos; und eine angeborene Schüchternheit hinderte ihn bei der Ausübung der Advokatur, der er ohnehin nur wenig Interesse abzugewinnen vermochte. Zu seinem Lebensinhalt wurde das Schreiben von Aufsätzen zu handelspolitischen Fragen, die allmählich in verschiedenen Zeitungen und Zeitschriften veröffentlicht wurden. Sie sicherten nicht nur seinen Lebensunterhalt, sondern lenkten auch die Aufmerksamkeit einflussreicher Kreise auf ihn. 1840 wurde Kirchenpauer Protokollist (d. h. juristischer Berater) und Bibliothekar der Commerzdeputation, der Vorläuferin der Handelskammer. In dieser Eigenschaft konnte er aktiv am hamburgischen Wirtschaftsleben teilnehmen. Der Freihandel war ihm oberstes Gebot; der Beseitigung der Zölle und dem

Gustav Heinrich Kirchenpauer

Ausbau des Eisenbahnwesens widmete er seine Arbeitskraft auf diversen Konferenzen. Einen weiteren Wirkungskreis fand er in der Patriotischen Gesellschaft, deren Vorsitzender er seit dem 3. Februar 1842 war.

Am 4. Dezember 1843 wurde Kirchenpauer, noch keine 36 Jahre alt, in den Senat gewählt. Es war die Zeit nach dem großen Hamburger Brand, in der die Frage einer Verfassungsänderung die Gemüter erhitzte. Kirchenpauer hatte zu den Redakteuren der »Supplik« vom 8. Juni 1842 gehört, die in maßvoller Form Reformen vorschlug. Doch an den anschließenden Debatten konnte er sich vorerst nur wenig beteiligen: Die Elbschifffahrtskonferenz in Dresden, eine Mission nach Hannover wegen des ersten Deutsch-Dänischen Krieges, eine Konferenz in Stade wegen der deutschen Flotte und seine Gesandtschaftstätigkeit bei der provisorischen Zentralgewalt in Frankfurt (Ende Juli 1848 bis Sommer 1849) nahmen seine Zeit in Anspruch. Als am 27. September 1849 die Neunerkommission gebildet wurde, bestehend aus vier Rats- und fünf Bürgerschaftsmitgliedern, war Kirchenpauer eines der Ratsmitglieder. Doch der Verfassungsentwurf der Neunerkommission stieß auf den Widerstand der Altkonservativen, deren Vertreter den deutschen Bundestag in Frankfurt anriefen, um dieses Reformwerk zu verhindern. Kirchenpauer wurde nach Frankfurt geschickt. Die Aufbruchstimmung von 1848 war der Reaktion gewichen. Otto von Bismarck als Vertreter Preußens hatte das Referat über die hamburgische Verfas-

sung, und Kirchenpauer geriet mit ihm mehr als einmal in Konflikt.

In dieser unerfreulichen Situation erschien ihm seine Ernennung zum Amtmann von Ritzebüttel im Frühjahr 1858 wie eine Erlösung. Neben den täglichen Amtsgeschäften und den Bemühungen um den Hafenausbau in Cuxhaven blieb ihm Zeit für anderes. Er konnte endlich mit seiner Frau Julie Dorothea Krause – sie war eine Nichte seines Onkels in St. Petersburg – und seinen drei Kindern ein normales Familienleben führen. Das Meer und die Küste inspirierten ihn zu Gedichten. Und vor allem: Er hatte die Gelegenheit, seinen naturwissenschaftlichen Neigungen nachzugehen. Kirchenpauer widmete sich der mikroskopischen Untersuchung jener winzigen Pflanzen und Tiere, die sich an den Elbtonnen ablagerten. Seine Veröffentlichungen erregten die Aufmerksamkeit der Fachgelehrten; von der Universität Kiel wurde ihm 1872 die philosophische Ehrendoktorwürde verliehen, die K. und K. Leopoldinisch-Karolinische Akademie der Naturforscher in Wien ernannte ihn zu ihrem Mitglied. Kirchenpauer war der letzte hamburgische Amtmann in Ritzebüttel, das seit 1394 zum Landgebiet der Stadt gehörte. 1864 kehrte er nach Hamburg zurück, ein Amtsverwalter und ein Amtsrichter führten zukünftig die Geschäfte.

In Hamburg war 1860 endlich die neue Verfassung in Kraft getreten. Jetzt ging es um die Verfassung des Norddeutschen Bundes (seit 1866) bzw. des Deutschen Reiches (seit 1871). Kirchenpauer – 1868 Zweiter, seit 1869 Erster Bürgermeister – wurde Hamburgs Bevollmächtigter in Berlin. Er suchte, beispielsweise bei der Besetzung von Konsulaten und beim Abschluss von Handelsverträgen, die hamburgischen Interessen zu fördern, soweit es noch möglich war. Als Bismarck 1879 vom Freihandel zum Schutzzoll umschwenkte und mit äußerstem Druck Hamburgs Beitritt zum Zollverein erzwingen wollte, trat Kirchenpauer am 22. April 1880 enttäuscht und verbittert als hamburgischer Bevollmächtigter zum Bundesrat zurück. Den Vorsitz in der Deputation für Handel und Schifffahrt, den er zunächst 1864 und dann seit 1867 innegehabt hatte, legte er 1881 nieder.

Fortan widmete Kirchenpauer seine Arbeitskraft der Oberschulbehörde. Seit 1869 war er deren Präses; gleichzeitig stand er der 1. und der 2. Sektion (Wissenschaftliche Anstalten bzw. Höheres Schulwesen) vor. Das Höhere Schulwesen, das öffentliche und das private, wurde nicht nur für Jungen kräftig ausgebaut. Als Patron des Klosters St. Johannis, der er als Bürgermeister war, sorgte Kirchenpauer dafür, dass von den reichen Mitteln, über die das Kloster nach dem Verkauf von Harvestehude verfügte, ein Teil für die 1872 eingeweihten Unterrichtsanstalten von St. Johannis verwandt wurde, die mit ihrem Lehrerinnenseminar und ihrer Höheren Mädchenschule, der Klosterschule, neue Perspektiven eröffneten. Aus dem früheren Akademischen Gymnasium ging eine Reihe blühender wissenschaftlicher Anstalten hervor: der Botanische Garten, die Sternwarte, die Kunsthalle, die Sammlung hamburgischer Altertümer, das Museum für Kunst und Gewerbe, das Museum für Völkerkunde sowie das Physikalische und das Chemische Staatslaboratorium. Besonders am Herzen lag Kirchenpauer der Bau des (im Zweiten Weltkrieg zerstörten) Naturhistorischen Museums, dem er testamentarisch seine Sammlungen vermachte. Dem Verein für Hamburgische Geschichte gehörte Kirchenpauer seit dessen Gründung (1839) als aktives Mitglied an; in der Geographischen Gesellschaft, zu deren Mitbegründern er ebenfalls zählte (1873), übernahm er das Präsidat. Der Naturwissenschaftliche Verein ernannte Kirchenpauer zum Ehrenpräses, die Gesellschaft für Botanik und die Mathematische Gesellschaft verliehen ihm die Ehrenmitgliedschaft. Heute erinnern in Hamburg der Kirchenpauerkai (seit 1888) und die Kirchenpauerstraße (seit 1927) an den verdienten Bürgermeister. Das 1930 bezogene Gebäude des 1914 gegründeten Kirchenpauer-Realgymnasiums dient inzwischen der Ausbildung von Finanzbeamten. In Cuxhaven gibt es eine Kirchenpauerstraße zu Ehren des letzten hamburgischen Amtmanns von Ritzebüttel.

WERKE Die alte Börse, ihre Gründer und Vorsteher. Ein Beitrag zur hamburgischen Handelsgeschichte [Programm zur Einweihungsfeier der neuen Börse], Hamburg 1841; Die Seetonnen der Elbmündung. Ein Beitrag zur Thier- und Pflanzen-Topographie, Hamburg 1862 (Abhandlungen aus dem Gebiete der Naturwissenschaften 4,3); Ueber die Hydroidenfamilie Plumularidae, einzelne Gruppen derselben und ihre Fruchtbehälter, Hamburg 1872 (Abhandlungen aus dem Gebiete der Naturwissenschaften 5,3); (anonym) Die Freiheit der Elbschiffahrt. Geschichtliche Erläuterungen der staatsrechtlichen Sachlage, Hamburg 1880.

LITERATUR ADB 51; NDB 11; Werner von Melle, Gustav Heinrich Kirchenpauer. Ein Lebens- und Zeitbild, Hamburg/Leipzig 1888; Adolf Wohlwill, Die hamburgischen Bürgermeister Kirchenpauer, Petersen, Versmann. Beiträge zur deutschen Geschichte des 19. Jahrhunderts, Hamburg 1903; Gertrud Kolm, Die Bürgermeister. Fünf Führer Hamburgs zu Einheit und Reich, Hamburg 1931; Irmtraut Scheele, Gustav Heinrich Kirchenpauers Beitrag zur Erforschung der submarinen Fauna und Flora der Elbmündung, in: Deutsches Schiffahrtsarchiv 7 (1984), S. 243–256; Torsten Thees, Gustav Heinrich Kirchenpauer, der letzte Amtmann von Ritzebüttel, in: Jahrbuch der Männer vom Morgenstern 72 (1993), S. 343–353.

Renate Hauschild-Thiessen

Clara Klabunde

KLABUNDE, Clara, geb. Genter, geb. 30. 12. 1906 Hamburg, gest. 7. 7. 1994 ebd., Gerichtspräsidentin.

Clara Klabunde wurde am 30. Dezember 1906 als Tochter des Kaufmannes Hermann Genter und seiner Ehefrau Bertha geboren. Der Vater kam im Ersten Weltkrieg ums Leben, die Mutter arbeitete als Lehrerin in Hamburger Strafanstalten. Clara erhielt zunächst zwei Jahre Privatunterricht und besuchte dann von 1915 bis 1926 die Klosterschule St. Johannis, ab 1920 das dortige Realgymnasium. Nach dem bestandenen Abitur studierte sie bis 1929 Rechts- und Staatswissenschaften an der Universität Hamburg. Als Mitglied des Sozialistischen Studentenbundes lernte sie ihren späteren Ehemann Erich Klabunde kennen. Auch Wilhelm Drexelius, mit dem sie bald beruflich zusammenarbeitete, gehörte dem Studentenbund an. Clara Genter legte am 6. November 1929 die erste juristische Staatsprüfung ab und wurde am darauf folgenden Tag zur Referendarin der Hamburger Justizverwaltung ernannt. Am 25. März 1933 bestand sie die Große juristische Staatsprüfung mit dem Prädikat gut. Vermutlich unter dem Eindruck der politischen Umwälzung nach der Machtübernahme durch die Nationalsozialisten beantragte sie drei Tage später die Zulassung als Anwältin und schied somit am 13. Mai 1933 aus dem Staatsdienst aus.

Über ihre Tätigkeit während der NS-Zeit ist wenig bekannt. Durch die Reichsrechtsanwaltsordnung von 1935 wurden die Arbeitsmöglichkeiten von Frauen im Anwaltsberuf eingeschränkt. Zunächst vertrat Clara Genter politisch Verfolgte des NS-Regimes und arbeitete mit dem befreundeten Rechtsanwalt Wilhelm Drexelius in einer gemeinsamen Kanzlei am Neuen Wall 54 zusammen. Vorübergehend war Clara Klabunde, die Ende 1933 den von den Nationalsozialisten mit Berufsverbot belegten Journalisten Erich Klabunde geheiratet hatte, in Berlin tätig. Sie folgte vermutlich ihrem Mann, der hier zeitweise Beschäftigung gefunden hatte.

Während Erich Klabunde nach 1945 als Vorsitzender der SPD-Bürgerschaftsfraktion in Hamburg und später als Bundestagsabgeordneter in der Politik hervortrat, war Clara Klabunde wieder als Anwältin tätig und unterhielt erneut eine Bürogemeinschaft mit Drexelius. Darüber hinaus engagierte sie sich in mehreren bürgerschaftlichen Ausschüssen, darunter der Leitende Ausschuss für Entnazifizierung, der beratende Ausschuss für das Pressewesen, der Einspruchsausschuss für Haftentschädigungssachen und der Vorprüfungsausschuss für die Existenzaufbauhilfe. Außerdem war sie im Verein weiblicher Juristen und Volkswirte sowie im Vorstand des Hamburgischen Anwaltsvereins aktiv.

Clara Klabundes berufliche Karriere nahm erst nach dem plötzlichen Tod ihres Mannes im Jahr 1950 einen steilen Aufstieg. Am 1. Dezember 1952 wurde sie zur Landesarbeitsgerichtsdirektorin ernannt. Sie übernahm die dritte, neu eingerichtete Kammer und war die erste Frau an diesem Gericht, das zu dieser Zeit angesichts eines noch fehlenden Bundesarbeitsgerichts größere Bedeutung hatte und letztinstanzlich arbeitete. Sie fungierte zudem als Beisitzerin im Disziplinarsenat für Richter und

KLABUNDE, Erich

war seit 1953 Mitglied des Hamburgischen Verfassungsgerichts. Am 1. September 1966 wurde die ausgewiesene Arbeitsrechtsexpertin vom Senat zur Präsidentin des Landesarbeitsgerichts berufen. Sie war damit die erste Gerichtspräsidentin in der Bundesrepublik Deutschland, die einer juristischen Instanz vom Range eines Oberlandesgerichts vorstand.

Clara Klabunde trat 1971 in den Ruhestand. 1978 schied sie nach 25-jähriger Tätigkeit als Mitglied des Hamburgischen Verfassungsgerichts aus und legte damit ihr letztes öffentliches Amt nieder. Für ihre Verdienste wurde sie mit der Medaille für treue Arbeit im Dienste des Volkes in Silber geehrt. Der 1962 nach ihrem Ehemann benannte Klabundeweg in Bergstedt erinnert seit 2001 auch an Clara Klabunde.

LITERATUR Bake/Reimers, S. 230 f.; Albers 2, S. 451–454; Holger Martens, Erich Klabunde, 1907–1950, Hamburg o. J. [2000].   *Holger Martens*

KLABUNDE, Erich, geb. 20. 2. 1907 Berlin, gest. 21. 11. 1950 Bad Pyrmont; Journalist, Politiker, Wohnungsbauexperte.

Der Zufall verschlug den während der NS-Zeit mit einem Berufsverbot belegten Hamburger Journalisten Erich Klabunde in die gemeinnützige Wohnungsbauwirtschaft. Sein Ideenreichtum und sein sozialpolitisches Engagement lieferten wichtige Impulse für den Wiederaufbau nach 1945 in Bund und Land.

Erich Klabunde wurde als Sohn eines Buchdruckers geboren und wuchs in einfachen Verhältnissen auf. Mit 16 Jahren verließ er das Gymnasium und begann eine Banklehre, die er 1926 abschloss. Im gleichen Jahr zog er nach Hamburg, um hier die Möglichkeit zu nutzen, auch ohne Abitur ein Studium aufzunehmen. Bis 1930 studierte er, ohne einen Abschluss zu erwerben, an der Universität Hamburg Volkswirtschaft, Soziologie, Psychologie, Ethnologie und Zeitungswissenschaften.

Der Journalismus wurde Klabundes große Leidenschaft. Von 1927 bis 1933 arbeitete er – zunächst als Volontär, später als Redaktionsmitglied – beim »Hamburger Anzeiger«. Nach der Machtübernahme der Nationalsozialisten wurde Klabunde, der seit 1926 der SPD angehörte, im gleichen Jahr dem Sozialistischen Studentenbund beigetreten war

Erich Klabunde

und sich in der Vereinigung Republikanische Presse engagierte, entlassen und mit einem einjährigen Beschäftigungsverbot belegt. In dieser Zeit einer ungewissen Zukunft heiratete er am 4. November 1934 die Rechtsanwältin Clara Genter.

1935 konnte Erich Klabunde als Geschäftsführer des in Hamburg ansässigen Verbands Deutscher Nähmaschinenhändler die Nachfolge seines Berufskollegen Erich Lüth antreten. Klabunde zeichnete sich hier durch betriebswirtschaftliche Analysen aus, wobei ihm seine finanztechnische Ausbildung zugute kam. Vier Jahre später wechselte er zum Verband norddeutscher Wohnungsunternehmer. Durch Kostenanalysen entwickelte er Finanzierungsmodelle für den sozialen Wohnungsbau. In dieser Zeit veröffentlichte er zahlreiche wohnungswirtschaftliche Artikel in der Fachpresse. Während des Zweiten Weltkrieges wurde Erich Klabunde in der paramilitärisch-technischen Organisation Todt dienstverpflichtet. In dieser vornehmlich für Aufgaben im militärischen Bauwesen zuständigen Einrichtung soll er den Rang eines Offiziers bekleidet haben. Am Ende des Krieges gelang es ihm, nach Hamburg zurückzukehren und wieder sein Amt als Geschäftsführer zu übernehmen.

Unmittelbar nach der Kapitulation wurde Erich Klabunde als Wohnungsbauexperte in der im Wiederentstehen begriffenen SPD tätig. Auch am Aufbau der Berufsvereinigung Hamburger Journalisten beteiligte er sich frühzeitig und wurde auf der Gründungsversammlung am 18. November 1945 zum Vorsitzenden gewählt. Die Hamburger Journalistenorganisation entwickelte sich zum größten Verband dieser Berufsgruppe in den westlichen Besatzungszonen. 1946 erfolgte die Gründung des Norddeutschen Journalistenverbandes, dessen Führung Klabunde ebenfalls übernahm. Am 10. Dezember 1949 wurde er schließlich zum Vorsitzenden des nun für die ganze Bundesrepublik gebildeten Deutschen Journalistenverbandes gewählt.

Seine Führungsqualitäten und seine rednerische Begabung machten Erich Klabunde innerhalb der SPD zu einem viel versprechenden Nachwuchspolitiker. Mit 38 Jahren übernahm er im Frühjahr 1946 in der Hamburger Bürgerschaft den SPD-Fraktionsvorsitz. Gefragt war sein Fachwissen im Wohnungsbau. Aufbauend auf seinen früheren Analysen konnte Klabunde, der sich vor allem für den gemeinnützigen Wohnungsbau einsetzte, wichtige Impulse für den Wiederaufbau geben.

1949 drängte ihn die SPD, für den Bundestag zu kandidieren. Hamburg hatte erkannt, dass die zur Behebung der Wohnungsnot nötigen Baumaßnahmen sich nur über eine bundespolitische Lösung finanzieren lassen würden. Trotz bereits stark angeschlagener Gesundheit willigte Klabunde ein. Obwohl die SPD die Bundestagswahl verlor, gelang es ihm nahezu im Alleingang, aus der Opposition heraus das erste deutsche Wohnungsbaugesetz durchzusetzen, das wesentliche Forderungen der Sozialdemokraten erfüllte und den Wiederaufbau nachhaltig beförderte. Insbesondere dem gemeinnützigen Wohnungsbau verhalf Klabunde damit zu einem damals geschätzten Ausbauprogramm von 1,5 Millionen Wohnungen in zehn Jahren. Dieser Erfolg war auch deshalb möglich, weil er die 1945 aufgelöste reichsweite Organisation der gemeinnützigen Wohnwirtschaft zumindest in Westdeutschland wieder zusammengeführt und zu einem schlagkräftigen Gesamtverband gemacht hatte. 1946 fasste er die gemeinnützigen Wohnungsunternehmen der britischen Zone zusammen und wurde ihr Verbandsdirektor. Drei Jahre später konnte unter seiner Führung ein Gesamtverband für Westdeutschland gegründet werden. Seiner journalistischen Leidenschaft ging Klabunde weiter nach. In der von ihm 1948 gegründeten Verbandszeitschrift »Gemeinnützige Wohnungswirtschaft« veröffentlichte er regelmäßig Beiträge.

Auf einer Sitzung des Hauptausschusses des NWDR, dem Klabunde ebenfalls angehörte, erlitt er am 18. November 1950 einen Hirnschlag, an dessen Folgen er drei Tage später starb.

Die gemeinnützige Wohnungswirtschaft ehrte Erich Klabunde durch die Benennung von Wohnanlagen und Siedlungen nach ihrem Verbandsdirektor. In zahlreichen Städten Westdeutschlands von Schleswig-Holstein bis Bayern tragen Straßen seinen Namen. Der Klabundeweg im Hamburger Stadtteil Bergstedt erinnert seit 1962 an Erich Klabunde, seit 2001 auch an seine Frau Clara. Die Hamburger Journalistenvereinigung stiftete 1957 den Erich-Klabunde-Preis. 1996 ließ der Deutsche Journalisten-Verband Hamburg die Preisverleihung wieder aufleben.

WERKE (mit Julius Brecht) Wohnungswirtschaft in unserer Zeit, hg. vom Verband Norddeutscher Wohnungsunternehmen, Hamburg 1950.

LITERATUR DBE 5; Freitag S. 58; Franz Osteroth, Biographisches Lexikon des Sozialismus, Bd. 1: Verstorbene Persönlichkeiten, Hannover 1960; Erich Lüth, Erich Klabunde. Journalist und Politiker der ersten Stunde, Hamburg 1971; Holger Martens, Erich Klabunde 1907–1950, Hamburg o. J. [2000]. *Holger Martens*

KLEEBERG, Alfred, geb. 26. 7. 1887 Plauen/Vogtland, gest. 8. 4. 1957 Hamburg; luth.; Schulleiter, Schulreformer.

Mit der Aufnahme in das Kollegium des Lehrerinnenseminars Freiligrathstraße begann am 1. Oktober 1913 eine über vier Jahrzehnte währende Tätigkeit des vormaligen Leipziger Oberlehrers Alfred Kleeberg im Hamburger Schulwesen. Zurückgekehrt aus dem Ersten Weltkrieg, engagierte sich Kleeberg ab 1919 für Veränderungen der Lehrerausbildung und arbeitete aktiv an der Gründung der Aufbauschule mit, in der ab 1922 begabte Absolventen der Volksschule in einem verkürzten Bildungsgang zur Hochschulreife geführt wurden. Kleeberg leitete diese Reformschule, die nach dem Programm der »Deutschen Oberschule« arbeitete und neue Wege einer schülerbezogenen Schul- und Unterrichtsgestaltung beschritt, bis 1933. Besonderes Gewicht erhielten die musischen Fächer, die persönliche Schwerpunktsetzung und damit Individualisierung in der Oberstufe sowie eine entsprechende Umgestaltung der Reifeprüfung, die den

Schülerinnen und Schülern ermöglichen sollte, durch die Einbeziehung eines Prüfungs-Wahlfachs ihre Fähigkeit zu selbstständiger und methodisch sicherer Arbeit unter Beweis zu stellen.

Berufspolitisch vertrat Kleeberg seine Position im Verband (später Reichsverband) Deutscher Oberschulen und Aufbauschulen, als dessen Vorsitzender er nach jahrelanger aktiver Mitarbeit Anfang der dreißiger Jahre amtierte. 1930 übernahm er auch die Leitung des Pädagogischen Ausschusses im Hamburger Philologenverein und aktivierte dessen Mitglieder zu reformerischen Initiativen. Seine reformpädagogischen Vorstellungen, Anregungen und Forderungen verbreitete er in einer Vielzahl von Aufsätzen.

Im Rahmen der nationalsozialistischen Personalpolitik wurde Kleeberg am 10. Juli 1933 zum Leiter der »Deutschen Oberschule auf dem Lübeckertorfeld« (DOL) ernannt, die 1934 mit der hierher verlegten Klosterschule zusammengeschlossen wurde. Kleeberg war nach dem Ersten Weltkrieg der DVP und dem Verband (später Volksbund) für das Deutschtum im Ausland beigetreten. Mitglied der NSDAP wurde er erst 1937, obwohl er in schulöffentlichen Ansprachen die Zielsetzungen der »nationalen Erneuerung« ausdrücklich bejaht hatte. Der Schulreformer Alfred Kleeberg meinte, im Nationalsozialismus seine Auffassungen bestätigt zu finden, und förderte daher dessen grenzland- und ostpolitische Aktionen, so auch 1943 die schulbezogene »Partnerschaft« Hamburgs mit der in Litzmannstadt umbenannten Stadt Lodz im besetzten Polen. Trotz der mit dem neuen Regime eingegangenen Kompromisse verhielt sich Kleeberg als Lehrer und Leiter einer großen Schule weiterhin menschlich und pädagogisch verantwortlich und beschützte auch gefährdete Schülerinnen, solange es ihm möglich war. Von 1941 bis 1945 betreute er nach Bayern ausgelagerte Klassen seiner Schule in der Kinderlandverschickung.

1945 wurde Kleeberg als Schulleiter abgesetzt, aus dem Beamtenverhältnis entlassen und interniert. Nach seiner Rehabilitierung wurde er am 1. Oktober 1949 als Studienleiter für die pädagogische Ausbildung von Studenten des Höheren Lehramts an das Pädagogische Institut der Universität Hamburg berufen. Von 1954 bis 1957 gehörte er der vom Senat berufenen »Unabhängigen Kommission für das Hamburger Schulwesen« an und plädierte für die Einführung grundständiger Mittelschulen in Hamburg.

WERKE Hamburger Tagung für deutsche Bildung vom 26. bis 30. Mai 1925, in: Deutsches Philologenblatt 33 (1925), S. 312 f. und 427; Sechs Jahre Hamburger Aufbauschule, in: Hamburger Echo Nr. 119 vom 30. 4. 1926, 2. Beilage; Lebensaufgaben der Großstadtaufbauschule, in: Hamburger Lehrer-Zeitung 8 (1929), S. 869–874; Der Niederschlag der Reformbewegung in der Gestaltung der Reifeprüfung, in: Deutsches Philologenblatt 40 (1932), S. 437 f.

LITERATUR Uwe Schmidt, Aktiv für das Gymnasium. Hamburgs Gymnasien und die Berufsvertretung ihrer Lehrerinnen und Lehrer von 1870 bis heute, Hamburg 1999. *Uwe Schmidt*

KLEIN, *César* Carl Robert Andreas, geb. 14. 9. 1876 Hamburg, gest. 13. 3. 1954 Luschendorf bei Lübeck; luth.; Maler, Grafiker, Bühnenbildner.

Bevor César Klein eine künstlerische Karriere beginnen konnte, absolvierte er auf Wunsch des Vaters von 1890 bis 1894 eine praktische Ausbildung im Malerhandwerk. Später bekundete er, dass er darin eine wertvolle Erfahrung für seine weitere künstlerische Entwicklung gesehen habe. Von 1894 bis 1897 besuchte er in Hamburg die Kunstgewerbeschule und wechselte 1898 an die Düsseldorfer Akademie. Bereits mit einem Stipendium ausgestattet, studierte er sodann an der Schule des Berliner Kunstgewerbemuseums, wo er 1899 seine Ausbildung abschloss. Nach einem kurzen Aufenthalt in Leipzig kam César Klein 1903 nach Berlin, wo er schnell als selbstständiger Künstler Fuß fasste. Im Bereich der angewandten Kunst stellten sich auch materielle Erfolge ein; Glasmalereien, Innenausstattungen und Fußbodenmosaiken gehörten zu seinen ersten Aufträgen. Es folgten Treppenhäuser und die Ausstattungsarbeit bei großen Berliner Industriebetrieben. Weit über Berlin hinaus wurde Klein durch seine Dekoration des Marmorpalastes am Kurfürstendamm bekannt. Hierbei handelte es sich um das erste Berliner Großstadtkino, das dem neuen Medium einen adäquat zauberhaften Rahmen geben sollte.

Auf dem Gebiet der angewandten Kunst war Klein bereits vor dem Ersten Weltkrieg ein etablierter Mann. Seine Entwicklung als Maler verlief langsamer. Er orientierte sich an französischen Vorbildern, vor allem an Paul Cézanne. Wie dieser bevorzugte Klein Straßen- und Stadtmotive, Kanal-ansichten und Stillleben. Auch die während seiner beiden Italienreisen 1912 entstandenen Arbeiten lassen den Einfluss Cézannes erkennen.

1918 gründete Klein zusammen mit Max Pech-stein die »Novembergruppe«, der sich bedeutende Künstler und Architekten anschlossen, darunter Otto Dix, Lionel Feininger, Walter Gropius, Wassily Kandinsky, Paul Klee, Otto Mueller und Mies von der Rohe. Ziel der Gruppe war es, die Rolle des Künstlers in der Demokratie neu zu definieren. Klein nahm das Programm ernst und lehnte einen Ruf an das Bauhaus ab, um stattdessen an der Un-terrichtsanstalt des Staatlichen Kunstgewerbemu-seums in Berlin, aus der später die Hochschule für bildende Künste hervorging, zu unterrichten. Pro-fessor wurde er aber erst 1931. Bis 1937 konnte er als Hochschullehrer wirken; dann enthoben die Natio-nalsozialisten ihn seines Amtes und und zählten ihn zu den »entarteten Künstlern«.

1922 hatte Klein die Deckengemälde für die Ber-liner Kroll-Oper und 1926 die Intarsien im Renais-sancetheater geschaffen. Parallel dazu erwarb er sich einen Ruf als Bühnenbildner. Zu den Höhe-punkten zählten die Bühnenbilder der von Jürgen Fehling in Hamburg inszenierten Schiller-Dramen »Don Carlos« und »Verschwörung des Fiesco zu Genua«. Schon bevor die hemmungslose Diffamie-rung durch die Nationalsozialisten begann, hatte Klein 1935 ein altes Bauernhaus in Pansdorf bei Lü-beck erworben, wohin er sich mit seiner Frau, der Geigerin Paula Bock, zurückziehen konnte. Dort setzte er sich in eindrucksvollen Gouachen und an-deren Werken – auch über 1945 hinaus – mit den Schrecken des »Dritten Reiches« auseinander.

Wie schon 1918 war Klein auch 1945 darum be-müht, die geistige Situation der Zeit zu erfassen und künstlerisch umzusetzen. Dabei überwand er die Schwelle von der gegenständlichen zur abstrak-ten Malerei. Auch als Bühnenbildner wurde er wie-der tätig und setzte mit seinen Entwürfen für die Bühnen in Lübeck, Hamburg und Berlin Maßstäbe für das Theater der Nachkriegszeit. Hervorzuheben sind seine für die Hamburger Staatsoper entstande-nen Arbeiten zu Henry Purcells Oper »Dido und Aeneas«, Paul Hindemiths »Nobilissima Visione« und Edward Staempflis »Caligula«. Bis zu seinem Tode arbeitete er für das Hamburger Schauspiel-haus.

César Klein war einer der vielseitigsten Künstler des 20. Jahrhunderts und wirkte als Lehrer und Entdecker junger Talente weit über die Spanne sei-nes Lebens hinaus.

LITERATUR NDB 11; ThB 20; Rudolf Pfefferkorn, Cé-sar Klein, Berlin 1962 (Die Kunst unserer Zeit 14); ders., Œuvrekatalog César Klein. Ölbilder, Gouachen, Pastelle, Aquarelle, Berlin 1975; Johann Schlick, César Klein: »Ge-nuine«. Ein Beitrag zur expressionistischen Filmarchitek-tur, in: Nordelbingen 47 (1978), S. 141–151; Ruth Irmgard Dalinghaus, César Klein (1876–1954). Angewandte Kunst. Werkmonographie mit Katalog, 2 Bde., Berlin 1990; Eckardt Opitz, César Klein, in: Die unser Schatz und Reichtum sind. 60 Porträts aus Schleswig-Holstein, Ham-burg, 1990, S. 285–289.   *Eckardt Opitz*

KLUTH, Karl, geb. 12. 1. 1898 Halle/Saale, gest. 15. 12. 1972 Hamburg; luth.; Maler.

Nach der Ausbildung an der Staatlichen Akademie Karlsruhe bei Albert Haueisen und August Babber-ger in den Jahren von 1919 bis 1922 ließ sich Karl Kluth in Hamburg nieder. Öffentliche Anerken-nung brachte erst 1928 eine Ausstellung Hambur-ger Maler in der Galerie Nierendorf in Berlin. Im folgenden Sommer reiste Kluth nach Norwegen und besuchte dort Edvard Munch. 1930 zeigte der Kunstverein in Hamburg seine Werke, erst 1931 wurde er Mitglied der Hamburgischen Sezession. Eine Italienreise mit Hans Ruwoldt und Willem Grimm führte 1931 bis nach Sizilien. Die Berufung zum Professor an der Landeskunstschule in Ham-burg wurde 1933 von den nationalsozialistischen Machthabern verhindert; Kluth erwarb seinen Le-bensunterhalt durch Privatunterricht und wirkte 1937 bis 1939 als Bühnenbildner an den Städtischen Bühnen Kiel. Ein Stipendium der Amsinck-Stif-tung ermöglichte ihm 1934 eine gemeinsam mit Grimm unternommene Norwegenreise, auf der er erneut Munch traf. Die beiden zur Sammlung der Hamburger Kunsthalle gehörenden Gemälde Kluths wurden 1937 als »entartete Kunst« beschlag-nahmt. 1940 wurde der Künstler zum Kriegsdienst eingezogen. 1949 aus sowjetischer Kriegsgefangen-schaft zurückgekehrt, wurde er 1950 in den Vor-stand des wieder gegründeten Deutschen Künstler-bundes gewählt, an dessen Jahresausstellungen er regelmäßig teilnahm. Zugleich war er Gründungs-mitglied der Freien Akademie der Künste in Ham-burg. Als Professor an der Landeskunstschule, seit

Karl Kluth

1955 Hochschule für bildende Künste, war er von 1952 bis 1963 der wohl wichtigste Lehrer der jungen Maler Hamburgs. Mit dem Edwin-Scharff-Preis der Freien und Hansestadt Hamburg wurde er 1957 ausgezeichnet; der Kunstverein in Hamburg stellte 1955 und 1966 seine Werke aus, das Kunsthaus veranstaltete 1976 eine Retrospektive.

Der Besuch bei Edvard Munch im Sommer 1929 prägte Kluth tief; das schon in Oslo gemalte Selbstbildnis, die Bildnisse der Künstlerfreunde Hans Ruwoldt und Fritz Flinte, des Dichters Theodor Däubler sowie des Kunstsammlers Gustav Schiefler mit den ausgeprägten Konturen in Zinnoberrot zeugen davon ebenso wie die Landschaften, bei denen die schwingenden Umrisslinien nach Munchs Vorbild die Farbformen so entschieden voneinander trennen, dass die Form wichtiger wird als die Dingbezeichnung.

Das nationalsozialistische Regime und der Kriegsdienst raubten Kluth eine sehr lange Phase seines künstlerischen Lebens. Die mutige Haltung der verlässlichen Sammlerin Emmi Ruben half ihm, nicht aufzugeben und zu widerstehen. Der Neubeginn 1949 führte bald von mythischen Figurenkompositionen (»Die Furt«, 1950; Sammlung Bunte, Hamburg) zu einer Gestaltungsweise, in der sich ein strenger Wille zur Abstraktion mit Erfahrung und Erlebnis der Natur verband. Gleichzeitig widmete Kluth sich der Bildnismalerei und schuf Porträts von Max Brauer, Hans Henny Jahnn und Carl Georg Heise. 1964 verbrachte er als Ehrengast der Villa Massimo drei Monate in Rom, was für sei-ne Kunst lange Zeit folgenreich war. Es waren die alten Dörfer und Städte in der römischen Campagna und deren Bewohner, die ihn beschäftigten. Die Kunst der letzten Jahre war durch das Auseinanderdriften des Grafischen und des Malerischen bestimmt. Aber auch dabei blieb Kluth ein Figurenmaler.

Kluths Grab liegt auf dem Ohlsdorfer Friedhof.

WERKE Geschriebenes Selbstporträt, in: Der Kreis 10 (1933), S. 144 f. [Nachdruck in: Karl Kluth zum 100. Geburtstag. Gemälde 1923–1970 (Katalog zur Ausstellung in der Hamburger Kunsthalle vom 9. Januar bis 8. März 1998), Köln 1998, S. 68–70].

LITERATUR Bruhns 2; Heinz Spielmann, Karl Kluth. Mit unveröffentlichten Zeichnungen des Künstlers, Hamburg o. J. [1976] (Hamburger Künstler-Monographien zur Kunst des 20. Jahrhunderts 1); Karl Kluth zum 100. Geburtstag. Gemälde 1923–1970 [Katalog zur Ausstellung in der Hamburger Kunsthalle vom 9. Januar bis 8. März 1998], Köln 1998; Kunst in der Verfemung. Die Schenkung Emmi Ruben 1948 [Katalog zur Ausstellung in der Hamburger Kunsthalle vom 3. März bis zum Juni 1998], Köln 1998; Die Kunstsammlung der Hamburger Sparkasse. Die Hamburgische Sezession. Präsentation des Bestandes und der Neuerwerbungen aus der Sammlung Hermann-Josef Bunte anlässlich des 175jährigen Firmenjubiläums der Haspa, Hamburg 2002. *Helmut R. Leppien*

KNACK, *Andreas* Valentin, geb. 12. 9. 1886 Aachen, gest. 3. 5. 1956 Hamburg; kath.; Mediziner, Krankenhausdirektor, Bürgerschaftsabgeordneter.

Der sozialdemokratische Bürgerschaftsabgeordnete Andreas Knack wirkte vom 15. Oktober 1923 bis zu seiner Entlassung aus politischen Gründen im März 1933 als ärztlicher Direktor und Chefarzt der ersten medizinischen Abteilung des Allgemeinen Krankenhauses Hamburg-Barmbek.

Nach dem Abitur am Kaiser-Wilhelm-Gymnasium in Aachen im März 1905 studierte Knack Medizin an den Universitäten in Berlin und München, bestand sein medizinisches Staatsexamen am 13. Dezember 1911 und veröffentlichte 1912 seine Dissertation »Geburt und Gebärmutterkrebs: Ein Beitrag zur Aetiologie, Prognose und Prophylaxe«. Danach arbeitete er als Assistenzarzt im pathologischen Institut der Städtischen Krankenanstalten in Mannheim unter Theodor Fahr, der seit dem 1. Oktober 1913 die Prosektur im neu erbauten Allgemei-

Andreas Knack

nen Krankenhaus Barmbek leitete und seinen Schüler Knack nach Hamburg mitnahm. So wirkte dieser bis zum 1. März 1914 als Assistenzarzt im pathologischen Institut des Krankenhauses, dann wechselte er in die erste medizinische Abteilung und arbeitete bis zum April 1919 unter dem Krankenhausdirektor Theodor Rumpel.

Seit Mai 1919 leitete Knack die Prosektur im Hamburger Hafenkrankenhaus und wirkte zugleich von 1919 bis zum Ende des Jahres 1922 als Vertrauensarzt des Arbeitsamtes und der Allgemeinen Ortskrankenkasse sowie als Schularzt des Medizinalkollegiums. Als Mitglied des Vereins der Schulärzte Deutschlands, des Vereins für öffentliche Gesundheitspflege und der Deutschen Gesellschaft zur Bekämpfung der Geschlechtskrankheiten engagierte er sich in der kommunalen Gesundheitsfürsorge. Im Rahmen seiner am 4. Juni 1921 absolvierten Physikatsprüfung schrieb er eine wissenschaftliche Hausarbeit, die sich mit Geschlechtskrankheiten beschäftigte und als Broschüre mit dem Titel »Groß-Hamburg im Kampfe gegen Geschlechtskrankheiten und Bordelle« 1921 veröffentlicht wurde. Darin forderte er die gesetzliche Aufhebung der polizeilichen Reglementierung der Prostitution im Deutschen Reich. Als Mitglied des am 21. April 1920 von der Bürgerschaft konstituierten Ausschusses für die Neuregelung des Hamburger Prostitutionswesens setzte sich Knack für die – am 17. Juni 1921 beschlossene – Aufhebung der Bordelle ein. 1924, 1928 und 1930 unternahm er ärztliche Studienreisen nach England, Un-

garn und Frankreich, um die nationalen Einrichtungen zur Bekämpfung der Geschlechtskrankheiten und der Prostitution kennen zu lernen. Nach dem Inkrafttreten des sozialhygienischen »Reichsgesetzes zur Bekämpfung der Geschlechtskrankheiten« vom 1. Oktober 1927 in Deutschland schrieb er im Auftrag der SPD zusammen mit dem Frankfurter Sozialpolitiker Max Quarck (1860–1930) einen kritischen Kommentar. Mit Quarck arbeitete er bereits in der von der SPD erstmals 1922 eingesetzten Programmkommission »Gesundheitspolitik« zusammen. Als Teilnehmer der SPD-Parteitage in Kassel 1920, Görlitz 1921, Augsburg 1922, Berlin 1924, Heidelberg 1925, Kiel 1927 und Magdeburg 1929 zählte Knack zu den aktiven sozialdemokratischen Gesundheitspolitikern. Überdies war er Mitglied der »Arbeitsgemeinschaft sozialdemokratischer Ärzte« sowie des »Vereins Sozialistischer Ärzte« (VSÄ) und sprach am 31. Mai 1931 als Hauptreferent auf dem ersten und einzigen sozialdemokratischen Ärztetag in Leipzig zu dem Thema »Der bürgerliche und der sozialistische Arzt«.

Obwohl sämtliche Chefärzte des Allgemeinen Krankenhauses Barmbek, die zumeist Mitglieder der DVP oder DNVP waren, am 3. Oktober 1923 die Gesundheitsbehörde in einer Petition darum gebeten hatten, Knack nicht für den Direktorposten vorzuschlagen, setzte die von dem SPD-Senator Louis Gruenwaldt geleitete Behörde ihn als Krankenhausdirektor ein. In seiner Amtszeit unterstützte Knack die Tätigkeit der Krankenhausfürsorgerinnen, die das soziale Milieu der Patienten erkundeten, um das Wissen über den Zusammenhang zwischen »Krankheit und soziale[r] Lage« – so der Titel eines von Knack verfassten Buches – zu erweitern. Die von ihm zu Beginn des Jahres 1925 eingerichtete Auskunftsstelle für Sozialgesetzgebung vermittelte den Ärzten und Fürsorgerinnen des Krankenhauses Kenntnisse in sozialärztlichen Fragen. Als Vorstandsmitglied der im Sommer 1927 konstituierten Deutschen Vereinigung für den Fürsorgedienst im Krankenhaus forderte er die – bei seinen Barmbeker Chefarzt-Kollegen umstrittene – Zusammenarbeit zwischen Ärzten und Krankenhausfürsorgerinnen. Eine seiner letzten Amtshandlungen vor seiner Entlassung als »national unzuverlässiger« Krankenhausdirektor aufgrund Paragraph 4 des »Gesetzes zur Wiederherstellung des Berufsbeamtentums« am 7. April 1933 war die Leitung der 17. Tagung der Nordwestdeutschen Gesellschaft für Innere Medizin im Vorlesungsgebäude des Allgemeinen Krankenhauses Barmbek am 27./28. Januar 1933.

In erster Ehe war Knack seit 1920 mit der Ballettmeisterin und Politikerin Olga Brandt-Knack verheiratet. Noch am 20. September 1933 als praktischer Arzt in Hamburg niedergelassen, emigrierte Knack am 2. Februar 1934 zusammen mit seiner zweiten Ehefrau, der Jüdin Edith Hommes (1891–1935), die von 1921 bis 1927 kommunistische Bürgerschaftsabgeordnete in Hamburg gewesen war, über Genf nach China. Auf Vermittlung des Völkerbundes wirkte er vom April 1934 bis März 1935 als stellvertretender Direktor des chinesischen Zentralkrankenhauses in Nanking. Nach einer kurzen ärztlichen Tätigkeit im belgischen Missionshospital Kweisui in der südlichen Mongolei ließ er sich von 1935 bis 1937 in Peking und von 1938 bis 1948 in Mukden in der Mandschurei als praktischer Arzt nieder.

Mit Hilfe der Internationalen Refugee Organisation (IRO) kehrte Knack am 28. Dezember 1948 von Shanghai nach Hamburg zurück. Vom 14. April 1949 bis zum 1. April 1952 amtierte er als Präsident der Gesundheitsbehörde.

WERKE Groß-Hamburg im Kampfe gegen Geschlechtskrankheiten und Bordelle, Hamburg 1921; Das Allgemeine Krankenhaus Barmbeck in Hamburg, 2. Aufl. Düsseldorf 1928; (mit Max Quarck) Das Reichsgesetz zur Bekämpfung der Geschlechtskrankheiten und seine praktische Durchführung, Berlin 1928; Krankheit und soziale Lage, München o. J. (Gesundheitsbibliothek 17).

LITERATUR BHdE 1; Wi 1928; Nachruf in: Hippokrates. Zeitschrift für praktische Heilkunde und für die Einheit der Medizin 27 (1956), S. 431; Günther Budelmann, 50 Jahre Nordwestdeutsche Gesellschaft für Innere Medizin 1924–1974. Daten und Erinnerungen, Hamburg 1974. Christine Pieper, Die Sozialstruktur der Chefärzte des Allgemeinen Krankenhauses Hamburg-Barmbek 1913 bis 1945. Ein Beitrag zur kollektivbiographischen Forschung, Hamburg/Münster 2003 (Veröffentlichung des Hamburger Arbeitskreises für Regionalgeschichte (HAR) 16).

Christine Pieper

KNUTH, Gustav, geb. 7. 7. 1901 Braunschweig, gestorben 1. 2. 1987 Küsnacht (Schweiz); Theater- und Filmschauspieler.

Eigentlich sollte der gebürtige Braunschweiger wie sein Vater Lokomotivführer werden. Doch eine Schlosserlehre, die er mit 14 Jahren begonnen hatte, brach Gustav Knuth ab, nachdem ihn ein Theaterbesuch so beeindruckt hatte, dass er von nun an nur noch Schauspieler werden wollte. Bereits im Alter von 17 Jahren stand er als jugendlicher Komiker im Stadttheater von Hildesheim auf der Bühne, kam jedoch ab 1919 über Engagements an Provinzbühnen in Altona und Harburg zunächst nicht hinaus.

Nach acht Jahren im Ensemble des Altonaer Theaters fiel Knuth durch sein gereiftes Können auf und wurde dank seiner Begabung von den besten deutschsprachigen Theatern angeworben. So schrieb er von 1933 bis 1936 am Deutschen Schauspielhaus in Hamburg und von 1937 bis 1944 am Staatstheater in Berlin Theatergeschichte. Er spielte unter Gustaf Gründgens, Jürgen Fehling und Heinz Hilpert. Ein Gastspiel des Hamburger Schauspielhauses führte ihn Ende der vierziger Jahre nach Konstanz, von wo aus er sich im nahen Zürich bewarb. Ab dieser Zeit spielte er vor allem am dortigen Schauspielhaus. Knuth zeigte in seinen Theaterrollen die »mitreißende Leidenschaft eines aufgewühlten Gefühls«, wie ihm ein Kritiker bescheinigte. Besonders Charakterrollen des »ganzen Kerls« lagen ihm, in denen er kauzig und menschlich zugleich sein konnte – und nicht selten gerieten sie zu glanzvollen Auftritten von sprühender Kraft. Knuths Markenzeichen waren sein verschmitztes Lächeln mit leicht zusammengekniffenem rechtem Auge, sein massiger Körper und sein niederdeutscher Humor.

Die Filmkarriere Knuths begann 1935 mit der Komödie »Der Ammenkönig«; über 90 Leinwandauftritte folgten. Er selbst bezeichnete Helmut Käutners »Unter den Brücken« (1945) als seinen besten Film. Unvergessen sind auch seine Rollen in Fritz Kirchhoffs »Schatten über St. Pauli« (1938), Erich Waschnecks »Zwischen Hamburg und Haiti« (1940) und Helmut Käutners »Große Freiheit Nr. 7« (1944) mit Hans Albers.

Am 2. Februar 1946 wurde Knuth vorübergehend Mitglied der von der britischen Besatzungs-

Gustav Knuth

macht eingesetzten Ernannten Bürgerschaft, da ihn eine Vollversammlung der Hamburger Schauspieler einstimmig zu ihrem Vertreter gewählt hatte. Ein guter Freund des Schauspielers war nach eigenem Bekenntnis der SPD-Politiker und spätere Bürgermeister Max Brauer, den er bereits in der Zeit zwischen 1925 und 1933 in Altona kennen gelernt hatte.

Auch nach dem Zweiten Weltkrieg spielte Knuth häufig in Filmproduktionen, die in der Hansestadt entstanden, so unter anderem bei der REAL-Film in Wandsbek mit seinem Lieblingspartner Heinz Rühmann, mit dem er insgesamt in sechs Filmen zusammenspielte, in den Komödien »Keine Angst vor großen Tieren« (1952) von Ulrich Erfurth und »Auf der Reeperbahn nachts um halb eins« (1954) von Wolfgang Liebeneiner. Große Erfolge feierte er auch mit den »Sissi«-Filmen (1955–57) von Ernst Marischka und mit Kurt Hoffmanns »Ich denke oft an Piroschka« (1955).

Ab 1960 war Knuth verstärkt im Fernsehen zu sehen, so unter anderem in den Erfolgsserien »Alle meine Tiere«, »Großer Mann, was nun?« und »Salto mortale«. Seine schier unverwüstliche gute Laune und seine biedere Natürlichkeit sorgten dafür, dass er zu jener Zeit als einer der beliebtesten deutschen Volksschauspieler galt. In Hamburg hatte er 1973 als Galileo Galilei in Brechts gleichnamigem Schauspiel noch einmal einen großen Auftritt im Thalia Theater.

Knuths zweite Ehefrau war Elisabeth Lennartz, die er am Thalia Theater kennen gelernt hatte und

mit der er seine letzten Lebensjahre in der Schweiz verbrachte. Im Alter von 85 Jahren starb er nach seinem zweiten Schlaganfall im Kreise seiner Familie in Küsnacht bei Zürich.

WERKE Mit einem Lächeln im Knopfloch, Hamburg, 1974; Darüber hab' ich sehr gelacht. Erinnerungen des großen Schauspielers, Hamburg, 1978. *Volker Reißmann*

KOCH, Christian, geb. 10. 5. 1878 Hamburg, gest. 30 10. 1955 ebd.; luth.; Gerichtsvollzieher, Beamtengewerkschafter, Strafvollzugsreformer, Bürgermeister.

Christian Koch, der durch sein Engagement in Beamtenverbänden und liberalen Parteien sozial stetig aufstieg, führte in den zwanziger Jahren als Hamburger Gefängnisdirektor und ab 1931 als Präsident des Strafvollzugsverbundes der drei Hansestädte, Braunschweigs und Oldenburgs Strafvollzugsreformen nach den Vorschlägen der Rechtslehrer Franz von Liszt und Moritz Liepmann durch.

Koch arbeitete sich vom Tagschreiber zum Gerichtsvollzieher empor, engagierte sich seit 1904 in der Bürobeamtenbewegung und seit 1906 bei den Vereinigten Liberalen. 1908 wurde er Mitglied der Bürgerschaft, 1919 Abgeordneter der Weimarer Nationalversammlung für die DDP. Die Revolution und ihre Auswirkungen, insbesondere das Bündnis zwischen SPD und DDP in Hamburg, brachten Koch weiter voran. 1919 wurde er aufgrund einer – bis dahin undenkbaren – Wahl durch das Personal Direktor des Gerichtsvollzieheramts, 1920 gar, nachdem er sich durch die Organisierung des Beamtenstreiks zur Abwehr des Kapp-Putschs hervorgetan hatte, durch parteipolitische Patronage und ohne jegliche formale Voraussetzung Direktor des hamburgischen Gefängniswesens. Als Vorsitzender der Gewerkschaft der öffentlichen Verwaltungs- und Justizbeamten und -angestellten (Göviba) war Koch zugleich führend im Landesverband des Deutschen Beamtenbundes tätig. Aufgrund seiner Doppelmitgliedschaft in der Leitung der regelmäßig von einem DDP-Senator geführten Justizbehörde (als Deputationsmitglied, zeitweise gemeinsam mit Liepmann) sowie im Stadtstaatsparlament konnte Koch sich eine kaum kontrollierbare Stellung im öffentlichen Leben schaffen. Sie kam den von ihm personalpolitisch Geförderten zugute,

Christian Koch

aber auch den Insassen der Hamburger Strafanstalten. 1920 wurde mit der Errichtung einer Jugendstrafanstalt auf der Elbinsel Hahnöfersand begonnen, der ersten offenen Anstalt im Deutschen Reich. Die Hamburger Dienst- und Vollzugsordnung für den Strafvollzug von 1924 baute auf dem Prinzip der Resozialisierung auf. 1928 wurde die nach Plänen Fritz Schumachers erbaute Reformstrafanstalt Glasmoor eröffnet, die erste halb offene Strafanstalt im Viereckbau.

Koch wäre gern Justizsenator geworden und beteiligte sich deshalb Anfang 1933 auch an Koalitionsverhandlungen mit der NSDAP. Als diese Sondierungen gescheitert waren, sah er sich zwischen April und Juni 1933 aus allen Ehrenämtern und dann auch aus seiner beruflichen Stellung entfernt. 1939 wurde Koch für drei Wochen im Gefängnis Fuhlsbüttel inhaftiert, da die NS-Führung ihn zwingen wollte, der Liquidation zweier Versicherungsgesellschaften zuzustimmen, deren Gesellschafter bzw. Aufsichtsratsvorsitzender er war. Einige NS-Funktionäre vermochten sich dann in den Besitz des Vermögens dieser Gesellschaften zu bringen.

1945 beteiligte Koch sich zunächst am liberalen Bund Freies Hamburg, dann maßgeblich an der Formierung der Partei Freier Demokraten in Hamburg, die sich seit dem Frühjahr 1946 FDP nannte. Als PFD/FDP-Landesvorsitzender wurde er von den britischen Besatzern zum Verkehrssenator ernannt, aber nach wenigen Monaten aufgrund von Intrigen und wegen von den Briten festgestellter

Unfähigkeit wieder entlassen. Da die FDP sich am ersten Senat Max Brauers beteiligte, obwohl die SPD über eine Dreiviertelmehrheit in der Bürgerschaft verfügte, wurde Koch Ende 1946 Zweiter Bürgermeister. Ab 1948 war er auch wieder für das Gefängniswesen tätig, hatte aber Mühe, an seine alte Reformpolitik anzuknüpfen. 1949 geriet Koch in einen parteipolitischen Strudel. Die FDP bildete mit der CDU und der Deutschen Konservativen Partei das Bürgerblock-Bündnis »Vaterstädtischer Bund Hamburg«, während Brauer und Koch an der sozialliberalen Koalition festhalten wollten. Koch wurde aus der FDP ausgeschlossen und versuchte vergeblich, eine neue »Liberale Partei« als Koalitionspartner für die SPD aufzubauen. Nach der Bürgerschaftswahl 1949 blieb er noch einige Monate im Amt, sah sich aber Anfang 1950 zum Rücktritt gezwungen.

LITERATUR Helmut Stubbe-da Luz, Christian Koch – ein Sozialliberaler reformiert Hamburgs Strafvollzug, in: Das Rathaus 42 (1989), S. 579–585; Uwe Schmidt, Rechte, Pflichten, Allgemeinwohl. Hamburger Organisationen der Beamten und Staatsangestellten bis 1933, Bonn 1997.

Helmut Stubbe-da Luz

KOEL, Ditmar, geb. Ende 15. Jh., gest. 22. 9. 1563 Hamburg; Bürgermeister.

Vermutlich war Ditmar Koel ein seefahrender Kaufmann; berühmt wurde er jedoch durch die Teilnahme an der Schlacht bei Greetsiel 1525, in der die Hamburger unter dem Oberbefehl des Admirals Simon Parseval den dänischen Seeräuber und Admiral Claus Kniphoff besiegten und gefangen nahmen.

Koel führte eines der vier von Hamburg ausgerüsteten Schiffe, die im Auftrag der Hanse gegen die dänischen Piraten vorgehen sollten. Diese waren im Zuge des Thronstreites in Dänemark ermuntert worden, den Hansestädten nachhaltigen Schaden zuzufügen. Unter Koels Führung konnte jedoch das Schiff der Dänen in der Osterems geentert und Kniphoff mit 162 seiner Männer gefangen genommen werden. Die Seeräuber wurden nach Hamburg gebracht und wenig später auf dem Grasbrook enthauptet. Der Sieg über Kniphoff bezeichnete das Ende der Bedrohung durch Piraten in der Nordsee und stärkte die Stellung der Hanse gegenüber Dänemark.

Sein Erfolg brachte Koel 1527 die Wahl zum Ratsherrn ein. Als solcher unterstützte er nachdrücklich die Reformation und veranlasste 1544, zwei Jahre nach seiner Wahl zum Amtmann von Bergedorf, auch dort die Einführung einer neuen Kirchenordnung. 1548 wurde Koel zum Hamburger Bürgermeister gewählt.

Zweimal noch konnte er militärischen Ruhm erwerben: 1536 gelang ihm als Admiral der Hamburger Schiffe die Abwehr des Pfalzgrafen Friedrich, der über die Unterelbe in Holstein einzufallen versuchte. 1559 konnte Koel die Moorburg gegen die Angriffe des Herzogs von Lüneburg-Harburg Otto II. verteidigen. Nachdem er 1562 einen Streit Hamburgs mit dem dänischen König friedlich beigelegt hatte, starb Koel im darauf folgenden Jahr. An den Bürgermeister und Seehelden erinnern ein Denkmal an der Kersten-Miles-Brücke und die 1902 in der Neustadt nach ihm benannte Ditmar-Koel-Straße.

LITERATUR ADB 16 (Kohl); HL; Otto Beneke, Hamburgische Geschichten und Sagen, neu hg. und mit Erläuterungen versehen von Ariane Knuth, Bremen 1999 [zuerst Hamburg 1853], S. 104–120.   *Ariane Knuth*

KÖRNER, Theodor, geb. 7. 10. 1880 Hamburg, gest. 18. 11. 1944 ebd.; luth.; Gymnasiallehrer, Schulreformer, Verbandsvorsitzender.

Klarheit, Systematik und fachliche Kompetenz bescheinigten schon die Ausbilder dem Sohn eines mecklenburgischen Volksschullehrers, der nach dem Studium der Mathematik und Physik in Leipzig, Göttingen und Kiel 1904 als Oberlehrer in den hamburgischen Schuldienst eintrat. Als wichtige Ergänzung und Fundierung seines Unterrichts am renommierten Wilhelm-Gymnasium begann Theodor Körner mit 29 Jahren, unter Bezugnahme auf Georg Kerschensteiner seine pädagogischen Auffassungen über die Reform des mathematischen Unterrichts im Sinne des Arbeitsunterrichts und der Erziehung zum selbstständigen, schlussfolgernden Denken (statt des Auswendiglernens zusammenhangloser Fakten) in der Tages-, später auch in der berufsbezogenen Presse zu publizieren. Mathematik und Naturwissenschaften begriff der Pädagoge als Teile der allgemeinen Bildung; er plädierte dafür, junge Menschen durch eigenes Handeln zu Verantwortung und sozialem Pflichtgefühl zu er-

ziehen. Folgerichtig bejahte Körner auch die 1920 eingeführte Selbstverwaltung der Hamburger Schulen. Zehn Jahre später, zum Abschluss seiner pädagogischen Tätigkeit, ergänzte er diesen Ansatz und forderte, das Vielerlei der Fächer der Oberstufe und die Buntscheckigkeit der Stundentafel durch einen einheitlichen, von einem klaren Bildungsgedanken getragenen Aufbau zu ersetzen, der Konzentration und Vertiefung ermögliche. Hierfür sei auch eine bessere Verzahnung der Bildungsgänge von Volksschule und höherer Schule erforderlich.

Als Plattform für die Verbreitung seiner Reformvorstellungen nutzte Körner seine Berufsvertretung, den »Verein der Oberlehrer«, arbeitete in zwei seiner Reformausschüsse mit und wurde im Mai 1919 zum Ersten Vorsitzenden der Organisation gewählt, die unter seiner Leitung den Namen »Hamburger Philologenverein« erhielt. Die Zusammensetzung seines Vorstandes markiert zugleich einen Generationenwechsel und die Zurückdrängung der klassischen Philologen aus der Verbandsleitung. Gegen seinen Vorgänger Karl Dissel setzte sich Körner erfolgreich für die Umwandlung des Wilhelm-Gymnasiums in eine Doppelanstalt aus humanistischem Gymnasium und »Deutscher Oberschule« ein. Er durchbrach durch die Zusammenarbeit mit Volksschullehrern in der Organisation »Aufbau« die Isolation, in die sich die Oberlehrer in der Vorkriegszeit durch den Boykott der Schulsynode selbst gebracht hatten. Körner wollte dadurch auch die schulische Arbeit entpolitisieren und das Auseinanderfallen der Lehrer in politische Gruppen verhindern. Er nahm 1920 an der Reichsschulkonferenz teil, ließ sich in die Lehrerkammer wählen, war für die höheren Schulen Mitglied der Deputation der Oberschulbehörde und gehörte von 1922 bis 1933 dem Beamtenrat an. Auf Reichsebene vertrat er die Hamburger Oberbeamten im Reichsbund der höheren Beamten.

Trotz seines starken berufspolitischen Engagements konnte Körner der durch ihn vertretenen geringeren Zahl der Oberlehrer nicht die öffentliche und politische Aufmerksamkeit verschaffen, welche die konkurrierende Gesellschaft der Freunde des vaterländischen Schul- und Erziehungswesens für die Volksschullehrer erreichte, und es war ihm nicht möglich, seine Klientel vor den Folgen der Inflation und des Personalabbaus zu schützen. Kritisiert wegen ausbleibender Erfolge, verzichtete Körner 1924 auf eine erneute Kandidatur. Eine Art Berufswechsel stellte 1929 seine Wahl zum Vorsitzenden des 1879 gegründeten Vereins hamburgischer Staatsbeamter dar. Es gelang Körner, die zerrütteten Finanzen dieser ältesten Selbsthilfeorganisation des Hamburger öffentlichen Dienstes zu sanieren und durch gute politische Kontakte zwei konkurrierende Institutionen, die 1881 entstandene Beamtenvereinigung zu Altona und die Beamten-Bank Groß-Hamburg, zu inkorporieren. 1930 wurde Körner zum Leiter des neuen Hamburger Planetariums im Stadtpark bestellt, das bereits im ersten Jahr 108 638 Besucher anziehen konnte. Die von den nationalsozialistischen Machthabern vorgesehene kriegsbedingte Zwangsüberführung der Selbsthilfeorganisation in die Regie der Hamburger Sparcasse erlebte Körner nicht mehr. Er starb im November 1944 an einem Schlaganfall.

WERKE Die Reichsschulkonferenz. Eine vorläufige Betrachtung, in: Der Aufbau. Wochenschrift für Erziehung, 2.Jg. (1920), Nr. 26, S. 213–215 und Nr. 27, Beilage S. 219–220; Grundlagen und Gestaltung der öffentlichen Erziehung, in: Der Aufbau. Wochenschrift für Erziehung, 2.Jg. (1920), Nr. 34, S. 275–277 und Nr. 35, S. 285–287; Der deutsche Oberzug am Wilhelm-Gymnasium und die philosophische Fakultät der Universität Hamburg, in: Der Aufbau. Wochenschrift für Erziehung, 3.Jg, (1921), Nr. 12, S. 122; Die Gewerkschaftsbewegung, in: Der Aufbau. Wochenschrift für Erziehung, 3.Jg. (1921), Nr. 25, S. 234–236, Nr. 26, S. 248–250 und Nr. 27, S. 255–256; Selbstverwaltung, in: Der Aufbau. Wochenschrift für Erziehung, 4.Jg. (1922), Nr. 14–15, S. 106

LITERATUR Uwe Schmidt, Rechte, Pflichten, Allgemeinwohl. Hamburger Organisationen der Beamten und Staatsangestellten bis 1933, Bonn 1997; ders., Aktiv für das Gymnasium. Hamburgs Gymnasien und die Berufsvertretung ihrer Lehrerinnen und Lehrer von 1870 bis heute, Hamburg 1999.   *Uwe Schmidt*

KOPP, Johannes, geb. 2. 7. 1734 Darmstadt, gest. 23. 1. 1796 Hamburg; luth.; Bauhofsinspektor.

Johannes Kopp wohnte in Hamburg zunächst in der Fuhlentwiete, später im eigenen Haus Poggenmühle / Ecke Wandrahm. Nachdem er unter Ernst George Sonnin an der Errichtung des Dachstuhls der Großen Michaeliskirche als Zimmererpolier mitgearbeitet hatte, wurde ihm 1767 die Leitung des städtischen Bauhofes übertragen. Er trat als fleißiger und zuverlässiger Baubeamter hervor und erhielt mehrmals besondere finanzielle Zuwen-

dungen. Die in seine Zuständigkeit fallenden Bauwerke gestaltete Kopp solide und mit bewährten Architekturformen. Für die Pesthofkirche wählte er 1769 einen gleichseitigen oktogonalen Grundriss, wie ihn der Maurermeister Heinrich Schmidt im gleichen Jahr der Kirche im heutigen Hamburg-Niendorf zu Grunde legte, nachdem der Architekt Cay Dose diese Zentralbauform bereits bei den Kirchen in Brande-Hörnerkirchen und Rellingen verwirklicht hatte. Von 1769 bis 1773 erteilte Kopp Unterricht in der Bauzeichenklasse der Patriotischen Gesellschaft. Am 1769 bis 1771 erbauten Eimbeckschen Haus an der Kleinen Johannisstraße / Ecke Dornbusch, das den Ratsweinkeller, einen Anatomiesaal und das Pfandhaus beherbergte, zeigte Kopps Stil noch einen späten, gut proportionierten Barock. Wesentlich strenger gestaltete er 1771 die Fassade des südlichen Rathausflügels mit toskanischen Pilastern. Auf diese Weise gliederte er 1791/92 auch die Fassade des Anbaus von Kirchensaal und Sakristei an die Südseite der Katharinenkirche. Das Waisenhaus an der Admiralitätsstraße errichtete Kopp von 1780 bis 1785 als einen zum Herrengraben geöffneten Dreiflügelbau mit Mansarddach und krönte dieses mit einem zierlichen Türmchen. Die Instrumentierung mit Kolossalpilastern beschränkte er auf die hervortretenden Teile der Fassade. Zu den zahlreichen kleineren Baulichkeiten, die Kopp als Bauhofsinspektor zu errichten und zu betreuen hatte, zählen Magazine, Wachgebäude, Ställe, Brückeninstandsetzungen und Schleusen. Außerdem verfasste er viele Gutachten. Von seinen Bauten blieb nur der Anbau an die Katharinenkirche erhalten.

Der Sohn Heinrich Christoph (1773–1798) übernahm von ihm die Leitung des städtischen Bauhofs, konnte sie wegen seines frühen Todes jedoch nur zwei Jahre lang ausüben. Von ihm stammen Entwürfe für die Verlängerung der Börse bis zum Commerzium, die jedoch nicht zur Ausführung gelangten.

LITERATUR ThB 21; Hermann Heckmann, Barock und Rokoko in Hamburg. Baukunst des Bürgertums, Berlin/Stuttgart 1990; ders., Baumeister des Barock und Rokoko in Mecklenburg, Schleswig-Holstein, Lübeck, Hamburg, Berlin 2000.   *Hermann Heckmann*

KOPPEL, Walter, geb. 21. 4. 1906 Köln, gest. 25. 10. 1982 Marburg an der Lahn; isr.; Filmkaufmann.

Als Filmkaufmann erwarb sich Walter Koppel große Verdienste um den Ruf Hamburgs als bedeutender Filmmetropole der Nachkriegszeit.

Der 1906 als Sohn jüdischer Eltern geborene Koppel arbeitete nach seiner kaufmännischen Lehrzeit zunächst als Angestellter des Hamburger Warenhaus-Konzerns Schäfer, wo er erst Werbechef wurde und später zum Leiter der Bergedorfer Filiale des Unternehmens aufstieg. Von den Nationalsozialisten wegen Vergehens gegen das »Blutschutzgesetz« im August 1941 zu einer Haftstrafe verurteilt, wurde Koppel nach einer abenteuerlichen Flucht quer durch Europa 1942 vom deutschen Sicherheitsdienst in Paris verhaftet und ins Konzentrationslager Fuhlsbüttel gebracht. Er überlebte den Krieg als Patient des Israelitischen Krankenhauses.

Die britische Militärregierung setzte Koppel 1945 als Untertreuhändler für die Hamburger UFA-Kinos ein. Als schicksalhaft für sein berufliches Wirken sollte sich ein Treffen ehemaliger politisch Verfolgter 1946 erweisen. Hier lernte er den Ungarn Gyula Trebitsch kennen, mit dem er im Januar 1947 die zweite von den Alliierten lizenzierte Filmgesellschaft (nach der CAMERA-Film von Helmut Käutner) der Nachkriegszeit in Hamburg gründete. Schon die Wahl des Firmennamens REAL-FILM sollte zeigen, dass man sich dem Realismus mehr verpflichtet fühlte als dem verlogenen Kitsch der einstigen Vorkriegs-Traumfabriken. Die erste Produktion »Arche Noah« (1948) wurde 1947 an der Bille nahe der Grünen Brücke auf einem Trümmergrundstück gedreht. Die Innenaufnahmen entstanden in den Räumen der Alster-Film in Ohlstedt.

Schon der dritte Film (»Die letzte Nacht«, 1948/49) entstand im eigenen Atelier: Rund um die Villa an der Tonndorfer Hauptstraße, in der sich Koppel und Trebitsch kennen gelernt hatten, entstand eine für damalige Verhältnisse hochmoderne Filmproduktionsstätte. Rasch produzierte man auch kommerziell erfolgreiche Unterhaltungsstreifen, darunter Revuefilme mit Zarah Leander. 1952 kam es durch das Ausbleiben von Bundesbürgschaften, das vermutlich durch die einstige KPD-Mitgliedschaft Koppels veranlasst war, vorübergehend zu einem

Walter Koppel

Produktionsstopp; erst durch das Eingreifen des Senats und die Bereitstellung von Landesbürgschaften konnte der Betrieb wieder aufgenommen werden. Künstlerische Erfolge waren danach unter anderem die preisgekrönten Zuckmayer-Verfilmungen »Des Teufels General« (1955) und »Der Hauptmann von Köpenick« (1956), beide von Helmut Käutner inszeniert. 1956 erhielt Koppel das Große Verdienstkreuz des Verdienstordens der Bundesrepublik Deutschland.

Als Ende der fünfziger Jahre die Besucherzahlen in den Kinos zurückgingen, sanken auch die Einspielergebnisse der REAL-FILM. Koppels Geschäftspartner Trebitsch erkannte als Erster die Gefahr, dass bei zu geringer Auslastung die Ateliers nicht mehr rentabel betrieben werden konnten, und wollte das aufstrebende Fernsehen einbinden. Koppel hingegen hielt als damaliger Vorsitzender der Spitzenorganisation der Filmwirtschaft (SPIO) nichts von dieser Idee und gab die Parole »Keinen Meter Film für das Fernsehen!« aus. So war die Trennung des erfolgreichen Duos Koppel/Trebitsch unvermeidlich. Nach der Produktion von insgesamt 126 Spiel-, Kultur- und Dokumentarfilmen erfolgte im Dezember 1959 die Entflechtung von Filmgesellschaft und Atelierbetrieb in zwei unabhängige Unternehmen. Aus dem Atelier ging die bis heute erfolgreiche Studio Hamburg GmbH hervor, während die von Koppel geleitete REAL-FILM 1963 Konkurs anmeldete. Alle Versuche von Koppel, später wieder Fuß im Filmgeschäft zu fassen, scheiterten, so auch seine Zusammenarbeit mit der

KOPPMANN, Karl

DEFA, die nach dem Film »Die Heiden von Kummerow« (1967), an der Koppel als Koproduzent beteiligt war, nicht fortgesetzt wurde.

Ende der sechziger Jahre zog Koppel sich endgültig vom Filmgeschäft und auch aus dem gesellschaftlichen Leben zurück und machte nur noch einmal 1975 durch seine heimliche Heirat mit dem Schauspiel-Star Tatjana Iwanow Schlagzeilen. Die letzten Jahre seines Lebens verbrachte er im hessischen Marburg an der Lahn.

LITERATUR Cinegraph – Lexikon zum deutschsprachigen Film, hg. von Hans-Michael Bock, 17. Lieferung, Hamburg 1990. *Volker Reißmann*

KOPPMANN, Karl, geb. 24. 3. 1839 Hamburg, gest. 25. 3. 1905 Rostock; luth.; Historiker, Archivar.

Der Historiker und Archivar Karl Koppmann hat mit seinen Quelleneditionen wichtige Grundlagen für die wissenschaftliche Beschäftigung mit der hansischen und hansestädtischen Geschichte des Spätmittelalters und der Frühen Neuzeit geschaffen.

Koppmann wuchs als Sohn eines Knochenhauers in unbemittelten Verhältnissen auf. Im Anschluss an eine Lehre als Uhrmacher begann er neben seiner Gesellentätigkeit als Lehranwärter an unterschiedlichen hamburgischen Privatschulen zu arbeiten. Seine Kenntnisse erweiterte er durch den Besuch der Veranstaltungen für Lehrerfortbildung am Realgymnasium des Johanneums. 1862 wurde er zum Akademischen Gymnasium zugelassen. 24-jährig nahm er 1863 das Studium der Geschichte in Göttingen auf. Während der Universitätsjahre konzentrierte er sich auf das historische Seminar von Georg Waitz, der ihn in die Methode des historischen Quellenstudiums einführte. Ein freundschaftlicher Briefwechsel verband beide über viele Jahre. Nach einem kurzen Studienaufenthalt in Berlin wurde Koppmann 1866 in Göttingen mit einer Arbeit über »Die ältesten Urkunden des Erzbisthums Hamburg-Bremen« promoviert. Mit dieser quellenkritischen Arbeit hatte er das Sachgebiet gefunden, dem er sich auch zukünftig verbunden fühlte. Im Herbst 1866 kehrte Koppmann nach Hamburg zurück. Seine Hoffnung auf eine feste berufliche Anstellung wurde enttäuscht. Stundenweise arbeitete er im Hamburger Stadtar-

Karl Koppmann

chiv in der Urkundenabteilung. Eine Vorlesungstätigkeit am Akademischen Gymnasium (1868) gab er nach kurzer Zeit wieder auf. Seine Befangenheit, vor einem größeren Publikum zu sprechen, machte ihm ein öffentliches Lehramt unmöglich. Seit 1868 gehörte er dem Verein für Hamburgische Geschichte an, war von 1869 bis 1872 Mitglied im Vorstand und ab 1874 als ständiger Sekretär hauptamtlich bezahlter Mitarbeiter des Vereins. In dieser Eigenschaft redigierte Koppmann von 1879 bis 1884 die Zeitschrift des Vereins und begründete 1877 die »Mitteilungen« für Vereinsnachrichten und kleinere Beiträge. Im Auftrag des Vereins bearbeitete und edierte er die »Kämmereirechnungen der Stadt Hamburg« für den Zeitraum von 1350 bis 1562, die in sieben Bänden von 1869 bis 1894 erschienen. Mit dieser Veröffentlichung wurde eine bedeutende Quelle für die spätmittelalterliche und frühneuzeitliche Geschichte Hamburgs der Forschung zugänglich gemacht. Im Herbst 1868 vertraute ihm die Historische Kommission bei der Akademie der Wissenschaft in München die Herausgabe der »Hanserezesse« an. Diese für die Hansegeschichte so außerordentlich wichtigen Quellen waren im Laufe der Jahrhunderte verloren gegangen oder lagen verstreut und ungeordnet in den Archiven. Im Ergebnis entstanden in den Jahren von 1870 bis 1897 acht Bände für den Zeitraum von 1256 bis 1430. Als dritte bedeutende Quelle bearbeitete Koppmann – ebenfalls für die Münchner Historische Kommission – ab 1879 die in der Reihe »Die Chroniken der deutschen Städte« erschienenen lübeckischen Chroniken (3 Bde., 1884–1902, Nachdruck 1967 f.). 1870 wurde er ständiger Sekretär des neu gegründeten Hansischen Geschichtsvereins und übernahm die Redaktion der Hansischen Geschichtsblätter, von denen er 31 Hefte mit vielen eigenen Beiträgen herausgab. Dank seines bereits bei der Gründung des Hansischen Geschichtsvereins bewiesenen Organisationstalentes erreichte er 1874/75 die Gründung des Vereins für niederdeutsche Sprachforschung; er redigierte dessen »Korrespondenzblatt« bis 1884 und gab 1876 das »Seebuch«, eine Sammlung nautischer Angaben für die europäische Küste aus dem 14. Jahrhundert, heraus. Koppmann stand bereits im 46. Lebensjahr, als er 1884 das Angebot erhielt, Stadtarchivar in Rostock zu werden. In der Hoffnung auf eine baldige Rückkehr nach Hamburg trat er sein neues Amt an, das ihm endlich die Möglichkeit eines sicheren Arbeitsverhältnisses bot. Versuche des Geschichtsvereins, Koppmann für die Bearbeitung des Urkundenbuches nach Hamburg zurückzuholen, scheiterten. Im Rahmen seiner Tätigkeit als Stadtarchivar wandte er sich in zahlreichen Arbeiten der Rostocker und Mecklenburger Geschichte zu.

WERKE Verzeichnis der Schriften von Dr. phil. Karl Koppmann, Stadtarchivar zu Rostock 1866–1891. Dem Herrn Verf. zur Feier seines 25-jährigen Doctor-Jubiläums am 11. Juni 1891 hochachtungsvoll dargebracht vom Verein für Hamburgische Geschichte, Hamburg 1891.

LITERATUR NDB 12; Wilhelm von Bippen, Zum Andenken von Karl Koppmann, in: HG 32 (1905), S. 9–23; Gottfried Wentz, Karl Koppmann zum hundertsten Geburtstag, in: HG 64 (1940), S. 81–110; Horst Witt, Karl Koppmann (1839–1905). Leben und Wirken eines Hanse-Historikers und des ersten Stadtarchivars in Rostock, in: Jahrbuch für Regionalgeschichte 15/II. Teil (1988), S. 206–218.   *Sebastian Husen*

KRAUS, Hans-Joachim, geb. 17. 12. 1918 Essen-Schonnebeck; gest. 14. 11. 2000 Essen; ref.; Theologe.

Hans-Joachim Kraus war ein sensibler, weltoffener, literarisch gebildeter und kompetenter Wissenschaftler, der Theologie in enger Verbindung zum weltlichen Alltag sah und sich vor diesem Hintergrund auch in politischen Fragen engagierte.

Der in Wuppertal-Barmen aufgewachsene Pastorensohn studierte von 1941 bis 1944 in Halle, Jena und Heidelberg evangelische Theologie und wurde

Hans-Joachim Kraus

in Heidelberg 1944 promoviert. 1946/47 war er Assistent an der Kirchlichen Hochschule Wuppertal, 1947/48 schloss sich eine Assistententätigkeit in Bonn an, wo er sich 1948 für Altes Testament habilitierte. Nach einer Lehrstuhlvertretung 1949/50 in Göttingen wurde Kraus 1951 außerordentlicher Professor in Bonn und erhielt am 1. Oktober 1954 den Lehrstuhl für Altes Testament an der neu gegründeten Evangelisch-Theologischen Fakultät der Universität Hamburg, die er mit aufbaute und prägte. Zum 1. Oktober 1967 übernahm er den Lehrstuhl für Reformierte Theologie in Göttingen, den er bis zu seiner Emeritierung am 31. März 1984 innehatte. Dort setzte er sich sehr für die Studienreform ein. Kraus war Ehrendoktor der Universitäten Bonn, Aberdeen/Schottland und Debrecen/Ungarn. Unter seinen zahlreichen wissenschaftlichen Arbeiten ist der Psalmen-Kommentar besonders hervorzuheben.

Auch (kirchen-)politisch engagierte sich Kraus, der von der Zugehörigkeit zur Bekennenden Kirche im »Dritten Reich« geprägt war, nachdrücklich. Von 1982 bis 1990 war er Moderator des Reformierten Bundes und forderte in der Erklärung »Das Bekenntnis zu Jesus Christus und die Friedensverantwortung der Kirche« das klare Nein zu allen Massenvernichtungsmitteln. Er gab der politischen Ethik wichtige Anstöße, erfuhr aber damit mehr Widerspruch als Zustimmung. Schon frühzeitig nahm er an ökumenischen Konferenzen teil und pflegte entsprechende wissenschaftliche Kontakte. Als einer der Ersten vermittelte er 1969 das Antirassismusprogramm des Ökumenischen Rates der Kirchen in Deutschland. Besonders wichtig war Kraus der christlich-jüdische Dialog. So bereitete er den wichtigen Beschluss der Rheinischen Synode von 1980 vor und verfasste 1982 unter dem Titel »Wir und die Juden – Israel und die Kirche« Thesen für die Reformierte Kirche.

WERKE Die Königsherrschaft Gottes im Alten Testament. Untersuchungen zu den Liedern von Jahwes Thronbesteigung, Tübingen 1951 (Beiträge zur historischen Theologie 13); Geschichte der historisch-kritischen Erforschung des Alten Testaments von der Reformation bis zur Gegenwart, Neukirchen-Vluyn 1956 [4. Aufl. 1988]; Psalmen, Neukirchen-Vluyn 1960 (Biblischer Kommentar 15, 1 und 2) [5., überarb. Aufl. 1978]; Systematische Theologie im Kontext biblischer Geschichte und Eschatologie, Neukirchen-Vluyn 1983; Prophetie heute! Die Aktualität biblischer Prophetie in der Verkündigung der Kirche, Neukirchen-Vluyn 1986.

LITERATUR KDG 1950–2001; »Wenn nicht jetzt, wann dann?« Aufsätze für Hans-Joachim Kraus zum 65. Geburtstag, hg. von Hans-Georg Geyer u. a., Neukirchen-Vluyn 1983; Rainer Hering, Theologie im Spannungsfeld von Kirche und Staat. Die Entstehung der Evangelisch-Theologischen Fakultät an der Universität Hamburg 1895 bis 1955, Berlin/Hamburg 1992 (Hamburger Beiträge zur Wissenschaftsgeschichte 12); »Er ist unser Friede«. Festgabe zum 80. Geburtstag von Hans-Joachim Kraus am 17. Dezember 1998, hg. im Auftrag des Moderamens des Reformierten Bundes von Peter Bukowski u. a., Wuppertal 1998; Bertold Klappert, Dein Reich komme. Darum erlöse uns von dem Bösen, Predigt zur Trauerfeier für Hans-Joachim Kraus, Wuppertal 2000; Johannes Rau, Kräftige Anstöße für die politische Ethik, Hans-Joachim Kraus 1918–2000, in: Zeitzeichen 1 (2001), S. 49. *Rainer Hering*

KROGMANN, Willy, geb. 13. 9. 1905 Wismar, gest. 20. 3. 1967 Hamburg; luth.; Sprachforscher, Literaturhistoriker.

Der aus einer mecklenburgischen Bauernfamilie stammende Willy Krogmann besuchte das Gymnasium in Wismar, wo er Ostern 1924 sein Abitur ablegte. Danach studierte er Sprach- und Literaturwissenschaften in Rostock und Leipzig. Nach Rostock zurückgekehrt, wurde er an der dortigen Universität am 18. Februar 1928 mit seinen »Untersuchungen zum Ursprung der Gretchentragödie« promoviert. Anschließend war er bis Ende des Wintersemesters 1933 als freier Mitarbeiter und Lehrbeauftragter am Deutschphilologischen Seminar der

Universität Rostock tätig. Vom 1. Mai 1933 bis zum 30. April 1936 wirkte Krogmann in der Arbeitsstelle des »Deutschen Wörterbuchs« der Brüder Grimm in Berlin. Die Wörterbucharbeit setzte er vom 1. Mai 1936 bis zum 30. April 1939 als freier Mitarbeiter des Verlages Walter de Gruyter an »Trübners Deutschem Wörterbuch« fort, für das er 55 Artikel verfasste.

Zum 1. Mai 1939 holte ihn Conrad Borchling als »wissenschaftlichen Hülfsarbeiter« für die Neubearbeitung von Karl von Richthofens »Altfriesischem Wörterbuch« nach Hamburg. Dem Friesischen sollte Krogmann von da ab treu bleiben: Seine Veröffentlichungen zu diesem Bereich der Sprache und Literatur umfassen 115 Titel. Vor allem ist aber seine organisatorische Arbeit hervorzuheben. Schon 1945 versammelte er auf Finkenwerder die vertriebenen Helgoländer und befragte sie nach ihrem eigentümlichen Idiom. Daraus entstand das »Helgoländer Wörterbuch«, von dem bis zu Krogmanns Tod fünf Lieferungen (A – luuwet) erschienen sind. Daneben speicherte er für das Sprachenarchiv des Norddeutschen Rundfunks 5000 Meter Tonbandaufnahmen friesischer Dialektsprecher und stellte die friesische Literatur in einer Fülle von Lexikon- und Zeitschriftenartikeln dar. Mit seiner späten Ernennung zum Lektor für Friesisch an der Universität Hamburg am 1. April 1960 ist Krogmann ein Beispiel für die »Ausbeutung« qualifizierter Wissenschaftler an allen deutschen Universitäten bis zum Ende der sechziger Jahre des 20. Jahrhunderts. Die Heliand-Forschung hat Krogmann mit einer Fülle von Untersuchungen gefördert; im Bereich des Mittelhochdeutschen gilt er nach wie vor als bedeutendster Ackermann-Forscher. Die niederdeutsche Literatur verdankt ihm eine Fülle fruchtbarer Untersuchungen.

WERKE Schriftenverzeichnis in: Bibliographie Willy Krogmann, hg. von Wolfgang Bachofer und Walther Röll, Wiesbaden 1972.

LITERATUR NDB 13; Kosch 9. *Wolfgang Bachofer*

KRUSCHE, Peter, geb. 9. 7. 1924 Tuczyn/Wolhynien (Polen), gest. 23. 8. 2000 Fürstenfeldbruck-Grafrath; luth.; Theologe, Bischof.

Nach dem Besuch des deutschen Gymnasiums in der Nähe von Lodz (Abitur 1942) leistete der Pastorensohn Peter Krusche seinen Kriegsdienst bei der

Luftwaffe und gelangte als Kriegsgefangener nach Bayern. In Erlangen studierte er von 1945 bis 1948 evangelische Theologie und trat 1948 in den Pfarrdienst; am 18. April 1949 wurde er in Kitzingen ordiniert. Zuerst wirkte Krusche dort als Stadtvikar und als Religionslehrer am Gymnasium in Hof/Saale, anschließend war er Schüler- und Jugendpfarrer in Nürnberg und von 1956 bis 1962 Landesjugendpfarrer der Bayerischen Landeskirche. Daneben war er ab 1954 als Lehrbeauftragter für »Grundfragen evangelischer Jugendarbeit« an der Evangelisch-Theologischen Fakultät in Erlangen und als Studienbeauftragter der Evangelischen Jugend Deutschlands sowie als Beauftragter für die Jugendarbeit der Vereinigten Evangelisch-lutherischen Kirche Deutschlands tätig. 1962 wurde Krusche Dekan von Coburg und kümmerte sich insbesondere um die theologische Fortbildung der Pfarrer sowie den Ausbau von Bildungsseminaren. 1967 übernahm er die Leitung des Pastoralkollegs der Bayerischen Landeskirche in Neuendettelsau und kurz darauf das Ordinariat für Praktische Theologie an der neu gegründeten Evangelisch-lutherischen Fakultät der Münchner Universität, die ihn 1980 zum ersten evangelischen Universitätsprediger ernannte. Schwerpunkte seiner wissenschaftlichen Arbeit waren Homiletik, Seelsorge, Gottesdienstlehre, kirchliche Erwachsenenbildung und evangelische Publizistik. Daneben wirkte er 30 Jahre lang als Prediger im Bayerischen Rundfunk. Mehr als zwölf Jahre gehörte er als Landessynodaler der Synode der Evangelischen Kirche in Deutschland an.

Am 1. Mai 1983 trat Krusche sein Amt als Bischof der Nordelbischen Evangelisch-lutherischen Kirche für den Sprengel Hamburg an. Als erster Hamburger Landesbischof hatte er kein Hauptpastorenamt inne. Von Februar 1988 bis Januar 1990 war er Vorsitzender der Nordelbischen Kirchenleitung. Krusche verstand sein Amt sehr stark von der Seelsorge her und bot täglich eine offene Sprechstunde an, die sehr gefragt war. Inhaltlich setzte er sich für die kirchliche Präsenz in gesellschaftlichen Konfliktfeldern ein, zu denen er unter anderem Hausbesetzungen (Hafenstraße), Roma und Sinti, Arbeits- und Obdachlose sowie Drogenabhängige zählte, und erinnerte Politiker an ihre Verantwortung vor Gott. 1986 initiierte er den Stadtkirchentag für Hamburg als konzentrierte gesamtkirchliche Präsenz für die Stadt. Er prägte den Begriff der

Peter Krusche

»Volkskirche an der Grenze« für die Situation in Hamburg und betonte die kirchliche Mitwirkung an der Stadtkultur. Die von ihm entwickelten Theorien und praktischen Modelle zum Thema »Kirche in der Großstadt« fanden überregionale Beachtung.

Daneben übte Krusche zahlreiche weitere Funktionen aus: Von 1984 bis 1988 war er Vorstandsvorsitzender der Forschungsstätte der Evangelischen Studiengemeinschaft (FEST) in Heidelberg, anschließend gehörte er dem Wissenschaftlichen Kuratorium an. In den Jahren von 1986 bis 1992 amtierte er als Vorsitzender des Evangelischen Missionswerkes und der Generalversammlung des Nordelbischen Missionszentrums. Zum 1. August 1992 wurde er emeritiert.

WERKE Der Galaterbrief, Stuttgart 1958 (Stuttgarter Bibelhefte 23); Der Epheserbrief, Stuttgart 1961 (Stuttgarter Bibelhefte 34); Im Zeichen der Freiheit. Gefährdungen und Chancen der Kirche in Hamburg, Hamburg 1992.

LITERATUR An den Grenzen kirchlicher Praxis. Eine Freundesgabe für Peter Krusche, hg. von Peter Stolt, Hamburg/München 1986; Bischof Peter Krusche, in: Nordelbische Kirchenzeitung Nr. 36 vom 3. 9. 2000, S. 3; Nordelbien trauert um Altbischof Krusche, in: NEK-Mitteilungen vom 1. November 2000, S. 349; Bischof i. R. Prof. D. Peter Krusche, in: Gesetz- und Verordnungsblatt der Nordelbischen Ev.-Luth. Kirche 2000, S. 239. *Rainer Hering*

KUÖHL, *Richard* Emil, geb. 31. 5. 1880 Meißen, gest. 19. 5. 1961 Bad Oldesloe; luth.; Bildhauer.

Richard Kuöhl ist durch zahlreiche (Bau-)Plastiken, Brunnen, Grab- und Ehrenmäler im norddeutschen Raum bekannt geworden.

Der in ärmlichen Verhältnissen aufgewachsene Bildhauer, der früh seinen Vater verlor, absolvierte zunächst eine Lehre in der Keramischen Modellfabrik Meißen und arbeitete dann als Kunsttöpfer. Ab 1902 besuchte er drei Jahre lang die Kunstgewerbeschule in Dresden, wo er von Karl Grosz unterrichtet wurde, anschließend wirkte er als leitender Modelleur an der Bauchemischen Versuchsanstalt Dr. Julius Bidtel in Meißen. 1910 siedelte Kuöhl nach Berlin über und arbeitete für verschiedene Architekten.

Ab 1912 in Hamburg ansässig, wurde Kuöhl vom Baudirektor (ab 1923 Oberbaudirektor) Fritz Schumacher, den er bereits in Dresden kennen gelernt hatte, mit plastischem Schmuck für Staatsbauten beauftragt. Berühmt wurden seine Plastiken an Fritz Högers Chilehaus (1923/24). Neben vielen anderen kleineren Arbeiten schuf er das Kriegerehrenmal auf dem Ehrenfriedhof der Stadt Lübeck (1924) sowie mehrere Brunnenanlagen, darunter der Hummelbrunnen in der Hamburger Neustadt (1938) und der Marktbrunnen in Bad Oldesloe (1926). Unter seinen zahlreichen für den Ohlsdorfer Friedhof produzierten Grabmälern ragen die weiblichen Trauerfiguren auf den Grabstätten Köser und Tchilinghiryan (beide 1927) und die für die eigene Grabstätte geschaffene schlanke Muschelkalk-Statue (1931) heraus. In der Zeit der nationalsozialistischen Diktatur schuf Richard Kuöhl – neben anderen dem NS-Stil angepassten Werken – für die Veteranen des 76. Hamburger Infanterieregiments das später in der Öffentlichkeit heftig kritisierte, an prominenter Stelle am Dammtor-Bahnhof aufgestellte Ehrenmal für Gefallene mit marschierenden Soldaten und der Inschrift »Deutschland muß leben, auch wenn wir sterben müssen« (1936; zu diesem kriegsverherrlichenden Werk errichtete der Bildhauer Alfred Hrdlicka ab 1985 ein Gegen-Denkmal). 1931 hatte Kuöhl als Sommersitz die so genannte Schäferkate in Rohlfshagen (Kreis Stormarn) erworben, in die er sich nach Ausbombung seines im Alstertal gelegenen Hamburger Ateliers 1943 zurückzog. Obwohl er in Rohlfshagen und Bad Oldesloe weiterhin bis kurz vor seinem Tod künstlerisch tätig war, sind vor allem seine Arbeiten aus den 1920er Jahren von bleibender Bedeutung.

LITERATUR ThB 22; Vollmer 3; Freitag, S. 60; Richard Kuöhl. Mit einer Einleitung von Rudolf Schmidt, Berlin u. a. 1929 [Nachdruck mit einem Nachwort von Roland Jaeger Berlin 1998]; Bärbel Hedinger u. a., Ein Kriegsdenkmal in Hamburg, Hamburg 1979; Adolf Christen, Der Bildhauer Richard Kuöhl. 1880–1961, in: Stormarner Hefte 8 (1982), S. 193–196; Barbara Leisner/ Heiko K. L. Schulze/ Ellen Thormann, Der Hamburger Hauptfriedhof Ohlsdorf. Geschichte und Grabmäler, Bd. 2: Katalog, Hamburg 1990 (Hamburg-Inventar, Themenreihe 4).

Norbert Fischer

KUSSER (Cousser), Johann Sigismund, get. 13. 2. 1660 Preßburg (Bratislava), gest. Dezember 1727 Dublin; luth.; Komponist, Kapellmeister.

Johann Sigismund Kussers Laufbahn, die ihn von Ungarn über Deutschland und England nach Irland führte, wurde entscheidend geprägt durch das sechsjährige Studium bei Jean-Baptiste Lully in Paris (1675–81). Als perfekt ausgebildeter Violinist wurde Kusser 1682 nach Ansbach berufen, um die Musiker der dortigen Hofkapelle im Spiel nach französischer Manier zu schulen, blieb jedoch nur kurze Zeit. Erst 1690 ist Kusser, offenbar nach ausgedehnten Reisen, als Hofkapellmeister in Wolfenbüttel wieder nachweisbar. Wegen heftiger Streitigkeiten mit dem Hofpoeten Friedrich Christian Bressand verließ er 1694 die Residenz des Herzogs Anton Ulrich und zog nach Hamburg, wo er noch im gleichen Jahr die Opern »Erindo«, Scipio Africanus«, »Pyramus und Thisbe« sowie »Gensericus« schrieb. Bald nach seinen ersten Kontakten mit der Gänsemarkt-Oper überwarf sich der leicht aufbrausende Kusser mit dem Direktor Jakob Kremberg, gründete eine Konkurrenztruppe und führte Opern im Remter des Doms auf, was Krembergs Zorn nur erhöhte. Nachdem dieser die Operndirektion aufgegeben hatte, kehrte Kusser 1695/96 an die Gänsemarkt-Bühne zurück und setzte neben eigenen, von Lully beeinflussten Werken mehrere italienische Opern von Antonio Giannettini und Agostino Steffani auf den Spielplan. Da Kusser ein ausgezeichneter Gesangspädagoge war, gelang es ihm, die im italienischen Stil, das heißt vor allem im Singen von Koloraturen noch wenig erfahrenen

Hamburger Sänger zu einem Ensemble heranzubilden, das die Hauptwerke des internationalen Repertoires dieser Jahre bewältigen konnte.

Zweifellos wäre Hamburg unter Kussers Ägide eine Hochburg der italienischen Oper im Norden geworden, wenn es den unruhigen Kapellmeister nur länger an der Alster gehalten hätte. Er nahm jedoch, ungeachtet seiner Erfolge, 1696 seinen Abschied, um mit einer eigenen Truppe Süddeutschland zu bereisen und nach einem Engagement in Stuttgart (1700–04) nach England und schließlich nach Irland zu ziehen. In Dublin übernahm er 1711 das Kapellmeisteramt am Trinity College und wurde 1716 zum Musikdirektor der englischen Krone in Irland ernannt. In dieser Funktion schrieb er unter anderem die Musik zu den festlichen Oden, die alljährlich am Geburtstag des Monarchen im Schloss von Dublin aufgeführt wurden.

Unglücklicherweise ist Kussers Œuvre bis auf wenige Ausnahmen verloren gegangen, sodass seine Bedeutung als Komponist sich schwer einschätzen lässt. Vermutlich übte er durch seine pädagogischen Bemühungen, seine anerkannte Meisterschaft als Orchesterleiter und die Erweiterung des Hamburger Repertoires größeren Einfluss auf die Stilentwicklung der Hamburger Oper aus als durch seine eigenen Werke.

LITERATUR ADB 4 (Cousser); NDB 13 (Kusser); MGG (1. Aufl.) 7; Grove (2. Aufl.) 14; Hellmuth Christian Wolff, Die Barockoper in Hamburg 1678–1738, 2 Bde., Wolfenbüttel 1957; Werner Braun, Vom Remter zum Gänsemarkt. Aus der Frühgeschichte der alten Hamburger Oper (1677–1697), Saarbrücken 1987 (Saarbrücker Studien zur Musikwissenschaft N. F. 1); Hans Joachim Marx/Dorothea Schröder, Die Hamburger Gänsemarkt-Oper. Katalog der Textbücher (1678–1748), Laaber 1995; Dorothea Schröder, Die Einführung der italienischen Oper in Hamburg durch Johann Georg Conradi und Johann Sigismund Kusser (1693–1696), in: Alberto Colzani/Norbert Dubowy u. a. (Hg.), Il melodramma italiano in Italia e in Germania nell' età barocca, Como 1995, S. 43–55. *Dorothea Schröder*

LAGERFELD, Otto, geb. 20. 9. 1881 Hamburg, gest. 4. 7. 1967 Baden-Baden; alt-kath.; Milch-Industrieller.

Otto Lagerfeld gründete mit der rasch expandierenden Glücksklee Milchgesellschaft mbH 1925 in Hamburg das erste Spezialunternehmen für Dosenmilch in Deutschland. Durch den Import, den Vertrieb und dann auch die Herstellung von Dosenmilch gelang es ihm, ein beträchtliches Vermögen zu erwerben.

Nach einer kaufmännischen Lehre in Hamburg, dem anschließenden Militärdienst und einer kurzen Zwischentätigkeit ab Ende 1902 in Maracaibo (Venezuela) ging Lagerfeld 1903 in die USA. Hier gelang es ihm, eine Anstellung bei der Carnation Company, einem führenden Hersteller für Dosenmilch, zu finden. Als Vertreter dieser Firma unternahm er Reisen in alle Welt, vor allem um Regionen mit unzureichender Frischmilchproduktion als Märkte für die Carnation-Milch zu erschließen. Besonders erfolgreich war Lagerfeld ab 1908 im sibirischen Wladiwostok, wurde dort jedoch während des Ersten Weltkriegs interniert und konnte Russland erst 1918 wieder verlassen.

Zurück in Deutschland, gründete Otto Lagerfeld 1919 in Hamburg eine eigene Firma, die zunächst ausschließlich Dosenmilch der Carnation Company importierte. Er vertrieb diese Milch seit 1923 unter dem eigenen Markennamen »Glücksklee« mit dem dazugehörigen charakteristischen Firmenlogo (rot-weißes Etikett, grünes Kleeblatt). 1925 folgte die Gründung der Glücksklee Milchgesellschaft, die im Jahr darauf in einer Fabrik in Neustadt (Ostholstein) mit der Herstellung eigener Dosenmilch begann. Erst 1937 kamen mit Waren (Mecklenburg) und Allenburg (Ostpreußen) zwei weitere Glücksklee-Standorte hinzu.

Aufgrund der Versorgungsengpässe für Weißblech musste die Herstellung von Dosenmilch während des Zweiten Weltkriegs eingestellt werden. Ersatzweise konnte die Produktion jedoch auf Glücksklee-Milchpulver umgestellt werden.

Obwohl die Glücksklee-Werke in Waren und Allenstein als Folge des Krieges verloren gingen, erlebte das Unternehmen nach 1945 einen schnellen Wiederaufstieg. Bis zu seinem Ausscheiden 1957 leitete Otto Lagerfeld das Hamburger Unternehmen, das auch in der Bundesrepublik der führende

Otto Lagerfeld

Hersteller von Dosenmilch blieb. Seine letzten Lebensjahre verbrachte er in Baden-Baden. Sein Sohn Karl Lagerfeld, 1935 in Hamburg geboren, hat als Modeschöpfer internationale Bekanntheit erlangt.

LITERATUR NDB 13; Glücksklee 1926–1951, o.O. [Hamburg] 1951. *Reinhold Bauer*

LAMPE, Moritz Christian *Friedrich (Friedo)*, geb. 4. 12. 1899 Bremen, gest. 2. 5. 1945 Kleinmachnow bei Berlin; luth.; Schriftsteller, Lektor, Bibliothekar.

Als Vertreter einer »Jungen Generation« von Schriftstellern beeindruckt Lampe in seinem schmalen Werk durch eine neuartige ästhetische Form der Erzählung, die in Deutschland bis dahin weitgehend ohne Vorbild war.

Nach seiner Schulausbildung in Bremen und dem Militärdienst, den er wegen einer Gehbehinderung in der Küchenverwaltung ableistete, bestand Lampe 1919 die so genannte Kriegsreifeprüfung. Es folgte ein Studium der Literaturwissenschaft, Kunstgeschichte und Philosophie in Heidelberg, München und Freiburg. Mit einer Dissertation über die »Lieder zweier Liebenden« des Schriftstellers Leopold Friedrich Günther von Goeckingk (1748–1828) wurde er 1928 in Freiburg promoviert. In den Jahren von 1928 bis 1931 arbeitete Lampe in Bremen als Volontär, dann auch als Redakteur und Mitherausgeber im Verlag der »Schünemannschen Monatshefte«. 1931 entstand seine erste Erzählung »Am dunklen Fluß«.

Nach einer Bibliothekarsausbildung in Stettin trat Lampe 1932 eine Assistentenstelle bei den Hamburger Öffentlichen Bücherhallen an. Seine erste Hamburger Wohnung bezog er in der Klosterallee 49. Ende November 1933 erschien bei Rowohlt sein erster Roman »Am Rande der Nacht«, der aufgrund seiner homoerotischen Elemente Anfang Dezember beschlagnahmt und verboten wurde; Lampe selbst trafen jedoch keine weiteren Repressalien.

Ab 1935 leitete er die Zentralbibliothek der Öffentlichen Bücherhallen in der Mönckebergstraße und war für die Buchanschaffungen aller Hamburger Bücherhallen verantwortlich. Im Hause von Lothar Luft nahm er an Lesungen und Diskussionen eines Kreises der »Jungen Generation« Hamburger Schriftsteller um Edgar und Joachim Maaß, Martin Beheim-Schwarzbach und Wilhelm Emanuel Süskind teil, der sich bald nach der nationalsozialistischen Machtübernahme auflöste. 1936 erschien bei Dulk in Hamburg seine düstere Ballade »Das dunkle Boot«.

1937 wurde mit Albert Krebs ein NSDAP-Mitglied neuer Direktor der Öffentlichen Bücherhallen. Konflikte an seinem Arbeitsplatz führten dazu, dass Friedo Lampe noch im selben Jahr als Lektor zum Rowohlt Verlag nach Berlin wechselte. Hier erschien 1937 sein zweiter Roman »Septembergewitter«, der jedoch ohne große Publikumsresonanz blieb. Als Lothar Luft 1938 Deutschland verließ, kam Friedo Lampe noch einmal nach Hamburg, um ihn zu verabschieden. Im selben Jahr emigrierte auch Ernst Rowohlt; Lampe blieb noch bis September 1939 für Rowohlts Sohn und Nachfolger Heinrich Maria Ledig-Rowohlt tätig, anschließend arbeitete er für die Verlage Goverts in Hamburg (1940) und Karl Heinz Henssel in Berlin (Juni 1940–1945). Gleichzeitig gab er die »Deutsche Reihe« bei Diederichs heraus und rezensierte seit 1940 für die Wochenschrift »Koralle«.

Lampe hatte sich zusammen mit seinem Lebenspartner Peter Voß im Berliner Westend eine Wohnung genommen, die durch einen Bombenangriff in der Nacht vom 22. auf den 23. November 1943 samt der umfangreichen Bibliothek des Schriftstellers vollständig zerstört wurde. Er fand Unterschlupf bei der von ihm lektorierten Schriftstellerin Ilse Molzahn in Kleinmachnow, südlich von Berlin. Nur wenige Tage nach Kriegsende wurde Lampe

Friedo Lampe

aufgrund eines Missverständnisses von einer sowjetischen Militärpatrouille erschossen.

Lampes polyperspektivischer Erzählstil erinnert an John Dos Passos' »Manhattan Transfer«. Seine Methode, lauter kleine, filmartig vorübergleitende Szenen ineinander zu verweben, wird der deutschen Spielart des Surrealismus, dem Magischen Realismus, zugerechnet. Der Novellenband »Von Tür zu Tür« konnte kriegsbedingt erst 1946 erscheinen. 1955 gab Johannes Pfeiffer »Das Gesamtwerk« Lampes heraus, das jedoch kein großes Publikum erreichen konnte. 1967 wurde für Radio Bremen der Roman »Septembergewitter« verfilmt. Im Göttinger Wallstein Verlag erschienen 1999 und 2001 erstmals ohne die in der Gesamtausgabe von 1955 vorgenommenen Streichungen »Am Rande der Nacht« und »Septembergewitter«. Zum 50. Todestag Lampes wurde 1995 in Bremen die Friedo-Lampe-Gesellschaft e. V. gegründet.

WERKE Das Gesamtwerk. Mit einem Nachwort von Johannes Pfeiffer, Hamburg 1955 [erweiterte Neuauflage Hamburg 1986]; Am Rande der Nacht, Göttingen 1999; Septembergewitter, Göttingen 2001; Von Tür zu Tür. Phantasien und Capriccios, Göttingen 2002.

LITERATUR Eugène Badoux, Friedo Lampe. Une psychobiographie, Lausanne 1986; Friedo Lampe 1899–1945. Leben und Werk eines bremischen Schriftstellers, hg. von Elisabeth Emter und Johannes Graf [Katalog zur Ausstellung im Staatsarchiv Bremen vom 22. August bis zum 22. September 1995], Bremen 1995; Johannes Graf, Friedo Lampe (1899–1945). Die letzten Lebensjahre in Grünheide, Berlin und Kleinmachnow, Frankfurt a. d. Oder 1998 (Frankfurter Buntbücher 21); Ein Autor wird wiederentdeckt. Friedo Lampe 1899–1945, hg. von der Friedo-Lampe-Gesellschaft mit Beiträgen von Jürgen Dierking, Elisabeth Emter, Johannes Graf und Johann Günther König, Göttingen 1999. *Michael Busch*

LAMP'L, Walther, geb. 10. 5. 1891 Hamburg, gest. 3. 1. 1933 Altona; luth.; Politiker.

Als zeitweiliger Vorsitzender des Obersten Soldatenrates von Hamburg, Altona und Umgegend, als Kommandant und Reichskommissar von Groß-Hamburg sowie als Mitglied des Zentralrates der Deutschen Sozialistischen Republik übte Walther Lamp'l einen maßgeblichen Einfluss auf den Verlauf der Revolution von 1918/19 sowohl auf der lokalen Ebene als auch auf Reichsebene aus.

Der Sohn eines nach Hamburg zugewanderten Handwerkers hatte – aufgrund herausragender schulischer Leistungen durch eine »Freistelle« gefördert – 1910 die Reifeprüfung absolviert und war danach angesichts fehlender Geldmittel für das von ihm angestrebte Jurastudium als Hauslehrer zu einer deutschen Kaufmannsfamilie in Mexiko gegangen. Dort geriet er in die Wirren des Bürgerkrieges und kämpfte zuletzt in der mexikanischen Armee gegen die Rebellen. Nach einer Erkrankung kehrte er Ende 1912 völlig mittellos nach Deutschland zurück, nahm aber trotzdem in Berlin das Studium auf. Zu Beginn des Ersten Weltkrieges als Kriegsfreiwilliger in die Armee eingetreten, wurde Lamp'l nach Einsätzen an verschiedenen Frontabschnitten im Mai 1915 zum Leutnant der Reserve ernannt und versah bis 1917 Dienst als Adjutant bei höheren Stäben. Im August 1917 bewarb er sich zur Fliegertruppe, erlitt aber schon im Dezember infolge eines Absturzes schwere Verletzungen und wurde in ein Lazarett nach Hamburg verlegt. Dort erlebte er im November 1918 die Revolution.

Zum Stellvertretenden Vorsitzenden des Hamburger Soldatenrates gewählt, nahm er als Delegierter am Ersten Reichsrätekongress teil, wo er die »Hamburger Punkte« einbrachte, das »militärische Programm der deutschen Rätebewegung« (Wolfgang Sauer), welches eine demonstrative Abkehr vom preußisch-deutschen Militarismus beinhaltete. Gleichwohl gehörte Lamp'l dem gemäßigten Flügel der deutschen Rätebewegung an und unterstützte die Politik des Vorsitzenden des Rates der Volksbeauftragten, Friedrich Ebert. Diese Haltung,

Walther Lamp'l

die er auch als jüngstes Mitglied des Zentralrates der Deutschen Sozialistischen Republik vertrat, brachte ihn in Hamburg in scharfen Gegensatz zum Vorsitzenden des Arbeiter- und Soldatenrates, Heinrich Laufenberg, zu dessen wichtigstem Gegenspieler sich Lamp'l Anfang 1919 als Vorsitzender des Soldatenrates entwickelte. Im Zuge der Osterunruhen ernannte Reichswehrminister Gustav Noske den inzwischen der SPD beigetretenen Lamp'l am 2. März 1919 zum Kommandanten von Hamburg und Altona; nach Übernahme der vollziehenden Gewalt in Hamburg durch das Reich und dem Einmarsch des Korps Lettow-Vorbeck im Juli bekleidete er von August bis November 1919 das Amt eines »Reichskommissars« für Groß-Hamburg. Nachdem der Ausnahmezustand aufgehoben worden war, setzte Lamp'l sein Studium fort, das er im April 1921 mit der Promotion bei dem Staatsrechtler Rudolf Edler von Laun abschloss. Seine in drei Bänden veröffentlichte Doktorarbeit behandelt rechtliche Aspekte der Revolution in Hamburg. Zugleich blieb er als Abgeordneter der Bürgerschaft, in die er im März 1919 gewählt worden war, politisch tätig, unter anderem im wichtigen verfassunggebenden Ausschuss. Als im März 1920 im Rahmen des Kapp-Lüttwitz-Putsches Teile des Militärs die Reichsregierung zu stürzen versuchten, war es vor allem seinem beherzten Auftreten zu danken, dass das Unternehmen in Hamburg schnell zusammenbrach. 1921 wurde Lamp'l Senator in Altona und leitete die Polizei- und ab 1923 die Hafenverwaltung sowie unter anderem das Arbeitsamt.

Gleichzeitig war er bis zu seinem Tode Vorsitzender der Ortsgruppe des Reichsbanners Schwarz-Rot-Gold und Mitglied des Schleswig-Holsteinischen Provinziallandtages und des Provinzialausschusses. 1965 wurde der Lamp'lweg in Altona nach ihm benannt.

WERKE Das Recht der deutschen Revolution. Das Problem des Revolutionsrechtes in der deutschen Rechtswissenschaft, Rechtsphilosophie und Rechtsprechung, Hamburg 1921; Die Revolution in Groß-Hamburg, Hamburg 1921; Das groß-hamburgische Revolutionsrecht, Hamburg 1921.

LITERATUR Ernst Willi Hansen, Walther Lamp'l und die »Hamburger Punkte«, in: Geschichte als Verpflichtung. Hamburg, Reformation und Historiographie. Festschrift für Rainer Postel zum 60. Geburtstag, hg. von Michael Hundt unter Mitarbeit von Lars Jockheck, Hamburg 2001 (Beiträge zur deutschen und europäischen Geschichte 28), S. 159–181; Wilhelm Heinz Schröder, Sozialdemokratische Parlamentarier in den deutschen Reichs- und Landtagen 1867–1933. Biographien, Chronik, Wahldokumentation. Ein Handbuch, Düsseldorf 1995 (Handbücher zur Geschichte des Parlamentarismus und der politischen Parteien 7); Der Zentralrat der Deutschen Sozialistischen Republik 19.12. 1918 – 8. 4. 1919. Vom ersten zum zweiten Rätekongreß, bearb. von Eberhard Kolb unter Mitwirkung von Reinhard Rürup, Leiden 1968 (Quellen zur Geschichte der Rätebewegung in Deutschland 1918/19, 1).

Ernst Willi Hansen

LANGMAACK, *Gerhard* Richard Wilhelm, geb. 19. 2. 1898 Hamburg, gest. 26. 5. 1986 Ahrensburg; luth.; Architekt.

Der Sohn eines Bankdirektors absolvierte nach dem Besuch der Realschule von 1912 bis 1915 eine Maurerlehre und wurde anschließend bis 1919 an der Hamburger Baugewerkschule ausgebildet; daneben leistete er von 1916 bis 1919 Kriegsdienst. Nach Anstellungen als Architekt, unter anderem im Baubüro der Karstadt AG, eröffnete Langmaack 1922 sein eigenes Architekturbüro in Hamburg, in dem er ab 1956 mit seinem Sohn Dieter zusammenarbeitete. Zu seinen Bauten, in denen er moderne mit traditionellen Elementen verband, gehören zahlreiche Wohnhäuser, Schulen und Firmengebäude sowie die 1925/26 errichtete Kulturwissenschaftliche Bibliothek Warburg. Gefördert wurde er insbesondere von Fritz Schumacher.

Von 1929 bis 1933 war Langmaack Mitglied der SPD und Geschäftsführer des »Vereins Heimat-

Gerhard Langmaack

schutz im Hamburger Staatsgebiet«. Von 1934 bis 1936 leitete er die Hamburger Sektion der Reichskammer der bildenden Künste, gehörte dem Vorstand des Deutschen Werkbunds an und fungierte als Vertrauensarchitekt der Deutschen Arbeitsfront. Ab 1939 war er an den Planungen Konstanty Gutschows für die Neugestaltung Hamburgs beteiligt. Obwohl er kein Mitglied der NSDAP oder einer ihrer Gliederungen war, hatte er aufgrund seiner Funktionen und Veröffentlichungen im »Dritten Reich« Probleme bei der Entnazifizierung und wurde erst 1949 in einem Berufsverfahren als »unbelastet« eingestuft. 1945/46 leitete er den Arbeitsausschuss Stadtplanung in der Hamburger Bauverwaltung.

Nach 1945 galt Langmaacks besonderes Augenmerk dem Sakralbau: Er errichtete 50 Kirchen, darunter in Hamburg den Neubau der Hauptkirche St. Nikolai am Klosterstern (1959–62), wobei ihm die Gestaltung des liturgischen Zentrums am wichtigsten war. Stark geprägt worden war er als Konfirmand von Pastor Ludwig Heitmann an St. Johannis in Eppendorf, durch den er den Zugang zur evangelischen Jugendbewegung und zum Berneuchener Kreis erhielt. 1931 wurde er Mitstifter, später auch Diakon der Evangelischen Michaelsbruderschaft, für die die Liturgie eine zentrale Rolle einnimmt. Von 1946 bis 1957 war Langmaack Mitglied der Synode der Hamburger Landeskirche, 1949 Mitbegründer des Arbeitsausschusses des Evangelischen Kirchenbautages. 1957 erhielt er einen Lehrauftrag für Kirchenbau an der Evangelisch-theologischen Fakultät der Universität Hamburg, die ihm 1968 die Ehrendoktorwürde verlieh.

WERKE Kirchenbau heute. Grundlagen zum Wiederaufbau und Neuschaffen, Hamburg 1949; Der gottesdienstliche Ort, in: Leiturgia 1 (1954), S. 365–435; Evangelischer Kirchenbau im 19. und 20. Jahrhundert. Geschichte, Dokumentation, Synopse, Kassel 1971.

LITERATUR Vollmer 3; Architekt BDA D. theol. Gerhard Langmaack, Kirche, Heime, Schulen. Werke von 1922 bis 1972, Hamburg 1972; Ralf Lange, Hamburg – Wiederaufbau und Neuplanung 1943–1963, Königstein im Taunus 1994; Die Architekten Langmaack. Planen und Bauen in 75 Jahren, hg. von Olaf Bartels, Hamburg 1998 (Schriftenreihe des Hamburgischen Architekturarchivs) [mit Liste seiner Bauten]. *Rainer Hering*

LAPPENBERG, Johann Martin, geb. 30. 7. 1794 Hamburg, gest. 28. 11. 1865 ebd.; ev.; Archivar, Historiker.

Johann Martin Lappenberg

Johann Martin Lappenbergs Jugend war geprägt von der französischen Besetzung und Annexion Hamburgs. Sein Vater Valentin Anton Lappenberg, der in Hamburg eine florierende Arztpraxis betrieb, stand in Verbindung zur Widerstandsbewegung der Patrioten. Aus diesem Kreis übten auf den jungen Lappenberg vor allem der Kaufmann und Lithograf Johann Michael Speckter und der Buchhändler und Verleger Friedrich Perthes Einfluss aus. Nach dem Besuch des Johanneums (1808–12) unter Johannes Gurlitt und des Akademischen Gymnasiums hegte Lappenberg 1813 bei der Befreiung Hamburgs von den Franzosen den Wunsch, sich als freiwilliger Jäger den Truppen des russischen Generals Friedrich Carl Freiherr von Tettenborn anzuschließen. Auf Drängen seines Vaters musste er jedoch Hamburg verlassen, um in Edinburgh Medizin zu studieren. Während seines Aufenthalts auf der Insel vom Frühjahr 1813 bis August 1815 entwickelte er eine so tiefe Liebe zur Geschichte und Literatur Schottlands und Englands, dass er zeitweilig für immer dort bleiben wollte. 1814 gab er sein Medizinstudium auf und widmete sich stattdessen dem Studium der Staatswissenschaften. Diese Studien setzte er auch nach seiner Rückkehr nach Deutschland (1815) in Berlin und in Göttingen fort. Im Oktober 1816 wurde er in Göttingen zum Doktor beider Rechte promoviert.

Nach einer kurzen Tätigkeit als Anwalt bekleidete Lappenberg ab 1819 das Amt des hamburgischen Ministerresidenten in Berlin. Hier trat er unter anderem mit dem Kreis der Berliner Romantik in Kontakt. Auf Dauer befriedigte ihn die Tätigkeit als diplomatischer Vertreter eines Kleinstaates jedoch nicht. 1823 bewarb er sich erfolgreich auf die vakante Stelle als hamburgischer Archivar, die der eines Ratssekretärs entsprach. Er hoffte auf diesem Wege die von ihm angestrebte Stellung als Syndicus oder Senator zu erreichen. Schnell nahm ihn jedoch sein neuer Wirkungskreis gefangen, den er trotz lebenslanger politischer Ambitionen bis zu seiner Pensionierung im Jahre 1864 nicht verlassen sollte. Lappenbergs amtliche Tätigkeit war in den ersten Jahren geprägt von der Neuordnung des Archivs und gelegentlichen historischen und juristischen Gutachten für den Rat. Seit 1826 redigierte er die von Christian Daniel Anderson begonnene »Sammlung der Verordnungen der freyen Hanse-Stadt Hamburg« (33 Bde., Hamburg 1815–66). 1828 übernahm er die Herausgabe der Neubearbeitung der Hansegeschichte des verstorbenen Georg Friedrich Sartorius von Waltershausen, die 1830 unter dem Titel »Urkundliche Geschichte des Ursprungs der deutschen Hanse« in zwei Bänden erschien. Dem ersten Band stellte Lappenberg seine Einsicht voran, dass nicht der Bund der Städte, sondern die Verbindung der deutschen Kaufleute im Ausland die Grundlage der Hanse gewesen sei. Seit einem Besuch der Professoren Friedrich Christoph Dahlmann und Barthold Georg Niebuhr in Hamburg 1828 war Lappenberg auch zur Gesellschaft für ältere deutsche Geschichtskunde in ein enges Verhältnis getreten, für die er als erste Arbeit ein Verzeichnis der Handschriften der hamburgischen Stadtbibliothek anfertigte. Für das große Sammelwerk der »Monumenta Germaniae Historica« gab er Werke zahlreicher norddeutscher Chronisten des Mittelalters heraus, darunter Thietmar von Merseburg, Adam von Bremen und Helmold von Bosau. 1829 übernahm er im Rahmen der von Friedrich Perthes verlegten europäischen Staatengeschichte die Bearbeitung der »Geschichte von England« (2 Bde., 1834/37). Der größte Teil seiner wissenschaftlichen Arbeiten beschäftigte sich jedoch mit Hamburg. Lappenberg öffnete das Archiv für die wissenschaftliche Forschung und war 26 Jahre lang Vorsitzender des 1839 gegründeten Vereins für Hamburgische Geschichte, der sich unter seinem Einfluss zu einem der führenden deutschen Geschichtsvereine und zum Mittelpunkt der historischen Forschung in Hamburg entwickelte. Von den 136 Einzelbeiträgen in den ersten fünf Bänden der »Zeitschrift des Vereins für Hamburgische Geschichte« verfasste er allein 83. Mit der Herausgabe des ersten Bandes des »Hamburgischen Urkundenbuches« (1842), der »Ältesten Stadt-, Schiff- und Landrechte Hamburgs« (1845), der »Miniaturen zu dem Hamburgischen Stadtrechte vom Jahre 1497« (1845), der »Hamburgischen Chroniken in niedersächsischer Sprache« (1861) und Adam Tratzigers »Chronica der Stadt Hamburg« (1865) wurde er zum Wegbereiter der hamburgischen Geschichtsforschung. Seinem entschlossenen Einsatz beim Brand von 1842 ist es zu danken, dass große Teile des Stadtarchivs gerettet werden konnten.

Politisch konservativ eingestellt, stand Lappenberg den Reformbestrebungen seit 1848 ablehnend gegenüber. An den beiden Germanistenversammlungen in Frankfurt am Main (1846) und Lübeck (1847) nahm er an führender Stelle teil. Auch gehörte er 1852 zu den Gründungsmitgliedern des Germanischen Nationalmuseums in Nürnberg und des Gesamtvereins der deutschen Geschichts- und Altertumsvereine. Als Gelehrter fand Lappenberg große Anerkennung. Er pflegte enge Kontakte zu den führenden Männern der historischen Wissenschaft wie Georg Heinrich Pertz, Leopold von Ranke oder Georg Waitz und war Mitglied der Akademien in Berlin, Göttingen, München, St. Petersburg und Stockholm. Die Kieler Universität verlieh ihm die Ehrendoktorwürde (1855), und der Geschichts-

verein seiner Vaterstadt stiftete 1864 aus Anlass seines 25-jährigen Gründungsfestes eine Medaille mit Lappenbergs Brustbild und Familienwappen. Die Lappenberg-Medaille wird seither als höchste Auszeichnung für Verdienste um die hamburgische Geschichtsforschung vom Verein für Hamburgische Geschichte verliehen. Seit seiner Jugend litt Lappenberg unter einem Augenleiden. Ende der 1840er Jahre führte die Krankheit zur Erblindung des einen und großer Schwäche des anderen Auges, so dass er nur bei vollem Tageslicht lesen und schreiben konnte. Seit 1853 musste der Archivar bei nichtamtlichen Geschäften einen Privatsekretär beschäftigen. Nach der Familie Lappenbergs wurde 1895 die Lappenbergsallee in Eimsbüttel benannt.

WERKE Schriftenverzeichnis in: Rainer Postel, Johann Martin Lappenberg. Ein Beitrag zur Geschichte der Geschichtswissenschaft im 19. Jahrhundert, Lübeck/Hamburg 1972 (Historische Studien 423), S. 284–311.

LITERATUR ADB 17; NDB 13; Postel, Johann Martin Lappenberg [siehe unter Werke]; ders., Johann Martin Lappenberg – Wegbereiter der hamburgischen Geschichtswissenschaft, in: Hans-Dieter Loose (Hg.), Gelehrte in Hamburg im 18. und 19. Jahrhundert, Hamburg 1976 (Beiträge zur Geschichte Hamburgs 12), S. 157–178.

Sebastian Husen

LAUFENBERG (Ps. *Erler*), Heinrich, geb. 19. 1. 1872 Köln, gest. 3. 2. 1932 Hamburg; kath.; Politiker, Historiker, Journalist.

Als Historiker der Hamburger Arbeiterbewegung und bedeutender Protagonist der Novemberrevolution in der Hansestadt spielte Laufenberg am Übergang vom Kaiserreich zur Weimarer Republik eine wichtige politische Rolle.

Nach dem Studium der Volkswirtschaft und Philosophie, das er 1902 mit der Promotion in Rostock abgeschlossen hatte (»Der historische Wert des Panegyricus des Bischofs Ennodius«, Celle 1902), wurde Laufenberg Redakteur der »Germania« in Berlin. Zunächst der Zentrumspartei angehörend, wandte er sich bald der Sozialdemokratie zu und wirkte von 1904 bis 1907 als Redakteur der Düsseldorfer »Volkszeitung«, bevor er auf Empfehlung Franz Mehrings 1907 nach Hamburg berufen wurde, um im Auftrag des dortigen Parteivorstands die Geschichte der Hamburger Arbeiterbewegung zu schreiben. Als Ergebnis seiner Arbeit erschienen

Heinrich Laufenberg

1911 und 1931 die beiden Bände der »Geschichte der Arbeiterbewegung in Hamburg, Altona und Umgegend«, die den ersten Versuch einer umfassenden historischen Würdigung der Hamburger Arbeiterbewegung darstellt. Nach seiner Ankunft in der Hansestadt engagierte er sich – vor allem in dem durch seine Mitwirkung 1908 eingesetzten Bildungsausschuss – in der Schulungsarbeit der Hamburger Sozialdemokraten.

Laufenberg gehörte als Kriegsgegner zur innerparteilichen Opposition und wurde während des Ersten Weltkriegs gemeinsam mit Fritz Wolffheim zu einem der Begründer und führenden Repräsentanten der Linksradikalen. Seine Schriften gegen die Kriegspolitik der Regierung und deren Tolerierung durch die eigene Partei führten im August 1915 zur Verhängung eines Schreibverbots. Kurz darauf wurde Laufenberg eingezogen und von Februar 1917 bis Mai 1918 wegen konspirativer Tätigkeit in Schutzhaft genommen.

Nach Hamburg zurückgekehrt, war er vom 11. November 1918 bis zum 20. Januar 1919 Vorsitzender des seit dem 6. November bestehenden Hamburger Arbeiter- und Soldatenrats. Nach seinem erfolglosen Versuch, den Einfluss der etablierten Arbeiterverbände zugunsten des Arbeiter- und Soldatenrats zurückzudrängen, musste er von seinem Vorsitz zurücktreten. 1919 trat Laufenberg der KPD bei. Im November desselben Jahres wurde er infolge seiner Kampagne gegen den Versailler Vertrag von einem Kriegsgericht in Hamburg zu einem Jahr Festungshaft verurteilt. Nach seiner Am-

nestierung im April 1920 gründete der inzwischen wegen Linksabweichung aus der KPD Ausgeschlossene gemeinsam mit anderen Oppositionellen die linksradikale Kommunistische Arbeiter-Partei Deutschlands (KAPD), aus der er im August 1920 aufgrund seiner »nationalbolschewistischen« Vorstellungen ebenfalls ausgeschlossen wurde. In seiner Streitschrift »Der ›linke Radikalismus‹, die Kinderkrankheit im Kommunismus« (1920) griff Lenin Laufenberg scharf an. Dieser gründete noch im selben Jahr gemeinsam mit Wolffheim den Bund der Kommunisten. Im Jahr darauf rief er den Hamburger Kulturverlag ins Leben, in dem die Theoriezeitschrift »Volkwart. Parteilose Halbmonatsschrift für klassenlosen Aufbau und revolutionäre Außenpolitik« erschien. In Abwendung von Wolffheim, der den Bund der Kommunisten für völkische Strömungen öffnete, gründete Laufenberg 1922 den »Bund für Volk, Freiheit und Vaterland«, zog sich jedoch aus gesundheitlichen Gründen bald aus der Politik zurück und betätigte sich fortan lediglich publizistisch als Herausgeber kurzlebiger Zeitschriften.

W**erke** Hamburg und sein Proletariat im achtzehnten Jahrhundert. Eine wirtschaftshistorische Vorstudie zur Geschichte der modernen Arbeiterbewegung im niederelbischen Städtegebiet, Hamburg 1910; Hamburg und die französische Revolution, Hamburg 1913 (Sammlung sozialistischer Schriften 16/17); Geschichte der Arbeiterbewegung in Hamburg, Altona und Umgegend, 2 Bde., Hamburg 1911/31 [Nachdruck Berlin 1977].

L**iteratur** NDB 13; Asendorf/von Bockel; Geschichte der deutschen Arbeiterbewegung. Biographisches Lexikon, Berlin 1970; Joist Grolle, Hamburg und seine Historiker, Hamburg 1997 (Veröffentlichungen des Vereins für Hamburgische Geschichte 43), S. 77–98.

Dirk Brietzke

L**ediard**, Thomas, geb. 20. 10. 1684 London, gest. Juni 1743 ebd.; anglikanisch; Architekt, Bühnenbildner, Schriftsteller.

Um 1720 ließ sich der als Architekt ausgebildete, aber auch schon im diplomatischen Dienst erfahrene Thomas Lediard als Sekretär der englischen Gesandtschaft in Hamburg nieder. Angeregt durch seinen Vorgesetzten Sir Cyril Wich, der zeitweilig Miteigentümer des Opernhauses am Gänsemarkt war, erschloss der vielseitig talentierte Engländer sich in den folgenden Jahren ein neues Tätigkeits-

Thomas Lediard

feld als Bühnenbildner und Festdekorateur. Nachdem er einige Aufsehen erregend prunkvolle Bühnendekorationen für Galavorstellungen zu Ehren des britischen Königshauses geschaffen hatte, erhielt er ähnliche Aufträge auch von den Gesandten anderer Länder. Hamburg war zu dieser Zeit der einzige Ort in Europa, an dem jeder Botschafter die Festtage seines Herrscherhauses mit einem musiktheatralischen Werk auf einer öffentlichen Bühne feiern konnte, sofern er nur ausreichende Geldmittel besaß und den Text der städtischen Zensur vorlegte. Lediards technisch wie inhaltlich anspruchsvolle Bühnenbilder trugen ungemein zum Prestigegewinn der Sponsoren solcher Veranstaltungen bei und wurden von den in Hamburg ansässigen Diplomaten so geschätzt, dass sie eine mit ausführlichen Erläuterungen versehene Kupferstichausgabe der Entwürfe finanzierten.

Obwohl die Fülle der emblematischen und allegorischen Einzelmotive von Lediards Dekorationen erdrückend gewirkt haben muss, hinterließen sie dank einer raffiniert eingesetzten Beleuchtungs- und Transparenztechnik großen Eindruck beim Publikum; es war sogar üblich, die Bühne nach dem Ende der Aufführung offen zu lassen, damit die Zuschauer die Details und damit das politische Programm des Finalbildes in aller Ruhe und mit Hilfe einer eigens gedruckten Erklärung studieren konnten. Während die architektonische Grundstruktur der Bühnenbilder (oft vom Galerie- oder Tempel-Typ) älteren Vorbildern wie Johann Oswald Harms und Lodovico Burnacini folgte, kann die an poli-

tisch-dynastischen Themen orientierte Ausgestaltung und teilweise durch Bühnenfeuerwerke ergänzte Gesamtwirkung von Lediards Dekorationen als einzigartig gelten.

Um 1732 kehrte Lediard nach London zurück und widmete sich fortan vor allem der Schriftstellerei. Unter seinen Werken findet man mit »The German Spy« einen amüsanten, von satirischem Witz und Sinn für Situationskomik ebenso wie von den Ideen der englischen Aufklärung geprägten Reisebericht aus Norddeutschland, der ein facettenreiches Bild der hamburgischen Lebensweisen und Charaktereigenschaften der Zeit von 1720 bis 1730 vermittelt.

WERKE Eine Collection Curieuser Vorstellungen in Illuminationen und Feuerwercken [...], Hamburg 1730; The German Spy, in familiar letters from Munster, Paderborn [...] Hamburg [...], London 1738 [zahlreiche Neuauflagen; deutsche Ausgabe unter dem Titel: Der deutsche Kundschafter, in Briefen eines durch Westphalen und Niedersachsen reisenden Engländers, Lemgo 1764].

LITERATUR The Dictionary of National Biography, hg. von Leslie Stephen und Sidney Lee, Bd. 11, London 1917; Ifar Kyrle Fletcher, The Discovery of Thomas Lediard, in: Theatre Notebook 2, no. 3 (1948), S. 42–54; Dennis R. Martin, Eine Collection Curieuser Vorstellungen (1730) and Thomas Lediard, in: Current Musicology 13 (1978), S. 83–98; Dorothea Schröder, Zeitgeschichte auf der Opernbühne. Barockes Musiktheater in Hamburg im Dienst von Politik und Diplomatie (1690–1745), Göttingen 1998 (Abhandlungen zur Musikgeschichte 2).

Dorothea Schröder

LEHMANN, *Otto* Karl Louis, geb. 1. 11. 1865 Komorze (Provinz Posen), gest. 27. 6. 1951 Hamburg; luth.; Zoologe, Geograf, Gymnasiallehrer, Direktor des Altonaer Museums.

Neben den berühmten Gründungsdirektoren der anderen Hamburger Museen ist der erste Direktor des Altonaer Museums, Otto Lehmann, nach dem Zweiten Weltkrieg in Vergessenheit geraten. Dies lässt sich teilweise mit der Eingemeindung der selbstständigen preußischen Stadt Altona 1937 in das Hamburger Staatsgebiet erklären. Das Altonaer Museum gehörte zu Beginn des 20. Jahrhunderts durch das ganzheitliche kulturgeschichtliche Konzept Lehmanns zu den modernsten Institutionen seiner Art in Europa.

Der Sohn des Zollbeamten Karl Lehmann und

Otto Lehmann

puls für Lehmanns weitere Entwicklung gab 1891 seine Bekanntschaft mit Senator Ernst Meyer, der sich im 1863 gegründeten Altonaer »Öffentlichen Museum« mit Muscheln beschäftigte. Jeden Sonntagvormittag arbeiteten die beiden nun gemeinsam. Otto Lehmann gruppierte im »Öffentlichen Museum« die Insekten abweichend von der bisherigen starren Systematik zu kleinen Szenerien – ein Anfang seiner späteren berühmten zoologischen Inszenierungen, der »Lebensbilder«, die zur Hauptattraktion seines Museums werden sollten. Gemeinsam mit dem Senator entwickelte er in langen Diskussionen die Idee eines neuen Museums, das sich von dem veralteten Konzept des »Öffentlichen Museums« grundlegend unterscheiden und schließlich dank des politischen Durchsetzungsvermögens Meyers Wirklichkeit werden sollte. Eine finanzielle Grundlage für die Umsetzung stand zur Verfügung, da ein neues Museum bereits 1888 das Lieblingsprojekt des damaligen Bürgermeisters Franz Adickes gewesen war.

Prägend für Lehmanns Konzept , mit dem er alle zu begeistern wusste, war der Darwinismus, wie er ihm von Haeckel vermittelt worden war. Diese neue Denkweise verband er mit der Idee seines Lehrers Kirchhoff, die Erde als das »Erziehungshaus des Menschen« zu betrachten. Lehmann übertrug diesen Gedanken auf seine Vorstellung von der Gebundenheit des Menschen an die heimische Landschaft und bereiste fortan Schleswig-Holstein, um Informationen und Objekte zu sammeln.

1899 quittierte Otto Lehmann den Schuldienst und wurde zum Direktor des geplanten Altonaer Museums ernannt. Der spätere überwältigende Erfolg war nicht zuletzt dadurch begründet, dass er sich auf die unmittelbare Umgebung, die »Heimat«, beschränkte. Die hier entdeckten Zusammenhänge zwischen Gegebenheiten der Landschaftsform und Bodenart einerseits und den Lebensmöglichkeiten für Mensch und Tier andererseits sollten beispielhaft die großen Zusammenhänge der Welt aufzeigen. Lehmanns Konzept mündete zunächst im November 1896 in die Ausschreibung eines Architektenwettbewerbs. Von den 80 Einsendern erhielt schließlich das Büro Reinhard und Süssengut aus Charlottenburg den Auftrag. 450 000 Mark (nach heutiger Kaufkraft fast 25 Millionen Euro) standen zur Verfügung, gemessen am jährlichen Altonaer Gesamtetat von neun Millionen Mark eine

seiner Ehefrau Louise, geborene Fischer, kam als Siebenjähriger durch Versetzung des Vaters in das preußische Altona. Für seinen persönlichen und beruflichen Werdegang war der Besuch des Altonaer Realgymnasiums von Ernst Schlee prägend. Nach dem Abitur 1884 studierte Lehmann an der Universität Jena Zoologie bei Ernst Haeckel, der ihn mit seinem naturphilosophischen Weltentwurf, dem Monismus, bekannt machte. Heckels Auffassung, dass alle Erscheinungen der Welt auf ein einziges stoffliches Prinzip zurückzuführen seien, hat Lehmanns späteres Museumskonzept beeinflusst. Nach der zoologischen Promotion 1887 bewog die fehlende berufliche Perspektive Lehmann, bei Alfred Kirchhoff in Halle Erdkunde zu studieren, ein relativ neues Fach, das nach kurzer Studiendauer zur preußischen Lehramtsprüfung berechtigte. 1889 legte er die Staatsprüfung ab und fand sich kurz darauf 1891 als Probekandidat an seinem alten Gymnasium in Altona wieder. Noch im selben Jahr wurde er Oberlehrer. Die Anstellung ermöglichte die Heirat mit Martha Elise Trebitz, mit der er fünf Kinder haben sollte. Als Oberlehrer orientierte sich Lehmann an Schlees reformpädagogischem Konzept des »Anschauungsunterrichts«, das auch seine spätere bahnbrechende Museumsdidaktik prägen sollte.

Lehmann fürchtete, in pädagogische Routine zu verfallen, auch vermisste er sein Fach, die Zoologie. Und so begann er in der Freizeit am Zoologischen Museum in Hamburg ehrenamtlich die niederen Krebse zu systematisieren. Den entscheidenden Im-

gewaltige Summe. In raschem Tempo entstand zwischen Februar 1899 und Dezember 1900 ein Prachtbau im Stil der nordischen Renaissance, der bewusst Tradition verkörperte und dessen reicher plastischer Schmuck die im Inneren präsentierten Themen schon ankündigte. In nur anderthalb Jahren entstanden dann nach Lehmanns Entwürfen bei Heinrich Sander in Köln jene »Lebensbilder« genannten Inszenierungen, deren Prototyp, der »Kampf von Wölfen mit Elchen«, seinerzeit Baukommission und Geldgeber überzeugt hatte. Allein für die Vogelwelt wurden 200 Szenerien angefertigt. Wie sehr die Museumstechnik damals in den Kinderschuhen steckte, zeigt sich auch darin, dass Lehmann die für diese Präsentationsform benötigten Vitrinen, große Rahmenkästen aus Eisenprofilen und Glas, selbst entwickeln musste. Während die Naturalien durch Kriegsschäden zum großen Teil verloren gingen, lässt die große Halle im Erdgeschoss des heutigen Museums mit ihrer Darstellung der Fischerei (1903) noch ahnen, wie bahnbrechend Lehmanns Konzept und dessen Ausführung gewirkt haben müssen.

Der Erfolg des 1901 eröffneten Museums war zugleich ein politischer Erfolg für das Renommee der aufstrebenden preußischen Stadt Altona, deren geistigen Mittelpunkt es darstellte. Die bei Baubeginn schon geplante Erweiterung erfolgte in den Jahren von 1912 bis 1914. Lehmann konnte 1914 als Herzstück der volkskundlichen Abteilung den heute noch existierenden Modellsaal mit den Typen des Bauernhauses in Schleswig und Holstein wie ein Freilichtmuseum im Kleinen verwirklichen. Darauf bezogen sich die originalen, noch heute erhaltenen Bauernstuben aus den Jahren von 1901 bis 1914. Lehmanns glückliche Hand erstreckte sich auch auf die Geldbeschaffung, denn er ließ sich ganze Abteilungen schenken, den Modellsaal von Albert Warburg, die Schiffsmodelle vom Reeder Wilhelm Volckens (1909–13) und das eigentliche Fundament des Ganzen, die 1920 fertig gestellte geologische Abteilung, vom Glaswerksbesitzer Ernst Gätcke. Als erstes Museum in Deutschland führte das Altonaer Museum 1929 die Abendöffnung ein. Im ersten Monat nach der Eröffnung des Erweiterungsbaus sahen nicht weniger als 30 000 Menschen die Kulturgeschichte in völlig neuem Licht. Der große Erfolg war eine Bestätigung für Lehmanns Vorstellung, das Museum solle den gleichen Rang einnehmen wie Konzert-

häuser und Theater. Die Anerkennung auch der Fachwelt fand Lehmann durch seine Tätigkeit für die Deutsche Volkskunst-Kommission, deren Vorsitzender er seit 1929 war, und durch die Mitarbeit am »Deutschen Volkskundeatlas« (1934). 1931 trat Lehmann in den Ruhestand.

Bei geistiger Frische und reger wissenschaftlicher Produktion war Lehmanns Lebensabend zunehmend von schweren Gichtanfällen beeinträchtigt. 1935 wurde er Ehrenmitglied der Universität Hamburg. Am 9. April 1945 musste er den Untergang seines Lebenswerkes im Bombenhagel erleben. 1950 freilich, ein Jahr vor seinem Tod, beschloss man den Wiederaufbau und ließ endgültig den Plan fallen, die Ruinen des Museums abzureißen und die Sammlung auf Hamburger und schleswig-holsteinische Institute zu verteilen. Diese Entscheidung war ein Verdienst von Lehmanns Nachfolger Hugo Stierling und seiner Stellvertreterin Hildamarie Schwindrazheim, die in der schwierigen Nachkriegszeit den Museumsbetrieb mit Ausstellungen und Sonderveranstaltungen aufrechterhalten hatten. 2001 rief eine Sonderausstellung zum 100-jährigen Bestehen des Altonaer Museums die Verdienste Otto Lehmanns wieder ins Gedächtnis. Sein Grabstein auf dem Ottenser Friedhof konnte im selben Jahr durch den Verein der Freunde des Altonaer Museums restauriert werden.

WERKE Beiträge zur Frage von der Homologie der Segmentalorgane und Ausführgänge der Geschlechtsprodukte bei den Oligochaeten, Jena 1887; Festschrift zur Eröffnung des Altonaer Museums. Zugleich ein Führer durch die Sammlungen, Altona 1901; Richtlinien für die Ausgestaltung des Altonaer Museums, in: Kunstkalender für Schleswig-Holstein 1916, S. 29–41; Der Erweiterungsbau des Altonaer Museums, in: Museumskunde 13 (1917), S. 93–134.

LITERATUR SHBL 3; In Ottos Kopf. Das Altonaer Museum 1901 bis 2001 und das Ausstellungskonzept seines ersten Direktors Otto Lehmann, hg. von Torkild Hinrichsen [Begleitpublikation zur Ausstellung im Altonaer Museum vom 12. September 2001 bis 6. Januar 2002], Hamburg 2001. *Torkild Hinrichsen*

L

Leip, *Hans* Karl Hermann Gottfried (Ps. *Li-Shan-Pe* u. a.), geb. 22. 9. 1893 Hamburg, gest. 6. 6. 1983 Fruthwilen (Schweiz); luth.; Schriftsteller, Maler, Grafiker, Journalist.

Hans Leip ist heute vor allem als Verfasser von »Lili Marleen« bekannt. Dieser schon 1915 verfasste Text verdeckt bis heute das ebenso umfangreiche wie Literatur und Kunst verbindende Werk eines einflussreichen Hamburger Künstlers.

Als viertes von sechs Kindern in Hamburg-Hohenfelde geboren, besuchte Leip die Volksschule für Knaben im Stadtteil St. Georg, an der der Reformpädagoge Heinrich Wolgast als Hauptlehrer wirkte. So kam der Sohn eines Hamburger Hafenarbeiters früh mit den Werken damals moderner Autoren wie denen Detlev von Liliencrons in Berührung. Schon während seiner Ausbildung am Lehrerseminar Steinhauerdamm, die er 1914 abschloss, besuchte Leip regelmäßig die Vorlesungen des Direktors der Kunsthalle Alfred Lichtwark, dessen Kunstauffassung ihn tief beeindruckte. Leip begann Gedichte zu verfassen. Seine Texte versah er oftmals mit eigenen Melodien oder Zeichnungen. Das Zusammenspiel der verschiedenen Künste wurde für ihn zur wichtigsten Inspirationsquelle und Antriebsfeder.

Seine berufliche Laufbahn, die er als Hilfslehrer an der Volksschule in Hamburg-Rothenburgsort begonnen hatte, wurde durch den Ausbruch des Ersten Weltkriegs unterbrochen. Als Rekrut in Berlin verfasste Leip den Text zu »Lili Marleen«, eine Hommage an zwei seiner damaligen Freundinnen. An die Ostfront nach Ungarn abkommandiert, stürzte er von einer Behelfsbrücke und wurde zur Genesung nach Deutschland geschickt. Hier veröffentlichte er 1915 erste Gedichte im Satiremagazin »Simplicissimus«. Als Lehrer an der Knabenschule an der Hammerbrooker Reginenstraße nahm er selbst Zeichenunterricht bei Ernst Eitner und Arthur Illies. Ausstellungen von Leips expressiven Bildern mit zum Teil schwül-erotischen Motiven fanden überregionale Anerkennung und ließen den Maler auch in seiner Vaterstadt als provozierenden Bohemien erscheinen. Leip wirkte als Kunstkritiker der »Neuen Hamburger Zeitung« (1917–19), als Werbegrafiker und Puppenspieler und – vor allem – als Herold der legendären Hamburger Künstlerfeste. Mit der Gründung der Schriftstellervereinigung »Hamburger Gruppe« 1925 setzte er sich außerdem für die Interessen Hamburger Autoren ein. Sein Atelier im Haus von Carl M. H. Wilkens (Jungfernstieg/Ecke Neuer Wall 2) wurde zum Treffpunkt für Künstler wie Joachim Ringelnatz oder Erika Mann.

Seine ersten literarischen Werke, die Erzählbände »Laternen, die sich spiegeln« und »Die Segelfähre« von 1920 und sein 1923 erschienener Roman »Der Pfuhl«, festigten Leips Ruf als Enfant terrible aufgrund ihrer teilweise plastischen Schilderungen hanseatischer Subkultur. 1924 auf eigenen Wunsch von der Schulbehörde in den einstweiligen Ruhestand versetzt, verlegte er den Schwerpunkt seines Schaffens auf die Literatur. Seinen literarischen Durchbruch erzielte er 1925 mit dem an historischen Vorbildern orientierten Seeräuberroman »Godekes Knecht«. Als Mittelpunkt eines Kreises hanseatischer Avantgarde-Künstler veröffentlichte er neben weiteren Romanen vor allem Jugendbücher wie »Der Nigger auf Scharhörn« (1927) und »Jan Himp und die kleine Brise« (1934); aber auch Hörspiele und Theaterstücke flossen aus seiner Feder.

Politisch weitgehend desinteressiert, konnte Leip auch nach 1933 weiter veröffentlichen. Dabei halfen ihm seine Bekanntschaft mit dem bis 1935 amtierenden Präsidenten der Reichsschrifttumskammer Hans Friedrich Blunck und die Freundschaft zu Emerentia Krogmann, der Frau des von den Nationalsozialisten eingesetzten Ersten Bürgermeisters Hamburgs Carl Vincent Krogmann.

Mit seiner zweiten Ehefrau Gretel und seinen beiden Töchtern hatte Leip 1932 eine Villa am Blankeneser Süllberg bezogen, die es zu unterhalten galt. Um seine Karriere zu befördern, arbeitete er für die NS-freundliche »Hamburger Illustrierte«, schrieb Drehbücher für die Ufa und verfasste 1935 einen biografischen Roman über den Boxweltmeister Max Schmeling. Auf Initiative seiner Lektorin beim Cotta-Verlag, Kläre Buchmann, mit der Leip eine langjährige Liebesbeziehung verband, nahm er an den so genannten »Weimarer Dichtertreffen« teil, auf denen der NS-Kulturbetrieb sich selber feierte. Auf der anderen Seite bewies er im privaten Bereich wiederholt couragiertes Verhalten. Aufgrund seiner Beziehungen zum Bürgermeisterehepaar gelang es ihm etwa, darauf hinzuwirken, dass der Hamburger Fabrikant und Kunstmäzen Oscar Isey im November 1938 aus dem KZ Oranienburg entlassen wurde.

Hans Leip

1937 wurde »Lili Marleen« erstmalig in der Gedichtsammlung »Die kleine Hafenorgel« veröffentlicht. 1938 von Norbert Schulze vertont, gewann das Lied – und damit auch der Autor – schlagartig Popularität. Die internationale Verbreitung gründete sich zum einem auf die Interpretation von Lale Andersen, zum anderen darauf, dass ab 1941 der Soldatensender Radio Belgrad »Lili Marleen« täglich zum Programmschluss sendete.

Nach außen hin systemkonform auftretend, artikulierte Leip im historischen Roman »Das Muschelhorn« (1940) indirekt sein Unbehagen am Zerfall der Gesellschaft. Direktere Kritik blieb ungedruckt oder wurde erst nach Kriegsende veröffentlicht. Erst spät äußerte sich Leip auch öffentlich deutlicher, wie in dem im November 1943 gedruckten »Lied im Schutt«. Leip hat hier seine eigenen Eindrücke von der Zerstörung Hamburgs im Juli 1943 verarbeitet, die er von Blankenese aus miterlebte.

Neben seinen Kontakten zu einflussreichen Hamburger Verlegern waren es vor allem seine Beziehungen zu im Hamburg der Nachkriegszeit exponierten Männern wie Erich Lüth oder Heinrich Landahl, die Leip nach 1945 zunächst schnell wieder Fuß fassen ließen. Axel Springer, der Sohn von Leips erstem Verleger Hinrich Springer, brachte 1946 in seinem Verlag das aufwändig ausgestattete Kinderbuch »Das Zauberschiff« zweisprachig in Englisch und Deutsch heraus.

Beliebte Kinofilme wie »Unter den Brücken« mit Vertonungen von Leip-Gedichten trugen dazu bei, dass deren Verfasser zum Liebling des nord-deutschen Lesepublikums avancierte. In Schriftstellerkreisen wurde er dagegen sehr unterschiedlich beurteilt. Während der Neugründung des Hamburger PEN-Clubs initiierte der während der Zeit des Nationalsozialismus verfolgte Hamburger Schriftsteller Heinrich Christian Meier mit Unterstützung Hans Henny Jahnns eine Kampagne gegen den »Nazipropagandisten« Leip.

Mit seiner vierten Frau siedelte sich Leip 1949 zuerst in Breitbrunn am Chiemsee und später im schweizerischen Fruthwilen an. Bis zu seinem Tod veröffentlichte er noch zahlreiche Werke. An seine früheren Erfolge konnte er nicht mehr anknüpfen.

Nur noch selten hat Leip seine Geburtsstadt später besucht. Als korrespondierendes Mitglied der Freien Akademie der Künste in Hamburg blieb er aber auch weiterhin mit der Hansestadt in Kontakt. In späteren Jahren wurde Leip von Hamburg mit mehreren Ausstellungen, Auszeichnungen und – 1973 – mit dem Professorentitel geehrt. 1961 erhielt er die Medaille für Kunst und Wissenschaft und 1968 den Verfassungs-Portugalöser. Zur Verleihung der Senator-Biermann-Ratjen-Medaille 1978 reiste er nicht mehr an. »Eher hätte mich der Lessingpreis noch einmal in die geliebte Vaterstadt locken können«, teilte er dem Präses der Kulturbehörde als Begründung mit.

Seit 1994 heißt eine Strecke des Elbwanderweges im Stadtteil Othmarschen Hans-Leip-Ufer.

WERKE Der Pfuhl. Roman, München 1923; Godekes Knecht. Roman, Leipzig/Zürich 1925 [Neuauflage Frankfurt a. M. u. a. 1981]; Jan Himp und die kleine Brise. Roman, Hamburg 1934 [Neuauflage München 1991]; Hans Leip. Der Widerschein. Eine Rückschau 1893–1943, hg. von Kläre Buchmann, Stuttgart 1943; Das Tanzrad oder die Lust und Mühe eines Daseins, Berlin u. a. 1979.

LITERATUR NDB 14; Hans Leip. Eingeleitet von Wilhelm Duwe, Hamburg 1968 (Hamburger Bibliographien 1); Hans Leip. Leben und Werk, hg. von Rolf Italiaander, Hamburg 1958; Helmut Glagla, Hans Leip. Schriftsteller, Maler, Graphiker 1893–1983. Biographischer Leitfaden zur Gedächtnisausstellung im Museum für Hamburgische Geschichte vom 22. September bis 27. November 1983, Hamburg 1983; Rüdiger Schütt, Bohemiens und Biedermänner. Die Hamburger Gruppe 1925 bis 1931 [Begleitpublikation zur Ausstellung in der Staats- und Universitätsbibliothek Hamburg Carl von Ossietzky vom 6. August bis 14. September 1996], Hamburg 1996; ders., Dichter gibt es nur im Himmel. Leben und Werk von Hans Leip. Biographie und Briefedition 1893–1948, Hamburg 2001. *Rüdiger Schütt*

LEISCHING, *Friederike* Margarethe Elisabeth, geb. 12. 8. 1767 Kopenhagen, gest. 8. 9. 1846 Kiel; luth.; Bildnismalerin.

Die heute einzig durch ihre Bildnisse des Dichters Matthias Claudius und einiger Mitglieder seiner Familie bekannte Friederike Leisching zählt zu den wenigen Frauen, die um 1800 über das Zeichnen als Liebhaberei hinausgingen und auch die Ölmalerei praktizierten. Sie war die Tochter des dänischen Ministerresidenten in Hamburg, Johann Christian Leisching, eines Vetters des Dichters Friedrich Gottlieb Klopstock, und seiner Frau Margaretha Elisabeth, Tochter des Altonaer Bürgermeisters Johann Daniel Baur d. Ä. Nach dem frühen Tod des Vaters in Lübeck 1772 scheint die Familie nach Altona übersiedelt zu sein, wo die unverheiratete Friederike Leisching bis 1810 mit ihrer Mutter lebte. Sie zog dann auf das Gut Bossee im Holsteinischen und 1824 schließlich nach Kiel.

Durch ihre Familie besaß Friederike Leisching beste gesellschaftliche und künstlerische Kontakte. Ihr zeichnerisches Talent bildete sie nach der Familienüberlieferung auch auf Reisen nach Kopenhagen, Paris und Rom aus; der durchreisende Johann Caspar Lavater nannte Friederike Leisching 1793 »eine große bescheidene Zeichnerin«. Ihre frühesten Ölgemälde sind das – möglicherweise nicht, wie bisher angenommen, posthum gemalte – Brustbildnis der 1796 gestorbenen Christiane Marie Claudius und die Pendants des Matthias Claudius (von dem zahlreiche Wiederholungen oder Kopien existieren) und seiner Frau Anna Rebekka, die beide um 1797 zu datieren sind und sich im Museum für Hamburgische Geschichte befinden. Den drei Porträts ist eine vergleichsweise spröde Faktur gemein, die noch keinen Einfluss des späteren Lehrers der Künstlerin, des von 1797 bis 1801 in Hamburg tätigen Emigranten Jean-Laurent Mosnier, erkennen lässt. Der Kontakt zu Mosnier ist erst für das Jahr 1799 zu belegen, als der Künstler ein Bildnis Friederike Leischings malte (Kunsthalle Kiel), während die Schülerin vermutlich zur gleichen Zeit Mosniers Bildnis der Elisabeth Hudtwalcker kopierte (Original in der Hamburger Kunsthalle, Verbleib der Kopie unbekannt). Zwar erreichen Friederike Leischings ab dieser Zeit entstandene Bildnisse nicht die technische Versiertheit des Franzosen und bleiben stets auf das unprätentiöse Brustbildnis be-

Friederike Leisching

schränkt, doch ist etwa in den tonigen Nuancen des Kolorits und den gefälligeren Formen deutlich der Einfluss Mosniers erkennbar. Während dieser Lehrzeit und danach entstanden Porträts von Johannes (um 1800), Augustinus Ernst Claudius (1807) und Caroline Rebekka Claudius (1808) sowie das Bildnis des Carl Peter Franziskus Claudius (um 1809), die sich im Museum für Hamburgische Geschichte befinden. Bekannt sind weiterhin ein um 1803 entstandenes Porträt des jungen Fritz Claudius (Museum für Kunst und Kulturgeschichte, Lübeck), ein Bildnis von Caroline Perthes, geborene Claudius (Kassel, Privatbesitz) und ein mittlerweile verschollenes Porträt von Anna Claudius. In Privatbesitz finden sich auch Bildnisse von Polykarp August Leisching und weiteren Mitgliedern der Familie der Künstlerin. Der Verbleib von Porträts der Herzogin Louise Augusta von Schleswig-Holstein-Sonderburg-Augustenburg und der Gräfin Louise Stolberg, die ein Ende des 19. Jahrhunderts verfasster kurzer Lebenslauf im Archiv der Kieler Kunsthalle erwähnt, ist ungeklärt.

Als Künstlerin war Friederike Leisching weit mehr als eine Dilettantin, ohne indessen nach öffentlicher Anerkennung zu streben oder auf einen Erwerb angewiesen zu sein. Ihr bemerkenswertes, nur in Teilen erfasstes Œuvre entstand in privatem Umkreis, zu dem neben der Familie Matthias Claudius' auch der Reventlow-Stolbergsche Kreis auf dem Gut Emkendorf im Holsteinischen zählte. Einer breiteren Öffentlichkeit stellte sich Leisching erst ab 1819 auf den Ausstellungen des Vereins vaterländischer Künstler und Kunstfreunde in Altona.

LITERATUR Ulrike Wolff-Thomsen, Lexikon Schleswig-Holsteinischer Künstlerinnen, Heide 1994; Lilli Martius, Die schleswig-holsteinische Malerei im 19. Jahrhundert, Neumünster 1956 (Studien zur Schleswig-Holsteinischen Kunstgeschichte 6) [Nachdruck Neumünster 1978], S. 85 f.; Gisela Jaacks, Die Porträts der Familie Claudius, in: Helmut Glagla/Dieter Lohmeier (Hg.), Matthias Claudius 1740–1815 [Katalog zur Ausstellung im Museum für Hamburgische Geschichte vom 15. August bis 28. Oktober 1990 und in der Schleswig-Holsteinischen Landesbibliothek Kiel vom 2. Dezember 1990 bis 3. Februar 1991], Heide 1990 (Schriften der Schleswig-Holsteinischen Landesbibliothek 12), S. 31–50. *Gerrit Walczak*

LENSING, Maria Dorothea Elisabeth *(Elise)*, geb. 14. 10. 1804 Lenzen/Westprignitz, gest. 18. 11. 1854 Hamburg; luth.; Lehrerin, Putzmacherin.

Elise Lensing war die langjährige Lebensgefährtin Friedrich Hebbels, mit dem sie zwei Kinder hatte, dem sie ihr Vermögen opferte und der sie dennoch verließ. Ihr Verhältnis erfuhr bei Zeitgenossen und in der Hebbel-Biografik kontroverse Bewertungen und war mehrfach Gegenstand literarischer Bearbeitung.

Die Tochter eines Chirurgen erlebte eine unglückliche Kindheit; der Vater endete früh in einer Irrenanstalt. Ein Gutsherr, bei dem sie seit etwa 1820 in Stellung war, ermöglichte ihr von 1823 bis 1825 den Besuch eines Pensionats in Magdeburg, wo sie zur Lehrerin ausgebildet wurde. Nach anschließendem Aufenthalt in Calbe wohnte sie in Hamburg mit Mutter und Stiefvater am Stadtdeich 43 und arbeitete als Näherin, Putzmacherin, Gesellschafterin und Privatlehrerin.

Im März 1835 lernte sie den achteinhalb Jahre jüngeren Friedrich Hebbel kennen, der für sechs Wochen in das Haus ihrer Eltern zog. Ihr zeigte sich der werdende Dichter in ganzer Offenheit – sie schenkte ihm ihre Liebe. Während der drei Studienjahre Hebbels ab März 1836 in Heidelberg und München unterstützte sie ihn maßgeblich in materieller Hinsicht. Seit seiner Rückkehr am 31. März 1839 lebte Hebbel mit ihr im Haus ihrer Eltern in einer »Gewissensehe« zusammen; allerdings zog sie acht Wochen vor der Geburt des unehelichen Sohnes Max am 5. November 1840 für anderthalb Jahre allein nach Ottensen. Ab November 1842 wohnte das Paar zusammen in der Langen Reihe 5 in St. Georg. Nachdem Lensings Erbe aufgezehrt war, bedeutete 1843 ein Reisestipendium Hebbels vorerst finanzielle Sicherheit, aber auch erneute Trennung. Beim Tod des Sohnes Max am 2. Oktober 1843 war die Mutter ebenso allein wie bei der Geburt des zweiten Kindes Ernst am 14. Mai 1844.

Ab April 1844 wohnte Elise Lensing am Steindamm 69, ab Dezember desselben Jahres am Pulverteich 71 in einer größeren Wohnung, die auch Hebbel Platz geboten hätte. Nachdem dieser zuletzt in Briefen immer schroffer eine Ehe abgelehnt hatte, lernte er im November 1845 in Wien die Burgschauspielerin Christine Enghaus kennen, die er im Mai 1846 heiratete. Nach diesem völligen Bruch kam es erst durch den Tod des zweiten Sohnes am 12. Mai 1847 zu einer Aussöhnung. Auf Initiative Christines reiste Elise Lensing noch im Mai 1847 nach Wien, wo sie bis zum 27. August 1848 im Haushalt des Ehepaars Hebbel blieb. Den vorehelichen Sohn Christines, Carl, nahm sie anschließend zur Erziehung mit nach Hamburg. Von Hebbel finanziell versorgt, blieben ihr einige Jahre später »Mutterschaft« und solidarischer »Schwesternschaft« mit Christine, der sie durch regelmäßigen Briefwechsel und mehrere Besuche des Ehepaars Hebbel in Hamburg bis zu ihrem Tod verbunden blieb. Ihre letzten Adressen waren Steindamm 146 und Hühnerposten 32 in St. Georg.

Von einem Armengrab auf dem St. Georgs-Friedhof wurden ihre Gebeine 1899 nach Ohlsdorf umgebettet. Christine Hebbel erwarb die Grabstelle, an der die Literarische Gesellschaft zu Hamburg ihr 1913 ein Denkmal setzte. In Barmbek-Nord wurde 1948 der Elise-Lensing-Weg nach ihr benannt. An ihrem einstigen Wohnhaus in der Langen Reihe erinnert eine Gedenktafel der Patriotischen Gesellschaft an Elise Lensing.

WERKE Briefe an Friedrich und Christine Hebbel, hg. von Rudolf Kardel, Berlin 1928; Rudolf Kardel (Hg.), Hebbel-Dokumente. Unveröffentlichtes aus dem Nachlaß, Heide 1931, S. 1–13; Martin Langner, Vier Briefe von Elise Lensing an Friedrich und Christine Hebbel, in: Ida Koller-Andorf (Hg.), Hebbel. Mensch und Dichter im Werk. Klassiker und Realist, Wien 1992, S. 221–231; Friedrich Hebbel, Briefwechsel 1829–1863. Historisch-kritische Ausgabe, hg. von Otfried Ehrismann, 5 Bde., München 1999.

LITERATUR Bake/Reimers, S. 41–47; Wilhelm Rutz, Friedrich Hebbel und Elise Lensing. Ein Kampf um Leben und Liebe, München 1922; Detlef Cölln, Friedrich Hebbel und Elise Lensing, besonders der Ausgang dieses Verhältnisses, in: Hebbel-Jahrbuch 1951, S. 74–96; Heinz Stolte, Elise Lensing als Briefschreiberin – Bildnis einer Bildnislosen, in: Hebbel-Jahrbuch 1966, S. 9–31; Kai-Uwe Scholz, »Jetzt ist unser Verhältniß gewiß eines von denen deren es wenige giebt«. Friedrich Hebbel – Elise Lensing – Christine Hebbel-Enghaus, in: Unda Hörner (Hg.), Im Dreieck. Liebesbeziehungen von Friedrich Nietzsche bis Marguerite Duras, Frankfurt a. M. 1999, S. 15–40.   *Carsten Scholz*

LESTIBOUDOIS, Herbert (Ps. *Bert, Udo Herb, Max Friedrich, Peter Purzel, Thesa Pohl*), geb. 21. 6. 1907 in Hamburg, gest. 25. 5. 1963 ebd.; luth.; Schriftsteller.

Herbert Lestiboudois wurde als ältester Sohn eines Feinkosthändlers im Hamburger Stadtteil Barmbek geboren. Nachdem er die Realschule ohne Abschluss verlassen hatte, fuhr er zunächst zur See und absolvierte anschließend eine Schriftsetzerlehre. In dieser Zeit betätigte er sich in der freien und sozialistischen Jugendbewegung.

Aus seiner 1929 mit Erna Borwitzky, der Tochter eines wohlhabenden Zahnarztes, geschlossenen Ehe gingen fünf Kinder hervor. Beruflich folgte Herbert Lestiboudois bald seinen schriftstellerischen Neigungen und veröffentlichte bereits vor 1933 literarische Beiträge, so auch in der »Weltbühne«. Seinen Lebensunterhalt verdiente er als freier Mitarbeiter des sozialdemokratischen »Volksblatts für Harburg und Wilhelmsburg«, für das er kulturpolitische Betrachtungen verfasste.

Nach 1933 zunächst der Grundlage seiner wirtschaftlichen Existenz beraubt, begann Lestiboudois unpolitisch zu schreiben mit dem später von ihm als naiv bezeichneten Ziel, den Nationalsozialismus auch in seinen eigenen Organen geistig zu unterhöhlen. Zwar gelang es ihm 1935, zwei Beiträge in dem SS-Journal »Das Schwarze Korps« zu veröffentlichen, doch wurde er anschließend entlarvt. Es folgten Gestapo-Verhöre und eine selbstkritische Distanzierung in dem SS-Blatt, die einzige öffentliche Auseinandersetzung mit einem veröffentlichten Beitrag und dessen Autor, die in dieser Zeitschrift jemals gedruckt wurde. Die Karriere als Schriftsteller war damit vorerst beendet. Lestiboudois war gezwungen, als Notstandsarbeiter, Metallarbeiter und Erdarbeiter den Lebensunterhalt für seine Familie zu verdienen. Die noch von den Schwiegereltern ausgestattete Wohnung in Hamm wurde aufgegeben und eine billigere Unterkunft in Barmbek-Nord bezogen. Erst nachdem er nach dem Beginn des Zweiten Weltkrieges zur Wehrmacht eingezogen worden war, wagte Lestiboudois – zunächst unter Pseudonym – wieder zu publizieren. Den Höhepunkt bildete die Satire »Wovon kann der Landser denn schon träumen … Eine klärende Antwort auf eine beklemmende Frage«, die im »Hamburger Fremdenblatt« und in verschiedenen Frontzeitungen abgedruckt wurde. Nach fünf Jahren Kriegsdienst kehrte Herbert Lestiboudois zurück nach Toppenstedt in der Lüneburger Heide, wohin er seine Familie 1941 in Sicherheit gebracht hatte.

Lestiboudois' erfolgreichste Zeit fiel in die Jahre von 1946 bis 1948. Höhepunkt seines Schaffens waren vier eigenständige Veröffentlichungen, in denen seine Vielseitigkeit als Lyriker, Erzähler, Essayist, Kulturpolitiker und Satiriker zum Ausdruck kommt. Im Mittelpunkt seiner literarischen Arbeit stand in dieser frühen Zeit die Verarbeitung der Kriegserlebnisse. So veröffentliche er 1946 die während des Krieges geschriebenen Gedichte in dem Band »Da schweigen die Trompeten« und die Erzählung »Ninon. Aus den nächtlichen Notizen des Soldaten Cornelius«. Darüber hinaus war er 1947 in der von Paul E. H. Lüth herausgegebenen, für die Nachkriegsliteratur maßgeblichen Sammlung »Der Anfang. Anthologie junger Autoren« mit dem Gedicht »Junge Generation« vertreten.

Herbert Lestiboudois, der schon vor 1933 der SPD angehört hatte, verstand sich als linker, sozialistischer Schriftsteller. Obwohl nach Kriegsende 40 Jahre alt, galt er als Autor der »jungen Generation«. In der öffentlichen Debatte um Thomas Mann über »innere« und »äußere« Emigration gehörte er zu denjenigen, die eine tiefer gehende Kenntnis der Zustände in Deutschland für sich beanspruchten. Lestiboudois engagierte sich in der Hamburger Arbeitsgemeinschaft der Gruppe sozialistischer Schriftsteller und Journalisten der britischen Zone. Außerdem war er Mitglied des Schutzverbandes Deutscher Autoren Nordwest. Bekannt wurde er durch sein in der zweiten Ausgabe des neu gegründeten SPD-Zentralorgans »Neuer Vorwärts« am 18. September 1948 veröffentlichtes antimilitaristisches Gedicht »Das ist der Ruhm der Soldaten«. Insbesondere die Zeile »sie haben geraubt und gestohlen« führte wegen angeblicher Verunglimpfung deutscher Soldaten zu einer Hetzkampagne der bürgerlich-konservativen Presse, der sich auch die CDU und die Deutsche Partei (DP) anschlossen. Die öffentliche Diffamierung gipfelte in zwei Anschlägen auf die Privatwohnung des Schriftstellers. Dieser sah sich daraufhin gezwungen, Toppenstedt zu verlassen und nach Hamburg zu ziehen. Lestiboudois, der ein Thema angesprochen hatte, das erst 50 Jahre später durch die Ausstellung »Verbrechen der Wehrmacht« des Hamburger Instituts für Sozialforschung enttabuisiert werden sollte, wurde nur wenig öffentlicher Beistand zuteil. Allein der Kulturbund zur demokratischen Erneuerung Deutschlands, die Gruppe sozialistischer Schriftsteller und Journalisten der britischen Zone, Vertreter der Friedensgesellschaft und die Heine-Gesellschaft erklärten sich solidarisch. Enttäuscht über die Haltung der eigenen Partei verließ Lestiboudois die SPD. Vorübergehend näherte er sich der kommunistischen Partei an und publizierte in ihr nahe stehenden Blättern. Weitgehend isoliert, trat er literarisch kaum mehr in Erscheinung. 1952/53 gehörte er in Hamburg zum Kreis der so genannten »Literarischen Opposition« um Heinrich Christian Meier. Ausbleibender Erfolg und persönliche Probleme – die erste Ehe war schon 1945 zerrüttet, und eine weitere Beziehung, der ein Sohn entstammte, zerbrach ebenfalls – mögen bei der Alkoholerkrankung des Schriftstellers eine Rolle gespielt haben. In den letzten Jahren veröffentlichte er nur noch Kurzgeschichten in regionalen und lokalen Zeitungen. Herbert Lestiboudois starb am 25. Mai 1963 an den Folgen eines Verkehrsunfalls.

WERKE Da schweigen die Trompeten, Gedichte, Hamburg 1946; Ninon. Aus den nächtlichen Notizen des Soldaten Cornelius, Hamburg 1946; Chronik eines ländlichen Lebens. Notizen, Streiflichter, Kommentare, Hamburg 1947; Literarische Miniaturen. Bilder, Köpfe und Glossen, Hamburg 1948. *Holger Martens*

LETTOW-VORBECK, Paul von, geb. 20. 3. 1870 Saarlouis, gest. 9. 3. 1964 Hamburg; luth.; Generalmajor, Politiker, Schriftsteller.

General Paul von Lettow-Vorbeck gehört zu den wenigen Soldaten des Ersten Weltkriegs, die sich durch militärisches Handeln internationales Ansehen erwarben und trotz fragwürdiger Aktivitäten zu Legenden wurden.

Paul von Lettow-Vorbeck

Lettow-Vorbeck entstammte einer alten pommerschen Familie und war der Sohn eines preußischen Generals. Er trat als Elfjähriger in das preußische Kadettenkorps ein, wo er die Abiturprüfung ablegte, um anschließend Offizier zu werden. Nach dem Besuch der Kriegsakademie wurde er 1899 in den Großen Generalstab berufen. 1901 nahm er in China an den internationalen Operationen gegen den so genannten Boxeraufstand teil. 1904 ging er auf eigenen Wunsch nach Afrika, um sich an der Niederschlagung des Herero-Aufstandes in Deutsch-Südwestafrika zu beteiligen. Während dieser Zeit hatte er Gelegenheit, Spezifika des Kleinen Krieges (»Guerilla«) in Südafrika kennen zu lernen. Nach Deutschland zurückgekehrt, wurde er schnell befördert.

1913 ging Lettow-Vorbeck erneut nach Afrika, um zunächst in Kamerun und 1914 in Deutsch-Ostafrika Kommandeur der Schutztruppe zu werden. Nach Ausbruch des Ersten Weltkriegs begann sein Aufstieg zum »Helden in Deutsch-Ostafrika«, weil es ihm gelang, durch Anwendung von Guerilla-Taktiken mit einer kleinen Truppe von etwa 3000 weißen und 11 000 schwarzen Soldaten über Jahre erfolgreich gegen eine große Übermacht von bis zu 300 000 Mann zu operieren. Für seinen Einsatz gegen die britischen Truppen und ihre Alliierten wurde er mit dem Orden pour le mérite mit Eichenlaub ausgezeichnet. 1917 musste er nach Portugiesisch-Ostafrika ausweichen, kehrte aber noch vor Kriegsende nach Deutsch-Ostafrika zurück, wo er erst im November 1918 auf Befehl der deutschen Regierung kapitulierte. Es gelang ihm 1926, die Reichsregierung zu veranlassen, den afrikanischen Soldaten, die sich bis zum Ende seinem Befehl unterstellt hatten, den Askaris, den ausstehenden Sold zu zahlen.

Am 1. Juli 1919 rückte Lettow-Vorbeck im Auftrag der Reichsregierung mit dem etwa 10 000 Mann starken »Korps Lettow« und 30 Geschützen in Hamburg ein, um die so genannten »Sülze-Unruhen« niederzuschlagen. Obwohl er auf keine Gegenwehr stieß, kam es zu willkürlichen Verhaftungen und Kriegsgerichtsverfahren. Nach dem Scheitern des Kapp-Putsches, an dem Lettow-Vorbeck als militärischer Oberbefehlshaber in Hamburg im März 1920 aktiv teilgenommen hatte, musste er seinen Abschied nehmen. In Bremen begann er eine Bankkarriere und wurde danach Kaufmann. Ferner trat er als Schriftsteller und Redner hervor. Von 1928 bis 1930 war er als Nachfolger des Großadmirals Alfred Tirpitz Reichstagsabgeordneter für die Deutschnationale Volkspartei (DNVP). Die Ernennung Hitlers zum Reichskanzler begrüßte er, hielt zu den Nationalsozialisten aber Distanz, die ihn ihrerseits als »reaktionär« einstuften. Dennoch wurde 1939 eine Kaserne in Hamburg-Jenfeld nach Lettow-Vorbeck benannt.

Nachdem er im Zweiten Weltkrieg zwei Söhne verloren hatte und sein Haus in Bremen zerstört worden war, fand Lettow-Vorbeck in Hamburg-Othmarschen eine neue Heimat. Hochbetagt reiste er im Auftrag einer Illustrierten 1953 noch einmal nach Südafrika, um über seine alten und neuen Erfahrungen zu berichten. Er starb hoch geehrt im Alter von 94 Jahren in Hamburg und wurde in Pronstorf (Holstein) beigesetzt.

WERKE Meine Erinnerungen aus Ostafrika, Leipzig 1920; Heia Safari! Deutschlands Kampf in Ostafrika, Leipzig 1920; Afrika, wie ich es wiedersah, München 1955; Mein Leben, Biberach a. d. Riss 1957.

LITERATUR NDB 14; Edwin P. Hoyt, Guerilla. Colonel von Lettow-Vorbeck and Germany's East African Empire, New York 1981; Holger Wilken, Paul von Lettow-Vorbeck. Ein preußischer Guerillero, in: Information für die Truppe, Nr. 1, 2002, S. 65–70.   *Eckardt Opitz*

LICHTWARK, Alfred, geb. 14. 11. 1852 Reitbrook, gest. 13. 1. 1914 Hamburg; luth.; Kunsthistoriker, erster Direktor der Hamburger Kunsthalle.

Im deutschen Geistesleben um 1900 war Alfred Lichtwark, den Max Liebermann »Praeceptor Germaniae« nannte, eine führende Gestalt. Nachdem der Vater, der Landwirt und Mühlenbesitzer Friedrich Carl Lichtwark, sein Vermögen verloren hatte, zog die Familie zunächst nach Allermöhe und 1860 nach Hamburg-St. Pauli. Nach Abschluss der Armenschule wurde der junge Lichtwark 1867 Lehrergehilfe und 1870 Lehrer an der Schule der Jacobikirche. Justus Brinckmann, Direktor des Museums für Kunst und Gewerbe, riet dem Hörer seiner Vorlesungen zum Studium der Kunstgeschichte an der Universität Leipzig, wo das Abitur nicht Voraussetzung war. Schon im zweiten Semester machte der Direktor des Berliner Kunstgewerbemuseums, Julius Lessing, Lichtwark 1881 zum Assistenten. 1884 folgte die Ernennung zum Bibliothekar. 1885 wurde Lichtwark, der schon seit 1881 Kunstkritiken für die »National-Zeitung« und »Die Gegenwart« verfasste, in Leipzig mit der Arbeit »Die Kleinmeister als Ornamentisten« promoviert.

1886 berief die Kommission für die Verwaltung der Hamburger Kunsthalle Lichtwark zum Direktor; seit der Eröffnung 1869 war man mit einem Sekretär ausgekommen. Als Lichtwark am 1. Oktober sein Amt antrat, schloss er zunächst das Museum, um es zu reorganisieren. Zur Wiedereröffnung am 9. Dezember hielt er vor Senat und Bürgerschaft eine programmatische Antrittsrede mit dem berühmt gewordenen, Anspruch erhebenden Satz: »Wir wollen nicht ein Museum, das da steht und wartet, sondern ein Institut, das thätig in die künstlerische Erziehung unserer Bevölkerung eingreift.« Öffentliche kunsthistorische Vorlesungen und regelmäßige Übungen in der Betrachtung von Kunstwerken für Lehrerinnen und Lehrer gehörten zu seinem ständigen Programm. 1893 wurden zwei eng mit der Kunsthalle verbundene Vereine gegründet, die Gesellschaft Hamburgischer Kunstfreunde und der Hamburger Amateur-Photographenverein, der alljährlich eine internationale Ausstellung in der Kunsthalle veranstaltete. Für die zehn Fotografieausstellungen, die bis 1903 stattfanden, gab es in keinem Museum der Welt ein Vorbild. Zu den be-

Alfred Lichtwark

sonderen Ereignissen ist auch die Ausstellung »Das Kind als Künstler« (1898) zu rechnen. Schon 1891 gründete Lichtwark Sammlungen für zeitgenössische Medaillen und Künstlergrafik. Die Erwerbungen des Englandfahreraltars von Meister Francke (1898) und großer Teile des Petrikirchenaltars Meister Bertrams (1903) gaben der Sammlung älterer hamburgischer Meister ein neues Gewicht. Philipp Otto Runge und Caspar David Friedrich, auch Adolph Menzel erkannte Lichtwark als zentrale Gestalten der deutschen Malerei. Zahlreiche Künstler, darunter Max Liebermann, Lovis Corinth, Leopold Graf Kalckreuth, Max Slevogt und Wilhelm Trübner, lud er nach Hamburg ein, um dort Bildnisse und Ansichten zu malen. Aus diesen Auftragsarbeiten ging die Sammlung »Bilder aus Hamburg« hervor. Von 1896 an erwarb Lichtwark Gemälde zeitgenössischer Franzosen, so Claude Monet, Gustave Courbet, Edouard Manet, Auguste Renoir, Pierre Bonnard und Edouard Vuillard. Über die französische Kunst hinaus galt Frankreich, seiner Zivilisation und seinen Menschen, Lichtwarks Zuneigung.

Lichtwark wirkte weit über das Museum und die Stadt hinaus. Seine meist knapp formulierten Schriften waren weit verbreitet. Schon die Titel machen die erzieherischen Absichten deutlich: »Die Bedeutung der Amateurphotographie« (1894), »Makartbouquet und Blumenstrauß« (1894), »Blumenkultus. Wilde Blumen« (1897), »Hamburg. Niedersachsen« (1897), »Vom Arbeitsfeld des Dilettantismus« (1897), »Palastfenster und Flügelthür« (1899), »Die Erziehung des Farbensinns« (1901),

»Eine Sommerfahrt auf der Yacht Hamburg« (1904). Viele dieser Schriften sind bei Bruno Cassirer in Berlin unter dem Reihentitel »Die Grundlagen der künstlerischen Bildung. Studien« erschienen. Unter den wissenschaftlichen Publikationen Lichtwarks sind das zweibändige Werk »Das Bildnis in Hamburg« (1898) sowie die Monografien »Meister Francke. 1424« (1899) und »Meister Bertram, tätig in Hamburg 1367–1415« (1905) hervorzuheben. Die Kunsterzieherbewegung, die 1901 in Dresden, 1903 in Weimar und 1905 in Hamburg tagte, ging von Lichtwark aus, der auch die treibende Kraft hinter der Deutschen Jahrhundertausstellung 1906 in der National-Galerie Berlin war. Im Streit um das deutsche Bismarck-Denkmal am Rhein verbündete er sich 1912 mit Walther Rathenau. Lichtwark wirkte stets als Erzieher. Nicht allein zur Sachlichkeit wollte er anleiten, sondern zur »Entwicklung der empfindenden und gestaltenden Kräfte«. In diesem Sinne konnte ihn sein Nachfolger Gustav Pauli den »Kunsterzieher« nennen.

Lichtwark ist ein leidenschaftlicher Briefeschreiber gewesen. Briefe an seine Familie, an den Kollegen Gustav Pauli in Bremen, die Malerfreunde Max Liebermann und Leopold Graf Kalckreuth und an den jungen Dichter Wolf Mannhardt wurden publiziert. Die von Pauli herausgegebene zweibändige Auswahl der »Briefe an die Kommission für die Verwaltung der Kunsthalle« (1923) ist die wichtigste Ausgabe.

Der 1951 gestiftete große Kunstpreis der Freien und Hansestadt Hamburg trägt Lichtwarks Namen. Die Gabriel-Riesser-Straße in Eppendorf wurde 1938 in Lichtwarkstraße umbenannt. Lichtwarks schönes Grabmal ist auf dem Althamburgischen Gedächtnisfriedhof in Ohlsdorf zu finden.

WERKE Schriftenverzeichnis in: Werner Kayser, Alfred Lichtwark, Hamburg 1977 (Hamburger Bibliographien 19); Die Aufgaben der Kunsthalle, Hamburg 1896 [Nachdruck in: Erneuerung und Tradition. Die Hamburger Kunsthalle in programmatischen Texten ihrer Direktoren, hg. von Uwe M. Schneede, Hamburg 1987, S. 7–16]; Übungen in der Betrachtung von Kunstwerken, Hamburg 1897 (19. Aufl. Hamburg 1986); Erziehung des Auges. Ausgewählte Schriften, hg. von Eckhard Schaar, Frankfurt a. M. 1991; Von Hamburg bis zur Mosel. Ein Stück Deutschland vom Kraftwagen aus, Hamburg 2001.
LITERATUR NDB 14; Julius Gebhard, Alfred Lichtwark und die Kunsterziehungsbewegung in Hamburg, Hamburg 1947; Hans Präffcke, Der Kunstbegriff Alfred

Lichtwarks, Hildesheim u. a. 1986 (Studien zur Kunstgeschichte 37); Kunst ins Leben. Alfred Lichtwarks Wirken
für die Kunsthalle und Hamburg von 1886 bis 1914 [Kata-
log zur Ausstellung in der Hamburger Kunsthalle vom
9. Dezember 1986 bis 1. Februar 1987], Hamburg 1986; Rudolf Großkopff, Alfred Lichtwark, Hamburg 2002 (Hamburger Köpfe, hg. von der ZEIT-Stiftung Ebelin und Gerd
Bucerius). *Helmut R. Leppien*

LIEMAR, gest. 16. 5. 1101; Erzbischof von Hamburg-Bremen.

Liemar stammte aus einer Familie bayerischer
Reichsministerialen.

Er war vermutlich Kanoniker in Goslar und Mitglied der königlichen Hofkapelle. Am 27. Mai 1072
wurde Liemar von Heinrich IV. in Magdeburg zum
Erzbischof von Hamburg-Bremen ernannt. Die
Wahl Liemars, eines landfremden Unfreien, erfolgte unter Umgehung des Domkapitels zur Sicherung
der Stellung Heinrichs in Sachsen. Papst Alexander
II. bestätigte die Investitur Liemars ohne Probleme.
Damit gehört sie zu den letzten, die von der Kurie
nicht als simonistisch angegriffen wurden. Zu Beginn des Sachsenkrieges 1073 musste Liemar sein
Bistum verlassen und hielt sich bei Heinrich auf.
Am 2. Februar 1074 war er am Zustandekommen
des Friedens von Gerstungen beteiligt, durch den
die Auseinandersetzungen mit den Sachsen allerdings nur vorübergehend beigelegt werden konnten. Der Erzbischof gehörte zeitlebens zu den ver-
lässlichsten Stützen des salischen Königs.

Gegenüber den vom Reformpapsttum erhobenen zentralistischen Ansprüchen vertrat Liemar die
Interessen des deutschen Reichsepiskopats. Dies
äußerte sich zum Beispiel 1074 in der Ablehnung
der durch päpstliche Legaten geforderten Einberufung einer allgemeinen deutschen Synode unter
Vorsitz dieser Legaten. Diese Stellungnahme führte
1075 zur Amtsenthebung und Exkommunikation
Liemars durch Gregor VII. Trotzdem übte Liemar in
dem sich zuspitzenden Streit zwischen König und
Papst eher Zurückhaltung. So war er an der durch
Heinrich IV. einberufenen Synode vom 24. Januar
1076, in der die Absetzung Gregors ausgesprochen
wurde, nicht beteiligt. Liemar begleitete Heinrich
IV. 1077 nach Canossa, wo er für den König die Verhandlungen führte und zusammen mit ihm die Ab-
solution empfing. 1080 war Liemar zusammen mit

Bischof Rupert von Bamberg in königlichem Auftrag bei Gregor VII., um ihn zum Einschreiten gegen den Gegenkönig Rudolf von Schwaben zu bewegen. Diese Mission blieb ohne Erfolg. Auf dem
Rückweg konnte er jedoch in der Lombardei für
Heinrichs Politik Anhänger gewinnen. Am 7. März
1080 sprach Gregor erneut den Bann über Heinrich
und seine Ratgeber aus und damit auch über Liemar. Am 25. Juni nahm Liemar an der Brixener Synode teil, auf der erneut die Absetzung Gregors VII.
und die Wahl Wiberts von Ravenna zum Gegen-
papst Clemens III. verkündet wurde. Er begleitete
Heinrich von 1081 bis 1083 bei den militärischen
Vorstößen auf Rom und war vermutlich auch bei
der Kaiserkrönung Ostern 1084 in Rom anwesend.
Für seine besonderen Verdienste erhielt Liemar
schon 1083 die Abtei Elten und 1085 die Abtei Vre-
den. Der Besitz konnte aber nicht dauerhaft für das
Erzbistum behauptet werden.

Ende 1088 geriet Liemar bei der Belagerung der
Burg Gleichen in sächsische Gefangenschaft, aus
der er sich erst durch die Zahlung eines Lösegeldes
in der Höhe von 300 Mark Silber sowie durch die
Überlassung der Vogteirechte an die Grafen von
Stade befreien konnte. Dadurch wurde die Selbstständigkeit des Erzbischofs innerhalb seines Spren-
gels stark bedroht.

Während seiner 29-jährigen Amtszeit hat sich
Liemar nicht viel länger als elf Jahre in seinem Bistum aufgehalten. Infolge des Investiturstreites gingen auch die Kirche Dänemarks und Norwegens für
das Erzbistum verloren. So konnte König Erich III.
von Dänemark im Oktober 1098 von Papst Urban II.
die Befreiung von der Oberhoheit des Hamburger
Erzbistums erreichen. Beigesetzt wurde Liemar im
Bremer Dom.

LITERATUR NDB 14; Georg Dehio, Geschichte des
Erzbistums Hamburg-Bremen bis zum Ausgang der Mission, Bd. 2, Osnabrück 1975 [Nachdruck der Ausgabe Berlin 1877], S. 1–13; Günter Glaeske, Die Erzbischöfe von
Hamburg-Bremen als Reichsfürsten (937–1258), Hildesheim 1962 (Quellen und Darstellungen zur Geschichte
Niedersachsens 60), S. 98–120. *Maren Limbacher*

LIEPMAN, Ruth, geb. Lilienstein, geb.
22. 4. 1909 Polch bei Koblenz, gest. 29. 5. 2001
Zürich; isr.; Juristin, Literaturagentin.

Im deutschen wie im internationalen Buchhandel galt Ruth Liepman als Grande Dame unter den Literaturagenten. Die in Hamburg gegründete und von ihr jahrzehntelang geleitete Literaturagentur zählt heute zu den renommiertesten Agenturen der Welt.

Als Tochter jüdischer Eltern wurde Ruth Lilienstein 1909 in der Eifel geboren. Noch vor dem Ersten Weltkrieg zog die Familie nach Hamburg, wo der Vater Isidor Lilienstein als Arzt arbeitete. Ruth Lilienstein besuchte das Lyzeum von Jakob Loewenberg, später, gegen den Willen der Eltern, die reformpädagogische Lichtwarkschule, deren fortschrittliche Erziehung für sie prägend war. Hier lernte sie lebenslange Freunde kennen, so die spätere Schriftstellerin Ruth Tassoni sowie den späteren NDR-Redakteur Gerhard Lüdtke. Schon früh hatte sie sich politisch engagiert und war Mitglied der KPD geworden. Nach ihrer Schulzeit studierte sie ab 1928 Jura in Hamburg und Berlin. Das Studium beendete sie noch 1934 mit einer Promotion bei Rudolf Edler von Laun in Hamburg. Ihr begonnenes Referendariat konnte sie allerdings nicht mehr abschließen, weil sie wegen ihres politischen Engagements im Frühjahr 1933 denunziert worden war. Im Juni 1933 wurde sie aus dem hamburgischen Staatsdienst entlassen – »zuerst einmal eher als Kommunistin denn als Jüdin«, wie sie betonte. Die Hamburger Staatsanwaltschaft stellte am 5. Oktober 1934 einen Steckbrief wegen vermeintlicher »Vorbereitung zum Hochverrat« aus.

Ruth Liepman konnte rechtzeitig aus Deutschland fliehen. Holland wurde zu ihrem Exilland. Hier arbeitete Ruth Liepman zuerst in einer Weberei, später als Sekretärin. Durch die Heirat mit dem Schweizer Architekten Oskar Stock, eine Scheinehe zur Erlangung der Schweizer Staatsbürgerschaft, erhielt sie einen Schweizer Pass, der es ihr erlaubte, politisch aktiv zu werden. So unternahm sie sogar illegale Kurierfahrten nach Deutschland. 1937 erschien in Haarlem das Buch »Die Rechtslage deutscher Staatsangehöriger im Ausland«, an dem sie mitgearbeitet hatte, auf dessen Titel jedoch ihr Name wegen der steckbrieflichen Verfolgung nicht erscheinen konnte. Nach der Okkupation Hollands

Ruth Liepman

durch deutsche Truppen 1940 bemühte sie sich als Sekretärin des Schweizer Konsuls um Auswanderungsmöglichkeiten für verfolgte Juden. 1943 musste auch Ruth Stock untertauchen. In der Illegalität lebte sie bis zur Befreiung, als Hausmädchen getarnt, bei einer calvinistischen Arbeiterfamilie.

Sie lebte und arbeitete weiterhin in Holland, doch bei Besuchen in Hamburg lernte sie hier den aus dem amerikanischen Exil zurückgekehrten Schriftsteller und Journalisten Heinz Liepman kennen. Im Juni 1949 heirateten beide. Ein Jahr später gründeten sie in Hamburg eine Literaturagentur, die alsbald von Ruth Liepman geführt wurde. Zum damaligen Freundeskreis von Ruth und Heinz Liepman zählten Gisela und Alfred Andersch, Ida Ehre, Heinrich Maria Ledig-Rowohlt, Hilde und Eugen Claasen, Elsbeth und Herbert Weichmann sowie Günther und Joy Weisenborn.

1961 verlegten die Liepmans ihren Wohnsitz nach Zürich. Heinz Liepman, der dies seine »zweite Emigration« nannte, starb 1966; Ruth Liepman führte die Agentur seitdem mit zwei Partnerinnen. Die »Liepman AG«, die auch die Nachlässe von Erich Fromm, Norbert Elias, Anne Frank, Ernst Weiss und Robert Neumann betreut, vermittelte in ihrer mehrere Jahrzehnte umfassenden Tätigkeit unzählige bedeutende Autoren, deren Namen sich wie das »Who is Who« der deutschen wie internationalen Literaturszene ausnehmen. Immer wieder betonte Ruth Liepman die völkerverständigende Funktion ihrer Literaturvermittlung.

Im November 1992 erhielt Ruth Liepman im Zürcher Rathaus als erste Frau die goldene Ehrenmedaille für ihre Verdienste um den internationalen Buchmarkt. In der Laudatio würdigte man sie nicht nur wegen ihrer kulturellen Verdienste, sondern ehrte sie auch als »eine deutsche Zeugin des unerschrockenen antifaschistischen Widerstandes«. 1998 wurde ihr von der »Gesellschaft für Exilforschung« die Ehrenmitgliedschaft verliehen. Die Stadt Hamburg versäumte es, diese couragierte wie engagierte Frau zu Lebzeiten zu würdigen.

WERKE Die Exterritorialität des Personals der Gesandtschaften, Jur. Diss., Zeulenroda 1934; (mit Hugo Emmerich und John Rothschild) Die Rechtslage deutscher Staatsangehöriger im Ausland, Haarlem 1937; Die Aufgaben des literarischen Agenten, in: Jahrbuch der Deutschen Akademie für Sprache und Dichtung, Darmstadt 1977, Heidelberg 1978, S. 115–122; Vielleicht ist Glück nicht nur Zufall. Erzählte Erinnerungen, Köln 1993.

LITERATUR Gabriele Kreis, Frauen im Exil. Dichtung und Wirklichkeit, Düsseldorf 1984, S. 68–70, 76–81; Heinrich Maria Ledig-Rowohlt, Ehen stiften, bei denen es nicht zur Scheidung kommt, in: Börsenblatt für den Deutschen Buchhandel – Frankfurter Ausgabe – Nr. 32 vom 21. 4. 1989, S. 1481 f.; Wilfried Weinke, Nachruf auf eine Agentin. Ruth Liepman verstarb im Alter von 92 Jahren, in: Aufbau vom 7. 6. 2001, S. 21; Matthias Wegner, Zierliche Zauberin. Zum Tod der Literaturagentin Dr. Ruth Liepman, in: Börsenblatt für den Deutschen Buchhandel Nr. 46 vom 8. 6. 2001, S. 22 f.   *Wilfried Weinke*

LIEPMAN(N), Heinz (Ps. *Jens C. Nielsen*), geb. 27. 8. 1905 Osnabrück, gest. 6. 6. 1966 Agarone/Tessin; isr.; Journalist, Schriftsteller.

Der Name Heinz Liepman ist dem heutigen Lesepublikum kaum mehr geläufig. Liepman zählt zu den einst verdrängten und heute fast vergessenen Publizisten. Dabei hatte er bis zu seinem frühen Tod ein umfangreiches schriftstellerisches wie journalistisches Œuvre vorgelegt.

In Osnabrück als Sohn jüdischer Eltern geboren, verbrachte Heinz Liepman Kindheit und Jugend in Hamburg. Nach dem Tod der Eltern (1917/18) früh verwaist, entzog er sich 1921 der Obhut seines Onkels in Bielefeld, verließ die Schule und arbeitete in unterschiedlichsten Berufen. Seit 1926 lebte er wieder in Hamburg, arbeitete zeitweilig an den von Erich Ziegel geleiteten Hamburger Kammerspielen. In Hamburger Tages- und Theaterzeitungen

Heinz Liepman(n)

veröffentlichte er erste Kurzgeschichten, Rezensionen, Porträts von Schauspielern und Autoren. Seit 1928 lebte Heinz Liepman als freier Schriftsteller und Journalist. Seine in kurzer Folge erschienenen Romane »Nächte eines alten Kindes« (1929), »Die Hilflosen« sowie »Der Frieden brach aus« (beide 1930) verhalfen ihm zu internationalem Renommee; 1930 erhielt er den Preis des New Yorker Verlages Harper & Brothers. Im Februar 1932 wurde Heinz Liepmans Schauspiel »Columbus« im Deutschen Schauspielhaus in Hamburg uraufgeführt. Während die meisten Kritiken die Aufführung wie den Autor lobten, äußerte sich das »Hamburger Tageblatt«, die Tageszeitung der lokalen NSDAP, in seiner Kritik unverhohlen antisemitisch.

Aufgrund seiner jüdischen Herkunft und wegen seines Engagements als Schriftsteller, der sich wiederholt kritisch mit den Nationalsozialisten auseinander gesetzt hatte, musste Heinz Liepman wie viele seiner Berufskollegen nach der Machtübertragung aus Deutschland fliehen. Er emigrierte im Sommer 1933 nach Frankreich. Nach der Veröffentlichung seines ersten antifaschistischen Romans »Das Vaterland« wurde er im Februar 1934 in Holland wegen angeblicher Beleidigung Hindenburgs inhaftiert und angeklagt. Zu einem Monat Gefängnis verurteilt und mit Auslieferung nach Deutschland bedroht, wurde Liepman erst infolge internationaler Proteste nach Belgien abgeschoben. Sein zweiter Exilroman »... wird mit dem Tode bestraft«, der wie »Das Vaterland« in Hamburg spielt, erschien 1935 in Zürich. Im Juni 1935 wurde Heinz

Liepman gemeinsam mit Bertolt Brecht, Nachum Goldmann, Erika Mann, Erich Ollenhauer, Justin Steinfeld und anderen die deutsche Staatsbürgerschaft aberkannt.

Heinz Liepmans weitere Exilstationen waren England und seit 1937 die USA. Während seines gesamten Exils veröffentlichte Liepman Artikel und Erzählungen in den einschlägigen Exilzeitschriften; seine Romane erschienen in englischen Übersetzungen. Sein 1937 veröffentlichtes Buch »Death from the Skies«, eine umfassende Darstellung der Möglichkeiten chemischer Kriegsführung und ihrer drohenden Anwendung in einem zukünftigen Weltkrieg, erschien sowohl in England wie den USA. In den Vereinigten Staaten, wo er die amerikanische Schreibweise seines Namens annahm, erschienen seine Artikel unter anderem in der »New York Times«, im »American Mercury«, im »Esquire« sowie in jüdischen Periodika.

Seit 1947 lebte Heinz Liepman wieder in Hamburg. Zuerst arbeitete er für Hamburger Tageszeitungen wie zum Beispiel die »Hamburger Freie Presse«, das »Hamburger Echo« und die »Welt am Sonntag«, seit 1950 veröffentlichte er Artikelserien in der Zeitschrift »Kristall«. 1949 heiratete er Ruth Lilienstein, die wie er vor 1933 in Hamburg gelebt und dann im holländischen Exil überlebt hatte. Ein Jahr später gründeten beide in Hamburg eine Literaturagentur, die sehr bald nationales wie internationales Ansehen erlangen sollte. Heinz Liepman überließ die Arbeit der Agentur mehr und mehr seiner Frau, um verstärkt als Schriftsteller und Journalist tätig sein zu können. Seit 1958 arbeitete er für die Tageszeitung »Die Welt«. Dort erschienene Artikel, die sich mit Antisemitismus und Philosemitismus in der deutschen Nachkriegsgesellschaft beschäftigten, fasste er 1961 unter dem Titel »Ein deutscher Jude denkt über Deutschland nach« zu einer Buchveröffentlichung zusammen. Im gleichen Jahr verlegten Ruth und Heinz Liepman ihren Wohnsitz nach Zürich. Von hier aus setzte Heinz Liepman seine Arbeit für »Die Welt« fort, nunmehr als Theater- und Kulturkorrespondent für die Schweiz. 1964 nahm er als Prozessbeobachter am Auschwitz-Prozess in Frankfurt teil, las im deutschen und schweizerischen Rundfunk aus einem Prozess-Tagebuch. Im Frühjahr 1966 erschien seine letzte Veröffentlichung: Mit dem Buch »Kriegsdienstverweigerung oder Gilt noch das Grundge-

setz?« mischte er sich nochmals in die bundesdeutsche Innenpolitik ein. Nachrufe würdigten ihn als »großen Publizisten«. Für Hans Lamm, den ehemaligen Kulturdezernenten des Zentralrates der Juden in Deutschland, war Heinz Liepman »ein kenntnisreicher und wohlinformierter, aber auch ein engagierter und kämpferischer Journalist.«

WERKE Nächte eines alten Kindes, Wien 1929; Die Hilflosen, Frankfurt a. M. 1930; Der Frieden brach aus, Wien 1930; Das Vaterland. Ein Tatsachenroman aus dem heutigen Deutschland, Amsterdam 1933 [Neuausgabe mit dem veränderten Untertitel »Ein Tatsachenroman aus Deutschland« Hamburg 1979, Frankfurt a. M. 1981]; Das Leben der Millionäre, Paris 1934; »... wird mit dem Tode bestraft«, Zürich 1935 [Neudruck Hildesheim 1986]; Death from the Skies. A study of gas and micorbial warfare, London 1937; Das 6. Fenster im 11. Stock, Berlin 1948; Case History, London 1952; Ein deutscher Jude denkt über Deutschland nach, München 1961 (Vom Gestern zum Morgen 5); Der Ausweg. Die Bekenntnisse des Martin M., Hamburg 1961; Karlchen oder Die Tücken der Tugend, Reinbek 1964; Kriegsdienstverweigerung oder Gilt noch das Grundgesetz?, Reinbek 1966.

LITERATUR BHdE 2; Klaus Müller-Salget, Zum Beispiel: Heinz Liepmann, in: Exilforschung 3 (1985), S. 286–312; Wilfried Weinke, Heinz Liepman (1905–1966), in: John M. Spalek u. a. (Hg.), Deutschsprachige Exilliteratur seit 1933, Bd. 4: Bibliographien. Schriftsteller, Publizisten und Literaturwissenschaftler in den USA, Bern/München 1994, S. 1091–1102; ders., »Ein deutscher Jude denkt über Deutschland nach«. Der Schriftsteller und Journalist Heinz Liepman, sein Wirken in Hamburg und seine Auseinandersetzung mit Antisemitismus und Philosemitismus in Deutschland nach 1945, in: ZHG 85 (1999), S. 183–206; ders., Vergessen und verdrängt: Heinz Liepman, in: Aus dem Antiquariat. Beilage zum Börsenblatt für den deutschen Buchhandel, Nr. 5 vom 29. 5. 2001, S. A 262-A 271.   *Wilfried Weinke*

LINDE, Heinrich August *Richard*, geb. 21. 7. 1860 List bei Hannover (heute Hannover-List), gest. 17. 9. 1926 Stendal; luth.; Oberlehrer, landes- und heimatkundlicher Autor.

Richard Linde trug als Autor und Fotograf wesentlich dazu bei, das Wissen über charakteristische Landschaften in Hamburgs Umgebung und über deren Bewohner zu verbessern.

Das Studium in den Fächern Alte Sprachen, Alte Geschichte, Deutsch und Erdkunde in Tübingen und Göttingen schloss er 1884 mit der Lehramtsprüfung und 1885 mit der Promotion zum Dr. phil.

ab. Nach einer Hilfslehrertätigkeit in Lübeck war er ab Oktober 1887 als ordentlicher wissenschaftlicher Lehrer und ab Juni 1892 als Oberlehrer an der Gelehrtenschule des Johanneums in Hamburg tätig. 1893 wechselte er zum Wilhelm-Gymnasium an der Moorweidenstraße, wo er bis zur Pensionierung im Jahr 1924 Latein, Griechisch, Deutsch und Religion unterrichtete. Im November 1905 ernannte ihn der Hamburger Senat zum Professor.

In seiner ersten Buchpublikation von 1896 (»Aus dem Sachsenwald«) befasste Linde sich mit der Geschichte und der Landschaft des Sachsenwaldes. Darin sprach er Bismarck, den er 1893 bei einem Ausflug des Wilhelm-Gymnasiums nach Friedrichsruh persönlich erlebt hatte, den Rang einer mythischen Heldengestalt zu. 1904 veröffentlichte Linde die erdkundliche Monografie »Die Lüneburger Heide« mit zahlreichen hervorragenden Fotografien. Da die Begeisterung für die früher gering geschätzte Heidelandschaft und der Heidetourismus damals gerade einen großen Aufschwung nahmen, stieß das Buch auf reges Interesse; bis 1924 erlebte es sieben Auflagen. Große Bekanntheit erlangte auch sein nächstes Werk, »Die Niederelbe«, das dem Raum von Lauenburg bis zur Elbmündung gewidmet war. Als es 1908 mit über 100 Fotografien Lindes erschien, verlieh ihm der Hamburger Senat zur Anerkennung die Große Goldene Ehrendenkmünze, den so genannten Bismarck-Portugalöser. Danach ging Linde einmal über die heimatlichen Gefilde hinaus: Als Ergebnis einer Anfang 1909 unternommenen Reise nach Ägypten, Palästina, Syrien und Griechenland brachte er seiner Leserschaft in dem 1911 publizierten, wieder mit eigenen Fotografien illustrierten Buch »Alte Kulturstätten« einige der bedeutendsten Ruinen und Denkmäler der Antike nahe.

Kurz nach seinem Tod – Linde starb auf einer Fahrt durch die altmärkische Heide – erschien 1926 sein letztes Werk »Der Alte vom Walde«. In diesem »Bismarck-Gedenkbuch« strich Linde noch einmal die innige Beziehung des von ihm verehrten ehemaligen Reichskanzlers zur Natur und speziell zum Sachsenwald heraus. Linde war seit 1894 mit Fanny, geborene Nowack, verheiratet und war Vater von vier Kindern. 1949 erhielt eine Straße im Hamburger Stadtteil Lohbrügge den Namen Richard-Linde-Weg.

WERKE Aus dem Sachsenwalde, Hamburg 1896; Die Lüneburger Heide, Bielefeld/Leipzig 1904 (Land und Leute 18); Die Niederelbe, Bielefeld u. a. 1908; Alte Kulturstätten. Bilder aus Ägypten, Palästina und Griechenland, Berlin u. a. 1911.

LITERATUR Peter-Rudolf Schulz (Hg.), Wilhelm-Gymnasium Hamburg 1881–1981. Eine Dokumentation über 100 Jahre Wilhelm-Gymnasium, Hamburg 1981, S. 68 f., 75, 85, 303.   *Hans Walden*

LINNE, *Otto* Armand, geb. 2. 12. 1869 Bremen, gest. 4. 6. 1937 Hamburg; ref.; Gartendirektor, Friedhofsdirektor.

Der Zeitgenosse Fritz Schumachers gilt als Reformer im Hamburger Garten- und Friedhofswesen des frühen 20. Jahrhunderts und »Anwalt des sozialen Grüns« (Elke von Kuick-Frenz).

Otto Linne wurde als fünftes von neun Kindern einer Kaufmannsfamilie geboren. Nach seiner Bremer Gymnasialzeit absolvierte er von 1887 bis 1889 eine Lehre in den Dresdner Königlichen Hofgärten, der sich – nach einjährig-freiwilligem Militärdienst – die Ausbildung zum »Gartenkünstler« an der Königlichen Gärtner-Lehranstalt Wildpark bei Potsdam (1890–92) anschloss. Nachdem Otto Linne durch verschiedene befristete Tätigkeiten, unter anderem in Großbritannien, berufliche Erfahrungen gesammelt hatte, erhielt er 1894 seine erste feste Stellung in der städtischen Gartenverwaltung von Magdeburg. Von 1899 bis 1908 war er als erster Gartendirektor in der neu geschaffenen städtischen Gartenverwaltung in Erfurt tätig, bevor er in gleicher Funktion nach Essen wechselte (1908–13).

Seine Hauptwirkungsstätte fand Linne anschließend in Hamburg. Zum 1. Januar 1914 wurde er auf das auch hier erstmals eingerichtete Amt eines städtischen Gartendirektors berufen, in dem er – mit Unterbrechung durch den Militärdienst während des Ersten Weltkrieges – bis zu seiner Pensionierung Ende 1933 tätig blieb. Linnes Zuständigkeit umfasste unter anderem die Unterhaltung aller staatlichen Grünanlagen sowie die Projektierung von Neuanlagen. Seine Vorstellungen vom »sozialen Grün« konnte er in Hamburg erstmals mit der bereits 1914 im Sinne eines »Volksparks« geplanten, aber erst nach 1918 durchgeführten Umgestaltung des Hammer Parks verwirklichen. Ab 1921 gestaltete Otto Linne Trauns Park in Rothenburgsort zum Volkspark und Stadtteilzentrum um. Es folgten die

Otto Linne

von nationalsozialistischer Seite angefeindet wurde, der rechtsliberalen Deutschen Volkspartei (DVP) an. Nach ihm wurde 1948 der im Stadtpark gelegene Linnering benannt.

WERKE Hamburgs Grünflächen, Kleingärten und Friedhöfe, in: Deutschlands Städtebau. Hamburg, hg. von der Baudeputation Hamburg, Berlin 1922, S. 172–176; Der Ohlsdorfer Friedhof in Hamburg, in: Friedhofskunst Jg. 1926, Heft 6, S. 74–96; Öffentliche Anlagen und Spielplätze, in: Hygiene und soziale Hygiene in Hamburg. Zur neunzigsten Versammlung der deutschen Naturforscher und Ärzte in Hamburg im Jahre 1928, hg. von der Gesundheitsbehörde Hamburg, Hamburg 1928, S. 648–654.

LITERATUR Freitag, S. 151; Elke von Kuick-Frenz, Anwalt des sozialen Grüns. Die funktionale und gestalterische Entwicklung öffentlicher Grün- und Freiflächen am Beispiel der Planungen Otto Linnes, 2 Bde., Hamburg 2000. *Norbert Fischer*

Neu- bzw. Umgestaltung weiterer Parks und Grünzüge, darunter der Haynsche Park und der Schrödersche Park, Entwürfe für Spiel- und Sportplätze, »Alte-Leute-Gärten« sowie – in den letzten Amtsjahren – Kleinsiedlungsbau (»Linne-Siedlung« in Langenhorn, 1931/32). Auch an der Ausgestaltung des Stadtparks war Linne beteiligt, unter anderem mit der Anlage von »Sondergärten« sowie der Bepflanzung, die er im Sinne eines Gartenersatzes für ärmere Bevölkerungsschichten durchführte. Nach dem Tod von Wilhelm Cordes wurde Otto Linne 1919 zusätzlich – zunächst kommissarisch – das Amt des Direktors des Ohlsdorfer Friedhofs übertragen. Mit dem von ihm gestalteten Erweiterungsteil, dem so genannten »Linne-Teil« des bereits damals international bekannten Friedhofs, überwand Linne die landschaftlich-romantisierende Ästhetik seines Vorgängers und realisierte einen streng sachlichen, an geometrischer Formensprache orientierten Entwurf. Mit Hilfe strikter Gestaltungsvorschriften setzte er zugleich eine – in der Öffentlichkeit umstrittene – Grabmalreform auf dem Ohlsdorfer Friedhof durch, die, orientiert an der Leitidee sozialer Gleichheit, zur Normierung und Vereinheitlichung der Grabstätten führte. Otto Linnes Ohlsdorf-Projekt gilt heute als repräsentatives Beispiel eines Reformfriedhofs des frühen 20. Jahrhunderts. Diese und andere Arbeiten zeigen, dass Linne die Gestaltung von Grünanlagen nicht nur als ästhetische, sondern vor allem als sozialreformerische Aufgabe verstand. Politisch gehörte Otto Linne, der im Zuge seiner Pensionierung

LIST, Herbert, geb. 7. 10. 1903 Hamburg, gest. 4. 4. 1975 München; luth.; Kaufmann, Fotograf.

Herbert List zählt zu den bedeutendsten deutschen Fotografen des 20. Jahrhunderts. Sein gesamtes Werk spiegelt den Anspruch, »das Magische der Erscheinungen im Bilde zu erfassen«, damit sich »der hinter ihnen stehende Sinn« offenbare. Lists Fotos sind geprägt von der Reduktion auf das Wesentliche; sie bezeugen die Kunst des Weglassens, den gekonnten Umgang mit Licht und Schatten, das hintersinnige Spiel mit Gleichnissen.

Vom Hamburger Elternhaus her zeigte Lists beruflicher Weg zunächst in ganz andere Richtung: Für den erstgeborenen Sohn des Kaffeegroßhändlers Felix List und seiner Ehefrau Louise schien eine Laufbahn als Kaufmann vorgezeichnet. Nach dem Abitur am Johanneum schickte ihn der Vater 1921 für zwei Jahre nach Heidelberg, wo er als Praktikant eines befreundeten Kaffeegroßhändlers Geschäftserfahrung sammeln sollte. Mehr als der Kaffeehandel interessierte List jedoch das Studium der Literatur- und Kunstgeschichte, das er an der dortigen Universität aufnahm. Gleichwohl kehrte er im Jahre 1923 nach Hamburg zurück, um in die väterliche Firma List & Heineken einzutreten. Dort begann die besondere Ausbildung für den künftigen Erben; sie umfasste mehrmonatige Aufenthalte in Guatemala, Mexiko und Brasilien sowie eine Hospitanz bei einem Kaffee-Importeur in San Francisco. 1929 erhielt List Prokura; zwei Jahre später, nach

Herbert List

dem Tod des Vaters, übernahm er die Leitung der Firma.

Neben dieser erfolgreichen Geschäftstätigkeit lebte List ebenso unkonventionell wie selbstbewusst seine künstlerische Seite. Seine Winterhuder Wohnung war Treffpunkt junger Künstler und Intellektueller, unter ihnen etwa Gustaf Gründgens oder Erika und Klaus Mann. Für den britischen Schriftsteller Stephen Spender, der 1929 als 20-jähriger Oxford-Student die Hansestadt besuchte, war List Mittelpunkt einer Gruppe von Freunden, die ihm als all das erschienen, »was am neuen Deutschland frei, aufgeschlossen und bewusst dem Neuen zugewandt war«. In seinem Roman »The Temple« (1988, dt. München 1991) schilderte Spender die ihn beeindruckende Atmosphäre des Hamburger Kreises und verlieh der Figur des Joachim Lenz die unverkennbaren Züge Herbert Lists.

Der junge List schrieb Gedichte, zeichnete und malte; daneben galt sein künstlerisches Interesse früh schon der Fotografie. Die Beschäftigung mit diesem Medium wurde 1930 durch die Begegnung mit dem amerikanischen Fotografen Andreas Feininger weiter angeregt und intensiviert. Zum Beruf machte List die Fotografie im Jahre 1936, als er sich zur Emigration entschloss und damit Hamburg

wie den Kaffeehandel endgültig verließ. Aufgrund kritischer Äußerungen über das NS-Regime hatte ihm Verhaftung gedroht; überdies wurde er nach den Nürnberger Gesetzen als »Vierteljude« ausgegrenzt, und die verschärfte Anwendung des Strafrechts für Homosexuelle brachte ihn ebenfalls in Gefahr. List lebte zunächst in London und Paris, wo im Juli 1937 seine erste Einzelausstellung eröffnet wurde. Diese zeigte insbesondere Fotografien, die im selben Jahr in Griechenland entstanden waren. Aus jener Zeit stammt auch das wohl berühmteste Foto Lists: das vor dem Meer und dem Vulkankrater der Insel Santorin aufgenommene »Goldfischglas«, das erstmals unter dem Titel »Das Wesen und seine Welt« veröffentlicht wurde – eine Allegorie auf Freiheit und Grenzen des Individuums.

In den Jahren von 1937 bis 1939 pendelte List zwischen Paris und Athen. Zu Beginn des Zweiten Weltkriegs hielt er sich in der griechischen Hauptstadt auf; von dort versuchte er vergeblich, in die USA zu emigrieren. Kurz bevor deutsche Truppen am 6. April 1941 auch Griechenland angriffen, wurde List von der deutschen Gesandtschaft aufgefordert, nach Deutschland zurückzukehren. Er übersiedelte nach München und konnte sich durch einige gute Verlagskontakte über Wasser halten. Im

Jahre 1944 wurde er zur Wehrmacht eingezogen und als Verwalter eines Kartenlagers ins norwegische Bergen geschickt. Kurz vor Kriegsende entlassen, kehrte List über Hamburg nach München zurück, wo eine Serie von Ruinenbildern entstand.

Bis Anfang der 1960er Jahre unternahm List zahlreiche Reisen und veröffentlichte unter anderem die Fotobände »Licht über Hellas« (1953), »Rom« (1955), »Caribia« (1958), »Napoli« (1962) und »Bildwerke aus Nigeria« (1963). Zudem erwies er sich als Meister der Porträtfotografie, wie etwa Aufnahmen von Marlene Dietrich und Pablo Picasso, von Anna Magnani, Jean Cocteau oder Ingeborg Bachmann bezeugen. Im letzten Lebensjahrzehnt ließ Lists Interesse an der Fotografie erheblich nach; er konzentrierte sich nun ganz auf die Sammlung italienischer Handzeichnungen aus dem 16. bis 18. Jahrhundert.

Internationaler Erfolg war dem Fotografen List zu Lebzeiten durchaus beschieden; noch merklich steigende Anerkennung fand das fotografische Werk nach seinem Tod. Vor allem durch die Initiative des Hamburger Nachlassverwalters Max Scheler konnten zahlreiche Einzelausstellungen und Publikationen realisiert werden, wobei auch die meist erst posthum veröffentlichten Aktfotos junger Männer als wichtiger Teil des Œuvres entdeckt wurden. Eine große Herbert List-Retrospektive in den Jahren 2000 bis 2003 präsentierte erstmals einen umfassenden Querschnitt durch das Gesamtwerk; Ausstellungsstationen waren München, Paris, Barcelona, Berlin, Hamburg, New York, Chicago, Montreal, Saloniki, Florenz und Mailand.

WERKE Portraits. Kunst und Geist um die Jahrhundertmitte, hg. von Max Scheler, Hamburg 1977; Fotografia Metafisica, hg. von Max Scheler, mit Texten von Günter Metken, Wolfgang Hildesheimer, Stephen Spender und Herbert List, erweiterte Neuaufl. München 1980; Söhne des Lichts, hg. von Max Scheler und Jack Woody, Hamburg 1988; Herbert List – die Monographie, hg. von Max Scheler mit Matthias Harder, mit Texten von Bruce Weber, Ulrich Pohlmann, Günter Metken, Edmund White, Wilfried Wiegand, Matthias Harder und Max Scheler, München 2000 [Verzeichnis der Ausstellungen, der Präsenz in öffentlichen Sammlungen, der publizierten Fotografien sowie Bibliographie (jeweils Auswahl), S. 313–319].
LITERATUR NDB 14; Wolfgang Hildesheimer, Der Photograph Herbert List, in: Du. Kulturelle Monatsschrift 33 (1973) [Juli 1973: Themenheft Herbert List], S. 460, 518, 526; Günter Metken, Herbert List – Fotografia Metafisica,

in: Fotografia Metafisica (siehe unter Werke), S. 11–30; Boris von Brauchitsch, Das Magische im Vorübergehen. Herbert List und die Fotografie, Münster/Hamburg 1992.

Rainer Nicolaysen

LOCKMANN, Gertrud, geb. Buschow, geb. 29. 4. 1895 Hamburg, gest. 10. 9. 1962 ebd.; Abgeordnete der Hamburgischen Bürgerschaft und des Bundestages.

Gertrud Lockmann, die im Alter von 14 Jahren ihre als Hebamme tätige Mutter verloren hatte, begann nach dem Abschluss der Selekta an einer Hamburger Volksschule eine Ausbildung als Buchhalterin. 1912 trat sie der SPD bei, wo sie auch ihren späteren Ehemann, einen Behördenangestellten, kennen lernte. Sie bekamen eine Tochter und zogen 1929 nach Goslar, um dort gemeinsam das Genesungsheim der Betriebskrankenkasse für staatliche Angestellte zu leiten. Die Ehe wurde später geschieden. Gertrud Lockmann wurde 1930 zweite Vorsitzende der Goslarer SPD und Referentin für den Wahlkreis Hildesheim, lehnte aber bald die offizielle Haltung der Sozialdemokratie zum Nationalsozialismus ab und trat deshalb 1931 der Sozialistischen Arbeiterpartei Deutschlands (SAP) bei, die sich von der SPD abgespalten hatte. Nach der Machtübernahme durch die Nationalsozialisten verlor sie 1933 ihren Arbeitsplatz, musste vor der Gestapo fliehen und tauchte ein Jahr lang unter. Während dieser Zeit kam sie in Hamburg mit der Widerstandsgruppe Bästlein-Jacob-Abshagen in

Gertrud Lockmann

L

Kontakt. 1936 erhielt sie endlich wieder Arbeit und war zunächst bis 1941 als Buchhalterin tätig, bevor sie sich als Helferin in Steuerangelegenheiten selbstständig machte.

Nach der Befreiung vom Nationalsozialismus wurde Gertrud Lockmann 1946 Mitglied im Vorstand der Landesorganisation der SPD Hamburg. Als Abgeordnete der Hamburgischen Bürgerschaft von Oktober 1946 bis Dezember 1950 setzte sie sich unter anderem für die Interessen der Hausfrauen ein. Nach dem Tod von Erich Klabunde rückte sie im Januar 1951 in den Bundestag nach und war damit nach Irma Keilhack die zweite Hamburger Sozialdemokratin im ersten Bundestag. In der parlamentarischen Arbeit setzte sie sich unter anderem für eine gerechte Steuer- und Finanzpolitik ein. Zudem wurde sie 1954 Mitglied der Bundesversammlung. Nach ihrem Ausscheiden aus dem Bundestag im Jahre 1957 amtierte Gertrud Lockmann von November 1957 bis November 1961 erneut als Abgeordnete der Hamburgischen Bürgerschaft.

LITERATUR Karen Hagemann/Jan Kolossa, Gleiche Rechte – gleiche Pflichten? Der Frauenkampf für »staatsbürgerliche« Gleichberechtigung. Ein Bilder-Lese-Buch zu Frauenalltag und Frauenbewegung in Hamburg, Hamburg 1990, S. 239; Walter Tormin, Die Geschichte der SPD in Hamburg 1945 bis 1950, Hamburg 1994 (Forum Zeitgeschichte 4). *Rita Bake*

Rudolf Lodders

LODDERS, Rudolf, geb. Altona 19. 9. 1901, gest. Hamburg 3. 6. 1978; luth.; Architekt.

Rudolf Lodders zählt zu den markantesten modernen Architekten Norddeutschlands im 20. Jahrhundert. Nach einer Maurerlehre studierte er von 1921 bis 1924 Architektur an der Höheren Schule für Baukunst in Hamburg. Seine beruflichen Prägungen erfuhr er in der zweiten Hälfte der zwanziger Jahre in Architekturbüros und Stadtplanungsämtern von maßgeblichen Protagonisten des modernen Bauens: Karl Schneider in Hamburg, Gustav Oelsner in Altona, Martin Elsässer in Frankfurt am Main, Martin Wagner in Berlin und Wilhelm Arntz in Köln. 1930 wurde Lodders der Staatspreis der Preußischen Akademie der Künste zugesprochen, verbunden mit einem Studienaufenthalt in der römischen Villa Massimo 1931. Danach richtete er ein eigenes Architekturbüro in Altona ein.

Lodders' Erfolg in den dreißiger Jahren wurde durch industrielle Bauten begründet. Sein erstes Projekt, ein Verwaltungsgebäude für die ILO-Motorenwerke in Pinneberg (1932/33), zeigte Anklänge an den zeitgenössischen italienischen Realismus. Durch diesen Bau wurde Carl Borgward auf Lodders aufmerksam und verpflichtete ihn als langjährigen Werksarchitekten zunächst der Hansa-Lloyd/Goliath-, später der Borgward-Werke (1934–62). Lodders' funktionalistische Industriearchitektur wurde von der nationalsozialistischen Propaganda als Voraussetzung hoher Standards der Arbeitshygiene in hellen, formschönen Gebäuden als vorbildlich gepriesen. Sein Erfolg im »Dritten Reich« widerlegt sehr deutlich die auch von Lodders selbst später verbreitete zähe Legende von der totalen Ausgrenzung der architektonischen Moderne im Nationalsozialismus. Gleichzeitig machte sich Lodders einen Namen mit dem Bau großer privater Wohnhäuser, die zwar funktionale Grundrisse aufwiesen, aber von traditionellen, rustikalen Formen geprägt waren. Sie entsprachen – etwa durch die Verwendung übergreifender Walmdächer – der »Heimatschutz«-Ideologie.

In der hamburgischen Stadtplanung unter Konstanty Gutschow engagierte sich der wegen seiner Arbeit für Borgward nicht zum Kriegsdienst eingezogene Lodders schon seit dem Ende der dreißiger Jahre, aber seine wichtigste Phase begann erst nach dem Zweiten Weltkrieg, als er 1946 Mitglied der von der britischen Besatzungsmacht eingesetzten Grindelberg-Arbeitsgemeinschaft wurde. Die Idee einer Hochhaussiedlung am Grindelberg – sie war die erste in Deutschland und sollte ursprünglich als Heimstatt für britische Offiziere und Unteroffiziere dienen – stammte von Lodders. Er prägte für die bis 1956 fertig gestellte Anlage von zwölf gegeneinander versetzten Hochhausscheiben unterschiedlicher Höhe, die Ähnlichkeiten mit Anlagen von Le Corbusier und Marcel Lods aufweisen, das Bild von den erfolgreich aufgegangenen »Impfstrichen« als »Gesundheitstherapie für den städtischen Organismus«.

Als viel beschäftigter Architekt im Wiederaufbau der fünfziger Jahre – nicht zuletzt für Borgward – setzte Lodders mit modernen Bauten in zeitgenössisch üblicher Rasterfassade zwar noch einige städtebauliche Akzente; wichtiger wurde jedoch sein allgemeiner städtebaulicher Einfluss, zunächst als Vorstandsmitglied des neu gegründeten Bundes Deutscher Architekten (BDA) seit 1945, im Stadtplanungsausschuss der Hamburger Bauverwaltung (1945–47) und als Vorsitzender der Gruppe Nordwestdeutschland im Deutschen Werkbund (1947–50), später als Mitglied der Freien Akademie der Künste (seit 1950), der Deutschen Akademie für Städtebau und Landesplanung (seit 1950) und des Congrès Internationaux d'Architecture Moderne (CIAM; seit 1958). Zudem begann Lodders in der Nachkriegszeit damit, seine Überlegungen zur Architektur und zum Städtebau zu publizieren.

WERKE Industriebau und Architekt und ihre gegenseitige Beeinflussung, Hamburg 1946 (Schriftenreihe des Bundes Deutscher Architekten 1); Bauten von 1925–1950. Katalog einer Ausstellung in der Hamburger Kunsthalle mit einem Vorwort von Alfons Leitl, Hamburg 1950; Bauten von 1931–1961, Hamburg 1961; Schriften zum Neuaufbau 1946–1971, zusammengestellt und hg. von Olaf Bartels, Hamburg 1989 (Schriftenreihe des Hamburgischen Architekturarchivs 2) [mit einer vollständigen Bibliographie].

LITERATUR Olaf Bartels, Ein Architekt schreibt. Über die Schriften und die Architektur von Rudolf Lodders, in: Rudolf Lodders, Schriften zum Neuaufbau (siehe unter Werke), S. 16–43. *Axel Schildt*

LOHE, Joachim von, geb. um 1500 (?) Hamburg, gest. um 1570 (?) Altona (?); luth.; Fischer, Gastwirt.

Joachim von Lohe gilt als der Erbauer des seit 1536 belegten Kruges »Altona«, welcher der Ansiedlung und späteren, »all to nah« an Hamburgs Grenze gelegenen Stadt ihren Namen gegeben haben soll. Er war gewiss nicht der erste Bewohner Altonas und ebenso wenig dessen Gründer, wohl aber einer der Fischer, die zuvor auf den uneingedeichten Inseln im Elbtal gewohnt hatten und nach verheerenden Sturmfluten am nördlichen Ufer, wo der hohe Geesthang sich zu einem guten Schiffs-Landeplatz absenkte, Zuflucht und neue Wohnstatt fanden.

Joachim von Lohe kam vom Grevenhof, einer der Elbinseln zwischen Finkenwerder und Billwerder, die ehemals als Gorries- oder Griesenwerder eine einzige Insel gebildet hatten. 1460 war Grevenhof von der schauenburgischen Grafschaft Holstein-Pinneberg in hamburgischen Besitz übergegangen. Die dortigen Bewohner betrieben eine Mischwirtschaft aus Fischerei und bescheidener Landwirtschaft. Hamburg ließ beim Grevenhof, wo sich ehemals zwei Hauptarme der Norderelbe vereinten, in den Jahren von 1528 bis 1533 ein Stack anlegen, um der Strömung einen anderen Verlauf zu geben. Eine schwere Sturmflut, deren Wirkung von den Baumaßnahmen beeinflusst gewesen sein mag, vertrieb die Bewohner.

Der urkundlich protokollierte Bericht von Joachims Enkel Peter von Lohe aus dem Jahre 1602, als er beim Grafen Ernst um Bestätigung der Krug-Rechte nachsuchte, macht diesen Hergang und den im Weiteren geschilderten Verlauf sehr wahrscheinlich. Joachim von Lohe erhielt demzufolge vom Grafen 1536 die Erlaubnis, am Weg zwischen Hamburg und Neumühlen, nahe am Grenzbach, zu bauen. Die gräfliche Erlaubnis umfasste außerdem die Nutzung des Hauses als Krug und das Recht, dort Rotbier zu brauen, ein einfach herzustellendes, wenig haltbares, aber preiswertes Getränk. Möglicherweise rechnete Joachim von Lohe auch auf die Hamburger Kundschaft, denn 1535 hatte man dort das Braugewerbe mit weiteren Abgaben belegt, was zum Anstieg der Bierpreise geführt haben dürfte. Eine unmittelbar an der Stadtgrenze gelegene billige Konkurrenz musste dem Hamburger Rat ein Dorn im Auge sein. Zwei Ratsherren, Vincent Möller und Johann Rodenburg, wurden in der Folge entsandt, um den Preisrebellen zu maßregeln. Sie trugen ihre Einwände beim gräflichen Vertreter vor Ort, dem Vogt in Ottensen, vor. Auch der Pinneberger Drost Hans Barner stellte sich ein und beschied die Kläger, der Graf von Holstein-Pinneberg könne als Landesherr auf seinem Land so viele Häuser errichten, wie ihm beliebe. Die Hamburger

Gesandten hatten sich auf den Freibrief Barbarossas von 1189 bezogen, der die Errichtung einer Burg innerhalb von zwei Meilen vor der Stadt Hamburg untersagte. Bei der gemeinsamen Besichtigung des Kruges soll dann jene berühmte Bemerkung gefallen sein, der Krug sei »all to nah« an der Hamburger Grenze bzw. am Grenzbach gelegen. Peter von Lohe berichtete weiter, die Bezeichnung »Altona« sei vom Großvater Joachim selbst geprägt und als Name des Kruges benutzt worden. Diese griffige Geschichte der geschäftstüchtigen Familie ist sicher nicht ganz richtig; wahrscheinlicher ist die Nutzung eines vorhandenen Namens oder eine im Nachhinein erfolgte Ausdeutung, etwa von »Altenau« für den Grenzbach Pepermöhlenbek. Der Name Altona kam jedenfalls als Ortsbezeichnung schon ein Jahr später in den Hamburger Kämmerei-Rechnungen vor.

Joachim von Lohe betrieb neben der Wirtschaft offenbar weiter das Fischereigewerbe. Bei späteren Streitigkeiten zwischen Hamburger und Altonaer Fischern über die Fangrechte hieß es, Friedrich Brand und Joachim von Lohe seien die Ersten gewesen, die sich, dem Hamburger Verbot trotzend, zur Fischerei-Kompagnie zusammengetan hätten. Joachim von Lohes Sohn Hans erbte offenbar Fischereigerät und Beruf. Den Krug erbte der zweite Sohn Jürgen von Lohe. 1591 verzeichnete das Pinneberger Amtsregister, selbiger habe von Ostern 1591 bis Ostern 1592 nicht weniger als 181 Tonnen Hamburger und Lübecker Bier ausgeschenkt und die entsprechende Akzise entrichtet. Sein Nachfolger wurde dann der Sohn Peter, Joachims Enkel, dem wir den Bericht über den Großvater und die Gründung des sagenhaften Kruges verdanken.

LITERATUR Richard Ehrenberg (Hg.), Altona unter Schauenburgischer Herrschaft, Bd. 1, Altona 1891, S. 8–17, 34–48; Ernst Heinrich Wichmann (Hg.), Geschichte Altona's, 2. Aufl. Altona 1896, S. 10–16; Hans Ehlers, Aus Altonas Vergangenheit. Darstellungen aus der heimatlichen Geschichte und Topographie, Altona 1926 (Altonaer Bücherei 5) [2., umgearb. und erw. Aufl. der »Geschichte von Altona und Umgegend«], S. 16–18; Torkild Hinrichsen, Altona, in: Das Altonaer Rathaus 1898–1998, hg. von Uwe Hornauer und Gerhard Kaufmann [Begleitpublikation zur Ausstellung im Bezirksamt Altona], Hamburg 1998, S. 10–17; ders., Altona. Dorf, Flecken, Stadt, Stadtteil, in: Barbara und Eckehard Brettschneider (Hg.), Altonaer Porträts. Altona, Elbgemeinden, Hamburger Westen, Bremervörde 1998, S. 207–210. *Torkild Hinrichsen*

LONDENBERG, Kurt, geb. 1. 7. 1914 Altona, gest. 17. 2. 1995 Hamburg; kath.; Buchbinder.

Als Schüler von Ignatz Wiemeler hat Kurt Londenberg zu eigener handwerklicher und künstlerischer Meisterschaft gefunden und Bucheinbände von zeitloser Schönheit geschaffen.

Nach seiner Jugend- und Schulzeit im Rheinland und einer Buchbinderlehre in Düsseldorf von 1930 bis 1933 studierte er ab 1937 an der Staatlichen Akademie für Graphische Künste und Buchgewerbe in Leipzig, insbesondere bei Ignatz Wiemeler. Nach dem Kriegsdienst von 1940 bis 1945 war er zunächst in Leipzig, ab 1946 an der Staatlichen Hochschule für Werkkunst in Dresden, ab 1948 an der Staatlichen Werkakademie in Kassel tätig, bis er 1954 an die Landeskunstschule Hamburg, die spätere Hochschule für bildende Künste, berufen wurde, wo er 1955 Professor wurde und bis zum Jahre 1979 lehrte. Von 1955 bis 1990 gehörte er dem Vorstand der Maximilian-Gesellschaft an und setzte sich für das qualitätvoll gestaltete Buch ein. Einige der Handeinbände Londenbergs befinden sich in öffentlichen Bibliotheken und Museen (darunter der Einband des Hitda-Codex in der Hessischen Landes- und Hochschulbibliothek Darmstadt), die Mehrzahl in privaten Sammlungen.

WERKE Ignatz Wiemeler. Werkverzeichnis, bearb. und zusammengestellt von Kurt Londenberg, Hamburg 1990.

LITERATUR Kurt Londenberg. Bucheinbände. Mit einem Vorwort von Herbert Freiherr von Buttlar und Texten von Hans Adolf Halbey und Kurt Londenberg, Offenbach a. M. 1965 (Druck des Klingspor-Museums Offenbach am Main 7); Kurt Londenberg. Bucheinbände. Mit einem Vorwort von Paul Raabe und Texten von Kurt Londenberg hg. von der Herzog August Bibliothek Wolfenbüttel o. J. [1979.] (Ausstellungsveröffentlichung der Herzog August Bibliothek 26); Ala Londenberg, Nachträge zum Werkverzeichnis Kurt Londenberg. Eingeleitet von Hans Adolf Halbey, in: Philobiblon 42 (1998), S. 16–45. *Horst Gronemeyer*

LORD VON BARMBECK, siehe: Petersen, Julius Adolf

LOTTIG, William, geb. 1. 2. 1867 Hamburg, gest. 12. 9. 1953 ebd.; luth.; Lehrer, Schulleiter und -reformer, pädagogischer Publizist.

Nach Absolvierung der Volksschule trat Lottig 1881 in die Präparandenanstalt, dann in das Hamburger Lehrerseminar für Volksschullehrer ein. 1887 legte er seine erste, 1890 seine zweite Lehrerprüfung ab. In den Jahren bis zum Ersten Weltkrieg als Lehrer an der Seminarschule Binderstraße 24 tätig, heiratete er 1895 Auguste Bönning, mit der er drei Kinder hatte.

Schon früh engagierte sich Lottig in der Gesellschaft der Freunde des vaterländischen Schul- und Erziehungswesens und wurde zu einem der führenden Befürworter einer Reform von Schule und Unterricht. Zu verschiedenen pädagogischen Fragen äußerte er sich in der »Pädagogischen Reform« und seit 1922 in der »Hamburger Lehrerzeitung«. Lottig war Mitglied des wichtigen Pädagogischen Ausschusses der Gesellschaft der Freunde. 1908 formulierte er sein inzwischen legendäres pädagogisches Leitziel für die Neuausrichtung der Schule mit den Worten: »Alle Kräfte des Kindes werden gelöst, gepflegt und entwickelt.« Diesen Satz stellte die Schulsynode dem Lehrplanentwurf von 1908 voran. Die radikale Schlussfolgerung Lottigs, die Verneinung jeglicher pädagogischer Setzung von außen für Schule und Unterricht, teilten aber nicht einmal alle mit Lottig befreundeten Schulreformer.

Nach der Novemberrevolution von 1918 gelang es Lottig, seine Mitstreiter für die Einrichtung von Versuchsschulen zu gewinnen. Er selbst wurde Schulleiter und verehrte pädagogische Leitgestalt (»Vater Lottig«) der Versuchsschule Berliner-Tor, eines der wohl radikalsten Schulversuche im Deutschen Reich nach 1918. Die Schule lehnte alle Zwangsmaßnahmen ab, plädierte für Selbstbestimmung und Freiheit der Schülerinnen und Schüler. Lottig versuchte, diesen radikalen Kurs durchzuhalten, kämpfte gegen inhaltliche Bevormundungen und materielle Einschränkungen seitens der sozialdemokratisch geführten Schulbehörde und fühlte sich besonders von seinem ehemaligen Weggefährten Carl Götze, inzwischen Leiter und Oberschulrat für das gesamte Versuchsschulwesen in Hamburg, missverstanden und pädagogisch verraten. Gegen Kurt Zeidlers Schrift »Die Wiederentdeckung der Grenze« (1926), eine interne Kritik an

William Lottig

den Versuchsschulen, setzte er sich heftig zur Wehr. Am Ende der zwanziger Jahre versagten allerdings selbst die durchweg der Arbeiterschaft entstammenden Eltern dem Kurs der Berliner-Tor-Schule ihre Zustimmung. Die Schule musste 1930 wegen Schülermangels geschlossen werden.

Im Oktober 1918 trat Lottig der SPD bei, der er bereits vor 1914 durch seine zahlreichen Lesungen vor der Arbeiterschaft eng verbunden gewesen war. Nach 1919 wurde er Mitglied der »Sozialistischen Liste« im neu eingerichteten Lehrerrat. In dessen Vorgängerinstitution, der Schulsynode, hatte er ebenfalls die Interessen der Volksschullehrerschaft vertreten. Zudem war er Mitglied im Weltbund für die Erneuerung der Erziehung und nahm 1927 an der Weltkonferenz in Locarno teil.

Am 1. Dezember 1931 trat Lottig in den Ruhestand, blieb aber weiterhin am pädagogischen Geschehen interessiert. Nach dem Tod seiner beiden Söhne folgte 1943 mit der Ausbombung der nächste tiefe persönliche Einschnitt. Nach einer vorübergehenden Unterbringung bei einer Nichte in Einbeck kehrte Lottig 1951 nach Hamburg zurück, wo er zwei Jahre später starb. Die Trauerrede hielt der Schulsenator Heinrich Landahl, mit dem Lottig freundschaftlich verbunden war.

Eine große Bedeutung hatte Lottig bereits vor dem Ersten Weltkrieg als Rezitator und Vermittler von Literatur vor breiten Volkskreisen erlangt. Später weitete er seinen Wirkungskreis auf die Zeitschrift »Literarische Gesellschaft«, die Freie Volksbühne und den Verein für Kunstpflege aus. Bei

Lese- und Kulturabenden von Gewerkschaften und Sozialdemokratie trat er auf, las aus den Klassikern, rezitierte Peter Rosegger, Fritz Reuter und norddeutsche Dichter. In der Hamburger Arbeiterschaft machte er sich gemeinsam mit seinen Mitstreitern, den Lehrern Adolf Schulze und Hermann Langmaack, einen guten Namen; er selbst schätzte an seinen Zuhörern den ernsthaften Willen, durch die Aneignung von Literatur und Kunst ein Stück gesellschaftlicher Emanzipation zu erringen. Im Jugendschriftenausschuss der Gesellschaft der Freunde brachte er seine literarische Kompetenz ein, wurde zu einem Mitstreiter von Heinrich Wolgast und dessen Kampf gegen »Schund und Kitsch«, für eine ästhetisch anspruchsvolle Literatur auch für Kinder und Jugendliche. Die Liebe zur Literatur wie sein hohes pädagogisches Engagement haben Lottig sein Leben lang begleitet. Seine unveröffentlichten, im Staatsarchiv Hamburg verwahrten Tagebücher, die er mit 18 Jahren zu schreiben begann, sind dafür ein wortreiches und wortgewaltiges Zeugnis.

WERKE Auf neuen Wegen. Lose Blätter zu einem Schulmeistertagebuch, in: Pädagogische Reform 230 (1906), 231 (1907) [ohne Paginierung]; Aus einer Bekenntnisschrift, in: Literarische Gesellschaft 3 (1917), I, S. 4–10, II, S. 46–52, III, S. 93–99; Unsere Schuljüngsten. Wie werden wir ihnen gerecht? Hamburg 1920 (Das Kind 4).

LITERATUR Fritz Köhne, Begegnungen mit William Lottig. Zu seinem 82. Geburtstag am 1. 2. 1949, in: Hamburger Lehrerzeitung 1. Jg. (1949), Nr. 13, S. 14 f.; N. N., William Lottig, ein Kämpfer für die Schulreform, in: Hamburger Lehrerzeitung 5. Jg. (1952), Nr. 3, S. 7–9.

Reiner Lehberger

LUDWIG I. (der Fromme), geb. 778 Chasseneuil (bei Poitiers), gest. 20. 6. 840 bei Ingelheim; Kaiser des fränkischen Reiches.

Ludwig, ein Sohn Karls I. (des Großen), übernahm nach dessen Tode (814) als Kaiser die Regierung des gesamten Frankenreiches. In die Mittel- und Niederelberegion hatte Karl I. in den Sachsenkriegen (772–804) das Frankenreich ausgedehnt. Das auf seinen Namen lautende Gründungsprivileg für das Bistum Bremen von 788, das der Geschichtsschreiber Adam von Bremen überliefert, ist eine Fälschung des 11. Jahrhunderts (wahrscheinlich zwischen 1056 und 1063 angefertigt). Nordelbien blieb noch 804 den Abodriten und Dänen überlassen; ein

großer Teil der Sachsen wurde aus dieser Region deportiert. Erst seit 809/10, als die Burg Esesfeld bei Itzehoe begründet wurde, geriet ein größerer Teil Nordelbiens allmählich direkt unter die Herrschaft des fränkischen Reiches. Unter Ludwig I. wurden diese nordelbischen Positionen gefestigt – politisch wie kirchlich. Die fränkische Burg Hamburg wurde – über einer älteren sächsischen Anlage – vermutlich zwischen 817 und 822 angelegt. Diese Burg diente danach als ein politisch-militärischer Rückhalt für die weitere kirchliche Organisation des nordelbischen Raumes. Ausgehend von der Erzdiözese Reims wurde um diese Zeit die Mission in Sachsen und in Nordelbien gefördert: Von dem Kloster Corbie an der Somme wurde an der mittleren Weser, mitten in Sachsen, das Kloster Corvey (Neu-Corbie) geistlich organisiert (815/22); Erzbischof Ebo von Reims selbst wurde 822/23 von Papst Paschalis I. zum Missionslegaten für Nordelbien bestellt. Ludwig I. verfolgte den Plan, eine Basis für die nordelbische Mission an der Niederelbe zu schaffen. In Hamburg richtete er 831 ein Bistum ein und besetzte es mit dem Corveyer Mönch Ansgar. Papst Gregor IV. bestätigte 831/32 diese Verfügungen und erteilte Ansgar die Missionsbefugnis für Nordelbien. Manche Autoren meinen im Anschluss an die Lebensbeschreibung Ansgars, die hauptsächlich von seinem Nachfolger, Erzbischof Rimbert von Hamburg-Bremen, verfasst worden ist, bereits durch dieses Privileg sei das Erzbistum Hamburg oder mindestens ein Missionserzbistum Hamburg begründet worden. Wahrscheinlich aber ist dieses Erzbistum erst unter Papst Nikolaus I. und König Ludwig dem Deutschen im Jahre 864 begründet und Ansgar auch erst in diesem Jahr zum Erzbischof erhoben worden. Dass Ludwig I. erst mit zwei- bis dreijähriger Verzögerung die kirchliche Neuordnung durch Gregor IV. bestätigte, erklärt sich aus dem Erbfolgestreit mit seinen Söhnen, in den der Kaiser um 832/33 verwickelt war. Das Privileg Ludwigs I. von 834 hatte mindestens den folgenden Inhalt: Es bekundete die Absicht, in nordischen Gegenden die Ausbreitung des Christentums zu fördern, und verkündete die Errichtung eines Bischofssitzes in Hamburg und die Weihe Ansgars zum Bischof sowie die Übertragung des Klosters Torhout in der Diözese Amiens an das Bistum Hamburg und die Verleihung der Immunität an das Bistum und an das Kloster. Wie gefährdet diese nordelbische Gründung blieb, zeigte sich 845, als Ansgar es vorzog, seinen Sitz nach Bremen zu verlegen.

LITERATUR ADB 19; NDB 15; Gerhard Theuerkauf, Urkundenfälschungen des Erzbistums Hamburg-Bremen vom 9. bis zum 12. Jahrhundert, in: Niedersächsisches Jahrbuch für Landesgeschichte 60 (1988), S. 71–140, hier S. 126 f.; Gerhard Theuerkauf, Die Hamburger Region von den Sachsenkriegen Karls I. bis zur Gründung des Erzbistums (772–864), in: Ralf Busch (Hg.), Domplatzgrabung in Hamburg, Bd. 1, Neumünster 1995 (Veröffentlichungen des Hamburger Museums für Archäologie und die Geschichte Harburgs, Helms-Museum, 70), S. 9–19; Egon Boshof, Ludwig der Fromme, Darmstadt 1996 (Gestalten des Mittelalters und der Renaissance).

Gerhard Theuerkauf

LUDWIG II. (der Deutsche), gest. 28. 8. 876 Frankfurt a. M.; König des ostfränkischen Reiches.

Ludwig der Deutsche, ein Sohn Ludwigs I. (des Frommen), zählte seine Regierungsjahre im ostfränkischen Reich bereits von 833 an. Mit dem Tode seines Vaters (840) und dem Teilungsvertrag von Verdun (843) war sein Herrschaftsanspruch über diesen Teil des Reiches endgültig gesichert. Unter seiner Regierung fielen einige wichtige Entscheidungen für die kirchliche Ordnung der Hamburger Region. Der in der Lebensbeschreibung Ansgars, die hauptsächlich von seinem Nachfolger, Erzbischof Rimbert von Hamburg-Bremen, verfasst worden ist, als ein epochaler Einschnitt hervorgehobene Überfall von Wikingern, die als Seeräuber gesehen werden, auf Hamburg und die mit ihm verbundenen Zerstörungen (845) sind aus kirchenrechtlichen Gründen übersteigert worden. Denn dass Ansgar von Hamburg nach Bremen zurückwich, bedurfte einer triftigen Begründung. Wahrscheinlich hat es sich um einen dänischen Kriegszug gehandelt, der im Zusammenhang der lang dauernden dänisch-abodritisch-fränkischen Auseinandersetzungen zu sehen ist und Hamburg nicht unbewohnbar machte. Von Reichs wegen wurde 848 eine erste Folgerung aus dem Zurückweichen Ansgars von Hamburg nach Bremen gezogen: Die Bistümer Bremen und Hamburg wurden vereinigt. Die päpstliche Bestätigung dieser Vereinigung, wahrscheinlich verbunden mit der Erhebung Hamburgs zum Erzbistum und Ansgars zum Erzbischof, folgte mit einigem Zögern erst 864

durch Nikolaus I. Noch in die Zeit Ludwigs des Deutschen fiel auch die Abfassung der Lebensbeschreibung Ansgars, in der dieser König noch als lebend erwähnt wird. Eine schriftliche Privilegierung des Bistums Hamburg durch Ludwig den Deutschen hat es nicht gegeben; das auf den Namen dieses Königs überlieferte Privileg von 842 ist im späten 9. oder frühen 10. Jahrhundert gefälscht worden.

LITERATUR ADB 19; NDB 15; Lexikon des Mittelalters 5, München/Zürich 1991; Gerhard Theuerkauf, Urkundenfälschungen des Erzbistums Hamburg-Bremen vom 9. bis zum 12. Jahrhundert, in: Niedersächsisches Jahrbuch für Landesgeschichte 60 (1988), S. 71–140, hier S. 127–130. *Gerhard Theuerkauf*

LÜTKENS, Doris (Dorothea Elisabeth), geb. von Cossel, geb. 25. 12. 1793 Jersbek/Holstein, gest. 10. 5. 1858 Hamburg; luth. (?); Malerin, Pädagogin, Schulvorsteherin.

Doris Lütkens, Tochter des königlich-dänischen Etatrates Christoph Eberhard von Cossel und dessen Frau Friederike Luise, geborene von Stemmann, setzte sich in den 1840er Jahren für die Ausbildung von Frauen in pädagogischen Berufen ein und übte einen stärkeren Einfluss auf die Verbreitung der Fröbelschen Ideen in Hamburg aus, als bisher angenommen wurde.

Auf dem väterlichen Rittergut Jersbek in Holstein wuchs Doris Lütkens in begüterten Verhältnissen auf; die materielle Situation der Familie verschlechterte sich allerdings in den späteren Jahren. Sie erhielt eine aristokratisch ausgerichtete Erziehung, die ihre intellektuelle wie künstlerische Entwicklung beförderte. Später, ab 1828, wurde sie von dem Hamburger Maler Carl Julius Milde in Öl- und Porträtmalerei unterrichtet. Die Heirat mit Hermann Siegmund Lütkens, dem Vorsteher einer Hamburger Knabenschule, führte sie 1834 in die Hansestadt. Die 1813 von ihm gegründete Privatschule musste jedoch vier Jahre später wegen rückläufiger Schülerzahlen geschlossen werden.

Doris Lütkens verdiente den Lebensunterhalt für sich und ihren Mann in den folgenden Jahren mit Porträtmalerei, lithografischen Arbeiten und Unterricht im Malen und Zeichnen. Ihre ersten publizistischen Arbeiten waren noch eng mit ihrem künstlerischen Schaffen verbunden. Darunter befanden sich auch pädagogisch-methodische Anleitungen zum Zeichenunterricht und zu »Spiel-Beschäftigungen« für Kinder, mit denen sie sich in pädagogischen Kreisen einen Namen machte. Bereits 1839 wurde ihr die Konzession zur Einrichtung einer höheren Töchterschule erteilt, doch realisierte sie dieses Vorhaben erst 1841 und blieb dann bis zu ihrem Tode Vorsteherin dieser Anstalt.

Seit 1846 gab Doris Lütkens die »Pädagogischen Mittheilungen« heraus, eine an Eltern und Lehrer adressierte Zeitschrift, die die Diskrepanz zwischen Elternhaus und Schule überbrücken sollte. Die Zeitschrift wurde 1848/49 unter dem Titel »Unsere Kinder« weitergeführt und bildete ein Forum zur Verbreitung der Kindergartenidee. Auch die Bildung und Erziehung von Mädchen waren ständig wiederkehrende Themen in diesem Diskussionsorgan. Zu den pädagogischen Initiativen Doris Lütkens' gehörte zudem der 1846 unternommene Versuch, ein Lehrerinnenseminar nach Berliner Vorbild in Hamburg zu gründen. Massive Vorbehalte gegenüber einer systematisch-pädagogischen Ausbildung von Frauen für das Erziehungs- und Lehrfach ließen eine Realisierung dieses Planes in der Hansestadt allerdings nicht zu.

Nachdem Doris Lütkens 1847 in Quetz bei Halle an einem von Friedrich Fröbel geleiteten Kinderfest teilgenommen hatte, wurde sie zur engagierten Anhängerin der Fröbelschen Kindergartenidee. Sie gliederte ihrer Schule am 1. Mai 1848 den ersten Kindergarten Hamburgs an und konnte Allwine Middendorf, eine Großnichte Fröbels und spätere Ehefrau Wichard Langes, als Kindergärtnerin gewinnen. Wie eng Doris Lütkens mit der neuen pädagogischen Idee verbunden war, zeigt sich auch daran, dass sie zu den wenigen Frauen gehörte, die

an der von Fröbel 1848 einberufenen »Versammlung von Volkslehrern und Freunden deutscher Volkserziehung, besonders von Kindergärten« in Rudolstadt teilnahmen. Ziel dieser Versammlung war es, die allgemeine Einführung der Kindergärten bei der Deutschen Nationalversammlung zu beantragen. Die Verwirklichung der Fröbel'schen Kindergartenidee machte Doris Lütkens zu ihrem eigenen Anliegen. Sie setzte sich theoretisch wie praktisch für die Belange Fröbels und die Verbreitung der neuen pädagogischen Institutionen ein. Dabei vertrat sie eine eigenständige und selbstbewusste Position, die auch in ihrer Replik auf die von Julius Fölsing, dem schärfsten Krititker Fröbels, verfasste Schrift »Fröbel'sche Kindergärten« (1849), zum Ausdruck kommt.

WERKE Normalbücher eines A. B. C. des Zeichnens, verbunden mit Formenlehre, als früh anzuwendende, verstandbildende Unterrichtsmethode zur Fortbildung für alle Fächer dieser Kunst, 2 Hefte, Hamburg 1843; Gedanken über Gründung eines Seminars für Lehrerinnen, nebst Plan eines solchen Instituts, Hamburg 1847; Pädagogische Mittheilungen für Eltern und Lehrer aus Literatur und Leben, nebst Kinderunterhaltungen als Beilage, 2 Bde., Hamburg 1846/47; Unsere Kinder. Vereins-Schrift oder literarischer Sprech-Saal für Eltern, Lehrer, Lehrerinnen, Kindergärtner- und Gärtnerinnen und Vorsteher von Kleinkinder- und Warteschulen jeder Art. Als Fortsetzung der »Pädagogischen Mittheilungen«, 2 Bde., Hamburg 1849/50; Fröbel'sche Kindergärten. Eine Beantwortung der kleinen Schrift von J. Fölsing »Fröbel'sche Kindergärten«, Hamburg 1849.

LITERATUR LhS 4; HKL; Wichard Lange, Knospen, Blüthen und Früchte erziehlichen Strebens. Pädagogische Anregungen, Hamburg 1860, S. 494–500; Elfriede Strnad, Hamburgs pädagogisches Leben in seiner Beziehung zu Friedrich Fröbel, o. O. [Hamburg] 1951 (Zur Hamburger Schulreform, Heft 6). *Christine Mayer*

MAHLER, Gustav, geb. 7. 7. 1860 Kalischt (Böhmen), gest. 18. 5. 1911 Wien; isr., seit 1897 kath.; Komponist, Dirigent.

In Kalischt als Sohn des Kaufmanns Bernhard Mahler und seiner Frau Marie zur Welt gekommen, besuchte Gustav Mahler das Gymnasium in Iglau und studierte ab 1875 am Konservatorium der Gesellschaft der Musikfreunde in Wien Klavier und Komposition. Nachdem er 1878 seine musikalischen Studien mit Diplom und Auszeichnungen abgeschlossen hatte, schlug er die Laufbahn eines Opernkapellmeisters ein. Zunächst war er an kleineren Provinztheatern tätig (Bad Hall, Laibach, Olmütz), später wurde er an größeren Häusern engagiert, 1883 in Kassel, 1885 in Prag und 1886 in Leipzig. Ab 1888 wirkte er als Operndirektor in Budapest.

1891 verpflichtete der Impresario Bernhard Pollini Mahler an das Hamburger Stadttheater. Durch mustergültige Aufführungen vor allem Mozartscher Opern und Wagnerscher Musikdramen gelang es ihm bald, das Hamburger Stadttheater zu einer Opernbühne von Weltruf zu machen. Im Sommer 1892 gastierte das Ensemble des Hamburger Stadttheaters unter Mahler in London und erzielte einen beachtlichen Erfolg. Als Dirigent wurde Mahler von Hans von Bülow außerordentlich geschätzt. Nach dessen Tod übernahm er in der Saison 1894/95 die Leitung der namhaften Hamburger Abonnementkonzerte und erregte bald durch eigenwillige Programmzusammenstellungen und einen neuen Interpretationsstil großes Aufsehen. Sein internationaler Dirigentenruhm gründete sich auf seinen Einsatz für zeitgenössische Musik, auf den Ernst seiner künstlerischen Auffassung und auf seinen Perfektionsfanatismus. Er war kompromisslos, verlangte von den Mitwirkenden das Äußerste und trat für eine Auffassung der Oper als Gesamtkunstwerk ein – eine Konzeption, die heutige Vorstellungen vom Musiktheater in erstaunlicher Weise antizipiert.

Die Hamburger Jahre waren für Mahler auch insofern bedeutsam, als er in der Hansestadt nach einer lang andauernden Schaffenskrise seine Kreativität wiederfand. In Hamburg festigte sich sein Glaube an das Komponieren als Lebensaufgabe, und hier entstanden zunächst die »Fünf Humoresken«, fünf Gesänge nach Gedichten aus »Des Kna-

Gustav Mahler

ben Wunderhorn«, darunter »Das himmlische Leben«, ein tiefgründiges Lied, das später zur Keimzelle der Vierten Symphonie werden sollte. Außerdem überarbeitete Mahler gründlich seine Erste Symphonie und führte sie am 27. Oktober 1893 im Rahmen eines »populären« Konzerts im Concerthaus Ludwig auf – dies war sein Hamburger Debut als Komponist. Während seiner Hamburger Zeit verbrachte Mahler die Sommerferien in Steinbach am Attersee. Hier konzipierte er 1893 seine Zweite Symphonie, die später als »Auferstehungssymphonie« bekannt wurde. Die Eingebung zum Finale dieses großartigen Werkes empfing er am 29. März 1894 in der Hamburger Michaeliskirche bei der Trauerfeier für Hans von Bülow, als der Chor der Orgel einen Choral nach Friedrich Gottlieb Klopstocks Ode »Auferstehn« intonierte. Blitzartig ging ihm auf, wie die Dichtung beschaffen sein müsste, die er für das Finale brauchte. Er suchte vergeblich nach einem geeigneten Text, konnte sich auch nicht entschließen, die Ode Klopstocks als Ganzes zu übernehmen. So legte er dem Satz nur die ersten beiden Strophen aus Klopstocks Dichtung zugrunde und dichtete sechs eigene Strophen hinzu, die seinem persönlichen Bekenntnis zur Fortdauer der Existenz nach dem Tode Ausdruck verleihen. »Sterben werd' ich, um zu leben«, lautet die Botschaft der »Auferstehungssymphonie«. In die Hamburger

Zeit fällt noch die Entstehung der kosmologischen Dritten Symphonie. Mahler skizzierte sie in den Sommermonaten der Jahre 1895 und 1896 am Attersee, arbeitete sie aber in Hamburg aus. Bei der Konzeption des sechssätzigen Werkes ließ er sich von der Idee einer Stufenreihe des Seienden (anorganische Natur, Pflanzenreich, Tierreich, Menschenreich und Reich der Engel) anregen wie auch von der Auffassung, dass die höchste Stufe, von der aus man die Welt betrachten kann, die Liebe sei.

Während seiner sechs Jahre in Hamburg fand Mahler Kontakt zu Bürgern der Hansestadt. Er war mit dem Juristen Hermann Behn und dem Komponisten Josef Bohuslav Foerster befreundet und verkehrte auch mit den Musikkritikern Ferdinand Pfohl und Wilhelm Zinne. Hermann Behn übernahm zusammen mit dem Kaufmann Wilhelm Berkhan die Kosten für den Druck der »Auferstehungssymphonie«. Mahlers Verhältnis zu Pollini scheint von Anfang an schwierig und gespannt gewesen zu sein. Es war überschattet nicht nur von tiefer gehenden Meinungsverschiedenheiten und immer wieder ausbrechenden Konflikten, sondern auch von einer starken Rivalität. Allem Anschein nach war Pollini eifersüchtig auf seinen überaus erfolgreichen Kapellmeister und hörte es nicht gern, wenn man diesen als »Direktor« bezeichnete. Umgekehrt hatte Mahler, der als Direktor der Königlich-ungarischen Oper in Budapest mit großen Vollmachten ausgestattet gewesen war, in Hamburg den Eindruck, in seinen Kompetenzen eingeschränkt zu sein. Auch deshalb fühlte sich Mahler zuletzt in Hamburg nicht wohl. Er wollte zurück nach Wien, in die österreichische »Heimat«.

Mit großem taktischem Geschick schuf Mahler nach und nach alle Voraussetzungen, um den vakant gewordenen Posten des Wiener Hofopernkapellmeisters zu bekommen. Weil er als Jude nicht berufen werden konnte, musste er zum katholischen Glauben konvertieren. Die zehneinhalb Jahre, die Mahler von 1897 bis 1907 als Kapellmeister und Hofoperndirektor in Wien verlebte, bildeten den glanzvollen Höhepunkt seiner Karriere. Unter dem Druck mächtiger Intrigen, aber auch um mehr Zeit für das Komponieren zu haben, trat er im Frühjahr 1907 von dem Amt des Wiener Hofoperndirektors zurück und nahm ein attraktives Angebot aus New York an, wo er als Gastdirigent der Metropolitan Opera und später als Leiter der neu gegrün-

deten Philharmonic Society tätig war. Eine schwere Streptokokken-Infektion zwang ihn, im Februar 1911 seine Konzerte in New York abzubrechen. Er kehrte nach Wien zurück, wo er kurz darauf starb.

Mahler, ein Komponist von erstaunlicher Klangphantasie, ist Vollender der symphonischen Tradition des 19. Jahrhunderts und zugleich Wegbereiter der Neuen Musik. Zu Lebzeiten war Mahler als genialer Dirigent weltweit anerkannt, als Komponist dagegen umstritten. Nach seinem frühen Tod nahmen sich einige namhafte Dirigenten, darunter Bruno Walter und Willem Mengelberg, seines symphonischen Schaffens an. Die viel gerühmte Mahler-Renaissance setzte erst 1960 ein und hält noch immer an.

1988 wurde in Hamburg die Gustav-Mahler-Vereinigung mit dem Ziel gegründet, öffentliche Zeichen des Wirkens Mahlers in Hamburg zu setzen und Voraussetzungen für ein tieferes Verständnis seiner Musik zu schaffen. Eine Gedenktafel an Mahlers einstigem Wohnhaus in der Bundesstraße 10, zwei Mahler-Büsten des Prager Bildhauers Milan Knobloch – eine im Parkett-Foyer der Staatsoper, die andere im Brahms-Foyer der Musikhalle – sowie Knoblochs Bronzetafel mit einem Bildnis des Komponisten an der Fassade der Staatsoper erinnern an Mahlers Hamburger Jahre. 1990 wurde der Gustav-Mahler-Platz in der Neustadt nach dem Komponisten benannt.

WERKE Herta Blaukopf (Hg.), Gustav Mahler. Briefe, Wien/Hamburg 1982 [Neuausgabe Wien 1996]; dies. (Hg.), Gustav Mahler. Unbekannte Briefe, Wien/Hamburg 1983; dies. (Hg.), Gustav Mahler – Richard Strauss. Briefwechsel 1888–1911, München 1980; Henry-Louis de La Grange/Günther Weiß (Hg.), Gustav Mahler. Ein Glück ohne Ruh'. Die Briefe Gustav Mahlers an Alma. Erste Gesamtausgabe, Berlin 1995.

LITERATUR NDB 15; DBE 6; Constantin Floros, Gustav Mahler, 3 Bde., Wiesbaden 1977, 1985; ders., Gustav Mahler. Visionär und Despot. Porträt einer Persönlichkeit, Zürich/Hamburg 1998; Henry-Louis de La Grange, Gustav Mahler. Chronique d'une vie, 3 Bde., Paris 1979, 1983, 1984; Vladimir Karbusicky, Mahler in Hamburg. Chronik einer Freundschaft, Hamburg 1996; Bernd Schabbing, Gustav Mahler als Konzert- und Operndirigent in Hamburg, Berlin 2002 (Musicologica Berolinensia 9).

Constantin Floros

MANN, *Klaus* Heinrich Thomas, geb. 18. 11. 1906 München, gest. 21. 5. 1949 Cannes; Schriftsteller.

Es waren nur wenige Wochen, die Klaus Mann im Herbst 1925 zur Uraufführung seines ersten Theaterstückes in Hamburg verbrachte. In dieser Zeit jedoch machte er die Bekanntschaft Gustaf Gründgens', eine Begegnung, die Jahre später zur Grundlage seines umstrittensten und zugleich erfolgreichsten Romans »Mephisto« werden sollte.

Als zweitältestes der sechs Kinder von Thomas Mann und seiner Frau Katia, geborene Pringsheim, in München zur Welt gekommen, durchlief er mehrere Internatsschulen, ehe er sich genussvoll einem Boheme-Leben zunächst in München, später in Berlin hingab. Mann, der bereits als 14-Jähriger seinen glühenden Wunsch »Ich muss, muss, muss berühmt werden« dem Tagebuch anvertraut hatte, begann im Alter von 18 Jahren, erzählende wie essayistische Texte zu veröffentlichen sowie Theaterkritiken zu verfassen. Sosehr sich der väterliche Ruhm dabei als hilfreich erwies, sosehr konfrontierte er ihn auch mit einer Erwartungshaltung, die der Sohn zeit seines Lebens als »Schatten« auf seinem Weg empfunden hat.

Vom Schauspieler und Regisseur Gustaf Gründgens »in Form eines stürmischen Telegramms« eingeladen, kam Mann nach Hamburg, um zusammen mit seiner Schwester Erika und seiner Verlobten Pamela Wedekind in seinem lasziven Bühnenerstling über erotische Verwicklungen vier junger Menschen an der Seite Gründgens' aufzutreten. Obwohl das Stück qualitativ nicht zu überzeugen vermochte, wurde der Regisseur in seinem Gespür für die Besetzung insofern bestätigt, als die Premiere von »Anja und Esther« am 22. Oktober 1925 an den Hamburger Kammerspielen vor allem durch den Auftritt der drei Dichterkinder öffentliche Aufmerksamkeit erregte. Die ambivalente Faszination, die für Mann von dem ebenso talentierten wie ehrgeizigen Gründgens ausging, veranlasste ihn, der Figur des Gregor Gregori in seinem 1932 erschienenen Roman »Treffpunkt im Unendlichen« dessen Züge zu verleihen. Anlässlich der Zerstörung Hamburgs durch britische Bombenangriffe hat Mann sich Jahre später seines Aufenthalts in der Hansestadt erinnert: »Ich hatte es gut in Hamburg. Die Tage mit Erika, Pamela, Gustaf und einer bunten Auswahl von neuen Freunden, die Abende im Thea-

Klaus Mann

ter, die Nächte in den Kaschemmen und Matrosen-Dancings von St. Pauli, alles war danach angetan, mich restlos glücklich zu machen.«

Nach der Machtübernahme der Nationalsozialisten verließ Mann Deutschland 1933, um fortan den Faschismus in seinen Publikationen kompromisslos zu bekämpfen. Amsterdam, Paris und die USA wurden zu den wichtigsten Stationen seines Exils. Im Amsterdamer Querido-Verlag erschien 1936 sein Roman »Mephisto«. Am Beispiel eines aufstrebenden Schauspielers, dessen Karriere an einem Hamburger Theater beginnt, zeigt Mann die Verstrickung von Intellektuellen mit dem NS-Regime. Obwohl es ihm eher um den symbolischen Typus als um ein reales Porträt ging, wurde der Roman, in dessen Protagonist unzweifelhaft der damals in Deutschland umjubelte Gründgens zu erkennen ist, als Schlüsselroman aufgefasst und von den Nationalsozialisten verboten. Als amerikanischer Staatsbürger beteiligte sich Mann von 1943 bis 1945 an den alliierten Feldzügen in Nordafrika und Italien. Nach dem Krieg nahm der stets ruhelose Kosmopolit sein Wanderleben zwischen Europa und Amerika wieder auf. Gezeichnet von politischen wie privaten Enttäuschungen starb er am 21. Mai 1949 an einer Überdosis Schlaftabletten.

Erika Mann gelang es 1956, den »Mephisto« in der DDR erscheinen zu lassen. 1966 verbot das Han-

seatische Oberlandesgericht Hamburg jedoch die weitere Verbreitung des Romans in der Bundesrepublik Deutschland, da die Figur des Hendrik Höfgen eine »Beleidigung, Verächtlichmachung und Verunglimpfung von Gründgens« darstelle, und gab damit der Klage des Gründgens-Erben Peter Gorski statt – eine Entscheidung, die 1971 vom Bundesverfassungsgericht bestätigt wurde. Erst 1981 veröffentlichte der Rowohlt Taschenbuch Verlag trotz des bestehenden Verbots eine Neuausgabe des »Mephisto«, die, um einer einstweiligen Verfügung zu entgehen, unter strengster Geheimhaltung vorbereitet worden war und von der in knapp zwei Jahren eine halbe Million Exemplare verkauft wurden.

WERKE Treffpunkt im Unendlichen, Reinbek bei Hamburg 1999; Mephisto. Roman einer Karriere, überarb. Neuausgabe Reinbek bei Hamburg 2000; Der Wendepunkt. Ein Lebensbericht, mit einem Nachwort von Frido Mann, Reinbek bei Hamburg 1999 (zuerst Frankfurt a. M. 1952); Briefe und Antworten 1922–1949, hg. und mit einem Vorwort von Martin Gregor-Dellin, Reinbek bei Hamburg, 1991 (zuerst München 1975); Tagebücher 1931–1949, hg. von Joachim Heimannsberg u. a., 6 Bände, Reinbek bei Hamburg 1995 (zuerst München 1989 f.).

LITERATUR NDB 16; Killy 7; Michel Grunewald, Klaus Mann 1906–1949. Eine Bibliographie, München 1984; Eberhard Spangenberg, Karriere eines Romans. Mephisto, Klaus Mann und Gustaf Gründgens. Ein dokumentarischer Bericht aus Deutschland und dem Exil 1925–1981, München 1982; Uwe Naumann, Klaus Mann, 8. Aufl. Reinbek bei Hamburg 1998. *Astrid Froese*

MANTELS, Friedrich *Wilhelm*, geb. 17. 6. 1816 Hamburg, gest. 8. 6. 1879 Lübeck; luth.; Historiker, Lehrer, Bibliothekar.

Der Sohn des Kaufmanns Heinrich Christian Mantels wuchs zunächst in Hamburg auf und verlebte die Jahre von 1826 bis 1834 mit seinen sieben jüngeren Geschwistern in Lübeck. Wilhelm Mantels besuchte dort das Katharineum und anschließend zwei Jahre lang das Akademische Gymnasium seiner Geburtsstadt. Nach dem Studium der Theologie, der alten Sprachen und vor allem der Geschichte in Berlin (insbesondere bei Johann Gustav Droysen), Leipzig und München nahm er Hauslehrerstellen in der Umgebung Hamburgs und Lübecks an. 1847 trat Mantels als Lehrkraft in das Katharineum ein und übernahm 1862 im Nebenamt

Wilhelm Mantels

auch die Leitung der Stadtbibliothek. Im Verein für Lübeckische Geschichte und Altertumskunde wirkte er an der Edition des Lübecker Urkundenbuches mit, wurde Redakteur der 1855 begründeten Vereinszeitschrift und übernahm 1870 die Leitung der traditionsreichen Vereinigung. Im selben Jahr gehörte Mantels zu den Initiatoren des in Stralsund gegründeten Hansischen Geschichtsvereins. Auch hier führte er bis zu seinem Tode den Vorsitz und rief neben den »Hansischen Geschichtsblättern« bedeutende Quelleneditionen ins Leben: die »Hansischen Geschichtsquellen«, die »Hanserezesse« und das »Hansische Urkundenbuch«. Zugleich wurde mit den jährlich zu Pfingsten stattfindenden Hansetagen eine bis heute fortbestehende Tradition begründet. Dem liebenswürdigen und verbindlichen Gelehrten ist es mit seinen vielfältigen Aktivitäten gelungen, die lübeckische und die hansische Geschichtsforschung zu beleben und dauerhaft zu organisieren. 1872 erhielt Mantels die Goldene Medaille der Gesellschaft zur Beförderung gemeinnütziger Tätigkeit, deren Direktor er von 1859 bis 1862 gewesen war.

WERKE Der Todtentanz in der Marienkirche zu Lübeck. Nach einer Zeichnung von C. J. Milde, Lübeck 1866 [3. Aufl. 1997]; Beiträge zur lübisch-hansischen Geschichte. Ausgewählte historische Arbeiten, hg. von Karl Koppmann, Jena 1881 [Werkverzeichnis S. XXI–XXX].

LITERATUR ADB 20; SHBL 9; Carl Curtius, Zur Erinnerung an Professor Wilhelm Mantels, in: Lübeckische Blätter 72 (1879), S. 401–405; Reinhold Pauli, Zur Erinnerung an Wilhelm Mantels, in: HG 9 (1879), S. 1–10; Karl Koppmann, Wilhelm Mantels. Biographische Skizze, in:

Beiträge zur lübisch-hansischen Geschichte (siehe unter Werke), S. IX–XXXI. *Gerhard Ahrens*

MANTIUS, *Ernst* Friedrich Christian Johann Jacob, geb. 9. 10. 1838 Schwerin, gest. 15. 10. 1897 Bergedorf; ev.; Bürgermeister in Bergedorf.

Unter der Leitung des Bürgermeisters Ernst Mantius entwickelte sich das ländliche Bergedorf zu einem aufstrebenden Ort mit moderner städtischer Infrastruktur.

Nach dem Studium der Rechte und der Nationalökonomie in Heidelberg, Jena, Rostock und Berlin, das er mit einer Promotion abschloss, ließ sich Mantius 1865 in seiner Heimatstadt Schwerin als Jurist nieder. Zwölf Jahre wirkte er in den dortigen politischen Gremien, bis er 1880 zum Bürgermeister von Mölln gewählt wurde. Die konservativen politischen Verhältnisse im preußischen Mölln veranlassten den liberal gesinnten Mantius, sich bereits ein Jahr später um das Amt des Bürgermeisters im hamburgischen Bergedorf zu bewerben.

Während seiner 15-jährigen Amtszeit von 1882 bis zu seinem Tod 1897 brachte Ernst Mantius umfangreiche Verbesserungen für die Stadt Bergedorf auf den Weg. Zu seinen ersten Projekten gehörte 1883/84 die Einrichtung eines Wasserwerks, um die stetig ansteigende Einwohnerzahl mit sauberem Trinkwasser zu versorgen. Damit Bille und Stadtgraben nicht als Abwassergräben missbraucht wurden, begann er 1885 mit dem Bau der Kanalisation. Ebenso erhielt Bergedorf als eine der ersten Städte Deutschlands bereits 1887 eine städtisch organisierte Müllabfuhr. Um die Bergedorfer Bevölkerung mit Strom zu versorgen, trieb Mantius seit 1891 den Bau eines stadteigenen Elektrizitätswerks voran. Die Pflasterung der Straßen sowie die Verbreiterung des Hauptverkehrsweges, der Holstenstraße, in den Jahren von 1890 bis 1892 gehen ebenfalls auf seine Initiative zurück. Mantius veranlasste in den 1890er Jahren umfangreiche Planungen, um den Bergedorfer Hafen zu verlegen und zu vergrößern. Beiderseits des Schleusengrabens, des Wasserwegs zur Elbe, wurden seit Mitte der 1880er Jahre Gewerbeflächen ausgewiesen, auf denen sich zahlreiche Industriebetriebe ansiedelten. Bergedorf sollte nach Mantius' Vorstellungen aber nicht nur Industriestadt werden, sondern sich bei den Hamburgern auch als Erholungsort mit Wasser

Ernst Mantius

und Wald etablieren. Als Gründer und Vorsitzender des 1885 ins Leben gerufenen »Verschönerungsvereins« gelang es ihm, das Bergedorfer Gehölz zu erwerben und für die Erweiterung und Pflege der städtischen Grünanlagen zu sorgen. Der Ausbau der städtischen Infrastruktur zog eine Fülle von Verwaltungsaufgaben nach sich, die Mantius mit wenig Personal erledigen musste. 1892 wurde das etwa 8300 Einwohner umfassende Bergedorf von 21 Beamten verwaltet – vom Polizisten bis zum Amtsschreiber. Projekte wie der Bau der Bergedorf-Geesthachter Eisenbahn und der Vierländer Bahn, die erst Anfang des 20. Jahrhunderts verwirklicht wurden, gehen auf Mantius' Ideen zurück.

Ernst Mantius galt als unermüdlicher Arbeiter, der sich mit ganzer Kraft für das Gemeinwohl Bergedorfs einsetzte. Er konnte überzeugen; gelegentliche Abstimmungsniederlagen in der Bürgervertretung ließen ihn nicht resignieren, sondern spornten ihn an, seine Gegner in zäher Überzeugungsarbeit umzustimmen. Sein früher Tod kurz nach seinem 59. Geburtstag rief in Bergedorf große Bestürzung hervor. Unter Anteilnahme aller Bevölkerungsschichten wurde Mantius auf dem Friedhof am Gojenberg beigesetzt.

Im Jahr 1900 benannte die Bürgervertretung die neue Verbindungsstraße zwischen der Bergedorfer Innenstadt und dem Villenviertel nach dem dynamischen Bürgermeister. Die Ernst-Mantius-Brücke – der gleichnamigen Straße zugehörig – erhielt ihren Namen 1923.

MARCHWITZA, Hilde

LITERATUR Oliver Barghorn-Schmidt, Begründer des modernen Bergedorf: Bürgermeister Dr. Ernst Mantius 1882–1897, in: Lichtwark-Heft Nr. 61 (1996), S. 9–12.
Christel Oldenburg

MARCHWITZA, Hilde, geb. Stern, gesch. Schottländer, geb. 7. 4. 1900, gest. 8. 9. 1961; Sozialbeamtin, Übersetzerin, Widerstandskämpferin.

Die Tochter des Philosophie- und Psychologieprofessors William Stern (1871–1938) und Schwester des Publizisten Günther Anders (1902–92) kam 1916 mit ihren Eltern nach Hamburg, als ihrem Vater hier eine Professur angeboten wurde. Nach dem Abitur besuchte sie die von Gertrud Bäumer geleitete Soziale Frauenschule. 1921 arbeitete sie zuerst als Praktikantin, später als Berufsberaterin im Arbeitsamt Hamburg.

Im September 1922 heiratete sie den späteren Philosophen Rudolf Schottländer (1900–88). Das Ehepaar zog nach Berlin, wo Hilde Schottländer zeitweilig als Sekretärin von Gertrud Bäumer arbeitete. Im Dezember 1926 trennten sich Hilde und Rudolf Schottländer, die Ehe wurde 1927 geschieden; Hilde Schottländer kehrte mit ihren beiden Kindern nach Hamburg zurück, wo sie erneut im Arbeitsamt tätig war. Nach der Machtübertragung an die Nationalsozialisten auf Grund des »Gesetzes zur Wiederherstellung des Berufsbeamtentums« im Juli 1933 entlassen, fand sie bei der Jüdischen Berufsberatungsstelle Hamburg eine Anstellung.

Sozial engagiert und politisch interessiert, schloss Hilde Schottländer sich der Gruppe um den aus der KPD ausgeschlossenen Hans Westermann (1890–1935) an. In ihrer Wohnung traf man sich, führte politische Diskussionen und wertete ausländische Zeitungen aus. Im März 1935 wurden führende Mitglieder der Gruppe inhaftiert. Wegen vermeintlicher »Vorbereitung zu einem hochverräterischen Unternehmen« verurteilte das Hanseatische Oberlandesgericht Hilde Schottländer im Oktober 1935 zu einer zweijährigen Gefängnisstrafe, die sie im Frauengefängnis Lübeck-Lauerhof verbüßen musste.

Nach der Haft gelang es Hilde Schottländer im August 1937, über Holland, wo sie sich ihre beiden Kinder befanden, in die USA zu emigrieren. Von 1937 bis 1939 war sie Redaktionssekretärin und Mit-

Hilde Marchwitza

arbeiterin des antifaschistischen »Deutschen Volksechos« in New York. Als Büroangestellte und Sozialarbeiterin wirkte sie von 1939 bis 1942 in verschiedenen Hilfskomitees für jüdische Emigranten; zwischen 1939 und 1941 veröffentlichte sie in der Rubrik »Probleme des Alltags« im New Yorker »Aufbau« Artikel zu sozialpolitischen Themen. Für die antifaschistische deutsch-amerikanische Zeitung »German-American« arbeitete sie von 1942 bis 1946 als Redaktionsangestellte und Mitarbeiterin an der Frauenseite. 1942 lernte sie den ebenfalls aus Deutschland emigrierten kommunistischen Schriftsteller Hans Marchwitza (1890–1965) kennen, den sie 1945 heiratete. Gemeinsam kehrten sie 1946 nach Deutschland zurück, zuerst nach Stuttgart, 1948 nach Potsdam. Als Hans Marchwitza 1950 Kulturattaché der DDR in Prag wurde, ging auch Hilde Marchwitza in die Tschechoslowakei und leitete dort die Presseabteilung der Diplomatischen Mission. In der DDR arbeitete sie als Übersetzerin, vor allem für den Dietz-Verlag (zum Beispiel: Victor Jeremy Jerome, Kultur in einer sich ändernden Welt. Eine marxistische Studie, Berlin 1949) und half ihrem Mann bei seiner literarischen Arbeit.

LITERATUR Werner Ilberg, Hans Marchwitza, Leipzig 1971; Rudolf Schottländer, Trotz allem ein Deutscher. Mein Lebensweg seit Jahrhundertbeginn, Freiburg im Breisgau u. a. 1986; Ursula Wamser/Wilfried Weinke, Eine vergessene Widerstandskämpferin: Hilde Schottländer, geb. Stern, in: dies. (Hg.), Ehemals in Hamburg zu Hause: Jüdisches Leben am Grindel, Hamburg 1991, S. 185–189.
Wilfried Weinke

MARCKS, Erich, geb. 17. 11. 1861 Magdeburg, gest. 12. 11. 1938 Berlin; luth.; Historiker.

Geboren als Sohn des Magdeburger Stadtbaudirektors Albert Marcks, absolvierte Erich Marcks das heimatliche Gymnasium Unser Lieben Frauen und studierte ab 1879 Alte Geschichte in Straßburg, Bonn und Berlin, unter anderem bei Theodor Mommsen. Unter dem prägenden Eindruck Heinrich von Treitschkes wandte er sich der Neueren Geschichte zu und wurde 1887 mit dem ersten Band seiner Biografie über Gaspard de Coligny habilitiert. Über Freiburg (1892), Leipzig (1894) und Heidelberg (1901) gelangte der Gelehrte 1907 in die Hansestadt und übernahm die durch die Hamburgische Wissenschaftliche Stiftung finanzierte Geschichtsprofessur. Hier, nahe dem Familienarchiv in Friedrichsruh, hat er das Fundament für seine epochemachenden Bismarck-Studien legen können. Marcks avancierte zu einem der beliebtesten Dozenten des Allgemeinen Vorlesungswesens. Die kultivierte Atmosphäre um Alfred Lichtwark und den Grafen Leopold von Kalckreuth sowie die herzliche Gastlichkeit der hanseatischen Gesellschaft entsprachen so ganz seinem sensiblen Naturell und seinen schöngeistigen Neigungen. Tatkräftig und geschickt hat Marcks Werner von Melles Universitätspläne zu fördern gesucht. Die 1907 vor einem zahlreichen Publikum gehaltene programmatische Antrittsvorlesung über »Hamburg und das bürgerliche Geistesleben in Deutschland« mit ihrem leidenschaftlichen Plädoyer für die Errichtung einer Alma Mater in der Hansestadt ist ein sprechender Beleg dafür. Erst das Scheitern der Universitätsvorlage des Senats in der Bürgerschaft (1912) hat Marcks veranlasst, im folgenden Jahr nach München und 1922 nach Berlin zu gehen. Mit dem Weltkrieg und dem Untergang des Kaiserreichs hat sich bei ihm in Denken, Wort und Schrift eine angesichts seines bisherigen Wirkens zutiefst irritierende Hinwendung zum Nationalismus vollzogen, die Marcks dann im Laufe der Weimarer Jahre zu einem der geistigen Wegbereiter des Nationalsozialismus hat werden lassen.

WERKE Bismarck. Eine Biographie, Teil 1: Bismarcks Jugend 1815–1848, Stuttgart/Berlin 1909 [21. Aufl. 1951]; Männer und Zeiten. Aufsätze und Reden zur neueren Geschichte, 2 Bde., Leipzig 1911 [7. Aufl. 1942]; Alfred Lichtwark und sein Lebenswerk, Leipzig 1914; Otto von Bis-

Erich Marcks

marck. Ein Lebensbild, Stuttgart u. a. 1915 [26. Aufl. 1944, Nachdruck Braunschweig 1998]; Der Aufstieg des Reiches. Deutsche Geschichte von 1807–1871/78, 2 Bde., Stuttgart/Berlin 1936 [3. Aufl. 1943].

LITERATUR NDB 16; Schiefler; Hans-Heinz Krill, Die Rankerenaissance. Max Lenz und Erich Marcks. Ein Beitrag zum historisch-politischen Denken in Deutschland 1880–1935, Berlin 1962 (Veröffentlichungen der Berliner Historischen Kommission beim Friedrich-Meinecke-Institut der Freien Universität Berlin 3); Gerhard Ahrens, Die hamburgische Stiftungsprofessur für Geschichte (1907–22), in: ZHG 74/75 (1989), S. 41–60.   *Gerhard Ahrens*

MAREK, Kurt Wilhelm (Ps. *C. W. Ceram*), geb. 20. 1. 1915 Berlin, gest. 12. 4. 1972 Hamburg; Schriftsteller.

Der gelernte Verlagsbuchhändler begann seine publizistische Tätigkeit im Jahre 1932 in seiner Geburtsstadt Berlin als freier Journalist. Als Buch-, Film- und Theaterkritiker schrieb Marek dort unter anderem für die »Berliner Börsen-Zeitung«. Während des Zweiten Weltkriegs, in dem er als Kriegsberichterstatter eingesetzt wurde, erschien 1941 sein erstes literarisches Werk mit dem Titel »Wir hielten Narvik«.

Kurz nach Kriegsende wurde Marek in Hamburg Feuilleton-Redakteur der Tageszeitung »Die Welt«. 1949 wechselte er zum in Hamburg neu gegründeten Rowohlt Verlag, für den er er als Cheflektor tätig war. Im gleichen Jahr erschien dort unter dem Anagramm »Ceram« veröffentlichtes Buch »Götter, Gräber und Gelehrte«, das in Ro-

MARTENS, Joachim Friedrich

Kurt Wilhelm Marek

manform die Geschichte der archäologischen Forschung erzählt und seinen Autor über Nacht berühmt machte. Völlig unerwartet hatte Marek mit seinen spannungsgeladenen Berichten von der Entzifferung der Hieroglyphen über die Entdeckung Trojas durch Heinrich Schliemann bis hin zur Öffnung des Tutanchamun-Grabes den Geschmack der Zeit getroffen. Das Buch wurde bald zum internationalen Bestseller. 1965 waren bereits mehr als eineinhalb Millionen Exemplare der deutschsprachigen Ausgabe verkauft; hinzu kamen Übersetzungen in 25 Sprachen.

Von seinem großen Erfolg ermutigt, widmete Marek sich fortan ausschließlich der Schriftstellerei. Nach der Teilnahme an Ausgrabungen in Kleinasien in den Jahren 1952 und 1953 schrieb er ein zweites Buch über das Abenteuer Archäologie, welches das damals noch weitgehend unerforschte Hethiterreich behandelte. Dass der erwartete Erfolg ausblieb, lag vermutlich daran, dass – bedingt durch die unmittelbare intensive Einarbeitung in die Wissenschaft der Archäologie – das eigene Erstaunen, das den besonderen Zauber seines Erfolgsbuches ausgemacht hatte, diesmal fehlte.

1954 ging Marek als freier Schriftsteller in die Vereinigten Staaten, wo in den folgenden Jahren mehrere Bildbände, eine Veröffentlichung zum Thema Kino und andere Publikationen entstanden. Auch hier blieben anfänglich größere Erfolge aus. Dies sollte sich 1972 schlagartig ändern, als sein Buch » Der erste Amerikaner« – eine literarisch aufbereitete Geschichte der nordamerikanischen Ar

chäologie – erschien. In bewährter Weise werden in diesem, wiederum in Hamburg bei Rowohlt erschienenen Roman archäologische Fakten durch die Schilderung der spannenden Erlebnisse von Gelehrten und Abenteurern vermittelt.

Kurt Wilhelm Marek war Mitglied des Archeological Institute of America und der American Anthropological Association.

WERKE Wir hielten Narvik, Oldenburg 1941; Götter, Gräber und Gelehrte. Roman der Archäologie, Hamburg 1952; Enge Schlucht und schwarzer Berg. Entdeckung des Hethiter-Reiches, Hamburg 1955; Provokatorische Notizen, Reinbek 1960; Der erste Amerikaner. Das Rätsel des vor-kolumbischen Indianers, Reinbek 1972.

LITERATUR DBE 7.   *Joachim W. Frank*

MARTENS, Joachim Friedrich, geb. 19. 12. 1806 Hamburg, gest. 11. 2. 1877 ebd.; luth.; Arbeiterführer.

In den Jahren von 1843 bis zu seinem Tod gehörte Joachim Friedrich Martens zu den wichtigsten Repräsentanten der Hamburger Arbeiterbewegung.

Aus ärmlichen Verhältnissen stammend und früh verwaist, wuchs Martens bei Stiefeltern auf und begann im Alter von 14 Jahren eine Lehre als Tischler. Seine Wanderjahre als Geselle führten ihn unter anderem in die Schweiz, nach Belgien, England und Frankreich, wo er in Kontakt zu radikalen Handwerkervereinigungen trat und während eines längeren Aufenthalts in Paris die Bekanntschaft von Ludwig Börne, Jakob Venedey und Wilhelm Weitling machte. Martens begeisterte sich für Weitlings Vorstellungen eines utopischen Sozialismus und wurde Mitglied des Bundes der Geächteten und des Bundes der Gerechten.

Als er sich 1841 für kurze Zeit in Hamburg aufhielt, konnte er sich nur durch die Flucht aus der Stadt der drohenden Verhaftung entziehen. 1843 endgültig in die Hansestadt zurückgekehrt, spielte er seit dem darauf folgenden Jahr eine führende Rolle im Hamburger Bund der Gerechten, dem späteren Bund der Kommunisten. Seinen Lebensunterhalt und darüber hinaus einigen Wohlstand sicherte ihm eine um 1850 gegründete Holzhandlung. 1844/45 rief Martens gemeinsam mit dem Schriftsteller Georg Gottlieb Schirges die von Handwerksgesellen dominierte Bildungsgesellschaft für Arbeiter ins Leben, einen der Bildungsarbeit und politi

274

Joachim Friedrich Martens

schen Schulung dienenden Zusammenschluss, der seit 1846 den Namen Bildungsverein für Arbeiter trug und bis in die 1860er Jahre als wichtigste allgemeine Arbeiterorganisation in Hamburg gelten darf. Mit seinen 1846/47 veröffentlichten Schriften zur Gewerbereform setzte er sich für die staatliche Kontrolle des Zugangs zur Selbstständigkeit im Handwerk ein. Nach dem Scheitern der Revolution von 1848/49, an der Martens als Mitglied der Hamburger Verfassunggebenden Versammlung aktiv mitgewirkt hatte, wurde er 1851 im Zuge der Kommunistenverfolgungen mehrmals verhaftet. Fortan setzte er sich für die Zusammenarbeit mit dem liberal gesinnten Bürgertum ein und suchte genossenschaftliche Bestrebungen zu fördern. Martens engagierte sich im 1851/52 entstandenen Konsumverein »Assoziations-Waaren-Magazin«, aus dem 1852 die »Gesellschaft zur Vertheilung von Lebensbedürfnissen« hervorging, gehörte 1858 zu den Gründern einer Alters- und Invalidenkasse für Arbeiter und betätigte sich 1862/63 in der Kongressbewegung. Seit 1865 war er Mitglied des ständigen Ausschusses des Verbands Deutscher Arbeitervereine (VDAV), dem sich der Bildungsverein 1864 angeschlossen hatte. An der späteren Abspaltung des Vereins vom VDAV infolge einer Hinwendung des Verbands zur Internationalen Arbeiter-Association (1868) war Martens maßgeblich beteiligt. Kommunalpolitisch war er über viele Jahre als Mitglied der Hamburger Bürgerschaft (1859–77) und des Bürgerausschusses (1868–76) aktiv.

WERKE Das Zunftwesen in Hamburg im Conflict mit der Gesellschaft, Hamburg 1846; [als Mitverfasser:] Die Zünfte in Hamburg und ihre nothwendige Umgestaltung, Hamburg 1847.

LITERATUR NDB 16; Toni Offermann, Arbeiterbewegung und liberales Bürgertum in Deutschland 1850–1863, Bonn 1979 (Forschungsinstitut der Friedrich-Ebert-Stiftung. Reihe Politik und Gesellschaftsgeschichte 5); John Breuilly/Wieland Sachse, Joachim Friedrich Martens (1806–1877) und die Deutsche Arbeiterbewegung, Göttingen 1984 (Göttinger Beiträge zur Wirtschafts- und Sozialgeschichte 8).   *Dirk Brietzke*

MARTINI, *Erich* Christian Wilhelm, geb. 19. 3. 1880 Rostock, gest. 5. 12. 1960 Hamburg; luth.; Entomologe.

Der Sohn des Rostocker Oberlandesgerichtspräsidenten Carl Martini studierte Biologie und Medizin in Tübingen, München und Rostock. Nach der Approbation als Arzt 1906 wirkte Erich Martini im Anatomischen Institut in Rostock als Assistent und Prosektor (Leiter der Abteilung für Leichenöffnung). 1908 habilitierte er sich dort für Anatomie, 1909 in Tübingen für Zoologie. Nach dreijähriger Lehrtätigkeit am Zoologischen Institut Tübingen wurde er von Bernhard Nocht an das Hamburger Tropeninstitut berufen, wo er 1912 die Leitung der Entomologischen (Insektenkundlichen) Abteilung übernahm. 1919 wurde er Privatdozent für medizinische Zoologie an der Mathematisch-Naturwissenschaftlichen Fakultät der neu gegründeten Hamburgischen Universität, die ihm 1923 die Amtsbezeichnung Professor verlieh. Martini war ein international renommierter Wissenschaftler, der 1938 Ehrenmitglied der Rumänischen Akademie der Wissenschaften wurde und im selben Jahr dem Internationalen Entomologenkongress in Berlin präsidierte. 1939 wurde er zum außerplanmäßigen Professor an der Hamburger Universität ernannt. Im »Dritten Reich« unterstützte Reichsführer SS Heinrich Himmler den bereits am 1. Mai 1933 in die NSDAP eingetretenen Martini, der für Himmlers Forschungsgemeinschaft Ahnenerbe tätig war und im Krieg an der Militärärztlichen Akademie in Berlin lehrte. 1945 wurde Martini auf eigenen Antrag pensioniert und durfte nicht mehr an der Universität lehren. Das Spezialgebiet des Begründers und führenden Repräsentanten der medizinischen Entomologie in Deutschland war die epidemiologische Bedeutung der Stechmücken. Er

MAY, Ernst

Erich Martini

verfasste grundlegende Arbeiten über Entstehung, Übertragung und Ablauf von Seuchen in Abhängigkeit von Umwelteinflüssen.

WERKE Lehrbuch der medizinischen Entomologie, Jena 1923 [4., überarb. Aufl. Jena 1952]; Wege der Seuchen. Lebensgemeinschaft, Kultur, Boden und Klima als Grundlagen von Epidemien. Unter Berücksichtigung der Tropenkrankheiten dargestellt, Stuttgart 1936 [3., umgearbeitete und erweiterte Aufl. Stuttgart 1953]; Seuchen im Menschen. Mensch, Tier und Pflanze im Kampf und Ausgleich mit ihren Parasiten, Stuttgart 1959.

LITERATUR NDB 16; Stefan Wulf, Das Hamburger Tropeninstitut 1919 bis 1945. Auswärtige Kulturpolitik und Kolonialrevisionismus nach Versailles, Berlin/Hamburg 1994 (Hamburger Beiträge zur Wissenschaftsgeschichte 9); Rainer Hering, »... daß sie im Gefühle eigener Schuld so reagieren möchten, wie ich es von Ihnen erhoffe.« Ein Briefwechsel über das »Dritte Reich« zwischen den Tropenmedizinern Erich Martini und Otto Hecht 1946/47, in: ZHG 84 (1998), S. 185–224; ders., Nazi Persecution and the Pursuit of Science. Correspondence between Erich Martini and Otto Hecht, 1946–47, in: Jewish Culture and History 3 (2000), S. 95–124.   *Rainer Hering*

MAY, Ernst, geb. 27. 7. 1886 Frankfurt am Main, gest. 11. 9. 1970 Hamburg; luth., Architekt, Städteplaner.

Ernst May gehörte zu der Gruppe von Architekten in der Weimarer Republik, die ihr fachliches Können mit sozialem Engagement verbanden und versuchten, durch den Bau großer Siedlungen die Wohnungsnot zu beseitigen und gleichzeitig einen Beitrag zur Sozialreform zu leisten.

May studierte Architektur bei Josef Maria Olbrich in Darmstadt, arbeitete ab 1910 in England im Atelier Sir Raymond Unwins und setzte 1912 seine Studien bei Friedrich von Thiersch und Theodor Fischer in München fort. Nach verschiedenen Aufgaben im Bereich des Siedlungs- und Kleinwohnungsbaus in Schlesien erregte er 1921 erste Aufmerksamkeit als Städtebauer durch den Entwurf zum Generalbebauungsplan von Breslau, in welchem er erstmalig seine den künftigen Städtebau nachhaltig beeinflussende Auffassung von der Stadterweiterung durch Trabanten und sein Konzept der durchgrünten Nachbarschaft darlegte.

1925 wurde May zum Stadtbaurat von Frankfurt am Main berufen und mit einer heute kaum vorstellbaren politischen Ämter- und Machtfülle ausgestattet, um den Frankfurter Generalbebauungsplan zu entwickeln und die Wohnungsnot durch ein langfristiges Wohnungsbauprogramm zu beheben. Die revolutionäre städtebauliche und architektonische Gestaltung der Frankfurter Siedlungskomplexe im Niddatal, darunter die Römerstadt mit ihrem ästhetischen Äußeren, unkonventionellen Grundrissen, angemessenem Komfort, mutiger Farbgestaltung und reicher Durchgrünung, begründete Mays Ruf als führender Städteplaner Deutschlands und Begründer des sozialen Wohnungsbaus. Gemeinsam mit Le Corbusier, Walter Gropius und anderen gründete er 1928 den Congrès International d'Architecture Moderne (CIAM).

1930 folgte May als einer der ersten Architekten seiner Zeit einem Ruf der sowjetischen Regierung, um mit einem eigenen Mitarbeiterstab den Generalplan für die Industriestadt Magnitogorsk, Gutachten für die Entwicklung von Stalingrad und den Generalbebauungsplan für Groß-Moskau zu erarbeiten. Als 1934 eine allgemeine Kampagne gegen das Neue Bauen, gegen Desurbanismus und Funktionalismus sowie eine Hinwendung zur historisierenden Architektur einsetzte, ging May, von den Nationalsozialisten wegen seiner Baugesinnung verfemt, nach Tansania. Hier war er zunächst als Farmer, dann als Architekt und Städteplaner mit Wohnsitz in Nairobi tätig. Während des Zweiten Weltkriegs wurde er trotz seiner erfolgreichen Tätigkeit für zweieinhalb Jahre interniert.

Als May 1954 in seine Heimat zurückkehrte, konnte er noch am Wiederaufbau in der Bundesrepublik mitwirken. Zunächst als Leiter der Pla-

Ernst May

nungsabteilung, ab 1957 als selbstständiger Architekt, Städteplaner und Berater der Gemeinnützigen Wohnungs- und Siedlungsgesellschaft Neue Heimat in Hamburg setzte er sich wiederum für die Lösung der Wohnungsfrage durch den Bau von Großsiedlungen ein. Neben der Planung von Wohnanlagen in Bremerhaven, Lübeck und Bremen ist insbesondere die zusammen mit dem Hamburger Oberbaudirektor Werner Hebebrand konzipierte und vorbereitete Idee zum Aufbau und zur Sanierung des 210 Hektar großen kriegszerstörten Hamburger Stadtkerngebietes Neu-Altona (1956–65) hervorzuheben. Dass die Planung bei der Durchführung in vielen Teilen verwässert wurde, ist nicht May anzulasten. Eine Vielzahl von Stadtbauplanungen lief parallel oder folgte, so in Hamburg unter anderem die Wohnanlagen Hegholt (1956–1962), Langenhorn (1956–62), Lokstedt (1957–61), Lübecker Straße mit dem markanten Neue Heimat-Hochhaus am Lübecker Tor (1957–63) sowie Rahlstedt-Ost (1960–65), in Bremen die »Neue Vahr« (1955–65) zusammen mit den Architekten Säume, Havermann und Reichow. Allerdings knüpfte May an die Konzeptions- und Lösungsvorschläge der zwanziger Jahre an, die unter dem Druck veränderter gesellschaftlicher, ökonomischer und politischer Rahmenbedingungen in den sechziger Jahren letztlich scheitern mussten.

May war Honorarprofessor an der TH Darmstadt, Dr.-Ing. e. h. der TH Hannover, Dr. phil. h. c. der Universität Freiburg, Mitglied der Akademie der Künste Berlin, der Freien Akademie der Künste Hamburg und der Akademie für Städtebau und Landesplanung, Ehrenpräsident des Deutschen Verbandes für Wohnungswesen, Städtebau und Raumplanung, Korrespondierendes Ehrenmitglied des British Town Planning Institute und des Royal Institute of British Architects, Träger des Fritz-Schumacher-Preises 1961 und Inhaber des Großen Verdienstkreuzes der Bundesrepublik Deutschland.

WERKE Wohnungsbau, in: Reinhard Jaspert, Handbuch Moderner Architektur, Berlin 1957, S. 115–221; Unbewältigte Harmonie im Städtebau, in: Antworten. Jahrbuch der Freien Akademie der Künste in Hamburg, Hamburg 1963, S. 95–106.

LITERATUR NDB 16; Baujahre 59/60. Hamburger Schriften zum Bau-, Wohnungs- und Siedlungswesen, hg. von der Baubehörde der Freien und Hansestadt Hamburg, Heft 38, Hamburg 1961; Justus Buekschmitt, Ernst May, Stuttgart 1963 (Bauten und Planungen 1); Christian Borngräber, Die Mitarbeit antifaschistischer Architekten am sozialistischen Aufbau während der ersten beiden Fünfjahrespläne, in: Klaus Jarmatz u. a., Exil in der UDSSR, Leipzig 1979 (Kunst und Literatur im antifaschistischen Exil 1933–1945, 1), S. 326–347; Karin Carmen Jung, Dietrich Worbs u. a., Lebenslang für die »große Sache«: Ernst May 27. 7. 1886 – 11. 9. 1970, in: Bauwelt 77 (1986), S. 1050–1075.   *Karl-Klaus Weber*

MEISTER BERTRAM, siehe: Bertram

MEISTER FRANCKE, siehe: Francke

MELCHIOR, *Carl* Joseph, geb. 13. 10. 1871 Hamburg, gest. 30. 12. 1933 ebd.; isr.; Bankier, Finanzfachmann, Diplomat.

Carl Joseph Melchior, dessen Vater Moritz Mitglied der Hamburgischen Bürgerschaft war, stammte in vierter Generation aus einer in Hamburg und Kopenhagen ansässigen jüdischen Gelehrten- und Kaufmannsfamilie. Die Mutter Emilie war eine geborene Rée. Seit 1882 besuchte Melchior in Hamburg das Johanneum, wo er 1889 das Abitur bestand. Nach dem Studium der Rechtswissenschaft in Bonn (1890) und Berlin (1891–93) wurde er 1893 an der Universität Jena zum Dr. iur. utr. promoviert. In Berlin legte er noch im selben Jahr die erste juristische Prüfung ab und leistete anschließend seinen Militärdienst in Bayern. Im Anschluss an die erfolg-

reich absolvierte zweite Prüfung (1897) wurde Melchior Amtsrichter in Hamburg, beantragte jedoch schon 1902 seine Entlassung aus dem Staatsdienst, um in der Hansestadt als Rechtsanwalt tätig zu sein. Aus dieser Stellung berief ihn 1902 Max M. Warburg zum Syndikus des Bankhauses M. M. Warburg. Für Melchior, der der erste Jurist in dieser weltweit tätigen Bank war, sollte dies der Beginn einer ungewöhnlichen Karriere sein.

Als Deutschland in Nordafrika der französischen Hegemonialpolitik entgegentreten wollte, unterstützte Max Warburg dies 1910 durch die Gründung der Hamburg-Marokko-Gesellschaft und übertrug deren Leitung Melchior. 1911 wurde Melchior Generalbevollmächtigter der M. M. Warburg Bank, 1917 Teilhaber. Im Ersten Weltkrieg nach einer schweren Verwundung in den Zivildienst übernommen, konzentrierte er seine Tätigkeit auf Vermittlung Max Warburgs auf die Zentral-Einkaufsgesellschaft (ZEG). Dieses Reichsunternehmen hatte während des Krieges durch Importe die Versorgung mit Grundnahrungsmitteln in Deutschland sicherzustellen. In enger Verbindung mit dem Auswärtigen Amt führte Melchior diese Aufgabe, die seine spätere herausragende Stellung im internationalen Finanzwesen begründete, in zahlreichen Missionen ins Ausland. Bei den deutsch-russischen Friedensverhandlungen in Brest-Litowsk 1917/18 war er als Finanzberater Mitglied der deutschen Delegation. Auf Empfehlung von Max Warburg, der diese Aufgabe für sich abgelehnt hatte, wurde Melchior 1919 als wirtschafts- und finanzpolitischer Vertreter einer der sechs Hauptdelegierten für die Friedensverhandlungen von Versailles. Als die Alliierten unzumutbare Bedingungen stellten, empfahl er der Reichsregierung die Nichtannahme und trat von seiner Aufgabe zurück. Angebote, als Finanzminister in die Reichsregierung einzutreten, lehnte er mit dem Hinweis auf zu befürchtende antisemitische Agitation ab.

In den zwanziger Jahren wurde Melchior, der weiterhin im Bankhaus M. M. Warburg tätig war, mehrfach von staatlicher Seite beauftragt, auf internationalen Konferenzen die deutschen Interessen mit dem Ziel zu vertreten, Deutschland von den Reparationen des Versailler Vertrages zu entlasten. Als Berater der deutschen Delegationen nahm er an den Reparationskonferenzen in Brüssel (1920), Paris (1921), London (1922) und Genua (1922) teil. Als

Carl Melchior

Deutschland 1926 dem Völkerbund beitrat, wurde Melchior Mitglied der Finanzkommission, 1928/29 deren Vorsitzender. 1929 berief ihn die deutsche Delegation der Young-Konferenz in Paris zu ihrem stellvertretenden Vorsitzenden. Der Young-Plan beseitigte den Einfluss der Alliierten auf deutsche Banken und Eisenbahnen. An den Haager Reparationskonferenzen 1929 und 1930 nahm Melchior als Sachverständiger teil. Bis 1933 war er Mitglied des Verwaltungsrats und stellvertretender Vorsitzender der Bank für Internationalen Zahlungsausgleich (BIZ). Bei den Alliierten erwarb er sich durch sachliche Arbeit und zurückhaltendes Auftreten ein hohes Maß an persönlicher Anerkennung. Nach der Machtübernahme durch die Nationalsozialisten trat er im April 1933 von allen offiziellen Ämtern zurück.

Melchior war Mitglied der Deutschen Demokratischen Partei. Er gehörte der Deutsch-Israelitischen Gemeinde in Hamburg sowie dem liberalen Tempelverband an. Über den fortschreitenden Antisemitismus machte er sich keine Illusionen. War er bis dahin in seinem Engagement zugunsten jüdischer Belange zurückhaltend gewesen, so änderte er diese Haltung mit dem politischen Aufstieg des Nationalsozialismus. 1932 gründete er den Zentralausschuss der deutschen Juden für Hilfe und Aufbau, einen Zusammenschluss aller jüdischen Wohlfahrts- und Auswanderungsorganisationen, und übernahm zusammen mit Ludwig Tietz dessen Geschäftsführung. Der Zentralausschuss kann als einer der Vorläufer der Reichsver-

tretung der deutschen Juden gelten, an deren Gründung Melchior im September 1933 ebenfalls beteiligt war. Die ihn näher kannten, beschrieben ihn nach seinem Tode am 30. Dezember 1933 als bescheidenen, zugleich jedoch offenen, arbeitsamen Menschen von großer gedanklicher Klarheit und persönlicher Integrität, der nur der Sache selbst verpflichtet war. Bei der nachdrücklichen Vertretung der Interessen des Deutschen Reiches erwarb er sich bedeutende finanz- und wirtschaftspolitische Verdienste. Seine Vaterstadt ehrte ihn 1930 mit der Verleihung der Bürgermeister-Stolten-Medaille, 1932 erhielt er die Walther-Rathenau-Medaille. Die deutsche Bundesregierung stiftete 1984 an der Hebräischen Universität Jerusalem den »Carl-Melchior-Lehrstuhl«.

LITERATUR DBE 7; NDB 17; Jüdisches Lexikon. Ein enzyklopädisches Handbuch des jüdischen Wissens, 4 Bde., Frankfurt a. M. 1987 [Nachdruck der Ausgabe Berlin 1927–30], Bd. 4; Carl Melchior. Ein Buch des Gedenkens und der Freundschaft, Tübingen 1967 (Vorträge und Aufsätze, hg. vom Verein für Hamburgische Geschichte, 15).

Ina Lorenz

MELDOLA, Abraham, geb. 13. 2. 1754 Amsterdam, gest. 23. 11. 1826 ebd.; isr.; Kantor, Notar, Übersetzer, Philologe.

Abraham Meldola erhielt als Sohn des in Livorno geborenen Amsterdamer Rabbiners und Gelehrten David de Refael Meldola (1714–1818) eine gründliche talmudische Ausbildung. Nach dem Studium in Leiden und an der Talmud Tora in Amsterdam ließ er sich 1773 in Altona nieder, wo er Mitglied und Kantor der Synagogengemeinde Neve Salom wurde. In seinem Anstellungsvertrag vom 1. April 1773 verpflichtete er sich, seinen Wohnsitz in Altona zu nehmen und auch die Geburts-, Heirats- und Todesregister mit größter Genauigkeit zu führen. 1774 gehörte er zu den Gründungsmitgliedern der Altonaer »Sancta Hirmandade de Hesed Ve Hemeth« (Heilige Brüderschaft der Liebe und Wahrheit). Seit 1782 war er auf der Grundlage der Reichsnotarordnung von 1512 bis zur Auflösung des Alten Reiches im Jahr 1806 kaiserlicher Notar in Hamburg. Nach Differenzen mit der Altonaer Gemeinde ließ sich der wegen seines aufbrausenden Temperaments wenig geschätzte Abraham Meldola schon vor 1791 in Hamburg nieder, wo er als Kantor und

Übersetzer für die Sprachen Hebräisch, Portugiesisch, Spanisch und Niederländisch tätig war. 1816 wurde er infolge einer Supplik an den Senat nach der Reorganisation des Notariatswesens als Notar anerkannt.

Meldola war zeit seines Lebens ein leidenschaftlicher Büchersammler, was nicht nur aus den erhaltenen Subskribentenlisten der in Hamburg gedruckten Hebraica und Judaica hervorgeht, sondern vor allem aus dem umfangreichen Katalog seiner Bücher, die er in großer Geldnot 1813 verkaufen musste. Für seinen Lehrer und Freund Naphtali Hirz Wessely verfasste der wegen seiner hebräischen Grab- und Gelegenheitsgedichte geschätzte Meldola eine Grabinschrift, die 1805 in Altona in hebräischer und deutscher Sprache auch gedruckt wurde. Der Übersetzer und Philologe Abraham Meldola veröffentlichte 1785 eine der ersten Grammatiken der portugiesischen Sprache, deren Bedeutung noch immer nicht richtig gewürdigt wurde.

Wenige Jahre vor seinem Tod kehrte er nach Amsterdam zurück, wo er 1826 verstarb. Sein Grab befindet sich auf dem Portugiesenfriedhof Ouderkerk bei Amsterdam. Seine drei Ehefrauen Angela, Ulrike und Gracia liegen in Hamburg auf dem Portugiesenfriedhof an der Königstraße begraben. Weitere Hamburger Mitglieder der weit verzweigten Rabbiner- und Gelehrtenfamilie Meldola waren die Kantoren und Lehrer Elijasib und David Meldola, der Verfasser zahlreicher Lehrwerke zum kaufmännischen Rechnen Abraham Meldola sowie der Arzt Eduardo Meldola.

WERKE Traduccion de las cartas mercantiles y morales de J. C. Sinapius en Español y Portuguez, Hamburgo 1784; A palavra dada he mister manter-, ou hum virtuoso acarea outros. Comedia para a juventude, em hum acto. Voltado do Aleman em Portuguez por Abraham Meldola, Hamburgo 1780; Nova Grammatica Portugueza [...], Hamburgo 1785; Danksagungs-Rede für die glückliche Errettung Sr. Königl. Majestät Christian VII. und dessen Königl. Familie aus dem Brande des Schlosses Christiansburg zu Copenhagen [...], Altona o. J. [1794]; Mozaisch Leerstelsel benevens de XIII. geloofsgronden van den Mozaischen Godsdienst. In het Hoogduitsch gesteld door Abraham Meldola, Amsterdam 1823.

LITERATUR LhS 5; Karl-Hermann Körner, Sobre Abraham Meldola e a sua Nova Grammatrica Portuguesa de 1785, in: Michael Studemund-Halévy (Hg.), Die Sefarden in Hamburg. Zur Geschichte einer Minderheit, Bd. 1, Hamburg 1994 (Romanistik in Geschichte und Gegenwart 29), S. 374–381; Jutta Braden, Abraham Meldola. Ein jüdi-

scher kaiserlicher Notar in Hamburg am Ende des 18. Jahrhunderts, in: Aschkenas 6 (1996), S. 507–513; Michael Studemund-Halévy, Sephardischer Buchdruck in Hamburg, in: Lusorama 32 (1997), S. 85–101 und 33 (1997), S. 41–72; ders., Sephardische Bücher und Bibliotheken in Hamburg, in: Menora 8 (1997), S. 150–180; Erik Henriques Bing, Meldola og Weber. Historien om en jødisk og en kristen slægt, Kopenhagen 1999; Michael Studemund-Halévy, Biographisches Lexikon der Hamburger Sefarden. Die Grabinschriften des Portugiesenfriedhofs an der Königstraße in Hamburg-Altona, Hamburg 2000 (Hamburger Beiträge zur Geschichte der deutschen Juden 22), S. 621–627. *Michael Studemund-Halévy*

MELHOP, Wilhelm Peter (Ps. *Eduard Stralau, William Hope*), geb. 16. 7. 1802 Hamburg, gest. 13. 3. 1868 ebd.; luth.; Buchhalter, Schriftsteller, Naturfreund, Instrumentenmacher und Amateur-Astronom.

Das vierte von fünf Kindern des Schiffsmaklers Wilhelm Peter Melhop (1740–1809) und seiner Frau Johanna Christina Adelheid, geborene Fuhrmann, (1768–1848) eignete sich nach dem Besuch der Schünemannschen Privatschule durch autodidaktisches Bücherstudium ein umfangreiches Wissen an. Im Berufsleben war Wilhelm Peter Melhop teils als Buchhalter, teils als eigenständiger Kaufmann tätig. Er handelte mit so unterschiedlichen Waren wie Papier, Instrumenten und Naturzement aus Altenburg. Seit den 1830er Jahren veröffentlichte er – häufig ohne Namensnennung – unter anderem in den Blättern »Miscellen«, »Der Aehrenleser« und »Die Nessel« sowie in den »Hamburger Nachrichten« kleine Erzählungen, Gedichte, Wanderberichte und himmelskundliche Beiträge (Letztere meistens mit dem Kürzel –p.). Seinen einzigen Gedichtband ließ er 1830 unter dem Pseudonym Eduard Stralau erscheinen. Die schon 1828 verfolgte Absicht, eine Zeitschrift mit dem Titel »Der Naturfreund« zu begründen, konnte er nicht umsetzen. In seinem im Hamburger Staatsarchiv verwahrten Nachlass finden sich Tagebuchaufzeichnungen in akkurater Kleinschrift aus der Zeit von 1816 bis 1844, denen einige selbst gefertigte Illustrationen beigefügt sind. Melhop präsentiert sich dort als ein äußerst naturverbundener, leicht melancholischer Mann, der in seiner Freizeit dem Trubel der Stadt entfloh und auf zahlreichen Wanderungen in Hamburgs Umgebung Harmonie mit der ländlichen Natur zu finden

suchte. Besonders oft zog es ihn in das Wandsbeker Gehölz, in dem er sich an der »Zauberfülle« des Nachtigallengesangs erfreute. In der musikhistorischen Spezialforschung wird Wilhelm Peter Melhop als Konstrukteur und Verbesserer der Äolsharfe (Windharfe) gewürdigt. Das Museum für Kunst und Gewerbe in Hamburg besitzt drei um 1837 von Melhop angefertigte Äolsharfen. Als Besitzer des damals angeblich größten Fernrohrs in Hamburg entdeckte Melhop, der zeitweise auch mit astronomischen Instrumenten handelte, 1844 einen Kometen. Nach längerem Junggesellendasein heiratete er 1841 die 15 Jahre jüngere Hanchen Krüger (1817–69). Als 53-Jähriger wurde er noch Vater eines Sohnes namens Wilhelm, der später als Verfasser von Hamburg-Topografien bekannt wurde.

WERKE Eduard Stralau, Gedichte, Hamburg 1830.

LITERATUR LhS 5; Alexander Pilipczuk, Wilhelm Peter (II) Melhop und seine Äolsharfen (1837), in: Das Musikinstrument 42 (1993), Heft 2/3, S. 126–136; Hans Walden, Stadt – Wald. Untersuchungen zur Grüngeschichte Hamburgs, Hamburg 2002 (Beiträge zur Hamburgischen Geschichte 1). *Hans Walden*

MENDE, Johanna Dorothea Louise (*Lotte*), geb. Müller, geb. 12. 10. 1834 Hamburg, gest. 5. 12. 1891 ebd.; luth.; Schauspielerin.

Im Alter von 15 Jahren sprach die in einfachen Verhältnissen aufgewachsene Lotte Mende der damals gefeierten Soubrette Lina Höfer am Thalia Theater vor, hatte damit jedoch keinen Erfolg. Als sie sich ein halbes Jahr später auf eine Annonce in den »Hamburger Nachrichten« erneut als Schauspielerin bewarb, wurde sie von dem Direktor einer reisenden Theatergesellschaft engagiert, die sich gerade in Verden aufhielt. Die Eltern billigten die berufliche Entscheidung – nicht zuletzt weil die Armut der Familie die Tochter zwang, einem eigenen Erwerb nachzugehen.

Im Rollenfach der munteren Liebhaberin spielte Lotte Mende in vielen deutschen Städten. 1864 wurde die Schauspielerin, die damals noch unter ihrem Geburtsnamen Louise Müller auftrat, am Carl-Schultze-Theater an der Reeperbahn Nr. 140–142, dem damals bedeutendsten Komödienhaus, engagiert. Carl Schultze hatte das Haus, welches bald den Ruf erwarb, ein »Theater für Humor liebende Hanseaten« zu sein, 1860 eröffnet. In dem bis 1931

findet sich heute im Garten der Frauen auf dem Ohlsdorfer Friedhof.

LITERATUR Bake/Reimers, S. 79–81.   *Rita Bake*

MENDELSSOHN, Joseph, geb. 10. 9. oder 4. 10. 1817 Jever, gest. 4. 4. 1856 Hamburg; isr.; Schriftsteller.

Joseph Mendelssohn gehört zu den zu Unrecht vergessenen Hamburger Schriftstellern des 19. Jahrhunderts; er war ein sehr begabter Autor, gleichwohl oft gezwungen, für den Tag zu schreiben, um vom Ertrag seiner Feder leben zu können.

Mendelssohns Familie stammte aus dem oberfränkischen Horb am Main. Sein Vater Moses war seinem älteren Bruder nach Jever gefolgt und hatte dort Gola Schwabe, die Tochter eines Schutzjuden, geheiratet. Zeitweise lebte der Vater mit den Söhnen Joseph und Salomon in Hamburg. Beide Kinder besuchten die Israelitische Freischule, Joseph von 1823 bis 1831. In Braunschweig absolvierte er bei Friedrich Vieweg eine Schriftsetzerlehre und arbeitete bis 1839 als Setzer in dessen Verlag. Sein erstes Werk »Blüthen. Gedichte und Novellen eines Schriftsetzers« erschien 1839 bei Julius Campe in Hamburg, versehen mit einem Vorwort des Braunschweiger Juristen und Schriftstellers Friedrich Karl von Strombeck.

Unterstützt von Salomon Heine, hielt sich Mendelssohn von 1838 bis 1841 in Paris auf. In dem dreibändigen Werk »Pariser Briefe«, das 1840 und 1841 in Leipzig erschien, schilderte er Theater und Literatur, Politik und soziale Fragen, charakterisierte die ihm bekannt gewordenen Victor Hugo, Alexandre Dumas und Heinrich Heine. Eine Umwälzung bereite sich vor dank »dem täglich mehr zur Entwickelung kommenden geistigen Bewußtsein der arbeitenden Classen«. Paris sah Mendelssohn als »ein gigantisches Tollhaus, von Neujahrstage bis zur Sylvesternacht« an. Dem beliebten Thronfolger Ferdinand Philipp, Herzog von Orleans, der 1842 bei einem Unfall ums Leben gekommen war, widmete er noch im selben Jahr eine Biografie.

Nach seiner Rückkehr war Mendelssohn als Schriftsteller und Journalist in Hamburg tätig. Er schrieb für das »Panorama der Gegenwart«, die »Jahreszeiten«, die »Wöchentlichen Nachrichten« wie für auswärtige Zeitungen und Zeitschriften. 1844 würdigte er Salomon Heine mit einer Biogra-

Lotte Mende

existierenden Theater wurden Hamburger Volksstücke und Lokalpossen meist in plattdeutscher Sprache aufgeführt. Lotte Mende, die über zehn Jahre lang ein festes Engagement am Carl-Schultze-Theater hatte, trat oft gemeinsam mit dem Gründer des Hauses auf. Sie hatte ein großes Repertoire, spielte Rollen von der jugendlichen Liebhaberin bis zur komischen Alten und war eine Virtuosin im holsteinischen, mecklenburgischen und hamburgischen Platt. Mit dem Dichter und ehemaligen Chemiker Julius Stinde erlebte sie in den siebziger Jahren des 19. Jahrhunderts eine Blütezeit des Hamburger Volksstücks. Stinde schrieb viele Stücke, in denen die Schauspielerin brillierte. Ihren größten Erfolg feierte sie als redselige Tante Therese Grünstein im Stück »Hamburger Leiden«, das 1873 uraufgeführt und über 100 Mal gespielt wurde. Der von ihr in diesem Stück immer wieder rezitierte Satz »Was is mich das mit dich, mein Kind« wurde zum geflügelten Wort.

Lotte Mende, die 1872 ihren Schauspielerkollegen, den Heldendarsteller Louis Mende, geheiratet hatte, verließ 1874 das Carl-Schultze-Theater, da dort immer weniger Lokalpossen gespielt wurden. Sie ging von 1874 bis 1875 ans Berliner Residenz-Theater, fand hier aber nicht den richtigen Wirkungskreis. So zog sie von einem Gastspiel zum anderen, von einer Stadt in die nächste, führte ein unstetes Leben und musste sich ihr Publikum immer wieder neu erobern. Den Tod ihres Mannes, der 1881 an Krebs starb, überwand sie nie ganz. Später starb sie an derselben Krankheit. Ihr Grabstein be-

fie, die kurz nach dessen Tod erschien und rasch drei Auflagen erreichte. Die »Blätter der Würdigung und Erinnerung für seine Freunde« sind bis heute eine grundlegende Quelle für Leben und Werk des Bankiers und Wohltäters geblieben. Seinen beruflichen Aufstieg, sein häusliches Leben, seine Begeisterung für das Theater, seine Glaubenstreue und sein Eintreten für die bürgerliche Gleichberechtigung der Juden sowie sein Wirken als Mäzen und Stifter hat Mendelssohn treffend charakterisiert, auch sein gemeinnütziges Engagement beim und nach dem Hamburger Brand von 1842. Dass ihm das Ehrenbürgerrecht versagt blieb, die Patriotische Gesellschaft von 1765 ihn jedoch als Ehrenmitglied auszeichnete, überlieferte Mendelssohn ebenfalls. 1845 veröffentlichte er im Verlag von Gerhard Stalling in Oldenburg sein Buch »Eine Ecke Deutschlands. Reisesilhouetten. Oldenburger Bilder, Charaktere und Zustände«, in dem er eine winterliche Schlittenfahrt von Hamburg nach Harburg und dieses »saubere Landstädtchen« als wichtigen Ort für den Speditionshandel schilderte. Bremen erschien ihm als »eine träge Eule gegen den Singvogel Hamburg«. Land und Stadt Oldenburg, seine Heimat Jever stellte er ebenso dar wie das Theater der Residenz und die Bemühungen seines Bruders Salomon um das Turnen. Den Juden und ihrer Gleichberechtigung galt auch hier sein besonderes Interesse.

1846 heiratete Mendelssohn Radisch (Rose) Berendsohn, die Tochter des Buchhändlers und Verlegers Bernhard Salomon Berendsohn, die noch im selben Jahr im Wochenbett starb. Er übersetzte Lustspiele aus dem Französischen und schrieb den Schwank »Ueberall Jesuiten!«. 1848 gab er den humoristisch-satirischen Almanach »Der Theaterteufel« mit Originalbeiträgen von Adolf Glaßbrenner, Johann Nestroy und Moritz Gottlieb Saphir heraus. Mehrere seiner Publikationen erschienen im Verlag des Schwiegervaters. Mendelssohn starb 1856 im Hamburger Allgemeinen Krankenhaus. Eine Gesamtwürdigung seines journalistischen und schriftstellerischen Wirkens fehlt, worauf Werner von Melle schon 1906 in der »Allgemeinen Deutschen Biographie« hingewiesen hat.

WERKE Schriftenverzeichnis in: LhS 5; Salomon Heine. Blätter der Würdigung und Erinnerung für seine Freunde, 1. Aufl. Hamburg 1844, 2. und 3. Aufl. Hamburg 1845; Eine Ecke Deutschlands. Reisesilhouetten. Oldenburger Bilder, Charaktere und Zustände, Oldenburg 1845 [Nachdruck Leer 1979].

LITERATUR ADB 52; NDB 17; LhS 5; Kosch 10; Biographisches Handbuch zur Geschichte des Landes Oldenburg, hg. von Hans Friedl u.a., Oldenburg 1992; Harald Schieckel, Nachwort, in: Eine Ecke Deutschlands 1979 (siehe unter Werke) [ohne Paginierung]; Jörg Deuter, Joseph Mendelssohn aus Jever. Ein vergessener Jungdeutscher, in: Der oldenburgische Hauskalender oder Hausfreund auf das Jahr 1979 (153. Jahrgang), S. 60–63; Franklin Kopitzsch, Joseph Mendelssohn. Zur Erinnerung an einen Schriftsteller aus der Heine-Zeit, in: Peter Freimark/Arno Herzig (Hg.), Die Hamburger Juden in der Emanzipationsphase 1780–1870, Hamburg 1989 (Hamburger Beiträge zur Geschichte der deutschen Juden 15), S. 83–98.

Franklin Kopitzsch

MERZYN, Gerhard, geb. 21. Mai 1918 Kassel, gest. 29. Januar 1983 Alicante (Spanien); luth.; Mitbegründer und erster Direktor von HAUS RISSEN, Internationales Institut für Politik und Wirtschaft.

Merzyn wurde in Kassel als Sohn des Oberlandeskirchenrates Gerhard Merzyn geboren und war nach dem Abschluss der Schulzeit in seinem Geburtsort von 1936 bis 1945 als Berufsoffizier tätig. Von 1943 bis 1945 war er als Student der Rechts- und Staatswissenschaften an der Berliner Universität immatrikuliert, konnte das Studium aus gesundheitlichen Gründen jedoch nicht abschließen. Das Ende des Krieges im Jahre 1945 bedeutete für ihn einen beruflichen Neuanfang: Nach einem Zwischenspiel als Lehrer für Englisch, englische Geschichte und Literatur an einem Dolmetscherseminar in Hannover und vorübergehender Tätigkeit als Geschäftsführer einer Weinbau- und Weinhandelsgesellschaft übernahm Merzyn 1950 für zwei Jahre die deutsche Leitung des Amerika-Hauses in Hannover. Seit dem Frühsommer 1952 war er am amerikanischen Konsulat als Referent für öffentliche Angelegenheiten in der Kulturabteilung tätig und baute in dieser Zeit ein enges Netz zu Parteien, Organisationen und Institutionen in Niedersachsen auf.

Als in Hamburg Anfang der fünfziger Jahre in Kreisen von Universität, Wirtschaft und Politik der Plan entstanden war, mit HAUS RISSEN einen Ort der Begegnung von Menschen aus unterschiedlichen Lebenswelten, des Gedankenaustausches sowie der politischen Bildung zu schaffen, konnte

Gerhard Merzyn

Merzyn dank persönlicher Beziehungen 1954 als Direktor verpflichtet werden. Nach den leidvollen Erfahrungen des Zweiten Weltkriegs sollte der jungen Bundesrepublik ein der Weimarer Republik ähnliches Schicksal erspart werden. Die Gestaltung einer demokratischen Ordnung und ihre Umsetzung in der Gesellschaft sowie die Grundlagen der sozialen Marktwirtschaft und die europäische Integration standen am Anfang der von parteipolitischen und wirtschaftlichen Einflüssen unabhängigen Bildungsarbeit.

Merzyn hat von Anbeginn seiner Tätigkeit Wegmarken für die Entwicklung der heute international bekannten Einrichtung gesetzt, die prägend geblieben sind. Trotz aller politischen und gesellschaftlichen Veränderungen, denen HAUS RISSEN in der Zeit seines Bestehens in seiner Forschungs- und Bildungsarbeit gefolgt ist, gilt das von Merzyn vertretene Prinzip der Achtung des Andersdenkenden bis heute uneingeschränkt. Die von ihm initiierte Bildungsarbeit umfasste von vornherein ein breites Spektrum von Teilnehmern, Themenbereichen und Veranstaltungen. Es war ihm ein wichtiges Anliegen, die Bundeswehr als Teil der Gesellschaft in gemischte Seminare einzubeziehen. Seminarveranstaltungen wechselten mit Offenen Abenden, an denen früheren Teilnehmern ein Gesprächsforum geboten werden sollte, Konzerten und Reisen in die politischen Zentren, zum Beispiel nach Bonn, Berlin, Brüssel und Paris. Bereits in der Frühphase des Hauses gelang es Merzyn, bedeutende Referenten aus dem In- und Ausland für Fach-

vorträge und Seminare zu verpflichten, darunter Helmut Thielicke, Carl Friedrich von Weizsäcker, Franz Josef Strauß und Walter Scheel.

Die seit 1956 ununterbrochen erscheinenden und bis 1983 von Merzyn verantworteten »Rissener Rundbriefe« und die »Rissener Jahrbücher« haben ein Band zwischen der Forschungs- und Bildungsarbeit der in HAUS RISSEN tätigen Menschen und Freunden und Förderern geknüpft. In Ergänzung seiner Tätigkeit als Institutsleiter hat Merzyn umfangreiche Studien- und Vortragsreisen auf mehreren Kontinenten unternommen, die einer Vertiefung von Kenntnissen, der Beschäftigung mit landesspezifischen Fragestellungen und der Anbahnung persönlicher Kontakte mit Entscheidungsträgern dienten. Immer wieder wurde er zu Symposien und Tagungen bedeutender Organisationen eingeladen, wie zum Beispiel zum »Bergedorfer Gesprächskreis« der Körber-Stiftung. 1968 zählte er neben Eduard Pestel zu den maßgeblichen Gründerpersönlichkeiten des »Club of Rome«, der mit seinen Thesen durch das 1972 erschienene Buch »Die Grenzen des Wachstums« weltweite Beachtung fand. Im September 1978 hat er auch die deutsche Sektion des »Club of Rome« mitbegründet.

Merzyn ist für seine Arbeit mehrfach ausgezeichnet worden. 1955 erhielt er für seine Tätigkeit als Leiter des Amerika-Hauses in Hannover und des Kulturreferats am amerikanischen Generalkonsulat eine Verdienstmedaille des Informationsministeriums der USA. 1975 wurde ihm die Freiherr-vom-Stein-Medaille in Gold der Stiftung F.V.S. in Hamburg verliehen.

WERKE Länder zwischen Nil und Ganges – Bilanz nach einem Wiedersehen, in: Rissener Rundbrief, Juni 1961; Ostasien – Spannungsfeld der Weltpolitik, in: Rissener Rundbrief, Januar 1966; Gespräche in Moskau – Eindrücke in Usbekistan, in: Rissener Rundbrief, März 1977.

Jürgen Hagenmeyer

MEUMANN, *Ernst* Friedrich Wilhelm, geb. 29. 8. 1862 Uerdingen am Niederrhein (heute Krefeld-Uerdingen), gest. 26. 4. 1915 Hamburg; konfessionslos; Psychologe und Pädagoge.

Ernst Meumann gehört zu den Begründern der Pädagogischen Psychologie und der Empirischen Pädagogik im deutschen Sprachraum. Der Sohn eines Pastors legte 1883 in Elberfeld die Reifeprüfung

Ernst Meumann

ab. Nach dem Studium der Philosophie und Theologie in Tübingen, Berlin, Halle und Bonn von 1883 bis 1887 absolvierte er 1887 und 1889 in Koblenz die beiden theologischen Examina und 1889 in Bonn die Oberlehrerprüfung. Im Anschluss an eine Tätigkeit als Hauslehrer studierte er ab 1890/91 Philosophie in Tübingen und wurde dort 1891 mit einer Arbeit über »Das Grundgesetz der Assoziation und Reproduktion« promoviert. 1891 folgte das Studium der Experimentellen Psychologie bei Wilhelm Wundt in Leipzig, dessen Assistent Meumann 1893 wurde. 1894 habilitierte er sich dort im Fach Philosophie mit »Untersuchungen zur Psychologie und Ästhetik des Rhythmus«. Drei Jahre später folgte er dem Ruf auf ein Extraordinariat für Philosophie und Pädagogik nach Zürich, wo er von 1900 bis 1905 ordentlicher Professor war. 1903 gehörte er zu den Gründern der Zeitschrift »Archiv für die gesamte Psychologie«. In den folgenden Jahren lehrte Meumann in Königsberg (1905), Münster (1907), Halle-Wittenberg (1909) und Leipzig (1910), bis er im Herbst 1911 einen Ruf als Professor der Philosophie an das Allgemeine Vorlesungswesen in Hamburg annahm. Noch in diesem Jahr wurde er Vorstandsmitglied des Bundes für Schulreform, der seinen Hauptsitz in Hamburg hatte. Neben seiner Lehrtätigkeit war er auch für die seminaristische Ausbildung der Volksschullehrer in Experimenteller Psychologie zuständig und setzte sich für Reformen im Schulwesen ein, was ihn bei den Volksschullehrern sehr beliebt machte. 1911 wurde Meumann Mitherausgeber der einflussreichen »Zeitschrift für Päd-

agogische Psychologie und Experimentelle Pädagogik«. 1914 entstand unter seiner Leitung das Institut für Jugendkunde, das überregional die wissenschaftliche Jugendkunde koordinieren und Öffentlichkeitsarbeit leisten sollte; ihm war es wichtig, die Bestrebungen für die Schulreform zu bündeln. Meumanns früher Tod 1915 unterbrach die Forschungsarbeiten, die dann von William Stern fortgesetzt wurden.

Ernst Meumann hatte den Anspruch, die verschiedenen Gebiete der Philosophie, Psychologie und Pädagogik zu überblicken und als Einheit zu sehen; seine wissenschaftliche Arbeit orientierte sich an diesem Verständnis. Er übertrug Ansätze und Methoden der Empirisch-experimentellen Psychologie auf die Pädagogik, wobei er eng mit der Schulreformbewegung zusammenarbeitete. Mit Hilfe empirischer Disziplinen sollte eine »Pädagogik vom Kinde aus« wissenschaftlich begründet werden. Diese neue Erziehungslehre löste die »Lernschule« ab, die einer Erziehung zur Selbstständigkeit entgegenstand. Meumanns Hauptwerk »Vorlesungen zur Einführung in die experimentelle Pädagogik und ihre psychologischen Grundlagen« (1907, 2., erweiterte Auflage 1911–14) gilt als Klassiker der Pädagogischen Psychologie. Meumanns Leben war durch die Wahrheitssuche bestimmt, wobei er darauf Wert legte, ohne Religion gelebt zu haben.

WERKE Schriftenverzeichnis in: Paul Probst, Bibliographie Ernst Meumann. Mit einer Einleitung zur Biographie, Herzberg 1991 (Bibliothemata 5).

LITERATUR Paul Probst, Die Ursprünge des Psychologischen Instituts in Hamburg. Betrachtungen der Jahre 1911–1915. Mit einem bibliographischen Anhang zur »Primär- und Sekundärliteratur Ernst Meumann«, Hamburg 1988 (Arbeiten aus dem Fachbereich Psychologie der Universität Hamburg 61); Peter Dudek, Jugend als Objekt der Wissenschaften. Geschichte der Jugendforschung in Deutschland und Österreich 1890–1933, Opladen 1990; Helmut Moser, Zur Entwicklung der akademischen Psychologie in Hamburg bis 1945. Eine Kontrast-Skizze als Würdigung des vergessenen Erbes von William Stern, in: Hochschulalltag im »Dritten Reich«. Die Hamburger Universität 1933–1945, hg. von Eckart Krause, Ludwig Huber und Holger Fischer, 3 Teile, Berlin/Hamburg 1991 (Hamburger Beiträge zur Wissenschaftsgeschichte 3), Teil II, S. 483–518. *Rainer Hering*

MEURON, Auguste de, geb. 11. 4. 1813 Neuchâtel, gest. 21. 5. 1898 ebd.; franz.-ref.; Architekt.

Nach dem Studium der Architektur an der École des Beaux Arts unter Achilles Leclère in Paris und kurzer Tätigkeit im damals preußischen Neuchâtel siedelte sich Meuron 1842 – nach dem Großen Brand – in Hamburg an. Sein großer Förderer war der Bausenator Martin Johann Jenisch, für den er 1845 an den Großen Bleichen 23 ein opulentes Palais im französischen Renaissancestil mit Remise und Pferdestall erbaute, das 1907 abgerissen wurde. Der Bruder des Senators, der Bankier Gottlieb Jenisch, ließ sich von Meuron in den Jahren von 1845 bis 1847 im Kreis Waren in Mecklenburg das Schloss Varchentin im Stil englischer Tudor-Gotik bauen, das heute noch steht. Für Gustav Godeffroy errichtete der Architekt 1855/56 im neugotischen Stil das an der Elbe gelegene Landhaus »Beausite« (1935 abgerissen). Im ersten Wettbewerb zum Bau eines neuen Rathauses gewann Meurons im Renaissancestil gehaltener Entwurf 1854 den Zweiten Preis. Zu seinem architektonischen Repertoire gehörten auch der Hamburger Rundbogenstil sowie Einzelhäuser mit Rokoko-Elementen. 1843 errichtete er zusammen mit Franz Georg Stammann den ersten Bau des Thalia Theaters, 1856 mit Franz Gustav Forsmann die Ratsstube als Anbau zum provisorischen Rathaus, das im alten Waisenhaus in der Admiralitätsstraße untergebracht war. Nach Meurons Entwürfen entstanden Hotels (zum Beispiel Zinggs am Adolphsplatz 6, 1844–46; Wiezels gegenüber dem Stintfang, 1856), Geschäftshäuser (Jungfernstieg 4/Ecke Neuer Wall 2 für Johannes Harmsen, 1845; Rathausmarkt 7/Ecke Rathausstraße 22 für Heinrich David Hertz, 1848), Stadthäuser (An der Alster 9 für Friedrich Wilhelm Burchard, 1858; Holzdamm 2 für Adolph Schramm, 1861), Landhäuser an der Elbe und auf der Hoheluft sowie mehrere Einfamilienhäuser auf der Uhlenhorst. Zusammen mit seinem Schüler Martin Haller errichtete er zahlreiche Gebäude für die 1861 gegründete Zoologische Gesellschaft. Aus familiären Gründen kehrte Meuron 1868 nach Neuchâtel zurück, wo sich sein architektonisches Schaffen auf die Mitwirkung am Hotel du Mont Blanc (heute: Banque Cantonale Neuchâteloise) in demselben Jahr beschränkte.

Meurons Stärke war die künstlerische Durchdringung seiner Bauwerke einschließlich geeigneter, meist kostbarer Innenausstattungen und weniger die technische Struktur der Gebäude. Obwohl er am liebsten im Stil der Neorenaissance baute, beherrschte er – dank seiner damals für Architekten ungewöhnlichen akademischen Ausbildung – alle nach dem Großen Brand in Hamburg nachgefragten Baustile. Dadurch entwickelte er sich schnell zum »tonangebenden Architekt der Hamburger Oberschicht« (Hermann Hipp).

LITERATUR ThB 24; Julius Faulwasser, Der große Brand und der Wiederaufbau von Hamburg. Ein Denkmal zu den fünfzigjährigen Erinnerungstagen des 5. bis 8. Mai 1842, Hamburg 1892 [Neuausgabe Hamburg 1978]; Wilhelm Melhop, Alt-Hamburgische Bauweise. Kurze geschichtliche Entwicklung der Baustile in Hamburg, dargestellt am Profanbau bis zum Wiedererstehen der Stadt nach dem großen Brande von 1842 nebst ortskundlichen und lebensgeschichtlichen Angaben, 2., neu bearb. Aufl. Hamburg 1925 [Nachdruck Hamburg 1972]; Die Bau- und Kunstdenkmale der Freien und Hansestadt Hamburg, hg. von Günther Grundmann, bearb. von Renata Klée Gobert, Bd. 2: Altona – Elbvororte, Hamburg 1959; Paul Theodor Hoffmann, Die Elbchaussee. Ihre Landsitze, Menschen und Schicksale, 9. Aufl. Hamburg 1982; Martin Haller. Leben und Werk 1835–1925, hg. von Wilhelm Hornbostel und David Klemm [Katalog zur Ausstellung »Baulust und Bürgerstolz« im Museum für Kunst und Gewerbe, Hamburg, vom 12. September bis 2. November 1997], Hamburg 1997.
Claus Gossler

MEWES, Yvonne, geb. 22. 2. 1900 Karlsruhe, gest. 6. 1. 1945 Frauenkonzentrationslager Ravensbrück; Lehrerin, Gegnerin des Nationalsozialismus.

Die Pädagogin Yvonne Mewes stellte sich, ohne einer Widerstandsgruppe anzugehören, couragiert gegen das nationalsozialistische Regime.

Aus einer Zahnarztfamilie stammend, hatte sie in Hamburg Germanistik, Romanistik und Anglistik studiert. 1927 wurde sie Studienassessorin an der Heilwigschule und 1938 auf eigenen Wunsch in den öffentlichen Schuldienst übernommen.

Nachdem sie sich im Jahre 1942 geweigert hatte, in der Kinderlandverschickung als Lehrerin zu arbeiten, da sie dort eine noch stärkere Indoktrinierung der Kinder mit dem Gedankengut des Nationalsozialismus und eine Beschränkung in ihrer Unterrichtsgestaltung befürchtete, folgten mehrere Versetzungen an andere Schulen. 1943 wurde

MEYER, Valentin Lorenz

Yvonne Mewes

Yvonne Mewes ausgebombt, zog zu ihrer Schwester nach Passau und unterrichtete dort. Nach mehreren vergeblichen Versuchen von Seiten der Schulbehörde, die Lehrerin nach Hamburg zurückzuholen, folgte sie der Aufforderung dann schließlich doch noch und kehrte noch im selben Jahr nach Hamburg zurück. Im Juli 1944 reichte sie die Kündigung ein, die mit der Begründung des Lehrerbedarfs abgewiesen wurde.

Wegen ihres so genannten »renitenten Verhaltens« wollte die Schulbehörde an Yvonne Mewes ein Exempel statuieren. In der Hoffnung, sie würde die Arbeit verweigern und damit eine strafbare Handlung begehen, wurde sie zur Fliegerschadensbeseitigung, das heißt in die Flickstube der NS-Frauenschaft, beordert. Doch Yvonne Mewes nahm den Dienst an. Daraufhin übergab die Schulbehörde den Fall Mewes der Gestapo, die die Lehrerin in die Gestapo-Haftanstalt Fuhlsbüttel brachte. Längere Zeit musste sie in Dunkelhaft sitzen, bekam keine Nahrung. Obwohl weder die Haftrichter noch die Staatsanwaltschaft ein strafbares Verhalten feststellten, bestand die Schulbehörde auf einer strengen Behandlung. Einen Tag vor Weihnachten 1944 wurde Yvonne Mewes ins Konzentrationslager Ravensbrück gebracht. Dort starb sie knapp zwei Wochen später an Hungertyphus.

Ihre Denunzianten, angeklagt wegen »Verbrechen gegen die Menschlichkeit, Freiheitsberaubung im Amt und fahrlässiger Tötung«, wurden in einem 1950 durchgeführten Prozess mangels Beweisunterlagen freigesprochen.

1985 wurde im Stadtteil Alsterdorf der Yvonne-Mewes-Weg nach der couragierten Lehrerin benannt. Ihr Grabstein steht auf dem Ohlsdorfer Friedhof im »Garten der Frauen«, einer Gedenkstätte für bedeutende Hamburger Frauen.

LITERATUR Gerhard Hoch, Yvonne Mewes: »Warten, daß ich mich ins Unrecht setze …«, in: Ursel Hochmuth/Hans-Peter de Lorent (Hg.), Schule unterm Hakenkreuz, Hamburg 1985, S. 259–264; Ursel Hochmuth/Gertrud Meyer, Streiflichter aus dem Hamburger Widerstand 1933–1934. Berichte und Dokumente, Frankfurt a. M. 1969. *Rita Bake*

MEYER, Valentin Lorenz, geb. 23. 10. 1817 Hamburg, gest. 1. 3. 1901 ebd.; luth.; Kaufmann.

Der unter anderem im Ostasienhandel erfolgreiche Kaufmann Valentin Lorenz Meyer gehörte der Frömmigkeitsbewegung an, die sich gegen den im Hamburg des 19. Jahrhunderts vorherrschenden Rationalismus auflehnte. Mittelpunkt seiner religiösen Betätigung war die Kapellengemeinde in Barmbek.

Sein Elternhaus stand auf der Cremoninsel in der Catharinenstraße, wo der Vater, Senator Christian Lorenz Meyer, einer seit dem frühen 18. Jahrhundert in Familienbesitz befindlichen Weinhandlung vorstand. Die in der Firma Gleichmann & Busse begonnene kaufmännische Lehre schloss Valentin Lorenz 1839 im väterlichen Geschäft ab. Dem Weinhandel abgeneigt, folgte der 23-Jährige dem Vorschlag seines Jugendfreundes August Behn, sich gemeinsam am aufblühenden Kolonialhandel in Ostasien zu beteiligen. Ausgestattet mit Referenzen englischer Geschäftsfreunde und einem väterlichen Startkapital von 50 000 Mark banco, trat Meyer von Bordeaux aus eine um das Kap der Guten Hoffnung führende Seereise an, die ihn nach 120 Tagen in das britisch verwaltete Singapore brachte. Dort gründeten die beiden jungen Hamburger am 1. November 1840 die Firma Behn, Meyer & Co., die erste deutsche Kaufmannsniederlassung am Ort. Von hier aus unternahmen sie mit gecharterten Lastseglern ausgedehnte Handelsreisen. Neben Sumatra, Java, Celebes und Neuguinea besuchten sie vor allem China, wobei sie Nutzen daraus zogen, dass die Engländer damals im Opiumkrieg die Öffnung der wichtigsten chinesischen Häfen erzwangen. Am anrüchigen Opiumhandel selbst allerdings, so verein-

Valentin Lorenz Meyer

barten Meyer und Behn, wollte man sich nicht beteiligen. Als Meyer auf Heimaturlaub in Hamburg war, kam es zu einer Abweichung von dieser Abrede. Behn, so erfuhr Meyer, hatte fünf Kisten Opium für einen Geschäftsfreund als Speditionsgut nach China befördert. Behn sah darin einen Bagatellvorgang, Meyer einen Kontraktbruch. Die hierüber entbrannte Kontroverse endete damit, dass Meyer zum 31. Dezember 1849 seine Teilhaberschaft aus Gewissensgründen aufkündigte.

Im Januar 1850 hielt Meyer in Hamburg um die Hand von Henriette Sieveking an, der ältesten Tochter des Bürgermeisters Dr. Friedrich Sieveking. Im Mai desselben Jahres wurde die Hochzeit gefeiert. Meyers moralischem Anspruch an berufliche Tätigkeit entsprach ein Projekt, das er seit 1851 in der englischen Hafenstadt Liverpool zu realisieren suchte. Das Ziel bestand darin, der von skrupellosen Agenten praktizierten Übervorteilung der nach den USA sich einschiffenden Auswanderer durch eine Firma entgegenzuwirken, die seriöse Beratungs- und Betreuungsdienste zu fairen Preisen anbot. Nach fünf verlustreichen Jahren musste das Vorhaben abgebrochen werden. In seine Heimatstadt zurückgekehrt, schuf Meyer sich eine gesicherte Existenz, indem er in der Gröningerstraße eine Importagentur für englische Baumwollwaren etablierte. Wohnsitz der inzwischen kinderreichen Familie war seit 1867 eine vom Vater ererbte Landvilla mit großem Garten in Hamm.

Neben seiner beruflichen Aktivität trug Meyer zur Wiedererweckung religiösen Lebens in Hamburg bei. Insbesondere wandte er sich der schnell wachsenden Unterschichtbevölkerung in den von der Kirche vernachlässigten Vororten zu. Es kam zu einer engen Zusammenarbeit mit dem Theologiekandidaten Carl Wilhelm Gleiß, der sich in der Nachfolge Johann Wilhelm Rautenbergs an der christlichen Sonntagsschule in St. Georg engagierte. Als es in der Filialsonntagsschule in Barmbek 1866 an Laienhilfe mangelte, sprang Meyer ein und übernahm die Unterweisung der älteren Jugendlichen an jedem Sonntagmittag. Dieses Ehrenamt wuchs ihm so sehr ans Herz, dass er es 34 Jahre ohne Unterbrechung bis zu seinem Tode ausübte. Gleichzeitig förderte Meyer nach Kräften das aus der Sonntagsschule hervorgegangene gemeindliche Leben in Barmbek. Durch Schenkung eines Grundstücks schuf er 1866 die Voraussetzung für die Errichtung einer kleinen Kapelle. Gegen den Widerstand der alten Hauptkirchen setzte er beim Senat durch, dass die durch ihre kämpferisch vorgetragene lutherische Bekenntnistreue anstößige »Kapellengemeinde« offiziell anerkannt wurde und 1870 einen eigenen Pastor wählen konnte.

Meyers religiöses Engagement kam auch in anderen Bereichen zum Tragen: Er unterstützte weitere Kapellengemeinden, so durch finanzielle Hilfe bei der Errichtung der St. Johannes-Kapelle in Rothenburgsort (1869) sowie der Sonntagsschulkapelle in Eilbek (1874). Ferner war er viele Jahre Präses des Magdalenenstifts, wirkte in der Traktatgesellschaft mit, förderte die Arbeit der Äußeren Mission und betätigte sich im Kirchenvorstand in Hamm. Nicht zuletzt stand er dem Rauhen Haus als dessen Vorstandsmitglied mit Rat und Tat zur Seite. Als um 1900 die Trasse der neuen Güterbahn Wandsbek-Rothenburgsort durch das Gelände des Rauhen Hauses gelegt werden sollte, opferte er einen großen Teil seines benachbarten Gartens, um eine das Rauhe Haus verschonende Planung zu ermöglichen.

LITERATUR DG 171; Otto Beneke, Geschichte und Genealogie der Familie Lorenz Meyer in Hamburg, Hamburg 1861; Emil Helfferich, Zur Geschichte der Firmen Behn, Meyer & Co., gegründet in Singapore am 1. November 1840, und Arnold Otto Meyer, gegründet in Hamburg am 1. Juni 1857, Hamburg 1957 (Veröffentlichungen der Wirtschaftsgeschichtlichen Forschungsstelle e. V., Hamburg, 19); Jan Albers/Wolfgang Lorenz-Meyer (Hg.), Valentin Lorenz Meyer, Hamburg 1992; Das Kapellenbuch – Eine kirchliche Hamburgensie, hg. von Erich Roose, Hamburg 1996. *Joist Grolle*

MEYERS (alias *Cordes*), Lemke, gest. 1594 Hamburg, »Hexe«.

Gegen Lemke Meyers wurde 1594 ein Hexenprozess mit der Beschuldigung geführt, dass sie von Gott abgefallen sei und sich »mit dem leidigen Satan verbündet und vermischet« sowie anderen Personen durch Weiden- und Viehzauber Schaden zugefügt habe. Wie andere Straftäter bekamen auch der Hexerei Angeklagte in Hamburg spätestens seit Ende des 16. Jahrhunderts einen amtlichen Verteidiger zugeordnet. Lemkes Strafverteidiger Hinrich Mengardt wandte ein, dass die Angeklagte als ein »schwaches Werkzeug« durch Geldversprechungen des Teufels verführt worden sei und zudem ihr Tun von Herzen bereue. Seinem Plädoyer für die Schwertstrafe gab das Niedergericht jedoch nicht statt; Lemke wurde zum Feuertod verurteilt. Der Hamburger Rat bestätigte dieses Urteil in seiner Funktion als städtisches Obergericht am 29. November 1594.

LITERATUR Roswitha Rogge, Hexenverfolgung in Hamburg? Schadenzauber im Alltag und in der Justiz, in: Geschichte in Wissenschaft und Unterricht 46 (1995), S. 381–401; dies., Schadenzauber, Hexerei und die Waffen der Justiz im frühneuzeitlichen Hamburg, in: Bernd Schmelz (Hg.), Hexerei, Magie und Volksmedizin. Beiträge aus dem Hexenarchiv des Museums für Völkerkunde, Bonn 1997, S. 149–172. *Roswitha Rogge*

MILBERG, Antonie (Toni), geb. 13. 11. 1854 Hamburg, gest. 1. 9. 1908 Bad Wildungen; luth.; Schulgründerin und -leiterin.

Toni Milberg stammte aus einer Kaufmannsfamilie und verlor schon im Kindesalter ihren Vater. Der anregende Schulunterricht, den sie erhielt, weckte in ihr früh den Wunsch, Lehrerin zu werden, doch ihre Mutter war dagegen. Erst auf ihrem Sterbebett stimmte sie dem Herzenswunsch der Tochter zu. Toni Milberg besuchte daraufhin das Königliche Lehrerinnen-Seminar im sächsischen Callenberg und absolvierte dort 1876 ihr Lehrerinnenexamen. Danach wurde sie in Hamburg Lehrerin im Hause des Hauptpastors an St. Jacobi Hermann Julius Robert Calinich und leitete den damals für höhere Töchter üblichen Privatunterricht im kleinen Kreis. Die Kurse, wie die Unterrichtsstunden genannt wurden, waren von Pastor Calinich für seine Töchter erarbeitet und eingerichtet worden.

Neben dieser Tätigkeit machte Toni Milberg ihr Vorsteherinnenexamen. Nach dem Tod ihres Dienstherren im Jahre 1883 baute sie eine eigene Schule auf, die Milbergsche Kursusschule, die sich zuerst auf den Raboisen befand. 1888 kaufte sie ein eigenes Schulhaus an der Esplanade Nr. 3. Als die Räume auch dort nicht mehr ausreichten, erwarb sie ein Grundstück in der Klopstockstraße Nr. 17 (heute: Warburgstraße). Toni Milberg galt als eine Lehrerin, für die nicht der Lehrstoff und die Schulregeln das Wesentliche waren. Stattdessen legte die Erzieherin, die das Vertrauen und die Verehrung vieler Familien genoss, besonderen Wert auf die Bildung von Charakter und Gemüt. Ihre Schule vermachte sie ihrer Freundin Martha Krecke, nachdem beide gemeinsam sie 25 Jahre lang geleitet hatten. Toni Milbergs Grabstein befindet sich heute im Garten der Frauen auf dem Ohlsdorfer Friedhof.

Rita Bake

MILDE, Carl Julius, geb. 16. 2. 1803 Hamburg, gest. 19. 11. 1875 Lübeck; luth.; Künstler, Denkmalpfleger.

Als Sohn eines Gewürzkrämers geboren, erhielt Carl Julius Milde eine erste künstlerische Ausbildung bei Siegfried Bendixen, Gerdt Hardorff d. Ä. und Christoffer Suhr. Seit 1825 vollendete er seine Studien an den Akademien von Dresden und München (bei Peter Cornelius). Zwei Italienreisen in den Jahren 1826 und von 1830 bis 1832 machten Milde auch mit der Dekorationsmalerei bekannt. Seine bedeutendsten Aufträge auf diesem Gebiet erhielt er vom Syndicus Karl Sieveking bei der Ausgestaltung von dessen Hammer Landsitz (1829) und vom Kaufmann Christian Adolph Nölting, dessen Lübecker Wohnhaus er in Anlehnung an pompejanische Wandmalereien gestaltete (1835–37). Zusammen mit seinen Freunden gründete Milde 1832 den Hamburger Künstlerverein. Ein Glasfenster von seiner Hand mit deren Wappen ist in der Petrikirche erhalten. Da Milde sich als Porträtmaler in Hamburg keine auskömmliche Stellung schaffen konnte, übersiedelte er 1838 nach Lübeck. Unter der Protektion Nöltings fand er in der benachbarten Hansestadt seine Lebensaufgabe. Der Bewahrung und Konservierung der zahlreichen Kunstdenkmä-

Carl Julius Milde

ler widmete er fortan seine ganze Arbeitskraft. Eine Anstellung als Zeichenlehrer am Katharineum (1841–64) schuf dafür eine bescheidene Lebensgrundlage. So wurde Milde eigentlich zu Lübecks erstem Denkmalpfleger und zugleich zum Initiator des Museums mit seinen bedeutenden mittelalterlichen und frühneuzeitlichen Kunstschätzen. 1864 erhielt er eine feste Anstellung als Konservator der Naturaliensammlung. Seine Heimatstadt Hamburg hat ihn mit zwei Staatsaufträgen geehrt: 1834 entwarf er den Ehrenbürgerbrief für James Colquhoun. Die zahlreichen Porträtskizzen zu dieser Arbeit erhielt posthum der Verein für Hamburgische Geschichte; sie sind heute als »Milde-Sammlung« im Staatsarchiv deponiert. 1843 fertigte Milde das mit Miniaturmalereien geschmückte Ehrendiplom, das dem benachbarten Lübeck für dessen Hilfe beim Hamburger Brand verehrt wurde. Im Hamburger Museum für Kunst und Gewerbe baute Justus Brinckmann nach der Jahrhundertwende ein von Milde gestaltetes Zimmer aus dem Hause Nölting ein. 1875 erhielt Milde die Goldene Medaille der Lübecker Gesellschaft zur Beförderung gemeinnütziger Tätigkeit. 1914 wurde im Hamburger Stadtteil Barmbek-Nord der Mildestieg nach dem Künstler benannt.

WERKE Denkmäler bildender Kunst in Lübeck. Gezeichnet und hg. von C. J. Milde und begleitet mit erläuterndem historischen Text von Ernst Deecke, 2 Hefte, Lübeck 1843/47; Siegel des Mittelalters aus den Archiven der Stadt Lübeck, 10 Hefte, Lübeck 1856–79; Lübecker ABC, Lübeck 1857 [zahlreiche, zumeist bearb. Neuauflagen]; Der

Todtentanz in der Marienkirche zu Lübeck. Nach einer Zeichnung von C. J. Milde, Lübeck 1866 [3. Aufl. 1997].
LITERATUR ADB 21; ThB 14; SHBL 7; Harald Richert, Der Künstler und Kunsthistoriker Carl Julius Milde (16. 2. 1803–19. 11. 1875), in: Nordelbingen 46 (1977), S. 49–61; Suzanne Grosskopf-Knaack, Carl Julius Milde (1803–1875), Phil. Diss. Hamburg 1988 [lückenhaftes Werkverzeichnis S. 215–339]. *Gerhard Ahrens*

MILEE (eigentlich: Michelson), Erika, geb. 24. 12. 1907 Hamburg, gest. 30. 6. 1996 ebd.; isr.; Tänzerin, Tanzlehrerin, Choreografin.

»Die Königin des Tanzes ist tot« – so überschrieb die »Allgemeine Jüdische Wochenzeitung« den Nachruf auf Erika Milee. Die in Hamburg geborene Tochter von Margarethe und Simon Michelson, die sich später den Künstlernamen Milee zulegte, erhielt schon als Siebenjährige Tanzunterricht, unter anderem bei Gertrud Zimmermann und Paul Theodor Etbauer. Nach ihrer Schulzeit und einer kaufmännischen Lehre konnte sie ihre Tanzausbildung ab 1926 bei Rudolf von Laban fortsetzen, dessen Hamburger Schule am Schwanenwik von Albrecht Knust geleitet wurde. Schon 1928 eröffnete sie in Hamburg eine eigene Tanzschule in der Rothen-

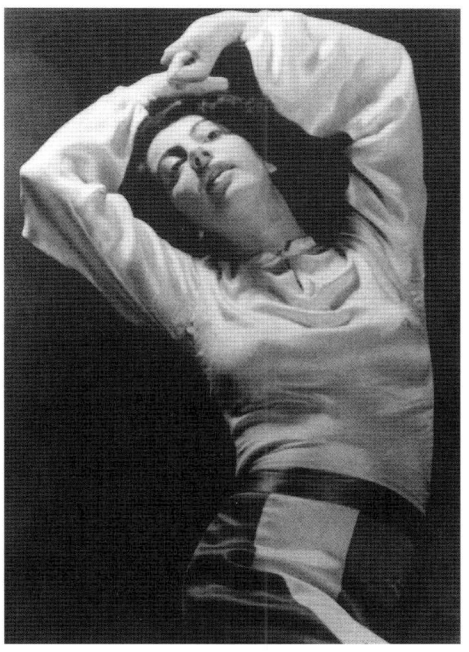

Erika Milee

baumchaussee, die Milee-Schule-Hamburg; es war eine Ausbildungsstätte für Chorischen Tanz, Bühnentanz und Gymnastik. Weitere Theaterpraxis sammelte sie 1930 im Opernhaus Essen und an der dortigen Folkwangschule. Seit 1931 lebte und arbeitete sie wieder in Hamburg.

Die Machtübertragung an die Nationalsozialisten und deren antijüdische Politik trafen auch Erika Milee. Während des Hamburger Künstlerfestes »Himmel auf Zeit« im Januar/Februar 1933, dem letzten Künstlerfest, an dem noch jüdische Künstler teilnehmen konnten, tanzte sie im Curio-Haus zum Auftakt eines jeden Abends. In den nächsten Jahren waren jedoch nur noch Auftritte innerhalb des Jüdischen Kulturbundes Hamburg möglich. So führte sie mit ihrer Kindertanzgruppe im Mai 1937 die pantomimische Revue »Ein Tag bei den Mickey-Mäusen« auf.

Im Oktober 1939 konnte Erika Milee dank eines Engagements bei einer italienischen Tanzgruppe Deutschland verlassen. Ihre Emigration führte über Italien und Portugal nach Paraguay. Im »Ateneo Paraquayo«, der Akademie für Theater, Musik und Malerei in Asuncion, übernahm sie die Leitung der Abteilung Tanz. Tourneen führten Erika Milee nach Brasilien, Uruguay und Argentinien. Seit 1953 lebte sie in Londrina im Norden Brasiliens und arbeitete in einem eigenen Tanzstudio.

1959 kehrte Erika Milee nach Hamburg zurück, obwohl ihre Mutter und ihre Schwestern deportiert und ermordet worden waren. In Eimsbüttel baute sie erneut ein eigenes Tanzstudio auf. Die engagierte Tanzpädagogin und Choreografin zählte 1976 zu den Mitbegründern des Kreises Hamburger Ballettfreunde, dessen Ehrenvorstandsmitglied sie bis zu ihrem Tode blieb.

LITERATUR Wilfried Weinke, Erika Milee. »Ich lebe und sterbe für den Tanz«, in: Ursula Wamser/Wilfried Weinke (Hg.), Ehemals in Hamburg zu Hause: Jüdisches Leben am Grindel, Hamburg 1991, S. 159–163; Kreis Hamburger Ballettfreunde e. V. (Hg.), Ein Leben für den Tanz. Erika Milee zum 85.Geburtstag, Hamburg o.J.; Barbara Müller-Wesemann, Theater als geistiger Widerstand. Der Jüdische Kulturbund in Hamburg 1934–1941, Stuttgart 1997, S. 493 f.; Gabriele Fenyes, Die Königin des Tanzes ist tot. Erika Milee sel. A. starb 88jährig in Hamburg, in: Allgemeine Jüdische Wochenzeitung vom 11. 7. 1996, S. 10.

Wilfried Weinke

MÖLLER, *Hans* Fritz Heinrich, geb. 3. 3. 1907 Hamburg, gest. 9. 2. 1979 ebd.; luth.; Jurist.

Der einer Kaufmannsfamilie entstammende Hans Möller war Hamburg zeit seines Lebens verbunden. Nach dem Besuch des Realgymnasiums des Johanneums in seiner Geburtsstadt studierte er Rechtswissenschaften in München, Freiburg im Breisgau und Hamburg. 1932 in Hamburg von Ernst Bruck mit einer Arbeit über »Cifgeschäft und Versicherung« promoviert, erhielt er an der dortigen Universität zunächst eine Dozentur. 1936 habilitierte er sich mit der Studie »Summen- und Einzelschaden. Beiträge zur Erneuerung der Schadenslehre vom Wirtschaftsrecht aus«. Der im Mai 1937 in die NSDAP eingetretene Jurist war ab 1939 außerordentlicher und von 1941 bis zu seiner Emeritierung 1973 – in der Nachfolge des 1935 zwangsemeritierten Ernst Bruck – ordentlicher Professor für Bürgerliches, Handels- und Versicherungsrecht einschließlich Sozialversicherung sowie von 1936/37 bis 1973 Direktor des Seminars für Versicherungswissenschaft der Universität Hamburg. Von 1952 bis 1954 und erneut von 1961 bis 1963 stand er als Dekan bzw. Prodekan der Rechtswissenschaftlichen Fakultät vor. 1945 wurde er Vorsitzender des Versicherungswissenschaftlichen Vereins in Hamburg, 1953 Mitglied des Hamburgischen Verfassungsgerichts. Er war Gastprofessor in Berkeley und gehörte der Straßburger Faculté Internationale pour l'Enseignement du Droit Comparé an.

Hans Möller führte die von Ernst Bruck begründete versicherungsrechtliche Hamburger Schule weiter. Die versicherungswissenschaftliche Forschung und Lehre hat er als führender Vertreter seines Fachgebietes nachhaltig geprägt. Mit der Gefahrtragungstheorie übte er auf die Versicherungsrechte weltweit Einfluss aus. Seit der Wiederbegründung des Deutschen Vereins für Versicherungswissenschaft e. V. im Jahre 1959 amtierte Bruck als dessen Vorsitzender sowie als Schriftleiter der »Zeitschrift für die gesamte Versicherungswissenschaft«. 1960 gehörte er zu den Gründern der Association Internationale de Droit des Assurances (A. I. D. A.), der er von 1974 bis 1978 präsidierte und anschließend als Ehrenpräsident verbunden blieb. Auf seine Initiative fand der zweite Weltkongress der Vereinigung 1962 in Hamburg statt.

Das wissenschaftliche Hauptwerk Möllers ist

die von ihm herausgegebene grundlegende Überarbeitung und Weiterführung des von seinem Lehrer Ernst Bruck begründeten versicherungsvertragsrechtlichen Kommentars unter dem Titel »Kommentar zum Versicherungsvertragsgesetz und zu den allgemeinen Versicherungsbedingungen unter Einschluß des Versicherungsvermittlerrechts« (1961 ff.). Seine Leistung zeichnet sich durch eine dogmatisch-systematische Durchdringung des Stoffes und eine präzise Begriffsbildung aus. Möller veröffentlichte zehn Bücher und über 250 Aufsätze zu allen Sparten des Versicherungsrechts, zum Handels- und Patentrecht sowie zum Bürgerlichen Recht. Er setzte die von Ernst Bruck begründeten »Veröffentlichungen des Seminars für Versicherungswissenschaft der Universität Hamburg und des Versicherungswissenschaftlichen Vereins in Hamburg e. V.« fort, in deren Rahmen wichtige Monografien erschienen sind. Zugleich war er ein gesuchter Gutachter und Mitglied in Aufsichts- und Verwaltungsräten von Versicherungsunternehmen.

WERKE Schriftenverzeichnis (Auswahl bis 1972) in: Reimer Schmidt/Karl Sieg (Hg.), Grundprobleme des Versicherungsrechts. Festgabe für Hans Möller zum 65. Geburtstag, Karlsruhe 1972, S. 561–578; Studien zur Rechtsschutzversicherung in europäischen Ländern und in den Vereinigten Staaten, hg. von Hans Möller, Karlsruhe 1975.

LITERATUR Gerrit Winter, Die Assekuranz in Hamburg, in: Albers Bd. 1, S. 197–208; Peter Koch, Geschichte der Versicherungswissenschaft in Deutschland, hg. vom Deutschen Verein für Versicherungswissenschaft, Karlsruhe 1998. *Wolfgang Poppelbaum*

MÖLLER, Kurt Detlev, geb. 19. 8. 1902 Hamburg, gest. 21. 11. 1957 ebd.; luth.; Historiker, Direktor des Staatsarchivs.

Möller, Sohn eines Hamburger Geschäftsmanns, wuchs in Eimsbüttel auf. Das 1921 in Hamburg begonnene Geschichtsstudium schloss er 1925 in München mit der von Hermann Oncken betreuten Doktorarbeit »Beiträge zur Geschichte des kirchlichen und religiösen Lebens in Hamburg in den ersten Jahrzehnten des 19. Jahrhunderts« ab. Nach seiner Ausbildung zum Archivar war Möller im Hamburger Staatsarchiv zunächst als wissenschaftlicher Angestellter, seit 1934 als beamteter Archivrat tätig. In ehrenamtlicher Funktion löste er 1937 Hans Nirrnheim als Vorsitzenden des Vereins für Hamburgische Geschichte ab. Von der Teilnahme

Kurt Detlev Möller

am Zweiten Weltkrieg zurückgekehrt, nahm Möller 1945 den Archivdienst wieder auf und wurde 1948 als Nachfolger von Heinrich Reincke zum Direktor bestellt. Mit der Verwaltungsarbeit im Archiv ging die wissenschaftliche Publikationstätigkeit einher. Bereits 1933 war das Buch »Hamburger Männer um Wichern. Ein Bild der religiösen Bewegung vor 100 Jahren« erschienen, gefolgt von einem biografischen Porträt des Aufklärers Johann Albert Fabricius im Jahre 1937. 1939 brachte Möller zusammen mit Annelise Tecke den ersten Band der »Bücherkunde zur hamburgischen Geschichte« heraus. 1947 veröffentlichte er aufgrund eines Senatsauftrags unter dem Titel »Das letzte Kapitel« eine Geschichte der kampflosen Übergabe Hamburgs am 3. Mai 1945. Gegen Ende seines Lebens bereitete er eine große Biografie über Caspar Voght vor, die nicht mehr zur Ausführung kam. Aus Möllers Nachlass hat Annelise Tecke 1959 einen Quellenband mit Briefen Voghts herausgegeben.

1948 erregte der »Fall Möller« Aufsehen. Damals war einer größeren Öffentlichkeit bekannt geworden, dass Möller 1937 der NSDAP beigetreten war und im selben Jahr einen Vortrag gehalten hatte, der über Zitate von Hitler und Rosenberg hinaus antisemitische Aussagen enthielt. Bürgermeister Max Brauer verfügte daraufhin die Suspendierung, ein Jahr später die Entlassung Möllers aus dem Archivdienst. Für diese Entscheidung spielte zusätzlich eine Rolle, dass Möllers kurz zuvor erschienenes Buch »Das letzte Kapitel« nach anfänglich zustimmender Aufnahme auf heftige Kritik gesto-

ßen war. Insbesondere wurde dem Verfasser vorgeworfen, er habe die Rolle des Gauleiters Karl Kaufmann nur unzureichend der Kritik unterzogen. Möller rief die Verwaltungsgerichte an und erwirkte 1951 die Wiedereinstellung. Seine vollständige Restitution als Archivdirektor erfolgte erst zum 1. Januar 1956. Knapp zwei Jahre später starb Möller an Herzversagen, bestattet wurde er auf dem Ohlsdorfer Friedhof.

LITERATUR Heinrich Reincke, Nachruf auf Kurt Detlev Möller [mit einem Verzeichnis der Schriften Möllers]; in: ZHG 44 (1958), S. 11–32; Joist Grolle, Schwierigkeiten mit der Vergangenheit. Die Anfänge der zeitgeschichtlichen Forschung nach 1945, in: ders., Hamburg und seine Historiker, Hamburg 1997 (Veröffentlichungen des Vereins für Hamburgische Geschichte 43), S. 151–201.

Joist Grolle

Jean-Laurent Mosnier

MOSNIER, Jean-Laurent, geb. 1743 Paris, gest. 10. 4. 1808 St. Petersburg; kath.; Bildnismaler.

Als Porträtist in der Emigration war Jean-Laurent Mosnier der bedeutendste unter den unmittelbar vor Philipp Otto Runge in Hamburg tätigen Künstlern. Trotz seines internationalen, weit über Hamburg hinausreichenden Erfolgs ist er allerdings in Vergessenheit geraten; sein Werk ist kaum ansatzweise erfasst.

Nach der Ausbildung als Miniaturist an der Pariser Académie de Saint-Luc bis 1766 wurde Mosnier 1776 für kurze Zeit zum inoffiziellen »Peintre de la Reine« Marie Antoinettes. Im Pariser Salon von 1787 gelang ihm der öffentliche Durchbruch als Bildnismaler; im folgenden Jahr wurde Mosnier in die Académie Royale gewählt. Er floh Anfang 1791 vor der Revolution nach London, wo er bis 1796 mit Erfolg in der Royal Academy ausstellte.

Zwischen 1797 und 1801 war Mosnier im prosperierenden Hamburg tätig, wo er rasch ein Monopol für elegante Porträts der bürgerlichen Oberschicht errang. Sie verbinden die präzise Würde des französischen Klassizismus mit der lässigeren, freieren Gestaltung englischer Bildnisse und stellen einen der Höhepunkte des Bildnisses in Hamburg dar. Erhaltene Beispiele sind die Porträts von Elisabeth Hudtwalcker und der Alice Boué sowie das aristokratisch wirkende Ganzfigurenbildnis der Engel Christine Westphalen (Hamburger Kunsthalle), ferner Caspar Voght (Altonaer Museum), Johann

Schuback (Berlin, Privatbesitz) sowie Elisabeth Charnock mit ihrer Tochter und das großformatige Gruppenbildnis John, Henriette und Charles Parish (beide Tschechien, Privatbesitz). Neben der aufgeklärten Oberschicht und Unternehmern gehörten auch nur zeitweise in Hamburg sich aufhaltende Geschäftsleute, Diplomaten und Emigranten zu Mosniers Klientel, so Constantin Brun (Kopenhagen, Privatbesitz), der französische Gesandte Karl Friedrich Reinhard und seine Frau Christine, geborene Reimarus (beide verschollen) sowie der exilierte Louis Joseph Alexandre de Laborde-Méréville (Brüssel, Privatbesitz).

Überraschend hoch ist der Anteil von Adligen, die sich im bürgerlichen Hamburg von Mosnier porträtieren ließen, so Prinz Louis Ferdinand von Preußen (Berlin, Stiftung Preußische Schlösser und Gärten), Fürstin Katharina Petrovna Barjatinskaja, geborene Prinzessin von Holstein-Sonderburg-Beck (Schloss Glücksburg) und Herzog Friedrich Carl Ludwig von Holstein-Sonderburg-Beck (Moskau, Tretjakov-Galerie). Ein Aufenthalt Mosniers in Eutin, der Residenz des oldenburgischen Herzogs, ist für 1799 anzunehmen. Mosnier porträtierte Herzog Peter Friedrich Ludwig von Oldenburg (Landesmuseum Oldenburg, eine Variante in norddeutschem Privatbesitz), malte ein Doppelbildnis der oldenburgischen Prinzen Paul Friedrich August und Peter Friedrich Georg (Norddeutschland, Privatbesitz) sowie Porträts des russischen Gesandten in Eutin, Ivan Matvejeviè Muravjov-Apostol, (Nowgorod, Staatliches Museum) und seiner

Frau Anna Semjonova (St. Petersburg, Russisches Staatsmuseum).

Die Malerin Friederike Leisching ist in Hamburg zeitweise die Schülerin Mosniers gewesen und wurde von diesem auch porträtiert (Kunsthalle Kiel). Philipp Otto Runge stand dem technisch überlegenen Gesellschaftsporträtisten zwangsläufig ambivalent gegenüber, doch bei Friedrich Carl Gröger, der einige Jahre später für die gleichen gesellschaftlichen Kreise tätig war wie Mosnier, scheint der Einfluss der hinterlassenen Hamburger Werke des Emigranten deutlich spürbar. Nach der Abreise der ebenfalls emigrierten Malerin Elisabeth Vigée-Lebrun aus Russland 1801 verließ Mosnier Hamburg und wechselte nach St. Petersburg, wo sich für Künstler ungleich größere Möglichkeiten boten. Ein großformatiges Doppelbildnis des Wiener Bankiers Moritz Graf von Fries und seiner jungen Frau (England, Privatbesitz) entstand im gleichen Jahr, doch ist fraglich, ob Mosnier über Wien reiste oder das Paar auf seiner damaligen Hochzeitsreise in Hamburg Station machte. Nach seiner Ankunft in St. Petersburg konnte Mosnier rasch die Position Vigée-Lebruns als Hofmaler der Zarin und Porträtist des russischen Hochadels übernehmen, bekleidete ein Lehramt an der dortigen Akademie und schuf bis zu seinem Tod 1808 einige seiner besten Bildnisse.

LITERATUR ThB 25; Friedrich Johann Lorenz Meyer, Skizzen zu einem Gemälde von Hamburg, 2 Bde., Hamburg 1800–02, Bd. 1, S. 278–280; Georges Marlier, Les séjours à Londres et à Hambourg du portraitiste Jean-Laurent Mosnier, in: Relations artistiques entre la France et les autres pays depuis le haut moyen age jusqu' à la fin du XIXe siècle. Actes du XIXe Congrès International d'Histoire de l'Art [...] 1958, Paris 1959, S. 405–411; Gerrit Walczak, Jean-Laurent Mosnier in Hamburg, in: Volker Plagemann (Hg.), Die Kunst in Hamburg von der Aufklärung in die Moderne, Hamburg 2002 (Vorträge der Stiftung Denkmalpflege Hamburg 3), S. 173–183. *Gerrit Walczak*

MUCK, Carl (später Karl), geb. 22. 10. 1859 Würzburg, gest. 3. 3. 1940 Stuttgart; kath.; Dirigent.

Als Leiter der Hamburger Philharmonie in den Jahren von 1922 bis 1933 gehörte Carl Muck zu den wichtigsten Repräsentanten des Musiklebens der Hansestadt. Schon bevor er der Philharmonie zu einer neuen Glanzzeit verhalf, war er längst ein

Carl Muck

Orchesterleiter von internationalem Renommee und galt als der führende Wagnerdirigent seiner Zeit.

Dem ersten Musikunterricht an der Königlichen Musikschule zu Würzburg ließ Muck ein Studium der klassischen Philologie in Heidelberg und Leipzig folgen, das 1880 mit der Promotion zum Dr. phil. seinen Abschluss fand. Gleichzeitig setzte er seine musikalische Ausbildung am Leipziger Konservatorium fort und debütierte 1880 mit Erfolg als Pianist im Gewandhaus. In den folgenden Jahren wirkte Muck als Dirigent in Zürich, Salzburg, Brünn, Graz und Prag, bevor er 1892 an die Hofoper Berlin berufen wurde. 1912 bis 1918 leitete er das Boston Symphony Orchestra. In Bayreuth war der für seine außerordentliche Disziplin bekannte Dirigent, der sich durchweg als Diener am Werk verstand, nahezu 30 Jahre für das Festspielorchester verantwortlich und leitete von 1901 bis 1930 fast sämtliche Parsifal-Aufführungen.

1922 kam Carl Muck, der bereits 1893 als Stellvertreter Hans von Bülows in der Hansestadt tätig gewesen war, nach Hamburg, wo er als Leiter der Hamburger Philharmonie zehn Jahre lang das musikalische Leben prägte. Am 9. Oktober 1922 dirigierte er erstmals öffentlich das Orchester der Philharmonischen Gesellschaft. Zu den herausragenden Ereignissen unter Mucks Ägide zählen unter anderem das Beethovenfest (1924), das Brahmsfest (1933) und die Verpflichtung von Gastdirigenten wie Otto Klemperer (1926) und Bruno Walter (1931) sowie von zeitgenössischen Komponisten wie Ser-

gej Prokofjew (1932) und Igor Strawinsky (1933), die eigene Werke zur Aufführung brachten. Für seine besonderen Verdienste um das Konzertwesen wurde Muck, der der Neuen Musik insgesamt eher distanziert gegenüberstand, am 13. Mai 1928 als erster Preisträger mit der Johannes-Brahms-Medaille ausgezeichnet, die der Senat zum 100-jährigen Jubiläum der Philharmonischen Gesellschaft gestiftet hatte. Im selben Jahr wurde die Karl-Muck-Stipendienstiftung ins Leben gerufen. Die Nordische Rundfunk Aktiengesellschaft (Norag) weihte am 8. Januar 1931 ihr neues Funkhaus an der Rothenbaumchaussee mit der Ausstrahlung des »1. Europäischen Konzerts« der Hamburger Philharmoniker unter Leitung von Carl Muck ein. Als Muck am 19. Mai 1933 sein letztes Konzert dirigierte, waren auch seinem Orchester bereits neue Wege vorbestimmt: Im Jahr darauf fusionierten das Philharmonische Orchester und das Stadttheaterorchester zum Philharmonischen Staatsorchester, dessen Leitung Eugen Jochum übernahm. Muck siedelte noch 1933 nach Stuttgart über, wo er die letzten sieben Lebensjahre im Ruhestand verbrachte.

Im Auftrag des Senats und auf Vermittlung Max Sauerlandts schuf der Künstler Rolf Nesch im Frühjahr 1931 zum 70. Geburtstag Carl Mucks einen Zyklus von 24 Radierungen mit dem Titel »Karl Muck und sein Orchester«. 1934 wurde der Holstenplatz vor der Musikhalle in der Hamburger Neustadt in Karl-Muck-Platz umbenannt. Nach einer abermaligen Umbenennung trägt er seit 1997 den Namen Johannes-Brahms-Platz. An den Dirigenten erinnert weiterhin sein Porträt beim Treppenaufgang des Eingangsfoyers der Musikhalle.

LITERATUR NDB 18; MGG (1. Aufl.) 9; Erik Verg, Hamburg philharmonisch. Eine Stadt und ihr Orchester, Hamburg 1978; Gerd Klepzig, Der strenge Muck, in: Rolf Nesch. Karl Muck und sein Orchester. Mit Beiträgen von Gustav Schiefler, Max Sauerlandt, Rolf Nesch, Wolf Stubbe und Gerd Klepzig, Hamburg o. J. [1978], S. 15; Joachim E. Wenzel, Geschichte der Hamburger Philharmonie 1829–1979, Hamburg 1979. *Dirk Brietzke*

MÜLLER, Johannes, geb. 6. 6. 1598 Breslau, gest. 29. 9. 1672 Hamburg; luth.; Theologe, Pastor, Senior.

Der im Jahr 1626 in das Pastorenamt an St. Petri berufene und seit 1648 auch als Senior des Geistlichen Ministeriums amtierende streng orthodoxe lutherische Geistliche Johann Müller zählt zu den bestimmenden Gestalten der hamburgischen Kirche des 17. Jahrhunderts. Mit Eifer widmete sich der Theologe und Prediger in Hamburg über 46 Jahre seinen geistlichen Amtspflichten und speziell dem Kampf für konfessionelle Konformität.

Nach dem Theologiestudium in Wittenberg und Leipzig (1618–24) begann Müller im Jahr 1625 seine Pastorenlaufbahn an der Lüneburger St. Michaelis-Kirche. Mit seiner Wahl in das Petri-Pastorat am 27. April 1626 gewann die Elbmetropole für eine ihrer vier großen Stadtkirchen einen äußerst streitbaren Geistlichen, der Angriffen auf das in der Stadt fest etablierte Luthertum die Stirn zu bieten versprach. Müller selbst sah sich, seit er in Wittenberg Luthers einstige Mönchszelle bewohnt hatte, als Erbe und Nachfolger des Reformators sowie – eingedenk einer Prophezeiung zum Zeitpunkt seiner Geburt – prädestiniert für den Kampf gegen den Katholizismus. In seiner Lüneburger Abschiedspredigt ist nachzulesen, dass er seine Berufung in das Hamburger Petri-Pastorat als Auftrag begriff, »mit Ernst für Gottes Wort« wider die vielen »Ketzer und Schwermer« zu streiten, die er an seiner neuen Wirkungsstätte vermutete. Zahllose, vornehmlich antikatholische und antijüdische sowie gegen jede Spielart religiösen Nonkonformismus gerichtete Streitschriften, Gutachten, Eingaben und Beschwerden belegen sein im Laufe seiner langen Amtszeit nie nachlassendes Bemühen, diesem Anspruch gerecht zu werden. Wie es für einen lutherischen Pastor in der Epoche des Konfessionalismus typisch war, trat Müller im Rahmen seines konfessionellen Wächteramtes auch gegenüber Rat und Bürgerschaft vor allem dann für die Ausrichtung der Politik am Maßstab der lutherisch-orthodoxen Glaubenslehre ein, wenn es um Angelegenheiten der in der Stadt ansässigen nichtlutherischen christlichen Minderheiten (Reformierte bzw. Calvinisten und Katholiken) und der Juden ging. Insbesondere während der 24 Jahre, in denen er nach seiner Wahl in das Seniorenamt neben dem Petri-Pastorat als Primus inter pares der

Johannes Müller

städtischen Geistlichen die Geschicke der hamburgischen Kirche lenkte, erwarb er sich Verdienste als Initiator von Reformen im Bereich der Bildung sowie der innerkirchlichen Verwaltung. Müller hatte sich seiner geistlichen Tätigkeit in der Elbmetropole fest verschrieben und schlug jede Berufung an andere Orte aus. Im Jahr 1641 wurde er in Wittenberg zum Doktor der Theologie promoviert.

Am Ende der zwanziger und in den dreißiger Jahren des 17. Jahrhunderts verfasste Müller drei Denkschriften, in denen er für eine Verbesserung des nach seiner Ansicht »verderbten und erbärmlichen« Zustandes der hamburgischen Kirche und für die Wiederbesetzung der Superintendentur eintrat. Sie lassen bereits deutlich erkennen, in welche Richtung seine kirchenpolitischen Ambitionen gingen: Ihm lag daran, das Gewicht der lutherisch-orthodoxen Glaubenslehre und ihrer geistlichen Repräsentanten in der Stadt im Interesse der absoluten Vorrangstellung dieser Konfession zu stärken. Insbesondere Müllers antijüdisches Engagement war eine seine geistliche Amtszeit bestimmende Konstante. Religiös wurzelte sein Antijudaismus in Luthers Glaubenslehre, in erster Linie in der im damaligen Protestantismus geläufigen Vorstellung, die ›ungläubigen‹ Juden seien eine Bedrohung für das christliche Seelenheil. Müller beschäftigte sich in den vierziger Jahren des 17. Jahrhunderts intensiv mit dem Judentum und nahm in diesem Zusammenhang auch Kontakt zu jüdischen Gelehrten in Hamburg, darunter David Cohen de Lara, auf. Die Studien mündeten in die Publikation seines wichtigsten literarischen Werkes, einer christlichen Apologie gegenüber dem Judentum mit dem Titel »Judaismus« (1644), die zu einem bis in das 18. Jahrhundert über Hamburgs Grenzen hinaus von Geistlichen wie Laien viel gelesenen Standardwerk wurde. Hier formulierte Müller auch die Grundregeln, die aus seiner Sicht das Leben von Juden maßgeblich bestimmen sollten. Diesem Programm in der Hamburger Judenpolitik vollends Geltung zu verschaffen gelang Müller allerdings auch dann nicht, als er in der Funktion des Seniors seit 1648 über ein größeres Maß an kirchenpolitischen Gestaltungsmöglichkeiten verfügte. Zwar erhielt das Hamburger Judenrecht aufgrund seiner 1649 in einem Gutachten für den Rat zusammengefassten theologisch-politischen Vorgaben im Jahr 1650 einen restriktiven konfessionell-religiösen Anstrich. Aber wesentliche Forderungen Müllers, wie die nach einem Verbot jedweder jüdischer Religionsausübung sowie nach Anstellung eines »christlichen Rabbis« zur Bekehrung der Juden, wurden nicht in Recht umgesetzt, sodass die vom Rat aus ökonomischen Motiven tendenziell ähnlich liberal wie die Fremdenpolitik gestaltete Judenpolitik in ihrem Kern unberührt blieb.

Mit dem Tag seines Amtsantritts als Senior nahm Müller die Zügel der hamburgischen Kirche fest in seine Hand. Im Mittelpunkt seiner praktischen Amtsführung stand die Funktion des Seniors als Wächter über den ›wahren‹ lutherischen Glauben. Innerkirchliche Reformtendenzen, so zum Beispiel frühpietistische Ideen, wie sie in den sechziger Jahren des 17. Jahrhunderts auch von Hamburger theologischen Kandidaten vertreten wurden, riefen stets seinen entschiedenen Widerspruch auf den Plan. Die Wahl eines als Kirchenkritiker bekannten Theologen, des Rostockers Heinrich Müller, in das Pastorenamt an St. Katharinen wusste Johannes Müller in den Jahren 1664/65 ebenfalls zu vereiteln. Mit Pastor Johann Balthasar Schupp, seinem Amtskollegen an St. Jacobi, der sich in Predigt und Schrift ungewöhnlich volkstümlich äußerte, brach er 1657 einen Jahre andauernden Streit vom Zaun, in dem es auch um Schupps Weigerung ging, die Predigt für den polemischen Kampf gegen Nichtlutheraner und Juden zu nutzen.

Charakteristisch für Müllers Pflichteifer und Verständnis vom konfessionellen Wächteramt des Seniors sind darüber hinaus seine Aktivitäten im

Bereich theologischer Erziehung und Bildung. Unter anderem visitierte er die Kirchen in den Vierlanden (1651), gab mit den »Leges Candidatorum« der Ausbildung des theologischen Nachwuchses in Hamburg eine neue Basis (1648/54), trat erfolgreich für die Wiederbesetzung der Professur für Hebraistik am Akademischen Gymnasium ein (1652) und wachte über die Hamburger Schulen sowie über die vielen theologischen Publikationen, die im damaligen Presse- und Druckzentrum Hamburg erschienen.

Mit Müller starb am 29. September 1672 ein Geistlicher, der sich Anerkennung und Respekt der Hamburger Obrigkeit und anderer hochstehender Persönlichkeiten erworben hatte. Von der Schaffenskraft dieses Prototyps eines lutherisch-orthodoxen Geistlichen der Barockzeit zeugt auch der Umfang seiner literarischen Tätigkeit – mehr als 30 Schriften aus der Feder Müllers erschienen im Druck. Fünf Töchter Müllers heirateten Pastoren. Zwei seiner Söhne wurden in Hamburg mit Predigerämtern betraut, Hieronymus Müller an St. Nikolai und sein Bruder Johann an der Neuengammer Kirche.

WERKE Schriftenverzeichnis in: LhS 5.

LITERATUR LhS 5; Jensen, Bd. 1, S. 3, 5, 48 und Bd. 2, S. 48, 58; Hammer/von Schade 2; Karin Boveland, Die Hauptpastoren der St. Petri-Kirche, in: Carl Malsch (Hg.), Die Hauptkirche St. Petri in Hamburg. Baugeschichte. Kunstwerke. Prediger, Hamburg 1979, S. 71–95; Jutta Braden, Hamburger Judenpolitik im Zeitalter lutherischer Orthodoxie 1590–1710, Hamburg 2001 (Hamburger Beiträge zur Geschichte der deutschen Juden 23), S. 126–129, 184–189, 199–201, 236–249. *Jutta Braden*

MUTZENBECHER, Wilhelmine, geb. Hübbe, geb. 26. 10. 1801 Hamburg, gest. 5. 6. 1878 ebd.; luth.; Gründerin der Martha-Stiftung.

Wilhelmine Mutzenbecher hat als Repräsentantin des Hamburger Bürgertums aus ihrem christlich-pietistischen Selbstverständnis heraus jungen Frauen in einer Zeit großer sozialer Not eine persönliche und berufliche Lebensperspektive geboten, ohne die Ursachen von Not und Ungleichheit in der damaligen Zeit zu erkennen oder gar zu bekämpfen.

Selbst einer Juristenfamilie entstammend, hatte Wilhelmine 1843 den Kaufmann Ferdinand Mutzenbecher geheiratet, der beruflich vor allem in Chile wirkte und dort als Konsul Hamburger Interessen vertrat. Er war seit 1827 mit Johann Hinrich Wichern befreundet und wurde ebenso wie seine Frau vom norddeutschen Pietismus geprägt, der sich neben einer religiösen und sittlichen Erneuerung der Gesellschaft karitativen Aufgaben verpflichtet fühlte.

Nach dem frühen Tod ihres Mannes 1848 setzte die kinderlose Witwe ihre ganze Kraft und ihr Vermögen für ihr soziales Engagement ein. Auf Anregung Wicherns und des »Vereins für Innere Mission in Hamburg« gründete sie, orientiert am konservativ-bürgerlichen, christlich-theologisch untermauerten Familienbild, in ihrem eigenen Haus am Hühnerposten 19 mit Unterstützung von Therese Abendroth und Amanda Wagner 1849 die »Martha-Stiftung zu gunsten junger weiblicher Dienstboten«. Junge Frauen aus sozial benachteiligten Familien wurden hier für hauswirtschaftliche Tätigkeiten in bürgerlichen Familien zu Dienstboten ausgebildet. Daneben bemühte man sich um eine christliche und auch allgemein bildende Erziehung. Kurz darauf wurden auch private Ausbildungsverhältnisse in Familien vermittelt, wobei die Stiftung die fachliche Qualifikation der Ausbildung, die Unterbringung und Verpflegung sowie die Einhaltung der Verpflichtung zur Teilnahme an gottesdienstlichen Veranstaltungen überwachte. Der Name der Stiftung bezieht sich auf die biblische Geschichte, nach der von den beiden Jesus begegnenden Frauen Maria und Martha die Letztere als praktisch und hauswirtschaftlich orientiert geschildert wird. Der Ausbildungsstätte wurde zeitgleich eine »Kochanstalt« angegliedert, die Arme und Kranke versorgte und den Lernenden ein Praxisfeld bot.

Wilhelmine Mutzenbecher weitete ihr Betreuungsangebot in St. Georg 1875 auch auf noch nicht konfirmierte weibliche Jugendliche im Alter zwischen zwölf und 14 Jahren, oft Waisen oder Halbwaisen, aus. Während diese ihr letztes Jahr in öffentlichen Schulen absolvierten, lebten sie im Martha-Stift und konnten sich durch ein hauswirtschaftliches Praktikum bereits auf ihren späteren Beruf vorbereiten; Konfirmandenunterricht und religiöses Leben waren ebenfalls feste Bestandteile der Betreuung. Bemühungen Wilhelmine Mutzenbechers, eine »Mädchenherberge« für erkrankte

und schuldlos entlassene junge Frauen sowie ein Asyl für alte Dienstmädchen einzurichten, scheiterten an fehlenden Finanzierungsmöglichkeiten.

Im Zuge ihrer Expansion wechselte die Martha-Stiftung 1852 zunächst in größere und besser geeignete Räumlichkeiten am Steindamm, um ab 1884 in neu errichteten Gebäuden in der Baustraße in Borgfelde (heute Heinrichsenstraße) ihre Arbeit fortzusetzen. Bereits 1867 war die Martha-Stiftung rechtlich selbstständig geworden. Nach dem Tod ihrer Gründerin entfaltete sie weitere konzeptionelle und organisatorische Aktivitäten mit dem doppelten Ziel, »ein Gesinde zu erziehen, das in möglichst anspruchsloser Treue dem Christennamen Ehre macht« und soziale Not zu lindern, so zum Beispiel 1882 durch die Einrichtung einer Kinderkrippe, in den zwanziger und dreißiger Jahren des 20. Jahrhunderts durch die Betreuung körperbehinderter Kinder und die Gründung eines Mütterheims. Nach dem Zweiten Weltkrieg kamen 1953 ein Altenheim, später ein Kinderheim und ein Zentrum für Suchtkranke hinzu.

LITERATUR Heinrich Mutzenbecher, Stammbaum der Familie Mutzenbecher 1636–1971, Bd. 1, Witzhave 1973, S. 170; Friedrich Mahling, Beiträge zur Geschichte der Entwicklung der Inneren Mission mit besonderer Beziehung auf Hamburg. Festschrift zur 50jährigen Jubiläumsfeier des Hamburger Vereins für Innere Mission, Hamburg 1898; Martin Gerhardt, Johann Hinrich Wichern. Ein Lebensbild, Bd. 1: Jugend und Aufstieg 1808–1845, Hamburg 1927; Harald Jenner/Gert Müssig, Die Martha-Stiftung in Hamburg. 1849 bis 1999, Hamburg 1999.

Bodo Schümann

Neumann, Rudolf, geb. 7. 8. 1908 Hamburg, gest. 23. 2. 1999 ebd.; isr.; Elektriker, Widerstandskämpfer, Überlebender von Auschwitz.

Sein familiärer Hintergrund war nicht der einer Hamburger Bankiers-, Reeder- oder Rabbinerfamilie. Er hat nie ein Buch geschrieben, doch es waren seine Erzählungen, die zur Veröffentlichung des Buches »Das Kind im Koffer« führten. Diese Geschichte aus dem Konzentrationslager Buchenwald war Teil seiner eigenen Geschichte, der eines Überlebenden der deutschen Judenverfolgung.

Nach dem Besuch der Talmud-Tora-Schule wurde Rudolf Neumann Elektriker. Er engagierte sich in der »Jugend-Gemeinschaft jüdischer Arbeitnehmer«; dort lernte er auch seine spätere Frau Flora Andrade kennen. 1931 heirateten beide in der Bornplatz-Synagoge. Nach 1933 beteiligte sich Rudolf Neumann am antifaschistischen Widerstand der KPD gegen die Nationalsozialisten. Nach erster Verhaftung und achtmonatiger so genannter »Schutzhaft« 1933/34 zwang man ihn zur »Pflichtarbeit« in Waltershof. 1934/35 wurde er erneut für ein Jahr inhaftiert. Als 1937 der jüdische Friedhof am Grindel zwangsgeräumt wurde, musste Rudolf Neumann bei der Räumung und Umbettung der Gräber mitarbeiten. 1938 floh er nach Belgien, seine Frau und ihr Sohn folgten ihm ins erzwungene Exil. Nach dem Einmarsch deutscher Truppen in Belgien 1940 wurde die Familie erneut getrennt. Rudolf Neumann kam in die französischen Internierungslager Gurs und St. Cyprien. Von dort deportierte man ihn nach Auschwitz. Rudolf Neumanns Leidensweg endete in Buchenwald. Flora Neumann, die von Belgien aus ebenfalls nach Auschwitz deportiert worden war, überlebte das Vernichtungslager und die Todesmärsche. Nach Befreiung und Kriegsende fand die Familie in Belgien, wo Flora ihren Sohn Bernd in einem Kloster versteckt hatte, wieder zusammen.

Seit 1951 lebten Rudolf und Flora Neumann wieder in Hamburg. Mit der Eröffnung einer Wäscherei schufen sie sich eine neue Existenzgrundlage. Rudolf Neumann zählte über Jahrzehnte zu den aktivsten Mitgliedern der Jüdischen Gemeinde in Hamburg. Im Gedenken an seine ermordeten Eltern und Geschwister wusch er als Bruder der »Chewra Kadischa« die Toten der Gemeinde. Sein ganzes Leben lang war Rudolf Neumann ein politisch denkender und handelnder Mensch.

Rudolf Neumann

LITERATUR Das Kind im Koffer. Eine Geschichte aus dem KZ Buchenwald, Hamburg 1987; Ursula Wamser/Wilfried Weinke, Die Talmud-Tora-Schüler Georg Oppenheim und Rudolf Neumann, in: dies., Ehemals in Hamburg zu Hause: Jüdisches Leben am Grindel, Hamburg 1991, S. 167 – 171; Flora Neumann, Erinnern, um zu leben. Vor Auschwitz. In Auschwitz. Nach Auschwitz, Hamburg 1991; Peggy Parnass, Ein Wunder. Flora und Rudi Neumann: Seit 65 verheiratet. Widerstandskämpfer. Sie überlebten Auschwitz. Jetzt feiern sie Hochzeitstag, In: Hamburger Morgenpost vom 5. 9. 1996, S. 8 f.; Wilfried Weinke, »A Mensch« ist gestorben, in: Aufbau vom 5. 3. 1999, S. 23.
Wilfried Weinke

Ninck, *Carl* Wilhelm Theodor, geb. 28. 5. 1834 Staffel, gest. 17. 9. 1887 Hamburg; luth.; Pastor, Gründer mehrerer diakonischer und sozialer Einrichtungen, Schriftsteller.

Der aus einer Pastorenfamilie stammende Carl Ninck studierte nach dem Abitur von 1854 bis 1856 evangelische Theologie in Halle und Erlangen. Vor allem durch seine Hallenser Lehrer August Tholuck und Julius Müller wurde er stark pietistisch geprägt. Nach dem zweiten Examen trat er seine erste Pfarrstelle 1858 in Westerburg im Westerwald an, wo er eine »Kinderschule« gründete, an der er selbst unterrichtete. Aus seiner 1862 mit Anna Klein geschlossenen Ehe gingen fünf Kinder hervor. 1865 wechselte Ninck nach Frücht bei Bad Ems. Neben der üblichen Gemeindearbeit baute er hier einen so genannten »Kolportageverein« auf, der christliches Schriftgut in pädagogischer Absicht verbreitete.

Zwischenzeitlich wirkte er in den Kriegen 1866 und 1870/71 als Lazarett- und Feldprediger. In sein Pastorat nahm Ninck arbeitslose und obdachlose Handwerker auf und gründete für sie eine »Arbeiterkolonie«. Von besonderer Bedeutung war seine ehrenamtliche Vorstandstätigkeit in der diakonischen Anstalt Scheuern bei Nassau, die durch seine Initiative zu einer Behinderteneinrichtung ausgebaut wurde. Zur Vorbereitung beschäftigte er sich intensiv mit den damaligen Konzepten der Behindertenarbeit und besuchte verschiedene Behinderteneinrichtungen in Deutschland, darunter auch die Alsterdorfer Anstalten in Hamburg.

1873 nahm Ninck einen Ruf als Pastor der St. Anschar-Kapelle in Hamburg an. Diese Personalgemeinde, eine Art Dependance der Gemeinde St. Michaelis, hatte sich besonders den Zielen der Inneren Mission, der kirchlichen Erneuerung und dem diakonischen sozialen Engagement verschrieben. Ninck setzte hier zunächst seine schriftstellerische Tätigkeit höchst erfolgreich fort. Er übernahm 1873 die Herausgabe des Blattes »Der Nachbar Hamburg. Ein christliches Volksblatt für Stadt und Land«, das sich vor allem die Verbreitung des Gedankens der Inneren Mission zum Ziel gesetzt hatte, und erhöhte die Auflage bis 1887 auf 89 000 Exemplare. 1874 übernahm er zusätzlich die Schriftleitung der Niedersächsischen Gesellschaft zur Verbreitung christlicher Schriften, die im Jahr 1886 immerhin 135 Veröffentlichungen herausgab. Schließlich redigierte er die 1878 gegründete Zeitschrift »Der Deutsche Kinderfreund«, die ein breites inhaltliches Spektrum von Belletristik über historische und geografische Aufsätze bis hin zu Märchen und Rätseln abdeckte und bis zu 16 000 Leser erreichte.

Für Nincks Wirkens in Hamburg ist die Gründung mehrerer diakonischer und sozialer Einrichtungen von besonderer Bedeutung. Zunächst hatte er damit begonnen, relativ unorganisiert mit wenigen Schwestern und vor allem ehrenamtlichen Helfern ein Netz von Nachbarschaftshilfen im umfassendsten Sinn, aber mit dem Schwerpunkt der Krankenpflege aufzubauen. Diese Aktivitäten mündeten in die Arbeit des Diakonissenhauses Bethlehem, für das er 1881 auf dem Ancharplatz in der Nähe der Kirche ein durch Spenden finanziertes Gebäude errichtete. 1882 wurde hier auch eine Krankenstation eingerichtet. Aus diesen Anfängen

Carl Ninck

entwickelte sich wenige Jahre nach dem Tod Nincks 1891 ein eigenständiges Diakonissen-Mutterhaus nach dem Kaiserswerther Vorbild mit fast 100 Diakonissen. Ninck hatte den Grundsatz »Aus der Gemeinde – für die Gemeinde« vertreten. Erst nach seinem Tod wurden die Aktivitäten der von ihm gegründeten Organisationen auf einen größeren Wirkungskreis ausgeweitet.

Wie breit und wirkungsvoll sein soziales Engagement war, lässt sich an der Gründung weiterer Institutionen ablesen. Dazu gehörten verschiedene auf einem von Emilie Jenisch gestifteten Grundstück in der Martinistraße in Eppendorf 1886 angesiedelte Einrichtungen: ein Heim für »gefährdete Mädchen«, der »Kastanienhof« für verwahrloste Mädchen im Alter von sechs bis 14 Jahren, das Alten- und Pflegeheim für 60 ältere Frauen und das Wohnheim »Bethanien« für 15 Schwestern. Bereits 1882 hatte Ninck das »Asyl für Trunksüchtige« auf Gut Woltow in Mecklenburg gegründet, die zweite Einrichtung ihrer Art in Deuschland. Weiterhin engagierte er sich ab 1885 in der von Wilhelm Baur gegründeten Hilfseinrichtung für Prostituierte. 1885 brachte er von einer Skandinavienreise aus Norwegen die Anregung mit, sich in den Hafenstädten um deutsche Seeleute zu kümmern. Wenige Monate vor seinem Tod wurde am 1. Mai 1887 am Pinnasberg ein Seemannsheim eröffnet.

Weit über seinen eigentlichen Wirkungskreis hinaus wurde Ninck durch den 1885 veröffentlichten Bericht über seine Orientreise bekannt, die er von Februar bis April 1884 mit Freunden unternommen hatte. Die Veröffentlichung trug den Titel »Auf biblischen Pfaden. Reisebilder aus Aegypten, Palästina, Syrien, Kleinasien, Griechenland und der Türkei« und erlebte bis 1903 sechs Auflagen mit insgesamt 35 000 Exemplaren.

WERKE Schriftenverzeichnis in: RGG (1. Aufl.) 4.

LITERATUR Realencyklopädie für protestantische Theologie und Kirche, Bd. 8, 3., verb. Aufl. Leipzig 1904, S. 105; Friedrich Cuntz, Carl Wilh. Theodor Ninck. Ein Lebensbild, Herborn 1890; Johannes Ninck, Frei von Jedermann und aller Knecht – Lebenswerk und Persönlichkeit des Menschenfreundes Carl Ninck, Leipzig/Hamburg 1932; Harald Jenner, 100 Jahre Anscharhöhe 1886–1986, Neumünster 1986. *Bodo Schümann*

Hans Erich Nossack

NOSSACK, Hans Erich, geb. 30. 1. 1901 Hamburg, gest. 2. 11. 1977 ebd.; luth., später konfessionslos; Schriftsteller.

Gemeinsam mit seinen vier Geschwistern wuchs Hans Erich Nossack, dessen Vater Eugen Nossack in Hamburg eine Kaffee-Importfirma betrieb, in großbürgerlichen Verhältnissen auf. Ein Unfall des Knaben, der sich 1908 beim Eislaufen ereignete, hatte eine zeitweise Lähmung und eine lebenslange Gehbehinderung zur Folge. Nach dem Besuch des Johanneums in seiner Geburtsstadt und dem nach einem Semester abgebrochenen Studium der Kunstgeschichte und Literatur an der jungen Hamburger Universität (Wintersemester 1919/20) studierte der junge Nossack Rechtswissenschaften und Philosophie in Jena und schloss sich auf Wunsch des Vaters dem Corps »Thuringia« an, verließ jedoch nach fünf Semestern die Universität ohne Abschluss und suchte zunächst 1922/23 als Fabrikarbeiter in Jena sein Auskommen zu finden. Zugleich brach er radikal mit seiner Familie. Politisch bekannte sich Nossack, der vermutlich 1920 am Kapp-Putsch und 1921 am so genannten »Selbstschutz Oberschlesien« teilgenommen hatte, nun in entschiedener Abkehr von seiner rechten Gesinnung zur KPD, deren aktives Mitglied er 1923 vorübergehend wurde.

Im November 1923 nach Hamburg zurückgekehrt, verdiente Nossack ab 1925 als Bankangestellter, später als kaufmännischer Angestellter in Hamburger Außenhandelsfirmen seinen Lebensunterhalt. In den zwanziger und dreißiger Jahren entstanden mehrere durch Strindberg, Hebbel und

Barlach angeregte Dramen, die jedoch nicht zur Veröffentlichung gelangten. 1930 trat Nossack für drei weitere Jahre erneut der KPD bei, beteiligte sich in den folgenden Jahren an Widerstandsaktionen gegen die Nationalsozialisten und sah sich schließlich 1933 – nach mehreren Hausdurchsuchungen durch SA und Polizei in der Wohnung am Tondernstieg – genötigt, in der Firma seines Vaters Unterschlupf zu suchen, um der Aufmerksamkeit des Regimes zu entgehen. Nach dem Tod des Vaters 1948 übernahm Nossack schließlich die Leitung des Unternehmens. Der Schweizer Industrielle und Mäzen Kurt Bösch ermöglichte es Nossack, die Firma 1956 aufzulösen, um fortan ausschließlich schriftstellerisch tätig zu sein. Nossack lebte in den folgenden Jahren in Aystetten in der Nähe von Augsburg (1956–62), Darmstadt (1962–65) und Frankfurt am Main, bevor er 1969 nach Hamburg zurückkehrte.

Ein großer Teil der unveröffentlichten Manuskripte Nossacks, darunter die nach dem Vorbild Hebbels verfassten Tagebücher, verbrannte 1943 bei der Bombardierung Hamburgs, der das Wohnhaus in der Brahmsallee 11 ebenso zum Opfer fiel wie das Kontor der Firma am Sandtorkai. Noch vor Kriegsende debütierte der Schriftsteller durch Vermittlung des befreundeten Hermann Kasack, Cheflektor des Suhrkamp Verlags, mit der Veröffentlichung von drei Gedichten in den Jahrgängen 1942 und 1944 der Zeitschrift »Die Neue Rundschau«; ein bei Suhrkamp geplanter Gedichtband konnte kriegsbedingt nicht erscheinen. Die Aufmerksamkeit einer größeren Öffentlichkeit erregte Nossack, nachdem bereits 1947 die ersten beiden Bücher (»Gedichte«, »Nekyia. Bericht eines Überlebenden«) erschienen waren, mit einer Reihe von Erzählungen, die 1948 unter dem Titel »Interview mit dem Tode« im Hamburger Krüger-Verlag veröffentlicht wurden, darunter der einige Wochen nach der Zerstörung seiner Vaterstadt verfasste Bericht über die Bombardierung Hamburgs 1943 »Der Untergang«. Den endgültigen Durchbruch brachte der Erfolgsroman »Spätestens im November« (1955). Hamburg sollte erneut in dem Roman »Dem unbekannten Sieger« (1969) eine Rolle spielen, der den Einmarsch von Reichswehr- und Freikorpstruppen unter dem Kommando Paul von Lettow-Vorbecks in die Hansestadt während der so genannten »Sülze-Unruhen« im Juni/Juli 1919 zum Gegenstand hat.

Zu eigenem Schaffen angeregt sah sich Nossack unter anderem durch Hans Henny Jahnn, mit dem er freundschaftlich verbunden war, sowie durch Ernst Barlach; deutlich erkennbar sind Einflüsse des französischen Existentialismus. Im Mittelpunkt seiner Romane und Erzählungen stehen immer wieder Protagonisten, die an existentiellen Wendepunkten durch eine Entscheidung für das Ungewisse, den »Aufbruch ins Nicht-Versicherbare« (Nossack), der Bedeutungslosigkeit ihres Lebens zu entkommen trachten. Bevorzugt verwendet er nüchtern-sachliche Erzählformen, die sich mit märchenhaft-mythischen und visionären Elementen verbinden.

Seiner Selbstdarstellung als Außenseiter zum Trotz gehörte der Schriftsteller von der unmittelbaren Nachkriegszeit bis in die siebziger Jahre zu den dominanten Figuren der deutschen Literatur und beteiligte sich aktiv am literarischen Betrieb, so etwa in der Deutschen Akademie für Sprache und Dichtung und in der Akademie der Wissenschaften und der Literatur in Mainz. Nossack, der 1949/50 Gründungsmitglied der Freien Akademie der Künste in Hamburg war, erhielt neben anderen bedeutenden Auszeichnungen (Georg-Büchner-Preis 1961; Wilhelm-Raabe-Preis 1963) 1974 auch den Alexander-Zinn-Preis der Stadt Hamburg. Sein Grab befindet sich auf dem Ohlsdorfer Friedhof. Das stets distanzierte Verhältnis zu seiner Geburtsstadt, die er in ihrer amusischen Geschäftigkeit und bornierten Exklusivität als lähmend empfand, hat Nossack unter anderem in »Nachtgespräch auf der Lombardsbrücke«, erschienen zuerst 1972 im MERIAN-Heft Hamburg, thematisiert.

WERKE Schriftenverzeichnis in: Birgit Kawohl, Hans-Erich-Nossack-Bibliographie, Wetzlar 1995, S. 9–36; Die Tagebücher 1943–1977, hg. von Gabriele Söhling, 2 Bde. und Kommentarband, Frankfurt a. M. 1997; Geben Sie bald wieder ein Lebenszeichen. Briefwechsel 1943–1956, hg. von Gabriele Söhling, 2 Bde., Frankfurt a. M. 2001.

LITERATUR NDB 19; Killy 8; Renate Hauser, Auf der Suche nach der verlorenen Zukunft. Studien zur Biographie und zum Werk Hans Erich Nossacks, Phil. Diss. Karlsruhe 1981; Inge Stephan, »Hamburg ist für alles Künstlerische immer lähmend gewesen«. Formen der Mythologisierung Hamburgs bei Hans Erich Nossack, in: Inge Stephan/Hans-Gerd Winter (Hg.), »Liebe, die im Abgrund Anker wirft«. Autoren und literarisches Feld im Hamburg des 20. Jahrhunderts, Hamburg 1990, S. 294–316; Wolfgang Michael Buhr, Hans Erich Nossack. Die Grenzsituation als Schlüssel zum Verständnis seines Werkes. Studien zur Grenzsituation und Grenzüberschreitung in Prosa, Künstlerverständnis und Biographie Hans Erich Nossacks, Frankfurt a. M. u. a. 1994 (Würzburger Hochschulschriften zur neueren deutschen Literaturgeschichte 15); Hans Erich Nossack. Leben, Werk, Kontext, hg. von Günter Dammann, Würzburg 2000.
Dirk Brietzke

OBERDÖRFFER, Wilhelm

OBERDÖRFFER, Wilhelm, geb. 14. 4. 1886 Hamburg; gest. 16. 5. 1965 ebd.; luth.; Oberschulrat.

Nach dem Studium der neueren Sprachen, der Philosophie und der Geschichte in den Jahren von 1904 bis 1908 an den Universitäten Berlin, Freiburg und Kiel arbeitete der Sohn eines Hamburger Tonkünstlers von 1912 bis 1921 als Oberlehrer am Hamburger Heinrich-Hertz-Realgymnasium. Anschließend wurde Oberdörffer als Hilfsreferent in die Oberschulbehörde berufen, für die er ab 1925 als Oberschulrat wirkte. In dieser Eigenschaft übte er die Schulaufsicht über höhere Schulen und Privatschulen aus und war außerdem Referent für das deutsche Auslandsschulwesen mit der Oberaufsicht über die dort abgehaltenen Reifeprüfungen.

Als Mitglied der DVP wurde Oberdörffer 1933 nicht entlassen. Er trat noch im gleichen Jahre der NSDAP bei und blieb bis 1940 im Amt. Oberdörffer fügte sich in die große Linie der neuen Schulpolitik ein und verhielt sich den neuen Machthabern gegenüber als loyaler Beamter, war jedoch zugleich bemüht, denen zu helfen, die durch die nationalsozialistische Personalpolitik in Not gerieten. Während sein Engagement für die Wiederverwendung des von seinem Amt als Landesschulrat suspendierten Ludwig Doermer erfolglos blieb, konnte der jüdische Professor Ernst Friedländer dank Oberdörffers Initiative im Auslandsdienst arbeiten. Durch persönliche Kontakte konnte der Oberschulrat bis 1939/1940 den noch bestehenden Privatschulen und den jüdischen Schulen Hilfe leisten.

Überraschend stellte Oberdörffer am 12. September 1940 den Antrag auf Entlassung aus dem Beamtenverhältnis und erklärte zugleich seinen Austritt aus der NSDAP. Im Verlauf der vom Regime vorgeschriebenen Ahnenforschung war er auf eine jüdische Urgroßmutter gestoßen und stellte sich auf den Standpunkt, als Vorgesetzter aller Lehrer der höheren Schulen müsse er »vorbehaltlos und uneingeschränkt« alle Bedingungen erfüllen, die für die Mitgliedschaft in der NSDAP gefordert wurden. Als eigentlicher Grund für das Ausscheiden des 55-jährigen kann vermutet werden, dass er keine Möglichkeit mehr sah, sein Amt weiterhin in humaner Weise zu führen.

Von 1940 bis 1950 arbeitete Oberdörffer als Personalchef bei der Firma Philipp Reemtsma. Mitte Mai 1945 wurde er im Auftrag der Militärregierung von Bürgermeister Rudolf Petersen zum vorläufigen Leiter der Schulverwaltung und damit des gesamten hamburgischen Schulwesens ernannt, jedoch nach etwa 14 Tagen durch Schulsenator Heinrich Landahl ersetzt. Ohne offizielle Funktion wirkte er weiterhin als Berater der Schulverwaltung beim Wiederaufbau des Schulwesens. Ausschlaggebend für Oberdörffers Ablösung war vermutlich sein früher Beitritt zur NSDAP in Verbindung mit seiner Mitgliedschaft in der DVP bis 1933.

In einer Reihe von Ämtern war Oberdörffer bis zu seinem Tode aktiv, so in der Patriotischen Gesellschaft, im Hochschulbeirat und im Überseeclub, wo er die Gestaltung der Überseetage übernahm. Auf seine Tätigkeit als Geschäftsführer des Kuratoriums für den Wiederaufbau der Hamburgischen Staatsoper (1953–55) und der Stiftung zur Förderung der Hamburgischen Staatsoper geht der 1966 gestiftete Wilhelm-Oberdörffer-Preis zurück, der in jedem Jahr an junge Talente aus den Bereichen Musik und Ballett verliehen wird.

WERKE Aufbau und Ziele der höheren Schule Hamburgs, in: Hamburger Fremdenblatt, Nr. 88 vom 29. 3. 1930, 10. Beilage, S. 41; Die Arbeit ist getan, in: Hamburgische Staatsoper 1955, hg. zur Eröffnung des Neuen Hauses am 15. Oktober 1955 von der Leitung der Hamburgischen Staatsoper, Hamburg 1955, S. 23–28.

LITERATUR Uwe Schmidt, Aktiv für das Gymnasium. Hamburgs Gymnasien und die Berufsvertretung ihrer Lehrerinnen und Lehrer von 1870 bis heute, Hamburg 1999.
Uwe Schmidt

OHLENDORFF, Christian Heinrich *Albertus* Freiherr von (nobilitiert 20. 12. 1873, in den preußischen Freiherrenstand erhoben 23. 1. 1889), geb. 20. 3. 1834 Hamburg, gest. 20. 1. 1894 Gut Gresse/ Mecklenburg; luth.; Kaufmann, Gutsbesitzer.

Albertus Ohlendorff wurde als sechstes von neun Kindern des Landschaftsgärtners und Pflanzensammlers Johann Heinrich Ohlendorff geboren. Er besuchte das Johanneum und absolvierte ab 1852 eine kaufmännische Lehre im Handelshaus Mutzenbecher. Als sein Lehrherr 1856 in Konkurs ging, übernahm er von diesem den Guano-Import, gründete mit 22 Jahren die Firma A. Ohlendorff & Comp. und erwarb das Hamburger Bürgerrecht. Als Pro-

Albertus Ohlendorff

kuristen stellte er seinen zwei Jahre jüngeren Bruder Heinrich ein. Die sowohl im Botanischen Garten als auch in der Hammer Handelsgärtnerei des Vaters aufgewachsenen Gärtnersöhne Albertus und Heinrich hatten aus eigener Anschauung den Einsatz von Dünger zur Erhöhung der Produktion schätzen gelernt. Sie begründeten mit dieser Überseeware, zunächst in der Ferdinandstraße Nr. 56, ihre Handelsfirma. Im Oktober 1856 heiratete Albertus in Bergedorf Charlotte Wilhelmine, die Tochter des Hamburger Kaufmanns Peter Eduard Meyer. Im Herbst des folgenden Jahres trieb die Weltwirtschaftskrise das junge Unternehmen in den Bankrott. Während Albertus die Verbindlichkeiten abwickelte, etablierte nun sein jüngerer Bruder Heinrich 1858 in der bewährten Branche die neue Firma Ohlendorff & Co und stellte nunmehr Albertus als Prokuristen ein; wenig später machte er ihn zum Teilhaber. Albertus zahlte alle Schulden und Kredite zurück, ein Vorgang, der in der hanseatischen Kaufmannschaft als einmalig gewertet wurde.

1888 hatte Albertus von Ohlendorff einen standesgemäßen Landsitz erworben, das Rittergut Gresse bei Boizenburg mit einem von dem Wismarer Architekten Heinrich Thormann im neugotischen Schlossstil erbauten Gutshaus. Durch Zukäufe war das Anwesen im Jahr 1889 bereits auf 2246 Hektar angewachsen. Es diente als Sommerfrische und Jagdrefugium, bot aber auch Gelegenheit zu wirtschaftlicher Nutzung. Während der Abwesenheit Ohlendorffs fanden auf dem abgelegenen Ge-

lände chemische Experimente statt, um aus Torf Ammoniak zu gewinnen. Der Experte, der den Brüdern einst zum chemischen Guanoaufschluss verholfen hatte, versuchte nun, als Ersatz für die zur Neige gehenden Guanovorräte einen Dünger aus heimischem Torf zu produzieren. Um diesen Rohstoff zu gewinnen, hatten die Brüder 1876 von ihrem Schwager David Lauenstein das einstige Schimmelmann'sche Gut Tangstedt erworben. Es wurde nach dem Scheitern der Versuche (1909) wieder verkauft.

1884 wurde der Konzern der Gebrüder Ohlendorff mit einem Grundkapital von 16 Millionen Mark und Fabriken mit insgesamt 1000 Arbeitern in Hamburg-Steinwerder, Reiherstieg, Emmerich am Rhein, Antwerpen und Rotterdam in die Aktiengesellschaft »Anglo-Continentale (vormals Ohlendorff'sche) Guano-Werke« umgewandelt. Albertus versuchte vergeblich, seinen Bruder Heinrich vom Rückzug aus dem Unternehmen abzuhalten. Während Heinrich sich dem Immobiliengeschäft verschrieb, blieb Albertus seinem Gewerbe als »Schietbaron« – wie der Volksmund es formulierte – treu. Dennoch gründeten die Brüder 1890 gemeinsam die Bornholmer Granitwerke, in denen Kleinpflaster für den Straßenbau hergestellt wurde. Kurz vor Ausbruch des Ersten Weltkriegs wurde diese Firma an Dänemark veräußert.

Zwischen 1872 und 1890 gehörte Albertus von Ohlendorff ebenso wie Heinrich zum engeren Freundeskreis um Otto von Bismarck. Als Sprachrohr für die Politik des »Eisernen Kanzlers« hatten die Gebrüder 1872 zusammen mit der Norddeutschen Bank die »Norddeutsche Allgemeine Zeitung« erworben, in der Bismarck 1879 eine Kampagne für den Zollanschluss Hamburgs startete. 1880 kauften Albertus und Heinrich in derselben politischen Absicht alle Aktien der Norddeutschen Buchdruckerei und Verlagsanstalt in Berlin und stellten sich offen mit an die Spitze einer Gruppe von 32 Kaufleuten um John Berenberg-Gossler, die den Anschluss unterstützten. Nach dem geglückten Zollanschluss (1888) wurden beide Brüder in den preußischen Freiherrenstand erhoben. Als Bismarck nach seiner Entlassung auf der Suche nach einem Publikationsorgan war, stellte Albertus von Ohlendorff die Verbindung zu den »Hamburger Nachrichten« her. Beim Besuch Bismarcks am 3. Juni 1890 im von Martin Haller prachtvoll mit einem reichen Festsaal, neuen Stallungen und einem Billardhaus ausstaffierten Palais Ohlendorffs am Alsterufer (Klopstockstraße 32, heute Warburgstraße) fand sich ein von Bürgermeister Carl Petersen geladenes Gefolge von 29 Personen ein, unter anderen die Bürgermeister Johann Georg Mönckeberg und Johannes Versmann, Senator William Henry O'Swald und der Oberingenieur Franz Andreas Meyer mit ihren Familien. Nachdem in der Zeitung der Gebrüder Ohlendorff ohne deren Wissen gegen Bismarck gerichtete polemische Äußerungen veröffentlicht worden waren, brach dieser 1892 den Kontakt zu den Brüdern abrupt ab.

Albertus von Ohlendorff tat sich besonders im Ausstellungswesen hervor. 1883 war er Präsident der »Internationalen Landwirtschaftlichen Ausstellung«. Bei der »Gewerbe- und Industrieausstellung« 1889 krönte ein Fackelzug von Gewerbeschülern mit Festwagen und Handwerkern in ihrer Berufskleidung zu Ehren des Veranstalters Albertus von Ohlendorff die gelungene Präsentation. Neben seinen kaufmännischen Aktivitäten war Ohlendorff von 1877 bis 1894 Aufsichtsratsvorsitzender bei der Norddeutschen Bank. Er starb, keine sechzig Jahre alt, am 20. Januar 1894 auf seinem mecklenburgischen Landsitz. Die Kunde von seinem Tod erschien in 40 in- und ausländischen Zeitungen. Die Eisenbahn setzte einen Sonderzug vom Hamburger Bahnhof nach Schwanheide ein. Dort warteten 100 Wagen, um die Trauergäste zum Gutshaus zu bringen. 17 Blätter berichteten aufs Ausführlichste über die Beisetzung und den feierlichen Trauerzug vom Schloss zum nahe gelegenen Mausoleum. Der älteste Sohn Albertus Eduard wurde Fideikommissherr auf Gresse.

LITERATUR Heinrich von Poschinger, Fürst Bismarck und seine Hamburger Freunde, Hamburg 1903; Günter Mau/Rolf Hillmer, Das Stammtafelbild der Familie von Ohlendorff aus dem Jahre 1885, in: Zeitschrift für Niederdeutsche Familienkunde 70 (1995), Teil 1: S. 251–278, Teil 2: S. 303–314, Nachtrag: S. 378; Karin von Behr, Belle Epoque an der Alster. Weniger Kunst- aber Börsenkenner: Bauherren und Baufrauen, in: Martin Haller. Leben und Werk 1835–1925, hg. von Wilhelm Hornbostel und David Klemm [Katalog zur Ausstellung »Baulust und Bürgerstolz«. Der Hamburger Architekt Martin Haller 1835–1925 im Museum für Kunst und Gewerbe, Hamburg, vom 12. September bis 2. November 1997], Hamburg 1997, S. 33–42. *Karin von Behr*

OHLENDORFF, Elisabeth, geb. Martens, geb. 22. 11. 1838 Hamburg, gest. 18. 4. 1928 ebd.; luth.; Ehefrau von Heinrich Jakob Bernhard Freiherr von Ohlendorff, Verfasserin eines umfangreichen Tagebuchs.

Elisabeth, Tochter des Holzhändlers Johann Friedrich Martens, wohnhaft am Hammer Baum in St. Georg, lernte ihren späteren Mann Heinrich 1854 bei ihrer Konfirmation kennen. Nach der Hochzeit am 4. September 1858 zog das junge Paar 1860 in das Martens'sche Haus in der Mittelstraße im Stadtteil Hamm. Zwei von Elisabeths Schwestern, Amalia und Susanna, heirateten Brüder ihres Ehemanns. Im Mai 1859 kam das erste Kind, der Sohn Johann Heinrich, zur Welt, lebte aber nur acht Monate. Bevor das Palais an der Schwarzen Straße bezugsfertig wurde, schenkte Elisabeth weiteren Kindern das Leben: Clara Elisabeth 1861, Susanne Elisabeth 1862, Magdalena Elisabeth 1864, Walter Heinrich 1865, Meta Elisabeth, genannt Lilli 1867, Gertrud Elisabeth 1869 und Frieda Elisabeth 1871. Nachdem Heinrich 1869 ein größeres Grundstück angekauft hatte, begann der Prominentenarchitekt Martin Haller 1871 mit der Planung einer prächtigen Villa. Die Taufe des neunten Kindes, des Sohnes Heinrich Kurt, wurde dann am 12. Dezember 1874 im neuen Palais an der Schwarzen Straße gefeiert. Der Öffentlichkeit wurde das neue Domizil mit einem Maskenball am 6. Februar 1875 präsentiert. Im August 1880 kam noch ein Nachzügler zur Welt: Heinrich Hans, der so musikalisch war, dass er zur Konfirmation eine Walcker-Orgel geschenkt bekam, auf der er später Konzerte gab und Kompositionen Max Regers, des Freundes der Familie, spielte. Beginnend mit dem Jahr 1880 bis zum 6. März ihres Todesjahres 1928 hielt Elisabeth Ohlendorff ihre Erlebnisse in Tagesprotokollen fest. Die 45 handschriftlichen Bände spiegeln das oft von alltäglichen Verrichtungen bestimmte Leben einer Frau und Mutter von zehn Kindern wider, die einem großen Stadtpalais in Hamm, einem Jagd- und Gutshaus in Volksdorf sowie zahlreichen gesellschaftlichen Verpflichtungen wie Jagddiners, musikalischen Soireen und den legendären Ohlendorff'schen »Rennfrühstücks« am Derbysonntag vorzustehen hatte. Die handschriftlichen Eintragungen sind nicht nur eine Fundgrube für Hammer und Volksdorfer Heimatforscher, sondern legen auch Zeugnis ab vom All-

Elisabeth Ohlendorff

tag, Lebensstil und Zeitgeist der Gründerjahre. Die Tagebücher verwahrt das Hamburger Staatsarchiv.

LITERATUR Heinrich Jacob Bernhard Freiherr von Ohlendorff. Ein Lebensbild aus Hamburgs Glanzzeit, zusammengestellt von seiner Enkelin Camilla Schmidt von Knobelsdorf, geb. Freiin von Schoenaich, [Privatdruck] Hamburg 1926; Karin von Behr/Urs Kluyver, Die Walddörfer. Volksdorf, Bergstedt, Wohldorf-Ohlstedt, Hamburg 1996, S. 30–37. *Karin von Behr*

OHLENDORFF, *Heinrich* Jacob Bernhard Freiherr von (nobilitiert 20. 12. 1873, in den preußischen Freiherrenstand erhoben 23. 1. 1889), geb. 17. 3. 1836 Hamburg, gest. 3. 7. 1928 ebd; luth.; Kaufmann, Gutsbesitzer.

Heinrich Ohlendorff gehörte zu den innovativen Hamburger Kaufleuten, die ihren durch Handel erwirtschafteten Reichtum mit Spürsinn und Patriotismus nicht nur zum eigenen Vorteil, sondern auch zum Wohl der Stadt einsetzten.

Als siebentes Kind des Landschafts- und Handelsgärtners Johann Heinrich Ohlendorff im Botanischen Garten auf dem Glacis vor dem Dammtor, dem Wohnsitz der Eltern, zur Welt gekommen, wuchs Heinrich in einer Familie auf, deren Oberhaupt als Gründer und Direktor des Botanischen Gartens mit zahlreichen Kollegen in ganz Europa korrespondierte und Sämereien tauschte. Am Ohlendorff'schen Mittagstisch versammelten sich Pflanzenjäger, Blumenzüchter und Expeditionsreisende aus der ganzen Welt.

Sechs Monate nach seiner Einschulung auf dem Johanneum wechselte Heinrich an die Lehr- und Erziehungsanstalt Dr. Georg Werner am Fischmarkt Nr. 8. Er wurde 1851 in der Hammer Dreifaltigkeitskirche konfirmiert und begann im gleichen Jahr eine Lehre im Kommissionsgeschäft Theodor von Melle & Sohn. Nach dem Abschluss der Ausbildung war er kurz Kommis bei der Firma J. A. Klein und blieb danach bis zum 1. Juli 1856 bei Tietgens & Robertson. Anschließend trat er mit zwanzig Jahren als Prokurist in die von seinem älteren Bruder Albertus gegründete Firma A. Ohlendorff & Comp. ein. Da er noch nicht geschäftsmündig war, musste ein Senatsdekret dies genehmigen. Im Zuge der Weltwirtschaftskrise von 1857 ging die Firma in Konkurs. Während Albertus Ohlendorff die Verbindlichkeiten abwickelte, gründete Heinrich 1858 die neue Firma Ohlendorff & Co und stellte nun seinerseits den Bruder zunächst als Prokuristen, später als »Associé« ein. Das Kontor der mit Guano handelnden Brüder in der Schauenburger Straße Nr. 44 legte den Grundstein für ihren Reichtum.

Nachdem Heinrich Ohlendorff 1867 für seine Jagdleidenschaft vor den Toren der Stadt 12 000 Morgen Land in Volksdorf, Bergstedt und Sasel gepachtet hatte, erstand er zwei Jahre später in Hamm 62 000 Quadratmeter zum Bau einer Villa. Um Geld anzulegen, begann er um 1870 systematisch Land von Volksdorfer Bauern aufzukaufen, engagierte sich aber auch sozial, indem er 1871 in Hamm ein Haus für die Verwundetenfürsorge bereitstellte. Dafür wurde er am 20. Dezember 1873 von Kaiser Wilhelm I. in den erblichen Adelsstand erhoben. Im selben Jahr bezog er mit seiner Frau Elisabeth, geborene Martens, das von Martin Haller im Stil der Neorenaissance erbaute schlossartige Palais in Hamm. Haller, lebenslanger Hausarchitekt der Gebrüder Ohlendorff, errichtete 1878 auch das zunächst als Jagdhaus benutzte, später als Sommersitz mit Parkanlage und Gästehäusern umgebaute

Heinrich Ohlendorff

Fachwerkgebäude in Volksdorf. Das mit Milchkühlhaus, Getreidespeicher und Windmotor ausgestattete Mustergut besaß Vieh (60 Rinder, fünf Gespanne Pferde, Schweine, Schafe und Federvieh) und große Nutzgärten mit Obst und Gemüse.

Gegen den Rat seines Bruders Albertus verließ Heinrich 1883 die gemeinsame Firma Ohlendorff & Co. Beide Brüder erwarben 1872 zusammen mit der Norddeutschen Bank die »Norddeutsche Allgemeine Zeitung« und 1880 die Norddeutsche Druckerei und Verlagsanstalt in Berlin, um die politischen Ziele Bismarcks, zu dessen Freundeskreis sie gehörten, wirksamer unterstützen zu können. Die Stärkung der Bismarck'schen Politik führte 1881 zu den Vereinbarungen über den Hamburger Zollanschluss, der 1888 zusammen mit der Freihafenlösung vollzogen wurde. Aus diesem Anlass wurden die Gebrüder Ohlendorff in den Freiherrenstand erhoben.

Zum Zweck der Kapitalsicherung hatte Heinrich von Ohlendorff schon 1884 in ein Rentenobjekt investiert, einen von Martin Haller geplanten neuartigen Bautypus: Der Dovenhof (Ecke Dovenfleet/ Brandstwiete, 1967 abgerissen), das erste Kontorhaus Deutschlands, bot 9000 Quadratmeter vermietbare Fläche, die in Aufteilung und Zuschnitt den Bedürfnissen des jeweiligen Mieters angepasst werden konnte. Mit der ersten elektrischen Lichtanlage, dem ersten Paternoster und zentralen Serviceeinrichtungen wie Zollbüro, Post, Destillation, Restaurant und Läden galt das Gebäude zu seiner Zeit als höchst fortschrittlich. Am 1. Mai 1886 wur-

de es eröffnet. Mit 60 Mietern ging die Rechnung des Bauherrn auf. Das Kontorhaus begann seinen Siegeszug, nicht nur in Hamburg.

1890 erwarb Ohlendorff die Bornholmer Granitwerke und stattete den Hafen bei Hammeren mit einer eigenen Verlademole aus. Von hier aus wurde Granit für die Straßenpflasterung nach Berlin, in die Mark Brandenburg und nach Norddeutschland verschifft. Wegen des bevorstehenden Krieges wurde das zeitweise mit bis zu 600 Arbeitern betriebene Werk 1914 an den dänischen Staat veräußert.

Ohlendorffs Macht und Einfluss kamen bis in die zwanziger Jahre in der Mitwirkung in zahlreichen Gremien in Hamburg und Berlin zum Ausdruck. Der Großgrundbesitzer, der im Jahr 1892 über 271 Hektar Ländereien verfügte, war 31 Jahre lang Präsident der Zoologischen Gesellschaft, zudem Vorstandsmitglied des Hamburger Rennclubs und Aufsichtsratsvorsitzender der Handels- und Plantagengesellschaft der Südsee-Inseln zu Hamburg. Er wurde in die Verwaltung der Niederländischen und der Hamburger Armenkasse gewählt, betätigte sich als Aufsichtsratsmitglied der Hamburg-Südamerikanischen Dampfschifffahrtsgesellschaft, der Norddeutschen Bank, der Hamburg-Amerika-Linie und diverser Versicherungsgesellschaften. Bis 1926 war Ohlendorff Senior der Börse und der Hamburger Kaufmannschaft.

Am 13. März 1926, vier Tage vor seinem 90. Geburtstag, enthüllten die Mieter des Dovenhofs im Haupteingang des Kontorhauses die von ihnen gestiftete Büste des Bauherrn und Kaufmanns. Die Bronzeskulptur steht heute im Ortsamt Volksdorf, der ehemals Ohlendorffschen Villa. Ebenso wie seine drei Monate vor ihm verstorbene Frau wurde Heinrich von Ohlendorff auf dem Ohlsdorfer Friedhof zur letzten Ruhe geleitet, in einem Mausoleum aus mattrosa Bornholmer Granit, das Martin Haller zur Jahrhundertwende errichtet hatte. Seit 1936 erinnert die Heinrich-von-Ohlendorff-Straße in Volksdorf und Bergstedt, seit 1948 die Straße Ohlendorffs Tannen in Volksdorf an den einstigen Gutsbesitzer.

LITERATUR Heinrich von Poschinger, Fürst Bismarck und seine Hamburger Freunde, Hamburg 1903; Heinrich Jacob Bernhard Freiherr von Ohlendorff. Ein Lebensbild aus Hamburgs Glanzzeit, zusammengestellt von seiner Enkelin Camilla Schmidt von Knobelsdorf, geborene Freiin von Schoenaich, [Privatdruck] Hamburg 1926;

Karin von Behr/Urs Kluyver, Die Walddörfer. Volksdorf, Bergstedt, Wohldorf-Ohlstedt, Hamburg 1996, S. 30–37; Karin von Behr, Belle Epoque an der Alster. Weniger Kunst- aber Börsenkenner: Bauherren und Baufrauen, in: Martin Haller. Leben und Werk 1835–1925, hg. von Wilhelm Hornbostel und David Klemm [Katalog zur Ausstellung »Baulust und Bürgerstolz«. Der Hamburger Architekt Martin Haller 1835–1925 im Museum für Kunst und Gewerbe Hamburg vom 12. September bis 2. November 1997], Hamburg 1997, S. 33–42.   *Karin von Behr*

OHNSORG, Richard, geb. 3.5. 1876 Hamburg, gest. 10.5. 1947 ebd.; Schauspieler, Bibliothekar, Theatergründer, Bühnenregisseur.

Der im Hamburger Stadtteil St. Georg am Steindamm 14 geborene Richard Ohnsorg besuchte nach der Realschule St. Pauli das Realgymnasium des Johanneums. 1896 machte er sein Abitur und studierte anschließend bis 1900 an den Universitäten Marburg, Berlin und Rostock Germanistik, Neuere Philologie und Philosophie. Seine akademische Ausbildung schloss er mit der Promotion zum Dr. phil. ab.

Schon von Jugend an dem Theater verfallen, war Ohnsorg Stammgast auf den Stehplätzen im alten Thalia Theater und im Carl-Schultze-Theater auf St. Pauli. Während er sich beruflich als Bibliothekar in seiner Heimatstadt verdingte und in der Zeit von 1901 bis 1935 vom einfachen Büchereiangestellten zum stellvertretenden Direktor der Stiftung Hamburger Öffentliche Bücherhallen hocharbeitete, frönte er gleichzeitig seiner Liebe zur Schauspielerei: Bereits 1902 gründete er die Dramatische Gesellschaft mit, die sich zur Aufgabe setzte, mit Lese- und Aufführungsabenden in erster Linie das niederdeutsche Schrifttum – damals durchweg hochdeutsch dargeboten – bekannt zu machen. 1904 feierte er bereits erste öffentliche Erfolge.

1906 hob Ohnsorg die Gesellschaft für dramatische Kunst aus der Taufe, die mit Laiendarstellern eine plattdeutsche Bühne einrichtete und 1909 mit Fritz Stavenhagens Drama »Der Lotse« das erste rein plattdeutsche Theaterstück zur Aufführung brachte. Ein großer Erfolg war auch die Uraufführung von Gorch Focks Stück »Doggerbank« im Jahr 1912. Ohnsorg selbst spielte viele Jahre mit großem Erfolg vor allem tragikomische Figuren, »äußerlich bärbeißig und innerlich tränenweich erscheinende Käuze«, wie in einer Würdigung zu seinem

Richard Ohnsorg

65. Geburtstag vermerkt wurde. 1920 folgte dann die Gründung der Niederdeutschen Bühne, die am 1. September 1936 ihre erste Spielstätte an den Großen Bleichen bezog. Viele bekannte Schauspieler sammelten in den folgenden Jahren bei Ohnsorg erste Erfahrungen, darunter auch der spätere Filmregisseur Reinhold Schünzel.

Im Alter von 70 Jahren erlag der »Wiederentdecker des plattdeutschen Bühnenspiels« einem Herzanfall. Die niederdeutsche Bühnentradition lebt bis heute in dem nach ihm benannten Ohnsorg-Theater an den Großen Bleichen weiter. Bundesweit bekannt wurden die Aufführungen insbesondere durch die beliebten Fernsehausstrahlungen.

WERKE Fünfundsiebzig Jahre Hamburger Thalia-Theater. Vergangenheit und Gegenwart. Festschrift zum 9. November 1918, Hamburg, 1918; Maske und Schminke. Hamburger Theater-Anekdoten, Hamburg 1946 (Niederdeutsche Bücherei 205).

LITERATUR Hermann Quistorf/G. H. J. Scholz, Richard Ohnsorg und die Niederdeutsche Bühne Hamburg, Hamburg 1948; Bruno Peyn, Richard-Ohnsorg-Theater. Beiträge zur Geschichte der Niederdeutschen Bühne in Hamburg, Hamburg 1965 (Quickborn-Bücher 62).

Volker Reißmann

OLDENBURG, *Heinrich* August Andreas, geb. 27. 3. 1842 Oldesloe, gest. nach 1920; Gewerkschafter, Sozialdemokrat.

Heinrich Oldenburg arbeitete ab März 1877 als Redakteur beim »Hamburg-Altonaer Volksblatt«. Zuvor hatte er in Kiel gelebt und war für die Sozialdemokratie bei der dortigen Genossenschaftsdruckerei tätig. 1876/77 kandidierte er ohne Erfolg für den Reichstag. Nach der Ausweisung aus Hamburg 1880 und einem kurzen Aufenthalt in Harburg wandte sich Oldenburg nach Lübeck, betrieb dort ab April 1881 eine Buchdruckerei und gab unter anderem die »Neue Zeitung. Freisinniges Organ für Lübeck und Umgebung« heraus. Oldenburg war wohl auch als Agitator im südlichen Holstein tätig. Er blieb in Lübeck, bis er sich am 29. Oktober 1920 nach Hamburg abmeldete. Sterbedatum und -ort sind nicht überliefert.

LITERATUR Heinrich Laufenberg, Geschichte der Arbeiterbewegung in Hamburg, Altona und Umgegend, 2 Bde., Hamburg 1911, 1931 [Nachdruck Berlin 1977]; Heinzpeter Thümmler, Sozialistengesetz § 128. Ausweisungen und Ausgewiesene 1878–1890, Vaduz 1979, S. 62; Gerhard Beier, Schwarze Kunst und Klassenkampf, Frankfurt a. M. 1966, S. 450.
Angela Graf

OLDESSEM, Caecilia von, gest. 1542; Äbtissin des Klosters Harvestehude, Domina des Stiftes St. Johannis-Kloster.

Caecilia von Oldessem war Nonne und Äbtissin des Klosters Harvestehude, danach Domina des Stiftes St. Johannis-Kloster. Ihr Vater war Cord von Oldessem, ein Wandschneider und Mitglied der Flandernfahrergesellschaft. Ihre Mutter Anna, geborene Helwigk, schenkte acht Kindern das Leben. Caecilias Bruder Johann war Domherr.

Als Nonne ist Caecilia erstmals 1523 belegt, als sie sich 20 Mark Renten bei ihrem Kloster kaufte. Doch schon zuvor hatte ihre Familie Kontakt mit der geistlichen Institution: Caecilias Schwester Gertrud war schon um 1485 Nonne im Kloster geworden. Später traten auch Cousinen der beiden Schwestern, Alleke, Barbara und Wommelke von Oldessem, in das Kloster ein. So stellte die Familie ein Zehntel des Konvents.

Ab 1526 ist Caecilias Handeln als Äbtissin belegbar. Sie verhandelte mit dem Rat über die Abgaben für die städtischen Grundstücke des Klosters und gewährte der Stadt einen großzügigen Kredit. Als in Hamburg erste reformatorische Predigten gehalten wurden und die Bürgerschaft mit der lutherischen Konfession sympathisierte, gab es auch Streit unter den Nonnen. Einige Bürger besuchten das Kloster, um die dortigen Verhältnisse zu prüfen, hatten aber nichts zu beanstanden. Die Äbtissin ließ ein Register der Klosterurkunden anfertigen, übergab 1528 ihre Urkundenlade aus Sicherheitsgründen dem Rat und schrieb einen Brief mit der Bitte um Beratung. Der Vers »Tuet Gelübde und haltet sie!« aus Psalm 76 wurde von ihr als Aufforderung zum Verbleiben im Kloster interpretiert. Aber nicht der Rat reagierte, sondern die inzwischen gewählten Kirchspielbürger. Sie ordneten an, dass ein Prediger die Klosterfrauen unterrichten und ihnen Gottesdienst erteilen solle. Doch die Nonnen verließen das Kloster nicht. Auch der Aufforderung, dass ein frommer Bürger die Klostergüter verwalten solle, kam die Äbtissin nicht nach.

Johann Bugenhagen, der die Hamburgische Kirchenordnung verfasste, wandte sich 1529 mit der Schrift »Wat me van dem Closterlevende holden schal allermeyst vor de Nunnen unde Bagynen geschreven« gegen das Kloster. Die Beginen waren schon aus ihrem Konvent ausgezogen, als Bugenhagen gegen die »falschen Gelübde« wetterte. Er wollte, dass ledige Frauen ihre Kraft und Arbeitstätigkeit den Familien zur Verfügung stellten und nicht in Klöstern lebten. Zudem wandte er sich gegen die Praxis, Mädchen zwangsweise ins Kloster zu geben. Im Rezess von 1529 wurde verfügt, dass die Besitztümer des Klosters zusammengehalten werden sollten. Die Nonnen wurden zum Verlassen des Klosters aufgefordert. Zu diesem Zeitpunkt konnte das Kloster von den lutherischen Bürgern nicht mehr als geeigneter Aufenthaltsort für unverheiratete Verwandte betrachtet werden. Die Memorienlesungen, Vigilien und Fürsprachen vielfältiger Art, welche in den 300 Jahren zuvor von den Bürgern bei den Nonnen bestellt worden waren, hatten keinen Wert mehr. Da die Nonnen aber nicht freiwillig in die Stadt umzogen oder zu ihren Familien zurückkehrten, entschlossen sich die Kirchspielbürger zum Handeln. 1530 wurde das Kloster Harvestehude abgerissen.

Einige der Frauen hatten das Kloster schon vorher verlassen, um in der Stadt eine Ehe einzugehen, so zum Beispiel Anna Eycke, die den Prediger und ehemaligen Franziskaner Stephan Kempe heiratete. Die Rückkehr in das weltliche Leben wurde den Nonnen erleichtert, da die Kirchspielbürger ihnen 20 Mark lebenslanger Rente aus dem Vermögen des Klosters gewährten.

19 der Frauen wollten weiterhin als Konvent zusammenbleiben, darunter Caecilia von Oldessem. Sie ließen sich auf die Bedingungen des Rats ein, traten zur lutherischen Konfession über und legten ihr Habit ab. Aus Nonnen wurden Stiftsdamen. Caecilia nannte sich nicht mehr Äbtissin, sondern Domina. Die Geschäfte des Klosters führten die Klosterbürger. Fast ein Jahr später, im Frühjahr 1531, wurde den Frauen ein Teil des ehemaligen St. Johannisklosters als Wohnort zur Verfügung gestellt. Die Aufgabe der zukünftigen Konventualinnen sollte darin bestehen, Kinder von Bürgern im Lesen und Schreiben zu unterrichten, zu nähen und zu sticken.

Doch die Domina war mit der Lage durchaus nicht zufrieden. Sie schrieb 1531 einen Beschwerdebrief an den Rat, in dem sie sich über den Verlust von wertvollen Gegenständen und Kleinodien, den schlechten Zustand der neuen Wohnstätte und die Verwaltung der Klostergüter beschwerte. Laut Caecilia waren in der Kapelle des Klosters St. Johannis hinterlegte Kleinodien im Wert von 40 Mark gestohlen worden; Altartücher seien verrottet. Der Rat habe den Schaden zwar besichtigen lassen, aber nichts ersetzt. Drei Kisten mit Geschmeide, die dem Rat in Gewahrsam gegeben worden seien, seien trotz entsprechender Zusagen des Ratsherrn und Klostervorstehers Joachim Moller nicht zurückgegeben worden. Beim Einzug in das St. Johanniskloster hätten die Frauen festgestellt, dass viel Arbeit und Geld würde investiert werden müssen, um die unbequemen und schmutzigen Räume herzurichten. Widerwillig hätten sie sich gefügt und auch ausstehende Kosten des Klosters St. Johannis übernommen.

Für die Baumaßnahmen gab der Konvent nach Caecilias Berechnung 479 Mark aus. Da sie befürchtete, in fremdes Gut zu investieren, fragte die Domina in ihrem Beschwerdebrief nach Besitztiteln an dem ehemaligen Dominikanerkloster. Das wichtigste Anliegen Caecilias war die Verwaltung der Klostergüter. Erst später, 1536, beschlossen Rat und Bürgerschaft, dass die Güter nicht veräußert werden sollten. Die Domina merkte in ihrem Brief kri-

tisch an, dass eines der städtischen Brauhäuser des ehemaligen Klosters an Unbekannte vermietet worden sei, sodass der Konvent keinen Zugriff mehr auf die Pachteinnahmen habe. Ebenso sei ihm das Erbe eines verstorbenen Klosterproveners entgangen. Caecilia wollte die Verwaltung wieder selbst übernehmen. Die vom Rat vorgeschlagenen Patrone hatte sie anerkannt, forderte aber, dass diese über die Verwaltungstätigkeit vor dem Konvent Rechenschaft ablegen sollten, wie sie es zuvor vor dem Rat getan hatte. Die Versorgung des Predigers zu St. Johannis aus den Klöstergütern wollte sie nicht akzeptieren. Insbesondere forderte sie ihre Einkünfte aus den Landgütern ein.

Der Brief zeigt Caecilias genaue Kenntnis der wirtschaftlichen Verhältnisse des Klosters. Dem Rat gegenüber beteuerte sie die Bereitschaft der Stiftsdamen, sich zu fügen und nicht zu klagen, wenn man sie gerecht behandelte. Aber dem Klosterprokurator Joachim Moller unterstellte sie Unterschlagung. Caecilia erreichte ihr Ziel nicht. Keine der finanziellen Forderungen wurde erfüllt. Die wirtschaftliche Verwaltung der Klostergüter blieb in der Hand der Klosterbürger. Joachim Moller wurde als Klostervorsteher bestätigt und pachtete den landwirtschaftlichen Betrieb auf dem Vorwerk des Klosters Harvestehude für zehn Jahre.

1536 schrieb die Domina an den Drosten zu Pinneberg, Hans Barner. Er hatte Hilfe zugesichert und wollte wegen der vielfachen Anliegen des Konvents bei Graf Adolf XI. von Holstein-Pinneberg vorsprechen. Der Graf bat daraufhin die Bürgermeister der Stadt Hamburg zu einem Gerichtstag in Sachen »Unseres Stiftes Kloster Harvestehude« nach Wedel. 1540 musste sich die Äbtissin erneut an Hans Barner wenden, um den Grafen an fällige Gelder für Holzeinschlag zu erinnern. Dieser letzte Brief der ehemaligen Äbtissin ist ein Zeugnis dafür, dass sie wieder an der Geschäftsführung teilhatte – nun allerdings mit geringeren Gestaltungsmöglichkeiten und in Abhängigkeit vom Wohlwollen des Rats.

LITERATUR Johann Martin Lappenberg, Von der Cistercienserinnen-Abtei zu Herwardeshuthe und deren Umwandlung in das St. Johannis-Kloster, in: ZHG 4 (1858), S. 513–580; Rainer Postel, Die Reformation in Hamburg 1517–1528, Gütersloh 1986 (Quellen und Forschungen zur Reformationsgeschichte 52); Silke Urbanski, Zwischen Anpassung und Selbstbehauptung. Harvestehuder Zister-

zienserinnen nach der Reformation, in: Cistercienser-Chronik 105 (1998), S. 443–452; dies., Geschichte des Klosters Harvestehude. »In valle virginum«. Wirtschaftliche, soziale und politische Entwicklung eines Nonnenklosters bei Hamburg, 2., überarb. Aufl. Hamburg 2001 (Veröffentlichungen des Hamburger Arbeitskreises für Regionalgeschichte (HAR) 10). *Silke Urbanski*

O'SWALD (Oswald), *William* (Johann Carl Heinrich *Wilhelm*), geb. 11. 6. 1798 Berlin, gest. 31. 8. 1859 Hamburg; luth.; Kaufmann.

Die Eltern von Wilhelm Oswald waren Johann Friedrich Oswald, Rechnungsrat an der Kgl. Preußischen Seehandlung in Berlin, und seine Ehefrau Johanne Charlotte Heinicke, geboren in Eppendorf als Tochter des Taubstummenlehrers Samuel Heinicke. Wilhelm Oswald absolvierte eine kaufmännische Lehre in Frankfurt an der Oder sowie in Hamburg und unternahm von 1822 bis 1824 und von 1825 bis 1829 als Supercargo (kaufmännischer Leiter) für die Preußische Seehandlung Handelsexpeditionen um die Welt. Fortan nannte er sich William O'Swald. 1830 ließ er sich in Hamburg nieder; am 1. Januar 1831 gründete er hier die Firma Wm. O'Swald & Co., die sich zunächst auf den Handel mit Leinen spezialisierte. Nachdem eine von William O'Swald ausgerüstete Brigg 1847 den Supercargo Wilhelm Schmeisser in Sansibar an Land gesetzt hatte, begann der Aufstieg der Firma zum führenden Ostafrika-Haus. Grundlage des Geschäfts war anfangs der Handel mit Kaurimuscheln, die von den Seychellen nach Sansibar und von hier aus weiter nach Westafrika transportiert wurden, wo sie als Zahlungsmittel galten. Den Absatz organisierten Faktoreien der Firma in Lagos und Palma. Exportgüter von Hamburg nach Sansibar waren Manufakturwaren und Spirituosen, später auch Kohlen und Dampfschiffe für den Sultan. Im Gegenzug wurden Gewürze, Palmkerne, Kautschuk und Häute nach Hamburg verfrachtet.

In Hamburg vertrat William O'Swald das Königreich Preußen seit 1836 als Vizekonsul, seit 1839 als Konsul und schließlich seit 1843 als Generalkonsul; zeitweise verwaltete er auch die Gesandtschaftsgeschäfte. Mit seiner Hilfe konnte 1848 der »Kartätschenprinz«, der spätere Kaiser Wilhelm I., nach England entkommen.

William O'Swald

Albrecht Percy (1831–99) und William Henry (1832–1923), die Söhne von William O'Swald, lösten sich bis zu ihrem Eintritt in die Firma 1858 bzw. 1859 in der Leitung der ostafrikanischen Niederlassung ab. Nach dem Tod des Vaters gaben sie die Faktoreien an der Westküste auf und konzentrierten sich ganz auf das ostafrikanische Geschäft. Ein Handelsvertrag mit dem einflussreichen Sultan von Sansibar, den William 1859 im Auftrag des Hamburger Senats unterzeichnete, erleichterte die Ausdehnung weit in das Innere Afrikas hinein. 1870 wurde die erste Niederlassung auf Madagaskar gegründet, der bis 1900 fünf weitere folgten. Darüber hinaus hatte die Firma Vertretungen in Britisch- und Deutsch-Ostafrika und an der Somaliküste. Eine eigene Flotte von bis zu 19 Schiffen besorgte den Verkehr zwischen Hamburg und den afrikanischen Niederlassungen. Enkel und Urenkel des Gründers führten die Firma fort. Während der beiden Weltkriege kam das Geschäft zum Erliegen. Der Neuanfang war mühsam. Ihre alte Größe hat die Firma nicht wieder erreicht. In den fünfziger Jahren des 20. Jahrhunderts ist sie in andere Hände übergegangen.

WERKE Erlebnisse von Johann Carl Heinrich Wilhelm Oswald auf seiner ersten Reise um die Welt in den Jahren 1822 bis 1824, Hamburg 1915; Bericht von J. K. H. W. O'Swald über die zweite Expedition um die Welt mit dem Königlich Preußischen Schiff »Prinzeß Louise« in den Jahren 1825 bis 1829, Hamburg 1917.

LITERATUR NDB 19; DG 51; Aus der Geschichte des Hauses Wm. O'Swald & Co., 1831–1931, Hamburg, Hamburg 1931; Ernst Hieke, Zur Geschichte des deutschen Handels mit Ostafrika. Das hamburgische Handelshaus Wm. O'Swald & Co., Bd. 1: 1831–1870. Die Geschichte der Familie Oswald-O'Swald, Hamburg 1939 (Forschungen zur hamburgischen Wirtschafts- und deutschen Außenhandelsgeschichte 1) [mehr nicht erschienen]; Percy Ernst Schramm, Neun Generationen. Dreihundert Jahre deutscher »Kulturgeschichte« im Lichte der Schicksale einer Hamburger Bürgerfamilie (1648–1948), Bd. 2, Göttingen 1964; Helmut Washausen, Hamburg und die Kolonialpolitik des Deutschen Reiches 1880 bis 1890, Hamburg 1968 (Veröffentlichungen des Vereins für Hamburgische Geschichte 23).   *Renate Hauschild-Thiessen*

OTTO I., Herzog zu Braunschweig-Lüneburg-Harburg, geb. 24. 8. 1495 Celle, gest. 11. 8. 1549 Harburg; luth. (seit 1527); Begründer der Harburger Nebenlinie der Welfen.

Die politischen und wirtschaftlichen Verhältnisse am Celler Hof waren zu Beginn des 16. Jahrhunderts derart ungünstig, dass keiner der drei Söhne Herzog Heinrichs des Mittleren (1468–1532) besondere Neigung verspürte, die Nachfolge anzutreten, als dieser sich entschlossen hatte, an den Hof König Franz' I. von Frankreich zu gehen. Schon 1517 hatte er mit Blick auf die finanziellen Gegebenheiten seine beiden ältesten Söhne Otto und Ernst verpflichtet, das Herzogtum nicht zu teilen, weil dessen Einkünfte kaum für zwei (oder gar mehr) Hofhaltungen ausgereicht hätten. 1520 legte er mit Zustimmung der Landstände fest, dass nur einer seiner Söhne heiraten dürfe, der andere müsse sich mit einem Versorgungsanteil begnügen oder außer Landes gehen.

Angesichts dieser schwierigen Verhältnisse wurde Herzog Otto 1518 – seinen eigenen Angaben zufolge – vor die Wahl gestellt, entweder eine 40-jährige Witwe, eine Hofdame der französischen Königin mit einer beachtlichen Mitgift, zu heiraten oder der Regierung zugunsten seines jüngeren Bruders Ernst zu entsagen. Otto entschloss sich zum Verzicht und für ein Jahrgeld. 1519 hatte er sich heimlich mit dem Celler Hoffräulein Metta von Campe verlobt und war damit eine Verbindung eingegangen, die als nicht standesgemäß galt. Die Hochzeit erfolgte 1524. Als Herzog Heinrich auf Druck der Stände 1522 zugunsten seiner Söhne auf die Regierung verzichtete, musste Otto gemeinsam mit seinem Bruder Ernst die Nachfolge antreten. Er hielt sich aber selten in Celle auf, sondern lebte lie-

ber in Wittenberg, wo er seit seinem Studium Freunde hatte. 1525 nahm er im Heer des sächsischen Kurfürsten Johann an der Niederwerfung des thüringischen Bauernaufstandes teil. Die im Zuge der Reformation erfolgte Unterstellung der Klöster unter die Kontrolle des Herzogs trug zur Verbesserung der finanziellen Lage bei und erlaubte 1527 eine vertragliche Regelung zwischen den Brüdern, die den Verzicht Ottos auf die Erbfolge zugunsten seiner Brüder bedeutete; dafür erhielt er zu seinem Unterhalt auf Lebenszeit ein Jahrgeld sowie Schloss und Amt Harburg. Für seine Witwe war nur eine geringe Pension vorgesehen; seine Kinder sollten durch eine einmalige Zahlung abgefunden werden. Mit diesem Vertrag war also nur eine Apanage festgelegt, nicht aber die Schaffung eines Teilfürstentums. Herzog Otto I. blieb rechtlich bis zu seinem Ende Amtmann eines seiner Versorgung dienenden Verwaltungsbezirks; ihm kam keine Landeshoheit zu, diese lag ausschließlich bei den Celler Herzögen.

Unmittelbar nach seiner Übersiedlung begann Herzog Otto mit umfangreichen Bauarbeiten am Schloss, das zur Residenz werden sollte. Darüber hinaus wurden Deich- und Entwässerungsarbeiten vorgenommen. Nach 1535 begannen die Arbeiten zur Modernisierung der Befestigungsanlagen, die schließlich zu dem Zustand führten, den Daniel Freese in seiner Karte von 1577 wiedergibt. An den Hängen des Schwarzenberges und am Krummholzberg ließ der Herzog Weingärten anlegen, die bis ins frühe 17. Jahrhundert bewirtschaftet wurden. Seine Einkünfte reichten für die Begleichung der Baukosten bei weitem nicht aus, er war hoch verschuldet und musste, um an Geld zu kommen, seinem Bruder weitere Zugeständnisse machen, die zu einer Schwächung seiner Position bei den Bemühungen um eine Anerkennung des fürstlichen Standes seines ältesten Sohnes führten. Herzog Otto war darauf angewiesen, Kriegsdienste in unterschiedlichen Ländern zu nehmen; auch durch Truppenwerbungen für die Könige von Frankreich und England suchte er seine wirtschaftlichen Verhältnisse zu verbessern.

1530, also kurz nachdem Otto I. die Herrschaft in Harburg übernommen hatte, waren die Spannungen zwischen Hamburg und Harburg, die zu Beginn des 16. Jahrhunderts nachgelassen hatten, wieder aufgelebt. Es ging im Wesentlichen um die

Otto II.

Kontrolle über die Süderelbe, wobei Moorburg eine wichtige Rolle spielte. Der Harburger Herzog verfügte aber nicht über die Mittel, seine Rechte durchzusetzen. Nach dem Brand Harburgs im Jahre 1536 hat er für den Wiederaufbau und für bessere wirtschaftliche Verhältnisse gesorgt, so 1539 durch die Etablierung von zwei großen Märkten (Johannis und Michaelis) und den wöchentlichen Montagsmarkt.

Otto I. hat 22 Jahre in Harburg regiert; sein Bild verklärte sich in der Rückschau zum »Vater Harburgs«. Dazu hat sicher auch die Gründung der Schützengilde im Jahre 1528 beigetragen, die bis heute existiert. Ihr kam nicht nur die Aufgabe zu, jährlich zu Pfingsten für ein Volksvergnügen, das Vogel- oder »Papagoyen«-Schießen, zu sorgen, sondern auch die Rolle einer Bürgerwehr zu übernehmen. Als Otto I. 1549 starb, hätte das Amt Harburg an den Celler Herzog zurückfallen müssen. Die Witwe, die den Erbvertrag von 1527 nicht mit unterschrieben hatte, weigerte sich, Schloss und Amt zu übergeben; stattdessen sorgte sie dafür, dass ihr Sohn Otto nicht nur die Nachfolge des Vaters antrat, sondern aus dem Amt eine Herrschaft machte.

LITERATUR W. C. Ludewig, Geschichte der Stadt und des Schlosses Harburg, Bd. 1, Harburg 1887, S. 40–52; Dieter Matthes, Die welfische Nebenlinie in Harburg. Untersuchung über Entstehung und Rechtsform einer fürstlichen Abfindung zu Beginn des 16. Jahrhunderts, Hamburg-Harburg 1962 (Veröffentlichungen des Helms-Museums 14); Dietrich Kausche, Harburg und der süderelbische Raum, in: Erich von Lehe u. a. (Hg.), Heimatchronik der Freien und Hansestadt Hamburg, 2. Aufl. Köln 1967, S. 355–476, hier S. 393–424; Erik Verg, Harburger Geschichte(n). Von 900 bis 1980, Hamburg 1981, S. 27–31.

Eckardt Opitz

Otto II., Herzog zu Braunschweig-Lüneburg-Harburg, geb. 25. 9. 1528 Harburg, gest. 26. 10. 1603 ebd.; luth.

Als sein Vater, Otto I., starb, war der junge Herzog 21 Jahre alt. Er hatte in Wittenberg studiert und im Gefolge Johann Friedrichs des Großmütigen, des Kurfürsten von Sachsen, am Schmalkaldischen Krieg (1546/47) teilgenommen, hatte sich danach für kurze Zeit in Frankreich aufgehalten, um dann in die Dienste des englischen Königs zu treten.

Im Frühjahr 1550 kehrte er nach Harburg zurück, um ein Erbe anzutreten, das ihm rechtlich gar nicht zustand, weil sein Vater 1527 auf eine Erbfolge verzichtet hatte; der Sohn sollte nur abgefunden werden. Nachdem seine Mutter sich bereits geweigert hatte, den Vertrag von 1527 anzuerkennen, bestand nun auch der Sohn darauf, das Erbe im Amt Harburg anzutreten und damit im Nachhinein aus dem Versorgungsgebiet seines Vaters ein Teilherzogtum zu machen. Er war dabei erfolgreich, denn ihm gelang bereits im Oktober 1550 die vorläufige Anerkennung seines Erbrechts durch die Räte in Celle. Es dauerte allerdings noch zehn Jahre, bis er in einer 1560 getroffenen Vereinbarung nicht nur mit einer erweiterten Apanage, zu der das Amt Moisburg und Klostergut in Kirchwerder gehörten, ausgestattet wurde, sondern diese auch zusammen mit dem Amt Harburg als erblichen Besitz erhielt. Dafür musste der Harburger Herzog auf Ansprüche verzichten, die das Erbe im Fürstentum Lüneburg betrafen.

Otto II. erhielt durch diese Vereinbarungen, die 1562 durch den Kaiser bestätigt wurden, zwar eindeutige Kompetenzen, nicht aber ein geschlossenes Herrschaftsgebiet, weil es nach wie vor Ansprüche der Fürstentümer Bremen und Verden in seinem Gebiet gab, aus denen zahlreiche Streitigkeiten erwuchsen.

Otto II. war seit 1560 regierender Fürst einer welfischen Nebenlinie. Zentrum der Herrschaft waren Stadt und Burg Harburg. Als »Herrscher« konnte er nach dem Tod seiner ersten Frau, einer Gräfin von Schwarzenberg, mit dem ostfriesischen Grafenhaus in Verbindung treten, 1562 heiratete er die Gräfin Hedwig von Ostfriesland. Seine wirtschaftlichen Verhältnisse wurden dadurch aber nur unwesentlich verbessert. Er musste sich deshalb, wie zuvor sein Vater, in fremde Kriegsdienste begeben, um seine Einkünfte zu erhöhen. Später betätigte er sich als Werber und belieferte kriegführende Parteien mit unterschiedlichen Versorgungsgütern. Eine besondere Rolle spielten seine Beziehungen zu England; von dort bezog er eine beachtliche Pension. Seine Kontakte zu Königin Elisabeth verhalfen ihm darüber hinaus zu Ansehen auch in Kreisen im Deutschen Reich.

Herzog Otto II. hielt sich während der achtziger Jahre des 16. Jahrhunderts gemeinsam mit seinem Sohn Wilhelm, dem er möglicherweise eine Karriere in englischen Diensten eröffnen wollte, noch einmal für längere Zeit in England auf. Politisch trat er ebenfalls in den achtziger Jahren noch einmal hervor, als er in die Erbstreitigkeiten zwischen seinen ostfriesischen Schwägern eingriff, wobei er aber vor allem an der Sicherung des Erbgutes seiner Frau interessiert war.

Die Spannungen und Rivalitäten zwischen Hamburg und Harburg, bei denen sein Vater sich mangels finanzieller und militärischer Mittel in Zurückhaltung hatte üben müssen, hatten nach 1550 wieder zugenommen; Hamburg obsiegte in einem Prozess beim Reichskammergericht und fand auch die Unterstützung des Kaisers. Otto II. ließ sich auf weitere Rechtsstreitigkeiten ein, die kostspielig, aber wenig erfolgreich waren. 1566 kam es wegen der Elbgerichtsbarkeit zu einem regelrechten Gefecht, in dessen Verlauf die Harburger zwei mit Geschützen bewaffnete hamburgische Schiffe erobern konnten. Beide Seiten rüsteten auf; das herzogliche Schloss wurde zur Festung ausgebaut. Der Streit des Herzogs mit Hamburg konzentrierte sich neben der Frage der freien Schifffahrt auf der Süderelbe auf den Deichverlauf in Moorburg; zu einem Ausgleich kam es erst 1591. Das Ende der Auseinandersetzungen um die Schifffahrt auf der Elbe hat Herzog Otto II. nicht mehr erlebt; erst sein Sohn Wilhelm erzielte 1611 in einem Interimsrezess einen Ausgleich.

Wie schon sein Vater betätigte sich auch Otto II. als Bauherr; von 1577 bis 1587 wurde dem Harburger Schloss ein weiterer Flügel hinzugefügt. Baumeister war der aus Freiberg in Sachsen stammende Martin Köhler, der später als Ratsmaurermeister in Lüneburg wirkte. Zum vorhandenen kam ein weiterer achteckiger hoher Treppenturm mit steinerner Haube hinzu. Eine aufwendig gestaltete neue Schlosskapelle sowie ein vergrößertes Torhaus machten aus der alten Burg eine repräsentative Residenz im Stil der Renaissance, wobei die Schlossbauten in Celle und Gifhorn als Vorbilder dienten.

Als Herzog Otto II. im Alter von 75 Jahren starb, hinterließ er sechs Söhne, von denen der älteste, Johann Friedrich (1557–1619), nach gravierenden Auseinandersetzungen mit dem Vater 1598 auf eine Nachfolge hatte verzichten müssen. Wilhelm August (1564–1642) und Christoph (1570–1606) traten die Regierung 1603 gemeinsam an; nach Christophs frühem Tod wurde Otto (1572–1641) mitregierender Herzog. Johann (1573–1625) zeigte kein Interesse an

den Regierungsgeschäften. Der jüngste Sohn Ottos II., Friedrich (1578–1605), hatte sich in spanische Kriegsdienste begeben und fiel in den Niederlanden.

LITERATUR W. C. Ludewig, Geschichte der Stadt und des Schlosses Harburg, Bd. 1, Harburg 1887, S. 52–75; Dieter Matthes, Die welfische Nebenlinie in Harburg. Untersuchung über Entstehung und Rechtsform einer fürstlichen Abfindung zu Beginn des 16. Jahrhunderts, Hamburg-Harburg 1962 (Veröffentlichungen des Helms-Museums 14); Dietrich Kausche, Harburg und der süderelbische Raum, in: Erich von Lehe u. a. (Hg.), Heimatchronik der Freien und Hansestadt Hamburg, 2. Aufl. Köln 1967, S. 355–476, hier S. 398–424; Klaus Richter, Von der Burg zur Mietskaserne: Das Harburger Schloß, in: Jürgen Ellermeyer u. a. (Hg.), Harburg. Von der Burg zur Industriestadt. Beiträge zur Geschichte Harburgs 1288–1938, Hamburg 1988, S. 16–33.
Eckardt Opitz

OTZEN, Johannes, geb. 8. 10. 1839 Sieseby bei Schleswig, gest. 8. 6. 1911 Berlin; luth.; Architekt, Professor.

Als Baumeister von sechs neugotischen Kirche setzte Otzen am Ende des 19. Jahrhunderts städtebauliche Akzente in den sich ausbreitenden Städten Hamburg und Altona. Über Hamburg hinaus gehört er im Kirchenbau zu den für seine Zeit richtungweisenden Architekten.

Nach einer Zimmermannslehre bei verschiedenen Lehrmeistern in Schleswig-Holstein führte ihn sein Weg 1858 an die Baugewerbeschule in Nienburg/Weser und im Jahr darauf ans Polytechnikum in Hannover, an dem der bekannte Architekt Conrad Wilhelm Hase lehrte. Gleich nach dem 1862 abgelegten Examen nahm ihn Hase in sein Atelier als Bauführer auf. Dort blieb Otzen bis 1866 und führte für Hase zwei Kirchenbauten im Harz aus. Danach wurde er zur Erlangung der Baumeisterqualifikation im preußischen Staatsdienst Baubeamter in der Verwaltung in Schleswig und kümmerte sich unter anderem um die Erneuerung des Meldorfer Doms. Nach dem Erfolg beim Wettbewerb für den Entwurf der St. Johanneskirche in Altona 1868 schied er aus dem Staatsdienst aus und widmete sich in den Jahren von 1868 bis 1873 der Errichtung seines ersten eigenen Kirchengebäudes, eines neugotischen Backsteinrohbaus in Anlehnung an den Stil der Hannoverschen Schule, den Otzen bei Hase kennen gelernt hatte.

1869 zog Otzen nach Berlin und heiratete dort Caroline Hausmann, mit der er fünf Kinder hatte. Seit 1874 Mitglied des Architekten-Vereins Berlin (AVB), machte er durch zahlreiche Vorträge auf sich aufmerksam. Obwohl er sich nun in Berlin etablierte, blieb Otzen Hamburg verbunden. Seine Entwürfe für das Altonaer Schauspielhaus (1875) und das neue Rathaus (1876) wurden jedoch nicht angenommen. 1878 wurde Otzen Dozent an der Technischen Hochschule Charlottenburg, 1880 Mitglied der Königlichen Akademie des Bauwesens und 1881 Professor an der Technischen Hochschule. Er widmete sich vor allem der mittelalterlichen Backsteinkunst und den konstruktiven Aufgaben der Ingenieurabteilung. In der Zeit von 1880 bis 1883 entstanden drei Bände zur Baukunst des Mittelalters mit Schülerentwürfen.

In Hamburg und Altona war Otzen weiterhin als Baumeister gefordert. So entstanden in den achtziger Jahren des 19. Jahrhunderts in rascher Folge vier weitere Kirchengebäude nach seinen Entwürfen: St. Petri in Altona (1881–83), die St. Gertrud-Kirche in Uhlenhorst (1882–85), die Christuskirche in Eimsbüttel (1882–85) und die Friedenskirche in Eilbek (1883–85). Alle diese Kirchen waren Zentren neuer Wohngebiete und Vororte der schnell wachsenden Städte. Nur der Einsatz von örtlichen Bauführern ermöglichte das nahezu gleichzeitige Entstehen der vier Bauten, zumal Otzen nebenher auch noch seine Lehrtätigkeit wahrnahm. Er selbst behielt aber immer die oberste bzw. die künstlerische Bauleitung.

Otzen gehörte noch bis 1902 dem Lehrkörper der Technischen Hochschule an, schränkte aber ab 1885 seine Lehrtätigkeit ein. Er übernahm zu diesem Zeitpunkt das Meisteratelier der Akademie der Künste in Berlin, deren Präsident er von 1904 bis 1907 war, und behielt nur die Veranstaltung über den Backsteinbau an der Hochschule bei. Ab 1885 war Otzen auch Senator der Akademie der Künste, und 1888, anlässlich der Thronbesteigung von Kaiser Friedrich III., wurde er zum Geheimen Regierungsrat ernannt. Die Aufträge für die späteren Bauten erhielt Otzen meist nicht über Wettbewerbsvergaben, sondern aufgrund seines Ansehens durch die Kirchenvorstände der Gemeinden selbst. Bis 1902 errichtete er 21 kirchliche Neubauten in verschiedenen Städten, darunter die Ringkirche in Wiesbaden (1892–94), einen Zentralbau, der richtungweisend für das von Otzen entwickelte Wiesbadener Programm wurde. Als ein weiterer wichtiger Kirchenbau Hamburgs entstand die Friedenskirche im Stadterweiterungsgebiet von Altona (heute St. Pauli, 1893–95). Obwohl der Architekt hier noch einmal auf die traditionelle Form einer lang gestreckten Predigtkirche zurückgriff, wurden die strengen Regeln für den evangelischen Kirchenbau, die im Eisenacher Regulativ von 1861 aufgestellt worden waren, nun nach und nach infrage gestellt und durch das von Otzen aufgestellte Wiesbadener Programm revidiert.

Die Paulstraße bei der Friedenskirche in Altona und St. Pauli wurde 1948 in Otzenstraße umbenannt und zeugt zusammen mit der Kirche vom Schaffen des Architekten Johannes Otzen in Hamburg.

WERKE Ausgeführte Bauten, 2 Bde., Berlin 1894/95.

LITERATUR ThB 26; NDB 19; DBE 7; Jörn Bahns, Johannes Otzen, 1839–1911. Beiträge zur Baukunst des 19. Jahrhunderts, München 1971 (Materialien zur Kunst des 19. Jahrhunderts 2). *Kirsten Poneß*

PARDO, *Herbert* Joseph, geb. 20. 8. 1887 Hamburg, gest. 8. 2. 1974 Haifa; isr.; Anwalt, Politiker.

Herbert Pardo, zu dessen Vorfahren der Hamburger Kaufmann Michael Pardo (1818–85) zählt, stammte aus einer angesehenen portugiesisch-jüdischen Kaufmannsfamilie. Nach dem Besuch des Wilhelm-Gymnasiums in seiner Geburtsstadt studierte er Jura in München, Berlin und Kiel. Im Anschluss an das Assessorexamen arbeitete er ab 1912 in Hamburg als Anwalt. Der zionistisch und sozialistisch gesinnte Pardo war bereits 1910 in die SPD eingetreten und war im Ersten Weltkrieg als Militärhilfsrichter tätig. Nach der Niederlage wurde er 1918/19 in den Arbeiter- und Soldatenrat und in die Bürgerschaft der Freien und Hansestadt gewählt, der er bis 1932 als sozialdemokratischer Abgeordneter angehörte.

Der wegen seiner kompromisslosen und schroffen Haltung in seiner Partei nicht unumstrittene Pardo war von 1926 bis 1928 Mitglied des Staatsgerichtshofs, der Steuerdeputation, der Gefängnisbehörde und des Universitätsausschusses und gehörte seit 1927 dem Bürgerausschuss an. Ab 1920 war er Syndikus des Polizeibeamtenverbandes und betätigte sich aktiv im Vorstand des Reichsbanners Schwarz-Rot-Gold und des Hamburger Zionistischen Verbandes (H. Z. V.). Als Abgeordneter der Hamburger Bürgerschaft setzte er sich vehement gegen den Antisemitismus zur Wehr, so zum Beispiel 1920 anlässlich von antisemitischen Ausschreitungen beim Auftritt des Schauspielers Alexander Moissi. Bis 1933 gehörte er dem Vorstand der Portugiesisch-Jüdischen Gemeinde und zahlreicher Stiftungen der Portugiesen an.

Wie viele seiner Kollegen im Gemeindevorstand verließ Pardo schon 1933 Hamburg und emigrierte mit seiner Familie nach Palästina, wo er erfolgreich eine Fabrik für Stahlmöbel betrieb. Seine Schwestern Angela und Gertrud, die 1938 nach Hamburg zurückkehrten, wurden 1941 deportiert und ermordet. 1947 kehrte Pardo, der »innerlich unverändert, trotz aller Geschehnisse« seiner alten Heimat und Partei verbunden blieb, nach Hamburg zurück. Schon im Herbst des Jahres nahm er an den Vorstandssitzungen der Ende 1945 neu gegründeten Jüdischen Gemeinde Hamburgs teil und wurde später in Hamburg erneut als Anwalt zugelassen.

Herbert Pardo

Als Vorstandsmitglied und Justiziar der Gemeinde engagierte er sich in den ersten Nachkriegsjahren leidenschaftlich für die Verfolgung nationalsozialistischer Verbrechen, vor allem beteiligte er sich an der publizistischen Kampagne gegen den Regisseur Veit Harlan und seinen antisemitischen Film »Jud Süß«. Als Anwalt vertrat er bei Wiedergutmachungsfragen vor allem die Interessen der Jüdischen Gemeinde. Anfang der fünfziger Jahre nahm Pardo seinen Wohnsitz in Haifa, war jedoch – vor allem in Wiedergutmachungsangelegenheiten – in halbjährlichem Turnus auch weiterhin in Hamburg tätig. 1971 kehrte der seit langem erkrankte Pardo endgültig nach Haifa zurück. Nach dem engagierten Anwalt wurde 1995 im Stadtteil Allermöhe der Herbert-Pardo-Weg benannt.

WERKE Das strafrechtliche Kriterium der Wucherlichkeit eines Darlehns, Hamburg 1909; Der Prozeß Petersen vor dem Schwurgericht in Hamburg. Verbrechen gegen die Menschlichkeit, Hamburg 1948; (mit Siegfried Schiffner) Jud Süss: historisches und juristisches Material zum Fall Veit Harlan, Hamburg 1949.

LITERATUR BHdE 1; Michael Studemund-Halévy, Zwei gleich-ungleiche Brüder: Michael und Isaac J. Pardo, in: Maajan 63/64/65 (2002), S. 2017–2020, 2054–2056, 2096–2100; Heiko Morisse, Jüdische Rechtsanwälte in Hamburg. Ausgrenzung und Verfolgung im NS-Staat, Hamburg 2003 (Hamburger Beiträge zur Geschichte der deutschen Juden 26). *Michael Studemund-Halévy*

P

PASCHEN, *Enrique* Federico Mauricio, geb.
30. 12. 1860 Tacubaya (Mexiko), gest. 22. 10. 1936
Hamburg; luth.; Arzt.

Enrique Paschen ist als Entdecker des Pockenerre-
gers und als internationaler Experte für die Pocken-
impfung in die Medizingeschichte eingegangen. 14
Jahre stand er der Hamburger Staatsimpfanstalt als
Leitender Oberarzt vor.

Der in Mexiko geborene Sohn des Kaufmanns
Conrad Gustav Paschen und dessen Frau Anna
Amalie, geborene zur Nedden, besuchte nach der
Rückkehr der Familie nach Deutschland zunächst
das Johanneum in Hamburg. Das Studium der Medizin in Heidelberg und Leipzig schloss er 1885 mit
der Promotion ab. Im Anschluss an seine Volontär-
zeit als Arzt an der Universitäts-Frauenklinik in
Berlin nahm er 1886 eine Stelle als Assistent am Allgemeinen Krankenhaus St. Georg in Hamburg an,
wo er rasch Karriere machte und 1892 zum Abtei-
lungsarzt aufstieg. Neben seiner Tätigkeit im Krankenhaus ließ er sich 1888 als Impfarzt nieder. Aufgrund seiner Erfahrungen als privater Impfarzt
wurde er 1890 Mitarbeiter der Staatsimpfanstalt.
1896 wurde er zum Assistenten des Oberimpfarztes
befördert.

Die Impfanstalt, 1816 vom Ärztlichen Verein
nach englischem Vorbild gegründet und 1872 ver-
staatlicht, hatte die Kuhpocken-Schutzimpfung
perfektioniert und sich damit internationales Renommee erworben. Bei seinen Forschungen an der
Staatsimpfanstalt entdeckte Paschen 1906 in der
Lymphe »feinste Körperchen«, die er für den Erreger der Pockeninfektion hielt und die in der Folgezeit als »Paschen'sche Körperchen« Kontroversen in
der Fachwelt hervorriefen. Erst einige Jahre später
wurden sie als Erreger der Pockeninfektion allgemein anerkannt.

1912 reiste Paschen in die deutsche Kolonie Togo,
um eine dort ausgebrochene Pockenepidemie zu
bekämpfen und zu untersuchen. 1916 wurde er zum
Leitenden Oberarzt der Hamburger Staatsimpfanstalt berufen. Ein wichtiges Ergebnis seiner wissenschaftlichen Arbeit an der Staatsimpfanstalt
und am Hygienischen Institut, wo er einige Jahre
forschte, war die Verbesserung der Technik zur
Konservierung des Pockenimpfstoffes.

Auch nach seiner Pensionierung zur Jahreswende 1929/30 arbeitete Paschen weiter an seiner Le-

Enrique Paschen

bensaufgabe, der Verbesserung des Pockenimpfstoffes. Nur wenige Jahre nach seinem Tod im Jahre 1936 konnten die »Paschen'schen Körperchen«
durch das Elektronenmikroskop noch deutlicher
sichtbar gemacht und eindeutig als Virus der Pockeninfektion identifiziert werden.

WERKE Was wissen wir über den Vakzineerreger?,
in: Münchener Medizinische Wochenschrift 53 (1906),
S. 2391–2393.

LITERATUR NDB 20; Isidor Fischer, Biographisches
Lexikon der hervorragenden Ärzte der letzten fünfzig Jahre, 2 Bde., München/Berlin 1962, Bd. 2, S. 1177.

Felix Brahm

PAULI, Theodor *Gustav*, geb. 2. 2. 1866 Bremen,
gest. 8. 7. 1938 München; ev.; Kunsthistoriker,
Museumsdirektor.

Als Sohn des späteren Senators und Bürgermeisters
Alfred Pauli geboren, absolvierte Gustav Pauli das
Alte Gymnasium der Freien Hansestadt Bremen
und studierte seit 1885 Kunstgeschichte in Straßburg, Basel und Leipzig (bei Anton Springer). 1890
wurde er mit einer Dissertation über »Die Renais-
sancebauten Bremens« promoviert. Seine berufliche Tätigkeit begann im Dresdner Kupferstichkabinett; 1894 wurde Pauli Bibliothekar der dortigen
Akademie der Künste, 1897 übernahm er die Leitung der Wettiner Kunstsammlungen. 1899 wurde
Pauli als erster fest angestellter Mitarbeiter des
Kunstvereins in seine Heimatstadt berufen. 1905
zum Direktor der Bremer Kunsthalle ernannt, bau-

te er diese bis heute privat organisierte Einrichtung zu einem angesehenen Institut aus. Wichtige Erwerbungen auf dem Gebiet des französischen Impressionismus festigten den Ruf des Hauses ebenso wie die liebevolle Hinwendung zu den heimatlichen Worpsweder Malern um Paula Modersohn-Becker. Verheiratet war Pauli seit 1896 mit Magda Melchers, die ihrem Gatten mit der Gestalt des Dr. Rudi Retberg in ihrem 1951 unter dem Pseudonym Marga Berck veröffentlichten Briefroman »Sommer in Lesmona« ein wenig schmeichelhaftes literarisches Denkmal setzte. Zum Freundeskreis »Die Goldene Wolke«, der sich in den Bremer Jahren um das Ehepaar sammelte, gehörten Rudolf Alexander Schröder, Alfred Walter Heymel und Rainer Maria Rilke. In der Museumspädagogik, etwa bei Kursen der Kunstbetrachtung mit Arbeitern, griff Pauli Anregungen des ihm freundschaftlich verbundenen Alfred Lichtwark auf. So war es folgerichtig, dass Pauli nach dessen plötzlichem Ableben (1914) zu seinem Nachfolger als Direktor der Hamburger Kunsthalle ernannt wurde.

Die durch den Weltkrieg grundlegend veränderten politischen, wirtschaftlichen und gesellschaftlichen Umstände verwehrten ihm indes ein Anknüpfen an Lichtwarks bedeutende Erfolge beim Ausbau der Sammlungen. Es kam hinzu, dass seine aristokratische Natur und eine ausgeprägte Zurückhaltung gegenüber modernen Kunstrichtungen seinem Wirken Grenzen setzten. Dennoch konnten mit der Gemäldegalerie (1919) und dem Kupferstichkabinett (1922) die noch von Alfred Lichtwark

konzipierten Erweiterungsbauten eröffnet werden. 1923 wurde auf Paulis Initiative der Freundeskreis der Kunsthalle e. V. gegründet. Schwere Kritik und öffentlichen Tadel musste er einstecken, als 1931 mit dem Brand des Münchner Glaspalastes bedeutende Leihgaben für die Romantiker-Ausstellung zerstört wurden. Trotzdem hat der Senat damals in Anerkennung seiner Arbeit für die Allgemeinheit seine Dienstzeit verlängert. 1933 wurde Pauli, der die nationalsozialistische Kunstpolitik nicht unterstützte, zwangsweise in den Ruhestand versetzt.

WERKE Alfred Lichtwark, Briefe an die Kommission für die Verwaltung der Kunsthalle. In Auswahl mit einer Einleitung hg. von Gustav Pauli, 2 Bde., Hamburg 1923; Erinnerungen aus sieben Jahrzehnten, Tübingen 1936.

LITERATUR NDB 20; Schiefler; Bremische Biographie 1912–1962, hg. von der Historischen Gesellschaft zu Bremen und dem Staatsarchiv Bremen, bearb. von Wilhelm Lührs, Bremen 1969; Alfred Lichtwark, Briefe an Gustav Pauli, hg. von Carl Schellenberg, Hamburg 1946.

Gerhard Ahrens

PAULI, Carlota Magdalene *(Magda)* (Ps. *Marga Berck*), geb. Melchers, geb. 4. 11. 1875 Bremen, gest. 5. 8. 1970 Hamburg; ev.; Schriftstellerin, Ehefrau von Gustav Pauli.

Ein Briefroman – »Sommer in Lesmona« – hat sich neben zwei weiteren Erinnerungsbüchern mit dem Pseudonym Marga Berck verbunden. Die darin festgehaltene Liebesgeschichte von Magda Melchers ging ihrer großbürgerlich kultivierten Ehe mit dem Kunsthallendirektor Gustav Pauli voraus und hat viele Leser berührt und nachhaltig beschäftigt. Es ist dem früheren Hamburger Kultursenator Hans Harder Biermann-Ratjen zu verdanken, dass die Mädchenbriefe, zwischen Juni 1893 und März 1896 geschrieben, erhalten geblieben sind und die nachfolgenden Erinnerungsbücher von Magda Pauli noch im hohen Alter zu Papier gebracht wurden. Die Grande Dame der Bremer und Hamburger Gesellschaft, von 1896 bis 1938 mit Gustav Pauli verheiratet, hat ihre Briefe und Erinnerungen erst nach dem Tod ihres Mannes herausgegeben. Die Herzensangelegenheiten der 18-Jährigen, Stoff für den 1985/86 entstandenen gleichnamigen Film von Peter Beauvais, wären ohne den Überredungseinsatz des Freundes beinahe verloren gegangen.

Carlota Magdalene Melchers, Tochter aus rei-

Gustav Pauli

PAULI, Magda

Magda Pauli

chem Bremer Handelshaus, heiratete im März 1896 den zu der Zeit in Dresden tätigen, zehn Jahre älteren Kunsthistoriker Dr. Gustav Pauli. Pauli, der in der Liebesgeschichte von Lesmona als der für ein junges Mädchen recht nüchtern wirkende Wissenschaftler Dr. Rudi Retberg auftritt, war von 1899 bis 1914 Direktor der Kunsthalle Bremen und von 1914 bis 1933 als Nachfolger Lichtwarks Direktor der Hamburger Kunsthalle. Der Ehe entsprossen drei Kinder, deren Leben auf tragische Weise vorzeitig endete. Als selbstbewusste und lebensfrohe Natur entfaltete Magda an Paulis Seite zunächst in Bremen ein sorgenfreies und geselliges Leben. Der auch als Architekt tätige Schriftsteller Rudolf Alexander Schröder und sein Vetter, der schreibende Verleger Alfred Walter Heymel, gewannen Gustav und Magda Pauli dort als Mitstreiter bei dem Versuch, »das geistige Niveau der Gesellschaft« zu heben. »Die Goldene Wolke«, eine zunächst als Lesegesellschaft etablierte Gruppe, weitete ihre Aktivitäten bald auf Theater, Museen, Vorträge und Konzerte aus.

Nach Gustav Paulis Wechsel nach Hamburg setzte Magda ihre geselligen Ambitionen auch an der Alster fort, unterstützte und inspirierte ihren Mann im turbulenten Kulturleben der zwanziger Jahre und hielt ihn von familiären Pflichten frei. Sie förderte in Bedrängnis befindliche Künstler, und er gründete 1931 die »Nothilfe für bildende Künstler«. Gustav und Magda Pauli waren mit vielen Künstlern ihrer Zeit befreundet, auch mit der Kunsthistorikerin Rosa Schapire. Nach 1927 ließen sie sich von

Anita Rée und von Gustav Tolle malen. Als Gustav Pauli 1933 aus dem Amt gedrängt wurde, hängte man seiner Frau das Gerücht an, jüdischer Abstammung zu sein.

1940, zwei Jahre nach dem Tod ihres Mannes, begab sich Magda Pauli mit einer Schatulle vergilbter und verschnürter Briefbündel in die Heide. Sie hatte die Korrespondenz mit ihrer im Kindbett gestorbenen Freundin Bertha nach 44 Jahren noch einmal gelesen. Überwältigt von der Vergangenheit und den Erinnerungen an ihre große Liebe übergab sie die Briefe, statt wie beabsichtigt dem Feuer, dem befreundeten Hamburger Notar und späteren Kultursenator Hans Harder Biermann-Ratjen zur Einsicht. »In jahrelangem liebevollem Kampfe« und im Glauben, »die Liebesdichtung unseres Volkes bereichern zu können«, gelang es diesem, die Schreiberin der Briefe zur Veröffentlichung unter Pseudonym zu bewegen. Thomas Mann, dem Magda Pauli im Juni 1953 im Hause des Freundes begegnete, nannte den aus den unredigierten Mädchenbriefen hervorgegangenen späteren Bestseller »ein echtes und rechtes, ergreifendes Kunstwerk«. Erst nach dem unerwartet großen Erfolg wurde der Schreiberin bewusst, dass ihre zunächst als persönliche Bekenntnisse formulierten Briefe mehr als diese darstellten: Sie waren zu Dokumenten einer untergegangenen Zeit geworden. Auf Drängen des Verlags lieferte sie sich mit fast achtzig Jahren noch einmal ihren Erinnerungen aus. Es entstanden zwei weitere Bücher: »Die goldene Wolke« (1954) und »Aus meiner Kinderzeit« (1957). Überdauert hat, mit einer Auflage von mehr als 200 000 Exemplaren, hauptsächlich »Sommer in Lesmona«.

WERKE Sommer in Lesmona. Mädchenbriefe, [veröffentlicht unter dem Ps. Marga Berck, mit einem Nachwort von Hans Harder Biermann-Ratjen] Hamburg 1951 [diverse Neuausgaben, zuletzt Reinbek bei Hamburg 2001]; Die goldene Wolke. Eine verklungene Bremer Melodie [mit einem Vorwort von Werner Kloos], Bremen 1954 [3. Aufl. Bremen 1977]; Aus meiner Kinderzeit. Bremer Erinnerungen 1881–1891. Mit einem Vorwort von Rudolf Alexander Schröder und 25 Zeichnungen von Christine Gräfin v. Kalckreuth, Bremen o. J. [1957] [Nachdruck Bremen 1979].
LITERATUR Gustav Pauli, Erinnerungen aus sieben Jahrzehnten, Tübingen 1936; Friedrich Ahlers-Hestermann, Erinnerungen an Magdalene Pauli, Hamburg 1973; Bernd W. Seiler, Es begann in Lesmona. Auf den Spuren einer Bremer Liebesgeschichte, 2., erg. Aufl. Bremen 1993.
Karin von Behr

PETERSEN (alias *Pustemackersche*), Anneke, gest. 1610 Hamburg, »Hexe«.

Anneke Petersen starb im Jahre 1610 in der Fronerei, dem Hamburger Untersuchungsgefängnis, vermutlich an den Folgen der ihr im Laufe ihres Hexereiverfahrens zugefügten Folterungen. Der gegen sie vorgebrachte Hauptanklagepunkt, der Teufelspakt, war erstmals im neuen hamburgischen Stadtrecht von 1605 (IV, 2) kodifiziert worden. Das übliche Beweismittel war die Urgicht, das erfolterte Geständnis; als Strafart sah der Stadtrechtsartikel den Tod durch das Feuer oder durch das Schwert vor. Trotz des bereits eingetretenen Todes der Angeklagten forderte der amtliche Ankläger, der Hamburger Fiskal Hans Lange, die Verbrennung von Annekes Leiche »zum Abscheu und zum Exempel«. Das Niedergericht gab dieser Forderung statt; der Hamburger Rat bestätigte das Urteil in seiner Funktion als städtisches Obergericht noch am selben Tag (11. Juni).

LITERATUR Roswitha Rogge, Hexenverfolgung in Hamburg? Schadenzauber im Alltag und in der Justiz, in: Geschichte in Wissenschaft und Unterricht 46 (1995), S. 381–401; dies., Schadenzauber, Hexerei und die Waffen der Justiz im frühneuzeitlichen Hamburg, in: Bernd Schmelz (Hg.), Hexerei, Magie und Volksmedizin. Beiträge aus dem Hexenarchiv des Museums für Völkerkunde, Bonn 1997, S. 149–172. *Roswitha Rogge*

PETERSEN, Christian, geb. 17. 1. 1802 Kiel, gest. 15. 1. 1872 Hamburg; luth.; klassischer Philologe, Bibliothekar.

Nach dem Besuch der Gelehrtenschule in Kiel studierte Christian Petersen in den Jahren von 1821 bis 1825 in Kiel und Berlin Altertumswissenschaft. In Kiel wurde er 1825 promoviert und erlangte im gleichen Jahr die Facultas legendi, die er aber nicht wahrnahm. 1826 trat er eine Lehrerstelle in Nienstedten bei Altona an, um dann ab 1828 philologische Vorlesungen am Hamburger Akademischen Gymnasium zu halten. 1831 wurde Petersen Registrator an der Stadtbibliothek und erhielt 1832 die Stelle des Zweiten Bibliothekars. Im Jahr darauf erfolgte die Ernennung zum Professor für Klassische Philologie am Akademischen Gymnasium. 1844 betraute man Petersen, da der Erste Bibliothekar Johann Georg Christian Lehmann in einen Prozess

verwickelt war, kommissarisch mit der Leitung der Stadtbibliothek. Als Lehmann 1849 freigesprochen worden war, fiel das Amt nicht an ihn zurück, sondern wurde im Jahre 1851 Petersen übertragen. Diesem gelang es, die Hamburger Bibliothek stärker in das Bewusstsein der Öffentlichkeit zu rücken und ihre Aufgabe als zeitgemäße wissenschaftliche Stadtbibliothek entschiedener hervortreten zu lassen. In einer gemeinsam mit Lehmann schon 1840 veröffentlichten Schrift anlässlich des im gleichen Jahr errichteten Neubaus für das Johanneum, das Akademische Gymnasium und die Bibliothek (»Ansichten und Baurisse der neuen Gebäude für Hamburgs öffentliche Bildungsanstalten, kurz beschrieben und in Verbindung mit dem Plan für die künftige Aufstellung der Stadtbibliothek herausgegeben«) wurde die geplante Neuordnung der Bestände beschrieben, die Petersen mit großem Geschick vorantrieb. Die Arbeit an dem monumentalen Sachkatalog konnte nach 20 Jahren 1859 abgeschlossen werden. Neben seiner bibliothekarischen Tätigkeit hat sich Petersen auch durch eine Geschichte der Hamburger Bibliothek und durch zahlreiche Veröffentlichungen auf dem Gebiet der klassischen Philologie und der deutschen Volkskunde großes Ansehen verschafft.

WERKE Geschichte der Hamburgischen Stadtbibliothek, Hamburg 1838.

LITERATUR ADB 25; LhS 6; Alberti (1867) 2; Alberti (1885) 2; Ihrem verehrten Vorgesetzten Herrn Bibliothekar Professor Dr. Peteresen wünschen an Seinem heutigen Jubeltage, dem 6. Januar 1856, [...] von Herzen Glück die Beamten der Stadtbibliothek, Hamburg 1856; Dietrich Roth, »Als habe ich mein Testament zu machen«. Christian Petersens Jahresbericht der Stadtbibliothek Hamburg über das Jahr 1849, in: Festschrift für Horst Gronemeyer zum 60. Geburtstag, hg. von Harald Weigel, Herzberg 1993 (Bibliothemata 10), S. 705–723. *Horst Gronemeyer*

PETERSEN, Julius Adolf, geb. 7. 10. 1882 Hamburg, gest. 21. 11. 1933 ebd.; luth.; Einbrecher.

Julius Adolf Petersen war zu Beginn des 20. Jahrhunderts einer der berühmtesten Kriminellen Hamburgs. Über seine spektakulären Einbrüche und Raubüberfälle berichtete die Tagespresse stets ausführlich. Wegen seines eleganten Auftretens und der Freigebigkeit, mit der er einen Teil seiner Beute an Arme und Kinder verschenkte, wurde er

P

PETERSEN, Peter

Julius Adolf Petersen

im Volksmund auch »Lord von Barmbeck« genannt.

Als Sohn eines Gewerbetreibenden in Hamm-Süd aufgewachsen, wurde Julius Adolf schon mit 13 Jahren straffällig. Nach dem Abbruch mehrerer Ausbildungen geriet er in einen Kreis von Kriminellen und entwickelte sich bald zum Kopf einer Bande, die von der Polizei »Barmbecker Verbrechergesellschaft« genannt wurde. Bei den überaus geschickt und dreist durchgeführten Überfällen und Einbrüchen konnten Petersen und seine Bandenmitglieder große Summen erbeuten. Petersen selbst trat nach außen als Betreiber eines Barmbeker Gasthauses auf, war stets elegant gekleidet und pflegte in seinen beiden Spielsalons Kontakte zur oberen Gesellschaftsschicht Hamburgs.

1917 und 1918 wurde Petersen inhaftiert; jedoch gelang es ihm zweimal zu fliehen. 1921 wurde er nach einer Serie von Einbrüchen erneut gefasst und schließlich nach einem aufsehenerregenden Prozess zu 15 Jahren Haft verurteilt. Im Zuchthaus Fuhlsbüttel verfasste Petersen 1927 seine Lebenserinnerungen, die über 700 Seiten umfassen und eine große erzählerische Begabung verraten. Im April 1932 wurde er wegen guter Führung vorzeitig entlassen; seine kriminelle Vergangenheit holte ihn jedoch schnell wieder ein. Schon wenige Monate später wurde er bei einem Einbruchsversuch von der Polizei gestellt. Während der Untersuchungshaft erhängte sich Petersen in seiner Zelle.

Lange nach Petersens Tod wurden seine handgeschriebenen Memoiren im Hamburger Staatsarchiv gefunden und 1973 veröffentlicht. Im selben Jahr konnte Petersens abenteuerliches Leben mit Martin Lüttge in der Hauptrolle verfilmt werden.

WERKE Der Lord von Barmbeck. Das Leben des berüchtigten Ein- und Ausbrechers Julius Adolf Petersen von ihm selbst erzählt, hg. von Helmut Ebeling, Hamburg 1973.

LITERATUR HL (Lord von Barmbeck).

Ariane Knuth

PETERSEN, Peter, geb. 26. 6. 1884 Großenwiehe/Kreis Schleswig-Flensburg, gest. 21. 3. 1952 Jena; luth.; Pädagoge, Schulreformer.

Peter Petersen war einer der einflussreichsten Reformpädagogen in der ersten Hälfte des 20. Jahrhunderts.

Der älteste Sohn eines Bauern besuchte zunächst die Landschule und legte 1904 in Flensburg das Abitur ab. Anschließend studierte er in Leipzig, Kiel, Kopenhagen und Posen Geschichte, Philosophie, Religionslehre und Englisch. Geprägt wurde er durch seine akademischen Lehrer, den Philosophen Wilhelm Wundt und den Historiker Karl Lamprecht. 1908 wurde Petersen mit einer Arbeit über den Entwicklungsgedanken in der Philosophie Wundts in Jena promoviert, im folgenden Jahr legte er das Staatsexamen in Leipzig ab und arbeite dort am Königin-Carola-Gymnasium als Hilfslehrer.

Auf Initiative des Schulrates Maximilian Brütt trat Petersen am 1. Oktober 1909 in den Lehrkörper der Gelehrtenschule des Johanneums in Hamburg ein und wurde zwei Jahre später als Oberlehrer fest angestellt. Während dieser Zeit setzte er seine bisherige wissenschaftliche und publizistische Tätigkeit – unter anderem für die konservativen »Hamburger Nachrichten« – fort. Von 1912 bis 1923 gehörte er als Sekretär dem Vorstand des Bundes für Schulreform an. Weiterhin war er Mitglied im Ausschuss für Erziehung und Bildung sowie im Internationalen Arbeitskreis für Erneuerung der Erziehung (New Education Fellowship ab 1921).

Seit 1912 legte Petersen den Schwerpunkt seiner Aktivitäten auf die Reform des Religionsunterrichts, wirkte in der entsprechenden Arbeitsgruppe für Religionspsychologie mit und gehörte zu den Herausgebern mehrerer Bibelauswahlausgaben. Nach dem Ersten Weltkrieg engagierte er sich in Hamburg in der Volkskirchenbewegung und gab

Peter Petersen

1919/20 zusammen mit dem damaligen Pastor und späteren Landesbischof Franz Tügel die kurzlebige Zeitschrift »Die Neue Kirche« heraus. Beiden ging es um eine »religiöse Wiedergeburt des deutschen Volkes«. Petersen war von 1920 bis 1923 Kirchenvorsteher in Eppendorf und Mitglied der Synode.

Unmittelbar nach Kriegsende gehörte Petersen zu den Mitbegründern des Werkbundes geistiger Arbeiter, der in enger Verbindung mit dem Arbeiter- und Soldatenrat stand. In seiner Schrift »Gemeinschaft und freies Menschentum« (1919) forderte er eine Demokratisierung der Schule, die sich auch auf ihre Organisation beziehen sollte. Die Erziehung sollte am gemeinschaftlichen Lernen und sozialen Leben orientiert und frei von Macht- und Wirtschaftsinteressen sein. Ostern 1920 übernahm Petersen für ein Jahr die Leitung der Lichtwarkschule in Winterhude, einer wichtigen Reformschule in der Nähe des Johanneums.

1920 habilitierte Petersen sich an der Philosophischen Fakultät der neu gegründeten Hamburgischen Universität für Philosophie und Pädagogik mit einer Arbeit über »Die Geschichte der aristotelischen Philosophie im protestantischen Deutschland« und hoffte auf einen Lehrstuhl, der ihm allerdings versagt blieb, obwohl er schon zuvor am Institut für Jugendkunde unter Ernst Meumann Übungen abgehalten hatte und in die Prüfungskommissionen für Philosophie und Pädagogik berufen worden war. Er selbst führte das später darauf zurück, dass er im demokratischen Hamburg nicht die richtige politische Gesinnung gehabt habe. Bis

1923 wirkte Petersen neben seiner Schultätigkeit als Privatdozent an der Universität und sollte wissenschaftliche Hilfskraft bei dem Pädagogen Gustaf Deuchler werden. Kurz nach Antritt der Stelle wurde er zum 1. August 1923 als Nachfolger Wilhelm Reins vor allem für die Lehrerausbildung nach Jena berufen, wo er bis 1950 lehrte und seine Vorstellungen an der Universitätsschule, die er zur Jena-Plan-Schule umformte, in die Praxis umsetzen konnte.

In Jena war Petersen zugleich Leiter der Erziehungswissenschaftlichen Anstalt für die Lehrerausbildung; 1930/31 amtierte er als Dekan. 1932 kandidierte er in Thüringen für den Evangelischen Volksdienst zu den Landtags-, 1933 zu den Reichstagswahlen. Er plädierte für die universitäre Volksschullehrerausbildung sowie für eine autonome Erziehungswissenschaft, die pädagogische Theorie, empirische Forschung und pädagogische Praxis verbinden sollte, und entwickelte ab 1928 die Pädagogische Tatsachenforschung. Er war beteiligt an der Ausarbeitung von Eignungstests für Stellen im Lehrerinnenseminar und für die Aufnahmeprüfung zur weiterführenden Schule. Frühzeitig setzte er sich für die Hochbegabtenförderung ein.

1927 stellte Petersen den von ihm entwickelten »Jenaplan« vor, der ihm internationale Anerkennung verschaffte; allein in Deutschland erschien die Veröffentlichung bis 1961 in 31 Auflagen. Dabei handelte es sich um ein Modell für die öffentliche Schule, die zu einer Lebensgemeinschaftsschule werden sollte. Dieses Schulreformkonzept sah in Abkehr vom starren Klassenaufbau jeweils drei Jahrgänge umfassende Stammgruppen als altersübergreifende Lerngruppen sowie ein Gesamtschulmodell vor, das vom Kindergarten bis zum Abitur reichen sollte. Besondere Lernformen, wie die Wochenplanarbeit, Niveaukurse und Projekte, sollten das selbstständige Arbeiten und die Eigenverantwortung der Schüler stärken. An die Stelle der Bewertung durch Noten sollte eine Beschreibung der Persönlichkeit der Schüler treten. Erziehung hatte bei Petersen den Sinn, die Menschlichkeit zu erhalten und zu stärken. Er vollzog einen entschlossenen Bruch mit der Moderne in ihrer spezifischen Ausprägung durch die Aufklärung. Im individualistisch ausgerichteten liberalen Schul- und Erziehungswesen erblickte er »rücksichtslosen Intellektualismus«. Mit einer regen Vortragstätigkeit zum »Jena-Plan« warb er für sein Reformkonzept, das er ständig überprüfte. Dieser wichtige Versuch zur Erneuerung der Schule wird heute ebenso kontrovers diskutiert wie Petersens Haltung im »Dritten Reich«. Bis 1936/37 beurteilte er den Nationalsozialismus zustimmend, bezog jedoch die Erb- und Rassegesetze in seine Arbeit nicht ein. 1937 wurde ihm ein Publikationsverbot auferlegt. Zwischen 1937 und 1945 hielt er Vorträge und Gastvorlesungen im Ausland, so in Südafrika, Rumänien und Bulgarien.

1945 wurde Petersen von der amerikanischen Besatzungsmacht als Dekan der Philosophischen Fakultät in Jena eingesetzt. 1950 wurde die Jena-Plan-Schule in Thüringen als »politisch gefährliches Überbleibsel aus der Weimarer Republik« geschlossen. Auch wenn das Interesse an dieser Schulform in Deutschland recht groß war, blieb sie doch eine Ausnahmeerscheinung. Die meisten Jena-Plan-Schulen gibt es heute in den Niederlanden.

1928 wurde Petersen Mitglied der Akademie der gemeinnützigen Wissenschaft Erfurt, 1937 erhielt er die Ehrendoktorwürde der Philosophischen Fakultät der Universität Athen. Im Hamburger Stadtteil Wellingsbüttel wurde 1954 die acht Jahre zuvor eingerichtete Jena-Plan-Schule nach ihm benannt, die seit 1970 eine Gesamtschule ist.

WERKE Schriftenverzeichnis in: Tobias Rülcker/Peter Kaßner (Hg.), Peter Petersen: Antimoderne als Fortschritt? Erziehungswissenschaftliche Theorie und pädagogische Praxis vor den Herausforderungen ihrer Zeit, Frankfurt a. M. u. a. 1992, S. 331–345.

LITERATUR NDB 20; KDG 1925–1954; Uwe-Karsten Petersen, Der Jena-Plan. Die integrative Schulwirklichkeit im Bilde von Briefen und Dokumenten aus dem Nachlaß Peter Petersens, Frankfurt a. M. u. a. 1991; Barbara Kluge, Peter Petersen. Lebenslauf und Lebensgeschichte. Auf dem Weg zu einer Biographie, Heinsberg 1992; Hein Retter, Theologie, Pädagogik und Religionspädagogik bei Peter Petersen, Weinheim 1995 (Forum zur Pädagogik und Didaktik der Religion 12). *Rainer Hering*

PETERSEN, *Rudolf* Hieronymus, geb. 30. 12. 1878 Hamburg, gest. 10. 9. 1962 Wentorf; luth.; Überseekaufmann, Bürgermeister.

Von der britischen Besatzungsmacht im Mai 1945 ernannt, war Rudolf Petersen Hamburgs erster Bürgermeister nach dem Zweiten Weltkrieg. Er zählte zu diesem Zeitpunkt 66 Jahre, war politisch noch nicht hervorgetreten und hatte vor 1933 keiner Par-

Rudolf Petersen

tei angehört, zeigte sich aber seiner ungewöhnlich schwierigen Aufgabe durchaus gewachsen.

Der einer traditionsreichen Hamburger Familie entstammende Petersen verließ das Realgymnasium des Johanneums nach der Obersekunda, wurde Kaufmann und sammelte die ersten Berufserfahrungen in den Jahren von 1900 bis 1904 unter anderem in Paris und in Sibirien. 1911 gründete er die Firma Rudolf Petersen & Co. (RPC). Vom Militärdienst aus gesundheitlichen Gründen befreit, engagierte sich Petersen, teils im Rahmen des Roten Kreuzes, in der Betreuung russischer Kriegsgefangener. Nach dem Frieden von Brest-Litowsk wurde er von der Berliner Regierung im Anschluss an Missionen in Schweden, Frankreich und Holland als Beauftragter für die Heimschaffung der deutschen Kriegs- und Zivilgefangenen nach Moskau geschickt.

Nach seiner Rückkehr gründete Petersen in Hamburg den »Bund zur Wahrung der Interessen aus russischer Gefangenschaft Heimgekehrter«, zu dessen satzungsgemäßen Zwecken es gehörte, »Erfahrungen und Kenntnisse in bezug auf den Bolschewismus [...] in den Dienst des Vaterlandes zu stellen«. An der deutschen Novemberrevolution lobte er, sie habe mit Überlebtem aufgeräumt, und das Bürgertum forderte er zu politischem Engagement auf: »Hinein in die politischen Parteien, heraus mit der Sprache und mit dem Geld zur Agitation!« In den zwanziger Jahren wurde Petersen im Übersee-Club, im Hamburger Nationalclub von 1919 und im Exporteurverein aktiv. Seine Firma erholte sich vom Weltkrieg vor allem dadurch, dass 1922 die Berliner AEG als Kommanditistin beteiligt wurde. Zeitweise übernahm RPC den Ruhrkohlenexport nach Brasilien für die Firmen Haniel und Raab Karcher.

Zum Werdegang und zur Politik seines Bruders Carl Petersen, der als DDP-Politiker 1924 Hamburger Bürgermeister wurde, hat Rudolf Petersen sich in seinen als Manuskript vorliegenden Erinnerungen nicht geäußert. Er neigte selbst der DVP zu, sah aber – nicht zuletzt wohl aus Rücksicht auf seinen Bruder – von einem Beitritt ab. Ungeachtet der Umstände, dass er nach den NS-Gesetzen als »Halbjude« galt und dass er nach 1933 den Vorsitz im Exporteurverein niederlegen und das Handelskammerplenum verlassen musste, hat Petersen sich aufgrund »der ungeheuren Sicherheit, mit der wir unsere Rolle in Hamburg spielten«, während der NS-Zeit nicht wesentlich beeinträchtigt gefühlt. Für den nationalsozialistischen Antikommunismus brachte er Verständnis auf.

Nach Kriegsende blieben Petersens sich selbst attestierte »Arroganz« und sein unerschütterliches Selbstvertrauen nicht ohne Eindruck auf die britischen Besatzer. Auf Vorschlag einiger verbliebener Senatoren und Mitglieder der Handelskammer wurde Petersen, der sich gern mit dem Ressort »Handel, Schiffahrt und Gewerbe« begnügt hätte, von den Engländern zum Bürgermeister ernannt. Zuweilen sah er sich noch mit seinem 1933 verstorbenen Bruder verwechselt. Im Oktober 1945 gründete er zur Linderung der Not die Deutsche Hilfsgemeinschaft. Nachdem Petersen mit seinem Vorschlag, von den gemäßigten Sozialdemokraten bis hin zu den gemäßigten rechten Kräften eine breit angelegte »Partei der Arbeit« zu gründen, gescheitert war, versuchte er 1946, CDU und FDP zu vereinen und holte sich die Zustimmung ihrer Zonenchefs, Konrad Adenauer und Wilhelm Heile, für die Bildung einer parteipolitischen Hamburgensie mit dem Namen »Union der Christlichen und Freien Demokraten«. Als das Vorhaben gescheitert war, trat er im Sommer 1946 wie viele andere aus den »Hamburger Kreisen«, dem traditionell führenden Großbürgertum der Stadt, in die CDU ein und bewahrte sie vor einem Dasein als Splitterpartei. Nach der ersten Nachkriegsbürgerschaftswahl im Oktober 1946 musste er seinen Platz als Bürgermeister räumen, gehörte aber noch bis 1949 der Bürger-

schaft an. Danach fungierte er als Mitglied diverser Aufsichtsräte, als Vizepräses der Handelskammer und als Präsident des 1948 wieder begründeten Übersee-Clubs.

WERKE Bürgermeister in schwerster Zeit, in: Neues Hamburg, Bd. 1 (1947), S. 16–19; Meine Zeit als Bürgermeister der Stadt Hamburg, in: ebd., Bd. 7 (1952), S. 73–74.

LITERATUR Werner Johe, Bürgermeister Rudolf Petersen. Ein Beitrag zur Geschichte der politischen Neuordnung in Hamburg 1945/46, in: Jahrbuch des Instituts für Deutsche Geschichte (Tel Aviv) 1974, S. 379–415, Neuabdruck in: Hamburg nach dem Ende des Dritten Reiches. Politischer Neuaufbau 1945/46 bis 1949. Sechs Beiträge, Hamburg 2000, S. 23–50, 219–233; Helmut Stubbe-da Luz, Die Politiker Paul de Chapeaurouge, Rudolf Petersen, Kurt Sieveking, Hamburg 1990 (HLb 4).

Helmut Stubbe-da Luz

PETERSEN, Antonie *(Toni)*, geb. 23. 3. 1840 Hamburg, gest. 20. 9. 1909 ebd.; luth.; Kunstförderin, Wohltäterin.

Toni Petersen, Tochter des Ersten Bürgermeisters Carl Friedrich Petersen und seiner 1863 verstorbenen Ehefrau Kathinka, geborene Hasche, gehörte der führenden Hamburger Gesellschaftsschicht an und engagierte sich, wie es für Frauen in solchen Kreisen zum »guten Ton« gehörte, auf dem Gebiet der Wohltätigkeit.

Als Mitglied im 1899 gegründeten Hauspflegeverein, der armen Familien Hilfe gewährte und zum Beispiel eine Hauspflegerin einstellte, wenn die Hausfrau durch Wochenbett oder Krankheit

Toni Petersen

nicht in der Lage war, den Haushalt zu führen, war Toni Petersen für den Stadtteil St. Pauli zuständig. Während ihrer Sprechstunden konnten sich Hilfesuchende an sie wenden. Außerdem gehörte sie der Ortsgruppe Hamburg des 1900 gegründeten Deutsch-Evangelischen Frauenbundes (DEF) an, in dem die konservativen evangelischen Kreise der Stadt dominierten. Der DEF war ein konfessioneller Verband innerhalb der bürgerlichen Frauenbewegung, deren Domäne die ehrenamtliche soziale Arbeit war. Die Konfessionszugehörigkeit spielte für viele wohltätige Frauen eine wichtige Rolle, denn viele von ihnen wollten nicht nur helfen, sondern auch sittlich und religiös beeinflussen. Unterstützt wurden deshalb vielfach nur diejenigen Personen, die sich den sittlichen und moralischen Vorstellungen der Gebenden unterwarfen. Arbeitsschwerpunkt des DEF war neben der Sorge für Kinder die soziale Unterstützung von Arbeiterinnen, in der er einen Gegenpol zur von der Sozialdemokratie getragenen Arbeiterinnenfürsorge sah.

Toni Petersen litt seit ihrer Kindheit an einem schmerzhaften Hüftleiden. Dennoch – oder gerade wegen dieses Handicaps und der damit verbundenen geringeren Aussicht auf eine Heirat – war sie es, die nach dem frühen Tod der Mutter die Hausfrauenrolle im Vaterhaus übernahm. Als Vorsteherin eines Bürgermeisterhaushalts hatte sie zu repräsentieren. Im kunst- und vor allem musikliebenden Haus Petersen lernte Toni, die in beiden Bereichen fördernd tätig war, Richard Wagner, Johannes Brahms und Hans von Bülow kennen. Zu Wagner entwickelte sie eine besondere freundschaftliche Beziehung. Sie übernahm den Vertrieb von Patronatsscheinen und half damit dem Bayreuther Festspielunternehmen aus seinen finanziellen Schwierigkeiten. Da Toni Petersen der führenden Hamburger Gesellschaftsschicht angehörte, war es auch selbstverständlich, dass sie zusammen mit einem Damen-Komitee, dessen Erste Vorsitzende sie war, Senat und Bürgerschaft zur Eröffnung des neuen Rathauses im Jahre 1897 ein Geschenk überreichte. Der Senat erhielt für die Ratsstube einen mit dem großen Hamburger Wappen bestickten Wandbehang, der unter dem Baldachin für den Ersten und den Zweiten Bürgermeister aufgehängt wurde. Die Bürgerschaft bekam für den Plenarsaal einen bestickten Panneau, der an der Wand hinter dem Sitz des Bürgerschaftspräsidenten seinen Platz fand.

Neben all ihren gesellschaftlichen Verpflichtungen sorgte Toni Petersen nicht nur für ihren Vater, sondern ersetzte später auch noch dem verwitweten Bruder die Hausfrau. Ein Jahr nach ihrem Tod entschlossen sich Damen und Herren der Hamburger Gesellschaft, eine ihr gewidmete Stiftung zu gründen: die Toni-Petersen-Freibettenstiftung im Bad Oldesloer Auguste-Viktoria-Pflegeheim. Das Grab von Toni Petersen befindet sich auf dem Ohlsdorfer Friedhof (Grablage: AA 13, 1–12).

LITERATUR DG 171; Bake/Reimers, S. 52–55.

Rita Bake

PEUKERT, Detlev, geb. 20.9.1950 Gütersloh, gest. 17.5.1990 Hamburg; luth.; Historiker, Leiter der Forschungsstelle für die Geschichte des Nationalsozialismus in Hamburg.

Der früh verstorbene Historiker leitete seit 1988 die Forschungsstelle für die Geschichte des Nationalsozialismus in Hamburg und gehörte in den achtziger Jahren zu den brillantesten Historikern der jüngeren Generation.

Aufgewachsen im Ruhrgebiet, hatte Detlev Peukert 1969 an der Ruhr-Universität Bochum das Studium der Geschichtswissenschaft und Germanistik aufgenommen, das er 1975 mit dem ersten Staatsexamen abschloss. Im Juli 1979 wurde er bei Hans Mommsen mit einer Arbeit über den Widerstand der KPD in den Jahren von 1933 bis 1945 promoviert. 1978 wechselte er als wissenschaftlicher Assistent zu Lutz Niethammer an den Lehrstuhl für Neuere Geschichte der Universität Essen, wo er sich 1984 mit einer Arbeit über die Geschichte der deutschen Jugendfürsorge habilitierte.

Peukerts vielfältige Arbeiten zur Geschichte der Weimarer Republik, des Nationalsozialismus und der Entwicklung der Humanwissenschaften seit der Jahrhundertwende fanden auch international stärkste Beachtung und wurden unter anderem ins Englische, Italienische und Japanische übersetzt. Sein Werk wurde von der modernitätsskeptischen Grundstimmung der achtziger Jahre zentral beeinflusst. Für ihn war die Entwicklungsgeschichte der modernen Industriegesellschaften durch unaufhebbare Ambivalenzen gekennzeichnet: durch Zugewinn und Verlust von Humanität, durch zivilisatorische Errungenschaften wie durch barbarische Pathologien, sodass Peukert für eine »skeptisch-

Einrichtung des Projekts »Hamburger Lebensläufe – Werkstatt der Erinnerung«, das bis heute mehr als 700 lebensgeschichtliche Interviews mit Hamburger Bürgern, vor allem mit Verfolgten des Nationalsozialismus, durchgeführt hat.

WERKE Schriftenverzeichnis in: Frank Bajohr/Werner Johe/Uwe Lohalm (Hg.), Zivilisation und Barbarei. Die widersprüchlichen Potentiale der Moderne. Detlev Peukert zum Gedenken, Hamburg 1991 (Hamburger Beiträge zur Sozial- und Zeitgeschichte 27), S. 348–354; Volksgenossen und Gemeinschaftsfremde. Anpassung, Ausmerze und Aufbegehren unter dem Nationalsozialismus, Köln 1982; Grenzen der Sozialdisziplinierung. Aufstieg und Krise der deutschen Jugendfürsorge 1878 bis 1932, Köln 1986; Jugend zwischen Krieg und Krise. Lebenswelten von Arbeiterjungen in der Weimarer Republik, Köln 1987; Die Weimarer Republik. Krisenjahre der klassischen Moderne, Frankfurt a. M. 1987; Max Webers Diagnose der Moderne, Göttingen 1989.

LITERATUR Frank Bajohr, Detlev Peukerts Beiträge zur Sozialgeschichte der Moderne, in: ders./Werner Johe/Uwe Lohalm (Hg.), Zivilisation und Barbarei (siehe unter Werke), S. 7–16.   *Frank Bajohr*

Detlev Peukert

fragende Entkopplung von Moderne und Fortschritt« eintrat. Den Nationalsozialismus deutete er nicht als Einbruch mittelalterlicher Barbarei in eine moderne, humane Zivilisation, sondern als extreme Entwicklungsvariante moderner Gesellschaften. Dabei hob Peukert besonders hervor, dass die rassistische Ausgrenzungs- und Vernichtungspolitik des NS-Regimes gegen »Gemeinschaftsfremde«, »Asoziale« und »rassisch Minderwertige« auf rassebiologische Gesellschaftsentwürfe zurückging, die sich seit der Jahrhundertwende im vermeintlichen Zentrum des »Fortschritts«, den Humanwissenschaften, herauskristallisiert hatten. Jüngste Debatten über das Klonen von Menschen oder die Forschung an embryonalen Stammzellen haben die Aktualität der Forschungen Peukerts deutlich werden lassen und gezeigt, wie nahe »Fortschritt« und »Barbarei« beieinander liegen können.

Bei aller Intensität der wissenschaftlichen Arbeit hielt sich Peukert dennoch nicht im Elfenbeinturm auf, sondern suchte die Verbindung von Wissenschaft und Öffentlichkeit: im offenen Gespräch mit Geschichtswerkstätten und Zeitzeugen, durch mehrere historische Ausstellungen, die er initiierte, durch vielfältige Aktivitäten in der politischen Bildungsarbeit und der Erwachsenenbildung, wie im Funkkolleg Geschichte zum Thema »Jahrhundertwende«. Zu seinen bleibenden Leistungen als Direktor der Forschungsstelle für die Geschichte des Nationalsozialismus – der heutigen Forschungsstelle für Zeitgeschichte – gehört unter anderem die

PINNAU, Caesar, geb. 9. 8. 1906 Hamburg, gest. 29. 11. 1988 ebd.; luth.; Architekt, Innenarchitekt.

Der in seiner Formensprache sehr eigenwillige, einer stilistischen Einordnung in die Architekturgeschichte des 20. Jahrhunderts sich weitgehend entziehende Hamburger Architekt, dessen Werk von »unbeirrbarem Selbstverständnis« (Joachim C. Fest) geprägt war, hatte zunächst von 1921 bis 1925 eine Tischlerlehre im väterlichen Betrieb in seiner Heimatstadt absolviert. Ab 1927 besuchte er neben der Tätigkeit in einer Möbelfabrik die Kunstgewerbeschule in Berlin und studierte in München an der Staatlichen Hochschule für Angewandte Kunst sowie in Düsseldorf Architektur und Innenarchitektur.

Von 1930 bis 1937 lernte er als Mitarbeiter von Fritz August Breuhaus de Groot in Düsseldorf und Berlin die anspruchsvolle Arbeit für eine exklusive Klientel von Auftraggebern kennen, die später auch das eigene Werk nachhaltig geprägt hat. 1932 wirkte er bei der Gründung einer privaten Kunstakademie von Breuhaus in Berlin mit. Pinnaus damalige Arbeiten und Studien – vor allem Innenraumgestaltungen – sind künstlerisch von einem gemäßigten Art Déco-Stil gekennzeichnet. Bereits in leiten-

PINNAU, Caesar

Caesar Pinnau

der Position bei Breuhaus tätig, konzipierte er Repräsentationsvillen, Inneneinrichtungen und kunsthandwerkliche Arbeiten, von denen einige in Fachzeitschriften publiziert wurden. Neben der Ausstattung von Ozeandampfern entwarf er im Büro von Breuhaus 1931/32 auch den legendären, ganz der Leichtigkeit des Materials und der technischen Form verpflichteten Passagiertrakt des berühmten Luftschiffes LZ 129 »Hindenburg«, das 1937 in Lakehurst verunglückte.

Von 1937 bis 1941 arbeitete Pinnau für Albert Speer, den Generalbauinspektor für Berlin. Nach der Renovierung des Reichspräsidentenpalais für den Staatsbesuch von Mussolini (1937) war er mit Innenraumgestaltungen für die Neue Reichskanzlei (1938) und für die Japanische Botschaft (1941) sowie mit weiteren großen Projekten für Repräsentationsbauten an der geplanten Nord-Süd-Achse in Berlin beschäftigt. Hier ordnete er sich ganz dem herrschenden monumental-klassizistischen Geschmack der Auftraggeber unter. Nachdem er sich 1937 selbstständig gemacht hatte, wurde er 1942 zum Professor an der Staatlichen Hochschule für Bildende Künste in Berlin ernannt.

Nach 1945 leitete Pinnau Büros in Hamburg und Frankfurt am Main. Er beteiligte sich an den Wettbewerben für den Wiederaufbau des Alsterpavillons am Jungfernstieg in Hamburg (1948) sowie des Opernhauses in Hannover (1947). Bei seinen zahlreichen Villen für wohlhabende Bauherren im In- und Ausland, die sein ganzes Lebenswerk begleitet haben, bemühte er sich immer um landschaftliche Einbindung durch Aufnahme lokaler historischer Bauformen und Materialien, sei es in Norddeutschland oder in England, Mittelitalien, Spanien, Griechenland oder in den USA (Virginia). Ohne Rücksichtnahme auf zeitgenössische Strömungen, aber auch ohne jedes Kokettieren mit der Postmoderne variierte sein Werk meist klassizistische und konservative Idealtypen und befriedigte bisweilen auch den Wunsch nach Monumentalität. Dies prädestinierte Pinnau für Aufträge bei Umbauten und Ausstattungen international bekannter Hotels in Baden-Baden, London oder Paris. Er gestaltete Schiffe und Yachten, darunter die berühmte Yacht »Christina« des Aristoteles Onassis für die Howaldtwerft in Kiel (1952) sowie Frachtschiffe großer Reedereien wie die Cap-San-Klasse der Hamburg-Süd (ab 1955), von der die »Cap San Diego« als Museumsschiff im Hamburger Hafen erhalten ist. Er errichtete aber auch Verwaltungsbauten in Formen der klassischen Moderne, in Hamburg zum Beispiel die mit gläsernen Vorhangfassaden versehene Hochhausgruppe der Hamburg-Süd-Reederei (1958/59) an der Ost-West-Straße. Diesem Stil ist auch der international bekannteste Bau Pinnaus verpflichtet, der Olympic Tower (1970–74) mit 52 Stockwerken an der Fifth Avenue in New York, den er zusammen mit dem New Yorker Büro Skidmore, Owings & Merril errichtete. Auch bei Industrie- und Gewerbebauten, darunter Brauereien in Deutschland und Italien, hat Caesar Pinnau sich in der Gestaltung von den sachlichen Funktionsabläufen leiten lassen.

Daneben widmete er sich auch denkmalpflegerischen Arbeiten, von denen die 1973/74 vorgenommene Restaurierung und stilistisch exakte Rekonstruktion des klassizistischen ehemaligen Wohnhauses von Christian Frederik Hansen (1803/04) an der Palmaille 116 in Altona, in dem Pinnau das eigene Büro unterbrachte, am bekanntesten wurde. Hier entsprach die gleichsam symbolische Gestaltung der Fassade an Hansens Bau als Chiffre für »architectura« seiner eigenen Überzeugung. Nur so ist auch einer seiner letzten Bauten zu verstehen, das kleine oktogonale Wohnhaus Baurs Park 3 in Blankenese, das er noch 1986 für sich errichtete. Bei seinem Tode hinterließ Pinnau eine große Zahl projektierter Bauten, von denen viele nach seinen Entwürfen fertig gestellt worden sind. Seinen Nachlass bearbeitet das Hamburger Architekturarchiv.

LITERATUR NDB 20; HL; The Dictionary oft Art, hg. von Jane Turner, 34 Bde., New York 1996–98, Bd. 24, S. 826 f.; John Zukowsky (Hg.), Architektur in Deutschland 1919–1939. Die Vielfalt der Moderne, München/New York 1994, S. 14 f.; Joachim C. Fest, Cäsar Pinnau, Architekt, hg. von Ruth Pinnau, 2., überarb. Aufl. Hamburg 1995. *Manfred F. Fischer*

POLLITZ, Alice, geb. 24. 3. 1890 Friedrichstadt/ Eider, gest. 16. 6. 1970 Hamburg; luth.; Gymnasiallehrerin, Schulleiterin, Oberschulrätin.

Als eine Persönlichkeit von gewinnender Liebenswürdigkeit, getragen von einem starken sozialen und pädagogischen Verantwortungsgefühl, unermüdlich tätig, um gegen alle Widerstände und Mängel der Zeit ihre Ziele zu verwirklichen – so beschrieb Emmy Beckmann die 57-jährige Schulleiterin Alice Pollitz vor ihrem Übertritt in die Schulverwaltung 1947.

Die Tochter eines Fabrikdirektors hatte nach dem Besuch einer Hamburger Privatschule, der Klosterschule und eines Berliner Realgymnasiums zunächst an den Unterrichtsanstalten St. Johannis in Hamburg das Lehrerinnenexamen abgelegt und sich erst danach zur Reifeprüfung gemeldet. Nach dem Studium der Mathematik, Physik und Philosophie in Berlin, Freiburg, Göttingen und Kiel unterrichtete sie von 1916 bis 1921 an mehreren Hamburger Privatschulen, bevor sie 1923 zur Schulleiterin des Neuen Lyzeums auf dem linken Alserufer gewählt wurde. Diese 1916 in Baracken am Lerchenfeld gegründete Realschule für Mädchen war gerade in das von Fritz Schumacher errichtete Schulgebäude am Westphalensweg umgezogen und erhielt ab 1926 den Namen »Deutsche Oberschule auf dem Lübeckertorfeld« (DOL). Sie wurde 1934 mit der Klosterschule zusammengeschlossen. Unter der Leitung von Alice Pollitz entfaltete sich an der DOL ein sehr lebendiges, reichhaltiges pädagogisches Leben, zu dem konsequenter Arbeitsunterricht, Jahresarbeiten, die Erweiterung des Fremdsprachenangebots sowie Arbeitsgemeinschaften in Philosophie und zu politischen Tagesfragen gehörten. Durch eine »Schülerinnenselbstverwaltung« wurden die jungen Mädchen in die Verantwortung eingebunden.

Ihre aktive Mitarbeit im Philologinnenverband, im Allgemeinen Deutschen Lehrerinnen-Verein (ADLV) und im Deutschen Akademikerinnen-Bund qualifizierte Alice Pollitz zur Teilnahme an der Tagung der »World Federation of Education Associations« in Denver (Colorado) 1931, die zugleich den Abschluss einer einjährigen Tätigkeit als Gastlehrerin an einer amerikanischen High School bildete. Von der nationalsozialistischen Schulverwaltung 1933 abgesetzt, arbeitete Alice Pollitz bis 1937 an der Lichtwarkschule, danach bis 1945 an der Oberschule für Mädchen im Alstertal. Ihren Beitritt zur NSDAP 1937 hat sie später als einen der Kompromisse der äußeren Formen von Unwahrheit und Heuchelei bezeichnet, die sie eingehen musste, um in ihrem Beruf bleiben und Mutter und Schwester versorgen zu können.

1945 wurde Alice Pollitz zur Schulleiterin der Klosterschule am Westphalensweg ernannt und 1948 als Oberschulrätin in die Schulbehörde berufen. Ihr vor allem ist es zu verdanken, dass die vor 1933 entwickelten Ansätze zur inneren Reform der höheren Schule wieder aufgegriffen und schrittweise umgesetzt wurden: Die von ihr angeregte Reduzierung der Stofffülle in der Oberstufe durch eine Beschränkung der Pflichtfächer sollte zu einer Vertiefung der pädagogischen Arbeit in den verbleibenden Fächern führen. In der Geschichte des Hamburger Gymnasiums hat Alice Pollitz eine Brücke von den Bestrebungen zur Modernisierung und Pädagogisierung der höheren Schule während der Weimarer Republik zu den Neuansätzen zur Veränderung des Gymnasiums nach 1945 geschlagen.

LITERATUR Uwe Schmidt, Aktiv für das Gymnasium. Hamburgs Gymnasien und die Berufsvertretung ihrer Lehrerinnen und Lehrer von 1870 bis heute, Hamburg 1999. *Uwe Schmidt*

POVÒRINA, Alexandra (»Schura«), geb. Alexandra Andrjewna Povorinskaja, geb. 26. 2. 1885 St. Petersburg, gest. 23. 12. 1963 Berlin; russisch-orthodox; Malerin.

Die Tochter des Juristen und Staatsbeamten Andreas von Povorinsky wuchs in großbürgerlichen Verhältnissen in St. Petersburg auf. 1907 begann sie in München bei dem ungarischen Maler Simon Hollósy eine Ausbildung, heiratete ihren ungarischen Mitschüler Károly Kiss und zog mit ihm nach Charkow. Nach dem Scheitern der Ehe übersiedelte

POVÒRINA, Alexandra

Alexandra Povòrina

die Malerin 1911 für zwei Jahre nach Paris. Hier arbeitete sie bei Marie Vassilieff im so genannten »Russenatelier« und machte die Bekanntschaft maßgeblicher Künstler wie Alexander Archipenko, Moissey Kogan und Constantin Brancusi. Wichtig wurde die ebenfalls in Paris geknüpfte Verbindung zu dem Hamburger Maler Friedrich Ahlers-Hestermann, mit dem sie sich 1912 verlobte und eine lebenslange, nicht immer konfliktfreie Partnerschaft einging. 1913 übernahm sie vorübergehend in Wjatka/Ural die Leitung von Kunstkursen für Bauern und Handwerker.

Bei Ausbruch des Ersten Weltkriegs reiste Alexandra Povòrina überstürzt aus Paris zu ihrem Verlobten nach Hamburg. Das zurückgelassene Frühwerk ging verloren. In der Hansestadt sah sie sich als Russin isoliert und patriotisch motivierter Fremdenfeindlichkeit ausgesetzt. Sie konzentrierte sich daher auf das künstlerische Schaffen im Kreis befreundeter Kolleginnen wie Anita Rée, Gretchen Wohlwill und Alma del Banco. Ihre von Paul Cézanne beeinflusste Malerei trat mit Farbkultur und moderaten Formen gegen den herrschenden Expressionismus an.

Alexandra Povòrina und Friedrich Ahlers-Hestermann reisten während der Kriegszeit häufig. Ihr erstes Kind, Andreas, starb zwei Monate nach der Geburt. Von 1917 bis 1928 wohnte das Paar in Hamburg, wo sich Alexandra Povòrina nicht einlebte, obwohl ihre Eigenständigkeit als Malerin akzeptiert wurde. Als 1919 die Tochter Tatiana zur Welt kam, störte die Mutter die zusätzliche häusliche Belastung. Sie blieb der Kunst verpflichtet, trat 1918 der Neuen Gruppe Hamburg bei, 1919/20 und erneut 1929 der Hamburgischen Sezession, 1921 dem Deutschen Künstlerbund. 1926 war sie Mitinitiatorin der Hamburger Sektion der Gemeinschaft Deutscher und Oesterreichischer Künstlerinnenvereine aller Kunstgattungen (GEDOK). Während eines fünfmonatigen Aufenthalts auf dem Monte Verità bei Ascona entstanden 1924 die schönsten Landschaftsbilder der Malerin. Als Friedrich Ahlers-Hestermann 1928 einen Ruf an die Kölner Werkschulen erhielt, zog die Familie nach Köln. In den Folgejahren genoss Povòrina die relative Nähe zu Paris und hielt sich wiederholt dort auf. 1930 beteiligte sie sich an der Gründung der GEDOK Köln. Um 1928 hatte sie begonnen, sich vom Naturvorbild zu lösen, eigene Formenwelten zu erproben und mit abstrakten, »geistigen« Kompositionen zu experimentieren. 1932 trat sie der Kölner »Gruppe 32« und den »Imaginisten« bei, zu denen Fritz Winter, Ernst Wilhelm Nay, Theodor Werner und Otto Ritschl sowie in Hamburg Karl Ballmer und Richard Haizmann gehörten. Die erfolgreiche Gemeinschaftsausstellung »Zeichen und Bilder« wurde 1933 in Essen durch die Nationalsozialisten abrupt beendet.

Nach der Machtübernahme durch die Nationalsozialisten sah sich Povòrina erneut als Russin, aber auch als moderne Künstlerin verfemt und angegriffen; Ahlers-Hestermann wurde Ende März 1933 aus seinem Amt entlassen. Fortan bestritt das Paar den Lebensunterhalt mit Unterricht, Ahlers-Hestermann auch mit Porträtaufträgen. Als sich die Malerin 1933 längere Zeit in der französischen Hauptstadt aufhielt, trat sie der Pariser Gruppe »Abstraction Création« bei. Da ihre abstrakten Bilder in Deutschland nicht mehr ausgestellt werden konnten, stellte sie entmutigt die Malerei ein und begann ab 1935, sich mit Stoffdruck zu beschäftigen. Im Kunstgewerbe gingen abstrakte Motive als Muster durch. 1937 erwog sie während eines zweimonatigen Aufenthalts in Paris die Emigration, fand aber keine Lebensbasis. Sie fertigte Drucke und hungerte bis zum Ausbruch von Tuberkulose. Der Umzug der Familie nach Berlin am 1. September 1939 war ein Versuch, in der Anonymität der Großstadt unterzutauchen. In Potsdam verbrannten 1945 ausgelagerte Bilder Povòrinas, ihre im Haus des Malers Theodor Werner untergebrachte Kunstbibliothek vernichtete eine Bombe.

Die letzten beiden Kriegsmonate überstand Alexandra Povòrina mit ihrer Tochter bei Clara Rilke in Fischerhude, lag dann jedoch nach einem totalen Zusammenbruch bis Mai 1946 im Krankenhaus. Ahlers-Hestermann wurde 1946 zum Direktor der Hamburger Landeskunstschule berufen, Povòrina erhielt durch Vermittlung Bontjes van Beek 1947 für fünf Jahre eine Dozentur an der Kunsthochschule Berlin-Weißensee (SBZ/DDR). Das Unterrichten gefiel ihr, politische Schulung lehnte sie ab. In Berlin fand sie schließlich eine Art Heimat. Als Ahlers-Hestermann 1951 in den Ruhestand trat, zog das Paar nach Berlin-Grunewald. Reisen nach London, Paris, Südfrankreich und Rom folgten. Künstlerisch knüpfte Povòrina an ihre Vorkriegsmalerei an und löste sich vollkommen vom Naturvorbild. Der Aufschwung dieser letzten Werkphase hielt bis zum Ende der fünfziger Jahre an. Als sie infolge schwerer Krankheit nicht mehr die Kraft aufbrachte, den Pinsel zu halten, widmete sie sich ab 1958 der Collagentechnik. Sie starb nach langjähriger Krankheit 1963 in Berlin.

LITERATUR ThB 27; Vollmer 3; Bruhns 2; Emmanuel Bénézit, Dictionnaire critique et documentaire des peintres, sculpteurs, dessinateurs et graveurs de tous les temps et de tous les pays, Bd. 8, Paris 1976; Alexandra Povòrina (1885–1963). Werke aus dem Nachlaß [Katalog zur Ausstellung in der Galerie der Hamburger Sparkasse vom 26. Februar bis 5. April 2002], Hamburg 2002. *Maike Bruhns*

PRETZEL, *Ulrich* Friedrich Wilhelm, geb. 14. 7. 1898 Berlin, gest. 20. 11. 1981 Hamburg; luth.; Germanist.

Seiner Herkunft nach ein echter und überzeugter Berliner, wirkte Ulrich Pretzel ab 1945 als bedeutender Hamburger Hochschullehrer, ohne den die Entwicklung sowohl der Germanistik als auch der Lehrerausbildung in Hamburg unvorstellbar wäre. Daneben war er auch ein begeisterter Büchersammler, der seine umfangreiche Bibliothek allen interessierten Mitgliedern der Universität großzügig zur Verfügung stellte.

Pretzel wurde 1898 in Berlin als Sohn des zuletzt als Regierungsdirektor im Provinzial-Schulkollegium tätigen Carl Louis Albert Pretzel und der Lehrerin Wanda Margarete Auguste Lehmann geboren. Dieser Ehe entstammen auch die Brüder Bernhard, der Gymnasiallehrer wurde, und Raimund, der sich

Ulrich Pretzel

unter dem Pseudonym Sebastian Haffner als bedeutender Journalist und Historiker einen Namen machte. Pretzel besuchte nach der Volksschule in Berlin das humanistische Gymnasium, wo er 1916 das Abitur ablegte. Anschließend einberufen, wurde er im Felde schwer verwundet, konnte aber zum Wintersemester 1919 sein Studium der Germanistik, Anglistik, Pädagogik und Philosophie an der Berliner Universität aufnehmen. Da sein Lehrer Gustav Roethe 1926 starb, wurde Pretzel 1927 mit einer Arbeit über »Die Frühgeschichte des deutschen Reims« bei Edward Schröder in Göttingen promoviert, wo er 1927 und 1929 auch beide Staatsexamina für das höhere Lehramt ablegte. Danach war er zunächst wissenschaftlicher Hilfsarbeiter an der Preußischen Akademie der Wissenschaften in Berlin, der er bis zu seinem Tode verbunden blieb. 1938 wurde Pretzel an der Universität Berlin mit einer (nicht veröffentlichten) Fortsetzung seiner Dissertation und den großen Artikeln »Treue« und »Trost« für das Grimmsche Wörterbuch habilitiert. Aufgrund seiner Distanz zum Nationalsozialismus wurde er erst 1941 zum Privatdozenten ernannt und 1944 – gewissermaßen als »Erziehungsmaßnahme« – als etatmäßiger außerordentlicher Professor an die Universität Prag berufen. Diesem Ruf entging Pretzel durch die Einziehung zum Kriegsdienst. Im August 1945 zurückgekehrt, gelangte er nach Hamburg, wo seine Ehefrau Charlotte Bertha Emilie, geborene Homa, inzwischen ein Unterkommen gefunden hatte.

Bereits am 1. November 1945 stellte sich Ulrich

P

Pretzel der Universität Hamburg zur Verfügung und wurde sofort mit der Vertretung des Lehrstuhls für Deutsche Literaturgeschichte, den zuvor Robert Petsch innegehabt hatte, ab 1. April 1946 zusätzlich mit der Vertretung des Ordinariats für Germanische Philologie in der Nachfolge Hans Teskes beauftragt. Vom 1. Mai 1947 bis zur Emeritierung am 3. September 1966 war er ordentlicher Professor; anschließend musste er sich bis zur Berufung seines Nachfolgers noch zwei Semester selbst vertreten. Auch über diese Zeit hinaus stand er dem Germanischen Seminar und seinen Schülern bis zu seinem Tod Anfang des Wintersemesters 1981 als Lehrender zur Verfügung – zuletzt noch mit dem legendären »Plattdeutschen Leseabend«.

Ulrich Pretzel war ein begeisterter Hochschullehrer, der großen Wert darauf legte, auch die angehenden Volksschul-, später Grundschullehrer in die wissenschaftliche Ausbildung mit einzubeziehen. Von seinem Engagement bei der Förderung des wissenschaftlichen Nachwuchses zeugt eine beträchtliche Zahl von Hochschullehrern, die er promoviert und zum Teil auch habilitiert hat, darunter Karen Baasch, Wolfgang Bachofer, Helmut Brackert, Wolfgang Beutin, Wolfgang Dittmann, Ernst-Otto Gerke, Rena Leppin, Hans-Georg Richert, Karl Stackmann, Peter Wapnewski. Was sie alle von ihm gelernt haben, war das interpretierende Übersetzen. Ein gutes Beispiel für Pretzels Übersetzungsarbeit ist seine Nibelungenlied-Ausgabe von 1973.

Ein zweiter Schwerpunkt seiner wissenschaftlichen Arbeit lag in der »Verskunst« – so neu definiert und aus der hergebrachten »Metrik« weiterentwickelt in seinem Beitrag zum dritten Band der »Deutschen Philologie im Aufriß« (1957) –, die sich auch in seinem Vortrag in den Lehrveranstaltungen spiegelte: Kaum ein Rezitator hat je Josef Weinhebers Gedichte so einfühlsam vorgetragen wie Ulrich Pretzel. Den dritten Schwerpunkt Pretzels bildete von früh an die Lexikografie. Bedeutende Beiträge leistete er zum Grimmschen »Deutschen Wörterbuch« wie auch zu verschiedenen mittelhochdeutschen Wörterbüchern, und letztlich ist das jedem zugängliche Mittelhochdeutsche Wörterbuch-Archiv in Hamburg sein Verdienst.

Schließlich wollte Pretzel zeit seines Lebens eine »Geschichte der deutschen Philologie« verfassen, gelangte bei der Realisierung dieses Vorhabens jedoch trotz Drängens seiner Schüler über eine unge-

heure Materialsammlung, die heute vor allem in Göttingen verwahrt wird, nicht hinaus. Einen Eindruck davon, was möglich gewesen wäre, bietet sein Beitrag für das Register zu den Bänden 1 bis 100 der »Zeitschrift für deutsche Philologie« (1988). Pretzels etwa 60 000 Bände umfassende Bibliothek, eine der größten wissenschaftlichen Privatsammlungen, wurde 1983 an die TH Darmstadt verkauft, ist jedoch bis heute für die Benutzung nicht zugänglich.

WERKE Schriftenverzeichnis in: Ulrich Pretzel, Kleine Schriften, mit einem Geleitwort hg. von Wolfgang Bachofer und Karl Stackmann, Berlin 1979, S. 375–382.

LITERATUR NDB 20; Kosch 12; KDG 1980; Gedenkreden auf Ulrich Pretzel (1898–1981). Ansprachen auf der Trauerfeier am 27. 11. 1981 und auf der akademischen Gedenkfeier am 20. 1. 1982, Hamburg 1982 (Hamburger Universitätsreden 37).
Wolfgang Bachofer

PRÜTZMANN, Hans-Adolf, geb. 31. 8. 1901 Tolkemit bei Elblag/Elbing, gest. 21. 5. 1945 (Selbstmord); konfessionslos; Senator, Höherer SS- und Polizeiführer.

Hans-Adolf Prützmann fungierte zwischen 1937 und 1941 als oberster Repräsentant der SS und Polizei in Hamburg und gehörte nach 1941 zu den führenden Vetretern der Kolonisations- und Ausrottungspolitik in den besetzten sowjetischen Gebieten.

Prützmann konnte vor seiner Karriere in der SS keine stabile berufliche Position erreichen. Im Anschluss an sein Abitur war er nach dem Ersten Weltkrieg unter anderem als Freikorpskämpfer tätig und nahm zeitweise ein Studium auf, das er jedoch nie beendete. 1930 der NSDAP und der SS beigetreten, wurde er 1934 als SS-Gruppenführer und Oberabschnittsführer Südwest eingesetzt. Am 1. März 1937 wurde Prützmann vom Reichsführer SS Heinrich Himmler zum Führer des SS-Oberabschnitts Nordwest (später: Nordsee) in Hamburg und am 28. Juni 1938 zum Höheren SS- und Polizeiführer (HSSPF) ernannt. Gleichzeitig band ihn der Hamburger Reichsstatthalter Karl Kaufmann in die hamburgische Landesregierung ein, ernannte ihn zum Senator, zum Leiter der Polizeiabteilung der Hamburger Staatsverwaltung und zu seinem persönlichen Vertreter in allen polizeilichen Belangen.

Die persönliche Bekanntschaft mit Kaufmann

und die blinde Loyalität gegenüber Himmler erwiesen sich als wichtigste Faktoren in der SS-Karriere Prützmanns, die zwischen 1941 und 1944 ihren Höhepunkt erreichte, als er nacheinander als HSSPF in Russland-Nord, Russland-Süd und der Ukraine amtierte. In diesen Funktionen war Prützmann unter anderem für die Bekämpfung von Partisanen, die Ermordung sowjetischer Juden und die Räumung von Ghettos unmittelbar verantwortlich. Allein am 30. November 1941 wurden auf seine Anordnung 10 600 Juden erschossen. Im September 1944 ernannte Himmler seinen Paladin zum Leiter des »Werwolf«, einer Organisation, die hinter den feindlichen Linien einen Guerillakrieg zu entfesseln versuchte und unter anderem Deutsche ermordete, die mit den Alliierten zusammenarbeiteten. Bei seiner Gefangennahme durch britische Truppen nahm sich Prützmann im Mai 1945 das Leben.

LITERATUR Ruth Bettina Birn, Die Höheren SS- und Polizeiführer. Himmlers Vertreter im Reich und in den besetzten Gebieten, Düsseldorf 1986.   *Frank Bajohr*

QUADAL (Chvátal, Guadall), Martin Ferdinand, geb. 28. 10. 1736 Niemtschitz/Mähren, gest. 11. 1. 1808 St. Petersburg; kath.; Bildnis-, Genre- und Tiermaler.

Mit Hamburg verbindet den in Wien ausgebildeten, lange Jahre quer durch Europa gereisten Martin Ferdinand Quadal ein überaus produktiver Aufenthalt in den Jahren 1796 und 1797. Die unmittelbar vorhergehenden Aufenthaltsländer waren England, wo der Künstler von 1791 bis 1794 zum zweiten Mal weilte, und die Niederlande gewesen. Quadal ließ sich schließlich 1797 in St. Petersburg nieder, wo er 1804 in die Akademie der Schönen Künste aufgenommen wurde und bis zu seinem Tod arbeitete.

Während der Hamburger Domherr Friedrich Johann Lorenz Meyer auch von Genreszenen und Tierstücken berichtet, die er in Quadals Atelier sah, scheint der Künstler hier vor allem als gut bezahlter Porträtist der kaufmännischen Oberschicht gefragt gewesen zu sein. Die Hamburger Kunsthalle besitzt die Halbfigurenbildnisse des Lehmann Ruben und seiner Frau Mindel, Pendants von 1796, sowie das 1797 datierte Porträt einer Frau Wolters in Witwentracht. Ebenfalls als Pendants entstanden die Bildnisse Hermann Friedrich Goverts und Elisabeth Goverts im Museum für Hamburgische Geschichte, das auch ein psychologisch eindringliches Porträt des Dichters Friedrich Gottlieb Klopstock von 1796 besitzt. Vermutlich noch in Hamburger Privatbesitz befinden sich das Gruppenporträt der Familie Janssen, Halbfigurenbildnisse des Domsekretärs Johann Philipp Beckmann und seiner Frau Anna Margaretha, beide von 1796, sowie Porträts von Georg Heinrich Sieveking und Peter Siemsen.

Quadals Bildnisse zeichnen sich besonders durch ihre frische, klare Farbigkeit und eine spontan und leicht wirkende Pinselführung aus. Letztere ist deutlich von englischen Einflüssen geprägt und erinnert nicht zufällig an Thomas Lawrence, dessen rasanten Aufstieg der Künstler ab 1791 in London miterlebt hatte. Trotz der Qualität seines Werks fehlt es an größeren Studien zu Quadal im Allgemeinen wie auch zu seinem Hamburger Aufenthalt.

LITERATUR ThB 27; The Dictionary of Art, hg. von

Martin Ferdinand Quadal

Jane Turner, 34 Bde., New York/London 1994, Bd. 25; Friedrich Johann Lorenz Meyer, Skizzen zu einem Gemälde von Hamburg, 2 Bde., Hamburg 1800–02, Bd. 1, S. 273–275; Alfred Lichtwark, Das Bildnis in Hamburg, 2 Bde., Hamburg 1898, Bd. 2, S. 21–26; Jekaterina Nekrasova, Zabytyi nemeckij chudoznik, in: Iskusstvo 8 (1980), S. 59–63. *Gerrit Walczak*

QUERNER, Rudolf, geb. 10. 6. 1893 Lehnsdorf, gest. 27. 5. 1945 (Selbstmord); konfessionslos; Höherer SS- und Polizeiführer.

Der Berufsoffizier und Sohn eines Rittergutsbesitzers war nach dem Ersten Weltkrieg in den Polizeidienst übergetreten und machte nach 1933 eine steile Karriere. Von 1936 bis 1940 amtierte Rudolf Querner in Hamburg als Inspekteur der Ordnungspolizei und wurde 1940 zum SS-Gruppenführer und Generalleutnant der Polizei ernannt. Von 1941 bis 1943 leitete er als Höherer SS- und Polizeiführer (HSSPF) den SS-Oberabschnitt Nordsee. In dieser Funktion war er unter anderem seit Herbst 1941 für die Deportation der Juden aus Hamburg verantwortlich. Im Januar 1943 ernannte ihn Reichsführer SS Heinrich Himmler zum HSSPF Donau mit Sitz in Wien. Im Mai 1945 nahm sich Querner nach seiner Inhaftierung durch alliierte Truppen das Leben.

LITERATUR Ruth Bettina Birn, Die Höheren SS- und Polizeiführer. Himmlers Vertreter im Reich und in den besetzten Gebieten, Düsseldorf 1986. *Frank Bajohr*

RADEMACHER, Willy Max, geb. 26. 12. 1897
Langenhagen/Hannover, gest. 14 7. 1971 Hamburg;
luth.; Speditionskaufmann, Unternehmer,
Politiker.

Als einer der wichtigsten Repräsentanten der Hamburger FDP in der Zeit nach dem Zweiten Weltkrieg zählte Willi Max Rademacher, der im Bundestag als Verkehrsexperte bekannt war, zu den Inspiratoren einer auf vorsichtige Öffnung nach Osten bedachten »Politik der Elbe«, wie sie unter Bürgermeister Kurt Sieveking Mitte der fünfziger Jahre begonnen wurde.

Rademacher war nach Teilnahme am Ersten Weltkrieg in die linksliberale DDP eingetreten und hatte sich während der NS-Zeit dem Widerstandszirkel »Freies Hamburg« angeschlossen, nach außen hin auch »Verein der Hafenfreunde« genannt. Bis 1945/46 vor allem unternehmerisch an der Spitze einer Speditionsfirma tätig, für die er in anderen Großstädten mehrere Filialen gründete, wandte sich Rademacher in der Nachkriegszeit der Partei- und Verbandspolitik zu. Nach Mitarbeit im Bund Freies Hamburg (1945) wurde er 1946 FDP-Landesvorsitzender (bis 1958, erneut 1966–69), Bürgerschaftsmitglied (bis 1949) und Vorsitzender des Vereins Hamburger Spediteure. 1949 wurde er in den Bundestag gewählt, dem er bis 1965 angehörte. Er fungierte dort bis 1953 als Vorsitzender des Verkehrsausschusses und nahm 1957/58 die Position eines stellvertretenden FDP-Bundesvorsitzenden ein. 1959 trat er an die Spitze der Internationalen Spediteursföderation (F.I.A.T.A.).

Von 1961 bis 1965 gehörte Rademacher dem – damals noch nicht direkt gewählten – Europäischen Parlament an. Er trat für verkehrspolitische Kompetenzkonzentration auf der Bundesebene ein, für Harmonisierungsmaßnahmen innerhalb der EG und für eine Verschiebung der regionalen Schwerpunkte bundesdeutscher Verkehrspolitik nach Osten, in den Zonenrandbereich. In den ersten Jahren der Bundesrepublik plädierte er – nicht zuletzt im Interesse der Hamburger Reedereien – für den staatlich subventionierten Wiederaufbau der deutschen Hochseeschifffahrt und wandte sich damit gegen die in allen politischen Lagern verbreitete, wenngleich nicht vorherrschende Ansicht, es sei günstiger, ausländische Flaggen zu benutzen und auf eine eigene Handelsflotte zu verzichten.

Willy Max Rademacher

LITERATUR Helmut Stubbe-da Luz, Willy Max Rademacher, Verkehrsexperte aus Hamburg, in: Das Rathaus 43 (1990), S. 137–142. *Helmut Stubbe-da Luz*

RAINVILLE, *César* Lubin Claude, geb. 1767
Paris, gest. 14. 10. 1845 Altona; Offizier, Gastwirt.

Bis zu seinem Abriss 1867 war das von César Rainville 1798 gegründete Restaurant mit Garten am Ottensener Elbhang eine europaweit bekannte Altonaer Institution, in der Könige und Berühmtheiten aus Kunst, Kultur und Handel verkehrten. Das Etablissement, das den Namen seines Gründers trug, vermittelte französische Lebensart und Kochkunst.

Rainville gelangte 1794 als Flüchtling vor den Wirren der Französischen Revolution nach Altona, das damals mit 20 000 Einwohnern nach Kopenhagen die zweitgrößte Stadt im dänischen Gesamtstaat war. Als Freistatt des Glaubens wie auch des Handels und Gewerbes bot Altona mit seinem Klima der Toleranz den rund 4000 Refugiés, die in den 1790er Jahren hierher kamen, gute Möglichkeiten für einen neuen Anfang. Rainville gehörte zu jenen, die nicht ins napoleonische Kaiserreich zurückkehrten, sondern an ihrem Zufluchtsort blieben. 1796 heiratete er Jeanne Janin aus Verdun, die ihm drei Kinder gebar. Rainville war zuvor Offizier gewesen und hatte als Adjutant des Generals Charles François Dumouriez gedient. In Altona wählte er trotz fehlender Vorbildung als neuen Beruf die Gastronomie. Von 1799 bis 1808 leitete er verschiedene

César Rainville

Hotels, Gast- und Speisehäuser und gab ihnen mit französischem Flair eine besondere Note.

Rainvilles Ehrentitel eines »Gottes der Gastwirte« verband sich jedoch mit dem Kauf des Landhauses am Elbhang, das, im Dorf Ottensen gelegen, über die Landstraße nach Blankenese von Hamburg aus gut zu erreichen war. 1794 hatte der Architekt und Landesbaumeister von Holstein Christian Frederik Hansen hier für den Kaufmann und batavischen Gesandten Balthasar Elias Abbema ein Grundstück erworben und ein Landhaus in neuklassizistischem Stil errichtet. Dieses kaufte Rainville 1799, nachdem er es ein Jahr zuvor gepachtet hatte. Die Südfassade zur Elbe hin hatte Hansen mit einer Säulenloggia versehen, wodurch das Haus vom Fluss aus gesehen über dem neu angelegten Landschaftsgarten wie ein Tempel thronte. Eine breite möblierte Terrasse setze die Gasträume im Freien fort und ermöglichte dem Gast, den Ausblick über Garten und Elbtal zu genießen. Das »Rainville« wurde in jedem Hamburg-Führer des 19. Jahrhunderts als große Sehenswürdigkeit hervorgehoben. Wenngleich die französische Küche in Hamburg gewöhnungsbedürftig gewesen sein muss, gehörten doch Rainvilles Garten und Restaurant bei einem Hamburg-Besuch zum Pflichtprogramm. Hierher führte man seine Gäste, wenn es denn bezahlen konnte. Offizielle Diners, Nationalfeiertage und Staatsempfänge waren im »Rainville« zwar geschlossene Veranstaltungen, doch gab es auch öffentliche Gartenfeste nach französischer Art mit Inszenierungen von Licht und Feuerwerk für das zahlende Publikum. Transparente und Kulissen von Tempeln, Triumphbögen und Pyramiden schufen in der bis zum Elbufer beleuchteten Gartenanlage eine phantastische Atmosphäre, beschallt von mehreren Orchestern und Chören. Um den Veranstaltungen eine gewisse Exklusivität zu erhalten und das vornehme Publikum nicht zu verlieren, führte Rainville verschiedene Modelle der Subskription ein, so etwa ein Abonnement mit dem Recht, auch Freunde in den illustren Kreis einzuführen.

Schließlich jedoch verlor der Ort mit der Industrialisierung des Elbufers seit den 1840er Jahren seine romantische Wirkung. Damit einher gingen Veränderungen des Freizeit- und Repräsentationsverhaltens. Sechs Jahre nach dem Tod Rainvilles starb 1851 auch seine Frau. Den nachfolgenden deutschen Wirten gelang es nicht, Flair und Niveau des Etablissements zu halten. 1867 wurde das Gebäude abgerissen. 1934 entstand hier die Seefahrtsschule.

1978 übergab der hochbetagte letzte männliche Träger des Namens Rainville, Rene de Rainville aus Denver, Colorado, dem Altonaer Museum ein Konvolut, das persönliche Besitztümer seines berühmten Vorfahren beinhaltete, darunter auf Elfenbein gemalte Porträt-Miniaturen von César und seiner Frau Jeanne, eine Schnupftabakdose und das Leutnantspatent. Schon 1960 waren drei kupferne Backformen ins Museum gelangt, nach der Überlieferung und dem Besitzerstempel die letzten Überbleibsel der berühmten Küche des »Rainville«. Seit 1884 erinnert die Rainvilleterrasse in Ottensen an die Glanzzeit des Etablissements.

LITERATUR HL; Torkild Hinrichsen, Neuerwerbungen, in: Jahrbuch des Altonaer Museums 16/17 (1978/79), S. 292, Abb. 185, 186; Rainvilles Fest. Panorama, Promenade, Tafelfreuden. Ein französischer Lustgarten im dänischen Altona, hg. von Bärbel Hedinger [Begleitpublikation zur Ausstellung im Altonaer Museum, Hamburg, vom 23. Februar bis 26. Juni 1994], Hamburg 1994.

Torkild Hinrichsen

RAUE, Karl, geb. 18. 11. 1863 Heringen an der Helme, gest. 5. 3. 1924 Hamburg; luth.; Volksschullehrer, Beamtengewerkschafter.

Nach seiner Ausbildung zum Volksschullehrer am Lehrerseminar Eisleben (Provinz Sachsen) von 1881 bis 1884 und einer fünfeinhalbjährigen Tätigkeit als zweiter Elementarlehrer und Turnlehrer in Stolberg (Harz) wechselte Karl Raue zum 1. Oktober 1889 in den Hamburger Schuldienst und gehörte zum Gründungskollegium der Eimsbütteler Volksschule für Knaben Moorkamp. Hier vertrat er die Schwerpunktbereiche Naturlehre, Erdkunde und Geschichte und verlangte für den Geschichtsunterricht die Einbeziehung von Ereignissen im Ausland und die Fortführung bis in die neueste Zeit, wobei die Darstellung oder gar Verherrlichung großer Persönlichkeiten nicht im Mittelpunkt stehen sollte.

Die Wahl in eine von ihm initiierte gemeinsame Gehaltskommission von vier Hamburger Lehrerorganisationen am 23. Mai 1906 wurde zum Beginn der berufspolitischen Karriere Karl Raues. Seine Lehrerorganisation, die Gesellschaft der Freunde des vaterländischen Schul- und Erziehungswesens, berief ihn 1912 in ihren Gehaltsausschuss, dessen Vorsitz er 1916 übernahm. Seiner Einsicht folgend, dass die wirtschaftliche Situation und die Lebensverhältnisse der Lehrer nur durch ein solidarisches Zusammengehen mit allen anderen Beamtengruppen verbessert werden könnten, ergriff Raue die Initiative für den organisatorischen Zusammenschluss der Hamburger Beamtenorganisationen zum Verband hamburgischer Beamtenvereine, wurde am 19. Oktober 1917 zum Vorsitzenden gewählt und am 13. November 1918 in den neu konstituierten Beamtenrat delegiert. Vom 22. November 1918 bis zu seinem Tode leitete Karl Raue als Vorsitzender dieses im Verlauf der Novemberrevolution entstandene Organ der Interessenvertretung, das zunächst auch gewerkschaftliche Aufgaben übernahm und erst 1923 auf eine Art Beamtenkammer zur Beratung allgemeiner Fragen des öffentlichen Dienstes reduziert wurde. Er setzte sich besonders für die Erhöhung der Eingangsgehälter der unteren und mittleren Gruppen des öffentlichen Dienstes und die Berücksichtigung der höheren Lebenshaltungskosten in den Ballungsräumen durch eine sozial gestaffelte Großstadtzulage ein.

Zugleich wirkte Raue im Beamtenausschuss der Oberschulbehörde, der Beamtenkommission des Arbeiterrates sowie der Lehrergruppe der linksliberalen Deutschen Demokratischen Partei (DDP) mit und kandidierte 1919 und 1921 auf einem hinteren Listenplatz der DDP für die Bürgerschaft. Am 15. März 1920 beteiligte er sich – wie die große Mehrheit der Volksschullehrer – am Generalstreik gegen den Kapp-Putsch und forderte als Redner einer von der Gesellschaft der Freunde des vaterländischen Schul- und Erziehungswesens einberufenen allgemeinen Lehrerversammlung im Curiohaus die Beamtenschaft auf, sich für die Erhaltung der freiheitlichen Verfassung der Republik zu engagieren und keine Diktatur, weder von rechts noch von links, zuzulassen. Am 2. August 1921 warnte Raue als einer von sechs Rednern der Massendemonstration des öffentlichen Dienstes auf der Moorweide vor dem drohenden wirtschaftlichen Zusammenbruch.

Um einer von ihm befürchteten erneuten Entsolidarisierung der Berufsorganisationen entgegenzuwirken, schuf Raue durch eine Gründungsversammlung am 31. Januar 1922 die formalen Voraussetzungen für die Umorganisierung des 1917 zustande gekommenen Zusammenschlusses zu einem Landesverband des Deutschen Beamtenbundes (DBB), die im Juni 1922 vollendet wurde. Zusammen mit den Organisationen der Reichsbeamten von Bahn, Post, Zoll und Steuer bildete der Landesverband das »DBB-Landeskartell Groß-Hamburg«, zu dessen Vorsitzendem Raue am 2. November 1922 gewählt wurde. Er hatte damit sein berufspolitisches Lebensziel der Überwindung der allgemein- und gesellschaftspolitisch begründeten Gegensätze zwischen den Berufsorganisationen durch eine gemeinsame Interessenvertretung zwar erreicht, konnte es jedoch nicht verhindern, dass sich eine Minderheit dem am 18. Juni 1922 gegründeten, mit dem DBB konkurrierenden Allgemeinen Deutschen Beamtenbund (ADB) anschloss. Raue starb an einer schweren, damals medizinisch nicht regulierbaren Diabeteserkrankung.

WERKE Die Besoldungsreform, in: Pädagogische Reform 44. Jg. (1920), Nr. 6 vom 11. 2. 1920 [ohne Paginierung]; Die Besoldungsreform, in: Der Aufbau. Wochenschrift für Erziehung, 2. Jg. (1920) Nr. 8, S. 63 f.; Zum Stand der Besoldungsfrage in Hamburg, in: Pädagogische Reform 44. Jg. (1920) Nr. 9 vom 3. 3. 1920 [ohne Paginierung]; Die Unterbewertung der Volksschullehrer in der hambur-

REBMANN, Georg Friedrich

gischen Besoldungsordnung, in: Pädagogische Reform 44.Jg. (1920) Nr. 23 vom 9. 6. 1920 [ohne Paginierung].

LITERATUR Uwe Schmidt, Rechte, Pflichten, Allgemeinwohl. Hamburger Organisationen der Beamten und Staatsangestellten bis 1933, Bonn 1997.   *Uwe Schmidt*

REBMANN, Andreas *Georg Friedrich,* geb. 23. 11. 1768 Sugenheim/Mittelfranken, gest. 16. 9. 1824 Wiesbaden; luth.; politischer Schriftsteller, Richter.

Rebmann gilt als einer der bedeutendsten Vertreter des deutschen Jakobinismus. Nach einem Jurastudium in Erlangen und Jena lebte er von 1792 bis 1794 als freier Schriftsteller in Dresden. 1794 wandte er sich nach Erfurt, wo er die Revolutionszeitschrift »Das neue graue Ungeheuer« herausgab. 1795 erfolgte eine amtliche Untersuchung wegen Verstoßes gegen die Zensurgesetze; Rebmann wurde als »Anhänger und Verbreiter der rebellischen Grundsätze der Neufranken« verfolgt, floh ins liberale dänisch regierte Altona, wo er sich etwa sechs Monate aufhielt und Kontakt zu dem Verleger Friedrich Bechtold aufnahm. Auch nachdem er sich 1796 nach Paris begeben hatte, veröffentlichte er seine Schriften weiterhin bei der Verlagsgesellschaft in Altona, die inzwischen sein vorheriger Verleger Diederich Gottfried Leberecht Vollmer führte. In den Jahren von 1796 bis 1798 radikalisierte sich die Position Rebmanns, der nun im Volk den aktiven Träger der Revolution sah. 1797 wurde er als Richter zum Mitglied des Zivilgerichtshofes nach Mainz berufen, 1803 zum Präsidenten des dortigen Kriminalgerichts. Nachdem er eine Reihe von weiteren Funktionen durchlaufen hatte und die linksrheinischen Gebiete an Bayern gefallen waren, wurde Rebmann schließlich im Jahre 1816 Präsident des Appellationshofes in Kaiserslautern. Die Bedeutung des Schriftstellers und Juristen für die Geschichte der Demokratie wurde erst nach dem Zweiten Weltkrieg hervorgehoben.

WERKE Hans Kiekindiewelts Reisen in alle vier Weltteile und andere Schriften, hg. von Hedwig Voegt, Berlin 1958; Werke und Briefe, hg. von Hedwig Voegt, Werner Greiling und Wolfgang Ritschel, 3 Bde., Berlin 1990.

LITERATUR ADB 27; Asendorf/von Bockel; Rainer Kawa, Georg Friedrich Rebmann (1768–1824). Studien zu Leben und Werk eines deutschen Jakobiners, Bonn 1980 (Abhandlungen zur Kunst-, Musik- und Literaturwissen-

Georg Friedrich Rebmann

schaft 290); Elmar Wadle/Gerhard Sauder (Hg.), Georg Friedrich Rebmann (1768–1824). Autor, Jakobiner, Richter, Sigmaringen 1997 (Schriften der Siebenpfeiffer-Stiftung 4).   *Hans-Werner Engels*

RÉE, Anton, geb. 9. 11. 1815 Hamburg, gest. 13. 1. 1891 ebd.; isr.; Pädagoge, Politiker.

Anton Rée, dessen Vater Berend Isaak Hofbankier des dänischen Königs war, wuchs in wohlhabenden Verhältnissen auf. Nach dem Besuch der Gelehrtenschule des Johanneums und des Akademischen Gymnasiums studierte er in Kiel Philosophie und wurde dort 1837 mit einer Dissertation über die hebräische Sprache promoviert. Die Absicht einer akademischen Karriere gab Rée auf, als sein Vater in wirtschaftliche Schwierigkeiten geraten war. Er entschloss sich, Lehrer in Hamburg zu werden. Eine Bewerbung bei der Talmud-Tora-Schule, der Religionsschule der jüdischen Gemeinde, scheiterte am Widerstand des Oberrabbiners Isaac Bernays. 1838 erreichte er eine Anstellung an der liberalen Israelitischen Freischule, an der seit 1817 Eduard Kley als Oberlehrer und Leiter wirkte. Als Kley 1848 ausschied, wurde Rée Direktor der Schule und blieb es bis zu seinem Lebensende. Eine veränderte Bildungspolitik galt dem neuen Schulleiter als unabdingbar. Rée forderte und förderte mit Tatkraft eine Reform des Hamburger Schulwesens, die eine konfessionell nicht gebundene Volksschule zum Ziel hatte. Dieses Anliegen verband sich für ihn mit der Judenemanzipation, deren Voraussetzung er weniger in einer zu erreichenden formalen Gleichberechtigung als vielmehr in einer Änderung der sozialen Verhältnisse der Juden sah. In seiner 1844 erschienenen Schrift »Die Sprachverhältnisse der heutigen Juden, im Interesse der Gegenwart und mit besonderer Rücksicht auf Volkserziehung« machte er hierzu konkrete Vorschläge. Pädagogische und emanzipatorische Ziele mussten nach Rées Auffassung verbunden sein, um eine soziale Integration der Juden voranzutreiben. 1845 gründete er zusammen mit dem Reformrabbiner Gotthold Salomon, dem Arzt Moritz Adolph Unna und dem Juristen Isaac Wolffson die »Gesellschaft für sociale und politische Interessen der Juden«, einen der sieben liberalen und demokratischen Vereine, welche 1848 in Hamburg die Revolution organisatorisch stützten.

Als engagierter Liberaler des linken Spektrums verfocht Rée in der Revolutionszeit eine demokratisch verstandene Schulpolitik. Deren Grundlage sah er als Mitglied der Verfassunggebenden Versammlung (1848–50) in einer jedem Kind offen stehenden unteren und höheren Volksschule. Zielstrebig setzte er sich bei der jüdischen Gemeinde dafür ein, die Freischule auch für christliche Schüler zu öffnen. Die Jahre 1858 und 1859 wurden für Rée zum erneuten Wendepunkt. 1858 wurde unter seiner Beteiligung das »Comité zur Förderung der Gewissensfreiheit« gegründet. Die jüdische Gemeinde beschloss 1859, dass die Freischule als Simultanschule auch christliche Schüler aufnehmen könne, und setzte damit ihrerseits ein Zeichen integrierender Toleranz. 1859 wurde Rée in die Bürgerschaft gewählt, welche die neue Verfassung von 1860 ausarbeitete. Erneut setzte er sich für ein allgemeines Schulwesen ein und verlangte die Trennung von Staat und Kirche. 1869 erreichte er die Änderung des Namens der Freischule in »Israelitische Stiftungsschule von 1815«; in der Praxis wurde der Zusatz »israelitisch« jedoch kaum benutzt und 1889 förmlich aufgegeben. Rée war inzwischen aus der jüdischen Gemeinde ausgetreten, ohne indes seine jüdische Herkunft zu verleugnen.

Mitglied der Bürgerschaft blieb Rée bis 1871. 1867 wurde er für Hamburg in den konstituierenden Reichstag des Norddeutschen Bundes gewählt und kämpfte dort – letztlich vergebens – für die parlamentarische Verantwortung der Regierung. 1881 erhielt er ein Mandat für den Deutschen Reichstag. Den entscheidenden Durchbruch für Rées Schulpolitik in Hamburg brachte 1870 die Einführung der allgemeinen Schulpflicht, als deren Vater er zu gelten hat. Nach wenigen Jahren war die Stiftungsschule die größte Schule Hamburgs geworden. 1880 zählte sie 410 christliche, 262 jüdische und sieben konfessionell nicht gebundene Schüler.

1948 benannte seine Vaterstadt Hamburg in Hammerbrook den Anton-Rée-Weg nach dem Pädagogen und Politiker.

WERKE Die Sprachverhältnisse der heutigen Juden, im Interesse der Gegenwart und mit besonderer Rücksicht auf Volkserziehung, Hamburg 1844; Aufruf zu einer rascheren Förderung der jüdischen Angelegenheiten im Vaterlande, Hamburg 1846; Ueber Gewissensfreiheit zur Verständigung über unser Streben. Ein Vortrag, Hamburg 1859; Die allgemeine Volksschule, oder Standesschulen? Zur Schulfrage in Hamburg, zugleich als Abwehr der Angriffe von Th. Hoffmann, Hamburg 1866.

LITERATUR DBE 8; HL; Salomon Wininger, Große jüdische National-Biographie. Mit mehr als 8000 Lebensbeschreibungen namhafter jüdischer Männer und Frauen aller Zeiten und Länder. Ein Nachschlagewerk für das jüdische Volk und dessen Freunde, 7 Bde., Nendeln 1979 [Nachdruck der Ausgabe Cernaufi 1925–36], Bd. 5; D. Schlie, Dr. Anton Rée. Zur Würdigung seiner Bestrebungen und Verdienste, Hamburg 1891; Joseph Feiner, Anton Rée. Ein Kämpfer für Fortschritt und Recht, Hamburg 1916; Manfred Asendorf, Der Hamburger Pädagoge und Politiker Anton Rée. Ein Beitrag zum Verhältnis von Emanzipation und Bildung, in: Jahrbuch des Instituts für Deutsche Geschichte, Tel-Aviv, 6 (1984), S. 257–279 [Sonderdruck mit dem Titel: »Die Freiheit als eine Freiheit für alle zu betrachten.« Zur Erinnerung an den Hamburger Pädagogen und Politiker Anton Rée, Hamburg 1985 (Nachdrucke 2/85)].
Ina Lorenz

REIMER, Georg *Otto*, geb. 26. 5. 1841 Hildesheim, gest. 1. 3. 1892 Hamburg; ev.; Zigarrenmacher, Gewerkschafter, Reichstagsabgeordneter.

Der Altonaer Lassalleaner Otto Reimer gewann 1874 für drei Jahre das Reichstagsmandat im 9. schleswig-holsteinischen Wahlkreis (Ostholstein). Insbesondere auf dem Lande war dieser frühe Erfolg für die Sozialdemokraten eine bedeutende Ausnahme. Seit Erscheinen der Probenummer am 3. Oktober 1876 arbeitete Reimer beim »Hamburg-Altonaer Volksblatt«.

Reimer kam 1851 nach Altona, trat 1867 dem Allgemeinen Deutschen Arbeiterverein bei und war

REIMERS, Engel

Otto Reimer

ein angesehenes Mitglied. Bei Verhängung des »Kleinen Belagerungszustandes« über Hamburg am 25. Oktober 1880 rettete er die rote Fahne der Altonaer Partei und nahm sie nach der Ausweisung mit ins amerikanische Exil. In den USA arbeitete er als Berichterstatter für die »New Yorker Volkszeitung«. Nach einem Unfall kehrte er zunächst nach Hannover und 1890 nach Hamburg zurück, wo er als Redakteur beim »Hamburger Echo« tätig war. Reimer wurde nach dem Tod seiner Frau schwer krank, befürchtete, wahnsinnig zu werden, und ertränkte sich in der Alster. Seinem Trauerzug folgten etwa 20 000 Menschen, von der Hamburger Polizei mit großer Aufmerksamkeit begleitet. Zur Unterstützung seiner sieben unversorgten Kinder sammelten die Sozialdemokraten enorme Geldsummen.

LITERATUR Nachrufe in: Der wahre Jacob Nr. 148 (1892), S. 1216 und Vorwärts, Nr. 53 vom 3. 3. 1892, Beilage [S. 1]; Holger Rüdel, Landarbeiter und Sozialdemokratie in Ostholstein 1872–1878, Neumünster 1986 (Studien zur Wirtschafts- und Sozialgeschichte Schleswig-Holsteins 9).
Angela Graf

REIMERS, Engel, gest. 1606 Hamburg, »Wickersche«.

Engel Reimers wurde am 14. März 1606 vom Hamburger Rat, dem städtischen Obergericht, zum Tod durch Verbrennen verurteilt. Außerdem sollten laut Ratsurteil »alle diejenigen, so bei der Angeklagten Rath gesucht, von den Herren Gerichtsver-

waltern in ernstliche Strafe genommen werden«. Offenbar gehörte Engel zu den heilkundigen Frauen, im Holsteinischen »Wickersche« genannt, deren Tätigkeit der Hamburger Rat zum Schutz der professionellen Medizinerschaft seit dem 16. Jahrhundert verstärkt verfolgte. Am Ende des 17. Jahrhunderts wurde den so genannten »Tränke-Köchinnen« keine Zauberei mehr vorgeworfen, sondern die wissentliche Betrügerei mit der Absicht der Bereicherung.

LITERATUR Roswitha Rogge, Hexenverfolgung in Hamburg? Schadenzauber im Alltag und in der Justiz, in: Geschichte in Wissenschaft und Unterricht 46 (1995), S. 381–401; dies., Schadenzauber, Hexerei und die Waffen der Justiz im frühneuzeitlichen Hamburg, in: Bernd Schmelz (Hg.), Hexerei, Magie und Volksmedizin. Beiträge aus dem Hexenarchiv des Museums für Völkerkunde Hamburg, Bonn 1997, S. 149–172.
Roswitha Rogge

REINHARD, Johannes Richard, geb. 13. 9. 1870 Loschwitz/Dresden (heute Dresden-Loschwitz), gest. 26. 2. 1964 Hamburg; luth.; Pastor, Politiker.

Als konservativer Theologe und Politiker hatte Johannes Reinhard großen Einfluss auf kirchliche und politische Entscheidungen in Hamburg, den er vor allem in Missionsfragen und bei der Gründung der Evangelisch-theologischen Fakultät geltend machte.

Der Sohn eines Chemikers und Fabrikdirektors besuchte das Königliche Gymnasium in Dresden und legte 1889 die Reifeprüfung ab. Von 1890 bis 1894 studierte er Theologie und Philosophie in Erlangen und Leipzig, wo er 1894 die erste theologische Prüfung ablegte. Sein Vikariat trat er am Seminar des evangelisch-lutherischen Missionshauses zu Leipzig an; das zweite Examen absolvierte er 1896 in Dresden. 1905 wurde er in Leipzig zum Licentiaten der Theologie und 1907 in Erlangen zum Dr. phil. promoviert. Ab 1894 arbeitete er als Oberlehrer am Königlichen Gymnasium in Leipzig und übernahm nach der Ordination 1898 das Pfarramt in Sachsendorf bei Wurzen/Sachsen. Von 1904 bis 1912 war er Oberlehrer, ab 1906 mit dem Titel Professor, an der Fürsten- und Landesschule zu Grimma in Sachsen.

1912 wechselte Johannes Reinhard nach Hamburg-Harvestehude, wo er bis 1947 als Pastor an der St. Johannis-Kirche tätig war. Von 1915 bis 1940 gab

Johannes Reinhard

er die überregionale Wochenzeitung »Der Nachbar – illustriertes christliches Sonntagsblatt« heraus. Der prominente »positive« Theologe gehörte von 1925 bis 1933 dem Kirchenrat sowie der Synode an und war von 1940 bis 1945 Vertreter des national-sozialistischen Landesbischofs Franz Tügel. Er war Vorsitzender der Hanseatisch-Oldenburgischen Missionskonferenz, deren Hamburger Ortsgruppe er ebenfalls leitete, gehörte zum Vorstand der Deutschen Evangelischen Missions-Hilfe und hatte zeitweise den Vorsitz in der Deutschen Missionskonferenz inne.

Reinhard war in Hamburg Mitglied des Alldeutschen Verbandes und trat 1921 als Festredner bei germanisch-christlichen Feierstunden (Lutherfeier, Sonnwendfest) des Junglehrerbundes Baldur auf. Als Versammlungsredner war er für die DNVP aktiv.

Im Februar 1946 wurde Reinhard als Repräsentant der evangelischen Kirche zum Mitglied der Bürgerschaft ernannt, deren Alterspräsident er 1946 und 1949 war und der er bis 1953 angehörte. Im Juni 1946 trat er der CDU bei, wurde kurz darauf in den Landesvorstand gewählt und 1960 zum Ehrenvorsitzenden ernannt. 1948 wurde er als eines von zwei Hamburger Mitgliedern in den Fachausschuss für Kulturpolitik des CDU-Zonenausschusses gewählt. Daneben gehörte er der Deputation der Schulbehörde an, war Vorsitzender des Ausschusses für das Schulgesetz und von 1953 bis 1963 Mitglied des Verfassungsgerichts.

Der in Kirche und Politik einflussreiche Reinhard setzte sich erfolgreich für die Gründung einer theologischen Fakultät (1952/53) und die Schaffung eines missionswissenschaftlichen Lehrstuhls (1953) in Hamburg ein. 1954 ernannte ihn die Universität zu ihrem Ehrensenator, 1955 erhielt er als Erster die Ehrendoktorwürde der Evangelisch-theologischen Fakultät. 1926 wurde er mit dem Großen Kreuz des russischen Roten Kreuzes, 1955 mit der silbernen Medaille für treue Arbeit im Dienste des Deutschen Volkes, 1960 mit der Bugenhagen-Medaille der Landeskirche und dem Großen Verdienstkreuz des Verdienstordens der Bundesrepublik Deutschland ausgezeichnet.

WERKE Schriftenverzeichnis in: BBKL 7.

LITERATUR Helmut Stubbe-da Luz, Union der Christen – Splittergruppe – Integrationspartei. Wurzeln und Anfänge der Hamburger CDU bis Ende 1946, Phil. Diss. Hamburg 1990; Rainer Hering, Theologie im Spannungsfeld von Kirche und Staat. Die Entstehung der Evangelisch-Theologischen Fakultät an der Universität Hamburg 1895 bis 1955, Berlin/Hamburg 1992 (Hamburger Beiträge zur Wissenschaftsgeschichte 12); ders., Der Universität Hamburg ein »warmherziger Freund«. 1870 geboren: Ehrensenator Johannes Reinhard, in: Uni hh. Berichte, Meinungen aus der Universität Hamburg Jg. 26 (1995), Nr. 4, S. 28–30; Annett Büttner/Iris Groschek, Jüdische Schüler und »völkische« Lehrer in Hamburg nach 1918, in: ZHG 85 (1999), S. 101–126.   *Rainer Hering*

REPSOLD, Adolf, geb. 31. 8. 1806 Hamburg, gest. 13. 3. 1871 ebd.; luth.; Mechaniker, Spritzenmeister, Unternehmer.

Adolf Repsold war in zweierlei Hinsicht für Hamburg bedeutsam: Zum einen trug er als Oberspritzenmeister bei der Feuerkassendeputation dazu bei, dass 1872 eine Berufsfeuerwehr eingerichtet wurde, zum anderen gründete er mit der feinmechanisch-optischen Firma A. & G. Repsold ein Unternehmen von Weltgeltung.

Es war nahe liegend, dass Adolf wegen seiner handwerklichen Begabung in der feinmechanischen Werkstatt seines Vaters Johann Georg Repsold in die Lehre ging. Bedingt durch die zunehmende Belastung des Vaters in seinem Amt als Oberspritzenmeister übernahm Adolf nach und nach die Verantwortung für Aufträge zum Bau von astronomischen und geodätischen Instrumenten sowie zur Herstellung der erforderlichen Betriebsmittel. 1826 begleitete er seinen Vater auf einer Reise nach München zu den Mechanikern Traugott Le-

REPSOLD, Johann Adolf

Adolf Repsold

berecht Ertel und Karl August (von) Steinheil sowie nach Zürich zu dem Astronomen Johann Caspar Horner. Die Bekanntschaft Ertels beeindruckte ihn so sehr, dass er ernsthaft erwog, zu diesem nach München zu gehen. Aufgrund gesundheitlicher Probleme des Vaters zerschlugen sich diese Pläne jedoch.

Adolf Repsold wurde am 10. Februar 1827 zum (unbezahlten) Spritzenmeister-Gehilfen ernannt. Seine Hoffnung, Nachfolger seines Vaters zu werden, erfüllte sich nach dessen Tod: Am 23. Januar 1830 wurde er als Untergebener von Oberspritzenmeister Johann Diederich Bieber zum Spritzenmeister der Feuerkassendeputation ernannt. In der Folgezeit organisierte er die väterliche feinmechanische Werkstatt im Spritzenmeisterhaus am Herrengraben neu. Gemeinsam mit seinem älteren Bruder Georg, der vor allem den kaufmännischen Teil betreute, erweiterte er das zuvor aus Einzelstücken bestehende Lieferprogramm um die Produktion kleinerer Serien. Die Firma trug nun den Namen A. & G. Repsold. 1835 vollendete Adolf Repsold das 1818 von seinem Vater begonnene Herzstück der Werkzeugmaschinen, eine Kreisteilmaschine zur Herstellung von astronomischen Instrumenten von höchster Genauigkeit.

1835 heiratete Repsold Therese Kaufmann, mit der er acht Kinder hatte, darunter seine späteren Nachfolger Johann Adolf und Oskar. Die Firma entwickelte sich in wenigen Jahren zu einem bekannten Unternehmen für astronomische Instrumente, wobei man sich zunehmend auf deren Mechanik

konzentrierte, während die optischen Teile überwiegend von Steinheil aus München bezogen wurden. 1854 wurde ein Umzug in größere Fertigungsräume in der Böhmkenstraße notwendig.

Nach 1860 übernahmen Adolf Repsolds Söhne Johann Adolf und Oskar wichtige Aufgaben in der Firma, die seit dem Ausscheiden von Georg Repsold im Jahr 1867 den Namen A. Repsold & Söhne trug, unter dem sie Weltgeltung als Lieferant astronomischer Ausrüstungen erlangte und noch bis 1919 existierte.

Hauptbeschäftigung Adolf Repsolds blieb das Amt des Spritzenmeisters, das ihn besonders bei der Bekämpfung des Hamburger Brandes von 1842 forderte. Danach wurde das Hamburger Feuerschutzwesen neu organisiert und erweitert; der 1856 zum Oberspritzenmeister beförderte Repsold trug organisatorisch verantwortlich dazu bei, dass 1872 die Hamburger Berufsfeuerwehr entstehen konnte.

Nach ihm benannt wurden 1948 die Feuerlöschboote »Repsold« und »Oberspritzenmeister Repsold«, die als Museumsschiffe im Hamburger Hafen zu sehen sind.

LITERATUR NDB 21; Johann Adolf Repsold, Nachrichten über Adolf Repsold, Hamburg 1900; Jochen Schramm, Sterne über Hamburg. Die Geschichte der Astronomie in Hamburg, Hamburg 1996.

Jürgen W. Koch

REPSOLD, Johann (Hans) Adolf, geb. 3. 2. 1838 Hamburg, gest. 1. 9. 1919 ebd.; luth.; Astronom, Wissenschaftshistoriker, Unternehmer.

Durch seine sowohl praktische als auch wissenschaftliche Begabung entwickelte Johann Adolf Repsold das Unternehmen seines Großvaters Johann Georg und seines Vaters Adolf zu einem der weltweit führenden Hersteller astronomischer Instrumente und Ausrüstungen. Noch heute dokumentieren historische Geräte auf vielen Sternwarten in aller Welt den damaligen hoch entwickelten Stand der Feinmechanik in Hamburg.

Johann Adolf Repsold erhielt nach dem Schulbesuch seine berufliche Ausbildung in der väterlichen Firma A. & G. Repsold, in der vornehmlich astronomische Geräte hergestellt wurden. Im Anschluss an die Lehrjahre arbeitete er 1858 für ein Jahr an der Sternwarte Altona unter der Anleitung des dortigen Astronomen Christian August Friedrich Peters, um den praktischen Umgang mit astronomischen Instrumenten kennen zu lernen. Durch das Amt als Spritzenmeister zunehmend belastet, forderte ihn sein Vater 1859 auf, die Aufsicht über die Werkstattarbeiten zu übernehmen. 1862 wurde der Sohn Teilhaber des Unternehmens und trug fortan die Verantwortung für die Technik. Als Adolfs Bruder Georg Repsold 1867 aus der Firma ausschied, wurde Johann Adolfs Bruder Oskar Philipp als dritter Gesellschafter in die nun in A. Repsold & Söhne umbenannte Firma aufgenommen; er war für die kaufmännische Seite zuständig, befasste sich aber auch mit der Endabnahme und Justierung der Instrumente. Nachdem Adolf Repsold 1871 gestorben war, führten beide Brüder den expandierenden Betrieb – nun in neuen größeren Räumen am Berliner Tor – alleine weiter, bis er 1919 in Ermangelung eines geeigneten Nachfolgers in Liquidation ging.

Bereits Ende des 19. Jahrhunderts war A. Repsold & Söhne das führende Unternehmen für die Herstellung astronomischer Instrumente und hatte unzählige Sternwarten in vielen Ländern ausgerüstet; besonders seine Meridiankreise und Heliometer waren konkurrenzlos. Der enge Kontakt zwischen Hersteller und Kunden erlaubte eine ständige Anpassung an die Erfordernisse, stand allerdings andererseits größeren Serienfertigungen im Weg. Johann Adolf Repsolds Fachwissen kam allen Seiten zugute. A. Repsold & Söhne lieferte gemeinsam mit den Firmen Carl Zeiß in Jena und Steinheil in München komplette Sternwarten. Auch die Hamburger Sternwarte erhielt 1910 nach ihrem Neubau in Bergedorf Repsoldsche Instrumente, unter anderem den großen Refraktor, der noch heute in Funktion ist. Eine Erfindung von Johann Adolf Repsold, das so genannte »unpersönliche Mikrometer« von 1890, mit dessen Hilfe die Messgenauigkeit erheblich gesteigert werden konnte, war von besonderer Bedeutung für die astronomische Beobachtungstechnik. Repsolds Interesse an der Geschichte der astronomischen Instrumente führte neben kleineren, vor allem in Fachzeitschriften veröffentlichten Abhandlungen und Biografien über Wissenschaftler zur Herausgabe eines zweibändigen Standardwerkes der Geschichte der astronomischen Messwerkzeuge. Ihm ist auch die Überlieferung des Repsoldschen Firmen- und Familienarchivs zu verdanken, das sich im Staatsarchiv Hamburg befindet.

1887 wurde Repsold die Ehrendoktorwürde der Universität Göttingen verliehen; 1918 ernannte ihn der Hamburger Senat zum Professor. Verheiratet war er seit 1864 mit Ida Hansen, der Tochter des Gothaer Astronomen Peter Andreas Hansen, mit der er zwei Töchter hatte. Er wurde im noch existierenden Familiengrab auf dem Ohlsdorfer Friedhof bestattet.

WERKE Nachrichten über Adolf Repsold, Hamburg 1900; Zur Geschichte der astronomischen Messwerkzeuge, 2 Bde., Leipzig 1908/14; Vermehrte Nachrichten über die Familie Repsold und ins Besondere über Joh. Georg Repsold, 2., berichtigte Aufl. Hamburg 1915; Ludwig Friedrichsen, Geographische Gesellschaft in Hamburg. Ein Bild seines Lebens, Hamburg 1916.

LITERATUR NDB 21; DG 44; Jochen Schramm, Sterne über Hamburg. Die Geschichte der Astronomie in Hamburg, Hamburg 1996.   *Jürgen W. Koch*

RHEIN, Eduard (Ps. *Klaus Hellborn, Klaus Hellmer, Hans-Ulrich Horster, Adrian Hülsen*), geb. 23. 8. 1900 Königswinter, gest. 15. 4. 1993 Cannes (Frankreich); konfessionslos; Rundfunktechniker, Journalist, Schriftsteller.

Eduard Rhein gilt als einer der erfolgreichsten deutschen Journalisten der Zeit nach dem Zweiten Weltkrieg. Die von ihm konzipierte Rundfunk- und später auch Fernsehillustrierte »Hör Zu!« avancierte zum meistgelesenen periodischen Druckerzeugnis der Bundesrepublik.

Die Karriere von Rhein begann nach dem Studium der Physik und Elektrotechnik in Mittweida bei Chemnitz (1920–23) mit einer Tätigkeit als Assistent im Zentralverband der Deutschen Elektrotechnischen Industrie in den Jahren von 1924 bis 1930 und einer Nebenbeschäftigung als freier Mitarbeiter bei den ersten Rundfunkzeitschriften. 1931 ging er zum Ullstein Verlag und betreute die dort herausgegebenen Radioillustrierten. Außerdem veröffentlichte er selbst einige Schriften zur Technik des Rundfunks. Nach der Einstellung der Programmpresse im Mai 1941 blieb Rhein weiterhin technischer Redakteur im mittlerweile zum Deutschen Verlag umbenannten Unternehmen und schrieb bisweilen für die im Ausland vertriebene Propagandaillustrierte »Signal«.

An seine journalistischen Erfahrungen konnte Rhein, der bewusst nicht der NSDAP beigetreten

Eduard Rhein

war, nach Kriegsende in Hamburg bruchlos anknüpfen. Seine Idee einer als Familienzeitschrift konzipierten Rundfunkillustrierten, die neben dem ausführlichen Programmteil mit Ratgeberecken, Fortsetzungsromanen (13 davon schrieb Rhein selbst) und humoristischen Seiten unterschiedlichste Lektürebedürfnisse befriedigte, wurde zum sensationellen Erfolg, und die »Hör Zu!«, als deren Chefredakteur Rhein von 1946 bis 1964 fungierte, zum Fundament für die Expansion des Zeitungsimperiums von Axel Springer.

Nach seiner Entlassung im Jahr 1964 wegen sinkender Auflagenzahlen und aufgrund konzeptioneller Differenzen mit dem Verleger geriet er allerdings bald in Vergessenheit. Rhein lebte seit seiner unfreiwilligen Pensionierung abwechselnd in München, Genf und Cannes und bereiste vor allem Nordafrika und die USA. Erst 1976 trat er mit der Gründung der Eduard-Rhein-Stiftung, die hoch dotierte Preise für Leistungen auf dem Gebiet der Rundfunk-, Fernseh- und Informationstechnik vergibt, noch einmal an die Öffentlichkeit. Mit Axel Springer hatte er Anfang der siebziger Jahre wieder Kontakt aufgenommen. Bis zu seinem Tode versuchte er immer wieder vergeblich, in Briefen und durch Gespräche mit seinen Nachfolgern Einfluss auf die Gestaltung der »Hör Zu!« zu nehmen. Zu den zahlreichen Ehrungen, die Rhein erhielt, gehören das Große Verdienstkreuz mit Stern des Verdienstordens der Bundesrepublik Deutschland (1985) und die Medaille für Kunst und Wissenschaft der Freien und Hansestadt Hamburg (1990).

WERKE Normung im Rundfunk, hg. im Auftrag des Deutschen Normenausschusses, Berlin 1927; Wunder der Wellen. Rundfunk und Fernsehen, dargestellt für jedermann, Berlin 1935; Du und die Elektrizität. Vom Wesen und Wirken einer unfassbaren Kraft. Eine moderne Elektrotechnik für jedermann, Berlin 1938; 100 Jahre Schallplatte. Vom Phonographen über die Laser-Disc – wohin?, Berlin 1987 (Berliner Forum 87,2).

LITERATUR Lu Seegers, Hör Zu! Eduard Rhein und die Rundfunkprogrammzeitschriften (1931–1965), Potsdam 2001 (Veröffentlichungen des Deutschen Rundfunkarchivs 34).   *Axel Schildt*

RHIEM, Theodor, geb. 29. 4. 1823 Minden, gest. 26. 8. 1880 Kleinmühlingen (Kreis Schönebeck); luth.; Pastor, Lehrer, Inspektor des Rauhen Hauses.

Theodor Rhiem hat als langjähriger Mitarbeiter und praktisch als Stellvertreter von Johann Hinrich Wichern die Arbeit und Entwicklung des Rauhen Hauses in Hamburg, einer Einrichtung für vernachlässigte Kinder und Jugendliche, maßgeblich beeinflusst.

Der Sohn eines Buchhalters wuchs nach dem frühen Tod seines Vaters in ärmlichen Verhältnissen auf. Schulbesuch und Studium konnten nur durch Wohltäter finanziert werden. 1841 schloss Rhiem am Gymnasium Minden die Schulzeit mit dem Abitur ab. Vom gleichen Jahr an studierte er Theologie in Berlin, wo ihn der Kirchenhistoriker August Neander mit seiner »Frömmigkeitstheologie« (»Pectoraltheologie«) besonders prägte. Nach dem ersten Examen 1845 nahm er für gut ein Jahr die Stelle eines Hauslehrers in der Familie des Grafen Bredow in Klessen bei Friesack an.

Am 6. Juli 1846 begann Rhiems 26 Jahre während Tätigkeit in dem von Johann Hinrich Wichern 1833 vor allem zur Betreuung von vernachlässigten Kindern und Jugendlichen gegründeten Rauhen Haus in Hamburg. Zunächst als Oberlehrer tätig, absolvierte er 1847 das zweite theologische Examen, nachdem er in Berlin einen Kursus am Schullehrerseminar belegt hatte. Bereits zum 1. Januar 1850 wurde er zum Inspektor und damit praktisch zum Stellvertreter Wicherns während dessen Tätigkeit in Berlin berufen. 1847 schickte Wichern Rhiem nach Czarkow (Oberschlesien), wo eine Typhusepidemie ausgebrochen war. Rhiem organisierte vor Ort die von Mitarbeitern des Rauhen Hauses durchgeführten Hilfsaktionen zur Betreuung von Waisenkindern. Im Rauhen Haus war Rhiem für die »Sektion der Kinderanstalt« und damit für den bedeutendsten Teil der Einrichtung zuständig. Er hat sie ausgebaut und konzeptionell weiterentwickelt und so wesentlich zu dem weit über Hamburg hinausreichenden ausgezeichneten Ruf des Rauhen Hauses beigetragen. Die Konzeption war vor allem geprägt von einer emanzipatorischen Ausrichtung, dem weitgehenden Verzicht auf Restriktionen in der Erziehung und der aus dem christlichen Glauben begründeten Auffassung, dass Überzeugungsfähigkeit und emotionale Zuwendung wichtige Elemente der Pädagogik darstellen.

Rhiems Tätigkeit für das Rauhe Haus fand ein jähes Ende, als ihm der alternde und erkrankte Wichern fachliche und disziplinarische Vorhaltungen machte, die zum größten Teil haltlos waren und allein den Zweck verfolgten, Rhiem von der bald anstehenden Nachfolge in der Leitung der Einrichtung zugunsten von Wicherns Sohn Johannes auszuschließen. Zur Überraschung Wicherns kündigte daraufhin der enttäuschte Rhiem am 18. April 1872. Wichern bescheinigte ihm abschließend immerhin, dass er ihm »mit einer seltenen Treue und Hingabe geholfen« habe.

Rhiem übernahm 1872 als Pastor eine Kirchengemeinde in Köthen, um dann 1878 auf eine Landpfarrstelle in Klein-Mühlingen zu wechseln, die er bis zu seinem Tod innehatte. Auch nach seinem Ausscheiden hielt er den Kontakt zum Rauhen Haus und nahm noch kurz vor seinem Tod an einer Konferenz der Herbergsväter im Rauhen Haus teil. Nachdem für die außerhalb Hamburgs tätigen Mitglieder der Rauhenhäusler Brüderschaft eine neue Organisationsform entwickelt worden war, übernahm Rhiem in den letzten Lebensjahren für sie ehrenamtlich das Amt des »Verbandsvorstehers« für Rheinland und Westfalen. Privat blieb Rhiem von Schicksalsschlägen nicht verschont: Seine beiden ersten Ehefrauen starben nach nur wenigen Jahren, und von den sieben Kindern, die aus den drei Ehen hervorgingen, starben drei zu seinen Lebzeiten.

Rhiem leistete für Veröffentlichungen von Wichern wesentliche Vorarbeiten. Von ihm selbst erschien 1868 das erste »Brüderbuch«, in dem die Konzeption und Organisation der »Brüderschaft« des Rauhen Hauses sowie die Namen ihrer Mitarbeiter dokumentiert wurden. Weiterhin erschienen Veröffentlichungen biografischer Art über Persönlichkeiten aus der Wohlfahrtspflege, etwa über Dorothea Sibylla Herzogin von Liegnitz und Brieg, sowie kritische Beiträge zur pädagogischen Konzeption anderer Betreuungseinrichtungen.

Der Hamburger Senat ehrte den Pädagogen 1914, indem er in der Nähe des Rauhen Hauses in Horn den Rhiemsweg nach ihm benannte.

WERKE Gustav Werner, der Reiseprediger, und sein Kinderrettungshaus in Reutlingen, in: Fliegende Blätter aus dem Rauhen Hause zu Horn bei Hamburg, Nr. 23 (1846), S. 177–180; Noth und Hülfe in Oberschlesien, in: ebd., Nr. 15 (1848), S. 232–239; Die römisch-katholische Kirche und ihre Kongregation in Belgien, in: ebd., Nr. 8 (1849), S. 123–128; Die Diakonissenanstalt in Kaiserswerth, in: ebd., Nr. 8 (1856), S. 229–235 und 9 (1856), S. 262–274.

LITERATUR Johann Hinrich Wichern, Nachrichten aus dem Rauhen Hause. Vorläufiger Wiedereintritt des Dr. Wichern in die unmittelbare Leitung der Anstalt und Abgang des Herrn Inspector Rhiem, in: Fliegende Blätter aus dem Rauhen Hause zu Horn bei Hamburg, Nr. 4 (1872), S. 121–123; F. M., Nachrichten aus dem Rauhen Hause. Zum Gedächtniß Theodor Rhiems, in: Fliegende Blätter aus dem Rauhen Hause zu Horn bei Hamburg, Nr. 36 (1880), S. 324–331; Martin Gerhardt, Johann Hinrich Wichern. Ein Lebensbild, 3 Bde., Hamburg 1927–31.

Bodo Schümann

RIEDEMANN, Wilhelm Anton von (1917), geb. 8. 12. 1832 Meppen, gest. 21. 1. 1920 Lugano; kath.; Kaufmann.

Wilhelm Anton Riedemann wurde 1832 in Meppen geboren. Sein Vater Hermann Heinrich hatte als Weinhändler ein gutes Auskommen. Vermutlich besuchte Wilhelm Anton die Knabenschule, bis der Vater 1845 seinen Besitz in Meppen verkaufte und die sechsköpfige Familie in die Vereinigten Staaten auswanderte. In St. Louis erwarb der Vater Ländereien, kurz darauf verstarb er jedoch, weshalb die Familie – um einen Großteil ihres Vermögens gebracht – nach nur einem Jahr nach Meppen zurückkehrte.

Riedemann machte eine Lehre als Farben- und Papiervertreter in Lathen und zog anschließend als selbstständiger Vertreter über Land. 1863 ließ er sich in Geestemünde, dem eben fertig gestellten hannoverschen Hafen an der Wesermündung (heute ein Teil von Bremerhaven), nieder. In Verbindung mit dem Bahnanschluss fand Riedemann hier optimale Bedingungen vor, um als Kaufmann zu wir-

Wilhelm Anton Riedemann

ken. Er gründete ein Agentur- und Speditionsgeschäft, das in der Folge vor allem einen Artikel umschlug: Petroleum. Das neue, aus den USA kommende und als Lampenöl, Koch- und Heizmittel verwendete Erdöldestillat hielt in den 1860er Jahren rasch Einzug in Norddeutschland. Hieran hatte zunächst besonders Edmund Julius Arnold Siemers in Hamburg Anteil, der Petroleumlampen aus den Vereinigten Staaten importierte und anfangs verschenkte, um auf den Markt zu kommen.

Zusammen mit Franz E. Schütte aus Bremen stieg Riedemann in das Importgeschäft mit Petroleum ein, und mit einer eigenen Reederei erlangten sie eine Monopolstellung in Geestemünde. Das Petroleum wurde in Fässern transportiert, was jedoch eine hohe Be- und Entladezeit beanspruchte. Als der Reichstag Anfang der 1880er Jahre beschloss, Petroleum nicht mehr nach Menge, sondern nach Fässern zu besteuern, ließ Riedemann das Petroleum in New York trotz aller Bedenken kurzerhand in die Wassertanks seiner Segler füllen – und hatte damit Erfolg. Er ließ in der Folgezeit als Erster ozeantüchtige Tankschiffe bauen; zur schnellen Entladung dienten Schlauchleitungen und Pumpen, die das Petroleum in einen großen eisernen Tank, den Riedemann in Geestemünde errichten ließ, beförderten. Riedemann war 1886 auch der Erste, der ein dampfbetriebenes Tankschiff bauen ließ und erfolgreich unter Flagge nahm. Es war nach eigenen Plänen mit zwischenraumlosen Tanks und einer eisernen Trennwand zwischen der Dampfmaschine und der feuergefährlichen Fracht konstruiert.

Riedemann orientierte sich nun in Richtung Hamburg, wo er weiteres Entwicklungspotenzial sah. Gemeinsam mit seinem Partner Franz E. Schütte und der amerikanischen Firma Standard Oil von John Davison Rockefeller entwickelte er den Plan, die Petroleumversorgung Deutschlands in einer Gesellschaft mehrheitlich zu vereinen. Hierbei kam den Gründern der 1890 ins Leben gerufenen Deutsch-Amerikanischen Petroleumgesellschaft (DAPG, seit 1950 ESSO AG) zugute, dass Riedemann bereits 1879 mit erheblichen Summen den gesamten neu angelegten Petroleumhafen in Hamburg gepachtet hatte. Trotz beträchtlicher Widerstände, besonders seitens der Hamburger Bürgerschaft, konnte er als Geschäftsführer der DAPG durchsetzen, den Petroleumhafen als Umschlagplatz für das Petroleum von Standard Oil nutzen zu können. Es gelang ihm zudem, die beiden Hauptkonkurrenten in Hamburg, Edmund Julius Arnold Siemers und Ludwig Sanders, als stimmrechtslose Teilhaber in die Gesellschaft zu integrieren, womit die DAPG gleichsam eine Monopolstellung im Petroleumhandel im Deutschen Reich einnahm.

Riedemann gelangte zu legendärem Reichtum. Er residierte mit seiner Familie in einer Villa am Alsterufer 27, die heute das amerikanische Generalkonsulat beherbergt. 1904 übernahm die Standard Oil das gesamte Aktienkapital der DAPG, und Riedemann schied aus der aktiven Geschäftsführung aus.

Als gläubiger Katholik hat Riedemann einen großen Teil seines Kapitals in mildtätige Stiftungen umgewandelt. Von herausragender Bedeutung für Hamburg war die Stiftung der 1900 in gotischem Stil erbauten Kirche St. Sophien in Barmbek samt Pfarrhaus und Schule, die heute unter Denkmalschutz steht. Sophie hieß sowohl seine Frau, geborene Bödiker, die Riedemann 1867 geheiratet hatte, als auch die – neben fünf Söhnen – einzige Tochter, die 1893 verstarb. Auf sie dürfte die Namensgebung der Kirche zurückgehen. 1905 ließ Riedemann von Martin Haller eine eindrucksvolle Grabkapelle für seine Familie auf dem Ohlsdorfer Friedhof errichten. Hier sollte er jedoch nicht beigesetzt werden. 1918 verlegten er und seine Frau den gemeinsamen Wohnsitz nach Lugano in der Schweiz, wo Riedemann zwei Jahre darauf im Alter von 87 Jahren starb und bestattet wurde.

Literatur Ernst Hieke, Wilhelm Anton Riedemann. Anfang und Aufstieg des deutschen Petroleumhandels in Geestemünde und Hamburg 1860–1894, Hamburg 1963 (Veröffentlichungen der Wirtschaftsgeschichtlichen Forschungsstelle e. V., Hamburg, 26); Jens Marheinecke, Ein Waisenknabe wird zum Petroleumkönig. Der Lebensweg des Wilhelm Anton Riedemann von Meppen über St. Louis, Geestemünde und Hamburg nach Lugano, 3., revidierte und erg. Aufl. Hamburg 2000. *Felix Brahm*

ROGGE, Lola, geb. 20. 3. 1908 Altona, gest. 13. 1. 1990 Hamburg; luth., später aus der Kirche ausgetreten; Tänzerin, Tanzpädagogin, Choreografin.

Das Werk Lola Rogges verdanken wir vermutlich dem Umstand, dass die Tochter des Stadtbaumeisters von Altona Hans Rudolf Rogge und seiner Ehefrau Christiane, geborene Schönfelder, aufgrund ihres zarten Gesundheitszustandes 1920 vom Lyzeum in der Altonaer Chaussee an die jüdische Privatschule von Alice Blömendal wechselte. Statt des ihr aus gesundheitlichen Gründen untersagten Sportunterrichts stand hier rhythmische und tänzerische Gymnastik auf dem Lehrplan. 1925 setzte Lola Rogge gegen den Wunsch der Eltern eine Ausbildung an der Schule »Hamburger Bewegungschöre Rudolf von Laban« durch, die zu diesem Zeitpunkt nicht mehr von dem Ungarn Rudolf von Laban selbst, sondern von seinem Assistenten, dem gebürtigen Hamburger Albrecht Knust, geleitet wurde.

Die Lehre Rudolf von Labans, die davon ausgeht, dass das gesamte Sein seinen Ursprung im Tanz hat, dass in jedem Menschen ein Tänzer steckt und die zwecklose Freude im gemeinsamen Erleben die Zielsetzung des Tanzes ist, musste bei der den Prinzipien der Toleranz und Humanität verpflichteten Lola Rogge auf fruchtbaren Boden fallen. Während es Rudolf von Laban jedoch primär um das gesteigerte Ich-Erlebnis in der Gemeinschaft ging, legte Lola Rogge Wert auf die Durchbildung des Körpers. Aus dem Gefühl heraus, selbst keine ausreichende Technik erlernt zu haben, ergänzte sie ihre Ausbildung am Laban-Institut durch klassischen Tanz bei Olga Brandt-Knack, der damaligen Ballettmeisterin und Choreografin des Hamburger Stadttheaters.

Nach dem Examen im Jahre 1927 blieb Lola Rogge als Assistentin Albrecht Knusts an ihrer Ausbil-

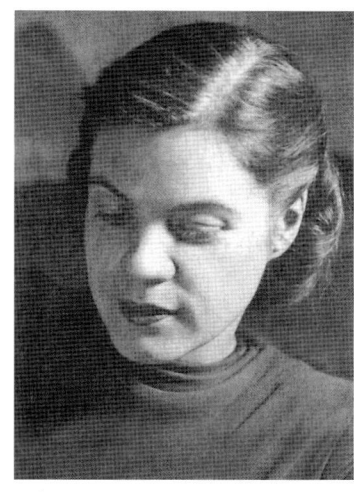

Lola Rogge

dungsstätte tätig und gründete eine eigene Schule in Altona, die Altonaer Labanschule Lola Rogge. Hier rief sie die ersten Kinderbewegungschöre ins Leben, und um die Kosten für jedermann erschwinglich zu halten, gründete sie den Verein Altonaer Bewegungschöre e. V. 1934, bei Albrecht Knusts Wechsel an die Folkwangschule in Essen, übernahm Lola Rogge die Laban-Schule am Schwanenwik, die sie 1937 in Lola-Rogge-Schule umbenannte, als nach der Emigration Rudolf von Labans sein Name gestrichen werden musste. Lola Rogges Ehemann, der Hamburger Kaufmann Hans Meyer-Rogge, übernahm die Aufgaben eines geschäftsführenden Direktors und kümmerte sich um alle finanziellen und organisatorischen Belange des Instituts. Der »Prinzgemahl«, wie sie ihn nannte, war aber auch ihr musikalischer und dramaturgischer Mitarbeiter, der beim Unterricht am Klavier saß und bei der Schöpfung der großen chorischen Tanzwerke die Musik und den Stoff auswählte sowie die dramaturgische Konzeption der Choreografie entwarf.

Schon ein Jahr vor der Übernahme der Laban-Schule hatte Lola Rogge ihr erstes abendfüllendes Werk herausgebracht. »Thyll« hieß das Tanzschauspiel, das auf dem »Ulenspiegel«-Roman des belgischen Schriftstellers Charles de Coster basierte und für das der Hamburger Komponist Claus-Eberhard Clausius nach Lola Rogges choreografischen Vorgaben die Musik geschrieben hatte. Die Hauptrolle des Stückes tanzte Lola Rogge selbst, ebenso wie in ihren beiden nächsten, als Teile einer Trilogie angelegten Werken aus Stoffen der griechischen Mytho-

345

ROHDE, Hans

logie. Die Penthesilea der 1935 im Deutschen Schauspielhaus uraufgeführten »Amazonen« schien der knabenhaften Frau ebenso auf den Leib geschrieben zu sein wie der Achill der auf derselben Bühne 1939 uraufgeführten »Mädcheninsel«. Der dritte Teil wurde wegen des Kriegsausbruchs nicht mehr vollendet. Der Erfolg der »Amazonen« brachte Lola Rogge einen Vertrag als Bewegungsregisseurin am Deutschen Schauspielhaus ein, den sie bis zum Ende der Spielzeit 1958/59 wahrnahm.

Nach Kriegsende suchte Lola Rogge, die ihre Tanzschule 1938 nach Aufkündigung des Mietvertrages in das Haus Tesdorpfstraße 13 verlegt und hier auch mit ihrem Ehemann und den vier Kindern ein privates Domizil gefunden hatte, den Anschluss an das internationale Niveau. Aus der Begegnung mit der Komponistin Aleida Montijn beim Internationalen Tänzertreffen in Zürich 1949 entstand »Vita Nostra«, ein auf alttestamentarischen Psalmen basierendes Werk, das 1950 im Deutschen Schauspielhaus uraufgeführt und von der Kritik mit großer Begeisterung aufgenommen wurde. Ihr letztes großes Werk war der »Lübecker Totentanz«, der 1954 in der Lübecker Katharinenkirche uraufgeführt, später vom ZDF aufgezeichnet und aus Anlass des Todes von Konrad Adenauer 1967 ausgestrahlt wurde.

Vor dem Hintergrund der besseren finanziellen Möglichkeiten der staatlichen Hochschulen gab Lola Rogge 1969 die Ausbildung von Berufstänzern auf und widmete sich bis zu ihrem Tode ganz ihrer Lieblingsaufgabe, dem Laientanz. Die Leitung der Schule, die 1972 um eine Zweigstelle im Landhaus Godeffroy im Blankeneser Hirschpark erweitert worden war, übergab sie allerdings schon nach dem Tod ihres Mannes im Jahre 1975 an ihre Tochter Christiane Meyer-Rogge-Turner, die sie bis heute leitet.

LITERATUR Bake/Reimers, S. 120–124; Patricia Stöckemann, Lola Rogge. Pädagogin und Choreographin des freien Tanzes, Wilhelmshaven 1991. *Brita Reimers*

ROHDE, Hans, geb. 7. 12. 1914 Hamburg, gest. 3. 12. 1979 ebd.; Fußballspieler.

Hans Rohde war Mitglied der legendären Mannschaft des Eimsbüttler TV, die in den dreißiger Jahren als Hamburger Meister (1934, 1935, 1936, 1942) und Nordgaumeister (1934, 1935, 1936, 1940, 1941)

Hans Rohde

für Furore sorgte. Sie gelangte sogar durch den Schriftsteller und Literaturwissenschaftler Walter Jens zu literarischen Ehren: »Wenn ich den letzten Goethe-Vers vergessen habe, werde ich den Eimsbüttler Sturm noch aufzählen können«, schrieb Jens, einst selbst Eimsbüttler Torsteher, über die ETV-Mannschaft jener Tage und erinnerte sich dabei auch an Hans Rohde, der als spielstärkster Mittelverteidiger die Offensive mit Vorlagen versorgte und gelegentlich auch selbst Tore erzielte. Die Bewohner des Stadtteils Eimsbüttel identifizierten sich mit ihren Spielern, die fast alle aus dem dicht besiedelten Kleineleuteviertel der Arbeiter, Angestellten und Gewerbetreibenden stammten, für dessen Verein sie spielten. Nicht nur die Namen der Nationalspieler wie Otto Rohwedder, Herbert Panse und Rohde, dessen Eltern in Eimsbüttel ein Gemüsegeschäft besaßen, waren jedermann auch aus dem täglichen Leben geläufig. Der Rekordbesuch im Stadion am Lokstedter Steindamm wurde 1938 beim Derby gegen den HSV mit 24 000 Fans erreicht.

Der »eiserne Hans«, wie Rohde in Hamburg respektvoll genannt wurde, spielte zwischen 1936 und 1942 25-mal in der Nationalmannschaft, zusammen mit so berühmten Spielern wie Fritz Walter, Ernst Kuzorra und Helmut Schön. Auf den Trikots der Nationalspieler prangte der Reichsbundadler mit dem Hakenkreuz, vor dem Anpfiff hoben die Spieler den Arm zum Hitlergruß, und nach Spielende wurde der Sportgruß durch ein dreifaches »Sieg Heil!« ersetzt. Um zu internationalen Ehren zu gelangen, musste sich Hans Rohde seit

1938 auch gegen die österreichischen Konkurrenten durchsetzen, die als Spieler der »Ostmark« für die »Großdeutschlandelf«, wie die Nationalmannschaft nun genannt wurde, aufliefen. 1940 spielte Rohde mit dieser Elf nur ein paar Schritte von der Sportanlage des ETV entfernt im Stadion vom SC Victoria vor 28 000 Zuschauern gegen Dänemark. Seinen Länderspielabschied gab er am 22. November 1942 in Pressburg (Bratislava) gegen die Slowakei. Dies war das letzte deutsche Länderspiel unter dem Hakenkreuz; die erste bundesrepublikanische Mannschaft trat erst 1950 in Stuttgart gegen die Schweiz an. Der sportliche Einsatz für Deutschland ersparte es den Auswahlspielern nicht, zum Kriegsdienst eingezogen zu werden. Erst 1949 kehrte Rohde aus sowjetischer Gefangenschaft nach Hamburg zurück, ohne jedoch die Leidenschaft für den Fußball verloren zu haben. Bereits 1950 berief man ihn zum Landestrainer in Hamburg. Sein Verein aber schien durch den Krieg nicht nur die sportliche Leistungsfähigkeit verloren zu haben – der ETV konnte nie mehr an seine große Zeit anknüpfen –, sondern auch einen großen Teil der Erinnerungen. 1943 war das Vereinslokal »Eimsbüttler Fährhaus« (Ecke Weidenstieg/Bismarckstraße) samt allen Vereinsdokumenten, Pokalen, Wimpeln und Urkunden abgebrannt.

Hans Rohde, der berühmteste Sportler des ETV-Jahrgangs 1914, verstarb am 3. Dezember 1979 in Hamburg.

LITERATUR Walter Jens, »Vorbei, die Eimsbüttler Tage«, in: Ludwig Harig/Dieter Kühn (Hg.), Netzer kam aus der Tiefe des Raumes. Notwendige Beiträge zur Fußball-Weltmeisterschaft, München 1974, S. 36–67; Bernd Rohr/Günter Simon, Lexikon Fußball, Leipzig 1987; Hamburger Fußball-Verband (Hg.), 100 Jahre Fußball in Hamburg, Hamburg 1994; Werner Skrentny/Jens Reimer Prüß, Hamburger Sport-Verein. Immer erste Klasse, Göttingen 1998.   *Tim Cassel*

ROSALES, Jacob (Imanuel (Manuel) Bocarro Francês, Jacob Hebraeus), geb. vor 1593 Lissabon, gest. nach 1662 Italien; isr.; Arzt, Resident, Mathematiker, Astronom, Alchimist, Autor.

Jacob Rosales gehörte zu jenen Mitgliedern der Marrano-Diaspora im 17. Jahrhundert, deren Lebensläufe wie Abenteurerbiografien erscheinen. Rosales war zu seiner Zeit in Portugal, mehr noch im Ausland, eine bekannte Persönlichkeit. Er verkehrte mit Johannes Kepler und Galileo Galilei, von dem er besonders als Astrologe geschätzt wurde.

Rosales stammte aus einer angesehenen kryptojüdischen Arztfamilie. Nach dem Besuch des Jesuitenkollegs in Lissabon studierte er Medizin, Physik, Astronomie und Mathematik in Alcalá de Henares, Montpellier und Coimbra. 1616 nahm er in Toledo an einem literarischen Wettbewerb teil und verfasste zusammen mit dem berühmten Dichter Luis de Góngora ein lateinisches Epigramm und eine Ode zu Ehren des Erzbischofs der Stadt. Vermutlich 1617 nach Portugal zurückgekehrt, veröffentlichte Rosales 1619 in Lissabon, wo er eine gut gehende Arztpraxis unterhielt, ein Traktat über einen im November 1618 aufgetauchten Kometen. Sein 1624 publizierter gelehrter Gesang »Anacephaleoses da monarchia Luzitana«, in dem er die glorreiche Vergangenheit Portugals feiert und die Wiederherstellung und großartige Zukunft des portugiesischen Weltreiches weissagt, erregte die Aufmerksamkeit der spanischen Inquisition. Nach kurzem Gefängnisaufenthalt gelang Rosales die Flucht nach Rom, wo er 1626 den vierten Teil des inkriminierten Buches veröffentlichte. Galileo Galilei, der den Verfasser einen »bewundernswürdigen Mann und gelehrten Astrologen« nannte, schrieb dafür ein Vorwort. Mit dieser Schrift gab sich Rosales als Anhänger der politisch-literarischen Richtung des Sebastianismus zu erkennen, die jüdischen mit christlichem Messianismus verband. Wenig später ließ er sich in Amsterdam nieder und machte dort die Bekanntschaft des Rabbiners und Buchdruckers Menasseh ben Israel und des Arztes Abraham Zacutus Lusitanus. 1631 verlegte Rosales seinen Wohnsitz nach Hamburg, wo Mitglieder seiner weit verzweigten Familie offen als Juden lebten und er selbst wiederum als Arzt praktizierte. Zwischen 1631 und 1652 verfasste er neben wissenschaftlichen Arbeiten zahlreiche Widmungsgedichte für prominente Mitglieder der Portugiesengemeinden in Amsterdam und Hamburg. Im Juni 1641 wurde er vom deutschen Kaiser Ferdinand III. für seine Verdienste um die wirtschaftliche und politische Zusammenarbeit zwischen Spanien und Deutschland mit der Würde des »kleinen Palatinats« ausgezeichnet und erhielt einen Freibrief, der ihn und seine Nachkommen »vom Makel der jüdischen Abstammung« befreite.

ROSENHAGEN, Gustav

In Hamburg diskutierte Rosales mit christlichen Theologen und spanischen Diplomaten über messianische Ideen und seine Interpretation der politischen Astrologie, was 1644 zur Neuauflage seines 1624 in Lissabon verbotenen Buches »Anacephaleoses da monarchia Luzitana« führte. Ein Jahr später wurde Rosales zum Vertreter Spaniens in Hamburg ernannt und vertrat fortan – im Gegensatz zur Mehrheit der Portugiesisch-Jüdischen Gemeinde – vehement die Position Spaniens. 1652 unterzeichnete er die Gründungsvereinbarung der Portugiesisch-Jüdischen Gemeinde Bet Israel. Als ihn die spanische Regierung nicht mehr bezahlen wollte und er in finanzielle Schwierigkeiten geriet, verließ Rosales Hamburg und zog nach Livorno, wo er 1660 Mitglied der »Hebra de Casar Orfas« (Gesellschaft zur Verheiratung von Waisen) wurde. 1662 von der kranken Herzogin Strozzi nach Florenz berufen, starb er auf dem Weg dorthin.

WERKE Schriftenverzeichnis in: Tratado dos cometas, Lissabon 1619; Anacephaleoses da monarchia Luzitana, Lissabon 1624 [erweiterte Neuauflagen Hamburg 1644, Lissabon 1809]; Luz Pequena Lunar e Estellifera da Monarchia Luzitana, Rom 1626; Fasciculus Trium Verarum Propositionum Astronomicae [...], Florenz 1654.

LITERATUR LhS 6; Hermann Kellenbenz, Jacob Rosales, in: Zeitschrift für Religionsgeschichte 8 (1956), S. 345–354; António José Saraiva, Bocarro-Rosales and the Messianism of the Sixteenth Century, in: Yosef Kaplan u. a. (Hg.), Menasseh ben Israel and his World, Leiden u. a. 1989 (Brill's studies in intellectual history 15), S. 240–243; Francisco Moreno de Carvalho, Yaacov Rosales: Medicine, Astrology, and Political Thought in the Works of a Seventeenth-Century Jewish-Portuguese Physician, in: Koroth 10 (1993/94), S. 143–156; ders., On the Boundaries of our Understanding: Manoel Bocarro Francês – Jacob Rosales and Sebastianism, in: Charles Meyers/Norman Simms (Hg.), Troubled Souls. Conversos, Crypto-Jews and other Confused Jewish Intellectuals from the Fourteenth through the Eighteenth Century, Hamilton 2001, S. 65–75; Michael Studemund-Halévy, Biographisches Lexikon der Hamburger Sefarden. Die Grabinschriften des Portugiesenfriedhofs an der Königstraße in Hamburg-Altona, Hamburg 2000 (Hamburger Beiträge zur Geschichte der deutschen Juden 22), S. 232–236. *Michael Studemund-Halévy*

ROSENHAGEN, Gustav, geb. 3. 11. 1866 Schleswig, gest. 16. 7. 1941 Hamburg; luth.; Germanist.

Gustav Rosenhagen siedelte schon in seiner Jugend mit der Familie nach Altona über, wo sein Vater, Johann Georg Ferdinand Rosenhagen, lange Zeit Bürgermeister war. Er besuchte hier das Christianeum, an dem er 1884 das Abitur ablegte. Daraufhin begann er in Tübingen das Studium der Deutschen und Klassischen Philologie, das er in Leipzig und Berlin fortsetzte und in Kiel 1890 mit der Promotion und anschließendem Staatsexamen abschloss. Ab 1895 war er Oberlehrer in Hamburg und engagierte sich bereits ab 1903 im Rahmen des Allgemeinen Vorlesungswesens des Kolonialinstituts für die Oberlehrerinnen-Ausbildung.

Dass er 1919 bei der Berufung des ersten Professors für Deutsche Philologie nicht berücksichtigt wurde – die Wahl fiel auf Conrad Borchling –, hat Rosenhagen tief getroffen. Trotzdem stellte er sich nach der Gründung der Universität im selben Jahr sofort wieder für den Lehrbetrieb in der Philosophischen Fakultät zur Verfügung, die ihn dann auch 1921 für die Ernennung zum Honorarprofessor vorschlug. In dieser Funktion vertrat Rosenhagen das Fach Deutsche Philologie bis zu seinem Tode 1941. Seine Veranstaltungen deckten vor allem die Bereiche ab, die Conrad Borchling in seiner Lehre nicht behandelte, also in erster Linie die mittelalterliche Maeren-Dichtung. Unklar bleibt, weshalb Rosenhagen seine Lehrtätigkeit nach dem Sommersemester 1934 einstellte.

Bereits 1928 – mit 61 Jahren – hatte sich Rosenhagen als Lehrer in den Ruhestand versetzen lassen, wohl vor allem, um sich der Aufgabe zu widmen, der er sich bereits vor 1914 verschrieben hatte: der Abfassung von Artikeln für das »Deutsche Wörterbuch« der Brüder Grimm. Von 1914 bis 1938 zeichnete er für sieben Lieferungen (Zobel–Zwicker) des letzten Bandes dieses Mammutwerkes der Deutschen Germanistik, das erst 1961 fertig gestellt wurde, verantwortlich. Daneben war Rosenhagen einer der fleißigsten Autoren für das von Wolfgang Stammler und Karl Langosch herausgegebene Verfasserlexikon »Die deutsche Literatur des Mittelalters«. Die genaue Zahl seiner Artikel kann wegen des fehlenden Personenregisters nicht ermittelt werden, es dürften aber etwa 100 sein. Sein letzter

Artikel – Rudolf von Rotenburg – erschien posthum 1943.

WERKE Schriftenverzeichnis in: Kosch 13.

LITERATUR Kosch 13; Wolfgang Bachofer/Wolfgang Beck, Deutsche und niederdeutsche Philologie. Das Germanische Seminar zwischen 1933 und 1945, in: Hochschulalltag im »Dritten Reich«. Die Hamburger Universität 1933–1945, hg. von Eckart Krause, Ludwig Huber und Holger Fischer, 3 Teile, Berlin/Hamburg 1991 (Hamburger Beiträge zur Wissenschaftsgeschichte 3), Teil II, S. 641–704, hier S. 657 f. *Wolfgang Bachofer*

ROSS, Frieda, geb. Hinsch, geb. 27. 7. 1899 Hamburg, gest. 8. 7. 1975 ebd.; Bürgerschaftsabgeordnete, Vorsitzende des Vereins Hamburger Hausfrauen.

Frieda Roß

Die Tochter einer Wäscherin und eines Ewerführers erlernte nach dem Abschluss der Höheren Handelsschule den Beruf der Korrespondentin und Buchhalterin. Schon als Jugendliche in die SPD eingetreten, arbeitete Frieda Roß ab 1919 als kaufmännische Angestellte beim »Hamburger Echo«, der Zeitung der Hamburger Sozialdemokratie. Dort lernte sie ihren späteren Ehemann Rudolf Roß (1872–1951) kennen, der damals Leiter der neu gegründeten Volkshochschule und ab 1920 Präsident der Hamburgischen Bürgerschaft war. 1923 heiratete das Paar. Frieda Roß widmete sich nun der Arbeit als Hausfrau und Mutter von zwei Kindern. Ihr Mann wurde 1928 Zweiter, 1930/31 Erster und dann bis 1933 wiederum Zweiter Bürgermeister.

Nach Kriegsende bildete die britische Militärregierung im Februar 1946 eine Volksvertretung, deren Mitglieder sie selbst bestimmte. Diese Ernannte Bürgerschaft sollte die Hamburger Bevölkerung repräsentieren und einen Querschnitt durch alle Gesellschaftsschichten darstellen. Sieben der 81 Ernannten waren Frauen, darunter Frieda Roß als Vertreterin der Hausfrauen. Sie schloss sich der SPD-Fraktion an und amtierte vom 27. Februar 1946 bis zum 9. November 1949 zunächst in der Ernannten, dann in der ersten gewählten Bürgerschaft. 1950 trat sie die Nachfolge des SPD-Bürgerschaftsabgeordneten Heinrich Eisenbarth an und behielt ihr Mandat bis 1970. Der Hauptakzent ihrer Tätigkeit lag zwar auf der Hausfrauenbewegung, deren Anliegen sie in die Bürgerschaft trug, doch bewies sie auch hervorragende Kenntnisse im Gesundheitswesen. 1946 gehörte Frieda Roß zu den Mitbegründerinnen des Hamburger Frauenringes, dessen Vorstandsmitglied sie bis 1949 war. Im Verein Hamburger Hausfrauen, der ebenfalls 1946 unter ihrer Mitwirkung ins Leben gerufen wurde, amtierte sie von 1949 bis 1951 und erneut 1953 als Vorsitzende. Frieda Roß spielte eine aktive Rolle in der Hamburger Frauenbewegung. Bis zu ihrem Tod im Jahr 1975 war ihr erklärtes politisches Ziel, dem Hausfrauenberuf durch die Hausfrauenbewegung gesellschaftliche Anerkennung zu verschaffen. Außerdem forderte sie mit ihrem Verein die Anerkennung der hauswirtschaftlichen Tätigkeit als Beruf.

LITERATUR Grolle/Bake, S. 386. *Rita Bake*

ROSS, Rudolf, geb. 22. 3. 1872 Hamburg; gest. 16. 2. 1951 ebd.; konfessionslos; Lehrer, Leiter der Volkshochschule, Bürgerschaftsabgeordneter, Präsident der Bürgerschaft, Bürgermeister.

Seine Kindheit verlebte Rudolf Roß unter schwierigen materiellen Bedingungen im Gängeviertel der Hamburger Neustadt. Nach dem frühen Tod der Eltern wurde er von der Großmutter liebevoll aufgezogen und versorgt. In dem begabten Volksschüler regte sich schon früh der Wunsch, selbst einmal Lehrer zu werden. Nachdem er das Lehrerseminar in der ABC-Straße mit großem Erfolg absolviert hatte, konnte er 1892 an der Knabenschule Poolstraße 5 seine erste Lehrerstelle antreten. Noch im Status eines Hilfslehrers, das heißt ohne feste Anstellung, veröffentlichte er 1894 in der Zeitschrift

Rudolf Roß

»Pädagogische Reform« einen ersten politisch mutigen Kampfartikel über das Thema »Volksbildung und Volksentwicklung«, in dem er seine Idee von der sozialen Hebung des Volkes durch die Verbesserung von Erziehung und Bildung vertrat – ein Ziel, das er zeit seines Lebens nicht aufgeben sollte.

In der Schule Poolstraße begegnete Roß dem Lehrer Heinrich Möller, der als eine der führenden Gestalten der Hamburger Lehrerschaft langjähriger Vorsitzender der Gesellschaft der Freunde des vaterländischen Schul- und Erziehungswesens war, des seit 1805 bestehenden und sich für die Reform der Schule einsetzenden Verbandes der Hamburger Volksschullehrer. In der Gesellschaft der Freunde engagierte sich Roß in verschiedenen Ausschüssen. Bereits 1902 trat er in den Vorstand der Gesellschaft ein, 1903 wurde er Schriftleiter der »Pädagogischen Reform«, der Zeitschrift des Verbandes. Hier veröffentlichte er zahlreiche Artikel zur Entwicklungspsychologie, zu Fortbildungsfragen, zur Lehrerbildung und zu rechtlichen Fragen der Lehrerschaft. Vor allem forderte er für seine Berufsgruppe immer wieder vehement die Möglichkeit zu freier staatsbürgerlicher und politischer Betätigung.

Privat interessierte Roß sich für Literatur, Geschichte und Philosophie, sein Engagement galt dem Aufbau von öffentlichen Bücher- und Lesehallen. Bereits früh hatte sein Name auch außerhalb Hamburgs Gewicht. 1892 sprach er auf dem ersten Kunsterziehungstag in Dresden, im gleichen Jahr im Berliner Gewerkschaftshaus zu Fragen der Kinder- und Jugendliteratur.

Nachdem er 1911 die Schriftleitung der »Pädagogischen Reform« abgegeben hatte, übernahm Roß den Vorsitz im neu gegründeten Universitätsausschuss. Seine 1913 erschienenen »Vorschläge zur Reform der Lehrerbildung in Hamburg« betrachtete er als »Beitrag zur Universitätsfrage«, denn er plädierte für eine universitäre Ausbildung auch der Volksschullehrer, eine Forderung, die 1926 in Hamburg realisiert wurde. 1914 wurde er zum Kriegsdienst eingezogen und avancierte im Heer vom ungedienten Landsturmmann zum Offizier.

In die Schule kehrte Rudolf Roß nach 1918 nicht mehr zurück. 1919 zog er für die SPD in die Bürgerschaft ein, wo er noch im selben Jahr zum Schriftführer und 1920 zum Präsidenten gewählt wurde. Seine Sachlichkeit und sein Humor gewannen ihm Anerkennung über die Parteigrenzen hinweg. 1928 wurde er Mitglied des Senats. Ab 1929 wechselte er sich in den Ämtern des Ersten und des Zweiten Bürgermeisters mit Carl Petersen von der Deutschen Demokratischen Partei ab. Von 1929 bis 1931 war er Zweiter, 1931/32 Erster, danach bis zur Amtsenthebung durch die Nationalsozialisten wieder Zweiter Bürgermeister.

Von 1921 bis 1928 war Rudolf Roß Leiter der von ihm mitbegründeten und -konzipierten neuen Hamburger Volkshochschule. Seinem Verständnis nach sollte sie nicht nur Fortbildungsschule sein, sondern auch einen Beitrag zur kulturellen, politischen und sozialen Entwicklung der jungen Demokratie leisten. In seiner Volkshochschularbeit griff er auf Ideen zurück, die er bereits in der Arbeiterbildungsarbeit vor dem Ersten Weltkrieg kennen gelernt hatte. Bildung war für ihn gleichermaßen ein Beitrag zur Emanzipation des Individuums und eine Voraussetzung für die Demokratisierung von Staat und Gesellschaft.

Nach seiner Amtsenthebung 1933 zog Rudolf Roß sich in den Kreis der Familie zurück, die Öffentlichkeit nahm keine Notiz mehr von ihm. Am Grabe seines ehemaligen politischen Weggefährten und persönlichen Freundes, des Sozialdemokraten und einstigen Schulsenators Emil Krause, ergriff er 1943 noch einmal das öffentliche Wort und würdigte, obwohl von der Gestapo beobachtet, die Leistungen des Verstorbenen.

Am Ende des Krieges befiel Roß eine Krankheit, die Geist und Körper lähmte. Zwar besuchte er nach 1945 noch Sitzungen von Partei und Lehrerschaft,

Richtung konnte er diesen Gremien in ihrer Arbeit allerdings nicht mehr geben. Im Alter von 79 Jahren starb Roß in Hamburg. Die Trauerrede hielt der Erste Bürgermeister Max Brauer. Die Schule in der Poolstraße, in der Roß mehr als zwanzig Jahre als Lehrer gewirkt hatte, wurde 1954 nach ihm benannt. Nach Umgestaltung in eine Gesamtschule im Jahre 1992 übernahm auch diese Schule den Namen. Ein Porträt Rudolf Roß' von der Hand des Hamburger Malers Friedrich Schaper hängt seit 1951 im Hamburger Rathaus, ein zweites, bereits 1928 gemalt von Eugen Denzel, in der Rudolf-Roß-Gesamtschule. 1959 wurde die Rudolf-Roß-Allee im Stadtteil Horn nach dem Pädagogen und Politiker benannt.

WERKE Öffentliche Bücher- und Lesehallen, hg. von der Lehrervereinigung für die Pflege der künstlerischen Bildung und dem Jugendschriften-Ausschuß, Hamburg 1897; Vorschläge zur Reform der Lehrerbildung in Hamburg. Zugleich ein Beitrag zur Universitätsfrage, Hamburg 1913.

LITERATUR Rudolf Roß zum Gedächtnis. Hamburg, 16. Februar 1951, hg. vom Senat der Freien und Hansestadt Hamburg, Hamburg 1951; Fritz Köhne, Nachruf auf Rudolf Roß, in: Hamburger Lehrerzeitung 4. Jg. (1951) Nr. 5, S. 8–12; Friedrich Kraus, Rudolf Roß wäre am 22. März 90 Jahre alt geworden, in: Hamburger Lehrerzeitung 15 (1962), S. 200–205.   *Reiner Lehberger*

ROTH, Alfred (Ps. *Otto Armin*) geb. 27. 4. 1879 Stuttgart, gest. 9. 10. 1948 Hamburg; luth.; antisemitischer Agitator und Publizist, Verbandssekretär des Deutschnationalen Handlungsgehilfen-Verbandes, Hauptgeschäftsführer des Deutschvölkischen Schutz- und Trutz-Bundes.

Alfred Roth gehörte im ausgehenden Kaiserreich und in den Anfangsjahren der Weimarer Republik zu den führenden Organisatoren und Publizisten der völkischen und antisemitischen Bewegung.

Roth wurde am 27. April 1879 in Stuttgart geboren, wo sein Vater ein fotografisches Atelier betrieb. Nach Bürgerschule, kaufmännischer Lehre und Erwerb des Zeugnisses für Einjährig-Freiwillige war er als Buchhalter tätig. 1897 trat er dem Deutschnationalen Handlungsgehilfen-Verband (DHV) bei und wurde für ihn in Südwestdeutschland rednerisch und publizistisch tätig. 1900 übernahm ihn der Verband hauptamtlich in seine Dienste und übergab ihm die Leitung der am Hauptsitz in Hamburg neu eingerichteten Abteilung für sozialpolitische Angelegenheiten. 1908 stieg Roth zum Schriftleiter des Verbandsorgans »Deutsche Handelswacht« auf und übernahm 1912 die Leitung der Abteilung für Bildungs- und Lehrlingswesen. Zur gleichen Zeit wurde er als ehrenamtlicher Angestelltenvertreter in das Direktorium der neu geschaffenen Reichsanstalt für Angestellte entsandt, dem er bis 1924 angehörte. Während seiner DHV-Zeit verfasste er mehrere Schriften zur sozialpolitischen Lage und zum Fortbildungswesen der Angestelltenschaft. Politische Orientierung fand Roth zunächst in der Deutschen Jugendbundbewegung, die rassenantisemitische und pangermanische Zielsetzungen verfocht. 1908 und 1912 kandidierte er bei den Reichstagswahlen im Wahlkreis Herzogtum Lauenburg erfolglos für die Deutsch-Soziale Partei, bevor er dann in dem 1912 gegründeten Reichshammerbund des Alt-Antisemiten Theodor Fritsch seine eigentliche politische Plattform fand, ab 1914 als Bundeswart der Gesamtorganisation. Der Bund, der seinen Sitz in Hamburg nahm, trat im Krieg vornehmlich mit heftigen Angriffen gegen das angeblich zerstörerische Wirken von Juden im Heer und in der Heimat hervor. Roth nahm von Anfang an als Leutnant am Weltkrieg teil. Er wurde mehrfach – zum Teil schwer – verwundet und wiederholt ausgezeichnet. Das Kriegsende erlebte er in Duisburg-Meiderich, wo er seit 1917 schwerkriegsbeschädigt als Sozialsekretär bei den Rheinischen Stahlwerken tätig war.

Als die so genannte nationale Opposition der rechten Republikgegner sich im Februar 1919 mit dem Deutschen Schutz- und Trutz-Bund (seit Herbst 1919: Deutschvölkischer Schutz- und Trutz-Bund) eine rechtsextreme Bewegung schuf, die ihr die Massen zuführen sollte, berief sie Alfred Roth zu deren Hauptgeschäftsführer. Er wurde zugleich ihr führender Organisator und Agitator. Der Bund, der seine Zentrale ebenfalls in Hamburg hatte, war mit seiner Demagogie gegen die Demokratie, seiner Propagierung von Rassedenken, insbesondere aber seiner hemmungslosen antisemitischen Agitation in den Jahren von 1919 bis 1922 der wirkungsvollste völkische Verband in Deutschland. Dabei tat sich vor allem Alfred Roth hervor, dessen hetzerische Angriffe gegen die vermeintliche »Judenrepublik« in Hasstiraden gegen Walther Rathenau gipfelten. Nach Rathenaus Ermordung wurde der Bund 1923 verboten, Alfred Roth vom neu geschaffenen Staatsgerichtshof allerdings nur wegen Beleidigung und übler Nachrede zu einer Geldstrafe verurteilt.

Da Württemberg die vom Staatsgerichtshof ausgesprochenen Verbotsurteile nicht umsetzte, wechselte Roth im Spätsommer 1923 nach Stuttgart über, wo er seine Tätigkeit als Organisator und Propagandist der völkischen Bewegung fortsetzte, ohne jedoch eine ähnliche Wirksamkeit zu erreichen wie in den Jahren zuvor. Am 4. Mai 1924 wurde er über den Reichswahlvorschlag der DNVP in den Reichstag gewählt, aus dem er noch im gleichen Jahr ausschied, nachdem er gegen die Dawes-Plan-Gesetze gestimmt hatte. Aus wirtschaftlichen Gründen siedelte er mit seiner kinderreichen Familie im Mai 1929 wieder nach Hamburg-Bergedorf über, wo er abermals, wenngleich in einem sehr eingeschränkten Rahmen, publizistisch tätig wurde. Er engagierte sich auch für die NSDAP, der er bereits im Oktober 1928 beigetreten war. Für sie kandidierte er am 24. April 1932 erfolglos auf der Landesliste für die Bürgerschaftswahl. Wenig später musste er indessen die Partei verlassen, da er weder bereit war, seine Mitgliedschaft im Alldeutschen Verband aufzugeben, noch sich in der Lage sah, die fälligen Parteibeiträge weiterhin zu entrichten.

Nach der nationalsozialistischen Machtübernahme bemühte sich Roth vergeblich um eine Position im Staats- oder Parteidienst. Immerhin gewährte ihm Hitler im Februar 1934 eine einmalige »Ehrengabe« und zwei Jahre später in Anerkennung seiner »großen Verdienste um die völkische Erneuerung des deutschen Volkes« einen »Ehrensold«. Am 10. April 1938 figurierte er erfolglos auf der »Liste des Führers« zur Wahl des Großdeutschen Reichstages. Die Stadt Hamburg ihrerseits ehrte Roth 1938 mit seiner Berufung zum ehrenamtlichen Beirat bei der Verwaltung des Landbezirks und ließ bei der Neuordnung Groß-Hamburgs die neue, an seinem Eigenheim beginnende Schlageterstraße, eine Verlängerung des Schulenbrooksweges, in Alfred-Roth-Straße umbenennen. Seit 1945 heißt das Teilstück wieder Schulenbrooksweg.

Gleichwohl zählte sich Roth nach dem Krieg zu den von Hitler und dem Nationalsozialismus Betrogenen. Noch einmal versuchte er zusammen mit ehemaligen Mitstreitern, eine völkische Bewegung ins Leben zu rufen. Doch fehlten ihm dafür die Kraft, die Mittel und jegliche politischen Anknüpfungspunkte.

WERKE Die Juden im Heere. Eine statistische Untersuchung nach amtlichen Quellen, München 1919; Die Juden in den Kriegs-Gesellschaften und in der Kriegs-Wirtschaft. Unter Benutzung amtlicher und anderer Quellen, München 1921; Rathenau. »Der Kandidat des Auslandes«, Hamburg 1922; Aus der Kampfzeit des Deutschvölkischen Schutz- und Trutzbundes. Eine Erinnerungsschrift, Hamburg 1939; Auf gerader Linie. Ein Rückblick auf 45 Jahre im Kampf ums Deutschtum, Hamburg 1944 [Privatdruck].

LITERATUR Uwe Lohalm, Völkischer Radikalismus. Die Geschichte des Deutschvölkischen Schutz- und Trutz-Bundes 1919–1923, Hamburg 1970 (Hamburger Beiträge zur Zeitgeschichte 6). *Uwe Lohalm*

RUBEN, Paul, geb. 15. 3. 1866 Hamburg, gest. 9. 5. 1943 ebd.; isr.; Klassischer Philologe, Bibelwissenschaftler.

Paul Ruben, ältester Sohn des Wechselmaklers David Ruben (1830–1904) und seiner Ehefrau Mathilde, geborene Bromberg (1832–92), entstammte einer seit dem 17. Jahrhundert in Hamburg und Wandsbek ansässigen Familie, deren Mitglieder als Kaufleute, Geldhändler und Ärzte sowie durch ehrenamtliches und wohltätiges Engagement Vermögen und Ansehen über die jüdische Gemeinschaft hinaus erlangt hatten.

Paul Ruben besuchte ab 1872 die orthodoxe Talmud-Tora-Schule an den Kohlhöfen, die von seiner Familie seit der Gründung unterstützt wurde, wechselte aber 1880 an die Gelehrtenschule des Johanneums und legte dort 1885 die Abiturprüfungen ab. Im Sommersemester 1885 studierte er Klassische Philologie in Freiburg im Breisgau. Ab dem Winter 1885/86 setzte er das Studium an der Bonner Universität fort. Hermann Usener und Franz Bücheler waren in Bonn seine wichtigsten wissenschaftlichen Lehrer. Paul Rubens philologisch-religionsgeschichtliche Dissertation über den christlichen Theologen und Philosophen Clemens von Alexandrien wurde von Hermann Usener betreut. Nach Ableistung des Militärjahres in Karlsruhe (1892/93) lebte Ruben als finanziell unabhängiger Privatgelehrter in Hamburg, von 1894 bis 1907 hauptsächlich in London und Oxford. Gemeinsam mit Usener bereitete er in diesen Jahren die Edition einer Clemens-Schrift vor, die allerdings nicht vollendet wurde. Obwohl Ruben seit der Studienzeit unter ei-

Paul Ruben

ner labilen Gesundheit litt, publizierte er vor der Jahrhundertwende mehrere textkritische Untersuchungen zur Bibel, insbesondere zu den prophetischen Büchern. Sein bedeutendes wissenschaftliches Hauptwerk »Recensio und Restitutio. Eine Vermuthung über die früheste Geschichte der alttestamentlichen Texte« erschien erst 1937 in London und harrt der Wiederentdeckung.

Eine enge freundschaftliche Beziehung verband Paul Ruben seit seiner Jugend mit dem Kunst- und Kulturhistoriker Aby M. Warburg. Ruben war für Warburg nicht zuletzt ein Vertrauter und Ratgeber in jüdischen Fragen, zum Beispiel vor Warburgs Eheschließung mit der Protestantin Mary Hertz. 1931 wurde Ruben, dessen Vermögen durch die Inflation zusammengeschmolzen war, Angestellter der Bibliothek Warburg. Der erste Band der »Kulturwissenschaftlichen Bibliographie zum Nachleben der Antike« (1934) enthält zwei Beiträge aus seiner Feder. Nach dem Transfer der Bibliothek Warburg nach London Ende 1933 blieb er weiterhin als ihr Repräsentant in Hamburg. Ruben gehörte dem Ehrenpräsidium der 1930 gegründeten Franz-Rosenzweig-Gedächtnisstiftung an, 1938 war er deren letzter Vorsitzender. Er war außerdem Mitglied der Steinthal-Loge (Orden B'nai B'rith, »Brüder des Bundes«) und der Hamburger Religionswissenschaftlichen Gesellschaft.

Nach 1933 lebte Paul Ruben zurückgezogen in Hamburg, wie aus seiner Korrespondenz mit Gertrud Bing und Fritz Saxl in London hervorgeht. Eine 1938/39 vorbereitete Emigration nach Dänemark scheiterte am Kriegsausbruch. Im Dezember 1939 musste Ruben seine Wohnung verlassen. Nach Unterkünften in einem Hotel und einer Pension wurde er in ein »Judenhaus« für alte und kranke Menschen eingewiesen. Mit der Unterstützung seines Freundes Carl A. Rathjens, der ihm Bücher aus der Staats- und Universitätsbibliothek besorgte, die er selbst nicht mehr betreten durfte, konnte Ruben seine Studien bis zuletzt fortsetzen. Eine 1942 drohende Deportation nach Theresienstadt verhinderte sein Gesundheitszustand, er galt als »nicht transportfähig«. Ruben starb am 9. Mai 1943 in Hamburg und wurde auf dem jüdischen Friedhof an der Ilandkoppel in Ohlsdorf begraben.

WERKE Clementis Alexandrini Excerpta ex Theodoto, Leipzig 1892; Critical Remarks upon some Passages of the Old Testament, London 1896; Strophic Forms in the Bible, in: Jewish Quarterly Review 11 (1899), S. 431–479; A Proposed New Method of Textual Criticism in the Old Testament, in: American Journal of Semitic Languages and Literatures 51 (1934/35), S. 30–45 und 177–188, fortgesetzt in: 52 (1935), S. 34–42; Recensio und Restitutio. Eine Vermuthung über die früheste Geschichte der alttestamentlichen Texte, London 1936 [1937].

LITERATUR Moritz Ruben, Stammtafeln der Hamburger Familie Renner-Ruben (ca. 1650–1913), Stockholm 1913 [Privatdruck]; Björn Biester, Der innere Beruf zur Wissenschaft: Paul Ruben (1866–1943). Studien zur deutsch-jüdischen Wissenschaftsgeschichte. Mit einem Anhang: Edition und Kommentierung des Briefwechsels mit Aby M. Warburg, Hermann Usener, Ludwig Binswanger, Fritz Saxl, Gertrud Bing, Alfred Vagts, Hans Meier, Fritz M. Warburg und Carl A. Rathjens, Berlin/Hamburg 2001 (Hamburger Beiträge zur Wissenschaftsgeschichte 14). *Björn Biester*

RUMPEL, Carl August *Theodor*, geb. 25. 3. 1862 Gütersloh, gest. 11. 8. 1923 Hamburg; luth.; Mediziner, Krankenhausdirektor, Bürgerschaftsabgeordneter.

Nach dem Abitur 1881 studierte Theodor Rumpel zunächst drei Semester Philosophie und Geschichte und absolvierte dann eine medizinische Ausbildung an den Universitäten in Tübingen und Marburg. Im Februar 1887 erhielt er seine Approbation als Arzt und wurde in Marburg zum Doktor der Medizin promoviert. Danach arbeitete er als Assistenzarzt im Hygienischen Institut und als wissenschaftlicher Assistent in der medizinischen Universitätsklinik in Marburg.

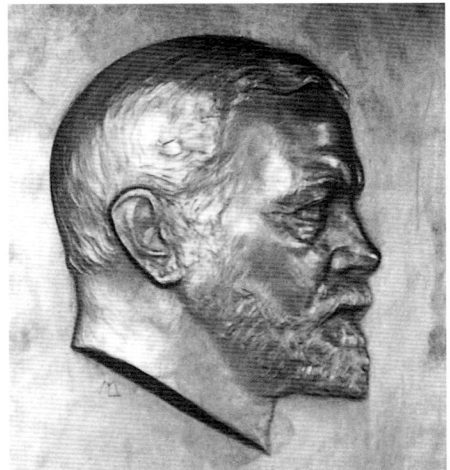

Theodor Rumpel

Rumpels Ernennung zum Assistenzarzt im Allgemeinen Krankenhaus Hamburg-Eppendorf erfolgte am 13. Dezember 1888. Die Beförderungen zum Sekundärarzt 1891 und zum Chefarzt der fünften medizinischen Abteilung des Eppendorfer Krankenhauses am 1. Juni 1893 markieren einen geradlinigen Karriereverlauf. Während der Choleraepidemie von 1892 war Rumpel der verantwortliche Arzt für die Aufnahme und Unterbringung der Cholerakranken und die Organisation des assistenzärztlichen Dienstes im Eppendorfer Krankenhaus. Im Oktober 1893 erwarb er das Hamburger Bürgerrecht. Seine Niederlassung als praktischer Arzt im großbürgerlichen Wohnviertel Harvestehude erfolgte am 2. August 1894. Aus seiner 1896 mit Margaretha, geborene Preau, geschlossenen Ehe gingen drei Kinder hervor.

Als von den Notabeln gewähltes Mitglied der Hamburger Bürgerschaft (1901 bis 1917 Fraktion der Rechten, 1918/19 Nationalliberale Partei) beschäftigte Rumpel sich mit Fragen der öffentlichen Wohlfahrts- und Gesundheitspflege und vertrat die berufspolitischen Interessen der Hamburger Ärzteschaft. Sein sozialhygienisches Engagement als Mitglied des Kuratoriums der am 4. Mai 1899 eröffneten Hamburgischen Lungenheilstätte Edmundsthal-Siemerswalde in Geesthacht, als Vorstandsmitglied der am 3. März 1902 konstituierten Hamburger Ortsgruppe der Deutschen Gesellschaft zur Bekämpfung der Geschlechtskrankheiten und als Vorsitzender des Vereins »Fürsorgestellen für Lungenleidende in Hamburg« von 1907 bis 1919 dokumentiert sein kontinuierliches Wirken als Gesundheitspolitiker. Die am 24. Oktober 1907 erstmals erfolgte Einrichtung von Tuberkulosefürsorgestellen im Hamburger Stadtgebiet war ein politischer Erfolg Rumpels, der in der Bürgerschaft und bei Krankenkassen Fürsorgekonzepte erläuterte und Gelder für die Behandlung Tuberkulöser einwarb.

Bereits am 29. November 1907 ernannte der Hamburger Senat Rumpel zum vorläufigen Krankenhausdirektor. Als Mitglied der Baukommission und »geistiger Vater« des Allgemeinen Krankenhauses Barmbek, wie er nach seinem Tode genannt wurde, war er an der Konzeption des Krankenhauses im Arbeiterwohnquartier Barmbek maßgeblich beteiligt. Von der Inbetriebnahme des Krankenhauses am 2. November 1913 bis zu seinem Tode wirkte Rumpel als ärztlicher Direktor und Chefarzt der ersten medizinischen Abteilung. Zu seinem 25-jährigen Dienstjubiläum als Hamburger Oberarzt am 1. Juni 1918 stifteten sämtliche Ärzte der Hamburger Krankenhäuser eine Schaumünze. Schließlich würdigte der Hamburger Senat Rumpels medizinisches Wirken am 19. Mai 1919 mit seiner Ernennung zum Honorarprofessor der Medizinischen Fakultät der Hamburger Universität. Seine letzte Amtshandlung im November 1922 war die Einweihung des auf dem Gelände des Allgemeinen Krankenhauses Barmbek errichteten Monumentalbrunnens zum Andenken an die Kriegsopfer des Krankenhauses. 1929 wurde der Theodor-Rumpel-Weg, 1960 der Theodor-Rumpel-Stieg in Barmbek-Nord nach dem Mediziner benannt.

WERKE (mit Alfred Kast) Pathologisch-anatomische Tafeln nach frischen Präparaten mit erläuterndem anatomisch-klinischem Text. Aus den Hamburgischen Staatskrankenhäusern, Wandsbek-Hamburg 1892.

LITERATUR C[arl] Hegler, Theodor Rumpel [Nachruf], in: Deutsche Medizinische Wochenschrift 49 (1923), S. 1243; I[sidor] Fischer (Hg.), Biographisches Lexikon der hervorragenden Ärzte der letzten fünfzig Jahre. Zugleich Fortsetzung des Biographischen Lexikons der hervorragenden Ärzte aller Zeiten und Völker, Bd. 2, Berlin/Wien 1933; Christine Pieper, Die Sozialstruktur der Chefärzte des Allgemeinen Krankenhauses Hamburg-Barmbek 1913 bis 1945. Ein Beitrag zur kollektivbiographischen Forschung, Hamburg/Münster 2003 (Veröffentlichung des Hamburger Arbeitskreises für Regionalgeschichte (HAR) 16). *Christine Pieper*

RUNGE, Philipp Otto, geb. 23. 7. 1777 Wolgast, gest. 2. 12. 1810 Hamburg; luth.; Maler, Dichter, Kunsttheoretiker.

Philipp Otto Runge ist einer der Begründer und neben Caspar David Friedrich bedeutendster Vertreter der romantischen Malerei in Deutschland. Sein Œuvre befindet sich zum größten Teil im Besitz der Hamburger Kunsthalle und zählt zu deren wichtigsten Sammlungsbeständen.

Runge wuchs als neuntes von elf Kindern des Kaufmanns und Reeders Daniel Nicolaus Runge in Wolgast (Schwedisch-Pommern) auf. Bereits in jungen Jahren, in denen ihn häufige Krankheit zur häuslichen Beschäftigung zwang, entwickelte er sein zeichnerisches Talent und bewies vor allem im Scherenschnitt eine bemerkenswerte Meisterschaft und Originalität. Von Haus aus durch eine tiefe protestantische Frömmigkeit geprägt, empfing er richtungweisende literarische und philosophische Anregungen durch seinen Lehrer, den Theologen und Dichter Gotthard Ludwig Kosegarten, der ihn in die Gedankenwelt des Sturm und Drang und in eigene, naturmystische Anschauungen einführte.

1795 kam Runge nach Hamburg, um als Gehilfe in das Handelsgeschäft seines ältesten Bruders Johann Daniel einzutreten, der ihm zeitlebens enger Vertrauter und wichtigster Förderer bleiben sollte. Erst in Daniels musisch interessiertem und geistig aufgeschlossenem Bekanntenkreis, zu dem unter anderen der Grafik sammelnde Kaufmann Johann Michael Speckter, die Buchhändler Friedrich Perthes und Johann Heinrich Besser sowie Matthias Claudius und Friedrich Gottlieb Klopstock zählten, reifte Runges Entschluss, Maler zu werden. Ab 1797 erhielt er Zeichenunterricht von den Hamburger Malern Heinrich Joachim Herterich und Gerdt Hardorff d. Ä. und nahm 1799 ein Studium an der Kopenhagener Akademie bei Nicolai A. Abildgaard und Jens Juel auf. Enttäuscht von dem als starr und fruchtlos empfundenen Lehrbetrieb, wechselte er 1801 für zweieinhalb Jahre nach Dresden, um seine Ausbildung nunmehr selbstständig fortzusetzen. Hier lernte er die Fabrikantentochter Pauline Bassenge kennen, die er 1804 heiratete. Er hat sie in einer Reihe von Porträts und allegorischen Kompositionen verewigt, darunter Hauptwerke wie die »Lehrstunde der Nachtigall« (1804/05, Hamburger Kunsthalle) und das Freundschaftsbild des Paares

mit Daniel Runge, »Wir drei« (1805; ehemals Hamburger Kunsthalle, 1931 in München verbrannt).

Im blühenden Kulturleben Dresdens nahm Runge vielfältige Bildungseindrücke auf und verkehrte freundschaftlich mit so unterschiedlichen Kollegen wie Anton Graff und Caspar David Friedrich. Für seine ästhetischen Anschauungen wurden insbesondere die Lektüre des barocken Mystikers Jakob Böhme und die Beschäftigung mit der Musik wichtig, mit deren Kompositions- und Wirkungsweise er seine Kunst gelegentlich verglich. Sein im Studium der Gemäldegalerie erweiterter kunsthistorischer Horizont und die Bekanntschaft mit führenden Vertretern der literarischen Romantik wie Friedrich Schlegel, Henrik Steffens und Ludwig Tieck förderten seine Abkehr vom Klassizismus, die der Misserfolg seiner Zeichnung »Achill und Skamandros« in Goethes Weimarer Preisausschreiben von 1801 endgültig besiegelte.

Im Gegenzug entwickelte Runge die Vorstellung einer ganz neuen, die tradierten Gattungen ablösenden Kunstform, die er zunächst als »Landschaft« bezeichnete, im Kern aber stets als Figurenbild auf allegorischer Grundlage konzipierte. Statt die Kunst auf ästhetischen Normen zu fundieren, suchte er sie aus den unverbrauchten Quellen reiner Subjektivität und Glaubenskraft heraus »gleichsam wie eine eigne, zweite Schöpfung in der Natur« entstehen zu lassen. Indem sie die dynamischen Kräfte des Wachsens, Werdens und Vergehens der Dinge als Elemente einer umfassenden Harmonie sinnfällig machte, sollte sie zum Medium einer spirituellen Erfahrung der göttlich-kosmischen Ordnung werden.

Mit dem vierteiligen Zyklus der »Zeiten« (Hamburger Kunsthalle), den er 1802/03 zeichnete und 1805 erstmals stechen ließ, fand er zu einem Thema, das dieses ambitionierte Programm in ebenso komplexer Vielschichtigkeit der Symbolik wie suggestiver Klarheit der Form einzulösen versprach. Das »Gründungswerk der deutschen romantischen Kunst« (Jörg Traeger) wurde in Kreisen der romantischen Intelligenz durchweg positiv, zum Teil enthusiastisch aufgenommen, und auch Goethe erkannte über die Differenz der Kunstauffassungen hinweg den Rang »dieser mitunter rätselhaften Blätter«. Als Vorarbeiten für eine Raumdekoration konzipiert, stellen sie in Gestalt streng symmetrisch angelegter Arabesken den Morgen, den Tag,

Philipp Otto Runge

den Abend und die Nacht dar, indem kindliche Genien dem alternierenden Aufblühen und Versinken einer riesenhaften »Lichtlilie« und eines Mohngewächses huldigen. Rahmenleisten mit christlichen Sinnbildern verleihen dem Geschehen seinen religiösen Bezug.

1804 ließ sich Runge wieder in Hamburg nieder, wo fast sein gesamtes malerisches Werk entstand. Abermals nahm er Unterricht bei einem lokalen Meister, Johann Friedrich Eich in Altona, um sich die technischen Grundlagen für eine systematische Auseinandersetzung mit dem Problem der Farbe zu verschaffen. Ab 1806 korrespondierte er darüber regelmäßig mit Goethe, und 1810 publizierte er seine »Farben-Kugel«, die noch den Bauhausmeistern Paul Klee und Johannes Itten wichtige theoretische Einsichten vermitteln sollte. Es ist bezeichnend für Runges subtilen und innovativen Einsatz der Farbe, dass er zeitweilig als Vorläufer der modernen Freilichtmalerei missverstanden wurde. Tatsächlich stehen die reich differenzierten Übergänge von Licht und Dunkel, von Transparenz und Körperhaftigkeit sowie der Grundfarben untereinander im Dienst einer Metaphorik des Lichts als universalem Lebensprinzip.

Runge hat die »Zeiten« stets als ein work in progress betrachtet, das erst in einem Gesamtkunstwerk von noch zu erfindender Gestalt vollendet wäre: »wenn sich das erst entwickelt, es wird eine abstrakte malerische phantastisch-musikalische Dichtung mit Chören, eine Komposition für alle drei Künste zusammen, wofür die Baukunst ein

ganz eigenes Gebäude aufführen sollte« (Brief an Daniel Runge vom 22. Februar 1803). Neben diesem künstlerischen Grenzgang, für den er kaum allgemeinen Beifall erwartete, hoffte er zeitlebens mit Auftragsbildern konventionellerer Sujets und kunstgewerblichen Entwürfen wie Zimmerdekorationen ein Auskommen finden und ein breiteres Publikum an seine Kunst heranführen zu können. Nicht zuletzt aufgrund der wirtschaftlich und politisch unsicheren Zeitumstände sind jedoch die meisten seiner Werke für die eigene Familie oder im Auftrag von Freunden entstanden, so namentlich die wichtigen Bildnisse der »Eltern des Künstlers« mit zwei ihrer Enkel (1806, Hamburger Kunsthalle) und der drei »Hülsenbeckschen Kinder« (1805/06, Hamburger Kunsthalle).

Kinder hat Runge in fast allen seinen allegorischen Kompositionen dargestellt und seine eigenen wie die seiner Freunde in verschiedenen Entwicklungsstadien einfühlsam porträtiert. Seiner romantischen Faszination durch das Naive verlieh er auch literarischen Ausdruck in zwei plattdeutschen Märchen, »Von dem Fischer un syne Frau« sowie »Von den Machandelboom«, die die Gebrüder Grimm beeinflusst haben und 1812 in deren »Kinder- und Hausmärchen« erschienen.

Am 2. Dezember 1810, einen Tag vor der Geburt seines vierten Kindes, Philipp Otto, erlag Runge einem Lungenleiden. Ein großer Teil seines Werkes blieb in Familienbesitz, ohne je öffentlich ausgestellt worden zu sein, sodass es während des 19. Jahrhunderts nahezu in Vergessenheit geriet. Die von Daniel Runge 1840/41 edierten Schriften des Künstlers vermochten zwar die Erinnerung an dessen theoretische und literarische Arbeiten unter Kennern wach zu halten; aber es war Alfred Lichtwark, dem ersten Direktor der Hamburger Kunsthalle, vorbehalten, den Maler Runge wiederzuentdecken und das Gros seiner Werke für die Kunsthalle zu sichern. Runges Grab befindet sich seit 1935 auf dem Althamburgischen Gedächtnisfriedhof in Ohlsdorf. In Barmbek-Nord erinnern seit 1929 die Rungestraße und seit 1930 der Rungestieg an den Maler.

WERKE Farben-Kugel oder Construction des Verhältnisses aller Mischungen der Farben zu einander [...] Nebst einer Abhandlung über die Bedeutung der Farben in der Natur von [...] Henrik Steffens, Hamburg 1810 [Nachdruck mit einem Nachwort von Heinz Matile, Mittenwald 1977];

Hinterlassene Schriften, hg. von dessen ältestem Bruder [Johann Daniel Runge], 2 Bde., Hamburg 1840/41 [Nachdruck Göttingen 1965]; Peter Betthausen (Hg.), Philipp Otto Runge. Briefe und Schriften, München 1982.

LITERATUR ADB 29; Jörg Traeger, Philipp Otto Runge und sein Werk. Monographie und kritischer Katalog, München 1975; Werner Hofmann (Hg.), Runge in seiner Zeit [Katalog zur Ausstellung in der Hamburger Kunsthalle vom 21. Oktober 1977 bis 8. Januar 1978], München 1977; Jens Christian Jensen, Philipp Otto Runge. Leben und Werk, Köln 1977; Hanna Hohl, Philipp Otto Runge. Die Zeiten – der Morgen, Hamburg 1997.

Rainer Donandt

RUST, Alfred, geb. 4. 7. 1900 Osdorf/Kreis Pinneberg (heute Hamburg-Osdorf), gest. 14. 8. 1983 Ahrensburg; ev.; Archäologe.

Alfred Rust

Alfred Rust ist der Entdecker und Ausgräber der jungpaläolithischen und frühmesolithischen Fundplätze der »Hamburger Kultur« und der »Ahrensburger Kultur« im Ahrensburg-Meiendorfer Tunneltal.

Rust war bis 1930 als Elektromeister bei einer Hamburger Firma tätig. Seit 1928 besuchte er Volkshochschulseminare seines späteren Lehrers, des Kieler Ordinarius Gustav Schwantes, auf dessen Anregung hin er in den Jahren von 1930 bis 1933 mehrmals mit dem Fahrrad in den Vorderen Orient reiste, wo er in Höhlen bei Jabrud/Syrien 45 Kulturschichten der Altsteinzeit freilegen konnte. Bereits 1931 hatte er das altsteinzeitliche Rentierlager in Meiendorf entdeckt, das er 1933/34 archäologisch untersuchte. Es folgten die Grabungen in Ahrensburg-Stellmoor 1935/36 und auf dem Pinnberg im nördlichen Abschnitt des Ahrensburger Tunneltales 1937/38. Von 1939 bis 1965 war Rust als wissenschaftlicher Mitarbeiter des Landesamtes für Vor-

und Frühgeschichte von Schleswig-Holstein tätig. Während des Zweiten Weltkriegs war er vom Militärdienst zurückgestellt und konnte so auch kleine Grabungen in Italien und in der Tschechoslowakei durchführen. 1940 wurde ihm von der Universität Kiel der Ehrendoktortitel verliehen, 1942 folgte die Habilitation. Nach dem Krieg untersuchte Rust weitere Rentierjägerlager bei Ahrensburg (Borneck, Poggenwisch). Die Ergebnisse seiner Grabungen und Forschungen liegen in zahlreichen Publikationen vor.

WERKE Schriftenverzeichnis in: Hammaburg N. F. 6 (1984), S. 11–13.

LITERATUR SHBL 10; Jan Filip, Enzyklopädisches Handbuch zur Ur- und Frühgeschichte Europas Bd. 2, Prag 1969, S. 1179; Gernot Tromnau, Alfred Rust, in: Hammaburg N. F. 6 (1984), S. 8–10; Hermann Schwabedissen, Nachruf auf Alfred Rust, in: Verhandlungen des naturwissenschaftlichen Vereins in Hamburg N. F. 27 (1984), S. 493–496.

Heidelies Wittig

SALOMON, Richard

SALOMON, *Richard* Georg, geb. 22. 4. 1884 Berlin, gest. 3. 2. 1966 Mount Vernon/Ohio (USA); isr., seit 1902 luth.; Historiker.

Als Richard Salomon 1914 den neu geschaffenen Lehrstuhl für »Geschichte und Kultur Russlands« am Hamburger Kolonialinstitut erhielt, war er der dritte Professor in Deutschland, der diese Fachrichtung vertrat. Sowohl die Osteuropäische Geschichte als auch die Slawistik an der Universität Hamburg gehen auf die Tradition zurück, die der junge Gelehrte damals begründete.

Nach einem breit angelegten Studium der »Geschichte und ihrer Hilfswissenschaften« wurde der 22-jährige Salomon im Februar 1907 mit »Studien zur normannisch-italischen Diplomatik« bei Michael Tangl in Berlin promoviert. Neben Tangl, der Salomon in die mittelalterliche Urkundenlehre und lateinische Paläographie eingeführt hatte, zählten der Münchner Byzantinist Karl Krumbacher und vor allem der Berliner Osteuropa-Historiker Theodor Schiemann zu seinen wichtigsten akademischen Lehrern. Nach der Promotion blieben mittelalterliche Urkundenlehre und osteuropäische Geschichte die beiden Bereiche, in denen Salomon wirkte. Im März 1907 wurde er Mitarbeiter der »Monumenta Germaniae Historica«; zudem bot er ab 1908 im Osteuropäischen Seminar der Berliner Universität Übungen über byzantinische und russische Geschichte an. Von Schiemann empfohlen, erhielt der 30-jährige nichthabilitierte Salomon 1914 den Ruf an das Hamburger Kolonialinstitut.

Der offizielle Arbeitsbeginn fiel auf den 1. August 1914, den Tag der deutschen Kriegserklärung an Russland. Bevor Salomon sein neues Amt antreten konnte, wurde er eingezogen. Die Aufnahme seiner Lehrtätigkeit verzögerte sich bis zum März 1916. Mit Gründung der Hamburgischen Universität im Mai 1919 wurde Salomon ordentlicher Universitätsprofessor für Geschichte und Kultur Osteuropas und Direktor des Osteuropäischen Seminars. Seine Veröffentlichungen und Lehrveranstaltungen der Jahre 1919 bis 1933 zeugen von weit gespannten Forschungsinteressen im Bereich der byzantinischen und osteuropäischen Geschichte wie auf dem Gebiet der historischen Hilfswissenschaften. Daneben lehrte Salomon auch russische Literaturgeschichte des 19. Jahrhunderts. Nach den Worten seines damaligen Hamburger Assistenten Fritz

T. Epstein konnte es hinsichtlich des Spektrums auf dem Gebiet der Osteuropa-Forschung keiner seiner Fachkollegen in den 1920er Jahren mit Salomon aufnehmen. Obgleich in dieser Zeit kein größeres Werk von ihm erschien, zählte der Hamburger Professor mit zahlreichen Aufsätzen und auch Zeitungsartikeln zu den wenigen gewichtigen Stimmen der Osteuropa-Forschung in Deutschland.

Von der politischen Grundhaltung her passte Salomon in die Riege der – vornehmlich konservativen – deutschen Historiker jener Zeit. Im Jahre 1919 war er kurzzeitig Mitglied der rechtsliberalen Deutschen Volkspartei (DVP); ansonsten mied er die politische Sphäre weitgehend. Politik und Wissenschaft hielt er für klar voneinander zu trennende Bereiche. Nüchterne Wissenschaftlichkeit, wie Salomon sie zu verkörpern suchte, vermochte seinen Blick auf die Sowjetunion tatsächlich mehr zu weiten, als dies bei manch einem seiner Kollegen der Fall war. Gleichwohl blieb der Anspruch, Wissenschaft abgekoppelt von jeder Politik zu betreiben, eine gerade in der Weimarer Republik gefährliche Illusion.

Im April 1933 gehörte Salomon zu den ersten Professoren in Hamburg, die als Juden von der nationalsozialistischen Studentenschaft angegriffen wurden. Vier Monate später verlor er seinen Lehrstuhl und durfte nur noch historische Hilfswissenschaften lehren. Zum 30. Juni 1934 wurde der 50-Jährige zwangsweise in den Ruhestand versetzt; sein Fach wurde gestrichen. Zweimal hatten Studierende vergeblich versucht, die Entlassung mit Unterschriftensammlungen zu verhindern. In den folgenden drei Jahren bearbeitete Salomon – finanziell unterstützt von der Hamburgischen Wissenschaftlichen Stiftung – die im Staatsarchiv verwahrten »Avignon-Akten« des Prozesses der Hansestadt gegen die päpstliche Kurie im 14. Jahrhundert. Am 2. September 1937 bestieg er gemeinsam mit seiner Frau Gertrud und den beiden Kindern das rettende Schiff nach New York.

In seinem »zweiten Leben« (Epstein) in den USA lehrte Salomon mittelalterliche Geschichte und Kirchengeschichte; mit osteuropäischer Geschichte ließ sich keine Anstellung finden. Nach schwierigen Anfangsjahren unterrichtete er ab 1939 am Kenyon College in Gambier, einem kleinen Ort in Ohio. Im Jahre 1944 wurde der mittlerweile 60-Jährige dort fest angestellt. Eine Rückkehr nach

Richard Salomon

Deutschland schloss Salomon nach 1945 aus. Ein einziges Mal noch, im Sommer 1950, besuchte er Hamburg. Trotz der gewollten Distanz zur ehemaligen Wirkungsstätte nahm der Wissenschaftler in seinen letzten Lebensjahren aber noch einmal eine intensive Arbeitsverbindung zum Staatsarchiv der Hansestadt auf: Im Jahre 1962 setzte er die ein Vierteljahrhundert zuvor unterbrochene Editionsarbeit an den »Acta Avinionensia« von Ohio aus fort. Es folgten dreieinhalb Jahre akribischer Tätigkeit, bevor Salomon das fertige Manuskript, zehn Tage vor seinem Tod, nach Hamburg sandte.

WERKE Opicinus de Canistris. Weltbild und Bekenntnisse eines Avignonesischen Klerikers des 14. Jahrhunderts, 2 Bde., London 1936 (Studies of the Warburg Institute 1) [Nachdruck Nendeln/Liechtenstein 1969]; Rat und Domkapitel von Hamburg um die Mitte des 14. Jahrhunderts, Teil 1: Die Korrespondenz zwischen dem Hamburger Rat und seinen Vertretern an der päpstlichen Kurie in Avignon 1337–1359, bearb. von Richard Salomon, Hamburg 1968 (Veröffentlichungen aus dem Staatsarchiv der Freien und Hansestadt Hamburg 9, 1).

LITERATUR BHdE 2; Fritz T. Epstein, Hamburg und Osteuropa. Zum Gedächtnis von Professor Richard Salomon (1884–1966), in: Jahrbücher für Geschichte Osteuropas N. F. 15 (1967), S. 59–98 [Bibliografie zu byzantinischen und osteuropäischen Themen S. 95–98].

Rainer Nicolaysen

SAUERLANDT, Friedrich August *Max*, geb. 6. 2. 1880 Berlin, gest. 1. 1. 1934 Hamburg; luth.; Kunsthistoriker, Direktor des Museums für Kunst und Gewerbe.

Max Sauerlandt leitete von 1919 bis 1933 das Museum für Kunst und Gewerbe in Hamburg. Besonders anerkannt war er als Kenner und Förderer zeitgenössischer Kunst, vor allem des deutschen Expressionismus.

1880 in Berlin als Sohn eines Kaufmanns geboren, kam Sauerlandt nach dem frühen Tod des Vaters 1884 mit seiner Familie nach Hamburg. In Wandsbek besuchte er das Matthias-Claudius-Gymnasium und studierte im Anschluss Klassische Philologie und Kunstgeschichte in Marburg, München und Berlin. 1903 wurde er von Heinrich Wölfflin promoviert. Nach der Mitarbeit am Künstlerlexikon von Ulrich Thieme und Felix Becker und dem Militärdienst war Sauerlandt von 1905 bis 1908 »wissenschaftlicher Hülfsarbeiter« im Hamburger Museum für Kunst und Gewerbe, wo er von dessen Gründungsdirektor, Justus Brinckmann, ausgebildet wurde. 1908 übernahm er die Leitung des Städtischen Museums für Kunst und Kunstgewerbe Halle im Schloss Moritzburg. Dort ordnete er die unstrukturierte Sammlung älteren Kunstgewerbes neu an und ergänzte sie durch gezielte Ankäufe, erwarb aber auch zeitgenössische Gemälde und Aquarelle, vor allem der deutschen Expressionisten. Die Kritik des Generaldirektors der Königlichen Museen Berlin, Wilhelm von Bode, an diesen Neuerwerbungen wies er im April 1914 in einem offenen Brief zurück.

Im Ersten Weltkrieg kämpfte Sauerlandt als Offizier an der Ostfront und wurde mit dem Eisernen Kreuz beider Klassen ausgezeichnet. Eine vorzeitige Entlassung zur Übernahme des Museums für Kunst und Gewerbe in Hamburg lehnte er ab, obwohl Justus Brinckmann ihn bereits 1915, kurz vor seinem Tod, als Nachfolger vorgeschlagen hatte. Erst am 30. November 1918 wurde Sauerlandt zum Museumsleiter ernannt, und am 1. April 1919 trat er die Stelle an. Der neue Direktor führte bis 1921 zunächst die von seinem Vorgänger begonnene Neuordnung der Schausammlung fort, die nicht mehr von Werkstoffen und Techniken, sondern von historischen und regionalen Kriterien bestimmt war. 1924 wurden die Asiensammlung und die Antikensammlung eröffnet. Sauerlandt grenzte die einzelnen Sammlungsbereiche voneinander ab, indem er etwa die Räume in verschiedenen Farben streichen ließ, unterschiedliche Vitrinen verwendete und teils sogar Düfte einsetzte. Diese Art der Präsentation war damals für kunstgewerbliche Sammlungen in Deutschland einzigartig und stieß auf äußerst positive Resonanz. Den Wunsch nach einem funktionalen Museumsneubau konnte Sauerlandt nicht durchsetzen.

1921 gründete Sauerlandt die Justus Brinckmann Gesellschaft, einen bis 1934 bestehenden Förderkreis, der dem Museum für Kunst und Gewerbe mit seinem eingeschränkten Etat viele Ankäufe älteren Kunstgewerbes ermöglichte. Sauerlandt veranstaltete zahlreiche Sonderausstellungen und verfasste eine Vielzahl wissenschaftlicher Texte. Er war von der erzieherischen Aufgabe des Museums überzeugt, bot Führungen an, hielt Vorträge und veranstaltete mit Studierenden Übungen vor Originalen. Unter seinem Direktorat fanden auch die ersten Musikkonzerte im Museum statt. 1926 wurde Sauerlandt zum Vorsitzenden des Internationalen Museumsverbandes zur Abwehr von Fälschungen gewählt.

Noch während seiner Hamburger Tätigkeit empfahl Max Sauerlandt dem Hallenser Museum wichtige Neuerwerbungen, unter anderem den Ankauf eines Teils der Frankfurter Sammlung Fischer, der die Moritzburg 1924 zu einem der führenden Museen moderner deutscher Malerei machte. Auch für das Museum für Kunst und Gewerbe sammelte Sauerlandt engagiert Werke zeitgenössischer deutscher Künstler, etwa von Gustav H. Wolf, Moissey Kogan, Naum Slutzki, Richard Haizmann, Rolf Nesch, Emil Nolde, Otto Dix, Ernst Ludwig Kirchner, Erich Heckel, Karl Schmidt-Rottluff, Oskar Schlemmer und Otto Freundlich. Sauerlandt erwarb auch Skulpturen und grafische Werke, da er eine grundsätzliche Trennung von freier und angewandter Kunst nicht für sinnvoll hielt. Werke der »Brücke«-Künstler, unter anderem Holzskulpturen von Schmidt-Rottluff, Kirchner und Heckel, stellte er ab 1930 prominent im Treppenhaus des Museums aus. Ausgewählte moderne Kunstwerke präsentierte Sauerlandt in den historischen Abteilungen, um stilistische Verwandtschaften aufzuzeigen. Er bemühte sich auch um das Wohlergehen der von ihm geschätzten Künstler, vermittelte ihnen

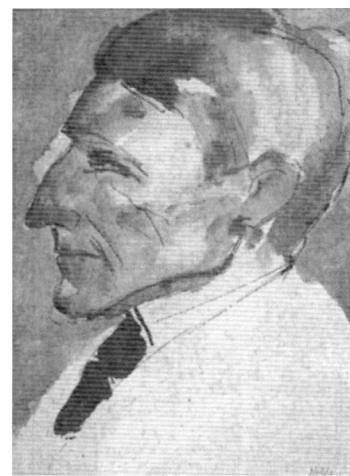

Max Sauerlandt

Aufträge oder erwarb ihre Werke für seine Privatsammlung. Freundschaftliche Kontakte pflegte er unter anderem mit Emil Nolde, dessen Briefe er herausgab, und mit Gustav H. Wolf.

Sauerlandt war politisch konservativ und national eingestellt. Er sah den Expressionismus als genuin deutschen Stil an, der zu einer zukünftigen Erneuerung der Gesellschaft beitragen sollte. Sein dezidierter Einsatz für zeitgenössische Kunst wurde ihm jedoch nach der Machtübernahme der Nationalsozialisten zum Verhängnis. Am 4. April 1933 erschienen zwei Regierungsdirektoren sowie ein Kriminalobersekretär im Museum und sonderten etwa 80 Prozent der modernen Abteilung aus, angeblich um sie vor der Zerstörung durch aufgebrachte Besucher zu schützen. Am 5. April wurde die gesamte moderne Abteilung geschlossen, Sauerlandt wurde zwangsbeurlaubt und vom Zugang zum Museum ausgeschlossen.

Im Sommersemester 1933 verteidigte Sauerlandt die Moderne und seinen Einsatz für sie in einer Vorlesung über »Die Kunst der letzten 30 Jahre«, die posthum veröffentlicht und sogleich zensiert wurde. Zum 30. November wurde er in den Ruhestand versetzt; gleichzeitig verlor er die ihm seit 1930 übertragene kommissarische Leitung der Landeskunstschule, die Mitgliedschaft in der Kommission der Hamburger Kunsthalle sowie seinen Lehrstuhl an der Universität Hamburg. Sauerlandt starb am 1. Januar 1934, drei Jahre vor der Aktion »Entartete Kunst«, die die Museen in Hamburg und Halle etliche hundert der von ihm zusammengetragenen Werke zeitgenössischer Künstler kosten sollte.

WERKE Die Kunst der letzten 30 Jahre, hg. von Harald Busch, Berlin 1935; Ausgewählte Schriften, 2 Bde., hg. und kommentiert von Heinz Spielmann, Hamburg 1971/74 (Veröffentlichungen der Lichtwark-Stiftung 12/13) [Bibliografie S. 597–617].

LITERATUR Carel ter Haar, Max Sauerlandt – Kunst und Kunstpolitik für die Nation, in: Max Sauerlandt, Ausgewählte Schriften (siehe unter Werke), Bd. 2, S. 545–596; Eva von Seckendorff, Der Fall Sauerlandt, in: Verfolgt und Verführt. Kunst unterm Hakenkreuz in Hamburg 1933–1945, Katalog zur Ausstellung in der Hamburger Kunsthalle vom 12. Mai bis zum 3. Juli 1983, Marburg 1983, S. 68–76; Andreas Hüneke, Von der Verantwortung des Museumsdirektors – Max Sauerlandt, in: Avantgarde und Publikum. Zur Rezeption avantgardistischer Kunst in Deutschland 1905–1933, hg. von Henrike Junge, Köln u. a. 1992, S. 261–268; Beatrice Baumann, Max Sauerlandt. Das kunstkritische Wirkungsfeld eines Hamburger Museumsdirektors zwischen 1919 und 1933, Hamburg 2002.

Gudula Mayr

SCHACHT, *Hjalmar* Horace Greely, geb. 22. 1. 1877 Tingleff/Nordschleswig, gest. 3. 6. 1970 München; luth.; Reichsbankpräsident, Reichswirtschaftsminister.

Der oftmals als »Magier des Geldes« bezeichnete Wirtschaftswissenschaftler und Bankier Schacht – unter anderem Reichswährungskommissar und Reichsbankpräsident in der Weimarer Republik sowie im »Dritten Reich« von 1934 bis 1937 auch Wirtschaftsminister – verbrachte die Jahre von 1883 bis 1895 in Hamburg. Seine Eltern, obwohl keineswegs vermögend, ermöglichten ihm den Besuch des renommierten Johanneums, das er 1895 nach dem Abitur verließ. In der Rückschau bezeichnete Schacht seine Jugendjahre in Hamburg als prägend für seine geistige und berufliche Entwicklung.

Nach erfolglosen Versuchen, unter anderem in den USA und in ihrer schleswig-holsteinischen Heimat wirtschaftlich Fuß zu fassen, zog die Familie Schacht 1883 nach Hamburg. Hier lebte sie zunächst am Rande des Existenzminimums in einem Hinterhof an der Eimsbütteler Chaussee in St. Pauli. 1887, nachdem Schachts Vater William eine Anstellung als Buchhalter bei der amerikanischen »Equitable Life Insurance Company« gefunden hatte, ging es wirtschaftlich bergauf – als äußeres Zeichen dafür stand der Umzug ins Vorderhaus.

Hjalmar Schacht

Hjalmar Schacht bestand die Aufnahmeprüfung für das Johanneum Ostern 1886, obwohl er im Fach »Rechnen« sehr schlecht abschnitt. Schon während seiner Hamburger Schulzeit zeichnete Schacht sich durch Ehrgeiz aus. Seine Selbstsicherheit wurde von vielen seiner Zeitgenossen als Arroganz empfunden. Selbst aus einer großbürgerlich-adligen Familie stammend, jedoch verarmt, blieb Schacht der Zutritt zu den einflussreichen gesellschaftlichen Zirkeln Hamburgs verwehrt. In seinen Memoiren betonte er, dass die sozialen Unterschiede, die er während seiner Hamburger Schulzeit schmerzhaft zu spüren bekommen habe, tiefen Eindruck bei ihm hinterlassen hätten. Positiv merkte er an, dass sein lebenslanges Interesse am klassischen Altertum und an den Geisteswissenschaften auch auf seine Ausbildung am Hamburger Johanneum zurückzuführen sei.

Nach dem Studium der Volkswirtschaft, Finanzwissenschaft und Journalistik an den Universitäten München, Leipzig, Kiel und Paris trat Schacht 1903 zunächst als Archivar in die Dresdner Bank ein, deren stellvertretender Direktor er bereits fünf Jahre später wurde. 1918 gehörte er zu den Mitbegründern der Deutschen Demokratischen Partei (DDP), von deren liberaler Politik er jedoch immer weiter abrückte, bis er 1926 aus der Partei austrat. Im November 1923 zum Reichswährungskommissar, kurz darauf zum Reichsbankpräsidenten berufen, war Schacht an der Währungsreform, die eine kurzfristige Konsolidierung der deutschen Wirtschaft herbeiführte, beteiligt.

Seit 1930 setzte Schacht sich für die Ziele der Nationalsozialisten ein, unterstützte deren Regierungsbeteiligung ebenso wie die Ernennung Hitlers zum Reichskanzler. 1933 wurde er wiederum als Reichsbankpräsident berufen und im Jahr darauf zum Reichswirtschaftsminister ernannt. Von Mai 1935 bis November 1937 amtierte er zugleich als Generalbevollmächtigter für die Wehrwirtschaft. 1937 kam es zu einem Zerwürfnis mit Hitler, da er dessen Forderung, die Aufrüstung vollständig auf der Basis von Reichsbankkrediten zu finanzieren, ablehnte. Der Konflikt führte im gleichen Jahr zum Rücktritt Schachts als Wirtschaftsminister und 1939 auch zur Aufgabe seines Amtes als Reichsbankpräsident. Wegen seiner Kontakte zum konservativen Widerstand wurde Schacht nach dem gescheiterten Attentat vom 20. Juli 1944 verhaftet und bis Kriegsende in den Konzentrationslagern Ravensbrück und Flossenbürg interniert. 1947 wurde er zunächst aufgrund seines großen Anteils an der deutschen Aufrüstung zu acht Jahren Arbeitslager verurteilt, bereits im Jahr darauf jedoch nach der Aufhebung des Urteils im Berufungsverfahren wieder entlassen. Bis zu seinem Lebensende arbeitete der Mitinhaber der Düsseldorfer Außenhandelsbank Schacht u. Co. mit großem Erfolg unter anderem als Wirtschafts- und Finanzberater für Entwicklungsländer und hatte verschiedene Aufsichtsratsmandate inne.

WERKE Die Stabilisierung der Mark, Stuttgart u. a. 1927; Abrechnung mit Hitler, Hamburg/Stuttgart 1948; 76 Jahre meines Lebens, Bad Wörishofen 1953.

LITERATUR DBE 8; Biographisches Wörterbuch zur Deutschen Geschichte, begründet von Helmuth Roessler, bearb. von Karl Bosl, 2., überarb. Aufl., Bd. 3, München 1973; Harold James, Hjalmar Schacht – der Magier des Geldes, in: Ronald Smelser (Hg.), Die braune Elite, Bd. 2: 21 weitere biographische Skizzen, Darmstadt 1993, S. 206–218; Heinz Pentzlin, Hjalmar Schacht. Leben und Wirken einer umstrittenen Persönlichkeit, Berlin u. a. 1980; Amos E. Simpson, Hjalmar Schacht in Perspective, Den Haag u. a. 1969 (Studies in European History 18); Stuart Weitz, Hitlers Bankier: Hjalmar Schacht, Wien/München 1998.

Birgit-Katharine Seemann

SCHÄFER, Philipp Heinrich Wilhelm *Theodor*, geb. 17. 2. 1846 Friedberg/Hessen, gest. 24. 2. 1914 Rotenburg/Wümme; luth.; Pastor, erster Vorsteher der Altonaer Diakonissenanstalt, theologischer Schriftsteller.

Theodor Schäfer hat in der Übergangszeit vom 19. zum 20. Jahrhundert im Großraum Hamburg wichtige Initiativen zur Linderung der sozialen Not, vor allem der Kinder und Jugendlichen, ergriffen. Außerdem hat er durch seine schriftstellerische Arbeit der Inneren Mission, insbesondere der weiblichen Diakonie, zu einer breiten Beachtung verholfen.

Früh durch das soziale und diakonische Engagement seines Vaters Johann Peter Schäfer geprägt, der unter anderem als Taubstummenlehrer und Gründer der ersten Blindenanstalt in Friedberg im Großherzogtum Hessen (1850) wirkte, besuchte Schäfer bis 1864 zunächst die Schule der Blindenanstalt, dann die Realschule in Friedberg und das Gymnasium in Büdingen. Nach dem Abitur folgte von 1864 bis 1868 das Studium der Theologie in Gießen, Erlangen und Leipzig, das er mit dem Fakultätsexamen in Gießen abschloss. Im Anschluss an die praktische Ausbildung im Predigerseminar 1868/69 übernahm Schäfer 1869 seine erste Pfarrstelle in der deutschen evangelischen Diasporagemeinde in Paris. Seine Arbeit dort war unter anderem durch die Betreuung der sich in Paris aufhaltenden Auswanderer geprägt. Nach dem Ausbruch des Deutsch-Französischen Krieges musste er Paris verlassen und übernahm 1870 die Stelle des Inspektors und Stellvertreters des Direktors Heinrich Sengelmann in den Alsterdorfer Anstalten in Hamburg, wo er unter anderem für Unterricht, Gottesdienstvertretung, Lehrerausbildung, Personalführung und Verwaltung verantwortlich war.

Überraschend wechselte Schäfer am 5. September 1872 auf die neu geschaffene Stelle des Vorstehers der von Karl Biernatzki im Dezember 1867 gegründeten Altonaer Diakonissenanstalt in der Steinstraße 46–48 in Altona, der ersten Anstalt dieser Art in Schleswig-Holstein. In seinem fast 30-jährigen Wirken gelang es ihm, durch die Einrichtung einer Kinderkrippe und Warteschule (Vorschule) in der Gerberstraße, eines Heimes für »verwahrloste« Mädchen auf dem Gelände der Diakonissenanstalt, eines Krankenhauses – zunächst für Kinder, später auch für Erwachsene – in der Blumenstraße sowie einer Pflegeeinrichtung für Alte und Hilfsbedürftige in der Steinstraße dem sozialen Elend vieler Menschen abzuhelfen. Hervorzuheben ist die Gründung eines »Krüppelheimes« (1898) in den Räumen der Kinderklinik in Altona, das später in Alten Eichen in Stellingen angesiedelt war. Das Heim war die erste bedeutende Einrichtung für schwer körperbehinderte Kinder und Jugendliche in Norddeutschland. Die Behinderten wurden hier nicht nur medizinisch-orthopädisch hervorragend versorgt, sondern erhielten auch eine schulische und berufliche Ausbildung mit qualifizierten Abschlüssen, zum Beispiel als Tischler, Schuhmacher, Schneider, Buchbinder oder Bürstenmacher. Nach Möglichkeit sollten sie sich später selbst ernähren können. Für die Planung der Einrichtung hatte Schäfer erstmalig eine umfassende statistische Bedarfserhebung angestellt, die in Schleswig-Holstein insgesamt 4770 »verkrüppelte« Menschen zählte, darunter 1295 unter 16 Jahren. Am Ende seiner beruflichen Tätigkeit betreute das Heim über 100 Körperbehinderte. Für den fachlichen und wissenschaftlichen Austausch gab Schäfer ab 1899 das »Jahrbuch der Krüppelfürsorge« heraus.

Nachdem am 13. Oktober 1875 in Altona der neu erstellte Gebäudekomplex der Diakonissenanstalt mit Mutterhaus, Kapellenraum und Krankenhaus eingeweiht worden war, weiteten sich die Aufgaben in der Folgezeit derart aus, dass am 25. Juni 1902 in Alten Eichen in Stellingen weitere Gebäude errichtet werden mussten. Dorthin verlagerte sich später der Schwerpunkt der Arbeit. Mit dieser bedeutenden Aufbauleistung im diakonischen Bereich verband Schäfer die konzeptionelle Ausgestaltung des christlich-diakonischen Berufsbildes der nicht verheirateten Frau (vor allem aus den »gebildeteren Ständen«), indem er das von Theodor Fliedner in Kaiserswerth entwickelte Konzept der »Diakonissen-Mutterhäuser« unkritisch und nur mit wenigen Änderungen übernahm. Durch eine qualifizierte Berufsausbildung wurden Frauen gesellschaftlich anerkannte Tätigkeiten außerhalb der Familie vor allem im sozialen und gesundheitlichen Bereich ermöglicht.

Darüber hinaus hat Schäfer mit weit über 400 Titeln ein erstaunliches publizistisches Werk hinterlassen. Er hat 1879 als einer der Ersten einen historischen und systematischen »Leitfaden der inneren Mission« herausgegeben, der schon wegen seiner großen Informationsfülle Beachtung fand. Sein damit zugleich beabsichtigtes Bemühen, der »Diakonik« einen wissenschaftlichen Rang im theologischen Lehrbetrieb der Universitäten zu verschaffen, ist jedoch gescheitert. 1888 lehnte Schäfer nach sorgfältiger Prüfung eine Berufung auf den Lehrstuhl für Praktische Theologie an der Universität Greifswald ab. Seine Abhandlung »Die weibliche Diakonie in ihrem ganzen Umfang dargestellt« (3 Bde., 1879–83) trug erheblich zur öffentlichen Anerkennung einer aus christlicher Überzeugung motivierten Berufstätigkeit von Frauen im sozialen Bereich bei.

1897 würdigte die Universität Rostock Schäfers wissenschaftliche Verdienste mit der Verleihung der theologischen Ehrendoktorwürde. Aus gesundheitlichen Gründen trat Schäfer 1911 in den Ruhestand und verlebte die letzten Lebensjahre in Rotenburg/Wümme. 1992 benannte der Senat der Freien und Hansestadt Hamburg in Würdigung seiner Verdienste eine Straße im Ortsteil Stellingen in Theodor-Schäfer-Damm.

WERKE Schriftenverzeichnis: Harald Jenner, Bibliographie Theodor Schäfer, in: Schriften des Vereins für Schleswig-Holsteinische Kirchengeschichte, Reihe II. Bd. 44 (1989), S. 45–92.

LITERATUR RGG (4. Aufl.) 2 (Diakonenhäuser/Diakonissenhäuser); Rudolf Wilborn/Harald Jenner (Hg.), 125 Jahre ... dem Menschen zuliebe. Eine Festschrift zum 125jährigen Jubiläum der Ev.-Luth. Diakonissenanstalt Alten Eichen in Hamburg, Hamburg 1992; Ulrike Jenett, Nüchterne Liebe: Theodor Schäfer, ein lutherischer Diakoniker im Deutschen Kaiserreich, Hannover 2001.

Bodo Schümann

SCHÄR, *Alfred* Conrad Friedrich, geb. 5. 8. 1887 Hamburg, gest. 13. 2. 1937 (ermordet) ebd.; luth.; Lehrer, Widerstandskämpfer.

Alfred Schär, der als Lehrer an der Hamburger Gehörlosenschule tätig war, gehörte als Mitglied des Internationalen Sozialistischen Kampfbundes (ISK) dem Hamburger Widerstand gegen die Nationalsozialisten an.

Der Sohn eines Schneidermeisters hospitierte bereits als Volksschullehrer-Seminarist an der Schule der Hamburger Taubstummenanstalt und wurde dort 1908 als Hilfslehrer angestellt. Nach Ablegung der Prüfung für Taubstummenlehrer wurde

Alfred Schär

er am 1. Oktober 1912, gerade 18 Jahre alt, verbeamtet und bekam eine feste Stelle an der Gehörlosenschule. Schär war, wie zu dieser Zeit in Deutschland allgemein üblich, ein Anhänger der reinen Lautsprachmethode, die die eigene Sprache der Gehörlosen, die Gebärdensprache, unberücksichtigt ließ und die nicht hörenden Schüler nur lautsprachlich unterrichtete. Bereits 1913 begann er neben dem Unterricht seine längjährige Tätigkeit am Phonetischen Laboratorium, einer Einrichtung, die 1910 als Abteilung des Seminars für afrikanische Sprachen von Dr. Giulio Panconcelli-Calzia gegründet worden war. Er beschäftigte sich hier mit der Erforschung der Sprechweise von Gehörlosen und der Entwicklung von der Sprechforschung dienenden Apparaten. Als Kriegsteilnehmer legte Schär 1919 die Kriegsreifeprüfung ab und schrieb sich im November 1919 an der neu gegründeten Hamburger Universität ein. 1920 nahm er seine Studien am Phonetischen Laboratorium wieder auf – ab 1921 als Assistent von Panconcelli-Calzia – mit dem Ziel, den schulischen Artikulationsunterricht zu erneuern. Bis 1925 war er dafür von seiner Lehrtätigkeit befreit.

Die Tatsache, dass Schär als SPD-Mitglied 1929/30 in der Volksdorfer Gemeindeversammlung politisch aktiv war, machte ihn ab 1933 »kommunistischer Umtriebe« verdächtig. Nachdem eifrige Nachbarn ihn denunziert hatten, führten negative Äußerungen Schärs über die NSDAP im August 1934 zu einer ersten Hausdurchsuchung. Weitere Meldungen verschiedener NSDAP-Mitglieder bemängelten

die Tätigkeit von Schärs Ehefrau an einer von der Jüdin Cläre Lehmann geleiteten privaten Vorschule in der Heilwigstraße und die Tatsache, dass die Familie 1934 jüdische Kinder in Pension hatte. Die bei Schär damit diagnostizierte »staatsfeindliche« Haltung führte zu einer öffentlichen Kundgebung seiner Volksdorfer Nachbarn, auf der »Der Jude als Feind der Volksgemeinschaft« thematisiert und Schär heftig angegriffen wurde. Schär wurde von der Landesunterrichtsbehörde vorgeladen, und es wurde ihm »klar gemacht, dass er, wenn er noch einmal auffällig werden würde, nicht so einfach davon kommen würde«.

Alfred Schär gehörte als Mitglied des 1933 verbotenen ISK tatsächlich dem Hamburger Widerstand gegen die Nationalsozialisten an. Der ISK war eine selbstständige Partei, die von Anhängern des den linken Flügel der SPD unterstützenden Internationalen Jugendbundes (IJB) gegründet worden war und die »Verwirklichung der ausbeutungsfreien Gesellschaft« anstrebte. Im Zuge von Voruntersuchungen zu einem Prozess am Hanseatischen Oberlandesgericht gegen Mitglieder des Kampfbundes, für den die illegale Tätigkeit des ISK von Ende 1933 bis Ende 1936 dokumentiert wurde, geriet auch der »ISK-Funktionär« Alfred Schär ins Visier. Schär war an wirtschaftspolitischen Fragen interessiert und hatte sich seit den zwanziger Jahren in der Bodenreform-Bewegung engagiert, über die er zu Theorien der freien sozialistischen Marktwirtschaft und schließlich zum ISK gekommen war. Er hatte die bodenreformerische Siedlung Buchenkamp in Hamburg-Volksdorf initiiert und leitete zudem einen wirtschaftspolitischen Arbeitskreis von Mitgliedern und Freunden des ISK, der in der Zeit der Illegalität nach 1933 als monatlicher Treffpunkt genutzt wurde.

In der Öffentlichkeit schien Schär sich nach seiner Verwarnung durch die Landesunterrichtsbehörde mit den neuen Machthabern arrangiert zu haben. Er unterrichtete an der Gehörlosenschule und war seit September 1934 als Dolmetscher für Gehörlose zu Prozessen vor dem Erbgesundheitsgericht geladen. Dabei ging es um die persönliche Vernehmung von »Erbkranken« im Sinne des »Gesetzes zur Verhütung erbkranken Nachwuchses«, die für die Betroffenen bei Feststellung eines angeblich angeborenen Hörschadens Zwangssterilisation zur Folge hatte. Schär war Mitglied im »Arbeitskreis der Lehrer an den Schulen für Gehör- und Sprachgeschädigte«, der 1935 eine neue Prüfungsordnung für Taubstummen-, Schwerhörigen- und Sprachheillehrer entwarf. In dieser trügerischen Ruhe wurde er zum 11. Februar 1937 von der Geheimen Staatspolizei zu einer Vernehmung geladen, anschließend in »Schutzhaft« genommen und am folgenden Tag mit einer Anklage auf »Beihilfe zum Hochverrat« in das Konzentrationslager Fuhlsbüttel gebracht. Schär wurde Opfer einer reichsweiten Verhaftungsaktion, die bis zum Herbst 1937 dauerte und das Ende der illegalen Arbeit des ISK bedeutete. Laut Mitteilung der Gestapo soll sich Alfred Schär einen Tag später in seiner Zelle erhängt haben. Im Rahmen der »Motivgruppe Widerstand gegen den Nationalsozialismus« wurde 1964 eine Straße in Lohbrügge nach Alfred Schär benannt.

WERKE Die Grundstückspolitik der Freien und Hansestadt Hamburg seit 1924, Hamburg o. J. [1932].

LITERATUR Iris Groschek, Dorothea Elkan und Alfred Schär – zwei verfolgte Taubstummenlehrkräfte im »Dritten Reich«, in: Das Zeichen. Zeitschrift zum Thema Gebärdensprache und Kommunikation Gehörloser 37 (1996), S. 311–317; dies., Die Hamburger Gehörlosenschule im »Dritten Reich«, in: ZHG 86 (2000), S. 223–274.

Iris Groschek

SCHAPIRE, Rosa, geb. 9. 9. 1874 Brody/Ostgalizien, gest. 1. 2. 1954 London; isr.; Kunsthistorikerin.

Rosa Schapire war in ihrer Eigenschaft als Sammlerin und Vermittlerin eine der Wegbereiterinnen der modernen Kunst in Hamburg und baute im Kaiserreich und in der Weimarer Republik ein enges Netzwerk von Künstlern, Sammlern und Kunstinteressierten auf.

Die Kunsthistorikerin, die ihr Studium an den Universitäten Zürich, Berlin, Leipzig und Heidelberg absolviert hatte und 1904 mit einer Arbeit über Johann Ludwig Ernst Morgenstern promoviert worden war, widmete ihr gesamtes Leben der Kunst. Vor allem die Begeisterung für den Expressionismus und seine Vertreter beherrschte ihr Engagement. Nachdem sie sich im Jahre 1908 in Hamburg niedergelassen hatte, erwarb sie eine passive Mitgliedschaft bei der Künstlergruppe »Brücke« und engagierte sich zunächst für Emil

Nolde und später sehr vehement für Karl Schmidt-Rottluff.

Ebenso mutig wie ihr Schritt, sich für die noch nicht etablierte »wilde« Kunst des Expressionismus einzusetzen, war die Entscheidung gegen eine sichere beamtete Stelle. Rosa Schapire verdiente sich ihren Lebensunterhalt in Hamburg als freie Schriftstellerin und Vortragende; außerdem führte sie Kurse und Diskussionsrunden zu unterschiedlichen kunsthistorischen und kunstkritischen Themen durch, wobei der Expressionismus ihre Tätigkeit bestimmte. Ihr Hauptanliegen – das Herstellen von Kontakten zwischen Künstlern und Sammlern sowie kunstinteressierten Kreisen – setzte sie effektiv und unbeirrbar in die Tat um. Sie warb Mitglieder für die »Brücke« – von 68 fördernden Mitgliedern wohnten 24 in Hamburg –, organisierte Ausstellungen und setzte den Ankauf expressionistischer Werke für die Hamburger Kunsthalle und das Museum für Kunst und Gewerbe durch. Darüber hinaus sorgte sie durch Verkäufe aus ihrem Privatbesitz dafür, dass expressionistische Arbeiten Eingang in Hamburger Privatsammlungen fanden. Auch nachdem die »Brücke« sich im Jahre 1913 aufgelöst hatte, baute Rosa Schapire ihr hamburgisches Kunstnetzwerk und ihre Sammeltätigkeit weiter aus. Schon 1910 besaß sie eine umfangreiche grafische Sammlung ihres Protegés Schmidt-Rottluff, der ihr Engagement mit Bildergeschenken und Drucken honorierte. Sie veranlasste ihn, die grafische Gestaltung der Künstlerzeitschriften »Die rote Erde« (1919–24) und »Kündung« (1921) zu übernehmen. Im Jahre 1924 schuf sie mit der Herausgabe des Kataloges der Grafik Schmidt-Rottluffs ihr zentrales Werk. 1916 gelang es Rosa Schapire, den »Frauenbund zur Förderung deutscher bildender Kunst« ins Leben zu rufen, dessen Vorstand aus gesellschaftlich einflussreichen Frauen wie Ida Dehmel und Magda Pauli bestand. Zu einem Treffpunkt für die hamburgische Kunstszene entwickelte sich Rosa Schapires Wohnung in der Osterbekstraße 43, die 1921 von Schmidt-Rottluff gestaltet worden war. Die grün gestrichenen Wände und die in leuchtenden Farben bemalten Möbel, welche eigenwillige Kreationen Schmidt-Rottluffs darstellten, regten viele Diskussionen in den künstlerischen Zirkeln Hamburgs an.

Nach der Machtübernahme durch die Nationalsozialisten 1933 konnte Rosa Schapire ihre Arbeit nur unter sehr erschwerten Bedingungen weiterführen. Sie fasste jedoch erst 1939 – im Alter von 65 Jahren – den Entschluss zur Emigration. Ihr blieb fast nichts von ihrer materiellen Existenz. Sie konnte weder ihre Bibliothek noch ihre umfangreiche Sammlung, die unter anderem Werke von Nolde, Heckel und Kirchner enthielt, oder ihre Wohnungseinrichtung retten. Es gelang ihr lediglich, die Schmidt-Rottluff-Sammlung mit ins Londoner Exil zu nehmen. Mit Energie versuchte sie auch dort um Verständnis für den deutschen Expressionismus zu werben. Ihr Wunsch, die gerettete Schmidt-Rottluff-Sammlung der Tate-Gallery und anderen englischen Museen zu vermachen, stieß allerdings auf Befremden, da der Künstler in England nahezu unbekannt war. Nach Kriegsende arbeitete Rosa Schapire auf der Basis geringer Honorare für wissenschaftliche Verlage und Zeitungen und ging weiterhin ihrer Vortragstätigkeit nach. Sie lebte äußerst bescheiden, da ihre Arbeit kaum ihren Lebensunterhalt sichern konnte. Mit 79 Jahren starb sie an einem Herzschlag auf der Freitreppe der Tate-Gallery. Ihr Wunsch, nicht einen Tag länger zu leben, als sie arbeiten konnte, war in Erfüllung gegangen. Nach Hamburg ist sie niemals zurückgekehrt.

WERKE Karl Schmidt-Rottluffs graphisches Werk bis 1923, Berlin 1924 [Nachdruck Hamburg u. a. 1965].

LITERATUR Gerhard Wietek, Dr. phil. Rosa Schapire, in: Jahrbuch der Hamburger Kunstsammlungen 9 (1964), S. 114–160; Maike Bruhns, Rosa Schapire und der Frauenbund zur Förderung deutscher bildender Kunst, in: Henrike Junge, (Hg.), Avantgarde und Publikum. Zur Rezeption avantgardistischer Kunst in Deutschland 1905–1933, Köln u. a. 1992, S. 269–282.   *Birgit-Katharine Seemann*

SCHEEL, Käthe, geb. 18. 10. 1911 Sülfeld/ Holstein, gest. 22. 1. 1995 Hamburg; luth.; Sprachforscherin, Bearbeiterin des »Hamburgischen Wörterbuchs«.

Käthe Scheel, die aus einer Holsteiner Bauernfamilie stammte, besuchte nach der Volksschule in Sülfeld (Kreis Segeberg) die Mädchenmittelschule und die Oberrealschule in Bad Oldesloe, wo sie Ostern 1931 die Reifeprüfung ablegte. Anschließend studierte sie – abgesehen vom Sommersemester 1933, das sie in Marburg verbrachte – in Hamburg Deutsch, Geschichte, Niederdeutsch, Englisch und Philosophie. Am 13. Februar 1938 wurde Käthe

Scheel auf Grund einer Dissertation über das Thema »Wie weit entfernt sich der Satzbau der niederdeutschen Kunstprosa (insbesondere bei Johann Hinrich Fehrs) von der niederdeutschen Volkssprache?« von der Philosophischen Fakultät der Hamburgischen Universität promoviert und legte im April desselben Jahres die wissenschaftliche Prüfung für das Lehramt an Gymnasien ab. Neben ihrer Tätigkeit als freiwillige wissenschaftliche Hilfsarbeiterin für das »Hamburgische Wörterbuch« absolvierte Käthe Scheel das Referendariat und bestand im März 1941 die zweite Prüfung für das Lehramt an Gymnasien. Erst ab 1. März 1943 als Verwalterin einer Assistentenstelle am Germanischen Seminar tätig, musste sie diese Stelle bereits zum 31. März 1948 wieder räumen, da sie für den Lehrbetrieb des Instituts dringend benötigt wurde. Fortan wurde Käthe Scheels Tätigkeit für das »Hamburgische Wörterbuch« aus verschiedenen Etats bezahlt, ehe sie zum 1. April 1953 endlich in eine feste wissenschaftliche Angestelltenstelle am Germanischen Seminar der Universität Hamburg eingewiesen wurde. Zugleich wurde sie nun offiziell mit der Bearbeitung des »Hamburgischen Wörterbuchs« betraut.

Käthe Scheel war gewissermaßen »der gute Geist« des »Hamburgischen Wörterbuchs«, das Conrad Borchling und Agathe Lasch begründet hatten. Sie sicherte das Archiv über die Kriegs- und Nachkriegswirren, war durch Aufnahmen bei den Mundartsprechern wesentlich an der Sammlung des Materials beteiligt und erarbeitete mit den beiden neuen Herausgebern, Hans Kuhn und Ulrich Pretzel, die Grundsätze für die Artikelgestaltung. Die Ausarbeitung der Artikel lag allein in ihren Händen. Bei ihrem Ausscheiden Ende September 1977 war das Wörterbuch bis zum Artikel »Eemann« erarbeitet.

Neben der Wörterbucharbeit zeichnete Käthe Scheel auch eine umfangreiche Lehrtätigkeit aus: Seit 1940 hat sie Kurse über alle älteren deutschen Sprachzustände und die wichtigsten Ausprägungen der norddeutschen Sprache abgehalten.

WERKE Schriftenverzeichnis in: KDG 1980.

LITERATUR Jürgen Meier, Käthe Scheel †, in: Korrespondenzblatt des Vereins für niederdeutsche Sprachforschung 102 (1995), S. 21 f.   *Wolfgang Bachofer*

SCHELHAMMER (Schellhammer), Johannes, geb. 27. 7. 1540 Weira/Thüringen, gest. 31. 12. 1620 Hamburg; luth.; Theologe, Pastor, Senior.

Mit Johannes Schelhammer übernahm im Jahr 1590 auf dem Höhepunkt der konfessionellen Auseinandersetzungen im Alten Reich ein streng orthodoxer Lutheraner und ausgewiesener Anti-Calvinist das Pastorat an der Hamburger St. Petri-Kirche, das nach der Amtsentsetzung seines des Kryptocalvinismus verdächtigten Vorgängers Joachim Wermer am 20. August 1589 verwaist war. Sein standhaftes Engagement für die lutherische Konfession lässt ihn aus der Reihe seiner Amtskollegen herausragen und veranlasste den Hamburger Chronisten Barthold Feind, den gelehrten Theologen als eine »Säule« der hamburgischen Kirche zu preisen. Zu den Stationen des in den damaligen konfessionellen Wirren an Wechselfällen reichen Predigerlebens, das Schelhammer nach seinen Studienjahren in Jena (1556–58) bis zu seiner Berufung nach Hamburg führte, gehörten Wallhausen in Sachsen (1567), Quedlinburg (1569/70), Goslar, wo er 1570 und erneut 1586 als Hofprediger und Superintendent amtierte, sowie ein mehrjähriger Aufenthalt als braunschweigisch-lüneburgischer Hofprediger in Fallersleben. Nach seiner Wahl in das Pastorenamt an St. Petri blieb er der Elbmetropole treu; Berufungen an andere Orte lehnte Schelhammer ab. Nachdem er 23 Jahre als eifriger Streiter für den lutherischen Glauben in der Stadt gewirkt hatte, wurde er 1613 zum Senior des Geistlichen Ministeriums ernannt.

Aus der Biografie Schelhammers, die sein Sohn Sigismund Philo verfasste, geht hervor, dass er schon vor seiner Senioratszeit mit bemerkenswerter Eigenständigkeit und Entschlusskraft für den Erhalt konfessioneller Konformität eintrat, wenn es in Hamburg um kirchenpolitisch relevante Angelegenheiten ging. Dass im Jahr 1600 die Wahl des als heterodox geltenden Theologen Johan Cuno zum Pastor an St. Katharinen vereitelt wurde, lässt sich genauso auf die Initiative des Pastors an St. Petri zurückführen wie die Aufnahme einer Bestimmung in den Rezess von 1603, die den Hamburger Rat verpflichtete, seine Treue zur lutherisch-orthodoxen Glaubenslehre mit einem Eid auf die lutherischen Bekenntnisschriften zu bekräftigen. In konfessionellen Streitfragen, die sich in den Jahrzehnten seiner Amtszeit als Pastor und Senior vor

Johannes Schelhammer

allem an den in der Elbmetropole ansässigen reformierten Niederländern und später auch den sefardischen Juden entzündeten, vertrat Schelhammer eine streng lutherisch-orthodoxe Linie. Das belegt auch das Gutachten, das er gemeinsam mit den drei anderen Pastoren der großen Stadtkirchen im Jahr 1611 unter Berufung auf judenfeindliche Texte Luthers in erheblicher polemischer Schärfe verfasste, um die Duldung der sefardischen Juden in der Stadt zu verhindern.

Auch als Senior blieb Schelhammer ein streitbarer Orthodoxer. Im Gegensatz zu einigen als »Moderatisten« bezeichneten Hamburger Predigern, die für Milde plädierten, wenn Reformierten ein feierliches Begräbnis in der Stadt zuteil wurde, verharrte er gegenüber Bestattungen Konfessionsfremder auf lutherischen Friedhöfen in unbeugsamer Opposition und hielt in Kontroversen mit dem Rat stets die Fahne des reinen Luthertums hoch. Von der scharfen Strenge aber, mit der dieser Pastor, schenkt man der Darstellung seines Sohnes Philo Sigismund Glauben, auch seinem geistlichen Strafamt von der Kanzel herab nachging, ist in seinen Predigtdrucken wenig zu spüren. Diesen mehrfach aufgelegten Publikationen aus Schelhammers Feder eignet ein eher erbaulicher Charakter. Eine Streitschrift polemischer Machart, wie sie in der Epoche des Konfessionalismus üblich war, stellt dagegen die 1618 von Schelhammer verfasste, aber erst 1621 erschienene »Widerlegung der vermeynten Postill Valentinii Weigelii« dar. Darin zog er gegen den so genannten »Weigelianismus« zu Felde, der auf den nonkonformistischen mystischen Schwärmer Valentin Weigel zurückging. Im »Weigelianismus« sah Schelhammer eine dem Täuferreich in Münster vergleichbare potenzielle Bedrohung für das Luthertum. Zu den Höhepunkten seiner geistlichen Laufbahn gehörten zweifellos sein 50. Amtsjubiläum, das er im Jahr 1615 feiern konnte, und das 100-jährige Jubiläum der Reformation im Jahr 1617, für das er im Auftrag des Rates die Feierlichkeiten gestaltete.

Unter Schelhammers Ägide wurde in den Jahren 1595/96 ein folgenreicher Eingriff im Innenraum der St. Petri-Kirche vorgenommen. Seinem lutherischen Glaubenseifer folgend, ließ er den Hochaltar Meister Bertrams auseinander nehmen und an die Stelle der – ihm wohl in ihrer mittelalterlichen Symbolik unverständlichen und anstößig erscheinenden – Darstellung der Hochzeit des Messias die einer Kreuzigung Christi setzen.

Von zwei Söhnen Schelhammers ist bekannt, dass sie ihre berufliche Laufbahn in Hamburg einschlugen: Sigismund Philo Schelhammer, der Vater des späteren Ratsherrn Diedrich Schelhammer und des Bibliothekars David Schelhammer, war Prediger an St. Petri, sein Bruder Christoph Lehrer am Johanneum. Schelhammers Tochter Ursula verheiratete sich in zweiter Ehe mit dem Prediger an St. Petri Nicolaus Staphorst.

WERKE Schriftenverzeichnis in: LhS 6.

LITERATUR ADB 30; LhS 6; Jensen, Bd. 1, S. 47; Hammer/von Schade 2; Christian Beutler, Meister Bertram. Der Hochaltar von Sankt Petri. Christliche Allegorie als protestantisches Ärgernis, Frankfurt a. M. 1984, S. 72–75, 81–82; Jutta Braden, Hamburger Judenpolitik im Zeitalter lutherischer Orthodoxie 1590–1710, Hamburg 2001 (Hamburger Beiträge zur Geschichte der deutschen Juden 23), S. 61–63, 97, 122, 134.   *Jutta Braden*

SCHELSKY, Helmut, geb. 14. 10. 1912 Chemnitz, gest. 24. 2. 1984 Münster; Soziologe.

Die 14 Jahre von 1946 bis 1960, die Helmut Schelsky in Hamburg verbrachte, verbinden die Zeit seines Studiums und seiner frühen akademischen Berufspraxis in der Zeit des NS-Regimes mit dem größten Professionalisierungsschub in der Geschichte des Faches Soziologie in Deutschland, den er an den Universitäten Münster und Bielefeld zwischen 1960 und 1974 auf den Weg brachte.

Helmut Schelsky

Das Studium der Philosophie, Germanistik, Geschichte, Pädagogik und Soziologie in Königsberg und Leipzig schloss der junge Schelsky nach vier Jahren 1935 in Leipzig mit der Oberlehrerprüfung und der Dissertation »Theorie der Gemeinschaft nach Fichtes ›Naturrecht‹ von 1796« bei Hans Freyer ab. Es folgten Assistenzen bei Arnold Gehlen in Leipzig und ab 1938 in Königsberg, wo sich Schelsky 1940 mit der Schrift »Thomas Hobbes. Eine politische Lehre« habilitierte. Im November 1939 wurde er dort Dozent für Philosophie und Soziologie; 1943 erreichte ihn eine Berufung auf den Lehrstuhl für Soziologie und Staatsphilosophie an der Reichsuniversität Straßburg, der er jedoch nicht mehr folgte. Bis Mai 1945 diente er als Soldat an der Ostfront. Schelskys erfolgreiche wissenschaftliche Entwicklungsjahre fallen mithin in die Zeit des »Dritten Reichs«. Versuche der Identifizierung mit dem Regime, zum Beispiel durch die Mitgliedschaft im NS-Studentenbund, blieben nicht aus, was nach dem Krieg zu einer Distanzierung von der nationalsozialistischen Herrschaft führte, die an eine Ausblendung dieser Jahre grenzte.

Ende 1945 gründete Schelsky den Suchdienst des Deutschen Roten Kreuzes und wurde DRK-Generalsekretär in der Britischen Besatzungszone mit Sitz in Hamburg. Zugleich betätigte er sich publizistisch in der Sozialdemokratie nahe stehenden Zeitungen. Seine Bewerbung auf den vakanten Lehrstuhl für Soziologie an der Universität Hamburg wurde – unter anderem mit dem Hinweis auf die »schlimmen politischen Erfahrungen mit einer nur instrumentalen Beurteilung des gesellschaftlichen Lebens« – abschlägig beschieden.

Seine Lehrtätigkeit begann Schelsky an der Akademie für Gemeinwirtschaft in Hamburg am 1. November 1948, zunächst im Rahmen einer Lehrstuhlvertretung, dann ab Sommersemester 1949 als ordentlicher Professor für Soziologie. 1949/50 war er Leiter dieser von Gewerkschaften und Genossenschaften eingerichteten Institution des zweiten Bildungsweges. Ordinarius für Soziologie an der Universität Hamburg wurde er schließlich am 1. Mai 1953. Eine seiner ersten Initiativen bestand darin, Soziologie als Promotions- und damit als Prüfungsfach anerkennen zu lassen und die Doppelmitgliedschaft des Faches sowohl in der Rechts- und Staatswissenschaftlichen (später Wirtschafts- und Sozialwissenschaftlichen) als auch in der Philosophischen Fakultät durchzusetzen, eine Regelung, die bis zur Auflösung der alten Fakultäten im Jahr 1969 Bestand hatte. In den folgenden Jahren entstanden erste umfangreiche Untersuchungen zur Nachkriegsfamilie, zur Sexualität, zur Automatisierung und Schule, zur Lage der Jugend, zu Religion und Kirche sowie zum Klassenbegriff. Schelsky zeigte dabei sein Talent, Problemzusammenhänge so auf den Begriff zu bringen (und oft in einem Buchtitel festzuhalten), dass sie schnell und dauerhaft ins öffentliche Bewusstsein drangen. Beispiele dafür sind »Die skeptische Generation« (1957), »Einsamkeit und Freiheit« (1963), »Auf der Suche nach Wirklichkeit« (1965) und »Die Arbeit tun die anderen« (1975).

In seiner Forschungsarbeit verzichtete Schelsky auf eine Einbettung des Untersuchungsfalles in eine allgemeine Theorie; zu sehr fürchtete er die Herrschaft von Ideologien und Weltanschauungen und einen damit verbunden Realitätsverlust. Pragmatisch beschränkte er sich auf ganz konkrete Fragen, Problemlagen und Lebensbereiche und bot damit einem breiteren Publikum Überlegungen und Deutungsmuster an, die sich mit dessen eigenen Erfahrungen verbinden ließen. Ein durchgehender theoretischer Zug findet sich allerdings in der kulturanthropologisch begründeten Forderung nach Stabilität der Institutionen. Soziologie hatte für Schelsky keinerlei bleibende Aufgaben oder Wesensbestimmungen. Sie war ihm ausschließlich situationale Analyse der Gegenwartsgesellschaft unter Berücksichtigung historischer Faktoren. Wie er

es selber schon voraussah, ließ solche zeitdiagnostische Zuspitzung die einzelnen Resulate seiner Forschung bald veralten. Sie haben heute eher einen dokumentarischen Wert für die Rekonstruktion der Gründungs- und Aufbauphase der Bundesrepublik Deutschland. Das Licht der großen Kulturprobleme, um mit Max Weber zu reden, ist weitergezogen.

In heute kaum noch vorstellbarem Ausmaß wirkte Schelsky mit seinen auch in Übersetzungen verbreiteten Schriften, mit Vorträgen, als Herausgeber wissenschaftlicher Reihen und Jahrbücher, mit seiner Mitarbeit in Gremien, Ämtern und Stiftungen, schließlich auch durch seine Absolventen in das öffentliche Leben hinein: auf Parteien, Verbände, die Sozialversicherung, die Wirtschaft, selbst auf Regierungskreise. Schelsky war letzten Endes, was oft zu Unrecht übersehen wurde, emphatischer Aufklärer. Die Freiheit des Einzelnen sollte gewahrt bleiben, die Wissenschaft Soziologie zu sozialer Eigenverantwortung erziehen. Als sein Fach diesen Anspruch nicht mehr einzulösen schien, bekannte er sich zum »Anti-Soziologen« (1981), zum Gegner einer Disziplin, die das Geschick des Menschen ausschließlich von sozialen Faktoren determiniert sieht. 1960 ging Schelsky an die Sozialforschungsstelle Dortmund der Universität Münster. Unter seiner Leitung wurden in einem Jahrzehnt mindestens 150 Soziologen habilitiert. 1970 wurde er mit der Gründung der Fakultät für Soziologie in Bielefeld beauftragt, 1978 emeritiert.

WERKE Wandlungen der deutschen Familie in der Gegenwart. Darstellung und Deutung einer empirisch-soziologischen Tatbestandsaufnahme, Dortmund 1953; Soziologie der Sexualität. Über die Beziehungen zwischen Geschlecht, Moral und Gesellschaft, Hamburg 1955; Die skeptische Generation. Eine Soziologie der deutschen Jugend, Düsseldorf 1957; Ortsbestimmung der deutschen Soziologie, Düsseldorf 1959.

LITERATUR Dieter Wyduckel, Bibliographie Helmut Schelsky, in: Recht und Gesellschaft. Festschrift für Helmut Schelsky zum 65. Geburtstag, hg. von Friedrich Kaulbach und Werner Krawietz, Berlin 1978, S. 791–835, fortgesetzt in: Recht und Institution. Helmut-Schelsky-Gedächtnissymposion Münster 1985, hg. von der Rechtswissenschaftlichen Fakultät der Universität Münster, Berlin 1985 (Münsterische Beiträge zur Rechtswissenschaft 15), S. 106–117; Horst Baier (Hg.), Helmut Schelsky – ein Soziologe in der Bundesrepublik. Eine Gedächtnisschrift von Freunden, Kollegen und Schülern, Stuttgart 1986 (Soziologische Gegenwartsfragen, Neue Folge, 46); Rainer Waßner (Hg.), Wege zum Sozialen. 90 Jahre Soziologie in Hamburg, Opladen 1988. *Rainer Waßner*

SCHERER, Hans d. Ä., geb. um 1535 Hamburg, gest. Sommer 1611 ebd.; luth.; Orgelbauer.

Hans Scherer, zur Unterscheidung von seinem gleichnamigen Sohn meist mit dem Zusatz »d. Ä.« versehen, war der bedeutendste Vertreter einer in Hamburg tätigen Orgelbauerfamilie, die für nahezu 100 Jahre den Klang und das Aussehen der Hamburger Orgeln prägte und Hamburg zum Zentrum des nordeuropäischen Orgelbaus machte.

Von seinem Vater Jacob Scherer ausgebildet, übernahm Hans Scherer die Traditionen des zu Beginn des 16. Jahrhunderts führenden Brabanter Orgelbaus und entwickelte deren Werkaufbau durch die Trennung des Pedals von der Hauptwerklade weiter zum so genannten Hamburger Prospekt mit seinen charakteristischen seitlichen Pedaltürmen. Seit den frühen fünfziger Jahren als Gehilfe seines Vaters bei Reparaturarbeiten an der Lüneburger Michaeliskirche und an der Hamburger Jacobikirche urkundlich erwähnt, machte Hans Scherer sich 1571 als Orgelbauer in Bernau bei Berlin selbstständig. Spätestens 1587 kehrte er nach Hamburg zurück und war hier an allen Hauptkirchen mit Ausnahme von St. Nikolai und am Dom mit Reparaturarbeiten und umfangreichen Erweiterungsbauten beschäftigt. Sein wichtigster Neubau für Hamburg war die Orgel in der Gertrudenkapelle, die 1607 in dem durch den ausführlichen Bericht des Pastors Lucas van Cöllen berühmten Einweihungsgottesdienst eine bedeutende Rolle spielte. Weitere Neubauten Hans Scherers d. Ä. waren die Orgeln für die Meldorfer Kirche, für St. Georg in Hildesheim und für die Schlosskapellen in Brake und in Rotenburg. Sein Sohn Hans Scherer d. J. führte nach dem Tod des Vaters die Werkstatt weiter. Im Gegensatz zu den Arbeiten des Vaters, die nicht überdauert haben, hat sich einer der bedeutendsten Orgelneubauten des Sohnes, die Orgel in St. Stephani in Tangermünde, mit wenigen Veränderungen bis heute erhalten.

LITERATUR Gustav Fock, Hamburgs Anteil am Orgelbau im niederdeutschen Kulturgebiet, in: ZHG 38 (1939), S. 289–373. *Gisela Jaacks*

SCHIMMELMANN, Heinrich Carl (1762 Baron, 1779 Lehnsgraf von), geb. 13. 7. 1724 Demmin, gest. 15. 2. 1782 Kopenhagen; ev.; Kaufmann, dänischer Schatzmeister, Diplomat.

Heinrich Carl Schimmelmann entstammte einer angesehenen Mecklenburger Kaufmannsfamilie. Sein Vater betrieb in der pommerschen Stadt Demmin einen Landhandel und war Ratsherr. 16-jährig erlernte der junge Schimmelmann die Handlung in Stettin und machte sich anschließend in Hamburg mit einem Transportunternehmen selbstständig. Bei Ausbruch des Zweiten Schlesischen Krieges (1744) begab sich der ehrgeizige Kaufmann zur preußischen Armee, um seine Dienste als Heereslieferant anzubieten. Er ließ sich in Sachsen nieder und erwarb 1745 in Dresden das Bürgerrecht. Schnell erlangte er Zugang zu den ersten Kreisen der Gesellschaft und fand einflussreiche Gönner. Im Haus des Generalintendanten des sächsischen Kommerzwesens Heinrich Ernst von Gersdorff lernte Schimmelmann seine künftige Frau Caroline Tugendreich Friedeborn kennen. Er gründete eine Handlung für Kolonialwaren und beteiligte sich an der einträglichen Spekulation mit sächsischen Staatspapieren. Als Mitpächter der kursächsischen Generalakzise gewann er wichtige Einblicke in die staatliche Ökonomie. Nach der Besetzung Sachsens durch preußische Truppen 1756 übertrug ihm Friedrich II. die Getreidelieferungen für das preußische Heer und ernannte ihn zum Preußischen Geheimrat. An die Fouragelieferung knüpfte sich bald das Angebot des preußischen Königs, die beschlagnahmte Meißener Porzellanmanufaktur samt Lagerbeständen zu übernehmen. Die Pachtung durch Schimmelmann erfolgte mit Zustimmung des sächsischen Hofes, der das Fabrikgeheimnis retten wollte.

1757 setzte Schimmelmann sich mit seiner Familie, einem Teil seiner Mitarbeiter sowie mindestens 110 Kisten Meißener Porzellan nach Hamburg ab. Über einen Strohmann erwarb er ein prächtiges Palais zu Füßen der Michaeliskirche in der Mühlenstraße, das er aufwendig umbauen ließ. Mit einer Straßenfront von 36 Metern erregte das stattliche Haus die Bewunderung der Zeitgenossen. Das Hamburger Bürgerrecht wurde dem Zugereisten vom Rat verweigert, da man befürchtete, dass er »alle Handlung an sich reißen« könnte. Weiterhin

Heinrich Carl Schimmelmann

unterhielt Schimmelmann enge Beziehungen zu Friedrich II., der über ihn englische Hilfsgelder und Lieferungen für seine Armee bezog. Nach dem Vorbild des preußischen Königs beteiligte er sich von Hamburg aus in Holland, Holstein und Mecklenburg an der Prägung und Verbreitung von minderwertigen Münzen. 1759 kaufte er für 180 000 Reichstaler das vor den Toren Hamburgs gelegene Gut Ahrensburg. Das Renaissanceschloss ließ er neu ausstatten, die Schlossinsel umgestalten und anstelle des alten Bauerndorfes Woldenhorn nach barockem Vorbild eine Residenzstadt in Miniaturform anlegen. Drei Jahre später – 1762 – erwarb er für 110 000 Reichstaler Gut und Dorf Wandsbek. Unter Schimmelmann erlebte der Ort einen gewaltigen Aufschwung. Der neue Eigentümer errichtete repräsentative Wohnbauten für wohlhabende Hamburger und förderte die Ansiedlung von Gewerbebetrieben, darunter Kattundruckereien und Brauereien. Aus den Erträgen der Wandsbeker Lotterie gründete er eine »Milde Stiftung für Arme«, und durch ihn unterstützt erschien ab 1771 der »Wandsbeker Bothe« unter der Redaktion von Matthias Claudius. Anstelle der alten Wandesburg baute Schimmelmanns aus Sachsen mitgebrachter Baumeister Carl Gottlob Horn für ihn ein Schloss im frühklassizistischen Stil.

1761 trat der reiche Unternehmer in dänische Dienste. Er wurde zum dänischen Generalkommerzintendanten in Hamburg und zum Gesandten beim Niedersächsischen Reichskreis ernannt. 1762 erfolgte seine Erhebung in den dänischen Freiherrenstand. 1767 wurde er Mitglied und treibende Kraft im Generallandesökonomie- und Kommerzkollegium, und 1768 übernahm er als Schatzmeister die Gesamtverantwortung für den Handel und die Finanzen des dänischen Staates. Die Regierung in Kopenhagen erwartete von ihm die Sanierung der vor allem durch Rüstungsausgaben maroden Staatsfinanzen. Mit großer Energie reformierte Schimmelmann das dänische Finanzwesen. Er vermittelte durch seine guten Kontakte zur Hamburger Kaufmannschaft zinsgünstige Kredite, sorgte für den Verkauf unrentabler Domänen und ließ eine außerordentliche Kopfsteuer erheben. Den Städten in den wirtschaftlich besser gestellten Herzogtümern wurde eine Zwangsanleihe auferlegt. Hamburg, das sich dagegen wehrte, wurde 1762 durch militärische Drohungen gezwungen, eine Million Reichstaler zu zahlen. Aufgrund der wütenden Proteste der Hamburger Bevölkerung sah sich der Rat genötigt, das Schimmelmannsche Palais durch die Bürgerwache zu schützen. In demselben Palais fanden durch Vermittlung von Schimmelmann Verhandlungen statt, die 1768 zur staatsrechtlichen Anerkennung der Reichsunmittelbarkeit Hamburgs durch das dänisch regierte Herzogtum Holstein führten (Gottorfer Vergleich). Auch am Abschluss des Gottorfer Tauschvertrags mit Russland 1773 war Schimmelmann als wirtschaftlicher Gutachter beteiligt. Mit Nachdruck setzte er sich für den Bau des Schleswig-Holstein-Kanals (1776–84) ein. Der Vorläufer des Nord-Ostsee-Kanals war der seinerzeit bedeutendste Seeschifffahrtskanal der Welt.

Im Zuge der Privatisierung der Domänen erwarb Schimmelmann ab 1763 umfangreichen Plantagenbesitz in Dänisch-Westindien und Fabriken in Dänemark, darunter eine Gewehrfabrik in Hellebæk und eine Zuckerraffinerie in Kopenhagen. Mit Hilfe der neuen Besitzungen beteiligte er sich überwiegend von seinem Hamburger Kontor aus als eine von wenigen Privatpersonen am lukrativen atlantischen Dreieckshandel. Mit rund 1000 Negersklaven war er einer der größten Sklavenhalter seiner Zeit. Seine staatlichen Ämter setzte er zur Vermehrung seines privaten Vermögens ein. Am Ende seines Lebens war er der größte Steuerzahler Dänemarks. Allein den Wert der vier Plantagen in Dänisch-Westindien und der Zuckerraffinerie in Kopenhagen veranschlagte Schimmelmann in seinem Testament mit 1,3 Millionen Reichstaler. Die Krone Dänemarks geizte nicht mit Dank. Dem weißen Band des Danebrogordens folgte 1774 das blaue Band des Elefantenordens und schließlich 1779 die Erhebung in den Lehnsgrafenstand. Seinen fünf überlebenden Kindern – alle heirateten in angesehene Adelsfamilien ein – hinterließ Schimmelmann eine sorgsam geordnete reiche Familienstiftung. Im von Carl Gottlob Horn erbauten Schimmelmann-Mausoleum (1792) auf dem ehemaligen Friedhof der Christuskirche in Wandsbek befinden sich die Sarkophage Schimmelmanns und seiner Frau. 1945 wurden die Schimmelmannstraße und der Schimmelmannstieg in Jenfeld und Marienthal nach dem einstigen Gutsherrn benannt. Seit 1951 erinnert in Marienthal auch die Schimmelmannallee an ihn.

LITERATUR ADB 31; SHBL 7; Christian Degn, Die Schimmelmanns im atlantischen Dreieckshandel. Gewinn und Gewissen, Neumünster 1974. *Sebastian Husen*

SCHLUNCK, Kurt Albert *Martin*, geb. 6. 10. 1874 Calicut/Ostindien, gest. 18. 2. 1958 Tübingen; luth.; Missionswissenschaftler.

Als einer der ersten protestantischen Missionswissenschaftler hatte Martin Schlunck großen Einfluss auf die Missionsarbeit. Nach den theologischen Examina (1898/99) und einer Tätigkeit als Hauslehrer in Kruckow/Vorpommern (1898–1900) war er von 1903 bis 1908 Pfarrer in Bottschow/Neumark, anschließend ab 1908 zunächst Inspektor und von 1913 bis 1927 Direktor der Norddeutschen Missionsgesellschaft, die ihren Sitz 1910 von Bremen nach Hamburg verlegte. 1927/28 wirkte er als Missionsdirektor der Hanseatischen Kirchen Hamburg, Lübeck und Bremen und von 1928 bis zu seiner Emeritierung 1941 als Professor für Missionswissenschaft an der Tübinger Universität. Ab 1913 lehrte Schlunck Missionswissenschaft am Kolonialinstitut in Hamburg, 1916 auch am Christlich-Sozialen Frauenseminar. In den Jahren von 1919 bis 1927 setzte er seine Lehrtätigkeit an der Hamburger Universität fort. Von 1924 bis 1946 war er Vorsitzender des Deutschen Evangelischen Missions-Tages, anschließend führte er bis zu seinem Tode den Vorsitz im Missions-Rat. Schlunck rechtfertigte den deutschen Kolonialismus, wollte die Eingeborenen »zivilisieren« und eine Nachfrage nach europäischen Konsumgütern erzeugen. Im »Dritten Reich« betonte er die Bedeutung von »Rasse« und »Blut« für die Kirche.

WERKE Die Schulen für Eingeborene in den deutschen Schutzgebieten am 1. Juni 1911. Auf Grund einer statistischen Erhebung der Zentralstelle des Hamburgischen Kolonialinstituts dargestellt, Hamburg 1914 (Abhandlungen des Hamburgischen Kolonialinstituts 18 = Reihe A: Rechts- und Staatswissenschaften 4); Die Weltanschauung im Wandel der Zeit. Eine Einführung für Suchende, Hamburg 1921; Die Weltreligionen und das Christentum. Eine Einführung, Hamburg 1923; Die Weltmission der Kirche Christi. Ein Gang durch neunzehn Jahrhunderte, 2., verb. Aufl. Stuttgart 1951.

LITERATUR BBKL 9; Rainer Hering, Theologische Wissenschaft und »Drittes Reich«. Studien zur Hamburger Wissenschafts- und Kirchengeschichte im 20. Jahrhundert, Pfaffenweiler 1990 (Reihe Geschichtswissenschaft 20); Werner Ustorf, Sailing on the Next Tide. Missions, Missiology, and the Third Reich, Frankfurt a. M. u. a. 2000 (Studies in the Intercultural History of Christianity 125). *Rainer Hering*

SCHMEDEMANN, Walter, geb. 3. 2. 1901 Hamburg, gest. 1. 4. 1976 Bad Bevensen; luth.; Politiker, Gesundheitssenator.

»Sachlich, überparteilich, aber nicht unpolitisch« wolle er sein Amt führen, sagte Walter Schmedemann, als er im Jahr 1948 zum Gesundheitssenator in Hamburg ernannt wurde. Mit dieser Haltung begegnete er der Notlage in der Gesundheitsversorgung: Ein Mangel an Ärzten, ein katastrophaler Bettenmangel und Versorgungsengpässe beherrschten das Bild in den Hamburger Krankenhäusern. Schmedemann wusste, was dies für die Patienten und für das Personal bedeutete, war er doch selbst Pfleger im Allgemeinen Krankenhaus in St. Georg gewesen.

Nach dem Besuch der Volksschule und einer kaufmännischen Lehre war Schmedemann zunächst als Arbeiter im Hafen und bei den Gaswerken tätig gewesen, bevor er 1924 »Staatsarbeiter« im Allgemeinen Krankenhaus in St. Georg wurde. Früh war er der sozialistischen Bewegung beigetreten. Zunächst in der Jugendbewegung, ab 1917 bis zur Wiedervereinigung mit der SPD bei der USPD aktiv, hatte er in den zwanziger Jahren verschiedene Positionen in der Hamburger SPD inne und machte rasch Parteikarriere. Als Distriktsführer der

Walter Schmedemann

SPD in Eilbek wurde Schmedemann 1932 in die Hamburger Bürgerschaft gewählt. Gleichzeitig war er Betriebsratsvorsitzender im Krankenhaus St. Georg, doch seinen Lebensunterhalt musste er weiterhin mit dem Ausfahren von Essen verdienen, da das Amt in der Bürgerschaft damals noch ein unentgeltliches Ehrenamt war. Eine Bewerbung als Materialverwalter im Krankenhaus wurde abschlägig beschieden.

Nach der Machtübernahme der Nationalsozialisten wurde Schmedemann 1933 aus politischen Gründen entlassen. Er bekämpfte das Regime aktiv und hatte zeitweise eine leitende Funktion im sozialdemokratischen Widerstand in Norddeutschland. Bis zu seiner Verhaftung im Herbst 1934 war er der führende Kopf der für den Widerstand der Hamburger SPD maßgeblichen »Schmedemann-Gruppe«, die sich hauptsächlich aus SPD-Distriktsführern zusammensetzte. Die Gruppe versuchte, die Stadtteilorganisationen der SPD trotz des Parteiverbots aufrechtzuerhalten und mit selbst gedruckten Flugblättern und vervielfältigten Aufklärungsschriften zu versorgen. Insgesamt wurde Schmedemann in den Jahren von 1933 bis 1945 achtmal verhaftet und zwischenzeitlich wieder freigelassen. In den Konzentrationslagern Fuhlsbüttel und Sachsenhausen sowie insbesondere im Untersuchungsgefängnis der Gestapo in Hamburg wurde er schweren Folterungen unterworfen, wie er später Vertrauten berichtete.

Nach Ende des Krieges arbeitete Schmedemann wieder einige Monate im Krankenhaus St. Georg, bevor er als einer der führenden Sozialdemokraten in Hamburg noch 1945 Sozialreferent in der Gesundheitsbehörde und 1946 Personaldezernent wurde. 1948 wählte ihn die Bürgerschaft als Nachfolger von Friedrich Dettmann zum Gesundheitssenator. Abgesehen von einer Unterbrechung in der Zeit des »Hamburg-Block«-Senats von 1953 bis 1957 hatte er das Amt bis zu seinem Ausscheiden aus Altersgründen im Jahr 1967 inne. Dem vornehmlichen Erfordernis, die medizinische Versorgung zu verbessern, begegnete er unmittelbar nach Kriegsende mit zügigen Krankenhausbauten zur Notversorgung in Rissen und Heidberg. In den fünfziger und sechziger Jahren favorisierte er den Bau von Hochhaus-Kliniken mit modernster technischer Ausstattung, die überregional Maßstäbe setzten. In diese Zeit fallen die Neubauten der Allgemeinen Krankenhäuser in St. Georg (1957–67) und Harburg (1963–68) sowie die Grundsteinlegung des Altonaer Krankenhauses (1961; fertig gestellt 1970). Darüber hinaus setzte sich Schmedemann vor allem für das Veterinärwesen, die hygienische Versorgung und für die Schwesternwohnheime der Stadt ein. Ein Gesundheitssystem, das für alle bezahlbar blieb, war für ihn dabei oberstes Prinzip. Von 1945 bis 1962 war er zweiter Vorsitzender der SPD-Landesorganisation Hamburg.

Legendär waren Schmedemanns Unbeirrbarkeit und Zähigkeit. Nachdem der passionierte Angler einmal in der Flensburger Förde trotz schweren Seegangs zum Fischen ausgelaufen war und nur in letzter Minute hatte gerettet werden können, hielt sich hartnäckig das Gerücht, dass er nach dem Auftauchen aus der See immer noch seine Pfeife im Mund gehabt habe. 1971 verlieh der Senat Walter Schmedemann die Bürgermeister-Stolten-Medaille. In seiner Festrede sagte Schmedemann: »Ich freue mich, dass ein Hamburger Jung' aus Barmbek zu dieser Ehre gekommen ist.«

LITERATUR Gabrielsson, S. 64; Karl Ditt, Sozialdemokraten im Widerstand. Hamburg in der Anfangsphase des Dritten Reiches, Hamburg 1984; Walter Tormin, Die Geschichte der SPD in Hamburg 1945 bis 1950, Hamburg 1994 (Forum Zeitgeschichte 4); Der Freiheit verpflichtet. Gedenkbuch der deutschen Sozialdemokratie, hg. vom Vorstand der Sozialdemokratischen Partei Deutschlands, Marburg 2000, S. 291 f.   *Felix Brahm*

SCHNACKENBURG, Bernhard, geb. 5. 7. 1867 Schwetz/Kreis Graudenz, gest. 27. 1. 1924 Altona; luth.; Jurist, Kommunalbeamter, Bürgermeister.

Der 1909 zum Bürgermeister und im Jahr darauf zum Oberbürgermeister von Altona ernannte Bernhard Schnackenburg verfolgte eine Doppelstrategie: Altona sollte durch kräftige Eigenentwicklung den Anschluss an das übermächtige Hamburg nicht verlieren und im günstigsten Fall mit ihm eine stadtstaatliche oder kommunale Einheit bilden.

Schnackenburg, der seine ersten Berufserfahrungen als wissenschaftlicher Hilfsarbeiter in der Breslauer Stadtverwaltung gemacht hatte, 1896 als Magistratsassessor nach Posen gewechselt und dort im selben Jahr besoldeter Stadtrat geworden war, ging 1899 als Stadtrat nach Halle und wurde 1903 an die Verwaltungsspitze im Berliner Vorort Friedenau (14 000 Einwohner) gewählt – eine im Rahmen der Selbstverwaltung letztverantwortliche Stellung, die ihm wichtiger war als das Angebot, Stadtrat in Breslau zu werden. Als er 1909 nach Altona ging, folgten ihm aus Friedenau Glückwünsche und Ehrungen, die nicht zuletzt seine großzügige Ausgabenpolitik zum Anlass hatten – eingeschlossen die Bereitschaft zur öffentlichen Verschuldung.

Schnackenburg machte sich sogleich daran, »durchgreifende Staatshilfe« anzumahnen, damit die Altonaer sich künftig »nicht als halbe Hamburger, sondern als ganze Preußen« verstünden. Steuer- und baupolitische Forderungen, so etwa die nach einer Niederlegung von Teilen der Altstadt, standen an erster Stelle, gefolgt von Empfehlungen zum Bevölkerungswachstum und zur Territorialerweiterung durch weitere Eingemeindungen aus dem Kreis Pinneberg. Schnackenburg scheiterte mit dem Prestigeprojekt eines Altonaer Opernhauses, verzeichnete ansonsten aber überwiegend Erfolge und lehnte 1913 einen Wechsel an die Spitze Charlottenburgs ab. Das 250-jährige Jubiläum der Erhebung Altonas zur Stadt wurde vor allem mit der im Mai 1914 eröffneten Gartenbauausstellung begangen.

Als der Hamburger Senat 1915 gegenüber den Staaten Preußens und des Reiches eine Groß-Hamburg-Offensive startete, erhielt er von den Oberbürgermeistern der Städte Wandsbek (Erich Wasa Rodig) und Altona Unterstützung. Nach Kriegs-

Bernhard Schnackenburg

ende traten die jetzt auch mit Sozialdemokraten wie Max Brauer besetzten städtischen Kollegien für »die Beseitigung der staatlichen und kommunalen Grenzen zwischen Hamburg und Altona« ein und forderten den Zusammenschluss zum »Wirtschaftsgebiet Groß-Hamburg« sowie einen »Polizeizweckverband Groß-Hamburg«. Von März bis August 1919 fungierte Schnackenburg, der im selben Jahr der DDP beigetreten war und kurze Zeit als Staatssekretär im preußischen Innenministerium im Gespräch war, als letzter Oberpräsident seiner weitgehend dem Verlust geweihten Heimatprovinz Westpreußen in Danzig – von der Stadt Altona bei vollen Bezügen beurlaubt. Als glühender Patriot vermied er anschließend gleichwohl die antipreußische Spitze in seinen Groß-Hamburg-Vorstößen, indem er darauf hinwies, es komme als ebenbürtige Alternative zur Eingemeindung Altonas auch ein Aufgehen Hamburgs in Preußen in Frage. Da sich eine hamburgisch-preußische Einigung nicht abzeichnete, konzentrierte sich Schnackenburg, der 1921 – ungeachtet einer sozialdemokratischen Mehrheit in der Stadtverordnetenversammlung – für weitere zwölf Jahre in seinem Amt bestätigt wurde, auf die Verbesserung der Stellung Altonas, insbesondere die Schaffung eines »Groß-Altona«. Erst 1927, drei Jahre nachdem Schnackenburg an Typhus gestorben war, kam es zur Eingemeindung Stellingen-Langenfeldes, Eidelstedts, Lurups, Osdorfs, Groß Flottbeks, Klein Flottbeks, Nienstedtens, Blankeneses, Sülldorfs und Rissens.

LITERATUR Helmut Stubbe-da Luz, Die Oberbürger-

meister Heinrich Denicke, Harburg, Bernhard Schnackenburg, Altona, Erich Wasa Rodig, Wandsbek, Hamburg
1992 (HLb 6). *Helmut Stubbe-da Luz*

SCHÖNFELDER, Heinrich Ferdinand *Adolph*,
geb. 5. 4. 1875 Hamburg, gest. 3. 5. 1966 ebd.;
luth., Kirchenaustritt in frühen Jahren; Senator,
Bürgerschaftspräsident.

Vom Zimmermann zum Parlamentspräsidenten, so
lässt sich Adolph Schönfelders Lebenslauf charakterisieren. Wie sein Vorbild Otto Stolten verkörperte er den Weg von Untertanen und »vaterlandslosen
Gesellen« zu gleichberechtigten und mitgestalten-
den Staatsbürgern. Als Senator und Bürgerschaftspräsident zählt der Sozialdemokrat zu Hamburgs
führenden Politikern des 20. Jahrhunderts.

Schönfelders Wiege stand nahe der Kehrwiederspitze, in jenem Quartier, das bald darauf der Speicherstadt und dem Freihafen weichen musste. Sein
Vater, Louis Gustav Schönfelder, ein gelernter Tischler, war Konstabler (Schutzmann), seine Mutter Maria Sophia, geborene Koch, hatte als Dienstmädchen
gearbeitet. Seine Kindheit verbrachte er in Barmbek,
das 1874 von Dorf zum Vorort geworden war und
1894 ein Hamburger Stadtteil wurde.

Nach dem Besuch der Volksschule erlernte
Schönfelder das Zimmererhandwerk. Zu den Bauten, an denen er mitarbeitete, gehörten das spätere
Hochbahnhaus an der Steinstraße, das Ziviljustiz-
gebäude und das Haus der Hamburger Feuerkasse
(Kurze Mühren/Lilienstraße). 1898 schloss er sich
dem Zimmererverband an, 1901 der SPD. 1903 wurde er Mitglied des Vorstandes seiner Gewerkschaft,
1905 hauptamtlicher Sekretär und von Juli 1921 bis
Mai 1926 Vorsitzender des Zentralverbandes der
Zimmerer. Von 1915 bis 1918 war er Soldat. 1919 wurde Schönfelder in die Hamburgische Bürgerschaft
gewählt und widmete sich vor allem der Bildungspolitik. Sein besonderes Interesse galt der pädagogischen Reformbewegung, dem Zusammenwirken
von Eltern und Lehrern sowie der Gründung der
Universität, die er mit Senator Emil Krause entschieden befürwortete. Dem Landesvorstand der
SPD gehörte er seit 1919, der Kontrollkommission
der Partei auf Reichsebene seit 1920 an. 1925 wurde
Schönfelder Mitglied des Senats, zunächst zuständig für die Baubehörde, von 1926 bis 1933 als »Poli-
zeiherr« für die Polizei. Er verbesserte die Organi-

Adolph Schönfelder

sation der Polizei, setzte 1927 eine weibliche Krimi-
nalpolizei und 1928 ein Polizeibeamtengesetz
durch. Wichtig war ihm die Zusammenarbeit mit
den Gewerkschaften. Er warb für die Polizei in den
eigenen Reihen, suchte republikanische Kräfte für
die Polizei zu gewinnen und in ihr zu stärken. Im
Zeichen zunehmender wirtschaftlicher Schwierigkeiten, sozialer Spannungen und politischer Radi-
kalisierung konnten Faustrecht und Gewalt, in deren Abwehr er die wichtigste Aufgabe sah, nur noch
bedingt verhindert werden, begannen die Nationalsozialisten, auch die Polizei zu unterwandern.
Am Zustandekommen der preußisch-hamburgi-
schen Hafengemeinschaft von 1928 war er maßgeblich beteiligt; bei den Beratungen lernte er den späteren Hamburger Bürgermeister Herbert Weichmann kennen.

Als die neue, von Nationalsozialisten geführte
Reichsregierung vom Senat das Verbot der sozialdemokratischen Zeitung »Hamburger Echo« verlangte, traten die der SPD angehörenden Senatoren am
3. März 1933 zurück; Schönfelders Nachfolger wurde Senator Paul de Chapeaurouge von der Deutschen Volkspartei, der am 6. März 1933 aus dem Senat ausschied. Im Juni 1933 wurde Schönfelder
inhaftiert und des Hoch- und Landesverrats beschuldigt. Ein Prozess wurde ihm nicht gemacht,
doch musste er sich von der SPD lossagen und blieb
unter Beobachtung.

Nach dem Ende der nationalsozialistischen Diktatur und des Zweiten Weltkriegs stellte sich der
70-Jährige nach kurzem Zögern den neuen politi-

schen Herausforderungen. Er wurde von Rudolf Petersen, dem von der britischen Besatzungsmacht eingesetzten Ersten Bürgermeister, als Stellvertreter berufen und übernahm die Verantwortung für das Wohnungsamt, dann auch für das Personalamt und das Organisationsamt. In der zweiten Sitzung der Ernannten Bürgerschaft wurde Schönfelder am 8. März 1946 einstimmig zu deren Präsidenten gewählt; er übte nun in einer in der hamburgischen Verfassungsgeschichte einzigartigen Kombination ein hohes Regierungsamt aus und war gleichzeitig Parlamentspräsident. Außerdem war er am Neuaufbau der Gewerkschaften und der SPD beteiligt. Der zentralen Kontrollkommission der SPD gehörte er von 1946 bis 1964 an, von 1946 bis 1962 hatte er den Vorsitz inne. Am 30. Oktober 1946 übernahm Schönfelder das Amt des Präsidenten der gewählten Bürgerschaft, das er in den folgenden Legislaturperioden, auch in der Zeit des Hamburg-Blocks, bis zu seinem Rücktritt am 30. März 1960 innehatte; der Bürgerschaft gehörte er bis zum Oktober 1961 an. Mit Paul de Chapeaurouge vertrat er 1948/49 Hamburg im Parlamentarischen Rat, dessen Alterspräsident er war. Schönfelder übernahm das Amt des Ersten Vizepräsidenten und den Vorsitz im Geschäftsordnungsausschuss. Er gehörte dem Ältestenrat, dem Hauptausschuss und dem Überleitungsausschuss an. Besondere Anliegen bei der Beratung des Grundgesetzes waren ihm die »Stärkung des Parlaments gegenüber der Exekutive« (Erhard H. M. Lange), die Bestimmungen zur Polizei, zum öffentlichen Dienst, zu den Bundeswasserstraßen, zur so genannten Bremer Klausel zum Religionsunterricht und zur schwarz-rot-goldenen Bundesflagge. Das Grundgesetz unterzeichnete Schönfelder – auch dies einzigartig – zweimal: als Erster Vizepräsident des Parlamentarischen Rates und als Präsident der Hamburger Bürgerschaft. Erheblichen Anteil hatte Schönfelder an der Ausgestaltung und am Zustandekommen der Hamburgischen Verfassung vom 6. Juni 1952.

Schönfelders Leistungen im Parlamentarischen Rat und in der Hamburgischen Bürgerschaft fanden vielfach Anerkennung. Der ihm freundschaftlich verbundene Bundespräsident Theodor Heuss bescheinigte ihm, er habe dem Parlamentarischen Rat »mit so viel Geschick und Würde das Gepräge« gegeben, der Vizepräsident des Deutschen Bundestages, sein Freund Carlo Schmid, betonte, er habe »einen Stil republikanischer Würde« ausgebildet. Sein Versprechen, »nach allen Seiten hin gerecht zu sein und vermittelnd und ausgleichend zu wirken«, das er der Ernannten Bürgerschaft gab, hat er gehalten. Umsicht, Schlagfertigkeit und Humor zeichneten seine Amtsführung aus. Wie sein Freund, Berufs- und Gewerkschaftskollege Karl Olfers, der als Vertreter Cuxhavens von 1919 bis 1933 der Hamburgischen Bürgerschaft angehört hatte und von 1946 bis 1955 sowie von 1959 bis 1963 dem Niedersächsischen Landtag präsidierte, wie sein Freund August Hagedorn, der von 1946 bis 1966 Präsident der Bremischen Bürgerschaft war, gehörte Schönfelder zu den Politikern, die den Parlamentarismus in den Ländern nachhaltig prägten.

Seit seinen ersten Besuchen im Thalia Theater und in der Oper in den Jahren 1890 und 1891 galt Schönfelders Zuneigung der Kunst und Kultur, der Staatsoper, deren Aufsichtsratsvorsitzender er 1948 wurde, seine große Liebe. Seit seiner Lehrzeit war er den Hamburger Öffentlichen Bücherhallen verbunden. Für sein Wirken wurde Schönfelder 1946 mit der Bürgermeister-Stolten-Medaille, 1950 mit dem Ehrenbürgerrecht und 1960 mit der Hamburgischen Ehrendenkmünze in Gold geehrt. Die Universität ernannte ihn 1950 zum Ehrensenator, die Handwerkskammer 1955 zum Ehrenmeister und die Staatsoper 1960 zum Ehrenmitglied.

Ein Sohn Schönfelders aus erster Ehe fiel im Ersten Weltkrieg, die Tochter Cäcilie war mit dem Journalisten und Schriftsteller Walther Victor verheiratet. In zweiter Ehe war Schönfelder mit Minna, geborene Prill, verheiratet. Mit Stolz und Freude verfolgte er den Weg seiner beiden Kinder, der Ärztin Thea und des Musikers Ernst. Sein Lebensstil war und blieb bescheiden und schlicht. Den Kern seines Wirkens hat sein Nachfolger im Amt des Bürgerschaftspräsidenten, Herbert Dau, in der Feierstunde im Rathaus am 3. Mai 1966 erfasst: »Er suchte politische, soziale und menschliche Harmonie, mit anderen Worten: Gerechtigkeit für jedermann.«

1970 wurde in Barmbek-Süd die Rönnhaidstraße in Adolph-Schönfelder-Straße umbenannt, 1981 stellte die HADAG Seetouristik und Fährdienst AG ihr Fahrgastschiff »MS Adolph Schönfelder« in Dienst, ein Jahr nach dem Schwesterschiff »Max Brauer«. Im Rathaus erinnern ein von Willem Grimm geschaffenes Porträt im Empfangszimmer des Senatsgeheges und eine von Edwin Scharff gestaltete Büste im Bürgersaal an ihn. Auch eine Schule an der Zeisigstraße in Barmbek-Süd trägt seinen Namen. Im Staatsarchiv der Freien und Hansestadt Hamburg, Bestand 622–1, Familie Schönfelder, befindet sich das Manuskript der Tonbandaufnahme eines Interviews von Erich Lüth, dem Direktor der Staatlichen Pressestelle, mit Adolph Schönfelder vom 18. Februar 1960. Das Interview ist eine der Grundlagen für Lüths Buch »Hamburgs Schicksal lag in ihrer Hand« (siehe unter *Literatur*).

Literatur Erich Lüth, Hamburgs Schicksal lag in ihrer Hand. Geschichte der Bürgerschaft, Hamburg 1966; Franklin Kopitzsch, Für Hamburg im Parlamentarischen Rat: Bürgermeister a. D. Adolph Schönfelder, Präsident der Bürgerschaft, in: ders./Helmut Stubbe-da Luz, Drei Hamburger im Parlamentarischen Rat: Adolph Schönfelder und Paul de Chapeaurouge, Hermann Schäfer, Hamburg 1999, S. 9–50, Anmerkungen S. 117–122 [Lit.]; Erhard H. M. Lange, Wegbereiter der Bundesrepublik. Die Abgeordneten des Parlamentarischen Rates. Neunzehn historische Biographien. Mit einer aktualisierten Bibliographie zum Parlamentarischen Rat und zur Entstehung des Grundgesetzes, Brühl/Rheinland 1999, S. 172–176 [Lit.].

Franklin Kopitzsch

Schreye, Johann, gest. vor 1493 Kloster Harvestehude; Propst des Klosters Harvestehude.

Johann Schreye war von 1455 bis 1483, eventuell sogar bis 1493, Propst des Klosters Harvestehude.

Das jüngste von fünf Kindern des Englandfahrers Dietrich Schreye, der auf dem Kriegszug der Hamburger und Lübecker gegen die Herzöge von Sachsen bei der Belagerung der Feste Bergedorf 1420 gefallen war, wurde nach dem Tod seines Großvaters Albert Schreye 1424 ebenso wie seine Geschwister von dem Gatten seiner Tante Geseke, dem Ratsherrn Johann Cletzen, rechtlich vertreten und mit Renten ausgestattet.

1455 tritt Johann Schreye als Propst des Klosters Harvestehude in Erscheinung. In der Zeit seiner Tätigkeit wurde das ältere Kopialbuch des Klosters angelegt, welches sich heute im Staatsarchiv Hamburg befindet. Auf den ersten Seiten dieses Buches gibt Schreye sich als Schreiber zu erkennen. Die meisten der Seiten stammen von seiner Hand, sodass davon auszugehen ist, dass er die Urkunden des Klosters neu geordnet und verzeichnet hat. Die nach regionalem Prinzip gesammelten Urkunden

ordnete er in mit Buchstaben versehenen Kästchen innerhalb der großen Lade. In der kurzen Memorienliste des Konvents vermerkte Schreye die Verdienste seines Vorgängers Johann von Nordorf. Dieser hatte nach seiner Auffassung den raschen Wiederaufbau des Klosters nach dem Brand von 1308 organisiert. Auch Johann Schreye war mit Bauaufgaben befasst. Er verzeichnet im Kopialbuch, dass er 1455 die Ufer an der Eppendorfer Mühle befestigen ließ, und dass 1456 und 1460 die Kirche, die Küche, das Brauhaus und das Refektorium renoviert wurden. Die Kirche erhielt ein neues Dach.

Ebenfalls in die Amtszeit von Johann Schreye fiel der Reformversuch des Administrators des Erzbistums von Bremen, Hinrich von Schwarzburg, der das Wiederkaufsrecht am Dorf Wellingsbüttel einforderte. Als der Propst ihm das Recht verweigerte, bat der geistliche Herr den Hamburger Rat schriftlich um Unterstützung bei einer Visitation des Klosters. Das Ergebnis dieser Untersuchung hatte er schon vorbestimmt: Das Kloster sollte reformiert und die Äbtissin ausgetauscht werden. Die Nonnen wollte er zu einem anderen Lebenswandel zwingen.

Am 16. Dezember besuchte eine Kommission von Geistlichen zu diesem Zwecke die Abtei. Eine Gruppe von aufgebrachten Bürgern hielt sie aber vom Betreten der Gebäude ab. Am nächsten Tag wurde die Sache zwischen Bürgern und Rat auf dem Rathaus heftig diskutiert. Viele der engagierten Bürger, meist Mitglieder der Mittel- und Oberschichten, waren mit Nonnen verwandt. Sie setzen durch, dass an den Verhältnissen im Kloster nichts geändert wurde. Dem Erzbischof wurde ermöglicht, Wellingsbüttel zurückzukaufen. Im Laufe dieser Vorgänge starb die Äbtissin Margarethe Vermersen. Auch wenn zu Beginn des Jahres 1483 Anna Kale als neue Äbtissin gewählt wurde, wird der Tod der Amtsinhaberin in einer derart schwierigen Zeit eine große Belastung für Propst und Priorin bedeutet haben.

Im Jahr 1483 wagten die Hamburger Bürger einen Aufstand gegen den Rat. Der Rezess, der diesen Zwist beendete, legte fest, dass der Rat Schutzfunktionen für das Kloster übernehmen solle. Die Zeit, in der Johann Schreye an der Verwaltung des Klosters Harvestehude teilhatte, war eine der bewegtesten Perioden in der Geschichte dieser Institution.

Durch die Einführung des Kopialbuchs hat er die Administration des Klosters modernisiert. Im Unterschied zu den Amtsinhabern in anderen Klöstern waren die Harvestehuder Pröpste nur Angestellte des Konvents. Sie erhielten ein jährliches Gehalt und arbeiteten Äbtissin und Priorin zu. Abgesehen von den Aufgaben außerhalb des Klosters, die die geistlichen Frauen nicht übernehmen durften, hing es von der Qualifikation des Propstes ab, ob er – wie Schreye – Einfluss auf den Wandel des Konvents hatte.

LITERATUR Johann Martin Lappenberg, Von der Cistercienserinnen-Abtei zu Herwardeshuthe und deren Umwandlung in das St. Johannis-Kloster, in: ZHG 4 (1858), S. 513–580; Klaus Joachim Lorenzen-Schmidt, Von »bösen« und »frommen« Leuten. Der Hamburger Aufstand von 1483, in: Jörg Berlin (Hg.), Das andere Hamburg. Freiheitliche Bestrebungen in der Hansestadt seit dem Spätmittelalter, Köln 1981, S. 24–35; Silke Urbanski, Zwischen Anpassung und Selbstbehauptung. Harvestehuder Zisterzienserinnen nach der Reformation, in: Cistercienser Chronik 105 (1998), S. 443–452; dies., Geschichte des Klosters Harvestehude. »In valle virginum«. Wirtschaftliche, soziale und politische Entwicklung eines Nonnenklosters bei Hamburg 1245–1530, 2., überarb. Aufl. Hamburg 2001 (Veröffentlichungen des Hamburger Arbeitskreises für Regionalgeschichte (HAR) 10). *Silke Urbanski*

SCHRÖDER (seit 1904 preußischer Freiherr), Rudolph *Bruno*, geb. 14. 3. 1867 Hamburg, gest. 10. 12. 1940 Dell Park/Englefield Green, Surrey (England); luth.; Kaufmann, Bankier.

Der Vater von Bruno Schröder, Rudolph Schröder (1821–87), hatte 1846 zusammen mit seinem Bruder Bernhard (1816–49) in Hamburg die Firma Schröder Gebrüder & Co. gegründet. Beide Brüder waren mit Töchtern von Johann Heinrich Freiherr von Schröder (1784–1883) verheiratet, Rudolph mit Clara (1829–1910), Bernhard mit Eveline (1823–1914). Baron Sir J. Henry Schröder (1825–1910) war ihr Schwager.

Bruno Schröder arbeitete zunächst in der väterlichen Firma Schröder Gebrüder & Co., bis ihm sein Onkel Baron Sir J. Henry Schröder das Angebot machte, Teilhaber der Londoner Firma J. Henry Schröder & Co. zu werden. Anfang 1893 übersiedelte er nach London. Am 5. April 1894 heiratete er Emma Deichmann, eine Tochter von Theodor Deichmann, dem Teilhaber des Bankhauses Deich-

mann & Co. zu Köln; zwei Söhne und zwei Töchter wurden zwischen 1895 und 1901 geboren.

Bruno Schröders Verbindungen zu Deutschland waren eng, nicht nur in geschäftlicher Beziehung. Sein Bruder Rudolph (1852–1938) leitete seit 1884 als Seniorchef die väterliche Firma Schröder Gebrüder & Co. in Hamburg, mit der zusammen – ebenso wie mit anderen Hamburger Häusern – umfangreiche Salpeter- und Finanzgeschäfte getätigt wurden. Im Sommer war Bruno Schröder gern in Othmarschen, wo sein Vater einen Landsitz an der Elbe besaß. Nach dem Tod der Mutter erbte Bruno 1910 das Anwesen, auf dem auch sein Bruder seit 1887 ansässig war. Für sein vielfältiges karitatives Engagement verlieh Kaiser Wilhelm II. ihm 1904 die erbliche preußische Freiherrnwürde. In London war Bruno von Schröder 1905 Mitbegründer des Anglo-German Union Club, der den Kontakt zwischen den Angehörigen beider Nationen erleichtern sollte. 1909 stiftete er einen Lehrstuhl für deutsche Philologie in Cambridge. Als sein Onkel Baron Sir J. Henry Schröder 1910 starb, wurde er Eigentümer des Landsitzes The Dell, in dessen Nähe er bereits ein eigenes Anwesen erworben hatte. Wie sein Onkel, so war auch er ein großer Naturfreund und Kunstsammler. Und wie sein Onkel förderte auch er zahlreiche deutsche Institutionen in London. Dem Hamburger Senat vermachte er 1913 eine Silberkanne, die Alexander Schönauer nach einem Entwurf des hamburgischen Goldschmieds Jacob Moers des Älteren 1588 hergestellt hatte.

Der Erste Weltkrieg bedeutete einen schmerzhaften Einschnitt. Im Interesse der Firma nahm Bruno von Schröder am 7. August 1914 die englische Staatsangehörigkeit an, aber das schützte ihn nicht vor deutschfeindlichen Angriffen. Sein ältester Sohn Bruno, geboren am 5. Januar 1895 in London, der bei Ausbruch des Krieges Volontär bei Schröder Gebrüder & Co. in Hamburg gewesen war, fiel am 25. September 1915 als Leutnant des Zweiten Großherzoglich Mecklenburgischen Dragoner-Regiments Nr. 18 in Russland; es war das Regiment, in dem auch Bruno von Schröder einst gedient hatte und in dem er später Rittmeister der Reserve war. Bruno von Schröder zog sich auf seinen Landsitz The Dell zurück und bemühte sich von hier aus um Erleichterungen für englische Kriegsgefangene in Deutschland und für deutsche Kriegsgefangene in England.

Nach Kriegsende wurde die Verbindung zu Deutschland wieder hergestellt, privat und geschäftlich. Um Mitgliedern der Familie zu helfen, die durch die Inflation in finanzielle Bedrängnis geraten waren, gründete Bruno von Schröder 1923 die Rudolph und Clara Stiftung, benannt nach seinen Eltern. 1925 folgte die Gründung der Freiherr Bruno von Schröder Stiftung zur Unterstützung von hilfsbedürftigen Menschen und wohltätigen Organisationen in Hamburg und anderen Orten Deutschlands. Beide Stiftungen bestehen noch heute. Hamburger Firmen – nicht nur Schröder Gebrüder & Co. – erhielten günstige Kredite, und auch der Hamburger Staat profitierte von Bruno von Schröder. Er »hat nie seine Liebe zur Vaterstadt und zu Deutschland verloren«, schreibt Leo Lippmann, Staatsrat in der Finanzbehörde, in seinen Erinnerungen. 1929 erhielt Bruno von Schröder als Anerkennung für sein wohltätiges Wirken die Große Hamburgische Ehrendenkmünze in Gold.

Weitere Ehrungen folgten an seinem 70. Geburtstag am 14. März 1937. Im Auftrag des Deutschen Hospitals in London erschien als ihm gewidmete Festschrift die »Geschichte der Hamburgischen Lutherischen Kirche [in London]«. Die Hamburger Universität verlieh ihm die Ehrendoktorwürde der Medizinischen Fakultät für seine Bemühungen um das Deutschtum in England, insbesondere um das Deutsche Hospital in London.

Dass alles soziale und kulturelle Engagement nur möglich war mit einer kapitalkräftigen Firma im Hintergrund, versteht sich. Ein entscheidender Schritt war 1923 vollzogen worden durch die Gründung der J. Henry Schroder Banking Corporation in New York, die den veränderten Weltwirtschaftsverhältnissen Rechnung tragen konnte.

Die letzten Jahre Bruno von Schröders waren tragisch. Eine schwere Parkinson-Krankheit fesselte ihn an den Rollstuhl. Und der Ausbruch des Zweiten Weltkrieges machte das zunichte, wofür er sein Leben lang gekämpft hatte: die deutsch-englische Verständigung. Sein Sohn Helmut von Schröder (1901–69) führte die Firma weiter. Seine jüngere Tochter Marga (1898–1977) starb unverheiratet in Dell Park. Die ältere Tochter Dorothea (1897–1986) hatte sich 1923 in Othmarschen mit Heinrich (Henry) Freiherr von Schröder (1885–1955) vermählt, der bis 1945 Gutsbesitzer auf Groß und Klein Schwansee in Mecklenburg war, jenen Gütern, die Johann

Heinrich (John Henry) Freiherr von Schröder (1784–1883) 1846 erworben und 1862 in ein unverkäufliches und unteilbares Familiengut umgewandelt hatte.

LITERATUR DG 23, 128, 171, 205; Richard Roberts, Schroders – Merchants & Bankers, Basingstoke 1992.

Renate Hauschild-Thiessen

SCHRÖDER, Christian Matthias, geb. 30. 1. 1742 Quakenbrück, gest. 6. 7. 1821 Hamburg; luth.; Kaufmann, Bürgermeister.

Christian Matthias Schröder, der Sohn eines wohlhabenden Quakenbrücker Kaufmanns und Ratsherrn, ging als 15-Jähriger 1757 nach Bremen, wo sein älterer Bruder Johann (1726–87) kurz zuvor eine eigene Firma gegründet hatte. 1762 übersiedelte er nach Hamburg; um 1767 machte er sich hier unter eigenem Namen selbstständig. Partner der Firma Christian Matthias Schröder & Co. wurde sein jüngerer Brüder Johann Friedrich (1745–95), nach dessen Tod sein Neffe Gerhard (1765–1829), ein Sohn von Bernhard Hinrich Schröder (1728–1811), der 1796 auch sein Schwiegersohn wurde.

Die Firma Christian Matthias Schröder & Co. handelte mit Wein, Spirituosen, Kaffee, Zucker, Lachs und Heringen, mit Zitronen, Gewürzen, Getreide, Segeltuch, Teer und Holz. 1776 wurde das erste Segelschiff angeschafft, die Bark »Anna Gerdruth«, der bald weitere Schiffe folgten. Sie verkehrten zunächst zwischen Hamburg und den Häfen Portugals und Frankreichs; später liefen sie auch englische und russische Häfen an. 1782 überquerte das erste Schrödersche Schiff den Ozean; das Ziel war Westindien.

Verwandtschaftliche Beziehungen spielten bei den Geschäften eine große Rolle: In Quakenbrück hatten zwei Brüder von Christian Matthias Schröder, Bernhard Hinrich (1728–1811) und Anton Engelbert (1734–97), die Weinhandlung B. H. & A. E. Schröder gegründet. In Bremen lebte der Bruder Johan, dessen Firma von seinem Sohn Peter Daniel (1755–1829) fortgesetzt wurde. Und um die Jahrhundertwende begannen auch die eigenen Söhne von Christian Matthias Schröder mit ihren kaufmännischen Aktivitäten. Aus seiner Ehe mit Louise Mutzenbecher (1755–1813) waren zwölf Kinder hervorgegangen.

Seit 1768 befanden sich Wohnung und Kontor

SCHRÖDER, Henry

Schröders im eigenen Haus am Grimm; 1807 übersiedelte er in ein Haus am Rödingsmarkt, das ihm ebenfalls gehörte. Für die Sommermonate hatte er 1787 einen Bauernhof in Eimsbüttel erworben, auf dem er sich ein weiträumiges Wohnhaus mit Pferdestall, Remise, Gärtner- und Kutscherwohnung errichten ließ. Als seine Frau zu kränkeln anfing, kaufte er auch noch einen Landsitz am Plöner See, den er »Ruhleben« nannte. Sein Vermögen wurde 1808 auf eine Million Mark Banco geschätzt. Seit 1772 bekleidete Schröder zahlreiche bürgerliche Ehrenämter. Am 16. August 1799 wurde er in den Senat gewählt, vom 12. Juni 1816 bis zu seinem Tod war er Bürgermeister. Die schweren Jahre nach der französischen Besetzung Hamburgs fielen in seine Amtszeit.

Die Firma Christian Matthias Schröder & Co. wurde von seinen Söhnen Christian Matthias (1778–1860) und Anthon-Diedrich (1779–1855) fortgesetzt. 1857 geriet sie in den Strudel der Weltwirtschaftskrise und musste aufgelöst werden.

LITERATUR DG 23, 128, 171, 205; Carl August Schröder, Dr. Carl August Schröder. Ein Lebensbild aus vergangenen Tagen, Hamburg 1919; Richard Roberts, Schroders – Merchants & Bankers, Basingstoke 1992.

Renate Hauschild-Thiessen

SCHRÖDER (seit 1868 preußischer Freiherr, seit 1892 englischer Baronet), Johann *Heinrich (Henry)* Wilhelm, geb. 13. 2. 1825 Hamburg, gest. 20. 4. 1910 Sidmouth/Devonshire (England); luth.; Kaufmann, Bankier.

Im Alter von 24 Jahren wurde Henry Schröder Partner der von seinem Vater Johann Heinrich Schröder (1784–1883) gegründeten Firma J. Henry Schröder & Co. in London; nach dem Tod des Vaters war er deren Seniorchef. Die Verleihung der erblichen preußischen Freiherrnwürde an den Vater 1868 hatte ihn zum Baron gemacht; zum Sir wurde er 1892 durch Queen Victoria, die ihn zum englischen Baronet ernannte. Sein Name war jetzt Baron Sir J. Henry Schröder Bt. 1864 hatte er die englische Staatsangehörigkeit angenommen; aber seine Verbindungen zu Deutschland und speziell zu Hamburg waren nach wie vor eng. Seit dem Tod des Vaters 1883 war er Besitzer der unverkäuflichen und unteilbaren Familiengüter Groß und Klein Schwansee in Mecklenburg. Seit 1884 war er Ehrenritter des Johanniter-Ordens. 1903 zeichnete ihn Kaiser Wilhelm II. mit dem Preußischen Roten Adler-Orden 1. Klasse aus.

J. Henry Schröder war nicht nur ein tüchtiger Geschäftsmann, der die Firma J. Henry Schröder & Co. kräftig ausbaute. Er war auch ein großer Wohltäter und ein Natur- und Kunstfreund. In London wurden die Christus-Kirche, das Deutsche Seemannsheim, das Deutsche Waisenhaus, das Deutsche Hospital und die Arbeiterkolonie in Libury Hill von ihm gestiftet bzw. unterstützt. Auf seinem 1864 erworbenen Landsitz The Dell bei Old Windsor (Berkshire) züchtete er Orchideen, mit denen er drei Gold- und zehn Silbermedaillen der Royal Horticultural Society gewann. Er sammelte Porzellan, Gold- und Silberschmiedearbeiten, Gemälde und Skulpturen.

Seine Gemälde- und Skulpturensammlung vermachte er der Hamburger Kunsthalle. Alfred Lichtwark reiste 1910 nach dem Tod Schröders nach England, um sich die seinem Museum zugefallenen Schätze anzusehen. Er war begeistert von The Dell: »Es ist alles Mittelalter und Märchen.« Und die Bilder sah er als »eine wirkliche Bereicherung« für die Hamburger Kunsthalle an. Ursprünglich waren es 63, heute sind es noch 48 – unter ihnen Werke von Camille Corot, Adolph Menzel, Charles François Daubigny, Julien Dupré, Jean-Louis- Ernest Meissonier und Lawrence Alma-Tadema. 1984 wurden sie in einer Sonderausstellung unter dem Titel »Ein Hamburger sammelt in London« gezeigt, ergänzt durch zwei Porträts von J. Henry Schröder und seiner Frau Eveline, geborene Schlüsser (1828–1900), mit der er seit 1850 kinderlos verheiratet war. Ein Urgroßneffe, Bruno Lionel Schroder, hatte die von Hubert Herkomer gemalten Porträts 1982 der Hamburger Kunsthalle geschenkt.

LITERATUR DG 23, 128, 171, 205; Ein Hamburger sammelt in London – Die Freiherr J. H. von Schröder-Stiftung 1910 [Katalog zur Ausstellung in der Hamburger Kunsthalle vom 11. Mai bis 29. Juli 1984], Hamburg 1984; Richard Roberts, Schroders – Merchants & Bankers, Basingstoke 1992. *Renate Hauschild-Thiessen*

SCHRÖDER, Johann Heinrich (John Henry) Freiherr von (in den preußischen Freiherrenstand erhoben 26. 12. 1868), geb. 8. 12. 1784 Hamburg, gest. 28. 6. 1883 ebd.; luth.; Kaufmann, Bankier.

Johann Heinrich Schröders kaufmännisches Wirken muss vor dem Hintergrund seiner Familie gesehen werden. Der Vater, Christian Matthias Schröder (1742–1821), seit 1816 Bürgermeister von Hamburg, war Gründer der Firma Christian Matthias Schröder & Co. Von seinen Söhnen führten Christian Matthias (1778–1850) und Anthon-Diedrich (1779–1855) die väterliche Firma in Hamburg fort; Johann Friedrich (1780–1852) gründete um 1800 in London die Firma J. F. Schröder & Co.; Hermann (1783–1865) etablierte sich in St. Petersburg. Johann Heinrich ging Anfang 1802 zu seinem Bruder Johann Friedrich nach London und wurde dessen Partner; gemeinschaftlich tätigten sie große Zuckergeschäfte, zuerst in enger Zusammenarbeit mit der väterlichen Firma in Hamburg, dann, nach der Besetzung der Stadt durch die Franzosen (1806), mit dem Bruder Hermann in St. Petersburg. 1817 endete die Partnerschaft der beiden Brüder, Johann Heinrich kehrte nach Hamburg zurück. In London war er jetzt Chef der Firma J. Henry Schröder & Co., in Hamburg etablierte er sich 1819 unter J. H. Schröder & Co. (seit 1826 Schröder, Mahs & Co.); 1839 kam noch eine dritte Firma in Liverpool hinzu, die sich vor allem auf das Baumwollgeschäft mit den Vereinigten Staaten spezialisierte.

Sowohl im Waren- als auch im Bankgeschäft operierten die Firmen von John Henry Schröder allmählich weltweit, vielfach in Verbindung mit anderen Schröder-Firmen, die von Neffen, Söhnen und Schwiegersöhnen geleitet wurden. Aus Schröders Ehe mit Henriette von Schwartz (1798–1889) waren zwölf Kinder hervorgegangen, sechs Söhne und sechs Töchter. Drei der Töchter waren mit einem Schröder verheiratet.

1827 erwarb Schröder ein von Johann August Arens erbautes Haus an den Großen Bleichen. Drei Jahre zuvor hatte er als Sommersitz das ehemals Thorntonsche Anwesen an der Elbchaussee mit einem 1795/96 von Christian Frederik Hansen errichteten Haus gekauft, dessen Seitenflügel er aufstocken ließ. Das Haus wurde 1914 abgerissen und durch einen Neubau ersetzt; das 1820 erbaute Stall-

Johann Heinrich Schröder

und Wirtschaftsgebäude, der so genannte »Halbmond«, ist noch erhalten. Seit 1846 besaß Schröder auch die Güter Groß und Klein Schwansee in Mecklenburg, die 1862 unverkäufliche und unteilbare Familiengüter wurden. Schröder lebte abwechselnd in London, in Hamburg, in Othmarschen und in Mecklenburg. Das Vermögen, das er bei seinem Tode hinterließ, wurde auf 60 Millionen Mark geschätzt.

Bekannt war Schröders Sinn für Wohltätigkeit. Ein eigenes Sekretariat bearbeitete die zahlreichen Bittgesuche, die sich jährlich auf mehrere Tausend beliefen. 1850 stiftete er eine Million Mark Banco, um durch den Architekten Albert Rosengarten gegenüber der Sternschanze das Schröderstift mit Wohnungen für unbemittelte Frauen gebildeter Stände errichten zu lassen. Seit 1972 befindet sich das Schröderstift – eine moderne Altenwohnanlage mit einer eigenen Kapelle – in Langenhorn, während das Gebäude von Rosengarten, inzwischen Eigentum der Stadt, einer Mieterselbstverwaltungsinitiative als Lebensraum dient. Am 26. Dezember 1868 verlieh der preußische König Schröder wegen seiner Verdienste um das Allgemeinwohl die erbliche Freiherrenwürde. Wenig später, am 26. Januar 1869, am Tage seiner goldenen Hochzeit, zeichnete ihn der Hamburger Senat mit der Hamburgischen Ehrendenkmünze in Gold aus.

Seit 1858 erinnert die Schröderstiftstraße, seit 1972 der Schröderstiftweg, beide im Stadtteil Rotherbaum gelegen, an den Kaufmann und Wohltäter. Eine Säule in der Rathausdiele trägt Schröders

Porträtmedaillon. Das eindrucksvolle Mausoleum auf dem Ohlsdorfer Friedhof ist ein Bau aus dem Jahre 1906; er ersetzt das ursprünglich auf dem St. Petri-Friedhof für Schröder errichtete Mausoleum, das bei Aufgabe des Friedhofs abgerissen wurde. In London blüht noch heute die von Johann Heinrich Schröder gegründete Firma; »Schroders« gehören zu den ältesten und wichtigsten der dortigen Merchants and Bankers.

LITERATUR ADB 32; DG 23, 128, 171, 205; Paul Th. Hoffmann, Die Elbchaussee. Ihre Landsitze, Menschen und Schicksale, 9. Aufl. Hamburg 1982; Richard Roberts, Schroders – Merchants & Bankers, Basingstoke 1992.

Renate Hauschild-Thiessen

Fritz Schröder-Jahn

SCHRÖDER-JAHN, *Fritz* Gustav Max, geb. 13. 10. 1908 Göritz/Oder, gest. 27. 12. 1980 Hamburg; Schauspieler, Regisseur.

Sein Name ist mit der Geschichte des bundesrepublikanischen Nachkriegshörspiels aufs Engste verbunden. In den fünfziger und sechziger Jahren des 20. Jahrhunderts galt Fritz Schröder-Jahn, zunächst für den Nordwestdeutschen Rundfunk (NWDR), dann für den Norddeutschen Rundfunk (NDR) tätig, als einer der renommiertesten Hörspielregisseure in Westdeutschland.

Fritz Schröder-Jahn begann als Schauspieler in den dreißiger Jahren an Bühnen in Ingolstadt, Ulm, Riga und Stettin. 1939 holte ihn Heinrich George an das Schiller-Theater nach Berlin. Dem bürgerlichen Namen Schröder wurde – um sich von zwei weiteren Ensemblemitgliedern zu unterscheiden – der Mädchenname der Ehefrau hinzugefügt. 1944 kam Fritz Schröder-Jahn als Soldat nach Dänemark und geriet bei Kriegsende in britische Gefangenschaft.

Seine zweite Karriere startete er im September 1945 in Hamburg, als er sich beim NWDR in der Rothenbaumchaussee vorstellte. Aus der geplanten »Übergangslösung« wurde eine Lebensstellung. Zunächst als Ansager und Nachrichtensprecher tätig, erweiterten sich bald seine Aufgaben. Auf die ersten Rollen in Hörspielen folgten Regieassistenzen und kleinere Regieaufträge für Hörspiele im Krimi- und Unterhaltungsgenre. Doch erst am Beginn der fünfziger Jahre kam der Durchbruch. Zum stilbildenden Hörspielregisseur wurde Schröder-Jahn, als er Günter Eichs »Die gekaufte Prüfung«

(20. Dezember 1950) und »Träume« (19. April 1951) realisierte. In den folgenden insgesamt mehr als 300 Hörspielinszenierungen der nächsten beiden Jahrzehnte lotete er die akustischen Möglichkeiten aus, die sein seismographisch orientiertes Sprachgefühl den literarischen Textvorlagen ablauschte. »Ich sehe durch das Ohr die Figur so wie ich sie sehen möchte«, formulierte er seinen Ansatz. Der im Studio penibel mit Schauspielern erarbeitete »Schröder-Jahn-Stil« wurde damit zur konsequenten Umsetzung einer Auffassung vom Hörspiel, das Autoren und Dramaturgen in den fünfziger Jahren als Spiel auf einer »inneren Bühne« (Erwin Wickert) beschrieben bzw. als lyrisches Wortkunstwerk der leisen Sprachtöne, das in einem subjektiven Hörraum des Gemüts und der Phantasie vom Hörer nachvollzogen wird. »Rundfunk ist Pause mit Worten drumrum« – das Bonmot des Ersten Regisseurs beim Norddeutschen Rundfunk wurde zum Signum der Hörspielinszenierungen der fünfziger Jahre.

Obwohl Schröder-Jahn immer wieder auch Ausflüge in die Bereiche Theater, Kabarett und Fernsehen machte – unter anderem trat er neben Klaus Kinski als Darsteller in der Edgar-Wallace-Verfilmung »Die toten Augen von London« (1961) auf –, blieb das akustische Medium seine Domäne. Der Regisseur, der zahlreichen Hörspielautoren wie Günter Eich, Ingeborg Bachmann, Wolfgang Hildesheimer, Fred von Hoerschelmann, Siegfried Lenz, Peter Hirche und Friedrich Dürrenmatt zu Preisen und Ansehen verhalf, bekam selbst nur eine einzige Auszeichnung: 1968 überreichte ihm die Deutsche Akademie der Darstellenden Künste den »Frankfurter Dukaten« für »wegweisende und stilbildende Arbeiten auf dem Gebiet der Hörspielregie«.   *Hans-Ulrich Wagner*

SCHUBACK, Johannes, geb. 16. 9. 1732 Hamburg, gest. 31. 3. 1817 ebd.; luth.; Kaufmann.

Johannes Schuback, ein Sohn von Bürgermeister Nikolaus Schuback, ging 1752 zur weiteren kaufmännischen Ausbildung nach Lissabon, wo er am 1. November 1755 beinahe ein Opfer des großen Erdbebens geworden wäre. Wieder in Hamburg, gründete er am 16. September 1757, seinem 25. Geburtstag, das Handelshaus Johannes Schuback (seit 1801 Johannes Schuback & Söhne). Er entwickelte sich zu einem der einflussreichsten hamburgischen Kaufleute des 18. Jahrhunderts.

Zum Ausgangspunkt des Schubackschen Unternehmens wurden die Beziehungen zu Lissabon. Aus Portugal kamen Salz, Oliven, Zitronen, Orangen, Wein, dazu aus den überseeischen Besitzungen Tabak, Zucker, Kakao, Kaffee und Gewürze. Nach Portugal verschifft wurden gedörrtes und gesalzenes Fleisch, Stockfisch und Heringe, Räucherschinken, Käse, eingestampfte Bohnen, Getreide und Flachs, Textilien, Papier, Leinen, Eichenholz für Fassdauben, Glas und anderes mehr. Den Fisch bezog Johannes Schuback vor allem aus Norwegen, den Räucherschinken und Käse aus Holstein, Getreide und Flachs aus Russland und dem Baltikum, Leinen aus Böhmen, Schlesien und Westfalen. Und in diese Gebiete lieferte er dann die Produkte aus Portugal und seinen Kolonien. 1782 wurde Johannes Schuback portugiesischer Generalkonsul für Hamburg, 1790 portugiesischer Geschäftsträger. Außer dem Handel mit Portugal tätigte er große Bankgeschäfte mit London, Paris und Amsterdam. Er war im Kupfer-, Silber- und Quecksilbergeschäft mit Österreich aktiv und entwickelte sich zum Vertrauensmann der österreichischen Regierung; in der Franzosenzeit transferierte er die großen englischen Subsidien in die Donaumonarchie. Maria Theresia und Franz II. beschenkten ihn nicht nur mit Tokaierwein, sondern auch mit Preziosen; erhalten ist eine mit Brillanten verzierte Tabatiere, die 1984 von den Schubackschen Nachkommen Os-

Johannes Schuback

wald R. und Peter Amsinck dem Museum für Hamburgische Geschichte vermacht worden ist.

In der Verwaltung seiner Vaterstadt wirkte Schuback seit 1762 als Bürger am Niedergericht. 1766 wurde er in die Commerz-Deputation gewählt, 1770/71 war er deren Präses. 1765 gehörte er zu den Gründern der Ersten Assecuranz-Compagnie.

Wohnung, Kontor und Speicher hatte Schuback am Cremon. Als Sommeraufenthalt diente ihm zunächst der Schubacksche Familienhof in Jork, bis er 1783 einen Landsitz in Billwerder erwarb. Schuback war ein gebildeter Mann; er besaß eine Bibliothek und eine Gemäldesammlung; er war Mitglied der »Monatlichen Gesellschaft«, der unter anderem Friedrich Gottlieb Klopstock, der Domherr Friedrich Johann Lorenz Meyer und Johann Georg Büsch angehörten. Auf dem Schubackschen Familienhof in Jork fand am 8. Oktober 1776 die Hochzeit von Gotthold Ephraim Lessing mit Eva König statt. Schubacks Söhne – er hatte sich 1761 mit Anna Elisabeth Volckmann, einer Juristentochter, verheiratet – wurden zusammen mit den Söhnen des Kaufmanns Johann Jacob Böhl und des Legationsrats Polycarp August Leisching in einem von Böhl gemieteten Gartenhaus im Billwerder Ausschlag am Hammerdeich von Joachim Heinrich Campe und seiner Frau erzogen; Campe schrieb hier seinen »Robinson«, in dem er die Vornamen seiner fünf Zöglinge zusammen mit dem seiner Tochter Lotte verewigte.

Schubacks Tochter Elisabeth hatte sich 1785 mit

dem Juristen Wilhelm Amsinck vermählt; er wurde 1786 Senator und 1802 Bürgermeister von Hamburg. Seine Nachkommen sind noch heute die Inhaber der Firma Johannes Schuback & Söhne. Ein Porträtmedaillon Johannes Schubacks befindet sich an einer Säule in der Rathausdiele. Die Schubackstraße im Stadtteil Eppendorf erhielt ihren Namen 1910 zu Ehren der Familie.

LITERATUR DG 23; Maria Möring, 1757–1957. 200 Jahre Johannes Schuback & Söhne. Familie und Firma in Hamburg, Hamburg 1957 (Veröffentlichungen der Wirtschaftsgeschichtlichen Forschungsstelle e. V. Hamburg 20). *Renate Hauschild-Thiessen*

SCHÜTZ, Friedrich Wilhelm von, geb. 25. 4. 1756 Erdmannsdorf bei Chemnitz, gest. 9. 3. 1834 Zerbst; luth.; Advokat, Schriftsteller, Publizist, Theaterleiter, Übersetzer.

Friedrich Wilhelm von Schütz gehörte während seiner Zeit in Hamburg und Altona zwischen 1787 und 1819 zu den agilsten und radikalsten aufklärerischen Schriftstellern.

Sächsischem Adel entstammend, studierte er seit 1777 in Leipzig die Rechte und ließ sich in Berlin als Advokat nieder. Nach Reisen durch Frankreich, die Schweiz und Deutschland lebte er seit 1787 wechselnd in Hamburg und Altona. Sein dort verfasstes Buch »Leben und Meinungen Moses Mendelssohn« (1787) war die erste Biografie über den jüdischen Philosophen. Nach einem Englandaufenthalt, über den er in der Reisebeschreibung »Briefe über London« (1792) berichtete, wurde von Schütz als Legationssekretär des französischen Gesandten in Hamburg, François Lehoc, angestellt. Mit dem revolutionsfreundlichen Kaufmann Georg Heinrich Sieveking organisierte er eine Lesegesellschaft, die sich an den Statuten des Jakobinerklubs in Mainz orientierte. Nach Lehocs Ausweisung (1793) musste auch von Schütz im April desselben Jahres Hamburg verlassen. Durch den Tod seines Vaters zu Reichtum gekommen, kaufte er sich das Landgut Hoisbüttel in Stormarn/Holstein und wurde zum kurfürstlich-sächsischen Hofrat ernannt; nach dem Verkauf des Gutes erwarb er 1797 eine Landstelle in Othmarschen. In seinem Haus leitete von Schütz ein Liebhabertheater und gab die »Hamburgisch- und Altonaische Theater- und Litteratur-Zeitung« (1798–1800) heraus. Die meisten

Friedrich Wilhelm von Schütz

seiner Schriften erschienen bei seinem Stiefsohn Friedrich Bechtold, der in Altona einen Verlag betrieb. Nach 1800 teilte er sich vorübergehend mit Joachim Lorenz Evers die Direktion des Altonaer National-Theaters. Nach einem vorübergehenden Aufenthalt in Hamburg lebte von Schütz seit 1813 wiederum in Altona und verbrachte schließlich ab 1819 seinen Lebensabend in Zerbst.

Die Aktivitäten und das schriftstellerische Œuvre Friedrich Wilhelm von Schütz' sind außerordentlich vielseitig. Er gab politische und literarische Zeitschriften heraus, schrieb Theaterstücke, verfertigte Reden für Freimaurer, veröffentlichte ein Kochbuch, Kinderbücher, Reisebeschreibungen, politische Streitschriften und historische Werke. Während der französischen Jakobinerdiktatur gab er mit der Zeitschrift »Niedersächsischer Merkur« (1792/93) eines der radikalsten politischen Periodika heraus, das bald verboten wurde. Engagiert beschäftigte sich von Schütz mit der Freimaurerei. In Hamburg war er Mitglied der Loge »Ferdinand zum Felsen« sowie Mitgründer und Logenmeister der christlich-jüdischen Loge »Einigkeit und Toleranz«. Nach der Auflösung dieser Gesellschaft wurde von Schütz 1813 zum Meister vom Stuhl der Altonaer Loge »Carl zum Felsen« gewählt. Über die Maurerei vor allem in Hamburg verfasste er das Buch »Freie Bekenntnisse eines Veteranen der Maurerei und anderer geheimer Gesellschaften« (1824). Im Alter schrieb er die – später von seinem Sohn fortgesetzte – »Geschichte der Kriege in Europa seit dem Jahre 1792, als Folgen der Staatsveränderung in Frankreich unter Ludwig XVI.« (15 Bde., 1827–53).

WERKE Schriftenverzeichnis in: Lübker/Schröder 2.

LITERATUR LhS 7; Kordes; Asendorf/von Bockel; Böning Bd. 2, Sp. 791 f.; Walter Grab, Demokratische Strömungen in Hamburg und Schleswig-Holstein zur Zeit der ersten französischen Republik, Hamburg 1966 (Veröffentlichungen des Vereins für Hamburgische Geschichte 21); ders., Ein Volk muß seine Freiheit selbst erobern. Zur Geschichte der deutschen Jakobiner, Frankfurt a. M. 1984; Hans-Werner Engels, Vorgeschichte und Gründung der Altonaer Loge »Carl zum Felsen«, Tätigkeit einiger ihrer Brüder bis zum Jahre 1800, in: Zirkelkorrespondenz, 129. Jg., 4 (April 2001), S. 146–153.   *Hans-Werner Engels*

SCHÜTZ, *Paul* Wilhelm Lukas, geb. 23. 1. 1891 Berlin, gest. 26. 7. 1985 Söcking bei Starnberg; luth.; Systematischer Theologe, Hauptpastor.

Der Sohn eines Methodistenpredigers studierte ab 1910 evangelische Theologie und Philosophie in Berlin und Jena, arbeitete 1912 als Hauslehrer in Soldin und wurde 1914 zum Dr. phil. promoviert. Als Kriegsfreiwilliger nahm Paul Schütz am Ersten und später auch am Zweiten Weltkrieg teil; seine Sprache war oft militärisch geprägt. 1918 legte er in Koblenz das erste und 1922 in Magdeburg das zweite theologische Examen ab. 1919 arbeitete er als Inspektor am Johannesstift in Berlin-Spandau und anschließend bis 1924 als Studienleiter am Theologenkonvikt der Domgemeinde in Halle. 1922 wurde er in Halle zum Lizentiaten der Theologie promoviert. 1924 in Magdeburg ordiniert, erhielt er im Jahr darauf die Pfarrstelle in Schwabendorf bei Marburg an der Lahn. Sein Dorfpfarramt nutzte er, um seine Theologie weiterzuentwickeln und für seine umfangreiche schriftstellerische Tätigkeit.

Von 1926 bis 1928 leitete Schütz die »Dr. Lepsius-Orient-Mission«. In den Jahren 1927/28 war er zugleich Mitglied des Exekutiv-Ausschusses des »International Near East Relief« und reiste nach Genf und Paris. Über eine längere Reise nach Ägypten, Palästina, Syrien, in den Irak und den Iran, die er 1928 für die »Dr. Lepsius Orient-Mission« unternommen hatte, publizierte er 1930 einen »Reisebericht zur religionspolitischen Lage im Orient« unter dem Titel »Zwischen Nil und Kaukasus«. Die hier vorgetragene massive Kritik an der Mission machte ihn mit einem Schlag bekannt, bestimmte die Diskussion in Missionskreisen und führte zu seinem Rückzug aus der Missionsarbeit. Von 1929 bis 1934 gab Schütz die Zeitschrift »Orient und Occident« mit heraus. 1930 habilitierte er sich in Gießen für Praktische Theologie, 1937 wurde seine Venia in Systematik geändert, bevor er sie im Herbst des Jahres wegen Überlastung aufgab. Im »Kirchenkampf« wandte er sich weder der Bekennenden Kirche noch den Deutschen Christen zu. 1935 interpretierte die Gestapo sein Buch »Der Anti-Christus« als Kritik am nationalsozialistischen Staat und ließ die zweite Auflage vernichten.

1940 wurde Paul Schütz Hauptpastor an der Hamburger St. Nikolai-Kirche. Im folgenden Jahr zum Kriegsdienst einberufen, kehrte er 1946 nach Hamburg zurück und lehrte fortan im Allgemeinen Vorlesungswesen der Universität und im Rahmen des Kirchlichen Vorlesungswerks. An der 1948 gegründeten Kirchlichen Hochschule wurde er neben seinem Hauptpastorat hauptamtlicher Dozent für Systematische Theologie und Philosophie, 1950 wurde ihm vom Kirchenrat die Amtsbezeichnung »Professor der Theologie an der Kirchlichen Hochschule Hamburg« verliehen. Ihm war der Dialog mit der Kunst und der Naturwissenschaft wichtig. In der Theologenausbildung verstand er sich als »sokratischer Beunruhiger« und hatte ein Seminar für christliche Philosophie eingerichtet, in dem er mit einem kleinen Kreis von Studierenden intensiv aktuelle Themen diskutierte. In den Jahren nach 1945 wurde Schütz' Dissens zum lutherischen Bekenntnis der Hamburger Landeskirche immer deutlicher; nach langem Ringen ließ er sich zum 1. Mai 1952 in den Ruhestand versetzen. Hier liegt seine wesentliche Bedeutung für die Hamburger Wissenschafts- und Kirchengeschichte: Er ist der erste und bislang einzige Hauptpastor, der aus Bekenntnisgründen aus dem Amt schied. Schütz fühlte sich nicht mehr an die christozentrisch ausgerichteten reformatorischen Bekenntnisschriften gebunden, in denen er eine Reduzierung auf Christologie sah, sondern in erster Linie an die altkirchliche Trinitätslehre.

Nach seiner Pensionierung siedelte Schütz nach Bayern über und widmete sich dort der Ausarbeitung seiner Theologie. Um ihn zu unterstützen, gründete der Hamburger Kaufmann Wolfgang Essen 1953 die Klopstockstiftung, die ihren ersten Forschungsauftrag an den Theologen vergab. Als Ergebnis erschien 1960 sein Hauptwerk »Parusia – Hoffnung und Prophetie«, in dem er seine Position ausführlich darlegte. Es folgten zahlreiche weitere Artikel und Bücher. 1971 erhielt Schütz den Ehrendoktor der Theologischen Fakultät der Universität Basel. 1993 wurde die Paul-Schütz-Gesellschaft gegründet, die das Werk dieses markanten Theologen bekannter machen will.

WERKE Schriftenverzeichnis in: Rainer Hering, Der Theologe Paul Schütz. Biographie und Bibliographie. Heidelberg 1996.

LITERATUR BBKL 9; KDG 1954–1987; Heinrich Ott, Konfessionelles oder universelles Christentum? Zur gegenwärtigen Aktualität von Paul Schütz' Kritik am Luthertum, in: Theologische Zeitschrift 54 (1998), S. 151–161; Rainer Hering, Von Hessen nach Hamburg: Der Theologe Paul Schütz im »Dritten Reich«, in: Mitteilungen des Oberhessischen Geschichtsvereins N. F. 84 (1999), S. 1–39; ders., »Christus weissagt das Judentum als den Hauptfeind seiner künftigen Gemeinde«. Das Judentum bei Paul Schütz, in: Jahrbuch der Hessischen Kirchengeschichtlichen Vereinigung 52 (2001), S. 143–165. *Rainer Hering*

SCHÜTZ-WOLFF, Johanna, geb. Wolff, geb. 10. 7. 1896 Halle, gest. 30. 8. 1965 Söcking/Starnberg; luth.; Künstlerin.

Die Tochter eines Architekten schloss 1913 das Lyzeum in Halle ab, besuchte dort ein Seminar für Handarbeitslehrerinnen und nahm in Weimar Zeichenunterricht. Dem Besuch der Handwerkerschule in Halle in den Jahren von 1915 bis 1918 schloss sich 1918/19 ein Studium an der Münchner Kunstgewerbeschule an. In Oberbayern entdeckte Johanna Schütz-Wolff ihre Begeisterung für die Natur und das ländliche Leben. Von 1920 bis 1925 baute sie die Textilwerkstatt der Burg Giebichenstein in Halle auf, nachdem sie ein ähnliches Angebot der Kunstgewerbeschule Dortmund abgelehnt hatte, und schuf ihre ersten großformatigen figürlichen Gobelins. 1925 zog sie mit ihrem Mann, dem Theologen Paul Schütz, nach Schwabendorf bei Marburg, wo ihre erste große Schaffensphase begann. Mit ihm stand sie in einem regen gegenseitigen Austausch. Durch eine gemeinsame Orientreise 1928 angeregt, wandte sie sich in Abkehr von der expressiven Farbigkeit der monumentalen Form zu.

Von 1940 bis 1952 lebte Johanna Schütz-Wolff in Hamburg, wo sie die kirchliche Kunst prägte. Sie stellte in der Kunsthalle aus und schuf eine Kupfer-

drahtplastik für ein Gebäude im Rahmen der Gartenbau-Ausstellung »Planten un Blomen«. Eine angebotene Stelle an der Landeskunstschule lehnte sie ab. 1953 zog sie nach Oberbayern, wo sie sich bis 1960 besonders mit dem Farbholzschnitt, danach mit der Monotypie beschäftigte. In zahlreichen Ausstellungen wurden ihre Bildteppiche, Holzschnitte und Grafiken präsentiert. Viele Werke schuf sie direkt für Kirchenräume. Auf der Mailänder Triennale 1954 erhielt sie eine Goldmedaille.

WERKE Schriftenverzeichnis in: BBKL 21.

LITERATUR BBKL 21; Katja Schneider, Burg Giebichenstein. Die Kunstgewerbeschule unter Leitung von Paul Thiersch und Gerhard Marcks 1915–1933, 2 Bde., Weinheim 1992 (ARTEfact 2); Johanna Schütz-Wolff. Textil und Grafik. Zum 100. Geburtstag, hg. von der Staatlichen Galerie Moritzburg, Halle 1996; Rainer Hering, Von Hessen nach Hamburg: Der Theologe Paul Schütz im »Dritten Reich«, in: Mitteilungen des Oberhessischen Geschichtsvereins N. F. 84 (1999), S. 1–39. *Rainer Hering*

SCHULTZ, Walter D[etlef], geb. 5. 10. 1910 Hamburg, gest. 13. 8. 1964 Hannover; Journalist, Rundfunkredakteur.

Er galt als der »Botschafter des deutschen Rundfunks«, und scherzhaft-respektvoll sprach man vom »Außenminister des Norddeutschen Rundfunks«. Walter D. Schultz hatte dem deutschen Rundfunk in den Jahren nach dem Ende des Zweiten Weltkrieges wieder internationale Geltung verschafft und ein vielfältiges Netz an Kontakten und Kooperationen geknüpft.

Schultz absolvierte in Hamburg die Seminar- und Aufbauschule sowie seit 1926 eine kaufmännische Lehre bei Villeroy und Boch. Ab 1929 arbeitete er als Angestellter in Hannover und studierte parallel dazu an der Leibniz-Akademie Volkswirtschaft, Betriebslehre, Staatswissenschaft und Literaturgeschichte. Bereits seit 1925 hatte er sich in der SPD, in der sozialistischen Jugendarbeit und in der Gewerkschaftsbewegung engagiert; 1930 wechselte er zur KPD. Schultz, der seit 1929/30 auch freier Mitarbeiter für Hannoversche Lokalzeitungen war, wurde 1933/34 aufgrund seiner politischen Tätigkeit in verschiedenen Konzentrationslagern inhaftiert. Im November 1934 konnte er nach Prag emigrieren, wo er als Schriftsteller und Journalist für deutsche Exil-Zeitungen tätig war, unter anderem

Walter D. Schultz

aussetzte, nutzte Schultz aber auch als leidenschaftlicher Journalist. 1949 rief er die Sendereihe »Das politische Forum« ins Leben, eine Diskussionsrunde mit Parteienvertretern zu festgelegten Sachthemen, die er als Chance zur öffentlichen Meinungsbildung und zur Demokratisierung begriff und zielsicher umsetzte.

Schultz, der seine einflussreiche Stellung beim NWDR bzw. seit 1956 beim NDR ausbaute, wurde 1955 gleichzeitig stellvertretender Leiter der Hauptabteilung Politik. Im November 1961 wurde ihm die Direktion des NDR-Funkhauses in Hannover übertragen, eine Tätigkeit, die durch seinen Herzinfarkt 1964 abrupt endete.

LITERATUR BHdE 1; Kurt Hiller, Leben gegen die Zeit, Bd. 1: Logos, Hamburg 1969; ders., Biographische Notiz, in: ders., Das Buch Archangelos. Ein Grabmal, [Privatdruck] Hamburg 1965, S. 45.   *Hans-Ulrich Wagner*

als Redaktionssekretär der »Neuen Weltbühne«. 1938 erfolgte der Ausschluss aus der KPD, im Dezember des gleichen Jahres gelang ihm die Ausreise nach London. Während seines Exils in Großbritannien – unterbrochen durch die Internierung als »feindlicher Ausländer« von Juli 1940 bis Juni 1941 in Australien – arbeitete er für verschiedene Exil-Zeitschriften sowie für den deutschsprachigen Dienst der BBC, für den er als Übersetzer, Sprecher und Verfasser von Kriegsgefangenensendungen tätig war.

Im Mai 1948 wurde Schultz vom britischen Generaldirektor des Nordwestdeutschen Rundfunks (NWDR) Hugh Carleton Greene das so genannte »Außenreferat« angeboten, eine Abteilung, die eine Vielzahl von Aufgaben und Zuständigkeiten bündelte. Hierzu zählte vor allem der Aufbau von internationalen Beziehungen zu den ausländischen Rundfunkanstalten. Schultz, der als »Gentleman« auftrat, als »Herr im Sinne seiner hanseatischen Heimatstadt« (Klaus Bölling), beförderte den Programmaustausch mit europäischen Sendern und ermöglichte zahlreiche Einladungen von auswärtigen Künstlern nach Hamburg, so etwa 1949 den Auftritt des Komponisten Bertold Goldschmidt sowie mehrere Vorträge des Publizisten Kurt Hiller, mit dem Schultz seit 1934 sehr eng befreundet war. Darüber hinaus gehörte zum Aufgabenbereich des Außenreferats der Aufbau eines Rundfunkkorrespondentennetzes im Ausland ebenso wie der Kontakt zu den politischen Parteien in Deutschland. Diese schwierige Arbeit, die ihn vielfach Vorwürfen

SCHULZ, *Friedrich* Erdmann, geb. 12. 2. 1830 Sorau/Niederlausitz, gest. 6. 3. 1898 Hamburg; luth.; Schriftsetzer, Gewerkschaftsvorsitzender.

Friedrich Schulz hat als langjähriger Vorsitzender des Buchdruckervereins im Gauverband Hamburg-Altona im Verband Deutscher Buchdrucker die Geschicke des Berufsstandes mit bestimmt. Abgesehen von einem gescheiterten Versuch jüngerer Buchdrucker 1876 wurde seine Führungsrolle 31 Jahre lang nicht angezweifelt.

Schulz war gelernter Schriftsetzer, kam 1851 nach Hamburg und ließ sich dort nach weiterer Wanderschaft 1858 dauerhaft nieder. 1862 verlor er als Redakteur eines demokratischen Oppositionsblattes nach der Verurteilung zu hohen Geldstrafen sein gesamtes Vermögen und musste wieder als Setzer bei der »Börsenhalle« arbeiten. 1867 wählten ihn die Hamburger Drucker zu ihrem Gewerkschaftsvorsitzenden. Unter seiner Führung wurden die Buchdrucker mit über 1100 Mitgliedern zur größten Hamburger Gewerkschaftsgruppe.

Als Schulz 1880 einen Streik anführte, entließ ihn die »Börsenhalle«. Die Hamburger sozialdemokratische Parteidruckerei stellte ihn ein, und so war er als Metteur an der Herstellung der »Gerichts-Zeitung«, danach der »Bürgerzeitung« und schließlich des »Hamburger Echos« beteiligt.

LITERATUR Nachruf in: Hamburger Echo, Nr. 56 vom 8. 3. 1898, [S. 2]; Heinrich Laufenberg, Geschichte der

SCHUMACHER, Fritz

Arbeiterbewegung in Hamburg, Altona und Umgegend, Bd. 1, Hamburg 1911 [Nachdruck Berlin 1977].

Angela Graf

SCHUMACHER, Friedrich *(Fritz)* Wilhelm, geb. 4. 11. 1869 Bremen, gest. 5. 11. 1947 Hamburg; luth.; Architekt, Stadtplaner, Oberbaudirektor, Schriftsteller.

Fritz Schumacher

Das hohe Ansehen Fritz Schumachers als Autorität in allen Bereichen seines umfassenden Lebenswerkes basierte fast ausschließlich auf seinem langen Wirken in Hamburg, das die zweite Hälfte seines Lebens ausfüllte.

Aus einer seit Jahrhunderten im öffentlichen Leben Bremens tätigen Familie stammend, hatte Schumacher in seiner Kindheit und Jugend frühe Prägungen durch einen Aufenthalt in New York empfangen sowie eine seine weit gefächerten Interessen fördernde Schulzeit in seiner Vaterstadt genossen. Nach dem Studium in München und Berlin sowie ersten Arbeiten als Architekt in München bei Gabriel von Seidl und in Leipzig im Städtischen Hochbaubüro bei Hugo Licht, aber auch ersten Privataufträgen für Villenbauten, unternahm er Reisen zu den wichtigsten Kulturzentren Europas. 1899 erschien unter dem Titel »Im Kampfe um die Kunst. Beiträge zu architektonischen Zeitfragen« seine erste Aufsatzsammlung, die sich mit Grundsatzfragen von Überlieferung und Moderne in der Baukunst befasste.

1901 wurde Schumacher an die Technische Hochschule in Dresden berufen. Der hier von ihm verfolgte Reformgedanke umfasste alle Bereiche der Kunst, von der Architektenausbildung bis zu seiner maßgeblichen Mitwirkung an der Dritten Deutschen Kunstgewerbeausstellung von 1906, auf der er gemeinsam mit vielen Künstlern Beispiele für nahezu alle Felder von Architektur und Raumkunst vorstellte. Er selbst bediente sich anfangs vieler formaler Medien, von der Buchkunst bis zur Theaterinszenierung oder einer Serie von Idealentwürfen und fachschriftstellerischen Arbeiten. Dies mündete 1907 in seine maßgebliche Teilnahme an der Gründung des Deutschen Werkbundes in München. An Bauten entstanden vor allem private Villen in ganz Deutschland. An öffentlichen Aufträgen kamen neben der Gestaltung des Innenraumes des Bautzener Domes (1909/10) nur die Handelsschule in Leipzig (1908) und das Krematorium in Dresden-Tolkewitz (1908–11) zur Ausführung, beide der schweren Monumentalität des sich vom Historismus lösenden Massenstils verpflichtet.

Schumachers Berufung zum Leiter des staatlichen Hochbauwesens in Hamburg im Jahre 1909 würdigte ein bereits reifes und reiches architektonisches und akademisches Werk. Er betrat nun endgültig die Bühne öffentlicher Wirksamkeit, zwar ohne Verwaltungserfahrung, doch mit einem künstlerischen und erzieherischen Konzept zur Reform der baulichen Gestalt der Stadt. Einem großen Nachholbedarf an öffentlichen Gebäuden folgend, hatte Schumacher in seiner ersten Hamburger Schaffensphase als Baudirektor bis etwa 1920 in kurzer Folge zahlreiche Staatsbauten zu errichten, darunter eine große Zahl von Schulen. Dabei löste er sich vom neubarocken Heimatstil seines kommissarischen Vorgängers Albert Erbe und versuchte seinerseits – ebenfalls mit Backstein und Klinker, doch in Verbindung mit neuen Baustoffen wie Beton –, in einer moderneren Formensprache eine neue Bautradition für die Bedürfnisse der Großstadt Hamburg zu schaffen. Das nordische Baumaterial sollte, auch aus klimatischen Gründen, der gründerzeitlichen Stadt einen einheitlichen baulichen Charakter zurückgeben und in Überwindung des Stilpluralismus aus der baulichen Überlieferung ein neues Gemeinsames prägen. Wichtig war Schumacher die markante städtebauliche Situierung seiner Bauten, gleichsam als »Stimmgabel« für die zukünftige Entwicklung in einem organischen, prozesshaften Denken und Planen. Mächtige Dächer fassen stets die weithin sichtbaren hohen Gebäude zusammen. Zur Ausschmückung mit Skulpturen und Brunnen, auch durch farbige Keramik, zog er junge Künstler heran und förderte so eine neue Kultur der gebrannten Tonplastik.

Mit dem mächtigen Ingenieurwesen kämpfte Schumacher um Kompetenzen im Städtebau, um stärker als bisher auf die von diesem dominierte Bebauungsplanung einwirken zu können. Bei der Fertigstellung des neuen Stadtparks konnte er über die Einzelbauten hinaus, die in seine eigentliche Zuständigkeit fielen, sein Gesamtkonzept weitgehend durchsetzen. Staatliche Mitwirkungsmöglichkeiten hat er auch bei der Gestaltung des Umfeldes der nach 1906 wieder aufgebauten Hauptkirche St. Michaelis und in grundsätzlichen künstlerischen Fragen bei der neu angelegten Mönckebergstraße (1908/09) in der Hamburger City konsequent genutzt. Erst als er 1914 in seiner Behörde eine eigene städtebauliche Abteilung einrichten konnte, kam Schumacher seinen Zielen näher und begann nun mit der systematischen Erprobung modellhaften Planens. Sein Ideal war nicht die Auflösung, sondern die Reform der Großstadt als Trägerin der Kultur und Zukunftsentwicklung. Am Ende des Weltkriegs wurde die Wohnungsfrage immer drängender. Mit neuen gesetzlichen Fördermöglichkeiten erfüllten sich viele Forderungen Schumachers. Seine von 1919 bis 1921 entworfene Siedlung in Langenhorn mit ihren kleinen Häuserzeilen samt Gartenfleck entstand als Muster-Gartenstadt an der städtischen Peripherie. Die von 1919 bis 1923 näher am Zentrum nach reformiertem Bebauungsplan errichtete Siedlung Dulsberg, bestehend aus Mietwohnungen in großen Baublocks nach Entwürfen verschiedener Architekten, präsentierte neue Typenversuche und einen breiten, von Schumacher durchgesetzten Grünzug. Beide Siedlungen erhielten als räumlichen und kulturellen Mittelpunkt Schulen, die als Stadtteilzentren fungierten.

Nachdem Schumacher 1920 den Wettbewerb der Stadt Köln für die Gestaltung des Inneren Rayons und des gesamten aufgelassenen Festungsgürtels gewonnen hatte, übernahm er, von seinen Hamburger Verpflichtungen beurlaubt, im Range eines technischen Beigeordneten unter dem Kölner Oberbürgermeister Konrad Adenauer die Verantwortung für die Planung und Gestaltung des weit ausgedehnten, bis heute strukturprägenden Grüngürtels der Stadt und den Generalbebauungsplan für das ganze Stadtgebiet. 1923 nach Hamburg zurückgekehrt, wurde er als Oberbaudirektor zuständig für das gesamte Bauwesen. Unter seiner Leitung wurden die einzelnen Bebauungspläne den Erfordernissen der Großstadt angepasst und dabei zugleich in seine Konzeption der Gesamtplanung Hamburgs integriert. Die zentrale Aufgabe der zwanziger Jahre war die Bekämpfung der Wohnungsnot. Zahlreiche Siedlungsbauten entstanden, darunter Barmbek-Nord (1927/28) und die Jarrestadt (1927–29). Hier wurden keine Satellitenstädte gebaut, sondern gleichsam Jahresringe um den Großraum Hamburg gelegt, die in enger Abstimmung mit den Fachkollegen der preußischen Nachbargemeinden entstanden. Vor allem am Bau der Jarrestadt beteiligte Schumacher viele Hamburger Architekten unterschiedlicher Formensprache nach Maßgabe einer einheitlichen, von ihm modellhaft entwickelten Großform.

Nach 1920 kamen – vor allem im Verhältnis zu den Hamburg umgebenden preußischen Territorien – dringende Fragen der Gebietsreform, der Landesplanung und der Raumordnung hinzu. So befasste sich Schumacher mit der Groß-Hamburg-Frage und skizzierte sein organisches Modell der natürlichen Entwicklungsachsen Hamburgs in seinem Umland, das aber erst 1937 als Minimallösung vollzogen wurde.

Der aus funktionalen Gründen stark veränderte Baustil Schumachers manifestierte sich vor allem in den nun entstehenden Schulbauten. Nach 1923 kamen seine Entwürfe mit Flachdächern und breiten Fensterbändern formal der Neuen Sachlichkeit näher. Gerade angesichts der Knappheit der Mittel nach dem Krieg hat Schumacher sich mit besonderen Programmen um die Förderung bildender Künstler bei der Ausgestaltung seiner Schulbauten verdient gemacht. In dieser zweiten Hälfte seines Hamburger Wirkens gewann auch die selbstständige künstlerische Rolle seiner Behördenmitarbeiter an Bedeutung. Sie agierten zunehmend als Team, in dem er selbst sich wie ein Dirigent fühlte.

1933 wurde Schumacher von den Nationalsozialisten aus der ihnen wichtigen Schlüsselposition entlassen, obwohl er sie trotz innerer Distanz nie direkt bekämpft hatte. Nun widmete er sich ganz seinem publizistischen Wirken, mit dem er schon während seiner Amtszeit die Hamburger Kulturszene nachhaltig hatte beeinflussen können. Sein schier unübersehbares Werk als Autor, das ihn zeitlebens begleitet hat und mit dem er die täglichen Aufgaben literarisch verarbeitete, fand nun seine Vollendung. Es entstanden viele wichtige Bücher zur Geschichte und Theorie der Architektur, aber auch autobiografische Schriften und persönliche Studien sowie dichterische Skizzen. Schumacher verfügte über eine hoch entwickelte, differenzierte Ausdrucksweise und eine überzeugende, bildhafte Sprache. Daher gewann er große öffentliche Wirkung bis in breite Schichten des Bürgertums hinein.

Nach der Ausbombung seiner Wohnung 1943 übersiedelte Schumacher nach Lüneburg. Ein eindrucksvolles Tondokument ist die Rede des Schwerkranken zum Wiederaufbau Hamburgs, gehalten am 10. Oktober 1945 im Hamburger Rathaus. Beigesetzt wurde er auf dem Ehrenfriedhof in Ohlsdorf neben dem von ihm entworfenen Ehrengrab für Alfred Lichtwark. Schumacher hat zahlreiche Ehrungen und Preise sowie drei Ehrendoktorwürden erhalten. Er war Mitglied zahlreicher Akademien des In- und Auslandes. Die Instandsetzung bzw. der Wiederaufbau vieler seiner im Zweiten Weltkrieg schwer beschädigten Bauten, Siedlungen und Quartiere war nach 1945 eine bewusste Entscheidung, mit der Hamburg sein Werk als Basis für die Zukunftsentwicklung der Stadt würdigte. Für besondere Leistungen in Architektur oder Städtebau verleiht der Senat den 1961 gestifteten Fritz-Schumacher-Preis. In Langenhorn wurde 1920 die Fritz-Schumacher-Alle nach dem Architekten benannt. Schumacher war für Hamburg zu einer Legende geworden. Gerade deshalb hat es lange gedauert, bis sein künstlerisches Werk wissenschaftlich intensiver erforscht wurde, zumal sich seine Würdigung der nach 1945 sehr einseitig auf die Bauhaus-Tradition fixierten Architekturgeschichtsschreibung in Deutschland lange entzog. Erst jüngst hat die Forschung zu Schumacher parallel zur Neubewertung der deutschen Architektur des frühen 20. Jahrhunderts neuen Auftrieb bekommen.

WERKE Schriftenverzeichnis in: Werner Kayser, Fritz Schumacher. Architekt und Städtebauer. Eine Bibliographie, Hamburg 1984 (Arbeitshefte zur Denkmalpflege in Hamburg 5).
LITERATUR ThB 30; Vollmer 4; HL; Reichshandbuch der Deutschen Gesellschaft. Das Handbuch der Persönlichkeiten in Wort und Bild, Berlin 1931, Bd. 2, S. 1731 [Microfiche-Ausgabe München 1995]; The Dictionary of Art, hg. von Jane Turner, 34 Bde., New York 1996–98, Bd. 28, S. 177 f.; Fritz Schumacher. Reformkultur und Moderne, hg. von Hartmut Frank [Begleitpublikation zur Ausstellung »Fritz Schumacher und seine Zeit« in den Deichtorhallen Hamburg vom 20. Mai bis 17. Juli 1994], Stuttgart 1994; Fritz Schumacher, Hamburger Staatsbauten 1909–1919/21. Eine denkmalpflegerische Bestandsaufnahme, hg. von Manfred F. Fischer und Ilse Rüttgerodt-Riechmann, Hamburg 1995 (Arbeitshefte zur Denkmalpflege in Hamburg 15,1). *Manfred F. Fischer*

SCHWITZKE, *Heinz* Friedrich Otto Albin, geb. 13. 2. 1908 Helbra bei Mansfeld, gest. 25. 10. 1991 Braunlage/Harz; Schriftsteller, Publizist, Rundfunkredakteur.

Er gilt als der »Hörspiel-Papst« der bundesrepublikanischen Nachkriegszeit, als Urheber einer vielfach gerühmten »Hamburgischen Dramaturgie des Hörspiels«, als Freund und Förderer zahlreicher Schriftsteller in den fünfziger und sechziger Jahren des 20. Jahrhunderts.

Heinz Schwitzke besuchte in Berlin das Gymnasium, studierte Philosophie, Kunstgeschichte, Musikgeschichte und Germanistik an der Friedrich-Wilhelms-Universität zu Berlin und wurde 1930 bei Max Dessoir promoviert. Sein Doktorvater, Ordinarius für Psychologie und Kunsttheorie, brachte ihn in Kontakt mit dem neuen Medium Rundfunk. Schwitzke schrieb zunächst Programmkritiken für verschiedene Berliner Zeitungen, 1932 wurde er Redakteur in der Literarischen Abteilung des Deutschlandsenders. Diese Stelle, die er bis zu seinem Eintritt in die Luftwaffe 1938 innehatte, nutzte er, indem er sich propagandistisch vor allem für die Arbeit der Hitlerjugend einsetzte. Neben seiner Rundfunktätigkeit trat Schwitzke im »Dritten Reich« auch als Verfasser mehrerer Prosaarbeiten, Drehbücher, Dramen, Weihe- und Propagandaspiele hervor. Zwei seiner Stücke verbanden ihn mit Hamburg: Am 23. Juli 1936 wurde sein Festspiel »Der Friede der Fahnen« zum Auftakt des

Heinz Schwitzke

»Weltkongresses für Freizeit und Erholung« im Hamburger Ufa-Palast uraufgeführt; am 28. November 1936 brachte das Deutsche Schauspielhaus die Premiere von »Scarrons Schatten«.

Kurz nach Kriegsende als Leutnant aus amerikanischer Kriegsgefangenschaft entlassen, geriet Schwitzke bei der Suche nach seiner Familie in russische Gefangenschaft und wurde bis Juli 1948 im Gefangenenlager Tscherepowetz am Tscheksna-Fluß inhaftiert. Diese Erfahrung der »abgrundtiefen Hoffnungslosigkeit« schlug sich in einem großen biblischen Versepos nieder, das erst 1978 unter dem Titel »Evangelium der Gefangenen« veröffentlicht wurde. Nach seiner Entlassung wurde Schwitzke im Herbst 1948 Leiter der kirchlichen Rundfunkzentrale Bethel sowie Mitbegründer und Chefredakteur des Informationsdienstes »Kirche und Rundfunk«. Im November 1951 holte ihn Adolf Grimme, der Generaldirektor des Nordwestdeutschen Rundfunks (NWDR), als Leiter der Hauptabteilung Hörspiel und Produktion nach Hamburg.

In dieser Position, die Schwitzke bis Juni 1971 bekleidete, avancierte er zum Nestor der »klassischen« Periode des deutschen Nachkriegshörspiels und drückte der Radiokunst entscheidend seinen Stempel auf. Viele der maßgeblichen Autoren in der Nachkriegszeit schrieben für Schwitzkes Hörspielabteilung beim Hamburger Sender, darunter Wolfgang Hildesheimer, Fred von Hoerschelmann, Ingeborg Bachmann und Günter Eich. »Seine Begeisterung war infektiös«, würdigte Siegfried Lenz den Hörspielredakteur. Schwitzkes aktive Drama-

turgie legte den Akzent auf das Originalhörspiel und förderte das Zeitstück. Dabei setzte er weniger auf die direkte Auseinandersetzung mit der Vergangenheit und mit der aktuellen Gegenwart, sondern bevorzugte gleichnishafte Darstellungen, die rückblickend als »verschlüsselte Opposition« (Irmela Schneider) gewertet werden. Schwitzkes redaktioneller Arbeit lag eine Theorie des literarischen Hörspiels zugrunde, die vom magischen Wort ausging, das mithilfe der Phantasie des Hörers auf der inneren Bühne ein Geschehen nachbildet. Diesen später als Innerlichkeitshörspiel apostrophierten Typus legte Heinz Schwitzke in einer großen Zahl von Veröffentlichungen dar, zusammenfassend in seinem 1963 erschienenen Hauptwerk »Das Hörspiel. Dramaturgie und Geschichte« und in dem von ihm 1969 herausgegebenen »Reclams Hörspielführer«. Diesen Publikationen kam in den sechziger Jahren des 20. Jahrhunderts bereits der Charakter einer Bilanz zu. Eine neue Autorengeneration, darunter Wolf Wondratschek, Helmut Heißenbüttel, Paul Pörtner und Franz Mon, prangerte restaurative Tendenzen an und forderte sprachkritische Ansätze und experimentelle radiophone Formen. Heinz Schwitzke wurde in der Auseinandersetzung mit dem so genannten »Neuen Hörspiel« zur Zielscheibe der Kritik und reagierte heftig auf den Hörspielstreit.

Schwitzke, der neben seiner Position als Leiter der Hörspielabteilung von 1958 bis 1961 auch die Fernsehspielabteilung des NDR betreut hatte, zog sich 1971 aus gesundheitlichen Gründen aus dem beruflichen Alltag zurück und widmete sich in Eutin seinen literarischen Arbeiten. Wenige Jahre vor seinem Tod erhielt er 1986 das Verdienstkreuz am Bande des Verdienstordens der Bundesrepublik Deutschland.

WERKE Schwedischer Winter. Roman, Berlin 1938; Irrfahrt und Heimkehr. Homers Odyssee nach dem Text des Lagers 437, Olten/Freiburg i. Br. 1960; Das einundzwanzigste Kapitel. Roman nach Dokumenten, Bielefeld 1980; Einzelgänger. Erzählungen, Bielefeld 1985.

LITERATUR Knut Hickethier, Sprich, damit ich Dich sehe. Heinz Schwitzke zum 75. Geburtstag, in: Mitteilungen des Studienkreises Rundfunk und Geschichte 9 (1983), S. 52–55.   *Hans-Ulrich Wagner*

SEIDEL, *Georg* Heinrich Balthasar (Ps. *Christian Ferber, Simon Glas, Lisette Mullère*), geb. 31. 10. 1919 Eberswalde, gest. 26. 6. 1992 Midhurst (Großbritannien); luth.; Schriftsteller, Journalist, Verlagslektor, Übersetzer.

In Hamburg ist Georg Seidel unter seinem Journalistennamen, dem Pseudonym Christian Ferber, bekannt geworden. Keine seiner zahlreichen Arbeiten veröffentlichte er unter seinem richtigen Namen.

Der Enkel des »Leberecht Hühnchen«-Verfassers Heinrich Seidel und Sohn der Schriftstellerin Ina Seidel und des dichtenden Pfarrers Heinrich Wolfgang Seidel wuchs zunächst in Berlin heran und verbrachte seine Jugend während des Nationalsozialismus im Landerziehungsheim Schondorf. Nach dem Beginn eines Studiums in München wurde er zum Kriegsdienst eingezogen. Aus englischer Kriegsgefangenschaft entlassen, arbeitete er von 1947 bis 1950 als Lektor. Sein erster Roman, »Das Netz«, 1951 unter dem Pseudonym Simon Glas erschienen, brachte ihm die Einladung der Gruppe 47 ein, deren Mitglied er wurde. Es folgten der Roman »Die schwachen Punkte« (1953) und 1956 die Novelle »Jeder wie er kann«. Noch im gleichen Jahr ging Seidel zur Tageszeitung »DIE WELT« nach Hamburg. Im Feuilleton und in der von Willy Haas gegründeten Beilage »Die literarische Welt« meldete er sich mit unvergesslichen Essays und Satiren zu Wort und erschrieb sich eine eigene Lesergemeinde. 1963 veröffentlichte er »Bonner Patiencen« und »Christian Ferber's Flohmarkt, Requisiten aus Großmutters Zeiten«. Die ein Jahr später geschriebene »Moritat vom Eigenheim« galt als glänzende Alltagssatire.

In den sechziger Jahren erschienen Hörspiele wie »Der Chef kommt um 6«, »Gäste aus Deutschland« (1964) und »Neujahrsansprachen«. Seidel übersetzte aus dem Englischen und wirkte als Herausgeber. 1964 veröffentlichte er »Hamburg für Anfänger. Ein Lehrgang in 10 Lektionen nebst Übungen und Vokabeln«.

Die höchste Auszeichnung für deutsche Journalisten, den Theodor-Wolff-Preis, bekam der »WELT«-Autor gleich zweimal: 1967 und 1973. Während seiner Hamburger Zeit ab 1956 wohnte Seidel nicht weit von der Hansestadt in einer alten Mühle bei Bad Segeberg.

In seinem erfolgreichsten Buch, »Die Seidels – Geschichte einer bürgerlichen Familie« (1979), veröffentlicht ebenfalls unter dem Namen Christian Ferber, erzählt Seidel die Geschichte seiner Familie in den Jahren von 1811 bis 1977, dargestellt anhand von fünf Autoren aus drei Generationen. An seine berühmte Mutter Ina Seidel und die eigene Person wagte er sich erst in den späteren Lebensjahren. Die Tagebücher der Mutter gab er 1984 unter dem Titel »Aus den schwarzen Wachstuchheften« heraus. Erst vier Jahre nach seinem Tod erschienen unter dem Titel »Ein Buch könnte ich schreiben. Die autobiographischen Skizzen Georg Seidels« die nachgelassenen Erinnerungen.

Den Nachlass mit Briefen von Stefan Andres, Albrecht Goes, Agnes Miegel, Ernst Penzoldt, Carl Zuckmayer und seinen Eltern verwahrt das Deutsche Literaturarchiv in Marbach am Neckar.

WERKE Das Netz. Roman, Braunschweig 1951; Die Seidels. Geschichte einer bürgerlichen Familie 1811–1977, Stuttgart 1979; Ein Buch könnte ich schreiben. Die autobiographischen Skizzen Georg Seidels (1919–1992), mit einem Nachwort von Erwin Wickert, Göttingen 1996.

LITERATUR Friedrich Sieburg, Nur für Leser. Jahre und Bücher, Stuttgart 1955, S. 290–292; Ingeborg Drewitz, Die zerstörte Kontinuität. Exilliteratur und Literatur des Widerstandes, Wien u. a. 1981, S. 189–191.

Karin von Behr

SELLE, Thomas, geb. 23. 3. 1599 Zörbig bei Bitterfeld/Sachsen (heute Sachsen-Anhalt), gest. 2. 7. 1663 Hamburg; luth.; Komponist, Kantor.

Der aus Sachsen stammende und in der Musikkultur dieser Region, die im deutschsprachigen Raum zu dieser Zeit führend war, ausgebildete Thomas Selle wirkte beruflich ausschließlich in Norddeutschland. 1624 erhielt er seine erste Anstellung als Lehrer in Heide, wurde ein Jahr später zum Schulrektor in Wesselburen und 1634 zum Kantor in Itzehoe berufen. 1641 erfolgte dann der Ruf auf die Position, der er vor allem seine Berühmtheit verdankt: das Amt des Director chori musici und Kantors des Johanneums in Hamburg. Hier organisierte Selle die Kirchenmusik, für die er verantwortlich war, neu und richtete eine Kantorei aus besonders geschulten und besoldeten Sängern ein. Damit schuf er die Grundlage für Hamburgs führende Stellung in der lutherischen Kirchenmusik während der Barockzeit. Entsprechend der kirchenmusikalisch-liturgischen Tradition der Hamburger

Thomas Selle

Hauptkirchen galt sein kompositorisches Schaffen vor allem der Gattung der Kleinen Geistlichen Konzerte und den Passionsvertonungen, mit denen er zum Wegbereiter und zugleich zum bedeutendsten Vertreter des neuen Typs der »konzertierenden Passion« wurde. Seiner so genannten Großen Johannes-Passion von 1644 mit ihren das Geschehen reflektierenden Intermedien verdankt Hamburg den Ruhm, Ausgangspunkt für die weitreichende Entwicklung dieser musikalischen Gattung zu sein, die in den Meisterwerken Johann Sebastian Bachs gipfeln sollte. Durch die Freundschaft mit dem Wedeler Pastor Johann Rist angeregt, setzte Selle sich auch verstärkt mit dem Choral auseinander und band ihn in die größeren musikalischen Werke ein, was ebenfalls seinen Niederschlag in der von ihm eingeleiteten neuen Passionsform fand.

Bereits 1624 veröffentlichte Selle seine ersten Kompositionen: Sammlungen weltlicher Lieder, die im Druck bei dem Verlag Michael Hering in Hamburg erschienen. Weitere Publikationen folgten, was in jener Zeit eine Seltenheit war und von Selles früher Berühmtheit, aber auch von seinem Selbstbewusstsein zeugt. Selle verstand sich als »gelehrter Kantor«. Von seinen vielseitigen Interessen kündet seine teilweise noch erhaltene Bibliothek, die er, nachdem seine beiden Kinder aus der 1629 mit der Husumerin Anna Weihe geschlossenen Ehe vor ihm gestorben waren, der Hamburger Stadtbibliothek vermachte. Als er am 2. Juli 1663 – wahrscheinlich an der Pest – starb, ehrte Hamburg ihn durch eine Trauermusik in der Nikolaikirche.

LITERATUR Jürgen Neubacher, Die Musikbibliothek des Hamburger Kantors und Musikdirektors Thomas Selle (1599–1663). Rekonstruktion des ursprünglichen und Beschreibung des erhaltenen, überwiegend in der Staats- und Universitätsbibliothek Hamburg Carl von Ossietzky aufbewahrten Bestandes, Neuhausen 1997 (Musicological Studies and Documents 52); Thomas Selle (1599–1663). Beiträge zu Leben und Werk des Hamburger Kantors und Komponisten anläßlich seines 400. Geburtstages, Herzberg 1999.   *Gisela Jaacks*

SHALTIEL (Sealtiel), David, geb. 16. 1. 1903 Berlin, gest. 23. 2. 1969 Jerusalem; isr.; General, Diplomat, Zionist.

Der Sohn des Hamburger Kaufmanns Benjamin Sealtiel und der aus Karlsruhe stammenden Helene Wormser fiel in den ersten 30 Jahren seines Lebens mehr durch ungezügeltes und provozierendes Verhalten auf als durch Zielstrebigkeit und geregelten Lebenswandel. In Hamburg besuchte David Shaltiel die Talmud-Tora-Schule. Nach erfolglosen Versuchen mit verschiedenen kaufmännischen Tätigkeiten in Hamburg und Bremen und einer kurzen Zeit als Orangenpflücker in Palästina (1923–25) meldete sich David Sealtiel 1926 zur Fremdenlegion und verbrachte fast fünf Jahre in Nordafrika. Nach seiner Entlassung aus der Legion im Jahre 1931 blieb er in Frankreich, wo er eine kleine Fabrik für Druckereiausrüstungen leitete, später war er Vertreter für die Firma Shell. In Metz ließ er sich kurz nach der Machtübernahme der Nationalsozialisten von der Notwendigkeit überzeugen, für die zionistische Bewegung Hehaluz zu arbeiten. 1934 begab Shaltiel sich erneut nach Palästina, wo er im Februar 1935 hauptamtlicher Funktionär der zionistischen militärischen Untergrundorganisation Hagana (Manganon Hahagana) mit besonderen Europa-Aufträgen, vor allem als Waffenverkäufer, wurde. Im November 1936 wurde er an der deutsch-belgischen Grenze von der Gestapo verhaftet. Die nächsten drei Jahre verbrachte er als Häftling in mehreren Konzentrationslagern, bevor er Ende 1939 nach Palästina abgeschoben wurde. Hier machte Shaltiel eine steile Karriere in der Armee: Er wurde Kommandant von Haifa, und Anfang Februar 1948 ernannte ihn Ben Gurion zum Befehlshaber (Aluf) der Hagana im belagerten Jerusalem. Es gelang ihm zwar, zahlreiche Ortschaften zu halten bzw. zu erobern, den Ostteil der Stadt jedoch musste er verlo-

David Shaltiel

ren geben, was ihm bis heute von seinen Kritikern in Israel vorgehalten wird. Nach der Staatsgründung wurden Shaltiel wichtige politische und diplomatische Missionen übertragen, zum Beispiel als Botschafter Israels in Mexiko, Brasilien und Holland. Das Grab des bis heute in Israel umstrittenen leidenschaftlichen Zionisten befindet sich auf dem Herzl-Berg in Jerusalem, das Grab seiner Eltern auf dem Jüdischen Friedhof Langenfelde in Hamburg.

WERKE Jerusalem '48 [hebr.], Jerusalem 1981.

LITERATUR Erich Lüth, David Shaltiel. Hamburger, Fremdenlegionär, Diplomat, Verteidiger von Jerusalem, Hamburg 1970; Michael Studemund-Halévy, Sioniste au parfum romanesque: La vie tourmentée de David Shaltiel, in: Christoph Miething (Hg.), Politik und Religion im Judentum, Tübingen 1999 (Romania Judaica 4), S. 255–264; ders., Biographisches Lexikon der Hamburger Sefarden. Die Grabinschriften des Portugiesenfriedhofs an der Königstraße in Hamburg-Altona, Hamburg 2000 (Hamburger Beiträge zur Geschichte der deutschen Juden 22), S. 781–783; Eli Tzur (Hg.), Ein Wächter Israels: David Shaltiel [hebr.], o. O. [Tel-Aviv] 2001.

Michael Studemund-Halévy

SICHOWSKY, Richard von, geb. 28. 5. 1911 Hamburg, gest. 28. 1. 1975 ebd.; konfessionslos; Typograf.

Nach dem Besuch der Lichtwarkschule in Hamburg absolvierte von Sichowsky ab 1927 in seiner Vaterstadt eine Schriftsetzerlehre und besuchte seit 1935 die Meisterschule für Deutschlands Buchdrucker in München. 1937 begann er seine Tätigkeit in der Werkstatt des Verlages Heinrich Ellermann. 1946 wurde er als Leiter der Fachklasse für Typografie an die Landeskunstschule Hamburg, die spätere Hochschule für bildende Künste, berufen. Die von ihm im Jahre 1950 begründete Grillen-Presse zeigt seine große buchgestalterische Begabung, die sich gerade in der Zusammenarbeit mit bedeutenden Illustratoren wie Gerhard Marcks und Otto Rohse manifestierte. Viele Verlage, darunter Heinrich Ellermann, Hans Christians und Dr. Ernst Hauswedell, bedienten sich seiner typografischen, an klassischen Mustern orientierten Kunst. Für die Maximilian-Gesellschaft, deren Vorstandsmitglied er von 1952 bis 1975 war, hat Richard von Sichowsky zahlreiche Veröffentlichungen gestaltet. Die Hamburger historisch-kritische Klopstock-Ausgabe im Verlag Walter de Gruyter wird nach seinen typografischen Modellen, die er mit vorbildlicher Akribie entworfen hat, gedruckt.

LITERATUR Gerrit Willem Ovink, Richard von Sichowsky. Bemerkungen zu seinem Werk, in: Imprimatur N. F. 7 (1972), S. 223–229; Richard von Sichowsky. Typograph, hg. von Bertold Hack und Otto Rohse, Hamburg 1982 [Bibliografie S. 159–176]. *Horst Gronemeyer*

SIERCK, Hans *Detlef* (Ps. *Douglas Sirk*), geb. 26. 4. 1897 Hamburg, gest. 14. 1. 1987 Lugano; ev.; Film- und Theaterregisseur.

Detlef Sierck war – neben dem heute weitgehend in Vergessenheit geratenen Hans (John) Brahm – der wohl einzige Hamburger, der es als Regisseur in der Traumfabrik Hollywood zu Ruhm und Anerkennung gebracht hat und dessen Melodramen von Cineasten noch heute weltweit als Meisterwerke des Genres betrachtet werden.

Im September 1922 hatte der in Hamburg aufgewachsene Sierck am Deutschen Schauspielhaus in seiner Vaterstadt mit Hermann Bossdorfs »Bahnmeister Tod« seine Premiere als Theaterregisseur, bevor er von 1923 bis 1929 am Bremer Schauspielhaus und von 1929 bis 1935 am Alten Theater in Leipzig inszenierte. Wie viele seiner Zeitgenossen startete er danach eine Filmkarriere bei der Ufa in Berlin. Der Durchbruch gelang ihm mit den Zarah-Leander-Filmen »Zu neuen Ufern« (1937) und »La Habanera« (1938), die große Kassenerfolge wurden. 1925 bekamen Sierck und seine erste Frau, die

Detlef Sierck

der im Alter fast vollständig erblindete Regisseur, der die späte Anerkennung durch Filmwissenschaftler und Cineasten genoss, am Luganer See. Seit 1995 wird alljährlich beim Filmfest Hamburg der Douglas-Sirk-Preis vergeben.

WERKE Die Sonette an den geliebten Knaben, Hamburg 1922; Imitation of Life. Ein Gespräch mit Jon Halliday, hg. von Jon Halliday, Hans-Michael Bock und Michael Töteberg, Frankfurt a. M. 1997.

LITERATUR Douglas Sirk [Sonderheft der Cinemathèque Française], Paris 1978; Elisabeth Läufer, Skeptiker des Lichts. Douglas Sirk und seine Filme, Frankfurt a. M. 1987; Barbara Klinger, Melodrama and Meaning. History, Culture and the Films of Douglas Sirk, Bloomington u. a. 1994.   *Volker Reißmann*

Schauspielerin Lydia Brinken, einen Sohn, Klaus-Detlef. Nach der Ehescheidung im Jahr 1929 wurde dieser von seiner Mutter, einer überzeugten Nationalsozialistin, zu einem Kinderstar aufgebaut. Ein Gerichtsurteil verbot Sierck jeglichen Kontakt zu seinem Sohn, der 1944 an der Ostfront fiel.

Ende der dreißiger Jahre emigrierte Sierck mit seiner zweiten Frau, der Jüdin Hilde Jary, über Frankreich nach Amerika, wo er 1942 mit dem Anti-Nazi-Film »Hitler's Madman« Aufmerksamkeit erregte. Aus jener Zeit stammen die falschen Herkunftsangaben »Jütland« oder »Skagen«, die sich bis heute vereinzelt in Nachschlagewerken finden, da die Hollywood-Studios während des Zweiten Weltkriegs aus dem deutschen Emigranten lieber einen gebürtigen Dänen machen wollten. In den fünfziger Jahren inszenierte Sierck unter seinem Künstlernamen »Douglas Sirk« unter anderem mehrere Spielfilme mit Rock Hudson für die Filmgesellschaft Universal, darunter »In den Wind geschrieben« und »Was der Himmel erlaubt«. Obwohl er auch einige Komödien, Krimis und sogar einen Western drehte, waren es vor allem seine Melodramen, die ihn bekannt machten.

Anfang der sechziger Jahre kehrte Sierck auf dem Höhepunkt seines Erfolgs nach Europa zurück Zunächst war er von 1963 bis 1967 als Regisseur am Bayerischen Staatsschauspiel-Theater in München tätig, bevor er im März 1969 mit Tennessee Williams' »Königreich auf Erden« noch einmal ein Theaterstück in Hamburg am Thalia Theater inszenierte. Die letzten Jahre seines Lebens verbrachte

SILL, *Otto* Adolf Ernst, geb. 10. 9. 1906 Calw, gest. 1. 3. 1984 Hamburg; luth.; Ingenieur, Oberbaudirektor.

Zunächst als Leiter des Tiefbauamtes der Baubehörde, dann als Oberbaudirektor leistete Otto Sill in den Jahrzehnten nach dem Zweiten Weltkrieg einen bedeutenden Beitrag zum Wiederaufbau Hamburgs.

Nach dem Studium der Ingenieurwissenschaften in der Fachrichtung Bauwesen (Brückenbau und Stahlbeton) an der Technischen Hochschule Darmstadt mit Abschluss Diplomingenieur begann der berufliche Werdegang Sills in den Jahren von 1931 bis 1934 in Hessen mit der Ausbildung zum Regierungsbaumeister. 1935 wirkte er in der Oberbauleitung in Halle beim Bau der Reichsautobahn mit. 1936/37 war er in Ostpreußen bei der Straßenverwaltung beschäftigt und von 1938 bis 1941 beim Technischen Landesamt Württemberg.

Im Dezember 1941 wurde Sill zum Baurat in der Gemeindeverwaltung der Freien und Hansestadt Hamburg ernannt. Zum 1. Januar 1942 erfolgte der Wechsel in die Baubehörde Hamburg, wo er bis zu seiner Pensionierung am 30. September 1971 für die Planung von herausragenden Ingenieurbauwerken wie auch für beispielhafte und richtungweisende Maßnahmen des Straßen- und Verkehrswesens sowie des Hochwasserschutzes verantwortlich war. 1943 zum Militärdienst einberufen, wurde Sill im Herbst 1945 aus der Kriegsgefangenschaft entlassen. 1947 wurde unter seiner Federführung ein Generalverkehrsplan aufgestellt, der zum Aufbauplan

Otto Sill

Hamburgs erweitert wurde. 1951 erfolgte der Bau der Wilhelmsburger Reichsstraße. 1952 übernahm Sill die Leitung des Tiefbauamtes der Baubehörde. Am 1. April 1964 wurde er zum Oberbaudirektor befördert, 1956 zum Honorarprofessor für Straßenverkehr und Straßenverkehrstechnik an der Technischen Hochschule Braunschweig ernannt.

In Sills Zuständigkeitsbereich fielen die von 1954 bis 1970 geplanten und errichteten Luftwerftgebäude einschließlich aller zugehörigen Werkstätten des Flughafens Fuhlsbüttel und das 1961 in Betrieb genommene und 1966 und 1969 erweiterte Hauptklärwerk Köhlbrandhöft. Maßgeblich beteiligt war er an der Planung und am Bau neuer U- und S-Bahn-Linien, der Ost-West-Straße, der 1953 fertig gestellten Neuen Lombardsbrücke (Kennedybrücke) sowie des Deichtor- und des Wallringtunnels, die 1962 bzw. 1966 dem Verkehr übergeben werden konnten. Darüber hinaus war er verantwortlich für den Bau der Bundesautobahnteilstücke »Südliche Umgehung« und »Westliche Umgehung« mit dem neuen dreiröhrigen Elbtunnel (1968–74) sowie die Erschließung neuer Wohn-, Geschäfts- und Industriegebiete. 1964/1968 erfolgte der Ausbau der Müllverbrennungsanstalt Borsigstraße. 1970 leitete Sill ein Sofortprogramm unter Berücksichtigung der dringendsten Umweltprobleme, das als Grundlage für den Bau der Müllverbrennungsanlage Stellinger Moor diente.

Sills Fachkompetenz war auch auf Bundesebene und im Ausland gefragt. 1963 erreichte ihn die Anfrage wegen eines Gutachtens von der Metro-Kom-

mission Helsinki, 1966 bat das Wiener Stadtbauamt um eine gutachterliche Stellungnahme für U-Bahnplanungen. 1953 und 1965 reiste Sill in die Vereinigten Staaten von Amerika, um die Verkehrsverhältnisse in amerikanischen Städten zu studieren und zu prüfen, wie weit sie für Deutschland vorbildhaft sein könnten. 1962 war er Mitglied der vom Bundesminister für Verkehr, Hans-Christoph Seebohm, gebildeten »Kommission zur Untersuchung von Maßnahmen zur Verbesserung der Verkehrsverhältnisse in den Gemeinden«. 1968 wurde er vom Bundesverkehrsminister Georg Leber in die »Gruppe Verkehrstechnik« des wissenschaftlichen Beirats beim Bundesverkehrsministerium berufen. Sill war Mitglied des Aufsichtsrats der Flughafenverwaltung, der Gesellschaft für Nebenbetriebe der Bundesbahn, der Eisenbahn-Gesellschaft Altona – Kaltenkirchen – Neumünster AG (AKN) und der Akademie für Stadt- und Landesplanung sowie Mitarbeiter der Forschungsgesellschaft für das Straßenwesen.

WERKE Der Bau und die Finanzierung von Autobahnen in den amerikanischen Städten. Ein Beispiel für Deutschland, in: Straße und Autobahn, Zeitschrift für Straßen- und Brückenbau, Straßenverkehr und Straßenbauverwaltung, 17. Jg., Heft 5 (1966), S. 153–166; Welche Maßnahmen wird Hamburg treffen, um sein Stadt- und Landgebiet künftig vor Hochwasserkatastrophen zu schützen?, in: Wasser und Boden, 14. Jg., Heft 8 (1962), S. 268–274; Stadtverkehr und städtischer Straßenbau, in: Straße und Autobahn, 11. Jg. (1960), S. 289–297; Hamburg und seine Verkehrswege – 1968, in: Straßenverkehrstechnik. Zeitschrift für Straßenverkehr, Straßenverkehrstechnik und Straßenverkehrssicherheit, Jg. 1968, S. 141–150.

Jürgen Gottschalk

SINGER, Kurt, geb. 18. 5. 1886 Magdeburg, gest. 14. 2. 1962 Athen; isr.; Wirtschafts- und Kulturwissenschaftler.

Kurt Singers Leben glich einer Odyssee; es trug Züge einer intellektuellen Entdeckungsreise wie auch die einer dramatischen Irrfahrt. Singer war Nationalökonom und Wirtschaftsjournalist, Dichter, Übersetzer und Platonforscher; posthum entdeckten ihn Japanologie und Semiotik als einen der Ihren. Zu seinen teils durch Vertreibung erzwungenen Lebensstationen zählten Magdeburg, Berlin, Hamburg, Tokio, Sydney und Athen. In der Hansestadt wirkte er vor allem als Ökonom – knapp 20

Kurt Singer

Auf Empfehlung Knapps ging Singer 1912 nach Hamburg, wo ihn Friedrich Bendixen, der Direktor der Hypothekenbank, als Assistent einstellte. Im September 1913 wurde er Wirtschaftsredakteur des »Hamburgischen Correspondenten«; dreieinhalb Jahre später wechselte er aufgrund der Fürsprache Max Warburgs zum »Wirtschaftsdienst«, einer seit 1916 erscheinenden Wochenschrift, die von der Zentralstelle des Hamburgischen Kolonialinstituts (ab 1919: Hamburgisches Welt-Wirtschafts-Archiv) herausgegeben wurde. Zehn Jahre lang, von 1918 bis 1928, fungierte Singer als Hauptschriftleiter des Blattes. In dieser Zeit verfasste er eine Vielzahl von Artikeln zu aktuellen Wirtschaftsfragen und veröffentlichte auch von ihm ins Deutsche übersetzte Texte des britischen Ökonomen John Maynard Keynes. Für Keynes war der deutsche Kollege »the mystical economist«. Dies mochte daran liegen, dass Singer auch in seinen wirtschaftlichen Abhandlungen dem Geist Georges durchaus treu blieb. Deutlicher noch trat dieser freilich in den drei Platon-Büchern hervor, die Singer in den Weimarer Jahren publizierte.

Neben seiner Tätigkeit als Wirtschaftsjournalist widmete sich Singer seit dem Winterhalbjahr 1913/14 auch der akademischen Lehre: zunächst im Rahmen des Allgemeinen Vorlesungswesens, dann von 1919 bis 1931 in der neu gegründeten Hamburgischen Universität, zu deren ersten Habilitierten er zählte. Nach Annahme seiner unter dem Titel »Das Geld als Zeichen« erschienenen Arbeit wurde ihm 1920 die Lehrbefugnis für Volkswirtschaftslehre und Soziologie erteilt. Im Jahre 1924 erhielt Singer den Titel eines nichtbeamteten außerordentlichen Professors; ein festes Dienstverhältnis zur Universität war damit jedoch nicht begründet.

Als Singer im Frühjahr 1931 nach Tokio aufbrach, um dort eine zweijährige Gastprofessur anzutreten, ahnte er nicht, dass er von Hamburg endgültigen Abschied nahm. Die nach der Machtübernahme der Nationalsozialisten einsetzende Entlassungsflut an deutschen Universitäten erreichte im Sommer 1933 auch den in Japan lehrenden Singer, dem als »Nicht-Arier« die Hamburger Lehrbefugnis entzogen wurde. Zwar konnte er seinen Vertrag in Tokio noch bis zum Frühjahr 1935 verlängern, doch die Möglichkeiten eines aus Deutschland vertriebenen Juden verengten sich auch in Japan zusehends. Nach einer mehrjährigen Tätigkeit als Deutschlehrer in Sendai

Jahre lang, von 1912 bis 1931. Fremdheitserfahrungen und Randständigkeit im Universitätsmilieu prägten seinen Alltag hier wie andernorts. Zugehörigkeit empfand Singer hingegen zum Kreis um den Dichter Stefan George, dem er 1916 erstmals begegnete. Als gläubiger »Jünger« Georges nahm er die elitäre Position eines von der »Massengesellschaft« entrückten »Geistesmenschen« ein, womit – unter deutschen Gelehrten der Weimarer Zeit nicht ungewöhnlich – eine kulturpessimistische, antidemokratische Grundhaltung einherging.

Singer stammte aus einer jüdischen, in Magdeburg ansässigen Kaufmannsfamilie. Bereits seine Jugendzeit war ganz von griechischer Philosophie, deutscher Dichtung und eigenen lyrischen Schreibversuchen geprägt. Ab 1904 folgte ein breit angelegtes Studium der Nationalökonomie, der Philosophie, Soziologie, Literatur und Kunstgeschichte an den Universitäten Berlin, Genf, Freiburg und Straßburg. Nach eigener Aussage hatte Singer sich zu Beginn der Studienzeit entschlossen, seine berufliche Existenz auf das Studium der Volkswirtschaft zu gründen, um das Gebiet seiner »tieferen Anliegen« von »professionellen Notwendigkeiten« freizuhalten. Ein »Wirtschaftswissenschaftler mit der Seele eines Poeten« wurde Singer später genannt. Seine wichtigsten akademischen Lehrer waren Georg Simmel, Heinrich Wölfflin, Gustav von Schmoller und Georg Friedrich Knapp, bei dem er 1910 mit einer nationalökonomischen Arbeit über »Die Motive der indischen Geldreform« promoviert wurde.

sah Singer sich gezwungen, das Land im August 1939 in Richtung Australien zu verlassen. Von Juni 1940 bis September 1941 war er dort als Angehöriger einer feindlichen Macht interniert; anschließend verfasste er auf der Basis eines Forschungsstipendiums die Studie »The Idea of Conflict«, die 1949 in Melbourne erschien und Martin Buber gewidmet war. Von 1946 bis 1956 bekleidete Singer eine bescheidene Dozentenstelle in Sydney. Erst nachdem ihm der Hamburger Senat 1957 »im Wiedergutmachungswege« die Rechtsstellung eines entpflichteten ordentlichen Professors mit entsprechender Pension zuerkannt hatte, konnte der 70-Jährige nach Europa zurückkehren und die letzten Lebensjahre in Athen verbringen. Hamburg kam als Alterssitz nicht in Betracht. Von hier aus war seine Schwester Edith im Oktober 1941 nach Lodz deportiert und dann im Juli 1944 in den Tod verschleppt worden.

Größere Bekanntheit erlangte Singer erst posthum, vor allem durch das in den 1940er Jahren verfasste Buch »Spiegel, Schwert und Edelstein«, eine nach seinen eigenen Worten »umfassende Arbeit über japanische Eigenart, in psychologischer, soziologischer und kulturgeschichtlicher Betrachtung«. Das inzwischen viel beachtete Werk erschien 1973 in englischer Sprache und erst 1991 in deutscher Rückübersetzung.

WERKE Das Geld als Zeichen, Jena 1920; Platon der Gründer, München 1927; The Idea of Conflict, vermehrt um ausgewählte Schriften zu Wirtschaft und Staat. Ein Gedenkband, hg. und eingeleitet von Peter Pawlowsky, Basel/Tübingen 1973 (Veröffentlichungen der List-Gesellschaft 70) [Auswahl-Bibliografie S. 311 f.]; Spiegel, Schwert und Edelstein. Strukturen des japanischen Lebens, Frankfurt a. M. 1991.

LITERATUR Heinz W. Arndt, Kurt Singer, in: Biographisches Handbuch der deutschsprachigen wirtschaftswissenschaftlichen Emigration nach 1933, hg. von Harald Hagemann und Claus-Dieter Krohn, München 1999, Bd. 2, S. 656–658; Rainer Nicolaysen, »… ein Stück Odyssee eines Forschers' also«. Kurt Singer und die Hamburger Universität, in: Interkulturelle Singer-Studien. Zu Leben und Werk Kurt Singers, hg. von Achim Eschbach u. a., München 2002, S. 61–93. *Rainer Nicolaysen*

SIRK, Douglas, siehe: Sierck, Hans *Detlef*

SOLMS-LAUBACH, Friedrich Graf zu, geb. 30. 11. 1574 Laubach/Hessen, gest. 5. 9. 1635 Strassberg/Sachsen; luth.; erster regierender Graf zu Rödelheim, Kaiserlicher Kämmerer, Kriegsrat, Generaloberst, Diplomat.

Friedrich Graf zu Solms-Laubach, nach der Teilung der väterlichen Hinterlassenschaft 1607 Herr der Ämter Rödelheim, Petterweil und Assenheim in Hessen, begann seine militärische Laufbahn während des niederländischen Befreiungskrieges unter Moritz von Oranien. 1607 wurde er vom Pfalzgrafen Philipp Ludwig von Neuburg zum Oberbefehlshaber seiner Truppenverbände berufen und gehörte in dieser Funktion seit 1608 zum militärischen Führungsgremium der protestantischen Union. Im selben Jahr wählten die sechs korrespondierenden Hansestädte – Lübeck, Hamburg, Bremen, Lüneburg, Braunschweig und Magdeburg – den Grafen zum »Generall Obristen zue landt undt wasser« und übertrugen ihm die Direktion »über dass kriegs volk zu roß, fueß unndt schiff, auch artolerey«. Er besichtigte unter anderem 1609 mit dem ihm unterstellten Festungsbaumeister Johan van Valckenburgh Hamburgs Befestigungsanlagen und unterbreitete dem Rat Vorschläge zu deren Verbesserung, die in den Jahren von 1616 bis 1627 zum Bau der neuen Wallanlagen führten. Während der Auseinandersetzungen um Kleve-Jülich-Berg wurde Graf Solms-Laubach 1612 für zwei Jahre zum Gouverneur von Düren bestellt. 1615 befehligte er das auch von Hamburg unterstützte hanseatische Entsatzheer, welches die Beendigung der Belagerung der Stadt Braunschweig durch den Herzog von Braunschweig-Wolfenbüttel erzwang. 1618 bis 1621 wiederum im Dienst der Union, wurde er zum Leiter einer mit dem Kaiser um einen Ausgleich verhandelnden Delegation berufen. Nach Auflösung des protestantischen Bundes widmete er sich bis zu seinem Tod der Verwaltung seiner Besitztümer.

LITERATUR ADB 34; Otto Graf zu Solms-Rödelheim, Friedrich Graf zu Solms-Laubach – erster regierender Graf zu Rödelheim (1574–1635). Ein Zeit- und Lebensbild aus der Periode der deutschen Religionskämpfe, Bd. 1 [mehr nicht erschienen], Berlin 1888. *Karl-Klaus Weber*

SONNTAG, August, geb. 22. 8. 1832 Altona, gest. 1860 in der Arktis; kath.; Astronom.

Der Vater von August Sonntag war Schneidermeister; die Mutter war die Tochter eines Zuckerbäckers; ein Bruder wurde Zimmermann, ein anderer Kontorist; die Schwester heiratete einen Lumpenhändler. August Sonntag schlug gewissermaßen aus der Art. Er zeigte schon früh eine Begabung für Mathematik, sodass der alte Heinrich Christian Schumacher, Gründer und erster Direktor der Altonaer Sternwarte, ihn schon in jungen Jahren zu sich auf das Observatorium – seinerzeit eines der bedeutendsten in Europa – holte und für Beobachtungen und Berechnungen einsetzte. Sonntag blieb auch nach Schumachers Tod (1850) an der Sternwarte, bis er kurz vor Weihnachten 1852 zur allgemeinen Überraschung heimlich nach New York ging – offensichtlich einer Liebesgeschichte wegen.

In New York schloss er sich 1853 der »Zweiten Grinell-Expedition zur Suche Sir John Franklins« an. Franklin, der 1845 mit 129 Mann zu einer Polarreise aufgebrochen war, galt als verschollen, und bis 1852 waren etwa 30 Hilfsexpeditionen zu seiner Auffindung ausgelaufen. Auch die »Zweite Grinell-Expedition« – sie dauerte zweieinhalb Jahre – verlief in dieser Beziehung negativ, doch sie trug, nicht zuletzt durch den Einsatz von August Sonntag, sehr zur Erforschung der Arktis bei. Nach seiner Rückkehr nach New York wurde Sonntag von dem württembergischen Reisebeschreiber und Naturforscher Johann von Müller als Sekretär für eine Expedition nach Mexiko engagiert. Dann, im Sommer 1860, ergab sich für ihn erneut die Gelegenheit, an einer Polarreise teilzunehmen, die unter der Leitung des Arztes Isaac Israel Hayes stand. Sonntag hat diese Reise nicht überlebt; er brach im Eis ein und erfror. Hayes ließ für ihn einen Sarg anfertigen, über dem ein kleiner Hügel aus Steinen aufgeschichtet wurde; das Kopfende des Sarges wurde mit einer ziselierten Steinplatte bezeichnet, die ein Kreuz und die folgende Inschrift trug: »August Sonntag, Gestorben im December 1860, 28 Jahre alt«. Ein Hügel, auf den Hayes im weiteren Verlauf seiner Reise stieß, wurde »Sonntag's Monument« genannt.

LITERATUR Renate Hauschild-Thiessen, August Sonntag. Ein Astronom aus Altona als Opfer der Arktis, in: HGH Bd. 7, Heft 2 (Oktober 1965), S. 233–239.

Renate Hauschild-Thiessen

SPARMANN, *Friedrich* Wilhelm Theodor, geb. 15. 5. 1890 Ottensen, gest. 10. 5. 1969 Hamburg-Bergstedt; luth.; Lehrer, Heimatforscher, Publizist.

Friedrich Sparmann entstammte einer 1872 aus Mecklenburg nach Ottensen gezogenen Familie. Der Vater arbeitete bei dem Baumaschinenhersteller Menck & Hambrock, die Mutter betrieb ein kleines Milch- und Brotgeschäft. Zur Familie gehörten zwei ältere Geschwister. Auf den Besuch der Volksschule im benachbarten Hamburg folgten eine sechsjährige Ausbildung an der Präparandenanstalt und im Lehrerseminar Uetersen ab 1904 sowie der einjährige Militärdienst in Altona 1910/11. Nachdem er zunächst an einer Schule in Tremsbüttel unterrichtet hatte, ging Sparmann 1913 als 2. Lehrer und Organist nach Bergstedt, wo er 1919 Emma Griem (1895–1994) heiratete, Tochter des Bergstedter Lehrers Paul Griem. Sie bekamen zwei Kinder.

Mit einer Unterbrechung für den Militärdienst im Ersten Weltkrieg wirkte Sparmann an der Bergstedter Schule bis zu seiner Pensionierung 1955. 1931 wurde ihm die Leitung der Volksschule übertragen, die er von einer drei- zu einer 13-klassigen Unterrichtsanstalt ausbaute. Nachdem er 1935 Hauptlehrer geworden war, musste er die Schulleitung 1945 wegen seiner Mitgliedschaft in SA (seit 1933) und NSDAP (seit 1937) aufgeben.

Neben dem Schuldienst engagierte Sparmann sich in der Kirchenmusik und als Vorsitzender des Bergstedter Lehrervereins sowie als Mitglied der DDP und des örtlichen Bürgervereins in der Kommunalpolitik. Vor allem beschäftigte er sich mit der Heimatkunde und Geschichte Stormarns, des Oberalstergebiets und insbesondere Bergstedts, dessen Entwicklung von einem der größten Urkirchspiele nördlich der Elbe zum Hamburger Stadtteil er archivalisch erforschte und ebenso gründlich wie lesbar darstellte. 1920 wurde Sparmann Mitglied des 1900 gegründeten Alstervereins. Zunächst unter dem Einfluss des Vorsitzenden Ludwig Frahm stehend, wirkte er an der Redaktion des Alsterjahrbuchs mit und wurde 1936 Nachfolger Frahms in Vorsitz und Schriftleitung. 1945 gab er den Vorsitz ab, setzte aber seine Tätigkeit als Vorstandsmitglied und Schriftleiter fort.

Als Autor mit kleinen Zeitungsbeiträgen zur Aufbesserung des Gehalts beginnend, veröffentlichte Sparmann seine erste historische Arbeit im

Friedrich Sparmann

Jahrbuch des Alstervereins 1931/32 zur Geschichte der Rodenbeker Mühle. Es folgten weit über 100 Aufsätze in verschiedenen Zeitschriften und einige viel beachtete, bis heute nicht ersetzte Bücher. Seinen lang gehegten Plan zu einem umfassenden Buch über die Geschichte Bergstedts konnte er selbst nicht realisieren. Es blieb seiner Witwe vorbehalten, es 1973 aus dem Nachlass erscheinen zu lassen. Von 1947 bis 1960 dozierte Sparmann an der Volkshochschule. 1960 erhielt er aus den Händen von Senator Heinrich Landahl das Bundesverdienstkreuz am Band.

Sparmann war trotz angeschlagener Gesundheit bis zu seinem Tod aktiv, nicht zuletzt für den 1962 gegründeten, die Geschichte der Walddörfer und des Alstergebietes pflegenden Verein »De Spieker« und seine Zeitschrift. Friedrich Sparmann ist auf dem Bergstedter Friedhof begraben. Sein Nachlass wird im Staatsarchiv verwahrt.

WERKE Die alte Kirche zu Bergstedt und ihr Friedhof. Beiträge zur Chronik des Kirchspiels Bergstedt, Rahlstedt 1931; Bilder aus Bergstedts Vergangenheit, Hamburg 1952; Geschichte der Volksschule in Bergstedt 1620–1957, Hamburg 1957; Links und rechts der Oberalster. Eine kleine Heimatkunde, Hamburg 1964; Bergstedt. Die 850jährige Geschichte eines Kirchspieldorfes, Hamburg 1973 (Walddörfer-Heimatbücher 3).
LITERATUR Alf Schreyer, Friedrich Sparmann (1890–1969). Ein Leben für die Schuljugend und Heimatgeschichte, in: Jahrbuch des Alstervereins 1990, S. 9–15; Liebes altes Bergstedt. Bilder aus der Vergangenheit zusammengestellt von Alf Schreyer aus der Bilder-Sammlung Sparmann, Hamburg 1991. *Hans Wilhelm Eckardt*

SPECKTER, Hans, geb. 27. 7. 1848 Hamburg, gest. 29. 10. 1888 Lübeck; ev.; Maler, Zeichner.

In Hans Speckter regten sich früh künstlerische Neigungen. Gefördert durch seinen Vater, den bekannten Zeichner und Illustrator Otto Speckter, verbrachte er als Kind viele Stunden im väterlichen Atelier. Als Schüler besuchte er den Zeichenunterricht in der Patriotischen Gesellschaft und erhielt Privatunterricht bei Martin Gensler. Ohne Abschluss verließ er 1865 die Gelehrtenschule des Johanneums, um sich bei Louis Asher und Martin Gensler weiter ausbilden zu lassen. Im Frühjahr 1866 ging er auf die Kunstschule nach Weimar, wo der etwa gleichaltrige Max Liebermann zeitweilig sein Kommilitone war. Nach mehrjährigen Studien, vor allem bei dem Belgier Wilhelm Ferdinand Pauwels, kehrte er 1870 nach Hamburg zurück.

Im Oktober 1872 zog Speckter zusammen mit seinem Malerfreund Bruno Piglheim nach München. Dort erreichte ihn Ende 1873 der Auftrag, die Neuauflage von Theodor Storms Lyrik-Anthologie »Hausbuch aus deutschen Dichtern seit Claudius« zu illustrieren. Storm war der Familie Speckter seit langem freundschaftlich verbunden. Er nahm regen Anteil an der Entwicklung Hans Speckters, und ein ausgedehnter Briefwechsel verband beide über viele Jahre. Das illustrierte Hausbuch trug dazu bei, Speckters Namen bei einem interessierten Publikum einzuführen. Allerdings legte ihn der Erfolg auf unselbstständige Auftragsarbeiten fest, die dem Bereich der Gebrauchsgrafik angehörten. Theaterzettel, Festprogramme und Einladungskarten bildeten vor allem sein Arbeitsfeld. Künstlerische Erfüllung fand er in diesen Arbeiten nicht. Zeit seines Lebens litt er unter der Erwartung seiner Eltern, der Sohn möge die Erfolge erringen, die seinem Onkel, dem hoch begabten und früh verstorbenen Maler Erwin Speckter, und seinem Vater nicht zuteil geworden waren. An seinen häufigen Depressionen änderte auch eine ausgedehnte Italienreise nichts, die er 1876/77 unternahm.

Erst im Herbst 1877 ließ sich der Junggeselle endgültig in Hamburg nieder. Die in Italien entstandenen Gemälde brachten keinen finanziellen Gewinn. Speckter schwankte zwischen der Neigung zur Buchillustration und der Liebe zur Historienmalerei. Weiterhin galt er in erster Linie als Dekorationskünstler, wie die Aufträge für Theatervor-

Hans Speckter

LITERATUR Hans Speckters Briefe aus Italien, hg. und mit einer Einleitung versehen von Rosa Schapire, Hamburg/Leipzig 1910; Alfred Lichtwark, Das Bildnis in Hamburg, Bd. 2, Hamburg 1898, S. 199–201; Briefwechsel Theodor Storm – Otto Speckter. Theodor Storm – Hans Speckter, hg. von Walter Hettche, Berlin 1991 (Briefwechsel Theodor Storm 12).   *Sebastian Husen*

SPECKTER, Otto, geb. 9. 11. 1807 Hamburg, gest. 29. 4. 1871 ebd.; luth.; Lithograf, Illustrator.

Otto Speckter war einer der bekanntesten, auch im Ausland verlegten deutschen Illustratoren und galt zudem als wichtigster Porträtlithograf des Hamburger Bürgertums seiner Zeit.

Geboren wurde Speckter als das vierte von sieben Kindern des Johann Michael Speckter und seiner Ehefrau Katharina, geborene Schott. Die Familie bewohnte ein Haus am Herrengraben, im Sommer lebte man in einem Gartenhaus beim Rosenhof in Eimsbüttel. Nachdem infolge der Napoleonischen Kriege die familieneigene Kommissions- und Speditionshandlung hatte aufgegeben werden müssen, gründete der Vater 1818 zusammen mit dem Maler Heinrich Joachim Herterich im Valentinskamp 274 die erste lithografische Anstalt in Hamburg, die Firma Speckter & Co, der ein Privileg auf zehn Jahre gewährt wurde.

Schon früh erkannte und förderte der Vater die künstlerische Begabung Ottos und seines Bruders Erwin. Da Hamburg keine Akademie besaß, erfolgte die künstlerische Ausbildung auf private Initiative; die Brüder wurden anfänglich von Gerdt Hardorff d. Ä. unterrichtet. Erwin, der dem Vater als der Begabtere galt, erhielt jede mögliche Förderung, während Otto in den väterlichen Betrieb einsteigen sollte. 1823 unternahmen Otto Speckter, sein Bruder Erwin und Carl Julius Milde auf Anregung des Kunstsammlers Carl Friedrich von Rumohr eine Reise durch Schleswig-Holstein, um Skizzen von Hans Brüggemanns Bordesholmer Altar und Hans Memlings Passionsaltar anzufertigen. Aus demselben Jahr stammt die erste Lithografie Otto Speckters, der inzwischen bei Herterich das Steindrucken gelernt hatte. Im Spätsommer 1825 und in den Jahren 1826 und 1827 reiste Speckter nach Lübeck, um Friedrich Overbecks »Christi Einzug in Jerusalem« in der Marienkirche für eine spätere Lithografie zu kopieren.

hänge, Glasfenster und Deckenfriese zeigen, die ihm nach seiner Rückkehr aus Italien erteilt wurden. Als ständiger Referent des »Hamburgischen Correspondenten« beschäftigte er sich mit Kunstfragen und setzte sich noch vor Alfred Lichtwark für den Aufbau einer Sammlung mit Werken Hamburger Maler ein. Eine Tätigkeit als Lehrer an der Gewerbeschule für Mädchen gab er nach kurzer Zeit wieder auf. Verdienste erwarb er sich als Mitglied der vom Senat und vom Verein für Hamburgische Geschichte 1883/84 eingesetzten Kommission zur Rettung von Bau- und Kunstdenkmälern aus dem zukünftigen Freihafengebiet. Dabei entstand der Gedanke der Gründung eines historischen Museums, für den er ab 1884 mit Nachdruck öffentlich warb. Mit dem vorläufigen Scheitern seiner Idee, die erst 1907 mit der Errichtung des Museums für Hamburgische Geschichte verwirklicht wurde, schwand sein Lebensmut. 1886 zog er sich aus dem öffentlichen Leben zurück und verstarb 40-jährig nach zweijährigem Aufenthalt in einer Lübecker Nervenheilanstalt. Von den Werken Hans Speckters befindet sich nur ein Teil in öffentlichen Sammlungen (Hamburger Kunsthalle, Museum für Kunst und Gewerbe). Die weitaus meisten Zeichnungen und Gemälde sind noch im Besitz der Nachkommen von Otto Speckter.

WERKE Die Nothwendigkeit eines Museums für Hamburgische Geschichte. Vortrag, gehalten im Verein für Hamburgische Geschichte am 7. Januar und im Architekten- und Ingenieur-Verein am 16. Januar 1884, Hamburg 1884.

Otto Speckter

Speckter, der nun ganz im väterlichen Betrieb arbeitete, bildete sich notgedrungen autodidaktisch durch zahlreiche Naturstudien weiter. 1828 erhielten er und sein Bruder jeweils ein zweijähriges Stipendium der Patriotischen Gesellschaft von jährlich 150 Mark Banco. Auf Drängen der Eltern trat Otto seinem Bruder sein Stipendium ab, um diesem eine längere Studienreise zu ermöglichen. 1830 übersiedelte die Familie in ein Haus in der Katharinenstraße. Im selben Jahr lernte Speckter anlässlich einer Versammlung der Naturforscher in Hamburg Adalbert von Chamisso kennen und porträtierte ihn. Aus der Bekanntschaft mit dem Dichter entstand der Auftrag, die zweite Auflage der Gedichte Chamissos (1834) mit sechs Radierungen zu versehen. Speckters erste Illustrationen, sechs Umrisszeichnungen zu Karl Gottlieb Prätzels »Hildrian«, waren 1831 erschienen. Im Februar 1832 setzte sich der Verleger Friedrich Perthes mit Speckter in Verbindung, da er von ihm Illustrationen zu den Fabeln des Pastors Wilhelm Hey wünschte. Das Buch erschien Weihnachten 1833, die zweite Auflage 1834. Es wurde in mehrere Sprachen übersetzt und galt als eines der bedeutsamsten Bilderbücher des 19. Jahrhunderts. Die folgenden Ausgaben von 1836, 1838 und 1839 wurden lediglich von fremder Hand nach Speckters Zeichnungen lithografiert.

1832 gründeten Speckter, Julius Milde, die Gebrüder Gensler, Adolph Vollmer, Otto S. Runge und andere im Ratskeller den »Club hamburgischer junger Künstler«, dem Speckter bis zu seinem Lebensende verbunden blieb. Neben der zeitrauben-

den Arbeit in der Druckerei fertigte er seit 1833 fast jedes Jahr Hamburgensien, Auftragslithografien, Illustrationen und Porträts an, von denen er an die Tausend hinterließ. Gegenstand waren unter anderem Hamburger Honoratioren und der Wilddieb Hans Eidig, den er um 1835 vor dessen Abreise nach Nordamerika abbildete. Vor allem in der Porträtmalerei lässt sich ein nachhaltiger Einfluss der niederländischen Kunst des 17. Jahrhunderts auf Speckter nachweisen. 1834 wurde Speckter Teilhaber im väterlichen Betrieb. 1835 starb, erst 29 Jahre alt, sein Bruder Erwin. 1842 erschienen Speckters »Brandbilder«, in denen der Künstler die Ruinen und Trümmerstätten des Hamburger Brandes vom Mai 1842 festgehalten hatte, im Jahr darauf wurde der »Gestiefelte Kater« mit zwölf Radierungen des Künstlers veröffentlicht. 1844 lernte Speckter Hans Christian Andersen kennen, dessen Märchen er 1846 und 1848 illustrierte. 1847 heiratete er die 17 Jahre jüngere Auguste Bergeest, die aus einer angesehenen Kaufmannsfamilie stammte. Aus der Ehe gingen sieben Kinder hervor. Im selben Jahr nahm er Unterricht bei dem Tiermaler William Bottomley. Durch seine Freundschaft zu Hinrich Wichern erhielt Speckter den Auftrag, Luthers Katechismus für eine Ausgabe zu illustrieren, die 1849 in der Agentur des Rauhen Hauses erschien.

1852 verkaufte Speckter die Lithographische Anstalt, um fortan als freier Künstler zu leben; die Familie bezog ein Haus auf den Hohen Bleichen. 1853 begannen die Arbeiten zur Illustration von Klaus Groths »Quickborn«, Speckters Hauptwerk, das zu Weihnachten 1855 erschien. Durch »Quickborn« wurde Speckter zum »norddeutschen Ludwig Richter« und zum Bekannten Theodor Storms, dessen Novelle »Abseits« er 1863 mit Bildern versah. 1857 war die Familie in die Fuhlentwiete umgesiedelt. 1863 besuchte das Ehepaar Speckter auf einer Deutschlandreise Fritz Reuter, dessen »Hanne Nüte« der Künstler 1864 illustrierte. In seinen letzten Lebensjahren, die durch eine langwierige Krankheit gekennzeichnet waren, konnte Speckter 1866 in den Illustrationen zu Adalbert Harnischs »Vom Hausmäuschen und Feldmäuschen« noch einmal zeigen, wie virtuos und lebensnah er sich auf Tierdarstellungen verstand.

Seiner Heimatstadt Hamburg war Speckter nicht nur durch seine Kunst verbunden; er war langjähriges Mitglied im Kollegium St. Michaelis und gehörte bis zu seinem 45. Lebensjahr der Bürgergarde an. 1928 wurde die Otto-Speckter-Straße im Stadtteil Barmbek nach dem Lithografen benannt. Von 1963 bis 1967 hieß das internationale Studentenwohnheim der Hochschule für Wirtschaft und Politik (HWP) in der Borsteler Chaussee 95 Otto-Speckter-Heim.

LITERATUR ADB 35; ThB 31; HKL; Fritz Hellmut Ehmcke, Otto Speckter, Berlin 1920 (Furche-Kunstgaben 1); Zwischen Poesie und Wirklichkeit. Erwin und Otto Speckter. Zwei Hamburger Künstler in der Nachfolge Runges [Katalog zur Ausstellung im BAT-Haus, Hamburg, vom 11. November bis 30. Dezember 1977], Hamburg 1977; Veronika Braunfels, Otto Speckter (1807–1871). Illustrator und Lithograph in Hamburg, Hamburg 1995 (Veröffentlichungen des Vereins für Hamburgische Geschichte 39).
Michael Busch

SPERLING, Otto, geb. 3. 1. 1634 Kristiania (heute Oslo), gest. 18. 3. 1715 Kopenhagen; luth.; Jurist, Altertumsforscher, Geschichtsschreiber.

Der Jurist und Polyhistor Otto Sperling, der viele Jahre seines Lebens in Hamburg zubrachte, stammte aus einer in Norddeutschland und Skandinavien nicht unbedeutenden Gelehrtenfamilie. Er war Sohn des gleichnamigen Arztes und Botanikers (1601–81) und der Margrethe, geborene Schwendi (1605–54), sowie Enkel des ehemaligen Rektors des Johanneums, Paul Sperling (1560–1633).

Sperling besuchte das Gymnasium in Bordesholm, an dem sein Onkel Paul Sperling (1605–79) Rektor war. Von 1652 bis 1655 studierte er in Helmstedt Jura bei Hermann Conring, in dessen Haus er wohnen konnte. Eine längere Studienreise durch Holland, England und Frankreich schloss sich an, bevor er sich 1662 in Hamburg niederließ. Seinen Lebensunterhalt verdiente er sich zunächst als Erzieher und Lehrer des Sohnes des dänischen Reichshofmeisters Cornifiz Ulfeld. 1674 wurde er an der Universität Kiel in beiden Rechten promoviert, um sich anschließend als Anwalt in Hamburg niederzulassen. 1687 von der dänischen Regierung als Rat und Assessor beim Oberappellationsgericht für Pinneberg und Altona eingesetzt, blieb Sperling weiterhin in Hamburg wohnen und reiste nur für die Sitzungsperioden nach Glückstadt, wo das Gericht seinen Sitz hatte.

Die nur unregelmäßig ausbezahlte Entlohnung veranlasste Sperling jedoch bald, auf andere Angebote einzugehen. 1690 zog er nach Kopenhagen, um ein (nie publiziertes) Werk über die unter den oldenburgischen Königen geschlagenen Münzen und Medaillen auszuarbeiten, wofür ihm eine jährliche Rente von 200 Reichstalern zugesprochen wurde. 1692 wurde er als Professor des dänischen Rechts und Lehrer der Beredsamkeit und der Geschichte an die neu eingerichtete Ritterakademie in Kopenhagen berufen, 1697 aber auf Veranlassung des Oberhofmeisters Marcus Gjöe wieder entlassen. Auch das königliche Versprechen, er solle Historiograf der Herzogtümer und Grafschaften werden, wurde nicht eingehalten. Unter Friedrich IV. wurde Sperling zwar 1701 wieder eingestellt, doch erhielt er nicht mehr als seine seit dem Zeitpunkt der Entlassung bezogene Rente von 200 Reichstalern jährlich.

Internationale Anerkennungen wie etwa die Anstellung durch den französischen Finanzexperten Jean-Baptiste Colbert, dessen Bibliothek Sperling während seines Paris-Aufenthaltes von 1681 bis 1683 ordnete und verwaltete, oder die 1697 erfolgte Aufnahme in die königliche Sozietät der Wissenschaften in England vermochten den geradezu existenzbedrohenden gesellschaftlichen Abstieg in den letzten Lebensjahren nicht aufzufangen. Nachdem auch noch die Schwester, die den unverheirateten und kinderlosen Gelehrten unterstützt hatte, gestorben war, musste Sperling zunächst seine Bücher und Münzen verpfänden, bevor er sich um 1709 gezwungen sah, in einer Auktion seine über 8000 Bände umfassende Bibliothek zu verkaufen. Seine komplette Sammlung alter Münzen wurde vom königlich-dänischen Münzkabinett erworben. In den letzten beiden Lebensjahren wohnte er im Hause des Hamburger Professors Christian Reitzer.

Die latenten politischen Spannungen zwischen Hamburg und Dänemark machten die Grenzgängerfamilie auf beiden Seiten verdächtig. Der Vater Otto verstarb 1681 im so genannten Blauen Turm in Kopenhagen, in dem er 17 Jahre lang wegen Majestätsbeleidigung – es wurde vermutet, er sei in die Pläne der ulfeldschen Konspiration eingeweiht gewesen – gesessen hatte. Der Sohn indessen geriet beim Hamburger Senat in den Verdacht, geheimer dänischer Agent zu sein, als er sich während eines Prozesses, in dem er den dänischen Obersten Johann Rantzau vertrat, über die Langsamkeit des

Gerichts beschwerte. Er saß deswegen einige Tage im Winserbaum, dem auch als Kornspeicher und Bürgergefängnis genutzten Stadttor.

Das Œuvre Sperlings umfasst lateinische und deutsche Gelegenheitsschriften, so zum Beispiel eine Lebensbeschreibung des Hamburger Pesthofpfarrers Peter Hessel; sein Hauptinteresse galt aber der nordischen Geschichte und den nordischen Antiquitäten. Schon in seiner Schrift über das Grabmal Benedikts V. (1675) wird der Grund dieses Interesses deutlich: Steine und ihre Inschriften bewahren die früheren Ereignisse wie in einem Gedächtnis auf. Sperling verfolgte mit seinen Sammlungen und Studien das Ziel, sich die vergangenen Ereignisse und deren Überlieferung kritisch anzueignen und Fabeln aufzudecken. Die »Dissertatio de nummis non cusis« von 1700 ist sein münzhistorisches Hauptwerk, das sich unter anderem den Zahlungsmethoden der Frühzeit widmet. Seine Abhandlungen zum nordischen Volkstum, für deren Recherchen er Altisländisch gelernt hatte, beschäftigen sich zum Beispiel mit der Heidentaufe, mit dem Aufkommen des dänischen Königtums oder mit dem Fest Jul (Weihnachten). Der dänischen Sprache gab er in einer sprachhistorischen Abhandlung den Vorrang unter allen nordischen Sprachen.

Von den vielen unpublizierten Schriften und Briefen, die sich zum Großteil in der Königlichen Bibliothek in Kopenhagen befinden, ist neben einer Sammlung für ein Werk über gelehrte Frauen eine vermutlich in den 1680er Jahren entstandene Hamburger Chronik zu nennen, die von 785 bis 1690 reicht und sechs Bände Darstellung, zehn Bände Ergänzungen und Quellenhinweise und zwei Registerbände umfasst. Die sich gegenüber älteren Überlieferungssträngen relativ unabhängig zeigende Chronik setzt mit den ersten schriftlichen Überlieferungen zu Hamburg, also mit der Gründung der Stadt unter Karl dem Großen, ein, hält sich aber mit der Behauptung einer frühen Hauptstadtfunktion bzw. Benennung als Kaiserstadt – im Gegensatz zu anderen zeitgenössischen Stadtchroniken wie etwa der Wolffgang Henrich Adelungks – zurück. Auch in der Beurteilung der Jastram-Snitgerschen Wirren, für die die Chronik eine hervorragende Quelle darstellt, wird deutlich, dass Sperling sich einer reichspolitischen Positionierung zu entziehen versucht. Jedenfalls verurteilt er die Annäherung der beiden Volksführer an Dänemark als Machtstreben

und Eigennutz; Bürgerfreiheit könne nicht darin bestehen, die von Gott eingesetzte Obrigkeit zu verachten. Der Hamburger Rat bot ihm für die Chronik 2500 Reichstaler an; zu einer Übergabe ist es jedoch nicht gekommen, vermutlich weil der dänische König seine Hand darauf hielt oder weil Sperling die gebotene Summe als zu niedrig empfand.

Sperlings Werk wurde in unterschiedlicher Weise rezipiert. Während seine Abhandlungen zum nordischen Volkstum und seine münzhistorischen Werke zumindest in den Gelehrtendiskurs des 18. Jahrhunderts Eingang fanden, erfuhren die Handschriften kaum eine Verbreitung. Selbst von der Chronik sind keine Abschriften bekannt; Auszüge davon fertigte erst Otto Beneke an.

WERKE Schriftenverzeichnis (Auswahl) in: LhS 7.

LITERATUR Jöcher 4; LhS 7; Dansk Biografisk Leksikon, hg. von Povl Engelstoft, Bd. 22, Kopenhagen 1942.

Susanne Rau

SPUNDFLASCHE, Heinz (*»Spund«*, *»Spundbuddel«*), geb. 4. 10. 1919 Hamburg, gest. 6. 11. 1972 ebd.; Fußballspieler.

Heinz Spundflasche durfte sein Können nie in der Nationalmannschaft unter Beweis stellen. Dennoch gehört er zu Hamburgs größten Fußballidolen und hat sich einen dauerhaften Platz in den Herzen der Fans gesichert.

Der Spielmacher kam 1937 vom Polizei SV Hamburg zum Hamburger SV, für den er bis 1952 in 150 Oberliga- und Endrundenspielen 39 Tore schoss. 1947 und 1948 führte er den HSV zur Meisterschaft der britischen Zone.

»Spundbuddel«, wie ihn die Zeitgenossen liebevoll nannten, genoss den Respekt aller Fußballfreunde in Hamburg, doch für die Anhänger der Mannschaft vom Rothenbaum war er eine Identifikationsfigur. Der HSV und »Spund« gehören zusammen wie Hamburg und der Hafen, glaubten seine Anhänger. Umso tiefer saß der Schock, als Spundflasche im Alter von 32 Jahren zum Oberligaaufsteiger und Rivalen Altona 93 wechselte, bei dem er nach der Saison 1957/58 seine Karriere beendete. Danach folgten zwei Trainerstationen bei Altona 93 und VFB Lübeck, während ihn im Berufsleben das Schicksal so mancher »Fußballpensionäre« in Form der Geschäftsführerschaft eines Tabak-

und Toto-Lotto-Annahmeladens ereilte. Dass Spundflasche nie in der Nationalmannschaft stand, lag daran, dass er zu Kriegsbeginn 19 und zum Zeitpunkt des ersten Nachkriegsländerspiels 30 Jahre alt war – seine beste Zeit lag dazwischen. Nach dem Krieg konnte er im für einen Fußballer bereits fortgeschrittenen Alter der starken Konkurrenz eines Fritz Walter in der Nationalmannschaft nicht trotzen.

Heinz Spundflasche verstarb im Alter von 53 Jahren an den Folgen einer unheilbaren Nierenkrankheit in Hamburg-Ottensen.

LITERATUR Bernd Rohr/Günter Simon, Lexikon Fußball, Leipzig 1987; Jens Reimer Prüß (Hg.), Spundflasche mit Flachpaßkorken. Die Geschichte der Oberliga Nord 1947–1963, Essen 1991; Werner Skrentny/Jens Reimer Prüß, Hamburger Sport-Verein. Immer erste Klasse, Göttingen 1998.   *Tim Cassel*

STEINFELD, Justin (Ps. *Jonathan Stift, Jochen Kranich, Jürgen Anders*), geb. 27. 2. 1886 Kiel, gest. 15. 5. 1970 Baldock; isr.; Schriftsteller, Journalist.

»Ein deutscher Dichter bin ich einst gewesen ...«, diese Zeile aus einem Gedicht von Max Hermann-Neiße gilt auch für den in Kiel geborenen, seit dem sechsten Lebensjahr in Hamburg lebenden Justin Steinfeld. Und es wäre zu ergänzen: Bühnenautor, Herausgeber, Journalist.

Nach seiner Teilnahme am Ersten Weltkrieg und Studienjahren wurde er nicht, wie es der Wunsch des Vaters war, ebenfalls Kaufmann. Seit 1926 arbeitete Justin Steinfeld für die »Allgemeine Künstler-Zeitung«; noch im gleichen Jahr erwarb er die Zeitung und wurde ihr Herausgeber. Die »Halbmonatsschrift für alle Interessen unseres geistigen Lebens«, so der Untertitel, war das Mitteilungsblatt des norddeutschen »Schutzverbandes Deutscher Schriftsteller«, dem auch Steinfeld angehörte. Er war Mitbegründer des »Kollektivs Hamburger Schauspieler« und erarbeitete für diese Schauspielergruppe aus dem Umfeld der KPD mehrere politische Revuen, so zum Beispiel »Unser Schaden am Bein« und »Dem Nagel auf den Kopf. Von Übergang und Konsequenz«.

Justin Steinfeld engagierte sich in der KPD. Im Herbst 1932 war er Vorsitzender des Untersuchungsausschusses zu den Vorfällen am »Altonaer

Justin Steinfeld

Blutsonntag« (17. Juli 1932), die Reichskanzler Franz von Papen den Vorwand für den Staatsstreich gegen die preußische Regierung Braun lieferten. Am Vorabend des »Judenboykotts« vom 1. April 1933 wurde er Opfer antisemitischer Pöbelei und in aller Öffentlichkeit aus dem Altonaer Stadttheater geworfen.

Nach der Machtübertragung an die Nationalsozialisten verhaftet und im August 1933 wieder freigelassen, floh Steinfeld sofort in die Tschechoslowakei. In Prag arbeitete er als Redakteur für die Wochenzeitung »Die Wahrheit«, schrieb aber auch für Exilzeitungen wie »Das Wort«, die »Arbeiter-Illustrierte-Zeitung«, »Das Blaue Heft«, »Der Gegen-Angriff« und »Die Neue Weltbühne«. In einem Brief an seinen Freund Hans Henny Jahnn berichtete er über sein Prager Exil, er habe dort mehr Anerkennung, Freundschaft und Güte gefunden als jemals in seiner Vaterstadt Hamburg. Am 8. Juni 1935 wurde Steinfeld ausgebürgert, am gleichen Tag, an dem auch Bertolt Brecht, Kurt Hiller, Heinz Liepmann, Erika Mann, Erich Ollenhauer und anderen die deutsche Staatsbürgerschaft entzogen wurde.

Nach der Okkupation Prags durch die deutsche Wehrmacht musste Steinfeld untertauchen. Mit Frau und Kind floh er unter dramatischen Umständen im April 1939 über Polen nach England. Nach dem Überfall Deutschlands auf die Niederlande und Belgien wurde auch Justin Steinfeld im Mai 1940 verhaftet und als »enemy alien« eingestuft. Im Juli 1940 wurde er, wie viele andere deutsche und österreichische Flüchtlinge, nach Australien deportiert und dort in einem Wüstenlager interniert. 1941 konnte er nach England zurückkehren, wo er bis zu seinem Tod in äußerst bescheidenen Verhältnissen lebte.

Steinfelds einziger Roman »Ein Mann liest Zeitung«, ein Buch, das, wie viele Rezensenten herausstrichen, einen Vergleich mit Heinrich Manns »Ein Zeitalter wird besichtigt« nicht scheuen muss, erschien erst 14 Jahre nach seinem Tod.

WERKE Thälmann und der Blutsonntag, in: Die Neue Weltbühne vom 24. 5. 1934, S. 643–646; Rettet Ernst Thälmann! in: Aufruf. Streitschrift für Menschenrechte vom 1. 6. 1934, S. 471–473; Als Internierter in Australien. Der erste Bericht eines Heimgekehrten, in: Aufbau vom 26. 12. 1941, S. 3; Ein Mann liest Zeitung, Kiel 1984.

LITERATUR Hans J. Schütz, »Ein deutscher Dichter bin ich einst gewesen.« Vergessene und verkannte Autoren des 20. Jahrhunderts, München 1988, S. 255–258; Wilfried Weinke, »Deutschfeindliche Journalisten und Schriftsteller«: Justin Steinfeld und Heinz Liepmann, in: Ursula Wamser/Wilfried Weinke (Hg.), Ehemals in Hamburg zu Hause: Jüdisches Leben am Grindel, Hamburg 1991, S. 105–119; ders., Justin Steinfeld: Ein Mann liest Zeitung. Der Schriftsteller und Journalist im Prager Exil, in: Menora. Jahrbuch für deutsch-jüdische Geschichte 1996, S. 146–163; ders., »… im Herzen Australiens, wo die Savanne aufhört und die Wüste beginnt.« Deutsch-jüdische Emigranten, nach England geflohen, in Australien interniert, in: German-speaking Exiles in Great Britain, hg. von Anthony Grenville, Amsterdam/Atlanta 2000 (The Yearbook of the Research Centre for German and Austrian Exile Studies 2), S. 231–258. *Wilfried Weinke*

STENMEL, Ordo, geb. ca. 1470/80 Halberstadt, gest. 1529 Hamburg; (luth.); Domlektor, Prediger.

Über die Herkunft Ordo Stenmels (hochdeutsch: Steinmehl), der in den Quellen mitunter auch Stemmel, Stymmel oder Stievel genannt wird, ist wenig bekannt. Eine erste Spur lässt sich in Rostock finden, wo er 1491 erstmals immatrikuliert wurde. 1503 war er als Vikar am Hamburger Dom (Altar der 11 000 Jungfrauen) eingeführt worden, schrieb sich aber 1509 erneut in Rostock als Bakkalaureus ein und wurde zum Magister promoviert. Seit 1515 besaß er die Vikarie am St. Georgs-Altar im Dom, zu der 1517 die vom Altar St. Vincentii kam, mit der die zweite Domlektur verbunden war. 1521 wurde er schließlich Pastor an St. Katharinen, resignierte aber vorzeitig. Er wohnte in einem der »blauen Häuser« der Katharinenkirche.

Stenmels Position während der Anfangsjahre der Reformation ist umso schwerer zu bestimmen, als er keine schriftlichen Selbstzeugnisse hinterlassen hat. Der Reformator Stephan Kempe, seit 1527 ebenfalls Pfarrer an St. Katharinen, schreibt über ihn, er habe seit 1521 als Erster in Hamburg gegen den Ablass und die Sittenlosigkeit des Klerus gepredigt sowie die lautere Wahrheit des Evangeliums verkündet, sei aber nach großen Anfeindungen von seinem Amt zurückgetreten. Eine Amtsenthebung als Maßnahme des Domkapitels gegen die lutherische Bewegung in Hamburg, als welche Heinrich Reincke den Rücktritt interpretierte, ist wenig wahrscheinlich. Rainer Postel ordnet Stenmel den vorreformatorischen Kirchenkritikern zu. Seine kirchenkritischen Äußerungen einerseits, die Beibehaltung der Domvikarien bis mindestens 1525 sowie ein Vertrag über das Singen des Marienlobes mit den Vikaren von St. Katharinen andererseits weisen Stenmel als Menschen an der Epochenschwelle aus.

LITERATUR Hammer/von Schade, Teil 1, S. 182; Heinrich Reincke, Hamburg am Vorabend der Reformation. Aus dem Nachlaß hg., eingeleitet und erg. von Erich von Lehe, Hamburg 1966 (Arbeiten zur Kirchengeschichte Hamburgs 8); Rainer Postel, Die Reformation in Hamburg 1517–1528 (Quellen und Forschungen zur Reformationsgeschichte 52), Gütersloh u. a. 1986. *Susanne Rau*

STERN, *William* Louis, geb. 29. 4. 1871 Berlin, gest. 27. 3. 1938 Durham/North Carolina (USA); isr.; Psychologe, Philosoph.

Von seinem Ruf nach Hamburg im Jahr 1916 bis zur Emigration 1933 gehörte William Stern zu den herausragenden Wissenschaftlern, die ihr Wirkungsfeld in der Hansestadt fanden. Vor allem mit der Begründung der Differenziellen Psychologie und seinen Forschungen zur Intelligenzprüfung wies der international renommierte Psychologe seinem Fach neue Wege und trug dazu bei, dass aus der akademischen Psychologie eine anwendbare Wissenschaft wurde.

Als einziger Sohn des Kaufmanns Sigismund Stern und seiner Frau Rosa wuchs William Stern in einer assimilierten jüdischen Familie in Berlin auf. Nach dem Studium der Psychologie und Philosophie an der Berliner Universität in den Jahren von 1888 bis 1892 wurde der junge Wissenschaftler 1893

William Stern

mit der Arbeit »Die Analogie im volkstümlichen Denken« promoviert und folgte seinem Lehrer Hermann Ebbinghaus nach Breslau. Stern lehrte 19 Jahre lang an der dortigen Universität (1897–1916, seit 1907 als Professor) und ging sodann als Nachfolger Ernst Meumanns nach Hamburg, wo er am 1. März 1916 im Rahmen des Allgemeinen Vorlesungswesens den Lehrstuhl für Psychologie übernahm und die Bemühungen zur Gründung einer Universität maßgeblich unterstützte. Am 6. Januar 1919 rief er in privater Initiative gemeinsam mit anderen Professoren Notkurse für Kriegsheimkehrer ins Leben.

Bei der Universitätsgründung im Jahre 1919 richtete Stern das Psychologische Institut ein, dem er bis 1933 vorstand und das durch seine Initiative zu einer der bedeutendsten Einrichtungen seiner Art in der Zeit der Weimarer Republik wurde. Stern arbeitete eng mit dem Philosophen Ernst Cassirer zusammen, für dessen Berufung an die junge Alma Mater er sich mit Nachdruck eingesetzt hatte. Als stellvertretender Vorsitzender der Deutschen Gesellschaft für Psychologie, zu deren Gründungsmitgliedern er 1904 gehört hatte, veranstaltete William Stern 1931 in Hamburg einen für das noch junge Fach bedeutenden Kongress mit 864 Teilnehmern. Auf dem Höhepunkt seiner Laufbahn 1933 aus dem Hochschuldienst entlassen, emigrierte der 62-Jäh-

rige, der die Gefahr des Nationalsozialismus lange unterschätzt hatte, erst auf Drängen seiner Familie 1934 zunächst in die Niederlande, dann in die USA. Hier wirkte er bis zu seinem plötzlichen Herztod an der Duke University in North Carolina. Aus der Ehe William Sterns mit seiner Frau und Mitarbeiterin Clara gingen drei Kinder hervor: Günther Stern, der später als Philosoph und Schriftsteller unter dem Namen Günther Anders bekannt wurde, Hilde Stern, die in Hamburg zur Sozialfürsorgerin ausgebildet wurde und von 1935 bis 1937 inhaftiert war, da sie einer oppositionellen Gruppe angehört hatte, und Eva Michaelis-Stern, die für eine jüdische Organisation Kinder aus dem nationalsozialistischen Deutschland rettete.

Seine psychologischen Arbeiten sah William Stern eingebettet in grundlegende philosophische Überlegungen über die einzelne Person und ihre Bestimmung, die er in »Person und Sache. System des kritischen Personalismus« (3 Bde., Leipzig 1906–24) systematisch formulierte. Wissenschaftlich folgenreich wurde das Sternsche Konvergenzprinzip, das von einem Zusammenwirken von Anlage und Umwelt in der individualpsychologischen Entwicklung ausgeht. Im Zentrum der von ihm begründeten Differenziellen Psychologie, die das individuelle Verhalten und Erleben vor allem hinsichtlich der Unterschiede bei persönlichen Eigenheiten sowie der sozialen Herkunft von Individuen untersucht, steht die Intelligenzforschung, mit der Stern auch einen wichtigen Beitrag zur Wirtschafts-, Arbeits- und Berufspsychologie leistete. Richtungweisend waren weiterhin seine Forschungen zur pädagogischen Psychologie und Entwicklungspsychologie.

Seit 1964 erinnert die Sterntwiete im Hamburger Stadtteil Lohbrügge an den Psychologen.

WERKE Die differentielle Psychologie in ihren methodischen Grundlagen, Leipzig 1911; Die psychologischen Methoden der Intelligenzprüfung und deren Anwendung bei Schulkindern, Leipzig 1912; Psychologie der frühen Kindheit bis zum sechsten Lebensjahre, Leipzig 1914; Allgemeine Psychologie auf personalistischer Grundlage, Den Haag 1935.

LITERATUR Killy 11; Eva Michaelis-Stern, William Stern 1871–1938. The Man and his Achievements, in: Leo Baeck Institute Year Book 17 (1972), S. 143–154; Helmut Moser, Zur Entwicklung der akademischen Psychologie in Hamburg bis 1945. Eine Kontrast-Skizze als Würdigung des vergessenen Erbes von William Stern, in: Hochschul-

S

alltag im »Dritten Reich«. Die Hamburger Universität 1933–1945, hg. von Eckart Krause, Ludwig Huber und Holger Fischer, 3 Teile, Berlin/Hamburg 1991 (Hamburger Beiträge zur Wissenschaftsgeschichte 3), Teil II, S. 483–518; Helmut E. Lück, Zu Leben und Werk von William Stern, in: ders./Dieter-Jürgen Löwisch (Hg.), Der Briefwechsel zwischen William Stern und Jonas Cohn. Dokumente einer Freundschaft zwischen zwei Wissenschaftlern, Frankfurt a. M. u. a. 1994 (Beiträge zur Geschichte der Psychologie 7), S. 185–198; Werner Deutsch, Im Mittelpunkt die Person: Der Psychologe und Philosoph William Stern (1871–1938), in: Der Exodus aus Nazideutschland und die Folgen. Jüdische Wissenschaftler im Exil, hg. von Marianne Hassler und Jürgen Wertheimer, Tübingen 1997, S. 73–90. *Dirk Brietzke*

Richard Stettiner

STETTINER, Richard, geb. 12. 5. 1865 Berlin, gest. 15. 12. 1927 bei München; isr.; Kunsthistoriker, Museumsbeamter, Denkmalpfleger.

Nach dem Studium der Kunstgeschichte, das er 1895 in Straßburg mit einer Promotion über »Die illustrierten Prudentiushandschriften« abschloss, hatte Richard Stettiner in Berlin unter Wilhelm von Bode die Museumslaufbahn eingeschlagen. Neben wissenschaftlichen Arbeiten über mittelalterliche Bildhandschriften publizierte er in Ausstellungs- und Museumskatalogen und war Mitherausgeber der Zeitschrift »Museum«. 1900 trat er in Hamburg in das Museum für Kunst und Gewerbe ein. Zum Spezialthema Kunstgewerbe lehrte er seit 1901 im Rahmen des Allgemeinen Vorlesungswesens und von 1919 bis zum Wintersemester 1926/27 an der Hamburger Universität. Seine wissenschaftlichen Forschungen galten in Hamburg vor allem der bäuerlichen Architektur und der Handwerkskunst der Vier- und Marschlande. Er arbeitete auch für eine von den deutschen Museen eingerichtete »Abwehrstelle« gegen Kunstfälschungen.

Als Mitarbeiter des Direktors des Museums für Kunst und Gewerbe Justus Brinckmann wurde Stettiner mit dessen Arbeit als Sachverständiger für die Erforschung und Pflege der »Vaterstädtischen Altertümer« vertraut. Schon am Vollzug des Hamburger Baupflegegesetzes von 1912 war er beteiligt worden. Kurz nach Brinckmanns plötzlichem Tod 1915 eröffnete Stettiner bei einer Gedächtnisfeier die von dem ehemaligen Direktor vorbereitete Ausstellung »Die hamburgische Denkmäler-Inventarisation«. Auf diese Weise in die Fragen der Denkmalpflege eingearbeitet, hat Stettiner, der schon während des Ersten Weltkrieges in Hamburg als Sachverständiger für Kunstschutz tätig war, bei der politischen Debatte um das erste Denkmalschutzgesetz für die Stadt am 23. Juni 1919 eine Denkschrift erstellt. Nach Erlass dieses Gesetzes wurde er 1920 zum ersten Denkmalpfleger der Freien und Hansestadt Hamburg berufen.

Stettiners Arbeit war geprägt vom Aufbau eines Denkmalarchivs, das alle auf Topografie und Baugeschichte bezogenen grafischen Blätter und Fotografien umfassen sollte, sowie von der Denkmal-Inventarisation, beides in Fortführung der Systematik Brinckmanns. Wichtig war ihm der Einsatz dieser Arbeitsmittel in Forschung und Öffentlichkeitsarbeit. Die Inventarisation entstand meist aus aktuellem Anlass, als Sammlung von Bildern, Fotos und Aufmaßen. Unter den Entscheidungen in der praktischen Arbeit Stettiners ragt im kirchlichen Bereich vor allem die Neufassung des Innenraumes der Hauptkirche St. Jacobi (1927) heraus, die zur Beseitigung der gründerzeitlichen Ausmalung von 1893 führte. Im Profanbereich war er vor allem am Umbau und an der Erweiterung des Stadttheaters (1925/26) und an der stilistisch durchaus gewagten expressionistischen Aufstockung des neugotischen Hauses der Patriotischen Gesellschaft (1923/24) beteiligt. Bei der Neugestaltung des barocken Görtz-Palais (1925/26) verschloss er sich nicht einer ungewöhnlichen Farbgebung der Fassade. Als Stettiner nach längerer Krankheit 1927 starb, hinterließ er trotz begrenzter Wirkungsmöglichkeiten das Amt des Denkmalpflegers als eine in Hamburg durchaus anerkannte Institution.

WERKE Das Kleinodienbuch des Jakob Mores in der Hamburgischen Stadtbibliothek. Eine Untersuchung zur Geschichte des Hamburgischen Kunstgewerbes um die Wende des 16. Jahrhunderts, Hamburg 1916 (Jahrbuch der Hamburgischen Wissenschaftlichen Anstalten, Beiheft 33,1); Justus Brinckmann und die hamburgische Denkmäler-Inventarisation. Rede, gehalten an einem Gedächtnisabend für Justus Brinckmann am 16. März 1915, Hamburg 1915.

LITERATUR Salomon Wininger, Große jüdische National-Biographie. Mit mehr als 8000 Lebensbeschreibungen namhafter jüdischer Männer und Frauen aller Zeiten und Länder. Ein Nachschlagewerk für das jüdische Volk und seine Freunde, 7 Bde., Nendeln 1979 [Nachdruck der Ausgabe Cernaufi 1925–36], Bd. 6; Manfred F. Fischer/Elke Först, Denkmalpflege in Hamburg. Idee – Gesetz – Geschichte, Hamburg 2000 (Arbeitshefte zur Denkmalpflege in Hamburg 19), S. 37–43.   *Manfred F. Fischer*

STOLTEN, Johannes Ernst *Otto*, geb. 5. 4. 1853 Hamburg, gest. 8. 1. 1928 ebd.; luth.; Politiker, Journalist.

In seiner Rolle als erster sozialdemokratischer Abgeordneter der Hamburger Bürgerschaft und später als Zweiter Bürgermeister der Hansestadt hatte Otto Stolten großen Einfluss auf die Entwicklung der hamburgischen Arbeiterbewegung und auf die Politik in seiner Heimatstadt.

Der gelernte Schlosser und Maschinenbauer, der als Halbwaise und Sohn einer kinderreichen Arbeiterfamilie bereits in jungen Jahren die Lebenswelt der Hamburger Unterschichten kennen gelernt hatte, knüpfte seine ersten Kontakte zur sozialdemokratischen Partei während seiner Wanderjahre in Sachsen. Als er 1875 nach Hamburg zurückkehrte, begann er sein politisches Engagement zunächst auf unterer Ebene in der dortigen Landesorganisation. Spätestens mit der Ausweisung der ersten Führungsriege der Partei aus der Stadt als Folge des Bismarck'schen »Gesetzes wider die gemeingefährlichen Bestrebungen der Sozialdemokratie« (1878–90) im Jahre 1881 folgte für Stolten eine Phase größerer Verantwortung innerhalb der nun in der Illegalität operierenden Organisation. Der 32-Jährige übernahm als Leiter eines Parteidistrikts seine erste herausragende Funktion, beteiligte sich bald darauf an der – legalen – Gründung der Zentralen

Otto Stolten

Kranken- und Sterbekasse der Metallarbeiter, deren Vorsitz er übernahm, und begann parallel dazu, Artikel für die Hamburger SPD-Zeitung, die »Bürgerzeitung«, zu schreiben. 1885 gab er seinen Beruf als Maschinenbauer ganz auf und trat als fest angestellter Redakteur der Zeitung nun auch hauptberuflich in den Dienst der Partei. Nach dem Verbot der »Bürgerzeitung« und der Ausweisung ihres Gründers Johannes Wedde übernahm Stolten 1887 die Chefredaktion des Nachfolgeorgans, des »Hamburger Echos«. Er trug damit die inhaltliche Verantwortung, zugleich jedoch auch das presserechtliche Risiko, das sich in den folgenden Jahren in zahlreichen Prozessen, Geld- und Haftstrafen niederschlagen sollte. Erst nach einer dreimonatigen Haftstrafe im Jahre 1892 übergab Stolten die rechtliche Verantwortung an den »Echo«-Redakteur Emil Fischer, beeinflusste jedoch auch weiterhin maßgeblich die Außendarstellung der Sozialdemokratie und die Verständigung innerhalb der Partei, für welche die Zeitung in den Jahren der Überwachung und Unterdrückung eines der wichtigsten Kommunikationsmedien darstellte.

Stolten profilierte sich auch nach den Jahren des Zwangsgesetzes rasch als begabter Rhetoriker und Theoretiker der Partei, was ihn bald zu einem der gefragtesten Referenten auf SPD-Versammlungen machte und sein breites, autodidaktisch angeeignetes Wissen zu verschiedenen Bereichen der Tagespolitik zusätzlich erweiterte. Ab 1895 wurde er von seiner Partei, die unter anderem wegen des für die Sozialdemokratie äußerst ungünstigen Wahlgesetzes noch nicht zu den lokalen Parlamentswahlen antrat, damit beauftragt, die Bürgerschaftssitzungen als Beobachter zu besuchen und über die dort getroffenen Entscheidungen regelmäßig zu berichten. Entsprechend gut vorbereitet konnte Stolten nach der Bürgerschaftswahl im Februar 1901 das erste und einzige sozialdemokratische Mandat annehmen, das der Partei durch glückliche Umstände in dem Arbeiterviertel Hammerbrook zugefallen war. Anstatt sich – wie in den übrigen Bezirken – schon vor der Wahl auf einen der bürgerlichen Kandidaten zu einigen, war es hier zu einer Zersplitterung der antisozialdemokratischen Stimmen gekommen, die letztlich den politischen Außenseiter Stolten begünstigt hatte. Er wurde damit zum ersten sozialdemokratischen Abgeordneten unter 160 Männern, die sich nach alter Tradition aus den Familien des Hamburger Bürgertums rekrutierten und dem Arbeitervertreter mit entsprechender Skepsis und Ablehnung gegenübertraten. Stoltens Vertretung sozialdemokratischer Interessen, die bei der nächsten Wahl im Jahr 1904 durch weitere zwölf SPD-Mandate noch weiter in das Licht der Öffentlichkeit gerückt wurden, förderte in erheblichem Maße die Entwicklung einer neuen politischen Kultur in der Hamburger Bürgerschaft und die sich nun auch auf lokaler Ebene vollziehende Herausbildung von Parteien mit klar voneinander abgegrenzten politischen Programmen. Trotz unüberwindbar erscheinender inhaltlicher Gegensätze galt der seit 1904 als SPD-Fraktionsführer fungierende Stolten auch seinen politischen Gegnern als ein fairer Kämpfer mit großem Sachverstand und geringem Hang zu revolutionären Positionen. In seiner eigenen Partei stieß die zunehmende Ausrichtung Stoltens auf konstruktive, praktische Mitarbeit – unter anderem im Haushaltsausschuss des hamburgischen Parlaments – dagegen immer wieder auf heftige Gegenwehr einzelner Gruppen und Personen. Zu seinen Kritikern gehörte auch August Bebel, der Stolten persönliche Eitelkeit und mangelnde Zivilcourage im Umgang mit dem politischen Gegner vorwarf. Die Mehrheit der Hamburger Partei sah in ihm jedoch ihren unbestrittenen Führer und entsandte Stolten deshalb nach Bebels Tod im August 1913 als dessen Nachfolger für Hamburg in den Reichstag, wo er – ebenso wie in der Lokalpolitik – bald als Finanz- und Steuerexperte galt. In den Jahren des Ersten Weltkriegs wurde Stolten zu einem der profiliertesten Vertreter der Burgfriedenspolitik und damit zum entschiedenen Gegner der linksradikalen innerparteilichen Opposition um Heinrich Laufenberg und Fritz Wolffheim, die sich 1917 von der SPD abspaltete. Der Gegensatz insbesondere zu Ersterem manifestierte sich 1918/19 in Stoltens mäßigendem Eingreifen während der Novemberrevolution, die Laufenberg als Vorsitzender des Arbeiter- und Soldatenrates voranzutreiben versuchte. Stolten wählte den Weg der weitgehenden Kooperation mit den Revolutionsführern, die sich aus seiner Sicht nicht vermeiden ließ, nahm aber deutlich Stellung gegen das »gewaltsame Umwälzen«. Aus dem Konflikt ging die Mehrheitssozialdemokratie unter Stolten schließlich als stärkere Kraft hervor.

Nach Kriegsende wurde der Hamburger Arbeiterführer Mitglied zunächst der deutschen Nationalversammlung, dann des neu gegründeten Reichstags. In Hamburg errang die SPD im März 1919 in den ersten freien und demokratischen Wahlen die absolute Mehrheit. Ihr Fraktionsführer Otto Stolten, dem somit der Bürgermeisterposten zustand, verzichtete jedoch mit Rücksicht auf die seines Erachtens notwendige Einbindung der bürgerlichen Kräfte in eine neue Ordnung auf die alleinige Verantwortung für seine Partei und stimmte sowohl der Übernahme des Bürgermeisteramtes durch den Vorkriegssenator Werner von Melle als auch der Besetzung von neun Senatorenposten mit Vertretern des alten Systems zu. Stolten übernahm die Position des Zweiten Bürgermeisters und die Zuständigkeit für die inneren Angelegenheiten des Stadtstaates. Ihm fiel damit entscheidende Verantwortung für die demokratische Umgestaltung seiner Heimatstadt in den folgenden Jahren der Weimarer Republik zu. 1925 legte Stolten aus gesundheitlichen Gründen sein Bürgermeisteramt nieder, bevor er sich zwei Jahre später – ein Jahr vor seinem Tod – auch als Abgeordneter aus der Politik zurückzog. Zur Würdigung der Verdienste Stoltens um seine Heimatstadt verleiht der Senat seit 1925 jährlich die Bürgermeister-Stolten-Medaille an herausragende Persönlichkeiten des öffentlichen Lebens in Hamburg. Nach dem Arbeiterführer wurden der Stoltenkai in Hamburg-Finkenwerder (1927), die Stoltenstraße in Horn (1945), die Stoltenbrücke in Marienthal (1958) und der Stoltenpark am Berliner Tor benannt.

WERKE Hamburgische Staatseinrichtungen und hamburgische Politik, wie sie sind und wie sie sein sollten. Informatorische und kritische Betrachtungen zu den bevorstehenden Bürgerschaftswahlen, Hamburg 1903; Die hamburgische Bürgerschaft und die Sozialdemokratie 1904 bis 1906. Material für die bevorstehenden Bürgerschaftswahlen, Hamburg o. J. [1906]; Unter dem Klassenwahlrecht. Material für die bevorstehenden Bürgerschaftswahlen aus den Verhandlungen der Bürgerschaft 1907 bis 1909, Hamburg 1909; Die Hauptfragen hamburgischer Gesetzgebung und Politik 1910 bis 1912. Zur Information für die bevorstehenden Bürgerschaftswahlen, Hamburg o. J. [1912]; (mit Heinrich Stubbe u. a.) Der Kampf der Sozialdemokratie um das Rathaus, Hamburg 1927 (Hamburger Arbeiterbibliothek 2).

LITERATUR Christiane Teetz, Otto Stolten, Hamburg 2000 (Hamburger Köpfe, hg. von der ZEIT-Stifung Ebelin und Gerd Bucerius); Hamburg im ersten Viertel des 20. Jahrhunderts: die Zeit des Politikers Otto Stolten, hg. von der Landeszentrale für politische Bildung, Hamburg 2000.   *Christiane Teetz*

STRITTER, *Paul* Eberhard Oscar, geb. 13. 12. 1863 Ulm, gest. 17. 9. 1944 Tübingen; luth.; Pastor, Direktor der Alsterdorfer Anstalten.

Als Nachfolger des Gründers der Alsterdorfer Anstalten Heinrich Sengelmann hat sich Paul Stritter große Verdienste um den Ausbau und Erhalt der Einrichtung in Krisenzeiten während des Ersten Weltkrieges und Ende der zwanziger Jahre des 20. Jahrhunderts erworben. Andererseits fällt in seine Amtszeit die geistige Vorbereitung der Vernichtung behinderter Menschen als »lebensunwertes Leben« während der Zeit des Nationalsozialismus.

Stritter wurde 1863 in Ulm geboren, wuchs aber in Hamburg auf, nachdem seine Eltern 1867 dorthin übergesiedelt waren. Nach dem erfolgreichen Besuch des Matthias-Claudius-Gymnasiums studierte er in Tübingen und Erlangen Theologie. Während der Kandidatenzeit arbeitete er als Oberpfleger in den Alsterdorfer Anstalten. Schon in frühen Jahren hatte seine Familie enge Kontakte zu den Sengelmanns. Nach seiner Ordination zum Pastor bewarb Stritter sich 1888 erfolgreich um eine der Pfarrstellen an der Hauptkirche St. Michaelis in Hamburg. 1893 wurde er zum ehrenamtlichen Mitglied des Vorstands der Alsterdorfer Anstalten gewählt. Nach dem Tod Sengelmanns wurde er als

Paul Stritter

dessen Nachfolger am 2. Juli 1899 Direktor der Einrichtung. Dieses Amt übte er bis zum September 1930 aus.

In seiner mehr als 30-jährigen Tätigkeit als Direktor war Stritter mit vielen Herausforderungen konfrontiert. Um die zunehmende Zahl der Insassen von etwa 600 im Jahr 1900 auf 1206 im Jahr 1931 zu bewältigen, war es erforderlich, die Anstalt baulich und organisatorisch weiterzuentwickeln. Die Errichtung von vier neuen Unterkünften für Behinderte (1900–14), einer Kantine (1901), eines Verwaltungsgebäudes (1902), eines Arzthauses (1905), eines Turn- und Versammlungshauses (1907), eines Küchen- und Wirtschaftsgebäudes (1912) und eines Schulgebäudes (1913) sowie der Kauf des Gutes Stegen vor den Toren Hamburgs (1924) waren das Ergebnis dieser Bemühungen. In der zweiten Hälfte des Ersten Weltkrieges war die Anstalt durch Kriegsfolgen in Mitleidenschaft gezogen. Eine Reihe von Betreuern war als Soldaten eingezogen worden; die schlechte Ernährungslage und eine Grippeepidemie führten zu einem rasanten Anstieg der Sterberate. Die Weltwirtschaftskrise Ende der zwanziger Jahre brachte die Einrichtung erneut in erhebliche Schwierigkeiten.

Bereits im zweiten Jahrzehnt des 20. Jahrhunderts musste die Alsterdorfer Anstalt sich gegen den Vorwurf wehren, sie sei eine Art Sammelbecken von »geistig minderwertigen Jugendlichen« oder »tiefstehenden Idioten und verblödeten Epileptikern«. Aber auch Stritter huldigte bereits 1916 dem Zeitgeist, wenn er ausdrücklich den »sozialwirtschaftlichen Erwägungen« zustimmte, »daß Staat und Kommunen mit den öffentlichen Geldern haushälterisch umzugehen verpflichtet sind und daß man nicht unverhältnismäßige Summen zum Besten der mehr oder weniger asozialen Elemente aufwenden« soll, auch wenn er noch beiläufig das Prinzip der Humanität im Umgang mit Behinderten beschwor und in einer anderen Veröffentlichung das vom Gründer Sengelmann vertretene christliche Menschenbild der Liebe als Grundlage aller Arbeit mit behinderten Menschen reklamierte. Die geistigen und moralischen Dämme zur Vernichtung Behinderter waren früh gebrochen. Der Nachfolger Stritters, Pastor Friedrich Lensch, wurde in der Zeit des Nationalsozialismus zum Mittäter an der Ermordung von über 500 behinderten Menschen aus der Alsterdorfer Anstalt, ohne dass Stritter nach seinem Ausscheiden in seiner Eigenschaft als Ehrenmitglied des Vorstandes der Anstalt dies zu verhindern versucht hätte.

Stritter galt als ein humorvoller und vor allem kinderlieber und pädagogisch befähigter Anstaltsleiter. Seine Aufgabe als Prediger und Seelsorger gerade für behinderte Menschen nahm er sehr ernst und beschäftigte sich auch schriftstellerisch mit diesen Fragen. Darüber hinaus pflegte er Kontakte zu vielen anderen öffentlichen und kirchlichen Einrichtungen. Er hat aktiv in einer Reihe von kirchlichen und berufsständischen Organisationen mitgearbeitet. Zusammen mit seiner Frau Maria, geborene Zimmermann, die er 1920 geheiratet hatte, verbrachte er seine letzten Lebensjahre in Süddeutschland und verstarb nach langer Krankheit in Tübingen.

Der Senat der Freien und Hansestadt Hamburg benannte ihm zu Ehren 1936 am Rande der Anstalt in Alsterdorf den Paul-Stritter-Weg. Seit 1960 trägt die in der Nähe errichtete Paul-Stritter-Brücke seinen Namen.

WERKE Ein Besuch in den Alsterdorfer Anstalten, Norden 1906; Sorgenkinder: Das schwachsinnige Kind, Hamburg 1925; Sengelmanns Bedeutung für die Schwachsinnigenfürsorge, Norden 1925; Seelsorge unter geistig Abnormen, Hamburg 1928; Seelsorge an Geistesschwachen, Hamburg 1930.

LITERATUR Bernhard Heinrich Forck, Aus dem kirchlichen Hamburg, in: Das evangelische Hamburg, 24. Jg. (1930), Nr. 9, S. 137 f.; Gustav Hollburg, Pastor Paul Stritter, 31 Jahre Direktor der Alsterdorfer Anstalten, in: Briefe und Bilder aus Alsterdorf, 55. Jg. (1931/32), S. 7–10; Wilhelm Niehaus, Pastor Paul Stritter, in: Evangelische Rundschau Hamburg, 5. Jg. (1930), Nr. 18, S. 126 f.

Bodo Schümann

STRUENSEE, Adam, geb. 8. 9. 1708 Neuruppin/Brandenburg, gest. 20. 6. 1791 Rendsburg; luth.; Propst und Konsistorialrat in Altona, Generalsuperintendent in den Herzogtümern Schleswig und Holstein.

Nach dem Besuch der Gelehrtenschule in Brandenburg studierte Adam Struensee von 1727 bis 1730 Theologie in Halle und Jena, wo er in enge Beziehung zum Pietismus August Hermann Franckes und seiner Anhänger geriet. In Jena wurde Johann Franz Buddeus sein Lehrer, der eine vermittelnde Position zwischen Orthodoxen und Pietisten einnahm. Struensee machte aber auch die Bekanntschaft der Mährischen Brüder und des Grafen Nikolaus Ludwig von Zinzendorf, des Gründers der Herrnhuter Brüdergemeinde. 1729 wurde ihm die Stelle eines Konrektors in seiner Vaterstadt Neuruppin angeboten, die er aber nicht antrat; stattdessen wurde er 1730 nach seiner Ordinierung Hofprediger in Berleburg, wo er ebenfalls mit erheblich von der lutherischen Orthodoxie abweichenden Formen des Christentums konfrontiert wurde. Struensee erwarb sich rasch den Ruf eines begabten Predigers, der 1732 zu seiner Berufung nach Halle führte, wo er so erfolgreich war, dass er im Laufe von 26 Jahren an mehreren Kirchen als Prediger und an der Universität als Dozent wirkte.

1757 erhielt Struensee fast gleichzeitig einen Ruf nach Altona als Hauptpastor der Dreifaltigkeitskirche und Propst von Altona und Pinneberg sowie nach Rostock, wo ihm die erste theologische Professur angetragen wurde. Struensee entschied sich für Altona. Anlässlich seines Weggangs aus Halle wurde ihm die Würde eines Doktors der Theologie honoris causa verliehen. Auch in Altona erwiesen sich die Predigten des neu ernannten Konsistorialrats als so erfolgreich, dass, wie schon in Halle, neue Sitzplätze geschaffen werden mussten. König Friedrich V. rief ihn zu Pfingsten 1759 als Prediger nach Gottorf; Johann Hartwig Ernst von Bernstorff beauftragte ihn mit Gutachten. Seine Predigten und Vortragstexte wurden einzeln und in zahlreichen Sammelbänden gedruckt. 1759 ernannte ihn der dä-

Adam Struensee

Ruf, ein »eifriger Apostel des Deutschen« gewesen zu sein. Wenn in der Literatur hervorgehoben wird, dass ihm die Ansiedlung der Herrnhuter in Christiansfeld besondere Sorgen bereitet hätte, trifft das nur teilweise zu; denn Struensee hatte seit seiner Zeit in Halle intensiven Kontakt mit den Mährischen und Böhmischen Brüdern und war mit August Gottlieb Spangenberg, dem Nachfolger des Grafen Zinzendorf, befreundet.

Gleichwohl gilt Struensee in der Kirchengeschichte Schleswig-Holsteins als Vertreter der Orthodoxie, und als »guter Lutheraner« erwies er sich, als er für den Umgang mit Andersgläubigen empfahl: »Toleranz ist gut, wenn sie nur gehörig eingeschränket wird.«

Struensee hat den Aufstieg seines Sohnes Johann Friedrich (1737–72) bis an die Spitze des dänischen Staates erlebt; dessen Sturz und gewaltsames Ende haben aber keinen Einfluss auf seine Stellung als Generalsuperintendent gehabt. 1780 konnte er sein 50-jähriges Amtsjubiläum feiern; zu diesem Anlass erschien eine umfangreiche Festschrift. 1784 wurde er mit den Titeln Etatrat und Konferenzrat geehrt.

WERKE Schriftenverzeichnis in: Meusel 13, S. 498–501.

LITERATUR ADB 36; SHBL 5; Dansk biografisk Leksikon, red. von Povl Engelstoft, Bd. 23, Kopenhagen 1942, S. 42; Carsten Erich Carstens, Dr. Adam Struensee, Generalsuperindendent in Schleswig-Holstein, in: ZSHG 10 (1881), S. 143–170.   *Eckardt Opitz*

nische König zum Oberkonsistorialrat und zum Generalsuperintendenten der Herzogtümer Schleswig und Holstein. 1760 trat er sein Amt in Rendsburg an, mit dem er die Aufsicht über das gesamte Kirchen-, Schul- und Armenwesen übernahm.

Struensee hat sich Verdienste um die Verbesserung des Schulwesens erworben, befürwortete jedoch die Verdrängung der dänischen und friesischen Sprache und stand daher in Dänemark im

TESDORPF, Ebba, geb. 23. 1. 1851 Hamburg, gest. 22. 2. 1920 Ahrweiler; luth.; Zeichnerin.

Aus einer wohlhabenden, seit Generationen in Hamburg und Norddeutschland ansässigen Kaufmannsfamilie stammend, empfing Ebba Tesdorpf die übliche Erziehung der »höheren Tochter«, die als Ziel nicht eine eigene Berufstätigkeit, sondern die Rolle der Ehefrau und Mutter im Rahmen eines den gesellschaftlichen Normen folgenden großen Haushalts vor Augen hatte. So folgte auch ihre künstlerische Ausbildung zunächst ganz diesen sozial vorgegebenen Regeln, indem sie seit den siebziger Jahren Zeichenunterricht bei Johann Theobald Riefesell nahm, der als geschätzter Lehrer der Damen der Hamburger Gesellschaft galt. Anders als bei ihren Mitschülerinnen, denen das Zeichnen nur ein Zeitvertreib unter vielen anderen war, wurde es für Ebba Tesdorpf zur Passion, und sie folgte ihrem Lehrer auch in der Motivwahl. Mit ihm zusammen wurde sie zur Dokumentarin des »alten Hamburg«, als die alten Straßenzüge in der Gründerzeit nach und nach ihr Gesicht veränderten, die alten großen Kaufmannshäuser aus der Barockzeit auf der Wandrahmsinsel den neuen Funktionsbauten der Speicherstadt und die Gängeviertel der Innenstadt neuen Bebauungen weichen mussten. Im Gegensatz zu den realistischeren Intentionen ihres Lehrers vermied Ebba Tesdorpf jedoch in ihren zwischen 1879 und 1893 entstandenen Zeichnungen jeden Hinweis auf die drohende Zerstörung. Ihre weit über 600 grafischen Arbeiten mit Motiven der Hamburger Stadtlandschaft, die im öffentlichen und privaten Besitz erhalten sind, lassen erkennen, dass Ebba Tesdorpf im Bewusstsein, Untergehendes im letzten Moment festzuhalten, das dem Abbruch Geweihte zu verklären suchte, ihm aber damit, wiederum im Gegensatz zu ihrem Lehrer, über die reine Baudokumentation hinaus eine eigene ästhetische Qualität zubilligte. Ihr privates Vermögen nutzte sie für ihre eigene weitere Schulung in künstlerischen Techniken anhand bildkompositorischer Vorbilder, indem sie eine umfangreiche Sammlung von Bildern aus Hamburg anlegte, die sie später der Stadt übergab.

Sie selbst verließ 1898 endgültig den vorgezeichneten Lebensweg einer Tochter aus guter Hamburger Familie und ging nach Düsseldorf, um sich als Externe an der dortigen Akademie als Malerin aus-

Ebba Tesdorpf

bilden zu lassen, doch stellte sich bald heraus, dass ihr die Technik der Ölmalerei nicht lag. Aus gesundheitlichen Gründen zog sie sich dann nach Ahrweiler zurück, und dort starb »Tante Ebba«, wie sie im Verwandten- und Freundeskreis liebevoll, aber auch etwas belächelt genannt wurde, am 22. Februar 1920.

WERKE Gisela Jaacks, Diese Frau sah mehr. Mit Ebba Tesdorpf durch Alt-Hamburg. Von der Herrlichkeit bis zur Kehrwiederspitze, Hamburg 1978.

Gisela Jaacks

TESKE, Hans, geb. 23. 5. 1902 Hamburg, vermisst seit Mai 1945; luth.; Germanist.

Hans Teske war d e r Nationalsozialist unter den Germanisten der Universität Hamburg – und wurde auch ausdrücklich als ein solcher nach Hamburg berufen.

Nach dem Schulbesuch und Abitur in Hamburg schrieb sich Teske zunächst an der 1919 gegründeten Universität der Hansestadt ein, wechselte dann aber nach Heidelberg, wo er 1927 mit einer Arbeit über »Das Eindringen der hochdeutschen Schriftsprache in Lüneburg« zum Dr. phil. promoviert wurde. Bereits 1928 konnte er sich mit einer Arbeit über den mittelhochdeutschen Autor Thomasin von Zerclaere habilitieren; die Habilitationsschrift erschien jedoch in überarbeiteter Fassung erst 1933. Als 1934 nach der Entlassung der einzigen jüdischen Professorin der Universität Hamburg, der Germanistin Agathe Lasch, die Wiederbesetzung der außerordentlichen Professur für Niederdeut-

Hans Teske

sche Philologie anstand, wurde Hans Teske mit folgender Begründung auf Platz 2 der Dreierliste gesetzt: »Er ist seit März 1933 Mitglied der NSDAP und SA-Mann. Für seine Einstellung zum Volkstum ist sein Vortrag charakteristisch, den er vor kurzem unter dem Titel ›Der Begriff des Volkstums‹ herausgegeben hat.« Gegenüber dem Erstplatzierten wurde die »persönliche Frische und Lebhaftigkeit« des um zehn Jahre jüngeren Teske betont, der »zu einem echt kameradschaftlichen Verkehr mit seinen Studenten befähigt« sei. Bereits zum 1. Oktober 1934 wurde Teske zum »planmäßigen außerordentlichen Professor für Germanistik an der Hamburgischen Universität« ernannt. In der Folgezeit kümmerte er sich sehr intensiv um das »Hamburgische Wörterbuch«, wobei er die Hilfe von Agathe Lasch, die ja immer noch in Hamburg lebte und wissenschaftlich arbeitete (aber nicht publizieren durfte), gern in Anspruch nahm – und ihren Namen in Veröffentlichungen auch nicht verschwieg. Als Hochschullehrer vertrat er allerdings einen stramm nationalistischen Kurs, dessen Spiegelungen wir vor allem in seinen beiden Veröffentlichungen über Walther von der Vogelweide (1934 und 1939) nachvollziehen können.

Nach dem Rücktritt von Conrad Borchling zum 1. April 1938 beantragte die Philosophische Fakultät der Universität die Übertragung des Lehrstuhls an Teske. Auch in der Begründung für diesen Ernennungsvorschlag (ohne Berufungsliste!) stellte die Fakultät Teskes »freies, treffendes Urteil und sein frisches kameradschaftliches Auftreten, das durch-

weg von kräftig nationalsozialistischer Gesinnung getragen ist«, heraus. Ohne weitere Verhandlungen wurde Teske zum 1. Oktober 1938 zum Ordinarius ernannt. Zwei Semester lang lehrten Emeritus und neuer Ordinarius nebeneinander, dann wurde Teske im September 1939 als Sonderführer zur Wehrmacht einberufen und in den Niederlanden und Belgien eingesetzt, wo er sich intensiv für die flämische Volksgruppe verwandte. Am 21. November 1941 an der Universität Brüssel zum »professeur agrée« ernannt, publizierte er auch auf Flämisch über »De nederduitsche Literatuur« (1942). Seine letzte Veröffentlichung über »Die Überwindung des Provinzialismus in der flämischen Literatur« erschien 1943 in Brüssel und versuchte, wie schon die vorgenannte Veröffentlichung, im Sinne Conrad Borchlings den Brückenschlag vom Niederdeutschen zum Flämischen.

Seit den Kämpfen um Berlin im Mai 1945 galt Hans Teske als vermisst, was der Philosophischen Fakultät der Universität Hamburg über Jahre Probleme hinsichtlich der Nachbesetzung des »Borchling-Lehrstuhls« bereitete: Ulrich Pretzel wurde zwar im Mai 1945 berufen, aber erst 1947 zum ordentlichen Professor ernannt.

WERKE Das Eindringen der hochdeutschen Schriftsprache in Lüneburg, Halle 1927; Thomasin von Zerclaere. Der Mann und sein Werk, Heidelberg 1933 (Germanische Bibliothek, Abteilung 2: Untersuchungen und Texte, 34); Walther von der Vogelweide. Der Sänger des deutschen Reiches, Lübeck 1934 (Colemans kleine Biographien, Heft 49); De nederduitsche Literatuur, Brüssel 1942 (Kleine Beer Reeks, Nr. 4).

LITERATUR Kosch 4; Wolfgang Bachofer/Wolfgang Beck, Deutsche und niederdeutsche Philologie. Das Germanische Seminar zwischen 1933 und 1945, in: Hochschulalltag im »Dritten Reich«. Die Hamburger Universität 1933–1945, hg. von Eckart Krause, Ludwig Huber und Holger Fischer, 3 Teile, Berlin/Hamburg 1991 (Hamburger Beiträge zur Wissenschaftsgeschichte 3), Teil II, S. 641–704, hier S. 658–661.   *Wolfgang Bachofer*

TETTENBORN, Friedrich Karl Freiherr von,
geb. 19. 2. 1778 Sponheim, gest. 9. 12. 1845 Wien; kath.; Offizier, Diplomat.

Friedrich Karl Freiherr von Tettenborn hat sich in Hamburg nur wenige Monate aufgehalten, doch seine Funktion war von überragender Bedeutung: Er unterwarf die kurz zuvor von den französischen

Friedrich Karl Freiherr von Tettenborn

Okkupanten verlassene Stadt und erhebliche Teile des französischen Elbmündungsdepartements einer militärischen Befreiungs- und Schutzbesetzung.

Im damals badischen Sponheim (Pfalz) zur Welt gekommen, begab sich Tettenborn – wie sein Vater, aber gegen dessen Absichten und erst nach dessen frühem Tode – 1794 in den österreichischen Militärdienst. Der abenteuerlustige Kavallerieoffizier machte sich einen Namen als Spezialist im Kleinkrieg, und auch sein Umgang mit dem Glücksspiel, mit Frauen, mit Wein und mit Beutegeldern regte die zeitgenössische Phantasie und Legendenbildung an. 1805, im Dritten Koalitionskrieg, erhielt er den Maria Theresien-Orden. Der Diplomat und Feldmarschall Karl Philipp Fürst zu Schwarzenberg nahm ihn als Adjutanten 1808 mit nach St. Petersburg, 1809 nach Paris. 1810 wurde Tettenborn in die Ehrenlegion aufgenommen. 1812 verließ er den österreichischen Staatsdienst und verdingte sich beim russischen Zaren. An der Spitze eines aus Russen und Preußen zusammengesetzten Streifkorps überschritt er, der Grande Armée nachsetzend, Anfang 1813 als einer der Ersten die Oder und unternahm einen vergeblichen Vorstoß auf Berlin.

Nachdem Tettenborn am 5. März 1813 mit dem Korps Wintzingerode im mittlerweile von den Franzosen verlassenen Berlin einmarschiert war, wurde er nach Hamburg geschickt. Auf seinem Vormarsch bewog er in Ludwigslust zunächst den Herzog von Mecklenburg-Schwerin zum Abfall vom Rheinbund und von Napoleon. Am 18. März zog

Tettenborn in Hamburg ein – nicht ohne zuvor von den einheimischen Autoritäten listig und mit Erfolg verlangt zu haben, sich von Napoleon loszusagen und die traditionellen Institutionen zu restaurieren.

Vom Zaren zum General befördert – nicht dagegen, wie erhofft, zum Generalgouverneur der »befreiten« Regionen –, wurde Tettenborn in den folgenden Wochen allerdings weder den Erwartungen seiner Freunde noch denen seiner Feinde gerecht. Anstatt seine Truppen über die Elbe hinaus vorrücken zu lassen, um die Verwirrung der Franzosen und die Dynamik des allenthalben in Norddeutschland ausgebrochenen Aufruhrs zu nutzen, ruhte er sich offenbar auf seinen Lorbeeren aus, ließ sich vom Hamburger Senat beschenken und zum Ehrenbürger machen, während an nachgeordneter Stelle die Korruption um sich griff und der Senat sich hütete, ihn allzu nachhaltig zu unterstützen: Mit der Rückkehr der Franzosen musste umso sicherer gerechnet werden, je mehr Tettenborn sich auf die Defensive verlegte.

Als die französischen Heerführer Louis-Nicolas Davout und Dominique Vandamme näher rückten, musste Tettenborn sich Ende Mai 1813 ins Lauenburgische zurückziehen. Im November 1813 vermochte er noch, in einer *Tour de force* Bremen von den freilich schon stark verunsicherten Franzosen endgültig zu befreien. Anschließend nahm er an der *Bataille de France* teil. Auf dem Wiener Kongress trat Tettenborn in engere Beziehung zum einstigen Landesherrn seiner Heimat, dem Großherzog von Baden, dem er seit 1818 als Gesandter am Wiener Hof diente.

Hinsichtlich der Hamburger Ereignisse des Frühjahrs 1813, die damals in ganz Europa Aufsehen erregten und nicht nur in Norddeutschland erregte Debatten auslösten, fällt ein Urteil über Tettenborn schwer: Verdienst, Versäumnis oder Schuld sind nur schwer zu definieren. Nur eines steht fest: Er stand im Mittelpunkt jener Ereignisse und war für Hamburg von größter Bedeutung.

Literatur ADB 37; Karl August Varnhagen von Ense, Geschichte der Kriegszüge des Generals Tettenborn während der Jahre 1813 und 1814, Stuttgart/Tübingen 1814; Johann Heinrich Bartels, Bericht über das, was im Jahr 1813 vom 12ten März bis den 30ten May, unter meinen Augen und unter meiner Mitwirkung in Hamburg vorging […], Hamburg 1815.
Helmut Stubbe-da Luz

THIELICKE, *Helmut* Friedrich Wilhelm, geb. 4. 12. 1908 Barmen (heute Wuppertal-Barmen), gest. 5. 3. 1986 Hamburg; luth.; Theologe.

Helmut Thielicke gehörte zu den gesellschaftlich einflussreichsten Theologen und christlichen Publizisten der fünfziger bis siebziger Jahre des 20. Jahrhunderts.

Der Sohn eines Rektors legte 1928 in Barmen die Reifeprüfung ab und studierte Evangelische Theologie und Philosophie in Greifswald, Marburg, Erlangen und Bonn. Zu seinen Lehrern gehörten so unterschiedliche Professoren wie Karl Barth, dessen Theologie er aber kritisch gegenüberstand, und Paul Althaus. 1931 wurde er mit einer Arbeit über »Das Verhältnis zwischen dem Ethischen und dem Ästhetischen« zum Dr. phil. promoviert und legte 1932 in Koblenz das erste und 1934 in Ansbach das zweite theologische Examen ab. 1934 erfolgte die theologische Promotion über »Geschichte und Existenz«. Schon ein Jahr später habilitierte Thielicke sich mit der Studie »Offenbarung, Vernunft und Existenz. Studien zur Religionsphilosophie Lessings« für Systematische Theologie und wurde 1936 Dozent in Erlangen.

Von 1936 bis zum ersten Trimester 1940 vertrat Thielicke einen Lehrstuhl für Systematische Theologie und Religionsphilosophie in Heidelberg. Eine Übernahme als Dozent neuer Ordnung wurde aufgrund von grundsätzlichen Überlegungen für die theologischen Fakultäten nach Kriegsende abgelehnt, und seine Lehrbefugnis erlosch. Zeitweise hatte Thielicke im »Dritten Reich« aufgrund seiner Predigten Rede- und Schreibverbot, obwohl er 1933/34 der SA angehört hatte, die er aus gesundheitlichen Gründen hatte verlassen müssen. Von März bis November 1940 war er zur Wehrmacht eingezogen. Nachdem er sich im selben Jahr vergeblich um das Amt des Hauptpastors an St. Nikolai in Hamburg beworben hatte, wurde Thielicke 1941 durch die Initiative des württembergischen Landesbischofs Theophil Wurm Pfarrer in Ravensburg/Württemberg und 1942 Leiter des für ihn geschaffenen Theologischen Amtes der Württembergischen Landeskirche in Stuttgart; in dieser Funktion hielt er wöchentlich dogmatische Vorträge für Laien.

1945 wurde Thielicke zum Ordinarius für Systematische Theologie an der Tübinger Universität er-

Helmut Thielicke

nannt, daneben predigte er regelmäßig in der Stuttgarter Markuskirche und sprach in Lagern vor internierten Nationalsozialisten und Offizieren. 1951 war er als Rektor der Universität auch Präsident der Westdeutschen Rektorenkonferenz. 1953 wirkte er als Ratsherr der Stadt Tübingen. Rufe nach Heidelberg und das Angebot, das Amt des Kultusministers zu übernehmen, lehnte er ab.

Von 1952 bis 1954 gehörte Thielicke dem Berufungsausschuss für die Evangelisch-Theologische Fakultät in Hamburg an, deren erster Lehrstuhlinhaber für Systematische Theologie er vom 1. Oktober 1954 bis zu seiner Emeritierung am 31. März 1974 war. 1954/55 amtierte er als erster Dekan der Fakultät, später wurde er ihr Pressereferent und 1960/61 Rektor der Universität; daneben lehrte er im Studium Generale. 1964 lehnte er einen Ruf auf den »Weltanschauungslehrstuhl« der Münchner Universität ab. Thielicke konnte schon in den fünfziger Jahren Drittmittel aus der Privatwirtschaft für die Fakultät einwerben; der Mineralölkonzern BP finanzierte ihm einen zweiten Assistenten. Trotz gesundheitlicher Beeinträchtigungen entfaltete er eine außerordentliche Produktivität. 1951 erschien der erste von vier Bänden seiner umfangreichen Ethik, die – wie viele andere Publikationen – zahlreiche Auflagen erlebte; eine dreibändige Dogmatik schloss sich an. Ethik war für Thielicke ein notwendiges Lebens- und Entscheidungsprinzip und bezog auch die Bereiche Politik, Kunst und Sexualität ein. Er thematisierte auch Grenzfragen der theologischen und medizinischen Ethik. 1983 erschien sein Überblickswerk »Glauben und Denken in der Neuzeit«. Große Verbreitung fanden seine Erinnerungen »Zu Gast auf einem schönen Stern« (1984).

Thielicke wurde durch seine zahlreichen Veröffentlichungen, Vorträge und Predigten, insbesondere in der Hamburger St. Michaeliskirche, einem größeren Publikum bekannt, zumal er sich häufig zu Tagesfragen äußerte. Zum 17. Juni 1962 hielt er die Gedenkrede vor dem Deutschen Bundestag. Neben Wissen, Bildung und Rhetorik kennzeichneten die Bildhaftigkeit der Sprache und die Fähigkeit, Kompliziertes zu elementarisieren, die Predigten dieses Theologen, die oft in thematischen Reihen Zusammenhänge darstellten.

Schon frühzeitig war Thielicke für die Demokratie eingetreten, unterstützte aber in erster Linie die gesellschaftlichen Eliten. Er war sehr vom Militärischen geprägt, kurzzeitig erwog er sogar, nebenamtlich Militärbischof zu werden. Politisch nahm er eine eindeutig konservative Position ein und kritisierte »linke« Strömungen. 1957 sprach er auf dem CDU-Bundesparteitag in Hamburg über »Gewissen und Verantwortung im Atomzeitalter«. 1959 verteidigte er den nationalsozialistisch und antisemitisch belasteten Richter im Nieland-Justizskandal Enno Budde und unterstellte seinen Kritikern »Anti-Antisemitismus«. 1964 kritisierte er in den »Burschenschaftlichen Blättern« die Vergangenheitsbewältigung als »Hexenwahn« und »Nationalmasochismus«. Daraufhin vermutete der Direktor der Staatlichen Pressestelle Erich Lüth, Thielicke wolle »die widerlichen Gewaltverbrechen mit dem Mantel christlicher Nächstenliebe zudecken«. Schon kurz nach Kriegsende hatte dieser eine Alleinschuld der Deutschen abgelehnt, dabei das »Dritte Reich« verharmlost und die Opfer aus dem Blick verloren. 1967/68 geriet Thielicke in die Kritik, seine Predigten wurden Gegenstand heftiger öffentlicher Auseinandersetzungen, auch in der Synode. 1978 beklagte er in einer »Fallstudie« einen von ihm ausgemachten »Linksruck« in den Evangelischen Studentengemeinden, 1981 griff er den Weltkirchenrat wegen seiner politischen Orientierung an.

Weil er sich zu fast allen aktuellen Fragen äußerte und sich selbst sehr bewusst inszenierte, erlangte Thielicke für den bürgerlich-konservativen Teil der kirchlich interessierten Öffentlichkeit, insbesondere im Protestantismus, eine eng an seine Persönlichkeit geknüpfte gesellschaftliche Deutungsmächtigkeit. Obwohl er durch seine Lehrtätigkeit und seine wissenschaftlichen Veröffentlichungen viele Geistliche prägte, war er nicht schulbildend, sondern wirkte vielmehr als Transformator theologischer Grundgedanken. Mit der 1968 gegründeten und nach seinem Tode weiter bestehenden »Projektgruppe Glaubensinformation« verfasste er Glaubensbriefe zur Sinnfindung und Lebenshilfe.

Thielicke erhielt zahlreiche Ehrungen, darunter das Große Bundesverdienstkreuz, Ehrendoktorwürden der Universitäten Heidelberg, Glasgow, Waterloo/Ontario (Kanada) und Hickory/North Carolina (USA). In Hamburg wurden 1988 ein kleines Gehölz am S-Bahnhof Hoheneichen und 1990 der Thielickestieg in der Nähe der Michaeliskirche nach ihm benannt.

WERKE Schriftenverzeichnis in: BBKL 11.

LITERATUR KDG 1940/41–1987; BBKL 11; Peter Cornehl, Biblische Predigt und politischer Widerstand im Kirchenkampf 1933–1945. Ein Kapitel »Sklavensprache«, in: Vestigia 3 (1981), S. 70–101; Ernst-Albert Scharffenorth, Helmut Thielicke. Ein lutherischer Theologe in der Nachkriegszeit, in: Wolfgang Huber (Hg.), Protestanten in der Demokratie. Positionen und Profile im Nachkriegsdeutschland, München 1990, S. 145–166; Friedrich Langsam, Helmut Thielicke. Konkretion in Predigt und Theologie, Stuttgart 1996 (Calwer Theologische Monographien, Reihe C: Praktische Theologie und Missionswissenschaft 26). *Rainer Hering*

THIESS, Johann Otto, geb. 15. 8. 1762 Hamburg, gest. 7. 1. 1810 Bordesholm; luth.; Theologe, Professor der Philosophie, Schriftsteller.

Nach dem Besuch des Johanneums und des Akademischen Gymnasiums in Hamburg, über das er später in seiner Autobiografie ausführlich berichtete, studierte Johann Otto Thieß seit 1780 Theologie in Helmstedt. Bereits im Jahr des Studienbeginns gab der begabte Arztsohn den zweibändigen »Versuch einer Gelehrtengeschichte von Hamburg« heraus. Aufgrund dieses Werkes wandte sich der Hamburger Hauptpastor Johan Melchior Goeze dagegen, ihn zum Examen zuzulassen. Von 1783 bis 1790 war Thieß Nachmittagsprediger an der St. Pauli-Kirche in der Vorstadt Hamburger Berg (heute St. Pauli). Obgleich er schon 1785 in Helmstedt zum Doktor der Philosophie und 1790 in Gießen zum Doktor

Johann Otto Thieß

der Theologie promoviert worden war und seine Predigten Beifall fanden, gelang es ihm nicht, in ein ordentliches geistliches Amt berufen zu werden. Versuche, eine finanziell besser gestellte Position zu erlangen, scheiterten.

Infolge einer Bittschrift an den König von Dänemark wurde ihm 1791 erlaubt, zunächst als Privatdozent theologische Vorlesungen an der Universität Kiel zu halten. 1795 wurde er dort zum außerordentlichen Professor der Philosophie ernannt. Seine Schrift »Jesus und die Vernunft« (1794) führte zu einer bewegten Kontroverse, an der auch Matthias Claudius beteiligt war. Weil er 1797 ein »Andachtsbuch für aufgeklärte Christen« veröffentlicht hatte, wurde er auf Betreiben des Emkendorfer Kreises 1799 mit einer Pension aus seinem Amt entlassen. Begründet wurde diese Entscheidung auch mit dem Vorwurf, er habe weiterhin theologische Vorlesungen gehalten.

Thieß lebte nun vorübergehend in Itzehoe. Mit dem dort ansässigen Schriftsteller Johann Gottwerth Müller, der durch seinen Erfolgsroman »Siegfried von Lindenberg« ein bekannter Autor war, stand er in freundschaftlicher Verbindung. In Itzehoe verfasste er die 1801 und 1802 in zwei Teilen veröffentlichte autobiografische »Geschichte seines Lebens und seiner Schriften aus und mit Aktenstücken. Ein Fragment aus der Sitten- und Gelehrtengeschichte des 18. Jahrhunderts«, die eine wichtige Quelle für das Hamburger Geistesleben im späten 18. Jahrhundert darstellt. Thieß berücksichtigt darin nicht nur theologische Querelen in Hamburg

aus den Jahren bis 1790, sondern setzt auch seinem Vater, dem Arzt Johann Peter Thieß, ein Denkmal. 1805 ließ sich Johann Otto Thieß in Bordesholm nieder, heiratete die Schwester Müllers und gründete gemeinsam mit ihr ein Privaterziehungsinstitut.

Thieß war ein äußerst agiler Schriftsteller und veröffentlichte über 100 Schriften unterschiedlichster Art, darunter Predigten, literarische Werke und Publikationen zur Gelehrtengeschichte. Er gehörte zur rationalistischen Schule der Theologie und verwarf die Lehrsätze der kirchlichen Dogmatik. Seine Diskriminierung in der theologischen Forschung und seine Nichtbeachtung sind unverdient.

WERKE Schriftenverzeichnis in: BBKL 9.

LITERATUR ADB 38; Kordes; Lübker/Schröder 2; LhS 7; Walther Killy, Von Berlin bis Wandsbeck. Zwölf Kapitel deutscher Bürgerkultur um 1800, München 1996.

Hans-Werner Engels

TIMM, Henry Christian, geb. 11. 7. 1811 Hamburg, gest. 5. 9. 1892 New York; luth.; Musiker.

Henry Christian Timm, der Sohn eines Hamburger Kommissionärs, Fetthändlers und Mehlhökers, erhielt seine musikalische Ausbildung durch Johann Albert Gottlieb Methfessel und Jacob (Jacques) Schmitt. Nach Abschluss seiner Studien verdiente er sich seinen Lebensunterhalt in Hamburg als Musiklehrer; zudem war er Musicus im 4. Bataillon des Bürgermilitärs. 1835 wanderte er nach New York aus, der damals aufstrebenden Stadt der Vereinigten Staaten. Nach einigen nicht ganz problemlosen Anfangsjahren als Pianist, Hornist, Organist und Dirigent bei verschiedenen Orchestern und an verschiedenen Kirchen gründete Timm 1842 zusammen mit einigen anderen die New York Philharmonic Society, das älteste heute in den Vereinigten Staaten bestehende Symphonieorchester. Zunächst als stellvertretender Leiter, dann als Vizepräsident und von 1848 bis 1863 als Präsident schuf er die Grundlagen für die bewundernswerte Entwicklung der Folgezeit. Als glückliche Ergänzung für das Orchester gelang ihm 1850 der Zusammenschluss der rivalisierenden New Yorker Gesangvereine zur New York Harmonic Society. Zunächst spielte Timm Horn und Posaune bei den Konzerten; er begleitete Sänger am Klavier oder dirigierte. Später, als das Orchester größer wurde, wirkte er fast ausschließ-

TRUMMER, Paul Heinrich

lich als Pianist; auf diesem Gebiet lag seine eigentliche Stärke. Außerdem betätigte er sich als Komponist und als Musikverleger.

LITERATUR Renate Hauschild-Thiessen, Henry Christian Timm, Mitbegründer der New York Philharmonic Society, in: HGH Bd. 7, Heft 2/3 (April 1964), S. 138–146.

Renate Hauschild-Thiessen

TRUMMER, Paul Heinrich, geb. 25. 4. 1862 Hamburg, gest. 4. 5. 1915 Wandsbek; luth.; Kaufmann, Siegelsammler.

Trummer war nach der 1859 geborenen Schwester Charlotte das zweite Kind von Paul Heinrich Trummer und seiner Ehefrau Wilhelmine, geborene Gebhardi, die aus Preußen bzw. Mecklenburg stammten und 1857 in Güstrow geheiratet hatten.

Seit 1891 war Trummer mit Louise Martha Hell verheiratet, die 1897 starb. 1898 heiratete er Amalie Schönborn. Der ersten Ehe entstammten vier, der zweiten fünf Kinder.

Wie Vater und Großvater wurde Trummer Kaufmann. Er war Mitinhaber der Exportagentur Vogler & Trummer. Da der Beruf ihn nicht ausfüllte, widmete er sich dem autodidaktischen Studium naturwissenschaftlicher und historischer Themen. Mineralogie, Sphragistik und Heraldik faszinierten ihn besonders. Siegel- und Wappenkunde wurden seine bevorzugten Forschungs- und Sammelgebiete. Über die Betreuung der Siegelsammlung des Vereins für Hamburgische Geschichte wurde er zu einem führenden Mitglied des Vereins, von 1902 bis zu seinem Tod als Vorstandsmitglied für die Kasse zuständig. Sein Hauptwerk war seine eigene, von seinem Wohlstand profitierende, schließlich nach Zehntausenden zählende Siegelsammlung mit ihrem wissenschaftlichen Beiwerk. Selbst publizistisch nicht hervortretend, stellte Trummer sein Material gern zur Verfügung, inspirierte und gestaltete Ausstellungen im Museum für Kunst und Gewerbe und stand in engem Kontakt zu zahlreichen Wissenschaftlern, unter anderem zu dem bedeutenden Heraldiker Otto Hupp.

Testamentarisch vermachte Trummer seine Siegelsammlung der Stadt Hamburg und verfügte, die dazu gehörige Bibliothek und weiteres Material der Stadt zum käuflichen Erwerb anzubieten. Heute bildet dieser Fundus die Trummer-Sammlung des

Paul Heinrich Trummer

Staatsarchivs Hamburg, mit 70 000 Siegeln in Originalen und Abgüssen die größte Siegelsammlung Deutschlands.

LITERATUR Nachrufe von Otto Hupp, Richard Stettiner und Hans Nirrnheim in: ZHG 20 (1915), S. I-XV; Hans Wilhelm Eckardt, Erwerbung und Erschließung der Trummer-Sammlung, in: Zwischen Verwaltung und Wissenschaft. Beiträge zur Geschichte und Gegenwart des Staatsarchivs Hamburg, hg. von Hans Wilhelm Eckardt und Peter Gabrielsson, Hamburg 1985 (Beiträge zur Geschichte Hamburgs 26), S. 127–144.

Hans Wilhelm Eckardt

TUCH, Gustav, geb. 21. 12. 1834 Hamburg, gest. 2. 2. 1909 ebd.; isr.; Kaufmann, Publizist, Vereinsgründer.

Gustav Tuch hatte sich in der national-demokratischen Bewegung für ein einheitliches deutsches Wirtschaftsgebiet eingesetzt, bevor er, herausgefordert durch den politischen Antisemitismus, zum frühen Verfechter einer jüdischen nationalen Identität und zum führenden Anreger und Organisator der säkularen jüdischen Vereine in Hamburg wurde.

Als einziges Kind des aus Polen zugewanderten Isaac Tuch, eines kleingewerblichen Tabak- und Zigarrenfabrikanten, besuchte Gustav die Israelitische Freischule und ging mit 13 Jahren in eine Kaufmannslehre. Sein Vater ermöglichte ihm eine Weiterbildung in Sprachen, Mathematik, Ökonomie und Wirtschaftsrecht, verbunden mit Reisen innerhalb Europas. Gustav Tuch war Angestellter der Commerz- und Diskontobank, als er 1864 das Hamburger Bürgerrecht erwarb und Caroline Hildesheim heiratete. Ihre Kinder, drei Söhne und zwei Töchter, wurden zwischen 1865 und 1872 geboren. 1871 übernahm Tuch die Leitung der Anglo-Deutschen Bank in Hamburg und betreute daneben die wirtschaftspolitische Redaktion der »Hamburger Nachrichten«. Als die Zeitung 1879 Bismarcks Abkehr vom Freihandel mitvollzog, schied Tuch im Streit aus. Er hatte mit journalistischen Beiträgen den Deutschen Nationalverein von 1859 unterstützt, war 1867 dem Verein für den Anschluss Hamburgs an den Zollverein beigetreten und hatte 1878 ein Buch über die Sonderstellung der deutschen Freihäfen im europäischen Vergleich veröffentlicht. Darin trat er für eine Lösung ein, wie sie schließlich 1888 in Hamburg verwirklicht wurde. Bis zum entscheidenden Vertragsabschluss 1881 hatte Tuch dafür publizistisch gekämpft. 1899 erhielt er für Verdienste um die Zolleinheit den preußischen Kronenorden 4. Klasse. Tuchs wirtschaftspolitische Aufsätze und Rezensionen wurden unter anderem in den »Preußischen Jahrbüchern«, in Gustav Schmollers »Jahrbuch für Gesetzgebung, Verwaltung und Volkswirtschaft im Deutschen Reich« und in der »Zeitschrift für deutsche Volkswirtschaft« veröffentlicht.

So intensiv Tuch das wirtschaftliche und politische Geschehen in Deutschland wahrnahm, so entschieden reagierte er auf die einsetzende Welle des Antisemitismus. Er ließ sich ins Repräsentantenkollegium der jüdischen Gemeinde Hamburgs wählen. Größte Aktivität entwickelte er seit 1887 in der Henry-Jones-Loge im Unabhängigen Orden B'nai B'rith, in der er zwölfmal zum Stuhlmeister gewählt wurde; zudem wirkte er lange Zeit als Mitglied des Generalkomitees der Großloge für Deutschland U.O.B.B. Tuch beteiligte sich an der Unterstützung und Betreuung der Juden aus Osteuropa, die auf der Flucht im Auswandererhafen Hamburg eintrafen. Das unsichere Schicksal der Auswanderer veranlasste ihn 1892, den Verein »Esra« zur Unterstützung Ackerbau treibender Juden in Palästina und Syrien ins Leben zu rufen. Der dadurch entstandene Kontakt zu Max Bodenheimer in Köln führte 1898 zur Gründung des Vereins zur Förderung der Bodenkultur unter den Juden Deutschlands. Tuch förderte den Zionismus, ohne selbst dessen Vereinigung anzugehören. Seiner Vorarbeit und seinem Einfluss ist die Abhaltung des IX. Zionistentages 1909 in Hamburg mit zu verdanken, den er selbst nicht mehr erlebte. Der Förderung national-jüdischen Selbstbewusstseins sollten die zahlreichen Vereinsgründungen dienen, an denen Tuch maßgeblich beteiligt war, darunter der Verein für jüdische Geschichte und Literatur (1892), die Freie israelitische Vereinigung (1895), der Israelitische Jugendbund (1896) und die Israelitische Turnerschaft (1899). Neben dem Rabbiner Max Grunwald war Tuch die treibende Kraft der 1896 gegründeten überregionalen Gesellschaft für jüdische Volkskunde, die das Ziel verfolgte, Überlieferungen auch des alltäglichen jüdischen Lebens zu sammeln und jüdische Museen zu schaffen. Weite Anerkennung fand Tuch, der auch den Israelitisch-humanitären Frauenverein von 1893 initiierte, weil er als erster jüdischer Repräsentant in Deutschland zum Kampf gegen den internationalen Mädchenhandel und gegen dessen jüdische Beteiligung mobilisierte.

Als Gustav Tuch unerwartet an einer Blinddarmoperation gestorben war, wurde er in Hamburgs Öffentlichkeit als Wohltäter und Philanthrop gewürdigt. Sein ursprünglich auf dem Friedhof an der Rentzelstraße angelegtes Grab fand nach dessen zwangsweiser Aufhebung (1937) einen neuen Platz in der Erinnerungsanlage des jüdischen Friedhofs in Ohlsdorf an der Ilandkoppel.

WERKE German Code on Bills of Exchange, Nottingham 1860; Die Sonderstellung der Deutschen Freihäfen, Hamburg 1878; Sonderstellung und Zollanschluß Hamburgs. Ein Bruchstück deutscher Geschichte, Leipzig 1881; Der erweiterte deutsche Militärstaat in seiner sozialen Bedeutung, Leipzig 1886.

LITERATUR Salomon Wininger, Große Jüdische National-Biographie. Mit mehr als 8000 Lebensbeschreibungen namhafter jüdischer Männer und Frauen aller Zeiten und Länder. Ein Nachschlagewerk für das jüdische Volk und dessen Freunde, 7 Bde., Nendeln 1979 [Nachdruck der Ausgabe Cernaufi 1925–36], Bd. 6; Erika Hirsch, Jüdisches Vereinsleben in Hamburg bis zum Ersten Weltkrieg. Jüdisches Selbstverständnis zwischen Antisemitismus und Assimilation, Frankfurt a. M. u. a. 1996 (Judentum und Umwelt/Realms of Judaism 63). *Ulrich Bauche*

U

UHDE, Wilhelm

UHDE, Wilhelm, geb. 28. 10. 1874 Friedeberg/
Neumark, gest. 17. 8. 1947 Paris; Schriftsteller,
Kunstsammler und -händler.

Obwohl Paris dem kunstinteressierten Philanthropen schon lange zur zweiten Heimat geworden war, bewahrte sich Wilhelm Uhde bis ins hohe Alter eine »besondere Liebe« für das bürgerlich-republikanische Hamburg, die auch als Ausdruck seiner politischen Haltung zu verstehen ist.

Der Sohn eines nach Altona versetzten preußischen Staatsanwalts besuchte dort das Christianeum. Bei zahlreichen Gelegenheiten lernte er die weltoffene Atmosphäre der Nachbarstadt Hamburg schätzen. Als Mitglied eines Primanervereins nahm er an Huldigungsfahrten nach Friedrichsruh zu Otto von Bismarck teil. Die Begegnung mit dem ehemaligen Reichskanzler prägte seine Erinnerung, die er in den autobiografischen Aufzeichnungen »Von Bismarck bis Picasso« (1938) festhielt.

1894 begann Uhde ein Jurastudium, das ihn von Lausanne über Göttingen, Heidelberg und Greifswald nach Berlin führte, wo er auch einen ersten Aufsatz in Maximilian Hardens Zeitschrift »Zukunft« veröffentlichte. Zweifel an der Berufswahl bewogen ihn 1898 zu einer Reise nach Florenz, wo die Kultur des Quattrocento den Bewunderer Nietzsches zu einer Protestschrift gegen die »Dürftigkeit« des wilhelminischen Reiches inspirierte. »Am Grabe der Mediceer« – so der Titel eines 1899 publizierten Buches – erschien ihm Hamburg als zeitgemäßes Florenz und mögliche Quelle eines neuen deutschen Geistes. Uhde glaubte im freien Bürgertum der Hansestadt die Vorbedingung einer höheren Kultur zu erkennen. Seine Hoffnung auf Hamburgs Vorreiterrolle in den Reformbestrebungen wurde von vielen Zeitgenossen geteilt. In Alfred Lichtwark fand er einen Gesprächspartner, mit dem er alles erörtern konnte, was ihn bewegte. Uhdes Kritik am geistigen Zustand der Nation traf die Intentionen der Hamburger Zeitschrift »Der Lotse«, in der er 1901 zwei Aufsätze veröffentlichte, die sich mit den Auswüchsen »neunationaler Unkultur« auseinander setzten. Die provinzielle, polnischfeindliche Atmosphäre, die er am Familiensitz in Posen erlebte, bestärkte Uhde in seiner zivilisationskritischen, antiwilhelminischen Haltung. Eine geplante Promotion in Kunstgeschichte bei Richard Muther in Breslau, für die er 1899 nochmals ein Studium begonnen hatte, brachte er nicht zum Abschluss.

Der geistigen Enge Deutschlands entfloh Uhde 1904 nach Paris. Sein Interesse für Malerei brachte ihn in den Kontakt mit der dortigen Kunstszene. Bereits 1905 erstand er ein Bild des noch unbekannten Pablo Picasso, der auch ein Porträt Uhdes malte. Durch sein Engagement für Henri Rousseau etablierte er sich als Kunsthändler. Beim Ausbruch des Ersten Weltkrieges 1914 musste er seine Sammlung zeitgenössischer Kunst in Paris zurücklassen. Die Kriegserfahrung bestärkte Uhde in seinem Streben nach einer geistigen Erneuerung Deutschlands, auf dessen kulturellem Erbe er ein neues, sozial verantwortliches Menschentum aufbauen wollte. Doch vor den Widersprüchen des Unterfangens und dem zunehmenden Revanchismus flüchtete Uhde 1924 abermals nach Paris, wo er sich wieder der Kunst zuwandte. In seinen Schriften, etwa über Vincent van Gogh, widmete er sich individuell-seelischen Aspekten des künstlerischen Prozesses. Von der politischen Entwicklung Deutschlands enttäuscht, bedeutete ihm die französische Volksfrontregierung des Juli 1936, die er als Ausdruck eines nicht in nationalen, sondern in menschlichen Ideen geeinten Volkes empfand, den endgültigen Verlust des Vaterlandes. Während der Besetzung von Paris versteckte sich Uhde, dem die deutsche Staatsbürgerschaft aberkannt worden war, vor der Gestapo in Südfrankreich. In die befreite französische Hauptstadt zurückgekehrt, widmete er sich seiner Lieblingsidee: der Gründung eines vereinten Europa. Im posthum veröffentlichten »Vermächtnis an meine Freunde« (1948) präzisierte er diesen Gedanken, in dem er das westliche Ideal der persönlichen Freiheit mit der Hoffnung auf soziale Gerechtigkeit »aus dem Osten« verband.

WERKE Am Grabe der Mediceer. Florentiner Briefe über deutsche Kultur, Dresden/Leipzig 1899; Neue Ziele, in: Die Freude. Blätter einer neuen Gesinnung, Bd. 1, Burg Lauenstein/Oberfranken 1920, S. 4–8 [Nachdruck Nendeln 1978]; Von Bismarck bis Picasso. Erinnerungen und Bekenntnisse, Zürich 1938; Vermächtnis an meine Freunde. Deutschland, Frankreich und Europa, Mainz 1948.
LITERATUR KDL 1949; Wi 7; Wilhelm Sternfeld/Eva Tiedemann, Deutsche Exil-Literatur 1933–1945. Eine Bio-Bibliographie, 2., verb. und stark erw. Aufl. Heidelberg 1970 (Veröffentlichungen der Deutschen Akademie für Sprache und Dichtung 29), S. 509; Otto Grautoff, Deutsche Kultur, in: Der Lotse vom 16. 2. 1901, S. 650–653. *Jörg Schilling*

UNWAN, gest. 27. 1. 1029 Bremen; Erzbischof von Hamburg-Bremen.

Unwan stammte aus der reichen und hochadligen Familie der Immedinger, gehörte unter seinem Verwandten Bischof Meinwerk dem Paderborner Domkapitel an und wirkte dann in der königlichen Kapelle, das heißt, er gehörte zu den Geistlichen an der Kanzlei und am Hof Heinrichs II. Er wurde schließlich – nach der Abtretung eines erheblichen Anteils seiner Eigengüter, die der König offenbar unter Einflussnahme Meinwerks wiederum dem Bistum Paderborn schenkte – am 2. Februar 1013 von Heinrich II. zum Nachfolger Erzbischof Liawizos berufen, obwohl Klerus und Volk zuvor dessen Vikar Otto zum neuen Erzbischof gewählt hatten. Unwan wurde unmittelbar, in Gegenwart des Königs, durch Erzbischof Gero von Magdeburg und zwei weitere Bischöfe gesalbt, und Papst Benedikt VIII. verlieh ihm wohl 1022 das Pallium. Der neue Erzbischof setzte nun seinen Reichtum auch zur Stärkung des Erzbistums ein, sodass Hamburg-Bremen durch seine und seiner Familie Schenkungen zu den reichsten Stiften in Norddeutschland gehörte und durch Unwans fürstliche Hofhaltung an Ansehen gewann. Durch reiche Geschenke an die nordischen Könige erreichte er zudem nach Adam von Bremen die Anerkennung der durch päpstliche Privilegien verliehenen Metropolitangewalt Hamburg-Bremens über die skandinavischen Reiche. Besondere Beziehungen entwickelten sich nach anfänglichen Schwierigkeiten zum dänischen und englischen König Knut dem Großen, der sich und seine Familie in die Gebetsgemeinschaft der bremischen Kirche aufnehmen ließ. Mit ihm traf Unwan (wohl 1025/26) auch in Hamburg zusammen, und 1025 war der Erzbischof am friedlichen Ausgleich zwischen Dänemark und dem Reich beteiligt, der mit dem Verzicht Konrads II. auf das Gebiet zwischen Eider und Schlei verbunden war. Obwohl mit Ripen und Schleswig zwei Suffraganbistümer Hamburg-Bremens in Jütland fortbestanden, hatte Knut zunächst ohne Rücksicht auf das Erzbistum Bischöfe für Fünen, Schonen und Seeland in England weihen lassen. Wohl 1022 konnte Unwan jedoch Bischof Gerbrand von Seeland festnehmen lassen und ihn – vielleicht unter Vorlage einer Papsturkunde – dazu bewegen, ihm den Suffraganeid zu leisten. Gerbrand wurde danach als Vermittler tätig, und die veränderte politische Lage ermöglichte es Knut, die Rechte Hamburg-Bremens zu akzeptieren. In Schweden setzte Unwan auf Bitten des Königs Olaf Schoßkönig mit Thurgot den ersten Bischof in Skara ein, und er machte ebenso gegenüber dem vom norwegischen König entsandten Hofbischof Grimkil seine Metropolitangewalt geltend, selbst wenn dies wenig an der weitgehenden Autonomie der skandinavischen Kirchen änderte. Auch für die Erneuerung der Slawenmission wurden nach dem Ende des Aufstands von 1018 – mit Hilfe des sächsischen Herzogs Bernhard II. – erste Voraussetzungen geschaffen, slawische Fürsten kamen nach Hamburg, und der zuvor vertriebene Bischof Bernhard wurde wieder eingesetzt. Unwan konnte vor diesem Hintergrund das zerstörte Hamburg wieder aufbauen und hier eine Residenz einrichten, in der er sich längere Zeit, mehrfach für ein halbes Jahr, aufhielt, manchmal zusammen mit Herzog Bernhard, der jedoch in Hamburg über eine eigene Burg verfügt haben dürfte.

Das gute Verhältnis zu dem mit Unwans Familie verschwägerten Fürsten war wohl nur einmal gefährdet, 1019/20 bei einem Aufstand Bernhards gegen Heinrich II., der den Erzbischof zur Befestigung des Dombezirks in Bremen zwang. Seine guten Beziehungen zu beiden Seiten erlaubten es Unwan jedoch, vor dem Ausbruch von offenen Kämpfen einen Ausgleich zu vermitteln. Er organisierte das bremische Domkapitel neu, das lange unter Corveyer Einfluss stark monastisch geprägt war, nun aber als Gemeinschaft von Kanonikern nach der Aachener Regel leben und Verwaltungsaufgaben übernehmen sollte. Unwan war auch der Gründer des eigenständigen Hamburger Domkapitels, denn er wies um 1020 jeweils drei wohl aus dem Stift Bremen sowie aus den Klöstern Bücken, Ramelsloh und Harsefeld stammende Geistliche an, in Hamburg ein gemeinschaftliches Leben nach der Kanonikerregel zu beginnen. Daneben ließ er nach dem Bericht Adams von Bremen zahlreiche Kirchen errichten, so die erste Bremer Pfarrkirche, die spätere Liebfrauenkirche, und einen neuen Dom in Hamburg, der allerdings später vielfache Umgestaltung erfuhr.

Unwan starb am 27. Januar 1029 und wurde im Chor des Bremer Doms bestattet.

LITERATUR ADB 39; Lexikon des Mittelalters, Bd. 8,

U

UTRECHT, Simon von

München/Zürich 1997; Adam von Bremen, Hamburgische Kirchengeschichte, hg. von Bernhard Schmeidler, Hannover 1917 (Monumenta Germaniae Historica, Scriptores 7: Scriptores rerum Germanicarum in usum scholarum 2) [zweisprachige Ausgabe: Quellen des 9. und 11. Jahrhunderts zur Geschichte der Hamburgischen Kirche und des Reiches, bearb. von Werner Trillmich und Rudolf Buchner, Darmstadt 1961 (Ausgewählte Quellen zur deutschen Geschichte des Mittelalters 11) II, c. 47(45)–62(60), S. 284–302]; Peter Johanek, Die Erzbischöfe von Hamburg-Bremen und ihre Kirche im Reich der Salierzeit, in: Die Salier und das Reich, hg. von Stefan Weinfurter, Bd. 2: Die Reichskirche in der Salierzeit, Sigmaringen 1991, S. 79–112, hier S. 89 f., 105, 109; Hartmut Hoffmann, Mönchskönig und rex idiota. Studien zur Kirchenpolitik Heinrichs II. und Konrads II., Hannover 1993 (Monumenta Germaniae Historica, Studien und Texte 8), S. 64–69; Herwig Wolfram, Konrad II. 990–1039. Kaiser dreier Reiche, München 2000, S. 123 f., 211, 230 f., 254, 283 f.

Jürgen Sarnowsky

UTRECHT, Simon von, geb. um 1370 Utrecht oder Haarlem, gest. 14. 10. 1437 Hamburg; luth.; Kaufmann, Bürgermeister.

Simon von Utrecht wurde berühmt durch seine erfolgreichen Kriegszüge gegen die Seeräuber, die Hamburgs Handelswege in der Nordsee bedrohten. Er war mehrfach in diplomatischen Missionen für Hamburg tätig und wurde 1431/32 zum Bürgermeister gewählt.

Im Jahr 1400 hatte der aus Holland stammende Kaufmann das Bürgerrecht in Hamburg erworben. Noch im gleichen Jahr nahm er mit seinem Schiff »Bunte Kuh« an dem Kriegszug gegen die Vitalienbrüder unter Klaus Störtebeker und Godeke Michels teil. Unter den gefangen genommenen Seeräubern, die in Hamburg hingerichtet wurden, befand sich wahrscheinlich auch Störtebeker; der Legende nach spielte Utrecht bei der Ergreifung des Hauptmanns der Vitalienbrüder eine entscheidende Rolle.

1425 wurde Utrecht Mitglied des Rates, verwaltete 1426 die Prätur und wurde 1429 Kämmereiherr. Nachdem er Hamburg mehrmals auf den Hansetagen vertreten und an verschiedenen militärischen Aktionen teilgenommen hatte, wurde Utrecht 1431/32 Bürgermeister. Als solcher gehörte er zu den Führern einer Flotte von Hamburger und Bremer Kriegsschiffen, die 1432 gegen die in Ostfriesland ansässigen Seeräuber vorging. Bei der Zerstörung der Sibetsburg, die den Hauptstützpunkt der Seeräuber bildete, und der Einnahme Emdens erwarb sich Utrecht große Verdienste; die anschließende dauerhafte Besetzung Emdens durch einen Hamburger Statthalter sicherte die hansischen Handelswege an der norddeutschen Küste für 20 Jahre. Dieser Erfolg für Hamburg begründete Utrechts Ruhm und brachte ihm 1433 das einzige Ehren-Bürgermeisteramt ein, das Hamburg jemals vergab. Bis zu seinem Tod im Jahr 1437 unternahm Utrecht vielfache diplomatische Reisen für Hamburg und setzte sich besonders für die Sicherheit der Stadt ein. Nach seinem Tode bildeten sich zahlreiche Legenden um Utrecht und seine erfolgreiche Bekämpfung der Seeräuberei.

An den bedeutenden Bürgermeister erinnern die 1948 nach ihm benannte Simon-von-Utrecht-Straße in St. Pauli und eine Statue an der Helgoländer Allee. Sein Grabstein befindet sich im Museum für Hamburgische Geschichte.

LITERATUR ADB 39; HL; Otto Beneke, Hamburgische Geschichten und Sagen, neu hg. und mit Erläuterungen von Ariane Knuth, Bremen 1999 [zuerst Hamburg 1853], S. 73–79; Heinrich Reincke, Forschungen und Skizzen zur Hamburgischen Geschichte, Hamburg 1951 (Veröffentlichungen aus dem Staatsarchiv der Freien und Hansestadt Hamburg 3).

Ariane Knuth

VAHL, *Henry* Adolf Emil Otto, geb. 26. 10. 1897 Stralsund, gest. 21. 7. 1977 Hamburg; luth.; Schauspieler.

Als Volksschauspieler des Hamburger Ohnsorg Theaters und des St. Pauli Theaters galt Henry Vahl als Hamburger Original. Seit 1965 durch Fernsehübertragungen vieler Stücke weit über Hamburg hinaus bekannt geworden, wurde er zum beliebten »Fernseh-Opa«.

Geboren wurde Vahl als ältestes von vier Kindern des Seemanns Franz Vahl, der sich 1901 als Fischer selbstständig machte. Nachdem 1905 durch eine Sturmflut die Vahlschen Kutter zerstört worden waren, zog die Familie im Frühjahr 1906 nach Kiel, wo der Vater als Magazinverwalter auf der Kaiserlichen Werft arbeitete. Im Sommer 1911 begann Henry Vahl eine Druckerlehre auf der Werft, die er bereits Ende des Jahres abbrach, um in einer Molkerei zu arbeiten. Nach dem Tod des Vaters 1914 wurde er Fahrstuhlführer im Hansa Hotel, wo ihn Karl Alving, Direktor des Kieler Stadttheaters, entdeckte. Vahl, der schon als Kind in Stralsund in mehreren Rollen auf der Bühne gestanden hatte, erhielt eine kleine Rolle in Friedrich Schillers »Don Carlos«. Um nicht zum Militär eingezogen zu werden, arbeitete er seit 1915 auf der Kieler Howaldtswerft, ohne allerdings die Schauspielerei zu vernachlässigen. 1916 erhielt er seine erste Hauptrolle in »Peterchens Mondfahrt« nach dem gleichnamigen Märchen von Gerdt von Bassewitz, anschließend gastierte er mit Franz Lehars »Die lustige Witwe« an mehreren norddeutschen Bühnen.

1918 kündigte Vahl bei der Werft, da er inzwischen von seinen 150 Mark Monatsgage leben konnte. Ende 1918 wechselte er nach Lübeck, wo er am Hansa Theater die Rolle des jugendlichen Komikers übernahm. Hier lernte er seine spätere Frau, Germaine Koch, kennen. Die beiden verlobten sich und zogen im Sommer 1920 nach Braunschweig, wo sie am 31. Januar 1925 getraut wurden. Im Herbst 1926 gingen beide nach Bernburg an der Saale, wo Vahl ein Engagement als Schauspieler und Regisseur angeboten worden war. Als das Theater 1929 im Zuge der Weltwirtschaftskrise schließen musste, zogen die Vahls nach Berlin. Henry Vahl spielte in kleinen Rollen bei Max Reinhardt und als Komparse beim Film, bis er ein Festengagement bei Heinz Hilpert am Deutschen Theater erhielt. 1940 wurde er zu-

Henry Vahl

sammen mit seiner Frau in Karlsbad engagiert; im November 1941 feierte er dort sein 25-jähriges Bühnenjubiläum. Zur selben Zeit, am 20. November 1941, wurde seiner Frau, die in der Terminologie des Nationalsozialismus als »Halbjüdin« galt, die Arbeitserlaubnis entzogen. Germaine Vahl versteckte sich daraufhin bis zum Ende des Krieges in einer Gartenlaube bei Ratzeburg. Vahl selbst wusste aus Sicherheitsgründen nichts von dem Versteck; er korrespondierte über die Adresse seiner Schwiegermutter mit seiner Frau. Als die Gestapo ihn im Januar 1942 verhörte, gab er seine Frau als vermisst an. Im Sommer 1943 wurde er eingezogen und ging im Rahmen eines Truppenbetreuungsprogramms an die Ostfront.

Im September 1945 aus amerikanischer Kriegsgefangenschaft entlassen, lebte Vahl mit seiner Frau zunächst in Berlin, bevor er 1950 einen Neuanfang in Hamburg wagte. Die Vahls bezogen eine Wohnung im Heußweg in Hamburg-Eimsbüttel. Vahl spielte am Flora Theater, am Theater im Zimmer und als Candy in John Steinbecks »Von Menschen und Mäusen« bei Friedrich Schütter am Jungen Theater. Anfang 1958 wurde er an das Ohnsorg Theater geholt, wo er am 31. März desselben Jahres in der Rolle des Altgesellen Matten im »Meister Annecker«, einem plattdeutschen Stück von August Lähn, Premiere hatte. In den folgenden Jahren verkörperte Vahl in mehr als 100 Rollen meist schnurrige alte Käuze und schlagfertige, humorige Typen, häufig an der Seite von Heidi Kabel, deren Mann, Hans Mahler, Direktor des Ohnsorg Theaters war.

Besonders in Erinnerung geblieben ist Vahl als Schneider Nörig und Vater Philipp in den gleichnamigen Stücken, als Fide Sprott in »Keen Utkomen mit dat Inkomen«, als Ewald Brummer in »Tratsch im Treppenhaus« oder als Mandus Sötje in »Mien Mann, de fohrt to See«. Zu Vahls 50-jährigem Bühnenjubiläum wurde der »Meister Annecker« am 26. September 1965 erneut aufgeführt und diesmal vom Fernsehen aufgezeichnet. Die Ausstrahlung am 13. November 1965 machte Henry Vahl, inzwischen 68 Jahre alt, über Nacht in ganz Deutschland berühmt. Neben weiteren Aufzeichnungen im Ohnsorg Theater folgten die Mitwirkung in unterschiedlichsten Filmen, darunter »Der Engel, der seine Harfe versetzte« (1965) und »Grün ist die Heide« (1972), sowie Auftritte in der Fernsehserie »Haifischbar« und bei Gisela Schlüters »Zwischenmahlzeit«. Von den Schallplattenaufnahmen, die Vahl machte, wurde das Lied »Man ist so jung wie man sich fühlt« besonders bekannt. Im Jahr 1967 erhielt er zusammen mit Heidi Kabel den Fernsehpreis »Der goldene Bildschirm«. Zwei Jahre nach dem Tod von Hans Mahler verließ Henry Vahl 1972 das Ohnsorg Theater, da er sich zunehmend schlechter den Text merken konnte. 1973 holte ihn Kurt Collien, Direktor des St. Pauli Theaters, an sein Haus. Vahl spielte 43 Mal im »Meister Annecker« und seit 1974 168 Mal die Zitronenjette, allerdings, wie er selbstironisch in seiner Autobiografie zugab, mit einem Mikrofon im Ohr.

Ein Jahr nach dem Tod seiner Frau traf Vahl im Februar 1976 ein Schlaganfall, von dem er sich nicht mehr erholte. Er starb im Alter von 79 Jahren am 21. Juli 1977 an Kreislaufversagen. Die Stadt Hamburg hat, nahe seiner Wohnung in Eimsbüttel, einen kleinen Park nach Henry Vahl benannt.

WERKE Wie das Leben so spielt. Deutschlands beliebtester Fernseh-Opa, aufgeschrieben von Rudolf Kinzel, Hamburg 1977.

LITERATUR DBE 10; Deutsches Theater Lexikon. Biographisches und bibliographisches Handbuch, hg. von Wilhelm Kosch, Bd. 5, Klagenfurt 2000.

Michael Busch

VELDKAMP, Anna Wilhemine Catharina (»Mutter Veldkamp«), geb. 5. 7. 1865 Hamburg, gest. 13. 12. 1944 ebd.; ref.; Dom-Café-Besitzerin.

Mutter Veldkamp galt in der ersten Hälfte des 20. Jahrhunderts in Hamburg als eine Institution. Sie besaß das renommierte, 1200 Sitzplätze fassende Café Veldkamp auf dem Hamburger Dom am Heiligengeistfeld. Ein Tross von über 40 Kellnern und Kellnerinnen bewirtete die Gäste des Jahrmarktes, und eine Musikkapelle spielte flotte Weisen. Schon von weitem blinkte den Besucherinnen und Besuchern des Doms das Konterfei von Mutter Veldkamp als Leuchtreklame entgegen. Sie bestand aus einer Vielzahl blinkender Glühbirnen, die auf einem hohen Turm am Café Veldkamp arrangiert worden waren.

Seinen Ursprung hatte das Café Veldkamp in dem von Anna Wilhelmine Catharina Veldkamps Großmutter 1821 in Groningen eröffneten Zuckerwarenhandel. Mitte des 19. Jarhunderts siedelte die Großmutter mit ihrem Geschäft nach Hamburg über. Hier vererbte sie es an ihre Tochter, die mit diesem Grundstock ein kleines Dom-Café eröffnete, welches sie später wiederum ihrer Tochter Anna Wilhelmine Catharina Veldkamp vermachte. Diese heiratete 1900 ihren Konditor, bekam mit ihm drei Söhne und hatte bald so großen geschäftlichen Erfolg, dass aus dem kleinen Dom-Café die größte Domkonditorei wurde. In diesem aus Holzwänden errichteten Café thronte unübersehbar Mutter Veldkamp wie eine Matrone hinter der Kasse. Auf ihrem Kopf glänzte die von ihrer Großmutter geerbte holländische Haube aus Gold, Brüsseler Spitzen und mit Brillanten besetzten Ohreisen. Ihren Namen »Mutter Veldkamp« erhielt Anna Wilhelmine Catharina Veldkamp, weil sie Hamburgs Waisenkinder finanziell unterstützte und einen Tag während der jährlichen Domzeit ihr Café schloss, um die Kinder kostenlos mit Kakao und Kuchen zu bewirten.

1940 fand der letzte Dom während des Zweiten Weltkriegs statt. Dann wurden die Aufbauten und Einrichtungen des Cafés eingelagert. Während der Bombardierung Hamburgs 1943 verbrannte das Lager, die Wohnung des Ehepaars Veldkamp wurde ausgebombt und die goldene Haube ein Opfer der Flammen. Das Ehepaar zog zu einem seiner Söhne. Mutter Veldkamp, die schon seit längerer Zeit

Anna Wilhelmine Catharina Veldkamp

schwer herzkrank war, starb ein Jahr später. Zu ihrer Beerdigung gaben Hamburgs Waisenkinder mit Kerzen in den Händen das letzte Geleit. Ihren Grabstein, der sich heute im Garten der Frauen auf dem Ohlsdorfer Friedhof befindet, schmückt ein Porträt mit Haube. *Rita Bake*

VERSMANN, *Johannes* Georg Andreas, geb. 7. 12. 1820 Hamburger Berg/St. Pauli, gest. 28. 7. 1899 Hamburg; luth.; Bürgermeister.

Johannes Versmanns Herkunft und Jugendzeit waren für einen hamburgischen Bürgermeister des 19. Jahrhunderts ungewöhnlich. Sein Vater, in Hannover geboren, besaß eine Apotheke in der Vorstadt St. Pauli, die bis 1833 noch Hamburger Berg hieß, und hier besuchte der junge Versmann auch die Vorschule, bevor er von 1831 bis 1839 Schüler des Altonaer Christianeums wurde. Einem anschließenden Jahr auf dem Akademischen Gymnasium in Hamburg folgte ein zweijähriges Studium der Medizin und Naturwissenschaften in Jena, bis mit dem Wechsel zur Jurisprudenz, mit der Promotion zum Dr. jur. in Heidelberg 1844 und mit der Zulassung zur Advokatur die Grundlage für eine öffentliche Wirksamkeit in Hamburg geschaffen wurde. 1848 nahm Versmann als Freischärler am Krieg gegen Dänemark teil; bei Bau geriet er am 9. April in Gefangenschaft, Ende August wurde er entlassen.

Nach Hamburg zurückgekehrt, beteiligte er sich als Mitglied des St. Pauli-Bürgervereins aktiv an den Kämpfen um eine Verfassungsreform. Über diesen Verein gelangte er in die Konstituante, deren Präsident er nach vorangegangener Vizepräsidentschaft im März 1849 wurde. Die am 11. Juli des Jahres von der Konstituante verabschiedete demokratische Verfassung stieß auf den Widerstand des Rates. Die allenthalben einsetzende Reaktion ließ das Interesse an Reformen schwinden, die Konstituante zerfiel und wurde im Juni 1850 aufgelöst.

Für Versmann folgten relativ unpolitische Jahre, die der Sicherung einer bürgerlichen Existenz dienten. Am 29. August 1851 wurde er Vizepräses, am 6. Dezember 1859 Präses des Handelsgerichts. Am 14. Mai 1853 hatte er sich mit Thekla Stammann verheiratet, einer Tochter des Architekten Franz Georg Stammann, der zusammen mit Versmann in der Konstituante gesessen hatte. Drei Kinder wurden in den Jahren 1854, 1857 und 1861 geboren.

1859 übernahm Versmann, inzwischen politisch gemäßigt, das Amt des Präsidenten der ersten gewählten Bürgerschaft, und dass am 28. September 1860 eine neue Verfassung verabschiedet werden konnte, war vor allem seiner geschickten Leitung zu verdanken. Bereits ein gutes Jahr später, am 16. Dezember 1861, erfolgte seine Wahl in den Senat.

Im Senat widmete Versmann sich zunächst als Mitglied der Oberschulbehörde (1862–78) dem Gewerbe- und dem Volksschulwesen. Mit dem Unterrichtsgesetz vom 11. November 1870 wurde in Hamburg die Schulpflicht für alle sechs- bis 14-Jährigen eingeführt. Die bisher bestehenden 17 Armenschulen übernahm der Staat; er baute sie zu Volksschulen aus, deren Zahl durch Neugründungen ständig vermehrt wurde; bei Versmanns Ausscheiden 1878 waren es 38. Weitere Tätigkeitsbereiche Versmanns in diesen Jahren betrafen die Einrichtung des 1867 eröffneten Zentralschlachtviehmarktes an der Sternschanze, die Anlage des Ohlsdorfer Friedhofs 1877, die Einführung der Reichsjustizgesetze 1879, die Verfassungsrevision von 1879 und die Vorarbeiten für das Baupolizeigesetz von 1882.

Seit 1863 gehörte Versmann außerdem der Deputation für indirekte Steuern und Abgaben an, seit 1868 war er deren Vorsitzender. Mit außerordentlicher Gründlichkeit arbeitete er sich in alle Details ein und erwarb sich so einen Überblick über Handel und Gewerbe, über Produktion und Absatz, der ihm zustatten kommen sollte, als er 1880 als hamburgischer Bevollmächtigter zum Bundesrat in

VERSMANN, Johannes

Johannes Versmann

Berlin die Nachfolge Gustav Heinrich Kirchenpauers antrat und die schwierigen Verhandlungen über den Zollanschluss Hamburgs zu Ende führte. Hamburg trat 1881 dem Zollverein bei, aber es behielt einen Freihafen, für dessen Anlage die Wohngebiete auf der Brook- und auf der Wandrahminsel geräumt werden mussten. Das Reich beteiligte sich am Bau der neuen Speicherstadt mit 40 Millionen Mark. Versmann kümmerte sich auch hier um jedes Detail; er bereiste die großen europäischen Hafenstädte, um Erfahrungen zu sammeln. Bei der Schlusssteinlegung, die am 29. Oktober 1888 in Gegenwart des Kaisers stattfand, vertrat er Hamburg als präsidierender Bürgermeister.

Zu diesem Zeitpunkt war Versmann bereits mit einer neuen Aufgabe befasst: mit dem Aufbau einer zweckmäßigen Verwaltung. Als man ihn 1861 in den Senat gewählt hatte, galt der Grundsatz, einem neuen Senator zunächst die Leitung einer kleinen Behörde zu übertragen, um ihn dann nach und nach mit wichtigeren Ressorts zu betrauen. Innerhalb der Behörden gab es bürgerliche Deputierte, zumeist Kaufleute, die ehrenamtlich einen großen Teil der Arbeit leisteten, unterstützt von nur wenigen Fachbeamten. Mit dem Anwachsen der Bevölkerung und der Ausdehnung der Stadt in der zwei-

ten Hälfte des 19. Jahrhunderts musste diese Praxis an ihre Grenzen stoßen. Versmanns Vorschläge für eine Verwaltungsreform stießen zunächst auf den Widerstand seines für die Finanzen zuständigen Senatskollegen Johann Georg Mönckeberg: zum einen weil sie mit Kosten verbunden waren, zum anderen weil sie der Tradition widersprachen. Erst unter dem Schock der Cholera-Epidemie von 1892 fand ein Prozess des Umdenkens statt. Das »Gesetz betr. die Reorganisation der Verwaltung« vom 2. November 1896 schuf neue Behördenstrukturen; die Zahl der juristisch und technisch vorgebildeten Beamten wurde erhöht.

Seit 1887 war Versmann abwechselnd Zweiter und präsidierender Bürgermeister. Als präsidierender Bürgermeister übergab er am 26. Oktober 1897 das neue Rathaus seiner Bestimmung. Von seinen Kollegen im Senat wurde er respektiert; persönlichen Zugang zu ihm fanden nur wenige. Versmann, so schreibt Johann Georg Mönckeberg in seinen Erinnerungen, sei immer ernst gewesen, leicht verstimmt, schwarz sehend, voll von Zweifeln und Bedenken, schwer von Entschluss; doch wenn er sich, gestützt auf lange Berichte und statistische Zusammenstellungen, von der Richtigkeit einer Ansicht überzeugt hatte, dann sei er auch mit aller Energie für ihre Durchsetzung eingetreten. Bei der Wahl seiner Ratgeber bewies er eine glückliche Hand: In Zoll- und Steuerfragen stand ihm Hugo Amandus Roeloffs zur Seite, in technischen Fragen beim Bau der Speicherstadt Franz Andreas Meyer.

Der Versmannkai erinnert seit 1890, die Versmannstraße seit 1935 an diesen großen Bürgermeister, dessen Biografie noch geschrieben werden muss. Die Quellenlage ist günstig: Versmanns Tagebücher verwahrt das hamburgische Staatsarchiv. Sein Bild als Bürgermeister im Ornat, 1894 von Hugo Vogel gemalt, besitzt die Kunsthalle; ein Porträt aus dem Jahre 1901, ebenfalls von Vogel, befindet sich im Museum für Hamburgische Geschichte.

LITERATUR ADB 54; DG 21 und 28; Adolf Wohlwill, Die hamburgischen Bürgermeister Kirchenpauer, Petersen, Versmann. Beiträge zur deutschen Geschichte des 19. Jahrhunderts, Hamburg 1903; Wilhelm Heyden, Die Mitglieder der Hamburger Bürgerschaft 1859–1862. Festschrift zum 6. Dezember 1909, Hamburg 1909; Gertrud Kolm, Die Bürgermeister. Fünf Führer Hamburgs zu Einheit und Reich, Hamburg 1931; Klaus Asche, Johannes Versmann, in: Albers, Bd. 2, S. 463–472.

Renate Hauschild-Thiessen

VIETOR, Albert, geb. 16. 5. 1922 Kassel, gest. 26. 11. 1984 Ronco bei Ascona/Schweiz; luth.; Wirtschaftsmanager, Vorstandsvorsitzender und Geschäftsführer der Neuen Heimat.

Als Vorstandsvorsitzender der gewerkschaftseigenen Unternehmensgruppe Neue Heimat, Hamburg, hatte Albert Vietor in den Jahren von 1963 bis 1982 erheblichen Einfluss auf die Wohnungsbaupolitik der Bundesrepublik.

Nach Abschluss einer kaufmännischen Lehre im Lebensmittelgroßhandel 1939 und kurzer Berufsausübung wurde Vietor 1940 zum Kriegsdienst eingezogen und mehrmals verwundet. Aus russischer Gefangenschaft zurückgekehrt, begann er Ende 1945 seine Tätigkeit bei der Gemeinnützigen Wohnungsbaugesellschaft Neue Heimat Kassel und übernahm nach kurzer Zeit deren Finanzierungsabteilung. Politisch schloss er sich bereits 1945 der SPD an und wurde Mitglied der IG Bau-Steine-Erden. Vietors steile Karriere begann, als er 1950 zur Dachgesellschaft der Neuen Heimat nach Hamburg wechselte und vom kaufmännischen Leiter 1954 zum Mitglied des Vorstandes und 1958 zum stellvertretenden Vorstandsvorsitzenden aufstieg. Am 6. März 1963 wurde er Nachfolger des im Januar verstorbenen Heinrich Plett als Vorstandsvorsitzender und Geschäftsführer der Neuen Heimat. Zugleich wurde Vietor Vorsitzender des Präsidiums der Gesellschaft für Wohnungs- und Siedlungswesen in Hamburg und Mitglied des Kuratoriums des Instituts für Städtebau, Wohnungswesen und Bausparwesen sowie der Friedrich-Ebert-Stiftung. Darüber hinaus übernahm er – häufig als Vorsitzender – eine Vielzahl von Aufsichtsratsmandaten. In Vietors Amtszeit fiel die 1970 beginnende Umstrukturierung der Neuen Heimat. Als Dachgesellschaften, in Personalunion von Vietor geführt, entstanden die gemeinnützige Neue Heimat Wohnungs- und Siedlungsgesellschaft mbH und die gemeinwirtschaftliche Neue Heimat Städtebau GmbH. Während von Ersterer hauptsächlich Wohnungen und ihre Nachfolgeeinrichtungen gebaut wurden, konnte Letztere ihre Aktivitäten auf alle Bereiche des kommunalen Bauens ausweiten und sich durch die Neue Heimat International auch zunehmend im Ausland engagieren. Unter Vietors Führung entwickelte sich die Unternehmensgruppe mit etwa 60 Tochtergesellschaften zu einem der größten Bau-

Albert Vietor

trägerkonzerne der westlichen Welt. Bis 1982 erstellte sie etwa 520 000 Wohnungen, 95 Prozent davon Sozialwohnungen.

Mit den für Hamburg zuständigen Tochtergesellschaften Neue Heimat Nord und Neue Heimat Norddeutscher Städtebau – und deren Vorgängern – sowie spezialisierten Tochterunternehmen verbinden sich nach dem Zweiten Weltkrieg in Hamburg der Wiederaufbau von Rothenburgsort und Neu-Altona, die Gartenstadtsiedlungen Farmsen und Hohnerkamp, die Großsiedlungen Lohbrügge-Nord, Osdorfer Born, Tegelsbarg und Mümmelmannsberg, aber auch Sanierungsvorhaben wie die Deichstraße und das Harburger Phönixviertel sowie Großbauvorhaben wie das Elbeeinkaufszentrum und vor allem das Congress-Centrum Hamburg (CCH) mit dem angegliederten, die Stadtsilhouette mitbestimmenden Hotel.

Die bauwirtschaftliche Rezession ab Ende der siebziger Jahre verschonte jedoch auch die Neue Heimat nicht und führte seit 1981 zu wachsenden Schwierigkeiten. Eine zum Teil verfehlte Grundstückspolitik, unverkaufte Eigenheime und Verluste im Ausland führten zu negativen Geschäftsergebnissen und brachten das Unternehmen an den Rand des Ruins. Anfang Februar 1982 geriet Vietor

ins Zwielicht, als der »Spiegel« ihm und anderen Vorstandsmitgliedern vorwarf, ihre Ämter zu persönlicher Bereicherung missbraucht zu haben. Die DGB-Spitze zog Mitte Februar mit der fristlosen Entlassung die Konsequenzen. Vietor, der alle Vorwürfe zurückwies, kämpfte vergebens um seine Rehabilitierung; bevor eine gegen ihn gerichtete Schadensersatzklage der Neuen Heimat in Millionenhöhe entschieden werden konnte, starb er 1984.

Albert Vietor war Träger mehrerer hoher Auszeichnungen; 1969 wurde ihm das Bundesverdienstkreuz, 1972 das Große Bundesverdienstkreuz und im selben Jahr die Medaille für treue Arbeit im Dienste des Volkes durch die Stadt Hamburg verliehen. *Karl-Klaus Weber*

VOIGT, Johann Friedrich, geb. 26. 8. 1806 Hamburg, gest. 22. 5. 1886 ebd.; luth.; Richter.

Als Sohn eines Kaufmanns und späteren Zollinspektors geboren, wurde Johann Friedrich Voigt nach dem mit der Promotion abgeschlossenen Studium der Rechtswissenschaften in Kiel und Tübingen 1828 als Advokat in seiner Heimatstadt zugelassen. Hier entwickelte er sich bald zum gewiegten Kenner des in der Hansestadt so wichtigen Handelsrechts. Christlich-konservativ geprägt, zählte er zu den so genannten »Alt-Hamburgern«. Dies war eine Gruppe von Bürgern, die sich in den 1840er Jahren zusammengefunden hatte, um beim Ringen um eine neue Staatsverfassung ihre altständischen Ideale zur Geltung zu bringen. Zentrale Gestalt dieser politischen Gruppierung war Voigts Schwager, Wasserbaudirektor Heinrich Hübbe. Als ausgewiesener Spezialist für Fragen des See- und Versicherungsrechts wurde Voigt 1853 vom Rat in das Oberappellationsgericht der vier Freien Städte Deutschlands gewählt. Die Berufung an diese in Lübeck angesiedelte höchste freistädtische Gerichtsinstanz bedeutete die Krönung seiner Laufbahn. Voigt fungierte als Bearbeiter der Sammlung von Erkenntnissen dieses Gerichts in hamburgischen Rechtssachen und begründete 1858 das »Neue Archiv für Handelsrecht« (4 Bde.). 1870 wurde er an das Bundes- (später: Reichs-)oberhandelsgericht in Leipzig berufen, dem er bis zu dessen Auflösung nach Einführung der Reichsjustizgesetze (1879) an-

gehört hat. Im Ruhestand, den er in seiner Heimatstadt verbrachte, legte Voigt mit dem »Deutschen Versicherungsrecht« (3 Hefte, 1884–86) die Frucht seines jahrzehntelangen obergerichtlichen Wirkens vor.

LITERATUR ADB 54; LhS 7; Gerhard Ahrens, »Es sind wahrhaft amerikanische Zustände!« Aus dem Briefwechsel der Juristenfamilie Voigt über die hamburgische Wirtschaftskrise von 1857, in: Scripta Mercaturae 13 (1979), S. 97–132. *Gerhard Ahrens*

VREDEMAN DE VRIES, Hans, geb. 1526 Leeuwarden, gest. 1609 Hamburg; Maler, Architekturzeichner, Dekorateur, Festungsbaumeister.

Die Lebensdaten des niederländischen Künstlers sind unsicher. Über seine Konfessionszugehörigkeit liegen widersprüchliche Aussagen vor. Vredeman war möglicherweise der Sohn eines deutschen Kanoniers in Diensten des habsburgischen Statthalters der Niederlande. Sicher ist, dass er eine Schreinerlehre absolvierte, um sich anschließend als Glasmaler ausbilden zu lassen (um 1544). Diese Ausbildung brach er 1546/47 ab, um in die Werkstatt eines Campener Malers einzutreten.

1548 wurde Vredeman Bürger der Stadt Antwerpen und begann sich mit Problemen der Perspektive in der Architekturzeichnung auseinander zu setzen; hier lernte er auch die Schriften Vitruvs und die architekturtheoretischen Arbeiten seines Lehrers Pieter Coecke van Aehst (1502–50) kennen. 1552/53 arbeitete Vredeman in Mechelen, der Residenzstadt der Maria von Habsburg. Dort kam er mit Künstlern in Verbindung, die Erfahrungen in Italien gesammelt hatten; Vredeman selbst ist – entgegen anders lautenden Behauptungen – nie in Italien gewesen.

1555 gab ein Antwerpener Verleger eine erste Serie mit Ornamentstichen Vredemans heraus, die sehr erfolgreich war. Der Durchbruch als Zeichner von Bildperspektiven gelang ihm 1560 mit der Veröffentlichung der Folge »Scenographiae sive perspectivae«, die in ganz Europa schnelle Verbreitung fand. Im selben Jahr begann auch seine Zusammenarbeit mit dem Hofmaler Michiel Coxcie (1499–1592), bei dem er die Technik der Freskomalerei erlernte. Schon bald wurde Vredeman zu einem gesuchten Freskenmaler, dessen Wandmalereien die Häuser wohlhabender Bürger in Antwerpen,

Brüssel oder Hamburg ebenso zierten wie den Prunksaal des Antwerpener Rathauses oder den Palast Wilhelms von Oranien.

Zu Beginn der sechziger Jahre heiratete Vredeman Johanna von Muysene. Obgleich sein Entwurf für den Neubau des Antwerpener Rathauses (1561) dem von Cornelis Floris (1514–75) vorgelegten unterlegen war, entschloss sich Vredeman 1564, in die Stadt an der Schelde überzusiedeln. Hier fand er rasch Anschluss an namhafte Künstler. 1566 entstand sein erstes datiertes Gemälde, »Christus im Hause von Maria und Martha«. Nachdem seine erste Frau 1565 verstorben war, heiratete er 1566 Sara van der Elsmer, die Tochter des Bildhauers Wouter van der Elsmer. Sein ältester Sohn Paul, der 1567 geboren wurde, begleitete seinen Vater über viele Jahrzehnte und setzte dessen Werk fort.

1570 wurden in Antwerpen zwar die Gegner der spanischen Herrschaft amnestiert, nicht aber die »Häretiker«, das heißt die Protestanten. Dass Vredeman mit seiner Familie im selben Jahr die Stadt, in der er Bürger war, verließ, um nach Aachen zu ziehen, spricht dagegen, dass er Katholik war. Bereits zwei Jahre später bemühte er sich um die Rückkehr nach Antwerpen und konnte schließlich nach einem Zwischenaufenthalt im Erzbistum Lüttich im Frühjahr 1575 an die Schelde zurückkehren.

Nachdem die Spanier 1577 das Kastell von Antwerpen hatten räumen müssen, waren die Stadtväter bemüht, die Befestigungsanlagen der verhassten Spanier möglichst schnell in die der Stadt zu integrieren. Vredeman wurde aufgefordert, sich an diesen Arbeiten zu beteiligen. Es gibt mehrere Zeugnisse dafür, dass der Maler sich von der Herrschaft des Prinzen Wilhelm von Oranien für sein Land, aber auch für sich selbst viel versprach. Tatsächlich arbeitete er viele Jahre lang als Festungsbaumeister an den Antwerpener Forts und Außenschanzen. Auch sein Plan für den Bau eines Palastes für den Prinzen in der Zitadelle wurde angenommen; die repräsentativen Gemächer stattete er mit perspektivischen Architekturmalereien aus, in die ein anderer Maler, Cornelius Enghelrams (1527–80), Darstellungen aus der Geschichte Davids integrierte – eine im 16. Jahrhundert durchaus übliche Arbeitsteilung. Auch zur Ausmalung von Räumen des Antwerpener Rathauses wurde Vredeman herangezogen. Als nach der Ermordung Wilhelms von Oranien (10. Juli 1584) die Spanier 1585 wieder in die

Scheldestadt eingezogen waren, wurde Vredeman beauftragt, den Huldigungseinzug Alessandro Farneses künstlerisch zu gestalten.

Im Herbst 1586 verließ Vredeman Antwerpen und nahm seinen Wohnsitz zunächst in Frankfurt am Main und Anfang 1587 in Wolfenbüttel. Herzog Julius von Braunschweig-Lüneburg-Wolfenbüttel regierte sein Land im Geiste des Frühmerkantilismus und beauftragte Vredeman und dessen Sohn Paul (1567–1616) mit Bauverwaltungsaufgaben und Untersuchungen für einen Kanal zwischen Elbe und Weser. Herzog Julius starb 1589; sein Nachfolger, Heinrich Julius, entließ die Vredemans, die nur noch kleinere Arbeiten zum Abschluss brachten, bevor sie nach Hamburg übersiedelten, wo sie Aufträge von Antwerpener Exilanten, unter ihnen der Goldschmied Jacob de Moor (Mores), erhielten. 1592 wurde Vredeman vom Rat der Stadt Danzig aufgefordert, einen Plan für den Ausbau der Festung zu erarbeiten, und erhielt eine Bestallung für ein Jahr. Als der Rat sich im Herbst 1593 gegen seine Pläne entschied, wurden ihm zumindest andere Aufträge, unter anderem für mehrere Gemälde, erteilt.

Als Vredeman im Sommer 1596 nach Hamburg zurückkehrte, waren die konfessionellen Spannungen zwischen den in der Hansestadt lebenden Exil-Niederländern voll entbrannt. Die Lutheraner setzten alles daran, den Calvinisten den Bau einer Kirche zu verwehren. Vredeman fand in Hans l'Hommel, einem aus Antwerpen stammenden wohlhabenden Zuckerbäcker, der Lutheraner war, einen neuen Auftraggeber.

1597 reiste Vredeman mit seinem Sohn Paul nach Prag, wo er sich am Ausbau der Burg beteiligte und Entwürfe für Springbrunnen und Innenausstattungen anfertigte. Im Herbst 1598 nach Hamburg zurückgekehrt, setzte er seine Arbeit als Maler für Jacob de Moor fort. Zu seinen Arbeiten aus dieser Zeit gehörten großformatige Bilder in St. Petri, die bis 1789 nachweisbar waren, ferner ein Gemälde mit dem Titel »Turmbau zu Babel«, das bisher nicht identifiziert werden konnte.

Als Paul Vredeman im Anschluss an den Aufenthalt in Prag 1600 seinen Wohnsitz nach Amsterdam verlegte, folgte ihm 1601 der Vater. Der inzwischen 75-jährige Vredeman bewarb sich – trotz Unterstützung durch Prinz Moritz von Oranien – vergeblich um eine Professur für Architektur und Perspektive an der Universität Leiden. In Amsterdam, wo er

1604 das Bürgerrecht erlangte, sorgte Vredeman für die Veröffentlichung seines zweibändigen Werkes »Perspective« (1604/05) und die Edition der »Architectura« (1606). Warum er 1606 mit seiner Frau noch einmal nach Hamburg reiste und dort seinen Wohnsitz nahm, ist ungewiss. Im August 1609 ist bei Paul Vredeman die Rede vom Nachlass seines Vaters; daraus ist zu schließen, dass Hans Vredeman de Vries um die Mitte des Jahres 1609 in Hamburg gestorben ist.

Vredeman war »einer der einflussreichsten und bedeutendsten nordeuropäischen Künstler des 16. Jhs.« (Heiner Borggrefe). Da er über zeichnerisches Talent verfügte, war es ihm möglich, sich sowohl als Maler wie auch als Ingenieur, Architekt und Baumeister zu betätigen, er war also im eigentlichen Sinne »bildender Künstler«. Mit seinen seit 1560 als Kupferstichen verbreiteten Entwürfen übte er von Antwerpen aus großen Einfluss auf die europäische Kunst der Renaissance aus. Besonders auf dem Gebiet der Architektur blieb er durch seine Vorlagen bis weit ins 17. Jahrhundert hinein allgegenwärtig. Dass seine Kunst in der Zeit der Neorenaissance des 19. Jahrhunderts eine zweite Blüte erlebte, dokumentiert das von 1886 bis 1897 erbaute Hamburger Rathaus.

LITERATUR HKL (Vries); Rump (Vries); ThB 34; Nieuw Nederlandsch Biografisch Woordenboek, Bd. 7, Leiden 1974; Hans Vredeman de Vries und die Renaissance im Norden, hg. von Heiner Borggrefe [Katalog zur Ausstellung im Weserrenaissance-Museum Schloß Brake vom 26. Mai bis 25. August 2002], München 2002 [Bibliografie S. 379–392; Werkverzeichnis S. 183–173, 391].

Eckardt Opitz

WAHLGREN, Johann, geb. 26. 10. 1855 Habo (Schweden), gest. 15. 11. 1941 Geesthacht; konfessionslos; Arbeiter, Politiker.

Der in einer christlichen Familie in Habo aufgewachsene Johann Wahlgren traf am 3. Juni 1873 auf einem Schoner in Lübeck ein. Sein Ziel war die Region Geesthacht, wo sein Landsmann Alfred Nobel 1865/66 im preußischen Krümmel eine Nitroglyzerin-Fabrik gegründet hatte, aus der die erste Dynamitfabrik der Welt wurde. Als Gelegenheitsarbeiter war Wahlgren unter anderem in der Pulverfabrik Düneberg, in der Dynamitfabrik Krümmel, als Bauhilfsarbeiter, im Hafen, bei Bauern und einem Kohlenhändler sowie in der Warenstelle für sozial Bedürftige der Stadt Geesthacht tätig.

Noch zu Zeiten des Sozialistengesetzes begann sich Wahlgren in Geesthacht, das seit 1867 als Dorf und von 1924 bis 1937 als Stadt zum hamburgischen Landgebiet gehörte, für den Sozialdemokratischen Verein zu engagieren, der als Gesangverein »Hoffnung« getarnt war. Beim Umzug zum Ersten Mai 1891, so schreibt er 1927, sei er Fahnenträger gewesen. Außerdem trug Wahlgren zum Aufbau der gewerkschaftlichen Organisation bei, so zum Beispiel als Vorsitzender des 1890 gegründeten »Lokalvereins der Arbeiter von Geesthacht, Krümmel und Umgebung«. Auf Grund seiner politisch-gewerkschaftlichen Tätigkeit drohten ihm die Behörden mehrfach mit Ausweisung. Dazu kam es jedoch nicht, da Wahlgren, der seit dem 1. September 1878 mit der Geesthachterin Anna Burmeister verheiratet war, die schwedische Staatsbürgerschaft verloren und eine Familie mit acht Kindern zu versorgen hatte.

Nach dem Ersten Weltkrieg schloss sich Wahlgren 1921 zunächst der USPD an, dann der KPD, die bei Stadtvertretungs-Wahlen bis 1933 mit bis zu 44 Prozent die stärkste Fraktion in Geesthacht stellte. Von 1924 bis 1933 war Wahlgren, der durch den Tod eines Sohnes im Ersten Weltkrieg die deutsche Staatsbürgerschaft erhalten hatte, Mitglied der Gemeindevertretung. Von 1927 bis 1932 zählte er als Ratmann zum inneren Kreis der Selbstverwaltung. Ferner engagierte er sich in mehreren Organisationen, die der KPD nahe standen. 1927 wurde Johann Wahlgren für die KPD erstmals Abgeordneter in der Hamburgischen Bürgerschaft. Als Alterspräsident eröffnete er die konstituierenden Sitzungen der Bürgerschaft am 4. November 1931 und am 11. Mai 1932. In seinen Reden kritisierte er vor allem die NSDAP, aber auch die SPD.

Nach der Machtübernahme durch die Nationalsozialisten wurde Wahlgren mehrfach verhaftet – so auch am 7. März 1933, einen Tag vor der Neuwahl des Hamburger Senates –, aber stets wieder freigelassen. Die Nationalsozialisten erkannten ihm Mitte der dreißiger Jahre die deutsche Staatsbürgerschaft ab. Johann Wahlgren starb 1941 an Herzversagen.

WERKE Geesthacht, das »rote Nest«, in: Hamburger Volkszeitung Nr. 139 vom 17. 6. 1927 (Beilage).

LITERATUR Bernhard M. Menapace, »Klein-Moskau« wird braun. Geesthacht in der Endphase der Weimarer Republik (1928–1933), Kiel 1991 (Veröffentlichungen des Beirats für Geschichte der Arbeiterbewegung und Demokratie in Schleswig-Holstein 11); Alfred Dreckmann, »Wer nicht getauft ist, aufsteh'n!« Das andere Bergedorf, Hamburg 1987. *Bernhard Menapace*

WALTHER, Andreas, geb. 10. 2. 1879 Cuxhaven, gest. 16. 6. 1960 Hamburg; luth.; Soziologe.

Der heute weithin vergessene Andreas Walther war in den Jahren der Weimarer Republik und des »Dritten Reiches« ein einflussreicher Soziologe, der seine wissenschaftlichen Ideen – in sehr problematischer Weise – als Grundlage staatlicher Sozialpolitik auffasste.

Der Sohn eines Pastors und späteren Professors der Theologie studierte nach dem Besuch der Realschule in Cuxhaven und des Gymnasiums in Rostock selbst Theologie in Tübingen und Erlangen. Nach 1903 und 1905 in Hamburg bestandenen Prüfungen wandte er sich der Geschichtswissenschaft zu, wurde 1908 in Göttingen mit einer Arbeit über »Die burgundischen Zentralbehörden unter Maximilian I. und Karl V.« promoviert, bestand dort auch das Examen zum Oberlehrer und schloss 1911 in Berlin seine Studien mit einer Habilitationsschrift über den Geldwert in der Geschichte ab. Schon in dieser Veröffentlichung und mehr noch in den folgenden Jahren bis zu seiner Einberufung zum Kriegsdienst 1915, die Walther als Privatdozent in Berlin verbrachte, zeichnete sich sein Übergang zur jungen Disziplin der Soziologie bzw. zu einer Suche nach sozialen Gesetzen in der Geschichte ab. Mit der Übernahme einer außerordentlichen Pro-

WALTHER, Andreas

Andreas Walther

fessur für Soziologie in Göttingen 1920, die ein Jahr später in ein persönliches Ordinariat umgewandelt wurde, war der Wechsel dann vollzogen. Die starke Orientierung an Max Weber, das Interesse an einer »vergleichenden Völkerpsychologie« und die Anregungen, die er bei einem Studienaufenthalt 1926 in den USA von der dortigen, gegenüber der deutschen geisteswissenschaftlichen Tradition stärker empirisch ausgerichteten Soziologie empfangen und über die er nach seiner Rückkehr in einem Buch berichtet hatte, empfahlen Walther als Kandidat für den an der Hamburger Universität neu eingerichteten Lehrstuhl für Soziologie. Am 1. November 1927 konnte er seine erste Vorlesung, eine »Einführung in die Soziologie«, halten.

Bekannt wurde Walther, der in renommierten Fachzeitschriften rege publizierte und seit 1928 leitende Funktionen in der Deutschen Gesellschaft für Soziologie wahrnahm, besonders durch seine Methode der Darstellung sozialer Strukturen auf Luftbildkarten. Grundlage der kartografischen Einträge bildeten statistische Erhebungen, eigene Beobachtungen und Gespräche mit Bewohnern, durchgeführt von einer Forschergruppe, die dann ihre Ergebnisse erörterte und bis auf den einzelnen Häuserblock differenziert den sozialen Charakter eines Stadtteils festzulegen suchte. Auf diese Weise sollten alle 700 Wahlkreise Hamburgs erfasst werden. Walther versuchte für seinen Ansatz einer empirischen Sozialwissenschaft, für den er seit 1928/29 öffentlich warb, städtische Mittel zu erlangen. Die Machtübernahme durch die NSDAP bot ihm dann

die Möglichkeit, seine Methode als Grundlage für die politisch motivierten Sanierungsvorhaben des »Dritten Reiches« zu erproben.

Der Begriff der »Sanierung« wurde dabei aber nicht in erster Linie als bauliche Maßnahme verstanden. Aufgrund fehlender finanzieller Mittel gab es im »Dritten Reich« nur wenige, aber propagandistisch groß herausgestellte Beispiele des Abrisses enger Altbauviertel, darunter auch die Niederlegung der letzten Überreste der Hamburger Gängeviertel um den Großneumarkt in den Jahren von 1933 bis 1938. Vielmehr sollte die Sanierung als »asozial« geltende Bevölkerungsgruppen in gefährdeten Vierteln identifizieren und zur Aussonderung empfehlen. Aus Kriterien wie Rauschgifthandel, Kommunismus, Prostitution und einem überdurchschnittlichen Anteil an Wohlfahrtsempfängern wurden Schlüsse auf den Grad an »Gemeinschädlichkeit« gezogen. Dieser Ansatz zur Herstellung von totaler sozialer Harmonie im Sinne konformen Verhaltens ist als Ausfluss von sozialdarwinistischem Empirismus mit einigen rassistischen Einschlägen zu werten, offener Antisemitismus spielte hingegen kaum eine Rolle. Die finanzielle Förderung für seine Großstadtsoziologie im Dienste des Nationalsozialismus erhielt Walther von der Notgemeinschaft der Deutschen Wissenschaft. In Hamburg genoss er hohes Ansehen.

Walther hatte vor 1933 nicht zu den Anhängern der NS-Bewegung gehört; seine Orientierung am angelsächsischen Pragmatismus und Empirismus wie auch am französischen Positivismus, das Verständnis für fremde Kulturen und seine Abneigung gegen die »konservative Revolution« lassen die schließliche Konversion – am 1. Mai 1933 trat er in die NSDAP ein – insofern nicht als geradlinigen Weg erscheinen. Über seinen Entscheidungsprozess ist nichts bekannt, überliefert sind jedoch Beispiele einer schroffen Ablehnung von jeglicher Kooperation mit Kollegen, die in der Anfangszeit des NS-Regimes Distanz zum Nationalsozialismus gewahrt hatten. Bei der Gleichschaltung des Soziologenverbandes spielte Walther, der 1933/34 auch das Amt des Dekans der Rechts- und Staatswissenschaftlichen Fakultät der Hamburger Universität bekleidete, eine aktive Rolle. Später engagierte er sich in der Leitung der Politischen Fachgemeinschaft der Fakultäten.

Die Emeritierung des Soziologen, der in seiner

Amtszeit etwa 60 Dissertationen betreut und mit-
betreut hatte, selbst aber immer weniger publizistisch hervorgetreten war, erfolgte 1944. Ein Jahr
später wurde er zunächst in den (unehrenhaften)
Ruhestand versetzt und erlangte schließlich im Verlauf seines Entnazifizierungsverfahren eine Pensionierung. Seine brieflichen Einlassungen aus dieser
Zeit bieten wenig mehr als die allgemein verbreitete Selbstentschuldung. Zurückgezogen lebte Walther seit Kriegsende in Großhansdorf. Zuletzt beschäftigte er sich mit Fragen der Ethik in der Soziologie. Nachfolger auf seinem Lehrstuhl wurde
nach langwierigen Berufungsproblemen 1949 Helmut Schelsky.

WERKE Die Anfänge Karls V., Leipzig 1911; Soziologie
und Sozialwissenschaften in Amerika und ihre Bedeutung
für die Pädagogik, Karlsruhe 1927; Neue Wege zur Groß-
stadtsanierung, Stuttgart 1936; Die neuen Aufgaben der
Sozialwissenschaften, Hamburg 1939.

LITERATUR Rainer Waßner, Andreas Walther und
die Soziologie in Hamburg. Dokumente, Materialien, Reflexionen, Hamburg 1985 (Materialien der Ferdinand-
Tönnies-Arbeitsstelle 4); ders., Andreas Walther und das
Seminar für Soziologie in Hamburg zwischen 1926 und
1945. Ein wissenschaftsbiographischer Umriß, in: Sven
Papcke (Hg.), Ordnung und Theorie. Beiträge zur Geschichte der Soziologie in Deutschland, Darmstadt 1986,
S. 386–420; Elke Pahl-Weber/Dirk Schubert, Großstadtsa-
nierung im Nationalsozialismus. Andreas Walthers Sozi-
alkartographie von Hamburg, in: Sozialwissenschaftliche
Information für Unterricht und Studium 16 (1987), S. 108–
117; Karl-Heinz Roth, Städtesanierung und »ausmer-
zende« Soziologie. Der Fall Andreas Walther und die
»Notarbeit 51« der »Notgemeinschaft der Deutschen Wissenschaft« 1934–1935 in Hamburg, in: Carsten Klinge-
mann (Hg.), Rassenmythos und Sozialwissenschaften in
Deutschland. Ein verdrängtes Kapitel sozialwissenschaft-
licher Wirkungsgeschichte, Opladen 1987 (Beiträge zur sozialwissenschaftlichen Forschung 85), S. 370–393.

Axel Schildt

WARBURG, *Aby* Moritz, geb. 13. 6. 1866
Hamburg, gest. 26. 10. 1929 ebd.; isr.; Kunsthistoriker.

Aby Warburg war einer der anregendsten Gelehrten
des frühen 20. Jahrhunderts. Er arbeitete über die
Kunstgeschichte hinaus interdisziplinär, widmete
sich auch der Religionswissenschaft bzw. -geschich-
te und gilt als Begründer der modernen Ikonologie.
Seine Kulturwissenschaftliche Bibliothek wurde zu

Aby Warburg

einer der bedeutendsten öffentlich zugänglichen
Privatbibliotheken.

Aby Warburg wurde als ältester Sohn des Bankiers jüdischen Glaubens Moritz M. Warburg und
seiner Frau Charlotte, geborene Oppenheim, in
Hamburg geboren. Seit dem 17. Jahrhundert war
diese vermögende Bankiersfamilie in der Hansestadt und im benachbarten Altona ansässig. 1873
wurde Warburg in die Vorschule der Gelehrtenschule des Johanneums eingeschult, 1876 ging er in
die Sexta des Realgymnasiums des Johanneums.
Der Legende zufolge offerierte Aby als 13-Jähriger
seinem Bruder Max M. Warburg sein Erstgebore-
nenrecht bezüglich der Bank für die Zusage, von
ihm zeitlebens alle gewünschten Bücher bezahlt zu
bekommen. Die Familie Warburg finanzierte später
tatsächlich die von ihm aufgebaute Bibliothek. Aby
Warburg legte am 20. Mai 1885 am Realgymnasium
des Johanneums sein Abitur ab und bestand im folgenden Jahr an der Gelehrtenschule des Johanneums zusätzliche Prüfungen in Griechisch, Latein
und Alter Geschichte.

1886 begann Warburg das Studium der Kunstgeschichte, Geschichte und Archäologie in Bonn, das
er später in München und Straßburg, wo er sich
auch der Philosophie zuwandte, fortsetzte. Dabei
beschäftigte er sich unter anderem mit der Übertragung naturwissenschaftlicher Theorien auf die Kulturgeschichte. Im Wintersemester 1888/89 forschte
er in Florenz für seine Dissertation über »Sandro

Botticellis ›Geburt der Venus‹ und ›Frühling‹. Eine Untersuchung über die Vorstellungen von der Antike in der italienischen Frührenaissance« (auf 1893 datiert, bereits im Jahr zuvor erschienen). 1892 studierte Warburg kurzzeitig in Berlin Medizin, ab 1893 leistete er Militärdienst und hielt sich noch einmal in Florenz auf, um über die dortigen öffentlichen Feste und Feiern im 16. Jahrhundert zu arbeiten. Von September 1895 bis Ende Mai 1896 war er in den USA und betrieb Feldstudien bei den Hopi-Indianern. 1897 heiratete er die Malerin und Bildhauerin Mary Hertz.

Warburgs Verhältnis zum Judentum war ambivalent und wurde mit der Zeit immer distanzierter. Er stufte sich selbst als Dissident ein, war aber zeitlebens von der jüdischen Tradition geprägt; seiner nichtjüdischen Umwelt galt er als Jude. Beeinflusst hatten ihn frühe Erfahrungen mit dem Antisemitismus der Straße. Auch als er sich von seinem jüdischen Hintergrund schon weitgehend entfernt hatte, reagierte er daher heftig auf Antisemitismus. Hamburg galt ihm als eine wenig antisemitische Stadt, was vielleicht – neben der Notwendigkeit eines festen Standortes für seine Bibliothek – dazu beitrug, dass er die meiste Zeit seines Lebens dort verbrachte. Er schätzte die Kaufmannskultur, war aber über die alles durchdringende Provinzialität Hamburgs entsetzt.

Nach einem Studienaufenthalt in Paris und in England 1897 ließ Warburg sich gemeinsam mit seiner Frau in Florenz nieder, wo er die wirtschaftlichen ebenso wie die sozialen und lebensweltlichen Hintergründe der Renaissancekünstler und ihrer Auftraggeber erforschte. 1899 hielt er in Hamburg im Rahmen des Vorlesungswesens der Oberschulbehörde eine Vortragsreihe mit Lichtbildern über Leonardo da Vinci, die auf sehr große Resonanz stieß. Diese Lehrtätigkeit setzte er im Herbst 1901 fort. 1904 erfolgte seine endgültige Übersiedlung nach Hamburg, wo er Mitglied im Verwaltungsrat des Völkerkundemuseums wurde, umstrittenen Künstlern Beistand leistete und sich für Hugo Lederers viel diskutiertes, monumentales Bismarck-Denkmal am Hafen einsetzte. 1907 trug er zusammen mit seinem Bruder Max M. Warburg zur Gründung der Hamburgischen Wissenschaftlichen Stiftung bei und arbeitete auf die Gründung einer Universität in der Hansestadt hin.

1909 erwarb Warburg in Hamburg eine Villa in der Heilwigstraße 114, in der er bis zu seinem Lebensende wohnen sollte. Für seine umfangreiche Bibliothek stellte er 1908 einen Assistenten ein; 1911 waren bereits 15 000 Bücher zu betreuen. 1912 erhielt Aby Warburg vom Hamburger Senat den Professorentitel verliehen, nachdem er einen Ruf nach Halle auf einen kunstgeschichtlichen Lehrstuhl abgelehnt hatte; Hintergrund für seine Entscheidung dürfte die Hoffnung auf die Gründung einer Universität in Hamburg gewesen sein. Am 20. Juli 1921 wurde er zum Honorarprofessor an der Philosophischen Fakultät der 1919 gegründeten Hamburgischen Universität ernannt. Von 1925 bis 1928 lehrte er am Kunstgeschichtlichen Seminar. Die Lehrveranstaltungen hielt er in seiner Bibliothek ab und legte auch sonst großen Wert darauf, dass sie als eigenständige Forschungseinrichtung anerkannt wurde.

Während des Ersten Weltkriegs konzentrierte Warburg die Arbeit seiner Bibliothek auf die Archivierung der Kriegsberichterstattung. Der militärische Konflikt zwischen seiner biografischen Heimat Deutschland und seiner geistigen Heimat Italien machte ihm seelisch schwer zu schaffen. Am Ende des Krieges erlitt er einen psychischen Zusammenbruch, der zu einem mehrjährigen Aufenthalt in Heilanstalten führte. Erst 1924 kehrte er nach Hamburg zurück. Im folgenden Jahr begann der Bau eines eigenen Bibliotheksgebäudes auf dem Nachbargrundstück Heilwigstraße 116, das von dem Architekten Gerhard Langmaack entworfen worden war und 1926 als »Kulturwissenschaftliche Bibliothek Warburg« (KBW) eingeweiht wurde. Ein zentrales Thema Aby Warburgs, das auch die Arbeit der Bibliothek prägte, war die Psychologie von Symbolbildung und -gebrauch. Die beiden Hauptzweige der KBW waren Religions- und Kunstwissenschaft. Warburg war Mitglied der von 1919 bis 1933 bestehenden Religionswissenschaftlichen Gesellschaft, die häufig in der Bibliothek tagte und mit ihr zusammen Vorträge anbot. Fritz Saxl und Gertrud Bing waren die wichtigsten Mitarbeiter der Bibliothek. Zu ihrem intellektuellen Umfeld gehörten so bedeutende Wissenschaftler wie der Philosoph Ernst Cassirer und der Kunsthistoriker Erwin Panofsky. 1933 konnte sie vor dem Zugriff der Nationalsozialisten gerettet und nach London transportiert werden, wo sie sich noch heute befindet.

Zwei Wahlsprüche, die Warburgs Arbeitsmethode kennzeichneten, waren »Der liebe Gott steckt im Detail« und »Wir suchen unsere Ignoranz auf und schlagen die, wo wir sie finden«. Warburg plädierte neben einem breiten Überblickswissen für die Detailarbeit. Ein Gegenstand sollte in fächerübergreifender Arbeit anhand des zusammengetragenen Materials mit größter Genauigkeit behandelt und für die eigene Interpretation nutzbar gemacht werden; alle Einzelheiten galten Warburg als tragende Säulen eines Interpretationsgebäudes. Aus der Überzeugung heraus, dass sich nur so neue Erkenntnisse würden gewinnen lassen, destillierte er aus von anderen übersehenen Kleinigkeiten große Wahrheiten.

Warburgs zentrale Frage war die des Nachlebens der Antike, der er sich durch akribische Forschung und vollständiges Sammeln zu nähern suchte. Seit Mitte 1927 stand der nicht mehr vollendete Bilderatlas »Mnemosyne« im Zentrum seiner Arbeit. Darin setzte er Reproduktionen von Kunstwerken und Schriftdokumenten so zueinander in Beziehung, dass die Wirksamkeit des Nachlebens der Antike sichtbar wurde; die Energien, die von Werk zu Werk gingen, sollten exemplarisch verdeutlicht werden. Zugleich führte Warburg damit die Reproduktion in die Ausstellungsdidaktik ein. Er vertraute auf die humanistische Wirkung von Kunst als verbindendem Element von Ethik und Ästhetik. Kunst sei in der Lage, irrationale Kräfte zu bändigen und zugleich das Bedürfnis des Menschen nach Entgrenzung zu erfüllen. Künstlerische Qualität entstehe im Wechsel von Leidenschaft und Mäßigung.

Nach seinem Tod im Jahr 1929 wirkte Warburg nachhaltig weiter: 1930 wurde im Wasserturm des Hamburger Stadtparks, dem heutigen Planetarium, die gemeinsam mit Fritz Saxl erarbeitete Ausstellung seiner »Bildersammlung zur Geschichte von Sternglaube und Sternkunde« eröffnet. Sie umfasste als Resultate langjähriger Studien gut 100 Exponate, die in 17 Etappen 4000 Jahre astrologisch-kosmologischer Vorstellungswelt darboten. Jede der chronologisch angeordneten Abteilungen bestand aus einer Anzahl von Bildbeispielen sowie Erklärungen und Belegen, welche die für den jeweiligen Zeitraum charakteristischen Konzeptionen visualisierten. Warburg verstand diesen neuen Ausstellungstypus als eine zwischen Museum und Buch angesiedelte Form; die Bilder sollten weniger als Kunstwerke betrachtet, sondern als Dokumente gelesen werden. Die offene Kombination von Bild- und Wortbeiträgen verlangte, dass der Betrachter selbstständig die Verbindung zwischen beiden herstellte. So sollte ein Bewusstsein für die letztlich metaphysische Frage nach der Stellung des Menschen im Kosmos entstehen.

WERKE Schriftenverzeichnis in: Dieter Wuttke, Aby M. Warburg-Bibliographie 1866 bis 1995, Werk und Wirkung, mit Annotationen, Baden-Baden 1998 (Bibliotheca Bibliographica Aureliana 163); Gesammelte Schriften. Studienausgabe, hg. von Horst Bredekamp u. a., 12 Bde. in 7 Abteilungen, Berlin 1998 ff. [bisher erschienen: Erste Abteilung, Bde. 1 und 2: Die Erneuerung der heidnischen Antike. Kulturwissenschaftliche Beiträge zur Geschichte der europäischen Renaissance. Reprint der von Gertrud Bing unter Mitarbeit von Fritz Rougemont edierten Ausgabe von 1932, neu hg. von Horst Bredekamp und Michael Diers, Berlin 1998; Zweite Abteilung, Band 2,1: Der Bilderatlas MNEMOSYNE, hg. von Martin Warnke unter Mitarbeit von Claudia Brink, Berlin 2000; Siebte Abteilung, Band 7: Aby Warburg. Tagebuch der Kulturwissenschaftlichen Bibliothek Warburg. Mit Einträgen von Gertrud Bing und Fritz Saxl, hg. von Karen Michels und Charlotte Schoell-Glass, Berlin 2001].

LITERATUR BBKL 13; Werner Hofmann/Georg Syamken/Martin Warnke, Die Menschenrechte des Auges. Über Aby Warburg, Frankfurt a. M. 1980 (Europäische Bibliothek 1); Ernst H. Gombrich, Aby Warburg. Eine intellektuelle Biographie, Frankfurt a. M. 1981 (Europäische Bibliothek 12); Porträt aus Büchern. Bibliothek Warburg und Warburg Institute, Hamburg – 1933 – London, hg. von Michael Diers [Begleitpublikation zur Ausstellung in der Staats- und Universitätsbibliothek Hamburg Carl von Ossietzky vom 3. bis 23. November 1993], Hamburg 1993 (Kleine Schriften des Warburg-Archivs im Kunstgeschichtlichen Seminar der Universität Hamburg 1); Charlotte Schoell-Glass, Aby Warburg und der Antisemitismus. Kulturwissenschaft als Geistespolitik, Frankfurt a. M. 1998.

Rainer Hering

WARBURG, Mary, geb. Hertz, geb. 13. 10. 1866 Hamburg, gest. 4. 12. 1934 ebd.; luth.; Malerin, Bildhauerin.

Mary Warburg kam als zweites von vier Kindern und einzige Tochter des Senators und Reeders Adolf Ferdinand Hertz und seiner Ehefrau Maria, geborene Goßler, zur Welt. Ab etwa 1882 erhielt Mary Zeichen- und Malunterricht bei den Hamburger Landschaftsmalern Adolf K. H. Mosengel, Jo-

hann Theobald Riefesell, Friedrich W. Schwinge und Hans von Bartels. Auf den Reisen, die sie mit ihrem Vater von 1882 bis zu ihrer Heirat mit dem Kunst- und Kulturhistoriker Aby Warburg im Jahre 1897 machte, entstanden zahlreiche Skizzenbücher, in denen sie Landschaften, regionaltypische Architekturformen und Physiognomien von Menschen festhielt. In Hamburg malte sie vornehmlich nach der Natur. Von den neunziger Jahren an wandte sie sich, vermutlich angeregt durch die Ideen Alfred Lichtwarks, auch der Grafik, der Bildhauerei und dem Kunstgewerbe zu. Sie war Mitglied der 1893 gegründeten Gesellschaft Hamburgischer Kunstfreunde und beteiligte sich an deren Ausstellungen. Im ersten Jahrbuch der Gesellschaft (1895), das im Wesentlichen Katalog der Jahresausstellung war, ist sie mit insgesamt 13 Werken in den Abteilungen Malerei und Skulptur vertreten. Für die Jugendstilzeitung »Pan« entwarf sie Zierleisten und Vignetten.

Nach der Heirat zog das junge Ehepaar für vier Jahre nach Florenz, wo Mary Warburg mit dem Bildhauer Adolf Hildebrand zusammen arbeitete. Nach ihrer Rückkehr nach Hamburg arbeitete sie zeitweise mit Georg Wrba. Ein deutliches Eigenleben als Künstlerin stellte Mary Warburg allerdings zugunsten ihrer Pflichten als Ehefrau und Mutter ihrer 1899, 1902 und 1904 geborenen drei Kinder Marietta, Max Adolf und Frede Charlotte zurück. Ihre Werke entstanden häufig nicht in Klausur, sondern quasi nebenbei – auch in Anwesenheit anderer. Von der Zeichnung herkommend, arbeitete sie in Bleistift, Tusche, Pastell, Aquarell, Deckfarbe oder Mischtechniken, kaum in Öl. Ihre Sujets fand sie nach der Heirat vor allem in der Familie und alltäglichen Szenen. Als Bildhauerin schuf sie Porträtköpfe wie die posthum gefertigte Bronzebüste Aby Warburgs und Kleinplastiken, zum Teil auch als Gebrauchsplastik. Ihr Nachlass befindet sich als Dauerleihgabe in der Hamburger Kunsthalle.

Mary Warburg war eine typische Künstlerin des 19. Jahrhunderts, obwohl ihre reifere Schaffensphase ins 20. Jahrhundert fällt. Zwar beschäftigte sie sich gedanklich mit dem künstlerischen Umbruch und verschaffte auch ihrem Ehemann Zugang dazu, in ihrem Werk schlägt er sich jedoch nicht nieder.

Eine schlichte Säule auf der rechten Seite der von ihr für ihre Familie entworfenen Grabmalwand auf dem Ohlsdorfer Friedhof, in deren Mittelfeld ein großes Kreuz vor einer Glorie erscheint, erinnert an Mary und Aby Warburg (Grab Nr. Y 10, 78–98).

LITERATUR Bake/Reimers, S. 146–148; Georg Syamken, Mary Warburg. Hamburger Kunsthalle 7. bis 21. April 1985, Hamburg 1985 (Zur Sache 11). *Brita Reimers*

WARBURG, Max M(oritz), geb. 5. 6. 1867 Hamburg, gest. 26. 12. 1946 New York; isr.; Bankier.

Max M. Warburg wurde als zweiter Sohn von Moritz Max Warburg (1838–1910) und Charlotte Oppenheim (1842–1921) geboren. Der Vater war 1863 Teilhaber der Bank M. M. Warburg & Co geworden, die sein Großvater Moses Marcus und dessen Bruder Gerson Warburg 1798 gegründet hatten und die zu einem führenden Bankhaus aufgestiegen war. Dieser familiäre und wirtschaftliche Hintergrund sollte das Leben von Max Warburg prägen. Obwohl von der Mutter betont religiös erzogen, besuchte er ein staatliches Realgymnasium, das er 1886 mit dem Abitur abschloss. Da sein Beruf als Bankier für die Familie außer Frage stand, hatte er bei Bankhäusern in Frankfurt und Amsterdam zu lernen und arbeitete anschließend bei befreundeten Banken in Paris sowie bei Rothschild in London. 1892 kehrte er nach Hamburg zurück, erhielt Prokura und trat 1893 in vierter Generation als Teilhaber in das Bankhaus M. M. Warburg ein. In den kommenden Jahren gelang es ihm, das von ihm mitgeführte Unternehmen durch Ideenreichtum und Wagemut nicht nur zum ersten Bankhaus Hamburgs zu machen, sondern zu einer der ersten Adressen in der internationalen Finanzwelt.

Seit der Jahrhundertwende sah sich Warburg, der 1895 das Hamburger Bürgerrecht erworben hatte, verpflichtet, für das Gemeinwohl persönliche Verantwortung zu übernehmen. Von 1897 bis 1903 war er Handelsrichter, seit 1903 Mitglied der Handelskammer und seit 1904 Mitglied des Vorstandes der Hamburger Wertpapierbörse. 1904 wählten ihn die Notablen in die Bürgerschaft, der er bis 1919 angehörte. Hier schloss er sich der Fraktion des linken Zentrums an. Die von ihm eingeleitete Ausweitung der Bankgeschäfte auf das internationale Emissions- und Kreditwesen veranlasste Max Warburg, weitere neue Aufgaben zu übernehmen. Er wurde

Max M. Warburg

Mitbegründer des Hamburger Übersee-Clubs (1922) und setzte sich für die Gründung des Hamburger Weltwirtschaftsarchivs (1908 als Zentralstelle des Kolonialinstituts) und der Hamburger Universität (1919) ein, die ihm 1921 die Ehrendoktorwürde verlieh. 1905 wurde die Bank in das Reichsanleihe-Syndikat aufgenommen und erlangte im internationalen Finanzverkehr einen außerordentlichen Prestigegewinn, als Warburg nach Rücksprache mit dem Auswärtigen Amt zwei japanische Anleihen platzieren konnte. 1909 setzte er sich – wiederum in Absprache mit dem Auswärtigen Amt – für die Platzierung chinesischer Eisenbahnanleihen ein. Warburg förderte jetzt gezielt die deutsche Kolonialpolitik. Die Schaffung neuer Absatzmärkte durch entsprechende Kreditierung entsprach auch hamburgischen Zielen. Als Deutschland in Nordafrika der französischen Hegemonialpolitik entgegentreten wollte, unterstützte Warburg die Politik des Reiches 1910 durch die Gründung der Hamburg-Marokko-Gesellschaft. Das politische Engagement setzte sich im Ersten Weltkrieg fort, als er Aufgaben für die Organisation der staatlichen Lebensmittelversorgung übernahm. Das Auswärtige Amt nutzte seine internationalen Verbindungen im Interesse deutscher Kriegsdiplomatie. Bei den Friedensver-

handlungen von Versailles 1919 gehörte er zu den Beratern der deutschen Delegation und sprach sich gegen eine Vertragsunterzeichnung aus. Das im September 1918 von Max von Baden und erneut 1922 von Walter Rathenau an ihn herangetragene Angebot, als Finanzminister in die Reichsregierung einzutreten, lehnte Warburg mit dem Hinweis auf zu befürchtende antisemitische Agitation ab. Die Übernahme eines Sitzes im Hamburger Senat war bereits 1917 an antisemitischen Vorbehalten gescheitert. 1919 war Warburg der liberalen Deutschen Volkspartei beigetreten, trat jedoch auch hier kein nach außen gerichtetes Amt an. Die Berufung in den Zentralausschuss (1919) und später in den Generalrat der Reichsbank (1924) hingegen nahm er an. Der Wissenschaft war er durch die Mitgliedschaft in verschiedenen Institutionen, so etwa der Hamburgischen Wissenschaftlichen Stiftung, der Hamburger Franz Rosenzweig-Gedächtnis-Stiftung und der Berliner Kaiser Wilhelm-Gesellschaft, verbunden.

Warburg sah sich der Religion und Tradition seiner jüdischen Herkunft verpflichtet. Seit 1918 war er Vorsitzender des Deutsch-Israelitischen Waisenhauses, seit 1934 Mitglied im Vorstand der Talmud-Tora-Schule. Mit beträchtlichen Spenden trug er zur Existenzsicherung dieser beiden gemeindlichen Institutionen bei. Er wurde Vorsitzender des Hamburger Ortskomitees der Akademie für die Wissenschaft vom Judentum und war seit 1929 Mitglied des Beirats der Jewish Agency für Deutschland, was eine Annäherung an den deutschen Zionismus bedeutete. Zudem war Warburg Vorsitzender des 1901 gegründeten Hilfsvereins der deutschen Juden und gehörte dem 1893 ins Leben gerufenen »Central-Verein deutscher Staatsbürger jüdischen Glaubens« an. 1933 trat er in den Vorstand des von Carl Melchior im Jahr zuvor gegründeten Zentralausschusses der deutschen Juden für Hilfe und Aufbau sowie in die Reichsvertretung der deutschen Juden ein. Warburgs Absicht, wirksamen Widerstand gegen das NS-System zu leisten, ließ sich nicht verwirklichen. Er musste nach 1933 den Verlust zahlreicher persönlicher Verbindungen und offizieller Ämter hinnehmen. Dennoch resignierte er nicht, sondern konzentrierte sich darauf, die Auswanderung nach Palästina und in andere Länder finanziell zu unterstützen. Vielfältige innerjüdische Verflechtungen eröffneten ihm hierzu

die Möglichkeit. Noch 1933 gründete er zusammen mit Oscar Wassermann, bis 1933 Vorstandsmitglied der Deutschen Bank, die Palästina-Treuhand-Stelle zur Beratung der deutschen Juden GmbH, die dem Transfer von Kapitalien jüdischer Auswanderer nach Palästina dienen sollte. Das Ende wirtschaftlicher Betätigung und die drastische Beschränkung persönlicher Freiheit war freilich auch für Max Warburg abzusehen. Im September 1937 eröffnete ihm der Reichsbankpräsident Hjalmar Schacht, dass die Warburgsche Bank als jüdische Privatbank aus dem Reichsanleihe-Konsortium auszuscheiden habe. Warburg beugte sich dem Druck und willigte im Interesse seiner Angestellten in eine »freiwillige Arisierung« ein. Im Mai 1938 wurde die Bank den persönlich haftenden Gesellschaftern Rudolf Brinckmann und Paul Wirtz, mit denen Warburg partnerschaftlich verbunden war, übertragen. In New York, wo er nur zu Besuch hatte sein wollen, blieb Max M. Warburg nach dem Pogrom vom 9./10. November 1938 auf Dauer. 1944 wurde er amerikanischer Staatsbürger.

1947 wurde im Stadtteil Rotherbaum die Warburgstraße nach dem Bankier benannt.

WERKE Aus meinen Aufzeichnungen, [Privatdruck] New York 1952.

LITERATUR DBE 10; Jüdisches Lexikon. Ein enzyklopädisches Handbuch des jüdischen Wissens, 4 Bde., Frankfurt a. M. 1987 [Nachdruck der Ausgabe Berlin 1927–30], Bd. 5; Salomon Wininger, Große jüdische National-Biographie. Mit mehr als 8000 Lebensbeschreibungen namhafter jüdischer Männer und Frauen aller Zeiten und Länder. Ein Nachschlagewerk für das jüdische Volk und dessen Freunde, 7 Bde., Nendeln 1979 [Nachdruck der Ausgabe Cernaufi 1925–36], Bd. 6; Alfred Frankenfeld, Max Warburg. Ein Porträt persönlicher Erinnerung, in: Erich Lüth (Hg.), Neues Hamburg. Zeugnisse vom Wiederaufbau der Hansestadt, Bd. 11: Stadt der Kontraste, Hamburg 1956, S. 27–33; Alfred Vagts, M. M. Warburg & Co. Ein Bankhaus in der deutschen Weltpolitik 1905–1933, in: Vierteljahrschrift für Sozial- und Wirtschaftsgeschichte 45 (1958), S. 289–388; Eduard Rosenbaum/Ari J. Sherman, Das Bankhaus M. M. Warburg & Co 1798–1938, Hamburg 1976; Avraham Barkai, Max Warburg im Jahre 1933: Mißglückte Versuche zur Milderung der Judenverfolgung, in: Peter Freimark/Alice Jankowski/Ina Lorenz (Hg.), Juden in Deutschland. Emanzipation, Integration, Verfolgung und Vernichtung. 25 Jahre Institut für die Geschichte der deutschen Juden Hamburg, Hamburg 1991 (Hamburger Beiträge zur Geschichte der deutschen Juden 17), S. 390–405; Ron Chernow, Die Warburgs. Odyssee einer Familie, Berlin 1994; Eckart Kleßmann, M. M. Warburg & Co. Die Geschichte eines Bankhauses, Hamburg 1999.   *Ina Lorenz*

WEGEWITZ, Willi, geb. 8. 3. 1898 Hollenbeck/Kreis Stade, gest. 2. 1. 1996 Hamburg; luth.; Archäologe, Direktor des Helms-Museums, Gründer des Freilichtmuseums am Kiekeberg.

Willi Wegewitz wurde 1898 im Forsthaus Hollenbeck/Kreis Stade als Sohn eines Hegemeisters geboren. Nach seiner 1912 am Seminar in Stade begonnenen Ausbildung, unterbrochen durch den Kriegsdienst und eine anschließende Erkrankung (1916–19), war er ab 1920 in Ahlerstedt als Volksschullehrer tätig. Zusätzlich übernahm er 1925 die Leitung der vorgeschichtlichen Abteilung des Stader Museums sowie die Bodendenkmalpflege des Bezirks Stade-Ost, wobei er während der Schuljahre von 1926 bis 1928 und 1929/30 beurlaubt war. 1930 wechselte er an die Volksschule Harburg-Wilhelmsburg und begann – die Zulassung zum Studium ohne Reifeprüfung hatte er 1929 erhalten – außerdem ein Studium der Vorgeschichte, Völkerkunde und Geologie an der Universität Hamburg, das er 1936 mit der Promotion über »Die langobardische Kultur im Gau Moswidi (Niederelbe) zu Beginn unserer Zeitrechnung« abschloss.

Nachdem er bereits seit 1930 ehrenamtlich am Helms-Museum in Harburg gewirkt hatte, beendete Wegewitz 1937 seine Tätigkeit im Schuldienst und übernahm die Leitung des Museums.

In den Jahren nach 1955 schuf er im neuen Museumsgebäude in der Knoopstraße eine Gesamtschau der Harburger Regionalentwicklung mit der Vor- und Frühgeschichte als Schwerpunkt neben der Geologie und der Volkskunde des Kreises Harburg sowie der Harburger Stadtgeschichte. Gleichzeitig untersuchte er als Bodendenkmalpfleger der Stadt und des Landkreises Harburg eine Vielzahl von Fundplätzen von der Altsteinzeit bis zum Mittelalter. Die Ergebnisse fast aller Grabungen wurden rasch und umfassend publiziert, unter anderem in dem von Wegewitz 1938 begründeten »Harburger Jahrbuch« des Helms-Museums. Gleichzeitig weckte er mit Vorträgen, Kursen an der Volkshochschule, Berichten in der Presse und populärwissenschaftlichen Arbeiten das Interesse an der Archäologie in der Bevölkerung. Ab 1953 gründete Wegewitz außerdem auf dem Kiekeberg ein Freilichtmu-

Willi Wegewitz

WIEMELER, Ignatz, geb. 3. 10. 1895 Ibbenbüren, gest. 25. 5. 1952 Hamburg; kath., 1930 aus der Kirche ausgetreten; Buchbinder.

Als einer der bedeutendsten deutschen Buchbinder in der ersten Hälfte des 20. Jahrhunderts verband Ignatz Wiemeler hervorragendes handwerkliches Können mit eindrucksvoller, strenger Gestaltungskraft. Viele seiner Handeinbände befinden sich heute in öffentlichen Bibliotheken und Museen.

Nach einer Buchbinderlehre in Osnabrück in den Jahren 1912/13 besuchte Wiemeler von 1914 bis 1921 die Kunstgewerbeschule in Hamburg. Der Kriegsdienst unterbrach seine Ausbildung von 1914 bis 1916. Von 1921 bis 1925 war Wiemeler Lehrer für Buchbinden an der Kunstgewerbeschule in Offenbach am Main und anschließend bis zum Jahre 1945 Professor an der Akademie für Graphische Künste und Buchgewerbe in Leipzig. Von 1946 bis zu seinem Tode lehrte er an der Landeskunstschule Hamburg. Wiemeler gehörte dem ersten Vorstand der 1946 in Hamburg wiederbegründeten Maximilian-Gesellschaft bis zu seinem Tode an und trug auch auf diese Weise zur Förderung der deutschen Buchkunst bei.

LITERATUR Ignatz Wiemeler, Buchbinder, 1895 bis 1952, Hamburg 1953; Ignatz Wiemeler. Werkverzeichnis, bearb. und zusammengestellt von Kurt Londenberg, Hamburg 1990 [Bibliografie S. 275–279].

Horst Gronemeyer

seum, das die Heidebauernkultur der Lüneburger Heide dokumentiert. Aufgrund seiner Lehrtätigkeit seit 1937 an der Universität Hamburg erfolgte 1956 die Ernennung zum Honorarprofessor. Wegewitz' Tätigkeit als Museumsdirektor endete 1966. Seine rege Publikationstätigkeit führte er nach seiner Pensionierung trotz starker Sehbehinderung fort.

WERKE Schriftenverzeichnis in: Willi Wegewitz, Rund um den Kiekeberg. Vorgeschichte einer Landschaft an der Niederelbe, in: Hammaburg N. F. 8 (1988), S. 235–240; Das Abenteuer der Archäologie. Erlebte Vorgeschichte. Archäologische Untersuchungen und Funde im Gebiet der Niederelbe vom 18. Jahrhundert bis zur Gegenwart, Oldenburg 1994 (Veröffentlichungen der Urgeschichtlichen Sammlungen des Landesmuseums zu Hannover 45).

LITERATUR Jan Filip, Enzyklopädisches Handbuch zur Ur- und Frühgeschichte Europas Bd. 2, Prag 1969, S. 1621; Rüdiger Articus, Der bekannte Hamburger Urgeschichtsforscher Professor Dr. Willi Wegewitz, in: Die Heimat 93 (1986), S. 156–158; ders., Prof. Dr. Willi Wegewitz 1898–1996, in: Harburger Jahrbuch 19 (1996), S. 7–10; Klaus Richter, Zum 100. Geburtstag von Prof. Dr. Willi Wegewitz, in: Kreiskalender Landkreis Harburg [19]98, S. 139 f. *Heidelies Wittig*

WILHELM AUGUST, Herzog von Braunschweig-Lüneburg-Harburg, geb. 14. 8. 1564 Harburg, gest. 30. 3. 1642 ebd.; luth.; letzter Harburger Herzog.

Wie alle Harburger Herzöge genossen auch Wilhelm August, der zumeist nur Wilhelm genannt wird, und seine Brüder eine sorgfältige Ausbildung, zu der in der Regel ein Studium in Wittenberg gehörte. Herzog Wilhelm, dessen Hauslehrer Johannes Caselius als Professor nach Rostock berufen worden war, hatte auch in Rostock studiert und erhielt 1575 die Würde eines Rektors dieser Universität. Anschließend setzte er seine Studien in Leipzig und Helmstedt fort, denen sich die standesgemäße große Reise durch Europa anschloss. Als der Vater 1603 starb, trat Wilhelm – dessen Anordnungen folgend – mit seinen Brüdern eine gemeinsame

Regierung an, bei der Christoph, der bereits 1606 infolge eines Unglücksfalls starb, nur eine kurze und Otto III. (1572–1641), der wie seine jüngeren Brüder bereits auf das Sukzessionsrecht verzichtet hatte, nur eine geringe Rolle spielten.

Herzog Wilhelm unternahm vielfältige Anstrengungen, um im Geiste des Merkantilismus die Wirtschaft in seinem kleinen Territorium, besonders in der Stadt Harburg, zu fördern; dazu zählten die Ansiedlung jüdischer Familien in Harburg (1610/12), die Entwicklung von Papiermühlen im Amt Moisburg und die Einrichtung neuer Zollstellen, so zum Beispiel 1609 in Bullenhausen; auch die Schaffung eigener Münzstätten in Harburg (1609–31) und Moisburg (1621–29) sollte der Wirtschaft und der herzoglichen Kasse aufhelfen. All diese Maßnahmen brachten nicht die Einnahmen, die nötig gewesen wären, um die Kosten für die Hofhaltung, die intensiviert wurde, zu decken oder gar die Schäden, die der Dreißigjährige Krieg mit sich brachte, auszugleichen. Da der Herzog militärisch schwach war, konnte er von allen Seiten erpresst werden. Darüber hinaus wurde Herzog Wilhelm Objekt welfischer Familienpolitik, da er unverheiratet war und sich ein »Heimfall« des Teilherzogtums abzeichnete. Dabei konnten 1635 die beiden Harburger Herzöge Wilhelm und Otto III. noch von den komplizierten Erbfolgeregelungen der Welfen profitieren, indem sie für kurze Zeit ihre Einkünfte aus Erträgen weit entfernt liegender Territorien aufbessern durften. Dazu zählte auch das Direktorium über die Universität Helmstedt.

Herzog Wilhelm war ein auf Ausgleich bedachter Mann und trachtete danach, die Streitigkeiten mit Hamburg um die Schifffahrtsrechte auf der Süderelbe beizulegen, wobei er auf eine Entschädigung seitens der Hansestadt hoffte, welche die Last seiner Schulden hätte erleichtern können. Diese waren auch der Grund für die Ausbeutung der Wälder durch nahezu unkontrollierten Einschlag und Holzverkauf. Die Streitigkeiten mit Hamburg, die über viele Jahrzehnte das Verhältnis zwischen der Hansestadt und den Welfen im Allgemeinen und speziell mit den Harburgern belastet hatten, wurden nach langwierigen Verhandlungen am 5. Oktober 1611 vorläufig beigelegt, wobei der Herzog erhebliche Zugeständnisse machte; er erkannte das Recht Hamburgs zur Kontrolle aller Schiffe an und verzichtete auf sein Geleitrecht. Dafür erhielt er die

erhoffte Geldentschädigung und zusätzlich eine jährliche Rente, die von 1612 an auch regelmäßig gezahlt wurde.

Die Behandlung, die der Herzog vom Hamburger Senat erfuhr, war demütigend; seine Hinweise darauf, dass er 1611 nicht seine Hoheitsrechte auf der Elbe verkauft habe, blieben ebenso wirkungslos wie die Versuche, die Celler Vettern in ihrem Streit mit Hamburg zum Einlenken zu bewegen. Die Stadt Harburg und ihre Bürger hatten die sich aus diesen Spannungen ergebenden Folgen zu tragen. Daran änderte sich auch nichts, als das Reichskammergericht 1619 in dem seit 1554 anhängigen Streit um die Schifffahrt auf der Süderelbe ein für Hamburg ungünstiges Urteil sprach; es stellte die freie, durch niemand behelligte Schifffahrt auf der Süderelbe fest und schränkte das Stapelrecht der Hansestadt ein. Herzog Wilhelm sah daraufhin die 1611 getroffenen Verträge als nichtig an, woraufhin Hamburg ihm die jährliche Rente strich. Da aber der Harburger Herzog sich nicht an den Kampfmaßnahmen der anderen Welfen gegen Hamburg beteiligte und damit letztlich die Abmachungen des Vertrags von 1611 anerkannte, flossen die Zahlungen nach 1628 wieder.

Das Verhältnis zwischen Hamburg und Harburg blieb aber gespannt und wurde besonders durch die Konkurrenz der Schiffer beim Fährverkehr belastet. Auch andere Gewerbe der Stadt waren davon negativ betroffen. Dabei hatte Herzog Wilhelm sich gerade den wirtschaftlichen Aufschwung der Stadt zum Ziel gesetzt. Tatsächlich wuchs der Ort, als nach 1614 eine »Neustadt« entstand. Da aber wesentliche Teile der Harburger Altstadt 1650 dem Festungsbau weichen mussten, sind Bezüge zu historischen Bauten des 16. und frühen 17. Jahrhunderts nicht mehr herzustellen. Sicher ist ein Anstieg der Bevölkerung von etwa 1000 Bürgern auf etwa 3000 im 17. Jahrhundert. Dabei waren der Anstieg des Textilgewerbes und die Anlage von Manufakturen maßgebend. Der Herzog hat sich nachhaltig für die Entwicklung Harburgs als Markt für die handwerklichen Produkte eingesetzt. Ferner behielt Harburg eine Bedeutung als Platz für den Holzhandel. Vor allem aber war die Stadt ein Zentrum für das Verkehrsgewerbe; Schiffer und Fuhrleute bestimmten nicht nur das Wirtschaftsleben, sondern auch die städtische Politik.

Herzog Wilhelm gilt auch als Begründer der ersten Lateinschule Harburgs, die wohl Vorläufer hatte, aber seit 1628 eindeutig nachzuweisen ist. In ihrer Tradition steht das Friedrich-Ebert-Gymnasium, das deshalb als zweitälteste Gelehrtenschule in Hamburg nach dem 1529 gegründeten Johanneum gelten darf. Während der Regierungszeit Herzog Wilhelms wurde das Harburger Schloss weiter ausgebaut, das 1620/21 seine endgültige Gestalt fand; danach setzte der Verfall ein, der 1972 mit dem Abriss ein Ende fand.

Mit der fast 40-jährigen Regierung Wilhelms endete die Existenz einer welfischen Nebenlinie in Harburg. Die Ämter des kleinen Territoriums fielen an die Celler Linie der Welfen zurück. Ihre weitere Entwicklung vollzog sich bis 1866 im Kontext der hannoverschen und danach der preußischen Geschichte. Erst mit dem Groß-Hamburg-Gesetz von 1937 wurde ein Teil des ehemaligen Herzogtums Braunschweig-Lüneburg-Harburg in das Gebiet der Freien und Hansestadt Hamburg integriert und damit in dessen Geschichte einbezogen.

LITERATUR W.C. Ludwig, Geschichte der Stadt und des Schlosses Harburg, Bd. 1, Harburg 1887, S. 93–143; Dieter Matthes, Die welfische Nebenlinie in Harburg. Untersuchung über Entstehung und Rechtsform einer fürstlichen Abfindung zu Beginn des 16. Jahrhunderts, Hamburg-Harburg 1962 (Veröffentlichungen des Helms-Museums 14); Dietrich Kausche, Harburg und der süderelbische Raum, in: Erich von Lehe u. a. (Hg.), Heimatchronik der Freien und Hansestadt Hamburg, 2. Aufl. Köln 1967, S. 402–424; Klaus Richter, Von der Burg zur Mietskaserne, Das Harburger Schloß, in: Jürgen Ellermeyer u. a. (Hg.), Harburg. Von der Burg zur Industriestadt. Beiträge zur Geschichte Harburgs 1288–1938, Hamburg 1988 (Veröffentlichungen des Vereins für Hamburgische Geschichte 33), S. 16–33. *Eckardt Opitz*

WILLEBRAND (WILLEBRANDT), Johann Peter, geb. 10. 9. 1719 Rostock, gest. 22. 7. 1786 Hamburg; luth.; Jurist, Polizeidirektor, Schriftsteller.

Als Altonaer Polizeidirektor scheiterte Willebrand, doch als Schriftsteller war er durchaus erfolgreich und angesehen.

Er stammte aus einer Rostocker Kaufmannsfamilie. Das Studium der Rechte schloss er 1742 in Halle mit der Promotion ab. Nach längeren Reisen durch Deutschland und Europa, die sich in seinen Werken spiegeln, ließ er sich als Anwalt in Lübeck

Johann Peter Willebrand

nieder und heiratete dort 1747 die Witwe Johanna Maria Paarmann, geborene Meyer. Willebrand fand Kontakt zum führenden dänischen Staatsmann Johann Hartwig Ernst Graf Bernstorff, erhielt 1755 den Titel eines Justizrats und wurde Mitglied des Pinnebergischen und Altonaischen Oberappellationsgerichts und des Oberkonsistoriums zu Glückstadt. Sein Wohnsitz wurde Altona. Dort amtierte er von 1757 bis 1767 als Polizeidirektor, erhielt jedoch nicht die erhofften Gestaltungsmöglichkeiten und geriet in Konflikte mit seinem Vorgesetzten, dem Altonaer Oberpräsidenten, mit dem Magistrat und den Bürgern der Stadt. Ende 1766 erbat er seinen Abschied, der im folgenden Jahr gewährt wurde.

Willebrand begab sich erneut auf Reisen und lebte seit 1771 in Hamburg, das er sehr schätzte, als Schriftsteller. Er starb 1786, wenige Monate nach dem Tod seiner Frau. Der einzige Sohn, Christian Ludwig Willebrand (1750–1837), ebenfalls promovierter Jurist, war in Hamburg als Schriftsteller tätig und besorgte 1818 ein Verzeichnis der Sammlungen von Büchern, Handschriften, Musikalien, Kupferstichen und Münzen der Vereinigten Logen.

Johann Peter Willebrand veröffentlichte 1748 in Lübeck eine »Hansische Chronick«, in der er auch Quellen zugänglich machte, 1768 in Hamburg die »Betrachtung über die Würde der deutschen Hansa

und über den Werth ihrer Geschichte«, einen Vorläufer der mit Georg Sartorius beginnenden modernen Hanseforschung. Bekannt wurden auch seine Werke »Historische Berichte und Practische Anmerkungen auf Reisen in Deutschland, in die Niederlande, in Frankreich, England, Dännemark, Böhmen und Ungarn« (Hamburg 1758) und »Abregé de la police, accompagné de reflexions sur l'accroissement des villes« (Hamburg 1765, nicht autorisierte deutsche Ausgabe Leipzig und Zittau 1776). Die französische Version erhielt den Beifall der Zarin Katharina II. und des braunschweigischen Herzogs Carl I. 1772 erschienen »Hamburgs Annehmlichkeiten von einem Ausländer beschrieben«, die 1783 erweitert als »Vermehrte Nachrichten von Annehmlichkeiten in und um Hamburg, mit freundschaftlichen Erinnerungen für Fremde und Reisende« in zweiter Auflage herauskamen. 1774 veröffentlichte Willebrand »Lübecks Annehmlichkeiten für einen Ausländer beschrieben«. Diese Städteführer sind reizvolle und informative sozial- und kulturgeschichtliche Quellen.

Willebrands Hauptwerk, der »Grundriß einer schönen Stadt«, erschien 1775 und 1776 in zwei Bänden und drei Teilen in Hamburg und Leipzig. Auf über 600 Seiten legte er seinen Lesern ein wahres Kompendium nahezu aller Bereiche städtischen Lebens und kommunaler Verwaltung vor, basierend auf eigenen Berufs- und Amtserfahrungen, ausgedehnten Reisen und offensichtlich ausgiebiger Lektüre der einschlägigen Literatur aus dem In- und Ausland. Beiden Bänden vorangestellt wurde eine »Vorrede von der Wirkung des Clima auf die Gesinnung und Gesetzgebung der Völker«, die Montesquieus großen Einfluss verrät. Aus der Perspektive aufgeklärt-absolutistischer Landesherren und reformbereiter Stadträte behandelte Willebrand seine Themen; Fragen der Selbstverwaltung, der politischen Partizipation allerdings blieben außerhalb seiner Betrachtung. Auffallend sind sein soziales Denken und seine humanitäre Grundhaltung, die auch den Schwachen und den Menschen am Rande der Gesellschaft galten. Auch Denkmalschutz sowie Umwelt- und Verbraucherschutz bezog er ein. Toleranz war für ihn eine Voraussetzung blühender Gemeinwesen, auch die Juden schloss er mit Einschränkungen ein. Christoph Martin Wieland rezensierte im Mai 1775 den »Grundriß« in seinem »Teutschen Merkur«. Willebrand habe

»eine Art von Ideal« geschaffen, geeignet, »den Regenten und Vorstehern der Städte unsers lieben deutschen Vaterlandes zugleich die Dienste eines Spiegels und Modells zu leisten«. Eine schöne Stadt sei für Willebrand im »sokratischen Sinne« dann gegeben, wenn »alles zweckmäßig ist, und zur Vollkommenheit des Ganzen beyträgt«. Den zweiten Band beschloss Willebrand mit einem Zitat des von ihm und seinem Sohn sehr geschätzten Dichters Christian Fürchtegott Gellert: »Der Welt gehören unsre Kräfte, ihr nützen ist ein seliges Geschäfte«. Diesem Ziel war der Schriftsteller Willebrand stets verpflichtet.

WERKE Schriftenverzeichnis in: LhS 8.

LITERATUR ADB 43; Lhs 8; Killy 12; Franklin Kopitzsch, »Spiegel und Modell« – Johann Peter Willebrands »Grundriß einer schönen Stadt«, in: Mitteilungen des Hamburger Arbeitskreises für Regionalgeschichte 39 (2002), S. 38–48. *Franklin Kopitzsch*

WIRAD VON BOIZENBURG, urkundlich bezeugt etwa 1186/87 bis 1224/25; Lokator, Ratsherr.

Als Graf Adolf III. 1186 oder 1187 die Neustadt Hamburg auf dem Gelände der »neuen Burg« in der Alsterschleife bei Hamburg gründete, war als Lokator (Siedlungsunternehmer) Wirad von Boizenburg tätig. Dass er ein Ministeriale Herzog Heinrichs des Löwen oder ein Lehnsmann Graf Adolfs III. gewesen sei, bleibt nur eine Möglichkeit. Die Siedler der Neustadt wurden durch den Grafen vermutlich zunächst mündlich privilegiert. Das auf den Namen Adolfs III. gefälschte, undatierte Privileg ist erst 1224 entstanden. In dieser Urkunde ist unter anderem vorgesehen, dass die Gerichtsgefälle, ausgenommen die Blutgerichtsbarkeit, den Siedlern für drei Jahre erlassen werden. Danach sollen sie an Wirad von Boizenburg oder an seinen Erben/Nachfolger (»successor«) fallen, von den Erträgen der Blutgerichtsbarkeit jedoch nur ein Drittel; das Wort »successor« lässt sich auch auf einen Amtsnachfolger als Inhaber der Gerichtsbarkeit beziehen, zum Beispiel auf den Stadtrat. Wirad wird noch in zwei weiteren Urkunden genannt: in der angeblichen Bestätigung eines Privilegs Kaiser Friedrichs I. durch Graf Adolf III. vom 24. Dezember 1190 (gefälscht 1224 oder Anfang 1225) und in einer undatierten Urkunde Graf Adolfs III. für das Domkapitel zu Hamburg (wahrscheinlich 1224 oder 1225 gefälscht), in Ersterer ausdrücklich als Ratsherr. Dies ist der früheste Beleg für das Vorkommen der Ratsverfassung in Hamburg – neben dem ersten Nachweis in einer echten Urkunde Graf Adolfs IV. von Holstein von 1225. An Wirad von Boizenburg wird deutlich, wie sich der Übergang von der herausgehobenen Stellung des Lokators der Neustadt Hamburg zum Stadtrat der Gesamtstadt vollzog, in dem Wirad eines unter mehreren Mitgliedern war.

LITERATUR Heinrich Reincke, Die ältesten Urkunden der Hansestadt Hamburg, in: ders., Forschungen und Skizzen zur hamburgischen Geschichte, Hamburg 1951 (Veröffentlichungen aus dem Staatsarchiv der Freien und Hansestadt Hamburg 3), S. 93–166, hier S. 104–114, 121f.; Karl Jordan, Zu den ältesten Urkunden für die Hamburger Neustadt, in: Archiv für Diplomatik 29 (1983), S. 209–228, hier S. 211–214; Gerhard Theuerkauf, Urkundenfälschungen der Stadt und des Domkapitels Hamburg in der Stauferzeit, in: Fälschungen im Mittelalter. Internationaler Kongreß der Monumenta Germaniae Historica, München, 16.–19. September 1986, Bd. 3: Diplomatische Fälschungen 1, Hannover 1988 (Monumenta Germaniae Historica. Schriften 33/3), S. 397–431, hier S. 416–431.

Gerhard Theuerkauf

WOERMANN, Carl *(Karl)*, geb. 4. 7. 1844 Hamburg, gest. 4. 2. 1933 Dresden; luth.; Kunsthistoriker, Schriftsteller.

Dem Sohn des Hamburger Reeders Carl Woermann und älteren Bruder des späteren »königlichen Kaufmanns« Adolph Woermann ermöglichte die großbürgerliche Herkunft eine unbeschwerte Jugend, deren privilegierter Charakter unter anderem dadurch gekennzeichnet war, dass Karl bereits mit 16 Jahren auf den Schiffen seines Vaters eine erste Weltreise unternahm, die ihn bis nach Südostasien führte. Karl Woermanns musische Neigungen zeigten sich frühzeitig. Erste Erfolge als Dichter veranlassten ihn, die Schreibweise seines Vornamens von der des Vaters zu unterscheiden. Dennoch begann er 1863 in Heidelberg ein Jurastudium, das er in Berlin, Kiel und Göttingen fortsetzte. Nach seiner Promotion im Jahre 1867 ließ er sich in Hamburg als Advokat nieder. Zweifel an dieser Berufswahl veranlassten Woermann 1868 zu einer erneuten Weltreise, die ihn bis in die USA führte. 1870 erschien der Gedichtband »Aus der Natur und dem Geiste«, dem mit den Jahren andere folgten.

Karl Woermann

Gleichzeitig begann Woermann ein Studium der Archäologie und Kunstgeschichte in Heidelberg. Bereits 1871 konnte er sich mit der Arbeit »Die Landschaft in der Kunst der alten Völker« habilitieren. Nach einer kurzen Zeit als Privatdozent erreichte ihn 1874 die Berufung zum Professor für Kunstgeschichte an die Kunstakademie in Düsseldorf. 1882 wechselte er zur Gemäldegalerie nach Dresden, die er als Direktor bis 1910 leitete. Während dieser Zeit entstanden zahlreiche Aufsätze und Schriften, die ihren Höhepunkt in der ersten Ausgabe der »Geschichte der Kunst aller Zeiten und Völker« (3 Bde., 1900–11) fanden. Woermann schaltete sich aber auch in aktuelle Debatten ein. In einer Umfrage zum Neu- oder Wiederaufbau des Hamburger Michels (1906) riet er seiner Vaterstadt, mit demselben »Großsinn« wie bei der Errichtung des Bismarck-Denkmals ein »neues Muster« im Kirchenbau zu schaffen.

In der 1894 erschienenen programmatischen Schrift »Was uns die Kunstgeschichte lehrt« begründete Woermann seine Anschauung einer empirischen, auf der »physiologischen Erkenntnis des Kunstschönen« beruhenden Kunstgeschichte, die sich an Meistern und Schulen orientiert. Von seinem sachlichen Standpunkt erhoffte er sich Kriterien für den Umgang mit aktuellen Kunstströmungen, doch Woermanns Betrachtungsweise beinhaltete auch eine »völkliche Bedingtheit« der Kunst. Besonders die Stereotypen in der Beschreibung französischer Kultur schadeten dem ansonsten wissenschaftlichen Charakter seines Œuvres. Nach

Woermanns Auffassung fand die wahre Kunst in einer jeweils durch Epoche und Volk geprägten Synthese von Naturdarstellung und Stilisierung ihren »ewiggültigen« Ausdruck. Damit bewahrte er sich eine weitgehende, durch ausgedehnte Reisen fundierte Unbefangenheit gegenüber der »Kunst aller Zeiten und Völker«, deren Geschichte in einer zweiten, auf sechs Bände erweiterten Auflage 1922 erschien. Seine dem Historismus entstammende relativistische Einstellung überprüfte Woermann auch an aktuellsten Kunstströmungen. Dem »Formwillen« des Expressionismus begegnete er trotz des »naturfernen« Ausdrucks mit Verständnis, während er dessen Dogmen mit Skepsis betrachtete.

Die Ambivalenz von Woermanns politischer Haltung verdeutlicht seine Beurteilung des Zeitgeschehens in den »Lebenserinnerungen eines Achtzigjährigen« (2 Bde., 1924). Den Bismarck-Verehrer hinderten sein Leugnen einer deutschen Schuld am Ersten Weltkrieg und die Kritik am »schmählichen« Frieden von Versailles nicht am republikanischen Bekenntnis zur Weimarer Verfassung.

WERKE Schriftenverzeichnis in: LhS 8; Aus der Natur und dem Geiste. Gedichte, Hamburg 1870; Was uns die Kunstgeschichte lehrt. Einige Bemerkungen über alte, neue und neueste Malerei, Dresden 1894; Geschichte der Kunst aller Zeiten und Völker, 6 Bde., 2., neubearb. und vermehrte Aufl. Leipzig 1915–22; Lebenserinnerungen eines Achtzigjährigen, 2 Bde., Leipzig 1924.

LITERATUR LhS 8; KDG 1925; KDL 1928; Metzler Kunsthistoriker Lexikon. Zweihundert Porträts deutschsprachiger Autoren aus vier Jahrhunderten, Stuttgart/Weimar 1999; Eberhard Hempel, Karl Woermann, in: Zeitschrift für Kunstgeschichte, Bd. 2, 1933, Heft 3, S. 209–212.

Jörg Schilling

WOHLWILL, Gretchen (Margarethe), geb. 27. 11. 1878 Hamburg, gest. 17. 5. 1962 ebd.; konfessionslos; Kunsterzieherin, Malerin, Grafikerin.

Gretchen Wohlwill wuchs mit vier Geschwistern in einem liberalen akademischen Elternhaus auf; ihr Vater Emil Wohlwill war Chemiker und Historiker. Nach Abschluss der Selecta an der Privatschule von Robert Meisner absolvierte sie ab 1894 eine Ausbildung an der Hamburger Kunstschule Valeska Röver. Die Maler Ernst Eitner und Arthur Illies vermittelten dort impressionistische Malerei. 1904/05 studierte sie an der Pariser Privatakademie Stettler

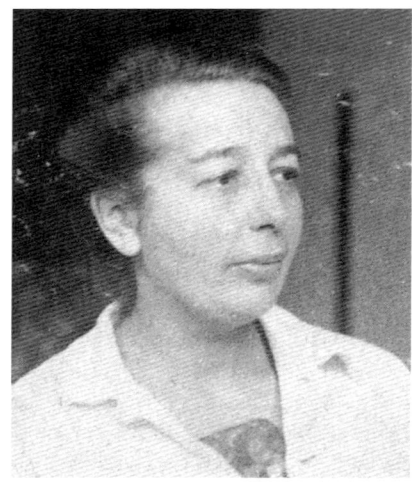

Gretchen Wohlwill

bei Lucien Simon und Jacques Emile Blanche, 1909/10 gemeinsam mit den Hamburgern Franz Nölken und Friedrich Ahlers-Hestermann sowie mit Hans Purrmann im Atelier von Henri Matisse. Ihr Interesse galt der französischen Avantgarde. Nach einem Selbststudium legte sie 1909 in Berlin zusätzlich das Examen als Zeichenlehrerin ab und konnte ab 1911 an der Emilie-Wüstenfeld-Mädchenschule in Hamburg an drei Tagen in der Woche Kunsterziehung unterrichten. Privat war ihr wenig Glück beschieden: Eine Verlobung mit dem Maler Hermann Bruck lösten beide wieder, durch Kriegstod verlor sie 1914 den befreundeten Sprachforscher Erwin Waiblinger.

Da ihr Beruf sie wirtschaftlich unabhängig machte und ihr Zeit zum künstlerischen Schaffen ließ, verfolgte Gretchen Wohlwill engagiert die Entwicklungen der europäischen Avantgarde und widmete sich mit Leib und Seele der Kunst. 1919 gründete sie mit Kollegen die Hamburgische Sezession, 1920 trat sie der Hamburgischen Künstlerschaft und 1921 dem Deutschen Künstlerbund bei. Ihr Atelier in der Magdalenenstraße 12 wurde in den zwanziger Jahren zu einem Treffpunkt der Sezession. Auf Studien- und Arbeitsreisen in verschiedene europäische Länder vertiefte sie ihre Kenntnisse. Prägend wurde die Begegnung mit dem 23 Jahre jüngeren Maler Eduard Bargheer im Jahr 1926, aus der eine lebenslange Freundschaft erwuchs.

Gretchen Wohlwill fand zu einem spezifisch malerischen Stil, der Überzogenes meidet und Kultiviertheit ausstrahlt. Um 1920 malte sie kubistisch expressiv, später griff sie Elemente der Neuen Sachlichkeit auf. 1930 arbeitete sie im Stil der Hamburgischen Sezession in breiter, flächiger Malerei. Neben dem malerischen entstand ein breites grafisches Œuvre. Anfang der dreißiger Jahre war die Malerin eine angesehene Künstlerin im Hamburger Kulturleben. Sie erhielt mehrere Porträtaufträge und malte 1931 im Auftrag von Oberbaudirektor Fritz Schumacher zwei Wandbilder im Treppenhaus der Emilie-Wüstenfeld-Schule.

Wegen ihres modernen Malstils und ihrer jüdischen Abstammung wurde Gretchen Wohlwill bereits vor der Machtübernahme der Nationalsozialisten angefeindet. Im Sommer 1933 entließ man sie aus dem Schuldienst. Ihre Wandbilder übermalte Ary Bergen mit NS-Motiven. Die Malerin konzentrierte sich nun ganz auf ihre Kunst, zog sich aus der Öffentlichkeit zurück und lebte von einer kargen Pension. Sie arbeitete bis 1939 in einem hölzernen Atelierhäuschen neben Bargheers Kate am Finkenwerder Neß. Ihre Bilder änderten sich. In Fenstermotiven, gespenstischen Baumkulissen, leeren, flächigen Gesichtern ohne individuelle Physiognomie manifestiert sich Zeitgeist, unterschwellig kommt Angst zum Ausdruck.

Die Gefährlichkeit des Nationalsozialismus wurde Gretchen Wohlwill erst langsam bewusst. Ab 1935 engagierte sie sich im Jüdischen Kulturbund Hamburg, beteiligte sich am Projekt einer grafischen Mappe, veranstaltete 1937 mit Kurt Löwengard eine Ausstellung. 1938 besuchte sie ihren Bruder Fritz Wohlwill in Lissabon. Sie trennte sich schwer von ihrer Vaterstadt, emigrierte spät, nach langem Zögern am 15. März 1940 über Italien nach Lissabon. Die Machthaber hatten die 62-Jährige ihrer Rücklagen beraubt. Ihre Habe wurde konfisziert. Die Kriegsjahre in Lissabon bezeichnete Gretchen Wohlwill später als schwerste Zeit ihres Lebens. Zunächst lebte sie im Haus des Bruders, später bezog sie eine primitive Wohnung. Ihren Beruf konnte sie nicht ausüben. Sie bemalte Stoffe und Keramik, nähte Toilettentaschen, erteilte Sprachunterricht und litt unter Einsamkeit und Fremdheit. Eine karge Lebensführung, miserable, schlecht bezahlte Arbeit, Krankheit, Unfälle und Bedürftigkeit prägten die Jahre des Exils.

Nach Kriegsende konnte Gretchen Wohlwill endlich wieder malen, fand in fünf Einzelausstel-

lungen Anerkennung und wurde 1948 und 1952 mit Auszeichnungen geehrt. Das intensive südliche Licht fand Eingang in die Arbeiten, sie wurden leuchtend, hellfarbig bunt. Eine flächig-ruhige Malerei entstand nun, die die Künstlerin bis zum Ende beibehielt. Nachdem sie zweimal zu Besuch in Hamburg gewesen war, entschloss sie sich 1952 – als einzige unter den emigrierten Hamburger Künstlern – zur Rückkehr. Die Aussicht auf eine gemeinsame Zukunft mit den wenigen Überlebenden ihrer Familie, die Nähe Bargheers und eine kleine Rente halfen ihr bei der Wiederannäherung. Die Hamburger Kulturbehörde stellte ihr eine Wohnung in den neuen Grindelhochhäusern zur Verfügung. Die letzten zehn Lebensjahre verbrachte sie nach eigenem Empfinden unbeeinträchtigt und glücklich. Die wenigsten ahnten, dass die Freundlichkeit der Malerin schwer errungen war, aus jener Selbstdisziplin erwachsen, mit der sie ihr schweres Leben meistern gelernt hatte. 1959 wählte sie der Berufsverband Bildender Künstler zum Ehrenmitglied.

WERKE Lebenserinnerungen einer Hamburger Malerin, bearb. von Hans-Dieter Loose, Hamburg 1984.

LITERATUR Vollmer 5; Bake/Reimers, S. 153–158; Bruhns 2; Jutta Dick/Marina Sassenberg (Hg.), Jüdische Frauen im 19. und 20. Jahrhundert. Lexikon zu Leben und Werk, Hamburg 1993; Hermann Bahlmann, Gretchen Wohlwill, in: Der Kreis, Heft 11 (1927), S. 595–598; Maike Bruhns (Hg.), Gretchen Wohlwill. Eine jüdische Malerin der Hamburgischen Sezession, Hamburg 1989; dies., Gretchen Wohlwill, in: Die große Inspiration. Deutsche Künstler in der Académie Matisse, Bd. 2, Ahlen 2000, S. 113.

Maike Bruhns

WOLF, Johann Christian, geb. 8. 4. 1689 Wernigerode, gest. 9. 2. 1770 Hamburg; luth.; Klassischer Philologe, Bücher- und Handschriftensammler, Bibliothekar.

Johann Christian Wolf kam 1695 nach Hamburg, als sein Vater zum Hauptpastor der St. Nikolai-Kirche gewählt worden war, besuchte das Johanneum und das Akademische Gymnasium und studierte von 1709 bis 1712 in Wittenberg Theologie. Anschließend wurde er in Hamburg Kandidat des Geistlichen Ministeriums. 1725 wurde er zum Professor der Physik und Poesie am Hamburger Akademischen Gymnasium ernannt und übernahm 1746 die Stelle des Bibliothekars der Hamburger Bibliothek (seit 1751 öffentliche Stadtbibliothek), die er bis zu

Johann Christian Wolf

seinem Tode bekleidete. 1766 stellte er seine Vorlesungen aus gesundheitlichen Gründen ein. Wolf lebte äußerst sparsam und zurückgezogen und widmete sich ganz der Wissenschaft und der Bibliothek. Er ergänzte die umfangreiche Buch- und Handschriftensammlung seines 1739 verstorbenen Bruders, des Philologen und Theologen Johann Christoph Wolf, die durch eine 1767 beurkundete Schenkung an den Hamburger Staat und somit an die Stadtbibliothek gelangte und bis heute zu den kostbarsten Beständen der Staats- und Universitätsbibliothek Hamburg zählt.

WERKE Sapphus, poetriae Lesbiae, fragmenta et elogia, quotquot in auctoribus antiquis Graecis et Latinis reperiuntur, cum virorum doctorum notis integris, cura et studio Joh. Christ. Wolfii, qui vitam Sapphonis et indices adjecit, Hamburgi 1733; Monumenta typographica, quae artis huius praestantissimae originem, laudem et abusum posteris produnt, Hamburgi 1740.

LITERATUR ADB 43; LhS 8; Friedrich Lorenz Hoffmann, Die Brüder Wolf. 2. Johann Christian Wolf. (Hamburgische Bibliophilen, Bibliographen und Litterarhistoriker 14), in: Serapeum 24 (1863), S. 343–348, 353–360; Werner Kayser, 500 Jahre wissenschaftliche Bibliothek in Hamburg. 1479–1979. Von der Ratsbücherei zur Staats- und Universitätsbibliothek, Hamburg 1979 (Mitteilungen aus der Staats- und Universitätsbibliothek Hamburg 8), S. 65–90. *Horst Gronemeyer*

WOLF, Reinhart, geb. 1. 8. 1930 Berlin, gest. 10. 11. 1988 Hamburg; Fotograf.

Der als Sohn eines Architekten und einer Zeichenlehrerin in Berlin geborene und später unter anderem in Hamburg lebende Reinhart Wolf spielte als Fotograf im Mode-, Design-, Werbe- und Pressebereich von den fünfziger bis zu den achtziger Jahren eine weit über die Hansestadt hinausweisende Rolle.

Statt, wie ursprünglich geplant, in die Fußstapfen seines Vaters zu treten, begann Wolf nach der Schulzeit in Bremen 1950/51 ein Studium der Literatur, Kunstgeschichte und Psychologie in Hamburg. Ein Stipendium führte ihn als Austauschstudent ans amerikanische Wabash College in Crawfordsville/Indiana. Kaum zwanzig Jahre alt, begegnete er hier den Fotos von Irving Penn und Edward Weston.

Aus den USA zurückgekehrt, fasste Wolf den Entschluss, Fotograf zu werden, besuchte 1954 die Hamburger Fotoschule A. Schwoerer und sah sich in Paris um, wo er Künstler in ihren Ateliers porträtierte. Die Serie mit Porträts von Fernand Léger, Max Ernst und Alberto Giacometti fand Anklang, im Amerikahaus Bremen gab es eine erste Einzelausstellung, und noch im selben Jahr wurde Wolf Mitglied der Gesellschaft deutscher Lichtbildner. 1955/56 legte er an der Bayerischen Staatslehranstalt für Photographie in München seine Meisterprüfung ab. Bereits ein Jahr später lehrte er selbst Fotografie an der Hamburger Meisterschule für Mode und wirkte als Gastdozent an verschiedenen Hochschulen. 1958 gründete er in der Hansestadt sein eigenes Werbestudio am Kleinen Kielort 10. Noch galt sein Name als Geheimtipp. Gesichter, die er fotografierte, erschienen wie Landschaften, Fotos wie Gemälde. Abbildung und Deutung flossen zusammen.

1964 war der »Gentleman Photographer«, der stets im dunkelblauen Zweireiher auftrat, Gründungsmitglied und von 1974 bis 1977 auch Präsident des Art Directors Club Deutschland (ADC). Er konnte aufmerksam zuhören, sprach leise, fand nicht nur überraschende Lösungen für jeden Werbewunsch, sondern prägte mit seinen Bildern über eine Aktion hinaus zeitweise das Image von Produkten und Unternehmen, darunter VW, Sprengel, Tchibo und die Bundesbahn. Mit dem Umzug ins

Reinhart Wolf

neue Studiohaus Kleiner Kielort 4 fiel 1969 die Gründung der Wolf & Partner GmbH Filmgesellschaft zusammen.

Reinhart Wolf war Perfektionist. Mit dem Aufkommen der Farbe in der Printlandschaft wurde die Food-Fotografie für die Zeitschriften »Stern« und »Feinschmecker« sein zweiter Schwerpunkt. Er präzisierte und reduzierte Tafelpräsentationen und Tellergerichte zu gemäldeartigen Stillleben. Die japanische und chinesische Küche fotografierte er in ihren Heimatländern.

Nach dem Erfolg von Einzel- und Gruppenausstellungen seit den siebziger Jahren in Hamburg, Köln, Düsseldorf, Hagen, Kassel, Frankfurt am Main, München, Mailand und Houston erschienen die ersten Bücher in Amerika und Spanien, später auch in Deutschland. In New York faszinierten Reinhart Wolf die Spitzen der Hochhäuser, in Spanien die Burgen in monumentalen Landschaften, in China außergewöhnliche Stillleben wie »Der ewige Kessel«, »Mit Strohhalmen gefesselte Krabben«, »Bambusblätter« oder ein »Gedämpftes Brötchen«. In Japan reduzierten sich die Motive zuweilen auf nur noch zwei Gegenstände und ebenso wenige Farben. 1987 fanden im Düsseldorfer Kunstverein des Landes Nordrhein-Westfalen und im Fotomuseum des Münchener Stadtmuseums zwei letzte große Einzelausstellungen statt. Bis in sein Todesjahr 1988 veröffentlichte Reinhart Wolf 14 Bücher.

Wolfs letzte Tat war die Einrichtung der in München ansässigen »Reinhart Wolf photographische

Stiftung«, die seit 1991 in jedem Jahr einen Preis für den begabten Nachwuchs vergibt.

WERKE Gesichter von Gebäuden, Bremen 1980; New York, Hamburg 1980; Castillos. Burgen in Spanien, München 1983; China und seine Küche. Eine photographische Reise, München 1986; (mit André Heller und Jürgen Kestin) Himmelszeichen, München 1986.

LITERATUR Hans Eberhard Hess/Freddy Langer (Hg.), Reinhart Wolf, Hamburg 1992.

Karin von Behr

WOLFFSON, Isaac, geb. 21. 1. 1817 Hamburg, gest. 12. 10. 1895 ebd.; isr.; Jurist, Parlamentarier.

Isaac Wolffson stammte aus einer jüdischen Familie, deren Vorfahren väterlicherseits seit langem in Hamburg ansässig waren. Sein Vater Meyer Wolffson, der zunächst als Schullehrer, später als Kaufmann tätig war, galt als angesehen, aber nicht wohlhabend. Der Sohn wuchs ohne Geschwister auf. Die Familie Wolffson war Mitglied der Israelitischen Gemeinde zu Hamburg, der Vater zudem als Anhänger der jüdischen Aufklärung Mitglied der reformbewussten Gruppe des Neuen Israelitischen Tempelvereins. 1824 in die reformorientierte Israelitische Freischule eingeschult, wechselte Isaac vermutlich um 1828 in die Vorschule des Johanneums, um Lateinkenntnisse zu erwerben. Nach Abschluss der Prima immatrikulierte er sich 1835 in Heidelberg zum Studium der Rechtswissenschaft, wechselte jedoch alsbald nach Göttingen. Dort wurde er 1838 mit der zivilrechtlichen Dissertation »De rerum compositarum dominio atque possessione« promoviert. Sein im Februar 1839 in Hamburg gestellter Antrag auf Zulassung zur Advokatur wurde ihm aus konfessionellen Gründen verweigert. Juden konnten zu dieser Zeit in Hamburg kein Bürgerrecht erwerben und erfüllten somit nicht die Voraussetzung für die Anwaltschaft. Wolffson behalf sich damit, dass er die erlaubte gewerbsmäßige Beratung und Vertretung vor dem 1815 nach französischem Vorbild eingerichteten Handelsgericht übernahm. Außerdem fertigte er in diesen Jahren Schriftsätze für die beim Obergericht zugelassenen Anwälte. Gerade durch seine Tätigkeit vor dem Handelsgericht erwarb sich der noch junge Wolffson alsbald breite Anerkennung, auch unter der Hamburger Kaufmannschaft.

Die seit dem Hamburger Brand 1842 entstehen-

WOLFFSON, Isaac

Isaac Wolffson

de politische Reformbewegung sah Wolffson in ihrer Mitte. Für seinen weiteren Lebensweg blieb das Bestreben prägend, sich neben den beruflichen Verpflichtungen für das allgemeine Wohl einzusetzen. Zunächst ging es ihm um die rechtliche Gleichstellung der Juden, die in eine freiheitliche Gesellschaftsordnung eingebettet sein sollte. Wolffson war einer der führenden Köpfe der 1845 gegründeten »Gesellschaft für sociale und politische Interessen der Juden«. Auf dem ersten Deutschen Anwaltstag 1846 in Hamburg wurde er zum Schriftführer bestellt. Im selben Jahr gehörte er zu den Gründungsmitgliedern des Vereins hamburgischer Juristen, der neben dem Bürgerverein von St. Pauli als führende Gruppierung der liberalen Opposition galt. Anfang 1848 übernahm Wolffson die Mitarbeit in der Redaktion der »Neuen Hamburger Blätter«, einer Zeitschrift der hamburgischen Liberalen. Die politische und fachliche Aufmerksamkeit, die er über Jahre hinweg auf sich gezogen hatte, führte im Revolutionsjahr 1848 zu seiner Mitgliedschaft in der konstituierenden Versammlung Hamburgs. Für Wolffson war dies der Beginn seiner parlamentarischen Tätigkeit. Aufgrund der Beschlüsse der Frankfurter Nationalversammlung von 1848 konnte er jetzt als Jude das Bürgerrecht erwerben und damit auch zur Anwaltschaft zugelassen werden. Dabei blieb es in Hamburg auch nach dem Scheitern der Frankfurter Nationalversammlung und der einsetzenden Reaktion. Wolffson zog sich zwar zunächst aus dem politischen Leben zurück, engagierte sich jedoch verstärkt in der jüdischen Gemeinde, deren Vorstand er von 1853 bis 1868 angehörte.

Ende 1859 wurde Wolffson im Zuge neuerlicher Reformbestrebungen in die Bürgerschaft gewählt, die einen Übergang von der republikanischen Oligarchie zu einer modernen Repräsentativverfassung gewährleisten und die politischen Kräfte angemessen ordnen sollte. Die Reform gelang in kürzester Zeit. Die Hamburger Verfassung von 1860 sah nunmehr volle Religionsfreiheit und Gleichberechtigung der Konfessionen vor. Für die jüdische Gemeinde ergaben sich aus der neuen Verfassung wichtige Änderungen. Wolffson begleitete diese Umstrukturierungen sowohl im parlamentarischen Raum als auch in der Gemeinde. In den Jahren 1861 und 1862 war er Präsident der Bürgerschaft und damit der erste jüdische Präsident eines deutschen Landesparlaments. Als Abgeordneter blieb er der Bürgerschaft bis 1883 verbunden. Das in Hamburg erworbene Vertrauen in seine politische Integrität legte den Grund dafür, dass Wolffson in den Wahlen von 1871, 1874, 1877 und 1878 seine Vaterstadt als Abgeordneter der Nationalliberalen im Deutschen Reichstag vertrat. In dieser Funktion war er 1875 und 1876 Mitglied der Kommission zur Ausarbeitung der deutschen Justizgesetze des Reiches, also des einheitlichen Gerichtsverfassungsgesetzes, der Zivilprozessordnung, der Strafprozessordnung und der Rechtsanwaltsordnung. Wolffsons Initiative war die Bildung von Kammern für Handelssachen bei den Landgerichten zu verdanken, die mit einem Berufsrichter und zwei ehrenamtlich tätigen Kaufleuten besetzt waren. 1890 wurde er als einziger Anwalt unter zehn prominenten Juristen ständiges Mitglied der Kommission für die zweite Lesung des Entwurfs zum Bürgerlichen Gesetzbuch. Bereits 1879 hatte der Vorstand der gemeinsamen Hanseatischen Rechtsanwaltskammer der freien Hansestädte Hamburg, Lübeck und Bremen Wolffson zum Präsidenten gewählt. Er übte dieses Amt bis zu seinem Tode aus. Fachliche Kompetenz, liberale Grundhaltung, politisches Gespür und die Fähigkeit zum ausgleichenden Kompromiss hatten Isaac Wolffson in den Augen seiner Zeitgenossen dafür prädestiniert, diese vielfältigen Aufgaben zu übernehmen. So verwundert es nicht, dass seine Beerdigung im Jahre 1895 den Charakter eines Hamburger Staatsbegräbnisses annahm.

1928 ehrte die Stadt Isaac Wolffson öffentlich mit einer Büste in der Eingangshalle des Hanseatischen Oberlandesgerichts. In der NS-Zeit von seinem Enkel Ernst Wolffson vor nationalsozialistischer Zerstörung in Sicherheit gebracht, steht sie heute wieder an ihrem ursprünglichen Platz. An einer Säule auf der Hamburger Rathausdiele findet sich seit 1947 wieder ein Reliefporträt Wolffsons, das in der NS-Zeit – ebenso wie die übrigen Porträts von Hamburger Juden – entfernt worden war. Im selben Jahr wurden der Wolffsonweg, der Wolffsonstieg und die Wolffsonbrücke in Alsterdorf nach dem Juristen und Politiker benannt.

LITERATUR ADB 44; DBE 10; HL; Salomon Wininger, Große jüdische National-Biographie. Mit mehr als 8000 Lebensbeschreibungen namhafter jüdischer Männer und Frauen aller Zeiten und Länder. Ein Nachschlagewerk für das jüdische Volk und dessen Freunde, 7 Bde., Nendeln 1979 [Nachdruck der Ausgabe Cernaufi 1925–36], Bd. 6; Erich Lüth, Isaac Wolffson 1817–1895. Ein hamburgischer Wegbereiter des Rechts und der deutschen Emanzipation, Hamburg 1963; Wolf Brandis, Isaac Wolffson, ein Hamburger Jurist des 19. Jahrhunderts, in: HGH Bd. 8, Heft 11/12 (November 1970), S. 256–281; Ina Lorenz, »Da er Jude war und bleiben wollte ...« Isaac Wolffson – Jurist und Politiker in Hamburg, in: »Heil über dir, Hammonia«. Hamburg im 19. Jahrhundert. Kultur, Geschichte, Politik, hg. v. Inge Stephan und Hans-Gerd Winter, Hamburg 1992, S. 447–470.   *Ina Lorenz*

Reinhard Woltman

WOLTMAN, Reinhard, geb. 28. 12. 1757 Axstedt bei Bremen, gest. 20. 4. 1837 Hamburg; luth.; Wasserbauingenieur, Direktor für Strom- und Wasserbau.

Reinhard Woltmans Tätigkeit im zu Hamburg gehörenden Ritzebüttel/Cuxhaven diente der Sicherung der Küste an der Mündung der Elbe gegen die Kräfte der Nordsee. Seine Baumaßnahmen wurden zum Vorbild für viele erfolgreiche und bewährte Eindeichungen. In späteren Jahren wurde sein Verantwortungsbereich wegen dieser Verdienste auf das Wasserbauwesen am gesamten Verlauf der Elbe ab Hamburg ausgedehnt. Woltman gilt als einer der führenden Wasserbauer seiner Zeit.

Seine erste Anstellung erhielt Woltman 1779 in Ritzebüttel als Unteraufseher bei der Stackdeputation; seine Begabung veranlasste einige Deputierte 1780, ihm durch ein Stipendium den Besuch des Akademischen Gymnasiums in Hamburg zu er-

möglichen, wo er unter anderem von Johann Georg Büsch in Mechanik und Baukunst unterrichtet wurde. 1782 setzte er seine Ausbildung im wissenschaftlichen Deichbau an der Universität Kiel fort. 1783 wurde er zum Kondukteur (Aufseher) in Ritzebüttel ernannt, für weitere Studien jedoch zunächst freigestellt. Diese führten ihn über Kiel und Göttingen nach Frankfurt, Straßburg, Paris und Cherbourg. Von 1784 bis 1810 arbeitete er als verantwortlicher Wasserbauer in Ritzebüttel. Seine Hauptaufgabe war die Instandhaltung und Erneuerung der Deiche und der Befestigungen der Ufer sowie die Kontrolle der Tiefe der Fahrrinnen und deren Markierungen. Besondere Erwähnung verdient seine Konstruktion einer Spülschleuse im Cuxhavener Hafenbecken, die Verschlickungen verhindern sollte. Nebenbei unterrichtete er Schüler in seinem Fachgebiet, darunter Johann Georg Repsold und Johann Gottfried Tulla.

1792 wurde Woltman zum Direktor der Ufer- und Wasserbauwerke ernannt und erhielt einen Vertrag auf Lebenszeit, wodurch Abwerbungsversuche durch Oldenburg abgewehrt werden konnten. 1810 übersiedelte er auf Geheiß der französischen Besatzer nach Hamburg, um die Planung eines – nicht verwirklichten – Elbe-Weser-Kanals zu leiten.

Nach der Franzosenzeit wurde er 1814 zum Direktor für Strom- und Uferwerke und Kanäle bei der Schiffahrts- und Hafendeputation ernannt und war nun verantwortlich für alle Wasserbauwerke zwischen Hamburg und Ritzebüttel. Einer sei-

ner wichtigsten Mitarbeiter war der Grenzinspektor und Hamburgische Kanalbaudirektor Johann Theodor Reinke. In seiner neuen Funktion nahm Woltman unter anderem an der Planung zum Ausbau des Stecknitzkanals bei Lübeck teil.

1836 trat Woltman bei vollem Gehalt in den Ruhestand. Am Klostertor wurde 1843 die Woltmanstraße nach ihm benannt; außerdem trugen verschiedene Schiffe seinen Namen.

WERKE Theorie und Gebrauch des hydrometrischen Flügels oder eine zuverläßige Methode die Geschwindigkeit der Winde und strömenden Gewässer zu beobachten, Hamburg 1790; Beyträge zur hydraulischen Architectur, 4 Bde., Göttingen 1791–99; Kurzgefasste Geschichte und Beschreibung der Wasserbauwerke im Amte Ritzebüttel, Hamburg 1807.

LITERATUR ADB 44; HKL; LhS 8; Handbuch der Schiffahrtskunde [...], Hamburg 1819; Friedrich Adolf Becker, Cuxhaven und das Amt Ritzebüttel. Ein Beitrag zur Geschichte und Entwicklung des Landes [...], Hamburg 1880. *Jürgen W. Koch*

ZIEGENHAGEN, Franz Heinrich, geb.
8. 12. 1753 Straßburg, gest. (Selbstmord) 21. 8. 1806
Rothau/Elsass; luth.; Kaufmann, Pädagoge,
Utopist.

Als Philanthrop gehörte Franz Heinrich Ziegenhagen zu den Vertretern der deutschen Aufklärung,
die über die Erziehung zur Umgestaltung der
Gesellschaft beizutragen versuchten. Um diese
praktisch umzusetzen, gründete er vor den Toren
Hamburgs, in Billwerder, ein ländliches Erziehungsinstitut, welches als Keimzelle für seine so-
zialreformerischen Pläne dienen sollte.

Der Sohn eines Wundarztes wurde in seiner Jugend zeitweilig von dem späteren pietistischen
Pfarrer und Sozialpädagogen Johann Friedrich
Oberlin erzogen. Zunächst geprägt von der protes-
tantisch-reformerischen Religion, entfernte Ziegenhagen sich zunehmend von seinem strenggläu-
bigen Elternhaus. 1775 wurde er Mitglied in der
Regensburger Freimaurerloge »Zu den drei Schlüs-
seln« und stand in engem Kontakt mit der Philan-
thropischen Gesellschaft in Straßburg. Im Anschluss an eine kaufmännische Lehre und mehrere
Geschäftsreisen verließ er seine Heimatstadt und
gab seinen Beruf auf, um ab 1779 als Praktikant am
Dessauer Philanthropinum zu arbeiten. Nach einem Zerwürfnis mit dem Direktor Christian Hinrich Wolke war er gezwungen, die Musterschule
schon im Jahr darauf wieder zu verlassen.

1780 ließ Ziegenhagen sich als Tuchhändler in
Hamburg nieder und brachte es im Großhandel zu
einem beträchtlichen Vermögen. Doch die kaufmännische Tätigkeit befriedigte ihn nicht. 1789 verkaufte er sein Handelshaus am Neuen Wandrahm
und erwarb in Billwerder ein heruntergekommenes
Landgut, welches er in einen sozialen und wirtschaftlichen Musterbetrieb verwandelte. Er gründete zusammen mit seiner Frau ein Erziehungsinstitut, um neben seinem Sohn und seiner Tochter
Kinder wohlhabender Eltern sowie Kinder von
Landwirtschaftsgehilfen nach seinen Vorstellungen
naturgemäß und naturverbunden zu bilden. Seine
pädagogischen Ideen legte er in seiner 1792 in Hamburg gedruckten »Lehre vom richtigen Verhältnisse zu den Schöpfungswerken und die durch
öffentliche Einführung derselben allein zu bewürkende allgemeine Menschenbeglükkung« ausführlich dar: Dem verderblichen »schöpfungswidri-

Franz Heinrich Ziegenhagen

gen« Stadtleben stellt er als Realutopie die Gründung von Landwirtschaftskolonien entgegen. Insbesondere durch entsprechende Erziehung der
Kinder in dieser ländlichen Idylle soll eine neue Gesellschaft entstehen, deren Werte sich auf kollekti-
ves Leben, gemeinschaftliche Arbeit und Gemein-
eigentum gründen. Ziegenhagens Abhandlung
enthält mehrere Darstellungen des berühmten
Kupferstechers Daniel Chodowiecki, die das Leben
in der zukünftigen Musterkolonie illustrieren.
Eine von ihm gedichtete Hymne mit dem Titel »Die
ihr des unermeßlichen Weltalls Schöpfer ehrt«, die
in den täglichen Versammlungen der Kolonisten
gesungen werden sollte, ließ er 1791 von Wolfgang
Amadeus Mozart vertonen.

Um seine Agrar- und Erziehungskolonie in Billwerder ausbauen und seine Gesellschaftsutopie verwirklichen zu können, appellierte Ziegenhagen an
wohlhabende Bürger, aufgeklärte Ärzte, Lehrer, Ma-
gistraten und Fürsten und bat sie um finanzielle
Unterstützung. Er selbst opferte diesem Projekt
sein gesamtes Vermögen. Daneben forderte er den
französischen Nationalkonvent über den Hamburi-
gischen Gesandten Friedrich Schlüter auf, an seinem aufklärerischen Erziehungswerk mitzuwirken
und die »Verhältnislehre« flächendeckend einzuführen. Doch seine religionskritischen und utopischen Pläne stießen weder in Frankreich noch in
Deutschland auf große Resonanz. Zwar fand sein
Buch, das 1792/94 in Kursachsen verboten und konfisziert wurde, 265 Subskribenten aus Kreisen des
gebildeten und kaufmännischen Bürgertums; Neu-

Z

auflagen, die in den Jahren 1793, 1794 und 1799 erschienen, verkauften sich jedoch nur spärlich. Da Ziegenhagen sich seit 1795 zunehmend in wirtschaftlichen Schwierigkeiten befand, scheiterte sein Versuch, ein ländliches Erziehungsinstitut in Billwerder zu etablieren. 1800 musste er das Gut aufgeben. Er zog nach St. Georg in die Lange Reihe und versuchte einen Wiedereinstieg in das hamburgische Geschäftsleben, der aufgrund der allgemeinen wirtschaftlichen Depression jedoch misslang. Vergeblich ersuchte er die französische Regierung, ihm für seine pädagogischen Vorhaben ein enteignetes Klostergut im Elsass zu überlassen. Als 1802 seine Frau starb, kehrte Ziegenhagen nach über 20 Jahren in seine elsässische Heimat zurück, konnte hier aber nicht mehr Fuß fassen und setzte 1806 vereinsamt und finanziell ruiniert seinem Leben ein Ende.

WERKE Lehre vom richtigen Verhältnisse zu den Schöpfungswerken, und die durch öffentliche Einführung derselben allein zu bewürkende allgemeine Menschenbeglükkung, Hamburg 1792 [Nachdruck Glashütten im Ts. 1975].

LITERATUR Gerhard Steiner, Franz Heinrich Ziegenhagen und seine Verhältnislehre. Ein Beitrag zur Geschichte des utopischen Sozialismus in Deutschland, Berlin 1962; Walter Grab, Die Sozialutopisten Franz Heinrich Ziegenhagen und Johann Daniel Lawätz, in: ders., Demokratische Strömungen in Hamburg und Schleswig-Holstein zur Zeit der Ersten französischen Republik, Hamburg 1966 (Veröffentlichungen des Vereins für Hamburgische Geschichte 21), S. 132–139; Barbara Richter, Franz Heinrich Ziegenhagen – Leben, Werk und Wirken eines engagierten Kaufmanns und Philanthropen im Zeitalter der Aufklärung, Hamburg 2003 (Veröffentlichungen des Hamburger Arbeitskreises für Regionalgeschichte (HAR) 15). *Barbara Richter*

ZINN, Heinrich Philipp Adelbert *Alexander*, geb. 18. 3. 1880 Coburg, gest. 17. 4. 1941 Stuttgart; Staatsrat, Journalist, Schriftsteller.

Vornehmlich durch seine enge Zusammenarbeit mit Bürgermeister Carl Petersen nahm der Journalist und Schriftsteller Alexander Zinn in seiner Eigenschaft als Leiter der Staatlichen Pressestelle und Staatsrat prägenden Einfluss auf das politische und kulturelle Leben Hamburgs in den Jahren der Weimarer Republik.

Seit 1903 hielt Zinn sich in Hamburg auf. Bevor er die politische Laufbahn einschlug, bemühte er

sich zunächst vergeblich, Schauspieler zu werden, und wirkte dann mit Erfolg als Journalist und Bühnenschriftsteller. Während er von 1904 bis 1914 als verantwortlicher Feuilletonredakteur und Theaterkritiker für die »Neue Hamburger Zeitung« sowie als Mitarbeiter des »Hamburger Anzeigers« tätig war und anschließend die Chefredaktion der Illustrierten »Die Hamburger Woche« übernahm, verfasste er mehrere Theaterstücke, von denen vor allem die Komödie »Gewitter« (1918) mit großem Erfolg auf vielen Bühnen gespielt wurde. Solange er selbst als Kritiker in Erscheinung trat, vermied Zinn es, eigene Bühnenwerke in Hamburg uraufführen zu lassen; später brachten das Thalia Theater und das Deutsche Schauspielhaus Uraufführungen seiner Stücke. Zugleich nahm Zinn, der zum festen Kreis der »Tafelrunde« um Hans W. Fischer gehörte, auch in anderer Form rege am kulturellen Leben der Stadt teil. So war die seit 1915 unter Schriftleitung Gustav Schieflers erscheinende Zeitschrift der Literarischen Gesellschaft auf seine Initiative hin gegründet worden. Vom vielfach uneigennützigen Engagement Zinns zeugt es, dass er sich 1916 nach dem Tod Gustav Falkes dafür einsetzte, dass dessen Witwe und Kinder ihr finanzielles Auskommen fanden.

Nachdem Zinns Tätigkeit für »Die Hamburger Woche« 1920 aus wirtschaftlichen Gründen ein Ende gefunden hatte, eröffnete sich schon bald ein neues Wirkungsfeld. Gemeinsam mit dem sozialdemokratischen Politiker Adolf Köster führte er ab 1920 die Geschäfte der Arbeitsgemeinschaft Groß-Hamburg und empfahl sich durch seine Erfolge auf dem Gebiet der politischen Öffentlichkeitsarbeit für weitergehende Aufgaben. Im Auftrag des Senats rief Zinn 1922 mit der Staatlichen Pressestelle der Hansestadt das erste Presseamt einer deutschen Landesregierung ins Leben. Ab März 1923 leitete er die Einrichtung als beamteter Direktor, wurde 1925 zum Vortragenden Rat ernannt und avancierte 1929 zum Staatsrat. In einer Zeit, in der es noch keine Kulturbehörde gab, leitete er die im Juni 1925 gegründete Senatskommission für Kunstpflege und prägte das kulturelle Leben der Hansestadt. Vor allem setzte Zinn sich mit Nachdruck für die Förderung der Literatur und der bildenden Künste ein. 1925 gewährte die Senatskommission für Kunstpflege einigen Hamburger Schriftstellern Stipendien, die von der Hamburger Ortsgruppe des Deut-

Alexander Zinn

schen Schriftstellerverbandes bei Zinn beantragt worden waren. Gemeinsam mit Fritz Schumacher und Heinrich Landahl konnte Alexander Zinn bewirken, dass ein Relief von Ernst Barlach auf der Rückseite des 1931 an der Viertelkreistreppe zur Kleinen Alster eingeweihten Mahnmals für die Opfer der Ersten Weltkriegs angebracht wurde. 1924 war er maßgeblich an der Schaffung der Nordischen Rundfunk Aktiengesellschaft (Norag), aus der später der NDR hervorgehen sollte, beteiligt. Die ständige Kontrolle des Rundfunkwesens in Hamburg, die der Staatlichen Pressestelle übertragen wurde, übte Zinn von 1926 bis 1932 als Vorsitzender des Überwachungsausschusses und 1932/33 als Staatskommissar aus. Seinen Versuchen, auf der Grundlage prinzipieller Überlegungen die Programmgestaltung weiterzuentwickeln (»Hörerkreis und Programmgestaltung«, 1931), blieb eine praktische Umsetzung versagt. Vom Wintersemester 1922/23 bis zum Sommersemester 1933 unterrichtete er als Lehrbeauftragter für Zeitungskunde an der Rechts- und Staatswissenschaftlichen Fakultät der Universität Hamburg; 1924 bis 1926 veranstaltete er zeitungskundliche Übungen gemeinsam mit dem Journalisten und Schriftsteller Arthur Obst.

Zu Zinns politisch bedeutsamsten und folgenreichsten Aktivitäten zählt die Mitwirkung am Zustandekommen des Hamburgisch-Preußischen Abkommens von 1928, das unter anderem zur Hafengemeinschaft der Stadt mit den preußischen Stadtkreisen Altona und Harburg führte. Die zahlreichen Reden, die Zinn für den ihm freundschaft-

lich verbundenen Bürgermeister Carl Petersen (DDP) sowie für den sozialdemokratischen Bürgermeister Rudolf Ross schrieb, veranlassten das geflügelte Wort »Schweigen ist Gold, Reden ist Zinn«. Alexander Zinn stand wie Petersen für die reformpolitische Zusammenarbeit von DDP und SPD, deren Erfolg Hamburg in den Jahren der Weimarer Republik eine relativ stabile Entwicklung ermöglichte. Für Petersen war Zinn nicht nur als unentbehrlicher Sprecher und Vermittler nach innen und außen tätig; er hielt den Bürgermeister auch persönlich auf dem Laufenden, wenn dieser für einen seiner längeren Kuraufenthalte Hamburg verlassen musste.

Als Repräsentant sozialliberaler Reformpolitik 1933 von den Nationalsozialisten zunächst in den einstweiligen Ruhestand versetzt und wenige Monate später entlassen, kehrte Zinn in seinen letzten Lebensjahren zur schriftstellerischen Arbeit zurück, schrieb fünf weitere Theaterstücke – darunter die erfolgreiche, von Wolfgang Liebeneiner verfilmte Komödie »Die gute Sieben« –, drei Romane und eine erst posthum publizierte Sammlung von Kurzgeschichten. Der 1936 veröffentlichte Roman »Wöldermanns Park« spielt im Hamburger Milieu. Obwohl Zinn keine öffentlichen politischen Stellungnahmen riskierte, sorgten die nationalsozialistischen Machthaber dafür, dass bis 1940 keines seiner neuen Bühnenwerke in Hamburg zur Aufführung gelangte. Zinn starb im Alter von 61 Jahren auf einer Erholungsreise an einem Herzleiden und wurde auf dem Ohlsdorfer Friedhof beigesetzt; Fritz Schumacher hielt die Grabrede.

Der 1965 gestiftete, ursprünglich für journalistische und literarische Verdienste vergebene Alexander-Zinn-Preis der Stadt Hamburg ist dem Andenken des Schriftstellers und Leiters der Staatlichen Pressestelle gewidmet, dessen literarisches Werk längst dem Vergessen anheim gefallen ist. Träger des Preises waren unter anderem Erich Lüth und Axel Eggebrecht. Seit der Einrichtung des Hubert-Fichte-Preises 1994 wird der Alexander-Zinn-Preis ausschließlich für journalistische Leistungen vergeben. Seit 1950 erinnert die Alexander-Zinn-Straße in Groß Flottbek und Othmarschen an die Verdienste Zinns um Hamburg.

WERKE Kreuzigung, Minden 1908; Gewitter. Schauspiel in 3 Akten, Dessau 1918; Wöldermanns Park. Ein Hamburger Roman, Berlin 1936; Die gute Sieben, Komödie in drei Akten, Berlin 1938; Im krummen Spiegel. Heitere Geschichten und literarische Miniaturen. Aus dem Nachlaß hg., Berlin 1942.

LITERATUR Freitag, S. 124; Schiefler; HL [Alexander-Zinn-Preis]; Killy 12; Das Deutsche Reich von 1918 bis heute, Berlin 1930–36; Hans W. Fischer, Hamburger Kulturbilderbogen. Eine Kulturgeschichte 1909–1922. Neu hg. und kommentiert von Kai-Uwe Scholz, Mathias Mainholz und Rüdiger Schütt, Hamburg 1998 (Schriften der Hamburgischen Kulturstiftung 8); Journalist, Poet und Staatsmann. Rede auf Alexander Zinn [von Erich Lüth] und Laudatio anläßlich der Verleihung des Alexander-Zinn-Preises 1969 an Erich Lüth am 17. 12. 1969, Hamburg 1969; Sigrid Schambach, Carl Petersen, Hamburg 2000, S. 87 f.; Hans-Dieter Loose, »Hörerkreis und Programmgestaltung« – Der Schriftsteller Alexander Zinn und der deutsche Rundfunk 1931, in: Klaus Oldenhage u. a. (Hg.), Archiv und Geschichte. Festschrift für Friedrich P. Kahlenberg, Düsseldorf 2000 (Schriften des Bundesarchivs 57), S. 657–672.

Dirk Brietzke

AUTORINNEN UND AUTOREN

Gerhard **Ahrens**, geb. 1939, Dr. rer. pol., Diplom-Kaufmann, Privatgelehrter in der Hansestadt Lübeck, weiland Universitätsprofessor zu Hamburg, zahlreiche Veröffentlichungen zur hanseatischen Wirtschafts- und Sozialgeschichte.

Wolfgang **Bachofer**, geb. 1928, Dr. phil., Dr. h. c. (Veszprém), pensionierter Professor für Deutsche Sprache und Ältere deutsche Literaturgeschichte, Veröffentlichungen zur mittelhochdeutschen Literatur und Sprache, Lexikografie, Bibliografie und zur Geschichte der Universität Hamburg.

Frank **Bajohr**, geb. 1961, Dr. phil., Wissenschaftlicher Mitarbeiter an der Forschungsstelle für Zeitgeschichte in Hamburg, 2000/2001 Fellow am International Institute for Holocaust History in Yad Vashem/Jerusalem, Veröffentlichungen zur Geschichte des Ruhrgebiets und Hamburgs, der Arbeiterbewegung, des Nationalsozialismus, der Judenverfolgung und des Antisemitismus.

Rita **Bake**, geb. 1952, Dr. phil., Historikerin, Diplom-Bibliothekarin, Wissenschaftliche Referentin der Landeszentrale für politische Bildung, Hamburg, und Lehrende (Frauengeschichte) am Studiengang Frauenstudien/Frauenforschung der Universität Hamburg, Veröffentlichungen zur Sozial- und Regionalgeschichte, insbesondere zur Frauengeschichte, Konzipierung und Durchführung von historischen Stadtrundgängen und szenischen Aufführungen.

Ulrich **Bauche**, geb. 1928, Prof. Dr. phil., Kulturhistoriker, Hauptkustos a. D. am Museum für Hamburgische Geschichte, Lehrbeauftragter am Institut für Volkskunde der Universität Hamburg, Veröffentlichungen zur Sozial- und Kulturgeschichte vornehmlich Hamburgs und seines Umlandes, zur Arbeiterbewegung und zu jüdischen Lebenswelten.

Reinhold **Bauer**, geb. 1965, Dr. phil., Historiker, Wissenschaftlicher Assistent an der Professur für Neuere Sozial-, Wirtschafts- und Technikgeschichte der Universität der Bundeswehr Hamburg, Veröffentlichungen zur neuesten Technik- und Wirtschaftsgeschichte, insbesondere zu Innovationsproblemen und zum Automobilbau in der DDR.

Karin **von Behr**, geb. 1935, Diplom-Bibliothekarin, Publizistin, 1997-99 Chefredakteurin von »Hamburg und seine Bauten 1985–2000«, zahlreiche Veröffentlichungen in Zeitungen und Zeitschriften sowie Buchbeiträge und Bücher über Architektur und Gartenkunst.

Björn **Biester**, geb. 1971, Dr. phil., Historiker, Veröffentlichungen zur Wissenschaftsgeschichte des Kaiserreichs und der Weimarer Republik.

William **Boehart**, geb. 1947, Dr. phil., Historiker und Stadtarchivar, Leiter der Archivgemeinschaft Schwarzenbek, Lehrbeauftragter am Historischen Seminar der Universität Hamburg, Veröffentlichungen zur deutschen Aufklärung und zur Regionalgeschichte.

Jutta **Braden**, geb. 1950, Dr. phil., Historikerin, Veröffentlichungen zur deutsch-jüdischen Geschichte der Frühen Neuzeit.

Andreas **Brämer**, geb. 1964, Dr. phil., Judaist und Historiker, Wissenschaftlicher Mitarbeiter am Institut für die Geschichte der deutschen Juden, Hamburg, Veröffentlichungen zur jüdischen Geschichte in der Neuzeit, insbesondere zur Religionsgeschichte.

Felix **Brahm**, geb. 1976, cand. phil., studiert Geschichtswissenschaft, Geografie und Geschichte der Naturwissenschaften in Hamburg und Madrid, hat eine Magisterarbeit zur Medizin- und Wissenschaftsgeschichte eingereicht.

Dirk **Brietzke**, geb. 1964, Dr. phil., Historiker, Wissenschaftlicher Mitarbeiter am Institut für Sozial- und Wirtschaftsgeschichte der Universität Hamburg, Veröffentlichungen zur Sozial- und Regionalgeschichte der Frühen Neuzeit, insbesondere zur Sozialdisziplinierung und Geschichte der Armenfürsorge.

Maike **Bruhns**, geb. 1940, Dr. phil., freiberufliche Kunsthistorikerin, diverse Veröffentlichungen zur Kunstgeschichte und zu Künstlern des 20. Jahrhunderts in Hamburg, Forschungsschwerpunkt: NS-Zeit.

Michael **Busch**, geb. 1961, Dr. phil., Historiker, Wissenschaftlicher Assistent an der Professur für Neuere Geschichte der Universität der Bundeswehr in Hamburg, diverse Veröffentlichungen zur schwedischen Geschichte, zur Militärgeschichte und zur norddeutschen Landesgeschichte.

Tim **Cassel**, geb. 1972, M.A., Historiker, Fußballprofi, Veröffentlichungen im Bereich Sportjournalismus.

Rainer **Donandt**, geb. 1965, M.A., Kunsthistoriker, Doktorand am Kunstgeschichtlichen Seminar der Universität Hamburg.

Hans Wilhelm **Eckardt**, geb. 1948, Dr. phil., Historiker, Archivdirektor am Staatsarchiv der Freien und Hansestadt Hamburg, Lehrbeauftragter am Historischen Seminar der Universität Hamburg, Redakteur der Zeitschrift des Vereins für Hamburgische Geschichte und – bis 2002 – der Hamburgischen Lebensbilder, Veröffentlichungen zur Geschichte der Frühen Neuzeit, zur Geschichte Hamburgs und zu archivkundlichen Themen.

Hans-Werner **Engels**, geb. 1941, Schriftsteller, Oberstudienrat für Deutsch, Geschichte und Gemeinschaftskunde i. R., Publikationen zur Geschichte Altonas und zur Aufklärung in Deutschland, insbesondere zum Echo der Französischen Revolution, Aufsätze zu einzelnen Persönlichkeiten (Johann Friedrich Ernst Albrecht, Johann Georg Kerner, Friedrich Christian Laukhard, Johann Christoph Unzer).

Manfred F. **Fischer**, geb. 1936, Prof. Dr. phil., Kunsthistoriker, Denkmalpfleger der Freien und Hansestadt Hamburg i. R., Honorarprofessor an der Universität Hamburg, zahlreiche Veröffentlichungen zur Kunstgeschichte, vor allem der Architekturgeschichte der Neuzeit, zur Theorie und Geschichte der Denkmalpflege.

Norbert **Fischer**, geb. 1957, Dr. phil., Sozialhistoriker, Lehrbeauftragter an der Universität Hamburg, derzeit Forschungsprojekt zur Geschichte von Sturmfluten und Deichbau an der Niederelbe, Publikationen zur norddeutschen Regional- und Kulturgeschichte sowie zur Geschichte des Todes.

Constantin **Floros**, geb. 1930, Dr. phil., Dr. h. c., Musikwissenschaftler, emeritierter Professor der Universität Hamburg, zahlreiche Veröffentlichungen zur Musik des Mittelalters (Entzifferung der ältesten byzantinischen und slawischen Neumenschriften) sowie zur Musik des 18., 19. und 20. Jahrhunderts, insbesondere zu Johannes Brahms, Anton Bruckner, Gustav Mahler und Alban Berg.

Joachim W. **Frank**, geb. 1957, Archivar, Leiter der Plankammer des Staatsarchivs der Freien und Hansestadt Hamburg, Schatzmeister des Vereins für Hamburgische Geschichte, zahlreiche Veröffentlichungen zu historischen Karten, Hamburgensien und zur Hamburger Stadtgeschichte.

Astrid **Froese**, geb. 1971, M.A., Literaturwissenschaftlerin, Redakteurin im Lektorat der »Financial Times Deutschland«, Veröffentlichungen zur deutschsprachigen Literatur des 20. Jahrhunderts sowie zu Todesdarstellungen in Massenmedien.

Susanne **Geese**, geb. 1959, Dr. phil., Kunsthistorikerin, Mitarbeiterin des »Allgemeinen Künstlerlexikons«, darin Veröffentlichungen über zahlreiche norddeutsche und belgische Künstler; tätig in der Erwachsenenbildung.

Klaus **Gille**, geb. 1955, Historiker, Veröffentlichungen zur Sozial- und Kulturgeschichte des 18. und 19. Jahrhunderts mit Schwerpunkt Schleswig-Holstein und Hamburg.

Claus **Gossler**, geb. 1937, B. A. (Universidad de las Americas, Mexiko Stadt, Mexiko), M. B. A. (The Wharton School of the University of Pennsylvania, Philadelphia, PA, USA), Betriebswirt, berufliche Tätigkeiten in Nord- und Südamerika, Fernost und Hamburg, Veröffentlichung zur Hamburger Architekturgeschichte.

Jürgen **Gottschalk**, geb. 1934, Dipl.-Ing., Bauingenieur, Wissenschaftlicher Mitarbeiter am Institut für die Geschichte der Naturwissenschaften, Mathematik und Technik der Universität Hamburg, Veröffentlichungen zur Technikgeschichte, insbesondere über Leibniz' Bemühungen um bergbautechnische Verbesserungen.

Angela **Graf**, geb. 1947, Dr. phil., Diplom-Bibliothekarin, Leiterin der Gerd Bucerius Bibliothek im Museum für Kunst und Gewerbe Hamburg, Veröffentlichungen zur Bibliotheks- und Mediengeschichte, Medienforschung.

Joist **Grolle**, geb. 1932, Dr. phil., Prof. em., Historiker, Veröffentlichungen zur Historiografie und hamburgischen Regionalgeschichte.

Horst **Gronemeyer**, geb. 1933, Dr. phil., Germanist und Bibliothekar, Professor und Direktor der Staats- und Universitätsbibliothek Hamburg a. D., Veröffentlichungen zum Bibliothekswesen und zur deutschen Literatur, insbesondere des 18. Jahrhunderts, Mitherausgeber der historisch-kritischen Hamburger Klopstock-Ausgabe.

Iris **Groschek**, geb. 1968, Archivarin am Staatsarchiv Hamburg, Veröffentlichungen zur Regionalgeschichte, insbesondere zur Hamburger Gehörlosenbildung.

Jürgen **Hagenmeyer**, geb. 1939, M. A., Sozial- und Wirtschaftshistoriker, Wissenschaftlicher Mitarbeiter am HAUS RISSEN, Internationales Institut für Politik und Wirtschaft, Hamburg, zurzeit Doktorand, Veröffentlichungen zur Sozialgeschichte der fünfziger und sechziger Jahre des 20. Jahrhunderts und zu aktuellen sozial- und gesellschaftspolitischen Themen.

Ernst Willi **Hansen**, geb. 1944, Dr. phil., Historiker, Wissenschaftlicher Mitarbeiter am Seminar für Geschichtswissenschaft im Fachbereich Pädagogik der Universität der Bundeswehr Hamburg. Veröffentlichungen zur Geschichte von Militär, Gesellschaft und Politik im 18. und im 20. Jahrhundert.

Frank **Hatje**, geb. 1962, Dr. phil., Historiker, Lehrbeauftragter für Frühe Neuzeit an der Universität Hamburg und für Sozial- und Wirtschaftsgeschichte an der Universität der Bundeswehr Hamburg, Veröffentlichungen zur Pest-, Medizin- und Hospitalgeschichte, zur Armenfürsorge und Prostitution, Beiträge zur Bürgertumsforschung und zur Popularisierung der Aufklärung sowie zur Migrationsgeschichte, Mitherausgeber der Hamburger Wirtschafts-Chronik.

Renate **Hauschild-Thiessen**, geb. 1929, Dr. phil, Dr. rer. pol. h. c., zahlreiche Veröffentlichungen zur hamburgischen Geschichte, insbesondere des 19. und 20. Jahrhunderts. Seit 1964 Redakteurin der Hamburgischen Geschichts- und Heimatblätter.

Hermann **Heckmann**, geb. 1925, Prof. Dr.-Ing., Dr. phil., Architekt, Präsident der Stiftung Mitteldeutscher Kulturrat, Buchveröffentlichungen zur Barockarchitektur und zu deren Baumeistern in Mittel- und Norddeutschland.

Ursula **Herrmann**, geb. 1932, Dr. phil., Dr. sc., Prof. em.; Berlin, jetzt Ferch bei Potsdam; wissenschaftliche Untersuchungen und Dokumentenpublikationen zur Geschichte der deutschen Sozialdemokratie im letzten Drittel des 19. Jahrhunderts, besonders zu August Bebel, und Forschungen zur Frauenbewegung.

Rainer **Hering**, geb. 1961, Dr. phil., Archivar am Staatsarchiv der Freien und Hansestadt Hamburg und Privatdozent für Neuere Geschichte am Historischen Seminar der Universität Hamburg, Veröffentlichungen zur Kirchengeschichte, Landesgeschichte, Verbandsgeschichte, Wissenschafts- und Universitätsgeschichte im 19. und 20. Jahrhundert, Antisemitismusforschung und Archivwissenschaft.

Torkild **Hinrichsen**, geb. 1948, Dr. phil., Kunst- und Kulturhistoriker, Hauptkustos und stellvertretender Direktor des Altonaer Museums in Hamburg, Veröffentlichungen unter anderem zur Kunst- und Kulturgeschichte Skandinaviens und Deutschlands und zur Alltagskultur sowie zu den Themen Spielzeug, Erzgebirge und Thüringen, Judaistik, Kräuterheilkunde und Fotografie.

Sebastian **Husen**, geb. 1965, Dr. phil., Historiker, hauptamtlicher Bundeskulturreferent der Landsmannschaft Ostpreußen e. V., Veröffentlichungen zur hamburgischen Geschichte und zur Vereinsgeschichte.

Gisela **Jaacks**, geb. 1944, Prof. Dr. phil., Kulturhistorikerin, wissenschaftliche Direktorin am Museum für Hamburgische Geschichte, zahlreiche Ausstellungen und Publikationen auf dem Gebiet der allgemeinen hamburgischen Geschichte, Theater- und Musikgeschichte sowie Kunst- und Kostümgeschichte.

Ariane **Knuth**, geb. 1967, Dr. phil., Historikerin, Wissenschaftliche Mitarbeiterin der Hamburger Stiftung zur Förderung von Wissenschaft und Kultur, Veröffentlichungen zur Hamburger Stadtgeschichte und Forschungen zur Kulturgeschichte des 18. Jahrhunderts.

Jürgen W. **Koch**, geb. 1938, Dr. rer. nat., Physiker, freier Mitarbeiter am Institut für Geschichte der Naturwissenschaften, Mathematik und Technik der Universität Hamburg.

Franklin **Kopitzsch**, geb. 1947, Prof. Dr. phil., Professor am Institut für Sozial- und Wirtschaftsgeschichte der Universität Hamburg, Veröffentlichungen zur Sozialgeschichte der Frühen Neuzeit, insbesondere der Aufklärung, zur norddeutschen Stadt- und Landesgeschichte, zur neueren Geschichte und zur Literaturgeschichte.

Wolfgang **Kopitzsch**, geb. 1949, Historiker und Lehrer, Studiendirektor, leitender Pädagoge und stellvertretender Leiter der Landespolizeischule Hamburg, Veröffentlichungen zur Erziehungs- und Bildungsgeschichte, insbesondere Schleswig-Holsteins, und zur Zeitgeschichte Hamburgs und Schleswig-Holsteins in der Weimarer Republik und im »Dritten Reich«.

Reiner **Lehberger**, geb. 1948, Prof. Dr. phil. habil., Erziehungswissenschaftler am Institut für Schulpädagogik der Universität Hamburg, Leiter des Hamburger Schulmuseums, Veröffentlichungen zur Schul- und Unterrichtsgeschichte, Schulpädagogik, Schulentwicklung und Didaktik.

Helmut R. **Leppien**, Prof. Dr., geb. 1933, Kunsthistoriker, Hauptkustos der Hamburger Kunsthalle i. R., Veröffentlichungen zur Kunstgeschichte vom späten Mittelalter bis zur Gegenwart sowie zur Museologie, unter besonderer Berücksichtigung Hamburgs.

Maren **Limbacher**, geb. 1965, M. A., Historikerin, zurzeit wissenschaftliche Mitarbeiterin an der Professur für Neuere Geschichte an der Universität der Bundeswehr Hamburg, Forschungsschwerpunkt: mittelalterliche Frauenmystik.

Uwe **Lohalm**, geb. 1939, Historiker, Wissenschaftlicher Direktor an der Forschungsstelle für Zeitgeschichte in Hamburg, Veröffentlichungen zur Geschichte des 20. Jahrhunderts, insbesondere zum Antisemitismus und zur Judenverfolgung sowie zur Verwaltungs- und Sozialpolitik Hamburgs im »Dritten Reich«.

Ina **Lorenz**, geb. 1940, Prof. Dr., Historikerin, Stellvertretende Direktorin am Institut für die Geschichte der deutschen Juden, Hamburg, Professorin am Institut für Sozial- und Wirtschaftsgeschichte der Universität Hamburg, Veröffentlichungen zur deutsch-jüdischen Geschichte des 19. und 20. Jahrhunderts, besonders im norddeutschen Raum, sowie zur Sozial- und Gemeindegeschichte der Juden in Hamburg.

Holger **Martens**, geb. 1962, Dr. phil., Historiker, Wissenschaftlicher Mitarbeiter am Institut für Sozial- und Wirtschaftsgeschichte der Universität Hamburg, Veröffentlichungen zur Neueren Geschichte und Zeitgeschichte, insbesondere zur Parteiengeschichte, Arbeiterbewegung und britischen Besatzungspolitik.

Olaf **Matthes**, geb. 1965, Dr. phil., Historiker, Leiter des Museums für Bergedorf und die Vierlande, Veröffentlichungen u. a. zur Museums-, Vereins- und Wissenschaftsgeschichte, zum Mäzenatentum, zur deutsch-jüdischen und hamburgischen Geschichte.

Christine **Mayer**, geb. 1949, Dr. phil., Professorin am Institut für Allgemeine Erziehungswissenschaft der Universität Hamburg, Veröffentlichungen zur Bildungs- und Berufsbildungsgeschichte unter geschlechterbezogener und vergleichender Perspektive.

Gudula **Mayr**, geb. 1970, M. A., Kunsthistorikerin, Doktorandin am Kunstgeschichtlichen Seminar der Universität Hamburg.

Bernhard **Menapace**, geb. 1962, M. A., Historiker, Lokalredakteur der Bergedorfer Zeitung / Lauenburgische Landeszeitung, Veröffentlichungen zur Regionalgeschichte Hamburgs und Schleswig-Holsteins in der Frühen Neuzeit sowie über Geesthacht in der Weimarer Republik und der Zeit des »Dritten Reiches«.

Andreas **Meyhoff**, geb. 1969, Dr. phil., Historiker, Dokumentationsjournalist beim »Spiegel«, Veröffentlichungen: »Blohm & Voss im ›Dritten Reich‹« (Hamburg 2001) und im »Spiegel«-Jahrbuch 2003.

Dirk **Moldenhauer**, geb. 1971, M. A., zurzeit Promotion am Historischen Seminar der Universität Hamburg über die Verflechtung von Buchmarkt und Geschichtsschreibung im frühen 19. Jahrhundert, Veröffentlichung zur Geschichte der Geschichtsschreibung in der Goethezeit.

Wiebke Annkatrin **Mosel**, geb. 1970, M. A., Kunsthistorikerin, Magisterarbeit: Der Architekt Albert Erbe (1868–1922), Leben und Wirken – eine Spurensuche, Hamburg 2001.

Rainer **Nicolaysen**, geb. 1961, Dr. phil., Historiker, Lehrbeauftragter am Historischen Seminar der Universität Hamburg und am Fachbereich Kulturwissenschaften der Universität Lüneburg, Veröffentlichungen zur Wissenschafts- und Hochschulgeschichte im 20. Jahrhundert sowie zur Geschichte des Exils (1933–45).

Christel **Oldenburg**, geb. 1961, Historikerin, Dokumentarin/Archivarin am Museum für Bergedorf und die Vierlande. Veröffentlichungen zur Regionalgeschichte Bergedorfs.

Eckardt **Opitz**, geb. 1938, Dr. phil., Professor für Neuere Geschichte an der Universität der Bundes-

wehr Hamburg, Veröffentlichungen zur Geschichte des Absolutismus, zur Militärgeschichte und zur norddeutschen Regionalgeschichte, zahlreiche Bücher und Aufsätze zur Geschichte Schleswig-Holsteins. Präses des Wissenschaftlichen Forums für Internationale Sicherheit (WIFIS) und Tutor der Lauenburgischen Akademie für Wissenschaft und Kultur.

Claudia Gabriele **Philipp**, geb. 1951, Dr. phil. Kunsthistorikerin, Fotokuratorin am Museum für Kunst und Gewerbe, Mitgründerin des Jonas-Verlags, 1992-98 Präsidentin der Deutschen Fotografischen Akademie, Veröffentlichungen und Ausstellungen zur Fotografie des 19. und 20. Jahrhunderts, Lehraufträge an Fachhochschulen und Universitäten.

Christine **Pieper**, geb. 1972, Dr. phil., Historikerin, Wissenschaftliche Mitarbeiterin am Institut für Wissenschafts- und Technikgeschichte der Technischen Universität Bergakademie Freiberg, Veröffentlichungen zur Wedeler und Hamburger Stadtgeschichte, zurzeit Forschungsprojekt zur Rolle der Hochschulen im Innovationssystem der DDR/BRD seit 1945.

Kirsten **Poneß**, geb. 1970, M. A., Kunsthistorikerin, Magisterarbeit über die ev.-luth. St. Gertrud-Kirche in Hamburg-Uhlenhorst.

Wolfgang **Poppelbaum**, geb. 1939, Jurist, Vorsitzender des Vorstands der Hamburger Feuerkasse Versicherungs-AG, im Vorstand mehrerer hamburgischer versicherungswissenschaftlicher Vereinigungen, Veröffentlichungen zur Unternehmensgeschichte der Hamburger Feuerkasse und im Rahmen des Leibniz Forums der Hamburger Feuerkasse.

Susanne **Rau**, geb. 1969, Dr. phil., Historikerin, Wissenschaftliche Mitarbeiterin am Sonderforschungsbereich 537 »Institutionalität und Geschichtlichkeit« an der Technischen Universität Dresden, Veröffentlichungen zur Stadtchronistik, zur Erinnerungskultur und zur Soziabilität in der Frühen Neuzeit.

Brita **Reimers**, geb. 1949, M. A., Literaturwissenschaftlerin, Verlagslektorin, Mitarbeit an Ausstellungen und Veröffentlichungen zu Themen der Kultur- und Kunstgeschichte.

Volker **Reißmann**, geb. 1966, Diplom-Bibliothekar, Angestellter im Staatsarchiv der Freien und Hansestadt Hamburg, Lehrbeauftragter an der Hochschule für angewandte Wissenschaften (HAW), Veröffentlichungen zur Film- und Mediengeschichte.

Monika **Richarz**, geb. 1937, Prof. Dr. phil., Historikerin, bis 2001 Direktorin des Instituts für die Geschichte der deutschen Juden in Hamburg und Professorin der Universität Hamburg, Veröffentlichungen zur deutsch-jüdischen Geschichte vom 17. bis 20. Jahrhundert, speziell Autobiographien, Sozial- und Kulturgeschichte.

Barbara **Richter**, geb. 1968, Dr. phil., Historikerin, arbeitet als Studienrätin an einem Gymnasium in Brandenburg und unterrichtet die Fächer Geschichte, Politik und Deutsch, Veröffentlichungen über Franz Heinrich Ziegenhagen.

Alexander **Ritter**, geb. 1939, Dr. phil. habil., Privatdozent am Institut für Germanistik II der Universität Hamburg, Veröffentlichungen zur Literatur des 18., 19. und 20. Jahrhunderts, zur Erzähltheorie, Regionalliteratur, Literaturgeschichtsschreibung, Fachgeschichte, interkulturellen Funktion von Literatur und deutschsprachigen Literatur des Auslands.

Roswitha **Rogge**, geb. 1965, Dr. phil., Historikerin, Gymnasiallehrerin in Hamburg, Veröffentlichungen zur Frauengeschichte und Hexenverfolgung im spätmittelalterlichen und frühneuzeitlichen Hamburg.

Jürgen **Sarnowsky**, geb. 1955, Dr. phil., Historiker, Professor für mittelalterliche Geschichte am Historischen Seminar der Universität Hamburg, Veröffentlichungen zur mittelalterlichen Geistes- und Bildungs-, Landes-, Wirtschafts- und Sozialgeschichte, zu den geistlichen Ritterorden (speziell zum Deutschen Orden und den Johannitern), zur Geschichte des Hanseraums, speziell des Ordenslands Preußen, sowie des östlichen Mittelmeers und Englands im Mittelalter.

Britta **Sauerbach**, geb. 1969, M.A., Kunsthistorikerin mit Schwerpunkt altniederländische Malerei, selbstständige PR-Beraterin und freie Journalistin.

Axel **Schildt**, geb. 1951, Dr. phil., Historiker, Direktor der Forschungsstelle für Zeitgeschichte in Hamburg und Professor für Neuere Geschichte an der Universität Hamburg, Veröffentlichungen zu verschiedenen Themen der Geschichte des 20. Jahrhunderts.

Jörg **Schilling**, geb. 1960, M.A., Kunsthistoriker, Dissertation zum Begriff der Monumentalität in der Architektur um 1900 am Beispiel des Hamburger Bismarck-Denkmals, Veröffentlichungen zur Baugeschichte der Hamburger Kunsthalle und zu Martin Haller.

Uwe **Schmidt**, geb. 1931, Dr. phil., Historiker, Lehrer, freier Mitarbeiter des Staatsarchivs Hamburg und der Forschungsstelle für Zeitgeschichte Hamburg, Veröffentlichungen zur Geschichte der Gewerkschaften des öffentlichen Dienstes und des Hamburger Schulwesens.

Matthias Chr. **Schmoock**, geb. 1963, Dr. phil., Historiker, Redakteur und Autor für Zeitgeschichte beim »Hamburger Abendblatt«. Zahlreiche Veröffentlichungen zur hamburgischen Geschichte.

Carsten **Scholz**, geb. 1966, M.A., Germanist, Doktorand, Veröffentlichungen zu Arno Schmidt, Friedrich Hebbel, zur norddeutschen Literatur und Landeskunde.

Kai-Uwe **Scholz**, geb. 1961, Dr. phil., M.A. (University of Wisconsin-Madison), Literaturwissenschaftler und Journalist in Hamburg, Ausstellungen und Publikationen zu Architektur, Design, Kunst und Literatur des 19. und 20. Jahrhunderts.

Dorothea **Schröder**, geb. 1957, Dr. phil., Privatdozentin am Musikwissenschaftlichen Institut der Universität Hamburg und freiberufliche Musikhistorikerin, Veröffentlichungen u. a. zur Hamburger Barockoper, zur norddeutschen Kulturgeschichte des 17./18. Jahrhunderts und zu Georg Friedrich Händel.

Bodo **Schümann**, geb. 1937, Dr. theol., Pastor in Hamburg, Lehrer an einer Gesamtschule, bis 2002 Geschäftsführer der ELBE-WERKSTÄTTEN GmbH – Werkstatt für behinderte Menschen in Hamburg, jetzt freiberuflich in der Organisationsberatung tätig, Veröffentlichungen zur Hamburger Diakonie- und Sozialgeschichte, zur Sozial- und Bildungspolitik, vor allem zur gesellschaftlichen Integration Behinderter.

Rüdiger **Schütt**, geb. 1966, Dr. phil., Literaturwissenschaftler, Fachreferent an der Universitätsbibliothek Kiel, Veröffentlichungen unter anderem zu Hans Leip, Carl Friedrich Cramer, Richard Dehmel, Kurt Hiller, Detlev von Liliencron, der Schriftstellervereinigung »Hamburger Gruppe« sowie den Hamburger Künstlerfesten.

Birgit-Katharine **Seemann**, geb. 1965, Dr. phil., Historikerin und Wissenschaftsmanagerin, Fakultätsgeschäftsführerin an der Carl von Ossietzky Universität Oldenburg, Lehr- und Forschungstätigkeit an den Universitäten Hamburg, Oldenburg und Hildesheim in den Fachbereichen Geschichte und Kulturpolitik/Kulturmanagement.

Helmut **Stubbe-da Luz**, geb. 1950, Dr. phil. habil., Historiker, Philosophielehrer, Privatdozent an der Universität der Bundeswehr Hamburg (Neuere und Neueste Geschichte), Lehrbeauftragter an der Bucerius Law School (Studium Generale: Philosophie), Publikationen zur Regionalgeschichte, zur Parteiengeschichte, zur Geschichte der kommunalen Selbstverwaltung, der deutsch-französischen Beziehungen und zur politischen Philosophie.

Michael **Studemund-Halévy**, geb. 1948, Sprachwissenschaftler und Übersetzer, Lehrbeauftragter für Judenspanisch am Ibero-Amerikanischen Forschungszentrum der Universität Hamburg, Herausgeber der Schriftenreihe »Die Sefarden in Hamburg«, Veröffentlichungen zur Psycholinguistik, Balkanlinguistik und zur Romanistik, insbesondere zur Geschichte der Sefarden in Hamburg und der Juden in Portugal.

Christiane **Teetz**, geb. 1970, Dr. phil., Historikerin, Journalistin, zurzeit im Erziehungsurlaub, Veröffentlichungen zur hamburgischen Geschichte.

Gerhard **Theuerkauf**, geb. 1933, Dr. phil., Historiker, emeritierter Professor der Universität Hamburg, Veröffentlichungen zur Geschichte des Mittelalters, besonders zur Verfassungsgeschichte, zur norddeutschen Regionalgeschichte und zur historischen Quellenkunde.

Daniel **Tilgner**, geb. 1965, Dr. phil., Historiker, Redaktionsleiter im Hoffmann und Campe Verlag, Herausgeber und Autor regionalgeschichtlicher Veröffentlichungen, insbesondere zu Hamburg und Bremen.

Silke **Urbanski**, geb. 1964, Dr. phil., Historikerin und Lehrerin, Studienrätin der Max-Brauer-Schule Hamburg und Lehrbeauftragte des Historischen Seminars der Universität Hamburg. Veröffentlichungen zur Geschichte des Klosters Harvestehude, des Zisterzienserordens, der kirchlichen und karitativen Institutionen Hamburgs im Mittelalter und zur Gründerin des Spitals St. Elisabeth, Geseke Cletzen.

Hans-Ulrich **Wagner**, geb. 1962, Dr. phil., Germanist, Wissenschaftlicher Mitarbeiter am Hans-Bredow-Institut für Medienforschung an der Universität Hamburg (Forschungsprojekt »Geschichte des Rundfunks in Norddeutschland«), Veröffentlichungen zur Literatur- und Mediengeschichte des 18. bis 20. Jahrhunderts.

Gerrit **Walczak**, geb. 1970, Dr. phil., Kunsthistoriker, freier Mitarbeiter der Hamburger Kunsthalle, Veröffentlichungen zur Malerei des 18. Jahrhunderts. Derzeitiges Forschungsgebiet ist die Künstleremigration zur Zeit der Französischen Revolution.

Hans **Walden**, geb. 1952, Dr. phil., Historiker, Angestellter in der Hamburger Verwaltung, Forschungen und Veröffentlichungen zur Regionalgeschichte, insbesondere zur Landschaftsentwicklung, Umwelt-, Wirtschafts- und Politikgeschichte sowie zum Bereich Denkmäler.

Rainer **Waßner**, geb. 1944, Dr. phil., Soziologe, Wissenschaftlicher Mitarbeiter an der Ferdinand-Tönnies-Arbeitsstelle am Institut für Soziologie der Universität Hamburg, Forschungsschwerpunkte und zahlreiche Veröffentlichungen in den Bereichen Kultursoziologie und Fachgeschichte.

Karl-Klaus **Weber**, geb. 1928, Dr. phil., Dipl.-Ing., Historiker und Architekt, ehemaliger Technischer Geschäftsführer einer Wohnungs-, Städte- und Kommunalbaugesellschaft, Veröffentlichungen zur Stadtgeschichte und zu den niederländisch-deutschen Beziehungen in der Frühen Neuzeit sowie zu baugeschichtlichen Themen des Altertums.

Wilfried **Weinke**, geb. 1955, Historiker und Publizist, Veröffentlichungen zur deutsch-jüdischen Geschichte Hamburgs sowie zur Exilliteratur.

Kerstin **Wiese**, geb. 1969, M.A., Kunsthistorikerin, Leiterin des Bach-Museums Leipzig, Veröffentlichungen zu Louis Gurlitt.

Hans-Gerd **Winter**, geb. 1939, Dr. phil., Professor für neuere deutsche Literaturgeschichte am Institut für Germanistik II der Universität Hamburg, Veröffentlichungen zur Literaturgeschichte des 18. bis 20. Jahrhunderts, zur Literaturgeschichte Hamburgs, zum »literarischen Feld«, zur Literaturtheorie und zu Literatur und Musik.

Heidelies **Wittig**, geb. 1957, Dr. phil., Historikerin, Archäologin, Wissenschaftliche Angestellte am Staatsarchiv Hamburg.

BILDNACHWEIS

Herausgeber und Verlag danken allen Leihgebern und Institutionen für die freundliche Genehmigung zum Abdruck der Abbildungen und die großzügige Unterstützung bei der Bereitstellung des Bildmaterials, insbesondere dem Staatsarchiv der Freien und Hansestadt Hamburg, dem Landesmedienzentrum Hamburg, Medienarchiv Bild, der Staats- und Universitätsbibliothek Hamburg Carl von Ossietzky sowie allen privaten Leihgebern.

Die Bildrechte der Archive und Institutionen wurden unbeschadet der Rechte Dritter gewährt. Diese werden hiermit vorsorglich und ausdrücklich anerkannt. Trotz größter Sorgfalt konnten die Urheber des Bildmaterials nicht in allen Fällen ermittelt werden. Es wird gegebenenfalls um Mitteilung gebeten.

Die Abbildungen auf dem Schutzumschlag zeigen Marion Gräfin Dönhoff (oben links), Max Brauer (oben rechts), Johannes Brahms (Mitte) und Gustaf Gründgens (unten).

Aalweber: in: Ernst Christian Schütt, Die Chronik Hamburgs, Dortmund 1991

Abendroth, Amandus Augustus: in: Alfons Paquet, Die alte Sparcasse. Ein Hundertjahrbild der Hamburger Sparcasse von 1827, Hamburg 1927

Abendroth, August: nach einem Gemälde von Hermann Steinfurth, StA Hbg

Ackermann, Charlotte: um 1775, Museum für Hamburgische Geschichte

Ackermann, Dorothea: 1774, Museum für Hamburgische Geschichte

Adams, Kurt: StA Hbg

Adolf IV.: Museum für Hamburgische Geschichte

Ahlers-Hestermann, Tatiana: Privatbesitz Margot Schmidt

Albrecht, Max: StA Hbg (Foto: Dührkoop)

Amsinck, Erdwin: Hamburgische Geschichts- und Heimatblätter, Bd. 13, (hrsg. vom Vorstand des Vereins für Hamburgische Geschichte), Hamburg 1997

Amsinck, Garlieb: Aufnahme von 1882, in: Die niederländische und hamburgische Familie Amsinck, (Bd. 3: Von der Mitte des 18. Jahrhunderts bis zur Gegenwart), bearb. von Otto Hintze, Hamburg 1932

Amsinck, Gustav: Aufnahme von 1909, in: Die niederländische und hamburgische Familie Amsinck, (Bd. 3: Von der Mitte des 18. Jahrhunderts bis zur Gegenwart), bearb. von Otto Hintze, Hamburg 1932

Amsinck, Johannes: in: Die niederländische und hamburgische Familie Amsinck, (Bd. 3: Von der Mitte des 18. Jahrhunderts bis zur Gegenwart), bearb. von Otto Hintze, Hamburg 1932

Amsinck, Wilhelm: Aufnahme von 1904, in: Die niederländische und hamburgische Familie Amsinck, (Bd. 3: Von der Mitte des 18. Jahrhunderts bis zur Gegenwart), bearb. von Otto Hintze, Hamburg 1932

Andersch, Alfred: Aufnahme vom 18. März 1964 in Berlin anlässlich der Verleihung des Fontane-Preises an Arno Schmidt, in: Bernd Rauschenbach (Hrsg.), Arno Schmidt. Der Briefwechsel mit Alfred Andersch, (Edition der Arno Schmidt Stiftung im Haffmans Verlag), Zürich 1985

Assing, Ludmilla: in: Emil Bebler, Gottfried Keller und Ludmilla Assing, Zürich 1952

Augstein, Rudolf: DER SPIEGEL (Foto: Monika Zucht)

Ballerstaedt, Richard: LMZ (Foto: Fritz Kempe)

Banco, Alma del: Aufnahme aus den 30er Jahren des 20. Jahrhunderts, Hamburg-Archiv des Kunstgeschichtlichen Seminars im Warburg-Haus

Bargheer, Eduard: LMZ (Foto: Fritz Kempe)

Bebel, August: in: August Bebel, Ausgewählte Reden und Schriften, Bd. 1 (1863 bis 1878), hrsg. von Horst Bartel, Rolf Dlubek und Heinrich Gemkow, Berlin 1978

Behnken, Heinrich: LMZ (Foto: Fritz Kempe)

Benedikt V.: StA Hbg

Berkhan, Willi: in: Helmut Schmidt u. a., Kindheit und Jugend unter Hitler, Berlin 1992 (Privatbesitz)

Biermann-Ratjen, Hans Harder: LMZ (Foto: Fritz Kempe)

Blohm, Rudolf: LMZ (Foto: Fritz Kempe)

Bluhme, Friedrich: Monumenta Germaniae Historica, München

Boor, Julie de: in: Rita Bake, Brita Reimers, Stadt der toten Frauen. Der Hamburger Friedhof Ohlsdorf in 127 Frauenporträts, hrsg. von der Landeszentrale für politische Bildung, Hamburg 1997

Borchert, Hertha: SUB, Borchert-Archiv (Fotos, Nr. 2/1/3A)

Brahms, Johannes: Fotografie, Hebbel-Museum

Brauer, Max: StA Hbg

Braune, Heinrich: LMZ (Foto: Fritz Kempe)

Brendel, Robert: Aufnahme aus der Zeit des »Dritten Reiches«, in: Ursula Büttner, Die Not der Juden teilen. Christlich-jüdische Familien im Dritten Reich, Beispiel und Zeugnis des Schriftstellers Robert Brendel, (Hamburger Beiträge zur Sozial- und Zeitgeschichte, Bd. 24), Hamburg 1988

Bruck, Ernst: in: Lebensbilder hamburgischer Rechtsgelehrter, veröffentlicht von der Rechtswissenschaftlichen Fakultät aus Anlaß des fünfzigjährigen Bestehens der Universität Hamburg 1919-1969, Hamburg 1969 (Hamburger Bibliothek für Universitätsgeschichte)

Bubendey, Johann Friedrich: StA Hbg

Bucerius, Gerd: Porträt aus dem Jahr 1972, LMZ (Foto: Fritz Kempe)

Bugenhagen, Johannes: StA Hbg

Bülau, Theodor: StA Hbg

Bülow, Bernhard von: StA Hbg

Burchard, Heinrich: in: Hamburgische Geschichts- und Heimatblätter, Bd. 13, (hrsg. vom Vorstand des Vereins für Hamburgische Geschichte), Hamburg 1997

Busch, Wilhelm: LMZ (Foto: Fritz Kempe)

Campe, Julius: StA Hbg

Chemnitz, Matthäus Friedrich: StA Hbg

Christian I.: Kopie nach Hans Knieper, nach 1584 (Flensburg, Rathaus), in: Die Hanse. Lebenswirklichkeit und Mythos, Eine Ausstellung des Museums für Hamburgische Geschichte in Verbindung mit der Vereins- und Westbank, hrsg. von Jörgen Bracker, Hamburg 1989

Christian IV.: Kopie nach Karel van Mander, nach 1645 (Glückstadt, Rathaus), in: Die Hanse. Lebenswirklichkeit und Mythos, Eine Ausstellung des Museums für Hamburgische Geschichte in Verbindung mit der Vereins- und Westbank, hrsg. von Jörgen Bracker, Hamburg 1989

Danner, Lothar: LMZ (Foto: Fritz Kempe)

Dehmel, Richard: Handschriftensammlung der SUB, SUB: DA : Var. 15

Delbanco, Ernst: StA Hbg (Fotoarchiv Bieber)

Denicke, Heinrich: Aufnahme vermutlich nach 1918, in: Helmut Stubbe-da Luz, Die Oberbürgermeister. Heinrich Denicke, Harburg, Bernhard Schnackenburg, Altona, Erich Wasa Rodig, Wandsbek, (Hamburgische Lebensbilder in Darstellungen und Selbstzeugnissen, hrsg. vom Verein für Hamburgische Geschichte, Bd. 6), Hamburg 1992

Dönhoff, Marion Gräfin: Foto: Margit Tabel-Gerster

Duttenhofer, Max von: Aufnahme um 1875, (Bild: Neuner-Duttenhofer), Privatbesitz William Boehart

Duve, Carl: LMZ (Foto: Fritz Kempe)

Eckardt, Julius von: StA Hbg

Ehlert, Max: Foto: DER SPIEGEL

Eibeschütz, Jonathan: StA Hbg

Eidig, Hans: Privatbesitz William Boehart

Erbe, Albert: Privatbesitz Wiebke Mosel

Eschenburg, Johann Joachim: in: Fritz Meyen, Johann Joachim Eschenburg. 1743–1820, Professor am Collegium Carolinum zu Braunschweig, Kurzer Abriß seines Lebens und Schaffens nebst Bibliographie, Braunschweig 1957

Falke, Gustav: Bildnis um 1910 (Aufnahme von Albert Schröer, Hamburg), in: Heinrich Spiero, Gustav Falke. Ein Lebensbild, Hamburg/Berlin/Braunschweig 1928

Feddersen, Helga: StA Hbg (Foto: Breu/Conti-Press)

Flitner, Wilhelm: LMZ (Foto: Fritz Kempe, Aufnahme von 1949)

Förster, Christian: Porträt als 77-Jähriger, StA Hbg

Förster, Hans: an seinem 75. Geburtstag, Privatbesitz Torkild Hinrichsen

Förster, Kurt Georg: Privatbesitz

Freytag, Walter: StA Hbg

Friedrich I. (Barbarossa): StA Hbg

Fromm-Michaels, Ilse: StA Hbg

Funk, Nicolaus: Lithographie von C. F. Kroymann nach einem Gemälde von Hansonn, StA Hbg

Gallois, Johann Gustav: StA Hbg

Geffcken, Heinrich: StA Hbg

Georges, Bruno: StA Hbg (Fotoarchiv Bieber)

Germer, Richard: StA Hbg (Foto: Conti-Press)

Gerson, Hans: StA Hbg (Fotoarchiv Bieber)

Gerson, Oskar: Hamburgisches Architekturarchiv

Gerstenberg, Heinrich Wilhelm von: StA Hbg

Gesius, Gottfried: StA Hbg

Gobert, Boy: Foto: Rosemarie Clausen

Goldstein, Harry: Privatbesitz Uwe Lohalm

Gossler, Heinrich: in: Hamburgisches Geschlechterbuch, Band 9, (Deutsches Geschlechterbuch, Band 127 der Gesamtreihe), Limburg a. d. Lahn 1961, © C. A. Starke Verlag, Limburg a. d. Lahn

Gossler, Johann Heinrich: in: Hamburgisches Geschlechterbuch, Band 9, (Deutsches Geschlechterbuch, Band 127 der Gesamtreihe), Limburg a. d. Lahn 1961, © C. A. Starke Verlag, Limburg a. d. Lahn

Gossler, Johann Hinrich: in: Hamburgisches Geschlechterbuch, Band 9, (Deutsches Geschlechterbuch, Band 127 der Gesamtreihe), Limburg a. d. Lahn 1961, © C. A. Starke Verlag, Limburg a. d. Lahn

Gossler, John Berenberg: in: Hamburgisches Geschlechterbuch, Band 9, (Deutsches Geschlechterbuch, Band 127 der Gesamtreihe), Limburg a. d. Lahn 1961, © C. A. Starke Verlag, Limburg a. d. Lahn

Grevsmühl, Carl: StA Hbg

Grot, Otto: StA Hbg

Gründgens, Gustaf: um 1943, Stadtmuseum Berlin (Foto von Heinrich Hoffmann)

Guericke, Otto von: StA Hbg

Gurlitt, Louis: Aufnahme von 1863, im Alter von 51 Jahren, in: Ludwig Gurlitt, Louis Gurlitt. Ein Künstlerleben des XIX. Jahrhunderts, Berlin 1912

Gutzkow, Karl: Heinrich-Heine-Institut Düsseldorf / Landesbildstelle Rheinland

Haccius, Georg: SUB, Porträtsammlung (P 22 H 5)

Hagenbeck, Carl: Archiv Hagenbeck, Hamburg

Hagenbeck, Heinrich: Archiv Hagenbeck, Hamburg

Hagenbeck, John: StA Hbg

Hagenbeck, Lorenz: Archiv Hagenbeck, Hamburg

Hansen, Christian Frederik: Bildnis von C. C. A. Böhndel, um 1812/13, in: C. F. Hansen in Hamburg, Altona und den Elbvororten. Ein dänischer Architekt des Klassizismus, hrsg. von Bärbel Hedinger, München/Berlin 2000

Hebbel, Friedrich: Ölbild von Karl Rahl, um 1849/50, Landeshalle Kiel

Hecht, Otto: Aufnahme von 1957, in: Zeitschrift des Vereins für Hamburgische Geschichte, Bd. 84, Hamburg 1998

Heering, Wilhelm: Aufnahme um 1915, Archiv des Zoologischen Instituts und Zoologischen Museums der Universität Hamburg

Heine, Salomon: Porträt von F.C. Gröger, Archiv des Heine-Hauses, Hamburg

Henningsen, Paula: Privatbesitz Rita Bake

Hentzen, Alfred: LMZ (Foto: Fritz Kempe)

Heske, Franz: in: Festschrift zum 100. Geburtstag von Franz Heske (1892–1963), Schriften zur Organik Nr. 3, hrsg. von Rolf Hennig, Quickborn 1992

Heuer, Wilhelm: StA Hbg

Hirsch, Marie: in: Rita Bake, Brita Reimers, Stadt der toten Frauen. Der Hamburger Friedhof Ohlsdorf in 127 Frauenportraits, hrsg. von der Landeszentrale für politische Bildung, Hamburg 1997

Hoppstock-Huth, Magda: in: Rita Bake, Brita Reimers, Stadt der toten Frauen. Der Hamburger Friedhof Ohlsdorf in 127 Frauenportraits, hrsg. von der Landeszentrale für politische Bildung, Hamburg 1997 (Privatbesitz)

Junge, Hermann: in: Georg Daur, Von Predigern und Bürgern. Eine hamburgische Kirchengeschichte von der Reformation bis zur Gegenwart, Agentur des Rauhen Hauses, Hamburg 1970 (Foto: Polyfoto Hamburg)

Karberg, Bruno: Museum für Bergedorf und die Vierlande

Karl IV.: StA Hbg

Kellinghusen, Heinrich: Gemälde von C.G. Eybe, in: Hildegard von Marchtaler, Aus Alt-Hamburger Senatorenhäusern. Familienschicksale im 18. und 19. Jahrhundert, (Veröffentlichung des Vereins für Hamburgische Geschichte, Bd. 16), Hamburg 1959

Kempe, Fritz: LMZ (am 23.10.1989, Foto: Herbert Eisenhauer)

Kienast, Annie: in: Rita Bake, Brita Reimers, Stadt der toten Frauen. Der Hamburger Friedhof Ohlsdorf in 127 Frauenportraits, hrsg. von der Landeszentrale für politische Bildung, Hamburg 1997

Kirchenpauer, Gustav Heinrich: in: Adolf Wohlwill, Die hamburgischen Bürgermeister Kirchenpauer, Petersen, Versmann, (Beiträge zur Geschichte des neunzehnten Jahrhunderts), Hamburg 1903

Klabunde, Clara: in: Rita Bake, Brita Reimers, Stadt der toten Frauen. Der Hamburger Friedhof Ohlsdorf in 127 Frauenportraits, hrsg. von der Landeszentrale für politische Bildung, Hamburg 1997 (Privatbesitz)

Klabunde, Erich: LMZ (Foto: Fritz Kempe)

Kluth, Karl: LMZ (Foto: Fritz Kempe)

Knack, Andreas: StA Hbg

Knuth, Gustav: StA Hbg

Koch, Christian: LMZ (Foto: Fritz Kempe)

Koppel, Walter: StA Hbg

Koppmann, Karl: in: Hansische Geschichtsblätter, Verein für Hansische Geschichte (Hrsg.), Jg. 1904–1905, Bd. 32, Leipzig 1905

Krusche, Peter: in: Ernst Christian Schütt, Die Chronik Hamburgs, Chronik Verlag Dortmund 1991 (Evang. Pressedienst, Frankfurt)

Lagerfeld, Otto: Nestlé

Lampe, Friedo: Aufnahme von 1944, Friedo-Lampe-Gesellschaft, Bremen (Foto: Wolf Hermann)

Lamp'l, Walther: StA Hbg

Langmaack, Gerhard: Nachlass Gerhard Langmaack, Hamburgisches Architekturarchiv (Foto: Otto Rheinländer)

Lappenberg, Johann Martin: StA Hbg

Laufenberg, Heinrich: StA Hbg (Foto: Atelier Jaap, Hamburg)

Lediard, Thomas: StA Hbg

Lehmann, Otto: Altonaer Museum in Hamburg – Norddeutsches Landesmuseum (Aufnahme von Dührkoop)

Leip, Hans: LMZ (Foto: Fritz Kempe)

Leisching, Friederike: Kunsthalle zu Kiel

Lettow-Vorbeck, Paul von: in: General von Lettow-Vorbeck, Mein Leben, hrsg. von Ursula von Lettow-Vorbeck, Biberach/Riß 1957

Lichtwark, Alfred: Gemälde von Graf Kalckreuth, StA Hbg

Liepman, Ruth: Liepman AG, Zürich (Foto: Thea Goldmann)

Liepman(n), Heinz: Aufnahme von 1932, Sammlung Weinke (Foto: Emil Bieber)

Linne, Otto: StA Hbg

List, Herbert: Selbstporträt, Hersching 1947, Max Scheler, Herbert List-Nachlass, Hamburg

Lockmann, Gertrud: StA Hbg

Lodders, Rudolf: LMZ (Foto: Fritz Kempe)

Lottig, William: LMZ (Foto: Fritz Kempe)

Mahler, Gustav: Österreichische Nationalbibliothek, Wien

Mann, Klaus: bei einem Rundfunkinterview bei RIAS, Berlin, Mai 1948, Associated Press

Mantels, Wilhelm: Lichtdruck von J. Nöhring, Lübeck, in: Beiträge zur Lübisch-Hansischen Geschichte. Ausgewählte historische Arbeiten von Wilhelm Mantels, Jena 1881

Mantius, Ernst: Museum für Bergedorf und die Vierlande

Marchwitza, Hilde: um 1917, Sammlung Weinke (Fotograf: Dührkoop)

Marcks, Erich: Ende 19. Jh., Arbeitsstelle für Hamburgische Geschichte (AHG), Universität Hamburg (Foto von W. Höffert)

Marek, Kurt Wilhelm: LMZ (Foto: Fritz Kempe)

Martens, Joachim Friedrich: Museum für Hamburgische Geschichte

Martini, Erich: in: Erich Mannweiler, Geschichte des Instituts für Schiffs- und Tropenkrankheiten in Hamburg. 1900–1945, Abhandlungen des Naturwissenschaftlichen Vereins in Hamburg, N. F. 32, Göttingen 1998

May, Ernst: LMZ (Foto: Fritz Kempe)

Meier, Heinrich Christian: in: Maike Bruhns, Kunst in der Krise. Künstlerlexikon Hamburg 1933–1945, Verfemt, verfolgt – verschollen, vergessen, Hamburg 2001 (Archiv Maren Kaiser)

Melchior, Carl: in: Eckart Kleßmann, M. M. Warburg & Co. 1798–1998. Die Geschichte eines Bankhauses, Hamburg 1998

Mende, Lotte: StA Hbg

Merzyn, Gerhard: Privatbesitz

Meumann, Ernst: in: Paul Müller, Ernst Meumann als Begründer der experimentellen Pädagogik, (Diss. Univ. Zürich), Bazenheid 1942

Mewes, Yvonne: in: Rita Bake, Brita Reimers, Stadt der toten Frauen. Der Hamburger Friedhof Ohlsdorf in 127 Frauenporträts, hrsg. von der Landeszentrale für politische Bildung, Hamburg 1997

Meyer, Valentin Lorenz: in: Rede am Sarge des Herrn Valentin Lorenz Meyer, gehalten am 5. März 1901 von Otto Palmer, Pastor an der Dreifaltigkeitskirche zu Hamburg-Hamm, Druckerei des Rauhen Hauses, Hamburg-Horn

Milde, Carl Julius: in: W. Leo Freiherr v. Lütgendorff, Carl Julius Milde, Lübeck o. J.

Milee, Erika: um 1938, Sammlung Weinke (Foto von Erich Kastan)

Möller, Kurt Detlev: StA Hbg

Mosnier, Jean-Laurent: Selbstporträt um 1786, The Minneapolis Institute of Arts

Muck, Carl: in: Joachim E. Wenzel, Geschichte der Hamburger Philharmonie, 1829–1979, Hamburg 1979

Müller, Johannes: SUB, Porträtsammlung (P 22 M 141)

Neumann, Rudolf: Foto von 1991, Privatbesitz Flora Neumann

Ninck, Carl: StA Hbg

Nossack, Hans Erich: LMZ (Foto: Fritz Kempe/1951)

Ohlendorff, Albertus: StA Hbg

Ohlendorff, Elisabeth: um 1897, StA Hbg (Foto: Erich Sellin & Co., Berlin)

Ohlendorff, Heinrich: Bildnis von 1906, Archiv Karin von Behr, Hamburg

Ohnsorg, Richard: in: Bernhard Meyer-Marwitz, 50 Jahre Richard Ohnsorg-Theater. Eine kleine hamburgische Chronik, Hamburg 1952

O'Swald, William: Aufnahme nach einem Ölbild von Graupenstein, StA Hbg

Pardo, Herbert: StA Hbg

Paschen, Enrique: StA Hbg

Pauli, Gustav: Gemälde von Anita Rée, Kunsthalle Bremen

Pauli, Magda: LMZ (Foto: Fritz Kempe)

Petersen, Julius Adolf: in: Matthias Wegner, Ja, in Hamburg bin ich gewesen. Dichter in Hamburg, Hamburg 2000

Petersen, Peter: zeitgenössische Fotografie, in: Hans Mieskes, Helmut Möller, Albrecht Timm, Peter Petersen. Wirken und Werk, Bonn 1966

Petersen, Rudolf: StA Hbg (Foto von Willi Beutler)

Petersen, Toni: in: Rita Bake, Brita Reimers, Stadt der toten Frauen. Der Hamburger Friedhof Ohlsdorf in 127 Frauenporträts, hrsg. von der Landeszentrale für politische Bildung, Hamburg 1997

Peukert, Detlev: Privatbesitz Frank Bajohr

Pinnau, Caesar: Privatarchiv Ruth Pinnau, Hamburg

Povòrina, Alexandra: 1913 in Paris (Privatbesitz Anke Münster)

Pretzel, Ulrich: Hamburger Bibliothek für Universitätsgeschichte

Quadal, Martin Ferdinand: Selbstporträt, 1788 (Sotheby's New York)

Rademacher, Willy Max: in: Erich Lüth, Die Hamburger Bürgerschaft 1946–1971. Wiederaufbau und Neubau, (hrsg. von der Hamburger Bürgerschaft), Hamburg 1971

Rainville, César: Bildnis von einem unbekannten Künstler, um 1800, Privatbesitz Torkild Hinrichsen

Rebmann, Georg Friedrich: Bildnis des Richters Andreas G. F. Rebmann (1768-1824), Landesmuseum Mainz

Reimer, Otto: Holzstich, 1892, in: Ulrich Bauche, Ludwig Eiber, Ursula Wamser, Wilfried Weinke (Hrsg.), »Wir sind die Kraft«. Arbeiterbewegung in Hamburg von den Anfängen bis 1945, Katalogbuch zu Ausstellungen des Museums für Hamburgische Geschichte, Hamburg 1988

Reinhard, Johannes: StA Hbg

Repsold, Adolf: StA Hbg

Rhein, Eduard: StA Hbg

Riedemann, Wilhelm Anton: StA Hbg

Rogge, Lola: in: Rita Bake, Brita Reimers, Stadt der toten Frauen. Der Hamburger Friedhof Ohlsdorf in 127 Frauenporträts, Landeszentrale für politische Bildung (Hrsg.), Hamburg 1997.

Rohde, Hans: in: 100 Jahre Fußball in Hamburg, hrsg. vom Präsidium des Hamburger Fußball-Verbandes, Hamburg 1994

Roß, Frieda: ca. 1960, in: Karen Hagemann, Jan Kolossa: Gleiche Rechte – Gleiche Pflichten? Der Frauenkampf für »staatsbürgerliche« Gleichberechtigung, Ein Bilder-Lese-Buch zu Frauenalltag und Frauenbewegung in Hamburg, hrsg. von der Landeszentrale für politische Bildung, Hamburg, Hamburg 1990

Roß, Rudolf: StA Hbg (Foto: Emil Bieber)

Ruben, Paul: Ausschnitt aus einem Gruppenbild, Aufnahme um 1887/88, Warburg-Archiv des Kunstgeschichtlichen Seminars der Universität Hamburg

Rumpel, Theodor: Gedenktafel, StA Hbg

Runge, Philipp Otto: Hamburger Kunsthalle / bpk Berlin (Foto: Elke Walford)

Rust, Alfred: am 6. 5. 1963, LMZ (Foto: Fritz Kempe)

Salomon, Richard: Privatbesitz Rainer Nicolaysen
Sauerlandt, Max: StA Hbg
Schacht, Hjalmar: ullstein bild
Schär, Alfred: StA Hbg
Schelhammer, Johannes: SUB, Porträtsammlung (P 23 S 27)
Schelsky, Helmut: in: Recht und Gesellschaft. Festschrift für Helmut Schelsky zum 65. Geburtstag, hrsg. von Friedrich Kaulbach und Werner Krawietz, Berlin 1978
Schimmelmann, Heinrich Carl: in: Ernst Christian Schütt, Die Chronik Hamburgs, Dortmund 1991
Schönfelder, Adolph: Aufnahme von 1950, LMZ (Foto: Fritz Kempe)
Schmedemann, Walter: StA Hbg
Schnackenburg, Bernhard: StA Hbg
Schröder, Johann Heinrich: Bildnis von Otto Speckter, StA Hbg
Schröder-Jahn, Fritz: Foto: NDR
Schuback, Johannes: um 1815, Museum für Hamburgische Geschichte
Schütz, Friedrich Wilhelm von: Kupferstich von Leo Wolf (1775–1840), Frontispiz zu Friedrich Wilhelm von Schütz: Neue Schauspiele, Altona 1801, Hamburg, SUB InvNr. A 50442
Schultz, Walter D.: Foto: NDR
Schumacher, Fritz: Aufnahme von 1934, LMZ
Schwitzke, Heinz: Foto: NDR
Shaltiel, David: Privatbesitz
Sierck, Detlef (*Douglas Sirk*): im Thalia Theater anlässlich der Inszenierung von »Königreich auf Erden«, 11. 3. 1969, StA Hbg
Sill, Otto: StA Hbg
Singer, Kurt: SUB, NKS: C: 14
Sparmann, Friedrich: in: Liebes altes Bergstedt. Bilder aus der Vergangenheit, zusammengestellt von Alf Schreyer aus der Bilder-Sammlung Sparmann, Hamburg 1991
Speckter, Hans: um 1870, Bildarchiv der Storm-Gesellschaft
Speckter, Otto: um 1860, StA Hbg (Foto von Carl Ferdinand Steltzner)
Steinfeld, Justin: um 1950 (Sammlung Weinke)
Stern, William: StA Hbg
Stettiner, Richard: in: Trauerfeier für Richard Stettiner im Krematorium zu Ohlsdorf am 21. Dezember 1927, Hamburg 1928
Stolten, Otto: StA Hbg (Foto von Emil Bieber)
Stritter, Paul: Evangelische Stiftung Alsterdorf, Hamburg, Bereich Kommunikation, Bildarchiv, Dorothea-Kasten-Str. 3, 22297 Hamburg
Struensee, Adam: StA Hbg

Tesdorpf, Ebba: Porträt von I. de Boor, Museum für Hamburgische Geschichte
Teske, Hans: Aufnahme von 1937, LMZ
Thielicke, Helmut: in: Helmut Thielicke, Zu Gast auf einem schönen Stern. Erinnerungen, Hamburg 1984
Thieß, Johann Otto: StA Hbg

Tettenborn, Friedrich Karl Freiherr von: StA Hbg
Trummer, Paul Heinrich: StA Hbg

Vahl, Henry: in: Hamburger, wie sie keiner kennt. Porträts aus einer Weltstadt, Hamburg 1975
Veldkamp, Anna Wilhelmine: StA Hbg
Versmann, Johannes: StA Hbg
Vietor, Albert: in: Gedenkschrift und Dokumentation anlässlich des 50. Geburtstages von Albert Vietor, Vorsitzender des Vorstandes der »Neue Heimat«, überreicht durch Heinz Oskar Vetter, o. O. 1972

Walther, Andreas: Hamburger Bibliothek für Universitätsgeschichte
Warburg, Aby: in: Übergabe des Aby-M.-Warburg-Preises für das Verleihungsjahr 1980 im Kaisersaal des Rathauses am 16. April 1981 (Vorträge und Aufsätze, hrsg. vom Verein für Hamburgische Geschichte, Heft 23), Hamburg 1981
Warburg, Max M.: in: Eckart Kleßmann, M. M. Warburg & Co. 1798–1998. Die Geschichte eines Bankhauses, Hamburg 1998
Wegewitz, Willi: LMZ (Foto: Fritz Kempe)
Willebrand(t), Johann Peter: StA Hbg
Woermann, Karl: Aufnahme von 1919, in: Karl Woermann, Lebenserinnerungen eines Achtzigjährigen, Bd. 1, Leipzig 1924
Wohlwill, Gretchen: Aufnahme um 1920, Hamburg-Archiv des Kunstgeschichtlichen Seminars im Warburg-Haus
Wolf, Johann Christian: in: Werner Kayser, 500 Jahre wissenschaftliche Bibliothek in Hamburg 1479-1979. Von der Ratsbücherei zur Staats- und Universitätsbibliothek, Hamburg 1979
Wolf, Reinhart: PPS, Hamburg
Wolffson, Isaac: Privatbesitz

Ziegenhagen, Franz Heinrich: Scherenschnitt, angefertigt von Johann Friedrich Oberlin (Privatbesitz Barbara Richter)
Zinn, Alexander: StA Hbg

ABKÜRZUNGSVERZEICHNIS

LMZ	=	Landesmedienzentrum Hamburg, Medienarchiv Bild
StA Hbg	=	Staatsarchiv der Freien und Hansestadt Hamburg
SUB	=	Staats- und Universitätsbibliothek Carl von Ossietzky, Hamburg

Kumulatives Register für die Bände 1 und 2

Gesius, Gottfried   Bd. 2
Glikl Bas Juda Leib   Bd. 2
Glinzer, Hanna   Bd. 1
Glitza, Friedrich   Bd. 2
Glückel von Hameln, siehe: Glikl Bas Juda Leib
Gobert, Ascan Klée   Bd. 1
Gobert, Boy   Bd. 2
Göttsche, Claus   Bd. 1
Götze, Carl (Karl)   Bd. 1
Goldschmidt, Berthold   Bd. 1
Goldschmidt, Johanna   Bd. 1
Goldschmidt, Joseph   Bd. 1
Goldstein, Harry   Bd. 2
Goral-Sternheim, Arie   Bd. 1
Gossler, Heinrich   Bd. 2
Gossler, Johann Heinrich   Bd. 2
Gossler, Johann Hinrich   Bd. 2
Gossler, John Berenberg   Bd. 2
Gossler, John Henry   Bd. 2
Gragert, Joachim   Bd. 2
Grautoff, Ferdinand Heinrich   Bd. 2
Gregor IV.   Bd. 1
Grevsmühl, Carl   Bd. 2
Grot, Otto   Bd. 2
Gruenwaldt, Louis   Bd. 1
Gründgens, Gustaf   Bd. 2
Grunwald, Max   Bd. 1
Guericke, Otto von   Bd. 2
Gugenheim, Fromet   Bd. 1
Gurlitt, Louis   Bd. 2
Gutschow, Konstanty   Bd. 1
Gutzkow, Karl   Bd. 2

Haas, Willy   Bd. 1
Haccius, Georg   Bd. 2
Hagenbeck, Carl   Bd. 2
Hagenbeck, Heinrich   Bd. 2
Hagenbeck, John   Bd. 2
Hagenbeck, Lorenz   Bd. 2
Haensgen-Dingkuhn, Elsa   Bd. 1
Hagedorn, Friedrich von   Bd. 1
Hahn, Rudolf   Bd. 2
Halske, Johann Georg   Bd. 2
Hamelau, Hans   Bd. 1
Hane, Katherina   Bd. 2
Hansen, Carl Friedrich   Bd. 2
Hansen, Christian Frederik   Bd. 2
Harder, »Tull«   Bd. 1
Hartwig I.   Bd. 1
Hasenclever, Wilhelm   Bd. 1
Hasse, Johann Adolf   Bd. 1
Haupt, Theodor von   Bd. 2
Hauswedell, Ernst   Bd. 1
Hebbel, Friedrich   Bd. 2
Hecht, Otto   Bd. 2
Heering, Wilhelm   Bd. 2
Heffter, Heinrich   Bd. 1

Heine, Betty   Bd. 1
Heine, Carl   Bd. 1
Heine, Heinrich   Bd. 1
Heine, Salomon   Bd. 2
Heinicke, Samuel   Bd. 1
Heinrich der Löwe   Bd. 2
Heise, Georg Arnold   Bd. 1
Helbig, Johann   Bd. 2
Hellmann, Carl August   Bd. 1
Helmold von Bosau   Bd. 1
Hempels, Cillie   Bd. 1
Hennings, Paul   Bd. 2
Henningsen, Paula   Bd. 2
Hensel, Sophie Friederike   Bd. 2
Hentzen, Alfred   Bd. 2
Herrmann, Julie   Bd. 2
Heske, Franz   Bd. 2
Heß, Jonas Ludwig von   Bd. 1
Hessel, Peter   Bd. 1
Heuer, Wilhelm   Bd. 2
Heydorn, Wilhelm   Bd. 1
Hinrichsen, Siegmund   Bd. 1
Hinz, Georg   Bd. 2
Hirsch, Marie   Bd. 2
Hochbaum, Werner   Bd. 2
Hocker, Wilhelm   Bd. 1
Höger, Hermann   Bd. 2
Hörig, August   Bd. 2
Hoffmann, Benjamin Gottlob   Bd. 2
Hoffmann, Johann Adolf   Bd. 1
Holst, Amalia   Bd. 1
Holtzbecker, Hans Simon   Bd. 1
Hopp, Bernhard   Bd. 1
Hoppstock-Huth, Magda   Bd. 2
Horborch, Wilhelm   Bd. 1
Horner, Johann Caspar   Bd. 2
Horwitz, Mirjam   Bd. 1
Hudtwalcker, Elisabeth   Bd. 2
Hübner, Johann   Bd. 1
Humboldt, Alexander von   Bd. 1

Imanuel, Siegmund   Bd. 1

Jacobi, Erwin   Bd. 2
Jäger, Adolf   Bd. 1
Jastram, Cord   Bd. 1
Jencquel, Adolph   Bd. 1
Jenisch, Emilie   Bd. 2
Jochmann, Werner   Bd. 1
Johannes von dem Berge   Bd. 1
Jonas, Alberto   Bd. 1
Jordan von Boizenburg   Bd. 1
Josephsohn, Max   Bd. 1
Jürgens, Friedrich   Bd. 2
Jürgens, Rudolph   Bd. 2
Juliane Louise von Ostfriesland   Bd. 2
Julius, Nicolaus Heinrich   Bd. 2

Junge, Hermann   Bd.2

Karberg, Bruno   Bd.2
Karl IV.   Bd.2
Karlsberg, Bernhard   Bd.1
Kayser, Margaretha   Bd.2
Kellinghusen, Heinrich   Bd.2
Kempe, Fritz   Bd.2
Kerner, Georg   Bd.1
Kessler, Harry Graf   Bd.1
Keyser, Bertha   Bd.1
Kienast, Annie   Bd.2
Kipping, Friedrich Wilhelm   Bd.1
Kirchenpauer, Gustav Heinrich   Bd.2
Klabunde, Clara   Bd.2
Klabunde, Erich   Bd.2
Kleeberg, Alfred   Bd.2
Klein, César   Bd.2
Kley, Eduard   Bd.1
Klopstock, Friedrich Gottlieb   Bd.1
Klopstock, Meta   Bd.1
Kluth, Karl   Bd.2
Knack, Andreas   Bd.2
Knuth, Gustav   Bd.2
Knyphausen, Reichsfreiherr Dodo zu Innhausen
    und   Bd.1
Koch, Christian   Bd.2
Koel, Ditmar   Bd.2
Königsmarck, Maria Aurora Gräfin von   Bd.1
Körber, Kurt A[dolf]   Bd.1
Körner, Theodor   Bd.2
Kohn, Joseph Berkowitz   Bd.1
Kopp, Johannes   Bd.2
Koppel, Walter   Bd.2
Koppmann, Karl   Bd.2
Krantz, Albert   Bd.1
Kraus, Hans-Joachim   Bd.2
Krogmann, Richard Carl   Bd.1
Krogmann, Willy   Bd.2
Krusche, Peter   Bd.2
Kuhn, Johannes Nicolaus   Bd.1
Kunert, Sophie   Bd.1
Kuöhl, Richard   Bd.2
Kusser, Johann Sigismund   Bd.2

Lagerfeld, Otto   Bd.2
l'Aigle, Alma de   Bd.1
Lampe, Friedo   Bd.2
Lamp'l, Walther   Bd.2
Landshut, Siegfried   Bd.1
Lang, Elke   Bd.1
Langenbeck, Hermann   Bd.1
Langhans, Magda   Bd.1
Langmaack, Gerhard   Bd.2
Lappenberg, Johann Martin   Bd.2
Lasch, Agathe   Bd.1
Laufenberg, Heinrich   Bd.2

Lederer, Hugo   Bd.1
Lediard, Thomas   Bd.2
Lehmann, Johann Georg Christian   Bd.1
Lehmann, Otto   Bd.2
Leip, Hans   Bd.2
Leisching, Friederike   Bd.2
Lensing, Elise   Bd.2
Lessing, Eva   Bd.1
Lessing, Gotthold Ephraim   Bd.1
Lestiboudois, Herbert   Bd.2
Lettow-Vorbeck, Paul von   Bd.2
Lichtwark, Alfred   Bd.2
Liebeschütz, Hans   Bd.1
Liebeschütz-Plaut, Rahel   Bd.1
Liliencron, Detlev von   Bd.1
Liemar   Bd.2
Liepman, Ruth   Bd.2
Liepman(n), Heinz   Bd.2
Linde, Richard   Bd.2
Linne, Otto   Bd.2
Lippmann, Leo   Bd.1
List, Herbert   Bd.2
Llossas, Juan   Bd.1
Lockmann, Gertrud   Bd.2
Lodders, Rudolf   Bd.2
Loewenberg, Jakob (Jacob)   Bd.1
Lohe, Joachim von   Bd.2
Londenberg, Kurt   Bd.2
Lord von Barmbeck, siehe: Petersen, Julius Adolf
Lothar von Supplinburg   Bd.1
Lottig, William   Bd.2
Ludwig I. (der Fromme)   Bd.2
Ludwig II. (der Deutsche)   Bd.2
Lütkens, Doris   Bd.2
Lüttge, Gustav   Bd.1
Lutteroth, Ascan   Bd.1
Lutteroth, Ascan Wilhelm   Bd.1

Maetzel-Johannsen, Dorothea   Bd.1
Mahlau, Alfred   Bd.1
Mahler, Gustav   Bd.2
Mann, Klaus   Bd.2
Mantels, Wilhelm   Bd.2
Mantius, Ernst   Bd.2
Marchtaler, Hildegard   Bd.1
Marchwitza, Hilde   Bd.2
Marcks, Erich   Bd.2
Marcus, Mary   Bd.1
Marek, Kurt Wilhelm   Bd.2
Marquard, Peter   Bd.1
Martens, Joachim Friedrich   Bd.2
Martini, Erich   Bd.2
Mauke, Wilhelm   Bd.1
May, Ernst   Bd.2
Meister Bertram, siehe: Bertram
Meister Francke, siehe: Francke
Melchior, Carl   Bd.2

Repsold, Hans   Bd. 2
Rezzori, Gregor von   Bd. 1
Rhein, Eduard   Bd. 2
Rhiem, Theodor   Bd. 2
Richey, Michael   Bd. 1
Riebesell, Paul   Bd. 1
Riedemann, Wilhelm Anton   Bd. 2
Riefesell, Theobald   Bd. 1
Rimbert   Bd. 1
Rist, Johann   Bd. 1
Rodig, Erich Wasa   Bd. 1
Rötting, Meta   Bd. 1
Rogge, Lola   Bd. 2
Rohde, Hans   Bd. 2
Rosales, Jacob   Bd. 2
Rosenhagen, Gustav   Bd. 2
Roß, Frieda   Bd. 2
Roß, Rudolf   Bd. 2
Roth, Alfred   Bd. 2
Rougemont, Charlotte   Bd. 1
Rowohlt, Ernst   Bd. 1
Ruben, Paul   Bd. 2
Rudolphi, Caroline   Bd. 1
Rumpel, Theodor   Bd. 2
Runge, Philipp Otto   Bd. 2
Rust, Alfred   Bd. 2

Sahrhage, Heinrich   Bd. 1
Salomon, Gotthold   Bd. 1
Salomon, Richard   Bd. 2
Saucke, Kurt   Bd. 1
Sauerlandt, Max   Bd. 2
Saxl, Fritz   Bd. 1
Schacht, Hjalmar   Bd. 2
Schäfer, Hermann   Bd. 1
Schäfer, Theodor   Bd. 2
Schär, Alfred   Bd. 2
Schallert, Willibald   Bd. 1
Schapire, Rosa   Bd. 2
Scharnberg, Hugo   Bd. 1
Schaudt, Emil   Bd. 1
Scheel, Käthe   Bd. 2
Scheffler, Karl   Bd. 1
Schelhammer, Johannes   Bd. 2
Schelsky, Helmut   Bd. 2
Scherer, Hans d. Ä.   Bd. 2
Schiefler, Gustav   Bd. 1
Schimmelmann, Heinrich Carl   Bd. 2
Schlichting, Hedwig von   Bd. 1
Schlunck, Martin   Bd. 2
Schmedemann, Walter   Bd. 2
Schmidt, Arno   Bd. 1
Schnackenburg, Bernhard   Bd. 2
Schöffel, Simon   Bd. 1
Schönfelder, Adolph   Bd. 2
Schramm, Percy Ernst   Bd. 1
Schreye, Johann   Bd. 2

Schröder, Anna Christina   Bd. 1
Schröder, Bruno   Bd. 2
Schröder, Christian Matthias   Bd. 2
Schröder, Friedrich Ludwig   Bd. 1
Schröder, Hans   Bd. 1
Schröder, Henry   Bd. 2
Schröder, Johann Heinrich   Bd. 2
Schröder-Jahn, Fritz   Bd. 2
Schuback, Johannes   Bd. 2
Schütz, Friedrich Wilhelm von   Bd. 2
Schütz, Paul   Bd. 2
Schütz-Wolff, Johanna   Bd. 2
Schütze, Johann Friedrich   Bd. 1
Schuldt, Abraham Philipp   Bd. 1
Schultz, Walter D.   Bd. 2
Schulz, Friedrich   Bd. 2
Schulze, Fiete   Bd. 1
Schumacher, Fritz   Bd. 2
Schuster, Margarete   Bd. 1
Schwitzke, Heinz   Bd. 2
Seeler, Erwin   Bd. 1
Seidel, Georg   Bd. 2
Selle, Thomas   Bd. 2
Semper, Gottfried   Bd. 1
Sengelmann, Heinrich   Bd. 1
Shaltiel, David   Bd. 2
Sichowsky, Richard von   Bd. 2
Siemsen, Anna   Bd. 1
Sierck, Detlef (Douglas Sirk)   Bd. 2
Sieveking, Amalie   Bd. 1
Sieveking, Georg Heinrich   Bd. 1
Sieveking, Hannchen   Bd. 1
Sieveking, Kurt   Bd. 1
Sill, Otto   Bd. 2
Simon, Anna   Bd. 1
Singer, Kurt   Bd. 2
Sirk, Douglas, siehe: Sierck, Detlef
Snitker, Hieronymus   Bd. 1
Solmitz, Walter   Bd. 1
Solms-Laubach, Friedrich Graf zu   Bd. 2
Sonnin, Ernst George   Bd. 1
Sonntag, August   Bd. 2
Sparmann, Friedrich   Bd. 2
Speckter, Hans   Bd. 2
Speckter, Johann   Bd. 1
Speckter, Otto   Bd. 2
Sperling, Otto   Bd. 2
Spier, Arthur   Bd. 1
Spundflasche, Heinz   Bd. 2
Stahl, Erna   Bd. 1
Stallknecht, Claus   Bd. 1
Staudinger, Lucas Andreas   Bd. 1
Steinbach, Helma   Bd. 1
Steinfeld, Justin   Bd. 2
Steinhagen, Heinrich   Bd. 1
Stenmel, Ordo   Bd. 2
Stern, William   Bd. 2

BERICHTIGUNGEN ZU BAND 1

Borchert, Wolfgang, S.55:
Z. 9 f. des Textes: statt »mecklenburgischen«:
Vierländer

Rudolf Degkwitz

Degkwitz, Rudolf, S.82:
Das Foto zeigt versehentlich nicht Rudolf
Degkwitz, sondern Roland Freisler.

Alberto Jonas

Jonas, Alberto, S.153:
Das Foto zeigt versehentlich nicht Alberto Jonas,
sondern Markus Wolfermann.

Mauke, Wilhelm, S.199:
Z. 1 f. des Artikelkopfs: statt »geb. 1790 Jena«:
geb. 24. 9. 1791 Schleiz

Johann Georg Mönckeberg

Mönckeberg, Johann Georg, S.208:
Die Abbildung zeigt versehentlich nicht Johann
Georg Mönckeberg (1839–1908), sondern dessen
Großvater gleichen Namens.

Friedrich Christoph Perthes

Perthes, Friedrich, S.235:
Die Abbildung zeigt versehentlich nicht Friedrich
Christoph Perthes, sondern dessen Sohn Friedrich
Matthias Perthes.

Diese Fehler betreffen nur einen Teil der 1. Auflage. In der zweiten Bindequote wurden sie bereits korrigiert.

Impressum

Bibliografische Information Der Deutschen Bibliothek
Die Deutsche Bibliothek verzeichnet diese Publikation in der Deutschen
Nationalbibliografie; detaillierte bibliografische Daten sind im Internet über
http://dnb.ddb.de abrufbar

Gestaltung Iris Farnschläder, Hamburg
Gesamtherstellung christians partner in media, Hamburg

ISBN 3-7672-1366-4